DIE FRAGMENTE
DER VORSOKRATIKER

GRIECHISCH UND DEUTSCH

VON

HERMANN DIELS

*

HERAUSGEGEBEN VON

WALTHER KRANZ

ERSTER BAND

1992

WEIDMANN

18. Auflage 1989
Unveränderter Nachdruck der 6. Auflage 1951
© Copyright by Weidmann, Zürich · Hildesheim 1992
Alle Rechte vorbehalten
Printed in Germany
Herstellung: strauss offsetdruck gmbh, 6945 Hirschberg 2
ISBN 3-296-12201-X

WILHELM DILTHEY

ZUGEEIGNET

1903
Χαῖρέ μοι ἀρχαίης σοφίης, φίλε, συνθιασῶτα·
εὖ δὲ κιχὼν περάοις τέρμα δέχ᾽ ἑβδομάδων.

1906
Χαῖρέ μοι ἀρχαίης σοφίης, φίλε, συνθιασῶτα·
τῶν δὲ δέκ᾽ ἐκτελέοις ἑβδομάδας πλέονας.

1912. 1922
Χαῖρέ μοι ἀρχαίης σοφίης, φίλε, συνθιασῶτα·
σεῖο καὶ εἰς ᾽Αίδεω μνήσομ᾽ ἀποιχομένου.

*   *

*

1934   1951
᾽Αρχαίης σοφίης ἅμα χαίρετον ἡγεμονῆες·
ὑμετέρης φιλίης μνῆμα τόδ᾽ ἐστὶν ἀεί.

AUS DEN VORREDEN
ZUR ERSTEN AUFLAGE (1903)

Das vorliegende Buch ist zunächst bestimmt, Vorlesungen über griechische Philosophie zugrunde gelegt zu werden. Zum eindringenden Verständnis der Begriffe und Systeme ist es unerläßlich, an der Hand der Originalurkunden den Entwicklungsprozeß des griechischen Denkens *in statu nascendi* zu beobachten. Willkürliche Auswahl der Fragmente wird stets als Hemmung und Bevormundung der Lehrenden und Lernenden empfunden werden. Darum strebt diese Sammlung Vollständigkeit der eigentlichen Fragmente und Mitteilung des wesentlichen biographischen und doxographischen Materials an. Dies letztere wurde in der Disposition des grundlegenden Buches, Theophrasts Φυσικῶν δόξαι, angeordnet: Prinzipien, Gott, Kosmos, Meteora, Psychologie, Physiologie. Der Kreis der Philosophie ist im antiken Sinne möglichst weit gezogen, so daß auch die exakten Wissenschaften, namentlich die Mathematik, berücksichtigt wurden. Die Medizin, die eigentlich auch in den Rahmen gehört, habe ich mit Rücksicht auf M. WELLMANNS Fragmentsammlung nur insoweit aufgenommen, als sie direkt mit der alten Physiologie im Bunde steht. Die Anordnung des Ganzen mußte die einzelnen Persönlichkeiten möglichst getrennt halten. Gegenüber der pragmatischen Zusammenfassung der Schulen, wie sie für die eigentliche Geschichtsschreibung nötig erscheint, hat es ein gewisses Interesse, nun auch einmal die Individuen als solche zu beobachten, die wenigen Großen und die unzähligen Kleinen, deren emsige Arbeit freilich nur in der Massenwirkung zutage tritt, welche die unbegreiflich rasche Entfaltung der Philosophie im sechsten und vor allem im fünften Jahrhundert zeigt. Es sind in diesem Bande über vierhundert Namen vereinigt, von denen freilich die meisten für uns nur Namen bleiben. Aber sie alle haben doch ihren Anteil an dem Blühen und Überblühen des griechischen Geistesfrühlings.

Wo die alten Schulen in ununterbrochener Kontinuität bis ins vierte Jahrhundert gedauert haben, ist auch diese nachsokratische Diadoche berücksichtigt worden, was willkommen sein wird wie der „Anhang", der die alten Kosmologen, Astrologen und Sophisten zufügt. Warum von dem unendlichen Wuste der Orphiker und Pythagoreer nur das Altbezeugte gegeben worden ist, bedarf keiner Motivierung.

*　　*　　*

Was den Dialekt betrifft, habe ich an meinem Prinzip festgehalten, die zufällige Überlieferung der einzelnen Schriftsteller getreu wiederzugeben, da sonst eine wissenschaftliche Verwertung der Fragmente zu dialektologischen Zwecken unmöglich wäre[1]). Auch für die Scheidung des Echten und Unechten ist es

---

[1]) Nur in den Hippokratesstücken c. 12 C 1. 2 habe ich zur Probe meine Dialektrezension durchgeführt.

unumgänglich nötig, die unkorrigierte Überlieferung in allen Vulgarismen, Hyperionismen und Pseudodorismen festzuhalten. Unbedenklich dagegen erschien es in den alten Stücken, die korrekte Orthographie μεῖξαι, οἰκτίρειν, Χίλων u. dgl., die in der römischen Zeit grundsätzlich geändert wurde, herzustellen.

Auch von dem Prinzip, die Ordnung umfangreicher Fragmente, wo die Überlieferung oder der Inhalt keine sichere Disposition an die Hand gab, in der alphabetischen Reihenfolge der Autoren zu geben, glaubte ich nicht abgehen zu sollen. Was hilft es, in dem gewaltigen Haufen der Aphorismen Heraklits oder Demokrits hier und da einen wirklichen oder vermeintlichen Zusammenhang zu finden, wo man doch der weit überwiegenden Mehrzahl gegenüber ratlos bleibt? Die äußerliche Ordnung nach den Autoren wahrt wenigstens das Recht der Überlieferung, die für die Beurteilung der Fragmente und ihrer Form wesentlich ins Gewicht fällt. Außerdem wird man bei der Gewohnheit unserer Anthologien, im Original nahe zusammenstehende Stellen hintereinander zu bringen, dem ursprünglichen Zusammenhang in vielen Fällen näher bleiben als durch eine Zerteilung nach willkürlich gewählter eigener Disposition. Selbst für die Wortkritik kann dies Prinzip unter Umständen wichtig werden, da die Exzerpte, auch wenn sie aus verschiedenen Stellen stammen, doch häufig durch das Band des Stichwortes zusammenhängen, nach dem alle Anthologien, die Urquellen wie die späteren Exzerptoren, die einzelnen Stellen unter die Kapitel zu verteilen pflegen [1]).

Die Übersetzung der Fragmente, die ich statt eines Kommentars nach dem Muster meiner Sonderausgaben (*Parmenides*, Berlin, G. Reimer, 1897 und *Herakleitos*, Berlin, Weidmann, 1901) zugefügt habe, beabsichtigt rasch in das Verständnis der Texte, soweit es sich mir erschlossen hat, einzuführen. Dieses Verständnis bietet nicht nur bei den Dichterphilosophen, sondern auch bei der teils eigentümlichen, teils eigenwilligen alten Prosa erhebliche Schwierigkeiten. Denn abgesehen von der beabsichtigten oder unbeabsichtigten Unklarheit der Sprache, in der sich die aus der Tiefe zum ersten Male aufsteigenden Gedanken nur mühsam durchringen, steht diese archaische Rede weit ab von der periodisch gerundeten und semasiologisch abgeschlossenen Eleganz der Attiker des vierten Jahrhunderts. Manche Wörter haben später ihren Geltungsbereich verengt. Wie wir z. B. öfter den Sinn des altdeutschen Wortes „Mut" verkennen, so verstanden Aristoteles und Eudemos die ihnen verkürzt im Gedächtnis haftende Sentenz des Heraklit θυμῶι μάχεσθαι χαλεπόν· ὅτι γὰρ ἂν θέληι, ψυχῆς ὠνεῖται (12 B 85) vom Zorne, ohne zu beachten, daß durch ὅτι ἂν θέληι (auch dies archaisch gesagt) der weitere Begriff von θυμός, der das ἐπιθυμεῖν mit umfaßt, indiziert ist. Der Sophist Antiphon verstand in seiner Paraphrase der Sentenz 80 B 58 das Wort θυμός noch richtig. [Vgl. E. Jacoby de Antiph. soph. (Berl. 1908) S. 50.]

---

[1]) So ergibt sich der von Natorp in der Vorrede S. V festgestellte Sinn von Demokrit fr. 280 [184 N.], den Meineke verkannt hatte, aus dem Zusammenhang. Vgl. fr. 279.

ZUR ZWEITEN AUFLAGE (1906)

Trotz den klaren Worten der ersten Vorrede muß ich, um einem vielfach geäußerten Mißverständnis zu begegnen, noch einmal betonen, daß nur die eigentlichen, unter B zusammengestellten Fragmente der Philosophen vollständig gegeben werden sollen, dagegen nicht die Lemmata der Fragmente (was an sich möglich wäre, wie meine *Poetae philosophi* beweisen) und nicht die unter A jedesmal vorgesetzten doxographischen Berichte oder die unter C zusammengefaßten Imitationen, was überhaupt innerhalb des gegebenen Rahmen unmöglich wäre.

Die getroffene Auswahl hat mich mehr Zeit und Mühe gekostet, als wenn ich mein gesammeltes Material vollständig in die Druckerei gesandt hätte. Ich glaube aber gerade durch diese Beschränkung auf das Wesentliche und Alte den Anfängern, und nicht nur diesen, einen Dienst geleistet zu haben. Es war meine Absicht, nur die Ähren in die Scheune zu fahren, das Stroh aber draußen zu lassen, selbst auf die Gefahr hin, daß hier und da ein gutes Korn darin bliebe.

*   *   *

ZUR VIERTEN AUFLAGE (1922)

Die Freude, die das notwendig gewordene Erscheinen einer neuen Auflage der „Vorsokratiker" in mir erweckte, ist durch die Mitteilung des Verlegers, daß wegen der unerschwinglich hohen Druckkosten nur ein anastatischer Abdruck der vorigen Auflage möglich sei, stark getrübt worden. Es hatten sich in der Zwischenzeit so viele Berichtigungen und Bereicherungen zu den Texten und Anmerkungen angesammelt, daß es mir eine Lust gewesen wäre, dieses Werk am Ende meines Lebens so zu gestalten, wie es mir als Ideal vorschwebte. Ich hatte z. B. vor, die Ordnung der Kapitel der chronologischen Reihenfolge entsprechend so umzustellen, daß die Theologen, Kosmologen und Gnomologen des Anhangs an die Spitze träten und die Sophisten etwas vervollständigt den Schluß bildeten. Auch würde sich die Ordnung der Fragmente in einzelnen Kapiteln (Parmenides, Empedokles) etwas verschoben und das Demokritkapitel würde eine übersichtlichere Form gewonnen haben.

Davon kann nun nicht die Rede sein. Der Text der beiden ersten Bände muß in der Form der dritten, der dritte (Registerband) in der der zweiten Auflage wieder erscheinen. Die Zusätze und Verbesserungen können nur als „Nachträge" den einzelnen Bänden beigegeben werden, so daß der Leser die Mühe hat, sich jedesmal um diese Berichtigungen zu kümmern oder sich ein für allemal sein Exemplar durchzukorrigieren. Daß es möglich sein wird, in einer etwa erscheinenden fünften Auflage das Werk in bequemerer und vollendeterer Gestalt vorzulegen, wage ich kaum zu hoffen. Das Schicksal der Doxographi, die vergriffen sind, aber die Neubearbeitung in kürzerer Form, die dringend nötig gewesen wäre, nicht haben finden können, verpflichtet mich gegenüber dem Verlage dieses vorliegenden Werkes, so wenig die Form der Neuauflage befriedigt, zu dem herzlichsten Danke.

Es versteht sich, daß die Nachträge dem Zwecke unseres Quellenwerkes entsprechend sich nicht auf die Diskussion der prinzipiellen Punkte einlassen

können, deren es leider auf diesem Gebiete nicht wenige gibt.. Ich muß dies den
Monographien und Gesamtdarstellungen überlassen, wie solche in den letzten
Jahren bei uns in verschiedener Form und verschiedener Qualität zahlreich er-
schienen sind. Neben dem groß angelegten Werke von JOEL (Geschichte der
antiken Philosophie I, Tübingen 1921) sind vor allem die Neubearbeitungen
des UEBERWEGschen Grundrisses I durch K. PRAECHTER (Berlin 1920) und des
ZELLERschen Monumentalwerkes durch LORTZING und NESTLE (Die Philosophie
der Griechen in ihrer geschichtlichen Entwicklung I, Leipzig 1919) zu nennen.
In dem letzteren Werke ist die Auseinandersetzung über die Hauptprobleme
besonders ausgiebig erfolgt, so daß man hierauf ein für allemal verweisen darf.

[Es folgt eine ausführliche, durch neue Beweismittel gestützte Widerlegung
der von NESTLE a. O. wieder aufgegriffenen Theorie ERWIN ROHDES, es habe
einen Philosophen Leukippos nicht gegeben.]

*   *   *

ZUR FÜNFTEN AUFLAGE (1934-37)

Das Werk im Geiste von HERMANN DIELS nach dem Maße der eigenen Kraft
zu erneuern, war die Aufgabe, die dem Herausgeber gestellt war. Dazu gehörte,
daß das Alte so weit wie nur irgend möglich erhalten blieb, daß vor allem die
Grundabsicht des Verfassers nicht angetastet wurde. Es sollte ein Handbuch
sein, mehr nicht (vgl. den Auszug aus der Vorrede zur 1. Auflage). Darum mußte
der wie oft, so auch jetzt wieder ausgesprochene Wunsch unerfüllt bleiben, es
sollten immer und grundsätzlich alle Stellen, die einen wörtlich erhaltenen Aus-
spruch eines der alten Denker zitieren (also die Lemmata der B-Stücke) oder
doch einen seiner Gedanken enthalten, und immer und grundsätzlich der voll-
ständige kritische Apparat aufgenommen werden. DIELS selbst spricht sich
hierzu ja in der Vorrede zur 2. Auflage (s. unseren Auszug) deutlich aus. Ebenso
liegt es im Wesen dieses Buches, daß von der gewaltigen Literatur nur immer
ein Bruchteil erwähnt werden kann, als Fingerzeig für den weiter Arbeitenden
gedacht. Freilich, daß die Literatur über die althellenische Philosophie in den
letzten Jahrzehnten so weit und so tief vorgedrungen ist, darf man wohl als eine
Wirkung eben auch der ,,Vorsokratiker'' bezeichnen.

Nicht nur in dieser hier noch einmal erwähnten Beschränkung liegt eine
Eigenart des Buches, die nicht verwischt werden darf, sondern auch in der merk-
würdigen Begriffsbestimmung, die ihm zugrunde liegt. Zunächst sind ja ,,Vor-
sokratiker'' streng genommen Männer vor den Sokratikern, nicht, wie es doch
gemeint ist, vor Sokrates, sowie das später gebildete Wort ,,Nachsokratiker''
eigentlich nur die Nachfahren der Sokratiker bezeichnen kann: es liegt also hier
eine nicht ganz sprachgemäße Weiterbildung des Wortes ,,Vorsokratik'' oder
,,vorsokratisch'' vor. Überdies aber erscheinen ja in diesem Werke auch viele
Zeitgenossen des Sokrates, ja mancher, der ihn weit überlebt hat. Und doch ist
das Buch eine Einheit. Sie liegt darin beschlossen, daß hier eine Philosophie
spricht, die nicht durch die Gedankenschule des Sokrates (und des Platon) ge-
gangen ist, also nicht sowohl die vorsokratische als die nichtsokratische alte
Philosophie. Möge man die weniger chronologisch als inhaltlich zutreffende
Bezeichnung auch für das Kapitel gelten lassen, das nun als das erste gezählt

wird; denn unter dem Titel „Kosmologische Dichtung der Frühzeit" erscheinen auch recht späte Zeugnisse, in denen DIELS aber noch etwas vom „altorphischen" Geist zu spüren meinte.

In der Überzeugung, daß HERMANN DIELS einem neuen Übersetzungsversuch die prinzipielle Zustimmung niemals verweigert hätte, ist dieser hier unternommen worden, wieder aber in dem Bestreben, nur das Notwendige in neuer Form zu geben. Und auch hier wurde in wichtigen Fällen eine abweichende Deutung von DIELS in den Anmerkungen ausdrücklich erwähnt. Der von ihm eingeführte Brauch, in der Übersetzung Worte kursiv zu setzen, für die der griechische Text nicht die entsprechenden gibt, wurde beibehalten, obwohl er an sich anfechtbar ist und auch keineswegs ganz folgerichtig durchgeführt werden kann. Da es einen „Anhang" in dieser neuen Form des Buches nicht mehr gibt, so mußte auch in den Kapiteln, die er früher umfaßte und die daher ohne Übertragung geblieben waren, jetzt eine solche hinzugefügt werden; dies kam aber nicht für die beiden großen, als Ganzes erhaltenen Reden des Gorgias in Betracht, die DIELS auch nicht wie die eigentlichen Fragmente in Sperrdruck gegeben hat.

Der Aufbau des ganzen Werkes stellt sich jetzt so dar:

A. Anfänge: I. Kosmologische Dichtung der Frühzeit. II. Astrologische Dichtung des sechsten Jahrhunderts. III. Frühe kosmologische und gnomische Prosa.

B. Die Fragmente der Philosophen des sechsten und fünften Jahrhunderts (und unmittelbarer Nachfolger).

C. Ältere Sophistik.

Wir glauben mit DIELS, daß erst jetzt die Idee des Werkes klar in die Erscheinung tritt, und gedenken hier noch einmal der Worte, die ULRICH VON WILAMOWITZ-MOELLENDORFF in der Adresse der Preußischen Akademie der Wissenschaften zu seinem goldenen Doktorjubiläum an ihn richtete: „Im Sinne des Aristoteles und auf seinen Spuren haben Sie alles, was von der vorsokratischen Philosophie übrig ist, in jenem Werke vereinigt, das hinfort kein Philologe, kein Philosoph entbehren kann. Als ein Forscher aristotelischen Geistes, ein baumeisterlicher, mit Goethe zu sprechen, ... werden Sie vorbildlich bleiben."

VORREDE
ZUR SECHSTEN AUFLAGE

Wie einst die Vierte, so kann auch die hier vorliegende Sechste Auf-
lage des Buches nur in Form eines Abdrucks der vorangehenden geboten
werden, aber mit Ausmerzung von Druckversehen und unter Beigabe
von Nachträgen am Ende jedes Bandes; schon dies ist ein großes Unter-
nehmen für den Verlag, dem daher die wissenschaftliche Welt zu Danke
verpflichtet sein wird.

Für die neuen Nachträge, in welche auch die zur Fünften Auflage
eingearbeitet wurden, war überdies ein engbegrenztes Maß festgesetzt
worden, worauf ausdrücklich hingewiesen werden muß. Es war daher
nur selten möglich, in eine Diskussion der in ihnen angeführten Text-
deutungen einzutreten. Umfangreiche, viele Einzelstellen interpretie-
rende und verwertende Schriften zu jedem einzelnen A- oder B-Fragment
anzuführen, ging nicht an, sondern dies mußte summarisch in einer Vor-
bemerkung zum Nachtrag der einzelnen Kapitel erfolgen. Und auf
folgende allgemeiner gehaltene Werke muß schon hier verwiesen werden,
die, wenn überhaupt, nur in besonders gelagerten Einzelfällen noch
zitiert werden können: E. Zeller—R. Mondolfo, La filosofia dei Greci II.
I Presocratici: Ionici e Pitagorici (1938). — W. Nestle, Vom Mythos zum
Logos² (1942). — W. Jaeger, The Theology of the early Greek philo-
sophers (The Gifford Lectures 1936), (1947). — Br. Snell, Die Ent-
deckung des Geistes. Studien zur Entstehung des europ. Denkens b. d.
Griechen (1948). — O. Gigon, Der Ursprung der griechischen Philo-
sophie. Von Hesiod bis Parmenides (1945). — M. Grünwald— E. Ho-
wald, Die Anfänge der abendländischen Philosophie (1949). — W. Ca-
pelle, Die Vorsokratiker³ (1940). — H. Cherniss, Aristotle's criticism
of Presocratic philosophy (1935). — F. Heinimann, Nomos und Physis
(1945).

Der schon öfter geäußerte Gedanke, es sei an der Zeit, das von Diels
vor allem als Vorlesungsgrundlage gedachte Buch durch ein die antike
Überlieferung in ihrer Gesamtheit kritisch bearbeitet und kommentiert
wiedergebendes zu ersetzen, ist auch jetzt wieder aufgetaucht. Der Ge-
danke ist an sich natürlich sehr begrüßenswert; auch fehlte es nicht an

wissenschaftlichen Kräften, ihn zu verwirklichen. Aber nur auf internationaler Basis wäre er durchzuführen und nur unter Einsatz sehr
großer Geldmittel, schon weil ja der Umfang des Ganzen — man denke
nur an die Pythagoreer- und die Demokrittradition! — gewaltig zunehmen würde. Das freilich hätte Diels nicht geahnt und niemals hätte
er es gebilligt, daß zu seinem Handbuch, das 1904 in seiner Vorlesung
über die Geschichte der griechischen Philosophie fast jeder Studierende
wirklich in der „Hand" hatte, wiederum ein „Companion" erscheinen
könnte (Companion to the Pre-socratic philosophers 1946) und überdies
gar noch eine „Ancilla" (1948).

Die Namen der Helfer, welche in den jetzt verarbeiteten Nachträgen
zur Fünften Auflage genannt waren, erscheinen nun hier nicht noch
einmal. Dank für Mitarbeit bei der Herstellung der neuen Nachträge
sei vor allem abgestattet H. Cherniss, H. Fränkel, P. Friedländer,
Br. Snell und — in ganz besonderem Grade und Sinne — RP. Saffrey,
O. P.

Bonn   W. K.

Bei dem schnellen Absatz der letzten Auflagen kann die 10. Auflage nur eine
Wiedergabe des Textes der letzten sein, unter Ausmerzung einiger Druckfehler.
Auf den „Epilogus" am Ende von Band III wird noch besonders verwiesen.

Bonn   W. K.

Die Vignette zeigt die Rückseite einer auf Samos geprägten Kupfermünze des Traianus in fast doppelter Vergrößerung. Das Prägbild ist nach zwei sich ergänzenden Exemplaren des Berliner und Londoner Kabinetts gekennzeichnet und folgendermaßen zu beschreiben:

Vs.:. AYTOKPATWP rechts; TPAIANOΣ.... links. Kopf des Traianus mit Lorbeerkranz und Gewand rechtshin.

Rs.: ΠΥΘΑΓΟΡΗΣ rechts; ΣΑΜΙWΝ links. Sitzender bärtiger Pythagoras mit dem Mantel um den Unterkörper und über dem linken Oberarm auf einem Stuhl linkshin; in der Rechten ein Stäbchen, mit dem er an einem vor ihm auf einem Pfeiler liegenden Globus demonstriert; die Linke am Szepter.

H. v. FRITZE

INHALTSVERZEICHNIS

siehe am Schluß des I. und des II. Bandes.

KONKORDANZ

der Kapitelzahlen der vorigen und der fünften Auflage siehe am Schluß des II. Bandes.

NACHTRÄGE

siehe am Schluß jedes Bandes.

A. ANFÄNGE

I. KOSMOLOGISCHE DICHTUNG
DER FRÜHZEIT

1 [66]. ORPHEUS

A. LEBEN UND SCHRIFTEN

1. Suid. Ὀρφεὺς Λειβήθρων τῶν ἐν Θράικηι (πόλις δέ ἐστιν ὑπὸ τῆι Πιερίαι), υἱὸς Οἰάγρου καὶ Καλλιόπης· ὁ δὲ Οἴαγρος πέμπτος ἦν ἀπὸ ˝Ατλαντος, κατὰ Ἀλκυόνην μίαν τῶν θυγατέρων αὐτοῦ. γέγονε δὲ πρὸ ι͞α γενεῶν τῶν Τρωικῶν· καί φασι μαθητὴν γενέσθαι αὐτὸν Λίνου, βιῶναι δὲ γενεὰς θ͞, οἱ δὲ ι͞α φασίν.
10 ἔγραψε: Τριαγμούς (λέγονται δὲ εἶναι ˝Ιωνος τοῦ τραγικοῦ [vgl. c. 36])· ἐν δὲ τούτοις τὰ Ἱεροστολικὰ καλούμενα, κλήσεις κοσμικαί. Νεωτευκτικά. Ἱεροὺς λόγους ἐν ῥαψωιδίαις κ͞δ (λέγονται δὲ εἶναι Θεογνήτου τοῦ Θεσσαλοῦ, οἱ δὲ Κέρκωπος τοῦ Πυθαγορείου [c. 15]). Χρησμούς, οἳ ἀναφέρονται εἰς Ὀνομάκριτον [s. A 1 b. B 11. 2 A 5. B 20 a]. Τελετάς (ὁμοίως δέ φασι καὶ ταύτας Ὀνομακρίτου).
15 ⟨Λιθικά⟩· ἐν τούτοις δ' ἔστι περὶ λίθων γλυφῆς, ἥτις Ὀγδοηκοντάλιθος ἐπι-γράφεται. Σωτήρια· ταῦτα Τιμοκλέους τοῦ Συρακουσίου λέγεται ἢ Περσίνου τοῦ

---

4 Eine vollständige Sammlung der antiken Berichte und Fragmente s. bei O. Kern, *Orphicorum Fragm.*; zu Z. 6ff. s. dens. S. 64f. 9 γενεὰς] vgl. Rohde *Kl. Schr.* I 16ff. 10 τριασμοὺς Hss.: verb. Küster. Vgl. Auson. 26, 74 Orpheos hinc Tripodes, quia sunt tria: terra, aqua, flamma. Galen. H. ph. 18 (Dox. 610, 15) Ὀνομάκριτος ἐν τοῖς Ὀρφικοῖς »γῆν καὶ πῦρ καὶ ὕδωρ« (d. h. ὑλικὰς ἀρχὰς εἶναι) = Sext. P. Hyp. III 30; Orpheus b. Clem. Str. VI 17 (II 435, 21 St.) nach 22 B 36 gefälscht 11 Ἱεροστολικὰ] vgl. Macrob. Sat. I 18, 22 [fr. 238 K.], Lobeck *Aglaoph.* I 371, Kern *Orph.* S. 300 κλήσεις κοσμικαὶ] 'heidnische Litaneien' christl. Scholion ? Diels κοσμικαὶ A : -κὰς S : -καίας GM; κτίσιν κόσμου verm. Eschenbach νεοτευκτικά Hss.: verb. Fabricius Ἱεροὺς λόγους] die rhapsodische Theogonie, vgl. B 12 gegen Ende 12 Θεογνήτου] unbekannt 13 Κέρκωπος] vgl. Cicero *de nat. d.* I 38, 107 [c. 15 Eing.] 14 Clem. Protr. 2 (I 14, 11 St.) ὁ τῆς Τελετῆς ποιητὴς Ὀρφεύς fr. 34 K. 15 ⟨Λιθικά⟩ Bernhardy. S. Abel Orphica S. 109ff., Lithica Berl. 1881, Ruelle in de Mély's *Lapidaires* II 135ff. 16 Σωτήρια und die folgenden Autoren sonst unbekannt ἢ Bernh.: καὶ Hss.

2   1 [66]. ORPHEUS

Μιλησίου. Κρατῆρας [1 A 1b. 2 A 7]· ταῦτα Ζωπύρου φασίν. Θρονισμοὺς μητρώιους καὶ Βακχικά· ταῦτα Νικίου τοῦ Ἐλεάτου φασὶν εἶναι. Εἰς Ἅιδου κατάβασιν· ταῦτα Ἡροδίκου τοῦ Περινθίου [vgl. c. 15]. Πέπλον καὶ Δίκτυον [vgl. B 10a]· καὶ ταῦτα Ζωπύρου τοῦ Ἡρακλεώτου, οἱ δὲ Βροτίνου [c. 17, 4].
5 Ὀνομαστικόν, ἔπη ͵ασ. Θεογονίαν, ἔπη ͵ασ. Ἀστρονομίαν, Ἀμμοσκοπίαν [?], Θυηπολικόν, Ὠιοθυτικὰ ἢ Ὠιοσκοπικά, ἐπικῶς. Καταζωστικόν, Ὕμνους, Κορυβαντικόν, καὶ Φυσικά, ἃ Βροτίνου φασίν [Lobon fr. 7 Crönert in Χάριτες für Leo].

Ὀρφεὺς Κροτωνιάτης ἐποποιός, ὃν Πεισιστράτωι συνεῖναι τῶι τυράννωι Ἀσκλη-
10 πιάδης φησὶν ἐν τῶι ἕκτωι βιβλίωι τῶν Γραμματικῶν· Δωδεκαετηρίδας. Ἀργοναυτικὰ καὶ ἄλλα τινά.

Ὀρφεὺς Καμαριναῖος ἐποποιός, οὗ φασιν εἶναι τὴν Εἰς Ἅιδου κατάβασιν.

1a. SUID. Ἵππος Νισαῖος... ἐν δὲ Δικτύωι Ὀρφεὺς λέγει, ὅτι ἡ Νίσα τόπος ἐστὶν ἐν Ἐρυθρᾶι κείμενος.

15 1b. CLEM. Str. ι 131 (ιι 81, 7 St.) τοὺς μὲν ἀναφερομένους εἰς Μουσαῖον [2 B 20a—22] Ὀνομακρίτου εἶναι λέγουσι, τὸν Κρατῆρα δὲ τὸν Ὀρφέως Ζωπύρου τοῦ Ἡρακλεώτου, τήν τε Εἰς Ἅιδου κατάβασιν Προδίκου τοῦ Σαμίου. Ἴων κτλ. s. 36 B 2.

2. ALCAEUS fr. 80 Diehl
20   τὸ γὰρ ἐμμόρμενον Ὀρ⟨φεὺς ἐβιάσδετο v. s.⟩
   πάρφ⟩αις ἄνδρεσι τοῖς γεινο⟨μένοισιν θάνατον φύγην⟩,

---

1 Zopyros der Herakleote, bei Tzetz. 20, 28; 30, 173 Kaib. [c. G. F. 1] Mitglied der Peisistratischen Kommission   Θρονισμοὺς] vgl. Plato Euthyd. 277 D ἐν τῆι τελετῆι τῶν Κορυβάντων ὅταν τὴν θρόνωσιν ποιῶσιν περὶ τοῦτον ὃν ἂν μέλλωσι τελεῖν. Dio Chrys. 12, 33 καθάπερ εἰώθασιν ἐν τῶι καλουμένωι Θρονισμῶι καθίσαντες τοὺς μυουμένους οἱ τελοῦντες κύκλωι περιχορεύειν. Vgl. Dieterich Kl. Schriften S. 118   2 εἶναι G: εἰσιν AM: fehlt S   Εἰς Ἅιδου κ.] vgl. Dieterich Nekyia S. 129; Kern Orph. S. 304ff. 3 Πέπλον] vgl. 7 A 11. B 2   Δίκτυον] s. A 1a. B 10a. Vgl. Lobeck Agl. ιι 837 Kern Herm. 25 (1890) 7; Orph. S. 297   4 βροτίνου AM: βροντίνου G, Clem. (vgl. z. Z. 7)   5 Ὀνομαστικόν] unsicher von Giseke Rhein. Mus. 8 (1853) 92. 119 mit den Hymnen identifiziert   Θεογονίαν] verschieden von der rhapsodischen Theogonie ob. S. 1, 11f.   Ἀστρονομίαν] sonst unbekannt; vgl. Heeg Die ang. Orph. Ἔργα καὶ Ἡμέραι (Münch. 1907) 10; Kern Orph. S. 296   Ἀμμοσκοπίαν Diels: ἀμοκοπία Hss.: ἀμνοσκοπίαν oder ἀστροσκοπίαν Lobeck: ἀνεμοσκοπίαν Fabr. Vielleicht war die »Sandschau« ähnlich der ἀλφιτομαντεία Lob. Agl. ιι 815   6 Θυηπολικόν] vgl. Kern Herm. 52 (1917) 150   Ὠιοθυτικὰ ἢ Ὠιοσκοπικά] s. Lobeck Agl. ι 410   Καταζωστικόν] vgl. Cumont Am. Journ. of Arch. 37 (1933) 256 7 Ὕμνους] Kern S. 318ff.   Κορυβαντικόν] zitiert in d. orph. Argon. 25 Kern S. 65   Φυσικά] unbek.   βροτίνου A: βροντίνου GSM   9 Ἀσκληπιάδης] v. Myrlea   10 Δωδεκαετηρίδας Diels nach Tzetz. (Lobeck Agl. ι 424): δεκαετηρίδα ASM: δεκαετηρίας G   Inhalt astrologisch vgl. Kern S. 267ff.; Heeg. a. O. S. 11ff.   Ἀργοναυτικά] Kern S. 65ff.   13 Δικτύωι Küster nach Z. 3: δίκτυι Hss.; Lücke nach λέγει Gaisford, Adler   17 Προδίκου] sonst unbekannt; vgl. Ἡροδίκου oben Z. 3   20 Die zweifelnd

αἱ πάντ\>αι σόφος ἦι καὶ φρέσι πύκνα\<ισι κεκάσμενος\>.
νήπιο\>ς, παρὰ μοῖραν Διός οὐδὲ τρί\<χες ἔρρυεν\>.

2a. IBYC. fr. 17 Diehl ὀνομακλυτὸν 'Ορφήν.

3. AESCHYL. Ag. 1629
5   'Ορφεῖ δὲ γλῶσσαν τὴν ἐναντίαν ἔχεις·
ὁ μὲν γὰρ ἦγε πάντ' ἀπὸ φθογγῆς χαρᾶι . . .
Vgl. Simon. fr. 27 D. Eur. Bacch. 561. Iph. A. 1211.

4. PAUS. x 30, 6 [Polygnots Unterweltsbild] ἀποβλέψαντι δὲ αὖθις ἐς
τὰ κάτω τῆς γραφῆς ἔστιν ἐφεξῆς μετὰ τὸν Πάτροκλον οἷα ἐπὶ λόφου τινὸς
10 'Ορφεὺς καθεζόμενος, ἐφάπτεται δὲ καὶ τῆι ἀριστερᾶι κιθάρας, τῆι δὲ ἑτέραι χειρὶ
ἰτέας κλῶνές εἰσιν ὧν ψαύει, προσανακέκλιται δὲ τῶι δένδρωι· τὸ δὲ ἄλσος ἔοικεν
εἶναι τῆς Περσεφόνης, ἔνθα αἴγειροι καὶ ἰτέαι δόξηι τῆι 'Ομήρου [κ 509] πεφύκασιν.
'Ελληνικὸν δὲ τὸ σχῆμά ἐστι τῶι 'Ορφεῖ καὶ οὔτε ἡ ἐσθὴς οὔτε ἐπίθημά ἐστιν ἐπὶ
τῆι κεφαλῆι Θράικιον.
15   5. PROCLUS Schol. Hesiod. Opp. 631 p. 361, 6 Gaisf.: 'Ελλάνικος δ' ἐν
Φορωνίδι (FGrHist. 4 F 5 1 109) \<δέκατον\> ἀπὸ 'Ορφέως φησὶν εἶναι τὸν
'Ησίοδον.   Gegen solche, auch später durchaus herrschende (vgl. z. B.
Aristoph. Ran. 1030ff., Hippias 86 B 6, Plato Apol. 41 A) Anschauung
HEROD. II 53 'Ησίοδον γὰρ καὶ "Ομηρον ἡλικίην τετρακοσίοισι ἔτεσι δοκέω
20 μευ πρεσβυτέρους γενέσθαι καὶ οὐ πλέοσι . . . οἱ δὲ πρότερον ποιηταὶ λεγόμενοι
τούτων τῶι ἀνδρῶν γενέσθαι ὕστερον ἔμοιγε δοκεῖν ἐγένοντο . . . τὰ δὲ ὕστερα
τὰ ἐς 'Ησίοδόν τε καὶ "Ομηρον ἔχοντα ἐγὼ λέγω.   Herod. II 81 s. c. 14, 1.

6. EURIP. Alc. 357
εἰ δ' 'Ορφέως μοι γλῶσσα καὶ μέλος παρῆν,
25   ὥστ' ἢ κόρην Δήμητρος ἢ κείνης πόσιν
ὕμνοισι κηλήσαντά σ' ἐξ "Αιδου λαβεῖν,
κατῆλθον ἄν. (Vgl. oben A 3; Med. 543)
7. — — 962 ἐγὼ καὶ διὰ μούσας
καὶ μετάρσιος ἦιξα καὶ
30   πλείστων ἀψάμενος λόγων
965 κρεῖσσον οὐδὲν 'Ανάγκας
ηὗρον, οὐδέ τι φάρμακον
Θρήισσαις ἐν σανίσιν, τὰς
'Ορφεία κατέγραψεν
35   970 γῆρυς, οὐδ' ὅσα Φοῖβος 'Ασκληπιάδαις ἔδωκε
φάρμακα πολυπόνοις ἀντιτεμὼν βροτοῖσιν.

8. — HIPPOL. 952 [Theseus zu Hippolytos]
ἤδη νυν αὔχει καὶ δι' ἀψύχου βορᾶς

geäußerte Ergänzung Diehls — Lobell las freilich ου statt ορ — sollte
nicht verloren gehen; im übrig. s. seine Anm.   S. 3, 3 vgl. Kern
t. 2 S. 1   8 vgl. Kern t. 69 S. 21   11 ἰτέας P: ἰτέας ψαύει (mit
wiederh. ψαύει nach ὧν) vulg.   15 δ' ἐν Jacoby: δὲ Schol.   16 \< \> oder
\<ἐνδέκατον\> Jacoby   20 πρότεροι PRV   21 ὕστερα] ὕστερον PRSV
23 Gleichzeitig mit diesem Drama ist ungefähr das bekannte Orpheus-
relief, die ältesten Zeugen dieser Sage   25 ὡς τὴν Hss. verb. Reiske
30 ἀρξάμενος Stob.   35 ἔδωκε Musgrave: παρέδωκε Hss.

σῖτ' ἐκκαπήλευ', 'Ορφέα τ' ἄνακτ' ἔχων
βάκχευε πολλῶν γραμμάτων τιμῶν καπνούς.

9. EURIP. Cycl. 646

ἀλλ' οἶδ' ἐπωιδὴν 'Ορφέως ἀγαθὴν πάνυ,
5　　　　ὡς αὐτόματον τὸν δαλὸν εἰς τὸ κρανίον
στείχονθ' ὑφάπτειν τὸν μονῶπα παῖδα γῆς.

9a. — Hypsipyle [Ox. Pap. VI n. 852 fr. 1 col. 3, 8 p. 36 Hunt;
51 Arnim]

'ΥΨ(ιπύλη) . . . μέσωι δὲ παρ' ἱστῶι
10　　　'Ασιὰς ἔλεγον ἰήιον
Θρῆισσ' ἐβόα κίθαρις 'Ορφέως
μακροπόδων πιτύλων ἐρέτηισι κε-
λεύσματα μελπομένα, τοτὲ μὲν ταχύ-
πλουν τοτὲ δ' εἰλατίνας ἀνάπαυμα πλάτας.

15　9b. — — [fr. 64 col. 2 p. 70 Hunt; 66 Arnim]

ΕΥ̓(νεως) 'Αργώ με καὶ τόνδ' ἤγαγ' εἰς Κόλχων πόλιν
'ΥΨ(ιπύλη) ἀπομαστίδιόν γ' ἐμῶν στέρνων.

ΕΥ ἐπεὶ δ' 'Ιάσων ἔθαν' ἐμός, μῆτερ, πατήρ,
ΥΨ οἴμοι κακὰ λέγεις, δάκρυά τ' ὄμμασιν,
20　　　τέκνον, ἐμοῖς δίδως —

ΕΥ 'Ορφεύς με καὶ τόνδ' ἤγαγ' εἰς Θράικης τόπον,
ΥΨ τίνα πατέρι ποτὲ χάριν ἀθλίωι
τιθέμενος; ἔνεπέ μοι, τέκνον.

ΕΥ μοῦσάν με κιθάρας 'Ασιάδος διδάσκεται,
25　　　τοῦτον δ' ἐς "Αρεως ὅπλ' ἐκόσμησεν μάχης.

10. [—] Rhes. 943 [Muse, Mutter des Rhesos, zu Athene]

μυστηρίων τε τῶν ἀπορρήτων φανάς
ἔδειξεν 'Ορφεύς, αὐτανέψιος νεκροῦ
τοῦδ' ὃν κατακτείνεις σύ· Μουσαῖόν τε σόν
30　　　σεμνὸν πολίτην κἀπὶ πλεῖστον ἄνδρ' ἕνα
ἐλθόντα Φοῖβος σύγγονοί τ' ἠσκήσαμεν.

---

1 σῖτ' ἐκκαπήλευ' Diels (sc. τοῖς ἔξω βεβήλοις vgl. Philostr. V. Apoll. 1, 15
τὸν γὰρ σῖτον οἱ δυνατοὶ ξυγκλείσαντες εἶχον, ἵν' ἐκκαπηλευθείη τῆς χώρας):
σίτοις καπήλευ' Hss. (vgl. Wil. Glaube d. Hellen. II 187); σίτους (wider des
Euripides Sprachgebrauch) κ. Reiske. σῖτα = σίτησις? vgl. 21 B 2, 8. Ar.
Equ. 575　　10 ελεγεν Pap.: verb. Wilam.　　12 μακροπολων Pap.: verb.
Wilam.　　13 μελπομεναν Pap.: verb. Hunt　　15 Iason hat seine beiden
Knaben Euneos und Thoas deren Mutter Hypsipyle von der Brust weg
auf der Argo mit nach Kolchis genommen. Nach seinem Tod nimmt
sich Orpheus der verwaisten Kinder an und erzieht sie in Thrakien
(Robert Herm. 44, 1909, 376)　　17 ἀπομαστιδίω? Diels　　19 κακὰ Murray:
κακων Pap.　　24 κιθαρις Pap.: verb. Hunt　　25 Orphisches klingt an
auch in dem nicht wiederherstellbaren Frag. 57 (S. 59 Arnim) der Hypsip.:
vgl. frag. 2 Kern　　28 νεκροῦ] des Musensohnes Rhesos　　29 τοῦδ'
οὖν κατακτείνασα (oder οὖνεκα κτείνασα) Hss.: verb. Bothe; τοῦδ' οὖ γελᾶις
κτείνασα Reiske

11. ARISTOPH. Ran. 1032
'Ορφεύς μὲν γὰρ τελετάς θ' ἡμῖν κατέδειξε φόνων τ' ἀπέχεσθαι,
Μουσαῖος δ' ἐξακέσεις τε νόσων καὶ χρησμούς.

12. — Av. 693 [Chor der Vögel]
5   Χάος ἦν καὶ Νὺξ Ἔρεβός τε μέλαν πρῶτον καὶ Τάρταρος εὐρύς,
Γῆ δ' οὐδ' 'Αὴρ οὐδ' Οὐρανὸς ἦν· Ἐρέβους δ' ἐν ἀπείροσι κόλποις
τίκτει πρώτιστον ὑπηνέμιον Νὺξ ἡ μελανόπτερος ὠιόν,
ἐξ οὗ περιτελλομέναις ὥραις ἔβλαστεν Ἔρως ὁ ποθεινός
στίλβων νῶτον πτερύγοιν χρυσαῖν, εἰκὼς ἀνεμώκεσι δίναις.
10   οὗτος δὲ Χάει πτερόεντι μιγεὶς νυχίωι κατὰ Τάρταρον εὐρύν
ἐνεόττευσεν γένος ἡμέτερον καὶ πρῶτον ἀνήγαγεν εἰς φῶς.
πρότερον δ' οὐκ ἦν γένος ἀθανάτων, πρὶν Ἔρως ξυνέμειξεν ἅπαντα·
ξυμμειγνυμένων δ' ἑτέρων ἑτέροις γένετ' Οὐρανὸς 'Ωκεανός τε
καὶ Γῆ πάντων τε θεῶν μακάρων γένος ἄφθιτον.
15   12a. TIMOTHEUS Pers. 234 Wilamowitz
πρῶτος ποικιλόμουσος 'Ορ-
235   φεὺς ⟨χέλ⟩υν ἐτέκνωσεν
υἱὸς Καλλιόπας Πιερίας ἔπι.
Τέρπανδρος δ' ἐπὶ τῶι δέκα
20   τεῦξε μοῦσαν ἐν ὠιδαῖς.
13. CLEM. Strom. vi 15 (ii 434, 19 St.) aus HIPPIAS [86 B 6] τούτων
ἴσως εἴρηται τὰ μὲν 'Ορφεῖ τὰ δὲ Μουσαίωι κατὰ βραχὺ ἄλλωι ἄλλαχοῦ, τὰ δὲ
'Ησιόδωι τὰ δὲ 'Ομήρωι.
13a. OLYMPIODOR. b. Phot. bibl. c. 80. 61a 31 (Oasis) ταύτην καλεῖ 'Ηρό-
25 δοτος [III 26] 'μακάρων νήσους', 'Ηρόδωρος δὲ ὁ τὴν 'Ορφέως καὶ Μουσαίου συγ-
γράψας ἱστορίαν Φαιακίδα ταύτην καλεῖ.
14. PLATO Symp. 179D 'Ορφέα δὲ τὸν Οἰάγρου ἀτελῆ ἀπέπεμψαν ἐξ 'Αιδου,
φάσμα δείξαντες τῆς γυναικὸς ἐφ' ἣν ἧκεν, αὐτὴν δὲ οὐ δόντες, ὅτι μαλθακίζεσθαι
ἐδόκει, ἅτε ὢν κιθαρωιδός, καὶ οὐ τολμᾶν ἕνεκα τοῦ ἔρωτος ἀποθνήισκειν ὥσπερ
30 Ἄλκηστις, ἀλλὰ διαμηχανᾶσθαι ζῶν εἰσιέναι εἰς 'Αιδου. τοιγάρτοι διὰ ταῦτα δίκην
αὐτῶι ἐπέθεσαν, καὶ ἐποίησαν τὸν θάνατον αὐτοῦ ὑπὸ γυναικῶν γενέσθαι.
14a. — Ion 536B ἐκ δὲ τούτων τῶν πρώτων δακτυλίων, τῶν ποιητῶν, ἄλλοι
ἐξ ἄλλου αὖ ἠρτημένοι εἰσὶ καὶ ἐνθουσιάζουσιν, οἱ μὲν ἐξ 'Ορφέως, οἱ δ' ἐκ Μουσαίου,
οἱ δὲ πολλοὶ ἐξ 'Ομήρου κατέχονταί τε καὶ ἔχονται.
35   14b. ISOCR. xi 38 τοιούτους δὲ λόγους περὶ αὐτῶν τῶν θεῶν εἰρήκασιν
[nämlich die Dichter], οἵους οὐδεὶς ἂν περὶ τῶν ἐχθρῶν εἴπειν τολμήσειεν· οὐ

---

4 vgl. Kern S. 80f.   10 οὗτος Χάει ἱερόεντι G. Hermann wider die
Absicht des Dichters   νύχιος Herwerden   15 Text nach Wilam. un-
sicherer Herstellung.   Sicher ist nur, daß Orpheus als Ahnherr der
Kitharodik vor Terpander und Timotheos erscheint, wie oben B 9a
16 'Ορφεὺς χέλυν] ορινσυν Pap.   18 καλλιοπα Pap.   ἔπι] ενι Pap.
19 δ'] α Pap.   20 τευξε Pap: ζεῦξε Wilam.; Sinu beider Lesungen un-
sicher   22 ἄλλως Geel   25 Herodoros gewiß der Herakleenser vgl.
3 B 2; so auch Jacoby FGrHist. 31 F 12 ι 217   28 φάσμα B: φάν-
τασμα TW   30 διαμηχανήσασθαι W   ζῶν ἰέναι M: ζῆν ἰέναι T   33 αὖ
ἠρτημένοι TF: ἀνηρτημένοι W   36 οἵους Γ: ὅσους Θ: οὓς Λ   τολμήσειεν
εἰπεῖν ΘΛ

γὰρ μόνον κλοπὰς καὶ μοιχείας καὶ παρ' ἀνθρώποις θητείας αὐτοῖς ὠνείδισαν, ἀλλὰ καὶ παίδων βρώσεις καὶ πατέρων ἐκτομὰς καὶ μητέρων δεσμοὺς καὶ πολλὰς ἄλλας ἀνομίας κατ' αὐτῶν ἐλογοποίησαν. (39) ὑπὲρ ὧν τὴν μὲν ἀξίαν δίκην οὐκ ἔδοσαν, οὐ μὴν ἀτιμώρητοί γε διέφυγον, ἀλλ' οἱ μὲν ... [Homer, Hesiod], Ὀρφεὺς
5 δ' ὁ μάλιστα τούτων τῶν λόγων ἁψάμενος διασπασθεὶς τὸν βίον ἐτελεύτησεν.
    15 DIOD. v 64, 4 ἔνιοι δ' ἱστοροῦσιν, ὧν ἐστι καὶ Ἔφορος [FGrHist. 70
F 104 ΙΙ 68], τοὺς Ἰδαίους Δακτύλους γενέσθαι μὲν κατὰ τὴν Ἴδην τὴν ἐν Φρυγίαι, διαβῆναι δὲ μετὰ Μυγδόνος εἰς τὴν Εὐρώπην· ὑπάρξαντας δὲ γόητας ἐπιτηδεῦσαι τάς τε ἐπωιδὰς καὶ τελετὰς καὶ μυστήρια, καὶ περὶ Σαμοθράικην
10 διατρίψαντας οὐ μετρίως ἐν τούτοις ἐκπλήττειν τοὺς ἐγχωρίους· καθ' ὃν δὴ χρόνον καὶ τὸν Ὀρφέα, φύσει διαφόρωι κεχορηγημένον πρὸς ποίησιν καὶ μελωιδίαν, μαθητὴν γενέσθαι τούτων καὶ πρῶτον εἰς τοὺς Ἕλληνας ἐξενεγκεῖν τελετὰς καὶ μυστήρια.

    16. THEOPHR. char. 16, 11 καὶ ὅταν ἐνύπνιον ἴδηι [der δεισιδαίμων], πορεύ-
15 εσθαι πρὸς τοὺς ὀνειροκρίτας, πρὸς τοὺς μάντεις, πρὸς τοὺς, ὀρνιθοσκόπους ἐρωτήσων τίνι θεῶν ἢ θεᾶι εὔχεσθαι δεῖ, καὶ τελεσθησόμενος πρὸς τοὺς Ὀρφεο-τελεστὰς κατὰ μῆνα πορεύεσθαι μετὰ τῆς γυναικὸς (ἐὰν δὲ μὴ σχολάζηι ἡ γυνή, μετὰ τῆς τίτθης) καὶ τῶν παίδων. Vgl. Demosth. d. cor. 129. 259.

B. ALTBEZEUGTE FRAGMENTE

20 1 [14 Kern]. PLAT. Phileb. 66 c (nach Aufzählung der fünf Güter) 'ἕκτηι δ' ἐν γενεᾶι', φησὶν Ὀρφεύς, 'καταπαύσατε κόσμον ἀοιδῆς', ἀτὰρ κινδυνεύει καὶ ὁ ἡμέτερος λόγος ἐν ἕκτηι καταπεπαυμένος εἶναι κρίσει.

2 [15]. — Cratyl. 402 Β C ὥσπερ αὖ Ὅμηρος "Ὠκεανόν τε
25 θεῶν γένεσίν' φησιν 'καὶ μητέρα Τηθύν' [Ζ 201]. οἶμαι δὲ καὶ Ἡσίοδος [Theog. 337]. λέγει δέ που καὶ Ὀρφεὺς ὅτι

Ὠκεανὸς πρῶτος καλλίρροος ἦρξε γάμοιο,
ὅς ῥα κασιγνήτην ὁμομήτορα Τηθὺν ὄπυιεν.

1. Aber mit dem sechsten Geschlecht beendet den wohlgeordneten Gesang!

2. Okeanos als erster, der schönfließende, begann mit der Hochzeit, der ja die Schwester von der gleichen Mutter her Tethys freite.

2 δεσμοὺς Γ¹: συνουσίας Γ²ΘΛ   3 κατὰ τούτων ἐλογοποίησαν Θ: ἐλογο-ποίησαν κατὰ τούτων Λ.   Vgl. 21 Β 11   5 τῶν τοιούτων ΘΛ   8 μετ' ἀμύγδονος D: μετὰ μυγδώνος F: μετὰ μίνωος Α   16 »θεῷ ἢ θεᾷ recc. (contra formulam); immo θεῶν [ἢ θεᾷ] vel θεῶν ἢ θύειν ⟨ἢ⟩ scribe« Diels Oxf. Ausg. 17 κατὰ μῆνα] monatliche Erneuerung der Weihen? Diels   22 κόσμον] θυμὸν Plut. De E ap. Delph. p. 391 D: οἶμον Kroll nach hom. Hermesh. 451

3 [8]. — — 400 BC καὶ γὰρ σῆμα τινές φασιν αὐτὸ εἶναι τῆς
ψυχῆς [nämlich τὸ σῶμα], ὡς τεθαμμένης ἐν τῶι νῦν παρόντι· καὶ
διότι αὖ τούτωι σημαίνει ἃ ἂν σημαίνηι ἡ ψυχή, καὶ ταύτηι σῆμα
ὀρθῶς καλεῖσθαι. δοκοῦσι μέντοι μοι μάλιστα θέσθαι οἱ ἀμφὶ Ὀρφέα
5 τοῦτο τὸ ὄνομα ὡς δίκην διδούσης τῆς ψυχῆς, ὧν δὴ ἕνεκα δίδω-
σιν, τοῦτον δὲ περίβολον ἔχειν, ἵνα σ ώ ι ζ η τ α ι, δεσμωτηρίου εἰκόνα.
εἶναι οὖν τῆς ψυχῆς τοῦτο, ὥσπερ αὐτὸ ὀνομάζεται, ἕως ἂν ἐκτείσηι
τὰ ὀφειλόμενα, ᾽σ ῶ μ α᾽, καὶ οὐδὲν δεῖν παράγειν οὐδὲ ἓν γράμμα.
Vgl. das Zeugnis des Philolaos (44 B 14) μαρτυρέονται δὲ καὶ οἱ
10 παλαιοὶ θεολόγοι τε καὶ μάντιες ὡς διά τινας τιμωρίας ἁ ψυχὰ . . .
καθάπερ ἐν σάματι τούτωι (τῶι σώματι) τέθαπται. Vgl. auch 44 B 15.

4 [4]. — rep. II 363 c Μουσαῖος δὲ τούτων [Hesiod und Homer]
νεανικώτερα τἀγαθὰ καὶ ὁ υἱὸς αὐτοῦ παρὰ θεῶν διδόασι τοῖς δι-
καίοις· εἰς Ἅιδου γὰρ ἀγαγόντες τῶι λόγωι καὶ κατακλίναντες καὶ
15 συμπόσιον τῶν ὁσίων κατασκευάσαντες ἐστεφανωμένους ποιοῦσι τὸν
ἅπαντα χρόνον ἤδη διάγειν μεθύοντας, ἡγησάμενοι κάλλιστον ἀρετῆς
μισθὸν μέθην αἰώνιον. οἱ δ᾽ ἔτι τούτων μακροτέρους ἀποτίνουσιν
μισθοὺς παρὰ θεῶν· παῖδας γὰρ παίδων φασὶ καὶ γένος κατόπισθεν
λείπεσθαι τοῦ ὁσίου καὶ εὐόρκου. ταῦτα δὴ καὶ ἄλλα τοιαῦτα ἐγκω-
20 μιάζουσιν δικαιοσύνην· τοὺς δὲ ἀνοσίους αὖ καὶ ἀδίκους εἰς πηλόν
τινα κατορύττουσιν ἐν Ἅιδου καὶ κοσκίνωι ὕδωρ ἀναγκάζουσι φέρειν
ἔτι τε ζῶντας εἰς κακὰς δόξας ἄγοντες.

5 [3]. — 364 E βίβλων δὲ ὅμαδον παρέχονται Μουσαίου καὶ
Ὀρφέως, Σελήνης τε καὶ Μουσῶν ἐκγόνων, ὥς φασι, καθ᾽ ἃς θυη-
25 πολοῦσι πείθοντες οὐ μόνον ἰδιώτας ἀλλὰ καὶ πόλεις, ὡς ἄρα λύσεις
τε καὶ καθαρμοὶ ἀδικημάτων διὰ θυσιῶν καὶ παιδιᾶς ἡδονῶν εἰσι

3. Der Leib (σῶμα) der Gewahrsam (σώιζει) der Seele.

5. Reinigende Opferweihen (für Lebende und Tote).

1ff. nach Platon wäre also das erste Gleichnis gerade nicht orphisch,
trotz des Zeugnisses des Philolaos   3 σημήνη T   4 μοι fehlt Stob.
5 δὴ Heindorf: δὲ Hss.   7 τοῦτο αὐτό, ὥσπερ stellt Stob.   8 σῶμα
Stob.: τὸ σῶμα Hss.   οὐδὲν BT, Stob.: οὐδὲ Gudian. 44   οὐδὲ ἓν Diels:
οὐδὲν B, Stob.: οὐδὲ T   9ff. vgl. Wilamowitz Glaube d. Hellenen II 199
13 υἱός] Eumolpos ? Jedenfalls meint Plato hier die Orphiker vgl. Plut.
comp. Cim.-Luc. 2 Πλάτων ἐπισκώπτει τοὺς περὶ τὸν Ὀρφέα τοῖς εὖ βεβιωκόσι
φάσκοντας ἀποκεῖσθαι γέρας ἐν Ἅιδου μέθην αἰώνιον   17 ἀποτείνουσιν A:
verb. Monac. B (= ἀποτίνεσθαί φασιν, wie oben διδόασι)   23 βίβλων]
vgl. Dieterich Kl. Schrift. S. 452 Friedländer Platon I 126   ὅμαδον]
ὁρμαθὸν Lobeck Agl. I 643 mit Parall.   24 ἐγγόνων Hss.   26 διὰ
AM: μετὰ F   [ἡδονῶν] Madvig

μὲν ἔτι ζῶσιν, εἰσὶ δὲ καὶ τελευτήσασιν, ᾶς δὴ τελετὰς καλοῦσιν,
αἳ τῶν ἐκεῖ κακῶν ἀπολύουσιν ἡμᾶς, μὴ θύσαντας δὲ δεινὰ περιμένει.
5a [11]. PLAT. Legg. II 669D ποιηταὶ δ' ἀνθρώπινοι σφόδρα τὰ
τοιαῦτα [unpassende Töne] ἐμπλέκοντες καὶ συγκυκῶντες ἀλόγως
5 γέλωτ' ἂν παρασκευάζοιεν τῶν ἀνθρώπων ὅσους φησὶν 'Ορφεύς
λαχεῖν ὥραν τῆς τέρψιος.

6 [21]. — — IV 715E ὁ μὲν δὴ θεός, ὥσπερ καὶ ὁ παλαιὸς λόγος,
ἀρχήν τε καὶ τελευτὴν καὶ μέσα τῶν ὄντων ἁπάντων
ἔχων, εὐθείαι περαίνει κατὰ φύσιν περιπορευόμενος. τῶι δ' ἀεὶ
10 ξυνέπεται Δίκη τῶν ἀπολειπομένων τοῦ θείου νόμου τιμωρός, ἧς ὁ
μὲν εὐδαιμονήσειν μέλλων ἑχόμενος ξυνέπεται ταπεινὸς καὶ κεκοσμη-
μένος, ὁ δέ τις ἐξαρθεὶς ὑπὸ μεγαλαυχίας, ἢ χρήμασιν ἐπαιρόμενος ἢ
τιμαῖς, ἢ καὶ σώματος εὐμορφίαι ἅμα νεότητι καὶ ἀνοίαι φλέγεται
τὴν ψυχὴν μεθ' ὕβρεως . . ., καταλείπεται ἔρημος θεοῦ, καταλειφθεὶς δὲ
15 καὶ ἔτι ἄλλους τοιούτους προσλαβὼν σκιρτᾶι ταράττων πάντα ἅμα,
καὶ πολλοῖς τισιν ἔδοξεν εἶναί τις, μετὰ δὲ χρόνον οὐ πολὺν ὑποσχὼν
τιμωρίαν οὐ μεμπτὴν τῆι Δίκηι ἑαυτόν τε καὶ οἶκον καὶ πόλιν ἄρδην
ἀνάστατον ἐποίησεν. Vgl. PSEUDARIST. de mundo 7 [Orph. fr.
21a, 2 Kern] Ζεὺς κεφαλή, Ζεὺς μέσσα, Διὸς δ' ἐκ πάντα
20 τέτυκται.

6a [12]. — — VIII 829DE μηδέ τινα τολμᾶν ᾄδειν ἀδόκιμον μοῦσαν
μὴ κρινάντων τῶν νομοφυλάκων, μηδ' ἂν ἡδίων ἦι τῶν Θαμύρου τε
καὶ 'Ορφείων ὕμνων.

5a. Die Zeit des (Geschlechts)genusses erlangen.

6. Die Gottheit hält Anfang und Ende und Mitte von allem. —
Zeus das Haupt, Zeus die Mitte, aus Zeus aber ist alles geschaffen.

---

1 τελετὰς] A 11, 1   5. 6 ὅσσοι ⟨ἥβης μέτρον ἵκοντο,⟩ λάχον δέ τε τέρψιος
ὥρην Lobeck   9 πορευόμενος [Ar.] de mundo   11 καὶ κεκοσμημένος
Rand A, tilgte Schanz   12 ὁ δέ τις Hss., Clem., Eus., Stob.: εἰ δέ τις
Plut., Theodor.   19 κεφαλή] ἀρχὴ Schol. Plat.   20 τέτυκται Hss.;
Procl. in Tim. I 313, 21; Porphyr. περὶ ἀγαλμάτων ed. Bidez (Vie de
Porph. p. 3*) vgl. auch 21 B 34, 4: τέτεκται Stob.: πέφυκε Procl. theol.
Plat. VI 8, 363: τελεῖται Diels (2. Aufl.) wie Orph. 247, 10 K., da κεφαλὴ
nicht = τέλος sein kann (wie Gruppe will Fleckeis. Jahrb. Suppl. XVII 705).
Die Konjektur scheinen die von Helmreich edierten Galenscholien
(Handschr. Studien z. Gal. I Ansbacher Progr. 1910 S. 30 n. 97) zu be-
stätigen: φησὶ δὲ 'Ορφεύς· Ζεύς . . . πάντα τελεῖται', Neuplat. Quelle? Be-
ziehungen zu persischer Weisheit nachgewiesen von Götze Zeitschr. f. Indol.
u. Iran. 2 (1923) 167ff., noch weitergehend Reitzenstein Stud. z. ant.
Synkret. Aus Iran u. Griech. S. 71ff.

7 [13]. — Symp. 218B πάντες γὰρ κεκοινωνήκατε τῆς φιλοσόφου
[Sokrates] μανίας τε καὶ βακχείας· διὸ πάντες ἀκούσεσθε ... οἱ δὲ
οἰκέται, καὶ εἴ τις ἄλλος ἐστὶν βέβηλός τε καὶ ἄγροικος, πύλας πάνυ
μεγάλας τοῖς ὠσὶν ἐπίθεσθε. Vgl. IUST. coh. 15 [Orph. fr. 245, 1 K.]
5 φθέγξομαι οἷς θέμις ἐστί· θύρας δ' ἐπίθεσθε βέβηλοι.

8 [16]. — Tim. p. 40D περὶ δὲ τῶν ἄλλων δαιμόνων εἰπεῖν καὶ
γνῶναι τὴν γένεσιν μεῖζον ἢ καθ' ἡμᾶς, πειστέον δὲ τοῖς εἰρηκόσιν
ἔμπροσθεν, ἐκγόνοις μὲν θεῶν οὖσιν, ὡς ἔφασαν, σαφῶς δέ που
τούς γε αὐτῶν προγόνους εἰδόσιν ... οὕτως οὖν κατ' ἐκείνους ἡμῖν
10 ἡ γένεσις περὶ τούτων τῶν θεῶν ἐχέτω καὶ λεγέσθω· Γῆς τε καὶ
Οὐρανοῦ παῖδες Ὠκεανός τε καὶ Τηθὺς ἐγενέσθην, τού-
των δὲ Φόρκυς Κρόνος τε καὶ Ῥέα καὶ ὅσοι μετὰ τούτων,
ἐκ δὲ Κρόνου καὶ Ῥέας Ζεὺς Ἥρα τε καὶ πάντες ὅσους
ἴσμεν ἀδελφοὺς λεγομένους αὐτῶν, ἔτι τε τούτων ἄλλους
15 ἐκγόνους.

9 [24]. ARIST. Metaph. Λ 6. 1071b 26 καίτοι εἰ ὡς λέγουσιν οἱ
θεολόγοι οἱ ἐκ Νυκτὸς γεννῶντες ἢ ὡς οἱ φυσικοί 'ἦν ὁμοῦ πάντα
χρήματα' [59 B 1] φασί, τὸ αὐτὸ ἀδύνατον. Ν 4. 1091b 4 οἱ δὲ ποιηταὶ
οἱ ἀρχαῖοι ταύτηι ὁμοίως, ἧι βασιλεύειν καὶ ἄρχειν φασὶν οὐ τοὺς πρώ-
20 τους οἷον Νύκτα καὶ Οὐρανὸν ἢ Χάος ἢ Ὠκεανόν, ἀλλὰ τὸν Δία.

10 [25]. — — Α 3. 983b 27 εἰσὶ δέ τινες οἳ καὶ τοὺς παμπαλαίους
καὶ πολὺ πρὸ τῆς νῦν γενέσεως καὶ πρώτους θεολογήσαντας οὕτως
[wie Thales] οἴονται περὶ τῆς φύσεως ὑπολαβεῖν· Ὠκεανόν τε γὰρ
καὶ Τηθὺν ἐποίησαν τῆς γενέσεως πατέρας [s. B 2] καὶ τὸν ὅρκον
25 τῶν θεῶν ὕδωρ, τὴν καλουμένην ὑπ' αὐτῶν Στύγα τῶν ποιητῶν·
τιμιώτατον μὲν γὰρ τὸ πρεσβύτατον· ὅρκος δὲ τὸ τιμιώτατόν ἐστιν.
εἰ μὲν οὖν ἀρχαία τις αὕτη καὶ παλαιὰ τετύχηκεν οὖσα περὶ τῆς
φύσεως ἡ δόξα, τάχ' ἂν ἄδηλον εἴη [s. B 11].

---

7. Macht aber die Türen zu, ihr Ungeweihten!

8. (Orpheus und die Seinen) Sprößlinge der Götter. — Als der Ge
und des Uranos Kinder entstanden Okeanos und Tethys, als dieser aber
Phorkys, Kronos und Rhea und soviele mit ihnen sind, aus Kronos
aber und Rhea Zeus, Hera und alle, soviele nach unserem Wissen
als ihre Brüder gezählt werden, außerdem von diesen andere Sprößlinge.

---

3 τις TW Pap.: τι B   5 auch 1. Vershälfte wohl alt vgl. 31 B 3, 4;
βεβήλοις wichtige Variante (s. Kern)   6 δαιμονίων A¹   9 εἰδόσιν A²:
εἰδότων A¹ F, Philop., Clem., Eus.   17 ὡς und ἦν fehlt E   21ff. will
nur auf Hom. Ζ 201 und Hesiod Theog. 776 beziehen Wilamowitz Glaube
d. Hellenen II 200, doch vgl. B 2. 13   21 παλαιούς A   25 [τῶν ποιη-
τῶν] Christ

10 1 [66]. ORPHEUS

10a [26]. ARIST. de gen. anim. B 1. 734a 16 ἢ γάρ τοι ἅμα πάντα γίγνεται τὰ μόρια, οἷον καρδία πλεύμων ἧπαρ ὀφθαλμὸς καὶ τῶν ἄλλων ἕκαστον, ἢ ἐφεξῆς ὥσπερ ἐν τοῖς καλουμένοις Ὀρφέως ἔπε-σιν· ἐκεῖ γὰρ ὁμοίως φησὶ γίγνεσθαι τὸ ζῷον τῇι τοῦ δικτύου
5 πλοκῆι [vgl. ob. S. 2, 3. 13].

11 [27]. — de anima A 5. 410b 22 φαίνεται γὰρ τά τε φυτὰ ζῆν οὐ μετέχοντα φορᾶς οὐδ' αἰσθήσεως καὶ τῶν ζῴων πολλὰ διάνοιαν οὐκ ἔχειν. εἰ δέ τις καὶ ταῦτα παραχωρήσειε καὶ θείη τὸν νοῦν μέρος τι τῆς ψυχῆς, ὁμοίως δὲ καὶ τὸ αἰσθητικόν, οὐδ' ἂν οὕτω λέγοιεν
10 καθόλου περὶ πάσης ψυχῆς οὐδὲ περὶ ὅλης οὐδεμιᾶς. τοῦτο δὲ πέ-πονθε καὶ ὁ ἐν τοῖς Ὀρφικοῖς ἔπεσι καλουμένοις λόγος· φησὶ γὰρ τὴν ψυχὴν ἐκ τοῦ ὅλου εἰσιέναι ἀναπνεόντων, φερομένην ὑπὸ τῶν ἀνέμων. Dazu Philop. p. 186, 24 'λεγομένοις' εἶπεν, ἐπειδὴ μὴ δοκεῖ Ὀρφέως εἶναι τὰ ἔπη, ὡς καὶ αὐτὸς ἐν τοῖς Περὶ φιλοσοφίας λέγει [fr. 7 Rose]·
15 αὐτοῦ μὲν γάρ εἰσι τὰ δόγματα, ταῦτα δέ φασιν Ὀνομάκριτον ἐν ἔπεσι κατατεῖναι. Vgl. unten c. 15 Z. 1. AELIAN. V. H. VIII 6 τῶν ἀρχαίων φασὶ Θραικῶν μηδένα ἐπίστασθαι γράμματα . . . ἔνθεν τοι καὶ τολμῶσι λέγειν μηδὲ τὸν Ὀρφέα σοφὸν γεγονέναι Θρᾶικα ὄντα, ἀλλ' ἄλλως τοὺς μύθους αὐτοῦ κατεψεῦσθαι· ταῦτα Ἀνδροτίων λέγει
20 [fr. 36 FHG I 375]. TATIAN 41 p. 42, 4 Ὀρφεὺς δὲ κατὰ τὸν αὐτὸν χρόνον Ἡρακλεῖ γέγονεν, ἄλλως τε καὶ τὰ εἰς αὐτὸν ἐπιφερόμενά φασιν ὑπὸ Ὀνομακρίτου τοῦ Ἀθηναίου συντετάχθαι γενομένου κατὰ τὴν Πεισιστρατιδῶν ἀρχὴν περὶ τὴν πεντηκοστὴν ὀλυμπιάδα [580 —577]. τοῦ δὲ Ὀρφέως Μουσαῖος μαθητής.
25 **12** [28]. DAMASC. d. princ. 124 [I 319, 8 Ruelle] ἡ δὲ παρὰ τῶι Περιπατητικῶι Εὐδήμωι [fr. 117 Speng.] ἀναγεγραμμένη ὡς τοῦ Ὀρ-φέως οὖσα Θεολογία πᾶν τὸ νοητὸν ἐσιώπησεν . . . ἀπὸ δὲ τῆς Νυκτὸς ἐποιήσατο τὴν ἀρχήν, ἀφ' ἧς καὶ Ὅμηρος, εἰ καὶ μὴ συνεχῆ πεποίηται τὴν γενεαλογίαν, ἵστησιν· οὐ γὰρ ἀποδεκτέον Εὐδήμου
30 λέγοντος ὅτι ἀπὸ Ὠκεανοῦ καὶ Τηθύος ἄρχεται [Homer Ξ 302 Ὠκεα-νόν τε θεῶν γένεσιν καὶ μητέρα Τηθύν]· φαίνεται γὰρ εἰδὼς καὶ τὴν Νύκτα μεγίστην οὕτω θεόν, ὡς καὶ τὸν Δία σέβεσθαι αὐτήν· 'ἅζετο γὰρ μὴ Νυκτὶ θοῆι ἀποθύμια ῥέζοι' [Ξ 261]. ἀλλ' Ὅμηρος μὲν καὶ αὐτὸς ἀρχέσθω ἀπὸ Νυκτός. Ἡσίοδος δέ μοι δοκεῖ πρῶτον γενέσθαι

---

10 οὐδὲ μιᾶς E: οὐδὲ περὶ μιᾶς Simpl.   12 ἀναπνεόντων] vgl. 58 B 30
15 zu Onomakr. vgl. A 1 (I 1, 10ff.); 1b (I 2, 16); 2 A 5 (I 21, 13); B 20a
(I 26, 27ff.); zu seinen ἔπη vgl. Kern *Orph.* t. 191ff.   19 καταψεύσασθαι
Hss.: verb. Perizonius   23 Richtig wäre ⟨πέμπτην καὶ⟩ πεντηκοστὴν (560),
aber schon Clem. Str. I 131 (II 81, 3 St.) las so   28 καὶ V(enetus, arche-
typus): καὶ ὁ C (apogr.), Ausgg.   29 ἐνίστησιν verm. Kroll

τὸ Χάος ἱστορῶν τὴν ἀκατάληπτον τοῦ νοητοῦ καὶ ἡνωμένην παν-
τελῶς φύσιν κεκληκέναι Χάος, τὴν δὲ Γῆν [πρώτην] ἐκεῖθεν παράγειν
ὡς τινα ἀρχὴν τῆς ὅλης γενεᾶς τῶν θεῶν. εἰ μὴ ἄρα Χάος μὲν τὴν
δευτέραν τῶν δυεῖν ἀρχῶν, Γῆν δὲ καὶ Τάρταρον καὶ Ἔρωτα τὸ τρι-
5 πλοῦν νοητόν, τὸν μὲν Ἔρωτα ἀντὶ τοῦ τρίτου, ὡς κατὰ ἐπιστροφὴν
θεωρούμενον (τοῦτο γὰρ οὕτως ὀνομάζει καὶ Ὀρφεὺς ἐν ταῖς Ῥα-
ψωιδίαις) ... [Vgl. 123 = 60 K. (316, 18 R.) ἐν μὲν τοίνυν ταῖς φερο-
μέναις ταύταις Ῥαψωιδίαις Ὀρφικαῖς ἡ θεολογία ἥδε τίς ἐστιν ἡ περὶ
τὸ νοητόν, ἣν καὶ οἱ φιλόσοφοι διερμηνεύουσιν, ἀντὶ μὲν τῆς μιᾶς
10 τῶν ὅλων ἀρχῆς τὸν Χρόνον τιθέντες, ἀντὶ δὲ τοῖν δυεῖν Αἰθέρα
καὶ Χάος, ἀντὶ δὲ τοῦ ὄντος ἁπλῶς τὸ ὠιὸν ἀπολογιζόμενοι, καὶ
τριάδα ταύτην πρώτην ποιοῦντες· εἰς δὲ τὴν δευτέραν τελεῖν ἤτοι
τὸ κυούμενον καὶ τὸ κύον ὠιὸν τὸν θεὸν ἢ τὸν ἀργῆτα χιτῶνα ἢ
τὴν νεφέλην, ὅτι ἐκ τούτων ἐκθρώσκει ὁ Φάνης· ἄλλοτε γὰρ ἄλλα
15 περὶ τοῦ μέσου φιλοσοφοῦσιν ... τὴν δὲ τρίτην τὸν Μῆτιν ὡς νοῦν,
τὸν Ἡρικεπαῖον ὡς δύναμιν, τὸν Φάνητα αὐτὸν ὡς πατέρα ...
τοιαύτη μὲν ἡ συνήθης Ὀρφικὴ θεολογία. ACHILL. isag. 4 p. 33, 17
Maass τὴν δὲ τάξιν, ἣν δεδώκαμεν τῶι σφαιρώματι, οἱ Ὀρφικοὶ
λέγουσι παραπλησίαν εἶναι τῆι ἐν τοῖς ὠιοῖς· ὃν γὰρ ἔχει λόγον τὸ
20 λέπυρον ἐν τῶι ὠιῶι, τοῦτον ἐν τῶι παντὶ ὁ οὐρανός, καὶ ὡς ἐξήρτηται
τοῦ οὐρανοῦ κυκλοτερῶς ὁ αἰθήρ, οὕτως· τοῦ λεπύρου ὁ ὑμήν.]

13 [54]. DAMASC. 123 bis [I 317, 15 R.] ἡ δὲ κατὰ τὸν Ἱερώνυμον
φερομένη καὶ Ἑλλάνικον (näml. Ὀρφικὴ θεολογία), εἴπερ μὴ καὶ ὁ
αὐτός ἐστιν, οὕτως ἔχει · ὕδωρ ἦν, φησίν, ἐξ ἀρχῆς καὶ ὕλη, ἐξ ἧς
25 ἐπάγη ἡ γῆ, δύο ταύτας ἀρχὰς ὑποτιθέμενος πρῶτον, ὕδωρ καὶ
γῆν ... τὴν δὲ τρίτην ἀρχὴν μετὰ τὰς δύο γεννηθῆναι μὲν ἐκ τούτων,

---

2 Γῆν] τὴν V: verb. Lobeck   [ ] Kranz   4 Γῆν] τὴν V: verb. Taylor
6 θεωρουμένην M: verb. Holwerda *Mnemosyne* 22 (1894) 298   ὀρφεὺς V:
ὁ ὀρφεὺς C, Ausgg.   8 ἥδε Diels: τοιάδε Kroll: δὲ V: δὴ Cod. Oxon.
13 ἀργῆτα V: ῥαγέντα Bentley cf. Dam. I 253, 12 R. οὐχὶ δὲ καὶ Ὀ. ἀπὸ
τοῦ ὠιοῦ παράγει καὶ τῆς νεφέλης ῥαγείσης τὸν πολυτίμητον Φάνητα ...;
15 ὡς νοῦν am Rand, vom Revisor falsch getilgt.   Die sechs Generationen
[vgl. B 1] dieser bei den Neuplatonikern üblichen, vermutlich späten
Redaktion scheinen gewesen zu sein: 1) Χρόνος, Αἰθήρ ~ Χάος 2) ὠιόν
3) Φάνης (= Μῆτις, Ἡρικεπαῖος) ~ Νύξ 4) Οὐρανός ~ Γαῖα 5) Ζεύς ~ Περσε-
φόνη 6) Διόνυσος Ζαγρεύς   19 τῆι ἐν Maass: τὴν ἐν V: fehlt M   20 τοῦτον
ἔχειν ἐν M   ὁ οὐρανός Maass: τὸν οὐρανὸν Hss.   ἐξερύηται V   21 ὁ (vor
αἰθήρ) fehlt V   22ff. vgl. H. Gomperz *Herm.* 67 (1932) 161ff.   Ἱερώ-
νυμον] etwa der bei Ioseph. Antiqu. iud. I 94 genannte Ἱερ. ὁ Αἰγύπτιος
ὁ τὴν Ἀρχαιολογίαν τὴν Φοινικικὴν συγγραψάμενος?   25 πρῶτος so V
(Archet.): verb. Apogr.

ὕδατός φημι καὶ γῆς, δράκοντα δὲ εἶναι κεφαλὰς ἔχοντα προσπε-
φυκυίας ταύρου καὶ λέοντος, ἐν μέσωι δὲ θεοῦ πρόσωπον, ἔχειν δὲ καὶ
ἐπὶ τῶν ὤμων πτερά, ὠνομάσθαι δὲ Χρόνον ἀγήραον καὶ Ἡρα-
κλῆα τὸν αὐτόν. συνεῖναι δὲ αὐτῶι τὴν Ἀνάγκην, φύσιν οὖσαν
5 τὴν αὐτὴν καὶ Ἀδράστειαν, ἀσώματον διωργυιωμένην ἐν παντὶ
τῶι κόσμωι, τῶν περάτων αὐτοῦ ἐφαπτομένην. ταύτην οἶμαι λέγε-
σθαι τὴν τρίτην ἀρχὴν κατὰ τὴν οὐσίαν ἑστῶσαν, πλὴν ὅτι ἀρσενό-
θηλυν αὐτὴν ὑπεστήσατο πρὸς ἔνδειξιν τῆς πάντων γεννητικῆς
αἰτίας ... ὁ Χρόνος οὗτος ὁ δράκων γεννᾶται τριπλῆν γονήν·
10 Αἰθέρα, φησί, νοτερὸν καὶ Χάος ἄπειρον καὶ τρίτον ἐπὶ τούτοις
Ἔρεβος ὁμιχλῶδες ... ἀλλὰ μὴν ἐν τούτοις ὁ Χρόνος ὠιὸν ἐγέννη-
σεν ... καὶ τρίτον ἐπὶ τούτοις θεὸν ἀσώματον, πτέρυγας ἐπὶ τῶν
ὤμων ἔχοντα χρυσᾶς, ὃς ἐν μὲν ταῖς λαγόσι προσπεφυκυίας εἶχε
ταύρων κεφαλάς, ἐπὶ δὲ τῆς κεφαλῆς δράκοντα πελώριον παντοδαπαῖς
15 μορφαῖς θηρίων ἰνδαλλόμενον ... καὶ ἤδ' ἡ θεολογία Πρωτόγονον
ἀνυμνεῖ καὶ Δία καλεῖ πάντων διατάκτορα καὶ ὅλου τοῦ κόσμου·
διὸ καὶ Πᾶνα καλεῖσθαι. ATHENAG. 18 p. 20 Schw.... Ὀρφέως δὲ ὃς
καὶ τὰ ὀνόματα αὐτῶν [der Götter] πρῶτος ἐξηῦρεν καὶ τὰς γενέσεις
διεξῆλθεν καὶ ὅσα ἑκάστοις πέπρακται εἶπεν καὶ πεπίστευται παρ'
20 αὐτοῖς ἀληθέστερον θεολογεῖν, ὧι καὶ Ὅμηρος τὰ πολλὰ καὶ περὶ
θεῶν μάλιστα ἕπεται, καὶ αὐτοῦ τὴν πρώτην γένεσιν αὐτῶν ἐξ
ὕδατος συνιστάντος Ὠκεανός, ὅσπερ γένεσις πάντεσσι τέτυκται'
[Ξ 201]. ἦν γὰρ ὕδωρ ἀρχὴ κατ' αὐτὸν τοῖς ὅλοις, ἀπὸ δὲ τοῦ
ὕδατος ἰλὺς κατέστη, ἐκ δὲ ἑκατέρων ἐγεννήθη ζῶιον δράκων προσ-
25 πεφυκυῖαν ἔχων κεφαλὴν λέοντος, διὰ μέσου δὲ αὐτῶν θεοῦ πρόσω-
πον, ὄνομα Ἡρακλῆς καὶ Χρόνος. οὗτος ὁ Ἡρακλῆς ἐγέννησεν
ὑπερμέγεθες ὠιόν, ὃ συμπληρούμενον ὑπὸ βίας τοῦ γεγεννηκότος
ἐκ παρατριβῆς εἰς δύο ἐρράγη. τὸ μὲν οὖν κατὰ κορυφὴν αὐτοῦ
Οὐρανὸς εἶναι ἐτελέσθη, τὸ δὲ κάτω ἐνεχθὲν Γῆ· προῆλθε δὲ καὶ
30 θεός τις δισώματος. Οὐρανὸς δὲ Γῆι μιχθεὶς γεννᾶι θηλείας μὲν
Κλωθὼ Λάχεσιν Ἄτροπον, ἄνδρας δὲ Ἑκατόγχειρας Κόττον
Γύγην Βριάρεων καὶ Κύκλωπας Βρόντην καὶ Στερόπην
καὶ Ἄργην· οὓς καὶ δήσας κατεταρτάρωσεν, ἐκπεσεῖσθαι αὐτὸν ὑπὸ

---

3 ἀγήρατον V   9 γεννᾶται] aus sich   τριπλῆν γονήν] so V   10 φημὶ
Lobeck   νοτερὸν V: νοερὸν falsch Apogr.   15 ἤδε ἡ apogr. B: ἤδε ἡ
M (Kroll): ἤδη V   25 vgl. Norden Herm. 28 (1893) 614   29 κάτω
κατενεχθὲν Hs.: verb. Schwartz   30 τις δισώματος Lobeck (mannweib-
lich): γη διὰ σώματος Hs.: τρίτος ἤδη ἀσώματος Th. Gomperz   31 ἀτρα-
πὸν Hs.   δὲ] τε Hs.   κόττυν γύνη Hs.   32 Βρόντην] κρότην Hs.
32ff. vgl. B 16 (1 15, 14f.)   33 ἄργον Hᵃ

τῶν παίδων τῆς ἀρχῆς μαθών. διὸ καὶ ὀργισθεῖσα ἡ Γῆ τοὺς Τιτᾶ-
νας ἐγέννησεν·

κούρους δ᾽ Οὐρανίωνας ἐγείνατο πότνια Γαῖα,
οὓς δὴ καὶ Τιτῆνας ἐπίκλησιν καλέουσιν,
5 οὕνεκα τεισάσθην μέγαν Οὐρανὸν ἀστερόεντα.

14 [23]. [DEMOSTH.] c. Aristcg. ι 11 καὶ τὴν ἀπαραίτητον καὶ
σεμνὴν Δίκην ἣν ὁ τὰς ἁγιωτάτας τελετὰς ἡμῖν καταδείξας Ὀρφεὺς
παρὰ τὸν τοῦ Διὸς θρόνον φησὶ καθημένην πάντα τὰ τῶν
ἀνθρώπων ἐφορᾶν.

10 **15** [t. 221]. MARM. PAR. FGrHist. 239 A 14 II 995 ⟨ἀφ᾽ οὗ Ὀρφεὺς
ὁ Οἰάγρου καὶ Καλλιόπης⟩ υἱὸς τὴν ἑαυτοῦ ποίησιν ἐξέθηκε, Κόρης
τε ἁρπαγὴν καὶ Δήμητρος ζήτησιν καὶ τὸν αὐτου⟨ργηθέντα
αὐτῆι σπόρον, ὃν ἐδίδαξε τὸ πλῆ⟩θος(?) τῶν ὑποδεξαμένων τὸν
καρπόν... Vgl.Themist. or. 30 p. 422 Dind. ORPH. ARGON. 26 Δήμη-
15 τρός τε πλάνην καὶ Φερσεφόνης μέγα πένθος, θεσμοφόρος θ᾽ ὡς ἦν.

15a [49]. PAPYR. BEROL. 44 s. II v. Chr. [Berl. Klassikertexte
v 1, 8] (Paraphrase einer Orphischen Version des Demeterhymnus).
col. 1, 1ff. ⟨Ὀρφεὺς υἱὸς ἦν Οἰάγ⟩ρου καὶ Καλλιόπης τῆς ⟨Μούσης,
ὁ δὲ Μουσ⟩ῶν βασιλεὺς Ἀπόλλων τού⟨τωι ἐπέπνευσεν, ὅθεν⟩ ἔνθεος
20 γενόμενος ⟨ἐποίησεν τοὺς ὕμνους,⟩ οὓς ὀλίγα Μουσαῖος ἐπα⟨νορθώσας
κατέγρ⟩αψεν· παρέδωκεν δὲ ⟨τὰ Ὀρφέως ὄργι⟩α σέβεσθαι Ἕλλησίν
τε καὶ ⟨βαρβάροις, καὶ κ⟩α⟨θ᾽⟩ ἕκαστον σέβημα ἦν ἐ⟨πιμελέστατος
περὶ⟩ τελετὰς καὶ μυστήρια καὶ ⟨καθαρμοὺς καὶ⟩ μαντεῖα. τ⟨ὴ⟩ν

---

13. Uranionenjünglinge aber gebar die hehre Gaia, die sie ja auch
Titanen mit Beinamen nennen, weil sie Buße verlangten (Τιτῆνες : τίνε-
σθαι) von dem großen Uranos, dem bestirnten.

14. Dike neben dem Thron des Zeus sitzend schaut *auf das Tun
der Menschen* herab.

---

5 τισάσθην (mit Einschub der Glossen τιμωρήσωσιν ἢ τιμήσωσιν) Hs.
7 vgl. A 11, 1   10f. ⟨ ⟩ Böckh   12f. ⟨ ⟩ Diels: σπόρον καὶ τὸ πλῆθος
Wilamowitz, καὶ τὸ ἐκεῖθεν ἔθος Diels bei Hiller Inscr. Par. p. 105   16 Die
Version des paraphrasierten Gedichtes geht vermutlich auf die durch die
Lykomiden im Kulte (unten S. 14, 2) überlieferte Fassung zurück, die die
Orphiker des 6. Jahrh. der Sage mit Benutzung des hom. Hymnus ge-
geben hatten. PAUS. IX 27, 2 Ὠλῆνος δὲ ὕστερον Πάμφως τε ἔπη καὶ Ὀρφεὺς
ἐποίησαν· καὶ σφισιν ἀμφοτέροις πεποιημένα ἐστὶν ἐς Ἔρωτα, ἵνα ἐπὶ τοῖς δρω-
μένοις Λυκομίδαι καὶ ταῦτα ἄιδωσιν. ἐγὼ δὲ ἐπελεξάμην ἀνδρὶ ἐς λόγους ⟨ἐλθὼν⟩
δαιδουχοῦντι. Vgl. 2 B 20. Die teilweise sehr unsicheren Ergänzungen
stammen meist von Buecheler   19 ὁ δὲ Diels   τούτωι... ὅθεν erg.
Steegmann   21 ⟨τὰ Ὀ. ὄργι⟩α Diels

14   1 [66]. ORPHEUS

Δ⟨ή⟩μητρα θε⟨άν⟩ ... col. 2, 1ff. ⟨ἦν Ό⟩ρφεύς ⟨μὲ⟩ν Διὸς ἀδελφὴν
παραδέδωκεν, οἱ δὲ μητέρα· ὧν οὐθὲν τῶν εὐσεβούντων εἰς ἐπίμνη-
σιν ποιητέον.   ἔχει γὰρ ἐκ Διὸς καὶ Δήμητρος θυγατρὸς ἀρχήν, Φερ-
σεφόνη⟨ς ἵα πλ⟩εκούσης συμπαρουσῶν τῶν ⟨Ὠκεα⟩νοῦ θυγατέρων
5 ὧν ὀνόματα τα⟨ῦτα ἐκ τῶν⟩ Ὀρφέως ἐπῶν. (Folgen aus Homers
Demeterhymn. 418. 420—423.) col. 3: Beim Pflücken des Nar-
kissos wird Persephone von Aidoneus geraubt.   Zeus hilft dem
Bruder, indem er unter Donner und Blitz schwarze Schweine(?)
mit auflädt, mit denen Artemis und Athena in Verbindung gesetzt
10 werden.   Demeter eilt aus Sicilien herbei.   col 4 τὴν συμφοράζουσαν
στενάχειν ὑπὲρ τῆς θυγατρός· Καλλιόπης δὲ καὶ Κλεισιδίκης καὶ
Δημωνάσσης[?] μετὰ τῆς βασιλίσσης ἐφ' ὑδρείαν ἐλθουσῶν πυν-
θάνεσθαι τῆς Δήμητρος ὡς θνητῆς τινος, χρείας δ' ἕνεκά τινος αὐτὴν
παραγεγονέναι ὁ Μουσαῖος διὰ τῶν ἐπῶν αὐτοῦ λέγων ἐστίν.   Sinn
15 des Kultgebrauches von Krokos und Hyakinthos (?).   Folgen die
Verse des Demeterh. 8ff (Narkissos). col. 5: Flucht des Aidoneus =
Demeterh. 17. 32—36. Hekate. col. 6: Baubo (Königin) übergibt
Demeter ihren Sohn Demophon.   Er gedeiht wunderbar, gesalbt
mit Ambrosia, nachts durch das Feuer geweiht.   Baubo merkt
20 den Zauber und schreit (= D.-h. 249. 250).   Darauf Demeter:
ἄφρονες ἄνθρωποι δυστλήμονες ⟨οὔτε κακοῖο ὕμμιν ἐπ⟩ερ⟨χομένου
πρ⟩ογνώμονες οὔτ' ἀγαθοῖο.   Das Folgende weicht ab.   Dann
V. 263.   Der Knabe wird verbrannt.   col. 7: Die Göttin ent-
deckt sich: εἰμὶ δὲ Δημήτηρ ὡρηφόρ⟨ος ἀγλαό⟩δωρος.   τίς θεὸς
25 οὐράνιος ἠὲ θνητῶν ἀνθρώπων ἥρπασε Φερσεφόνην καὶ ⟨ἑὸν
φίλον ἦπα⟩φε θυμόν;   Folgt des Keleos Heimkehr und weiteres
im Pap.   Zerstörtes bis Triptolemos (7, 19).   Schluß 7, 20: ὅθεν
Κάθοδος λέγεται.

16 [29].   APOLLON. RHOD. I 494 ἂν δὲ καὶ Ὀρφεύς
30   495 λαιῆι ἀνασχόμενος κίθαριν πείραζεν ἀοιδῆς.
      ἤειδεν δ' ὡς γαῖα καὶ οὐρανὸς ἠδὲ θάλασσα

---

1 Anf. unbefriedigende Ergänzungen bei Allen Class. Rev. 21 (1907) 97
ἦν ... παραδέδωκεν las und erg. Crönert, aber ⟨ὁ Ό⟩ρφεύς ... Διὸς Wilcken
3 ποιητέον Diels: ποιηται Pap.: πεποίηται Schubart   ἔχει] verm. τὰ
μυστήρια (S. 13, 23)   4 ⟨ ⟩ Ludwich vgl. Pausan. IX 31, 9   28 Κάθοδος
λέγεται]»... Schlußworte, die gewissermaßen den Titel ... umschreiben.
Schrift wohl von derselben Hand, aber späterer Nachtrag.« Wilcken bei
Kern; anders Wilamowitz Glaube der Hellenen II 48, der überhaupt zu
vergleichen ist   29 ἀν] ἀνα L: verb. Guelferb.   31 — S. 15, 6 aus Empe-
dokles, nicht aus d. Orphica (Schol.)

τὸ πρὶν ἐπ' ἀλλήλοισι μιῆι συναρηρότα μορφῆι
νείκεος ἐξ ὀλοοῖο διέκριθεν ἀμφὶς ἕκαστα·
ἡδ' ὡς ἔμπεδον αἰὲν ἐν αἰθέρι τέκμαρ ἔχουσιν
500 ἄστρα σεληναίη τε καὶ ἠελίοιο κέλευθοι·
5 οὐρεά θ' ὡς ἀνέτειλε, καὶ ὡς ποταμοὶ κελάδοντες
αὐτῆισιν νύμφηισι καὶ ἑρπετὰ πάντ' ἐγένοντο. —
ἤειδεν δ' ὡς πρῶτον Ὀφίων Εὐρυνόμη τε
Ὠκεανὶς νιφόεντος ἔχον κράτος Οὐλύμποιο·
505 ὡς τε βίηι καὶ χερσὶν ὁ μὲν Κρόνωι εἴκαθε τιμῆς,
10 ἡ δὲ Ῥέηι, ἔπεσον δ' ἐνὶ κύμασιν Ὠκεανοῖο·
οἱ δὲ τέως μακάρεσσι θεοῖς Τιτῆσιν ἄνασσον,
ὄφρα Ζεὺς ἔτι κοῦρος, ἔτι φρεσὶ νήπια εἰδώς
Δικταῖον ναίεσκεν ὑπὸ σπέος, οἱ δέ μιν οὔπω
510 γηγενέες Κύκλωπες ἐκαρτύναντο κεραυνῶι
15 βροντῆι τε στεροπῆι τε· τὰ γὰρ Διὶ κῦδος ὀπάζει.

17 [32a].   Goldplättchen von Petelia c. 4.—3. Jahrh. v. Chr.
[I. G. xiv n. 638 Kaib. Harrison-Murray *Prolegomena* 1. Auflage
S. 661ff. Comparetti *Laminette Orfiche* (Fir. 1910) 32]. Weitere
Literatur zu dieser und den folgenden Nr. b. Kern*Orph*. S. 104; vgl.
20 auch Rathmann *Quaest. Pyth. Orphicae Emp.* Diss. Hal. 1933, 134f.

εὑρήσεις δ' Ἀίδαο δόμων ἐπ'·ἀριστερὰ κρήνην,
παρ' δ' αὐτῆι λευκὴν ἑστηκυῖαν κυπάρισσον·
ταύτης τῆς κρήνης μηδὲ σχεδὸν ἐμπελάσειας.
εὑρήσεις δ' ἑτέραν, τῆς Μνημοσύνης ἀπὸ λίμνης
25 5 ψυχρὸν ὕδωρ προρέον· φύλακες δ' ἐπίπροσθεν ἔασιν.
εἰπεῖν· Γῆς παῖς εἰμι καὶ Οὐρανοῦ ἀστερόεντος,
αὐτὰρ ἐμοὶ γένος οὐράνιον· τόδε δ' ἴστε καὶ αὐτοί·
δίψηι δ' εἰμ(ὶ) αὔη καὶ ἀπόλλυμαι· ἀλλὰ δότ' αἶψα
ψυχρὸν ὕδωρ προρέον τῆς Μνημοσύνης ἀπὸ λίμνης'.
30 10 καὐ⟨τοί⟩ σ⟨ο⟩ι δώσουσι πιεῖν θείης ἀπ⟨ὸ κρήν⟩ης,
καὶ τότ' ἔπειτ' ἄ⟨λλοισι μεθ'⟩ ἡρώεσσι ἀνάξει⟨ς.

7ff. sieht nicht als orphisch an Wil. *Glaube d. H.* II 200; ist es Phere-
kydeisch? Vgl. 7 A 11. B 4 (doch auch Kern *De Orphei ... Theog.* S. 60f.)
16 Diese Goldplättchen ('orphisch' nur im allg. Sinne) werden dem Toten
als Wegweiser und Erkennungsschein mitgegeben   23 Ähnliche Quellen
im Trophonion Paus. ix 39, 5   25 ψυχρὸν ὕδωρ] vgl. Schiff *Alex.*
Dipinti I 19 Wilam. *Hellenist. Dicht.* I 80¹   26 vgl. Orph. Hymn. 13, 6
(H. Gomperz *Wien. Stud.* 47, 1929, 23)   28 Die Vorlage selbst hatte
δίψηι δ' αὖος ἐγὼ wie B 17a 1   30 erg. Göttling; ἀπ⟨ὸ λίμν⟩ης Kaibel
31 Folgen drei verstümmelte Verse, in denen θανεῖσθ⟨αι⟩, τόδ' ἔγραψ⟨α⟩
und am Schluß σκότος ἀμφικαλύψας lesbar sind

17a [32b]. Goldplättchen von Eleuthernai (Kreta) 2. Jahrh.
v. Chr. [*B. C. Hell.* xvii 121. Harr.-Murr. 662. Comp. 37]

A. δίψαι αὖος ἐγὼ καὶ ἀπόλλυμαι. B. ἀλλὰ πιέμ ⟨μ⟩οι
κράνας αἰενάω ἐπὶ δεξιά, τῇ κυφάρισσος.
5　τίς δ' ἐσί; πῶ δ' ἐσί; A. Γᾶς υἱός ἠμι καὶ 'Ωρανῶ ἀστερόεντος.

18 [32c]. — von Thurioi ders. Zeit wie n. 17 [I. G. xiv,
641, 1. Comp. 1]

ἔρχομαι ἐκ κοθαρῶ⟨ν⟩, κοθαρὰ χθονί⟨ων⟩ βασίλεια,
Εὔκλῆς, Εὐβουλεύς τε καὶ ἀθάνατοι θεοὶ ἄλλοι·
10　καὶ γὰρ ἐγὼν ὑμῶν γένος ὄλβιον εὔχομαι εἶμεν,
ἀλλά με Μοῖρ(α) ἐδάμασσε καὶ ἀθάνατοι θεοὶ ἄλλοι
5 ⟨* * *⟩ καὶ ἀστεροβλῆτα κεραυνόν.
κύκλου δ' ἐξέπταν βαρυπενθέος ἀργαλέοιο,
ἱμερτοῦ δ' ἐπέβαν στεφάνου ποσὶ καρπαλίμοισι,
15　Δεσποίνας δ(ὲ) ὑπὸ κόλπον ἔδυν χθονίας βασιλείας·
ἱμερτοῦ δ' ἀπέβαν στεφάνου ποσὶ καρπαλίμοισι.
10 'ὄλβιε καὶ μακαριστέ, θεὸς δ' ἔσηι ἀντὶ βροτοῖο'.
ἔριφος ἐς γάλ' ἔπετον.

19 [32d]. — [I. G. xiv, 641, 2. Comp. 21]

20　ἔρχομαι ἐκ καθαρῶν [χθονίων] καθαρά, χθονίων βασίλεια,
Εὔκλε καὶ Εὐβουλεῦ καὶ ⟨ὅσοι⟩ θεοὶ δαίμονες ἄλλοι·
καὶ γὰρ ἐγὼν ὑμῶν γένος εὔχομαι ὄλβιον εἶναι,
ποινὰν δ' ἀνταπέτεισ(α) ἔργων ἕνεκ(α) οὔτι δικαίων,
εἴτε με Μοῖρ(α) ἐδαμάσατο (?) ⟨* * *
25　* * *⟩ στεροπῆτι κεραυνῶι.

---

1 Drei Exemplare.　αυοσαλ. σσ[= ἄλις?]εγω ein Ex. Der Inf. πιέν(?)
abhängig von einem in einem ausgelassenen Verse stehenden δότε wie in
n. 17 ? πίεμ μου Murray: πῐ' ἐγ μου W. Schulze　4 αἰενάω] zwei Exemplare
das seltenere αἰειρόω　5 Das überschüssige πῶ δ' ἐσί haben alle drei Ex.;
es geht auf die Abstammung = πόθεν εἶ, vgl. Wackernagel *Syntax* 1 299.
τίς δ' ἐσὶ πῶ; Γᾶς εἰμὶ ... Wil. *Glaube d. Hellenen* 11 187 A.　6 Nr. 18. 19 sind
Dubletten, deren dialektische und orthographische Varianten in den an-
geführten Ausgaben, zuletzt bei Kern, verzeichnet sind　11ff. vgl.
Radermacher *Rhein. Mus.* 67 (1913) 472　16 Zu ἀπέβαν hier statt ἐπέβαν 14
vgl. Eitrem *Opferritus* S. 53f. Nach Diels dagegen στέφανος = στεφάνη bei
Parmenides (28 A 37. B 12) die himmlische Sphäre, in der der Myste
nach dem Tode vor dem κύκλος γενέσεως bewahrt ist; dann auch hier ἐπέβαν
zu schreiben　18 vgl. Anm. zu 1 17, 13　20 ερχομαεκαρωισχθνωι
βα ... καθαραχονιωνβασιληα korr. nach einem dritten Exempl. (Comp. 6
S. 19)　21 ⟨ ⟩ Raderm.　24. 25 Das dritte Ex. (b) hat nur μοιραετερο-
πηιικαικεραυνο.; Comp. erg. στεροπή τε κεραυνῶν

νῦν δ' ἱκέτι⟨ς ἥ⟩κω παρ' ἀγαυὴν Φερσεφόνειαν,
ὥς με πρόφρων πέμψηι ἕδρας εἰς εὐαγέ⟨όν⟩τω⟨ν⟩.

19a [32g]. — von Rom [Harr.-Murr. 672. Diels in Kleinerts
Philotesia (Berl. 1907) 39. Comp. 43].

5   ἔρχεται ἐκ καθαρῶν καθαρά, χθονίων βασίλεια,
Εὔκλεες Εὐβουλεῦ τε, Διὸς τέκος ἀγλά', ἔχω δὲ
Μνημοσύνης τόδε δῶρον ἀοίδιμον ἀνθρώποισιν.
'Καικιλία Σκουνδεῖνα, νόμωι ἴθι δῖα γεγῶσα'.

20 [32f.]. — Thurioi [I. G. XIV 642. Comp. 6]

10   ἀλλ' ὁπόταμ ψυχὴ προλίπηι φάος ἀελίοιο,
δεξιὸν ε⟨ἴ⟩σ⟨ι⟩θι ἅς δεῖ τινα πεφυλαγμένον εὖ μάλα πάντα.
χαῖρε παθὼν τὸ πάθημα· τὸ δ' οὔπω πρόσθ(ε) ἐπεπόνθεις·
θεὸς ἐγένου ἐξ ἀνθρώπου· ἔριφος ἐς γάλα ἔπετες.
χαῖρε, χαῖρε, δεξιὰν ὁδοιπορ⟨ῶν⟩
15   λειμῶνάς τ(ε) ἱερούς καὶ ἄλσεα Φερσεφονείας.

21 [47].   Ebendaher [Diels, *Orphischer Demeterhymnus* (Fest-
schr. f. Gomperz) S. 1ff. Comp. 10]. Vgl. oben B 15 und Iustin.
coh. 17 (*Orph.* fr. 48 Kern).

---

1 παρ' ἀγαυὴν Diels: παιαγνη : ἀγνὴν las wohl der Schreiber   2 πει-
ψηεδραισεσευαγειωι : εὐαγειῶν verstand der Schreiber: ⟨ ⟩ Diels: εὐαγέων
(Pentameter!) Kaibel-Raderm.   6 ἀγλαά nach römischer Weise ver-
kürzt? richtig wäre ἀγλαόν   7 Μνημοσύνης δῶρον] nicht die Quelle
(B 17, 9), sondern das Täfelchen selbst, das von den Menschen gepriesen
wird (nach Hom. Z 358). Anders Comp.   8 Antwort der chthonischen
Götter: *Tritt ein, Du bist nach dem Gesetze zur Göttin geworden*; vgl.
B 20, 5f.   = Σεκουνδεῖνα   ἴθι ist sicher gelesen: αἰεί falsch Murr.,
Comp.   δια (oder θια [= θείά]) = δῖα in Anlehnung an *diva*; διαγεγῶσα(!)
Comp.   11 verdorben und wie B 21 mit prosaischer Paraphrase unter-
mischt oder lückenhaft; Text nach Kaibel und Comp. (vgl. Kern S. 108),
nach Diels nicht gefördert durch Olivieri (Lietzmann *Kl. Texte* 133, S. 16
und 27); die dorischen Formen wie B 21 und hier Z. 13 eingemischt;
der Weg rechts führt in das Elysium (Z. 14. B 17, 4ff.)   τινα ist jeden-
falls prosaische Interpolation   12 In den verschiedenen Stadien der
Metempsychose ist die Seele Lisher noch nicht zum letzten und höchsten,
der Apotheose, angelangt   13 ἔριφος κτλ.] »Orphisches Paßwort« vgl.
B 18, 11. Vgl. Delatte *Orphica Musée Belge* 40 (1913) 129ff.; zuletzt Vollgraff
Mededeel. d. Ak. v. Wetensch. 57 A nr. 2 Amsterd. 1924. Als ἔριφος wird der
Myste wegen der Beziehung zu Dionysos bezeichnet. Παρὰ δὲ Μεταποντίνοις
'Ερίφιος [sc. ἐκαλεῖτο Διόνυσος] Apollodor FGrHist. 244 F 132 II 1079 Et. gen.
s. v. ἔρεψα; Hes. s. v. ἔριφος. Also ἔριφος = junger βάκχος. S. auch Dieterich
Mithrasl. S. 171   15 nach der letzten Lesung (vgl. Kern z. St.)   16 »Nr. 21
habe ich selbst März 1903 nachgeprüft und Siebourgs Abschrift der

πρατογόνωι Γῆι ματρὶ ἔφη Κυβελήια Κόρρα·
.... Δήμητρος ... πανόπτα Ζεῦ ....
῞Ηλιε Πῦρ διὰ πάντ᾽ ἄστη νίσεαι, ὅτε Νίκαις
ἠδὲ Τύχαις ἐφάνης ⟨καὶ ὁμοῦ⟩ παμμήστορι Μοίραι,
5   5 τῆι τοι γάννυα πιαίνεις τῆι σῆι, κλυτὲ δαῖμον,
δεσποτείαι· τὶν πάντα δαμαστά, ⟨τὰ⟩ πάντα κρατυντά,
ἐμβρόντητα δὲ πάντα· ⟨τὰ⟩ Μοίρης τλητέα πάντη.
μητέρι Πῦρ μὲν μ᾽ ἄγ(ε), εἰ νῆστις οἶδ᾽ ⟨ὑπομεῖναι⟩,
ἑπτά τε νῆστιν νυξὶν ἢ μεθ᾽ ἡμέραν (?) ἐλινύεν.
10   10 ἑπτῆμαρ τὶν νῆστις ἔην, Ζεῦ ᾽Ολύμπιε καὶ πανόπτα
῞Αλιε ....
         *
      *   *

22 [33]. CLEM. Strom. v 49 (II 360 St.) οὐχὶ καὶ ᾽Επιγένης ἐν
τῶι Περὶ τῆς ᾽Ορφέως ποιήσεως τὰ ἰδιάζοντα παρ᾽ ᾽Ορφεῖ ἐκτιθέμενός

---

22. Webstäbe mit gebogenem Gestell (= *Pflüge*). Webketten
(= *Furchen*). Faden (=*Samen*). Tränen des Zeus (= *Regen*). Moiren,
weiß gewandete (= *Mondphasen*). Blümlein (= *Frühling*). Brachzeit
(= *Nacht*). Gorgoantlitz (= *Mond*). Aphrodite (= *Säezeit*).

---

schwierigen Tafel fast vollständig korrekt befunden. Einiges, was ich
anders las, werde ich bemerken. Die Varianten können hier nicht voll-
ständig gegeben oder gerechtfertigt werden. Die Herstellung ist überall
durchaus hypothetisch. Die Auffassung Murrays und Comparettis, daß die
Schrift dieser Tafel auf absichtlich unverständlicher Kryptographie beruhe,
ist ohne Grundlage. Denn die Verwünschüngstafeln haben ein total ab-
weichendes System.« Diels. Faksimile nach Olivieri wiederholt Kern S. 117.

    1 πρατοτονο] Dorisch und episch geht durcheinander oder steht neben-
einander   Κυβελήια (mit ᾰ) Diels: κυβελεια   3 Die Rolle, die Helios hier
spielt, erklärt sich wohl daraus, daß beim Fasten der Mysten (das hier
ätiologisch erklärt wird), wie beim Langen Tag der Juden u. b. Ramasan
d. Moham. das Verschwinden der Sonne das Signal zum Essen gab. Vgl.
Callim. h. Cerer. 6ff. Ovid. Fast. 4, 535 ἄστη] vgl. 28 B 1, 3   4 ⟨ ⟩ Diels
5 γαννυα] = γάνεα Buecheler   τῆι σῆι, κλυτὲ δαῖμον] τησυκλητεδαρμον
6 τὶν πάντα] τισπαντη   7 πάντη] τεαπη   8 οἶδ᾽] οιλ᾽   9 ημεραλεγινυετ
Der Vers ist zerstört.   Er konnte lauten: ἑπτά τε νῆστιν νύκτας ἰδ᾽ ἑπτῆμαρ
ἐλινύειν oder ἰδ᾽ ἡμέρᾶς ἑπτ᾽ ἐλινύειν. Vgl. Ovid. Metam. 10, 13 *septem tamen
ille* [Orpheus] *diebus squalidus in ripa Cereris sine munere sedit*   10 τὶν
νῆστις ἔην] τινηστιασταν. Über die Nesteia vgl. Arbesmann *Das Fasten
b. d. Griech. u. Röm. Rel. V. V.* XXI, 1   ᾽Ολύμπιε] ενορυπιε   11 αλιε
ist klar; dahinter nach 19 Buchst. las δυσσεβέ⟨ων⟩ ἄστακτα πυρός ... πε-
δίου ... ῾Ραδάμ⟨α⟩νθυ .... συμμήστορα Μοίρην Diels. Das Übrige in
Z. 7—10 der Tafel ist unleserlich oder zusammenhanglos   12 Epigenes

φησι 'κερκίσι καμπυλόχοισι' τοῖς ἀρότροις μηνύεσθαι, 'στήμοσι'
δὲ τοῖς αὔλαξι, 'μίτον' δὲ τὸ σπέρμα ἀλληγορεῖσθαι καὶ 'δάκρυα
Διός' τὸν ὄμβρον δηλοῦν, 'Μοίρας' τε αὖ τὰ μέρη τῆς σελήνης,
τριακάδα καὶ πεντεκαιδεκάτην καὶ νουμηνίαν· διὸ καὶ 'λευκοστό-
5 λους' αὐτὰς καλεῖν τὸν Ὀρφέα φωτὸς οὔσας μέρη. πάλιν 'ἄνθιον'
μὲν τὸ ἔαρ διὰ τὴν φύσιν, 'ἀργίδα' δὲ τὴν νύκτα διὰ τὴν ἀνάπαυσιν
καὶ 'Γοργόνιον' τὴν σελήνην διὰ τὸ ἐν αὐτῆι πρόσωπον, "Αφρο-
δίτην' τε τὸν καιρὸν καθ' ὃν δεῖ σπείρειν λέγεσθαι παρὰ τῶι θεο-
λόγωι. Vgl. 58 C 1. 2.

10 **23 [31].** Mysterienpapyrus aus dem Anfang des 3. Jahrh.
v. Chr., z. T. Palimpsest nach Wilcken; rechts fehlt ein
großes Stück [*Greek Papyri from Gurob edited by G. Smyly,
Cunningham Memoirs n.* 12, Dublin 1921 n. 1; M. Tierney *Classic.
Quart.* 16 (1922) 77].

15 . αστae.. ⟨ἵ⟩να εὕρηι
ωμα... υνλεγε
διὰ τὴν τελετήν
ἔτεμον ποινὰς πατέ⟨ρων
σῶισόμ με Βριμώ με
20 Δημήτηρ τε 'Ρέα
Κούρητές τε ἔνοπλοι
ωμεν
ἵ⟩να ποιῶμεν ἱερὰ καλά
. νηι κριός τε τράγος τε
25 ἀπερίσια δῶρα

. ου καὶ ἐπὶ ποταμοῦ νομῶι
ανων τοῦ τράγου
τὰ δὲ λοιπὰ [[κρα]] κρέα ἐσθιέτω
βέβηλ⟩ος μὴ ἐφοράτω
30 λλου ἀναθεὶς εἰς τὸ ἀνηιρε
αλων εὐχή (vacat)
νον καὶ Εὐβουλέα καλῶ
. ας ευιηας κικλήσκω
.. ιτοφίλους σὺ ἀπαυάνας
35 Δ⟩ήμητρος καὶ Παλλάδος ἡμῖν
βασι⟩λεῦ 'Ιρικεπαῖγε σῶισόμ με

---

alexandrinischer Grammatiker, daher wenigstens römische Orphica aus-
geschlossen; vgl. die Literaturang. bei Kern S. 109f.

1 καμπυλόχοισι Hesych.: καμπυλόχρωσι Clem.   Verstehe *vomeres rotis
instructi*   2 μίτον] vgl. Anm. zu ι 2, 3   δάκρυα] vgl. Orph.
fr. 354, 1 K. 58 C 2   3 vgl. Dieterich *Abrax.* S. 102ff. Heeg *Orph.* Έργα
κ. ἡμ. S. 38f.   4 τριακάδα] seltsame Dreiteilung!   7 Γοργόνιον] vgl. Plut.
de fac. in orb. 1. 29. 944 B; Lobeck *Agl.* II 840   15 Diels   17 διὰ
τὴν Diels: διοτοκιν las Sm.   18 πατέ⟨ρων (näml. der Titanen) ἔτεισα
Tierney: πατέ⟨ρος Kern; näml. Kronos   19 etwa με⟨γάλη Diels   27 ⟨τὰς
ὄρχεις λαμβ⟩άνων Sm.: τὴν καρδίαν λ. Tierney   28 λοιπὰ Sm.: ἀεργὰ
las Wilcken   κρα tilgte Sm.: vielleicht λείπακρα (= λίπακρα) κρέα
(*Fleischstücke ohne die Extremitäten*)?   Als Rest der ursprünglichen Schrift
sieht κρα an Wilcken   29 erg. Sm.   31 Γά⟩λλων Tierney   33 εὐρήας
(= εὐρείας) Wilcken; dagegen εὐιῆας (vgl. εὔιος) =˙ Μαινάδας? Kern (mündl.)
34 δα]ιτοφίλους oder σ]ιτοφίλους A. Körte *Arch. f. Pap.* 7, 250   36 βα-
σι⟩λεῦ Diels   'Ιρικεπαῖγε (= 'Ηρικεπαῖε) las Wilcken

Φάν〉ητα· εἰς Διόνυσος σύμβολα 5 καὶ ὅ σοι ἐδόθη ἀνηλῶσαι
υρα θεὸς διὰ κόλπου   ε〉ἰς τὸν κάλαθον ἐμβαλῖν
ν ἔπιον ὄνος βουκόλος   κ〉ῶνος ῥόμβος ἀστράγαλοι
γιας σύνθεμα· ἄνω κάτω τοῖς   ἡ ἔσοπτρος (vacat)

Zum Verständnis des Schlusses vgl. Kern bei *Pauly-Wissowa R.-E.*
10 XVI, 2 1238 (vgl. das σύνθημα 'Ελευσινίων). 1252.

---

2 [67]. MUSAIOS

A. LEBEN UND SCHRIFTEN

Vgl. ι 2, 15; 4, 29; 5, 3. 33; 7, 12. 23; 10, 24.

1. SUID. Μουσαῖος 'Ελευσίνιος ἐξ 'Αθηνῶν, υἱὸς 'Αντιφήμου τοῦ Εὐφήμου τοῦ
15 'Εκφάντου τοῦ Κερκυῶνος, ὃν κατεπολέμησεν ὁ Θησεύς, καὶ Σελήνης γυναικός.
ἐποποιός, μαθητὴς 'Ορφέως, μᾶλλον δὲ πρεσβύτερος. ἤκμαζε γὰρ κατὰ τὸν δεύτερον
Κέκροπα καὶ ἔγραψεν 'Υποθήκας Εὐμόλπωι τῶι υἱῶι ἔπη ‚δ καὶ ἄλλα πλεῖστα.

1a. HARPOCR. Μουσαῖος: Λυσίας πρὸς τὴν Μειξιδήμου γραφήν, εἰ γνήσιος,
[fr. 176, Sauppe O.A. 197b 17] 'καὶ δύο παῖδας αὐτῶι ἀκολούθους εἶναι, ὧν οὗτος
20 τὸν μὲν Μουσαῖον καλεῖ, τὸν δὲ 'Ησίοδον'. ὅτι μὲν ὁ κρινόμενος ἐπετήδευσε τοὺς
οἰκέτας οὕτω καλεῖν, δῆλον· περὶ δὲ Μουσαίου 'Αριστόξενος ἐν τοῖς Πραξιδαμαν-
τείοις [fr. 51 FHG II 284] φησίν, ὅτι οἱ μὲν ἐκ Θράικης εἰρήκασι τὸν ἄνδρα εἶναι,
οἱ δὲ αὐτόχθονα ἐξ 'Ελευσῖνος. εἰρήκασι δὲ περὶ αὐτοῦ ἄλλοι τε καὶ Γλαῦκος
[fr. 1 FHG II 23].

25 2. HERMESIANAX Leontion 15ff. [b. Ath. XIII 597D].

15 οὐ μὴν οὐδ' υἱὸς Μήνης ἀγέραστον ἔθηκεν
Μουσαῖος Χαρίτων ἤρανος 'Αντιόπην·
ἡ τε πολὺν μύστηισιν 'Ελευσῖνος παρὰ πέζαν
εὐασμὸν κρυφίων ἐξεφόρει λογίων,
30   'Ράριον ὀργειῶνι νόμωι διαποιπνύουσα
20 Δήμητρα· γνωστὴ δ' ἐστὶ καὶ εἰν 'Αίδηι.

3. [ARIST.] Mirab. 131. 843b1 φασὶν οἰκοδομούντων 'Αθηναίων τὸ τῆς Δήμη-
τρος ἱερὸν τῆς ἐν 'Ελευσῖνι περιεχομένην στήλην πέτραις εὑρεθῆναι χαλκῆν, ἐφ' ἧς
ἐπεγέγραπτο 'Δηιόπης τόδε σῆμα', ἣν οἱ μὲν λέγουσι Μουσαίου εἶναι γυναῖκα,
τινὲς δὲ Τριπτολέμου μητέρα γενέσθαι.

---

1 Diels; ιτα las Sm.   εἰς] vgl. Kern *Orph.* Index IV, 386   2 υρα
Wilcken: ηρα Sm.: εὗρον σωτ〉ῆρα Tierney   5 καὶ ὅ las Wilcken: γδιο Sm.
7 die Spielsachen des Dionysos-Zagreus; vgl.Clem. Protr. 2, 17 (I 14, 10 St.);
Kern fr. 34 S. 110   8 ἔσοπτρον Wilamowitz   Die zweite Kolumne gibt
nur einzelne Wörter ohne Zusammenhang   11 zu Musaios vgl. Kern *Or-*
phicor. Frag. t. 166—172 S. 50ff.   15 Κερκύονος Westermann   Σελήνης
Kust. nach Schol. Ar. Ran. 1033 (= 2 A 6): ἐλήνης V: ἐλένης AGFM
28 πολυμνηστησιν Hs.: verb. Bloomfield   30 οργιωνανεμωι Hs.: verb.
G. Hermann   διαποιπνωιουσα Hs.

3a. Schol. Soph. Oed. Col. 1053 τινὲς δέ φασι καὶ τὸν Εὔμολπον εὑρεῖν τὴν μύησιν τὴν συντελουμένην κατ' ἐνιαυτὸν ἐν Ἐλευσῖνι Δήμητρι καὶ Κόρηι. Ἄνδρων [FGrHist. 10 F 13 ι 163] μὲν οὖν γράφει οὐ ⟨τοῦτον⟩ τὸν Εὔμολπον εὑρεῖν ⟨τὴν⟩ μύησιν, ἀλλ' ἀπὸ τούτου Εὔμολπον πέμπτον γεγονότα· Εὐμόλπου γὰρ γενέσθαι

5 Κήρυκα, τοῦ δὲ Εὔμολπον, τοῦ δὲ Ἀντίφημον, τοῦ δὲ Μουσαῖον τὸν ποιητήν, τοῦ δὲ Εὔμολπον τὸν καταδείξαντα τὴν μύησιν καὶ ἱεροφάντην γεγονότα.

4. Diog. proem. ι 3 παρὰ μὲν Ἀθηναίοις γέγονε M., παρὰ δὲ Θηβαίοις Λίνος. καὶ τὸν μὲν Εὐμόλπου παῖδά φασι, ποιῆσαι δὲ Θεογονίαν καὶ Σφαῖραν πρῶτον, φάναι τε ἐξ ἑνὸς τὰ πάντα γίνεσθαι καὶ εἰς ταὐτὸν ἀναλύεσθαι [Lobon fr. 5 Crön.].

10 **5.** Paus. ι 22, 7 ἔτι δὲ τῶν γραφῶν [der Pinakothek] παρέντι τὸν παῖδα τὸν τὰς ὑδρίας φέροντα καὶ τὸν παλαιστήν, ὃν Τιμαίνετος ἔγραψεν, ἔστι Μουσαῖος· ἐγὼ δὲ ἔπη μὲν ἐπελεξάμην ἐν οἷς ἔστι πέτεσθαι Μουσαῖον, [ὑπὸ] Βορέου δῶρον, δοκεῖν δέ μοι πεποίηκεν αὐτὰ Ὀνομάκριτος· καὶ ἔστιν οὐδὲν Μουσαίου βεβαίως ὅτι μὴ μόνον ἐς Δήμητρα ὕμνος Λυκομίδαις [s. B 20].

15 **5a.** Plato rep. II p. 363 c Μουσαῖος δὲ τούτων (Hesiod u. Homer) νεανικώτερα τἀγαθὰ καὶ ὁ υἱὸς αὐτοῦ (Eumolpos) παρὰ θεῶν διδόασιν τοῖς δικαίοις· εἰς Ἅιδου γὰρ ἀγαγόντες τῶι λόγωι καὶ κατακλίναντες καὶ συμπόσιον τῶν ὁσίων κατασκευάσαντες ἐστεφανωμένους ποιοῦσιν τὸν ἅπαντα χρόνον ἤδη διάγειν με-θύοντας, ἡγησάμενοι κάλλιστον ἀρετῆς μισθὸν μέθην αἰώνιον... τοὺς δὲ ἀνοσίους

20 αὖ καὶ ἀδίκους εἰς πηλόν τινα κατορύττουσιν ἐν Ἅιδου καὶ κοσκίνωι ὕδωρ ἀναγκά-ζουσι φέρειν... (vollständig 1 B 4).

6. Schol. Aristoph. Ran. 1033 τὸν Μουσαῖον παῖδα Σελήνης καὶ Εὐμόλπου Φιλόχορος [fr. 200 FHG ι 417] φησιν. οὗτος δὲ παραλύσεις (?) καὶ τελετὰς καὶ καθαρμοὺς συνέθηκεν. ὁ δὲ Σοφοκλῆς χρησμολόγον αὐτόν φησι [fr. 1012]

25 **7.** Serv. Verg. Aen. VI 667 *theologus fuit iste* [Musaeus] *post Orpheum et sunt variae de hoc opiniones*: *nam eum alii Lunae filium, alii Orphei volunt, cuius eum constat fuisse discipulum. nam ad ipsum* [d. h. Musaeus] *primum carmen scripsit* [Orpheus 1 A 1], *quod appellatur Crater.*

8. Marmor. Par. FGrHist. 239 A 15 II 995 ⟨ἀφ' οὗ Εὔμολπος ὁ Μουσαίου

30 τοῦ ὑπ' Ὀρφέως τετελεσμέ⟩νου τὰ μυστήρια ἀνέφηνεν ἐν Ἐλευσῖνι καὶ τὰς τοῦ ⟨πατρὸς Μ⟩ουσαίου ποιήσεις ἐξέθηκ⟨εν ἔτη ΧΗΔ βασιλεύοντος Ἀθηνῶν Ἐρεχθέ⟩ως τοῦ Πανδίονος [1373 v. Chr.].

---

2 Ἄνδρων] vgl. Jacoby FGrHist. ι 480   3 ⟨τοῦτον⟩ Diels, statt τὸν Müller   ⟨τὴν⟩ Lascaris   7 Erwähnte Hss. des Diog. Laërt.: B(urbonicus 253 [III B 29]), P(arisinus 1759), F(lorentinus 69, 13), wo F fehlt, V(aticanus 1303); dazu die Exzerpte Φ (am besten in Vatic. 96), Σ (Suidas), Λ (Reste der ma. lat. Übersetzung)   9 γίνεσθαι P: γενέσθαι ΦΦ   zum Folg. vgl. Crönert Χάριτες *für Leo* S. 124 f.   10 ἔτι Hermann: ἐπὶ Hss.   12 πέτεσθαι] Abarismotiv [ ] Herwerden   22 vgl. Wilamowitz *Glaube d. Hellenen* II 58f.   23 λύσεις nach 1 B 5 Dindorf; παρα-κλήσεις (= Ὑποθήκας A 1)? Diels   27 Anrede des Musaios findet sich in fast allen Orphicis s. Abel S. 311 b. Dazu das Fr. aus „Rhapsodie 4" fr. 61 S. 144 Kern   29 ⟨ἀφ' οὗ κτλ.⟩ Diels, doch vgl. Jacoby FGrHist. Komm. zu 239 A 14. Die Lücke beträgt ungefähr 40 Buchstaben. Vgl. 1 B 15a   31 ⟨πατρὸς⟩ Prideaux   ⟨ἐν ἔτη ΧΗ* βασιλεύοντος Ἀθηνῶν Ἐρεχθέ⟩ Palmerius

9. Diodor. iv 25, 1 (Herakles) παρῆλθεν εἰς τὰς Ἀθήνας καὶ μετέσχε τῶν ἐν Ἐλευσῖνι μυστηρίων Μουσαίου τοῦ Ὀρφέως υἱοῦ τότε προεστηκότος τῆς τελετῆς.

10. Schol. in Dionys. Thrac. p. 183, 10 Hilg. ἔνιοι δὲ Μουσαῖον
5 εὑρετὴν (der Buchstaben) λέγουσι τὸν Μητίονος καὶ Στερόπης κατ' Ὀρφέα γενόμενον. Vgl. über M. als Erfinder des Hexameters 68 B 16.
11. Über die Εὐμολπία s. zu B 11.

B. FRAGMENTE
ΜΟΥΣΑΙΟΥ ΘΕΟΓΟΝΙΑΣ Ā Β̄ Γ̄ ...

10   1 [4 Kern (Rostock 1898)]. Schol. Apoll. Rhod. iii 1179
ἐν δὲ τῆι γ̄ Μουσαῖος Τιτανογραφίαι [?] λέγεται ὡς Κάδμος ἐκ τοῦ·
Δελφικοῦ ἐπορεύετο προκαθηγουμένης αὐτῶι τῆς βοός.

2 [5]. — iv 156 ἐν τούτοις καὶ τοῖς ἐφεξῆς φησι τὴν Μήδειαν
ἐπιρραίνουσαν ἀρκεύθωι φάρμακον κομίσαι τὸν δράκοντα ἐπάιδου-
15 σαν ... ἡ δὲ ἄρκευθος δένδρον τι ἀκανθῶδες Ἀπόλλωνος ἴδιον
ὡς ἱστορεῖται ἐν γ̄ τῶν εἰς Μουσαῖον ἀναφερομένων.

3 [21]. Arist. hist. anim. Z 6. 563a 18 ὁ δ' ἀετὸς ὠιὰ μὲν τίκτει
τρία, ἐκλέπει δὲ τούτων τὰ δύο ὥσπερ ἔστι καὶ ἐν τοῖς Μουσαίου
λεγομένοις ἔπεσιν·
20   ὃς τρία μὲν τίκτει, δύο ⟨δ'⟩ ἐκλέπει, ἐν δ' ἀλεγίζει.

4 [24]. Clem. Str. vi 5 (ii 424, 26 St.) γράψαντός τε Μουσαίου
    ὡς αἰεὶ τέχνη μέγ' ἀμείνων ἰσχύος ἐστίν
Ὅμηρος λέγει· 'μή τί τοι' κτλ. [Ψ 315]· πάλιν τοῦ Μουσαίου ποιή-
σαντος·

---

2. Wachholderbaum, Apollon gehörig.

3. Der Adler, der drei Eier legt, zwei aber nur ausbrütet, eins nur besorgt (aufzieht).

4. Wie doch immer Geschick weit besser als rohe Kraft ist.

---

11 τῆι γ̄ L: τῶι ā P   ⟨τῆς⟩ Μουσαίου Τιτανομαχίας Passow nach P.
Vielleicht ἐν δὲ τῆι γ̄ Μουσαίου Τιτανο⟨μαχίαι ἐπι⟩γραφείσηι Diels   13 φασι
Hdss.: verb. F   20 ⟨δ'⟩ Plut. Marius 36: fehlt Arist.   δ' ἀλεγίζει
Arist. Aᵃ Cᵃ Dᵃ: δὲ λεπίζει Ar. P.: ἀλυβάζει Plut. (falsch trotz Nauck Mél.
gr. r. iv 400. Lobeck El. Pathol. i 40⁴¹)

5 [25]. ὡς δ' αὔτως καὶ φύλλα φύει ζείδωρος ἄρουρα·
ἄλλα μὲν ἐν μελίηισιν ἀποφθίνει, ἄλλα δὲ φύει·
ὡς δὲ καὶ ἀνθρώπων γενεὴ καὶ φῦλον ἑλίσσει,
Ὅμηρος μεταγράφει· 'φύλλα τὰ μὲν' κτλ. [Z 147. 148].

5   6 [p. 14]. CLEM. Str. VI 25 (II 442, 3 St.) αὐτοτελῶς γὰρ τὰ ἑτέ-
ρων ὑφελόμενοι ὡς ἴδια ἐξήνεγκαν καθάπερ Εὐγάμων ὁ Κυρηναῖος ἐκ
Μουσαίου τὸ περὶ Θεσπρωτῶν βιβλίον ὁλόκληρον.

7 [23]. — — VI 26 (II 442, 15 St.) Ἡσίοδός τε ἐπὶ τοῦ Μελάμ-
ποδος [fr. 164 Rzach.²] ποιεῖ·

10 ἡδὺ δὲ καὶ τὸ πυθέσθαι, ὅσα θνητοῖσιν ἔδειμαν
ἀθάνατοι δειλῶν τε καὶ ἐσθλῶν τέκμαρ ἐναργές,
καὶ τὰ ἑξῆς, παρὰ Μουσαίου λαβὼν τοῦ ποιητοῦ κατὰ λέξιν.

8 [3]. [ERATOSTH.] catast. 13 ἐσχημάτισται δ' ἐν τούτωι ἡ Αἲξ καὶ
οἱ Ἔριφοι. Μουσαῖος γάρ φησι Δία γεννώμενον ἐγχειρισθῆναι ὑπὸ
15 Ῥέας Θέμιδι, Θέμιν δὲ Ἀμαλθείαι δοῦναι τὸ βρέφος, τὴν δὲ ἔχουσαν
αἶγα ὑποθεῖναι, τὴν δ' ἐκθρέψαι Δία· τὴν δὲ Αἶγα εἶναι Ἡλίου
θυγατέρα φοβερὰν οὕτως, ὥστε τοὺς κατὰ Κρόνον θεούς, βδελυττο-
μένους τὴν μορφὴν τῆς παιδός, ἀξιῶσαι Γῆν κρύψαι αὐτὴν ἔν τινι
τῶν κατὰ Κρήτην ἄντρων· καὶ ἀποκρυψαμένην ἐπιμέλειαν αὐτῆς τῆι
20 Ἀμαλθείαι ἐγχειρίσαι, τὴν δὲ τῶι ἐκείνης γάλακτι τὸν Δία ἐκθρέψαι·
ἐλθόντος δὲ τοῦ παιδὸς εἰς ἡλικίαν, καὶ μέλλοντος Τιτᾶσι πολεμεῖν,
οὐκ ἔχοντος δὲ ὅπλα, θεσπισθῆναι αὐτῶι τῆς αἰγὸς τῆι δορᾶι ὅπλωι
χρήσασθαι διά τε τὸ ἄτρωτον αὐτῆς καὶ φοβερὸν καὶ διὰ τὸ εἰς
μέσην τὴν ῥάχιν Γοργόνος πρόσωπον ἔχειν· ποιήσαντος δὲ ταῦτα
25 τοῦ Διὸς καὶ τῆι τέχνηι φανέντος διπλασίονος, τὰ ὀστᾶ δὲ τῆς αἰγὸς
καλύψαντος ἄλληι δορᾶι καὶ ἔμψυχον αὐτὴν καὶ ἀθάνατον κατασκευά-

5. Ganz ebenso auch die Blätter läßt wachsen die nahrungspendende
Erde: die einen läßt sie an den Eschen vergehen, die andern wieder
wachsen; so auch der Menschen Geschlecht und Stamm sich drehet.

7. Süß aber ist es auch zu erfahren, was den Sterblichen schufen
die Unsterblichen als deutliches Endziel der jammervollen und der edlen
Dinge.

2 μελίηισιν] vgl. Wil. Gl. d. Hell. I 190   3 ἀνθρώπου Hs.: verb.
Heyne   γενεὴν Heyne (ἑλίσσει intr. ist nicht sicher belegt)   φύλλον
Hs.: verb. Heyne   6 εὐγάμων L: Εὐγάμμων Dindorf (εὐγράμμων Eus.).
»Natürlich schöpfte der Verf. umgekehrt aus Eugamon.« Diels   8 vgl.
Wilamowitz Hom. Unt. S. 178²²   10 τό] τὰ O. Schneider   πείθεσθαι
Hs.: verb. Sylburg   ἔδειμαν (metaph. wie κτίσαι) Hs.: ἔδειξαν Göttling:
ἔνειμαν Marcktscheffel   21 Τιτᾶσι Robert: γίγασι Hss. versehentlich?

24   2 [67]. MUSAIOS

σαντος, αὐτὴν μέν φασιν ἄστρον οὐράνιον [κατασκευάσαι] ⟨γενέσθαι, τὸν δὲ Δία αἰγίοχον κληθῆναι⟩. LACT. inst. div. I 21, 39 huius capellae corio usum esse pro scuto Iovem contra Titanas dimicantem M. auctor est, unde a poetis αἰγίοχος nominatur. Vgl. Epimenides 3 B 24
5 I 37, 7.

9 [10]. HARPOCR. Μελίτη δῆμός ἐστι τῆς Κεκροπίδος. κεκλῆσθαι δέ φησι τὸν δῆμον Φιλόχορος ἐν γ̅ [fr. 74 FHG I 396] ἀπὸ Μελίτης θυγατρὸς κατὰ μὲν Ἡσίοδον [fr. 106 Rz.²] Μύρμηκος, κατὰ δὲ Μουσαῖον Δίου τοῦ Ἀπόλλωνος.

10   10 [14]. PAUS. I 14, 3 ἔπη δὲ ἄιδεται Μουσαίου μέν, εἰ δὴ Μουσαίου καὶ ταῦτα, Τριπτόλεμον παῖδα Ὠκεανοῦ καὶ Γῆς εἶναι. Vgl. Pherekydes b. Apoll. bibl. I 32 FGrHist. 3 F 53 I 76.

11 [13]. — x 5, 6 ἔστι δὲ ἐν Ἕλλησι ποίησις, ὄνομα μὲν τοῖς ἔπεσίν ἐστιν Εὐμολπία, Μουσαίωι δὲ τῶι Ἀντιοφήμου προσποιοῦσι
15 τὰ ἔπη. πεποιημένον οὖν ἐστιν ἐν τούτοις Ποσειδῶνος ἐν κοινῶι καὶ Γῆς εἶναι τὸ μαντεῖον [zu Delphi] καὶ τὴν μὲν χρᾶν αὐτήν, Ποσειδῶνι δὲ ὑπηρέτην ἐς τὰ μαντεύματα εἶναι Πύρκωνα. καὶ οὕτως ἔχει τὰ ἔπη·

        αὐτίκα δὲ Χθονίης φωνὴ πινυτὸν φάτο μῦθον·
20   σὺν δέ τε Πύρκων ἀμφίπολος κλυτοῦ Ἐννοσιγαίου.

12 [15]. PHILOD. de piet, 1 p. 31 G. ἀλ⟩λ' ὁ Ζε⟨ύς, ὥς φασι⟩ν, τὴν κεφαλὴν ὑπὸ Ἡφαίστου διαιρεῖται, κατὰ δὲ τὸν Εὔμολπ⟨ον ἢ τὸν συν⟩θέντα ⟨ταῦ⟩τα πο⟨ιητὴ⟩ν ὑπὸ Παλαμάονος. SCHOL. PIND. Ol. VII 66 ἐν τοῖς Μουσαίου Παλαμάων λέγεται πλῆξαι τοῦ Διὸς
25 τὴν κεφαλήν, ὅτε τὴν Ἀθηνᾶν ἐγέννα.

---

11. Sogleich aber der Erdgöttin Stimme eine verständige Rede sprach, und zugleich auch Pyrkon als Diener des hehren Erderschüttrers.

---

1 [ ] ⟨ ⟩ Diels. Ähnlich bereits Robert. κατασκευάσαι ist alte Verkleisterung des Ausfalls. Schol. Arat. 156 (anonym) »Αἰγίοχος κικλήσκεται ἀνθρώποισιν«, s. das. Maass. 14 »Εὐμολπία scheint der letzte Teil der Theogonia gewesen zu sein, wie B 1 die Titanomachia einzeln zitiert wird.« Diels; Platon kennt M. und Eumolpos als Verfasser eines Gedichts (A 5a vgl. B 12). Außerdem gab es Ὑποθῆκαι gerichtet an Eumolpos (A 1) Ἀντιοφήμου] ep. Form auch Orph. Arg. 308   19 φωνὴ Lobeck: σφῶν oder σφῶν δὴ Hss.   21 ergänzte Diels   22—23 Philippson Herm. 55 (1920) 266

13 [8]. PHILOD. de piet. 97, 18 p. 47 G. (Argos) ἐστὶ τέτταρας ἔχων ὀφθαλμούς. Μουσαῖος δὲ τὸν ⟨Ἄργον⟩ φησὶ 'τέτταρας Αἰθί⟨οπ⟩ας' καὶ 'βασιλεῖς ⟨μερ⟩όπων' ἐκ Κελαινοῦς γεννῆσαι τῆς Ἀτλαντος.

5 **14** [1]. — — 137, 5 p. 61 G. ἐμ μέν τισιν ἐκ Νυκτὸς καὶ Ταρτάρου λέγεται τὰ πάντα, ἐν δέ τισιν ἐξ Ἅιδου καὶ Αἰθέρος· ὁ δὲ τὴν Τιτανομαχίαν γράψας ἐξ Αἰθέρος φησίν, Ἀκουσίλαος [8 B 1] δ' ἐκ Χάους πρώτου τἆλλα· ἐν δὲ τοῖς ἀναφερομένοις εἰς Μουσαῖον γέγραπται Τάρταρον πρῶτον ⟨καὶ Ν⟩ύκτα. Vgl. 13, 16 p. 80 G. ἐν δὲ 10 τῶι δευτέρωι [von Chrysippos Περὶ φύσεως] τά τε εἰς Ὀρφέα καὶ Μουσαῖον ἀναφερόμενα ... πειρᾶται συνοικειοῦν ταῖς δόξαις αὐτῶν. 14, 18 p. 81 κἄν τῶι ⟨δ⟩ε⟨υ⟩τ⟨έρ⟩ωι [nämlich Περὶ φύσεως] τὴν Νύκτα θεάν φησιν εἶναι πρωτίστην.

15 [2]. SCHOL. APOLL. Rhod. III 1 ἐν δὲ τοῖς εἰς Μουσαῖον ἀνα-15 φερομένοις δύο ἱστοροῦνται γενέσεις Μουσῶν, πρεσβυτέρων μὲν κατὰ Κρόνον, νεωτέρων δὲ τῶν ἐκ Διὸς καὶ Μνημοσύνης.

16 [6]. — III 1035 M. ἱστορεῖ Δία ἐρασθέντα Ἀστερίας μιγῆναι καὶ μιγέντα δοῦναι αὐτὴν τῶι Περσεῖ, ἐξ ἧς τεχθῆναι αὐτῶι τὴν Ἑκάτην. Vgl. zu III 467 M. Ἀστερίας καὶ Διὸς (θυγατέρα εἶναι τὴν 20 Ἑκάτην).

17 [9]. — III 1377 τὰς δὲ τοιαύτας φαντασίας (n. τῶν διατρεχόντων ἀστέρων) ὁ Μ. ἀναφερομένας φησὶν ἐκ τοῦ ὠκεανοῦ κατὰ τὸν αἰθέρα ἀποσβέννυσθαι. τοὺς δὲ ὑπὸ Μουσαίου ἀστέρας εἰρημένους Ἀπολλώνιος πιθανῶς μαρμαρυγὰς εἴρηκε.

25 **18** [7]. SCHOL. ARAT. 172 p. 369, 24 Maass Θαλῆς μὲν οὖν δύο αὐτὰς εἶπεν εἶναι [n. τὰς Ὑάδας] ... Μουσαῖος ε̄. SERV. in Georg. I 138 Hyadas] ... nutrices Liberi patris, ut M. scripsit, ab Hya fratre, quem in venatione interemptum fleverunt, unde Hyades dictae.

---

13. Argos zeugte vier Äthiopen, Könige der Sterblichen, aus der Kelaino.

---

2 ⟨Ἄργον⟩ Diels   3 Aigyptos, Danaos, Kepheus, Phineus vgl. Aesch. Prom. 851 Wil. Eurip. fr. 881. Anders Maass de Aeschyli suppl. Gryph. 1890/1 S.IIIss. Μερ]όπων Th. Gomperz: Ἑλλ]όπων Kern. Der Vers konnte heißen: τέσσερας Αἰθίοπας τέκε οἱ, μερόπων βασιλῆας   9 ⟨καὶ Ν⟩ύκτα Zeller: ⟨τὴν Ν⟩ύκτα Gomperz, aber im Pap. ist nach Ν⟩ύκτα Punkt oder Spatium   12 δευτέρωι Diels wegen c. 13, 16; die Abschr. eher πρώτωι (Petersen)   16 μετὰ Κρόνον L: μετὰ Κρόνου P: verb. Diels   18 αὐτὴν P: αὐτὸν L   Περσῆι L^{a. c.}

SCHOL. GERM. p. 75, 10 [Robert *Eratosth*. 110] *M. ita refert: Aethra
ex Oceano procreavit filias duodecim, ex quibus quinque stellis
figuratas Hyadas, septem autem Pliadas. his unus fuit frater
Hyas, quem omnes sorores dilexere. quem in venatu alii ab leone,*
5 *alii ab apro interfectum dicunt. quae flentes eum obierunt, Hyadas
nuncupatas, alias Pliadas.* Vgl. SCHOL. AR. 254 p. 386, 13 M.
HYG. II 21.

19 [19]. THEOPHR. h. plant. IX 19, 2 καὶ ὡς δή φασι τὸ τριπόλιον
καθ᾽ Ἡσίοδον [fr. 229 Rz.²] καὶ Μουσαῖον εἰς πᾶν πρᾶγμα σπουδαῖον
10 χρήσιμον εἶναι, δι᾽ ὃ καὶ ὀρύττουσιν αὐτὸ νύκτωρ σκηνὴν πηξάμενοι.

ΥΜΝΟΣ ΕΙΣ ΔΙΟΝΥΣΟΝ

19a [p. 13]. ARISTID. Or. 41 [II 330, 16 Keil] τοὺς μὲν οὖν
τελέους ὕμνους τε καὶ λόγους περὶ Διονύσου Ὀρφεῖ καὶ Μουσαίωι
παρῶμεν καὶ τοῖς ἀρχαίοις τῶν νομοθετῶν. Vgl. Pap. Berol. 44, 2
15 (*Berl. Klassikertexte* v 1, 8; 1 B 15a) ⟨Ὀρφεὺς⟩ ἔνθεος γενόμενος
⟨ἐποίησεν τοὺς ὕμνους⟩, οὓς ὀλίγα Μουσαῖος ἐπα⟨νορθώσας κατέ-
γρ⟩αψεν.

ΥΜΝΟΣ ΕΙΣ ΔΗΜΗΤΡΑ ΛΥΚΟΜΙΔΑΙΣ

20 [20]. PAUS. IV 1, 5 πρῶτοι δ᾽ οὖν βασιλεύουσιν ἐν τῆι χώραι
20 ταύτηι Πολυκάων τε ὁ Λέλεγος καὶ Μεσσήνη γυνὴ τοῦ Πολυκάονος.
παρὰ ταύτην τὴν Μεσσήνην τὰ ὄργια κομίζων τῶν Μεγάλων θεῶν
Καύκων ἦλθεν ἐξ Ἐλευσῖνος ὁ Κελαίνου τοῦ Φλύου. Φλῦον δὲ
αὐτὸν Ἀθηναῖοι λέγουσι παῖδα εἶναι Γῆς. ὁμολογεῖ δέ σφισι καὶ
ὕμνος Μουσαίου Λυκομίδαις ποιηθεὶς ἐς Δήμητρα. Vgl. I 13, 16 Anm.
25 21, 14.

ΧΡΗΣΜΟΙ

Vgl. 1 A 11. 2 A 6. c. 25, 1

20a. HEROD. VII 6 (die Peisistratiden) ἔχοντες Ὀνομάκριτον ἄνδρα
Ἀθηναῖον χρησμολόγον τε καὶ διαθέτην Χρησμῶν τῶν Μουσαίου
30 ἀναβεβήκεσαν [näml. ἐς Σοῦσα] τὴν ἔχθρην προκαταλυσάμενοι· ἐξη-
λάσθη γὰρ ὑπὸ Ἱππάρχου τοῦ Πεισιστράτου ὁ Ὀνομάκριτος ἐξ Ἀθη-

---

1 *Aethra* Muncker: *haec tibi (thia)* Hss.   2 *ex Oceano*] 'debebat
Oceani filia ex Atlante' Robert   3 *Hyadas . . . Pliadas* Robert: umgek.
Hss.   8 fr. 19 aus den angebl. Καθαρμοί [A 6] Kern. Im Hexameter
müßte das Kraut τρισπόλιον heißen s. Hesych.; *polium* Plin. 21, 44. 145
14 'Platonem dicit respiciens legg. II 665 A sqq.' Keil   15. 16 ⟨ ⟩ Wila-
mowitz   22 Κολαίνου O. Mueller nach IX 34, 8   30 προκαταλυσό-
μενοι ABC   ἐξηλάθη Hss.   31 πεισιστρατίδεω ὀνομάκριτος ABC

νέων ἐπ' αὐτοφώρωι ἁλοὺς ὑπὸ Λάσου τοῦ Ἑρμιονέος ἐμποιέων ἐς
τὰ Μουσαίου χρησμόν, ὡς αἱ ἐπὶ Λήμνωι ἐπικείμεναι νῆσοι ἀφανι-
ζοίατο κατὰ τῆς θαλάσσης. διὸ ἐξήλασέ μιν ὁ Ἵππαρχος πρότερον
χρεώμενος τὰ μάλιστα. Vgl. 1 A 1b.

5 21 [17]. — VIII 96 [Schlacht bei Salamis] τῶν δὲ ναυηγίων πολλὰ
ὑπολαβὼν ἄνεμος Ζέφυρος ἔφερε τῆς Ἀττικῆς ἐπὶ τὴν ἠϊόνα τὴν
καλεομένην Κωλιάδα. ὥστε ἀποπλῆσαι τὸν χρησμὸν τόν τε ἄλλον
πάντα τὸν περὶ τῆς ναυμαχίας ταύτης εἰρημένον Βάκιδι καὶ Μουσαίωι
καὶ κτλ. (folgt der Spruch des Lysistratos).

10 22 [18]. PAUS. X 9, 11 τὴν δὲ πληγὴν Ἀθηναῖοι τὴν ἐν Αἰγὸς
ποταμοῖς οὐ μετὰ τοῦ δικαίου συμβῆναί σφισιν ὁμολογοῦσι. προδο-
θῆναι γὰρ ἐπὶ χρήμασιν ὑπὸ τῶν στρατηγησάντων, Τυδέα δὲ εἶναι
καὶ Ἀδείμαντον οἳ τὰ δῶρα ἐδέξαντο παρὰ Λυσάνδρου. καὶ ἐς ἀπό-
δειξιν τοῦ λόγου Σιβύλλης παρέχονται τὸν χρησμὸν . . . τὰ δὲ ἕτερα
15 ἐκ Μουσαίου χρησμῶν μνημονεύουσι·

> καὶ γὰρ Ἀθηναίοισιν ἐπέρχεται ἄγριος ὄμβρος
> ἡγεμόνων κακότητι, παραιφασίη δέ τις ἔσται·
> ἢ τ(ε) ἅλις ἡμύσουσι πόλιν, τείσουσι δὲ ποινήν.

3 [68]. EPIMENIDES

20 ## A. LEBEN

1. DIOG. I 109ff. Ἐπιμενίδης, καθά φησι Θεόπομπος [FGrHist. 115 F 67
II 548] καὶ ἄλλοι συχνοί, πατρὸς μὲν ἦν Φαιστίου, οἱ δὲ Δωσιάδα, οἱ δὲ Ἀγησάρχου·
Κρὴς τὸ γένος ἀπὸ Κνωσοῦ, καθέσει τῆς κόμης τὸ εἶδος παραλλάσσων. οὗτός ποτε

---

22. Denn den Athenern kommt heran ein wilder Regenguß durch
der Führer Schlechtigkeit, Zuspruch aber wird da auch sein: wahr-
lich genug werden sie die Stadt zum Sinken bringen, doch auch Buße
zahlen.

---

2 λήμνου Hss.: verb. Krüger   ἀφανιοίατο Krüger   3 μιν] μὲν ABC
7 ἀποπλῆσαι Hss.: ἀποπλησθῆναι nach Valla Ausgg.: ἀποπλῆσθαι Butt-
mann (vgl. 28 B 12, 1)   14 τῶν χρησμῶν Py   18 Diels: ἡτταλοις
ἡμούσουσι oder ἦγ' ἅλις ἡμύσουσι (L¹) Hss.: ἧττης· οὐ λήσουσι Emperius
20 Literatur bei Demoulin Epiménide Bruxelles 1901 (Bibl. de l'Un.
de Liège XII) p. 3ff. Kern Pauly-Wiss. R.-E. VI 178   22 Φαιστίου] der
Vatersname aus dem Ethnikon falsch abgeleitet vgl. A 3. 4. B 11   Δωσιάδα]
doch vgl. B 20   δωσιάδου P P. c. V

πεμφθεὶς παρὰ τοῦ πατρὸς εἰς ἀγρὸν ἐπὶ πρόβατον, τῆς ὁδοῦ κατὰ μεσημβρίαν ἐκκλίνας ὑπ' ἄντρωι τινὶ κατεκοιμήθη ἑπτὰ καὶ ‚εντήκοντα ἔτη. διαναστὰς δὲ μετὰ ταῦτα ἐζήτει τὸ πρόβατον, νομίζων ἐπ' ὀλίγον κεκοιμῆσθαι. ὡς δὲ οὐχ εὕρισκεν, παρεγένετο εἰς τὸν ἀγρόν, καὶ μετεσκευασμένα πάντα καταλαβὼν καὶ
5 παρ' ἑτέρωι τὴν κτῆσιν, πάλιν ἧκεν εἰς ἄστυ διαπορούμενος. κἀκεῖ δὲ εἰς τὴν ἑαυτοῦ εἰσιὼν οἰκίαν περιέτυχε τοῖς πυνθανομένοις, τίς εἴη, ἕως τὸν νεώτερον ἀδελφὸν εὑρὼν τότε ἤδη γέροντα ὄντα, πᾶσαν ἔμαθε παρ' ἐκείνου τὴν ἀλήθειαν. (110) γνωσθεὶς δὲ παρὰ τοῖς Ἕλλησι θεοφιλέστατος εἶναι ὑπελήφθη. τότε καὶ Ἀθηναίοις [τότε] λοιμῶι κατεχομένοις ἔχρησεν ἡ Πυθία καθῆραι τὴν πόλιν· οἱ δὲ πέμπουσι
10 ναῦν τε καὶ Νικίαν τὸν Νικηράτου εἰς Κρήτην, καλοῦντες τὸν Ἐπιμενίδην. καὶ ὃς ἐλθὼν ὀλυμπιάδι τεσσαρακοστῆι ἕκτηι [596 — 593] ἐκάθηρεν αὐτῶν τὴν πόλιν καὶ ἔπαυσε τὸν λοιμὸν τοῦτον τὸν τρόπον· λαβὼν πρόβατα μέλανά τε καὶ λευκὰ ἤγαγεν πρὸς τὸν Ἄρειον πάγον· κἀκεῖθεν εἴασεν ἰέναι οἱ βούλοιντο, προστάξας τοῖς ἀκολούθοις, ἔνθα ἂν κατακλινῆι αὐτῶν ἕκαστον, θύειν τῶι προσήκοντι θεῶι·
15 καὶ οὕτω λῆξαι τὸ κακόν. ὅθεν ἔτι καὶ νῦν ἔστιν εὑρεῖν κατὰ τοὺς δήμους τῶν Ἀθηναίων βωμοὺς ἀνωνύμους, ὑπόμνημα τῆς τότε γενομένης ἐξιλάσεως. οἱ δὲ τὴν αἰτίαν εἰπεῖν τοῦ λοιμοῦ τὸ Κυλώνειον ἄγος σημαίνειν τε τὴν ἀπαλλαγήν· καὶ διὰ τοῦτο ἀποθανεῖν δύο νεανίας Κρατῖνον καὶ Κτησίβιον, καὶ λυθῆναι τὴν συμφοράν. (111) Ἀθηναῖοι δὲ τάλαντον ἐψηφίσαντο δοῦναι αὐτῶι καὶ ναῦν τὴν εἰς Κρήτην
20 ἀπάξουσαν αὐτόν. ὁ δὲ τὸ μὲν ἀργύριον οὐ προσήκατο· φιλίαν δὲ καὶ συμμαχίαν ἐποιήσατο Κνωσίων καὶ Ἀθηναίων.

καὶ ἐπανελθὼν ἐπ' οἴκου μετ' οὐ πολὺ μετήλλαξεν, ὥς φησι Φλέγων ἐν τῶι Περὶ μακροβίων [FGrHist. 257 F 38 II 1191] βιοὺς ἔτη ἑπτὰ καὶ πεντήκοντα καὶ ἑκατόν· ὡς δὲ Κρῆτες λέγουσιν, ἑνὸς δέοντα τριακόσια· ὡς δὲ Ξενοφάνης ὁ
25 Κολοφώνιος [21 B 20] ἀκηκοέναι φησί, τέτταρα πρὸς τοῖς πεντήκοντα καὶ ἑκατόν.

ἐποίησε δὲ Κουρήτων καὶ Κορυβάντων γένεσιν καὶ Θεογονίαν ἔπη πεντακισχίλια, Ἀργοῦς ναυπηγίαν τε καὶ Ἰάσονος εἰς Κόλχους ἀπόπλουν ἔπη ἑξακισχίλια πεντακόσια. (112) συνέγραψε δὲ καὶ καταλογάδην Περὶ θυσιῶν καὶ τῆς ἐν Κρήτηι πολιτείας καὶ Περὶ Μίνω καὶ Ῥαδαμάνθυος εἰς ἔπη τετρακισχίλια. ἱδρύ-
30 σατο δὲ καὶ παρ' Ἀθηναίοις τὸ ἱερὸν τῶν Σεμνῶν, ὥς φησι Λόβων ὁ Ἀργεῖος ἐν τῶι Περὶ ποιητῶν [fr. 16 Crön.]. λέγεται δὲ καὶ πρῶτος οἰκίας καὶ ἀγροὺς καθῆραι καὶ ἱερὰ ἱδρύσασθαι. εἰσὶ δ' οἳ μὴ κοιμηθῆναι αὐτὸν λέγουσιν, ἀλλὰ χρόνον τινὰ ἐκπατῆσαι ἀσχολούμενον περὶ ῥιζοτομίαν ... (Folgt § 113 Brief an Solon.)

(114) φησὶ δὲ Δημήτριός τινας ἱστορεῖν ὡς λάβοι παρὰ Νυμφῶν ἔδεσμά τι καὶ
35 φυλάττοι ἐν χηλῆι βοός· προσφερόμενός τε κατ' ὀλίγον μηδεμιᾶι κενοῦσθαι ἀπο-κρίσει μηδὲ ὀφθῆναί ποτε ἐσθίων. μέμνηται αὐτοῦ καὶ Τίμαιος ἐν τῆι δευτέραι [fr. 45 FHG I 201].

λέγουσι δέ τινες ὅτι Κρῆτες αὐτῶι θύουσιν ὡς θεῶι· φασὶ γὰρ καὶ ⟨προ⟩-γνωστικώτατον γεγονέναι. ἰδόντα γοῦν τὴν Μουνιχίαν παρ' Ἀθηναίοις ἀγνοεῖν

---

5 πάλιν ἧκεν PV: ἧκεν ΒΛ: ἐπανῆκεν Φ (F¹ fehlt)   8 τότε BV: ὅτε P¹: ὅθεν P²V   9 [τότε] tilgte als Korr. der f. L. ὅτε (8) Diels: ποτὲ Reiske   11 ὀλυμπιάδι τεσσαρακοστῆι ἕκτηι] Solon Archon Ol. 46, 3   14 κατακλινῆι Φ: -κλίνη V: -κλ(ε)ίνοι BP   15 λῆξαι ⟨ἂν⟩ Bywater   16 stark verkürzter Bericht: οἱ δέ (φασι τὴν Πυθίαν)   17 σημαίνειν τε Kühn (vgl. Schultess de Epimen. 22): σημαίνοντες Hss.: σημαίνοντα (sc. τὸν θεὸν ?) ed. Frob.   22 φλέγων Β: φάσγων Ρ: σφάγων V   32 ἱερὰ ⟨Νυμφῶν⟩ Bywater vgl. Z. 34. 29, 6   34 τινα Β¹   38 ⟨προ⟩ Reiske, Bywater

φάναι αὐτούς, ὅσων κακῶν αἴτιον ἔσται τοῦτο τὸ χωρίον αὐτοῖς· ἐπεὶ κἂν τοῖς
ὁδοῦσιν αὐτὸ διαφορῆσαι [B 10]. ταῦτα ἔλεγεν τοσούτοις πρότερον χρόνοις. λέ-
γεται δὲ ὡς καὶ πρῶτος αὐτὸν Αἰακὸν λέγοι καὶ Λακεδαιμονίοις προείποι τὴν ὑπὸ
'Αρκάδων ἅλωσιν προσποιηθῆναί τε πολλάκις ἀναβεβιωκέναι.   (115) Θεόπομπος
5 δ' ἐν τοῖς Θαυμασίοις [FGrHist. 115 F 69 II 549] κατασκευάζοντος αὐτοῦ τὸ τῶν
Νυμφῶν ἱερὸν ῥαγῆναι φωνὴν ἐξ οὐρανοῦ· ''Ἐπιμενίδη, μὴ Νυμφῶν, ἀλλὰ Διός'.
Κρησί τε προειπεῖν τὴν Λακεδαιμονίων ἧτταν ὑπὸ 'Αρκάδων, καθάπερ προείρηται
(§ 114). καὶ δὴ καὶ ἐλήφθησαν πρὸς 'Ορχομενῶι. γηράσαί τε ἐν τοσαύταις ἡμέραις
αὐτὸν ὅσαπερ ἔτη κατεκοιμήθη· καὶ γὰρ τοῦτό φησι Θεόπομπος. Μυρωνιανὸς δὲ
10 ἐν 'Ομοίοις [fr. 1 FHG IV 454] φησὶν ὅτι Κούρητα αὐτὸν ἐκάλουν Κρῆτες· καὶ τὸ
σῶμα αὐτοῦ φυλάττουσι Λακεδαιμόνιοι παρ' ἑαυτοῖς κατά τι λόγιον, ὡς φησι
Σωσίβιος ὁ Λάκων [fr. 17 FHG II 628].
    γεγόνασι δὲ καὶ 'Επιμενίδαι ἄλλοι δύο ὅ τε γενεαλόγος καὶ τρίτος ὁ Δωρίδι
γεγραφὼς περὶ 'Ρόδου. — Zu § 109 vgl. APOLLON. Hist. mir. 1; PLIN.
15 N. H. VII 175.
    2. SUID. 'Επιμενίδης Φαίστου ἢ Δωσιάδου ἢ 'Αγησάρχου υἱὸς καὶ μητρὸς
Βλάστας, Κρὴς ἀπὸ Κνωσσοῦ ἐποποιός. (οὗ λόγος ὡς ἐξίοι ἡ ψυχὴ ὁπόσον ἤθελε
καιρὸν καὶ πάλιν εἰσήιει ἐν τῶι σώματι· τελευτήσαντος δὲ αὐτοῦ πόρρω χρόνων
τὸ δέρμα εὑρῆσθαι γράμμασι κατάστικτον.) γέγονε δὲ ἐπὶ τῆς λ̄ ὀλυμπιάδος [660
20 —657], ὡς προτερεύειν καὶ τῶν ζ̄ κληθέντων σοφῶν ἢ καὶ ἐπ' αὐτῶν γενέσθαι.
ἐκάθηρε γοῦν τὰς 'Αθήνας τοῦ Κυλωνείου ἄγους κατὰ τὴν μ̄δ̄ ὀλυμπιάδα [604
—601] γηραιὸς ὤν. ἔγραψε δὲ πολλὰ ἐπικῶς καὶ καταλογάδην μυστήριά τινα καὶ
καθαρμοὺς καὶ ἄλλα αἰνιγματώδη.
    πρὸς τοῦτον γράφει Σόλων ὁ νομοθέτης μεμφόμενος τῆς πόλεως κάθαρσιν
25 [aus Diog. I 64].
    οὗτος ἔζησεν ρ̄ν̄ ἔτη, τὰ δὲ ϛ̄ ἐκαθεύδησεν.
    καὶ παροιμία ᾿τὸ 'Επιμενίδειον δέρμα᾿ ἐπὶ τῶν ἀποθέτων.
    3. STRAB. X 479 ἐκ δὲ τῆς Φαιστοῦ τὸν τοὺς καθαρμοὺς ποιήσαντα διὰ τῶν
ἐπῶν 'Επιμενίδην φασὶν εἶναι.
30 4. ARIST. 'Αθ. πολ. 1 ... Μύρωνος καθ' ἱερῶν ὀμόσαντες ἀριστίνδην. κατα-
γνωσθέντος δὲ τοῦ ἄγους αὐτοὶ [Alkmaeoniden] μὲν ἐκ τῶν τάφων ἐξεβλήθησαν,
τὸ δὲ γένος αὐτῶν ἔφυγεν ἀειφυγίαν. 'Ε. δ' ὁ Κρὴς ἐπὶ τούτοις ἐκάθηρε τὴν

---

2 πρότερον] s. unten S. 33, 14 Anm.   3 πρῶτος] αὐτὸς verm. Diels:
πρῶτον Casaubonus (im Gegens. zu späteren Metempsychosen)? Oder
wird er mit Pythagoras verglichen [c. 14, 8]?   5 Θαυμασίοις]»Neben-
titel einer Auswahl aus seiner Geschichte« Diels;»Sondertitel einer Partie,
die die zweite Hälfte von VIII einnahm und sich in IX fortsetzte« Jacoby
(a. O. zu F 64)   6 ἐπιμενίδης ΒΦ   7 Κρησίν] im Gegensatz zu Z. 3:
φησίν Urlichs falsch. Über die Niederlage der Lakedaimonier, die sonst
unbekannt ist, vgl. Herod. I 65ff.   7 καθὰ P(?)   11 λακεδαιμόνιοι
φυλάττουσι stellt B   16 Δωσιάδα(-ου) Diog. [I 27, 22]: δοσιάδου AV: δυ-
σιάδος I: δοσιάδος GTM: Δοσιάρχου F   'Αγησάρχου Diog. [I 27, 22]:
ἁγιασάρχου Hss.   20 αὐτῶν Kust: αὐτοῖς A, im übr. Z. 19—24 Text nach A
22 vgl. unten S. 31, 28 Anm.   26 ϛ̄ AV: ἐξ GITM: ἑπτὰ Paroem. ed.
Gsf. 107 n. 875: ἑξήκοντα sch. Luc. 110, 17, Wolf; Diog. s. I 28, 2   27 καὶ A:
ἢ d. übr.   28 τῶν fehlt Eustath.: τ̄ verm. Diels; vgl. unten S. 31, 28 Anm.
30 καταγνωσθέντος] καθαρθέντος übergeschr. 1. Hand Pap.

πόλιν. Plut. Sol. 12 ἐν δὲ τῶι τότε χρόνωι τῆς στάσεως ἀκμὴν λαβούσης μάλιστα καὶ τοῦ δήμου διαστάντος ἤδη δόξαν ἔχων ὁ Σόλων παρῆλθεν εἰς τὸ μέσον ἅμα τοῖς ἀρίστοις τῶν Ἀθηναίων καὶ δεόμενος καὶ διδάσκων ἔπεισε τοὺς ἐναγεῖς λεγομένους δίκην ὑποσχεῖν καὶ κριθῆναι τριακοσίων ἀριστίνδην δικαζόντων. Μύρωνος
5 δὲ τοῦ Φλυέως κατηγοροῦντος ἑάλωσαν οἱ ἄνδρες καὶ μετέστησαν οἱ ζῶντες, τῶν δ' ἀποθανόντων τοὺς νεκροὺς ἀνορύξαντες ἐξέρριψαν ὑπὲρ τοὺς ὅρους. ταύταις δὲ ταῖς ταραχαῖς καὶ Μεγαρέων συνεπιθεμένων ἀπέβαλόν τε Νίσαιαν οἱ Ἀθηναῖοι καὶ Σαλαμῖνος ἐξέπεσον αὖθις. καὶ φόβοι τινὲς ἐκ δεισιδαιμονίας ἅμα καὶ φάσματα κατεῖχε τὴν πόλιν, οἵ τε μάντεις ἄγη καὶ μιασμοὺς δεομένους καθαρμῶν
10 προφαίνεσθαι διὰ τῶν ἱερῶν ἠγόρευον. οὕτω δὴ μετάπεμπτος αὐτοῖς ἧκεν ἐκ Κρήτης Ἐ. ὁ Φαίστιος, ὃν ἕβδομον ἐν τοῖς σοφοῖς καταριθμοῦσιν ἔνιοι τῶν οὐ προσιεμένων τὸν Περίανδρον. ἐδόκει δέ τις εἶναι θεοφιλὴς καὶ σοφὸς περὶ τὰ θεῖα, τὴν ἐνθουσιαστικὴν καὶ τελεστικὴν σοφίαν. διὸ καὶ παῖδα νύμφης ὄνομα Βάλτης καὶ Κούρητα νέον αὐτὸν οἱ τότε ἄνθρωποι προσηγόρευον. ἐλθὼν δὲ καὶ τῶι Σό-
15 λωνι χρησάμενος φίλωι πολλὰ προσυπειργάσατο καὶ προωδοποίησεν αὐτῶι τῆς νομοθεσίας. καὶ γὰρ εὐσταλεῖς ἐποίησε ταῖς ἱερουργίαις καὶ περὶ τὰ πένθη πραοτέρους, θυσίας τινὰς εὐθὺς ἀναμίξας πρὸς τὰ κήδη καὶ τὸ σκληρὸν ἀφελὼν καὶ τὸ βαρβαρικόν, ὧι συνείχοντο πρότερον αἱ πλεῖσται γυναῖκες. [Folgt B 10.] Ἐ. μὲν οὖν μάλιστα θαυμασθεὶς καὶ χρήματα διδόντων πολλὰ καὶ τιμὰς μεγάλας τῶν
20 Ἀθηναίων οὐδὲν ἢ θαλλὸν ἀπὸ τῆς ἱερᾶς ἐλαίας αἰτησάμενος καὶ λαβὼν ἀπῆλθεν. Über den Zusammenhang mit Kreta s. Theophr. b. Porph. de abst. ii 21 [31 B 128].

5. Plato legg. i 642 d [der Kreter Kleinias spricht zu dem athenischen Fremdling] τῆιδε γὰρ ἴσως ἀκήκοας, ὡς Ἐ. γέγονεν ἀνὴρ θεῖος, ὃς ἦν ἡμῖν οἰκεῖος.
25 ἐλθὼν δὲ πρὸ τῶν Περσικῶν δέκα ἔτεσιν πρότερον παρ' ὑμᾶς κατὰ τὴν τοῦ θεοῦ μαντείαν θυσίας τε ἐθύσατό τινας, ἃς ὁ θεὸς ἀνεῖλεν, καὶ δὴ καὶ φοβουμένων τὸν Περσικὸν Ἀθηναίων στόλον εἶπεν, ὅτι δέκα μὲν ἐτῶν οὐχ ἥξουσιν, ὅταν δὲ ἔλθωσιν, ἀπαλλαγήσονται πράξαντες οὐδὲν ὧν ἤλπιζον παθόντες τε ἢ δράσαντες πλείω κακά. τότ' οὖν ἐξενώθησαν ὑμῖν οἱ πρόγονοι ἡμῶν. Vgl. iii p. 677 d [nach Er-
30 wähnung von Daidalos, Orpheus, Palamedes, Marsyas, Olympos, Amphion] ἆρ' ἴστ', ὦ Κλεινία, τὸν φίλον ὅτι παρέλιπες τὸν ἀτεχνῶς χθὲς γενόμενον; — μῶν φράζεις Ἐπιμενίδην; — ναὶ τοῦτον· πολὺ γὰρ ὑμῖν ὑπερεπήδησε τῶι μηχανήματι τοὺς ξύμπαντας, ὦ φίλε, ὃ λόγωι μὲν Ἡσίοδος ἐμαντεύετο πάλαι τῶι δ' ἔργωι ἐκεῖνος [Epim.] ἀπετέλεσεν. Plut. sap. conv. p. 157 d
35 Σόλωνος δὲ ξένου Ἐπιμενίδην νόμος τις ἀπέχεσθαι τῶν · ἄλλων σιτίων κελεύει, τῆς δ' ἀλίμου δυνάμεως, ἣν αὐτὸς συντίθησι μικρὸν εἰς τὸ στόμα λαμβάνοντα διημερεύειν ἀνάριστον καὶ ἄδειπνον ... ὁ δὲ Σόλων ἔφη θαυμάζειν τὸν Ἄρδαλον, εἰ τὸν νόμον οὐκ ἀνέγνωκε τῆς διαίτης τοῦ ἀνδρὸς [Epim.] ἐν τοῖς ἔπεσι τοῖς Ἡσιόδου γεγραμμένον· ἐκεῖνος γάρ ἐστιν ὁ πρῶτος Ἐπιμενίδηι
40 σπέρματα τῆς τροφῆς ταύτης παρασχὼν καὶ ζητεῖν [ὁ] διδάξας ὅσον ἐν μαλάχηι

---

10 προσφαίνεσθαι Hss.: verb. Steph.   δὴ S: δὲ Y   16 τὰς ἱερουργίας Y
24 τῆιδε] ἤδη Ast   25 δέκα] ρκα falsch Meursius   31 ἴστ' Hs.: οἴσθ'
apogr. Marc.   33 Ἡσίοδος] vgl. unten Z. 39   34 Die orphische
Askese, die der Kreis dem Onomakritos dem Kreter Epimenides beigelegt
hatte,' war in den Kretern des Eur. zum Angelpunkt des Stücks gemacht
worden, vgl. fr. 472 N. Berl. Klassikert. v 2. 76f. Wilamowitz, Glaube
d. Hellenen ii 186   40 [ὁ] Wilamowitz, derselbe [καὶ]

τε καὶ ἀσφοδέλωι μέγ' ὄνειαρ' [Opp. 41]'· 'οἴει γάρ', ὁ Περίανδρος εἶπε, 'τὸν
'Ησίοδον ἐννοῆσαί τι τοιοῦτον, οὐκ ἐπαινέτην ὄντα φειδοῦς ἀεί, καὶ πρὸς τὰ
λιτότατα τῶν ὄψων ὡς ἥδιστα παρακαλεῖν ἡμᾶς; ἀγαθὴ μὲν γὰρ ἡ μαλάχη
βρωθῆναι, γλυκὺς δ' ὁ ἀνθέρικος· τὰ δ' ἄλιμα ταῦτα καὶ ἄδιψα φάρμακα
5 μᾶλλον ἢ σιτία πυνθάνομαι καὶ μέλι καὶ τυρόν τινα βαρβαρικὸν δέχεσθαι ...
Vgl. I 28, 34.

6. THEOPHR. hist. pl. VII 12, 1 ἐδώδιμοι ... καὶ ἡ τοῦ ἀσφοδέλου ῥίζα καὶ
ἡ τῆς σκίλλης πλὴν οὐ πάσης, ἀλλὰ τῆς 'Επιμενιδείου καλουμένης, ἢ ἀπὸ τῆς
χρήσεως ἔχει τὴν προσηγορίαν. Vgl. charact. 16, 13 ἱερείας καλέσας σκίλληι ἢ
10 σκύλακι κελεῦσαι αὐτὸν περικαθᾶραι.

6a. APUL. apol. 27 *qui providentiam mundi curiosius vestigant et im-
pensius deos celebrant eos vero vulgo magos nominent, quasi facere etiam
sciant quae sciant fieri, ut olim fuere E. et Orpheus et Pythagoras et Ostanes
ac dein similiter suspectata Empedocli catharmoe, Socrati daemonion,*
15 *Platonis* τὸ ἀγαθόν.

7. CLEM. protr. 2, 26 [I 19, 25 St.] [aus Poseidonios Περὶ θεῶν] 'Ε. ὁ
παλαιὸς Ὕβρεως καὶ 'Αναιδείας 'Αθήνησιν ἀναστήσας βωμούς. Aus derselben
Quelle Cic. de leg. II 11, 28. Vgl. I 28, 16. 29f.

8. PAUS. I 14, 4 πρὸ τοῦ ναοῦ τοῦδε [Eleusinion in Athen] ἔνθα καὶ τοῦ
20 Τριπτολέμου τὸ ἄγαλμα, ἔστι βοῦς χαλκοῦς οἷα ἐς θυσίαν ἀγόμενος. πεποίηται δὲ
καθήμενος 'Ε. Κνώσιος, ὃν ἐλθόντα εἰς ἀγρὸν κοιμᾶσθαι λέγουσιν ἐσελθόντα ἐς
σπήλαιον. ὁ δὲ ὕπνος οὐ πρότερον ἀνῆκεν αὐτὸν πρὶν ἤ οἱ τεσσαρακοστὸν ἔτος
γενέσθαι καθεύδοντι. καὶ ὕστερον ἔπη τε ἐποίει καὶ πόλεις ἐκάθηρεν ἄλλας τε
καὶ τὴν 'Αθηναίων. Attischer Heros: SERV. Georg. 1, 19 *uncique puer mon-*
25 *strator aratri ... vel Epimenides, qui postea Buzyges dictus est secundum*
Aristotelem [fr. 386 R.]. HES. Βουζύγης· ἥρως 'Αττικὸς ὁ πρῶτος βοῦς ὑπ'
ἄροτρον ζεύξας· ἐκαλεῖτο δὲ 'Επιμενίδης.

B. FRAGMENTE

ΕΠΙΜΕΝΙΔΟΥ ΘΕΟΓΟΝΙΑ ἢ ΧΡΗΣΜΟΙ. ΚΡΗΤΙΚΑ

30 1. PAUL. ad Tit. 1, 12 εἶπέν τις ἐξ αὐτῶν [Kreter], ἴδιος αὐτῶν
προφήτης·

---

2 [καὶ] Paton   16ff. zur Quellenfrage vgl. Wendland *Archiv für*
Gesch. d. Phil. I (1888) 200ff.   19 Paus. verwechselt den Buzyges mit
dem Kreter   28 Die erhaltenen Fragmente des Epimenides scheinen
sich auf zwei oder drei Verfasser zu verteilen: 1) Θεογονία aus dem Kreise
des Onomakritos, Ende des 6. Jahrh. verfaßt, nach dem Inhalte auch
Χρησμοί genannt; 2) Κρητικά, nach E. Neustadt *de Iove Cretico* (Berl. 1906)
Prosawerk, zwischen Megasthenes und Arat verfaßt (doch vgl. Pohlenz
N. Jahrb. 32, 1916, I 570²), kretische Lokalgeschichte; zweifelhaft 3) Κα-
θαρμοί in Prosa [I 29, 22f.] oder in Hexametern [I 29, 28f.]? Über A 3
vgl. zu B 4. Lobon [I 28, 26ff.], mag er gescherzt (Crönert) oder ge-
schwindelt (Hiller) haben, darf nicht ernst genommen werden

Κρῆτες ἀεὶ ψεῦσται, κακὰ θηρία, γαστέρες ἀργαί.

CLEM. Str. I 59 (II 37, 21 St.) τὸν δὲ ἕβδομον [Weisen] οἱ μὲν Περίαν-
δρον εἶναι λέγουσιν τὸν Κορίνθιον οἱ δὲ Ἀνάχαρσιν τὸν Σκύθην οἱ
δὲ Ἐπιμενίδην τὸν Κρῆτα [ὃν Ἑλληνικὸν οἶδε προφήτην], οὗ μέ-
5 μνηται ὁ ἀπόστολος Παῦλος ἐν τῆι πρὸς Τίτον ἐπιστολῆι [folgt Zitat].
Aus dessen Quelle HIERON. comm. in ep. ad Tit. VII 606 Migne *dicitur*
autem iste versiculus in Epimenidis Cretensis poetae Oraculis reperiri
. . . denique ipse liber Oraculorum titulo praenotatur. Vgl. ep. 70
[I 666 M.], wo er zufügt : *cuius heroici hemistichium postea Callimachus*
10 *usurpavit* [h. 1, 8 Κρῆτες ἀεὶ ψεῦσται· καὶ γὰρ τάφον, ὦ ἄνα, σεῖο
Κρῆτες ἐτεκτήναντο· σὺ δ' οὐ θάνες· ἐσσὶ γὰρ αἰεί]. MAXIM. TYR.
c. 38 (p. 439, 14 Hobein = c. 22 p. 224 Dav.) ἦλθεν Ἀθήναζε καὶ ἄλλος
Κρὴς ἀνὴρ ὄνομα Ἐ.· οὐδὲ οὗτος ἔσχεν εἰπεῖν αὐτῶι διδάσκαλον
ἀλλ' ἦν μὲν δεινὸς τὰ θεῖα, ὥστε τὴν Ἀθηναίων πόλιν κακουμένην
15 λοιμῶι καὶ στάσει διεσώσατο ἐκθυσάμενος· δεινὸς δὲ ἦν ταῦτα οὐ
μαθών, ἀλλ' ὕπνον αὐτῶι διηγεῖτο μακρὸν καὶ ὄνειρον διδάσκα-
λον. c. 10 (p. 110, 13 H. = c. 28 p. 286 Dav.) ἀφίκετό ποτε Ἀθήναζε
ἀνὴρ Κρὴς ὄνομα Ἐ. κομίζων λόγον οὑτωσὶ ῥηθέντα πιστεύεσθαι
χαλεπόν· ⟨μέσης γὰρ⟩ ἡμέρας ἐν Δικταίου Διὸς τῶι ἄντρωι κείμενος
20 ὕπνωι βαθεῖ ἔτη συχνὰ ὄναρ ἔφη ἐντυχεῖν αὐτὸς θεοῖς καὶ θεῶν
λόγοις καὶ Ἀληθείαι καὶ Δίκηι.

2 [5 Kern *de Orph.* cett. *theog.* p. 64]. AEL. n. anim. XII 7 καὶ
μέντοι καὶ τὸν Νεμεαῖον λέοντα τῆς σελήνης ἐκπεσεῖν φασι. λέγει
γοῦν καὶ τὰ Ἐπιμενίδου ἔπη·

---

1. Kreter immer Lügner, böse Tiere, faule Bäuche.

---

1 Die kühnen Schlüsse von J. Rendel Harris in der Vorrede zu
M. D. Gibson *Horae Semiticae* X (*The Commentaries of 'Isho'dad of Merv*
Vol. IV Cambr. 1913 p. XIIff.) sind abzulehnen   gebildet nach Hes.
Theog. 26   4 [ ] Wilamowitz   14 τὴν τῶν Ἀθ. MN   19 ⟨ ⟩ nach
Markland Diels. Vgl. Diels *Parm.* (1897) S. 16¹   Δικταίου] Ἰδαίου Rohde
20. 21 θεῶν λόγοις] also Orakel. Daher der Titel Χρησμοί. Der Vers
selbst stand, wie Hesiods Vorbild [Th. 26] und die Nachahmung des
Kallimachos [Αἴτια] zeigen, im Proömium. Hier wohl auch die Metem-
psychose des Aiakos [I 29, 3], zu der das Proömium des Ennius die
Analogie gibt. Der politisch und religiös tendenziöse Dichter ließ den
Epimenides nach 100 Jahren erwachen, um sowohl die Vergangenheit
[B 4] wie die nahe Zukunft [A 5] enthüllen zu können. B 10. 11 weisen
auf die Situation von Athen um 508 hin, vgl. Arist. Ἀθ. Π. 19, 2. 20, 3;
Herod. v 72.   Platon [A 5], der das Gedicht zu seinem Ansatz benutzte,
weist sogar auf die Zeit nach 490 hin (s. Diels *Berl. Sitz. Ber.* 1891, 398).
Die Verstimmung gegen Delphi [B 11] erklärt Herod. v 63

καὶ γὰρ ἐγὼ γένος εἰμὶ Σελήνης ἠυκόμοιο,
ἣ δεινὸν φρίξασ' ἀπεσείσατο θῆρα λέοντα·
ἐν Νεμέαι δ' ἄγχουσ' αὐτὸν διὰ πότνιαν Ἥραν
⟨θείη ἷς ἐδάμασσε βίης Ἡρακληείης⟩.

5 [S. 59 A 77]. HERODOROS b. Tatian. 28 πῶς οὐκ ἠλίθιον πιθέσθαι
τοῖς Ἡροδώρου βιβλίοις περὶ τοῦ καθ' Ἡρακλέα λόγου, γῆν ἄνω
κηρύττουσιν [n. τὴν σελήνην] κατεληλυθέναι τε ἀπ' αὐτῆς λέοντα
τὸν ὑφ' Ἡρακλέους φονευθέντα;
3. ARIST. pol. A 2. 1252b 13 ἡ μὲν οὖν εἰς πᾶσαν ἡμέραν συνε-
10 στηκυῖα κοινωνία κατὰ φύσιν οἶκός ἐστιν, οὓς ὁ μὲν Χαρώνδας καλεῖ
ὁμοσιπύους, Ἐ. δὲ ὁ Κρὴς ὁμοκάπνους.
4. — rhet. Γ 17. 1418a 21 τὸ δὲ δημηγορεῖν χαλεπώτερον τοῦ
δικάζεσθαι, εἰκότως, διότι περὶ τὸ μέλλον· ἐκεῖνο δὲ περὶ τὸ γεγο-
νός, ὃ ἐπιστητὸν ἤδη καὶ τοῖς μάντεσιν, ὡς ἔφη Ἐ. ὁ Κρής· ἐκεῖνος[?]
15 γὰρ περὶ τῶν ἐσομένων οὐκ ἐμαντεύετο, ἀλλὰ περὶ τῶν γεγονότων,
ἀδήλων δέ.
5 [1 K.]. DAMASC. 124 I 320, 17 R. [Eudem fr. 117] τὸν δὲ Ἐπι-
μενίδην δύο πρώτας ἀρχὰς ὑποθέσθαι Ἀέρα καὶ Νύκτα . . ., ἐξ ὧν
γεννηθῆναι Τάρταρον, οἶμαι τὴν τρίτην ἀρχήν, ὥς τινα μικτὴν ἐκ

2. Nämlich (oder Denn auch) ich (Musaios) bin ein Sproß der Selene
mit dem schönen Haar, die furchtbar erschauernd von sich abschüttelte
das Tier den Löwen; in Nemea ihn würgend, veranlaßt durch die er-
habene Hera (bezwang ihn die göttliche Kraft der Herakleischen Macht).
3. Rauch(= Haus)genossen (?).

1 εἰμὶ] Musaios von Epimenides redend eingeführt (C. Robert), wenn
nicht Aelian beider Namen verwechselt hat; dann würde das Frag. zur
Theogonie des M. gehören   3 ἐν νεμεαία ἄγουσ' oder ἐν νεμεαιαν ἄγουσ'
Hss.: verb. Diels vgl. Euphor. fr. 47, 3 p. 84 Mein. (fr. 98 Sch.) οὐ γάρ πω
τρηχεῖα λαβὴ καταμήσατο χειρῶν Μήνης παῖδα χάρωνα παρ' Ἀσωποῦ γενε-
τείρηι (d. i. Nemea); ἐν Νεμέαι ἀνάγουσ' Bentley, ἐν Ν., ἀγαγοῦσ' Schoe-
mann, ἐς Νεμέαιαν ἄγουσ' Gesner   4 fügte hinzu Diels nach Hes.
Th. 332   9 Wenn dieses Fr. aus den »Gesetzen« des E. wäre (E. Meyer
Gesch. d. Altert. II 570; vgl. A 1 § 112 I 28, 28ff.), wäre es jung   11 ὁμοκά-
πνους Π¹: ὁμοκάπους Π² (Hufegenossen) vgl. O. Schrader Z. f. Völkerk. 19
(1909) 331   13 ἐκεῖνο Victorius: ἐκεῖ Hss.   14 ἐκεῖνος Hss.: ἐκεῖ verm.
Diels, nämlich in dem Gedicht, wo er jenes Wort ausspricht. Er urteilte:
„Die Übel der Gegenwart aus den noch ungesühnten Verbrechen der
Vergangenheit abzuleiten (Kylonischer Frevel) und diese mit der Urzeit
in religiöse Verbindung zu bringen, war wohl der Hauptzweck dieser
Theogonie. Vgl. I 29, 3f. 30, 8ff.   Daher konnte Strabo diese Poesie
vielleicht καθαρμοί nennen (A 3)."

τῶν δυεῖν συγκραθεῖσαν, ἐξ ὧν δύο Τιτᾶνας (τὴν νοητὴν μεσότητα οὕτω καλέσαντα, διότι ἐπ' ἄμφω 'διατείνει' τό τε ἄκρον καὶ τὸ πέρας), ὧν μιχθέντων ἀλλήλοις ὠ ι ὸ ν γενέσθαι ..., ἐξ οὗ πάλιν ἄλλην γενεὰν προελθεῖν. PHILOD. de piet. 47a, 2 p. 19 ἐν δὲ τοῖς εἰς Ἐπιμενίδην 5 [näml.

ἀναφερομένοις ἔπεσιν] ἐξ Ἀέρος καὶ Νυκτὸς τὰ πάντα συστῆναι ⟨ὥσπερ καὶ⟩ Ὅμηρος ⟨ἀποφαί⟩νετ' Ὠκεανὸν ἐκ Τηθύος τοὺς θεοὺς γεννᾶν ⟨λέγων⟩· ''Ὠκεανόν τε θεῶν γένεσιν καὶ μητέρα Τηθύν' [Ζ 201], ⟨ἕτερός⟩ τις δὲ Κρόνον τε καὶ Ῥέαν, οἱ δὲ ⟨Δία καὶ⟩ Ἥραν πατέρα καὶ μητέρα θεῶν νομίζουσιν.

10   6 [3 K.]. PAUS. VIII 18, 2 Ἐ. δὲ ὁ Κρὴς εἶναι μὲν καὶ οὗτος θυγατέρα Ὠκεανοῦ τὴν Στύγα ἐποίησε, συνοικεῖν δὲ αὐτὴν οὐ Πάλλαντι, ἀλλὰ ἐκ Πείραντος Ἔχιδναν τεκεῖν, ὅστις δὴ ὁ Πείρας ἐστί.

7 [7b K.]. PHILOD. de piet. 46b 7 p. 18 G. τὰς Ἀρπ⟨υίας θεὰς⟩ οὔσας ὑπ⟨ὸ τῶν Βορέου παί⟩δων ... 18 Ἐπι⟩μενίδη⟨ς γὰρ Ὠκε⟩-
15 ανοῦ καὶ Γ⟨ῆς γεννήμα⟩τ' εἶναι, π⟨ερὶ δὲ Ῥή⟩γιον (?) αὐ⟨τὰς φονευθῆ⟩ναί (?) φ⟨ησιν⟩.

8 [4 K.]. — — 61b 1 p. 46 G. ⟨ἐπιθέσθαι Τυφῶνα εἰρή⟩κα⟨σι τῆι βασιλείαι⟩ Διός, ⟨ὡς Αἰσχύλος⟩ ἐν Προ⟨μηθεῖ (V. 351ff.) καὶ Ἀ⟩κουσίλα⟨ος[9 Β 7]καὶ Ἐπι⟩μενίδ⟨ης καὶ ἄλλοι⟩ πολλοί. ⟨παρ' Ἐπι⟩μενίδηι
20 ⟨δ' ἀναβὰς⟩ Τυφὼν ⟨καθεύδον⟩τος Διὸς ⟨ἐπὶ τὸ βα⟩σίλειον, ἐ⟨πικρα⟩τήσ⟨ας δὲ τῶν πυλῶν⟩ καθι⟨κέσθαι μὲν ἔσω⟩, παρα⟨βοηθήσας δὲ⟩ ὁ Ζεὺς ⟨καὶ τὸ βασίλει⟩ον ἰδὼ⟨ν ληφθὲν κτεῖ⟩ναι λέγ⟨εται κεραυνῶι⟩.

9 [7a K.]. — — 92, 24 p. 43 G. καὶ τὰς Ἁρπυίας τὰ μῆ⟨λα
25 φ⟩υλάττειν Ἀκο⟨υσίλ⟩αος [9 Β 5], Ἐ. δὲ καὶ τοῦτο καὶ τὰς αὐτὰς εἶναι ταῖς Ἑσπερίσιν.

10. PLUT. Sol. 12 [über Epimenides, nach A 4 ι 30, 20] τὸ δὲ μέγιστον, ἱλασμοῖς τισι καὶ καθαρμοῖς καὶ ἱδρύσεσι κατοργιάσας καὶ καθοσιώσας τὴν πόλιν ὑπήκοον τοῦ δικαίου καὶ μᾶλλον εὐπειθῆ
30 πρὸς ὁμόνοιαν κατέστησε. λέγεται δὲ τὴν Μουνιχίαν ἰδὼν καὶ καταμαθὼν πολὺν χρόνον εἰπεῖν πρὸς τοὺς παρόντας, ὡς τυφλόν ἐστι τοῦ μέλλοντος ἄνθρωπος· ἐκφαγεῖν γὰρ ἂν Ἀθηναίους τοῖς αὐτῶν ὀδοῦσιν, εἰ προήιδεσαν ὅσα τὴν πόλιν ἀνιάσει τὸ χωρίον [s. ι 28, 39ff.].

35   11. — def. orac. 1 p. 409 Ε ἀετούς τινας ἢ κύκνους ... μυθολογοῦσιν ἀπὸ τῶν ἄκρων τῆς γῆς ἐπὶ τὸ μέσον φερομένους εἰς ταὐτὸ

---

1 Τιτᾶνας Kroll: τινὰς V   6—8 erg. Diels, nur ⟨Δία καὶ⟩ Th. Gomperz
13 Ἁρπ⟨υίας Gomperz   θεὰς⟩ Philippson   14 ὑπ⟨ὸ ... παί⟩δων erg. Gomp.
Ὠκε⟩ανοῦ κτλ. erg. Diels   17—23 erg. Diels   24f. erg. Gomp.

συμπεσεῖν Πυθοῖ περὶ τὸν καλούμενον ὀμφαλόν· ὕστερον δὲ χρόνωι
τὸν Φαίστιον Ἐπιμενίδην ἐλέγχοντα τὸν μῦθον ἐπὶ τοῦ θεοῦ καὶ
λαβόντα χρησμὸν ἀσαφῆ καὶ ἀμφίβολον εἰπεῖν·
      οὔτε γὰρ ἦν γαίης μέσος ὀμφαλὸς οὔτε θαλάσσης·
5 εἰ δέ τις ἔστι, θεοῖς δῆλος, θνητοῖσι δ' ἄφαντος.
12 [5 Müller FHG IV 405]. SCHOL. APOLL. RHOD. II 1122 τούτους
[Söhne des Phrixos] δὲ Ἡρόδωρός [FGrHist. 31 F 39 I 223] φησιν
ἐκ Χαλκιόπης τῆς Αἰήτου θυγατρός, Ἀκουσίλαος [8 B 25] δὲ καὶ
Ἡσίοδος ἐν ταῖς Μεγάλαις Ἠοίαις [fr. 152 Rz.²] φασὶν ἐξ Ἰοφώσσης
10 τῆς Αἰήτου. καὶ οὗτος [Apoll. II 1155f.] μέν φησιν αὐτοὺς τέσσαρας·
Ἄργον, Φρόντιν, Μέλανα, Κυτίσωρον. Ἐ. δὲ πέμπτον προσ-
τίθησι Πρέσβωνα.
13 [4 M.]. SCHOL. APOLL. RHOD. III 242 Ἐ. δέ φησι Κορίνθιον
τῶι γένει τὸν Αἰήτην, μητέρα δὲ αὐτοῦ Ἐφύραν φησί.
15 14 [8 K., 3 M.]. — IV 57 Ἐ. δὲ αὐτὸν [Endymion] παρὰ θεοῖς
διατρίβοντα ἐρασθῆναί φησι τῆς Ἥρας· διόπερ Διὸς χαλεπήναντος
αἰτήσασθαι διὰ παντὸς καθεύδειν.
15 [6 M.]. SCHOL. EURIP. Phoen. 13 Ἐ. Εὐρύκλειαν τὴν
Ἐκφαντός φησιν αὐτὸν [Laios] γεγαμηκέναι, ἐξ ἧς εἶναι τὸν
20 Οἰδίποδα.
16 [7 M., 6 K.]. — Rhes. 36 Ἐ. δὲ Καλλιστοῦς καὶ Διὸς παῖδας
γεγενῆσθαι Πᾶνα καὶ Ἀρκάδα διδύμους. SCHOL. THEOCR.
AMBR. I 3 p. 28 W. Ἐ. δὲ ἐν τοῖς ποιήμασιν Διὸς καὶ Καλλιστοῦς
Πᾶνα καὶ Ἀρκάδα διδύμους.
25 17 [2 M.]. SCHOL. PIND. Ol. I 127 Namen der 13 von Oino-
maos erschlagenen Freier: τούτωι τῶι ἀριθμῶι τῶν ἀπολομένων
μνηστήρων καὶ Ἡσίοδος [fr. 147 Rz.] καὶ Ἐ. συμμαρτυρεῖ.
18 [1 M.]. — — VII 24 Ἡρόφιλος δὲ Ποσειδῶνος καὶ Ἀφροδίτης
τὴν Ῥόδον εἶναί φησιν, Ἐ. δὲ αὐτὴν Ὠκεανοῦ γενεαλογεῖ, ἀφ'
30 ἧς τὴν πόλιν ὠνομάσθαι.

---

11. Denn weder war mitten auf der Erde ein Nabel noch auf dem
Meere; wenn es aber einen gibt, so ist er nur den Göttern offenbar,
den Sterblichen aber unsichtbar.

---

4 οὐκ ἄρ' ἔην (vgl. Hes. Opp. 11) ... οὐδὲ Schweig.   γῆς Hss.: verb.
Xylander   οὔτε θαλ. E.: οὐδὲ θ. übr. Hss.   11 Ἐπιμενίδης P: Ἐπιμένης L
26 ἀπολωλότων nur P

19 [2 K.]. Schol. Sophocl. Oed. Col. 42 'E. Κρόνου φησὶ τὰς Εὐμενίδας·

ἐκ τοῦ καλλίκομος γένετο χρυσῆ 'Αφροδί꜔η
Μοῖραί τ' ἀθάνατοι καὶ 'Ερινύες αἰολόδωροι.

5   ΚΡΗΤΙΚΑ

20. Diodor. v 80 ἐπεὶ δὲ τῶν τὰ Κρητικὰ γεγραφότων οἱ πλεῖστοι διαφωνοῦσι πρὸς ἀλλήλους, οὐ χρὴ θαυμάζειν, ἐὰν μὴ πᾶσιν ὁμολογούμενα λέγωμεν· τοῖς γὰρ τὰ πιθανώτερα λέγουσι καὶ μάλιστα πιστευομένοις ἐπηκολουθήσαμεν, ἃ μὲν 'Επιμενίδηι τῶι θεολόγωι 10 προσσχόντες, ἃ δὲ Δωσιάδηι καὶ Σωσικράτει καὶ Λαοσθενίδαι. Vgl. xii 66—77.

21. Arat. 163. 164

Αἲξ ἱερή, τὴν μέν τε λόγος Διὶ μαζὸν ἐπισχεῖν·
'Ωλενίην δέ μιν Αἶγα Διὸς καλέουσ' ὑποφῆται.

15 **22.** — 30   εἰ ἐτεὸν δή,
Κρήτηθεν κεῖναί γε [Kynosura, Helike] Διὸς μεγάλου ἰότητι
οὐρανὸν εἰσανέβησαν, ὅ μιν τότε κουρίζοντα
δίκτωι ἐν εὐώδει ὄρεος σχεδὸν 'Ιδαίοιο
ἄντρωι ἐγκατέθεντο καὶ ἔτρεφον, εἰς ἐνιαυτὸν
20 Δικταῖοι Κούρητες ὅτε Κρόνον ἐψεύδοντο.

---

19. Von Kronos stammte ab die schönhaarige goldene Aphrodite, die Moiren die unsterblichen und die Erinyen mit ihren wechselnden Gaben.

3 Der bisher aus dem das Sophoklesschol. ausschreibenden Tzetz. z. Lycophr. 406 ed. Sebastiani vorgesetzte Vers γήματο δ' Εὐονύμην θαλερὴν Κρόνος ἀγκυλόμητις ist als moderne Fälschung ausgemerzt von Scheer Lycophr. ii p. v   3f. vgl. Wilamowitz, *Glaube d. Hellenen* i 405   5 Κρητικά] Über dieses Werk vgl. oben zu S. 31, 28   10 Λαοσθενίδαι] 'Αγλαοσθένει Robert. Über die Abtrennung des Antrils des Epimenides vgl. Bethe *Herm.* 24 (1889) 402; Leo *Hesiodea* 1894 S. 20. Diodor scheint freilich nicht die Kretika, sondern die Theogonie benutzt zu haben. Denn abgesehen vom Inhalt spricht die Umgestaltung der Hesiodverse, die Leo für Epimenides nachweist, genau von dem, was wir bei der Theogonie des Musaios feststellen [2 B 6. 7 1 23, 5ff.], die aus derselben Quelle der Peisistr. Zeit stammen dürfte   14 'Ωλενίην] so verstand Apollodoros, nicht ὠλενίην, vgl. Neustadt a. a. O. S. 28   16 Kynosura und Helike (ἄκρα 'Αρκαδίας) sind (wie Olenos aus Achaia) nach Kreta verlegt   18 δίκτωι] = δικτάμνωι, nicht Δίκτωι   Andere Aratische Katasterismen sucht auf Epimenides zu beziehen Rehm *Mythogr. Untrrs.* (Münch. 1896) S. 44. Maass *Aratea* (Wilamowitz *Philol. Untrrs.* xii) c. ix. Vgl. auch Boll-Gundel *Sternglaube*⁴ usw. S. 15 m. Anm.

23. Schol. Arat. 46 [349, 23 M.] φέρεται δὲ περὶ τοῦ Δράκοντος
Κρητικὸς μῦθος, ὡς ἄρα ἐπιόντος ποτὲ τοῦ Κρόνου ὁ Ζεὺς εὐλα-
βηθεὶς ἑαυτὸν μὲν εἰς δράκοντα μετεμόρφωσε, τὰς δὲ τροφοὺς εἰς
ἄρκτους καὶ ἀπατήσας τὸν πατέρα μετὰ τὸ προλαβεῖν τὴν βασιλείαν
5 τὸ συμβὰν ἑαυτῶι τε καὶ ταῖς τροφοῖς τῶι ἀρκτικῶι ' ἐνεστήριξε
κύκλωι.

24. [Eratosth.] catast. 27 Αἰγοκέρως. οὗτός ἐστι τῶι εἴδει
ὅμοιος τῶι Αἰγίπανι· ἐξ ἐκείνου γὰρ γέγονεν· ἔχει δὲ θηρίου τὰ
κάτω μέρη καὶ κέρατα ἐπὶ τῆι κεφαλῆι· ἐτιμήθη δὲ διὰ τὸ σύντροφος
10 εἶναι τῶι Διί, καθάπερ Ἑ. ὁ τὰ Κρητικὰ ἱστορῶν φησιν, ὅτι ἐν τῆι
Ἴδηι συνῆν αὐτῶι, ὅτε ἐπὶ τοὺς Τιτᾶνας ἐστράτευσεν· οὗτος δὲ δοκεῖ
εὑρεῖν τὸν κόχλον, ἐν ὧι τοὺς συμμάχους καθώπλισε, διὰ τὸ τοῦ
ἤχου Πανικὸν καλούμενον, ὃ οἱ Τιτᾶνες ἔφυγον. παραλαβὼν δὲ τὴν
ἀρχὴν [Zeus] ἐν τοῖς ἄστροις αὐτὸν ἔθηκε καὶ τὴν Αἶγα τὴν μητέρα.
15 διὰ δὲ ⟨τὸ⟩ τὸν κόχλον ⟨εὑρεῖν⟩ ἐν τῆι θαλάσσηι παράσημον ἔχει
ἰχθύος ⟨οὐράν⟩. Vgl. 2 B 8. Diod. xii 70.

25. — 5 (Marc.) p. 5, 21 Olivieri (περὶ τοῦ Στεφάνου) οὗτος
λέγεται ὁ τῆς Ἀριάδνης ... ὅ τε τὰ Κρητικὰ γεγραφὼς λέγει, ⟨ὅτι⟩
ὅτε ἦλθε Διόνυσος πρὸς Μίνω φθεῖραι βουλόμενος αὐτήν, δῶρον
20 αὐτῆι τοῦτον δέδωκεν, ὧι ἠπατήθη ἡ Ἀριάδνη. Ἡφαίστου δὲ ἔργον
εἶναί φασιν ἐκ χρυσοῦ πυρώδους καὶ λίθων Ἰνδικῶν ... ἐν δὲ τοῖς
ἄστροις ὕστερον αὐτὸν τεθηκέναι. Vgl. Diodor. vi 4 [Tert. d.\cor. 7].

SPÄTGEFÄLSCHTES

26. Laur. Lyd. de mens. iv 17 οἱ δὲ περὶ Ἐπιμενίδην ἄρρενα καὶ θήλειαν
25 ἐμύθευσαν τοὺς Διοσκόρους, τὸν μὲν αἰῶνα ὥσπερ μονάδα, τὴν δὲ φύσιν ὡς
δυάδα καλέσαντες· ἐκ γὰρ μονάδος καὶ δυάδος ὁ πᾶς ζωογονικὸς καὶ ψυχογονικὸς
ἐξεβλάστησεν ἀριθμός. Vgl. 7 B 14.

---

8 γὰρ Wilamowitz: δὲ Hss.   9 σύντροφον Hss.: verb. Wilamowitz
10 Pan stammt aus dem Gefolge des indischen Dionysos. So zuerst bei
Megasthenes Polyaen. i 2. S. Neustadt a. a. O. Vgl. Ἰνδικῶν B 25   Διί,
⟨ἢ⟩ Neustadt S. 27   12 ἐν ὧι] während   14 ἀρχὴν ⟨ὁ Ζεύς⟩ ed. Felli
15 ⟨τὸ⟩ Bernhardy   κόχλον] aus der Tritonsage entlehnt   ⟨εὑρεῖν⟩
und ⟨οὐράν⟩ Heyne   18 ⟨ὅτι⟩ Olivieri   22 τεθηκέναι] so die Hs.
24 Des Lydus Quelle sind οἱ φιλόσοφοι d. h. Neupythagoreer. S. Dieterich
Abraxas S. 130¹, dessen Skepsis sonst zu weit geht

II. ASTROLOGISCHE DICHTUNG DES SECHSTEN JAHRHUNDERTS

4 [68a]. HESIODOS

A. SCHRIFT

5   1. PHILIPP. Epinom. 990 A σοφώτατον ἀνάγκη τὸν ἀληθῶς ἀστρονόμον εἶναι, μὴ τὸν καθ' Ἡσίοδον ἀστρονομοῦντα καὶ πάντας τοὺς τοιούτους οἷον δυσμάς τε καὶ ἀνατολὰς ἐπεσκεμμένον, ἀλλὰ κτλ.

2. CALLIM. ep. 27

Ἡσιόδου τό τ' ἄεισμα καὶ ὁ τρόπος· οὐ τὸν ἀοιδῶν
10   ἔσχατον, ἀλλ' ὀκνέω μὴ τὸ μελιχρότατον
τῶν ἐπέων ὁ Σολεὺς ἀπεμάξατο· χαίρετε λεπταὶ
ῥήσιες, Ἀρήτου σύντονος ἀγρυπνίη.

3. PLUT. Pyth. or. 18. 402 F ... ἐν μέτροις πρότερον [als Aristarch u. a.] Εὐδόξου καὶ Ἡσιόδου καὶ Θαλοῦ [11 B 1] γραφόντων.

15   B. FRAGMENTE

ΗΣΙΟΔΟΥ ΑΣΤΡΟΝΟΜΙΗ

1 [177 Rzach (1908)]. ATHEN. XI 491 CD [aus Asklepiades v. Myrlea] καὶ ὁ τὴν εἰς Ἡσίοδον δὲ ἀναφερομένην ποιήσας Ἀστρονομίαν αἰεὶ Πελειάδας αὐτὰς λέγει·
20   τὰς δὲ βροτοὶ καλέουσι Πελειάδας.

2 [178].   — — καὶ πάλιν·

χειμέριαι δύνουσι Πελειάδες.

---

1. [Namenliste wie in B 5, dann:] Die aber die Sterblichen Peleiaden nennen.

2. Die winterlichen Peleiaden gehen unter.

---

6 »Kann ebensogut auf die Ἔργα bezogen werden« Capelle Gött. gel. Anz. 1914, 253   8 auf Arats Phaenomena   12 σύμβολον ἀγρυπνίης nach Leonidas Ruhnken, nicht zwingend   14 γραφόντων] γεγραφότων Robert   16 Ἀστρολογίη (vgl. I 39, 4. 41, 2. 21 u. ö.) Capelle Philol. 71 (1912) 441.   Das früher für alexandrinisch gehaltene Gedicht haben als alt erwiesen Robert Eratosth. S. 237, Rehm Mythogr. Unters. S. 36 ff. (gegen Franz Leipz. St. 12, 351), Nilsson Rhein. Mus. 60 (1905) 180. Vielleicht vorthaletisch wegen Plin. B 4. Der Skorpion muß bereits vor Kleostratos [6 B 1, 3] bekannt gewesen sein (Rob. S. 238, Gundel Pauly-Wiss. R. E s. v.)

3 [179]. — — καὶ πάλιν·
τῆμος ἀποκρύπτουσι Πελειάδες.

4. PLIN. N. H. XVIII 213 occasum matutinum Vergiliarum H.
(nam huius quoque nomine exstat Astrologia) tradidit fieri, cum
5 aequinoctium autumni conficeretur, Thales [11 A 18] xxv die ab
aequinoctio.

5 [180]. SCHOL. ARAT. 172 (2—4 ebend. 254 'H. ἐν τῆι ἀστρικῆι
αὐτοῦ βίβλωι) 'H. γάρ φησι περὶ αὐτῶν [Hyaden]·

    νύμφαι Χαρίτεσσιν ὁμοῖαι
10 Φαισύλη ἠδὲ Κορωνὶς ἐυστέφανός τε Κλέεια
    Φαιώ θ' ἱμερόεσσα καὶ Εὐδώρη τανύπεπλος,
    ἃς Ὑάδας καλέουσιν ἐπὶ χθονὶ φῦλ' ἀνθρώπων.

6 [181]. [ERATOSTH.] Catast. 1 Ἄρκτου μεγάλης. ταύτην Ἡσίοδός
φησι Λυκάονος θυγατέρα ἐν Ἀρκαδίαι οἰκεῖν, ἑλέσθαι δὲ μετὰ Ἀρτέ-
15 μιδος τὴν περὶ τὰς θήρας ἀγωγὴν ἐν τοῖς ὄρεσι ποιεῖσθαι· φθαρεῖ-
σαν δὲ ὑπὸ Διὸς ἐμμεῖναι λανθάνουσαν τὴν θεόν· φωραθῆναι δὲ
ὕστερον ἐπίτοκον ἤδη οὖσαν ὀφθεῖσαν ὑπ' αὐτῆς λουομένην· ἐφ' ὧι
ὀργισθεῖσαν τὴν θεὸν ἀποθηριῶσαι αὐτήν· καὶ οὕτως τεκεῖν ἄρκτον
γενομένην τὸν κληθέντα Ἀρκάδα. οὖσαν δ' ἐν τῶι ὄρει θηρευθῆναι
20 ὑπὸ αἰπόλων τινῶν καὶ παραδοθῆναι μετὰ τοῦ βρέφους τῶι Λυκάονι·
μετὰ χρόνον δέ τινα δόξαι εἰσελθεῖν εἰς τὸ τοῦ Διὸς ἄβατον [ἱερὸν]
ἀγνοήσασαν τὸν νόμον. ὑπὸ δὲ τοῦ ἰδίου υἱοῦ διωκομένην καὶ τῶν
Ἀρκάδων, καὶ ἀναιρεῖσθαι μέλλουσαν διὰ τὸν εἰρημένον νόμον ὁ
Ζεὺς διὰ τὴν συγγένειαν αὐτὴν ἐξείλετο καὶ ἐν τοῖς ἄστροις αὐτὴν
25 ἔθηκεν. Ἄρκτον δὲ αὐτὴν ὠνόμασε διὰ τὸ συμβεβηκὸς αὐτῆι σύμ-
πτωμα. COMM. ARAT. Suppl. 8 p. 574 M περὶ τούτου [Bootes]
λέγεται, ὅτι Ἀρκάς ἐστιν ὁ ⟨ἐκ⟩ Καλλιστοῦς καὶ Διὸς γεγονώς· ὤικησε
δὲ περὶ τὸ Λύκαιον. φθείραντος αὐτὴν Διὸς οὐ προσποιησάμενος ὁ
Λυκάων τὸν Δία ἐξένιζεν, ὥς φησιν Ἡ., καὶ τὸ βρέφος κατακόψας

---

3. Dann verschwinden die Peleiaden.
5. Mädchen, den Charitinnen ähnlich, Phaisyle sowie Koronis und
die schön bekränzte Kleeia und Phaio die liebliche, auch Eudore mit
dem langen Gewande, die Hyaden nennen auf der Erde die Geschlechter
der Menschen.

---

11 καὶ] ἰδ' 172 Hs. M   12 Νύμφαι ἃς Ὑάδας καλέουσιν φῦλ' ἀ. Tzetzes
16 δὲ Robert: τε Hss.   21 δόξαι tilgt ed. Felli   [ἱερὸν] Koppiers
25 αὐτὴν tilgt Heyne   27 ⟨ἐκ⟩ Maass   28 οὐκ ⟨εἰδέναι⟩ v. s. Morel

παρέθηκεν ἐπὶ τὴν τράπεζαν. [APOLLOD.] bibl. III 100 W. Εὔμηλος
[fr. 14 K.] δὲ καί τινες ἕτεροι λέγουσι Λυκάονι καὶ θυγατέρα Καλλιστὼ
γενέσθαι· Ἡ. μὲν γὰρ αὐτὴν μίαν εἶναι τῶν νυμφῶν λέγει, Ἄσιος
[fr. 9 K.] δὲ Νυκτέως, Φερεκύδης [FGrHist. 3 F 157 I 100] δὲ Κητέως.
HYGIN. astr. II 1.

7 [182]. [ERATOSTH.] cat. 32 Ὠρίωνος. τοῦτον Ἡ. φησιν Εὐ-
ρυάλης τῆς Μίνωος καὶ Ποσειδῶνος εἶναι, δοθῆναι δὲ αὐτῶι δωρεάν,
ὥστε ἐπὶ τῶν κυμάτων πορεύεσθαι καθάπερ ἐπὶ τῆς γῆς. ἐλθόντα
δὲ αὐτὸν εἰς Χίον Μερόπην τὴν Οἰνοπίωνος βιάσασθαι οἰνωθέντα,
10 γνόντα δὲ τὸν Οἰνοπίωνα καὶ χαλεπῶς ἐνεγκόντα τὴν ὕβριν ἐκτυ-
φλῶσαι αὐτὸν καὶ ἐκ τῆς χώρας ἐκβαλεῖν. ἐλθόντα δὲ εἰς Λῆμνον
ἀλητεύοντα Ἡφαίστωι συμμῖξαι, ὃς αὐτὸν ἐλεήσας δίδωσιν αὐτῶι
Κηδαλίωνα τὸν αὐτοῦ [οἰκεῖον] οἰκέτην, ὅπως ὁδηγῆι [καὶ ἡγῆται
αὐτοῦ]· ὃν λαβὼν ἐπὶ τῶν ὤμων ἔφερε σημαίνοντα τὰς ὁδούς· ἐλθὼν
15 δ' ἐπὶ τὰς ἀνατολὰς καὶ Ἡλίωι συμμίξας δοκεῖ ὑγιασθῆναι καὶ οὕτως
ἐπὶ τὸν Οἰνοπίωνα ἐλθεῖν πάλιν, τιμωρίαν αὐτῶι ἐπιθήσων· ὁ δὲ ὑπὸ
τῶν πολιτῶν ὑπὸ γῆν ἐκέκρυπτο. ἀπελπίσας δὲ τὴν ἐκείνου ζήτησιν
ἀπῆλθεν εἰς Κρήτην καὶ περὶ τὰς θήρας διῆγε κυνηγετῶν τῆς Ἀρτέ-
μιδος παρούσης καὶ τῆς Λητοῦς, καὶ δοκεῖ ἀπειλήσασθαι ὡς πᾶν
20 θηρίον ἀνελεῖν τῶν ἐπὶ τῆς γῆς γιγνομένων· θυμωθεῖσα δὲ αὐτῶι Γῆ
ἀνῆκε σκορπίον εὐμεγέθη, ὑφ' οὗ τῶι κέντρωι πληγεὶς ἀπώλετο·
ὅθεν διὰ τὴν αὐτοῦ ἀνδρίαν ἐν τοῖς ἄστροις αὐτὸν ἔθηκεν ὁ Ζεὺς
ὑπὸ Ἀρτέμιδος καὶ Λητοῦς ἀξιωθείς, ὁμοίως καὶ τὸ θηρίον τοῦ εἶναι
μνημόσυνον ⟨αὐτῶν⟩ καὶ τῆς πράξεως.

25 8 [183]. DIODOR. IV 85, 4 [Meerenge v. Messina] ἔνιοι δὲ λέγουσι
σεισμῶν μεγάλων γενομένων διαρραγῆναι τὸν αὐχένα τῆς ἠπείρου
καὶ γενέσθαι τὸν πορθμόν, διειργούσης τῆς θαλάσσης τὴν ἤπειρον
ἀπὸ τῆς νήσου. Ἡ. δὲ ὁ ποιητὴς φησι τοὐναντίον, ἀναπεπταμένου
τοῦ πελάγους Ὠρίωνα προσχῶσαι τὸ κατὰ τὴν Πελωρίδα κείμενον
30 ἀκρωτήριον καὶ τὸ τέμενος τοῦ Ποσειδῶνος κατασκευάσαι, τιμώ-
μενον ὑπὸ τῶν ἐγχωρίων διαφερόντως. ταῦτα δὲ διαπραξάμενον εἰς
Εὔβοιαν μεταναστῆναι κἀκεῖ κατοικῆσαι· διὰ δὲ τὴν δόξαν ἐν τοῖς
κατ' οὐρανὸν ἄστροις καταριθμηθέντα τυχεῖν ἀθανάτου μνήμης.

---

13 Κηδαλίωνα Schol. Nicandr. Ther. 15 p. 5, 32 K.: ἠνδαλίωνα Hss.   [οἰ-
κεῖον] Heyne   [καὶ ... αὐτοῦ] Robert   17 ζήτησιν] εὕρεσιν Schol. Nicandr.
20 τῆς fehlt L   24 ⟨αὐτῶν⟩ Diels; καὶ tilgte Heyne   25 s. Robert Erat.
S. 238³, der auch Erat. cat. 8 Ἀρκτοφύλαξ auf Hes. zurückführt

5 [69]. PHOKOS

ΦΩΚΟΥ ΣΑΜΙΟΥ ΝΑΥΤΙΚΗ ΑΣΤΡΟΛΟΓΙΑ

Vgl. 11 A 1 § 23. B 1.

---

6 [70]. KLEOSTRATOS

5
A. LEBEN UND SCHRIFT

1. THEOPHR. de sign. 4 διὸ καὶ ἀγαθοὶ γεγένηνται κατὰ τόπους τινὰς ἀστρονόμοι ἔνιοι οἷον Ματρικέτας ἐν Μηθύμνηι ἀπὸ τοῦ Λεπετύμνου καὶ Κλεόστρατος ἐν Τενέδωι ἀπὸ τῆς Ἴδης καὶ Φαεινὸς Ἀθήνησιν ἀπὸ τοῦ Λυκαβηττοῦ τὰ περὶ τὰς τροπὰς συνεῖδε, παρ' οὖ Μέτων ἀκούσας τὸν τῶν ἑνὸς δεόντων εἴκοσιν
10 ⟨ἐτῶν⟩ ἐνιαυτὸν συνέταξεν· ἦν δὲ ὁ μὲν Φαεινὸς μέτοικος Ἀθήνησιν, ὁ δὲ Μέτων Ἀθηναῖος.

2. SCYLAX 95 νῆσος κατὰ ταῦτα κεῖται Τένεδος καὶ λιμήν, ὅθεν Κλεόστρατος ὁ ἀστρολόγος ἐστί.

3. ARAT. V. 2, 5 p. 324, 10 Maass πολλοὶ γὰρ καὶ ἄλλοι Φαινόμενα ἔγραψαν
15 [außer Arat] καὶ Κλεόστρατος καὶ Σμίνθης καὶ Ἀλέξανδρος ὁ Αἰτωλὸς κτλ.

3a. CATALOGUS astron. ed. Maass (Wilamowitz Philol. Unters. XII 121) Κλεόστρατος Τενέδιος.

4. ATHEN. VII 278 A ὁ δὲ ὀψοδαίδαλος Ἀρχέστρατος ἐν τῆι Γαστρολογίαι (οὕτως γὰρ ἐπιγράφεσθαί φησι Λυκόφρων ἐν τοῖς Περὶ κωμωιδίας, ὡς τὴν Κλεο-
20 στράτου τοῦ Τενεδίου Ἀστρολογίαν) κτλ.

B. ΚΛΕΟΣΤΡΑΤΟΥ ΑΣΤΡΟΛΟΓΙΑ

1. SCHOL. EURIP. Rhes. 528 ὁ μὲν οὖν Παρμενίσκος 'πρῶτα σημεῖα' φησὶ λέγεσθαι τὰς τοῦ σκορπίου πρώτας μοίρας διὰ τὸ ὑπὸ τῶν ἀρχαίων οὕτως αὐτὰς λέγεσθαι, διότι ταύταις ὁ Βοώτης ἅμα
25 ἄρχεται καταδύεσθαι. Κλεόστρατον γοῦν τὸν Τενέδιον ἀρχαῖον ⟨ὄντα ἀστρολόγον εἰπεῖν⟩ οὕτως·

---

4 zu Kl. vgl. Journ. of hell. Stud. 39 (1919) 164ff. 41 (1921) 70ff. 45 (1925) 78ff. W. Kroll Pauly-Wiss. R.-E. Suppl. IV 912   8 Τενέδωι] darum Tod des Thales daselbst [11 A 8], um die Schultradition zu erklären   9 Diels: τὸν τοῦ ἑνὸς δέοντα εἴκοσιν ἐνιαυτῶν Ald. Vgl. c. 41, 9; ἐνιαυτὸν verb. Schneider   12 κλειόστρατος Hs.   15 κλεοπάτρης Hs.: verb. Bergk 17 καλλίστρατος Hs.: verb. Meineke   20 γαστρολογίαν Hs.: verb. Heringa   24 διότι Schwartz: καὶ ὅτι Hs.   25. 26 ⟨ ⟩ Diels, ähnlich Schwartz

ἀλλ' ὁπόταν τρίτον ἦμαρ ἐπ' ὀγδώκοντα μένηισι
⟨'Αρκτοφύλαξ φαίνων, τότε δὴ σημήϊα πρῶτα⟩
σκορπίου εἰς ἅλα πίπτει ἅμ' ἠοῖ φαινομένηφι.

2. PLIN. h. nat. II 31 [nach Anaximander vgl. 12 A 5] *signa*
5 *deinde (traditur intellexisse) in eo* [Zodiacus] *Cl., et prima arietis*
ac sagittarii.

3. HYGIN. astron. II 13 [wie 1 aus Parmeniskos] *haedos Cl.*
Tenedius dicitur primus inter sidera ostendisse.

4. CENSOR. 18, 5 *hanc octaëteridam vulgo creditum est ab Eudoxo*
10 *Cnidio institutam, sed hanc Cleostratum Tenedium primum ferunt*
composuisse et postea alios aliter qui mensibus varie intercalandis
suas octaëteridas protulerunt, ut fecit Harpalus, Nauteles, Mene-
stratus, item alii.

---

1. Aber wann den dritten Tag über achtzig bleibt ⟨*Arktophylax*
leuchtend (am Himmel), dann fürwahr die ersten Sterne vom Bilde⟩ des
Skorpions ins Meer springen zugleich mit dem Schein der Morgenröte.

---

1 Erklärung gab Boll *Sphaera* S. 192[1]: »Wenn der Bootes mit seinem
Spätaufgang 83 Tage am Nachthimmel verweilt, so geht der Anfang des
Skorpions in der Morgendämmerung unter, gleichzeitig mit den ersten
Sternen des Bootes«   ὀγδοήκοντα Hs.: verb. Dindorf   2 ⟨ ⟩ Diels,
⟨οὐρανῶι 'Α.⟩ Boll bei Breithaupt *de Parmenisco* p. 34; vgl. Bethe
Rhein Mus. 55 (1910) 414ff.   Da zu μένηισι eine Ergänzung notwendig,
πρῶτα σημεῖα durch ὑπὸ τῶν ἀρχαίων οὕτως αὐτὰς λέγεσθαι gegeben ist,
so kann der ausgefallene Vers nicht viel anders gelautet haben.   Der
das ganze Sternbild umfassende, episch klingende Name ἀρκτοφύλαξ ist
wohl nach ἀρκτοῦρος gebildet und zwar gewiß von einem Didaktiker vor
Arat   10 *hanc*] *alii* Jahn   12 *Harpalus*] vermutlich der Erbauer der
Brücke über den Hellespont für Xerxes (481/0) nach *Laterc. Alexandr.* 8, 8
(*Abh. d. Berl. Ak.* 1904 S. 8; doch vgl. auch Rehm *Pauly-Wissowa R.-E.*
VII, 2, 2401).   S. Avien. Arat. 1366 *nam qui solem hiberna novem putat*
aethere volvi, ut lunae spatium redeat, vetus Harpalus, ipsam ocius in sedes
momentaque prisca reducit. illius ad numeros prolixa decennia rursum adie-
cisse Meton Cecropea dicitur arte.   Da zur Verbesserung der Rechnung
einige Oktaeteriden verstrichen sein mußten, darf Kleostratos etwa 520
angesetzt werden; Dodwell *de vet. cycl.* III 140: um 544, willkürlich

III. FRÜHE KOSMOLOGISCHE UND GNOMISCHE PROSA

7 [71]. PHEREKYDES VON SYROS

A. LEBEN UND SCHRIFT

5   1. DIOG. I 116ff. Φερεκύδης Βάβυος Σύριος, καθά φησιν 'Αλέξανδρος ἐν Δια
δοχαῖς [fr. 139 FHG III 240], Πιττακοῦ διακήκοεν.   τοῦτόν φησι Θεόπομπος
[FGrHist. 115 F 71 II 550 vgl. A 6] πρῶτον περὶ φύσεως καὶ ⟨γενέσεως⟩ θεῶν
γράψαι.   πολλὰ δὲ καὶ θαυμάσια λέγεται περὶ αὐτοῦ· καὶ γὰρ παρὰ τὸν αἰγιαλὸν
τῆς Σάμου περιπατοῦντα καὶ ναῦν οὐριοδρομοῦσαν ἰδόντα εἰπεῖν ὡς οὐ μετὰ πολὺ
10   καταδύσεται· καὶ ἐν ὀφθαλμοῖς αὐτοῦ καταδῦναι.   καὶ ἀνιμηθέντος ἐκ φρέατος
ὕδατος πιόντα προειπεῖν, ὡς εἰς τρίτην ἡμέραν ἔσοιτο σεισμός, καὶ γενέσθαι.   ἀνι
όντα τε ἐξ 'Ολυμπίας ἐς Μεσσήνην τῶι ξένωι Περιλάωι συμβουλεῦσαι ἐξοικῆσαι
μετὰ τῶν οἰκείων· καὶ τὸν μὴ πεισθῆναι, Μεσσήνην δὲ ἑαλωκέναι.   (117) καὶ
Λακεδαιμονίοις εἰπεῖν μήτε χρυσὸν τιμᾶν μήτε ἄργυρον, ὥς φησι Θεόπομπος ἐν
15   Θαυμασίοις [fr. 71 s. o.].   προστάξαι δὲ αὐτῶι ὄναρ τοῦτο τὸν 'Ηρακλέα, ὃν
καὶ τῆς αὐτῆς νυκτὸς τοῖς βασιλεῦσι κελεῦσαι Φερεκύδηι πείθεσθαι.   ἔνιοι δὲ
Πυθαγόραι προσάπτουσι ταῦτα [s A 6].
φησὶ δ' Ἕρμιππος [fr. 19 FHG III 40] πολέμου συνεστῶτος 'Εφεσίοις καὶ
Μάγνησι βουλόμενον τοὺς 'Εφεσίους νικῆσαι πυθέσθαι τινὸς παριόντος πόθεν εἴη,
20   τοῦ δ' εἰπόντος 'ἐξ 'Εφέσου', 'ἕλκυσόν με τοίνυν, ἔφη, τῶν σκελῶν καὶ θὲς εἰς τὴν
τῶν Μαγνήτων χώραν, καὶ ἀπάγγειλόν σου τοῖς πολίταις μετὰ τὸ νικῆσαι αὐτόθι
με θάψαι, (118) ἐπεσκηφέναι τε ταῦτα Φερεκύδην'.   ὁ μὲν ⟨οὖν⟩ ἀπήγγειλεν· οἱ δὲ
μετὰ μίαν ἐπελθόντες κρατοῦσι τῶν Μαγνήτων καὶ τὸν Φερεκύδην μεταλλάξαντα
θάπτουσιν αὐτόθι καὶ μεγαλοπρεπῶς τιμῶσιν.   ἔνιοι δέ φασιν ἐλθόντα εἰς Δελφοὺς
25   ἀπὸ τοῦ Κωρικίου ὄρους αὐτὸν δισκῆσαι.   'Αριστόξενος δ' ἐν τῶι Περὶ Πυθαγόρου
καὶ τῶν γνωρίμων αὐτοῦ [fr. 3 FHG II 272] φησι νοσήσαντα αὐτὸν ὑπὸ Πυθαγόρου
ταφῆναι ἐν Δήλωι.   οἱ δὲ φθειριάσαντα τὸν βίον τελευτῆσαι· ὅτε καὶ Πυθαγόρου
παραγενομένου καὶ πυνθανομένου, πῶς διακέοιτο ,διαβαλόντα τῆς θύρας τὸν δάκτυ-

---

3 vgl. Wilamowitz *Berl. Sitz. Ber.* 1926, 125f.   5 Βάβυος (aus
A 2. 3) verb. Aldobrand.: βάδυος Hss.   6 διακήκοεν B¹: διακήκοε B²PV
7 ⟨ ⟩ H. Gomperz nach A 5 (145, 20 vgl. 44, 24)   9 Σάμου Scaliger, Casaubonus
aus A 6: ψάμμου Hss.   οὐ μετ' οὐ πολύ (πουλύ B) BP: μετ' οὐ πολύ VΦ:
verb. Diels (*non post multum tempus* Λ)   10 ὀφθαλμῶν BP¹   11 ἡμέραν
tilge Cobet falsch s. A 6   12 ἐξ ὀλυμπίας Casaub.: εἰς ὀλυμπίαν BP:
εἰς 'Ο. ἐκ Μεσσήνης Richards   ἐξοικῆσαι BP¹Φ: μετοικῆσαι P²V   13 μεσσή
νην δὲ ἑαλωκέναι corr. P¹: μεσσήνη δὲ ἑάλω B und vor d. Korr. P¹ (auch Φ,
wo alles in die or. dir. umgesetzt ist)   14 εἰπεῖν fehlt B   16 φερε
κύδει BP   17 προσάπτουσι B: περιάπτουσι PV   22 ⟨ ⟩ Cobet   23 μίαν]
sc. ἡμέραν, was Φ interpoliert   τὸν BΦ: τόν τε PV   25 δισκεῦσαι Φ
28 [Heracl.] Polit. 32 p. 378, 5 Rose (aus Arist. Πολιτεία Σαμίων) Φ. ὁ Σύριος
ὑπὸ φθειρῶν καταβρωθεὶς ἐν Σάμωι ἐτελεύτησεν, ὅτε καὶ ἐλθόντι Πυθαγόραι τὸν
δάκτυλον διὰ τῆς ὀπῆς ἔδειξε περιεψιλωμένον

λον εἰπεῖν· 'χροῖ δῆλα'. καὶ τοὐντεῦθεν παρὰ τοῖς φιλολόγοις ἡ λέξις ἐπὶ τῶν χειρόνων τάττεται, οἱ δ' ἐπὶ τῶν βελτίστων χρώμενοι διαμαρτάνουσιν. (119) Ἐλεγέ τε ὅτι οἱ θεοὶ τὴν τράπεζαν θυωρὸν καλοῦσιν [B 12].

Ἄνδρων δ' ὁ Ἐφέσιός φησι δύο γεγονέναι Θερεκύδας Συρίους, τὸν μὲν ἀστρο-
5 λόγον, τὸν δὲ θεολόγον υἱὸν Βάβυος, ὧι καὶ Πυθαγόραν σχολάσαι. Ἐρατοσθένης
δ' ἕνα μόνον, καὶ ἕτερον Ἀθηναῖον γενεαλόγον [FGrHist. 3. 1 58ff. 386].
σώιζεται δὲ τοῦ Συρίου τό τε βιβλίον ὃ συνέγραψεν οὗ ἡ ἀρχή· Ζὰς ... διδοῖ
[B 1], σώιζεται δὲ καὶ ἡλιοτρόπιον ἐν Σύρωι τῆι νήσωι [vgl. Schol. in
Od. ο 404]. Folgt Duris und Ion s. 36 B 4. Dann Epigramm des Diog.
10   (121) γέγονε δὲ κατὰ τὴν πεντηκοστὴν καὶ ἐνάτην ὀλυμπιάδα (544—41).
Folgt Brief an Thales.

1a. EUSEB. chron. zu Ol. 59 (59, 2 M 59, 4 d. übr.) Ferecydes historicus clarus habetur.

2. SUID. Φερεκύδης Βάβυος Σύριος (ἔστι δὲ νῆσος μία τῶν Κυκλάδων ἡ Σύρα
15 πλησίον Δήλου)· γέγονε δὲ κατὰ τὸν Λυδῶν βασιλέα Ἀλυάττην, ὡς συγχρονεῖν
τοῖς ζ σοφοῖς καὶ τετέχθαι περὶ τὴν μϛ ὀλυμπιάδα [600—597]. διδαχθῆναι δὲ ὑπ'
αὐτοῦ Πυθαγόραν λόγος, αὐτὸν δὲ οὐκ ἐσχηκέναι καθηγητήν, ἀλλ' ἑαυτὸν ἀσκῆσαι
κτησάμενον τὰ Φοινίκων ἀπόκρυφα βιβλία. πρῶτον δὲ συγγραφὴν ἐξενεγκεῖν
πεζῶι λόγωι τινὲς ἱστοροῦσιν, ἑτέρων τοῦτο εἰς Κάδμον τὸν Μιλήσιον φερόντων.
20 καὶ πρῶτον τὸν περὶ τῆς μετεμψυχώσεως λόγον εἰσηγήσασθαι. ἐξηλοτύπει δὲ
τὴν Θάλητος δόξαν. καὶ τελευτᾶι ὑπὸ πλήθους φθειρῶν. Vgl. Ios. c. Ap. 1 2
[11 A 11]; Diog. 11 46.
ἔστι δὲ ἅπαντα ἃ συνέγραψε ταῦτα· Ἑπτάμυχος ἤτοι Θεοκρασία ἢ Θεογονία.
ἔστι δὲ Θεολογία ἐν βιβλίοις ῑ [?] ἔχουσα θεῶν γένεσιν καὶ διαδοχάς.
25   Φερεκύδης Ἀθηναῖος (πρεσβύτερος τοῦ Συρίου, ὃν λόγος τὰ Ὀρφέως συν-
αγαγεῖν) ἔγραψεν Αὐτόχθονας (ἔστι δὲ περὶ τῆς Ἀττικῆς ἀρχαιολογίας) ἐν βιβλίοις ῑ,
Παραινέσεις δι' ἐπῶν. Πορφύριος δὲ τοῦ προτέρου οὐδένα πρεσβύτερον δέχεται,
ἀλλ' ἐκεῖνον μόνον ἡγεῖται ἀρχηγὸν συγγραφῆς.
s. v. Ἑκαταῖος ... πρῶτος δὲ ἱστορίαν πεζῶς ἐξήνεγκε [Hekataios], συγ-
30 γραφὴν δὲ Φ.· τὰ γὰρ Ἀκουσιλάου νοθεύεται. S. 9 A 1.

2a. DIOG. 1 42 Hermippos zählt Ph. unter d. 7 Weisen. S. 9 A 1.

3. STRABO x p. 487 Σῦρος δ' ἐστὶ μηκύνουσι τὴν πρώτην συλλαβήν, ἐξ ἧς
Φερεκύδης ὁ Βάβυος ἦν. νεώτερος δ' ἐστὶν ὁ Ἀθηναῖος ἐκείνου.

4. DIOD. x 3, 4 [aus Aristoxenos s. c. 14, 8] ὅτι Πυθαγόρας πυθόμενος Φερε-
35 κύδην τὸν ἐπιστάτην αὐτοῦ γεγενημένον ἐν Δήλωι νοσεῖν καὶ τελέως ἐσχάτως
ἔχειν, ἔπλευσεν ἐκ τῆς Ἰταλίας εἰς τὴν Δῆλον. ἐκεῖ δὲ χρόνον ἱκανὸν τὸν ἄνδρα

---

1 χροῖ ΒΦΣ und vor d. Korr. P¹ (wie Synes. ep. 116 p. 710 Herch.):
χρωὶ nach d. Korr. P¹ χρῶι V   2 βελτιόνων? Kranz   5 βάβους BP¹:
βάδυος P²V   8 ἡλιοτρόπιον] vgl. Wackernagel Sprachl. Unters. z. Homer
S. 247ff.   σύρα Hss. vgl. Suid.: verb. Menage   16 νϑ Diog. oben Z. 10
19 τινὲς] Porphyrios Φιλόσοφος ἱστορία s. Z. 27   23 Ἑπτάμυχος] vgl. zu
A 8 ι 46, 12   23. 24 Θεολογία — Θεογονία Kuester   24 ῑ vielleicht vom
Athener (Z. 26) übertragen (Gutschmid)   διαδόχους Suid.: verb. Preller
25ff. vgl. Wilamowitz a. O. S. 127   26 περὶ τῆς ἀρχ. τῆς ἀττικῆς stellt V
ἀρχαιολογία verm. Kranz   30 ἀγησιλάου Hss.: verb. Vossius   33 βά-
βυος D: βάβιος übr. Hss.   35 τελέως tilgt Cobet

γηροτροφήσας πᾶσαν εἰσηνέγκατο σπουδήν, ὥστε τὸν πρεσβύτην ἐκ τῆς νόσου διασῶσαι. κατισχυθέντος δὲ τοῦ Φερεκύδου διὰ τὸ γῆρας καὶ διὰ τὸ μέγεθος τῆς νόσου, περιέστειλεν αὐτὸν κηδεμονικῶς, καὶ τῶν νομιζομένων ἀξιώσας ὡσανεί τις υἱὸς πατέρα πάλιν ἐπανῆλθεν εἰς τὴν Ἰταλίαν. PORPH. V. Pyth. 56 (nach 5 ἐπιβουλῆι c. 14, 16) Φερεκύδην γὰρ πρὸ τῆς ἐκ Σάμου ἀπάρσεως τελευτῆσαι.
5 [10 Kern]. CIC. Tusc. I 16, 38 *itaque credo equidem etiam alios tot saeculis, sed quod litteris exstet, Ph. Syrius primum dixit animos esse hominum sempiternos, antiquus sane; fuit enim meo regnante gentili* [Servius Tullius 578—535]. Aus Poseidonios wie n. 6. APONIUS In Canticum
10 Canticorum [ed. Bottino et Martini Rom 1843] v p. 95 sq. zu Cant. 3, 5 *In priore enim »filiarum Jerusalem adiuratione caprearum et cervorum« personas Thalesianae et Ferecidensis philosophiae intellegi diximus . . . de quibus Thales nomine initium omnium rerum aquam in suo esse dogmate pronuntiavit, et inde omnia facta subsistere ab inviso et magno. causam
15 vero motus aquae spiritum insidentem confirmat, simulque geometricam artem perspicaci sensu prior invenit, per quam suspicatus est unum rerum omnium creatorem. Ferecides autem vocabulo animam hominis prior omnibus immortalem auditoribus suis tradidisse docetur, et eam esse vitam corporis et unum nobis de coelo spiritum, alterum credidit terrenis semi-*
20 *nibus comparatum. deorum vero naturam et originem ante omnes descripsit. quod opus multum religioni nostrae conferre probatur, ut noverit turpiter natos turpioremque vitam duxisse, dedecorosius mortuos quos idolatriae cultor deos affirmat.*

6. PORPHYR. ἀπὸ τοῦ ᾱ τῆς Φιλολόγου ἀκροάσεως b. Eus. P. E. x 3, 6
25 Ἄνδρωνος γὰρ ἐν τῶι Τρίποδι περὶ Πυθαγόρου τοῦ φιλοσόφου τὰ περὶ τὰς προρρήσεις ἱστορηκότος εἰπόντος τε ὡς διψήσας ποτὲ ἐν Μεταποντίωι καὶ ἔκ τινος φρέατος ἀνιμήσας καὶ πιὼν προεῖπεν ὡς εἰς τρίτην ἡμέραν ἔσοιτο σεισμός, καὶ ἕτερά τινα τούτοις ἐπαγαγὼν ἐπιλέγει· 'ταῦτ' οὖν τοῦ Ἄνδρωνος περὶ Πυθαγόρου ἱστορηκότος πάντα ὑφείλετο Θεόπομπος [FGrHist. 115 F 70 II 549], εἰ μὲν
30 περὶ Πυθαγόρου λέγων, τάχα ἂν καὶ ἕτεροι ἠπίσταντο περὶ αὐτοῦ καὶ ἔλεγον 'ταῦτὰ ⟨ἅ⟩ καὶ αὐτὸς εἶπεν'· νῦν δὲ τὴν κλοπὴν δήλην πεποίηκεν ἡ τοῦ ὀνόματος μετάθεσις. τοῖς μὲν γὰρ πράγμασι κέχρηται τοῖς αὐτοῖς, ἕτερον δ' ὄνομα μετενήνοχε· Φερεκύδην γὰρ τὸν Σύριον πεποίηκε ταῦτα προλέγοντα· οὐ μόνον δὲ τούτωι τῶι ὀνόματι ἀποκρύπτει τὴν κλοπήν, ἀλλὰ καὶ τόπων μεταθέσει· τό τε γὰρ περὶ τῆς
35 προρρήσεως τοῦ σεισμοῦ ἐν Μεταποντίωι ὑπ' Ἄνδρωνος ῥηθὲν ἐν Σύρωι εἰρῆσθαί φησιν ὁ Θεόπομπος, τό τε περὶ τὸ πλοῖον οὐκ ἀπὸ Μεγάρων τῆς Σικελίας, ἀπὸ δὲ Σάμου φησὶ θεωρηθῆναι, καὶ τὴν Συβάρεως ἅλωσιν ἐπὶ τὴν Μεσσήνης μετατέθεικεν· ἵνα δέ τι δοκῆι λέγειν περιττόν, καὶ τοῦ ξένου προστέθεικε τοὔνομα Περίλαον αὐτὸν καλεῖσθαι λέγων.' Vgl. A 1. APOLLON. Hist. mirab. 5. CIC. divin. I
40 50, 112. MAX. TYR. 29, 5 Hob. Φ. σεισμὸν Σαμίοις προεμήνυσε.

2 κατισχυθέντος Reiske: κατισχύσαντος Hs. 7 *primus* Aug. ep. 137, 5?, Bentley 9 Aponius hat nach Harnack, der das Zitat nachwies, zwischen 390 und 430 geschrieben. Quelle Porphyrios christlich vermittelt? 14 *et magno*] *ad magnum*? Diels 24 Es spricht der Grammatiker Apollonios 30 ταῦτα καὶ αὐτὸς εἰπὼν Hss.: verb. Diels: ταῦτα καὶ αὐτὸς εἶπεν Viguier: ταῦτὰ ἐκείνωι αὐτὸν εἰπεῖν Corssen 35 Σύρωι C. Müller, Diels: συρίωι BO: Συρίαι vulgo. Vgl. ἐν Σύρωι (so Hs.) Apoll. a. a. O. S. 45, 17 Keller

7. ARIST. Metaph. N 4 1091b 8 [s. 1 B 9] ἐπεὶ οἵ γε μεμειγμένοι αὐτῶν [der Theologen] καὶ τῷ μὴ μυθικῶς ἅπαντα λέγειν οἷον Φ. καὶ ἕτεροί τινες τὸ γεννῆσαν πρῶτον ἄριστον τιθέασι [nämlich Zeus] καὶ οἱ Μάγοι.

7a. PLOTIN. v 1. 9 ὥστε τῶν ἀρχαίων οἱ μάλιστα συντασσόμενοι τοῖς Πυθα-
5 γόρου καὶ τῶν μετ' αὐτόν, καὶ Φερεκύδου δέ, περὶ ταύτην ἔσχον τὴν φύσιν (nämlich τὸ ἀΐδιον καὶ νοητὸν ἕν). ἀλλ' οἱ μὲν ἐξειργάσαντο ἐν τοῖς αὑτῶν λόγοις, οἱ δὲ οὐκ ἐν λόγοις, ἀλλ' ἐν ἀγράφοις συνουσίαις ἢ ὅλως ἀφεῖσαν.

8. DAMASC. de princ. 124b [ι 321 R. aus Eudemos fr. 117] Φερεκύδης
δὲ ὁ Σύριος Ζάντα μὲν εἶναι ἀεὶ καὶ Χρόνον καὶ Χθονίαν τὰς τρεῖς πρώτας
10 ἀρχάς ... τὸν δὲ Χρόνον ποιῆσαι ἐκ τοῦ γόνου ἑαυτοῦ πῦρ καὶ πνεῦμα καὶ ὕδωρ ..., ἐξ ὧν ἐν πέντε μυχοῖς διῃρημένων πολλὴν ἄλλην γενεὰν συστῆναι θεῶν, τὴν πεντέμυχον καλουμένην, ταὐτὸν δὲ ἴσως εἰπεῖν, πεντέκοσμον.
Vgl. B 1.

9. PROB. ad. Verg. Buc. 6, 31 (App. Serv. ed. Hagen p. 343, 18)
15 consentit et Ph. sed diversa affert elementa: Ζῆνα inquit καὶ Χθόνα καὶ Κρόνον, ignem ac terram et tempus significans, et esse aethera qui regat, terram quae regatur, tempus in quo universa pars moderetur. HERMIAS irr. 12 (D. 654) Φ. μὲν ἀρχὰς εἶναι λέγων Ζῆνα καὶ Χθονίην καὶ Κρόνον· Ζῆνα μὲν τὸν αἰθέρα, Χθονίην δὲ τὴν γῆν, Κρόνον δὲ τὸν χρόνον, ὁ μὲν αἰθὴρ τὸ ποιοῦν, ἡ δὲ γῆ τὸ
20 πάσχον, ὁ δὲ χρόνος ἐν ᾧ τὰ γινόμενα. LYD. de mens. iv 3 Ἥλιος αὐτὸς [nämlich Ζεύς] κατὰ Φερεκύδην.

10. SEXT. P. Hyp. iii 30 Φ. μὲν γὰρ ὁ Σύριος γῆν εἶπε τὴν πάντων εἶναι ἀρχήν.

11. MAX. TYR. x p. 174 R. ἀλλὰ καὶ τοῦ Συρίου τὴν ποίησιν σκόπει καὶ τὸν
25 Ζῆνα καὶ τὴν Χθονίην καὶ τὸν ἐν τούτοις Ἔρωτα, καὶ τὴν Ὀφιονέως γένεσιν καὶ τὴν θεῶν μάχην [B 4] καὶ τὸ δένδρον καὶ τὸν πέπλον [B 2].

12. PROCL. in Tim. 23c ι 129, 15 Diehl ἡ τοῦ Πλάτωνες παράδοσις οὐκ ἔστι τοιαύτη αἰνιγματώδης οἵα ἡ Φερεκύδου.

---

3 vgl. Reitzenstein-Schaeder Studien z. antik. Synkretismus, Aus Iran u. Griech. S. 117   4 μάλιστα οἱ? Wilamowitz   τοῖς Π. Kirchhoff: αὐτοῖς Π. Hss.   5 [καὶ Φερεκύδου δέ] H. Müller: καὶ Φερεκύδης δὲ Wilam.   6 ἐν τοῖς Kirchhoff: ἐν αὐτοῖς Hss.   9 ζᾶντα μένεναι ἀεὶ καὶ χρόνον καὶ χθονίαν so d. Hs. Über die Deklination Ζάς, Ζάντα s. Kretschmer bei Kern a. a. O. S. 93⁶⁴. Ehrlich Zur indog. Sprachg. (Königsb. 1910) 43 und Unters. über gr. Beton. S. 247¹. O. Hofmann in Collitz Gr. Dialektinschr. iv 4. Heft S. 877 n. 53. Bechtel Griech. Dial. iii 120 S. B 1   10 ἑαυτοῦ Hs.: αὐτοῦ, d. h. Ζάντος, wohl richtig Kern   12 πεντέμυχον] so im Text Hs., am Rande von anderer, alter Hd. νύχὸν (so). Erklärt sich die Metapher aus der Allegorie von ἄντρον B 6? Vgl. Ἑπτάμυχος A 2 ι 44, 23; nach H. Gomperz dagegen das Fünfreich (Sterne, Sonne, Mond, Luft, Meer) nebst den beiden Endpunkten als Siebenreich. Über die Titel der Schriften des Pher. allerlei Spekulationen bei Eisler Weltenmantel u. Himmelszelt S. 329ff.   16 ac
PM: et VE   ac tempus P

B. FRAGMENTE

ΦΕΡΕΚΥΔΟΥΣ ΘΕΟΛΟΓΙΑ

1 [1 Kern *de Orphei* cett. *theogon.* p. 84]. Diog. ɪ 119 [s. ɪ 44, 7]
Ζὰς μὲν καὶ Χρόνος ἦσαν ἀεὶ καὶ Χθονίη· Χθονίηι δὲ
5 ὄνομα ἐγένετο Γῆ, ἐπειδὴ αὐτῆι Ζὰς γῆν γέρας διδοῖ.
Vgl. Herod. π. μον. λέξ. p. 6, 15 καὶ γὰρ Δίς καὶ Ζήν καὶ Δήν καὶ
Ζάς παρὰ Φερεκύδηι κατὰ κίνησιν ἰδίαν. Vgl. Α 8.
1a. Achill. Isag. 3 (31, 28 Maass) Θαλῆς δὲ ὁ Μιλήσιος καὶ Φ.
ὁ Σύριος ἀρχὴν τῶν ὅλων τὸ ὕδωρ ὑφίστανται, ὃ δὴ καὶ Χάος
10 καλεῖ ὁ Φ., ὡς εἰκὸς τοῦτο ἐκλεξάμενος παρὰ τοῦ Ἡσιόδου οὕτω
λέγοντος [Th. 116] 'ἤτοι μὲν πρώτιστα Χάος γένετο'.
2 [4]. Grenfell-Hunt Greek Papyr. Ser. ɪɪ n. 11 p. 23
αὐτῶι ... φᾶρος. Clem. Str. vi 9 (ɪɪ 428, 19 St.) αὖθίς τε
Ὁμήρου ἐπὶ τῆς ἡφαιστοτεύκτου ἀσπίδος εἰπόντος· 'ἐν μὲν γαῖαν
15 ἔτευξ', ἐν δ' οὐρανόν, ἐν δὲ θάλασσαν· ἐν δ' ἐτίθει ποταμοῖο μέγα
σθένος 'Ὠκεανοῖο' [Σ 483. 607] Φ. ὁ Σύριος λέγει· 'Ζάς ... δώματα'.
vɪ 53 (ɪɪ 459, 4) aus Isidoros ... ἵνα μάθωσι τί ἐστιν ἡ ὑπόπτερος
δρῦς καὶ τὸ ἐπ' αὐτῆι πεποικιλμένον φᾶρος, πάντα ὅσα Φ. ἀλλη-
γορήσας ἐθεολόγησεν λαβὼν ἀπὸ τῆς τοῦ Χὰμ προφητείας τὴν
20 ὑπόθεσιν.

---

1. Zas und Chronos waren ewig und Chthonie; Chthonie aber ward
der Name Erde (Ge), da ihr Zas die Erde (γῆ) als Ehrengeschenk gibt.

---

2 Vgl. Diels *Berl. Sitz. Ber.* 1897, 144, Wilamowitz *Eur. Herakl.*[2] ɪɪ 262,
Blass *Rhein. Mus.* 55 (1900) 101, Weil *Études sur l'ant. gr.* S. 122   4 ζᾶς BP[1]:
ζεὺς P[2]V; s. zu ɪ 46, 9   Κρόνος nach A 9 Casaub., H. Fränkel Zeitschr. f.
Ästhet. 25 (1931) Beilage S. 115   ἦσαν ἀεὶ Diels: ἧς ἀεὶ (Comp. αν als Spirit.
asper verlesen?) B: εἰσαεὶ P[1]: εἰς ἀεὶ P[2]V   καὶ χθονίη (ἦν) Casaub.: καὶ
χθόνην B: καὶ χθὼν ἦν PV. Paus. ɪɪɪ 14, 5 Δήμητρα δὲ Χθονίαν Λακεδαιμόνιοι μὲν
σέβειν φασὶ παραδόντος σφίσιν 'Ὀρφέως. Inschr. v. Mykonos *B.C. Hell.* vɪɪ 398
Γῆι Χθονίηι [s. 31 B 121, 2. 2 B 11]   χθονίη δὲ Hss.   5 ζεὺς P[2]V   γῆν
γέρας B: γῆ γέρας P[1]: γέρας P[2]V vgl. *Arch. f. G. d. Ph.* ɪ (1888) 11   γέρας]
den Peplos, der die Erde darstellt (unten S. 48, 5, Anm. zu S. 48, 9)?
9 anders A 10   17 ὑπόπτερος δρῦς] »der mit Flügeln versehene (schwe-
bende) Mastbaum der Erde, an dem wie bei der Prozession der Athena
[B 5] der Peplos segelartig aufgehängt ist. Vgl. den Peplos der Hera
(Elis) und des Dionysos-Helios Orph. 238, 4 Kern.   ὑπόπτερος von der
Sonne Mimn. 10, 7 D. Vgl. die geflügelten Ἄρκτοι bei Kritias 87 B 18, 4.«
So Diels; andere anders; vgl. Eisler a. O. S. 197ff. 321ff., H. Gomperz
(zu S. 48, 7)

col. 1 αὐ⟩τῶι ποιοῦσιν τὰ οἰκία πολλά τε καὶ μεγάλα.
ἐπεὶ δὲ ταῦτα ἐξετέλεσαν πάντα καὶ χρήματα καὶ θερά-
ποντας καὶ θεραπαίνας καὶ τἄλλα ὅσα δεῖ πάντα, ἐπεὶ
δὴ πάντα ἑτοῖμα γίγνεται, τὸν γάμον ποιεῦσιν. κἀπειδὴ
5 τρίτη ἡμέρη γίγνεται τῶι γάμωι, τότε Ζὰς ποιεῖ φᾶρος
μέγα τε καὶ καλὸν καὶ ἐν αὐτῶι ποικίλλει Γῆν καὶ Ὠγη-
νὸν καὶ τὰ Ὠγηνοῦ δώματα ...
   col. 2 βουλόμενος⟩ γὰρ σέο τοὺς γάμους εἶναι τούτωι
ϛ σε τιμῶ. σὺ δέ μοι χαῖρέ τε καὶ σύνισθι. ταῦτά φασιν
0 ἀνακαλυπτήρια πρῶτον γενέσθαι· ἐκ τούτου δὲ ὁ νόμος
ἐγένετο καὶ θεοῖσι καὶ ἀνθρώποισιν. ἡ δέ μι⟨ν ἀμείβε⟩ται
δεξαμ⟨ένη εὖ τὸ φᾶ⟩ρος ...
3 [2]. PROCL. in Tim. 32c; II 54, 28 Diehl ὁ Φ. ἔλεγεν εἰς Ἔρωτα
μεταβεβλῆσθαι τὸν Δία μέλλοντα δημιουργεῖν, ὅτι δὴ τὸν κόσμον
15 ἐκ τῶν ἐναντίων συνιστὰς εἰς ὁμολογίαν καὶ φιλίαν ἤγαγε καὶ ταυ-
τότητα πᾶσιν ἐνέσπειρε καὶ ἕνωσιν τὴν δι' ὅλων διήκουσαν.

---

2. Ihm (Zas) machen sie die Häuser viel und groß. Als sie aber diese
vollendet hatten allesamt, auch Sachen und Diener und Dienerinnen
und das andere, was nötig ist, alles — als nun alles bereit wird, da machen
sie die Hochzeit, und als der dritte Tag der Hochzeit kommt, da macht
Zas einen Mantel groß und schön und auf ihm wirkt er bunt Ge und
Ogenos und die Wohnung des Ogenos ... (Und Zas spricht zu Chthonie:)
„... Denn da ich will, daß deine Hochzeit ist, ehre ich dich mit diesem.
Du aber sei mir gegrüßt und sei mein Weib!" Das, sagt man, sind
zuerst die Enthüllungsfeiern gewesen; hieraus entstand die Sitte ebenso
bei Göttern wie bei Menschen. Sie aber erwidert ihm, als sie von ihm
den Mantel empfing ...

---

1 αὐτ⟩ῶι Diels vgl. Herod. I 98 (Beginn der Regierung des Deïokes)
οἰκοδομέουσί τε γὰρ αὐτῶι οἰκία μεγάλα τε καὶ ἰσχυρά (s. ebend. I 114)   ποι-
οῦσιν] Koineform statt ποιεῦσιν (Z. 4)   5 ζὰς so akz. die Hs. des Clem.
7 ⟨ἐπὶ δρυῖ ὑποπτέρωι κάλλιστα πάντα ποικίλλων *** βουλόμενος⟩ κτλ. (wobei
δρῦς der Webebaum sei und ὑπόπτερος »windschnell« bedeute) H. Gomperz
(nach I 47, 17f.)   8 βουλόμενος⟩ Weil   σέο] Chthonie (als Thesmo-
phoros oder als Hera?) soll die Ehen unter sich haben   9 Die Be-
deutung der Zahl ϛ am Rande (Kapitel oder στίχος 600) ist zweifelhaft
σύνισθι] σν.|.σθι pap.: erg. Blass; »Sei mein Weib!«: Ἥρα ἴσθι Eisler
a. O. S. 352. Zu dem Hochzeitspeplos vgl. [Apollod.] bibl. III 25 ἔδωκε δὲ
αὐτῆι [Harmonia] Κάδμος πέπλον καὶ τὸν ἡφαιστότευκτον ὅρμον, ὃν ὑπὸ
Ἡφαίστου λέγουσί τινες δοθῆναι Κάδμωι, Φερεκύδης [der Athener FGrHist.
3 F 89 I 84] δὲ ὑπὸ Εὐρώπης· ὃν παρὰ Διὸς λαβεῖν   11 ⟨ ⟩ Diels
12 δεξαμ Pap. (Crönert); ⟨ ⟩ Diels

4 [3]. ORIG. c. Cels. VI 42 [II 111, 13 K.; aus Celsus] Φερεκύδην
δὲ πολλῶι ἀρχαιότερον γενόμενον Ἡρακλείτου μυθοποιεῖν στρατείαν
στρατείαι παρατατιομένην καὶ τῆς μὲν ἡγεμόνα Κρόνον ⟨ἀπο⟩διδό-
ναι, τῆς ἑτέρας δ' Ὀφιονέα, προκλήσεις τε καὶ ἀμίλλας αὐτῶν ἱστορεῖν,
5 συνθήκας τε αὐτοῖς γίγνεσθαι, ἵν' ὁπότεροι αὐτῶν εἰς τὸν Ὠγηνὸν
ἐμπέσωσι, τούτους μὲν εἶναι νενικημένους, τοὺς δ' ἐξώσαντας καὶ
νικήσαντας τούτους ἔχειν τὸν οὐρανόν. τούτου δὲ τοῦ βουλήματός
φησιν ἔχεσθαι καὶ τὰ περὶ τοὺς Τιτᾶνας καὶ Γίγαντας μυστήρια θεο-
μαχεῖν ἀπαγγελλομένους, καὶ τὰ παρ' Αἰγυπτίοις περὶ Τυφῶνος καὶ
10 Ὥρου καὶ Ὀσίριδος. PHILO BYBL. Sanchuniath. [Eus. P. E I 10, 50]
παρὰ Φοινίκων δὲ καὶ Φ. λαβὼν τὰς ἀφορμὰς [vgl. 11 A 11 I 76, 21
7 A 2 I 44, 18] ἐθεολόγησε περὶ τοῦ παρ' αὐτῶι λεγομένου Ὀφιονέως
θεοῦ καὶ τῶν Ὀφιονιδῶν. TERT. de coron. 7 Saturnum Ph. ante
omnes refert coronatum, Iovem Diodorus [VI 4] post devictos Titanas.
15 PROCL. in Tim. 20D; I 77, 15 D.

5 [6]. ORIG. c. Cels. VI 42 [II 112, 20 K.] καὶ διηγούμενός γε τὰ
Ὁμηρικὰ ἔπη [A 590 O 18] φησὶ [Celsus] λόγους εἶναι τοῦ θεοῦ πρὸς
τὴν ὕλην τοὺς λόγους τοῦ Διὸς πρὸς τὴν Ἥραν, τοὺς δὲ πρὸς τὴν
ὕλην λόγους αἰνίττεσθαι, ὡς ἄρα ἐξ ἀρχῆς αὐτὴν πλημμελῶς ἔχουσαν
20 διαλαβὼν ἀναλογίαις τισὶ συνέδησε καὶ ἐκόσμησεν ὁ θεός, καὶ ὅτι
τοὺς περὶ αὐτὴν δαίμονας, ὅσοι ὑβρισταί, τούτους ἀπορριπτεῖ κολά-
ζων αὐτοὺς τῆι δεῦρο ὁδῶι. ταῦτα δὲ τὰ Ὁμήρου ἔπη οὕτω νοη-
θέντα τὸν Φερεκύδην φησὶν εἰρηκέναι τὸ ʽκείνης δὲ τῆς μοίρας
ἔἠερθέν ἐστιν ἡ ταρταρίη μοῖρα· φυλάσσουσι δ' αὐτὴν
25 θυγατέρες Βορέου Ἅρπυιαί τε καὶ Θύελλα· ἔνθα Ζεὺς ἐκ-
βάλλει θεῶν ὅταν τις ἐξυβρίσηι'. τῶν τοιούτων δέ φησιν ἔχε-
σθαι νοημάτων καὶ τὸν [περὶ] τῆς Ἀθηνᾶς πέπλον ἐν τῆι πομπῆι

---

5. Aber unterhalb jenes Teiles (der Welt) ist der Tartarosteil; es bewachen
ihn die Töchter des Nordwindes, 'Rafferinnen' und 'Sturm'; dorthin
wirft Zeus heraus von den Göttern, wenn einer aus Überhebung frevelte.

---

2 μυθοποιεῖν Bouhéreau: μυθοποιίαν Hs. sinnlos   3 διδόναι Hs.: verb.
Preller   4 δ' Ὀφιονέα] δὲ φιονέα Hs.   ἱστορεῖν verbess. Bouhéreau
9 Τυφῶνος] also Seth, vgl. Kranz Herm. 69 (1934) 114   10 Dem Syrier
Ph. statt dem Athener will auch die Typhongeschichte (zitiert Φ. ἐν
τῆι Θεογονίαι!) FGrHist. 3 F 54 (I 76) geben Wilamowitz Berl. Sitz. Ber.
1926, 129   12 Ὀφιονέως] ὀφιωνέως O: ὀφεωνέως B: ὀφίονος A   22 οὕτω
νοηθέντα Hs.: ὑπονοήσαντα (d. h. allegorisierend s. S. 50, 12)? Diels: οὕτω
νοήσαντα schon Guiet, ⟨κατὰ⟩ ταῦτα verm. Schöne   23 κείνης τ. μ.]
„nach Θ 16 des Hades" Friedländer   27 [περὶ] Diels

τῶν Παναθηναίων ὑπὸ πάντων θεωρούμενον. δηλοῦται γάρ, φησίν,
ἀπ' αὐτοῦ, ὅτι ἀμήτωρ τις καὶ ἄχραντος δαίμων ἐπικρατεῖ θρασυνο-
μένων τῶν γηγενῶν.

6 [5]. PORPH. de antr. Nymph. 31 τοῦ Συρίου Φερεκύδου μυχοὺς
5 καὶ βόθρους καὶ ἄντρα καὶ θύρας καὶ πύλας λέγοντος καὶ διὰ
τούτων αἰνιττομένου τὰς τῶν ψυχῶν γενέσεις καὶ ἀπογενέσεις ...
PROCL. in Tim. 29 A; I 333, 28 D. τῶν παλαιῶν ἄντρον καλούντων
τὸν κόσμον [vgl. A 8 m. Anm.; auch 31 B 120] καὶ φρουρὰν [44 B 15]
καὶ σπήλαιον ...

10   7 [0]. PSEUDOGAL. [d. i. PORPHYR.] ad Gaurum ed. Kalbfl. [Abh.
Berl. Ak. 1895] S. 34, 26 κἀνταῦθα πολὺς ὁ Νουμήνιος καὶ οἱ τὰς
Πυθαγόρου ὑπονοίας ἐξηγούμενοι, καὶ τὸν παρὰ μὲν τῶι Πλάτωνι
[rep. x 621 A] ποταμὸν 'Αμέλητα, παρὰ δὲ τῶι 'Ησιόδωι καὶ τοῖς
'Ορφικοῖς τὴν Στύγα, παρὰ δὲ τῶι Φερεκύδηι τὴν ἐκροὴν ἐπὶ τοῦ
15 σπέρματος ἐκδεχόμενοι.

8 [9] SCHOL. APOLL. Rhod. I 645 Φ. δέ φησιν ὅτι δῶρον εἶχε
παρὰ τοῦ Ἑρμοῦ ὁ Αἰθαλίδης τὸ τὴν ψυχὴν αὐτοῦ ποτὲ μὲν ἐν
"Αιδου ποτὲ δὲ ἐν τοῖς ὑπὲρ τὴν γῆν τόποις εἶναι. Vgl. c. 14, 8
und oben A 5.

20   9 [8]. HEROD. π. μον. λέξ. p. 7, 4 εἰ δέ τις λέγει 'καὶ ἡ 'Ρέα 'Ρῆ
κέκληται ὑπὸ τοῦ Συρίου', ἴστω ὅτι αὐτοῦ ἴδιος ἡ χρῆσις.

10 [11]. APOLL. de pron. p. 65, 15 Schn. καὶ Φ. ἐν τῆι Θεο-
λογίαι καὶ ἔτι Δημόκριτος [68 B 13] ... συνεχέστερον χρῶνται τῆι
ἐμεῦ καὶ ἔτι τῆι ἐμέο.

25   11 [12]. - p. 93. 1 ἔστιν πιστώσασθαι καὶ τὸ ἀδιαίρετον τῆς
εὐθείας [näml. ἡμεῖς, ὑμεῖς, σφεῖς] παρ' "Ιωσιν ἐκ τῶν περὶ Δημό-
κριτον [68 B 29a]. Φερεκύδην, 'Εκαταῖον [FGrHist. 1 F 360 I 45].

12 [7]. DIOG. I 119 [A 1] ἔλεγέ τε ὅτι οἱ θεοὶ τὴν τράπεζαν
θυωρὸν καλοῦσιν.

---

6. Schlüfte, Gruben, Grotten, Türen, Tore (= Geburt u. Abscheiden
der Seelen). — 7. Ausfluß — 12. Tisch in der Göttersprache θυωρός.

---

14 ἐκροήj vgl. H. Gomperz Wien. Stud. 47 (1929), 18 Anm. 10   16 Diels
urteilte: »Pherekydes scheint hier nicht der Athener zu sein, da die Sache
mit Pythagoras zusammenhängt. Wahrscheinlich gab die Erwähnung des
Aithalides bei Pherek. Anlaß zu der Ausgestaltung der Metempsychose
des Pythagoras, wie sie Herakleides a. a. O. gibt«; doch vgl. Jacoby
FGrHist. I 419 zu F 109; Wilamowitz Berl. Sitz. Ber. 1926, 129¹   17. 18 εἰς
ἅδου Hs.: verb. Keil   18 ὑπὲρ P: ὑπὸ L   20 'Ρῆ] vgl. 64 B 10
25 ἀδιαίρετον] s. zu 68 B 29a   28 vgl. Callim. hymn. 3, 134 Wil.

13 [0]. PHILOD. de piet. 47a 14 p. 19 G. [vgl. 3 B 5] οἱ δὲ Δία καὶ Ἥραν πατέρα καὶ μητέρα θεῶν νομίζουσιν, Πίν⟨δαρος⟩ δ' ⟨ἐκ⟩ Κυβέ⟨λης μ⟩ητρὸς ἐν τῶι ὕμν⟩ωι ⟨εἰς⟩ Κυβέ⟨λαν⟩ ματέρα [fr. 80 Schr.²], Φερε⟨κύδης⟩ δ' ὁ ⟨Σύ⟩ριος ...

5 **13a** [FGrHist. 3 F 177]. PLUTARCH. de fac i. orb. lun. 24 p. 938 B εἰ μὴ νὴ Δία φήσομεν, ὥσπερ ἡ Ἀθηνᾶ τῶι Ἀχιλλεῖ νέκταρός τι καὶ ἀμβροσίας ἐνέσταξε μὴ προσιεμένωι τροφήν, οὕτω τὴν σελήνην, Ἀθηνᾶν λεγομένην καὶ οὖσαν, τρέφειν τοὺς ἄνδρας ἀμβροσίαν ἀνιεῖσαν αὐτοῖς ἐφημέριον, ὡς Φερεκύδης ὁ παλαιὸς οἴεται σιτεῖσθαι τοὺς θεούς.

10 UNECHTES

14. LAUR. LYD. II 7 τόλμαν δὲ καὶ οἱ περὶ Φερεκύδην ἐκάλεσαν τὴν δυάδα καὶ ὁρμὴν καὶ δόξαν καλοῦσιν, ὅτι τὸ ἀληθὲς καὶ ψευδὲς ἐν δόξηι ἐστί. Vgl. 3 B 26.

---

8 [72]. THEAGENES

15 1. TATIAN. 31 p. 31, 16 Schw. περὶ γὰρ τῆς Ὁμήρου ποιήσεως γένους τε αὐτοῦ καὶ χρόνου καθ' ὃν ἤκμασεν προηρεύνησαν πρεσβύτατοι μὲν Θεαγένης τε ὁ Ῥηγῖνος κατὰ Καμβύσην [529—522] γεγονὼς καὶ Στησίμβροτος ὁ Θάσιος [FGrHist. 107 F 21 II 521] καὶ Ἀντίμαχος ὁ Κολοφώνιος Ἡρόδοτός τε ὁ Ἁλικαρνασσεύς [II 53. 116f.] καὶ Διονύσιος ὁ Ὀλύνθιος κτλ. Vgl. c. 61.

20 1a. SCHOL. DIONYS. THRAC. p. 164, 23 Hilg. διττὴ δέ ἐστιν ἡ γραμματική· ἡ μὲν γὰρ περὶ τοὺς χαρακτῆρας καὶ τὰς τῶν στοιχείων ἐκφωνήσεις καταγίνεται, ἥτις καὶ γραμματικὴ λέγεται παλαιὰ οὖσα καὶ πρὸ τῶν Τρωικῶν, σχεδὸν δὲ καὶ ἅμα τῆι φύσει προελθοῦσα· ἡ δὲ περὶ τὸν ἑλληνισμόν, ἥτις καὶ νεωτέρα ἐστίν, ἀρξαμένη μὲν ἀπὸ Θεαγένους, τελεσθεῖσα ⟨δὲ⟩ παρὰ τῶν Περιπατητικῶν 25 Πραξιφάνους τε καὶ Ἀριστοτέλους. Vgl. daselbst p. 448, 13.

2. SCHOL. HOM. B zu Y 67 [Porphyr. I 240, 14 Schrad.] τοῦ ἀσυμφόρου μὲν ὁ περὶ θεῶν ἔχεται καθόλου λόγος, ὁμοίως δὲ καὶ τοῦ ἀπρεποῦς· οὐ γὰρ πρέποντας

2—4 erg. Diels. Die Ergänzung des Pindarfragmentes bei Bergk und Nachfolgern widerstreitet den Spatien. Der Lerier heißt bei Apollodor und so bei Philodem ὁ Ἀθηναῖος, so ist ὁ Σύριος sicher (anders Wilamowitz *Berl. Sitz. Ber.* 1926, 127). Seine hier vorgetragene Theogonie ist verloren 3. 4 Überreste des Pap. 20 ... οιν. κυβε, 21 ... ματρ.. φερε, 23 ... κδο.. ριος 5 Durch Wilamowitz *Berl. Sitz. Ber.* 1926, 129 dem Syrier zuerkannt 8 ἀνεῖσαν Plut.: verb. Emperius 9 τοὺς Westermann: αὐτούς Plut. Wilamowitz a. O. weist zweifelnd auch fr. 49 und 74 des Atheners FGrHist. I 75. 80 dem Syrier zu 14 vgl. Wilamowitz *Glaube d. Hellenen* II 215 16 πρεσβύτατοι μὲν Eus.: οἱ πρεσβύτατοι Hss. 17 ῥήγιος Tat. Hss. καὶ Στησίμβροτος Eus.: στησίμβροτός τε Hss. 18 ἀντίμαχος Hss.: Καλλίμαχος Eus. 26ff. vgl. Wehrli, *Allegor. Deutung Homers* Diss. Bas. 1928 S. 88ff.

τοὺς ὑπὲρ τῶν θεῶν μύθους φησίν. πρὸς δὲ τὴν τοιαύτην κατηγορίαν οἱ μὲν ἀπὸ
τῆς λέξεως ἐπιλύουσιν, ἀλληγορίαι πάντα εἰρῆσθαι νομίζοντες ὑπὲρ τῆς τῶν στοι-
χείων φύσεως, οἷον ⟨ἐν⟩ ἐναντιώσεσι τῶν θεῶν. καὶ γάρ φασι τὸ ξηρὸν τῶι
ὑγρῶι καὶ τὸ θερμὸν τῶι ψυχρῶι μάχεσθαι καὶ τὸ κοῦφον τῶι βαρεῖ. ἔτι δὲ τὸ μὲν
5 ὕδωρ σβεστικὸν εἶναι τοῦ πυρός, τὸ δὲ πῦρ ξηραντικὸν τοῦ ὕδατος. ὁμοίως δὲ καὶ
πᾶσι τοῖς στοιχείοις, ἐξ ὧν τὸ πᾶν συνέστηκεν, ὑπάρχειν ἐναντίωσιν, καὶ κατὰ
μέρος μὲν ἐπιδέχεσθαι φθορὰν ἅπαξ, τὰ πάντα δὲ μένειν αἰωνίως. μάχας δὲ διατί-
θεσθαι αὐτόν, διονομάζοντα τὸ μὲν πῦρ 'Απόλλωνα καὶ "Ηλιον καὶ "Ηφαιστον,
τὸ δὲ ὕδωρ Ποσειδῶνα καὶ Σκάμανδρον, τὴν δ' αὖ σελήνην "Αρτεμιν, τὸν ἀέρα
10 δὲ "Ηραν καὶ τὰ λοιπά. ὁμοίως ἔσθ' ὅτε καὶ ταῖς διαθέσεσιν ὀνόματα θεῶν τιθέναι,
τῆι μὲν φρονήσει τὴν 'Αθηνᾶν, τῆι δ' ἀφροσύνηι τὸν "Αρεα, τῆι δ' ἐπιθυμίαι τὴν
'Αφροδίτην, τῶι λόγωι δὲ τὸν 'Ερμῆν, καὶ προσοικειοῦσι τούτοις· οὗτος μὲν οὖν
⟨ὁ⟩ τρόπος ἀπολογίας ἀρχαῖος ὢν πάνυ καὶ ἀπὸ Θεαγένους τοῦ 'Ρηγίνου, ὃς
πρῶτος ἔγραψε περὶ 'Ομήρου, τοιοῦτός ἐστιν ἀπὸ τῆς λέξεως.

15   3. SCHOL. HOM. A (zu A 381 ἐπεὶ μάλα οἱ φίλος ἦεν) Σέλευκός φησιν ἐν τῆι
Κυπρίαι καὶ Κρητικῆι ⟨εἶναι⟩ 'ἐπεὶ ῥά νύ οἱ φίλος ἦεν'. καὶ Θ. οὕτως προ-
φέρεται.

    4. SUID. Θεαγένους χρήματα: ... εἰσὶ δὲ καὶ ἄλλοι δύο Θεαγένεις, εἷς μὲν ὁ
περὶ 'Ομήρου γράψας, ἕτερος δὲ ὁ ἐπὶ μαλακίαι σκωπτόμενος.

---

20   9 [73]. AKUSILAOS

               A. LEBEN UND SCHRIFT

1. DIOG. I 41 [s. c. 10, 1] ἔνιοι προστιθέασιν 'Ακουσίλαον Κάβα ἢ Σκάβρα 'Αρ-
γεῖον.   (42) 'Έρμιππος δ' ἐν τῶι Περὶ τῶν σοφῶν [fr. 8 FHG III 37] ἑπτακαίδεκά
φησιν ... εἶναι δὲ Σόλωνα, Θαλῆν, Πιττακόν, Βίαντα, Χίλωνα, ⟨Μύσωνα⟩, Κλεό-
25 βουλον, Περίανδρον, 'Ανάχαρσιν, 'Ακουσίλαον, 'Επιμενίδην [3 A], Λεώφαντον,
Φερεκύδην [7 A 2a] κτλ.

2. SUID. 'Α. Κάβα υἱὸς 'Αργεῖος, ἀπὸ Κερκάδος πόλεως οὔσης Αὐλίδος πλησίον,
ἱστορικὸς πρεσβύτατος. ἔγραψε δὲ Γενεαλογίας ἐκ δέλτων χαλκῶν, ἃς λόγος
εὑρεῖν τὸν πατέρα αὐτοῦ ὀρύξαντά τινα τόπον τῆς οἰκίας αὐτοῦ.

30   3. — 'Εκαταῖος ... πρῶτος δὲ ἱστορίαν πεζῶς ἐξήνεγκε, συγγραφὴν δὲ Φερε-
κύδης· τὰ γὰρ 'Ακουσιλάου νοθεύεται.

---

1 κατηγορίαν Schrader: ἐπίλυσιν Hss.   2 ἐπιλύουσιν Schrader: κατη-
γοροῦντες B: κατηγοροῦνται L.   Die urspr. Stellung war wohl κατηγορίαν
ἐπιλύουσιν   3 ⟨ἐν⟩ Schrader   6 ὑπάρχει ἡ ἐναντίωσις Hs.: verb. Diels
13 ⟨ὁ⟩ H. Schöne   16 ⟨εἶναι⟩ Diels: ⟨φέρεσθαι⟩ Ribbeck   19 δὲ ὁ u.
μαλακίαι nach Suid. 'Εκάτειον: δὲ u. μαλακίαις Suid. a. O.   22 σκάβρα BP:
σκάβα. F   24 ⟨ ⟩ Casaubonus   27 Κερκάδος] vielmehr ist Κερκάδας
Phratrienname von Argos vgl. IG IV 530, 16 (Vollgraff Bull. d. Corr.
Hell. 33, 1909, 184); im übr. vgl. jezt Jacoby FGrHist. I 375f.   31 ἀγη-
σιλάου Hss.: verb. Vossius   νοθεύεται] »geht nur auf die Fälschung,
deren eherne Tafeln uralt zu sein behaupteten« Jacoby a. a. O.

4. CLEM. Strom VI 26 (II 443, 2 St.) τὰ δὲ Ἡσιόδου μετήλλαξαν εἰς πεζὸν λόγον καὶ ὡς ἴδια ἐξήνεγκαν Εὔμηλός [FHG II 20] τε καὶ Ἀ. οἱ ἱστοριογράφοι. 5. SUID. Σαβῖνος σοφιστὴς γεγονὼς ἐπὶ Ἀδριανοῦ Καίσαρος· ἔγραψεν ... Εἰς Θουκυδίδην καὶ Ἀκουσίλαον καὶ ἄλλους ὑπομνήματα καὶ ἕτερά τινα ἐξηγητικά.

5

B. FRAGMENTE
ΑΚΟΥΣΙΛΑΟΥ ΓΕΝΕΑΛΟΓΙΩΝ Ā B̄ Γ̄

1 [fr. 6b. 5 Jac. FGrHist. 2 F I 49ff., vgl. auch Kordt *de Acusilao* Bas. 1903]: DAMASC. de princ. 124 [I 320, 10 R.] Ἀ. δὲ Χάος μὲν ὑποτίθεσθαί μοι δοκεῖ τὴν πρώτην ἀρχὴν ὡς πάντηι 10 ἄγνωστον, τὰς δὲ δύο μετὰ τὴν μίαν· Ἔρεβος μὲν τὴν ἄρρενα, τὴν δὲ θήλειαν Νύκτα ... ἐκ δὲ τούτων φησὶ μιχθέντων Αἰθέρα γενέσθαι καὶ Ἔρωτα καὶ Μῆτιν ... παράγει δὲ ἐπὶ τούτοις ἐκ τῶν αὐτῶν καὶ ἄλλων θεῶν πολὺν ἀριθμὸν κατὰ τὴν Εὐδήμου ἱστορίαν [fr. 117]. PHILOD. de piet. 137, 13 p. 61 G. Ἀ. δ᾽ ἐκ 15 Χάους πρώτου τἆλλα (vgl. 2 B 14).

2 [6a]. PLATO Symp. 178 B Ἡσίοδος [Theog. 116] πρῶτον μὲν Χάος φησὶ γενέσθαι [αὐτὰρ ἔπειτα Γαῖ᾽ εὐρύστερνος, πάντων ἕδος ἀσφαλὲς αἰεί, ἠδ᾽ Ἔρος φησί] ⟨καὶ⟩ μετὰ τὸ Χάος δύο τούτω [γενέσθαι], Γῆν τε καὶ Ἔρωτα. [Παρμενίδης δὲ τὴν Γένεσιν λέγει ᾽πρώ- 20 τιστον ... πάντων᾽ 28 B 13.] Ἡσιόδωι δὲ καὶ Ἀκουσίλεως ξύμφησιν. οὕτω πολλαχόθεν ὁμολογεῖται ὁ Ἔρως ἐν τοῖς πρεσβύτατος εἶναι.

3 [6c]. SCHOL. THEOCR. arg. XIII [aus Theon] ἀμφιβάλλει, τίνος υἱὸν εἴπηι τὸν Ἔρωτα· Ἡσίοδος [Theog. 120] μὲν γὰρ Χάους καὶ 25 Γῆς, Σιμωνίδης [fr. 43 D.] Ἄρεος καὶ Ἀφροδίτης, Ἀ. Νυκτὸς καὶ Αἰθέρος. Vgl. Antagoras DIOG. IV 26.

4 [7]. ETYM. M. s. v. Κοῖος [= SCHOL. HESIOD. Th. 134] οὗτοι δὲ Τιτᾶνες καλοῦνται καὶ Τιτανίδες, ὡς Ἀ.

---

3 Σαβῖνος] Kommentar zu Hippokrates 21 A 36   In der Notiz des Tatián 24 ἐρρέτω καὶ τὰ Ἡγησίου [MV: ἡγησιλάου P] μυθολογήματα liegt kein Grund vor Ἀκουσιλάου (wie B 21) zu konjizieren; Gell. IX 4, 3 vergleicht Jacoby   7 Jacobys Sammlung ordnet nach Büchern und Sinnzusammenhängen; Kommentar I 376ff.   11f. vgl. Orph. fr. 83. 85 Kern 17ff. [ ] ⟨ ⟩ Diels, auch gegen Wilamowitz *Platon* II² 341; αὐτὰρ — φησί fehlt Stob.   Vgl. zu 28 B 13   20 ξύμφησιν Stob.: ὁμολογεῖ Platohss. 21 πρεσβυτάτοις Stob.   23. 24 ἀμφιβάλλουσι ... εἶπε Hss.: verb. Wendel 28 Zu den Τιτανίδες vergleicht Jacoby Aischyl. Prom. 874 Eum. 6; vgl. auch Καβιρίδες B 40   ἀρκεσίλαος Schol. Hes.

5 [9]. PHILOD. de piet. 92, 12 p. 43 G. Ὅμηρος [Β 26] μὲν γὰρ
οὐ μόνο⟨ν τούς⟩ Ὀνε⟨ίρο⟩υς ἀγγέλους τῶν θεῶν, ἀλλὰ καὶ τὸν Ἑρμῆ
Δ⟨ιὸς ἄγ⟩γελόν φησιν εἶναι καὶ τὴν Ἴριν [z. Β. Β 786], ἔνιοι δὲ
ταύτην καὶ τῆς Ἥρας, Ἀκουσίλας δὲ καὶ θεῶν πάντων. Φερεκύδης
5 δ' ὁ Ἀθηναῖος [FGrHist. 3 F 130 ι 94] καὶ τὸν Ἑρμῆ· καὶ τὰς Ἁρ-
πυίας τὰ μῆ⟨λα φ⟩υλάττειν Ἀκο⟨υσίλ⟩αος, Ἐπιμενίδης [3 Β 9] δὲ
καὶ τοῦτο καὶ τὰς αὐτὰς εἶναι ταῖς Ἑσπερίσιν.

6 [13]. — — 42, 12 p. 14 G. Ἡσίοδος [Th. 306 ff.] ⟨δὲ καὶ⟩ Ἀκου-
σίλαος ⟨Ἐχίδν⟩ης καὶ Τυφῶ⟨νος κύ⟩να Κέρβε⟨ρον ἀθά⟩νατον
10 καὶ ⟨ἄλλα τ⟩ερατώδη ἔ⟨κ⟩γ⟨ον⟩α, τόν τε ἀε⟨τὸν⟩ τὸν καθ' Ἡσίο⟨δον
[Th. 523] τὸ τ⟩οῦ Προμ⟨ηθέως ἧπαρ ἐσθίοντα⟩.

7 [12]. — — 61b 1 p. 46 G. = 3 Β 8.

8 [11]. — — 43, 1 p. 15 G. γέρων, ἀλλ' ⟨ἔτυχε⟩ τῆς ἀθανα⟨σίας
Πρω⟩τεύς· καί τ⟨ινες ἔλ⟩εγον Φόρκ⟨υος εἶ⟩ναι τοῦτον ⟨πατέρα⟩,
15 τινὲς Εἰδο⟨θέας⟩ Φόρκυν καὶ ⟨τοῦ⟩ Φόρκου Γραίας. ⟨οὕτως⟩
καὶ Ἀκουσί⟨λαος· Τι⟩θωνὸν μὲν ⟨ἀθά⟩νατον ⟨εἶναι γε⟩ρόντιον καὶ
⟨Ὅμηρος⟩ ἐν τοῖς ⟨ἀναφερο⟩μένοις ε⟨ἰς αὐτόν⟩, τῶν θηλειῶ⟨ν δὲ
θεῶν⟩ τὰς μὲν τε⟨λείας⟩ εἰσάγουσιν, ⟨τὰς δὲ⟩ παρθένους ⟨καὶ⟩ ἀγά-
μους, τ⟨ὰς δὲ⟩ πρεσβυτέρας ⟨καὶ⟩ ὑπ⟨εροχω⟩τέ⟨ρας γα-⟩[32c p. 5]
20 μετάς, ⟨τινὰς δὲ νε⟩ωτέρας ὡς ⟨Ἄρτε⟩μιν καὶ Ἀθηνᾶν καὶ Εἰρήνην
⟨καὶ Δί⟩κην.

9 [18]. — — 45b 5 p. 17 G. τὸν Ἀσκλ⟩ηπιὸν δ' ὑ⟩πὸ Διὸς
κα⟨τακτα⟩θῆναι γέγρ⟨αφεν Ἡ⟨σίοδος [fr. 125] κα⟨ὶ Πίν⟩δαρος
(P. 3, 57 ?) καὶ Φε⟨ρεκύδης⟩ ὁ Ἀθηναῖος [FGrHist. 3 F 35c ι 72]
25 καὶ ⟨Πανύ⟩ασσις [fr. 19 Κ.] καὶ Ἄνδρων [FGrHist. 10 F 17 ι 165]
καὶ Ἀκουσίλαος.

9a [8]. — — 60, 16 p. 32 G. τ⟨ὸν δ' Οὐρα⟩νὸν Ἀ⟨κο⟩υσίλαος
δείσαντα τοὺς ⟨Ἑκατ⟩όγχειρας μὴ ⟨περιγίνω⟩νται, ταρτα⟨ρῶσαι⟩,
διότι τοι|⟨αῦτ' εἶ⟩δε τούτους ⟨ἀδικήσαντας⟩.

30 9b [16]. — — 46a p. 18, 8 G. ⟨π⟩ερὶ δὲ ⟨. . . . . .⟩ Ἀ⟩κουσεί⟨λαος

6 ⟨ ⟩ Gomperz   7 Die Hesperidenversion auch auf der kyrenäischen
Schale Studniczka *Kyrene* S. 18   8ff. erg. nach Kordt und Körte   10 τόν
τε] τόν γε Kordt: τὸν δὲ Gomperz; Pap. ?   13ff. erg. nach Gomperz,
Georg Schmidt (*Jahresb. d. St. Katharinensch.* Petersb. 1885 S. 42), Kordt
und Körte   γέρων] Glaukos hatte vergessen um ewige Jugend zu
bitten (Schol. Apoll. ι 1310 u. a.), aber ἀθανασίας ἔτυχε (Schol. Pl. rep.
x 611D)   ⟨ἔτυχε⟩ Diels   16ff. erg. von Buecheler (*Kleine Schrift.*
ι 582), Gomperz, Philippson (*Herm.* 55, 1920, 265), Diels   22ff. erg.
nach Gomperz, Kordt, Körte. Vgl. Wilam. *Isyllos* S. 64f.   27 — S. 55, 4
ergänzte Philippson *Herm.* 55 (1920) 255. 270   29 Diels

βραχ⟩έως καὶ ⟨ὡσαύτως Ὅ⟩μηρος ⟨περὶ τῶν γιγά⟩ντων ⟨μεμνη-
μόνευ⟩κεν.

9c [32]. — — 34c p. 7, 1 G. ὁ Ἀκουσίλα⟨ος δὲ τ⟩ὸν Ἡρακλέα
⟨πυρὶ τ⟩ετελευτη⟨κέν⟩αι φησί.

5 10 [19]. — — 63, 1 p. 34 G. Ἄν⟩δρων δ' ἐ⟨ν τοῖς⟩ Συγγενικοῖς
[FGrHist. 10 F 3 1 161] Ἀ⟨δμή⟩τωι λέγει τὸν Ἀπόλλω θητεῦσαι
Δ⟨ιὸς⟩ ἐπιτάξαντος. Ἡσίοδος [fr. 126 Rz.²] δὲ καὶ Ἀ. μέλλειν μὲν
εἰς τὸν Τάρταρον ὑπὸ τοῦ Διὸς ἐμβληθῆναι, τῆς δ⟨ὲ Λητοῦς⟩
ἱκετευσά⟨σης ἀν⟩δρὶ θητ⟨εῦσαι.⟩

10 11 [25]. [APOLLODOR.] bibl. II 2 Νιόβης δὲ καὶ Διός, ἧι πρώτηι
γυναικὶ Ζεὺς θνητῆι ἐμίγη, παῖς Ἄργος ἐγένετο, ὡς δὲ Ἀκουσίλαός
φησι, καὶ Πελασγός, ἀφ' οὗ κληθῆναι τοὺς τὴν Πελοπόννησον
οἰκοῦντας Πελασγούς. Vgl. HYGIN. fab. 124 p. 106, 3 Schm.

12 [26]. — — II 5 Ἡσίοδος [fr. 187] δὲ καὶ Ἀ. Πειρῆνος αὐτήν
15 [Ιο] φασιν εἶναι.

13 [27]. — — II 6 [Argos] Ἀ. δὲ γηγενῆ αὐτὸν λέγει.

14 [28]. — — II 26 [Proitiden, Lysippe, Iphinoë, Iphianassa]
αὗται δὲ ὡς ἐτελειώθησαν, ἐμάνησαν, ὡς μὲν Ἡσίοδός [fr. 27] φησιν,
ὅτι τὰς Διονύσου τελετὰς οὐ κατεδέχοντο, ὡς δὲ Ἀ. λέγει, διότι τὸ
20 τῆς Ἥρας ξόανον ἐξηυτέλισαν.

15 [29]. — — II 94 [Arbeit des Herakles] ἕβδομον ἐπέταξεν
ἆθλον τὸν Κρῆτα ἀγαγεῖν ταῦρον. τοῦτον Ἀ. μὲν εἶναί φησι τὸν
διαπορθμεύσαντα Εὐρώπην Διί . . .

16 [33]. — — III 30 Αὐτονόης δὲ καὶ Ἀρισταίου παῖς Ἀκταίων
25 ἐγένετο, ὃς τραφεὶς παρὰ Χίρωνι κυνηγὸς ἐδιδάχθη καὶ ἔπειτα ὕστε-
ρον ἐν τῶι Κιθαιρῶνι κατεβρώθη ὑπὸ τῶν ἰδίων κυνῶν. καὶ τοῦτον
ἐτελεύτησε τὸν τρόπον, ὡς μὲν οὖν Ἀ. λέγει, μηνίσαντος τοῦ Διός,
ὅτι ἐμνηστεύσατο Σεμέλην . . .

17 [41]. — — III 133 Μενέλαος μὲν οὖν ἐξ Ἑλένης Ἑρμιόνην
30 ἐγέννησε καὶ κατά τινας [Hesiod. fr. 99] Νικόστρατον, ἐκ δούλης
† Πιερίδος γένος Αἰτωλίδος, ἢ καθάπερ Ἀ. φησι Τηρηίδος, Μεγα-
πένθη.

5ff. nach Gomperz (Z. 8 nach Kordt)   9 ικετεουσα pap.   10 von
hier an nach dem Alphabet der Autoren geordnet   Διὸς δὲ καὶ Νιόβης
Heyne; [καὶ Διὸς] Eberhard   24 vgl. Malten Kyrene S. 18ff.   27 μὲν
οὖν] οὖν tilgte Hercher   30 Westermann ⟨δὲ⟩ nach δούλης: ἐκ δούλης
⟨δὲ⟩ γένος Αἰτωλίδος . . . φησι Πιερίδος Μεγαπένθη Diels; vgl. Wilamowitz
Hom. Unters. S. 174¹⁷, aber auch Jacoby a. a. O. S. 384f.

18 [21]. [APOLLODOR.] bibl. III 156 ὁ δὲ Ἀσωπὸς ποταμὸς Ὠκεανοῦ καὶ Τηθύος, ὡς δὲ Ἀ. λέγει, Πηροῦς καὶ Ποσειδῶνος, ὡς δέ τινες, Διὸς καὶ Εὐρυνόμης.

19 [31]. — III 199 Ζήτην καὶ Κάλαϊν πτερωτούς, οἱ πλέοντες σὺν
5 Ἰάσονι καὶ τὰς Ἁρπυίας διώκοντες ἀπέθανον, ὡς δὲ Ἀ. λέγει, περὶ
Τῆνον ὑφ' Ἡρακλέους ἀπώλοντο.

20 [23]. CLEM. Str. I 102 (II 66, 5 St.) ἦν δὲ κατὰ τὴν Ἑλλάδα
κατὰ μὲν Φορωνέα τὸν μετὰ Ἴναχον ὁ ἐπὶ Ὠγύγου κατακλυσμὸς καὶ
ἡ ἐν Σικυῶνι βασιλεία, πρώτου μὲν Αἰγιαλέως, εἶτα Εὔρωπος, εἶτα
10 Τελχῖνος, καὶ ἡ Κρητὸς ἐν Κρήτηι· Ἀ. γὰρ Φορωνέα πρῶτον
ἄνθρωπον γενέσθαι λέγει. IUL. AFRIC. b. EUS. P. E. x 10, 7
(Ogygos) ἐφ' οὗ γέγονεν ὁ μέγας καὶ πρῶτος ἐν τῆι Ἀττικῆι κατα-
κλυσμός, Φορωνέως Ἀργείων βασιλεύοντος, ὡς Ἀ. ἱστορεῖ.

21 [1]. DIDYMOS [p. 85 Schmidt] b. MACR. Sat. v 18, 9 ἄμεινον δὲ
15 ἐκεῖνο λέγειν, ὅτι διὰ τὸ πάντων τῶν πσταμῶν πρεσβύτατον εἶναι
Ἀχελῶιον τιμὴν ἀπονέμοντας αὐτῶι τοὺς ἀνθρώπους πάντα ἁπλῶς
τὰ νάματα τῶι ἐκείνου ὀνόματι προσαγορεύειν. ὁ γοῦν Ἀ. διὰ τῆς
πρώτης ἱστορίας δεδήλωκεν, ὅτι Ἀχελῶιος πάντων τῶν ποταμῶν
πρεσβύτατος· ἔφη γάρ· Ὠκεανὸς δὲ γαμεῖ Τηθὺν ἑαυτοῦ
20 ἀδελφήν· τῶν δὲ γίνονται τρισχίλιοι ποταμοί, Ἀχελῶιος
δὲ αὐτῶν πρεσβύτατος καὶ τετίμηται μάλιστα.

22 [2]. HARPOCR. Ὁμηρίδαι·... γένος ἐν Χίωι, ὅπερ Ἀ. ἐν γ,
Ἑλλάνικος [FGrHist. 4 F 20 I 111] ἐν τῆι Ἀτλαντιάδι ἀπὸ τοῦ
ποιητοῦ φησιν ὠνομάσθαι.

25 23 [46]. IOSEPH. ant. Iud. I 107 μαρτυροῦσι δέ μου τῶι λόγωι
πάντες οἱ παρ' Ἕλλησι καὶ βαρβάροις συγγραψάμενοι τὰς ἀρχαιολο-
γίας... καὶ γὰρ καὶ Μανέθων... καὶ Βηρωσὸς καὶ... συμφωνοῦσι
τοῖς ὑπ' ἐμοῦ λεγομένοις [Langlebigkeit der Patriarchen] Ἡσίοδός
[fr. 256 Rz.²] τε καὶ Ἑκαταῖος [FGrHist. 1 F 35 I 16] καὶ Ἑλλάνικος
30 [FGrHist. 4 F 202 I 152] καὶ Ἀ. καὶ πρὸς τούτοις Ἔφορος
[FGrHist. 70 F 238 II 109] καὶ Νικόλαος [FGrHist. 90 F 141 II 426]
ἱστοροῦσι τοὺς ἀρχαίους ζήσαντας ἔτη χίλια.

---

21. Okeanos aber heiratet Tethys, seine eigene Schwester; und
von denen entstehen dreitausend Flüsse, Acheloos aber von ihnen als
ältester und er steht am meisten in Ehren.

---

1 ποταμοῦ Hs.: verb. Aegius   11 ἀνθρώπων Eus.   Clem. führt
im folgenden Plato Tim. 22 A auf A. zurück   17 Ἀκουσίλαος Gronov:
αγησιλαος Hs.   22f. unklar, vgl. Jacoby z. St.   25 das Fr. nach
Jacoby »Schwindelzitat« (a. a. O. I 328) wohl richtig

24 [24]. PAUSAN. II 16, 4 [Mykene nach Hesiod. fr. 146] ἀπὸ
ταύτης οὖν γεγονέναι καὶ τὸ ὄνομα τῆι πόλει φασί. ὃν δὲ προσ-
ποιοῦσιν Ἀκουσιλάωι λόγον, Μυκηνέα υἱὸν εἶναι Σπάρτωνος,
Σπάρτωνα δὲ Φορωνέως, οὐκ ἂν ἔγωγε ἀποδεξαίμην, διότι
5 μηδὲ αὐτοὶ Λακεδαιμόνιοι.

25 [38]. SCHOL. APOLL. RHOD. II 1122 [3 B 12] Ἀ. δὲ καὶ Ἡσίο-
δος ἐν ταῖς Μεγάλαις Ἠοίαις (fr. 152) φασὶν ἐξ Ἰοφώσσης τῆς
Αἰήτου [die Söhne des Phrixos].

26 [36]. — IV 57 Λάτμος ὄρος Καρίας, ἔνθα ἔστιν ἄντρον, ἐν ὧι
10 διέτριβεν Ἐνδυμίων. ἔστι δὲ καὶ πόλις ἡ λεχθεῖσα Ἡρακλεία. ... τὸν
δὲ Ἐνδυμίωνα Ἡσίοδος [fr. 11] μὲν Ἀεθλίου τοῦ Διὸς καὶ Καλύκης
παρὰ Διὸς εἰληφότα τὸ δῶρον 'ἵν' αὐτῶι ταμίαν εἶναι θανάτου, ὅτε
θέλοι ὀλέσθαι'. ⟨...⟩ καὶ Πείσανδρος [FGrHist. 16 F 7 I 181] καὶ Ἀ.

27 [42]. — IV 828 Ἀ. Φόρκυνος καὶ Ἑκάτης τὴν Σκύλλαν
15 λέγει. Vgl. B 8.

28 [4]. — IV 992 Ἀ. ἐν τῆι γ φησίν, ὅτι ἐκ τῆς ἐκτομῆς τοῦ
Οὐρανοῦ ῥανίδας ἐνεχθῆναι συνέπεσεν, τουτέστι [τὰς] σταγόνας,
κατὰ τῆς γῆς, ἐξ ὧν γεννηθῆναι τοὺς Φαίακας, οἱ δὲ τοὺς Γίγαντας.
καὶ Ἀλκαῖος [fr. 116 PLG III 185] δὲ λέγει τοὺς Φαίακας ἔχειν τὸ
20 γένος ἐκ τῶν σταγόνων τοῦ Οὐρανοῦ.

29 [37]. — 1146 περὶ δὲ τοῦ δέρους ὅτι ἦν χρυσοῦν οἱ πλεῖστοι
ἱστοροῦσιν. Ἀ. δὲ ἐν τῶι Περὶ γενεαλογιῶν πορφυρευθῆναί φησιν
ἀπὸ τῆς θαλάσσης. Vgl. SCHOL. zu IV 176 u. zu EURIP. Med. 5.

30 [15]. SCHOL. HES. Theog. 379 ἀργέστην Ζέφυρον Βορέην
25 τ' αἰψηροκέλευθον καὶ Νότον] Ἀ. δὲ τρεῖς ἀνέμους εἶναί φησι κατὰ
Ἡσίοδον [Th. 870] Βορρᾶν, Ζέφυρον καὶ Νότον· τοῦ Ζεφύρου
ἐπίθετον τὸ 'ἀργέστην' φησίν.

31 [39]. SCHOL. HOMER. AB zu Υ 307 Ἀφροδίτη χρησμοῦ ἐκπε-
σόντος, ὅτι τῆς τῶν Πριαμιδῶν ἀρχῆς καταλυθείσης οἱ ἀπ' Ἀγχίσου
30 Τρώων βασιλεύσουσιν, Ἀγχίσηι ἤδη παρηκμακότι συνῆλθεν, τεκοῦσα

---

3 Ἀκουσιλάωι Porson : ἀκοῦσι Hss. 9 λάτμον Hs. : verb. Keil 12 ἵν Apoll.
Dyscol. de pron. 106 A: ἐν Hss. Der Vers lautete 'ἵν δ' αὐτῶι θανάτου
ταμίης, ὅτε μέλλοι ὀλέσθαι (Schluß Ps.-Eudoc. 256, 17 Fl.) 13 ⟨...⟩ Wendel
16 etymologische Spielerei mit Δρεπάνη, Sitz der Phaeaken. Vgl. Schol.
Apoll. IV 984 17 τὰς fehlt P 18 οἱ δὲ] Hes. Th. 185 21 δέρους F : δέρος L
23 ἀπὸ L : ὑπὸ P 24 s. Usener Rhein. Mus. 58 (1903) 5. Natürlich gab A.
keine grammatische Interpretation, wie der Schol. sagt. Vgl. B 32 28 Bei
der Unzuverlässigkeit der ἱστορία-Zitate (Schwartz Jahrb. f. kl. Phil. Suppl.
1881, 405ff. vgl. Pauly-Wiss. R.-E. I 1222 und Jacobys Kommentar I 384ff.)
ist zweifelhaft, wieviel auf A. geht ἐμπεσόντος B

δ' Αἰνείαν καὶ βουλομένη πρόφασιν κατασκευάσαι τῆς τῶν Πρια-
μιδῶν καταλύσεως Ἀλεξάνδρωι πόθον Ἑλένης ἐνέβαλε καὶ μετὰ τὴν
ἁρπαγὴν τῶι μὲν δοκεῖν συνεμάχει τοῖς Τρωσί, ταῖς δὲ ἀληθείαις
παρηγόρει τὴν ἧτταν αὐτῶν, ἵνα μὴ παντελῶς ἀπελπίσαντες ἀπο-
5 δῶσι τὴν Ἑλένην. Ἡ ἱστορία παρὰ Ἀκουσιλάωι.

32 [3]. SCHOL. HOMER. T z. Υ 296 'Α. ἐν τρίτωι Γενεαλογιῶν
κύριον ἤκουσε τὸ ''Εχέπωλος' οὕτως· 'Κλεωνύμου δ' Ἀγχίσης,
τοῦ δὲ Ἐχέπωλος'.

33 [34]. — HQ z. κ 2 Δευκαλίων, ἐφ' οὗ ὁ κατακλυσμὸς
10 γέγονε, Προμηθέως μὲν ἦν υἱός, μητρὸς δὲ ὡς ⟨οἱ⟩ πλεῖστοι
λέγουσι, Κλυμένης, ὡς δὲ Ἡσίοδος [fr. 3] Προνόης, ὡς δὲ Ἀ., Ἡσιό-
νης τῆς Ὠκεανοῦ καὶ Προμηθέως.

34 [40]. — QV z. λ 520 Εὐρύπυλος ὁ Ἀστυόχης καὶ Τηλέφου
τοῦ Ἡρακλέους παῖς λαχὼν τὴν πατρώιαν ἀρχὴν τῆς Μυσίας προ-
15 ίστατο. πυθόμενος δὲ Πρίαμος περὶ τῆς τούτου δυνάμεως ἔπεμψεν
ὡς αὐτόν, ἵνα παραγένηται σύμμαχος. εἰπόντος δὲ αὐτοῦ, ὡς οὐκ
ἐξῆν αὐτῶι διὰ τὴν μητέρα, ἔπεμψεν ὁ Πρίαμος τῆι μητρὶ αὐτοῦ
δῶρον Ἀστυόχηι χρυσῆν ἄμπελον· ἡ δὲ λαβοῦσα τὴν ἄμπελον τὸν
υἱὸν ἔπεμψέν ἐπὶ στρατείαν, ὃν Νεοπτόλεμος ὁ τοῦ Ἀχιλλέως υἱὸς
20 ἀναιρεῖ· ἡ δὲ ἱστορία παρὰ Ἀκουσιλάωι.

35 [30]. — HV z. ξ 533 Ἐρεχθεὺς ὁ τῶν Ἀθηναίων βασιλεὺς
ἴσχει θυγατέρα τοὔνομα Ὠρείθυιαν κάλλει διαπρεπεστάτην. κοσμή-
σας δὲ ταύτην ποτὲ πέμπει κανηφόρον θύσουσαν εἰς τὴν ἀκρόπολιν
τῆι Πολιάδι Ἀθηνᾶι. ταύτης δὲ ὁ Βορέας ἄνεμος ἐρασθεὶς λαθὼν
25 τοὺς βλέποντας καὶ φυλάσσοντας τὴν κόρην ἥρπασεν. καὶ διακο-
μίσας εἰς Θράικην ποιεῖται γυναῖκα. γίνονται δὲ αὐτῶι παῖδες ἐξ
αὐτῆς Ζήτης καὶ Κάλαϊς, οἳ καὶ δι' ἀρετὴν μετὰ τῶν ἡμιθέων εἰς
Κόλχους ἐπὶ τὸ νάκος ἔπλευσαν ἐν τῆι Ἀργοῖ. ἡ δὲ ἱστορία παρὰ
Ἀκουσιλάωι.

30 **36** [43]. — z. ρ 207 Πτερελάου παῖδες Ἴθακος καὶ Νήριτος ἀπὸ
Διὸς ἔχοντες τὸ γένος ὤικουν τὴν Κεφαλληνίαν. ἄρεσαν δὲ αὐτοῖς
τοῦτο καταλιπόντες τὰ σφέτερα ἤθη παραγίνονται εἰς τὴν Ἰθάκην
καὶ τόπον ἰδόντες εὖ πεποιημένον εἰς συνοικισμὸν διὰ τὸ τῶν παρα-
τεθειμένων ὑψηλότερον εἶναι [καὶ] κατοικήσαντες δεῦρο τὴν Ἰθάκην
35 ἔκτισαν. καὶ ἐκ μὲν τοῦ Ἰθάκου ἡ νῆσος ἐπωνομάσθη Ἰθάκη, τὸ δὲ

---

10 ⟨οἱ⟩ Dindorf   11 πρυνείης Q: πρυνόης H: verb. Dindorf   12 καὶ
Προμ. Welcker: τοῦ Πρ. Hss.   13 fr. 34—36 s. zu B 31!   27 ἡμιθέων]
ἡϊθέων Sturz nach Schol. z. μ 69   30 Πτερελάου Eustath.: περελάου vulg.
34 [καὶ] Buttmann   35 νῆσος] πόλις Spohn

παρακείμενον ὄρος ἐκ τοῦ Νηρίτου Νήριτον. ἡ δὲ ἱστορία παρὰ
'Ακουσιλάωι.

37 [14]. SCHOL. NICANDR. Ther. 11 'Α. δέ φησιν ἐκ τοῦ
αἵματος τοῦ Τυφῶνος πάντα τὰ δάκνοντα γενέσθαι.

5 **38** [35]. SCHOL. PIND. O. IX 70a κοινὰ τὰ περὶ Δευκαλίωνα
καὶ Πύρραν. καὶ ὅτι τοὺς λίθους κατόπιν ῥίπτοντες ἀνθρώπους
ἐποίουν, μαρτυρεῖ 'Α.

39 [17]. — — P. III 25c διὰ τί δὲ προύτίμησε [Koronis] τὸν
Ἴσχυν τοῦ 'Απόλλωνος; 'Α. φησίν, ὡς κατὰ δέος ὑπεροψίας θνη-
10 τῶι βουληθεῖσα συνεῖναι.

40 [20]. STRAB. X p. 472 'Α. δ' ὁ 'Αργεῖος ἐκ Καβιροῦς καὶ
'Ηφαίστου Κάμιλλον λέγει, τοῦ δὲ τρεῖς Καβίρους, οἷς ⟨***⟩
⟨καὶ τρεῖς⟩ Νύμφας Καβιρίδας.

40a [22]. PAP. OXYRHYNCH. 1611, fr. 1, 38—85 aus dem
15 2. Jahrh. v. Chr., Exzerpte aus dem Buche eines alexandrinischen
Lytikos [Oxyrh. Pap. ed. Grenfell u. Hunt vol. XIII p. 133f.
Vgl. P. Maas Sokrates VII, 1919, 191; Deubner Bemerk, z. lit. Pap.
aus Oxyrh. (Heidelb. Sitz.-Ber. ph.-h. Kl. 1919 n. 17)] ⟨ὅ⟩τι τὸ παρὰ
Θεοφράστωι λεγόμενον ἐν τῶι δευτέρωι Περὶ βασιλείας περὶ τοῦ
20 Καινέως δόρατος τοῦτο· 'καὶ οὗτός ἐστιν ὡς ἀληθῶς ὁ τῶι σκήπτρωι
βασιλεύων, ο⟨ὐ⟩ τῶι δόρατι, καθάπερ ὁ Καινεύς· ἄξιον γὰρ ⟨κρα⟩τεῖν
ὁ Καινεὺς τῶι ⟨δόρ⟩ατι, ἀλλ' οὐχὶ τῶι σκή⟨π⟩τρωι, καθάπ⟨ερ οἱ
ἐν θρό⟨νω⟩ι βασιλεῖς, ⟨ἡγεῖτο⟩, οὐ ⟨μὴν⟩ ἐδύνατο· π⟨ρὸς⟩ τῆς
⟨ὑπ' 'Α⟩κουσιλάου ⟨τοῦ⟩ 'Αργείου καταλ⟨εγομένης⟩ ἱστορίας ἀπο-
25 λῦσα⟨ι δεῖ⟩· λέγει γὰρ περὶ Καινέα οὕτως· Καινῆι δὲ τῆι Ἐλάτου
μίσγεται Ποσιδῶν. ἔπειτα (οὐ γὰρ ἦν αὐτ⟨ῆ⟩ι ⟨ἔπ⟩ερον

40a. Mit Kaineus, der Tochter des Elatos, verbindet sich Poseidon.
Dann (es war ihr nämlich nicht erwünscht Kinder zu gebären weder

---

3 ἀρκεσίλαος oder ἀρκυσίλαος Hss.   4 δακετά Stiehl   5 vgl. Hesiod.
fr. 115 Rz.² 9 ἀγησίλαος P   κατὰ δέος ὑπ.] so BP   11 Καβιροῦς Diels:
καβειροῦς, καβείρου, καβείρης Hss.   12 Κάμιλλον] vgl. Kern Paul.-Wiss. R.E.
u. Kadmilos   nach οἷς Lücke Diels (füllt mit συγγενέσθαι τρεῖς Jacoby):
καὶ statt οἷς C. Müller: τρεῖς δὲ Kordt. Pherekydes [FGrHist. 3 F 48 I 75],
dem A. folgt: ἐκ δὲ Καβιροῦς τῆς Πρωτέως καὶ 'Ηφαίστου Καβίρους τρεῖς καὶ
Νύμφας τρεῖς Καβιρίδας, ἑκατέροις δ' ἱερὰ γίνεσθαι. Aus den letzten Worten
ist die Lücke zu ergänzen   18ff. die meisten Ergänzungen von Gren-
fell und Boll   22 οἱ ἐν θρόνωι Diels: οἱ πολλοὶ Grenf.   25 vor dem
Zitat ein Χρ(ήσιμον) des Schreibers   26 αὐτοισιερον Pap.: αὐτῆι πρὸς
(oder ἐς) ἔρον Maas: ἔπερον (analog ἐπίμερον) Diels

παῖδας τεκεῖν οὔτ' ἐξ ἐκείνου οὔτ' ἐξ ἄλλου οὐδενός)
ποιεῖ αὐτὸν Ποσε⟨ι⟩δέων ἄνδρα ἄτρω⟨το⟩ν, ἰσχὺν
ἔχοντα ⟨με⟩γί⟨σ⟩τ⟨η⟩ν τῶν ἀνθρώπων τῶν τότε· καὶ ὅτε
τις αὐτὸν κεντοίη σιδήρωι ἢ χαλκῶι, ἡλίσκετο μάλιστα
5 χρημάτων. καὶ γίγνεται βασιλεὺς οὗτος Λαπιθέων καὶ
τοῖς Κενταύροις πολεμέεσκε. ἔπειτα στήσας ἀκόν⟨τιον ἐν
ἀγορῆι θεὸν ἐκέλευεν ἀριθμεῖν. θεοῖ⟩σι δ' οὐκ ἦε⟨ν ἀρε-
στόν, καὶ⟩ Ζεὺς ἰδὼν αὐτ⟨ὸν τα⟩ῦτα ποιοῦντα ἀπειλεῖ,
καὶ ἐφορμᾶι τοὺς Κενταύρους, κἀκεῖνοι αὐτὸν κατα-
10 κόπτουσιν ὄρθιον κατὰ γῆς καὶ ἄνωθεν πέτρην ἐπιτι-
θεῖσιν σῆμα· καὶ ἀποθνήισκει'· τοῦτ' ἔστιν γὰρ ἴσως τὸ τῶι
δόρατι ἄρχειν τὸν Καινέα.

ZWEIFELHAFTES

41 [44]. SCHOL. PIND. O. VII 42a ἔοικε δὲ ὁ Πίνδαρος ἐντετυχηκέναι τῶι
15 †ἀχαιῶι ἱστοριογράφωι· ἐκεῖνος γὰρ οὕτως γενεαλογεῖ· Ὑπερόχης Εὐρύπυλος,
οὗ Ὅρμενος, οὗ Φέρης, οὗ Ἀμύντωρ, οὗ Ἀστυδάμεια ἡ Τληπολέμου μήτηρ· καὶ
αὐτὸς δὲ Ἀμύντωρ εἰς Δία τὸ γένος ἀνάγει.

---

von jenem noch von irgend jemand anderem) macht Poseidon sie —
ihn zu einem unverwundbaren Mann, der die größte Stärke hatte von
den damaligen Menschen, und wenn einer ihn stoßen wollte mit Eisen
oder Erz, wurde er grade am meisten gefaßt. Und dieser wird König
der Lapithen und führte häufig mit den Kentauren Krieg. Dann
stellte er einen Speer auf dem Markte auf und hieß, ihn als Gott zählen.
Den Göttern war das aber nicht wohlgefällig, und als Zeus ihn bei
diesem Tun erblickte, droht er und er treibt die Kentauren dagegen,
und jene hauen ihn aufrecht stehend nieder in die Erde und von oben
setzen sie einen Fels darauf als Grabzeichen, und er stirbt.

---

1 τεκέν ουτ übergeschrieben über ein falsches τ. Der Akzent über ε
ein Iota, das τεκεν korrigiert?   4 μάλιστα χρημάτων: ionische Fülle
= μ. πάντων (Boll)   6 Κενταύροισι erwartet man   6f. Boll aus
Schol. Ven. A zu Hom. A 264   10 ορειον Pap.: ὄρθιον Allen (vgl.
Pindar fr. 167 Schr.²)   11 τὸ Grenf.: τι Pap.   14. 15 τῷ ἀχαιῷ BEQ:
τῷ παλαιῷ C: ⟨Ἀκουσιλάωι⟩ τῶι ἀρχαίωι Boeckh: ⟨Αὐτεσίωνι⟩ τῶι ἀρχ.
Bergk: τῶι Ἀργείωι oder Ἑκαταίωι C. Müller
Prob. Verg. Buc. 2, 48 [fr. 21a Müll.] hat mit Acusilaus, wie Egnatius
edierte, nichts zu tun [Hss. euzimades, euziniades oder euriniades], eben-
sowenig Schol. Thuc. 1, 51, 4 Ἀνδοκίδης) ὁ εἷς τῶν δέκα ῥητόρων, ὥς φησιν
Ἀκουσίλαος [l. ὁ Καικίλιος? Diels; vgl. Caecil. fr. 99. 99a. 156a Ofenloch].
Vgl. FGrHist. Komm. zu 3 F 44. 45 ı 385.

10 [73a]. DIE SIEBEN WEISEN

1. Διος. ι 40ff. περὶ δὴ τῶν ἑπτὰ (ἄξιον γὰρ ἐνταῦθα καθολικῶς κἀκείνων ἐπιμνησθῆναι) λόγοι φέρονται τοιοῦτοι. Δάμων ὁ Κυρηναῖος γεγραφὼς Περὶ τῶν φιλοσόφων [FHG ιν 277] πᾶσιν ἐγκαλεῖ, μάλιστα δὲ τοῖς ἑπτά. 'Αναξιμένης δέ
5 φησι πάντας ἐπιθέσθαι ποιητικῆι· ὁ δὲ Δικαίαρχος [fr. 28 FHG ιι 243 vgl. Hermes 27 (1892) 120. 126] οὔτε σοφοὺς οὔτε φιλοσόφους φησὶν αὐτοὺς γεγονέναι, συνετοὺς δέ τινας καὶ νομοθετικούς. 'Αρχέτιμος δὲ ὁ Συρακούσιος [FHG ιν 318] ὁμιλίαν αὐτῶν ἀναγέγραφε παρὰ Κυψέλωι, ἧι καὶ αὐτός φησι παρατυχεῖν· Ἔφορος [FGrHist. 70 F 181 ιι 95] δὲ παρὰ Κροίσωι πλὴν Θαλοῦ. φασὶ δέ τινες καὶ ἐν
10 Πανιωνίωι καὶ ἐν Κορίνθωι καὶ ἐν Δελφοῖς συνελθεῖν αὐτούς. (41) διαφωνοῦνται δὲ καὶ αἱ ἀποφάσεις αὐτῶν καὶ ἄλλου ἄλλο φασίν, ὡς ἐκεῖνο [86 B 7]·

ἦν Λακεδαιμόνιος Χίλων σοφός, ὃς τάδ' ἔλεξε·
'μηδὲν ἄγαν· καιρῶι πάντα πρόσεστι καλά'.

στασιάζεται δὲ καὶ περὶ τοῦ ἀριθμοῦ αὐτῶν. Λεάνδριος [fr. 4 FHG ιι 336] μὲν
15 γὰρ ἀντὶ Κλεοβούλου καὶ Μύσωνος Λεώφαντον Γοργιάδα Λεβέδιον ἢ 'Εφέσιον ἐγκρίνει καὶ 'Επιμενίδην τὸν Κρῆτα· Πλάτων δὲ ἐν Πρωταγόραι [s. nr. 2] Μύσωνα ἀντὶ Περιάνδρου· Ἔφορος [FGrHist. 70 F 182 ιι 95] δὲ ἀντὶ Μύσωνος 'Ανάχαρσιν· οἱ δὲ καὶ Πυθαγόραν προσγράφουσιν. Δικαίαρχος [s. ο.] δὲ τέσσαρας ὡμολογημένους ἡμῖν παραδίδωσιν Θαλῆν, Βίαντα, Πιττακόν, Σόλωνα. ἄλλους δὲ ὀνομάζει
20 ἕξ, ὧν ἐκλέξασθαι τρεῖς, 'Αριστόδημον, Πάμφυλον, Χίλωνα Λακεδαιμόνιον, Κλεόβουλον, 'Ανάχαρσιν, Περίανδρον. ἔνιοι προστιθέασιν 'Ακουσίλαον [8 A 1] Κάβα ἢ Σκάβρα 'Αργεῖον. (42) Ἕρμιππος δ' ἐν τῶι Περὶ τῶν σοφῶν [fr. 8 FHG ιιι 37] ἑπτακαίδεκά φησιν, ὧν τοὺς ἑπτὰ ἄλλους ἄλλως αἱρεῖσθαι· εἶναι δὲ Σόλωνα, Θαλῆν, Πιττακόν, Βίαντα, Χίλωνα, ⟨Μύσωνα⟩, Κλεόβουλον, Περίανδρον, 'Ανάχαρσιν,
25 'Ακουσίλαον, 'Επιμενίδην [3 B 1 ι 32, 4], Λεώφαντον, Φερεκύδην [7 A 2 a], 'Αριστόδημον, Πυθαγόραν, Λᾶσον Χαρμαντίδου ἢ Σισυμβρίνου, ἢ ὡς 'Αριστόξενος [fr. 52 FHG ιι 285], Χαβρίνου, Ἑρμιονέα, 'Αναξαγόραν [59 A 30. 33]. Ἱππόβοτος δὲ ἐν τῆι τῶν Φιλοσόφων ἀναγραφῆι· 'Ορφέα, Λίνον, Σόλωνα, Περίανδρον, 'Ανάχαρσιν, Κλεόβουλον, Μύσωνα, Θαλῆν, Βίαντα, Πιττακόν, 'Επίχαρμον
30 [23 A 6c], Πυθαγόραν.

---

2 Da nur wenig von der überreichen Überlieferung hier gegeben werden kann, sei verwiesen auf Ed. Meyer *Gesch. d. Altert.* ιι § 441ff.; M. Wundt *Gesch. d. gr. Ethik* ι 75f. (genauere Untersuchungen fehlen); Wulf *de fabellis* νιι *sapp.* Diss. Hal. χιιι (1896); Wilamowitz *Herm.* 25 (1890) 196ff. 3 ⟨ὁ⟩ γεγραφὼς Bywater   5 ποιητικῆι· ὁ δὲ Stephanus, Menage: ποιητικῆς δὲ BP¹: ποιητικὰ ὁ δὲ F   7 δὲ (nach 'Αρχ.) BF: τε P   8 παρατυχεῖν BP¹: περιτυχεῖν F   εὔφορος P   11 αἱ B: fehlt PF   αὐτῶν fehlt B¹   φασὶν B¹: φασὶν εἶναι PB²: εἶναι φασὶν F   12 χείλων BP ᵃ·ᶜ·: χίλων P ᴾ·ᶜ· F   14 Λεάνδριος] vielmehr Μαιάνδριος s. zu 1 A 11 ι 69, 11   15 Γοργιάδα Reiske: γοροιάδα BP¹: κοροίλλα F, mrg. P²: γρ. γοργασιάδα mrg. F²   20 Πάμφυλον so BPF; vgl. Roeper *Z. f. Altert.* 1852, 453 (der Λακεδαιμονίους schreibt)   χείλωνα BP ᵃ·ᶜ· F ᵃ·ᶜ·: χίλ. ινα P ᴾ·ᶜ· F ᴾ·ᶜ·, der χίλωνα vor πάμφυλον stellt   22 σκάβρα BP: σκάβα F   24 χείλωνα BP: χίλωνα F   ⟨ ⟩ Casaubonus

2. PLATO Protag. 343 A τούτων [näml. τῶν φιλοσόφως λακωνιζόντων] ἦν
καὶ Θαλῆς ὁ Μιλήσιος καὶ Πιττακὸς ὁ Μυτιληναῖος καὶ Βίας ὁ Πριηνεὺς καὶ Σόλων
ὁ ἡμέτερος καὶ Κλεόβουλος ὁ Λίνδιος καὶ Μύσων ὁ Χηνεύς, καὶ ἕβδομος ἐν τούτοις
ἐλέγετο Λακεδαιμόνιος Χίλων· οὗτοι πάντες ζηλωταὶ καὶ ἐρασταὶ καὶ μαθηταὶ
5 ἦσαν τῆς Λακεδαιμονίων πολιτείας· καὶ καταμάθοι ἄν τις αὐτῶν τὴν σοφίαν τοιαύ-
την οὖσαν, ῥήματα βραχέα ἀξιομνημόνευτα ἑκάστωι εἰρημένα. οὗτοι καὶ κοινῆι
ξυνελθόντες ἀπαρχὴν τῆς σοφίας ἀνέθεσαν τῶι ᾿Απόλλωνι εἰς τὸν νεὼν τὸν ἐν
Δελφοῖς, γράψαντες ταῦτα, ἃ δὴ πάντες ὑμνοῦσι, Γνῶθι σαυτόν καὶ Μηδὲν
ἄγαν. τοῦ δὴ ἕνεκα ταῦτα λέγω; ὅτι οὗτος ὁ τρόπος ἦν τῶν παλαιῶν τῆς φιλο-
10 σοφίας, βραχυλογία τις Λακωνική. καὶ δὴ καὶ τοῦ Πιττακοῦ ἰδίαι περιεφέρετο
τοῦτο τὸ ῥῆμα ἐγκωμιαζόμενον ὑπὸ τῶν σοφῶν τὸ Χαλεπὸν ἐσθλὸν ἔμμεναι.
Charm. 164 D ff. σχεδὸν γάρ τι ἔγωγε αὐτὸ τοῦτό φημι εἶναι σωφροσύνην τὸ
γιγνώσκειν ἑαυτὸν καὶ συμφέρομαι τῶι ἐν Δελφοῖς ἀναθέντι τὸ τοιοῦτον γράμ-
μα ... τὸ γὰρ Γνῶθι σαυτόν καὶ τὸ Σωφρόνει ἐστὶ μὲν ταὐτὸν ὡς τὰ γράμματά
15 φησιν καὶ ἐγώ, τάχα δ᾿ ἄν τις οἰηθείη ἄλλο εἶναι· ὃ δή μοι δοκοῦσιν παθεῖν καὶ οἱ
τὰ ὕστερον γράμματα ἀναθέντες τό τε Μηδὲν ἄγαν καὶ τὸ ᾿Εγγύη πάρα
δ᾿ ἄτη. καὶ γὰρ οὗτοι ξυμβουλὴν ὠιήθησαν εἶναι τὸ Γνῶθι σαυτόν, ἀλλ᾿ οὐ τῶν
εἰσιόντων [ἕνεκεν] ὑπὸ τοῦ θεοῦ πρόσρησιν· εἶθ᾿ ἵνα δὴ καὶ σφεῖς μηδὲν ἧττον
συμβουλὰς χρησίμους ἀναθεῖεν, ταῦτα γράψαντες ἀνέθεσαν.
20 3. STOB. III 1, 172 Δημητρίου Φαληρέως Τῶν ἑπτὰ σοφῶν ἀποφθέγματα.

---

6 εἰρημένα οὗτοι Hss.: εἰρημέν᾿ ἃ Schanz. Vgl. Lagercrantz Herm. 36
(1901) 411   16 ἐγγύα und ἄτα Stob.   18 [ἕνεκεν] Heindorf   Die
übrigen Δελφικὰ γράμματα sind alle zweifelhaft, so 1) Varro Eum. 36
[Buecheler Petron.⁴ S. 180] intellego recte scriptum esse Delphis: θεῶι ἦρα
[(sc. φέρειν) Oehler: hera Nonius: ἕπου Buecheler], 2) Cic. fin. III 22, 73
vetera praecepta sapientium qui iubent Tempori parere [parcere nach Sen.
ep. 94, 28 Roscher] et Sequi deum et Se noscere et Nihil nimis, 3) Νόμοις
πείθου s. Roscher Philol. 59 (1900) 37. Über das angebliche Παραχάραξον
τὸ νόμισμα vgl. Diels Arch. f. Gesch. d. Phil. VII (1894) 314. „Das berühmte
E Delphicum ist vermutlich ursprünglich ebensowenig ein Spruch wie ein
Buchstabe, sondern ein andersartiges ἀνάθημα gewesen (Robert Hermes 36,
1901, 490), vermutlich eine κλεὶς κρυπτή, die zunächst als eine Erfindung
geweiht, dann symbolisch gefaßt und endlich als E gedeutet wurde. Denn
der Balanosschlüssel sieht einem archaischen E sehr ähnlich. Diese Erfin-
dung scheint in das Alter der Sieben Weisen hinaufzugehen. S. Parmenides
(1897) 143." So Diels; vgl. aber jetzt das E auf den ältesten Omphalos
(spätestens VII. Jahrh.) Fouilles de Delphes II (1927) 76f.   20 Über
die Sammlung des Demetrios vgl. Brunco Act. Sem. Erl. III 299, Stanjek
Quaest. de sent. VII sap. I Bresl. Diss. 1891. Ähnliches Exzerpt hinter
dem des Demetrios Stob. III 1, 173. Σωσιάδου Τῶν ζ σοφῶν ὑποθῆκαι. Beide
latein. verarbeitet in sog. Senecae Monita (Wölfflin Erl. 1878, besser
Brunco Bayreuth. Progr. 1885) und im sog. Gastmahl des Cicero ed. Traube
Rh. Mus. 47 (1892) 558 = V. u. A. III 119. Die älteste Sammlung dieser
Sprüche (ohne Namen der Weisen) findet sich auf einem wohl zu Schul-
zwecken hergerichteten Stein (s. III. a. Chr.), jetzt Delphicorum prae-
ceptorum titulus Miletopolitanus in Dittenberger Sylloge inscr. gr. III³ n. 1268,
woselbst s. die weiteren Ausführungen von Diels

ᾱ. Κλεόβουλος Εὐαγόρου Λίνδιος ἔφη.

1. μέτρον ἄριστον. 2. πατέρα δεῖ αἰδεῖσθαι. 3. εὖ τὸ σῶμα ἔχειν καὶ τὴν ψυχήν.
4. φιλήκοον εἶναι καὶ μὴ πολύλαλον. 5. πολυμαθῆ ἢ ἀμαθῆ. 6. γλῶσσαν εὔφημον
κεκτῆσθαι. 7. ἀρετῆς οἰκεῖον, κακίας ἀλλότριον. 8. ἀδικίαν μισεῖν, εὐσέβειαν φυλάσ-
5 σειν. 9. πολίταις τὰ βέλτιστα συμβουλεύειν. 10. ἡδονῆς κρατεῖν. 11. βίαι μηδὲν
πράττειν. 12. τέκνα παιδεύειν. 13. τύχηι εὔχεσθαι. 14. ἔχθρας διαλύειν. 15. τὸν
τοῦ δήμου ἐχθρὸν πολέμιον νομίζειν. 16. γυναικὶ μὴ μάχεσθαι μηδὲ ἄγαν φρονεῖν
ἀλλοτρίων παρόντων· τὸ μὲν γὰρ ἄνοιαν, τὸ δὲ μανίαν δύναται παρέχειν. 17. οἰκέ-
τας παρ' οἶνον μὴ κολάζειν· εἰ δὲ μή, δόξεις παροινεῖν. 18. γαμεῖν ἐκ τῶν ὁμοίων·
10 ἐὰν γὰρ ἐκ τῶν κρειττόνων, δεσπότας, οὐ συγγενεῖς κτήσηι. 19. μὴ ἐπιγελᾶν τῶι
σκώπτοντι· ἀπεχθὴς γὰρ ἔσηι τοῖς σκωπτομένοις. 20. εὐποροῦντα μὴ ὑπερή-
φανον εἶναι, ἀποροῦντα μὴ ταπεινοῦσθαι.

β. Σόλων Ἐξηκεστίδου Ἀθηναῖος ἔφη.

1. μηδὲν ἄγαν. 2. κριτὴς μὴ κάθησο· εἰ δὲ μή, τῶι ληφθέντι ἐχθρὸς ἔσηι. 3. ἡδο-
15 νὴν φεῦγε, ἥτις λύπην τίκτει. 4. φύλασσε τρόπου καλοκαγαθίαν ὅρκου πιστοτέραν.
5. σφραγίζου τοὺς μὲν λόγους σιγῆι, τὴν δὲ σιγὴν καιρῶι. 6. μὴ ψεύδου, ἀλλ' ἀλή-
θευε. 7. τὰ σπουδαῖα μελέτα. 8. τῶν γονέων μὴ λέγε δικαιότερα. 9. φίλους μὴ
ταχὺ κτῶ, οὓς δ' ἂν κτήσηι, μὴ ταχὺ ἀποδοκίμαζε. 10. ἄρχεσθαι μαθὼν ἄρχειν
ἐπιστήσηι. 11. εὔθυναν ἑτέρους ἀξιῶν διδόναι καὶ αὐτὸς ὕπεχε. 12. συμβούλευε
20 μὴ τὰ ἥδιστα, ἀλλὰ τὰ βέλτιστα τοῖς πολίταις. 13. μὴ θρασύνου. 14. μὴ κακοῖς
ὁμίλει. 15. χρῶ τοῖς θεοῖς. 16. φίλους εὐσέβει. 17. ὃ ἂν ⟨μὴ⟩ ἴδηις, μὴ λέγε.
18. εἰδὼς σίγα. 19. τοῖς σεαυτοῦ πρᾶος ἴσθι. 20. τὰ ἀφανῆ τοῖς φανεροῖς
τεκμαίρου.

γ. Χίλων Δαμαγήτου Λακεδαιμόνιος ἔφη.

25 1. γνῶθι σαυτόν. 2. πίνων μὴ πολλὰ λάλει· ἁμαρτήσει γάρ. 3. μὴ ἀπείλει
τοῖς ἐλευθέροις· οὐ γὰρ δίκαιον. 4. μὴ κακολόγει τοὺς πλησίον· εἰ δὲ μή, ἀκούσηι,
ἐφ' οἷς λυπηθήσηι. 5. ἐπὶ τὰ δεῖπνα τῶν φίλων βραδέως πορεύου, ἐπὶ δὲ τὰς ἀτυχίας
ταχέως. 6. γάμους εὐτελεῖς ποιοῦ. 7. τὸν τετελευτηκότα μακάριζε. 8. πρεσβύτερον
σέβου. 9. τὸν τὰ ἀλλότρια περιεργαζόμενον μίσει. 10. ζημίαν αἱροῦ μᾶλλον ἢ
30 κέρδος αἰσχρόν· τὸ μὲν γὰρ ἅπαξ λυπήσει, τὸ δὲ ἀεί. 11. τῶι δυστυχοῦντι μὴ
ἐπιγέλα. 12. τραχὺς ὢν ἥσυχον σεαυτὸν πάρεχε, ὅπως σε αἰσχύνωνται μᾶλλον
ἢ φοβῶνται. 13. τῆς ἰδίας οἰκίας προστάτει. 14. ἡ γλῶσσά σου μὴ προτρεχέτω
τοῦ νοῦ. 15. θυμοῦ κράτει. 16. μὴ ἐπιθύμει ἀδύνατα. 17. ἐν ὁδῶι μὴ σπεῦδε προά-
γειν. 18. μηδὲ τὴν χεῖρα κινεῖν· μανικὸν γάρ. 19. νόμοις πείθου. 20. ἀδικούμενος
35 διαλλάσσου, ὑβριζόμενος τιμωροῦ.

2 ἔχειν Stob.: ἀσκεῖν Diog. I 92   3 φιλομαθῆ μᾶλλον ἢ ἀμαθῆ Diog. I 92
4 οἰκεῖον εἶναι Diog.   5 πόλει Diog.   6 ἔχθραν Diog.   7 μὴ φιλο-
φρονεῖσθαι Diog.: μηδ' ἄγαν ἀγανοφρονεῖν Valckenaer   8 δύναται παρέχειν
Stob.: σημαίνει Diog.   9 παρ' οἶνον Diog.: μεθύοντας Stob.   zu n. 18. 19
vgl. Gnomol. Flor. (Papiri Greci e latini II p. 16) col. III 33—37   10 οὐ]
τοὺς Diog.   ἐπιγελᾶν Diog.: ἐπιγέλα Stob.   12 Diog. schließt an:
τὰς μεταβολὰς τῆς τύχης γενναίως ἐπίστασο φέρειν vgl. Stob. IV 44, 75 (Θεο-
βούλου!)   14 φίλων κριτὴς Paris. 1630   17 vgl. [Isocr.] 1, 22   18 n. 10
vgl. Ar. Pol. H 1. 1333a 2. Stob. IV 5, 22 ἄρχε πρῶτον μαθὼν ἄρχεσθαι·
ἄρχεσθαι γὰρ μαθὼν κτλ.   21 ὃ ἂν Mᵈ: ὁ δ'ἂν ABrTr; δἂν deutete als δὴ
ἂν Diels   μὴ aus Vatic. 711   22 nr. 20 vgl. 59 B 21ᵃ   34 μηδέ]
l. λέγοντα μὴ nach Diog. I 70

δ. Θαλῆς Ἐξαμύου Μιλήσιος ἔφη.

1. ἐγγύα, πάρα δ' ἄτα. 2. φίλων παρόντων καὶ ἀπόντων μέμνησο. 3. μὴ τὴν ὄψιν καλλωπίζου, ἀλλ' ἐν τοῖς ἐπιτηδεύμασιν ἴσθι καλός. 4. μὴ πλούτει κακῶς. 5. μή σε διαβαλλέτω λόγος πρὸς τοὺς πίστεως κεκοινωνηκότας. 6. κολακεύειν γονεῖς
5 μὴ ὄκνει. 7. μὴ πατρὸς δέχου τὸ φαῦλον. 8. οἵους ἂν ἐράνους ἐνέγκῃς τοῖς γονεῦσι, τοιούτους αὐτὸς ἐν τῶι γήραι παρὰ τῶν τέκνων προσδέχου. 9. χαλεπὸν τὸ ἑαυτὸν γνῶναι. 10. ἥδιστον οὗ ἐπιθυμεῖς τυχεῖν. 11. ἀνιαρὸν ἀργία. 12. βλαβερὸν ἀκρασία. 13. βαρὺ ἀπαιδευσία. 14. δίδασκε καὶ μάνθανε τὸ ἄμεινον. 15. ἀργὸς μὴ ἴσθι, μηδ' ἂν πλουτῆις. 16. κακὰ ἐν οἴκωι κρύπτε. 17. φθονοῦ μᾶλλον ἢ οἰκτίρου.
10 18. μέτρωι χρῶ. 19. μὴ πᾶσι πίστευε. 20. ἄρχων κόσμει σεαυτόν.

ε. Πιττακὸς Ὕρρα Λέσβιος ἔφη.

1. καιρὸν γνῶθι. 2. ὃ μέλλεις ποιεῖν, μὴ λέγε· ἀποτυχὼν γὰρ καταγελασθήσηι. 3. τοῖς ἐπιτηδείοις χρῶ. 4. ὅσα νεμεσᾶις τῶι πλησίον, αὐτὸς μὴ ποίει. 5. ἀτρα-
γοῦντα μὴ ὀνείδιζε· ἐπὶ γὰρ τούτοις νέμεσις θεῶν κάθηται. 6. παρακαταθήκας
15 ἀπόδος. 7. ἀνέχου ὑπὸ τῶν πλησίον μικρὰ ἐλαττούμενος. 8. τὸν φίλον κακῶς μὴ λέγε μηδ' εὖ τὸν ἐχθρόν· ἀσυλλόγιστον γὰρ τὸ τοιοῦτον. 9. δεινὸν συνιδεῖν τὸ μέλλον, ἀσφαλὲς τὸ γενόμενον. 10. πιστὸν γῆ, ἄπιστον θάλασσα. 11. ἄπληστον κέρδος. 12. κτῆσαι ἴδια. 13. θεράπευε εὐσέβειαν, παιδείαν, σωφροσύνην, φρόνησιν, ἀλήθειαν, πίστιν, ἐμπειρίαν, ἐπιδεξιότητα, ἑταιρείαν, ἐπιμέλειαν, οἰκονομίαν,
20 τέχνην.

---

1 n. 9 aus der Vorhalle des delphischen, n. 10 aus der des delischen Tempels auf Thales übertragen   2 ἐγγυᾷ (= εἰ ἐγγυᾷ) Stahl *Syntax* S. 246, 1
5 πατρὸς δέχου Diels: προσδέχου Stob.; vgl. Par. 1630 πατρὸς λοιδορίαν μὴ δέχου· φαῦλον γάρ, wo die Sentenz freilich mißverstanden ist   οἵους ...
τοιούτους Maximus: οἵους ... τούτους Stob.: οὓς ... τοὺς αὐτοὺς Diog.,
Paris.   εἰσενέγκῃς Diog., doch vgl. Demosth. 21, 101 = 184   6 ἑαυτὸν
Diog. ι 36, Paris.: εὖ Stob.   7 οὗ ἐπιθυμεῖς Par.: τοῦ [so A¹: τὸ A² cett.]
ἐπιθυμίας Stob. Vgl. Eudem. Eth. A 1. 1214 a 1 ὁ μὲν ἐν Δήλωι παρὰ τῶι θεῶι
τὴν αὑτοῦ γνώμην ἀποφηνάμενος συνέγραψεν ἐπὶ τὸ προπύλαιον τοῦ Λητώιου ...
'κάλλιστον τὸ δικαιότατον, λῶιστον δ' ὑγιαίνειν, πάντων ἥδιστον δ' οὗ τις ἐρᾶι
τὸ τυχεῖν'. Vgl. Ar. Eth. Nic. 1099 a 25. S. außerdem Theogn. 256, Sophocl.
fr. 329   9 φθονοῦ μᾶλλον ἢ Diels: φθόνου χάριν μὴ Stob.; vgl. Pind. P. 1, 85,
Herod. 3, 52   11 Ὕρρα Stob. A²Br., Diog. ι 74 P¹ (nach seinen Ab-
schriften W u. Q): Ὑρράδου Stob. A¹M: Ὑρραδίου Diog. P², vgl. Schneider
Callim. ι 404   13 ἀπραγεῖν vgl. opp. εὐπραγεῖν, ἀτυχίαν μὴ ὀνειδίζειν Diog.
ι 78: κακοπραγοῦντα Gesner   15 f. φίλον μὴ λέγειν κακῶς, ἀλλὰ μηδὲ ἐχθρόν
Diog.   18. ἴδια vgl. Stob. ιιι 1, 173 p. 125, 14 H.: ἀίδια Nauck   θερά-
πευε Diels: θεραπείαν Stob. Der Text des Stob. ist in Unordnung. Es
ist eine Reihe von kurzen Vorschriften zusammengedrängt. Vgl. Diog.
εὐσέβειαν ἀσκεῖν· σωφροσύνην φιλεῖν· ἀλήθειαν ἔχειν, πίστιν, ἐμπειρίαν, ἐπιδεξιό-
τητα, ἑταιρίαν, ἐπιμέλειαν. Versieht man jedes dieser Objekte mit Verbum,
so erscheint die legitime Zahl 20, die in den vier ersten Kapiteln bewahrt
ist. Es fehlt auch die von Plato (s. c. 10, 2) überlieferte Sentenz

ζ. Βίας Τευταμίδου Πριηνεὺς ἔφη.

1. οἱ πλεῖστοι ἄνθρωποι κακοί. 2. εἰς κάτοπτρον, ἔφη, ἐμβλέψαντα δεῖ, εἰ μὲν καλὸς φαίνηι, καλὰ ποιεῖν· εἰ δὲ αἰσχρός, τὸ τῆς φύσεως ἐλλιπὲς διορθοῦσθαι τῆι καλοκαγαθίαι. 3. βραδέως ἐγχείρει· οὗ δ' ἂν ἄρξηι, διαβεβαιοῦ. 4. μίσει τὸ
5 ταχὺ λαλεῖν, μὴ ἁμάρτηις· μετάνοια γὰρ ἀκολουθεῖ. 5. μήτ' εὐήθης ἴσθι μήτε κακοήθης. 6. ἀφροσύνην μὴ προσδέχου. 7. φρόνησιν ἀγάπα. 8. περὶ θεῶν λέγε, ὡς εἰσίν. 9. νόει τὸ πραττόμενον. 10. ἄκουε πολλά. 11. λάλει καίρια. 12. πένης ὢν πλουσίοις μὴ ἐπιτίμα, ἢν μὴ μέγα ὠφελῆις. 13. ἀνάξιον ἄνδρα μὴ ἐπαίνει διὰ πλοῦτον. 14. πείσας λαβέ, μὴ βιασάμενος 15. ὅ τι ἂν ἀγαθὸν πράσσηις, θεούς,
10 μὴ σεαυτὸν αἰτιῶ. 16. κτῆσαι ἐν μὲν νεότητι εὐπραξίαν, ἐν δὲ τῶι γήραι σοφίαν.
17. ἕξεις ἔργωι μνήμην, καιρῶι εὐλάβειαν, τρόπωι γενναιότητα, πόνωι ἐγκράτειαν, φόβωι εὐσέβειαν, πλούτωι φιλίαν, λόγωι πειθώ, σιγῆι κόσμον, γνώμηι δικαιοσύνην, τόλμηι ἀνδρείαν, πράξει δυναστείαν, δόξηι ἡγεμονίαν.

ζ. Περίανδρος Κυψέλου Κορίνθιος ἔφη.

15 1. μελέτα τὸ πᾶν. 2. καλὸν ἡσυχία. 3. ἐπισφαλὲς προπέτεια. 4. κέρδος αἰσχρόν.
5. * φύσεως κατηγορία. 6. δημοκρατία κρεῖττον τυραννίδος. 7. αἱ μὲν ἡδοναὶ θνηταί, αἱ δ' ἀρεταὶ ἀθάνατοι. 8. εὐτυχῶν μὲν μέτριος ἴσθι, ἀτυχῶν δὲ φρόνιμος.
9. φειδόμενον κρεῖττον ἀποθανεῖν ἢ ζῶντα ἐνδεῖσθαι. 10. σεαυτὸν ἄξιον παρασκεύαζε τῶν γονέων. 11. ζῶν μὲν ἐπαινοῦ, ἀποθανὼν δὲ μακαρίζου. 12. φίλοις εὐτυχοῦσι
20 καὶ ἀτυχοῦσιν ὁ αὐτὸς ἴσθι. 13. ὃ ἂν ἑκὼν ὁμολογήσηις, ⟨διατήρει⟩· πονηρὸν ⟨γὰρ τὸ⟩ παραβῆναι. 14. λόγων ἀπορρήτων ἐκφορὰν μὴ ποιοῦ. 15. λοιδορῶ

1 Über Bias s. Crusius Paul.-Wiss. R. E. III 383, Wilamowitz Berl. Sitz. Ber. 1906, 44, Zeugnisse bei Hiller Inschr. v. Priene n. 111, 245; 113, 88; 117, 34; 422—428. 436. 500. (Sext. P. H. III 65, A. M. x 45 l. βίος nach NL) Τευταμίδου Stob. Diog. (I 82) B: Τευτάμου richtig Diog. PV vgl. Heraklit 22 B 39 2 n. l vgl. 22 B 104 n. 2 ist durch Eindringen apophthegmatischer Form verdorben, vgl. Stob. III 21, ?1 4 οὗ Stob. M: δ A, wonach vielleicht δ δ' ἂν αἱρῆι zu lesen. Vgl. ὃ δ' ἂν ἕληι Diog. I 87 7 εἰσὶν Diog. I 88: εἰσὶ θεοὶ Stob. 9 ὅτι ἂν Diog.: ὅταν Stob. εἰς θεοὺς ἀνάπεμπε Diog. 10 n. 16 ἐφόδιον ἀπὸ νεότητος εἰς γῆρας ἀναλάμβανε σοφίαν· βεβαιότερον γὰρ τοῦτο τῶν ἄλλων κτημάτων Diog. 11 n. 17 erkannte Wölfflin als Interpolation. Vgl. auch Traube Rh. Mus. a. O. S. 567 n. 18 = V. u. A. III 127. Statt dessen fehlen alte ὑποθῆκαι z. B. Arist. rhet. B 13. 1389 b 23 καὶ οὔτε φιλοῦσιν σφόδρα οὔτε μισοῦσι διὰ ταῦτα, ἀλλὰ κατὰ τὴν Βίαντος ὑποθήκην 'καὶ φιλοῦσιν ὡς μισήσοντες καὶ μισοῦσιν ὡς φιλήσοντες· 15 μελέτα Stob. A: μελέτη M Diog. I 99 n. 4 so Diog. I 97 vgl. das. andere Fassung μηδὲν χρημάτων ἕνεκα πράττειν· δεῖν γὰρ τἀκέρδαντα [so P¹] κερδαίνειν und oben ē 11 16 n. 5 fehlt Diog. a. O., gewöhnlich an 4 angehängt. Wahrscheinlich verstümmelte Sentenz 17 ἀτυχῶν Stob.: δυστυχῶν Diog. 18 n. 9 vgl. Stob. 10, 61 20 ὃ Diog. 1, 98: ὃν Stob. ὁμολογῆις Diog. BPV διατήρει Diog.: fehlt Stob.: ποίει Paris. 1630 πονηρὸν γὰρ τὸ παραβῆναι Par.: πονηρὸν παράβαινε Stob.: fehlt Diog. Vgl. Traube a. O. n. 22

ὡς ταχὺ φίλος ἐσόμενος. 16. τοῖς μὲν νόμοις παλαιοῖς χρῶ, τοῖς δὲ ὄψοις προσφάτοις. 17. μὴ μόνον τοὺς ἁμαρτάνοντας κόλαζε, ἀλλὰ καὶ τοὺς μέλλοντας κώλυε. 18. δυστυχῶν κρύπτε, ἵνα μὴ τοὺς ἐχθροὺς εὐφράνῃς.

4. Die Skolien der Sieben Weisen s. bei Crönert *De Lobone Argivo*
5 *Χάριτες für Leo* S. 135ff. und Diehl *Anthol. lyr.* II 190 (vgl. Wilamowitz *Hermes* 60, 1925, 300f.)

---

2 δυστυχῶν Stob.: δυστυχίαν Brux.: ἀτυχίαν Par. 1630 u. a. vgl. ˉδ 16 und Buresch *Klaros* S. 125 n. 88

B. DIE FRAGMENTE
DER PHILOSOPHEN DES SECHSTEN UND FÜNFTEN JAHRHUNDERTS (U. UNMITTELBARER NACHFOLGER)

5   11 [1]. THALES

A. LEBEN UND LEHRE

1. DIOGENES LAERTIUS I 22—44. (22) 'Ην τοίνυν ὁ Θαλῆς, ὡς μὲν 'Ηρόδοτος [I 170] καὶ Δοῦρις [FGrHist. 76 F 74 II 155] καὶ Δημόκριτός [68 B 115a] φασι, πατρὸς μὲν 'Εξαμύου, μητρὸς δὲ Κλεοβουλίνης, ἐκ τῶν Θηλιδῶν, οἵ εἰσι
10 Φοίνικες, εὐγενέστατοι τῶν ἀπὸ Κάδμου καὶ 'Αγήνορος. (⟨ἦν δὲ τῶν ἑπτὰ σοφῶν,⟩ καθὰ καὶ Πλάτων [Protag. 343a] φησί· καὶ πρῶτος σοφὸς ὠνομάσθη ἄρχοντος 'Αθήνησι Δαμασίου [582/1], καθ' ὃν καὶ οἱ ἑπτὰ σοφοὶ ἐκλήθησαν, ὡς φησι Δημήτριος ὁ Φαληρεὺς ἐν τῆι τῶν 'Αρχόντων ἀναγραφῆι [FGrHist. 228 F 1 II 960]). ἐπολιτογραφήθη δὲ ἐν Μιλήτωι, ὅτε ἦλθε σὺν Νείλεωι ἐκπεσόντι
15 Φοινίκης· ὡς δ' οἱ πλείους φασίν, ἰθαγενὴς Μιλήσιος ἦν καὶ γένους λαμπροῦ. (23) μετὰ δὲ τὰ πολιτικὰ τῆς φυσικῆς ἐγένετο θεωρίας. καὶ κατά τινας μὲν σύγγραμμα κατέλιπεν οὐδέν· ἡ γὰρ εἰς αὐτὸν ἀναφερομένη Ναυτικὴ ἀστρολογία Φώκου λέγεται εἶναι τοῦ Σαμίου [c. 5. Vgl. 11 B 1]. Καλλίμαχος δ' αὐτὸν οἶδεν εὑρετὴν τῆς ἄρκτου τῆς μικρᾶς λέγων ἐν τοῖς 'Ιάμβοις [fr. 94, II 259 Schneid.;
20 s. A 3a] οὕτως· 'καὶ τῆς ἁμάξης ... Φοίνικες', κατά τινας δὲ μόνα δύο συνέγραψε Περὶ τροπῆς καὶ 'Ισημερίας [B 3], τὰ ἄλλ' ἀκατάληπτα εἶναι δοκιμάσας. δοκεῖ δὲ κατά τινας πρῶτος ἀστρολογῆσαι καὶ ἡλιακὰς ἐκλείψεις καὶ τροπὰς προειπεῖν,

---

7 Über die Hss. des Diog. Laërt. siehe Anmerkung zu 2 A 4 I 21, 7
9 ἐξαμύου BPF¹: ἐξαμυούλου F². Vgl. Arch. f. G. d. Phil. II (1889) 167;
Jacoby a. O. zu Duris F 74   Νηλειδῶν wegen 14 Bywater, Tannery
10 'Αγήνορος] die Fortsetzung steht Z. 14 ἐπολιτογραφήθη. Der Zusammenhang ist durch ein Einschiebsel ( ) des Diogenes unterbrochen, das den Anfang verloren hat (καθὰ ... ἀναγραφῆι)   ⟨ἦν δὲ τῶν ἑπτὰ σοφῶν⟩ beispielsweise Diels   12 Δαμασίου] Epoche der ersten gezählten Pythias Marm. P. ep. 38 (FGrHist. 239 A 38 II 998). Zusammenkunft der Sieben Weisen in Delphi. Vgl. Plato Protag. 343A (c. 10, 2) u. a. Jacoby Apollod. S. 182   14 νειλαίω P: νειλιαίω (α B²) B: νηλίω F   22 vgl. A 3 I 73, 5ff.   22 προεῖπεν B¹ Λ

68   11 [1]. THALES

ὥς φησιν Εὔδημος [fr. 94 Speng.] ἐν τῆι περὶ τῶν Ἀστρολογουμένων ἱστορίαι·
ὅθεν αὐτὸν καὶ Ξενοφάνης [21 B 19] καὶ Ἡρόδοτος [ι 74] θαυμάζει. μαρτυρεῖ
δ' αὐτῶι καὶ Ἡράκλειτος [22 B 38] καὶ Δημόκριτος [68 B 115a].
(24) ἔνιοι δὲ καὶ αὐτὸν πρῶτον εἰπεῖν φασιν ἀθανάτους τὰς ψυχάς· ὧν ἐστι
5 Χοιρίλος ὁ ποιητής [p. 182 Naeke]. πρῶτος δὲ καὶ τὴν ἀπὸ τροπῆς ἐπὶ τροπὴν
*πάροδον εὗρεν, καὶ πρῶτος τὸ τοῦ ἡλίου μέγεθος ⟨τοῦ ἡλιακοῦ κύκλου ὥσπερ
καὶ τὸ τῆς σελήνης μέγεθος⟩ τοῦ σεληναίου ἑπτακοσιοστὸν καὶ εἰκοστὸν μέρος
ἀπεφήνατο κατά τινας. πρῶτος δὲ καὶ τὴν ὑστάτην ἡμέραν τοῦ μηνὸς τριακάδα
εἶπεν. πρῶτος δὲ καὶ περὶ φύσεως διελέχθη, ὥς τινες.
10 Ἀριστοτέλης [de anima A 2. 405a 19] δὲ καὶ Ἱππίας [85 B 7] φασὶν αὐτὸν καὶ
τοῖς ἀψύχοις μεταδιδόναι ψυχῆς, τεκμαιρόμενον ἐκ τῆς λίθου τῆς μαγνήτιδος καὶ
τοῦ ἠλέκτρου. παρά τε Αἰγυπτίων γεωμετρεῖν μαθόντα φησὶ Παμφίλη [fr. 1 FHG
III 520] πρῶτον καταγράψαι κύκλου τὸ τρίγωνον ὀρθογώνιον καὶ θῦσαι βοῦν.
(25) οἱ δὲ Πυθαγόραν φασίν, ὧν ἐστιν Ἀπολλόδωρος ὁ λογιστικός [vgl. Diog.
15 VIII 12]. ⟨οὗτος προήγαγεν ἐπὶ πλεῖστον, ἅ φησι Καλλίμαχος ἐν τοῖς Ἰάμβοις
[s. A 3a] Εὔφορβον εὑρεῖν τὸν Φρύγα οἷον 'σκαληνὰ καὶ τρίγωνα' καὶ ὅσα γραμ-
μικῆς ἔχεται θεωρίας.) δοκεῖ δὲ καὶ ἐν τοῖς πολιτικοῖς ἄριστα βεβουλεῦσθαι. Κροίσου
γοῦν πέμψαντος πρὸς Μιλησίους ἐπὶ συμμαχίαι ἐκώλυσεν· ὅπερ Κύρου κρατήσαντος
ἔσωσε τὴν πόλιν. καὶ αὐτὸς δέ φησιν, ὡς Ἡρακλείδης [Ponticus fr. 47 Voss]
20 ἱστορεῖ, μονήρη αὐτὸν γεγονέναι καὶ ἰδιαστήν. (26) ἔνιοι δὲ καὶ γῆμαι αὐτὸν καὶ
Κύβισθον υἱὸν σχεῖν· οἱ δὲ ἄγαμον μεῖναι, τῆς δὲ ἀδελφῆς τὸν υἱὸν θέσθαι. ὅτε
καὶ ἐρωτηθέντα, διὰ τί οὐ τεκνοποιεῖ, 'διὰ φιλοτεκνίαν' εἰπεῖν. καὶ λέγουσιν ὅτι
τῆς μητρὸς ἀναγκαζούσης αὐτὸν γῆμαι ἔλεγεν 'οὐδέπω καιρός', εἶτα ἐπειδὴ παρή-
βησεν ἐγκειμένης εἰπεῖν 'οὐκέτι καιρός'. φησὶν δὲ καὶ Ἱερώνυμος ὁ Ῥόδιος ἐν τῶι
25 δευτέρωι Τῶν σποράδην ὑπομνημάτων [fr. 8 Hiller], ὅτι βουλόμενος δεῖξαι ῥάι-
διον εἶναι πλουτεῖν, φορᾶς ἐλαιῶν μελλούσης ἔσεσθαι, προνοήσας ἐμισθώσατο τὰ
ἐλαιουργεῖα καὶ πάμπλειστα συνεῖλε χρήματα.
(27) ἀρχὴν δὲ τῶν πάντων ὕδωρ ὑπεστήσατο, καὶ τὸν κόσμον ἔμψυχον καὶ
δαιμόνων πλήρη. τάς τε ὥρας τοῦ ἐνιαυτοῦ φασιν αὐτὸν εὑρεῖν καὶ εἰς τριακο-
30 σίας ἑξήκοντα πέντε ἡμέρας διελεῖν.
οὐδεὶς δὲ αὐτοῦ καθηγήσατο, πλὴν ὅτι εἰς Αἴγυπτον ἐλθὼν τοῖς ἱερεῦσι συν-
διέτριψεν. ὁ δὲ Ἱερώνυμος [fr. 21 Hill.] καὶ ἐκμετρῆσαί φησιν αὐτὸν τὰς πυραμί-

3 αὐτῶ BF: αὐτὸ P   6 Lücke ergänzt nach Apuleius A 19 (ι 78, 38),
Cleom. II p. 136, 28 Z., Archim. Aren. 1, 10 Diels (Hermes 24, 1889, 306);
anders Hultsch Abh. z. G. d. Math. IX 194²   8 ὑστ⟨άτην ἡμ⟩έραν Scaliger:
ὑστέραν Hss.   11 διδόναι FP²   , ψυχάς Hss.   13 καταγράψαι ⟨ἐπὶ ἡμι⟩-
κυκλίου Meibom; vielleicht καταγρ. ⟨ἡμι⟩κυκλίου   καὶ] ⟨ὅτε⟩ καὶ Bywater
15 οὗτος] αὐτὸς B.   Der Satz gehört in die Pythagorasvita, vgl. Diod. x 6, 4.
W. Volkmann Quaest. d. Diog. ι 5   πλεῖον Emperius   ἃ fehlt B   16 vgl.
zu ι 73, 24 ·   19 καὶ αὐτός] nämlich Thales als Gesprächsperson des Hera-
kleides vgl. Diog. VIII 4 .   20 δὲ καὶ] δὲ F: καὶ BP¹   21 Κύβισθον Plut.
Sol. 7: κίρβωθον (κίδισθον, κίβισσον) Hss. Vgl. Thiele Neue Jahrb. f. Ph. 11,
(1908) 395   σχεῖν Scal.: ἔχειν Hss.   24 Ἱερώνυμος καὶ BP: καὶ fehlt F:
umstellte Cobet   25 ῥάιδιον Aristoteles vgl. ι 76, 8: ῥᾶον Hss.   26 ἐλαιῶν
F: fehlt BPΦ   27 συνεῖλε PF Λ, B in corr.: συνῆξε Φ: συνέλεξε (s. ι 76, 7)
Cobet: συνεῖρε Emperius: συνῆγε Richards   31 δὲ] τε BP²   ὅτ' BP

δας ἐκ τῆς σκιᾶς, παρατηρήσαντα ὅτε ἡμῖν ἰσομεγέθης ἐστίν. συνεβίω δὲ καὶ Θρασυβούλωι τῶι Μιλησίων τυράννωι, καθά φησι Μινύης [FHG II 335, 3]. τὰ δὲ περὶ τὸν τρίποδα φανερὰ τὸν εὑρεθέντα ὑπὸ τῶν ἁλιέων καὶ διαπεμφθέντα τοῖς σοφοῖς ὑπὸ τοῦ δήμου τῶν Μιλησίων. (28) φασὶ γὰρ Ἰωνικούς τινας νεανίσκους βόλον 5 ἀγοράσαι παρὰ Μιλησίων ἁλιέων. ἀνασπασθέντος δὲ τοῦ τρίποδος ἀμφισβήτησις ἦν, ἕως οἱ Μιλήσιοι ἔπεμψαν εἰς Δελφούς· καὶ ὁ θεὸς ἔχρησεν οὕτως·

ἔκγονε Μιλήτου, τρίποδος πέρι Φοῖβον ἐρωτᾶις;
τίς σοφίηι πάντων πρῶτος, τούτου τρίποδ' αὐδῶ.

διδοῦσιν οὖν Θαλῆι· ὁ δὲ ἄλλωι καὶ ἄλλος ἄλλωι ἕως Σόλωνος· ὁ δὲ ἔφη σοφίαι 10 πρῶτον εἶναι τὸν θεὸν καὶ ἀπέστειλεν εἰς Δελφούς. ταῦτα δὴ ὁ Καλλίμαχος ἐν τοῖς Ἰάμβοις ἄλλως ἱστορεῖ, παρὰ Μαιανδρίου [fr. 3 FHG II 335] λαβὼν τοῦ Μιλησίου. Βαθυκλέα γάρ τινα Ἀρκάδα φιάλην καταλιπεῖν καὶ ἐπισκῆψαι 'δοῦναι τῶν σοφῶν ὀνηίστωι' [s. A 3a V. 132]. ἐδόθη δὴ Θαλῆι καὶ κατὰ περίοδον πάλιν Θαλῆι· (29) ὁ δὲ τῶι Διδυμεῖ Ἀπόλλωνι ἀπέστειλεν εἰπὼν οὕτω κατὰ τὸν 15 Καλλίμαχον [fr. 95, II 260 Schn.]·

Θαλῆς με τῶι μεδεῦντι Νείλεω δήμου
δίδωσι, τοῦτο δὶς λαβὼν ἀριστεῖον.

τὸ δὲ πεζὸν οὕτως ἔχει· 'Θαλῆς Ἐξαμύου Μιλήσιος Ἀπόλλωνι Δελφινίωι Ἑλλήνων ἀριστεῖον δὶς λαβών'. ὁ δὲ περιενεγκὼν τὴν φιάλην τοῦ Βαθυκλέους παῖς 20 Θυρίων ἐκαλεῖτο, καθά φησιν Ἔλευσις ἐν τῶι Περὶ Ἀχιλλέως [FGrHist. 55 F 1 I 296] καὶ Ἀλέξων ὁ Μύνδιος ἐν ἐνάτωι Μυθικῶν [FGrHist. 25 F 1 I 189].

Εὔδοξος δ' ὁ Κνίδιος καὶ Εὐάνθης ὁ Μιλήσιός [FHG III 2*] φασι τῶν Κροίσου τινὰ φίλων λαβεῖν παρὰ τοῦ βασιλέως ποτήριον χρυσοῦν, ὅπως δῶι τῶι σοφωτάτωι τῶν Ἑλλήνων· τὸν δὲ δοῦναι Θαλῆι, καὶ περιελθεῖν εἰς Χίλωνα. (30) ὃν 25 πυνθάνεσθαι τοῦ Πυθίου, τίς αὐτοῦ σοφώτερος· καὶ τὸν ἀνειπεῖν Μύσωνα, περὶ οὗ λέξομεν. (τοῦτον οἱ περὶ τὸν Εὔδοξον ἀντὶ Κλεοβούλου τιθέασι, Πλάτων [Protag. 343 Α] δ' ἀντὶ Περιάνδρου.) περὶ αὐτοῦ δὴ τάδε ἀνεῖπεν ὁ Πύθιος·

Οἰταῖόν τινά φημι Μύσων(α) ἐνὶ Χηνὶ γενέσθαι
σοῦ μᾶλλον πραπίδεσσιν ἀρηρότα πευκαλίμηισιν.

30 ὁ δὲ ἐρωτήσας ἦν Ἀνάχαρσις. Δαίμαχος δ' ὁ Πλατωνικὸς [FGrHist. 65 F 6 II 16] καὶ Κλέαρχος [fr. 44c FHG II 317] φιάλην ἀποσταλῆναι ὑπὸ Κροίσου Πιττακῶι καὶ οὕτω περιενεχθῆναι.

Ἄνδρων δ' ἐν τῶι Τρίποδι [fr. 1 FHG II 347] Ἀργείους ἆθλον ἀρετῆς τῶι σοφωτάτωι τῶν Ἑλλήνων τρίποδα θεῖναι· κριθῆναι δὲ Ἀριστόδημον Σπαρτιάτην, ὃν

---

1 ἰσομεγέθεις εἰσί Hss.: verb. Menage vgl. A 21 I 79, 21   8 τίς hellenistisch: ὃς Val. Max., Schol. Arist.   σοφία BP   9 διδοῦσιν BPF²: δηλοῦσιν F: διδόασιν falsch Cobet   10 δὴ ὁ BP: δὲ F   11 ἰαμβίοις F   Μαιανδρίου] λεανδρίου PF: δὲ ἀνδρίου B. Vgl. zu c. 10, 1 § 41; Preuner Herm. 29 (1894) 531   12 τῶν Hss. Pap.: τῶι Cobet   13 ὀνηίστω Β² in Lücke: Lücke P¹: τῶ πρωτίστω FP²   14 Διδυμεῖ Diels vgl. I 70, 18: διδυμι Β: διδυμαίω PF   17 τωὐτὸ Roeper   18 Διδυμαίωι Menage   19 περι*αγαγὼν F   παιδὸς F   21 = Ἀλέξανδρος vgl. Wellmann Herm. 26 (1891) 519   25 ἀνελεῖν Richards vgl. zu Z. 27   26 vgl. c. 10, 1 § 41   τὸν fehlt F   27 ἀνεῖλεν Casaubonus   28 ἐνὶ F: ἐν BP   30 Δαίμαχος Casaubon.: δαίδαχος BP: δαίδαλος (aus δαίδαχος) F   Πλαταιϊκὸς Casaubonus   33 δ' fehlt Β¹

παραχωρῆσαι Χίλωνι.　(31) μέμνηται τοῦ 'Αριστοδήμου καὶ 'Αλκαῖος [fr. 101
Diehl] οὕτως·

ὡς γὰρ δή ποτ' 'Αριστόδαμόν φασ' οὐκ ἀπάλαμνον ἐν Σπάρται λόγον
εἰπεῖν· χρήματ' ἀνήρ, πενιχρὸς δ' οὐδεὶς πέλετ' ἐσλός.

5 ἔνιοι δέ φασιν ὑπὸ Περιάνδρου Θρασυβούλωι τῶι Μιλησίων τυράννωι πλοῖον
ἔμφορτον ἀποσταλῆναι· τοῦ δὲ περὶ τὴν Κώιαν θάλασσαν ναυαγήσαντος ὕστερον
εὑρεθῆναι πρός τινων ἁλιέων τὸν τρίποδα. Φανόδικος [fr. 4 FHG IV 473] δὲ περὶ
τὴν 'Αθηναίων θάλασσαν εὑρεθῆναι καὶ ἀνενεχθέντα εἰς ἄστυ γενομένης ἐκκλησίας
Βίαντι πεμφθῆναι·　(32) διὰ τί δέ, ἐν τῶι περὶ Βίαντος [I 82] λέξομεν.

10 ἄλλοι φασὶν ἡφαιστότευκτον εἶναι αὐτὸν καὶ δοθῆναι πρὸς τοῦ θεοῦ Πέλοπι
γαμοῦντι· αὖθίς τε εἰς Μενέλαον ἐλθεῖν καὶ σὺν τῆι 'Ελένηι ἁρπασθέντα ὑπὸ
'Αλεξάνδρου ῥιφῆναι εἰς τὴν Κώιαν θάλασσαν πρὸς τῆς Λακαίνης, εἰπούσης ὅτι
περιμάχητος ἔσται. χρόνωι δὲ Λεβεδίων τινῶν αὐτόθι γρῖφον ὠνησαμένων κατα-
ληφθῆναι καὶ τὸν τρίποδα, μαχομένων δὲ πρὸς τοὺς ἁλιέας γενέσθαι τὴν ἄνοδον
15 ἕως τῆς Κῶ· καὶ ὡς οὐδὲν ἤνυτον, τοῖς Μιλησίοις μητροπόλει οὔσηι μηνύουσιν.
οἱ δ' ἐπειδὴ διαπρεσβευόμενοι ἠλογοῦντο, πρὸς τοὺς Κώιους πολεμοῦσι. καὶ πολ-
λῶν ἑκατέρωθεν πιπτόντων ἐκπίπτει χρησμὸς δοῦναι τῶι σοφωτάτωι· καὶ ἀμφό-
τεροι συνήινεσαν Θαλῆι. (33) ὁ δὲ μετὰ τὴν περίοδον τῶι Διδυμεῖ τίθησιν 'Απόλ-
λωνι. Κώιοις μὲν οὖν τοῦτον ἐχρήσθη τὸν τρόπον·

20　　οὐ πρότερον λήξει νεῖκος Μερόπων καὶ 'Ιώνων,
　　　πρὶν τρίποδα χρύσειον, ὃν "Ηφαιστος βάλε πόντωι,
　　　ἐκ πόλιος πέμψητε καὶ ἐς δόμον ἀνδρὸς ἵκηται,
　　　ὃς σοφὸς ἦι τά τ' ἐόντα τά τ' ἐσσόμενα πρό τ' ἐόντα.

Μιλησίοις δέ·
25　　ἔκγονε Μιλήτου, τρίποδος πέρι Φοῖβον ἐρωτᾶις;
καὶ ὡς προείρηται. καὶ τόδε μὲν οὕτως.

"Ερμιππος δ' ἐν τοῖς Βίοις [fr. 12 FHG III 39] εἰς τοῦτον ἀναφέρει τὸ λεγό-
μενον ὑπό τινων περὶ Σωκράτους. ἔφασκε γάρ, φασί, τριῶν τούτων ἕνεκα χάριν
ἔχειν τῆι Τύχηι· πρῶτον μὲν ὅτι ἄνθρωπος ἐγενόμην καὶ οὐ θηρίον, εἶτα ὅτι ἀνὴρ
30 καὶ οὐ γυνή, τρίτον ὅτι "Ελλην καὶ οὐ βάρβαρος. (34) λέγεται δ' ἀγόμενος ὑπὸ
γραὸς ἐκ τῆς οἰκίας, ἵνα τὰ ἄστρα κατανοήσηι, εἰς βόθρον ἐμπεσεῖν καὶ αὐτῶι
ἀνοιμώξαντι φάναι τὴν γραῦν· 'σὺ γάρ, ὦ Θαλῆ, τὰ ἐν ποσὶν οὐ δυνάμενος ἰδεῖν
τὰ ἐπὶ τοῦ οὐρανοῦ οἴει γνώσεσθαι;'. οἶδε δ' αὐτὸν ἀστρονομούμενον καὶ Τίμων, καὶ
ἐν τοῖς Σίλλοις [fr. 23 D.] ἐπαινεῖ αὐτὸν λέγων·

35　　οἷόν θ' ἑπτὰ Θάλητα σοφῶν σοφὸν ἀστρονόμημα.

---

3 φασ' Diels: φασὶν BF: ὃν φασὶν P¹　4 ἐσλὸς οὐδὲ τίμιος Schol.
Pind. I. II 17　13 γρύπων F　ἐωνησαμένων BF　14 δὲ F: δὴ BP
15 ἤνυτον B: ἤνυττον P¹: ἤνυον F　οὔση B¹F¹: οὔσι P　18 θαλῆ P:
θαλην B: θαλῆ aus θαλῆν F¹　διδυμαίω ἀνατίθησιν F　20 οὐ BF:
μὴ P　λήξειν P corr.　23 σοφὸς ἦι Diels: σοφία B (F ?), Diod. IX 3:
δεδάηκε F², (aus δεδάκε) P² (altverderbter Vers)　πρό τ' ἐόντα) προ-
δέδορκεν Diod. (vgl. Hesiod. Th. 38).　Zu Vorstellung und Versform
vgl. P. Friedländer Gött. gel. Anz. 1931, 251f.　25 ἐρωτᾶις fehlt B
28 περὶ] ἐπὶ B　φασί Hss.: φησί Stephanus　35 θ' ἑπτὰ BP:
ἔπειτα F

τὰ δὲ γεγραμμένα ὑπ' αὐτοῦ φησι Λόβων ὁ Ἀργεῖος [fr. 8 Crön.] εἰς ἔπη
τείνειν διακόσια. ἐπιγεγράφθαι δ' αὐτοῦ ἐπὶ τῆς εἰκόνος τόδε·
τόνδε Θαλῆν Μίλητος Ἰὰς θρέψασ' ἀνέδειξεν
ἀστρολόγων πάντων πρεσβύτατον σοφίαι.

5 (35) τῶν τε ἀιδομένων αὐτοῦ τάδε εἶναι·
οὔ τι τὰ πολλὰ ἔπη φρονίμην ἀπεφήνατο δόξαν·
ἕν τι μάτευε σοφόν,
ἕν τι κεδνὸν αἱροῦ·
λύσεις γὰρ ἀνδρῶν κωτίλων γλώσσας ἀπεραντολόγους.

10 φέρεται δὲ καὶ ἀποφθέγματα αὐτοῦ τάδε· πρεσβύτατον τῶν ὄντων θεός·
ἀγένητον γάρ. κάλλιστον κόσμος· ποίημα γαρ θεοῦ. μέγιστον τόπος· ἅπαντα
γὰρ χωρεῖ. τάχιστον νοῦς· διὰ παντὸς γὰρ τρέχει. ἰσχυρότατον ἀνάγκη· κρατεῖ
γὰρ πάντων. σοφώτατον χρόνος· ἀνευρίσκει γὰρ πάντα. οὐδὲν ἔφη τὸν θάνατον
διαφέρειν τοῦ ζῆν· 'σὺ οὖν' ἔφη τις 'διὰ τί οὐκ ἀποθνήισκεις'; 'ὅτι', ἔφη, 'οὐδὲν
15 διαφέρει'. (36) πρὸς τὸν πυθόμενον τί πρότερον γεγόνοι, νὺξ ἢ ἡμέρα, 'ἡ νύξ'
ἔφη 'μιᾶι ἡμέραι πρότερον'. ἠρώτησέ τις αὐτόν, εἰ λήθοι θεοὺς ἄνθρωπος ἀδικῶν·
'ἀλλ' οὐδὲ διανοούμενος' ἔφη. πρὸς τὸν μοιχὸν ἐρόμενον, εἰ ὀμόσειε μὴ μεμοι-
χευκέναι, 'οὐ χεῖρον' ἔφη 'μοιχείας ἐπιορκία'. ἐρωτηθεὶς τί δύσκολον ἔφη 'τὸ
ἑαυτὸν γνῶναι'· 'τί δὲ εὔκολον, 'τὸ ἄλλωι ὑποθέσθαι' τί ἥδιστον, 'τὸ ἐπιτυγχάνειν'·
20 τί τὸ θεῖον, 'τὸ μήτε ἀρχὴν ἔχον μήτε τελευτήν'. τί δὲ καινὸν εἴη τεθεαμένος,
ἔφη· 'γέροντα τύραννον'. πῶς ἄν τις ἀτυχίαν ῥᾶιστα φέροι, 'εἰ τοὺς ἐχθροὺς
χεῖρον πράσσοντας βλέποι'. πῶς ἂν ἄριστα καὶ δικαιότατα βιώσαιμεν, 'ἐὰν ἃ τοῖς
ἄλλοις ἐπιτιμῶμεν, αὐτοὶ μὴ δρῶμεν'· (37) τίς εὐδαίμων, 'ὁ τὸ μὲν σῶμα ὑγιής,
τὴν δὲ ψυχὴν εὔπορος, τὴν δὲ φύσιν εὐπαίδευτος'. φίλων παρόντων καὶ ἀπόν-
25 των μεμνῆσθαί φησι· μὴ τὴν ὄψιν καλλωπίζεσθαι, ἀλλὰ τοῖς ἐπιτηδεύμασιν εἶναι
καλόν. 'μὴ πλούτει' φησί 'κακῶς μηδὲ διαβαλλέτω σε λόγος πρὸς τοὺς πίστεως
κεκοινωνηκότας'. 'οὓς ἂν ἐράνους εἰσενέγκηις' φησί 'τοῖς γονεῦσιν, τοὺς αὐτοὺς
προσδέχου καὶ παρὰ τῶν τέκνων'. τὸν Νεῖλον εἶπε πληθύειν ἀνακοπτομένων τῶν
ῥευμάτων ὑπὸ τῶν ἐτησίων ἐναντίων ὄντων.
30 φησὶ δ' Ἀπολλόδωρος ἐν τοῖς Χρονικοῖς [FGHist. 244 F 28 II 1028] γεγενῆσθαι
αὐτὸν κατὰ τὸ πρῶτον ἔτος τῆς τριακοστῆς πέμπτης [ἐνάτης ?] ὀλυμπιάδος [640].

1 zur Wertung s. Crönert in Χάριτες f. Leo S. 134f.   4 ἀστρολόγον BPF,
Anth. Pal. (P): verb. Anth. Pal. corr., Planud.   σοφίη F, Anth.   7 ἕν
τι PF²: εοντι B: ἐόντα F¹   9 λύσεις Hss.: obstrues Ambrosius; vgl. Wila-
mowitz Hermes 60 (1925) 300   10ff. vgl. c. 10, 3 δ; Plutarch Sept. Sap.
Conv. p. 147Bf.   13ff. Capelle Gött. gel. Anz. 1914, 248 vergleicht Diog.
L. VI 4; d. Diogenesanekdote das bessere Original   15 γεγόνοι B: γεγόνει
PF: γέγονε Φ   ἡ νύξ] so auch Pap. Berol. Rubens. 44 (Onesikritos ?
vgl. Diels Laterc. Al., Abh. d. Berl. Ak. 1904 S. 1²), anders Plut. Alex. 64,
Clem. Strom. VI 38   16 τις] Pittakos Theo II 97, 30 Sp.   λάθοι (aus
λάθη) FΦ   16f. Capelle a. O. vergleicht Epiktet Diss. II 14, 11 Schenkl
17 ὁμόσει Hss.: verb. Cobet   18 χείρων FΦ¹   19 ὑποτίθεσθαι P   τὸ
(nach ἥδιστον) FΦ: fehlt BP   20 δὲ καινὸν Menage (nach Plut. de gen.
Socr. 6): δύσκολον (vgl. Z. 18) Hss.   24 τύχην F   φύσιν) ψυχὴν F
30 γεγονέναι F   31 πέμπτης] ε F¹: θ Diels Rhein. Mus. 31 (1876) 16
(546 + 78 = 624). Vgl. Jacoby a. O. S. 726

72   11 [1]. THALES

(38) ἐτελεύτησε δ' ἐτῶν ἐβδομήκοντα ὀκτώ (ἤ, ὡς Σωσικράτης [fr. 10 FGH IV 501] φησίν, ἐνενήκοντα)· τελευτῆσαι γὰρ ἐπὶ τῆς πεντηκοστῆς ὀγδόης ὀλυμπιάδος [548—5], γεγονότα κατὰ Κροῖσον, ὧι καὶ τὸν 'Άλυν ὑποσχέσθαι ἄνευ γεφύρας περᾶσαι, τὸ ῥεῖθρον παρατρέψαντα [546, vgl. auch A 6].

5 γεγόνασι δὲ καὶ ἄλλοι Θαλαῖ, καθά φησι Δημήτριος ὁ Μάγνης ἐν τοῖς Ὁμω-νύμοις, πέντε· ῥήτωρ Καλλατιανὸς κακόζηλος· ζωγράφος Σικυώνιος μεγαλοφυής· τρίτος ἀρχαῖος πάνυ κατὰ Ἡσίοδον καὶ Ὅμηρον καὶ Λυκοῦργον· (τέταρτος οὗ μέμνηται Δοῦρις ἐν τῶι Περὶ ζωγραφίας [FGrHist. 76 F 31 II 147]· πέμπτος νεώτερος, ἄδοξος, οὗ μνημονεύει Διονύσιος ἐν Κριτικοῖς).

10 (39) ὁ δ' οὖν σοφὸς ἐτελεύτησεν ἀγῶνα θεώμενος γυμνικὸν ὑπό τε καύματος καὶ δίψους καὶ ἀσθενείας, ἤδη γηραιός. καὶ αὐτοῦ ἐπιγέγραπται τῶι μνήματι [Anth. Pal. VII 84]·

ἦ ὀλίγον τόδε σᾶμα — τὸ δὲ κλέος οὐρανόμακες — τῶ πολυφροντίστω τοῦτο Θάλητος ὅρη.

15 ἔστι καὶ παρ' ἡμῖν ἐς αὐτὸν ἐν τῶι πρώτωι τῶν Ἐπιγραμμάτων ἢ Παμμέτρωι τόδε τὸ ἐπίγραμμα [Anth. Pal. VII 85]·

γυμνικὸν αὖ ποτ' ἀγῶνα θεώμενον, Ἥλιε Ζεῦ, τὸν σοφὸν ἄνδρα Θαλῆν ἥρπασας ἐκ σταδίου. αἰνέω ὅττι μιν ἐγγὺς ἀπήγαγες· ἦ γὰρ ὁ πρέσβυς 20 οὐκέθ' ὁρᾶν ἀπὸ γῆς ἀστέρας ἠδύνατο.

(40) τούτου ἐστὶν τὸ Γνῶθι σαυτόν, ὅπερ Ἀντισθένης ἐν ταῖς Διαδοχαῖς [FHG III 182*] Φημονόης εἶναί φησιν, ἐξιδιοποιήσασθαι δὲ αὐτὸ Χίλωνα.

Das folgende (40—42) s. c. 10, 1. φέρονται δὲ καὶ τοῦ Θαλοῦ ἐπιστολαὶ αἵδε (43. 44).

25 2. SUIDAS [Z. 25—30 aus Hesychios Onomatologos, Z. 31—S. 73, 2 aus A 1] Θαλῆς Ἐξαμύου καὶ Κλεοβουλίνης Μιλήσιος, ὡς δὲ Ἡρόδοτος [s. 11 A 4] Φοῖνιξ, γεγονὼς πρὸ Κροίσου ἐπὶ τῆς λε͞ ὀλυμπιάδος [640—637], κατὰ δὲ Φλέγοντα γνωριζόμενος ἤδη ἐπὶ τῆς ζ [752—749]. ἔγραψε περὶ μετεώρων ἐν ἔπεσι [vgl. B 1], Περὶ ἰσημερίας [B 4] καὶ ἄλλα πολλά. ἐτελεύτησε δὲ γηραιὸς θεώμενος ·30 γυμνικὸν ἀγῶνα, πιληθεὶς δὲ ὑπὸ τοῦ ὄχλου καὶ ἐκλυθεὶς ὑπὸ τοῦ καύματος.

πρῶτος δὲ Θαλῆς τὸ τοῦ σοφοῦ ἔσχεν ὄνομα καὶ πρῶτος τὴν ψυχὴν εἶπεν ἀθάνατον ἐκλείψεις τε καὶ ἰσημερίας κατείληφεν. ἀποφθέγματα δὲ αὐτοῦ πλεῖστα

---

1 ἐτελεύτησεν ἐτῶν B   2 ἐνενήκοντα ⟨δ⟩ Rohde, mit Anschluß des Folgenden   6 καλλαντιανὸς B: καλαντιανὸς P: καλαντινιανὸς F   7 τέταρ-τος = n. 2 des Demetrios, πέμπτος = n. 1   8 ζωγράφων F   10 γοῦν F 11 nach γηραιός hat ὢν F   ἐπέγραψε F   13 ἦ] ἢ ῥ' Anth. Plan.   σαμα B: σῆμα (aus σᾶμα?) P.: σῶμα B²: σῆμα F; Anth.   οὐρανόμηκες F, Anth. 14 τῶ P²: τῶ δὲ BP¹F: τοῦ Anth.   πολυφροντίστου Anth.   ὄρει F 15 ἡμῶν εἰς F   17 αὖ P: & B¹: fehlt B²F, Anth.   Ἥλιε] vgl. καύματος Z. 10. 30   18 σταδίων BP   20 γῆς] τῆς B¹   22 ἑαυτῶ F   23 ge-fälschte Briefe an Pherekydes und Solon. Text abgedr. Diels Poet. phil. fr. S. 11, 4—25   27 Ol. 35 stammt aus der korrupten Quelle des Diog. (I 71, 31), wie Euseb. A 7 (I 75, 17)   Entstehung des Phlegontischen Ansatzes unklar s. Rh. Mus. 31 (1876) 18². Verwechslung mit Thaletas? Rohde Kl. Schr. I 169¹. Vgl. 11 A 8 (I 75, 28. 30)

καὶ τὸ θρυλλούμενον 'γνῶθι σαυτόν'. τὸ γὰρ 'ἐγγύα, πάρα δ' ἄτα' Χίλωνός ἐστι
μᾶλλον ἰδιοποιησαμένου αὐτὸ καὶ τὸ 'μηδὲν ἄγαν' [vgl. Cedren. I 275, 14].
Θαλῆς ὁ φυσικὸς φιλόσοφος ἐπὶ Δαρείου (!) προειπὼν τὴν τοῦ ἡλίου ἔκλειψιν.
3. Schol. Platonis in remp. 600 A [aus Hesych] Θαλῆς 'Εξαμύου Μιλήσιος,
5 Φοῖνιξ δὲ καθ' 'Ηρόδοτον [s. 11 A 4]. οὗτος πρῶτος ὠνομάσθη σοφός.
εὗρε γὰρ τὸν
ἥλιον ἐκλείπειν ἐξ ὑποδρομῆς σελήνης καὶ μικρὰν ἄρκτον αὐτὸς ἔγνω καὶ τὰς τροπὰς
πρῶτος 'Ελλήνων καὶ περὶ μεγέθους ἡλίου καὶ φύσεως. ἀλλὰ καὶ ἄψυχα ψυχὴν
ἔχειν ὁπωσοῦν ἐκ τῆς μαγνήτιδος καὶ τοῦ ἠλέκτρου. ἀρχὴν δὲ τῶν στοιχείων
τὸ ὕδωρ. τὸν δὲ κόσμον ἔμψυχον ἔφη καὶ δαιμόνων πλήρη. ἐπαιδεύθη ἐν Αἰγύ-
10 πτωι ὑπὸ τῶν ἱερέων. τούτου τὸ 'γνῶθι σαυτόν'. ἐτελεύτησε δὲ μονήρης γηραιὸς
γυμνικὸν ἀγῶνα θεώμενος ὑπὸ καύματος ἐκλυθείς.

3 a. Callimach. Iamb. [fr. 94 (s. oben I 67, 18. 68, 16) + Pap. Oxyrh. VII 33
vgl. Pfeiffer *Callimachi frag. nuper rep.* S. 43ff.] Thyrion, der Sohn des
Arkaders Bathykles, hat den Auftrag, den von seinem Vater hinterlassenen
15 Pokal dem Weisesten zu übergeben:

ἔπλευσεν ἐς Μίλητον· ἦν γὰρ ἡ νίκη
Θάλητος, ὅς τ' ἦν τἆλλα δεξιὸς γνώμην
P. O. 119 καὶ τῆς ἁμάξης ἐλέγετο σταθμήσασθαι
120 τοὺς ἀστερίσκους, ἧι πλέουσι Φοίνικες.
20 εὗρεν δ' ὁ προυσέληνος αἰσίωι σίττηι
ἐν τοῦ Διδυμέος τὸν γέροντα κωνήιωι
ξύοντα τὴν γῆν καὶ γράφοντα τὸ σχῆμα,
τοὔξευρ' ὁ Φρὺξ Εὔφορβος, ὅστις ἀνθρώπων
125 τρίγωνα καὶ σκαληνὰ πρῶτος ἔγραψε
25 καὶ κύκλον ἑλ⟨ικα (?)⟩ κἠδίδαξε νηστεύειν
τῶν ἐμπνεόντων· οἱ δ' ἄρ' οὐχ ὑπήκουσαν,
οὐ πάντες, ἀλλ' οὓς εἶχεν ⟨οὗτερος δαίμων⟩.

---

20 προυσέληνος = 'Αρκάς, zuerst von Hippys von Rhegion so bezeich-
net, aus προσϜέληνος ionisch richtig mit Diphthong σίττηι] Scholion
des Pap. ὄρνεον 21 Διδυμέος vgl. das Ende [fr. 95; oben S. 69, 14]
23 Diodor [s. unten 58 B 3] faßt Φρὺξ Εὔφορβος identisch mit Pythagoras.
Aber die Chronologie! Vielleicht schreibt Kall. dem Vorgänger des Pyth.,
der zur Zeit des trojanischen Kriegs lebte, das Wissen der späteren In-
karnation zu. Denn die Erfindung des σχῆμα bezieht sich wohl auf den
pythagoreischen Lehrsatz 24 σκαληνὰ *Vielecke* (Hesych.) vgl. Aët.
Pl. IV 19, 2 (Dox. 408, 15) (P. v. d. Mühll) 25 Diodor x 6, 4 (Exc.
Const. ed. Boissevain IV 293, 32) gibt καὶ κύκλον ἑπταμήκη δίδαξε νηστεύειν,
Pap. καικυκλονέπι (über π ein λ) . . . . . . Da ἐπταμήκη unverständlich ist (die
7 Planeten oder die 7 μέρη des Kosmos bei Hipp. de hebdom. 1 können
nicht gemeint sein), da ferner der Akzent über ε im Pap. und die Kor-
rektur λ auf anderes weist, so vermutete Diels ἕλικα (Kreisproblem 11 A 20).
Das unverständliche κη in κἠδίδαξε (Diodor) schien ihm Anlaß zu der alten
Korruptel ἐπταμήκη gegeben zu haben. Anders Pfeiffer a. O., der auch
ἑπταμήκη hält und nach Boll *Neue Jahrb.* 16 (1913) 145 erklärt. 26 οἱ δ'
ἄρ' οὐχ ὑπήκουσαν Niebuhr: οἱ τάδ' οὐδ' ὑπήκουσαν Diod.; anders Hunt
27 erg. Hunt, dessen Erg. sonst nicht erwähnt sind

πρὸς δή μιν ὧδ' ἔφησε ⟨παῖς Βαθύκληιος⟩·
130 'ἐκεῖνο τοὐλόχρυσον ἐξ ⟨ἐμοῦ δέξαι⟩,
οὑμὸς πατὴρ ἐφεῖτο τοῦ ⟨χρεὼν ἄγχι⟩
δοῦναι, τίς ὑμέων τῶν σοφ⟨ῶν ὀνήϊστος⟩
5   τῶν ἑπτά, κἠγώ σοι δίδωμ' ⟨ἀριστήϊον⟩'.
Θαλῆς δὲ τῶι σκίπωνι τοὔδα⟨φος ψήσας⟩
135 καὶ τὴν ὑπήνην τήτέρηι ⟨λαβὼν χειρὶ⟩
ἐξεῖπε· 'τὴν δόσιν μὲν ⟨οὐκ ἔγωγ' ἄξω⟩,
σὺ δ' ε⟨ἰ τοκ⟩εῶνος μὴ λό⟨γους ἀτιμάζεις⟩
10   Βίης......................

4. HERODOT. I 170 χρηστὴ δὲ καὶ πρὶν ἢ διαφθαρῆναι 'Ιωνίην Θαλέω ἀνδρὸς
Μιλησίου ἐγένετο [sc. ἡ γνώμη], τὸ ἀνέκαθεν γένος ἐόντος Φοίνικος, ὃς ἐκέλευε
ἐν βουλευτήριον "Ιωνας ἐκτῆσθαι, τὸ δὲ εἶναι ἐν Τέωι (Τέων γὰρ μέσον εἶναι 'Ιωνίης),
τὰς δὲ ἄλλας πόλιας οἰκεομένας μηδὲν ἧσσον νομίζεσθαι κατάπερ εἰ δῆμοι εἶεν. Vgl.
15 I 146 Μινύαι δὲ 'Ορχομένιοί σφι [den kolonisierenden Ioniern] ἀναμεμείχαται
καὶ Καδμεῖοι.

5. — I 74 (Krieg zwischen Alyattes und Kyaxares) διαφέρουσι δέ σφι ἐπ'
ἴσης τὸν πόλεμον τῶι ἕκτωι ἔτει συμβολῆς γενομένης συνήνεικε, ὥστε τῆς μάχης
συνεστεώσης τὴν ἡμέρην ἐξαπίνης νύκτα γενέσθαι [Sonnenfinsternis 28. Mai 585].
20 τὴν δὲ μεταλλαγὴν ταύτην τῆς ἡμέρης Θαλῆς ὁ Μιλήσιος τοῖσι "Ιωσι προηγόρευσε
ἔσεσθαι, οὖρον προθέμενος ἐνιαυτὸν τοῦτον, ἐν τῶι δὴ καὶ ἐγένετο ἡ μεταβολή·
CLEM. Strom. I 65 (II 41 St.) Θαλῆν δὲ Εὔδημος [fr. 94 Sp. vgl. 21 B 19] ἐν ταῖς
'Αστρολογικαῖς ἱστορίαις τὴν γενομένην ἔκλειψιν τοῦ ἡλίου προειπεῖν φησι, καθ' οὓς
χρόνους συνῆψαν μάχην πρὸς ἀλλήλους Μῆδοί τε καὶ Λυδοὶ βασιλεύοντος Κυαξάρους
25 μὲν τοῦ 'Αστυάγους πατρὸς Μήδων, 'Αλυάττου δὲ τοῦ Κροίσου Λυδῶν ... εἰσὶ δὲ
οἱ χρόνοι ἀμφὶ τὴν ν̄ ὀλυμπιάδα [580—77] (das letzte aus Tatian 41 περὶ τῆς
τῶν ἑπτὰ σοφῶν ἡλικίας ἀναγράψομεν· τοῦ γὰρ πρεσβυτάτου τῶν προειρη-
μένων Θάλητος γενομένου περὶ τὴν πεντηκοστὴν ὀλυμπιάδα... EUSEB. Chron.
a) Sync. Θ. Μιλήσιος ἔκλειψιν ἡλίου σύμπασαν προεῖπεν. Arm. Ol. 49, 2 [583].
30 b) Ol. 50 [580/77] Cyrill. c. Iul. I p. 13 E.   c) (Hieron.) solis facta defectio,

---

1. 2 erg. Diels   3 οὑμὸς = ὁ ἐμὸς (Wilamowitz)   χρεὼν ἄγχι (dem Tode
nahe) Diels   4 τίς = ὅστις (Housman) vgl. oben S. 69, 8. 13   6 „nicht
πλήξας. Thales glättet den Boden, um die Figuren, die als Zeichen seiner
σοφία gedeutet werden könnten, zu vernichten" Diels   7 Griff in den
Bart noch heute in Griechenland Zeichen der Verlegenheit   8—9 un-
sicher erg. Diels   9 τοκεῶνος (parentis) vgl. zu 22 B 74   10 Βίης]
vgl. Glotta 5 (1914) 275   19 Über die Sonnenfinsternis s. Ginzel Spec.
Kanon Berl. 1899 S. 171 vgl. Boll Pauly-Wissowa R. E. VI 2 337; Cumont
Florilegium de Vogüé S. 159ff.; Fotheringham Cleostratus, J. of Hell. Stud. 39
(1919) 180ff. u. Historical Eclipses (Oxford 1921) p. 22. Da Herodot
ein ganzes Jahr Spielraum läßt, so ergibt sich nach diesem ältesten Be-
richte, daß Thales, der nach den damaligen Stand der hellenischen
Astronomie (trotz A 17) keine Einsicht in den Vorgang besessen haben
kann, nur empirisch berechnete Wahrscheinlichkeitslisten für Finsternisse
(wohl dem chaldäischen Saros-System entlehnt) kannte. Auch die späteren
Chaldäer konnten nur ungefähre Voraussagungen geben (Diodor. II 31, 6)

cum futuram eam Thales ante dixisset . . . Alyattes et Astyages dimicaverunt
a. Abr. 1432 [585 a. Chr.]. CIC. de div. I 49, 112 *primus defectionem solis,*
quae Astyage regnante facta est, praedixisse fertur. PLIN. N. H. II 53 *apud*
Graecos autem investigavit [sc. defectus rationem] *primus omnium Thales*
5 *Milesius olympiadis* XLVIII *anno quarto* [585/4 a. Chr.] *praedicto solis*
defectu, qui Alyatte rege factus est urbis conditae CLXX.

6. HEROD. I 75 ὡς δὲ ἀπίκετο ἐπὶ τὸν Ἅλυν ποταμὸν ὁ Κροῖσος, τὸ ἐνθεῦτεν,
ὡς μὲν ἐγὼ λέγω, κατὰ τὰς ἐούσας γεφύρας διεβίβασε τὸν στρατόν, ὡς δὲ ὁ πολλὸς
λόγος Ἑλλήνων, Θαλῆς οἱ ὁ Μιλήσιος διεβίβασε. ἀπορέοντος γὰρ Κροίσου, ὅκως
10 οἱ διαβήσεται τὸν ποταμὸν ὁ στρατός . . ., λέγεται παρεόντα τὸν Θαλῆν ἐν τῶι
στρατοπέδωι ποιῆσαι αὐτῶι τὸν ποταμὸν ἐξ ἀριστερῆς χειρὸς ῥέοντα τοῦ στρατοῦ
καὶ ἐκ δεξιῆς ῥέειν, ποιῆσαι δὲ ὧδε· ἄνωθεν τοῦ στρατοπέδου ἀρξάμενον διώρυχα
βαθέαν ὀρύσσειν ἄγοντα μηνοειδέα, ὅκως ἂν τὸ στρατόπεδον ἱδρυμένον κατὰ
νώτου λάβοι, ταύτηι κατὰ τὴν διώρυχα ἐκτραπόμενος ἐκ τῶν ἀρχαίων ῥεέθρων,
15 καὶ αὖτις παραμειβόμενος τὸ στρατόπεδον ἐς τὰ ἀρχαῖα ἐσβάλλοι. ὥστε ἐπείτε
καὶ ἐσχίσθη τάχιστα ὁ ποταμός, ἀμφοτέρηι διαβατὸς ἐγένετο.

7. EUSEB. Chron. a) bei Cyrill. c. Iul. I p. 12 τριακοστῆι πέμπτηι ὀλυμπιάδι
[640—37] Θ. Μιλήσιος πρῶτος φυσικὸς φιλόσοφος γενέσθαι λέγεται, παρατείνασθαι
δὲ τὴν ζωὴν αὐτοῦ φασιν ἕως πεντηκοστῆς ὀγδόης ὀλ. [548—5]; b) Hieron. Ol.
20 35, 1 [640] (Armen. Ol. 35, 2 [639]) *Th. Milesius Examyis filius primus*
physicus philosophus agnoscitur [falsch, richtig *nascitur*], *quem aiunt vixisse*
usque ad LVIII *olympiadem.* ABULFARAGIUS p. 33 Pococke: *tradit Cyrillus*
in libro suo quo respondet Iuliano . . . fuisse Thaletem ante initium regni
Nebuchadnesaris XXVIII *annis. dicit autem Porphyrius floruisse Thaletem*
25 *post Nebuchadnesarem* CXXIII *annis* (589—6 ?). Vgl. Hieron. ed. Helm II 275.

8. Ἐκλογὴ Ἱστοριῶν Parisina [Cramer An. Par. II 263 vgl. Leo ed. Bekk.
p. 36, 4] unter König Hiskias J. 6 [um Ol. 10. 740] κατὰ τούτους τοὺς χρόνους
Θ. Μιλήσιος ἐν Τενέδωι ἀπέθανε καὶ Σίβυλλα Ἐρυθραία ἐγνωρίζετο. CHRON. pasch.
214, 20 Bekk. unter Hiskias J. 5 [ol. 10, 3. 738] τούτωι τῶι ἔτει Θ. ὁ Μιλήσιος
30 φιλόσοφος ἐν Τενέδωι ἀπέθανεν. PLUT. Sol. 12 ὅμοιον δέ τι (als die Prophezeiung
des Epimenides über Munichia, vgl. 3 A 4) καὶ Θαλῆν εἰκάσαι λέγουσι·
κελεῦσα. γὰρ αὐτὸν ἔν τινι τόπωι τῆς Μιλησίας φαύλωι καὶ παρορωμένωι τελευ-
τήσαντα θεῖναι, προειπὼν ὡς ἀγορά ποτε τοῦτο Μιλησίων ἔσται τὸ χωρίον.

9. PLATO Theaet. 174 A ὥσπερ καὶ Θαλῆν ἀστρονομοῦντα, ὦ Θεόδωρε, καὶ
35 ἄνω βλέποντα, πεσόντα εἰς φρέαρ, Θρᾶιττά τις ἐμμελὴς καὶ χαρίεσσα θεραπαινὶς
ἀποσκῶψαι λέγεται, ὡς τὰ μὲν ἐν οὐρανῶι προθυμοῖτο εἰδέναι, τὰ δ' ὄπισθεν
αὐτοῦ καὶ παρὰ πόδας λανθάνοι αὐτόν.

10. ARISTOT. Pol. A. 11 1259a 6 πάντα γὰρ ὠφέλιμα ταῦτ' ἐστὶ τοῖς τιμῶσι
τὴν χρηματιστικήν, οἷον καὶ τὸ Θαλέω τοῦ Μιλησίου. τοῦτο γάρ ἐστι κατανόημά

---

22 über Abulfaragius s. Diels *Poet. phil. fr.* S. 13. Jacoby *Apollod.* S. 180f.
25 CXXIII] XXIII Unger   29 vgl. den Ansatz des Phlegon A 2 (I 72, 27)
30 »Tenedos wegen seines angeblichen Nachfolgers in der Astronomie
Kleostratos« Wilamowitz Vgl. 6 A 1   32 ἐκέλευσε Wilamowitz   34 die Be-
ziehung der Anekdote auf Antisthenes (Dümmler) ist unrichtig   35 θερα-
παινὶς tilgt Cobet   36 ὄπισθεν W, Iambl.: ἔμπροσθεν BT; vgl. R. Hensel
Vindic. Plat. (Berl. 1906) p. 14

τι χρηματιστικόν· ἀλλ' ἐκείνωι μὲν διὰ τὴν σοφίαν προσάπτουσι, τυγχάνει δὲ
καθόλου τι ὄν. ὀνειδιζόντων γὰρ αὐτῶι διὰ τὴν πενίαν ὡς ἀνωφελοῦς τῆς φιλο-
σοφίας οὔσης, κατανοήσαντά φασιν αὐτὸν ἐλαιῶν φορὰν ἐσομένην ἐκ τῆς ἀστρο-
λογίας, ἔτι χειμῶνος ὄντος εὐπορήσαντα χρημάτων ὀλίγων ἀρραβῶνας διαδοῦναι
5 τῶν ἐλαιουργείων τῶν τ' ἐν Μιλήτωι καὶ Χίωι πάντων, ὀλίγου μισθωσάμενον ἅτ'
οὐδενὸς ἐπιβάλλοντος. ἐπειδὴ δ' ὁ καιρὸς ἧκε, πολλῶν ζητουμένων ἅμα καὶ
ἐξαίφνης, ἐκμισθοῦντα ὃν τρόπον ἠβούλετο, πολλὰ χρήματα συλλέξαντα ἐπιδεῖξαι,
ὅτι ῥάιδιόν ἐστι πλουτεῖν τοῖς φιλοσόφοις, ἂν βούλωνται, ἀλλ' οὐ τοῦτ' ἔστι περὶ
ὃ σπουδάζουσιν. Vgl. oben 1 68, 24. Cic. div. 1 49, 111.
10   11. PROCL. in Eucl. 65, 3 Friedl. [Eudemos Γεωμετρικὴ ἱστορία fr. 84 Speng.]
ὥσπερ οὖν παρὰ τοῖς Φοίνιξιν διὰ τὰς ἐμπορείας καὶ τὰ συναλλάγματα τὴν ἀρχὴν
ἔλαβεν ἡ τῶν ἀριθμῶν ἀκριβὴς γνῶσις, οὕτω δὴ καὶ παρ' Αἰγυπτίοις ἡ γεωμετρία
διὰ τὴν εἰρημένην αἰτίαν εὕρηται. Θ. δὲ πρῶτον εἰς Αἴγυπτον ἐλθὼν μετήγαγεν
εἰς τὴν Ἑλλάδα τὴν θεωρίαν ταύτην καὶ πολλὰ μὲν αὐτὸς εὗρεν, πολλῶν δὲ τὰς
15 ἀρχὰς τοῖς μετ' αὐτὸν ὑφηγήσατο τοῖς μὲν καθολικώτερον ἐπιβάλλων, τοῖς δὲ
αἰσθητικώτερον. PLUT. Sol. 2 καὶ Θαλῆν δέ φασιν ἐμπορίαι χρήσασθαι καὶ Ἱππο-
κράτην [c. 42] τὸν μαθηματικόν, καὶ Πλάτωνι τῆς ἀποδημίας ἐφόδιον ἐλαίου τινὸς
ἐν Αἰγύπτωι διάθεσιν γενέσθαι. de Is. et Osir. 34 οἴονται δὲ καὶ Ὅμηρον ὥσπερ
Θαλῆ μαθόντα παρ' Αἰγυπτίων ὕδωρ ἀρχὴν ἀπάντων καὶ γένεσιν τίθεσθαι. IOSEPH.
20 c. Ap. 1 2 ἀλλὰ μὴν καὶ τοὺς περὶ τῶν οὐρανίων τε καὶ θείων πρώτους παρ' Ἕλλησι
φιλοσοφήσαντας οἷον Φερεκύδην τε τὸν Σύριον [c. 7] καὶ Πυθαγόραν καὶ Θάλητα
πάντες συμφώνως ὁμολογοῦσιν Αἰγυπτίων καὶ Χαλδαίων γενομένους μαθητὰς ὀλίγα
συγγράψαι καὶ ταῦτα τοῖς Ἕλλησιν εἶναι δοκεῖ πάντων ἀρχαιότατα καὶ μόλις
αὐτὰ πιστεύουσιν ὑπ' ἐκείνων γεγράφθαι. AËTIUS de plac. 1 3, 1 [Dox. 276]
25 φιλοσοφήσας ἐν Αἰγύπτωι ἦλθεν εἰς Μίλητον πρεσβύτερος. IAMBL. V. Pythag. 12
προετρέψατο [Thales den Pythagoras] εἰς Αἴγυπτον διαπλεῦσαι καὶ τοῖς ἐν Μέμφιδι
καὶ Διοσπόλει μάλιστα συμβαλεῖν ἱερεῦσι· παρὰ γὰρ ἐκείνων καὶ ἑαυτὸν ἐφωδιάσθαι
ταῦτα, δι' ἃ σοφὸς παρὰ τοῖς πολλοῖς νομίζεται.

11a. HIMER. 30 Cod. Neap. [Schenkl Herm. 46, 1911, 420] ἥιδε μὲν
30 Ὀλυμπίασι τὴν Ἱέρωνος δόξαν πρὸς λύραν ὁ Πίνδαρος· ἧιδε δὲ ὁ Ἀνακρέων τὴν
Πολυκράτους τύχην Σαμίων τῆι θεᾶι πέμπουσαν ἱερά· καὶ Ἀλκαῖος ἐν ὠιδαῖς εἶχε
Θαλῆν, ὅτε καὶ Λέσβος πανήγυριν...

LEHRE

12. ARISTOT. Metaphys. A 3. 983b 6 τῶν δὴ πρῶτον φιλοσοφησάντων οἱ
35 πλεῖστοι τὰς ἐν ὕλης εἴδει μόνας ὠιήθησαν ἀρχὰς εἶναι πάντων· ἐξ οὗ γὰρ ἔστιν
ἅπαντα τὰ ὄντα καὶ ἐξ οὗ γίγνεται πρώτου καὶ εἰς ὃ φθείρεται τελευταῖον, τῆς μὲν
οὐσίας ὑπομενούσης τοῖς δὲ πάθεσι μεταβαλλούσης, τοῦτο στοιχεῖον καὶ ταύτην
ἀρχήν φασιν εἶναι τῶν ὄντων, καὶ διὰ τοῦτο οὔτε γίγνεσθαι οὐδὲν οἴονται οὔτ' ἀπόλ-
λυσθαι, ὡς τῆς τοιαύτης φύσεως ἀεὶ σωιζομένης ... (17) δεῖ γὰρ εἶναί τινα φύσιν
40 ἢ μίαν ἢ πλείους μιᾶς, ἐξ ὧν γίγνεται τἆλλα σωιζομένης ἐκείνης. τὸ μέντοι πλῆθος

---

26 Μέμφει F   27 πόλει fehlt F   31 πεμπόντων Elter   εἶχε Neap. :
ἧγε Elter: ἧχει Schenkl: ἧιδε Diels.   Von dieser Beziehung ist sonst nichts
bekannt.   Vermutlich aus einem Symposium der Sieben Weisen ent-
nommen, wenn nicht Verwechslung mit Pittakos (Schenkl) vorliegt.
32 Λέσβου Wilamowitz Sappho u. Sim. S. 112¹   39 δεῖν verm. Wirth

καὶ τὸ εἶδος τῆς τοιαύτης ἀρχῆς οὐ τὸ αὐτὸ πάντες λέγουσιν, ἀλλὰ Θαλῆς μὲν ὁ
τῆς τοιαύτης ἀρχηγὸς φιλοσοφίας ὕδωρ εἶναί φησιν (διὸ καὶ τὴν γῆν ἐφ' ὕδατος
ἀπεφαίνετο εἶναι), λαβὼν ἴσως τὴν ὑπόληψιν ταύτην ἐκ τοῦ πάντων ὁρᾶν τὴν
τροφὴν ὑγρὰν οὖσαν καὶ αὐτὸ τὸ θερμὸν ἐκ τούτου γιγνόμενον καὶ τούτωι ζῶν
5 (τὸ δ' ἐξ οὗ γίγνεται, τοῦτ' ἐστὶν ἀρχὴ πάντων), διά τε δὴ τοῦτο τὴν ὑπόληψιν
λαβὼν ταύτην καὶ διὰ τὸ πάντων τὰ σπέρματα τὴν φύσιν ὑγρὰν ἔχειν· τὸ δ' ὕδωρ
ἀρχὴ τῆς φύσεώς ἐστι τοῖς ὑγροῖς. εἰσὶ δέ τινες οἳ καὶ τοὺς παμπαλαίους καὶ πολὺ
πρὸ τῆς νῦν γενέσεως καὶ πρώτους θεολογήσαντας οὕτως οἴονται περὶ τῆς φύσεως
ὑπολαβεῖν· Ὠκεανόν τε γὰρ καὶ Τηθὺν ἐποίησαν τῆς γενέσεως πατέρας [Hom.
10 Ζ 201] καὶ τὸν ὅρκον τῶν θεῶν ὕδωρ, τὴν καλουμένην ὑπ' αὐτῶν Στύγα τῶν
ποιητῶν [Ο 37 u. a.]· τιμιώτατον μὲν γὰρ τὸ πρεσβύτατον, ὅρκος δὲ τὸ τιμώ-
τατόν ἐστιν. Vgl. 1 Β 10.

13. SIMPL. Phys. 23, 21 [Theophrast Phys. Opin. fr. 1. Doxogr. 475, 1]
τῶν δὲ μίαν καὶ κινουμένην λεγόντων τὴν ἀρχήν, οὓς καὶ φυσικοὺς ἰδίως καλεῖ
15 [Aristoteles], οἱ μὲν πεπερασμένην αὐτήν φασιν, ὥσπερ Θ. μὲν Ἐξαμύου Μιλήσιος
καὶ Ἵππων [c. 38], ὃς δοκεῖ καὶ ἄθεος γεγονέναι, ὕδωρ ἔλεγον τὴν ἀρχὴν ἐκ τῶν
φαινομένων κατὰ τὴν αἴσθησιν εἰς τοῦτο προαχθέντες· καὶ γὰρ τὸ θερμὸν τῶι ὑγρῶι
ζῆι καὶ τὰ νεκρούμενα ξηραίνεται καὶ τὰ σπέρματα πάντων ὑγρὰ καὶ ἡ τροφὴ
πᾶσα χυλώδης· ἐξ οὗ δέ ἐστιν ἕκαστα, τούτωι καὶ τρέφεσθαι πέφυκε· τὸ δὲ ὕδωρ
20 ἀρχὴ τῆς ὑγρᾶς φύσεώς ἐστι καὶ συνεκτικὸν πάντων· διὸ πάντων ἀρχὴν ὑπέλαβον
εἶναι τὸ ὕδωρ καὶ τὴν γῆν ἐφ' ὕδατος ἀπεφήναντο κεῖσθαι. 458, 23 οἱ μὲν ἕν τι
στοιχεῖον ὑποτιθέντες τοῦτο ἄπειρον ἔλεγον τῶι μεγέθει, ὥσπερ Θ. μὲν ὕδωρ.

SERV. ad Aen. XI 186 (II 497, 31) *apud varias gentes diversa fuerunt genera
sepulturae, inde est quod alii obruntur, alii exuruntur . . . Thales vero, qui*
25 *confirmat omnia ex umore creari, dicit obruenda corpora, ut possint in
umorem resolvi.*

13a. AËT. I 17, 1 (D. 315) Θ. καὶ οἱ ἀπ' αὐτοῦ κράσεις εἶναι τὰς τῶν
στοιχείων μίξεις κατ' ἀλλοίωσιν.

13b. — II 1, 2 (D. 327) Θ. καὶ οἱ ἀπ' αὐτοῦ ἕνα τὸν κόσμον.

30 13c. — II 12, 1 (D. 340) Θ., Πυθαγόρας καὶ οἱ ἀπ' αὐτοῦ μεμερίσθαι τὴν τοῦ
παντὸς οὐρανοῦ σφαῖραν εἰς κύκλους πέντε, οὕστινας προσαγορεύουσι ζώνας. καλεῖ-
ται δ' αὐτῶν ὁ μὲν ἀρκτικὸς καὶ ἀειφανής, ὁ δὲ θερινὸς τροπικός, ὁ δὲ ἰσημερινός, ὁ δὲ
χειμερινὸς τροπικός, ὁ δὲ ἀνταρκτικός τε καὶ ἀφανής. λοξὸς δὲ τοῖς τρισὶ μέσοις
ὁ καλούμενος ζωιδιακὸς ὑποβέβληται παρεπιψαύων τῶν μέσων τριῶν· πάντας
35 δὲ αὐτοὺς ὁ μεσημβρινὸς πρὸς ὀρθὰς ἀπὸ τῶν ἄρκτων ἐπὶ τὸ ἀντίξουν τέμνει.

14. ARIST. de caelo B 13. 294a 28 οἱ δ' ἐφ' ὕδατος κεῖσθαι [sc. τὴν γῆν].
τοῦτον γὰρ ἀρχαιότατον παρειλήφαμεν τὸν λόγον, ὅν φασιν εἰπεῖν Θαλῆν τὸν
Μιλήσιον ὡς διὰ τὸ πλωτὸν εἶναι μένουσαν ὥσπερ ξύλον ἤ τι τοιοῦτον ἕτερον
(καὶ γὰρ τούτων ἐπ' ἀέρος μὲν οὐθὲν πέφυκε μένειν, ἀλλ' ἐφ' ὕδατος), ὥσπερ οὐ
τὸν αὐτὸν λόγον ὄντα περὶ τῆς γῆς καὶ τοῦ ὕδατος τοῦ ὀχοῦντος τὴν γῆν.

3ff. vgl. Diller *Herm.* 67 (1932) 29f.   7 Text nach E, Alex.: ἀρχήν τ. φύσ.
εἶναι Ab   παλαιούς A   10 [τῶν ποιητῶν] Christ   13 die Stilisierung
gehört teilweise Simplicius oder Alexander an, dem er diese Excerpte aus
Theophrast verdankt. συνεκτικόν z. B. (20) ist stoisch   27 Solche spätere
Terminologie verratende Artikel der Placita über Th. stammen vermutlich
aus Poseidonios und sind geschichtlich wertlos. Vgl. A 13b. c. 17a. b.

SIMPL. de cael. 522, 14 Θαλοῦ τοῦ Μιλησίου τίθησιν [n. δόξαν] ἐφ' ὕδατος λέγοντος ὀχεῖσθαι τὴν γῆν ὥσπερ ξύλον ἢ ἄλλο τι τῶν ἐπινήχεσθαι τῶι ὕδατι πεφυκότων. πρὸς ταύτην δὲ τὴν δόξαν ὁ 'Αριστοτέλης ἀντιλέγει μᾶλλον ἴσως ἐπικρατοῦσαν διὰ τὸ καὶ παρ' Αἰγυπτίοις οὕτως ἐν μύθου σχήματι λέγεσθαι καὶ τὸν 5 Θαλῆν ἴσως ἐκεῖθεν τὸν λόγον κεκομικέναι. Vgl. Plut. de Is. et Osir. 34 p. 314c.

15. SENECA Nat. Quaest. III 14 p. 106, 9 Gercke *Thaletis inepta sententia est. ait enim terrarum orbem aqua sustineri et vehi more navigii mobilitateque eius fluctuare tunc cum dicitur tremere. non est ergo mirum, si abundat humor ad flumina profundenda, cum mundus in humore sit* 10 *totus.* AëT. III 11, 1 (D. 377) οἱ ἀπὸ Θάλεω τὴν γῆν μέσην.

16. HEROD. II 20 (Ansichten der Griechen über die Nilschwelle) τῶν ἡ ἐτέρη μὲν λέγει τοὺς ἐτησίας ἀνέμους εἶναι αἰτίους πληθύειν τὸν ποταμὸν κωλύοντας ἐς θάλασσαν ἐκρέειν τὸν Νεῖλον... AëT. IV 1, 1 Θ. τοὺς ἐτησίας ἀνέμους οἴεται πνέοντας τῆι Αἰγύπτωι ἀντιπροσώπους ἐπαίρειν τοῦ Νείλου τὸν ὄγκον διὰ τὸ τὰς 15 ἐκροὰς αὐτοῦ τῆι παροιδήσει τοῦ ἀντιπαρήκοντος πελάγους ἀνακόπτεσθαι. Vgl. Dox. 384. 226ff.

17. DERCYLLIDES ap. Theon. astr. 198, 14 H. Εὔδημος [fr. 94 Sp.] ἱστορεῖ ἐν ταῖς 'Αστρολογίαις, ὅτι Οἰνοπίδης [c. 41, 7] εὗρε πρῶτος τὴν τοῦ ζωιδιακοῦ λόξωσιν καὶ τὴν τοῦ μεγάλου ἐνιαυτοῦ περίστασιν, Θ. δὲ ἡλίου ἔκλειψιν καὶ τὴν 20 κατὰ τὰς τροπὰς αὐτοῦ περίοδον, ὡς οὐκ ἴση ἀεὶ συμβαίνει.

17a. AëT. II 13, 1 (D. 341) Θ. γεώδη μέν, ἔμπυρα δὲ τὰ ἄστρα. 20, 9 (D. 349) Θ. γεοειδῆ τὸν ἥλιον. 24, 1 (D. 353) Θ. πρῶτος ἔφη ἐκλείπειν τὸν ἥλιον τῆς σελήνης αὐτὸν ὑπερχομένης κατὰ κάθετον, οὔσης φύσει γεώδους. βλέπεσθαι δὲ τοῦτο κατοπτρικῶς ὑποτιθέμενον τῶι δίσκωι.

25 17b. — II 27, 5 (D. 358) Θ. πρῶτος ἔφη ὑπὸ τοῦ ἡλίου φωτίζεσθαι τὴν σελήνην.

18. PLIN. N. H. XVIII 213 *occasum matutinum Vergiliarum Hesiodus (nam huius quoque nomine exstat Astrologia [c. 4]) tradidit fieri, cum aequinoctium autumni conficeretur, Thales* XXV. *die ab aequinoctio.* Vgl. 11 B 1. 2. 12 A 20.

30 19. APULEIUS Flor. 18 p. 37, 10 Helm *Th. Milesius ex septem illis sapientiae memoratis viris facile praecipuus (enim geometriae penes Graios primus repertor et naturae certissimus explorator et astrorum peritissimus contemplator) maximas res parvis lineis repperit: temporum ambitus, ventorum flatus, stellarum meatus, tonitruum sonora miracula, siderum* 35 *obliqua curricula, solis annua reverticula; idem lunae vel nascentis incrementa vel senescentis dispendia vel delinquentis obstiticula. idem sane iam proclivi senectute divinam rationem de sole commentus est, quam equidem non didici modo, verum etiam experiundo comprobavi, quoties sol magnitudine sua circulum quem permeat metiatur. id a se recens inventum Th.* 40 *memoratur edocuisse Mandrolytum Prienensem, qui nova et inopinata*

6 aus 'Poseidonios' vgl. VI 6   8 *eius*] fehlt Φ   *est*] vielleicht *esse* Diels
9 *abundet* vulgo   *humore* EZ   *mundus* Δ: fehlt Φ   19 λόξωσιν
Diels (1878): διάζωσιν Hs.   23 κατὰ κάθετον und κατοπτρικῶς beweisen
'Poseidonios' als Quelle. Vgl. Achill. Isag. 19 (47, 1 M.); 20 (50, 2)   35 *itidem*
falsch Kronenberg   36 *deliquantis* Hs.   40 *Mandrolytum* zuerst Crusius
Philol. 49 (1890) 677 (vgl. Kern *Inschr. v. Magn.* 17, 32): *mandraytum* Hs.

cognitione impendio delectatus optare iussit quantam vellet mercedem sibi pro tanto documento rependi: 'satis' inquit 'mihi fuerit mercedis' Th. sapiens, 'si id quod a me didicisti cum proferre ad quosdam coeperis, tibi non adsciveris, sed eius inventi me potius quam alium repertorem praedicaris'. Vgl.

5 Julian Or. III 162, 2 Hertl. ἐρομένου γάρ τινος, ὑπὲρ ὧν ἔμαθεν ὁπόσον τινὰ χρὴ καταβαλεῖν μισθόν· 'ὁμολογῶν', ἔφη (Thales), 'τὸ παρ' ἡμῶν μαθεῖν τὴν ἀξίαν ἡμῖν ἐκτίσεις'.

20. PROCL. in Eucl. 157, 10 Friedl. (aus Eudem) τὸ μὲν οὖν διχοτομεῖσθαι τὸν κύκλον ὑπὸ τῆς διαμέτρου πρῶτον Θαλῆν ἐκεῖνον ἀποδεῖξαί φασιν. 250, 20 τῶι μὲν 10 οὖν Θαλῆι τῶι παλαιῶι πολλῶν τε ἄλλων εὑρέσεως ἕνεκα καὶ τοῦδε τοῦ θεωρήματος χάρις. λέγεται γὰρ δὴ πρῶτος ἐκεῖνος ἐπιστῆσαι καὶ εἰπεῖν, ὡς ἄρα παντὸς ἰσοσκελοῦς αἱ πρὸς τῆι βάσει γωνίαι ἴσαι εἰσίν, ἀρχαϊκώτερον δὲ τὰς 'ἴσας' ὁμοίας προσειρηκέναι. 299, 1 τοῦτο τοίνυν τὸ θεώρημα δείκνυσιν, ὅτι δύο εὐθειῶν ἀλλήλας τεμνουσῶν αἱ κατὰ κορυφὴν γωνίαι ἴσαι εἰσίν, εὑρημένον μέν, ὥς φησιν Εὔδημος, 15 ὑπὸ Θαλοῦ πρώτου. 352, 14 Εὔδημος δὲ ἐν ταῖς Γεωμετρικαῖς ἱστορίαις [fr. 87] εἰς Θαλῆν τοῦτο ἀνάγει τὸ θεώρημα [Identität der Dreiecke, wenn sie eine Seite und die beiden anliegenden Winkel gleich haben]· τὴν γὰρ τῶν ἐν θαλάττηι πλοίων ἀπόστασιν δι' οὗ τρόπου φασὶν αὐτὸν δεικνύναι, τούτωι προσχρῆσθαί φησιν ἀναγκαῖον.

20 21. PLIN. N. H. XXXVI 82 *mensuram altitudinis earum* [scil. pyramidum] *deprehendere invenit Th. Milesius umbram metiendo qua hora par esse corpori solet* (vgl. oben I 68, 32). PLUT. Conv. VII sap. 2 p. 147 A τὴν βακτηρίαν στήσας ἐπὶ τῶι πέρατι τῆς σκιᾶς ἣν ἡ πυραμὶς ἐποίει, γενομένων τῆι ἐπαφῆι τῆς ἀκτῖνος δυεῖν τριγώνων ἔδειξας (Th. ist angeredet), ὃν ἡ σκιὰ πρὸς τὴν σκιὰν 25 λόγον εἶχε, τὴν πυραμίδα πρὸς τὴν βακτηρίαν ἔχουσαν.

22. ARIST. de anima A 5. 411 a 7 καὶ ἐν τῶι ὅλωι δέ τινες αὐτὴν [sc. τὴν ψυχήν] μεμεῖχθαί φασιν, ὅθεν ἴσως καὶ Θ. ὠιήθη πάντα πλήρη θεῶν εἶναι. Vgl. PLATO Legg. X 899 B. AR. ebend. A 2. 405 a 19 ἔοικε δὲ καὶ Θ., ἐξ ὧν ἀπομνημονεύουσι, κινητικόν τι τὴν ψυχὴν ὑπολαβεῖν, εἴπερ τὸν λίθον [Magnetstein] ἔφη 30 ψυχὴν ἔχειν ὅτι τὸν σίδηρον κινεῖ.

22a. AËT. IV 2, 1 (Dox. 386a, 10) Θαλῆς ἀπεφήνατο πρῶτος τὴν ψυχὴν φύσιν ἀεικίνητον ἢ αὐτοκίνητον. Vgl. 24 A 12.

23. AËT. I 7, 11 (D. 301) Θ. νοῦν τοῦ κόσμου τὸν θεόν, τὸ δὲ πᾶν ἔμψυχον ἅμα καὶ δαιμόνων πλῆρες· διήκειν δὲ καὶ διὰ τοῦ στοιχειώδους ὑγροῦ δύναμιν 35 θείαν κινητικὴν αὐτοῦ. CIC. d. deor. n. I 10, 25 *Th. enim Milesius qui primus de talibus rebus quaesivit, aquam dixit esse initium rerum, deum autem eam mentem, quae ex aqua cuncta fingeret.*

APOPHTHEGMATIK. Vgl. Diog. § 35ff. I 71, 10 und c. 10, 2. 3δ I 64, 1.

---

3 *non* fehlt Hs. erster H.   5ff. nachgewiesen von Capelle a. O. 12 ἴσας war archaisch st. des genaueren ὁμοίας gebraucht. S. z. Sprachgebr. Vahlen Ar. Poet.³ S. 269. Es lag also Proklos [Eudem?] eine mathematische Schrift des Thales vor (S. Max Schmidt *Kulturh. Beitr.* I 47. 49). Etwa B 1, wie Z. 17ff. andeutet?   29 τὸν λίθον] vielmehr τὴν λίθον mit Hs. X wie Phys. Θ 10. 267a 2   34 διήκειν κτλ.] 'Poseidonios' als Quelle zeigt die Terminologie

B. ANGEBLICHE FRAGMENTE

ΘΑΛΟΥ ΝΑΥΤΙΚΗ ΑΣΤΡΟΛΟΓΙΑ

1. Diog. I 23 [vgl. ob. I 67, 17]. Suid. [vgl. I 72, 28]. Simpl. Phys. 23, 29 Θ. δὲ πρῶτος παραδέδοται τὴν περὶ φύσεως ἱστορίαν τοῖς Ἕλλησιν ἐκφῆναι, 5 πολλῶν μὲν καὶ ἄλλων προγεγονότων, ὡς καὶ τῶι Θεοφράστωι [Phys. Opin. 1, D. 475] δοκεῖ, αὐτὸς δὲ πολὺ διενεγκὼν ἐκείνων ὡς ἀποκρύψαι πάντας τοὺς πρὸ αὐτοῦ. λέγεται δὲ ἐν γραφαῖς μηδὲν καταλιπεῖν πλὴν τῆς καλουμένης Ναυτικῆς ἀστρολογίας. Plut. Pyth. or. 18. 402 E πρότερον μὲν ἐν ποιήμασιν ἐξέφερον οἱ φιλόσοφοι τὰ δόγματα καὶ τοὺς λόγους ὥσπερ Ὀρφεὺς [c. 1] καὶ Ἡσίοδος 10 [vgl. c. 4] καὶ Παρμενίδης [28 A 15] καὶ Ξενοφάνης [21 A 18] καὶ Ἐμπεδοκλῆς [31 A 25] καὶ Θαλῆς . . . οὐδ᾽ ἀστρολογίαν ἀδοξοτέραν ἐποίησαν οἱ περὶ Ἀρίσταρχον καὶ Τιμόχαριν καὶ Ἀρίστυλλον καὶ Ἵππαρχον καταλογάδην γράφοντες, ἐν μέτροις πρότερον Εὐδόξου καὶ Ἡσιόδου καὶ Θαλοῦ γραφόντων, εἴ γε Θ. ἐποίησεν ὡς ἀληθῶς εἰπεῖν ⟨τὴν⟩ εἰς αὐτὸν ἀναφερομένην Ἀστρολογίαν. Vgl. A 18—20. 15 2. Schol. Arat. 172 p. 369, 24 (Hyaden) Θαλῆς μὲν οὖν δύο αὐτὰς εἶπεν εἶναι, τὴν μὲν βόρειον τὴν δὲ νότιον.

ΠΕΡΙ ΑΡΧΩΝ ΑΒ

3. Galen. in Hipp. de hum. I 1 [xvi 37 K.] Θ. μὲν εἴπερ καὶ ἐκ τοῦ ὕδατός φησι συνεστάναι πάντα, ἀλλ᾽ ὅμως καὶ τοῦτο βούλεται [sc. μεταβάλλειν 20 εἰς ἄλληλα τὰ στοιχεῖα]. ἄμεινον δὲ καὶ αὐτοῦ τὴν ῥῆσιν προσθεῖναι ἐκ τοῦ δευτέρου Περὶ τῶν ἀρχῶν ἔχουσαν ὧδέ πως· 'τὰ μὲν οὖν πολυθρύλητα τέτταρα, ὧν τὸ πρῶτον εἶναι ὕδωρ φαμὲν καὶ ὡσανεὶ μόνον στοιχεῖον τίθεμεν, πρὸς σύγκρισίν τε καὶ πῆγνυσιν καὶ σύστασιν

SCHIFFERSTERNKUNDE

1. Altes dem Th. zugeschriebenes Gedicht (des Phokos von Samos ?).
2. *Th. unterschied zwei Hyaden, eine nördliche und eine südliche.*

ÜBER DIE PRINZIPIEN

(Späte Fälschung in mindestens zwei Büchern.)

3. Die vielberedeten Vier also, deren erstes wir Wasser nennen und als gewissermaßen einziges Element setzen, werden zur Vereinigung und Gerinnung und Verbindung der irdischen Dinge mit-

---

4 Dieses altionische Schifferbuch mit Sternbilderkatalog und Schiffsdistanzenberechnung (A 18. 20) ist ein Vorläufer des Kleostratos (c. 6) und ein Gegenstück zu dem Hesiod zugeschriebenen Gedicht (c. 4). Wenn zwei Autorennamen Thales und Phokos aus Samos den Alexandrinern bekannt waren, ist der zweite gewiß glaubwürdiger   11 [καὶ Θ.] Wilamowitz als Einschub aus d. Folg.   14 τὴν εἰς αὐτὸν Turneb.: εἰς αὐτὴν ω 17 AB] mindestens. Wenn πρώτωι (I 81, 2) genau gesagt ist, waren es wenigstens drei Bücher   18 εἴ περ καὶ Kalbfleisch: εἰ καὶ περὶ Hs.: μὲν οὖν καίπερ Menage (z. Diog. I 27)   20—21 die Schrift ist nach dem Stil schwerlich älter als unsere Zeitrechnung   21 τῶν würde im Zitat eines Titels besser fehlen   22 εἶναι ὕδωρ] so Hs.

τῶν ἐγκοσμίων πρὸς ἄλληλα συγκεράννυται. πῶς δέ, ἤδη λέ-
λεκται ἡμῖν ἐν τῶι πρώτωι.'

ΠΕΡΙ ΤΡΟΠΗΣ. ΠΕΡΙ ΙΣΗΜΕΡΙΑΣ

4. Diog. i 23 [vgl. ob. i 67, 20] κατά τινας δὲ μόνα δύο συνέγραψε Περὶ τροπῆς
5 καὶ Ἰσημερίας, τὰ ἄλλ' ἀκατάληπτα εἶναι δοκιμάσας. Vgl. Suid. ob. i 72, 32.

12 [2]. ANAXIMANDROS

A. LEBEN UND LEHRE

1. Diog. ii 1—2. (1) Ἀναξίμανδρος Πραξιάδου Μιλήσιος. οὗτος ἔφασκεν
ἀρχὴν καὶ στοιχεῖον τὸ ἄπειρον, οὐ διορίζων ἀέρα ἢ ὕδωρ ἢ ἄλλο τι. καὶ τὰ μὲν
10 μέρη μεταβάλλειν, τὸ δὲ πᾶν ἀμετάβλητον εἶναι. μέσην τε τὴν γῆν κεῖσθαι κέν-
τρου τάξιν ἐπέχουσαν, οὖσαν σφαιροειδῆ (τήν τε σελήνην ψευδοφαῆ καὶ ἀπὸ ἡλίου
φωτίζεσθαι, ἀλλὰ καὶ τὸν ἥλιον οὐκ ἐλάττονα τῆς γῆς καὶ καθαρώτατον πῦρ).
εὗρεν δὲ καὶ γνώμονα πρῶτος καὶ ἔστησεν ἐπὶ τῶν σκιοθήρων ἐν Λακεδαί-
μονι, καθά φησι Φαβωρῖνος ἐν Παντοδαπῆι ἱστορίαι [fr. 27 FHG iii 581], τροπάς
15 τε καὶ ἰσημερίας σημαίνοντα καὶ ὡροσκοπεῖα κατεσκεύασε. (2) καὶ γῆς καὶ
θαλάσσης περίμετρον πρῶτος ἔγραψεν, ἀλλὰ καὶ σφαῖραν κατεσκεύασε. Vgl. A 6.
τῶν δὲ ἀρεσκόντων αὐτῶι πεποίηται κεφαλαιώδη τὴν ἔκθεσιν, ἧι που περιέτυχεν
καὶ Ἀπολλόδωρος ὁ Ἀθηναῖος· ὃς καί φησιν αὐτὸν ἐν τοῖς Χρονικοῖς [FGrHist. 244
F 29 ii 1028] τῶι δευτέρωι ἔτει τῆς πεντηκοστῆς ὀγδόης ὀλυμπιάδος [547/6] ἐτῶν

---

einander zusammengemischt. Wie aber, haben wir bereits im ersten
Buche gesagt.

4. ÜBER SONNENWENDE   4. ÜBER TAG- UND NACHTGLEICHE
(Fälschung)

3 die beiden Schriften (wenn es nicht eine war) knüpften an die
Solstitialbeobachtungen der altionischen Kalenderastronomie an, die
auf Thales zurückgeführt wurden. Vgl. 11 A 18. 6 B 4   8—11 ober-
flächliches Excerpt aus Theophr. Phys. Opin. (vgl. A 9—11)   8 παρά
ξιάδου B   11. 12 das Theophrastexcerpt wohl von Anaxagoras fälschlich
übertragen, vgl. 59 A 77; über den Theophrastischen Ausdruck ψευδοφαής
und diese Konfusion s. Diels Parmen. (1897) S. 111   13—15 vgl. Rehm,
Gr. Windrosen Münch. Sitz. Ber. phil. hist. Cl. 1916, iii, 15² und unten A 4
17 δέ] τε B   ἧι alte Verbess.: ὡς BP (F alte Hand fehlt hier)   18 καὶ
BP: καὶ ὁ vulg.   ὃς fehlt P   19 Diels urteilte:»Das Jahr bezieht sich
auf das Datum der Schrift (s. 12 A 5), das wohl durch astronomische
Angaben festgestellt werden konnte; darin hatte der Philosoph auto-
biographische Angaben gegeben, welche Apollodor zu seinem Ansatz be-
rechtigt zu haben scheinen.« Mit dem Ansatz des Geburtsjahres 610/9
stimmt überein der der ἀκμή auf 571/0 (Euseb. Chron. zu Ol. 52, 2 [B;
Ol. 51, 1—4 d. übr.] Anaximander ... agnoscitur); vgl. Jacoby FGrHist.
Kommentar zu 244 F 29. Wilamowitz Berl. Sitz. Ber. 1926, 126¹ irrt

εἶναι ἑξήκοντα τεττάρων καὶ μετ' ὀλίγον τελευτῆσαι (ἀκμάσαντά πη μάλιστα κατὰ Πολυκράτη τὸν Σάμου τύραννον).

(τούτου φασὶν ἄιδοντος καταγελάσαι τὰ παιδάρια, τὸν δὲ μαθόντα φάναι 'βέλτιον οὖν ἡμῖν ἀιστέον διὰ τὰ παιδάρια'.)

5 γέγονε δὲ καὶ ἄλλος 'Αναξίμανδρος ἱστορικὸς καὶ αὐτὸς Μιλήσιος τῆι 'Ιάδι γεγραφώς [58 C 6].

2. SUIDAS 'A. Πραξιάδου Μιλήσιος φιλόσοφος συγγενὴς καὶ μαθητὴς καὶ διάδοχος Θάλητος. πρῶτος δὲ ἰσημερίαν εὗρε καὶ τροπὰς καὶ ὡρολογεῖα, καὶ τὴν γῆν ἐν μεσαιτάτωι κεῖσθαι. γνώμονά τε εἰσήγαγε καὶ ὅλως γεωμετρίας ὑποτύπωσιν 10 ἔδειξεν. ἔγραψε Περὶ φύσεως, Γῆς περίοδον καὶ Περὶ τῶν ἀπλανῶν καὶ Σφαῖραν καὶ ἄλλα τινά.

3. AEL. V. H. III 17 καὶ 'A. δὲ ἡγήσατο τῆς ἐς 'Απολλωνίαν [am Pontos] ἐκ Μιλήτου ἀποικίας.

4. EUS. P. E. x 14, 11 Θαλοῦ δὲ γίνεται ἀκουστὴς 'A., Πραξιάδου μὲν παῖς, 15 γένος δὲ καὶ αὐτὸς Μιλήσιος. οὗτος πρῶτος γνώμονας κατεσκεύασε πρὸς διάγνωσιν τροπῶν τε ἡλίου καὶ χρόνων καὶ ὡρῶν καὶ ἰσημερίας (vgl. HERODOT. II 109 πόλον μὲν γὰρ καὶ γνώμονα καὶ τὰ δυώδεκα μέρεα τῆς ἡμέρης παρὰ Βαβυλωνίων ἔμαθον οἱ Ἕλληνες).

5. PLIN. N. H. II 31 obliquitatem eius [sc. zodiaci] intellexisse, hoc 20 est rerum foris aperuisse, A. Milesius traditur primus olympiade quinquagesima octava [548—545], signa deinde in eo Cleostratus, et prima arietis ac sagittari [6 B 2], sphaeram ipsam ante multo Atlas.

5a. CIC. de div. I 50, 112 ab Anaximandro physico moniti Lacedaemonii sunt, ut urbem et tecta linquerent armatique in agro excubarent, quod terrae 25 motus instaret, tum cum et urbs tota corruit et monte Taygeto extrema montis quasi puppis avolsa est. Vgl. Plin. N. H. II 191 und 12 A 28.

6. AGATHEMER. I 1 (aus Eratosthenes) 'A. ὁ Μιλήσιος ἀκουστὴς Θαλέω πρῶτος ἐτόλμησε τὴν οἰκουμένην ἐν πίνακι γράψαι· μεθ' ὃν Ἑκαταῖος ὁ Μιλήσιος (FGrHist. 1 T 12a I 3) ἀνὴρ πολυπλανὴς διηκρίβωσεν, ὥστε θαυμασθῆναι τὸ 30 πρᾶγμα. STRABO I p. 7 τοὺς πρώτους μεθ' Ὅμηρον δύο φησὶν 'Ερατοσθένης, 'Αναξίμανδρόν τε Θαλοῦ γεγονότα γνώριμον καὶ πολίτην καὶ Ἑκαταῖον τὸν Μιλήσιον (FGrHist. ebd. T 11b)· τὸν μὲν οὖν ἐκδοῦναι πρῶτον γεωγραφικὸν πίνακα, τὸν δὲ Ἑκαταῖον καταλιπεῖν γράμμα πιστούμενον ἐκείνου εἶναι ἐκ τῆς ἄλλης αὐτοῦ γραφῆς.

35 7. THEMIST. or. 36 p. 317 ἐθάρρησε πρῶτος ὧν ἴσμεν Ἑλλήνων λόγον ἐξενεγκεῖν περὶ φύσεως συγγεγραμμένον.

8. DIOG. VIII 70 Διόδωρος δ' ὁ Ἐφέσιος περὶ 'Αναξιμάνδρου γράφων φησίν, ὅτι τοῦτον ἐζηλώκει [Empedokles] τραγικὸν ἀσκῶν τῦφον καὶ σεμνὴν ἀναλαβὼν ἐσθῆτα.

---

1. 2 ἀκμάσαντα ... τύραννον von Pythagoras übertragen ? vgl. c. 14, 8
3. 4 auch diese Anekdote ist falsch bezogen   5 über das Verhältnis
der beiden A. vgl. Jacoby FGrHist. I Komm. S. 479   10 ἔγραψε ... aus
Hesychios. Die Titel sind aus Sätzen wie Diog. oben I 81, 15f. herausgelesen, vgl. auch unten Z. 28. Περὶ τῶν ἀπλανῶν bezieht sich wohl darauf,
daß er zuerst die Fixsternsphäre unterschied, vgl. 12 A 18   19 Heidel
Proc. of the Am. Ac. of Arts and Sc. 48 (1913) 681 vergleicht Lucr. I 66ff.,
III 14ff., Senec. VIII 5, 6 (Quelle Poseidonios)   37 θεόδωρος F

9. SIMPLIC. Phys. 24, 13 (Z. 3—8 aus Theophrasts Phys. Opin fr. 2 Dox. 476).

τῶν δὲ ἓν καὶ κινούμενον καὶ ἄπειρον λεγόντων 'Α. μὲν Πραξιάδου Μιλήσιος Θαλοῦ γενόμενος διάδοχος καὶ μαθητὴς ἀρχήν τε καὶ στοιχεῖον εἴρηκε τῶν ὄν-
5 των τὸ ἄπειρον, πρῶτος τοῦτο τοὔνομα κομίσας τῆς ἀρχῆς. λέγει δ' αὐτὴν μήτε ὕδωρ μήτε ἄλλο τι τῶν καλουμένων εἶναι στοιχείων, ἀλλ' ἑτέραν τινὰ φύσιν ἄπειρον, ἐξ ἧς ἅπαντας γίνεσθαι τοὺς οὐρανοὺς καὶ τοὺς ἐν αὐτοῖς κόσμους· ἐξ ὧν δὲ ... τάξιν [B 1], ποιητικωτέροις οὕτως ὀνόμασιν αὐτὰ λέγων. δῆλον δὲ ὅτι τὴν εἰς ἄλληλα μεταβολὴν τῶν τεττάρων στοιχείων οὗτος θεασάμενος οὐκ
10 ἠξίωσεν ἕν τι τούτων ὑποκείμενον ποιῆσαι, ἀλλά τι ἄλλο παρὰ ταῦτα· οὗτος δὲ οὐκ ἀλλοιουμένου τοῦ στοιχείου τὴν γένεσιν ποιεῖ, ἀλλ' ἀποκρινομένων τῶν ἐναντίων διὰ τῆς ἀιδίου κινήσεως. διὸ καὶ τοῖς περὶ 'Αναξαγόραν τοῦτον ὁ 'Αριστο-τέλης συνέταξεν. 150, 24 ἐναντιότητες δέ εἰσι θερμόν, ψυχρόν, ξηρόν, ὑγρόν, καὶ τὰ ἄλλα. Vgl. ARISTOT. Phys. A 4. 187 a 20 οἱ δ' ἐκ τοῦ ἑνὸς ἐνούσας τὰς ἐναντιό-
15 τητας ἐκκρίνεσθαι, ὥσπερ 'Αναξίμανδρός φησι καὶ ὅσοι δ' ἓν καὶ πολλά φασιν εἶναι, ὥσπερ 'Εμπεδοκλῆς καὶ 'Αναξαγόρας· ἐκ τοῦ μείγματος γὰρ καὶ οὗτοι ἐκκρίνουσι τἄλλα.

9a. SIMPL. Phys. 154, 14 καὶ Θεόφραστος δὲ τὸν 'Αναξαγόραν εἰς τὸν 'Αναξί-μανδρον συνωθῶν καὶ οὕτως ἐκλαμβάνει τὰ ὑπὸ 'Αναξαγόρου λεγόμενα, ὡς δύ-
20 νασθαι μίαν αὐτὸν φύσιν λέγειν τὸ ὑποκείμενον· γράφει δὲ οὕτως ἐν τῆι Φυσικῆι ἱστορίαι (fr. 4 D. 479)· 'οὕτω μὲν οὖν λαμβανόντων δόξειεν ἂν ποιεῖν τὰς μὲν ὑλικὰς ἀρχὰς ἀπείρους, ὥσπερ εἴρηται, τὴν δὲ τῆς κινήσεως καὶ τῆς γενέσεως αἰτίαν μίαν. εἰ δέ τις τὴν μίξιν τῶν ἁπάντων ὑπολάβοι μίαν εἶναι φύσιν ἀόριστον καὶ κατ' εἶδος καὶ κατὰ μέγεθος, ὅπερ ἂν δόξειε βούλεσθαι λέγειν, συμβαίνει δύο τὰς ἀρχὰς
25 αὐτῶι λέγειν τήν τε τοῦ ἀπείρου φύσιν καὶ τὸν νοῦν, ὥστε πάντως φαίνεται τὰ σωματικὰ στοιχεῖα παραπλησίως ποιῶν 'Αναξιμάνδρωι.'

10. [PLUT.] Strom. 2 (D. 579; aus Theophrast) μεθ' ὃν [Thales] 'Αναξί-μανδρον Θάλητος ἑταῖρον γενόμενον τὸ ἄπειρον φάναι τὴν πᾶσαν αἰτίαν ἔχειν τῆς τοῦ παντὸς γενέσεώς τε καὶ φθορᾶς, ἐξ οὗ δή φησι τούς τε οὐρανοὺς ἀπο-
30 κεκρίσθαι καὶ καθόλου τοὺς ἅπαντας ἀπείρους ὄντας κόσμους. ἀπεφήνατο δὲ τὴν φθορὰν γίνεσθαι καὶ πολὺ πρότερον τὴν γένεσιν ἐξ ἀπείρου αἰῶνος ἀνακυκλου-μένων πάντων αὐτῶν. ὑπάρχειν δέ φησι τῶι μὲν σχήματι τὴν γῆν κυλινδροειδῆ, ἔχειν δὲ τοσοῦτον βάθος ὅσον ἂν εἴη τρίτον πρὸς τὸ πλάτος. φησὶ δὲ τὸ ἐκ τοῦ ἀιδίου γόνιμον θερμοῦ τε καὶ ψυχροῦ κατὰ τὴν γένεσιν τοῦδε τοῦ κόσμου ἀπο-
35 κριθῆναι καί τινα ἐκ τούτου φλογὸς σφαῖραν περιφυῆναι τῶι περὶ τὴν γῆν ἀέρι ὡς τῶι δένδρωι φλοιόν· ἧστινος ἀπορραγείσης καὶ εἴς τινας ἀποκλεισθείσης κύ-κλους ὑποστῆναι τὸν ἥλιον καὶ τὴν σελήνην καὶ τοὺς ἀστέρας. ἔτι φησίν, ὅτι κατ' ἀρχὰς ἐξ ἀλλοειδῶν ζώιων ὁ ἄνθρωπος ἐγεννήθη, ἐκ τοῦ τὰ μὲν ἄλλα δι' ἑαυτῶν ταχὺ νέμεσθαι, μόνον δὲ τὸν ἄνθρωπον πολυχρονίου δεῖσθαι τιθηνήσεως·
40 διὸ καὶ κατ' ἀρχὰς οὐκ ἄν ποτε τοιοῦτον ὄντα διασωθῆναι.

11. HIPPOL. Ref. I 6, 1—7 (D. 559 W. 10). (1) Θαλοῦ τοίνυν 'Αναξίμανδρος γίνε-ται ἀκροατής. 'Α. Πραξιάδου Μιλήσιος· οὗτος ἀρχὴν ἔφη τῶν ὄντων φύσιν τινὰ τοῦ

ἀπείρου, ἐξ ἧς γίνεσθαι τοὺς οὐρανοὺς καὶ τὸν ἐν αὐτοῖς κόσμον. ταύτην δ' ἀίδιον εἶναι καὶ ἀγήρω [B 2], ἣν καὶ πάντας περιέχειν τοὺς κόσμους. λέγει δὲ χρόνον ὡς ὡρισμένης τῆς γενέσεως καὶ τῆς οὐσίας καὶ τῆς φθορᾶς. (2) οὗτος μὲν ἀρχὴν καὶ στοιχεῖον εἴρηκε τῶν ὄντων τὸ ἄπειρον, πρῶτος τοὔνομα καλέσας τῆς 5 ἀρχῆς. πρὸς δὲ τούτωι κίνησιν ἀίδιον εἶναι, ἐν ἧι συμβαίνει γίνεσθαι τοὺς οὐρανούς. (3) τὴν δὲ γῆν εἶναι μετέωρον ὑπὸ μηδενὸς κρατουμένην, μένουσαν δὲ διὰ τὴν ὁμοίαν πάντων ἀπόστασιν. τὸ δὲ σχῆμα αὐτῆς γυρόν, στρογγύλον, κίονι λίθωι παραπλήσιον [B 5]· τῶν δὲ ἐπιπέδων ὧι μὲν ἐπιβεβήκαμεν, ὃ δὲ ἀντίθετον ὑπάρχει. (4) τὰ δὲ ἄστρα γίνεσθαι κύκλον πυρός, ἀποκριθέντα τοῦ κατὰ τὸν 10 κόσμον πυρός, περιληφθέντα δ' ὑπὸ ἀέρος. ἐκπνοὰς δ' ὑπάρξαι πόρους τινὰς αὐλώδεις, καθ' οὓς φαίνεται τὰ ἄστρα· διὸ καὶ ἐπιφρασσομένων τῶν ἐκπνοῶν τὰς ἐκλείψεις γίνεσθαι. (5) τὴν δὲ σελήνην ποτὲ μὲν πληρουμένην φαίνεσθαι, ποτὲ δὲ μειουμένην παρὰ τὴν τῶν πόρων ἐπίφραξιν ἢ ἄνοιξιν. εἶναι δὲ τὸν κύκλον τοῦ ἡλίου ἑπτακαιεικοσαπλασίονα * * * τῆς σελήνης, καὶ ἀνωτάτω μὲν εἶναι τὸν 15 ἥλιον, * * * κατωτάτω δὲ τοὺς τῶν ἀπλανῶν * * * ἀστέρων κύκλους· (6) τὰ δὲ ζῶια γίνεσθαι ⟨ἐξ ὑγροῦ⟩ ἐξατμιζομένου ὑπὸ τοῦ ἡλίου. τὸν δὲ ἄνθρωπον ἑτέρωι ζώιωι γεγονέναι, τουτέστι ἰχθύι, παραπλήσιον κατ' ἀρχάς. (7) ἀνέμους δὲ γίνεσθαι τῶν λεπτοτάτων ἀτμῶν τοῦ ἀέρος ἀποκρινομένων καὶ ὅταν ἀθροισθῶσι κινουμένων, ὑετούς δὲ ἐκ τῆς ἀτμίδος τῆς ἐκ γῆς ὑφ' ἥλιον ἀναδιδομένης· ἀστρα- 20 πὰς δέ, ὅταν ἄνεμος ἐμπίπτων διιστᾶι τὰς νεφέλας. οὗτος ἐγένετο κατὰ ἔτος τρίτον τῆς τεσσαρακοστῆς δευτέρας ὀλυμπιάδος [610].

12. HERM. Irris. 10 (D. 653) ὁ πολίτης αὐτοῦ (des Thales) Ἀ. τοῦ ὑγροῦ πρεσβυτέραν ἀρχὴν εἶναι λέγει τὴν ἀίδιον κίνησιν καὶ ταύτηι τὰ μὲν γεννᾶσθαι τὰ δὲ φθείρεσθαι.

25 13. CIC. Ac. pr. II 37, 118 is enim [Anaximander] infinitatem naturae dixit esse, e qua omnia gignerentur. Vgl. [ARIST.] de MXG 2, 10. 975b 21 [30 A 5].

1 τὸν ἐν αὐτοῖς κόσμον] »die innerhalb ihrer herrschende Ordnung« P. Fried-länder: τοὺς ... κόσμους Ritter wie I 83, 7; anders d. Gedanke I 83, 30 geformt 2 ἦν fehlt Cedren. auch der Ausdruck περιέχειν wird original sein vgl. A 14 (I 85, 11) 15 (85, 18) 13 B 2 (95, 19) 5 συμβαίνειν Roeper 6 δὲ Cedr.: fehlt Hss. 7 ἀπόστασιν] ὑπόσχεσιν καὶ κεῖσθαι ταύτην μὲν [l. ἐν] μεσαιτάτωι Cedr. aus Suid. s. I 82, 8 γυρόν Roeper: ὑγρὸν Hss., Cedr. 8 χίονι λίθωι Hss.: χιονῶδες λίθῳ Cedr.: κίονι λίθωι Wolf, vgl. 12 A 25 und Dox. 218 9 γίνεσθαι auch Cedr. πυρός] genauer πλήρη πυρός vgl. 12 A 21, doch ähnlich 12 A 10 (oben I 83, 35), wo σφαῖραν statt κύκλον genauer ist 10f. πόρους τινὰς αὐλώδεις Diels: πόρους τινὰς αὐρώδεις Cedr.: τόπους τινὰς ἀερώδεις Hss. vgl. 12 A 22 11 φαίνεται Hss. (vgl. Z. 5 συμβαίνει): φαίνονται Cedr.: φαίνεσθαι Usener 13 παρὰ T: κατὰ Cedr., Hipp. übrige Hss. 14 Ausfüllung der Lücke ⟨τῆς γῆς, ἐννεακαιδεκαπλασίονα δὲ τὸν⟩ Diels: ohne Lücke Hss., Cedr., Hippol. 15 ἡλίου Roeper. Dann vielleicht aus-gefallen μετ' αὐτὸν δὲ τὴν σελήνην (vgl. I 86, 31) Diels nach ἀπλανῶν fehlt καὶ τῶν πλανητῶν (vgl. I 86, 31), wie κύκλους zeigt 16 ζώδια Cedr. ⟨ἐξ ὑγροῦ⟩ ἐξατμιζομένου Diels: ἐξατμιζόμενα Hss., Cedr. 19 ὑετούς Cedr.: ὑετὸν Hss. ἐκ τῆς ἀτμίδος τῆς ἐκ τῶν ὑφ' ἥλιον ἀναδιδομένης Cedr.: ἐκ γῆς [τῆς T] ἀναδιδομένης ἐκ τῶν ὑφ' ἥλιον Hss.: verb. Diels (τ = ?) 20 ἐκ-πίπτων διίστησι Cedr. — Vgl. zu diesem Abschnitt die „Zusätze"

14. AËT. de plac. I 3, 3 (D. 277) 'Αναξίμανδρος δὲ Πραξιάδου Μιλήσιός φησι τῶν ὄντων ἀρχὴν εἶναι τὸ ἄπειρον· ἐκ γὰρ τούτου πάντα γίγνεσθαι καὶ εἰς τοῦτο πάντα φθείρεσθαι. διὸ καὶ γεννᾶσθαι ἀπείρους κόσμους καὶ πάλιν φθείρεσθαι εἰς τὸ ἐξ οὗ γίγνεσθαι. λέγει γοῦν διότι ἀπέραντόν ἐστιν, ἵνα μηδὲν ἐλλείπηι ἡ γένεσις ἡ 5 ὑφισταμένη. ἁμαρτάνει δὲ οὗτος μὴ λέγων τί ἐστι τὸ ἄπειρον, πότερον ἀήρ ἐστιν ἢ ὕδωρ ἢ γῆ ἢ ἄλλα τινὰ σώματα. ἁμαρτάνει οὖν τὴν μὲν ὕλην ἀποφαινόμενος, τὸ δὲ ποιοῦν αἴτιον ἀναιρῶν. τὸ γὰρ ἄπειρον οὐδὲν ἄλλο ἢ ὕλη ἐστίν· οὐ δύναται δὲ ἡ ὕλη εἶναι ἐνέργεια, ἐὰν μὴ τὸ ποιοῦν ὑποκέηται. Vgl. Arist. Phys. Γ 7. 207b 35 ὡς ὕλη τὸ ἄπειρόν ἐστιν αἴτιον, καὶ ὅτι τὸ μὲν εἶναι αὐτῶι στέρησις, 10 τὸ δὲ καθ' αὑτὸ ὑποκείμενον τὸ συνεχὲς καὶ αἰσθητόν. φαίνονται δὲ καὶ οἱ ἄλλοι πάντες ὡς ὕληι χρώμενοι τῶι ἀπείρωι· διὸ καὶ ἄτοπον τὸ περιέχειν ποιεῖν αὐτὸ ἀλλὰ μὴ περιεχόμενον. 8. 208a 8 οὔτε γὰρ ἵνα ἡ γένεσις μὴ ἐπιλείπηι, ἀναγκαῖον ἐνεργείαι ἄπειρον εἶναι σῶμα αἰσθητόν . . .

15. ARIST. Phys. Γ 4. 203b 6 ἅπαντα γὰρ ἢ ἀρχὴ ἢ ἐξ ἀρχῆς, τοῦ δὲ ἀπείρου 15 οὐκ ἔστιν ἀρχή· εἴη γὰρ ἂν αὐτοῦ πέρας. ἔτι δὲ καὶ ἀγένητον καὶ ἄφθαρτον ὡς ἀρχή τις οὖσα· τό τε γὰρ γενόμενον ἀνάγκη τέλος λαβεῖν, καὶ τελευτὴ πάσης ἐστὶ φθορᾶς. διὸ καθάπερ λέγομεν, οὐ ταύτης ἀρχή, ἀλλ' αὕτη τῶν ἄλλων εἶναι δοκεῖ καὶ περιέχειν ἅπαντα καὶ πάντα κυβερνᾶν, ὥς φασιν ὅσοι μὴ ποιοῦσι παρὰ τὸ ἄπειρον ἄλλας αἰτίας οἷον νοῦν [Anaxagoras] ἢ φιλίαν [Empedokles]. καὶ τοῦτ' 20 εἶναι τὸ θεῖον· ἀθάνατον γὰρ καὶ ἀνώλεθρον [B 3], ὥς φησιν ὁ 'Αναξίμανδρος καὶ οἱ πλεῖστοι τῶν φυσιολόγων. τοῦ δ' εἶναί τι ἄπειρον ἡ πίστις ἐκ πέντε μάλιστ' ἂν συμβαίνοι σκοποῦσιν, ἔκ τε τοῦ χρόνου (οὗτος γὰρ ἄπειρος) καὶ ἐκ τῆς ἐν τοῖς μεγέθεσι διαιρέσεως (χρῶνται γὰρ οἱ μαθηματικοὶ τῶι ἀπείρωι), ἔτι τῶι οὕτως ἂν μόνως μὴ ὑπολείπειν γένεσιν καὶ φθοράν, εἰ ἄπειρον εἴη ὅθεν ἀφαιρεῖ-25 ται τὸ γιγνόμενον. ἔτι τῶι τὸ πεπερασμένον ἀεὶ πρός τι περαίνειν, ὥστε ἀνάγκη μηδὲν εἶναι πέρας, εἰ ἀεὶ περαίνειν ἀνάγκη ἕτερον πρὸς ἕτερον. μάλιστα δὲ καὶ κυριώτατον, ὃ τὴν κοινὴν ποιεῖ ἀπορίαν πᾶσιν· διὰ γὰρ τὸ ἐν τῆι νοήσει μὴ ὑπολείπειν καὶ ὁ ἀριθμὸς δοκεῖ ἄπειρος εἶναι καὶ τὰ μαθηματικὰ μεγέθη καὶ τὸ ἔξω τοῦ οὐρανοῦ· ἀπείρου δ' ὄντος τοῦ ἔξω, καὶ σῶμα ἄπειρον εἶναι δοκεῖ καὶ κόσμοι.

30 16. ALEX. Metaph. 60, 8 προσέθηκε δὲ τῆι ἱστορίαι καὶ τὴν 'Αναξιμάνδρου δόξαν, ὃς ἀρχὴν ἔθετο τὴν μεταξὺ φύσιν ἀέρος τε καὶ πυρός, ἢ ἀέρος τε καὶ ὕδατος· λέγεται γὰρ ἀμφοτέρως, falsch aus Arist. de caelo Γ 5. 303b 12. Metaph. A 7. 988a 30 u. a. St. erschlossen; dagegen Phys. A 4. 187a 12 οἱ μὲν γὰρ ἐν ποιήσαντες τὸ ὂν σῶμα τὸ ὑποκείμενον ἢ τῶν τριῶν τι ἢ ἄλλο ὅ ἐστι πυρὸς μὲν 35 πυκνότερον ἀέρος δὲ λεπτότερον, τἆλλα γεννῶσι πυκνότητι καὶ μανότητι πολλὰ ποιοῦντες . . . 20 οἱ δὲ ἐκ τοῦ ἑνὸς ἐνούσας τὰς ἐναντιότητας ἐκκρίνεσθαι, ὥσπερ 'Αναξίμανδρός φησι. 5. 204b 22 ἀλλὰ μὴν οὐδὲ ἓν καὶ ἁπλοῦν εἶναι ἐνδέχεται τὸ ἄπειρον σῶμα, οὔτε ὡς λέγουσί τινες [Anaximander, s. Simpl. z. d. St.] τὸ παρὰ τὰ στοιχεῖα, ἐξ οὗ ταῦτα γεννῶσιν, οὔθ' ἁπλῶς. εἰσὶ γάρ τινες οἱ τοῦτο ποιοῦσι τὸ 40 ἄπειρον, ἀλλ' οὐκ ἀέρα ἢ ὕδωρ, ὡς μὴ τἆλλα φθείρηται ὑπὸ τοῦ ἀπείρου αὐτῶν·

4 γίγνεσθαι Diels: γίγνεται Plut., Stob., wozu vergleicht I 89,12 P. Friedländer   11 περιέχειν] vgl. Z. 18. 84, 2   12 μὴ E: τὸ μὴ vulgo   18 κυβερνᾶν] vielleicht Ausdruck Anaximanders, danach dann wohl 22 B 41; 28 B 12, 3; vgl. auch 64 B 5 Z. 3   24 ἐπιλείπειν liest Simpl. 466, 28 (wie Ar. oben Z. 12)   30 Über die Unrichtigkeit von Alexanders (und dessen Nachtreter) Annahme s. Zeller-Nestle I 283ff., wo die Literatur verzeichnet ist; vgl. unten c. 63

ἔχουσι γὰρ πρὸς ἄλληλα ἐναντίωσιν, οἷον ὁ μὲν ἀὴρ ψυχρός, τὸ δ' ὕδωρ ὑγρόν,
τὸ δὲ πῦρ θερμόν· ὧν εἰ ἦν ἓν ἄπειρον, ἔφθαρτο ἂν ἤδη τἆλλα· νῦν δ' ἕτερον εἶναί
φασι, ἐξ οὗ ταῦτα. Vgl. Metaph. Λ 2 [59 A 61].

17. AUGUSTIN. C. D. VIII 2 *non enim ex una re sicut Thales ex umore,*
5 *sed ex suis propriis principiis quasque res nasci putavit. quae rerum principia*
singularum esse credidit infinita, et innumerabiles mundos gignere et quae-
cumque in eis oriuntur; eosque mundos modo dissolvi modo iterum gigni
existimavit, quanta quisque aetate sua manere potuerit, nec ipse aliquid
divinae menti in his rerum operibus tribuens. SIMPL. de caelo 615, 13
10 'Α. δὲ Θαλοῦ πολίτης καὶ ἑταῖρος ... ἄπειρον δὲ πρῶτος ὑπέθετο, ἵνα ἔχῃ
χρῆσθαι πρὸς τὰς γενέσεις ἀφθόνως· καὶ κόσμους δὲ ἀπείρους οὗτος καὶ ἕκαστον
τῶν κόσμων ἐξ ἀπείρου τοῦ τοιούτου στοιχείου ὑπέθετο ὡς δοκεῖ ΑëΤ. Ι 7, 12
(D. 302) 'Α. ἀπεφήνατο τοὺς ἀπείρους οὐρανοὺς θεούς. CIC. d. nat. d. Ι 10, 25
Anaximandri autem opinio est nativos esse deos longis intervallis orientis
15 *occidentisque, eosque innumerabilis esse mundos. sed nos deum nisi sem-*
piternum intellegere qui possumus? ΑëΤ. ΙΙ 1, 3 (D. 327) 'Α., 'Αναξιμένης,
'Αρχέλαος, Ξενοφάνης, Διογένης, Λεύκιππος, Δημόκριτος, 'Επίκουρος ἀπείρους
κόσμους ἐν τῶι ἀπείρωι κατὰ πᾶσαν περιαγωγήν sc. γίνεσθαι καὶ φθείρεσθαι.
ib. 8 (D. 329) τῶν ἀπείρους ἀποφηναμένων τοὺς κόσμους 'Α. τὸ ἴσον αὐτοὺς
20 ἀπέχειν ἀλλήλων. 4, 6 (D. 331) 'Α. ... φθαρτὸν τὸν κόσμον. Simpl. Phys.
1121, 5 οἱ μὲν γὰρ ἀπείρους τῶι πλήθει τοὺς κόσμους ὑποθέμενοι, ὡς οἱ περὶ
'Α. καὶ Λεύκιππον καὶ Δημόκριτον καὶ ὕστερον οἱ περὶ 'Επίκουρον, γινομένους
αὐτοὺς καὶ φθειρομένους ὑπέθεντο ἐπ' ἄπειρον, ἄλλων μὲν ἀεὶ γινομένων ἄλλων
δὲ φθειρομένων καὶ τὴν κίνησιν ἀίδιον ἔλεγον· ἄνευ γὰρ κινήσεως οὐκ ἔστι γένεσις
25 ἢ φθορά.

17a. ΑëΤ. ΙΙ 11, 5 (D. 340) 'Α. ἐκ θερμοῦ καὶ ψυχροῦ μίγματος [sc. εἶναι τὸν
οὐρανόν].

18. ΑëΤ. ΙΙ 13, 7 (D. 342) 'Α. [sc. τὰ ἄστρα εἶναι] πιλήματα ἀέρος τροχοειδῆ,
πυρὸς ἔμπλεα, κατά τι μέρος ἀπὸ στομίων ἐκπνέοντα φλόγας. 15, 6 (D. 345)
30 'Α. καὶ Μητρόδωρος ὁ Χῖος καὶ Κράτης ἀνωτάτω μὲν πάντων τὸν ἥλιον τετάχθαι,
μετ' αὐτὸν δὲ τὴν σελήνην, ὑπὸ δὲ αὐτοὺς τὰ ἀπλανῆ τῶν ἄστρων καὶ τοὺς πλά-
νητας. 16, 5 (D. 345) 'Α. ὑπὸ τῶν κύκλων καὶ τῶν σφαιρῶν, ἐφ' ὧν ἕκαστος
[sc. ἀστήρ] βέβηκε, φέρεσθαι [sc. τοὺς ἀστέρας].

19. SIMPL. de caelo 471, 1 ταῦτα οὖν, φησίν [Arist. 291a 29], 'ἐκ τῶν περὶ
35 ἀστρολογίαν θεωρείσθω'. καὶ γὰρ ἐκεῖ περὶ τῆς τάξεως τῶν πλανωμένων καὶ
περὶ μεγεθῶν καὶ ἀποστημάτων ἀποδέδεικται 'Αναξιμάνδρου πρώτου τὸν περὶ μεγε-
θῶν καὶ ἀποστημάτων λόγον εὑρηκότος, ὡς Εὔδημος [fr. 95 Sp.] ἱστορεῖ τὴν τῆς
θέσεως τάξιν εἰς τοὺς Πυθαγορείους πρώτους ἀναφέρων. τὰ δὲ μεγέθη καὶ τὰ ἀπο-
στήματα ἡλίου καὶ σελήνης μέχρι νῦν ἔγνωσται ἀπὸ τῶν ἐκλείψεων τὴν ἀφορμὴν
40 τῆς καταλήψεως λαβόντα, καὶ εἰκὸς ἦν ταῦτα καὶ τὸν 'Αναξίμανδρον εὑρηκέναι,
καὶ 'Ερμοῦ δὲ καὶ 'Αφροδίτης ἀπὸ τῆς πρὸς τούτους μεταπαραβολῆς.

·5 *rerum princ. singul.*] Verwechslung m. Anaxagoras   18 περιαγωγήν]
Periode (der Weltbildung)? Stob.: περίστασιν Plutarch; vgl. Zeller-Nestle
Ι 312 Anm.   26 Die parallele Stelle Achill. Is. 5 (35, 1 Maass) 'Α. δὲ πτη-
νὸν [γήινον Maass] πυρὸς μετέχοντα, 'Αριστοτέλης δὲ σῶμα ἐκ ψυχροῦ καὶ
θερμοῦ scheint schwer verdorben wie das Kap. des Aëtios, doch vgl. 12 A 10
Ι 83, 34   33 βέβηκε] mathem. Ausdr. vgl. Eud. Fr. 92 Sp. Simpl. Ph. 63, 16

20. PLIN. N. H. XVIII 213 *occasum matutinum Vergiliarum Hesiodus* . .
tradidit fieri, cum aequinoctium autumni conficeretur, Thales XXV. *die ab*
aequinoctio [vgl. 11 A 18], Anaximander XXXI.

21. ACHILL. Is. 19 (46, 20 M. aus Poseidonios) τινὲς δέ, ὧν ἐστι καὶ 'Α.,
5 φασὶ πέμπειν αὐτὸν [n. τὸν ἥλιον] τὸ φῶς σχῆμα ἔχοντα τροχοῦ. ὥσπερ γὰρ ἐν
τῶι τροχῶι κοίλη ἐστὶν ἡ πλήμνη, ἔχει δὲ ἀπ' αὐτῆς ἀνατεταμένας τὰς κνημῖδας πρὸς
τὴν ἔξωθεν τῆς ἀψῖδος περιφοράν, οὕτω καὶ αὐτὸν ἀπὸ κοίλου τὸ φῶς ἐκπέμποντα
τὴν ἀνάτασιν τῶν ἀκτίνων ποιεῖσθαι καὶ ἔξωθεν αὐτὰς κύκλωι φωτίζειν. τινὲς
δὲ [vielmehr derselbe A.] ὡς ἀπὸ σάλπιγγος ἐκ κοίλου τόπου καὶ στενοῦ ἐκ-
10 πέμπειν αὐτὸν τὸ φῶς ὥσπερ πρηστῆρας. AËT. II 20, 1 (D. 348) 'Α. [sc. τὸν
ἥλιον] κύκλον εἶναι ὀκτωκαιεικοσαπλασίονα τῆς γῆς, ἁρματείωι τροχῶι παραπλή-
σιον, τὴν ἀψῖδα ἔχοντα κοίλην, πλήρη πυρός, κατά τι μέρος ἐκφαίνουσαν διὰ
στομίου τὸ πῦρ ὥσπερ διὰ πρηστῆρος αὐλοῦ. καὶ τοῦτ' εἶναι τὸν ἥλιον.
21, 1 (D. 351) 'Α. τὸν μὲν ἥλιον ἴσον εἶναι τῆι γῆι, τὸν δὲ κύκλον, ἀφ' οὗ τὴν
15 ἐκπνοὴν ἔχει καὶ ὑφ' οὗ περιφέρεται, ἑπτακαιεικοσαπλασίω τῆς γῆς. 24, 2 (D. 354).
'Α. [sc. γίγνεσθαι τὴν ἔκλειψιν ἡλίου] τοῦ στομίου τῆς τοῦ πυρὸς ἐκπνοῆς ἀπο-
κλειομένου.
• 22. AËT. II 25, 1 (D. 355) 'Α. [sc. τὴν σελήνην] κύκλον εἶναι ἐννεακαιδεκαπλα-
σίονα τῆς γῆς, ὅμοιον ἁρματείωι ⟨τροχῶι⟩ κοίλην ἔχοντι τὴν ἀψῖδα καὶ πυρὸς
20 πλήρη καθάπερ τὸν τοῦ ἡλίου, κείμενον λοξόν, ὡς κἀκεῖνον, ἔχοντα μίαν ἐκπνοὴν
οἷον πρηστῆρος αὐλόν. ἐκλείπειν δὲ κατὰ τὰς τροπὰς τοῦ τροχοῦ. 28, 1
(D. 358) 'Α., Ξενοφάνης, Βήρωσος ἴδιον αὐτὴν ἔχειν φῶς. 29, 1 (D. 359) 'Α.
[sc. ἐκλείπειν τὴν σελήνην] τοῦ στομίου τοῦ περὶ τὸν τροχὸν ἐπιφραττομένου.
23. — III 3, 1 (D. 367) περὶ βροντῶν ἀστραπῶν κεραυνῶν πρηστήρων τε
25 καὶ τυφώνων. 'Α. ἐκ τοῦ πνεύματος ταυτὶ πάντα συμβαίνειν· ὅταν γὰρ περιληφθὲν
νέφει παχεῖ βιασάμενον ἐκπέσηι τῆι λεπτομερείαι καὶ κουφότητι, τόθ' ἡ μὲν ῥῆξις τὸν
ψόφον, ἡ δὲ διαστολὴ παρὰ τὴν μελανίαν τοῦ νέφους τὸν διαυγασμὸν ἀποτελεῖ.
SENEC. Nat. Qu. II 18 *Anaximandrus omnia ad spiritum retulit. tonitrua,*
inquit, sunt nubis ictae sonus. quare inaequalia sunt? quia et ipse spiritus
30 *inaequalis est. quare et sereno tonat? quia tunc quoque per crassum et*
scissum aëra spiritus prosilit. at quare aliquando non fulgurat et tonat?
quia spiritus infirmior non valuit in flammam, in sonum valuit. quid est ergo
ipsa fulguratio? aëris diducentis se corruentisque iactatio languidum ignem
nec exiturum aperiens. quid est fulmen? acrioris densiorisque spiritus cursus.
35 24. — III 7, 1 (D. 374) 'Α. ἄνεμον εἶναι ῥύσιν ἀέρος τῶν λεπτοτάτων ἐν
αὐτῶι καὶ ὑγροτάτων ὑπὸ τοῦ ἡλίου κινουμένων ἢ τηκομένων.
25. — III 10, 2 (D. 376) 'Α. λίθωι κίονι τὴν γῆν προσφερῆ [Β 5] · τῶν
ἐπιπέδων * * * [s. A 11, 3].

---

3 XXXI nach d. Exc. d. Schol. Germ.: XIXX oder XXIX oder XXX
Hss. 10 πρηστῆρας Hs.: πρηστῆρα Maass. Eher (ἀπὸ) πρηστῆρος Diels
13 πρηστῆρος αὐλοῦ (vgl. Z. 21)] vgl. Hipp. de artic. 47 (II 181, 14 Kühlew.).
77 (235, 14) 13ff. vgl. Diels *Archiv f. Gesch. d. Ph.* X (1897) 228ff.;
Zeller-Nestle I 301 29 *spiritus* Diels: *ictus* Hss. (*ictus inaequalis est*
fehlt Φ) 30 *crassum* Φ ε: *cussum* δ T: *quassum* Gronov 31 *et*] *set*
Skutsch 32 *quia infirmior spiritus, qui in flammam non valuit i. s. v.* Δ
34 *exulturum* Weidner vgl. ebenda II 20, 2. 23, 1 36 καιομένων [Gal.] *de*
humor. XVI 395 K. 37 λίθωι κίονι s. zu I 84, 8. 90, 3

26. ARIST. de caelo B 13. 295b 10 εἰσὶ δέ τινες οἳ διὰ τὴν ὁμοιότητά φασιν αὐτὴν [sc. γῆν] μένειν, ὥσπερ τῶν ἀρχαίων 'Α.. μᾶλλον μὲν γὰρ οὐθὲν ἄνω ἢ κάτω ἢ εἰς τὰ πλάγια φέρεσθαι προσήκει τὸ ἐπὶ τοῦ μέσου ἱδρυμένον καὶ ὁμοίως πρὸς τὰ ἔσχατα ἔχον· ἅμα δ' ἀδύνατον εἰς τἀναντία ποιεῖσθαι τὴν κίνησιν, ὥστ'

5 ἐξ ἀνάγκης μένειν. THEO SMYRN. p. 198, 18 Hill. (aus Derk.) [Eudem fr. 94 Speng.] 'Α. δὲ ὅτι ἡ γῆ μετέωρος· καὶ κινεῖται περὶ τὸ τοῦ κόσμου μέσον.

27. ARIST. Meteor. B 1. 353b 6 εἶναι γὰρ τὸ πρῶτον ὑγρὸν ἅπαντα τὸν περὶ τὴν γῆν τόπον, ὑπὸ δὲ τοῦ ἡλίου ξηραινόμενον τὸ μὲν διατμίσαν πνεύματα καὶ τροπὰς ἡλίου καὶ σελήνης φασὶ ποιεῖν, τὸ δὲ λειφθὲν θάλατταν εἶναι· διὸ καὶ ἐλάττω

10 γίνεσθαι ξηραινομένην οἴονται καὶ τέλος ἔσεσθαί ποτε πᾶσαν ξηράν. ALEX. z. d. St. 67, 3 οἱ μὲν γὰρ αὐτῶν ὑπόλειμμα λέγουσιν εἶναι τὴν θάλασσαν τῆς πρώτης ὑγρότητος· ὑγροῦ γὰρ ὄντος τοῦ περὶ τὴν γῆν τόπου κἄπειτα τὸ μέν τι τῆς ὑγρότητος ὑπὸ τοῦ ἡλίου ἐξατμίζεσθαι καὶ γίνεσθαι πνεύματά τε ἐξ αὐτοῦ καὶ τροπὰς ἡλίου τε καὶ σελήνης ὡς διὰ τὰς ἀτμίδας ταύτας καὶ τὰς ἀναθυμιάσεις κἀκείνων

15 τὰς τροπὰς ποιουμένων, ἔνθα ἡ ταύτης αὐτοῖς χορηγία γίνεται, περὶ ταῦτα τρεπομένων· τὸ δέ τι αὐτῆς ὑπολειφθὲν ἐν τοῖς κοίλοις τῆς γῆς τόποις θάλασσαν εἶναι· διὸ καὶ ἐλάττω γίνεσθαι ξηραινομένην ἑκάστοτε ὑπὸ τοῦ ἡλίου καὶ τέλος ἔσεσθαί ποτε ξηράν· ταύτης τῆς δόξης ἐγένετο, ὡς ἱστορεῖ Θεόφραστος [Phys. opin. fr. 23 D. 494], 'Αναξίμανδρός τε καὶ Διογένης. AËT. III 16, 1 (D. 381) 'Α. τὴν θάλασσάν

20 φησιν εἶναι τῆς πρώτης ὑγρασίας λείψανον, ἧς τὸ μὲν πλεῖον μέρος ἀνεξήρανε τὸ πῦρ, τὸ δὲ ὑπολειφθὲν διὰ τὴν ἔκκαυσιν μετέβαλεν.

28. AMMIAN. XVII, 7, 12 (Erdbeben, vgl. A 5a) Anaximander ait arescentem nimia aestuum siccitate aut post madores imbrium terram rimas pandere grandiores, quas penetrat supernus aer violentus et nimius, ac

25 per eas vehementi spiritu quassatam cieri propriis sedibus. qua de causa tremores huius modi vaporatis temporibus aut nimia aquarum caelestium superfusione contingunt. ideoque Neptunum, umentis substantiae potestatem, Ennosigaeon et Sisicthona poetae veteres et theologi nuncuparunt.

29. AËT. IV 3, 2 (D. 387 not.) 'Αναξιμένης δὲ καὶ 'Αναξίμανδρος καὶ 'Αναξα-

30 γόρας καὶ 'Αρχέλαος ἀερώδη τῆς ψυχῆς τὴν φύσιν εἰρήκασιν.

30. — V 19, 4 (D. 430) 'Α. ἐν ὑγρῶι γεννηθῆναι τὰ πρῶτα ζῶια φλοιοῖς περιεχόμενα ἀκανθώδεσι, προβαινούσης δὲ τῆς ἡλικίας ἀποβαίνειν ἐπὶ τὸ ξηρότερον καὶ περιρρηγνυμένου τοῦ φλοιοῦ ἐπ' ὀλίγον χρόνον μεταβιῶναι. CENSORIN. 4, 7 A. Milesius videri sibi ex aqua terraque calefactis exortos esse sive pisces

35 seu piscibus simillima animalia; in his homines concrevisse fetusque ad pubertatem intus retentos; tunc demum ruptis illis viros mulieresque qui iam se alere possent processisse. PLUT. Symp. VIII 8, 4 p. 730 E οἱ δ' ἀφ' Ἕλληνος

---

3 προσήκειν FM vielleicht richtig   6 Stelle mißverstanden oder verderbt; κεῖται Montucla. S. Zeller-Nestle I 303¹   12 τόπου ⟨τὸ πρῶτον⟩ ἔπειτα Heidel   22 aus Poseidonios vgl. v. Scala Festg. f. Büdinger {Insbr. 1898); Anaximenes wohl richtig Accursius nach 13 A 21   26 tremores Lindenbrog: terrores Hss.   29 Die unchronologische Aufzählung erklärt sich vielleicht dadurch, daß Theophrast von Anaximenes als dem typischen Vertreter des 'Αήρ-Prinzips ausging. Bäumker streicht καὶ 'Αναξίμανδρος, was bei Theodoret überliefert, bei Stob. weggelassen ist   31ff. φλοιός wohl Anaximandreisch vgl. A 10 (I 83, 36)

τοῦ παλαιοῦ καὶ πατρογενείωι Ποσειδῶνι θύουσιν, ἐκ τῆς ὑγρᾶς τὸν ἄνθρωπον οὐσίας φῦναι δόξαντες ὡς καὶ Σύροι· διὸ καὶ σέβονται τὸν ἰχθῦν ὡς ὁμογενῆ καὶ σύντροφον ἐπιεικέστερον 'Αναξιμάνδρου φιλοσοφοῦντες· οὐ γὰρ ἐν τοῖς αὐτοῖς ἐκεῖνος ἰχθῦς καὶ ἀνθρώπους, ἀλλ' ἐν ἰχθύσιν ἐγγενέσθαι τὸ πρῶτον ἀνθρώπους
5 ἀποφαίνεται καὶ τραφέντας, ὥσπερ οἱ γαλεοί, καὶ γενομένους ἱκανοὺς ἑαυτοῖς βοηθεῖν ἐκβῆναι τηνικαῦτα καὶ γῆς λαβέσθαι. καθάπερ οὖν τὸ πῦρ τὴν ὕλην, ἐξ ἧς ἀνήφθη, μητέρα καὶ πατέρα οὖσαν ἤσθιεν, ὡς ὁ τὸν Κήυκος γάμον εἰς τὰ 'Ησιόδου [fr. 158 Rz.²] παρεμβαλὼν εἴρηκεν, οὕτως ὁ 'Α. τῶν ἀνθρώπων πατέρα καὶ μητέρα κοινὸν ἀποφήνας τὸν ἰχθῦν διέβαλε πρὸς τὴν βρῶσιν.

10 B. FRAGMENTE

1. SIMPLIC. Phys. 24, 13 [vgl. A 9] 'Α. ... ἀρχὴν .... εἴρηκε τῶν ὄντων τὸ ἄπειρον .... ἐξ ὧν δὲ ἡ γένεσίς ἐστι τοῖς οὖσι, καὶ τὴν φθορὰν εἰς ταῦτα γίνεσθαι κατὰ τὸ χρεών· διδόναι γὰρ αὐτὰ δίκην καὶ τίσιν ἀλλήλοις τῆς
15 ἀδικίας κατὰ τὴν τοῦ χρόνου τάξιν.

2. HIPPOL. Ref. ι 6, 1 [vgl. A 11] ταύτην (sc. φύσιν τινὰ τοῦ ἀπείρου) ἀίδιον εἶναι καὶ ἀγήρω.

3. ARIST. Phys. Γ 4 203b 13 (vgl. A 15] ἀθάνατον .. καὶ ἀνώλεθρον (τὸ ἄπειρον = τὸ θεῖον).

1. (In direkter Rede:) Anfang und Ursprung der seienden Dinge ist das Apeiron (das grenzenlos-Unbestimmbare). Woraus aber das Werden ist den seienden Dingen, in das hinein geschieht auch ihr Vergehen nach der Schuldigkeit; denn sie zahlen einander gerechte Strafe und Buße für ihre Ungerechtigkeit nach der Zeit Anordnung.

2. Das Apeiron ist ohne Alter.

3. Das Apeiron ist ohne Tod und ohne Verderben.

5 γαλεοί Emperius: παλαιοί die Hs. vgl. de soll. anim. 33. 982 A τοῦ δὲ γαλεοῦ τὸ φιλόστοργον ... τίκτουσι μὲν γὰρ ὠιόν, εἶτα ζῶιον οὐκ ἐκτὸς ἀλλ' ἐντὸς ἐν ἑαυτοῖς καὶ τρέφουσιν οὕτω καὶ φέρουσιν ὥσπερ ἐκ δευτέρας γενέσεως· ὅταν δὲ μείζονα γένηται, μεθιᾶσι θύραζε 10 hier eingeordnet, da Wörtlichkeit zweifellos. Zur Ausdeutung von B 1 vgl. H. Fränkel Parmenidesstudien Nachr. d. Gött. Ges. 1930 S. 183ff.; für ἀρχή vgl. oben zu ι 83, 4; ἀλλήλοις: das Untergehende dem Überlebenden und dieses wieder untergehend dem künftig Entstehenden (vgl. Eurip. Chrysipp. fr. 839, 13 [59 A 112]). Wichtige weitere Literatur: Rohde Psyche ιι⁹·¹⁰ 119¹. Boll Neue Jahrb. 16 (1913) 137. Diels Der antike Pessimismus (Berl. 1921) 11. Jaeger Paideia ι 217ff.

4. AËT. II 20, 1 (vgl. A 21 I 87, 13. 21] πρηστῆρος αὐλός [vgl. 22 B 31].

5. — III 10, 2 [vgl. A 11. 25 II 84, 8. 87, 37] λίθωι κίονι τὴν γῆν προσφερῆ.

5 Zu γόνιμον, περιέχειν, κυβερνᾶν, φλοιός vgl. zu A 10. 11. 15. 30 I 83, 34. 84, 2. 85, 18. 88, 31; auch τροχός A 21. 22 wohl echt.

C. ZWEIFELHAFTES

SCHOL. DIONYS. THRAC. p. 183, 1 Hilg. τῶν στοιχείων εὑρετὴν ἄλλοι τε καὶ Ἔφορος ἐν δευτέρωι [FGrHist. 70 F 105 II 68] Κάδμον φασίν, οἱ δὲ οὐχ εὑρετήν, 10 τῆς δὲ Φοινίκων εὑρέσεως πρὸς ἡμᾶς διάκτορον γεγενῆσθαι ... Πυθόδωρος δὲ ... Δαναὸν μετακομίσαι αὐτά φασιν· ἐπιμαρτυροῦσι τούτοις καὶ οἱ Μιλησιακοὶ συγγραφεῖς Ἀναξίμανδρος καὶ Διονύσιος καὶ Ἑκαταῖος [FGrHist. 1 F 20 I 12], οὓς καὶ Ἀπολλόδωρος ἐν Νεῶν καταλόγωι [FGrHist. 244 F 165 II 1092] παρατίθεται.

13 [3]. ANAXIMENES

15   A. LEBEN UND LEHRE

1. DIOG. II 3. Ἀναξιμένης Εὐρυστράτου Μιλήσιος ἤκουσεν Ἀναξιμάνδρου, ἔνιοι δὲ καὶ Παρμενίδου φασὶν ἀκοῦσαι αὐτόν. οὗτος ἀρχὴν ἀέρα εἶπεν καὶ τὸ ἄπειρον. κινεῖσθαι δὲ τὰ ἄστρα οὐχ ὑπὸ γῆν, ἀλλὰ περὶ γῆν. κέχρηταί τε λέξει Ἰάδι ἁπλῆι καὶ ἀπερίττωι. καὶ γεγένηται μέν, καθά φησιν 20 Ἀπολλόδωρος [FGrHist. 244 F 66 II 1039], περὶ τὴν Σάρδεων ἅλωσιν, ἐτελεύτησε δὲ τῆι ἑξηκοστῆι τρίτηι ὀλυμπιάδι [528/5].

4. Glutwindröhre.

5. Die Erde ähnlich einer Steinsäule.

1 vgl. Anm. zu A 21   3 zum sprachl. Ausdruck vgl. Herm. 62 (1927) 128. 256   8 bezieht sich wahrscheinlich auf den jüngeren Anaximander (FGrHist. 9 F 3 I 160).
    BILDNISSE des A. gibt es zwei: 1. zeitgenössische milesische Statue (Oberteil fehlt), Unterschrift AN]AZIMANΔPO (Wiegand Milet II 88) 2. hellenistisches Relief (Thermenmuseum Rom), Überschr. A]NAZIMANΔPOY (Helbig Führer II³ n. 1408). (Doch vgl. auch Wilamowitz Berl. Sitz. Ber. 1926, 126¹.)
    17 ἔνιοι — αὐτόν] Irrtum vgl. I 91, 5   17. 18 καὶ τὸ ἄπειρον] Mißverständnis oder Verderbnis statt καὶ τοῦτον ἄπειρον (trotz 58 B 30, was Heidel Proc. of the Am. Ac. of Arts & Sc. 48, 1913, 691 vergleicht)   18 ὑπὸ BP¹Φ: ὑπὲρ P² (Q!) (F alte Hand fehlt hier)   19 λέξει BP¹ mrg.: γλώσση P¹ text.   20 περὶ τὴν Σάρδεων ἅλωσιν steht in den Hss. an Stelle von τῆι ἑξηκοστῆι τρίτηι ὀλυμπιάδι: vertauschte Simson. Vgl. Rh. Mus. 31 (1876) 27

γεγόνασι δὲ καὶ ἄλλοι δύο Λαμψακηνοί, ῥήτωρ καὶ ἱστορικός, ὃς ἀδελφῆς
υἱὸς ἦν τοῦ ῥήτορος τοῦ τὰς Ἀλεξάνδρου πράξεις γεγραφότος. Folgen zwei
gefälschte Briefe an Pythagoras.

2. Suidas Ἀναξιμένης Εὐρυστράτου Μιλήσιος φιλόσοφος, μαθητὴς καὶ διά-
5 δοχος Ἀναξιμάνδρου τοῦ Μιλησίου, οἱ δὲ καὶ Παρμενίδου ἔφασαν. γέγονεν (ἐν
τῆι νε ὀλυμπιάδι [560/57]) ἐν τῆι Σάρδεων ἁλώσει, ὅτε Κῦρος ὁ Πέρσης Κροῖσον
καθεῖλεν [546/5].

3. Euseb. Chron. Ἀναξιμένης φυσικὸς ἐγνωρίζετο ol. 55, 4 (?) [557/6; 55, 1:
Regierungsantritt des Kyros vgl. ι 102. ιι 298. 301 f. Helm].

10 4. Arist. Metaphys. A 3. 984 a 5 Ἀ. δὲ ἀέρα καὶ Διογένης πρότερον ὕδατος
[Thales] καὶ μάλιστ᾽ ἀρχὴν τιθέασι τῶν ἁπλῶν σωμάτων. Vgl. Aët. ι 3, 4 (13 B 2).

5. Simpl. Phys. 24, 26 (Theophr. Phys. Opin. fr. 2. D. 476). Ἀ. δὲ Εὐ-
ρυστράτου Μιλήσιος, ἑταῖρος γεγονὼς Ἀναξιμάνδρου, μίαν μὲν καὶ αὐτὸς τὴν
ὑποκειμένην φύσιν καὶ ἄπειρόν φησιν ὥσπερ ἐκεῖνος, οὐκ ἀόριστον δὲ ὥσπερ ἐκεῖνος,
15 ἀλλὰ ὡρισμένην, ἀέρα λέγων αὐτήν· διαφέρειν δὲ μανότητι καὶ πυκνότητι κατὰ τὰς
οὐσίας. καὶ ἀραιούμενον μὲν πῦρ γίνεσθαι, πυκνούμενον δὲ ἄνεμον, εἶτα νέφος,
ἔτι δὲ μᾶλλον ὕδωρ, εἶτα γῆν, εἶτα λίθους, τὰ δὲ ἄλλα ἐκ τούτων. κίνησιν δὲ καὶ
οὗτος ἀίδιον ποιεῖ, δι᾽ ἣν καὶ τὴν μεταβολὴν γίνεσθαι. 22, 9 ἐπιστῆσαι δὲ χρή,
ὅτι ἄλλο μέν ἐστι τὸ κατὰ πλῆθος ἄπειρον καὶ πεπερασμένον, ὃ τοῖς πολλὰς λέγουσι
20 τὰς ἀρχὰς οἰκεῖον ἦν, ἄλλο δὲ τὸ κατὰ μέγεθος ἄπειρον ἢ πεπερασμένον, ὅπερ . . .
καὶ πρὸς Ἀναξίμανδρον καὶ Ἀναξιμένην ἁρμόζει, ἐν μὲν ἄπειρον δὲ τῶι μεγέθει
τὸ στοιχεῖον ὑποθεμένους. 149, 32 ἐπὶ γὰρ τούτου μόνου [Anaximenes] Θεό-
φραστος ἐν τῆι Ἱστορίαι [fr. 2. Dox. 477] τὴν μάνωσιν εἴρηκε καὶ πύκνωσιν,
δῆλον δὲ ὡς καὶ οἱ ἄλλοι τῆι μανότητι καὶ πυκνότητι ἐχρῶντο.

25 6. [Plut.] Strom. 3 (D. 579). Ἀναξιμένην δέ φασι τὴν τῶν ὅλων ἀρχὴν τὸν
ἀέρα εἰπεῖν καὶ τοῦτον εἶναι τῶι μὲν μεγέθει ἄπειρον, ταῖς δὲ περὶ αὐτὸν ποιότησιν
ὡρισμένον· γεννᾶσθαί τε πάντα κατά τινα πύκνωσιν τούτου καὶ πάλιν ἀραίωσιν.
τήν γε μὴν κίνησιν ἐξ αἰῶνος ὑπάρχειν· πιλουμένου δὲ τοῦ ἀέρος πρώτην γεγενῆ-
σθαι λέγει τὴν γῆν πλατεῖαν μάλα· διὸ καὶ κατὰ λόγον αὐτὴν ἐποχεῖσθαι τῶι
30 ἀέρι· καὶ τὸν ἥλιον καὶ τὴν σελήνην καὶ τὰ λοιπὰ ἄστρα τὴν ἀρχὴν τῆς γενέσεως
ἔχειν ἐκ γῆς. ἀποφαίνεται γοῦν τὸν ἥλιον γῆν, διὰ δὲ τὴν ὀξεῖαν κίνησιν καὶ μάλ᾽
ἱκανῶς θερμὴν ταύτην καῦσιν λαβεῖν.

5. 6 ἐν τῆι νε ὀλ. ist Zusatz des byz. Bearbeiters aus Euseb. oder ähnl.
Chronik (anders Jacoby a. O. Komment. z. St.). Vgl. Suid. Anakreon οἱ
δὲ ἐπὶ Κύρου καὶ Καμβύσου τάττουσιν αὐτὸν [κατὰ τὴν νε (so A : κε SM) ὀλυμ-
πιάδα], Chronikber. des Regierungsantritts des Kyros. Ebenso scheint hier
die vorhergehende Epoche des Anakreon ὀλ. νβ [l. ξβ] aus Euseb. Epoche
des Anakr. und Polykr. zugesetzt   16 ἀραιούμενον Diels: διαιρούμενον Hss.
22 μόνου nach Diels im Sinne von πρώτοι. Herod. ι 25 μοῦνος πάντων
ἀνθρώπων . . . ἐξεῦρε (vgl. Heidel a. O. S. 695), wohl nicht richtig: πρῶτον
verb. Usener: beidem scheint Z. 24 zu widersprechen; jedenfalls sind die
Termini Anaximenisch. Vgl. B 1   26 μεγέθει Zeller: μὲν γένει Hss.
Giffords Verteidigung (Eus. t. ιν z. d. St.) ist falsch und in bezug auf
Zeller inkorrekt. S. Zeller-Nestle ι 317. Vgl. Z. 21 ff.   32 Diels: ἱκανῶς
θερμοτάτην κίνησιν λαβεῖν Hss.: θερμοτήτα (corr. -τος) Renaissancehs. D: θερμό-
τητος Usener: θερμότητα (ohne κίνησιν) Zeller

92   13 [3]. ANAXIMENES

7. HIPPOL. Ref. I 7 (D. 560 W. 11). (1) 'Α. δὲ καὶ αὐτὸς ὢν Μιλήσιος, υἱὸς δ' Εὐρυστράτου, ἀέρα ἄπειρον ἔφη τὴν ἀρχὴν εἶναι, ἐξ οὗ τὰ γινόμενα καὶ τὰ γεγονότα καὶ τὰ ἐσόμενα καὶ θεοὺς καὶ θεῖα γίνεσθαι, τὰ δὲ λοιπὰ ἐκ τῶν τούτου ἀπογόνων. (2) τὸ δὲ εἶδος τοῦ ἀέρος τοιοῦτον· ὅταν μὲν ὁμαλώτατος ἦι, ὄψει ἄδηλον, δηλοῦσθαι
5 δὲ τῶι ψυχρῶι καὶ τῶι θερμῶι καὶ τῶι νοτερῶι καὶ τῶι κινουμένωι. κινεῖσθαι δὲ ἀεί· οὐ γὰρ μεταβάλλειν ὅσα μεταβάλλει, εἰ μὴ κινοῖτο. (3) πυκνούμενον γὰρ καὶ ἀραιούμενον διάφορον φαίνεσθαι· ὅταν γὰρ εἰς τὸ ἀραιότερον διαχυθῆι, πῦρ γίνεσθαι, ἀνέμους δὲ πάλιν εἶναι ἀέρα πυκνούμενον, ἐξ ἀέρος ⟨δὲ⟩ νέφος ἀποτελεῖσθαι κατὰ τὴν πίλησιν, ἔτι δὲ μᾶλλον ὕδωρ, ἐπὶ πλεῖον πυκνωθέντα γῆν καὶ
10 εἰς τὸ μάλιστα πυκνότατον λίθους. ὥστε τὰ κυριώτατα τῆς γενέσεως ἐναντία εἶναι, θερμόν τε καὶ ψυχρόν. (4) τὴν δὲ γῆν πλατεῖαν εἶναι ἐπ' ἀέρος ὀχουμένην, ὁμοίως δὲ καὶ ἥλιον καὶ σελήνην καὶ τὰ ἄλλα ἄστρα πάντα πύρινα ὄντα ἐποχεῖσθαι τῶι ἀέρι δι. ..λάτος. (5) γεγονέναι δὲ τὰ ἄστρα ἐκ γῆς διὰ τὸ τὴν ἰκμάδα ἐκ ταύτης ἀνίστασθαι, ἧς ἀραιουμένης τὸ πῦρ γίνεσθαι, ἐκ δὲ τοῦ πυρὸς
15 μετεωριζομένου τοὺς ἀστέρας συνίστασθαι. εἶναι δὲ καὶ γεώδεις φύσεις ἐν τῶι τόπωι τῶν ἀστέρων συμπεριφερομένας ἐκείνοις. (6) οὐ κινεῖσθαι δὲ ὑπὸ γῆν τὰ ἄστρα λέγει, καθὼς ἕτεροι ὑπειλήφασιν, ἀλλὰ περὶ γῆν, ὡσπερεὶ περὶ τὴν ἡμετέραν κεφαλὴν στρέφεται τὸ πιλίον. κρύπτεσθαί τε τὸν ἥλιον οὐχ ὑπὸ γῆν γενόμενον, ἀλλ' ὑπὸ τῶν τῆς γῆς ὑψηλοτέρων μερῶν σκεπόμενον καὶ διὰ τὴν
20 πλείονα ἡμῶν αὐτοῦ γενομένην ἀπόστασιν. τὰ δὲ ἄστρα· μὴ θερμαίνειν διὰ τὸ μῆκος τῆς ἀποστάσεως. (7) ἀνέμους δὲ γεννᾶσθαι, ὅταν ἦι πεπυκνωμένος ὁ ἀὴρ καὶ ὠσθεὶς φέρηται(?)· συνελθόντα δὲ καὶ ἐπὶ πλεῖον παχυνθέντα νέφη γεννᾶσθαι καὶ οὕτως εἰς ὕδωρ μεταβάλλειν. χάλαζαν δὲ γίνεσθαι, ὅταν ἀπὸ τῶν νεφῶν τὸ ὕδωρ καταφερόμενον παγῆι· χιόνα δέ, ὅταν αὐτὰ ταῦτα ἐνυγρότερα
25 ὄντα πῆξιν λάβηι. (8) ἀστραπὴν δ' ὅταν τὰ νέφη διιστῆται βίαι πνευμάτων· τούτων γὰρ διισταμένων λαμπρὰν καὶ πυρώδη γίνεσθαι τὴν αὐγήν. ἶριν δὲ γεννᾶσθαι τῶν ἡλιακῶν αὐγῶν εἰς ἀέρα συνεστῶτα πιπτουσῶν. σεισμὸν δὲ τῆς γῆς ἐπὶ πλεῖον ἀλλοιουμένης ὑπὸ θερμασίας καὶ ψύξεως. (9) ταῦτα μὲν οὖν 'Αναξιμένης. οὗτος ἤκμασε περὶ ἔτος πρῶτον τῆς πεντηκοστῆς ὀγδόης
30 ὀλυμπιάδος [548/7].

8. HERMIAS Irris. 7 (D. 653) ἐπειδὰν δὲ ἡγήσωμαι δόγμα ἔχειν ἀκίνητον, 'Α. ὑπολαβὼν ἀντικέκραγεν· ἀλλ' ἐγώ σοί φημι· τὸ πᾶν ἐστιν ὁ ἀήρ, καὶ οὗτος πυκνούμενος καὶ συνιστάμενος ὕδωρ καὶ γῆ γίνεται, ἀραιούμενος δὲ καὶ διαχεόμενος

2 ἐξ οὗ ... γίνεσθαι und 6 οὐ γὰρ ... κινοῖτο spätere Zusätze nach Heidel a. Ο. S. 692   6 d. i. πάντα γὰρ κινήσει μόνηι μεταβάλλει. Gomperz verm. οὐ γὰρ ⟨ἂν⟩ μεταβαλεῖν ⟨εἰς⟩ ὅσα μεταβάλλει   7 γὰρ Roeper: δὲ Hss. 8 ⟨ ⟩ Diels ἀποτελεσθῆι Hss.: verb. Roeper   9 vielleicht ἐπὶ πλεῖον ⟨δὲ⟩ 10 πυκνότατον, das Diels 1. 2. Aufl. strich, läßt sich als späte Inkorrektheit des Kompilators halten   11 τὴν δὲ γῆν] 'vgl. Plato Phaedo 99 B ὁ δὴ ὥσπερ καρδόπωι πλατείαι βάθρον τὸν ἀέρα ὑπερείδει' Bidez   18 στρέφεται] vgl. Berger Gesch. d. Erd. Gr.² S. 79   21 Diels: ὅταν ἐκπεπυκνωμένος ὁ ἀὴρ ἀραιωθεὶς φέρηται Hss. Vgl. I 91, 16. 92. 8   22 παχυνθέντα Salvinius: παχυθέντα Hss.   συνελθόντος und παχυνθέντος Zeller   29 πρῶτον] gemeint ist τρίτον wie I 91, 6. Doch war vielleicht in der Vorlage das erste Jahr der Ol. gesetzt   32 ὁ aus P(atmiacus) zugesetzt. Vgl. Knopf Zeitschr. f. wiss. Theol. 43, 628. Zu dieser Seite vgl. die „Zusätze"

αἰθὴρ καὶ πῦρ, εἰς δὲ τὴν αὐτοῦ φύσιν ἐπανιὼν ἀήρ· ἀραιωθεὶς δὲ καὶ πυκνωθείς (?),
φησίν, ἐξαλλάσσεται.

9. Cic. Acad. ii 37, 118 [nach Anaximander] *post eius auditor Anaxi-
menes infinitum aëra, sed ea, quae ex eo orerentur, definita: gigni autem
5 terram, aquam, ignem, tum ex iis omnia.* 10. — de nat. d. i 10, 26 *post A.
aëra deum statuit eumque gigni esseque
immensum et infinitum et semper in motu, quasi aut aer sine ulla forma
deus esse possit, cum praesertim deum non modo aliqua, sed pulcherrima
specie deceat esse, aut non omne quod ortum sit mortalitas consequatur.*
10 (Folgt 59 A 48.) Augustin. C. D. viii 2 iste [Anaximander] *Anaximenen
discipulum et successorem reliquit, qui omnes rerum causas aëri infinito
dedit, nec deos negavit aut tacuit; non tamen ab ipsis aërem factum, sed
ipsos ex aëre ortos credidit.* Aët. i 7, 13 (D. 302) Ἀ. τὸν ἀέρα (näml. θεὸν
εἶναι)· δεῖ δ' ὑπακούειν ἐπὶ τῶν οὕτως λεγομένων τὰς ἐνδιηκούσας τοῖς στοιχείοις
15 ἢ τοῖς σώμασι δυνάμεις. Vgl. ii 1, 3 (i 86, 16).

11. Simpl. Phys. 1121, 12 γενητὸν δὲ καὶ φθαρτὸν τὸν ἕνα κόσμον ποιοῦσιν,
ὅσοι ἀεὶ μέν φασιν εἶναι κόσμον, οὐ μὴν τὸν αὐτὸν ἀεί, ἀλλὰ ἄλλοτε ἄλλον γινό-
μενον κατά τινας χρόνων περιόδους, ὡς Ἀναξιμένης τε καὶ Ἡράκλειτος καὶ Διο-
γένης καὶ ὕστερον οἱ ἀπὸ τῆς Στοᾶς [s. oben 12 A 17 i 86, 21].
20 12. Aët. ii 2, 4 (D. 329b not.) καὶ οἱ μὲν μυλοειδῶς [vgl. i 86, 19], οἱ δὲ
τροχοῦ δίκην περιδινεῖσθαι [Anaximander s. 12 A 21], nämlich τὸν κόσμον.
13. — ii 11, 1 (D. 339) Ἀ. καὶ Παρμενίδης [28 A 37] τὴν περιφορὰν τὴν
ἐξωτάτω τῆς γῆς εἶναι τὸν οὐρανόν.
14. — ii 13, 10 (D. 342) Ἀ. πυρίνην μὲν τὴν φύσιν τῶν ἄστρων, περιέχειν δέ
25 τινα καὶ γεώδη σώματα συμπεριφερόμενα τούτοις ἀόρατα. Ebenda 14, 3 (D. 344)
Ἀ. ἥλων δίκην καταπεπηγέναι τὰ ἄστρα τῶι κρυσταλλοειδεῖ. ἔνιοι [?] δὲ πέταλα
εἶναι πύρινα ὥσπερ ζωγραφήματα. 16, 6 (D. 346) Ἀ. οὐχ ὑπὸ γῆν, ἀλλὰ περὶ
αὐτὴν στρέφεσθαι τοὺς ἀστέρας. Arist. Meteor. B 1. 354a 28 πολλοὺς πεισθῆναι
τῶν ἀρχαίων μετεωρολόγων τὸν ἥλιον μὴ φέρεσθαι ὑπὸ γῆν, ἀλλὰ περὶ τὴν γῆν
30 καὶ τὸν τόπον τοῦτον, ἀφανίζεσθαι δὲ καὶ ποιεῖν νύκτα διὰ τὸ ὑψηλὴν εἶναι πρὸς
ἄρκτον τὴν γῆν. Aët. ii 19, 1. 2 (D. 347) Πλάτων τὰς ἐπισημασίας τάς τε θερινὰς
καὶ τὰς χειμερινὰς κατὰ τὰς τῶν ἄστρων ἐπιτολάς τε καὶ δυσμὰς γίνεσθαι. Ἀ. δὲ
διὰ μὲν ταῦτα μηδὲν τούτων, διὰ δὲ τὸν ἥλιον μόνον.
14a. Plin. N. H. ii 186 *sic fit ut vario lucis incremento in Meroe longissimus
35 dies xii horas aequinoctialis et octo partis unius horae colligat, Alexandriae
vero xiiii horas, in Italia xv, in Britannia xvii ... 187 umbrarum hanc
rationem et quam vocant gnomonicen invenit A. Milesius, Anaximandri,
de quo diximus (12 A 5), discipulus, primusque horologium quod appellant
sciothericon Lacedaemone ostendit.* Vgl. ob. i 81, 13.
40 15. Aët. ii 20, 2 (D. 348) Ἀ. πύρινον ὑπάρχειν τὸν ἥλιον ἀπεφήνατο. 22, 1
(D. 352) Ἀ. πλατὺν ὡς πέταλον τὸν ἥλιον. 23, 1 (D. 352) Ἀ. ὑπὸ πεπυκνω-
μένου ἀέρος καὶ ἀντιτύπου ἐξωθούμενα τὰ ἄστρα τὰς τροπὰς ποιεῖσθαι.

---

1 Diels: ἀραιὸς εἰ δὲ καὶ πυκνωθῇ φησιν Hss. Dies soll kein wörtliches
Zitat sein; vgl. Hermias 13 (Dox. S. 654, 19) 4 vgl. Philodem de piet.
p. 65 G. (Philippsons Herstellung *Herm.* 55, 1920, 366 nicht wahrschein-
lich, da πόθεν κτλ. nicht mit dem Vorhergehenden zusammenstimmt)
20 μυλοειδῶς] vgl. Berger a. O. S. 80¹ 22 περιφοράν] vgl. 22 C 1, 10

16. THEO SMYRN. p. 198, 14 Hill. (aus Derkyllides) Εὔδημος ἱστορεῖ ἐν ταῖς Ἀστρολογίαις [fr. 94 Sp.], ὅτι Οἰνοπίδης [c. 41, 7] εὗρε πρῶτος ...., Ἀναξιμένης δὲ ὅτι ἡ σελήνη ἐκ τοῦ ἡλίου ἔχει τὸ φῶς καὶ τίνα ἐκλείπει τρόπον. AËT. ΙΙ 25, 2 (D. 356) Ἀ. πυρίνην τὴν σελήνην.

5   17. AËT. ΙΙΙ 3, 2 (D. 368, nach Anaximand. 12 A 23) Ἀναξιμένης ταὐτὰ τούτωι (περὶ βροντῶν κτλ.) προστιθεὶς τὸ ἐπὶ τῆς θαλάσσης, ἥτις σχιζομένη ταῖς κώπαις παραστίλβει. 4, 1 (D. 370) Ἀ. νέφη μὲν γίνεσθαι παχυνθέντος ἐπὶ πλεῖον τοῦ ἀέρος, μᾶλλον δ' ἐπισυναχθέντος ἐκθλίβεσθαι τοὺς ὄμβρους, χάλαζαν δέ, ἐπειδὰν τὸ καταφερόμενον ὕδωρ παγῆι, χιόνα δ' ὅταν συμπεριληφθῆι τι τῶι ὑγρῶι πνευ-
10   ματικόν.

18. — ΙΙΙ 5, 10 (D. 373) Ἀ. Ἶριν γίνεσθαι κατ' αὐγασμὸν ἡλίου πρὸς νέφει πυκνῶι καὶ παχεῖ καὶ μέλανι παρὰ τὸ μὴ δύνασθαι τὰς ἀκτῖνας εἰς τὸ πέραν δια-κόπτειν ἐπισυνισταμένας αὐτῶι. SCHOL. ARAT. p. 515, 27 M. (aus Poseidonios) τὴν Ἶριν Ἀ. φησὶ γίνεσθαι, ἡνίκα ἂν ἐπιπέσωσιν αἱ τοῦ ἡλίου αὐγαὶ εἰς παχὺν
15   καὶ πυκνὸν τὸν ἀέρα. ὅθεν τὸ μὲν πρότερον αὐτοῦ τοῦ ἡλίου φοινικοῦν φαίνεται, διακαιόμενον ὑπὸ τῶν ἀκτίνων, τὸ δὲ μέλαν, κατακρατούμενον ὑπὸ τῆς ὑγρότητος. καὶ νυκτὸς δέ φησι γίνεσθαι τὴν Ἶριν ἀπὸ τῆς σελήνης, ἀλλ' οὐ πολλάκις διὰ τὸ μὴ πανσέληνον εἶναι διὰ παντὸς καὶ ἀσθενέστερον αὐτὴν φῶς ἔχειν τοῦ ἡλίου.

19. GALEN. in Hipp. de hum. III XVI 395 K. (mittelbar aus Poseidonios)
20   Ἀ. δὲ ἐξ ὕδατος καὶ ἀέρος γίνεσθαι τοὺς ἀνέμους βούλεται καὶ [τῆι] ῥύμηι τινὶ ἀγνώστωι βιαίως φέρεσθαι καὶ τάχιστα ὡς τὰ πτηνὰ πέτεσθαι.

20. AËT. ΙΙΙ 10, 3 (D. 377) Ἀ. τραπεζοειδῆ [nämlich τὴν γῆν]. ARISTOT. de caelo B 13. 294 b 13 Ἀ. δὲ κσὶ Ἀναξαγόρας καὶ Δημόκριτος τὸ πλάτος αἴτιον εἶναί φασι τοῦ μένειν αὐτήν· οὐ γὰρ τέμνειν, ἀλλ' ἐπιπωματίζειν τὸν ἀέρα τὸν κάτωθεν,
25   ὅπερ φαίνεται τὰ πλάτος ἔχοντα τῶν σωμάτων ποιεῖν· ταῦτα γὰρ καὶ πρὸς τοὺς ἀνέμους ἔχει δυσκινήτως διὰ τὴν ἀντέρεισιν. ταὐτὸ δὴ τοῦτο ποιεῖν τῶι πλάτει φασὶ τὴν γῆν πρὸς τὸν ὑποκείμενον ἀέρα. τὸν δ' οὐκ ἔχοντα τοῦ μεταστῆναι τόπον ἱκανὸν ἀθρόον τῶι κάτωθεν ἡρεμεῖν, ὥσπερ ἐν ταῖς κλεψύδραις ὕδωρ. AËT. ΙΙΙ 15, 8 (D. 380) Ἀ. διὰ τὸ πλάτος ἐποχεῖσθαι τῶι ἀέρι.
30   21. ARISTOT. Meteor. B 7. 365 b 6 Ἀ. δέ φησι βρεχομένην τὴν γῆν καὶ ξηραι-νομένην ῥήγνυσθαι καὶ ὑπὸ τούτων τῶν ἀπορρηγνυμένων κολωνῶν ἐμπιπτόντων σείεσθαι· διὸ καὶ γίγνεσθαι τοὺς σεισμοὺς ἔν τε τοῖς αὐχμοῖς καὶ πάλιν ἐν ταῖς ὑπερομβρίαις· ἔν τε γὰρ τοῖς αὐχμοῖς, ὥσπερ εἴρηται, ξηραινομένης ῥήγνυσθαι καὶ ὑπὸ τῶν ὑδάτων ὑπερυγραινομένην διαπίπτειν. Vgl. AËT. ΙΙΙ 15, 3 (D. 379);
35   SENEC. Nat. Qu. VI 10 und 12 A 28 (I 88, 22).

22. GALEN. in Hipp. d. nat. h. XV 25 K. aus Sabinos οὔτε γὰρ πάμπαν ἀέρα λέγω τὸν ἄνθρωπον ὥσπερ Ἀ. . . .

23. PHILOPON. de anima 9, 9 Hayd. οἱ δὲ ἀερίαν [nämlich τὴν ψυχήν] ὡς Ἀ. καί τινες τῶν Στωικῶν. Vgl. 87, 2 aus Ar. d. an. A 2. 405a 21. Vgl. B 2;
40   AËT. IV 3, 2; Plato Phaedo p. 96 B.

---

3 Ἀναξιμένης] Name richtig überliefert vgl. aber 11 A 17a. b 12 A 22
6 vgl. Diller Herm. 67 (1932) 35   8 χάλαζαν und χιόνα sind bei Aëtios (Plut. Stob.) vertauscht. Das Obige hat aus Hipp. hergestellt (s. I 92, 23) Diels Dox. 136   19 vgl. Kaibel Herm. 20 (1885) 580. Berger a. O. S. 127¹ 21 βιαίως φέρεσθαι] so Hs.   27 τοῦ Diels: που L: fehlt übr. Hss.; Simpl. 524, 12 ὁ δὲ ἀὴρ μὴ ἔχων ἱκανὸν τόπον πρὸς τὸ μεταστῆναι . . .

B. FRAGMENTE

1. PLUT. de prim. frig. 7, 947 F ἢ καθάπερ Ἀ. ὁ παλαιὸς
ᾤετο, μήτε τὸ ψυχρὸν ἐν οὐσίαι μήτε τὸ θερμὸν ἀπολείπωμεν, ἀλλὰ
πάθη κοινὰ τῆς ὕλης ἐπιγιγνόμενα ταῖς μεταβολαῖς· τὸ γὰρ συστελλό-
5 μενον αὐτῆς καὶ πυκνούμενον ψυχρὸν εἶναί φησι, τὸ δ' ἀραιὸν καὶ τὸ
χαλαρὸν (οὕτω πως ὀνομάσας καὶ τῶι ῥήματι) θερμόν. ὅθεν οὐκ
ἀπεικότως λέγεσθαι τὸ καὶ θερμὰ τὸν ἄνθρωπον ἐκ τοῦ στόματος
καὶ ψυχρὰ μεθιέναι· ψύχεται γὰρ ἡ πνοὴ πιεσθεῖσα καὶ πυκνωθεῖσα
τοῖς χείλεσιν, ἀνειμένου δὲ τοῦ στόματος ἐκπίπτουσα γίγνεται θερ-
10 μὸν ὑπὸ μανότητος. τοῦτο μὲν οὖν ἀγνόημα ποιεῖται τοῦ ἀνδρὸς ὁ
Ἀριστοτέλης [Probl. 34, 7. 964a 10?]· ἀνειμένου γὰρ τοῦ στόματος
ἐκπνεῖσθαι τὸ θερμὸν ἐξ ἡμῶν αὐτῶν, ὅταν δὲ συστρέψαντες τὰ
χείλη φυσήσωμεν, οὐ τὸν ἐξ ἡμῶν, ἀλλὰ τὸν ἀέρα τὸν πρὸ τοῦ στό-
ματος ὠθεῖσθαι ψυχρὸν ὄντα καὶ προσεμπίπτειν. Vgl. A 5 ι 91, 23.
15 **2.** AËT. ι 3, 4 (D. 278) Ἀ. Εὐρυστράτου Μιλήσιος ἀρχὴν τῶν
ὄντων ἀέρα ἀπεφήνατο· ἐκ γὰρ τούτου πάντα γίγνεσθαι καὶ εἰς αὐτὸν
πάλιν ἀναλύεσθαι. ὁ ι ο ν ἡ ψ υ χ ή, φησίν, ἡ ἡμετέρα ἀ ὴ ρ ο ὖ σ α
σ υ γ κ ρ α τ ε ῖ ἡ μ ᾶ ς, κ α ὶ ὅ λ ο ν τ ὸ ν κ ό σ μ ο ν π ν ε ῦ μ α κ α ὶ ἀ ὴ ρ
π ε ρ ι έ χ ε ι' (λέγεται δὲ συνωνύμως ἀὴρ καὶ πνεῦμα). ἁμαρτάνει δὲ
20 καὶ οὗτος [vgl. 12 A 14] ἐξ ἁπλοῦ καὶ μονοειδοῦς ἀέρος καὶ πνεύματος
δοκῶν συνεστάναι τὰ ζῷα· ἀδύνατον γὰρ ἀρχὴν μίαν τὴν ὕλην τῶν
ὄντων ὑποστῆναι, ἀλλὰ καὶ τὸ ποιοῦν αἴτιον χρὴ ὑποτιθέναι· οἷον
ἄργυρος οὐκ ἀρκεῖ πρὸς τὸ ἔκπωμα γενέσθαι, ἐὰν μὴ τὸ ποιοῦν ἦι,
τουτέστιν ὁ ἀργυροκόπος· ὁμοίως καὶ ἐπὶ τοῦ χαλκοῦ καὶ τοῦ ξύλου.
25 καὶ τῆς ἄλλης ὕλης.

2a. — ιι 22, 1 [vgl. A 15. 14 ι 93, 41. 26] π λ α τ ὺ ν ὡ ς π έ τ α λ ο ν
τ ὸ ν ἥ λ ι ο ν.

Vgl. auch πιλίον A 7, ἧλοι A 14, ἐποχεῖσθαι A 6. 7. 20.

---

1. *Das sich Zusammenziehende und Verdichtende der Materie ist das*
Kalte, das Dünne und Schlaffe dagegen das *Warme.*
2. Wie unsre Seele, die Luft ist, uns beherrschend zusammenhält,
so umfaßt auch die ganze Weltordnung Hauch und Luft.
2a. *Die Sonne breit* wie ein *Blatt.*

2ff. vgl. Diller a. O. 17ff. Echtheit des Frag. angefochten von K. Rein-
hardt *Kosmos u. Sympathie* S. 209ff., Wilamowitz *Glaube d. Hell.* ι 374³ u. a.
Echte Frag. mit nachfolgender Worterklärung bringt Aëtios öfter z. B.
D. 286, 10. 287, 11. Zu περιέχειν vgl. 12 A 11 ι 84, 2, zu πνεῦμα den Wort-
index. Der Vergleich von Mensch u. Kosmos ist alt (vgl. *Herm.* 39, 1934, 114¹).
Die Frage bedarf der Neubehandlung

GEFÄLSCHTES

3. OLYMPIODOR. de arte sacra lapidis philosophorum c. 25 (Berthelot Coll. Alchym. gr. I 2 p. 83, 7) μίαν δὲ κινουμένην ἄπειρον ἀρχὴν πάντων τῶν ὄντων δοξάζει ᾿Α. τὸν ἀέρα. λέγει γὰρ οὕτως·
5 ᾿ἐγγύς ἐστιν ὁ ἀὴρ τοῦ ἀσωμάτου· καὶ ὅτι κατ᾿ ἔκροιαν τούτου γινόμεθα, ἀνάγκη αὐτὸν καὶ ἄπειρον εἶναι καὶ πλούσιον διὰ τὸ μηδέποτε ἐκλείπειν᾿.

14 [4]. PYTHAGORAS

Da es keine Schriften des Pythagoras gab und überhaupt vor der
10 Zeit des Philolaos nur mündliche Tradition der eigentlichen Schule bestand, so gibt es hier keine ⟨zuverlässige⟩ Doxographie. Die Biographie muß sich bei der früh beginnenden Legendenbildung im ganzen auf die ältesten Zeugnisse bis Aristoteles und dessen Schule (mit Auswahl) beschränken. — Die entscheidend wichtigen Zeugnisse des Xenophanes
15 [21 B 7], Heraklit [22 B 40. 81. 129], Empedokles [31 B 129], Ion [36 B 2. 4] über Pythagoras siehe bei diesen!

1. HEROD. II 123 πρῶτοι δὲ καὶ τόνδε τὸν λόγον Αἰγύπτιοί εἰσι οἱ εἰπόντες ὡς ἀνθρώπου ψυχὴ ἀθάνατός ἐστι, τοῦ σώματος δὲ καταφθίνοντος ἐς ἄλλο ζῷον αἰεὶ γινόμενον ἐσδύεται, ἐπεὰν δὲ πάντα περιέλθηι τὰ χερσαῖα καὶ τὰ θαλάσσια
20 καὶ τὰ πετεινά, αὖτις ἐς ἀνθρώπου σῶμα γινόμενον ἐσδύνειν, τὴν περιήλυσιν δὲ αὐτῆι γίνεσθαι ἐν τρισχιλίοισι ἔτεσι. τούτωι τῶι λόγωι εἰσὶ οἳ Ἑλλήνων ἐχρήσαντο, οἱ μὲν πρότερον οἱ δὲ ὕστερον, ὡς ἰδίωι ἑωυτῶν ἐόντι· τῶν ἐγὼ εἰδὼς τὰ οὐνόματα οὐ γράφω. II 81 οὐ μέντοι ἔς γε τὰ ἱρὰ [der Ägypter] ἐσφέρεται εἰρίνεα οὐδὲ συγκαταθάπτεταί σφι· οὐ γὰρ ὅσιον· ὁμολογέουσι δὲ ταῦτα τοῖσι Ὀρφι-

GEFÄLSCHTES

3. Die Luft steht dem Unkörperlichen nahe, und weil wir durch ihren Ausfluß entstehen, muß sie unendlich und reich sein, da sie niemals ausgeht.

2 Die Fälschung ergibt sich nicht nur aus dem schwindelhaften Charakter des Buches, sondern auch aus dem Sprachgebrauch: ἀσώματος, πλούσιος; der Anfang aus Arist. Phys. Δ 4. 212a 12, der Schluß ebenfalls aus Aristot. vgl. 12 A 14. 15 (I 85). Das Fr. möchte retten H. Gomperz *Herm.* 67 (1932) 159ff.   9ff. So Diels. Unbefangene Deutung der Zeugnisse Heraklits und Ions scheint freilich zu lehren, daß diesen Schriften des Pythagoras oder doch solche, die seine Lehre sehr ausführlich wiedergaben, bekannt waren: das Schweigegebot kann damals noch nicht gegolten haben. Vgl. *Hermes* 69 (1934) 115 u. im folg.   14f. Zu diesen Zeugnissen vgl. auch Rathmann *Quaestiones Pythagoreae Orphicae Empedocleae* Diss. Hal. 1933; dort die Literaturangaben

κοῖσι καλεομένοισι καὶ Βακχικοῖσι, ἐοῦσι δὲ Αἰγυπτίοισι [vgl. ι 96, 17], καὶ Πυθα-
γορείοισι· οὐδὲ γὰρ τούτων τῶν ὀργίων μετέχοντα ὅσιόν ἐστι ἐν εἰρινέοισι εἴμασι
· θαφθῆναι.   ἔστι δὲ περὶ αὐτῶν ἱρὸς λόγος λεγόμενος.   2.

— ιν 95 ὡς δὲ ἐγὼ πυνθάνομαι τῶν τὸν Ἑλλήσποντον οἰκεόντων Ἑλλή-
5 νων καὶ Πόντον, τὸν Σάλμοξιν τοῦτον ἐόντα ἄνθρωπον δουλεῦσαι ἐν Σάμωι, δου-
λεῦσαι δὲ Πυθαγόρηι τῶι Μνησάρχου.   ἐνθεῦτεν δὲ αὐτὸν γενόμενον ἐλεύθερον
χρήματα κτήσασθαι συχνά, κτησάμενον δὲ ἀπελθεῖν ἐς τὴν ἑωυτοῦ.   ἅτε δὲ κα-
κοβίων τε ἐόντων τῶν Θρηίκων καὶ ὑπαφρονεστέρων, τὸν Σάλμοξιν τοῦτον ἐπιστά-
μενον δίαιτάν τε Ἰάδα καὶ ἤθεα βαθύτερα ἢ κατὰ Θρήικας, οἷα Ἕλλησί τε ὁμιλή-
10 σαντα καὶ Ἑλλήνων οὐ τῶι ἀσθενεστάτωι σοφιστῆι Πυθαγόρηι, κατασκευάσασθαι
ἀνδρεῶνα, ἐς τὸν πανδοκεύοντα τῶν ἀστῶν τοὺς πρώτους καὶ εὐωχέοντα ἀναδ:-
δάσκειν, ὡς οὔτε αὐτὸς οὔτε οἱ συμπόται αὐτοῦ οὔτε οἱ ἐκ τούτων αἰεὶ γινόμενοι
ἀποθανέονται, ἀλλ᾽ ἥξουσι ἐς χῶρον τοῦτον, ἵνα αἰεὶ περιεόντες ἕξουσι [τὰ] πάντα
ἀγαθά.   ἐν ὧι δὲ ἐποίει τὰ καταλεχθέντα καὶ ἔλεγε ταῦτα, ἐν τούτωι κατάγεον
15 οἴκημα ἐποιεῖτο.   ὡς δὲ οἱ παντελέως εἶχε τὸ οἴκημα, ἐκ μὲν τῶν Θρηίκων ἠφα-
νίσθη, καταβὰς δὲ κάτω ἐς τὸ κατάγεον οἴκημα διαιτᾶτο ἐπ᾽ ἔτεα τρία· οἱ δέ μιν
ἐπόθεόν τε καὶ ἐπένθεον ὡς τεθνεῶτα.   τετάρτωι δὲ ἔτει ἐφάνη τοῖσι Θρήιξι καὶ
οὕτω πιθανά σφι ἐγένετο, τὰ ἔλεγε ὁ Σάλμοξις.   ταῦτά φασί μιν ποιῆσαι.   ἐγὼ
δὲ περὶ μὲν τούτου καὶ τοῦ καταγέου οἰκήματος οὔτε ἀπιστέω οὔτ᾽ ὦν πιστεύω
20 τι λίην, δοκέω δὲ πολλοῖσι ἔτεσι πρότερον τὸν Σάλμοξιν τοῦτον γενέσθαι Πυθα-
γόρεω.

3. DIOG. VIII 8 φησὶ δὲ καὶ Ἀριστόξενος [fr. 2 FHG II 272] τὰ πλεῖστα τῶν
ἠθικῶν δογμάτων λαβεῖν τὸν Πυθαγόραν παρὰ Θεμιστοκλείας τῆς ἐν Δελφοῖς.

4. ISOCR. Bus. 28 Πυθαγόρας ὁ Σάμιος .. ἀφικόμενος εἰς Αἴγυπτον καὶ μαθη-
25 τὴς ἐκείνων [der Ägypter] γενόμενος τήν τ᾽ ἄλλην φιλοσοφίαν πρῶτος εἰς τοὺς
Ἕλληνας ἐκόμισε καὶ τὰ περὶ τὰς θυσίας. καὶ τὰς ἁγιστείας τὰς ἐν τοῖς ἱεροῖς ἐπι-
φανέστερον τῶν ἄλλων ἐσπούδασεν ἡγούμενος, εἰ καὶ μηδὲν αὐτῶι. διὰ ταῦτα
πλέον γίγνοιτο παρὰ τῶν θεῶν, ἀλλ᾽ οὖν παρά γε τοῖς ἀνθρώποις ἐκ τούτων
μάλιστ᾽ εὐδοκιμήσειν.   29 ὅπερ αὐτῶι καὶ συνέβη.   τοσοῦτον γὰρ εὐδοξίαι τοὺς
30 ἄλλους ὑπερέβαλεν, ὥστε καὶ τοὺς νεωτέρους ἅπαντας ἐπιθυμεῖν αὐτοῦ μαθητὰς
εἶναι, καὶ τοὺς πρεσβυτέρους ἥδιον ὁρᾶν τοὺς παῖδας τοὺς αὑτῶν ἐκείνωι συγγι-
γνομένους ἢ τῶν οἰκείων ἐπιμελουμένους.   καὶ τούτοις οὐχ οἷόν τ᾽ ἀπιστεῖν· ἔτι
γὰρ καὶ νῦν τοὺς προσποιουμένους ἐκείνου μαθητὰς εἶναι μᾶλλον σιγῶντας θαυ-
μάζουσιν ἢ τοὺς ἐπὶ τῶι λέγειν μεγίστην δόξαν ἔχοντας.

35   5. DIOG. VIII 56 [o. A. II 156b 6 Sauppe] Ἀλκιδάμας δ᾽ ἐν τῶι Φυσικῶι [vgl.
31 A 1, 56] φησι ... τὸν δὲ [Empedokles] Ἀναξαγόρου διακοῦσαι καὶ Πυθαγόρου
καὶ τοῦ μὲν τὴν σεμνότητα ζηλῶσαι τοῦ τε βίου καὶ τοῦ σχήματος, τοῦ δὲ τὴν
φυσιολογίαν. ARIST. Rhet. B 23. 1398b 9 καὶ ὡς Ἀλκιδάμας [o. A. II 155 fr. 5 S.],
ὅτι πάντες τοὺς σοφοὺς τιμῶσιν. Πάριοι γοῦν Ἀρχίλοχον καίπερ βλάσφημον
40 ὄντα τετιμήκασι ... καὶ Ἰταλιῶται Πυθαγόραν καὶ Λαμψακηνοὶ Ἀναξαγόραν ξένον
ὄντα ἔθαψαν καὶ τιμῶσιν ἔτι καὶ νῦν.

4 vgl. Corssen Rh. Mus. 67 (1912) 42ff.   13 [τὰ] Krüger   17 ἀνεφάνη
Stein   23 ἐν Δελφοῖς Aldobr. (Porph. V. P. 41): ἀδελφῆς Hss.   24ff. zum
Verhältnis des Pythagoras zu außergriechischer (namentlich iranischer)
Lehre vgl. Reitzenstein-Schaeder Studien z. antik. Synkretismus. Aus Iran
u. Griechenland S. 116f.

6. Diog. ix 38 δοκεῖ δέ (Demokrit), φησὶν ὁ Θρασύλος, ζηλωτὴς γεγονέναι
τῶν Πυθαγορικῶν · ἀλλὰ καὶ αὐτοῦ Πυθαγόρου μέμνηται θαυμάζων αὐτὸν ἐν τῶι
ὁμωνύμωι συγγράμματι (nämlich Πυθαγόρης § 46; vgl. 68 A 33. B I 1). πάντα
δὲ δοκεῖν παρὰ τούτου λαβεῖν καὶ αὐτοῦ δ᾽ ἂν ἀκηκοέναι, εἰ μὴ τὰ τῶν χρόνων
5 ἐμάχετο. πάντως μέντοι τῶν Πυθαγορικῶν τινος ἀκοῦσαί φησιν αὐτὸν Γλαῦκος
ὁ Ῥηγῖνος κατὰ τοὺς αὐτοὺς χρόνους αὐτῶι γεγονώς. Porph. V. P. 3 Δοῦρις
δ᾽ ὁ Σάμιος ἐν δευτέρωι τῶν Ὡρων [FGrHist. 76 F 23 ii 145] παῖδά τ᾽ αὐτοῦ
(des Pythagoras) ἀναγράφει Ἀρίμνηστον καὶ διδάσκαλόν φησι γενέσθαι Δημο-
κρίτου. τὸν δ᾽ Ἀρίμνηστον κατελθόντ᾽ ἀπὸ τῆς φυγῆς χαλκοῦν ἀνάθημα τῶι
10 ἱερῶι τῆς Ἥρας ἀναθεῖναι τὴν διάμετρον ἔχον ἐγγὺς δύο πήχεων, οὗ ἐπίγραμμα
ἦν ἐγγεγραμμένον τόδε ·
        Πυθαγόρεω φίλος υἱὸς Ἀρίμνηστός μ᾽ ἀνέθηκε
        πολλὰς ἐξευρὼν εἰνὶ λόγοις σοφίας.
τοῦτο δ᾽ ἀνελόντα Σῖμον τὸν ἁρμονικὸν καὶ τὸν κανόνα σφετερισάμενον ἐξενεγκεῖν
15 ὡς ἴδιον. εἶναι μὲν οὖν ἑπτὰ τὰς ἀναγεγραμμένας σοφίας, διὰ δὲ τὴν μίαν, ἣν Σῖμος
ὑφείλετο, συναφανισθῆναι καὶ τὰς ἄλλας τὰς ἐν τῶι ἀναθήματι γεγραμμένας.
Über diese Fälschung s. c. 56, 2.
        6a. Procl. in Eucl. 65, 11 Fr. [aus Eudem fr. 84; nach 11 A 11; vgl.
86 B 12] μετὰ δὲ τοῦτον (Thales) Μάμερκος ὁ Στησιχόρου τοῦ ποιητοῦ ἀδελφὸς
20 ὡς ἐφαψάμενος τῆς περὶ γεωμετρίαν σπουδῆς μνημονεύεται ... ἐπὶ δὲ τούτοις
Π. τὴν περὶ αὐτὴν φιλοσοφίαν εἰς σχῆμα παιδείας ἐλευθέρου μετέστησεν ἄνωθεν
τὰς ἀρχὰς αὐτῆς ἐπισκοπούμενος καὶ ἀύλως καὶ νοερῶς τὰ θεωρήματα διερευνώ-
μενος, ὃς δὴ καὶ τὴν τῶν ἀνὰ λόγον πραγματείαν καὶ τὴν τῶν κοσμικῶν σχημάτων
σύστασιν ἀνεῦρεν.
25   7. Aristot. Metaph. A 5. 986a 29 καὶ γὰρ ἐγένετο τὴν ἡλικίαν Ἀλκμαίων
⟨νέος⟩ ἐπὶ γέροντι Πυθαγόραι. Aus des Aristoteles Buch Περὶ τῶν Πυθαγορείων
[fr. 191 Rose] stammt die erste Aufzeichnung der Pythagoraslegende.
Excerpt bei Apollon. mir. 6 τούτοις [Epimenides, Aristeas, Hermotimos,
Abaris, Pherekydes] δὲ ἐπιγενόμενος Πυθαγόρας Μνησάρχου υἱὸς τὸ μὲν πρῶτον
30 διεπονεῖτο περὶ τὰ μαθήματα καὶ τοὺς ἀριθμούς, ὕστερον δέ ποτε καὶ τῆς Φερεκύδου
τερατοποιίας οὐκ ἀπέστη. καὶ γὰρ ἐν Μεταποντίωι πλοίου εἰσερχομένου φορτίον
ἔχοντος καὶ τῶν παρατυχόντων εὐχομένων σωστὸν κατελθεῖν διὰ τὸν φόρτον,
ἐφεστῶτα τοῦτον εἰπεῖν 'νεκρὸν τοίνυν φανήσεται ὑμῖν σῶμα ἄγον τὸ πλοῖον τοῦτο ·
[vgl. Andron, den Theopomp ausschreibt nach Porphyr. bei Eus. P. E. x 3, 6].
35 πάλιν δ᾽ ἐν Καυλωνίαι, ὡς φησιν Ἀριστοτέλης ⟨προυσήμηνε τὴν λευκὴν ἄρκτον.
καὶ ὁ αὐτὸς Ἀριστοτέλης⟩ γράφων περὶ αὐτοῦ πολλὰ μὲν καὶ ἄλλα λέγει καὶ 'τὸν
ἐν Τυρρηνίαι, φησίν, δάκνοντα θανάσιμον ὄφιν αὐτὸς δάκνων ἀπέκτεινεν'. καὶ τὴν
γινομένην δὲ στάσιν τοῖς Πυθαγορείοις προειπεῖν. διὸ καὶ εἰς Μεταπόντιον
ἀπῆρεν ὑπὸ μηδενὸς θεωρηθείς, καὶ ὑπὸ τοῦ Κάσα ποταμοῦ διαβαίνων σὺν
40 ἄλλοις ἤκουσε φωνὴν μεγάλην ὑπὲρ ἄνθρωπον · 'Πυθαγόρα, χαῖρε'. τοὺς δὲ

---

9 ⟨ἐν⟩ τῶι Jacoby   19 Μάμερκος] vgl. Suid. Στησίχορος. Diog. viii 1. Plut.
Num. 8. Festus 98. 131 p. 116f. Lindsay   23 z. Diskussion hier. vgl. Frank
Plato u. die sogen. Pythagor. S. 233ff.   26 ⟨νέος⟩ Diels vgl. Iambl. V.P.104:
τὴν ἡλικίαν ⟨ἀνὴρ⟩ wider die übliche Formel Gomperz   Über die Quellen-
verzweigung dieser Literatur vgl. Corssen *Rh. Mus.* 67 (1912) 30ff.   28 Text
nach Rose, nur: 35 ⟨ ⟩ Diels vgl. Iambl. V. P. 142   39 Κάσα Diels vgl.
Herm. 33 (1898) 334: κατὰ σάμον Hs.   40 ἤκουσε = προσερρήθη Ael. V. h. II 26

παρόντας περιδεείς γενέσθαι. ἐφάνη δέ ποτε καὶ ἐν Κρότωνι καὶ ἐν Μετα-
ποντίωι τῆι αὐτῆι ἡμέραι καὶ ὥραι. ἐν θεάτρωι δὲ καθήμενός ποτε ἐξανίστατο,
ὡς φησιν Ἀριστοτέλης, καὶ τὸν ἴδιον μηρὸν παρέφηνε τοῖς καθημένοις ὡς χρυσοῦν.
AEL. V. H. II 26 Ἀριστοτέλης [fr. 191] λέγει ὑπὸ τῶν Κροτωνιατῶν τὸν Πυθα-
5 γόραν Ἀπόλλωνα Ὑπερβόρειον προσαγορεύεσθαι. IV 17 ἐδίδασκε Π. τοὺς ἀνθρώ-
πους, ὅτι κρειττόνων γεγένηται σπερμάτων ἢ κατὰ τὴν φύσιν τὴν θνητήν. Folgen
die oben I 98, 40ff. berichteten Beweise. καὶ Μυλλίαν δὲ τὸν Κροτωνιάτην
ὑπέμνησεν, ὅτι Μίδας ὁ Γορδίου ἐστὶν ὁ Φρύξ, καὶ τὸν ἀετὸν δὲ τὸν λευκὸν
κατέψησεν ὑπομείναντα αὐτόν. IAMBL. V. P. 31 ἱστορεῖ δὲ καὶ Ἀριστοτέλης ἐν
10 τοῖς Περὶ τῆς Πυθαγορικῆς φιλοσοφίας [fr. 192] διαίρεσίν τινα τοιάνδε ὑπὸ τῶν
ἀνδρῶν ἐν τοῖς πάνυ ἀπορρήτοις διαφυλάττεσθαι· τοῦ λογικοῦ ζώιου τὸ μέν ἐστι
θεός, τὸ δὲ ἄνθρωπος, τὸ δὲ οἷον Πυθαγόρας.

8. CLEM. AL. Strom. I 62 [II 39, 17 St.] Πυθαγόρας μὲν οὖν Μνησάρχου Σά-
μιος, ὡς φησιν Ἱππόβοτος, ὡς δὲ Ἀριστόξενος ἐν τῶι Πυθαγόρου βίωι [fr. 1 FHG
15 II 272] καὶ Ἀρίσταρχος [Ἀριστοτέλης Preller, fr. 190 Rose] καὶ Θεόπομπος
[FGrHist. 115 F 72 II 550] Τυρρηνὸς ἦν, ὡς δὲ Νεάνθης [FGrHist. 84 F 29 II 198]
Σύριος ἢ Τύριος. ὥστε εἶναι κατὰ τοὺς πλείστους τὸν Πυθαγόραν βάρβαρον τὸ
γένος. DIOG. VIII 1 ὡς Ἀριστόξενος, Τυρρηνὸς ἀπὸ μιᾶς τῶν νήσων ἃς ἔσχον
Ἀθηναῖοι Τυρρηνοὺς ἐκβαλόντες [Lemnos, vgl. Neanthes b. Porph. V. P. 2].
20 DIOG. I 118 Ἀριστόξενος δ' ἐν τῶι Περὶ Πυθαγόρου καὶ τῶν γνωρίμων αὐτοῦ
[a. O. fr. 3] φησι νοσήσαντα αὐτὸν [Pherekydes 7 A 1] ὑπὸ Πυθαγόρου ταφῆναι
ἐν Δήλωι. PORPHYR. V. P. 9 γεγονότα δ' ἐτῶν τεσσαράκοντά φησιν ὁ Ἀριστό-
ξενος [a. O. fr. 4] καὶ ὁρῶντα τὴν τοῦ Πολυκράτους τυραννίδα συντονωτέραν
οὖσαν, ὥστε καλῶς ἔχειν ἐλευθέρωι ἀνδρὶ τὴν ἐπιστασίαν τε καὶ δεσποτείαν [μὴ]
25 ὑπομένειν, οὕτως δὴ τὴν εἰς Ἰταλίαν ἄπαρσιν ποιήσασθαι. THEOL. ARITHM.
(aus Anatolios) p. 40 Ast Ἀνδροκύδης δὲ ὁ Πυθαγορικὸς ὁ Περὶ τῶν συμβόλων
γράψας καὶ Εὐβουλίδης ὁ Πυθαγορικὸς καὶ Ἀριστόξενος καὶ Ἱππόβοτος καὶ Νεάν-
θης οἱ ⟨τὰ⟩ κατὰ τὸν ἄνδρα ἀναγράψαντες σιξ ἔτεσι τὰς μετεμψυχώσεις τὰς αὐτῶι
συμβεβηκυίας ἔφασαν γεγονέναι. μετὰ τοσαῦτα γοῦν ἔτη εἰς παλιγγενεσίαν ἐλθεῖν
30 Πυθαγόραν καὶ ἀναζῆσαι ὡσανεὶ μετὰ τὴν πρώτην ἀνακύκλωσιν καὶ ἐπάνοδον τοῦ
ἀπὸ ἓξ ψυχογονικοῦ κύβου, τοῦ δ' αὐτοῦ καὶ ἀποκαταστατικοῦ διὰ τὸ σφαιρικόν,
ὡς δὲ καὶ ἄλλην διὰ τούτων ἀνάζησιν ἔσχε· ὧι καὶ συμφωνεῖ τὸ Εὐφόρβου τὴν
ψυχὴν ἐσχηκέναι κατά γε τοὺς χρόνους· φ γὰρ καὶ ιδ ἔτη ἔγγιστα ἀπὸ τῶν Τρωι-
κῶν ἱστορεῖται μέχρι Ξενοφάνους τοῦ φυσικοῦ καὶ τῶν Ἀνακρέοντός τε καὶ Πολυ-
κράτους χρόνων καὶ τῆς ὑπὸ Ἁρπάγου τοῦ Μήδου Ἰώνων πολιορκίας καὶ ἀνα-

---

4 Πυθαγόραν] Πύθιον Hss. Vermutlich ist nach Iambl. V. P. 30 zu
schreiben τὸν ⟨Πυθαγόραν⟩ Πύθιον ⟨ἢ⟩ Diels   18 ἔσχον BP: κατέσχον F
24 [μὴ] Cobet; vgl. Nauck z. d. St.   25ff. Über diese ganze Fabelei vgl.
Rohde *Psyche* II⁹ 417ff. Corssen *Rh. Mus.* 67 (1912) 3. Mindestens Aitha-
lides scheint aus Pherekydes [7 B 8] zu stammen. Laqueur *Herm.* 42 (1907)
530 hat die Rechnung aufgeklärt. Die Epoche des Pythagoras (Poly-
krates) ist danach 538 (vgl. c. 14, 10 I 101, 35); 216 + 216 + 82 = 514.
Die Τρωικά fallen also nach diesem System 1052, vier Geschlechter (133 J.)
nach 1184 (Eratosthenes). Den Turnus gibt Diog. VIII 14 auf 207 J. an
(vgl. Rohde a. O. 419 Corssen *Rh. Mus.* a. O.), Comm. Lucan. Bern. 289, 12
Us. auf 462 J. [432 = 2 × 216 Rohde]   30 ἀναζῆσαι Ast: ἀναζητῆσαι Hss.
32 ἄλλην Ast: ἄλλο Hss.   33 γε] τε Hss.

στάσεως, ἣν Φωκεῖς φυγόντες Μασσαλίαν ᾤκησαν· πᾶσι γὰρ τούτοις ὁμόχρονος
ὁ Π. ὑπὸ Καμβύσου γοῦν ἱστορεῖται Αἴγυπτον ἑλόντος συνηιχμαλωτίσθαι ἐκεῖ
συνδιατρίβων τοῖς ἱερεῦσι, καὶ εἰς Βαβυλῶνα μετελθὼν τὰς βαρβαρικὰς τελετὰς
μυηθῆναι, ὅτε Καμβύσης τῆι Πολυκράτους μέχρι τυραννίδι συνεχρόνει, ἣν φεύγων
5 εἰς Αἴγυπτον·μετῆλθε Πυθαγόρας. δὶς οὖν ἀφαιρεθείσης τῆς περιόδου (τοῦτ' ἔστι
δὶς τῶν σ̅ι̅ς̅ ἐτῶν) λοιπὰ γίνεται τὰ τοῦ βίου αὐτοῦ π̅β̅. DIOG. VIII 4 τοῦτόν
[Pythagoras]- φησιν Ἡρακλείδης ὁ Ποντικὸς [fr. 37 Voss, vgl. 7 B 8] περὶ
αὐτοῦ τάδε λέγειν, ὥς ιεἴη ποτὲ γεγονὼς Αἰθαλίδης καὶ Ἑρμοῦ υἱὸς νομισθείη· τὸν
δὲ Ἑρμῆν εἰπεῖν αὐτῶι ἑλέσθαι ὅ τι ἂν βούληται πλὴν ἀθανασίας. αἰτήσασθαι
10 οὖν ζῶντα καὶ τελευτῶντα μνήμην ἔχειν τῶν συμβαινόντων. ἐν μὲν οὖν τῆι ζωῆι
πάντων διαμνημονεῦσαι· ἐπεὶ δὲ ἀποθάνοι, τηρῆσαι τὴν αὐτὴν μνήμην. χρόνωι
δ' ὕστερον εἰς Εὔφορβον ἐλθεῖν καὶ ὑπὸ Μενέλεω τρωθῆναι. ὁ δ' Εὔφορβος ἔλεγεν,
ὡς Αἰθαλίδης ποτὲ γεγόνοι, καὶ ὅτι παρ' Ἑρμοῦ τὸ δῶρον λάβοι καὶ τὴν τῆς ψυχῆς
περιπόλησιν, ὡς περιεπολήθη καὶ εἰς ὅσα φυτὰ καὶ ζῶια παρεγένετο καὶ ὅσα ἡ ψυχὴ
15 ἐν τῶι Ἄιδηι ἔπαθε καὶ αἱ λοιπαὶ τίνα ὑπομένουσιν.   (5) ἐπειδὴ δὲ Εὔφορβος
ἀποθάνοι, μεταβῆναι τὴν ψυχὴν αὐτοῦ εἰς Ἑρμότιμον, ὃς καὶ αὐτὸς πίστιν θέλων
δοῦναι ἐπανῆλθεν εἰς Βραγχίδας καὶ εἰσελθὼν εἰς τὸ τοῦ Ἀπόλλωνος ἱερὸν ἐπέδειξεν
ἣν Μενέλαος ἀνέθηκεν ἀσπίδα (ἔφη γὰρ αὐτόν, ὅτ' ἀπέπλει ἐκ Τροίας, ἀναθεῖναι
τῶι Ἀπόλλωνι τὴν ἀσπίδα) διασεσηπυῖαν ἤδη, μόνον δὲ διαμένον τὸ ἐλεφάντινον
20 πρόσωπον. ἐπειδὴ δὲ Ἑρμότιμος ἀπέθανε, γενέσθαι Πύρρον τὸν Δήλιον ἁλιέα·
καὶ πάντα πάλιν μνημονεύειν, πῶς πρόσθεν Αἰθαλίδης, εἶτ' Εὔφορβος, εἶτα Ἑρμό-
τιμος, εἶτα Πύρρος γένοιτο. ἐπειδὴ δὲ Πύρρος ἀπέθανε, γενέσθαι Πυθαγόραν καὶ
πάντων τῶν εἰρημένων μεμνῆσθαι.   Pherekydes Lehrer des P. s. 7 A 1—7a.
8a. PORPHYR. V. Pyth. 18 ἐπεὶ δὲ τῆς Ἰταλίας ἐπέβη καὶ ἐν Κρότωνι ἐγένετο,
25 φησὶν ὁ Δικαίαρχος [fr. 29 FHG II 244], ὡς ἀνδρὸς ἀφικομένου πολυπλάνου τε
καὶ περιττοῦ καὶ κατὰ τὴν ἰδίαν φύσιν ὑπὸ τῆς τύχης εὖ κεχορηγημένου (τήν τε γὰρ
ἰδέαν εἶναι ἐλευθέριον καὶ μέγαν χάριν τε πλείστην καὶ κόσμον ἐπὶ τε τῆς φωνῆς
καὶ τοῦ ἤθους καὶ ἐπὶ τῶν ἄλλων ἁπάντων ἔχειν), οὕτως διαθεῖναι τὴν Κροτωνιατῶν
πόλιν, ὥστ' ἐπεὶ τὸ τῶν γερόντων ἀρχεῖον ἐψυχαγώγησεν πολλὰ καὶ καλὰ δια-
30 λεχθείς, τοῖς νέοις πάλιν ἡβητικὰς ἐποιήσατο παραινέσεις ὑπὸ τῶν ἀρχόντων κελευ-
σθείς· μετὰ δὲ ταῦτα τοῖς παισὶν ἐκ τῶν διδασκαλείων ἀθρόοις συνελθοῦσιν· εἶτα
ταῖς γυναιξὶ καὶ γυναικῶν σύλλογος αὐτῶι κατεσκευάσθη.   (19) γενομένων δὲ τού-
των μεγάλη περὶ αὐτοῦ ηὐξήθη δόξα, καὶ πολλοὺς μὲν ἔλαβεν ἐξ αὐτῆς τῆς πόλεως
ὁμιλητὰς οὐ μόνον ἄνδρας ἀλλὰ καὶ γυναῖκας, ὧν μιᾶς γε Θεανοῦς καὶ διεβοήθη
35 τοὔνομα, πολλοὺς δ' ἀπὸ τῆς σύνεγγυς βαρβάρου χώρας βασιλεῖς τε καὶ δυνάστας.
ἃ μὲν οὖν ἔλεγε τοῖς συνοῦσιν, οὐδὲ εἷς ἔχει φράσαι βεβαίως· καὶ γὰρ οὐδ' ἡ τυχοῦσα
ἦν παρ' αὐτοῖς σιωπή. μάλιστα μέντοι γνώριμα παρὰ πᾶσιν ἐγένετο πρῶτον μὲν
ὡς ἀθάνατον εἶναί φησι τὴν ψυχήν, εἶτα μεταβάλλουσαν εἰς ἄλλα γένη ζώιων, πρὸς
δὲ τούτοις ὅτι κατὰ περιόδους τινὰς τὰ γενόμενά ποτε πάλιν γίνεται, νέον δ' οὐδὲν
40 ἁπλῶς ἔστι καὶ ὅτι πάντα τὰ γινόμενα ἔμψυχα ὁμογενῆ δεῖ νομίζειν. φαίνεται γὰρ
εἰς τὴν Ἑλλάδα τὰ δόγματα πρῶτος κομίσαι ταῦτα Πυθαγόρας.

9. — — 6 περὶ τῆς διδασκαλίας αὐτοῦ [Pythag.] οἱ πλείους δὲ μὲν
τῶν μαθηματικῶν καλουμένων ἐπιστημῶν παρ' Αἰγυπτίων τε καὶ Χαλδαίων καὶ

1 ᾤκησαν] ᾤκισαν Hss.   3 τελευτᾷ Hss.   10 τελευτήσαντα Cobet
15 ἐν ᾄδου Cobet   16 θέλων δοῦναι BP: umgest. F   18 ἀπέπλευσεν F
19 διαμένον Cobet: διαμένειν BPF   36 οὐχ Nauck   40 δεῖ Holsten: δὲ
Hss.   φαίνεται] φέρεται Nauck

Φοινίκων φασίν έκμαθεϊν· γεωμετρίας μέν γάρ έκ παλαιών χρόνων έπιμεληθήναι Αίγυπτίους, τά δέ περί άριθμούς τε καί λογισμούς Φοίνικας, Χαλδαίους δέ τά περί τόν ούρανόν θεωρήματα· περί τάς τών θεών άγιστείας καί τά λοιπά τών περί τόν βίον έπιτηδευμάτων παρά τών Μάγων φασί διακοΰσαι τε καί λαβεϊν. καί ταύτα
5 μέν σχεδόν πολλούς έπιγιγνώσκειν διά τό γεγράφθαι έν ύπομνήμασιν, τά δέ λοιπά τών έπιτηδευμάτων ήττον είναι γνώριμα· πλήν τοσαύτηι γε άγνείαι φησίν Εΰδοξος έν τήι έβδόμηι τής Γής περιόδου [fr. 36 Gisinger Στοιχεϊα vi 119] κεχρήσθαι καί τήι περί τούς φόνους φυγήι καί τών φονευόντων, ώς μή μόνον τών έμψύχων άπέχεσθαι, άλλά καί μαγείροις καί θηράτορσι μηδέποτε πλησιάζειν. STRAB. xv 716
10 [aus Onesikritos fr. 10 Müll.] είπόντος δ' [Kalanos] ότι καί Πυθαγόρας τοιαύτα [Askese] λέγοι κελεύοι τε έμψύχων άπέχεσθαι κτλ. DIOG. viii 20 θυσίαις τε έχρήτο άψύχοις, οί δέ φασιν, ότι άλέκτορσι μόνον καί έρίφοις γαλαθηνοϊς καί τοϊς λεγομένοις άπαλίαις, ήκιστα δέ άρνάσιν. ό γε.μήν 'Αριστόξενος [fr: 7 FHG ii 273] πάντα μέν τά άλλα συγχωρεϊν αύτόν έσθίειν έμψυχα, μόνον δ' άπέχεσθαι βοός άροτήρος
15 καί κριού. GELL. iv 11, 1 opinio vetus falsa occupavit et convaluit Pythagoram philosophum non esitavisse ex animalibus, item abstinuisse fabulo quem Graeci κύαμον appellant. 2. ex hac opinione Callimachus poeta scripsit [fr. 128] καί κυάμων άπο χεϊρας έχειν, άνιώντος έδεστοΰ, κάγώ, Πυθαγόρας ώς έκέλευε, λέγω. 4. Sed Aristoxenus musicus, vir litterarum veterum diligentissimus, Aristoteli
20 philosophi auditor, in libro quem de Pythagora reliquit [a. O.], nullo saepius legumento Pythagoram dicit usum quam fabis, quoniam is cibus et subduceret sensim alvum et levigaret. 5. verba ipsa Aristoxeni [fr. 7 FHG ii 273] subscripsi: Π. δέ τών όσπρίων μάλιστα τόν κύαμον έδοκίμασεν· λειαντικόν τε γάρ είναι καί διαχωρητικόν· διό καί μάλιστα κέχρηται αύτώι. 6. porculis quoque
25 minusculis et haedis tenerioribus victitasse idem Aristoxenus refert. 7. quam rem videtur cognovisse e Xenophilo Pythagorico familiari suo et ex quibusdam aliis natu maioribus, qui ab aetate Pythagorae ⟨haud tantum aberant⟩ ...
12. 'Αριστοτέλης [fr. 194] δέ μήτρας καί καρδίας καί άκαλήφης καί τοιούτων τινών άλλων άπέχεσθαί φησιν τούς Πυθαγορικούς, χρήσθαι δέ τοϊς άλλοις. Vgl. c. 52.
30 10. PLAT. de rep. x 600 A άλλά δή εί μή δημοσίαι, ίδίαι τισίν ήγεμών παιδείας αύτός ζών λέγεται "Ομηρος γενέσθαι, οί έκεϊνον ήγάπων έπί συνουσίαι καί τοϊς ύστέροις όδόν τινα παρέδοσαν βίου 'Ομηρικήν, ώσπερ Πυθαγόρας αύτός τε διαφερόντως έπί τούτωι ήγαπήθη, καί οί ύστεροι έτι καί νΰν Πυθαγόρειον τρόπον έπονομάζοντες τοΰ βίου διαφανεϊς πηι δοκοΰσιν είναι έν τοϊς άλλοις; DIOG. viii 45
35 ήκμαζε δέ (Pythagoras) καί κατά τήν έξηκοστήν όλυμπιάδα [540—537], καί αύτοΰ τό σύστημα διέμενε μέχρι γενεών έννέα ή καί δέκα. 46. τελευταϊοι γάρ έγένοντο

2/3 Nauck vermißt regierendes Verb   4 φασί V: φησί B   7 Auch das Vorhergehende will auf Eudoxos zurückführen Gisinger a. O.   12 φασιν P: φασίν ότι BF   άλεκτορίσι Σ   καί γαλαθηνοϊς Hss.: γαλ. καί stellte um Kochalsky nach Z. 25: καί tilgte Froben   13 über den Umfang des Zitats aus Aristoxenos vgl. Hosius zu Gell. S. xxxi³   14 μόνου BPF: μόνου ΦΣ: μόνων vulg.   δέ αύτόν άπέχεσθαι F   άροτήρος βοός F   16ff. vgl. Delatte Faba Pythagorae cognata Serta Leodiensia 1930 S. 33ff.   22 λειαντικόν Cobet: λιανκυτικον V: λιανκυήτικον Urb.: λίαν κνητικόν ς: λίαν κινητικόν Ald. Vgl. Diog. viii 24   27 haud ... aberant fehlt Hss.: haud tantum aberant Diels: minus diu aberant Hertz   35 καί κατά BPF¹: καί tilgte F²   έξηκοστήν] vgl. z. I 99, 22   36 διέμενε P: διέμεινε BF   έννέα καί δέκα F

102   14 [4]. PYTHAGORAS

τῶν Πυθαγορείων, οὓς καὶ Ἀριστόξενος [fr. 12 FHG II 275] εἶδε, Ξενόφιλός τε ὁ Χαλκιδεὺς ἀπὸ Θράικης καὶ Φάντων ὁ Φλιάσιος καὶ Ἐχεκράτης καὶ Διοκλῆς καὶ Πολύμναστος Φλιάσιοι καὶ αὐτοί. ἦσαν δ' ἀκροαταὶ Φιλολάου καὶ Εὐρύτου τῶν Ταραντίνων.

5   11. HIPPOL. Ref. ι 2, 12 (Dox. 557) Διόδωρος δὲ ὁ Ἐρετριεὺς καὶ Ἀριστόξενος ὁ μουσικός φασι πρὸς Ζαράταν τὸν Χαλδαῖον ἐληλυθέναι Πυθαγόραν.

12. DIOG. VIII 14 καὶ πρῶτον [Pyth.] εἰς τοὺς Ἕλληνας μέτρα καὶ σταθμὰ εἰσηγήσασθαι, καθά φησιν Ἀριστόξενος ὁ μουσικός [fr. 10 FHG II 274]. Porph. V. P. 22 προσῆλθον δ' αὐτῶι, ὥς φησιν Ἀριστόξενος [fr. 5 FHG II 273], καὶ

10 Λευκανοὶ καὶ Μεσσάπιοι καὶ Πευκέτιοι καὶ Ῥωμαῖοι. Vgl. Iambl. V. P. 241.

13. PORPH. V. P. 4 ἄλλοι δ' ἐκ Θεανοῦς τῆς Πυθώνακτος τὸ γένος Κρήσσης υἱὸν Τηλαυγῆ Πυθαγόρου ἀναγράφουσι καὶ θυγατέρα Μυῖαν [vgl. 58 A geg. End.], οἱ δὲ καὶ Ἀριγνώτην (ὧν καὶ συγγράμματα Πυθαγόρεια σώιζεσθαι). Τίμαιος [fr. 78 FHG I 211] δ' ἱστορεῖ τὴν Πυθαγόρου θυγατέρα καὶ παρθένον οὖσαν

15 ἡγεῖσθαι τῶν παρθένων ἐν Κρότωνι καὶ γυναῖκα τῶν γυναικῶν. τὴν δ' οἰκίαν Δήμητρος ἱερὸν ποιῆσαι τοὺς Κροτωνιάτας, τὸν δὲ στενωπὸν καλεῖν Μουσεῖον. Vgl. DIOG. VIII 15. Iambl. V. P. 170 γήμαντα δὲ τὴν γεννηθεῖσαν αὐτῶι θυγατέρα, μετὰ ταῦτα δὲ Μένωνι τῶι Κροτωνιάτηι συνοικήσασαν, ἀγαγεῖν οὕτως ὥστε παρθένον μὲν οὖσαν ἡγεῖσθαι τῶν χορῶν, γυναῖκα δὲ γενομένην πρώτην προσιέναι

20 τοῖς βωμοῖς· τοὺς δὲ Μεταποντίνους διὰ μνήμης ἔχοντας ἔτι τὸν Πυθαγόραν καὶ μετὰ τοὺς αὐτοῦ χρόνους τὴν μὲν οἰκίαν αὐτοῦ Δήμητρος ἱερὸν τελέσαι, τὸν δὲ στενωπὸν Μουσεῖον. IUSTIN 20, 4 [aus Timaios] Pythagoras cum annos viginti Crotonae egisset, Metapontum emigravit ibique decessit: cuius tanta admiratio fuit ut ex domo eius templum facerent. Vgl. Cie. d. fin. v 2, 4. PAP. HERC. 1788

25 (Coll. alt. VIII fr. 4; Crönert Kolotes u. Mened. S. 147 ⟨ἐν δὲ Κρήτηι κατελθὼν εἰς τὸ Ἰδαῖον ἄ⟩ν⟨τ⟩ρον ⟨..............⟩ καὶ τὰ περὶ θε⟨ῶν ..... ἐν⟩ ἀπορρήτοις ⟨μαθὼν ἀπῆρεν⟩ εἰς Κρότωνα ⟨καὶ κατέστρεψεν ἐ⟩νενήκοντα ⟨ἔτη βιοὺς καὶ ἐτά⟩φη ἐν Μετα⟨ποντίωι [nāml. Pythagoras].

14. DIOD. XII 9, 2ff. [Ephoros ?] γενόμενος δὲ παρ' αὐτοῖς [Sybariten] δη-

30 μαγωγὸς Τῆλυς καὶ κατηγορῶν τῶν μεγίστων ἀνδρῶν ἔπεισε τοὺς Συβαρίτας φυγαδεῦσαι τοὺς εὐπορωτάτους τῶν πολιτῶν πεντακοσίους καὶ τὰς οὐσίας αὐτῶν δημεῦσαι.   (3) τῶν δὲ φυγάδων παρελθόντων εἰς Κρότωνα καὶ καταφυγόντων ἐπὶ τοὺς εἰς τὴν ἀγορὰν βωμούς, ὁ μὲν Τῆλυς ἐξέπεμψε πρεσβευτὰς πρὸς τοὺς Κροτωνιάτας, οἷς ἦν προστεταγμένον ἢ τοὺς φυγάδας ἐκδοῦναι ἢ πόλεμον προσ-

35 δέχεσθαι.   (4) συναχθείσης δὲ ἐκκλησίας καὶ προτεθείσης βουλῆς, πότερον χρὴ τοὺς ἱκέτας ἐκδοῦναι τοῖς Συβαρίταις ἢ πόλεμον ὑπομεῖναι πρὸς δυνατωτέρους, ἀπορουμένης τε τῆς συγκλήτου καὶ τοῦ δήμου, τὸ μὲν πρῶτον ἔρρεπε ταῖς γνώμαις τὸ πλῆθος πρὸς τὴν ἀπόδοσιν τῶν ἱκετῶν διὰ τὸν πόλεμον. μετὰ δὲ ταῦτα Πυθαγόρου τοῦ φιλοσόφου συμβουλεύσαντος σώιζειν τοὺς ἱκέτας, μετέπεσον ταῖς

40 γνώμαις καὶ τὸν πόλεμον ὑπὲρ τῆς τῶν ἱκετῶν σωτηρίας ἀνείλοντο.   (5) στρατευσάντων δ' ἐπ' αὐτοὺς τῶν Συβαριτῶν τριάκοντα μυριάσιν ἀντετάχθησαν οἱ Κροτωνιᾶται δέκα μυριάσι Μίλωνος τοῦ ἀθλητοῦ ἡγουμένου καὶ διὰ τὴν ὑπερβολὴν τῆς τοῦ σώματος ῥώμης πρώτου·τρεψαμένου τοὺς καθ' αὑτὸν τεταγμένους.   (6) ὁ

---

2 φλιάσιος P: φιλιάσιος B (vor d. Ras.), F   6 Ζαρ.] d. i. Zarathustra vgl. Anm. z. ι 97, 24ff.   18 Μένωνι] Μίλωνι Menage aus § 267   26 ἄντρον ⟨μετὰ τοῦ Ἐπιμενίδου⟩ Crönert   θε⟨ῶν παρ' αὐτοῦ Crönert   28 Μετα⟨ποντίωι ἐντίμως Crönert, der auch das Übrige ergänzte   34 ἐκδ. ⟨κελεύειν⟩ Morel

γὰρ ἀνὴρ οὗτος.ἑξάκις 'Ολύμπια νενικηκὼς καὶ τὴν ἀλκὴν ἀκόλουθον ἔχων τῆι κατὰ τὸ σῶμα φύσει λέγεται πρὸς τὴν μάχην ἀπαντῆσαι κατεστεφανωμένος μὲν τοῖς 'Ολυμπικοῖς στεφάνοις, διεσκευασμένος δὲ εἰς 'Ηρακλέους σκευὴν λεοντῆι καὶ ῥοπάλωι· αἴτιον δὲ γενόμενον τῆς νίκης θαυμασθῆναι παρὰ τοῖς πολίταις.   (10, 1)
5 τῶν δὲ Κροτωνιατῶν διὰ τὴν ὀργὴν ζωγρεῖν μὲν μηδένα βουληθέντων, πάντας δὲ κατὰ τὴν φυγὴν τοὺς ὑποπεσόντας ἀποκτεινόντων οἱ πλείους κατεκόπησαν· τὴν δὲ πόλιν διήρπασαν καὶ παντελῶς ἔρημον ἐποίησαν [510]. Vgl. Iambl. V. P. 260 τοὺς τριάκοντα μυριάδων περὶ τὸν Τετράεντα [Τράεντα Bentley n. Diod. xii 22, 1] περιγενομένους.
10 15. Diog. ii 46 τούτωι [Sokrates] τις, καθά φησιν 'Αριστοτέλης ἐν τρίτωι Περὶ ποιητικῆς [fr. 75], ἐφιλονίκει 'Αντίλοχος Λήμνιος καὶ 'Αντιφῶν ὁ τερατοσκόπος [87 A 1. 5], ὡς Πυθαγόραι Κύλων [s. Z. 17] καὶ 'Ονάτας [58 A].
16. Iambl. V. P. 248ff. ὅτι μὲν οὖν ἀπόντος Πυθαγόρου ἐγένετο ἡ ἐπιβουλή, πάντες συνομολογοῦσι, διαφέρονται δὲ περὶ τῆς τότε ἀποδημίας, οἱ μὲν πρὸς
15 Φερεκύδην τὸν Σύριον, οἱ δὲ εἰς Μεταπόντιον λέγοντες ἀποδεδημηκέναι τὸν Πυθαγόραν. αἱ δὲ αἰτίαι τῆς ἐπιβουλῆς πλείονες λέγονται, μία μὲν ὑπὸ τῶν Κυλωνείων λεγομένων ἀνδρῶν τοιάδε γενομένη.   Κύλων ἀνὴρ Κροτωνιάτης γένει μὲν καὶ δόξηι καὶ πλούτωι πρωτεύων τῶν πολιτῶν, ἄλλως δὲ χαλεπός τις καὶ βίαιος καὶ θορυβώδης καὶ τυραννικὸς τὸ ἦθος πᾶσαν προθυμίαν παρασχόμενος πρὸς τὸ
20 κοινωνῆσαι τοῦ Πυθαγορείου βίου καὶ προσελθὼν πρὸς αὐτὸν τὸν Πυθαγόραν ἤδη πρεσβύτην ὄντα ἀπεδοκιμάσθη διὰ τὰς προειρημένας αἰτίας.   (249) γενομένου δὲ τούτου πόλεμον ἰσχυρὸν ἤρατο καὶ αὐτὸς καὶ οἱ φίλοι αὐτοῦ πρὸς αὐτόν τε τὸν Πυθαγόραν καὶ τοὺς ἑταίρους, καὶ οὕτω σφοδρά τις ἐγένετο καὶ ἄκρατος ἡ φιλοτιμία αὐτοῦ τε τοῦ Κύλωνος καὶ τῶν μετ' ἐκείνου τεταγμένων, ὥστε διατεῖναι
25 μέχρι τῶν τελευταίων Πυθαγορείων. ὁ μὲν οὖν Πυθαγόρας διὰ ταύτην τὴν αἰτίαν ἀπῆλθεν εἰς τὸ Μεταπόντιον κἀκεῖ λέγεται καταστρέψαι τὸν βίον. οἱ δὲ Κυλώνειοι λεγόμενοι διετέλουν πρὸς Πυθαγορείους στασιάζοντες καὶ πᾶσαν ἐνδεικνύμενοι δυσμένειαν. ἀλλ' ὅμως ἐπεκράτει μέχρι τινὸς ἡ τῶν Πυθαγορείων καλοκαγαθία καὶ ἡ τῶν πόλεων αὐτῶν βούλησις, ὥστε ὑπ' ἐκείνων οἰκονομεῖσθαι βούλεσθαι
30 τὰ περὶ τὰς πολιτείας.   τέλος δὲ εἰς τοσοῦτον ἐπεβούλευσαν τοῖς ἀνδράσιν, ὥστε ἐν τῆι Μίλωνος οἰκίαι ἐν Κρότωνι συνεδρευόντων τῶν Πυθαγορείων καὶ βουλευομένων περὶ πολιτικῶν πραγμάτων ὑφάψαντες τὴν οἰκίαν κατέκαυσαν τοὺς ἄνδρας πλὴν δυεῖν, 'Αρχίππου τε καὶ Λύσιδος· οὗτοι δὲ νεώτατοι ὄντες καὶ εὐρωστότατοι διεξεπαίσαντο ἔξω πως.   (250) γενομένου δὲ τούτου καὶ λόγου οὐδένα ποιησα-
35 μένων τῶν πόλεων περὶ τοῦ συμβάντος πάθους ἐπαύσαντο τῆς ἐπιμελείας οἱ Πυθαγόρειοι. συνέβη δὲ τοῦτο δι' ἀμφοτέρας τὰς αἰτίας, διά τε τὴν ὀλιγωρίαν τῶν πόλεων (τοῦ τοιούτου γὰρ καὶ τηλικούτου γενομένου πάθους οὐδεμίαν ἐπιστροφὴν ἐποιήσαντο) διά τε τὴν ἀπώλειαν τῶν ἡγεμονικωτάτων ἀνδρῶν. τῶν δὲ δύο περισωθέντων ἀμφοτέρων Ταραντίνων ὄντων ὁ μὲν 'Αρχιππος ἀνεχώρησεν εἰς

---

1 Ol. 62—67 (532—512). Vgl. African. Ol. 62 S. 23 Rutg.   12 κύδων Hss. [auch viii 49]: verb. Menage   καὶ ὀνάτας ΒΡΦ: καὶ ὀνάτης F: Κροτωνιάτης falsch Menage; Arist. fr. 75 zählt öfter zwei Nebenbuhler auf. Über Onatas s. unten s. O.   13 Iamblichs Bericht stammt vermutlich aus Apollonios, der Aristoxenos (s. i 104, 10) benutzte. Vgl. Plut. de genio Socr. 13. Über die Zeit vgl. Rohde Kl. Schr. ii 113ff. Corssen Philol. 71 (1912) 332   17 Κύλων] vgl. 59 A 20.   30 ἐπεβούλευσε Hs.: verb. Kießling   32 πολιτικῶν Mahne: πολεμικῶν Hs.

104   14 [4]. PYTHAGORAS

Τάραντα, ὁ δὲ Λῦσις μισήσας τὴν ὀλιγωρίαν ἀπῆρεν εἰς τὴν Ἑλλάδα καὶ ἐν Ἀχαΐαι
διέτριβε τῆι Πελοποννησιακῆι, ἔπειτα εἰς Θήβας μετωικίσατο σπουδῆς τινος γενο-
μένης· οὗπερ ἐγένετο Ἐπαμεινώνδας ἀκροατὴς καὶ πατέρα τὸν Λῦσιν ἐκάλεσεν.
ὧδε καὶ τὸν βίον κατέστρεψεν.   (251) οἱ δὲ λοιποὶ τῶν Πυθαγορείων ἄθροι-
5 σθέντες εἰς τὸ Ῥήγιον ἐκεῖ διέτριβον μετ᾽ ἀλλήλων. προϊόντος δὲ τοῦ χρόνου
καὶ τῶν πολιτευμάτων ἐπὶ τὸ χεῖρον προβαινόντων ἀπέστησαν τῆς Ἰταλίας πλὴν
Ἀρχίππου τοῦ Ταραντίνου. ἦσαν δὲ οἱ σπουδαιότατοι Φάντων τε καὶ Ἐχεκράτης
καὶ Πολύμναστος καὶ Διοκλῆς Φλιάσιοι, Ξενόφιλος δὲ Χαλκιδεὺς τῶν ἀπὸ Θράικης
Χαλκιδέων. ἐφύλαξαν μὲν οὖν τὰ ἐξ ἀρχῆς ἤθη καὶ τὰ μαθήματα καίτοι ἐκλιπούσης
10 τῆς αἱρέσεως, ἕως εὐγενῶς ἠφανίσθησαν. ταῦτα μὲν οὖν Ἀριστόξενος [fr. 11 FHG
II 274] διηγεῖται. Νικόμαχος δὲ τὰ μὲν ἄλλα συνομολογεῖ τούτοις, παρὰ δὲ τὴν
ἀποδημίαν Πυθαγόρου φησὶ γεγονέναι τὴν ἐπιβουλὴν ταύτην κτλ. [Vgl. 44 A 4a
und c. 46.] PORPHYR. V. P. 56 Δικαίαρχος [fr. 31 FHG II 245] δὲ καὶ οἱ ἀκρι-
βέστεροι καὶ τὸν Πυθαγόραν φασὶν παρεῖναι τῆι ἐπιβουλῆι. POLYB. II 38, 10ff.
15 τὰ μὲν οὖν τῆς προαιρέσεως καὶ τὸ τῆς πολιτείας ἰδίωμα τὸ νῦν εἰρημένον καὶ
πρότερον ὑπῆρχε παρὰ τοῖς Ἀχαιοῖς . . .   (39, 1) καθ᾽ οὓς γὰρ καιροὺς ἐν τοῖς
κατὰ τὴν Ἰταλίαν τόποις κατὰ τὴν μεγάλην Ἑλλάδα τότε προσαγορευομένην ἐνέ-
πρησαν τὰ συνέδρια τῶν Πυθαγορείων, (2) μετὰ ταῦτα γινομένου κινήματος
ὁλοσχεροῦς περὶ τὰς πολιτείας (ὅπερ εἰκός, ὡς ἂν τῶν πρώτων ἀνδρῶν ἐξ ἑκάστης
20 πόλεως οὕτω παραλόγως διαφθαρέντων) (3) συνέβη τὰς κατ᾽ ἐκείνους τοὺς τόπους
Ἑλληνικὰς πόλεις ἀναπλησθῆναι φόνου καὶ στάσεως καὶ παντοδαπῆς ταραχῆς.
(4) ἐν οἷς καιροῖς, ἀπὸ τῶν πλείστων μερῶν τῆς Ἑλλάδος πρεσβευόντων ἐπὶ τὰς
διαλύσεις, Ἀχαιοῖς καὶ τῆι τούτων πίστει συνεχρήσαντο πρὸς τὴν τῶν παρόντων
κακῶν ἐξαγωγήν.

25   SCHRIFTEN, LEHRE

17. PHILOD. de piet. p. 66, 4b 3 Gomp. Πυθαγόρου δ᾽ αὐτοῦ γε οὐδέν φασί
τινες εἶναι τῶν ἀναφερομένων παρὰ ⟨τὰ τρία ἐκεῖνα βιβλία?⟩. IAMBL. V. P. 199
[verm. aus Aristoxenos] θαυμάζεται δὲ καὶ ἡ τῆς φυλακῆς ἀκρίβεια· ἐν γὰρ
τοσαύταις γενεαῖς ἐτῶν οὐθεὶς οὐδενὶ φαίνεται τῶν Πυθαγορείων ὑπομνημάτων
30 περιτετευχὼς πρὸ τῆς Φιλολάου ἡλικίας, ἀλλ᾽ οὗτος πρῶτος ἐξήνεγκε τὰ θρυλού-
μενα ταῦτα τρία βιβλία, ἃ λέγεται Δίων ὁ Συρακούσιος ἑκατὸν μνῶν πρίασθαι
Πλάτωνος κελεύσαντος, εἰς πενίαν τινὰ μεγάλην τε καὶ ἰσχυρὰν ἀφικομένου τοῦ
Φιλολάου, ἐπειδὴ καὶ αὐτὸς ἦν ἀπὸ συγγενείας τῶν Πυθαγορείων, καὶ διὰ τοῦτο
μετέλαβε τῶν βιβλίων. Vgl. 44 A 1 (§ 85). c. 18, 4.
35   18. IOSEPH. c. Ap. I 163 αὐτοῦ [Pyth.] μὲν οὖν οὐδὲν ὁμολογεῖται σύγγραμμα,
πολλοὶ δὲ τὰ περὶ αὐτὸν ἱστορήκασι, καὶ τούτων ἐπισημότατός ἐστιν Ἕρμιππος
(vgl. 11 A 11. c. 19, 2). PLUT. Alex. fort. I 4 p. 328 οὐδὲ Πυθαγόρας ἔγραψεν

2 γενομένης] näml. παρὰ τῶν Θηβαίων, Gegens. ὀλιγωρία τῶν· Ἰταλικῶν
S. 103, 36   6 ἀπέστησαν ‹.. Ταραντίνου (in der Hs. nach Πυθαγορείων
Z. 4) verstellte Rohde   7 Ἀρχίππου Beckmann (Quaest. de Pyth. rel. I
Berl. 1844): ἀρχύτου (was Corssen a. O. hält im Vergl. mit Diog. VIII 39)
Hs. Vgl. c. 46   9 ἐκλειπούσης Hs.: verb. Scaliger   10 ἕως] ὡς Hs.
17 ἐνέπρησαν Casaub.: ἐνέπρησε Hss.   23 συνέχρησαν Hss.: verb. Scaliger
27 ⟨ ⟩ Diels nach Z. 31 und I 105, 12. Vgl. Archiv f. Gesch. d. Phil. III
(1890) 459ff.

οὐδὲν οὐδὲ Σωκράτης οὐδὲ Ἀρκεσίλαος οὔτε Καρνεάδης. GAL. de plac. Hipp. et Plat. 459 Müll. Ποσειδώνιος δὲ καὶ Πυθαγόραν φησίν [näml. er habe bereits die Platonische Psychologie vertreten], αὐτοῦ μὲν τοῦ Πυθαγόρου συγγράμματος οὐδενὸς εἰς ἡμᾶς διασωιζομένου, τεκμαιρόμενος δὲ ἐξ ὧν ἔνιοι τῶν μαθητῶν 5 αὐτοῦ γεγράφασιν. Vgl. in Hipp. de nat. hom. xv 67 K.

19. DIOG. VIII 6 ἔνιοι μὲν οὖν Πυθαγόραν μηδὲ ἓν καταλιπεῖν σύγγραμμά φασι (διαπαίζοντες. Ἡράκλειτος γοῦν ὁ φυσικὸς [22 B 129] μονονουχὶ κέκραγε καί φησι· Πυθαγόρης Μνησάρχου ἱστορίην ἤσκησεν ἀνθρώπων μάλιστα πάντων, καὶ ἐκλεξάμενος ταύτας τὰς συγγραφὰς ἐποιήσατο ἑαυτοῦ σοφίην, πολυμαθείην, κακοτεχνίην.'
10 οὕτω δ' εἶπεν, ἐπειδήπερ ἐναρχόμενος ὁ Πυθαγόρας τοῦ Φυσικοῦ συγγράμματος λέγει ὧδε· 'οὐ μὰ τὸν ἀέρα, τὸν ἀναπνέω, οὐ μὰ τὸ ὕδωρ, τὸ πίνω, οὔ κοτ' οἴσω ψόγον περὶ τοῦ λόγου τοῦδε.' γέγραπται δὲ τῶι Πυθαγόραι συγγράμματα τρία, Παιδευτικόν, Πολιτικόν, Φυσικόν·) (7) τὸ δὲ φερόμενον ὡς Πυθαγόρου Λύσιδός ἐστι τοῦ Ταραντίνου Πυθαγορικοῦ φυγόντος εἰς Θήβας καὶ Ἐπαμεινώνδα καθηγη-
15 σαμένου [vgl. c. 46]. φησὶ δ' Ἡρακλείδης ὁ τοῦ Σαραπίωνος ἐν τῆι Σωτίωνος ἐπιτομῆι [fr. 9 FHG III 169] γεγραφέναι αὐτὸν καὶ Περὶ τοῦ ὅλου ἐν ἔπεσιν, δεύτερον τὸν Ἱερὸν λόγον, οὗ ἡ ἀρχή· 'ὦ νέοι, ἀλλὰ σέβεσθε μεθ' ἡσυχίας τάδε πάντα', τρίτον Περὶ ψυχῆς, τέταρτον Περὶ εὐσεβείας, πέμπτον Ἠλοθαλῆ τὸν Ἐπιχάρμου τοῦ Κώου πατέρα [vgl. 23 A 3. 8], ἕκτον Κρότωνα καὶ ἄλλους. τὸν δὲ Μυστικὸν
20 λόγον Ἱππάσου φησὶν εἶναι, γεγραμμένον ἐπὶ διαβολῆι Πυθαγόρου [vgl. c. 18]. πολλοὺς δὲ καὶ ὑπὸ Ἄστωνος τοῦ Κροτωνιάτου γραφέντας ἀνατεθῆναι Πυθαγόραι.

20. — IX 23 (Parmenides) δοκεῖ πρῶτος πεφωρακέναι τὸν αὐτὸν εἶναι Ἕσπερον καὶ Φωσφόρον [28 A 1 § 23] ..., οἱ δὲ Πυθαγόραν.

21. AËT. II 1, 1 (D. 327, 8) Π. πρῶτος ὠνόμασε τὴν τῶν ὅλων περιοχὴν 25 κόσμον ἐκ τῆς ἐν αὐτῶι·τάξεως.

15—20. AELTERE PYTHAGOREER

15 [5]. KERKOPS

CIC. de n. deor. I 38, 107 *Orpheum poetam docet Aristoteles* [fr. 7] *numquam*
30 *fuisse et hoc Orphicum carmen Pythagorei ferunt cuiusdam fuisse Cercopis.*
CLEM. Str. I 131 (II 81, 11 Stähl.) Ἐπιγένης δὲ ἐν τοῖς Περὶ τῆς εἰς Ὀρφέα

---

6 μὲν οὖν P: μὲν BF   6. 7 φασιν (παίζοντες Diels   10 Φυσικοῦ] alexandrinische Fälschung in ionischem Dialekte s. *Arch*. a. O. 451ff. 11 κοτ' οἴσω Diels (*ich werde nie Tadel davon tragen*): κατοίσω Hss., was Corssen *Rh. Mus*. 67 (1912) 15 schützt. Aber im archaischen Buchanfang, der hier imitiert wird, kann ὁ λόγος ὅδε wohl nicht der eigene sein   17 ἡ fehlt B   18f. πέμπτον usw. sinnlos: entweder ein Schüler- und ein Stadtname sind in die Bücherliste gedrungen oder ⟨πρὸς⟩ Ἠλ. und ⟨πρὸς⟩ Κρότωνα zu lesen (Kranz)   21 Ἄστωνος] vgl. zu c. 58 A Αἴγων   22f. Vgl. Wilamowitz *Platon* II² 85, *Glaube d. Hellenen* II 196³   28 vgl. Wilamowitz *D. Ilias u. Homer* S. 412. Kroll *Pauly-Wiss. R. E.* XI 1, 314   30 'hoc' = 'dieses sogenannte', vgl. Mayor I 182

⟨ἀναφερομένης⟩ ποιήσεως Κέρκωπος εἶναι λέγει τοῦ Πυθαγορείου τὴν Εἰς Ἅιδου κατάβασιν καὶ τὸν Ἱερὸν λόγον [ang. Schriften des Pythagoras, s. 36 B 2], τὸν δὲ Πέπλον καὶ τὰ Φυσικὰ Βροντίνου [c. 17]. SUID. s. v. Ὀρφεύς. Ἱερούς λόγους ἐν ῥαψωιδίαις κδ̄. λέγονται δὲ εἶναι Θεογνήτου τοῦ Θεσσαλοῦ, οἱ δὲ Κέρκωπος τοῦ 5 Πυθαγορείου. DIOG. II 46 [s. I 103, 10ff.] καὶ Κέρκωψ Ἡσιόδωι ζῶντι [näml. ἐφιλονίκει]. Wohl ein anderer, nämlich Kerkops von Milet, dem man, wie Hesiod, das Gedicht Aigimios zuschrieb; vgl. Kinkel Epic. Graec. frag. S. 82ff., Rzach fr. 190².

16 [6]. PETRON

10 PLUT. de defect. or. 22 p. 422 B τρεῖς καὶ ὀγδοήκοντα καὶ ἑκατὸν εἶναι [n. κόσμους] συντεταγμένους κατὰ σχῆμα τριγωνοειδές, οὗ πλευρὰν ἑκάστην ἑξήκοντα κόσμους ἔχειν. τριῶν δὲ τῶν λοιπῶν ἕκαστον ἱδρῦσθαι κατὰ γωνίαν, ἅπτεσθαι δὲ τοὺς ἐφεξῆς ἀλλήλων ἀτρέμα περιιόντας ὥσπερ ἐν χορείαι. 23 p. 422 D ἐλέγχει δ᾽ αὐτὸν ὁ τῶν κόσμων ἀριθμὸς οὐκ ὢν Αἰγύπτιος οὐδὲ Ἰνδὸς ἀλλὰ Δωριεὺς ἀπὸ 15 Σικελίας, ἀνδρὸς Ἱμεραίου τοὔνομα Πέτρωνος· αὐτοῦ μὲν ἐκείνου βιβλίδιον οὐκ ἀνέγνων οὐδὲ οἶδα διασωιζόμενον, Ἵππυς δὲ ὁ Ῥηγῖνος, οὗ μέμνηται Φανίας ὁ Ἐρέσιος [fr. 22 FHG II 300], ἱστορεῖ δόξαν εἶναι ταύτην Πέτρωνος καὶ λόγου, ὡς ἑκατὸν καὶ ὀγδοήκοντα καὶ τρεῖς κόσμους ὄντας, ἁπτομένους δ᾽ ἀλλήλων κατὰ στοιχεῖον, ὅ τι δὲ τοῦτ᾽ ἔστι τὸ ᾽κατὰ στοιχεῖον ἅπτεσθαι᾽, μὴ προσδια- 20 σαφῶν μηδ᾽ ἄλλην τινὰ πιθανότητα προσάπτων.

17 [7]. BRO(N)TINOS

1. IAMBL. V. P. 267 p. 189, 5 Nauck Μεταποντῖνοι Βροντῖνος κτλ. p. 194, 2 Θεανὼ γυνὴ τοῦ Μεταποντίνου Βροτίνου. 132 p. 96 πρὸς Δεινωνὼ γὰρ τὴν Βρον- τίνου γυναῖκα, τῶν Πυθαγορείων ἑνός, οὖσαν σοφήν τε καὶ περιττὴν τὴν ψυχήν, 25 ἧς ἐστι καὶ τὸ καλὸν καὶ περιβόητον ῥῆμα τὸ τὴν γυναῖκα δεῖν θύειν αὐθημερὸν ἀνισταμένην ἀπὸ τοῦ ἑαυτῆς ἀνδρός, ὅ τινες εἰς Θεανὼ ἀναφέρουσι, πρὸς δὴ ταύ- την παρελθούσας τὰς τῶν Κροτωνιατῶν γυναῖκας παρακαλέσαι περὶ τοῦ συμ- πεῖσαι τὸν Πυθαγόραν διαλεχθῆναι περὶ τῆς πρὸς αὐτὰς σωφροσύνης τοῖς ἀν- δράσιν αὐτῶν κτλ. DIOG. VIII 42 ἦν δὲ τῶι Πυθαγόραι καὶ γυνή, Θεανὼ ὄνομα, 30 Βροντίνου τοῦ Κροτωνιάτου θυγάτηρ· οἱ δέ, γυναῖκα μὲν εἶναι Βροντίνου, μαθή-

---

1 ⟨ἀναφερομένης⟩ Hiller vgl. ob. I 104, 30   11 Über die Bedeutung des Dreiecks vgl. Procl. z. Eucl. 115, 1 Fr., über στοιχεῖον und die ganze Vorstellung Diels Elementum 62ff. Vgl. Epikur Diog. X 88 (abgedr. 67 A 24) 19 δὲ G¹D: δὴ übr. Hss.   21 Βροτῖνος oder Βροντῖνος wird in dem Abdruck der Quellen genau nach den Hss. geschrieben. Βροτῖνος verteidigt Usener Syrian. p. 926a 2   23 Δεινωνὼ Hs.: Θεανὼ verkehrt Arcerius vgl. Z. 26. Doch scheint Δεινὼ und Θεανὼ in der Überl. zusammen- geflossen.   2 (apokryphe) Sprüche der Theano b. Sachau Inedita Syriaca (Wien 1870) S. VII n. 1. 2.

τριαν δὲ Πυθαγόρου. ἣν αὐτῶι καὶ θυγάτηρ Δαμώ, ὥς φησι Λῦσις ἐν ἐπιστολῆι τῆι πρὸς Ἵππασον.

2. DIOG. VIII 83 Alkmaion beginnt seine Schrift (24 B 1): 'Αλκμαίων Κροτωνιήτης τάδε ἔλεξε Πειρίθου υἱὸς Βροτίνωι καὶ Λέοντι καὶ Βαθύλλωι· περὶ τῶν
5 ἀφανέων κτλ. 3. — VIII 55 τὴν γὰρ περιφερομένην ὡς Τηλαύγους ἐπιστολήν, ὅτι τε μετέσχεν [Empedokles] Ἱππάσου καὶ Βροτίνου, μὴ εἶναι ἀξιόπιστον. 4. SUID. s. v. 'Ορφεύς [1 A 1] Πέπλον καὶ Δίκτυον· καὶ ταῦτα Ζωπύρου τοῦ Ἡρακλεώτου, οἱ δὲ Βροτίνου ... καὶ Φυσικά, ἃ Βροτίνου φασίν. CLEM. Str. I 131.
10 (II 81, 13 St.) [vgl. I 106, 2] τὸν δὲ Πέπλον καὶ τὰ Φυσικὰ [Schriften des Orpheus] Βροντίνου. 5. IAMBL. d. comm. math. sc. 8 p. 34, 20 Festa διόπερ καὶ Βροτῖνος ἐν τῶι Περὶ νοῦ καὶ διανοίας χωρίζων αὐτὰ ἀπ' ἀλλήλων τάδε λέγει. Zitate aus der gefälschten Schrift auch Syrian. Metaph. p. 926a 2 und öfters [Ps.
15 Alex. Met. 821, 34 Hayd.]; Stob. b. Phot. bibl. 114a 29.

18 [8]. HIPPASOS

LEBEN

1. DIOG. VIII 84 Ἵππασος Μεταποντῖνος καὶ αὐτὸς Πυθαγορικός. ἔφη δὲ χρόνον ὡρισμένον εἶναι τῆς τοῦ κόσμου μεταβολῆς καὶ πεπερασμένον εἶναι τὸ πᾶν
20 καὶ ἀείκίνητον [aus Theophrast, vgl. n. 7].
φησὶ δ' αὐτὸν Δημήτριος ἐν Ὁμωνύμοις μηδὲν καταλιπεῖν σύγγραμμα. γεγόνασι δὲ Ἵππασοι δύο, οὗτός τε καὶ ἕτερος γεγραφὼς ἐν πέντε βιβλίοις Λακώνων πολιτείαν. ἦν δὲ καὶ αὐτὸς Λάκων.
1a. SUID. s. v. Ἡράκλειτος [22 A 1a] ... τινὲς δὲ αὐτὸν ἔφασαν διακοῦσαι
25 Ξενοφάνους καὶ Ἱππάσου τοῦ Πυθαγορείου.
2. IAMBL. V. Pyth. 267 p. 190, 11 N. Συβαρῖται Μέτωπος, Ἵππασος κτλ.
— 81 [aus Nikomachos] δύο γὰρ ἦν γένη καὶ τῶν μεταχειριζομένων αὐτήν [Pythagoreische Philosophie], οἱ μὲν ἀκουσματικοί, οἱ δὲ μαθηματικοί. τουτωνὶ δὲ οἱ μὲν μαθηματικοὶ ὡμολογοῦντο Πυθαγόρειοι εἶναι ὑπὸ τῶν ἑτέρων, τοὺς δὲ
30 ἀκουσματικοὺς οὗτοι οὐχ ὡμολόγουν, οὐδὲ τὴν πραγματείαν αὐτῶν εἶναι Πυθαγόρου, ἀλλ' Ἱππάσου· τὸν δὲ Ἵππασον οἱ μὲν Κροτωνιάτην φασίν, οἱ δὲ Μεταποντῖνον. Porph. V. P. 36 ὅσα γε μὴν τοῖς προσιοῦσι διελέγετο [Pythagoras], ἢ διεξοδικῶς ἢ συμβολικῶς παρήινει. 37 διττὸν γὰρ ἦν αὐτοῦ τῆς διδασκαλίας τὸ σχῆμα. καὶ τῶν προσιόντων οἱ μὲν ἐκαλοῦντο μαθηματικοί, οἱ δ' ἀκουσματικοί.

---

2 Ἵππασον BP : ἵππαρχον F² (F¹ läßt ἐν ... Ἵππ. aus). Vgl. über d. Brief c. 18, 4 (I 108, 24 Anm.) 4 βροτίνω P : βροντίνω BF 6 ὡς Diels : πρὸς Hss. Möglich ist auch πρὸς ⟨Φιλόλαον⟩ nach 31 A 1 § 53 7 βροτίνου P¹ : βροντίνου BFP² 9 vgl. Apparat zu I 2, 4. 7 12 überall ist hier Βροτῖνος überl. 28 μαθηματικοί] Iambl. de commun. math. scient. 25 p. 76 Festa, wo das Stück auch steht, liest hier ἀκουσματικοί, οἱ δὲ μαθηματικοί. τούτων δὲ οἱ μὲν ἀκουσματικοὶ ... τοὺς δὲ μαθηματικούς. Vgl. I 109, 27f.

καὶ μαθηματικοὶ μὲν οἱ τὸν περιττότερον καὶ πρὸς ἀκρίβειαν διαπεπονημένον τῆς
ἐπιστήμης λόγον ἐκμεμαθηκότες, ἀκουσματικοὶ δ᾽ οἱ μόνας τὰς κεφαλαιώδεις ὑπο-
θήκας τῶν γραμμάτων ἄνευ ἀκριβεστέρας διηγήσεως ἀκηκοότες.   3. DIOG. VIII 7 [s. ob.
ι 105, 19] τὸν δὲ Μυστικὸν λόγον [des Pythagoras]
5 Ἱππάσου φησὶν εἶναι γεγραμμένον ἐπὶ διαβολῆι Πυθαγόρου.   4. IAMBL. V. P. 88 und de c. math. sc.
25 περὶ δ᾽ Ἱππάσου λέγουσιν, ὡς
ἦν μὲν τῶν Πυθαγορείων, διὰ δὲ τὸ ἐξενεγκεῖν καὶ γράψασθαι πρῶτος σφαῖραν τὴν
ἐκ τῶν δώδεκα πενταγώνων ἀπόλοιτο κατὰ θάλατταν ὡς ἀσεβήσας, δόξαν δὲ λάβοι
ὡς εὑρών, εἶναι δὲ πάντα ᾽ἐκείνου τοῦ ἀνδρός᾽. προσαγορεύουσι γὰρ οὕτω τὸν
10 Πυθαγόραν καὶ οὐ καλοῦσιν ὀνόματι. ἐπέδωκε δὲ τὰ μαθήματα, ἐπεὶ ἐξηνέχθησαν,
⟨κατὰ πᾶσαν τὴν Ἑλλάδα, καὶ πρῶτοι τῶν τότε μαθηματικῶν ἐνομίσθησαν⟩ δισσοὶ
προάγοντε μάλιστα Θεόδωρός τε ὁ Κυρηναῖος [c. 43] καὶ Ἱπποκράτης ὁ Χῖος
[c. 42]. λέγουσι δὲ οἱ Πυθαγόρειοι ἐξενηνέχθαι γεωμετρίαν οὕτως· ἀποβαλεῖν τινα
τὴν οὐσίαν τῶν Πυθαγορείων, ὡς δὲ τοῦτ᾽ ἠτύχησε, δοθῆναι αὐτῶι χρηματίσασθαι
15 ἀπὸ γεωμετρίας. V. P. 246 τὸν γοῦν πρῶτον ἐκφήναντα τὴν τῆς συμμετρίας καὶ
ἀσυμμετρίας φύσιν τοῖς ἀναξίοις μετέχειν τῶν λόγων οὕτως φασὶν ἀποστυγηθῆναι,
ὡς μὴ μόνον ἐκ τῆς κοινῆς συνουσίας καὶ διαίτης ἐξορισθῆναι, ἀλλὰ καὶ τάφον
αὐτοῦ κατασκευασθῆναι ὡς δῆτα ἀποιχομένου ἐκ τοῦ μετ᾽ ἀνθρώπων βίου τοῦ
ποτε ἑταίρου γενομένου. 247 οἱ δέ φασι καὶ τὸ δαιμόνιον νεμεσῆσαι τοῖς ἐξώφορα
20 τὰ Πυθαγόρου ποιησαμένοις. φθαρῆναι γὰρ ὡς ἀσεβήσαντα ἐν θαλάσσηι τὸν δηλώ-
σαντα τὴν τοῦ εἰκοσαγώνου σύστασιν, τοῦτο δ᾽ ἦν δωδεκάεδρον, ἐν τῶν πέντε
λεγομένων στερεῶν σχημάτων, εἰς σφαῖραν ἐκτείνεσθαι. ἔνιοι δὲ τὸν περὶ τῆς
ἀλογίας καὶ τῆς ἀσυμμετρίας ἐξειπόντα τοῦτο παθεῖν ἔλεξαν. CLEM. Strom. v 58
(II 364, 27 St.) φασὶ γοῦν Ἵππαρχον (sic) τὸν Πυθαγόρειον αἰτίαν ἔχοντα γρά-
25 ψασθαι τὰ τοῦ Πυθαγόρου σαφῶς ἐξελαθῆναι τῆς διατριβῆς καὶ στήλην ἐπ᾽ αὐτῶι
γενέσθαι οἷα νεκρῶι.

5. IAMBL. V. P. 257 τὰ μὲν τοιαῦτα, καθάπερ προεῖπον [§ 255], ἐπὶ τοσοῦτον
ἐλύπει κοινῶς ἅπαντας ἐφ᾽ ὅσον ἑώρων ἰδιάζοντας ἐν αὐτοῖς τοὺς συμπεπαιδευ-
μένους . . . ἀρχόντων δὲ τούτων [näml. τῶν συγγενῶν] τῆς διαστάσεως ἑτοίμως
30 οἱ λοιποὶ προσέπιπτον εἰς τὴν ἔχθραν, καὶ λεγόντων ἐξ αὐτῶν τῶν χιλίων Ἱππάσου
καὶ Διοδώρου καὶ Θεάγους ὑπὲρ τοῦ πάντας κοινωνεῖν τῶν ἀρχῶν καὶ τῆς ἐκ-
κλησίας καὶ διδόναι τὰς εὐθύνας τοὺς ἄρχοντας ἐν τοῖς ἐκ πάντων λαχοῦσιν,
ἐναντιουμένων δὲ τῶν Πυθαγορείων Ἀλκιμάχου καὶ Δεινάρχου καὶ Μέτωνος καὶ
Δημοκήδους [c. 19] καὶ διακωλυόντων τὴν πάτριον πολιτείαν μὴ καταλύειν ἐκρά-
35 τησαν οἱ τῶι πλήθει συνηγοροῦντες. μετὰ δὲ ταῦτα συνελθόντων τῶν πολλῶν
διελόμενοι τὰς δημηγορίας κατηγόρουν τινὲς αὐτῶν ἐκ τῶν ῥητόρων, Κύλων καὶ
Νίνων [aus der Erzählung des Apollonios].

---

6 λέγουσιν d. c. math.: μάλιστα V. Pyth.   8 ἀπώλετο V. P.   10 ἐπέ-
δωκε ... Χῖος fehlt V. P.   11 ⟨ ⟩ Diels   23 ἀλογίας Cobet (de arte
interpr. S. 76): ἀλο (über ο : γ) Hs.: ἀναλογίας (~ συμμετρίας Z. 15) Kochalsky
24 Vgl. den gefälschten Brief des Lysis an Hipparchos [= Hippasos vgl.
Diog. VIII 42, ob. ι 107, 2] bei Iambl. V. Pyth. 75; Hipparchos = Archippos
[c. 14, 16. 46, 1. 58 A] vermutet Rohde. S. c. 46, 5. Franks Skepsis (a. O.
S. 261 ff.) geht zu weit   28 ἑώρων Nauck: ἔωσων Hs., näml. die Mit-
bürger   30 χιλίων Cobet: χρόνων Hs.   36 τινὲς Diels: τῶν Hs.

6. CAEL. Aurel. acut. pass. I 1 *aiunt Ippallum* (so) *Pythagoricum philosophum interrogatum quid ageret respondisse*: '*nondum nihil; nondum quidem mihi invidetur*'.

LEHRE [Vgl. 1.]

5 7. ARIST. Metaph. A 3. 984a 7 Ί. δὲ πῦρ ὁ Μεταποντῖνος καὶ Ἡράκλειτος ὁ Ἐφέσιος. SIMPL. Phys. 23, 33 [D. 475; Theophr. Phys. Opin. fr. 1] Ί. δὲ ὁ Μεταποντῖνος καὶ Ἡράκλειτος ὁ Ἐφέσιος [22 A 6] ἓν καὶ οὗτοι καὶ κινούμενον καὶ πεπερασμένον, ἀλλὰ πῦρ ἐποίησαν τὴν ἀρχὴν καὶ ἐκ πυρὸς ποιοῦσι τὰ ὄντα πυκνώσει καὶ μανώσει καὶ διαλύουσι πάλιν εἰς πῦρ ὡς ταύτης μιᾶς οὔσης φύσεως 10 τῆς ὑποκειμένης. AËT. I 5, 5 [D. 292] Ί. δὲ ὁ Μεταποντῖνος καὶ Ἡράκλειτος ὁ Βλύσωνος ὁ Ἐφέσιος ἓν εἶναι τὸ πᾶν ἀεικίνητον καὶ πεπερασμένον, ἀρχὴν δὲ τὸ πῦρ ἐσχηκέναι.

8. CLEM. Protr. 5, 64 S. 49, 3 Stählin τὸ πῦρ θεὸν ὑπειλήφατον Ί. τε ὁ Μεταποντῖνος καὶ ὁ Ἐφέσιος Ἡράκλειτος.

15 9. AËT. IV 3, 4 [D. 388] Παρμενίδης καὶ Ί. καὶ Ἡράκλειτος πυρώδη [näml. τὴν ψυχήν]. TERTULL. de anima 5 *Hipparchus* (so) *et Heraclitus ex·igni.*

10. CLAUDIAN. MAM. de anim. II 7 *Hippon* (so) *Metapontinus ex eadem schola Pythagorae praemissis pro statu sententiae suae insolubilibus argumentis de anima sic pronuntiat* '*longe aliud anima, aliud corpus.* 20 *est, quae corpore et torpente viget et caeco videt et mortuo vivit*', *unde autem, hoc est quo principio, nescire se dicit* [wie n. 11 aus einer gefälschten neupyth. Schrift].

11. IAMBL. de anima bei Stob. Ecl. I 49, 32 p. 364, 8 W. ἀλλὰ καὶ τοῦτον [näml. τὸν ἀριθμόν] ἁπλῶς μὲν οὕτως ἔνιοι τῶν Πυθαγορείων τῆι ψυχῆι συναρ-25 μόζουσιν. ὡς δ᾽ αὐτοκίνητον Ξενοκράτης, ὡς δὲ λόγους περιέχουσαν ⟨ψυχὴν?⟩ Μοδέρατος ὁ Πυθαγόρειος, ὡς δὲ κριτικὸν κοσμουργοῦ θεοῦ ὄργανον Ί. ὁ ἀκουσματικὸς τῶν Πυθαγορείων. IAMBL. Nicom. arithm. 10, 20 Pistelli οἱ δὲ περὶ Ἵππασον ἀκουσματικοὶ ἀριθμὸν εἶπον π α ρ ά δ ε ι γ μ α π ρ ῶ τ ο ν κ ο σ μ ο π ο ι ί α ς καὶ πάλιν κ ρ ι τ ι κ ὸ ν κ ο σ μ ο υ ρ γ ο ῦ θ ε ο ῦ ὄ ρ γ α ν ο ν. Vgl. SYT. in Ar. metaph. 30 p. 902a 31 Us.

12.· SCHOL. PLAT. Phaed. 108 D Γλαύκου τέχνη] ἢ ἐπὶ τῶν μὴ ῥαιδίως κατεργαζομένων ἢ ἐπὶ τῶν πάνυ ἐπιμελῶς καὶ ἐντέχνως εἰργασμένων. Ί. γάρ τις κατεσκεύασε χαλκοῦς τέτταρας δίσκους οὕτως, ὥστε τὰς μὲν διαμέτρους αὐτῶν ἴσας ὑπάρχειν, τὸ δὲ τοῦ πρώτου δίσκου πάχος ἐπίτριτον μὲν εἶναι τοῦ δευτέρου, 35 ἡμιόλιον δὲ τοῦ τρίτου, διπλάσιον δὲ τοῦ ·τετάρτου, κρουομένους δὲ τούτους ἐπιτελεῖν συμφωνίαν τινά. καὶ λέγεται Γλαῦκον ἰδόντα τοὺς ἐπὶ τῶν δίσκων φθόγγους πρῶτον ἐγχειρῆσαι δι᾽ αὐτῶν χειρουργεῖν, καὶ ἀπὸ ταύτης τῆς πραγματείας ἔτι καὶ νῦν λέγεσθαι τὴν καλουμένην Γλαύκου τέχνην. μέμνηται δὲ τούτου Ἀριστόξενος ἐν τῶι Περὶ τῆς μουσικῆς ἀκροάσεως [fr. 77 FHG II 288] καὶ Νικοκλῆς ἐν 40 τῶι· Περὶ θεωρίας [vgl. Zenob. II 91]. Vgl. Eus. c. Marc. XXIV 746 Migne ἕτερος δὲ τὴν ἐπ᾽ ἄκρον μουσικῆς ἐμπειρίαν μαρτυρήσας τῶι Γλαύκωι τοὺς κατα-

---

3 im Original: φασὶν Ἵππασον τὸν Πυθαγορικὸν φιλόσοφον ἐρωτηθέντα τί πρᾶξαι ἀποκρίνασθαι 'οὔπω γ᾽ οὐδέν· οὔπω γοῦν φθονοῦμαι'. Ἵππαλος auch Stob. Ecl. I 10, 14 p. 126, 7 W. (schon Phot.) im Exc. aus Aët. I 5, 5 [s. ob. Z. 10]   25 ⟨ψυχὴν⟩ Diels nach Iambl. a. O. 364, 20ff.: ⟨οὐσίαν⟩ Kochalsky, vgl. Iambl. 365, 25: ⟨ἐν⟩ λόγοις περιέχουσιν Usener

110 18[8]. HIPPASOS. 19[9]. KALLIPHON U. DEMOKEDES

σκευασθέντας ὑπ' αὐτοῦ δίσκους χαλκοῦς φησι τέτταρας πρὸς τὸ ἐμμελῆ τινα ⟨διὰ⟩
τῆς κρούσεως τὴν συμφωνίαν τῶν φθόγγων ἀποτελεῖν.
13. THEO SMYRN. p. 59, 4 Hill. ταύτας δὲ τὰς συμφωνίας οἱ μὲν ἀπὸ βαρῶν
ἠξίουν λαμβάνειν, οἱ δὲ ἀπὸ μεγεθῶν οἱ δὲ ἀπὸ κινήσεων καὶ ἀριθμῶν οἱ δὲ ἀπὸ
5 ἀγγείων [καὶ μεγεθῶν]. Λᾶσος δὲ ὁ Ἑρμιονεύς, ὥς φασι, καὶ οἱ περὶ τὸν Μετα-
ποντῖνον Ἵππασον Πυθαγορικὸν ἄνδρα συνέπεσθαι τῶν κινήσεων τὰ τάχη καὶ
τὰς βραδυτῆτας δι' ὧν αἱ συμφωνίαι* * * ἐν ἀριθμοῖς ἡγούμενος λόγους τοιού-
τους ἐλάμβανεν ἐπ' ἀγγείων· ἴσων γὰρ ὄντων καὶ ὁμοίων πάντων τῶν ἀγγείων
τὸ μὲν κενὸν ἐάσας, τὸ δὲ ἥμισυ ὑγροῦ ⟨πληρώσας⟩ ἐψόφει ἑκατέρωι, καὶ αὐτῶι
10 ἡ διὰ πασῶν ἀπεδίδοτο συμφωνία· θάτερον δὲ πάλιν τῶν ἀγγείων κενὸν ἐῶν
εἰς θάτερον τῶν τεσσάρων μερῶν τὸ ἓν ἐνέχεε, καὶ κρούσαντι αὐτῶι ἡ διὰ τεσσάρων
συμφωνία ἀπεδίδοτο, ἡ δὲ διὰ πέντε, ⟨ὅτε⟩ ἐν μέρος τῶν τριῶν συνεπλήρου οὔσης
τῆς κενώσεως πρὸς τὴν ἑτέραν ἐν μὲν τῆι διὰ πασῶν ὡς β πρὸς ἕν, ἐν δὲ τῶι διὰ
πέντε ὡς γ πρὸς β, ἐν δὲ τῶι διὰ τεσσάρων ὡς δ πρὸς γ.
15 14. BOËTH. Inst. mus. II 19 [aus Nikomachos] sed Eubulides (vgl.
I 99, 27] atque Hippasus alium consonantiarum ordinem ponunt. aiunt
enim multiplicitatis augmenta superparticularitatis deminutioni rato ordine
respondere. itaque non posse esse duplum praeter dimidium nec triplum
praeter tertiam partem. quoniam igitur sit duplum, ex eo diapason con-
20 sonantiam reddi, quoniam vero sit dimidium, ex eo quasi contrarium divisio-
nem sesquialteram, id est diapente, effici proportionem. quibus mixtis,
scilicet diapason ac diapente, triplicem procreari, quae utramque contineat
symphoniam. sed rursus triplici partem tertiam contraria divisione partiri,
ex qua rursus diatessaron symphonia nascetur. triplicem vero atque ses-
25 quitertium iunctos quadrupiam comparationem proportionis efficere. unde
fit, ut ex diapason ac diapente, quae est una consonantia, et diatessaron
una concinentia coniungatur, quae in quadruplo consistens bis diapason
nomen accepit. secundum hoc quoque hic ordo est: diapason, diapente, dia-
pason ac diapente, diatessaron, bis diapason.
30 15. IAMBL. in Nic. p. 100, 19 Pist. μόναι δὲ τὸ παλαιὸν τρεῖς ἦσαν μεσότη-
τες ἐπὶ Πυθαγόρου καὶ τῶν κατ' αὐτὸν μαθηματικῶν, ἀριθμητική τε καὶ ἡ γεω-
μετρικὴ καὶ ἡ ποτὲ μὲν ὑπεναντία λεγομένη τῆι τάξει τρίτη, ὑπὸ δὲ τῶν περὶ
Ἀρχύταν [47 B 2] αὖθις καὶ Ἵππασον ἁρμονικὴ μετακληθεῖσα ... ἀλλαγέν-
τος δὲ τοῦ ὀνόματος οἱ μετὰ ταῦτα περὶ Εὔδοξον μαθηματικοὶ ἄλλας τρεῖς προσ-
35 ανευρόντες μεσότητας τὴν τετάρτην ἰδίως ὑπεναντίαν ἐκάλεσαν, ... τὰς δὲ
λοιπὰς δύο ἀπλῶς κατὰ τὴν τάξιν προσηγόρευσαν πέμπτην τε καὶ ἕκτην. Vgl.
S. 113, 16. 116, 1 Pist.

19 [9]. KALLIPHON UND DEMOKEDES

1. HERODOT. III 125 Πολυκράτης δὲ πάσης συμβουλίης ἀλογήσας ἔπλεε παρὰ
40 τὸν Ὀροίτεα ἅμα ἀγόμενος ἄλλους τε πολλοὺς τῶν ἑταίρων, ἐν δὲ δὴ καὶ Δη-
μοκήδεα τὸν Καλλιφῶντος Κροτωνιήτην ἄνδρα ἰητρόν τε ἐόντα καὶ τὴν τέχνην
ἀσκέοντα ἄριστα τῶν κατ' ἑωυτόν. 129 τῆι δὲ δὴ ὀγδόηι ἡμέρηι ἔχοντί οἱ [Da-

---

1 πρὸς ⟨τοῦ⟩το od. πρὸς ⟨αὐτὸ τοῦ⟩το P. Friedländer   ⟨ ⟩ Diels
5. [ ], 9. 12 ⟨ ⟩ Hiller

reios] φλαύρως οἷα δὴ παρακούσας τις πρότερον ἔτι ἐν Σάρδισι τοῦ Κροτωνιήτεω Δημοκήδεος τὴν τέχνην ἐσαγγέλλει τῶι Δαρείωι· ὁ δὲ ἄγειν μιν τὴν ταχίστην παρ' ἑωυτὸν ἐκέλευσε. τὸν δὲ ὡς ἐξεῦρον ἐν τοῖσι 'Οροίτεω ἀνδραπόδοισι ὅκου δὴ ἀπημελημένον παρῆγον ἐς μέσον ... 130 μετὰ δὲ ὡς οἱ ἐπέτρεψε 'Ελληνι-
5 κοῖσι ἰήμασι χρεώμενος καὶ ἤπια μετὰ τὰ ἰσχυρὰ προσάγων ὕπνου τέ μιν λαγχάνειν ἐποίει καὶ ἐν χρόνωι ὀλίγωι ὑγιέα μιν ἐόντα ἀπέδεξε οὐδαμὰ ἔτι ἐλπίζοντα ἀρτίπουν ἔσεσθαι. δωρεῖται δή μιν μετὰ ταῦτα ὁ Δαρεῖος πεδέων χρυσέων δύο ζεύγεσι· ὁ δέ μιν ἐπείρετο, εἰ οἱ διπλήσιον τὸ κακὸν ἐπίτηδες νέμει, ὅτι μιν ὑγιέα ἐποίησε.
Die Gemahlinnen des Dareios beschenkten ihn darauf auf dessen Geheiß
10 so reichlich, ὡς τοὺς ἀποπίπτοντας ἀπὸ τῶν φιαλέων στατῆρας ἑπόμενος ὁ οἰκέτης, τῶι οὔνομα ἦν Σκίτων [Quelle Herodots?], ἀνελέγετο καί οἱ χρῆμα πολλόν τι χρυσοῦ συνελέχθη. 131 ὁ δὲ Δ. οὗτος ὧδε ἐκ Κρότωνος ἀπιγμένος Πολυκράτει ὡμίλησε. πατρὶ συνείχετο ἐν τῆι Κρότωνι ὀργὴν χαλεπῶι. τοῦτον ἐπείτε οὐκ ἐδύνατο φέρειν, ἀπολιπὼν οἴχετο ἐς Αἴγιναν. καταστὰς δὲ ἐς ταύτην πρώτωι
15 ἔτει ὑπερεβάλετο τοὺς ἄλλους ἰητρούς, ἀσκευής περ ἐὼν καὶ ἔχων οὐδὲν τῶν ὅσα περὶ τὴν τέχνην ἐστὶ ἐργαλήια. καί μιν δευτέρωι ἔτει ταλάντου Αἰγινῆται δημοσίηι μισθοῦνται, τρίτωι δὲ ἔτει 'Αθηναῖοι ἑκατὸν μνέων, τετάρτωι δὲ ἔτει Πολυκράτης δυῶν ταλάντων. οὕτω μὲν ἀπίκετο ἐς τὴν Σάμον καὶ ἀπὸ τούτου τοῦ ἀνδρὸς οὐκ ἥκιστα Κροτωνιῆται ἰητροὶ εὐδοκίμησαν. ἐγένετο γὰρ ὦν τοῦτο ὅτε πρῶτοι
20 μὲν Κροτωνιῆται ἰητροὶ ἐλέγοντο ἀνὰ τὴν 'Ελλάδα εἶναι, δεύτεροι δὲ Κυρηναῖοι.
Heilung der Atossa (Brustgeschwür; vgl. Timaios unten n. 2a S. 112, 9).
Flucht nach Tarent und Kroton 133ff. 137 τοσόνδε μέντοι ἐνετείλατό σφι [den persischen Begleitern] Δ. ἀναγομένοισι, κελεύων εἰπεῖν σφεας Δαρείωι, ὅτι ἅρμοσται τὴν Μίλωνος θυγατέρα Δ. γυναῖκα· τοῦ γὰρ δὴ παλαιστέω Μίλωνος
25 [s. c. 14, 12. 13. 15] ἦν οὔνομα πολλὸν παρὰ βασιλέι. κατὰ δὲ τοῦτό μοι δοκεῖ σπεῦσαι τὸν γάμον τοῦτον τελέσας χρήματα μεγάλα Δημοκήδης, ἵνα φανῆι πρὸς Δαρείου ἐὼν καὶ ἐν τῆι ἑωυτοῦ δόκιμος. Demokedes in der Reihe der Pythagoreer, sein Tod durch Theages in Plataiai [Demos in Kroton?] nach Apollonios IAMBL. V. P. 257. 261 [s. ob. I 108, 34ff.]. Die Familie scheint
30 weiter geblüht zu haben. Vgl. Inschr. aus Abydos Μουσεῖον κ. βιβλ. II 2. 3 (1878) S. 13 Δαμοκήδης Βλόσωνος Κροτωνιάτης.

2. SUID. Δημοκήδης Καλλιφῶντος ἱερέως ἐν Κνίδωι γενομένου 'Ασκληπιοῦ, Κροτωνιάτης ἱατρός, ὃς ἐν Αἰγίνηι ἱάτρευσέ τε καὶ ἔγημε, καὶ Πολυκράτην τὸν Σάμου τύραννον ἱάτρευσεν ἐπὶ χρυσίου ταλάντοις δύο, καὶ ὑπὸ Δαρείου τοῦ Πέρ-
35 σου μετεπέμφθη καὶ συνεγένετο αὐτῶι χρόνον ἱκανόν· ἔγραψεν ἰατρικὸν βιβλίον.
IOSEPH. c. Ap. I 163 [nach c. 14, 18 ob. I 105, 2] "Ερμιππος ἀνὴρ περὶ πᾶσαν ἱστορίαν ἐπιμελής. λέγει τοίνυν ἐν τῶι πρώτωι τῶν Περὶ Πυθαγόρου βιβλίων [fr. 21 FHG III 41], ὅτι Πυθαγόρας ἑνὸς αὑτοῦ τῶν συνουσιαστῶν τελευτήσαντος τοὔνομα Καλλιφῶντος τὸ γένος Κροτωνιάτου τὴν ἐκείνου ψυχὴν ἔλεγε συνδιατρίβειν αὑτῶι
40 καὶ νύκτωρ καὶ μεθ' ἡμέραν· καὶ ὅτι παρεκελεύετο μὴ διέρχεσθαι τόπον, ἐφ' ὃν ὄνος ὀκλάσηι, καὶ τῶν διψίων ὑδάτων ἀπέχεσθαι καὶ πάσης ἀπέχειν βλασφημίας. εἶτα προστίθησι μετὰ ταῦτα καὶ τάδε· 'ταῦτα δὲ ἔπραττεν καὶ ἔλεγε τὰς 'Ιουδαίων καὶ Θραικῶν δόξας μιμούμενος καὶ μεταφέρων εἰς ἑαυτόν.' λέγεται γὰρ ὡς ἀληθῶς ὁ ἀνὴρ ἐκεῖνος πολλὰ τῶν παρὰ 'Ιουδαίοις νομίμων εἰς τὴν αὑτοῦ μετενεγκεῖν
45 φιλοσοφίαν. [Vgl. Hermipp. fr. 2 aus Orig. c. Cels I 15 p. 67, 27 K.]

---

4 ὡς οἱ PR: ὡς übr. Hss., Suid.   5 ἤπια μετὰ PR: ἠπιάματα übr.
Hss., Suid. (φάρμακα τὰ GIM)   19 [ἐγένετο—Κυρηναῖοι κτλ.] Abicht

2a. ΑΤΗΕΝ. XII 522A καὶ Κροτωνιᾶται δ', ὥς φησι Τίμαιος [FHG I 212], μετὰ
τὸ ἐξελεῖν Συβαρίτας ἐξώκειλαν εἰς τρυφήν, ὥστε καὶ τὸν ἄρχοντα αὐτῶν περιιέναι
κατὰ τὴν πόλιν ἁλουργίδα ἠμφιεσμένον καὶ ἐστεφανωμένον χρυσῶι στεφάνωι, ὑπο-
δεδεμένον λευκὰς κρηπῖδας. οἱ δὲ οὐ διὰ τρυφήν φασι τοῦτο γεγονέναι, ἀλλὰ
5 διὰ Δημοκήδη τὸν ἰατρόν. ὃς τὸ μὲν γένος ἦν Κροτωνιάτης, Πολυκράτει δὲ τῶι
Σαμίων τυράννωι συνὼν καὶ μετὰ τὸν ἐκείνου θάνατον αἰχμαλωτισθεὶς ὑπὸ Περ-
σῶν ἀνηνέχθη ὡς βασιλέα, Ὀροίτου τὸν Πολυκράτη ἀποκτείναντος. θεραπεύσας
δ' ὁ Δημοκήδης Ἄτοσσαν τὴν Δαρείου μὲν γυναῖκα, Κύρου δὲ θυγατέρα, τὸν
μαστὸν ἀλγήσασαν ἤιτησε ταύτην δωρεὰν καταπεμφθῆναι εἰς τὴν Ἑλλάδα ὡς ἐπ-
10 ανελευσόμενος. καὶ τυχὼν ἧκεν εἰς Κρότωνα. βουλομένου τε αὐτόθι καταμένειν,
ἐπιλαβομένου τινὸς τῶν Περσῶν καὶ λέγοντος, ὅτι βασιλέως εἴη δοῦλος, ἐκεῖνον
μὲν ὑφείλοντο οἱ Κροτωνιᾶται, ἐκδύσαντες δὲ τὴν στολὴν τοῦ Πέρσου ἐνέδυσαν
τὸν ὑπηρέτην τοῦ πρυτανεύοντος. ἐξ οὗ δὴ Περσικὴν ἔχων στολὴν περιέρχεται
ταῖς ἑβδόμαις τοὺς βωμοὺς μετὰ τοῦ πρυτάνεως, οὐ τρυφῆς χάριν οὐδὲ ὕβρεως,
15 ἀλλ' ἐπηρείας τῆς εἰς τοὺς Πέρσας τοῦτο πράττοντες.
2b. ΑΕLΙΑΝ. V. Η. VIII 17 (Skythes von Dareios in seine Heimat beurlaubt
kehrte wieder zu ihm zurück) τοῦτο δὲ Δ. ὁ Κροτωνιάτης οὐκ ἐποίησε καὶ διὰ
τοῦτο Δαρεῖος ὑπὲρ αὐτοῦ φλαύρως ἔλεγεν, ἀπατεῶνα λέγων καὶ ἄνθρωπον κάκιστον.
2c. ΗΙΜΕR. cod. Neapol. [Schenkl Herm. 46, 1911, 426] φασὶ δὲ καὶ Δημο-
20 κήδην ἐκεῖνον τὸν Κροτωνιάτην, τὸν πρῶτον ἰατρικὴν Ἑλλάδα παρὰ βαρβάρους
κομίσαντα, μετὰ Σοῦσα καὶ Μήδους παρὰ Πυθαγόραν φοιτήσαντα πλέον τὸν
ὄλβον τῆς ἐκείνου σοφίας ἢ τὰ βασίλεια θαυμάσαι χρήματα.
3. STOB. Flor. 116, 45 M. Δημοκήδους. αὐξανομένου τοῦ σώματος συναύξονται
⟨καὶ αἱ⟩ φρένες, γηράσκοντος δὲ συγγηράσκουσι καὶ εἰς τὰ πρήγματα πάντα ἀμ-
25 βλύνονται aus Herod. III 134 διδαχθεῖσα ὑπὸ τοῦ Δημοκήδεος ἡ Ἄτοσσα προσ-
έφερε ἐν τῆι κοίτηι Δαρείωι λόγον τοιόνδε ... 'νῦν γὰρ ἄν τι καὶ ἀποδέξαιο ἔργον,
ἕως νέος εἶς ἡλικίην. αὐξομένωι γὰρ τῶι σώματι ... πάντα ἀπαμβλύνονται'.
Vgl. Lucret. III 445 Heinze.

20 [10]. PARM(EN)ISKOS

30 1. ΙΑΜΒL. V. P. 267 Μεταποντῖνοι Βροντῖνος, Παρμίσκος [so die Hs.], Ὀρε-
στάδας, Λέων κτλ. Vgl. 58 A.
2. DIOG. IX 20 δοκεῖ δὲ [Xenophanes, s. I 114, 10] πεπρᾶσθαι ὑπὸ ⟨* καὶ
λελύσθαι ὑπὸ⟩ τῶν Πυθαγορικῶν Παρμενίσκου καὶ Ὀρεστάδου.
3. ΑΤΗΕΝ. XIV 614A Παρμενίσκος [so die Hs.] δὲ ὁ Μεταποντῖνος, ὥς φησιν
35 Σῆμος ἐν ε̄ Δηλιάδος [fr. 8 FHG IV 493], καὶ γένει καὶ πλούτωι πρωτεύων εἰς Τρο-
φωνίου καταβὰς καὶ ἀνελθὼν οὐκ ἔτι γελᾶν ἐδύνατο. καὶ χρηστηριαζομένωι περὶ
τούτου ἡ Πυθία ἔφη·
εἴρηι μ' ἀμφὶ γέλωτος, ἀμείλιχε, μειλιχίοιο·
δώσει σοι μήτηρ οἴκοι· τὴν ἔξοχα τῖε.

12 ἀφείλοντο Hs.: verb. Kaibel   14 ἐβδόμαις] vgl. Roscher Abh. sächs.
G. d. W. 24 VI 24³¹, 29   19 vgl. Demokrit 68 B 118   23 Δημοκήδους
Zeller: δημοκρίτου Hss.   32 ⟨ ⟩ Diels   33 παρμενίσκου so BP: παρ-
μενίδου F²   ὀρεστάκου F   39 οἴκωι Hs.: verb. Meineke

ἐλπίζων δ' ἂν ἐπανέλθηι εἰς τὴν πατρίδα γελάσειν, ὡς ⟨οἱ⟩ οὐδὲν ἦν πλέον, οἰόμενος ἐξηπατῆσθαι ἔρχεταί ποτε κατὰ τύχην εἰς Δῆλον· καὶ πάντα τὰ κατὰ τὴν νῆσον θαυμάζων ἦλθεν καὶ εἰς τὸ Λητῶιον, νομίζων τῆς Ἀπόλλωνος μητρὸς ἄγαλμά τι θεωρήσειν ἀξιόλογον· ἰδὼν δ' αὐτὸ ξύλον ὂν ἄμορφον παραδόξως ἐγέλασεν. 5 καὶ τὸν τοῦ θεοῦ χρησμὸν συμβαλὼν καὶ τῆς ἀρρωστίας ἀπαλλαγεὶς μεγαλωστὶ τὴν θεὸν ἐτίμησεν. Inventar des Artemistempels zu Delos IG XI 2, 161 B 17 p. 49 vgl. p. 54 κρατὴρ ἀργυροῦς, ὃν ἀνέθηκε Παρμίσκος, ὁλκὴν ϜΧΧΧϜϜΔΔΙΗ.

21 [11]. XENOPHANES

10
A. LEBEN UND LEHRE

1. Diog. ix 18ff. (18) Ξενοφάνης Δεξίου ἤ, ὡς Ἀπολλόδωρος [FGrHist. 244 F 68a ii 1039], Ὀρθομένους Κολοφώνιος ἐπαινεῖται πρὸς τοῦ Τίμωνος· φησὶ γοῦν [fr. 60 Diels; vgl. 21 A 35]·

Ξεινοφάνη θ' ὑπάτυφον Ὁμηραπάτην ἐπικόπτην.

15 οὗτος ἐκπεσὼν τῆς πατρίδος ἐν Ζάγκληι τῆς Σικελίας ⟨διέτριβε καὶ τῆς εἰς Ἐλέαν ἀποικίας κοινωνήσας ἐδίδασκεν ἐκεῖ⟩, διέτριβε δὲ καὶ ἐν Κατάνηι. διήκουσε δὲ κατ' ἐνίους μὲν οὐδενός, κατ' ἐνίους δὲ Βότωνος Ἀθηναίου ἤ, ὡς τινες, Ἀρχελάου. καί, ὡς Σωτίων φησί, κατ' Ἀναξίμανδρον ἦν. γέγραφε δὲ ἐν ἔπεσι καὶ ἐλεγείας καὶ ἰάμβους καθ' Ἡσιόδου καὶ Ὁμήρου, ἐπικόπτων αὐτῶν τὰ περὶ θεῶν εἰρημένα. 20 ἀλλὰ καὶ αὐτὸς ἐρραψώιδει τὰ ἑαυτοῦ. ἀντιδοξάσαι τε λέγεται Θαλῆι [21 B 19] καὶ Πυθαγόραι [B 7], καθάψασθαι δὲ καὶ Ἐπιμενίδου [B 20], μακροβιώτατός τε γέγονεν, ὡς που καὶ αὐτός φησιν· ἤδη ... ἐτύμως· [B 8].

(19) φησὶ δὲ τέτταρα εἶναι τῶν ὄντων στοιχεῖα, κόσμους δὲ ἀπείρους, οὐ παραλλακτοὺς δέ. τὰ νέφη συνίστασθαι τῆς ἀφ' ἡλίου ἀτμίδος ἀναφερομένης καὶ αἰρούσης 25 αὐτὰ εἰς τὸ περιέχον. οὐσίαν θεοῦ σφαιροειδῆ, μηδὲν ὅμοιον ἔχουσαν ἀνθρώπωι· ὅλον δὲ ὁρᾶν καὶ ὅλον ἀκούειν, μὴ μέντοι ἀναπνεῖν· σύμπαντά τε εἶναι νοῦν καὶ φρόνησιν καὶ ἀίδιον. πρῶτός τε ἀπεφήνατο, ὅτι πᾶν τὸ γινόμενον φθαρτόν ἐστι καὶ ἡ ψυχὴ πνεῦμα.

ἔφη δὲ καὶ τὰ πολλὰ ἥσσω νοῦ εἶναι· καὶ τοῖς τυράννοις ἐντυγχάνειν ἢ ὡς

1 ⟨οἱ⟩ Kaibel   4 ξύλον ὂν Meineke: ξύλινον Hs.   5 συμβάλλων Hs.: verb. Diels   14 ξεινοφανῆ θ' BP: ξεινοφανῆν F   ὑπότυφον F   ὁμηραπάτην Sext. P²F: ὁμηροπάτην P¹B   15 ⟨ ⟩ Diels   16 διέτριβε δὲ καὶ BP: δὲ tilgte P²F   17f. falsch auf Xenophan. übertragen, vielleicht von Xenophon, der wie Sokrates an die ionische Diadochie des Archelaos angeknüpft und mit Boton dem rhetorischen Lehrer des Theramenes (V. x orat. 837a) in Verbindung gebracht werden konnte. Die Verwechslung bereits älter als Diogenes vgl. 21 A 6 (s. Poetarum Phil. Fragm. p. 20ff.) 18 δὲ καὶ ἐν ἔπεσιν ἐλεγείας F   ἔπεσι] B 23ff.   ἐλεγείας] B 1—9   19 ἰάμβους] B 10—22   23—28 Ausz. aus Theophr. Phys. Opin.   23 οὐ παραλλακτοὺς BPΦ: ἀπαραλλάκτους FP²   25 [αὐτὰ] Heidel (αἰρούσης intransitiv fassend)   26 ἀναπνεῖν] pythagoreische Lehre vgl. 58 B 30   29 τοῖς τυράννοις] Wanderanekdote vgl. Diod. xi 28. Val. M. vii 2 extr. Amm. Marc. 18, 3, 7

114   21 [11]. XENOPHANES

ἥκιστα ἤ ὡς ἥδιστα.   (20) Ἐμπεδοκλέους δὲ εἰπόντος αὐτῶι ὅτι ἀνεύρετός ἐστιν
ὁ σοφός 'εἰκότως' ἔφη· 'σοφὸν γὰρ εἶναι δεῖ τὸν ἐπιγνωσόμενον τὸν σοφόν' [vgl.
31 A 20]. φησὶ δὲ Σωτίων πρῶτον αὐτὸν εἰπεῖν ἀκατάληπτα εἶναι τὰ πάντα [vgl.
21 B 34], πλανώμενος.

5   ἐποίησε δὲ καὶ Κολοφῶνος κτίσιν καὶ τὸν εἰς Ἐλέαν τῆς Ἰταλίας ἀποικισμὸν
ἔπη δισχίλια [Lobon fr. 17 Crön.]. καὶ ἤκμαζε κατὰ τὴν ἑξηκοστὴν ὀλυμπιάδα
[540—537; Apollod. FGrHist. 244 F 68b ΙΙ 1039. Vgl. B 8, 4]. φησὶ δὲ
Δημήτριος ὁ Φαληρεὺς ἐν τῶι Περὶ γήρως καὶ Παναίτιος ὁ Στωικὸς ἐν τῶι Περὶ
εὐθυμίας [fr. 17 Fowler] ταῖς ἰδίαις χερσὶ θάψαι τοὺς υἱεῖς αὐτόν, καθάπερ καὶ
10 Ἀναξαγόραν. δοκεῖ δὲ πεπρᾶσθαι ὑπὸ ⟨* καὶ λελύσθαι ὑπὸ⟩ τῶν Πυθαγορικῶν
Παρμενίσκου καὶ Ὀρεστάδου, καθά φησι Φαβωρῖνος ἐν Ἀπομνημονευμάτων πρώτωι
[fr. 2 FHG ΙΙΙ 577]. γέγονε δὲ καὶ ἄλλος Ξενοφάνης Λέσβιος ποιητὴς ἰάμβων,

2. DIOGENES ΙΧ 21 Ξενοφάνους δὲ διήκουσε Παρμενίδης Πύρητος Ἐλεάτης.
τοῦτον Θεόφραστος ἐν τῆι Ἐπιτομῆι [fr. 6a Dox. 482] Ἀναξιμάνδρου φησὶν
15 ἀκοῦσαι. Vgl. 28 A 1.

3. HERACLIT. [22 B 40] πολυμαθίη νόον ἔχειν οὐ διδάσκει· Ἡσίοδον γὰρ ἂν
ἐδίδαξε καὶ Πυθαγόρην αὖτίς τε Ξενοφάνεα καὶ Ἑκαταῖον.

4. CICERO Acad. ΙΙ 118 (aus Theophr.) Xenophanes paulo etiam anti-
quior (als Anaxagoras) unum esse omnia.

20 5. DIOG. VIII 56 [s. 31 A 1] Ἕρμιππος οὐ Παρμενίδου, Ξενοφάνους δὲ γεγο-
νέναι ζηλωτήν (Empedokles), ὧι καὶ συνδιατρῖψαι καὶ μιμήσασθαι τὴν ἐποποιίαν
[vgl. Z. 1].

6. [LUCIAN.] Macrob. 20 Ξ. ὁ Δεξίνου μὲν υἱός, Ἀρχελάου δὲ τοῦ φυσικοῦ
μαθητὴς ἐβίωσεν ἔτη ἓν καὶ ἐνενήκοντα.

25 7. CENSOR. 15, 3 X. Colophonius maior annorum centum fuit.

8. CLEM. Strom. Ι 64 (ΙΙ 40, 20 St.) τῆς δὲ Ἐλεατικῆς ἀγωγῆς Ξ. ὁ Κολοφώ-
νιος κατάρχει, ὅν φησι Τίμαιος [fr. 92 FHG Ι 215] κατὰ Ἱέρωνα τὸν Σικελίας δυνά-
στην καὶ Ἐπίχαρμον τὸν ποιητὴν γεγονέναι, Ἀπολλόδωρος [FGrHist. 244 F 68c
ΙΙ 1039] δὲ κατὰ τὴν τεσσαρακοστὴν ὀλυμπιάδα [620—617] γενόμενον παρατετα-
30 κέναι ἄχρι Δαρείου τε καὶ Κύρου χρόνων. Aus derselben Quelle Sext. adv.
math. Ι 257: Ξ. Κολοφώνιος ἐγένετο περὶ τὴν τεσσαρακοστὴν ὀλυμπιάδα [vgl. B 8].

9. EUSEB. Chron. a) Ol. 56 [556—3] Ξ. Κολοφώνιος ἐγνωρίζετο. b) Ol.
59—61 [richtig Arm. 60, 1 = 540] Ἴβυκὸς ὁ μελοποιὸς καὶ Φερεκύδης ὁ ἱστοριο-
γράφος καὶ Φωκυλίδης καὶ Ξενοφάνης ὁ φυσικὸς ⟨καὶ Θέσπις⟩ ὁ τραγωιδιῶν ποιη-
35 τής. Vgl. A 1, oben Z. 6.

10. THEOL. Arithm. p. 40 Ast [c. 14, 8 Ι 99, 34].

---

5 ἐποίησε ... δισχίλια verdächtigte Hiller Rh. Mus. 33 (1878) 529. Dagegen
Immisch Philol. 49 (1890) 208, Crönert Χάριτες S. 123ff.   10 Dublette zu
Platons Leben   11 vgl. zu Ι 112, 33   20 οὐ παρμενίδης F²: ὁ παρμε-
νίδου BP¹: fehlt F¹   23 [LUC.] die Schrift ist 212/3 verfaßt vgl. Hirschfeld
Herm. 24 (1889) 159   24 μαθητής] Verwirrung wie Ι 113, 17   29 τεσ-
σαρακοστὴν] πεντηκοστὴν Ritter d. i. 580—77; so Jacoby a. a. O.   30 Δα-
ρείου τε καὶ Κύρου aus Versnot umgestellt ? So Diels Rh. Mus. 31 (1876) 23
33 Ol. 60 gibt auch Hieronymus S. 103 Helm, wo wie bei Syncellus auch
Simonides lyricus genannt wird   34 ⟨ ⟩ vgl. Wilamowitz Aeschyli
Trag. S. 17

APOPHTHEGMATIK [vgl. A 1, ι 113, 29—ι 114, 4]

11. PLUT. Reg. apophth. p. 175 c πρὸς δὲ Ξενοφάνην τὸν Κολοφώνιον εἰπόντα μόλις οἰκέτας δύο τρέφειν· 'ἀλλ' 'Ομηρος' εἶπεν (Hiero), 'ὃν σὺ διασύρεις, πλείονας ἢ μυρίους τρέφει τεθνηκώς'.

5   12. ARIST. Rhet. B 23. 1399b 5 ἄλλος [sc. τόπος] ἐκ τοῦ, τὸ συμβαῖνον ἐὰν ᾖ ταὐτόν, ὅτι καὶ ἐξ ὧν συμβαίνει ταὐτά· οἷον Ξ. ἔλεγεν ὅτι 'ὁμοίως ἀσεβοῦσιν οἱ γενέσθαι φάσκοντες τοὺς θεοὺς τοῖς ἀποθανεῖν λέγουσιν'· ἀμφοτέρως γὰρ συμβαίνει μὴ εἶναι τοὺς θεούς ποτε.

13. ARIST. B 26. 1400b 5 οἷον Ξ. 'Ελεάταις ἐρωτῶσιν, εἰ θύωσι τῆι Λευκοθέαι
10 καὶ θρηνῶσιν ἢ μή, συνεβούλευεν, εἰ μὲν θεὸν ὑπολαμβάνουσιν, μὴ θρηνεῖν, εἰ δ' ἄνθρωπον, μὴ θύειν. Anders Plut. Amat. 18, 12. 763 D Ξ. Αἰγυπτίοις ἐκέλευσε τὸν 'Οσιριν εἰ θνητὸν νομίζουσι μὴ τιμᾶν ὡς θνητόν, εἰ δὲ θεὸν ἡγοῦνται μὴ θρηνεῖν. de Is. et Os. 70. 379 B εὖ μὲν οὖν Ξ. ὁ Κολοφώνιος ἠξίωσε τοὺς Αἰγυπτίους, εἰ θεοὺς νομίζουσι, μὴ θρηνεῖν, εἰ δὲ θρηνοῦσι, θεοὺς μὴ νομίζειν [vgl. 22 B 127].
15 de superstit. 13 p. 171 E Ξ. ὁ φυσικὸς τοὺς Αἰγυπτίους κοπτομένους ἐν ταῖς ἑορταῖς καὶ θρηνοῦντας ὁρῶν ὑπέμνησεν οἰκείως· 'οὗτοι' φησίν 'εἰ μὲν θεοί εἰσι, μὴ θρηνεῖτε αὐτούς· εἰ δ' ἄνθρωποι, μὴ θύετε αὐτοῖς' [vgl. Ps. Plut. Apophth. Lac. 26 p. 228 E].

14. ARIST. Rhet. A 15. 1377a 19 καὶ τὸ τοῦ Ξενοφάνους ἁρμόττει, ὅτι οὐκ ἴση
20 πρόκλησις αὕτη [zum Eid] ἀσεβεῖ πρὸς εὐσεβῆ, ἀλλ' ὁμοία καὶ εἰ ἰσχυρὸς ἀσθενῆ πατάξαι ἢ πληγῆναι προκαλέσαιτο.

15. — Metaph. Γ 5. 1010a 4 διὸ εἰκότως μὲν λέγουσιν, οὐκ ἀληθῆ δὲ λέγουσιν· οὕτω γὰρ ἁρμόττει μᾶλλον εἰπεῖν ἢ ὥσπερ 'Επίχαρμος εἰς Ξενοφάνην.

16. PLUT. de vit. pud. 5 p. 530 E μὴ δυσωπηθῇς μηδὲ δείσηις σκωπτόμενος,
25 ἀλλ' — ὥσπερ Ξ. Λάσου τοῦ 'Ερμιονέως μὴ βουλόμενον αὐτῶι συγκυβεύειν δειλὸν ἀποκαλοῦντος ὡμολόγει καὶ πάνυ δειλὸς εἶναι πρὸς τὰ αἰσχρὰ καὶ ἄτολμος.

17. — de commun. notit. 46, 3 p. 1084 F ὁ μὲν οὖν Ξ. διηγουμένου τινὸς ἐγχέλεις ἑωρακέναι ἐν ὕδατι θερμῶι ζώσας· 'οὐκοῦν' εἶπεν 'ἐν ψυχρῶι αὐτὰς ἑψήσομεν'.

30   POESIE

18. DIOG. ιχ 22 καὶ αὐτὸς (Parmenides) δὲ διὰ ποιημάτων φιλοσοφεῖ καθάπερ 'Ησίοδός τε καὶ Ξ. καὶ 'Εμπεδοκλῆς. Vgl. 11 B 1 (ι 80, 8ff.), 21 A 5 (ι 114, 20).

19. — ιχ 18 (oben ι 113, 18). ιι 46 (vgl. ι 103, 10) ἀποθανόντι δὲ [scil.
5 'Ομήρωι ἐφιλονίκει] Ξ. ὁ Κολοφώνιος καὶ Κέρκωψ 'Ησιόδωι ζῶντι, τελευτήσαντι δὲ ὁ προειρημένος Ξ.

20. STRABO XIV p. 643 Ξ. ὁ φυσικὸς ὁ τοὺς Σίλλους ποιήσας διὰ ποιημάτων.

---

2 vgl. Sternbach Abh. d. krak. Ak. philol. xx p. 152   9 über die Wanderanekdote vgl. Nilsson Gr. Feste S. 432, 4   19f. liest Bywater J. of Philol. 32, 116 iambisch οὐκ ἴση | πρόκλησις αὕτη τάσεβεῖ πρὸς εὐσεβῆ, Diels zog vor im Sillenmetrum (vgl. zu B 14) οὐ γὰρ ἴση | πρόκλησις αὕτη τώσεβεῖ κτλ.   22 Th. Gomperz Wien. Sitz. Ber. 78, 569 vermutet als Epicharmisch εἰκότως μὲν οὐκ ἔφα τόδ', ἀλλ' ἀλαθέως ἔφα mit Bezug auf die Götterlehre des X.   26 ὡμολόγει] ὁμολόγει Matthaei unrichtig

21. APUL. Florida c. 20 *canit enim Empedocles carmina, Plato dialogos, Socrates hymnos, Epicharmus comoedias, Xenophon historias, Xenophanes* [?] *satiras.*

22. PROCL. zu Hesiod. Opp. 284 (aus Plutarch) Ξ. διὰ δή τινα πρὸς τοὺς
5 κατ' αὐτὸν φιλοσόφους καὶ ποιητὰς μικροψυχίαν Σίλλους ἀτόπους ἐκθεῖναι λέγεται κατὰ πάντων φιλοσόφων καὶ ποιητῶν.

23. SCHOL. ABT zu B 212 ἤδη δὲ οὐ Ξενοφάνει, ἀλλ' Ὁμήρωι πρώτωι Σίλλοι πεποίηνται, ἐν οἷς αὐτός τε τὸν Θερσίτην σιλλαίνει καὶ ὁ Θερσίτης τοὺς ἀρίστους.

24. ARIUS DID. bei Stob. Ecl. II 1, 18 (p. 6, 14 W.) Ξενοφάνους πρώτου
10 λόγος ἦλθεν εἰς τοὺς Ἕλληνας ἄξιος γραφῆς ἅμα παιδιᾶι τάς τε τῶν ἄλλων τόλμας ἐπιπλήττοντος καὶ τὴν αὐτοῦ παριστάντος εὐλάβειαν, ὡς ἄρα θεὸς μὲν οἶδε τὴν ἀλήθειαν, 'δόκος . . . τέτυκται' (B 34, 4). Vgl. 21 A 35.

25. CICERO Acad. prior. II 23, 74 *Parmenides, X., minus bonis quamquam versibus* (nämlich als Empedokles), *sed tamen illi versibus increpant eorum*
15 *adrogantiam quasi irati, qui cum sciri nihil possit, audeant se scire dicere.*

26. PHILO de provid. II 39 *non ita tamen X. aut Parmenides aut Empedocles sive alii quicumque theologi a poesi capti sunt divini viri* [sc. deos mendaces finxerunt], *sed potius theoriam naturae gaudio amplexi et vitam omnem ad pietatem laudemque deorum dedicantes optimi quidem viri com-*
20 *perti sunt, poetae tamen non felices: quos oportebat divinitus spiritum sortiri gratiamque de caelo metrum carmen rhythmumque caelestem ac divinum, ut poemata vera relinquerent velut prototypum libri perfectum et pulcrum cunctis exemplar.* Ebend. 42 *at quare Empedocles, Parmenides, X. aemulatorque istorum chorus non sortiti sunt spiritum Musarum, cum*
25 *theologiam exercuerunt ?*

27. ATHEN. XIV 632 C D ὅτι δὲ πρὸς τὴν μουσικὴν οἰκειότατα διέκειντο οἱ ἀρχαῖοι, δῆλον καὶ ἐξ Ὁμήρου· ὃς διὰ τὸ μεμελοποιηκέναι πᾶσαν ἑαυτοῦ τὴν ποίησιν ἀφροντιστὶ [τοὺς] πολλοὺς ἀκεφάλους ποιεῖ στίχους καὶ λαγαρούς, ἔτι δὲ μειούρους. Ξ. δὲ καὶ Σόλων καὶ Θέογνις καὶ Φωκυλίδης, ἔτι δὲ Περίανδρος ὁ Κορίν-
30 θιος ἐλεγειοποιὸς καὶ τῶν λοιπῶν οἱ μὴ προσάγοντες πρὸς τὰ ποιήματα μελωιδίαν ἐκπονοῦσι τοὺς στίχους τοῖς ἀριθμοῖς καὶ τῆι τάξει τῶν μέτρων καὶ σκοποῦσιν ὅπως αὐτῶν μηδεὶς ⟨μήτε⟩ ἀκέφαλος ἔσται μήτε λαγαρὸς μήτε μείουρος.

LEHRE

28. [ARIST.] de Melisso Xenophane Gorgia cc. 3. 4.

ed. Bekker
p. 977a   c. 3 (1) Ἀδύνατόν φησιν εἶναι, εἴ τι ἔστι, γενέσθαι, τοῦτο λέγων
15 ἐπὶ τοῦ θεοῦ· ἀνάγκη γὰρ ἤτοι ἐξ ὁμοίου ἢ ἐξ ἀνομοίου γενέσθαι τὸ γενόμενον· δυνατὸν δὲ οὐδέτερον· οὔτε γὰρ

---

2 *comoediae* Diels: *modos* Hs.   *Xenophan.* Casaub.: *Xenocrates* Apul.:
Xeno⟨phanes sillos⟩, Crates (schon Rohde) *satiras* Radermacher   5 συν-
θεῖναι Pařis. 2771   11 'wird der Trimeter θεὸς ... ἀλήθειαν ⟨μόνος⟩ etwa
aus X. (Sillen) zitiert wie das folgende Fr. ?' Heidel   26 οἰκειότητα A:
verb. Mus.   28 [τοὺς] Meineke   32 ⟨μήτε⟩ Meineke   34 scheint
(vielleicht mit Benutzung der Schrift des Aristoteles Πρὸς τὰ Ξενοφάνους
[ξενοκράτους Hss.] ᾱ, Diog. v 25) von einem Eklektiker röm. Zeit geschrieben.
Text nach d. Ausg. von Diels *Abh. d. Berl. Ak.* 1900, Hss. LR

977a   ὅμοιον ὑφ᾽ ὁμοίου προσήκειν τεκνωθῆναι μᾶλλον ἢ τεκνῶσαι
(ταὐτὰ γὰρ ἅπαντα τοῖς γε ἴσοις καὶ ὁμοίως ὑπάρχειν πρὸς
ἄλληλα) οὔτ᾽ ἂν ἐξ ἀνομοίου τἀνόμοιον γενέσθαι.   (2) εἰ γὰρ
20   γίγνοιτο ἐξ ἀσθενεστέρου τὸ ἰσχυρότερον ἢ ἐξ ἐλάττονος τὸ
μεῖζον ἢ ἐκ χείρονος τὸ κρεῖττον, ἢ τοὐναντίον τὰ χείρω ἐκ
τῶν κρειττόνων, τὸ ὂν ἐξ οὐκ ὄντος ἂν γενέσθαι· ὅπερ ἀδύνατον.
ἀίδιον μὲν οὖν διὰ ταῦτα εἶναι τὸν θεόν.   (3) εἰ δ᾽ ἔστιν ὁ θεὸς
ἁπάντων κράτιστον, ἕνα φησὶν αὐτὸν προσήκειν εἶναι.   εἰ γὰρ
25   δύο ἢ πλείους εἶεν, οὐκ ἂν ἔτι κράτιστον καὶ βέλτιστον αὐτὸν
εἶναι πάντων.   ἕκαστος γὰρ ὢν θεὸς τῶν πολλῶν ὁμοίως ἂν
τοιοῦτος εἴη.   τοῦτο γὰρ θεὸν καὶ θεοῦ δύναμιν εἶναι, κρατεῖν,
ἀλλὰ μὴ κρατεῖσθαι, καὶ πάντων κράτιστον εἶναι.   ὥστε
καθὸ μὴ κρείττων, κατὰ τοσοῦτον οὐκ εἶναι θεόν.   (4) πλειόνων
30   οὖν ὄντων, εἰ μὲν εἶεν τὰ μὲν ἀλλήλων κρείττους τὰ δὲ ἥτ-
τους, οὐκ ἂν εἶναι θεούς· πεφυκέναι γὰρ τὸ θεῖον μὴ κρατεῖ-
σθαι.   (5) ἴσων δὲ ὄντων, οὐκ ἂν ἔχειν θεοῦ φύσιν, ὂν δεῖν εἶναι
κράτιστον· τὸ δὲ ἴσον οὔτε βέλτιον οὔτε χεῖρον εἶναι τοῦ ἴσου.
ὥστ᾽ εἴπερ εἴη τε καὶ τοιοῦτον εἴη θεός, ἕνα μόνον εἶναι τὸν
35   θεόν.   οὐδὲ γὰρ οὐδὲ πάντα δύνασθαι ἂν ἃ βούλοιτο [οὐ
γὰρ ἂν δύνασθαι] πλειόνων ὄντων· ἕνα ἄρα εἶναι μόνον.   (6) ἕνα δ᾽
ὄντα ὅμοιον εἶναι πάντη, ὁρῶντα καὶ ἀκούοντα τάς τε ἄλλας
αἰσθήσεις ἔχοντα πάντη· εἰ γὰρ μή, κρατεῖν ἂν καὶ κρα-
τεῖσθαι ὑπ᾽ ἀλλήλων τὰ μέρη θεοῦ [ὄντα], ὅπερ ἀδύνατον.
977b 1   (7) πάντη δ᾽ ὅμοιον ὄντα σφαιροειδῆ εἶναι· οὐ γὰρ τῇ μὲν τῇ
δ᾽ οὐ τοιοῦτον εἶναι, ἀλλὰ πάντη.   (8) ἀίδιον δὲ ὄντα καὶ ἕνα
καὶ ⟨ὅμοιον καὶ⟩ σφαιροειδῆ οὔτε ἄπειρον οὔτε πεπεράνθαι.   ἄπει-
ρον μὲν ⟨γὰρ⟩ τὸ μὴ
ὂν εἶναι· τοῦτο γὰρ οὔτε μέσον οὔτε ἀρχὴν καὶ τέλος οὔτ᾽
5   ἄλλο οὐδὲν μέρος ἔχειν, τοιοῦτον δὲ εἶναι τὸ ἄπειρον· οἷον
δὲ τὸ μὴ ὄν, οὐκ ἂν εἶναι τὸ ὄν· περαίνειν δὲ πρὸς ἄλληλα,
εἰ πλείω εἴη.   τὸ δὲ ἓν οὔτε τῶι οὐκ ὄντι οὔτε τοῖς πολλοῖς
ὡμοιῶσθαι· ἐν γὰρ ⟨ὂν⟩ οὐκ ἔχειν, πρὸς ὅτι περανεῖ.   (9) τὸ δὴ τοι-
οῦτον ἕν, ὂν τὸν θεὸν εἶναι λέγει, οὔτε κινεῖσθαι οὔτε ἀκίνη-
10   τον εἶναι· ἀκίνητον μὲν γὰρ εἶναι τὸ μὴ ὄν· οὔτε γὰρ ἂν
εἰς αὐτὸ ἕτερον οὔτ᾽ ἐκεῖνο εἰς ἄλλο ἐλθεῖν.   κινεῖσθαι δὲ
τὰ πλείω ὄντα ἑνός· ἕτερον γὰρ εἰς ἕτερον δεῖν κινεῖσθαι.
εἰς μὲν οὖν τὸ μὴ ὂν οὐδὲν ἂν κινηθῆναι.   (10) τὸ γὰρ μὴ ὂν
οὐδαμῆ εἶναι, εἰ δὲ εἰς ἄλληλα μεταβάλλοι, πλείω ἂν τὸ ἓν

977a 22 τὸ οὐκ ὂν ἐξ ὄντος Hss.: verb. H. Gomperz (nach 1 122, 1)   γε-
νέσθαι] γίγνεσθαι Blass   28 πάντα κρατεῖσθαι εἶναι LR: verb. Karsten
32 θεοῦ Bonitz: θεὸν LR   φύσιν ὂν zuerst M. P. Hoffmann Rev. de
l'instr. p. en Belg. 27 (1884) p. 24: φυσιμ (über ιμ: ος) in ras. R: φύσιν L
35. 36 οὐ ... δύνασθαι tilgt Blass   37 ὁρᾶν τε καὶ ἀκούειν LR: verb.
Wendland vgl. 39   39 [ὄντα] Diels   977b 3 ⟨ὅμοιον καὶ⟩ Wendl.   μὲν
⟨γὰρ⟩ τὸ Bonitz: μὲν ὁ L: ὁ R   8 ⟨ὂν⟩ Blass   9 ἕν, ὂν Diels: ἕν,
ὂν L: ὄν, ἓν ὂν R   14 ἂν τὸ ἓν Karsten: αὐτὸν LR; αὐτὰ ἂν εἶναι ἑνός
H. Gomperz

977 b 15 είναι ένός. • διά ταῦτα δή κινεῖσθαι μὲν ἂν τὰ δύο ἢ πλείω
ενός, ἠρεμεῖν δὲ καὶ ἀκίνητον εἶναι τὸ οὐδέν. (11) τὸ δὲ ἓν οὔτε
ἀτρεμεῖν οὔτε˙ κινεῖσθαι˙· οὔτε γὰρ τῶι μὴ ὄντι οὔτε τοῖς πολ-
λοῖς ὅμοιον εἶναι: κατὰ πάντα δὲ οὕτως ἔχοντα τὸν θεόν,
ἀίδιόν˙ τε καὶ ἕνα, ὅμοιόν τε καὶ σφαιροειδῆ ὄντα, οὔτε ἄπει-
20 ρον οὔτε πεπερασμένον οὔτε ἠρεμοῦντα οὔτε κινητὸν εἶναι.
c. 4 (1) Πρῶτον μὲν οὖν λαμβάνει τὸ γιγνόμενον καὶ οὗτος
ἐξ ὄντος γίγνεσθαι, ὥσπερ ὁ Μέλισσος [30 A 5]. καίτοι τί κωλύει
μήτ' ἐξ ὁμοίου ⟨μήτ' ἐξ ἀνομοίου⟩ τὸ γιγνόμενον γίγνεσθαι, ἀλλ'
ἐκ μὴ ὄντος;
ἔτι οὐδὲν˙ μᾶλλον ὁ θεὸς ἀγένητος ἢ καὶ τἆλλα πάντα, εἴ-
25 περ ἅπαντα ἐξ ὁμοίου ἢ ἐξ ἀνομοίου γέγονεν (ὅπερ ἀδύνατον).
ὥστε ἢ οὐδέν ἐστι παρὰ τὸν θεὸν ἢ καὶ τὰ ἄλλα ἀίδια πάντα.
(2) ἔτι κράτιστον τὸν θεὸν λαμβάνει, τοῦτο δυνατώτατον καὶ
βέλτιστον λέγων˙ οὐ δοκεῖ δὲ τοῦτο κατὰ τὸν νόμον, ἀλλὰ
πολλὰ κρείττους εἶναι ἀλλήλων οἱ θεοί. οὐκ οὖν ἐκ τοῦ δο-
30 κοῦντος εἴληφε ταύτην κατὰ τοῦ θεοῦ τὴν ὁμολογίαν. (3) τό τε
κράτιστον εἶναι τὸν θεὸν οὐχ οὕτως ὑπολαμβάνειν λέγεται,
ὡς πρὸς ἄλλο τι τοιαύτη ἡ τοῦ θεοῦ φύσις, ἀλλὰ πρὸς τὴν
αὑτοῦ διάθεσιν, ἐπεὶ τοί γε πρὸς ἕτερον οὐδὲν ἂν κωλύοι μὴ
τῆι αὑτοῦ ἐπιεικείαι καὶ ῥώμηι ὑπερέχειν, ἀλλὰ διὰ τὴν
35 τῶν ἄλλων ἀσθένειαν. θέλοι δ' ἂν οὐδεὶς οὕτω τὸν θεὸν
φάναι κράτιστον εἶναι, ἀλλ' ὅτι αὐτὸς ἔχει ὡς οἷόν τε
ἄριστα, καὶ οὐδὲν ἐλλείπει καὶ εὖ καὶ καλῶς ἔχειν αὐτῶι˙
τἆλλα γὰρ ἴσως ἔχοντι κἀκεῖνο ἂν συμβαίνοι. (4) οὕτω δὲ δια-
39 κεῖσθαι καὶ πλείους αὐτοὺς ὄντας οὐδὲν ἂν κωλύοι, ἅπαντας ὡς
978 a 1 οἷόν τε ἄριστα διακειμένους, καὶ κρατίστους τῶν ἄλλων, οὐχ
αὑτῶν ὄντας. (5) ἔστι δ', ὡς ἔοικε, καὶ ἄλλα. κράτιστον γὰρ
εἶναι τὸν θεόν φησι, τοῦτο δὲ τινῶν εἶναι ἀνάγκη˙ ἕνα τ' ὄντα
πάντη ὁρᾶν καὶ ἀκούειν οὐδὲν προσήκει˙ οὐδὲ γὰρ εἰ μὴ καὶ
5 τῆδ' ὁρᾶι; χεῖρον ὁρᾶι ταύτη, ἀλλ' οὐχ ὁρᾶι. ἀλλ' ἴσως τοῦτο
βούλεται τὸ πάντη αἰσθάνεσθαι, ὅτι οὕτως ἂν βέλτιστα ἔχοι,
ὅμοιος ὢν πάντη. (6) ἔτι τοιοῦτος ὢν διὰ τί σφαιροειδὴς ἂν εἴη,
ἀλλ' οὐχ [ὅτι] ἑτέραν τινὰ μᾶλλον ἔχων ἰδέαν, ὅτι πάντη
ἀκούει καὶ πάντη κρατεῖ; ὥσπερ γὰρ ὅταν λέγωμεν τὸ
10 ψιμύθιον ὅτι πάντη ἐστὶ λευκόν, οὐδὲν ἄλλο σημαίνο-
μεν ἢ ὅτι ἐν ἅπασιν αὐτοῦ τοῖς μέρεσιν ἐγκέχρωσται ἡ
λευκότης˙ τί δὴ κωλύει οὕτως κἀκεῖ τὸ πάντη ὁρᾶν καὶ
ἀκούειν καὶ κρατεῖν λέγεσθαι, ὅτι ἅπαν ὃ ἄν τις αὐτοῦ

377b 15 διά] κατὰ Wendl.   18 δὲ] δή? Diels   20 Diels: ἠρεμῖν
(comp.) L: ἠρεμεῖν R   κινητὸν Fülleborn: ἀκίνητον LR   23 ⟨ ⟩ Brandis;
doch genügt vielleicht τί κ. μηδ' ἐξ ὁμοίου (d. h. καὶ ἐκ μὴ ὁμοίου vgl. Bonitz
Ind. Ar. 539a 21) τ. γ. γ.   Vgl. 21 A 31 ι 121, 31f.   25 ἢ ἐξ] ἢ καὶ
ἐξ L: ἢ R   31 ὑπολαμβάνειν Vahlen: ὑπολαμβάνων LR: ὑπολαμβανόντων
Blass   37 καὶ εὖ] τοῦ εὖ Heidel   38 τἆλλα Diels vgl. Z. 24: ἅμα LR:
ἀλλὰ Bergk: ἄριστα Wendl.   οὕτως fügt nach ἅμα γ. ἴσως zu Wilson
978a 8 [ὅτι] Karsten   πάντη ⟨ὁρᾶι καὶ πάντη⟩ Diels

978a λαμβάνηι μέρος, τοῦτ' ἔσται πεπονθός; ὥσπερ δὲ οὐδὲ τὸ
15 ψιμύθιον, οὐδὲ τὸν θεὸν ἀνάγκη εἶναι διὰ τοῦτο σφαιροειδῆ.
(7) ἔτι μήτε ἄπειρον ⟨εἶναι⟩ μήτε πεπεράνθαι σῶμά γε ὄντα καὶ ἔχοντα
μέγεθος πῶς οἷόν τε, εἴπερ τοῦτ' ἐστὶν ἄπειρον ὃ ἂν μὴ ἔχηι
πέρας δεκτικὸν ὂν πέρατος, πέρας δ' ἐν μεγέθει καὶ πλή-
θει ἐγγίγνεται καὶ ἐν ἅπαντι τῶι ποσῶι, ὥστε εἰ μὴ ἔχει
20 πέρας μέγεθος ὂν ἄπειρόν ἐστιν;   (8) ἔτι δὲ σφαιροειδῆ ὄντα
ἀνάγκη πέρας ἔχειν· ἔσχατα γὰρ ἔχει, εἴπερ μέσον ἔχει
αὐτοῦ, οὗ πλεῖστον ἀπέχει. μέσον δὲ ἔχει σφαιροειδὴς ὤν·
τοῦτο γάρ ἐστι σφαιροειδὲς ὃ ἐκ τοῦ μέσου ὁμοίως πρὸς τὰ
ἔσχατα. (9) σῶμα δ' ἔσχατα ἢ πέρατα ἔχειν, οὐδὲν διαφέρει. * * * εἰ
25 γὰρ καὶ τὸ μὴ ὂν ἄπειρόν ἐστι, τί οὐκ ἂν καὶ τὸ ὂν ἄπειρον; τί γὰρ
κωλύει ἔνια ταῦτ' ἂν λεχθῆναι κατὰ τοῦ ὄντος καὶ μὴ ὄντος;
τό τε γὰρ ὂν † οὐκ ὂν οὐδεὶς νῦν αἰσθάνεται, καὶ ὂν δέ τις οὐκ
ἂν αἰσθάνοιτο ἃ νῦν· ἄμφω δὲ λεκτὰ καὶ διανοητά * * * οὐ λευ-
κόν τε τὸ μὴ ὄν· ἢ οὖν διὰ τοῦτο τὰ ὄντα πάντα λευκά, ὅπως
30 μή τι ταὐτὸ κατὰ τοῦ ὄντος σημήνωμεν καὶ μὴ ὄντος, ἢ οὐ-
δέν, οἶμαι, κωλύει καὶ τῶν ὄντων τι μὴ εἶναι λευκόν· οὕτω δὲ
καὶ μᾶλλον ἂν ἀπόφασιν δέξαιτο [τὸ ἄπειρον], εἰ κατὰ τὸ πά-
λαι λεχθέν τι [μᾶλλον] παρὰ τὸ μὴ ἔχειν ⟨πέρας⟩ ἐστὶν ἄπει-
ρον· ὥστε καὶ τὸ ὂν ἢ ἄπειρον ἢ πέρας ἔχον ἐστίν.   (10) ἴσως δὲ
35 ἄτοπον καὶ τὸ προσάπτειν τῶι μὴ ὄντι ἀπειρίαν· οὐ γὰρ πᾶν,
εἰ μὴ ἔχει πέρας, ἄπειρον λέγομεν, ὥσπερ οὐδ' ἄνισον οὐκ ἂν
φαῖμεν εἶναι τὸ μὴ ἴσον.   (11) ἔ⟨τι⟩ τί οὐκ ἂν ἔχοι ὁ θεὸς πέρας εἷς
ὤν, ἀλλ' οὐ πρὸς θεόν; εἰ δὲ ἓν μόνον ἐστὶν ὁ θεός, ⟨ἓν⟩ ἂν εἴη
978b 1 μόνον καὶ τὰ τοῦ θεοῦ μέρη.   (12) ἔτι καὶ τοῦτ' ἄτοπον, εἰ τοῖς
πολλοῖς ξυμβέβηκεν πεπεράνθαι πρὸς ἄλληλα, διὰ τοῦτο
τὸ ἓν μὴ ἔχειν πέρας. πολλὰ γὰρ τοῖς πολλοῖς καὶ τῶι
ἑνὶ ὑπάρχει ταὐτά, ἐπεὶ καὶ τὸ εἶναι κοινὸν αὐτοῖς ἐστιν.
5 ἄτοπον οὖν ἴσως ἂν εἴη, εἰ διὰ τοῦτο μὴ φαῖμεν εἶναι τὸν
θεόν, εἰ τὰ πολλὰ ἔστιν, ὅπως μὴ ὅμοιον ἔσται αὐτοῖς ταύτῃ.
(13) ἔτι τί κωλύει πεπεράνθαι καὶ ἔχειν πέρατα ἓν ὄντα τὸν
θεόν; ὡς καὶ ὁ Παρμενίδης [B 8, 43] λέγει ἓν ὂν εἶναι αὐτὸν 'πάν-
τοθεν εὐκύκλου σφαίρας ἐναλίγκιον ὄγκωι, μεσσόθεν ἰσοπα-
10 λές'. τὸ γὰρ πέρας τινὸς μὲν ἀνάγκη εἶναι, οὐ μέντοι
πρός τί γε, οὐδὲ ἀνάγκη τὸ ἔχον πέρας πρός τι ἔχειν πέ-
ρας, ὡς πεπερασμένον πρὸς τὸ [μὴ] ἐφεξῆς ἄπειρον, ἀλλ'

978a 16 ⟨εἶναι⟩ nach Spuren von L Karsten   ὄντα Spengel: ὢν L:
fehlt R: ὂν Bekker   ἔχοντα Spengel: ἔχον R: ἔχων L   22 σφαιροειδὲς
ὂν LR: verb. zuerst Spengel   24 Lücke Diels   25 Diels: τὸ μὴ ὂν
ἄπεστι οὐκ (οὐκ korr. aus τ..) ἂν L: ἁπλοῦν οὐκ ἂν R   28 λεκτὰ καὶ L:
λεκτὰ οπ R: ὅπη Bernens.   29 ἢ Brandis: εἰ LR   32. 33 Diels: καὶ
ἄλλην οὖν ἀπόφασιν δέξονται τὸ ἄπειρον, εἰ μὴ ἐν πάλαι λεχθέν τι μᾶλλον παρὰ
τὸ μὴ ἔχειν ἢ μὴ ἔχειν ἐστὶν ἅπαν LR   33 λεχθὲν] a 17   35 τὸ ἄτοπον τὸ
καὶ L¹: τὸ ἄ. καὶ R: verb. vulg.   36 οὐκ]? ἅπαν Diels   37 ἴσον Spengel:
ὂν LR   ἔ⟨τι⟩ Brandis   38 ⟨ἐν⟩ Urbinas 108   978b 1 ἔτι F. Kern:
ἐπεὶ LR   12 [μὴ] Mullach; πρὸς τὸ ἐφεξῆς συνάπτον, ἀλλ' Blass

978b ἐστὶ τὸ πεπεράνθαι ἔσχατα ἔχειν, ἔσχατα δ' ἔχον οὐκ
14 ἀνάγκη πρός τι ἔχειν. (14) ἐνίοις μὲν οὖν συμβαίνοι
14a γ' ἂν καὶ πεπεράνθαι ⟨καὶ⟩ πρός τι συνάπτειν, τοῖς
14b δὲ πεπεράνθαι μέν, μὴ μέντοι πρός τι πεπεράν-
15 θαι. (15) πάλιν περὶ τοῦ ἀκίνητον εἶναι τὸ ὂν καὶ τὸ ⟨μὴ⟩ ὂν
15a ⟨λεκτέον ὅτι τὸ ὑπολαμβάνειν ἀκίνητον εἶναι τὸ μὴ ὄν⟩,
16 ὅτι καὶ τὸ ὂν κινεῖται, ἴσως ὁμοίως τοῖς ἔμπροσθεν ἄτοπον.
καὶ ἔτι· ἆρά γε οὐ ταὐτὸ ἂν τις ὑπολάβοι τὸ μὴ κινεῖσθαι
18 καὶ τὸ ἀκίνητον εἶναι, ἀλλὰ τὸ μὲν ἀπόφασιν τοῦ κινεῖσθαι,
ὥσπερ τὸ μὴ ἴσον, ὅπερ καὶ κατὰ τοῦ μὴ ὄντος εἰπεῖν
20 ἀληθές, τὸ δὲ ἀκίνητον τῶι ἔχειν πως ἤδη λέγεσθαι, ὥσπερ
τὸ ἄνισον, καὶ ἐπὶ τῶι ἐναντίωι τοῦ κινεῖσθαι, τῶι ἠρεμεῖν,
ὡς καὶ σχεδὸν αἱ ἀπὸ τοῦ ᾱ ἀποφάσεις ἐπὶ ἐναντίοις λέ-
γονται; τὸ μὲν οὖν μὴ κινεῖσθαι ἀληθὲς ἐπὶ τοῦ μὴ ὄντος,
τὸ δὲ ἠρεμεῖν οὐχ ὑπάρχει τῶι μὴ ὄντι. ὁμοίως δὲ οὐδὲ ⟨τὸ⟩
25 ἀκίνητον εἶναι σημαίνει ταὐτόν. ἀλλ' οὗτος ἐπὶ τῶι ἠρεμεῖν
αὐτῶι χρῆται, καὶ φησὶ τὸ μὴ ὂν ἠρεμεῖν, ὅτι οὐκ ἔχει
μετάβασιν. (16) ὅπερ τε καὶ ἐν τοῖς ἄνω εἴπομεν, ἄτοπον ἴσως,
εἴ τι τῶι μὴ ὄντι προσάπτομεν, τοῦτο μὴ ἀληθὲς εἶναι κατὰ
τοῦ ὄντος εἰπεῖν, ἄλλως τε κἂν ἀπόφασις ἦι τὸ λεχθέν, οἷον
30 καὶ τὸ μὴ κινεῖσθαι μηδὲ μεταβαίνειν ἐστί. πολλὰ
γὰρ ἄν, καθάπερ καὶ ἐλέχθη, ἀφαιροῖτο τῶν ὄντων κατη-
γορεῖν. οὐδὲ γὰρ ἂν πολλὰ ἀληθὲς εἰπεῖν εἴη μὴ ἕν, εἴπερ
καὶ τὸ μὴ ὂν ἐστι μὴ ἕν. (17) ἔτι ἐπ' ἐνίων τἀναντία ξυμβαί-
νειν † δοκεῖ κατὰ τὰς αὐτὰς ἀποφάσεις· οἷον ἀνάγκη ἢ ἴσον
35 ἢ ἄνισον, ἂν τι πλῆθος ἢ μέγεθος ἦι, καὶ ἄρτιον ἢ περιτ-
τόν, ἂν ἀριθμὸς ἦι· ὁμοίως δ' ἴσως καὶ τὸ ⟨ὂν ἢ⟩ ἠρεμεῖν ἢ
κινεῖσθαι ἀνάγκη, ἂν σῶμα ἦι· (18) ἔτι εἰ καὶ διὰ τοῦτο μὴ
κινεῖται ὁ θεός τε καὶ τὸ ἕν, ὅτι τὰ πολλὰ κινεῖται τῶι
979a 1 εἰς ἄλληλα ἰέναι, τί κωλύει καὶ τὸν θεὸν κινεῖσθαι εἰς
ἄλλο; οὐδα⟨μοῦ γὰρ λέγει⟩ ὅτι ⟨ἕν ἐστι⟩ μόνον, ἀλλ' ὅτι εἷς μόνος
θεός. (19) εἰ δὲ καὶ
οὕτως, τί κωλύει εἰς ἄλληλα κινουμένων τῶν μερῶν τοῦ
⟨θεοῦ⟩ κύκλωι φέ⟨ρεσθαι τὸν⟩ θεόν; οὐ γὰρ δὴ τὸ τοιοῦτον
ἕν, ὥσπερ ὁ Ζήνων,
5 πολλὰ εἶναι φήσει. αὐτὸς γὰρ σῶμα λέγει εἶναι τὸν
θεόν, εἴτε τόδε τὸ πᾶν εἴτε ὅ τι δήποτε αὐτὸ λέγων· ἀσώ-

978b 14. 14a συμβαίνει πᾶν LR: verb. Wilson 14a ⟨καὶ⟩ Brandis
15 καὶ τὸ μὴ ὂν Urb. 108: καὶ τὸ ἓν L: καὶ τὸ ὂν R 15a ⟨ ⟩ Diels
16 ἔμπροσθεν] § 9ff. 18 τοῦ Bekker: τῷ L: fehlt R 19 εἰπεῖν Bonitz:
εἴπερ LR 22 καὶ ⟨αἱ ἄλλαι⟩ σχεδὸν Blass 24 ⟨τὸ⟩ Diels 27 ἄνω]
978a 25 29 λεχθέντων καὶ R: ÷λε÷χθέν L: verb. Apelt 30 μετα-
βαίνειν Felicianus: μεταλαμβάνειν LR 31 κατηγορεῖ LR: verb. Weise
33 ἕν. ἔτι zuerst Spengel: ἕν· εἴτε LR 34 δοκεῖ] ἀδυνατεῖ ? Diels οἷον
Bonitz: ὦν R: ὂν L 35 μέγεθος Felic.: μὴ ὡς L: καὶ μὴ ὡς R 36 ⟨ ⟩
Diels 979a 2 ⟨ ⟩ F. Kern 3 οὕτως F. Kern: οὗτος L: αὐτὸς R 4 θεοῦ]
Lücke LR φέ⟨ρεσθαι τὸν⟩ die Lücke füllte Bergk

979a   ματος γὰρ ὢν πῶς ἂν σφαιροειδὴς εἴη; (20) ἔτι μόνως γ' ἂν
οὕτως οὔτ' ἂν κινοῖτο οὔτ' ἂν ἠρεμοῖ μηδαμοῦ γε ὤν; ἐπεὶ δὲ
σῶμά ἐστι, τί ἂν αὐτὸ κωλύοι κινεῖσθαι, ὡς ἐλέχθη;

29. PLATO Sophist. p. 242 C D [der Fremde aus Elea spricht] μῦθόν
τινα ἕκαστος φαίνεταί μοι διηγεῖσθαι παισὶν ὡς οὖσιν ἡμῖν, ὁ μὲν ὡς τρία τὰ ὄντα,
πολεμεῖ δὲ ἀλλήλοις ἐνίοτε αὐτῶν ἄττα πηι, τοτὲ δὲ καὶ φίλα γιγνόμενα γάμους
τε καὶ τόκους καὶ τροφὰς τῶν ἐκγόνων παρέχεται· δύο δὲ ἕτερος εἰπών, ὑγρὸν καὶ
5 ξηρὸν ἢ θερμὸν καὶ ψυχρόν, συνοικίζει τε αὐτὰ καὶ ἐκδίδωσι [vgl. 60 A 4?]· τὸ δὲ
παρ' ἡμῶν Ἐλεατικὸν ἔθνος, ἀπὸ Ξενοφάνους τε καὶ ἔτι πρόσθεν ἀρξάμενον [vgl.
1 B 6. Phileb. p. 16 C D], ὡς ἑνὸς ὄντος τῶν πάντων καλουμένων, οὕτω διεξέρχε-
ται τοῖς μύθοις. PHILOP. Phys. 125, 27 Vitell. ὁ Πορφύριός φησι τὸν Ξενοφάνη
τὸ ξηρὸν καὶ τὸ ὑγρὸν δοξάσαι ἀρχάς, τὴν γῆν λέγω καὶ τὸ ὕδωρ, καὶ χρῆσιν
10 αὐτοῦ παρατίθεται τοῦτο δηλοῦσαν 'γῆ καὶ ὕδωρ πάντ' ἔσθ' ὅσα φύοντ'
ἠδὲ γίνονται· [B 29]· ταύτης δὲ τῆς δόξης δοκεῖ καὶ Ὅμηρος εἶναι ἐν οἷς φησιν
'ἀλλ' ὑμεῖς μὲν πάντες ὕδωρ καὶ γαῖα γένοισθε' [H 99].

30. ARISTOT. Metaph. A 5. 986 b 18 Παρμενίδης μὲν γὰρ ἔοικε τοῦ κατὰ τὸν
λόγον ἑνὸς ἅπτεσθαι, Μέλισσος δὲ τοῦ κατὰ τὴν ὕλην· διὸ καὶ ὁ μὲν πεπερασμένον,
15 ὁ δ' ἄπειρόν φησιν εἶναι αὐτό· Ζ. δὲ πρῶτος τούτων ἐνίσας (ὁ γὰρ Παρμενίδης
τούτου λέγεται γενέσθαι μαθητής) οὐδὲν διεσαφήνισεν, οὐδὲ τῆς φύσεως τούτων
οὐδετέρας ἔοικε θιγεῖν, ἀλλ' εἰς τὸν ὅλον οὐρανὸν ἀποβλέψας τὸ ἓν εἶναί φησι τὸν
θεόν [vgl. B 23]· οὗτοι μὲν οὖν, καθάπερ εἴπομεν, ἀφετέοι πρὸς τὴν νῦν παροῦσαν
ζήτησιν, οἱ μὲν δύο καὶ πάμπαν ὡς ὄντες μικρὸν ἀγροικότεροι, Ζ. καὶ Μέλισσος.
20 31. SIMPL. Phys. 22, 22ff. (1) ἀνάγκη τοίνυν τὴν ἀρχὴν ἢ μίαν εἶναι ἢ οὐ
μίαν, ταὐτὸν δὲ εἰπεῖν πλείους, καὶ εἰ μίαν, ἤτοι ἀκίνητον ἢ κινουμένην, καὶ εἰ ἀκί-
νητον, ἤτοι ἄπειρον ὡς Μέλισσος ὁ Σάμιος δοκεῖ λέγειν, ἢ πεπερασμένην ὡς Παρ-
μενίδης Πύρητος Ἐλεάτης, οὐ περὶ φυσικοῦ στοιχείου λέγοντες οὗτοι, ἀλλὰ περὶ
τοῦ ὄντως ὄντος. (2) μίαν δὲ τὴν ἀρχὴν ἤτοι ἓν τὸ ὂν καὶ πᾶν (καὶ οὔτε πεπε-
25 ρασμένον οὔτε ἄπειρον οὔτε κινούμενον οὔτε ἠρεμοῦν) Ξενοφάνην τὸν Κολοφώνιον
τὸν Παρμενίδου διδάσκαλον ὑποτίθεσθαί φησιν ὁ Θεόφραστος [Phys. Op. fr. 5
D. 480] ὁμολογῶν ἑτέρας εἶναι μᾶλλον ἢ τῆς περὶ φύσεως ἱστορίας τὴν μνήμην
τῆς τούτου δόξης. (3) τὸ γὰρ ἓν τοῦτο καὶ πᾶν τὸν θεὸν ἔλεγεν ὁ Ζ., ὃν ἕνα
μὲν δείκνυσιν ἐκ τοῦ πάντων κράτιστον εἶναι· πλειόνων γάρ, φησίν, ὄντων ὁμοίως
30 ὑπάρχειν ἀνάγκη πᾶσι τὸ κρατεῖν· τὸ δὲ πάντων κράτιστον καὶ ἄριστον θεός.
(4) ἀγένητον δὲ ἐδείκνυεν ἐκ τοῦ δεῖν τὸ γινόμενον ἢ ἐξ ὁμοίου ἢ ἐξ ἀνομοίου γίνε-
σθαι. ἀλλὰ τὸ μὲν ὅμοιον ἀπαθές φησιν ὑπὸ τοῦ ὁμοίου· οὐδὲν γὰρ μᾶλλον γεν-
νᾶν ἢ γεννᾶσθαι προσήκει τὸ ὅμοιον ἐκ τοῦ ὁμοίου· εἰ δὲ ἐξ ἀνομοίου γίνοιτο,

979a 7 ἔτι μόνως Apelt: ἐπιμόνως R: ἐπεὶ μόνως L   γ' ἂν Bergk:
τὰν L: ὅταν R   9 αὐτὸς Bergk
n. 29 Z. 1ff. vgl. Apparat zu 31 A 29   6 παρ' ἡμῶν richtig: die
Sekte geht von uns (Elea) aus; im folgenden wird die zeitliche (und ge-
dankliche) Folge von Xenophanes zu Parmenides sicher bezeugt (vgl. Wila-
mowitz Platon II² 238)   20 Simplic. hat Theophrast (aus Alexanders
Kommentar) mit einem Auszug aus n. 28 verbunden. S. Dox. 109ff.
27 ὁμολογῶν] Theophr. wiederholt Arist. ob. Z. 18 ἀφετέοι πρὸς τὴν νῦν
παροῦσαν ζήτησιν; Xen. gehöre eigentlich zur Theologie   28 vgl. Norden
Agnost. Theos S. 247

122   21 [11]. XENOPHANES

ἔσται τὸ ὂν ἐκ τοῦ μὴ ὄντος. καὶ οὕτως ἀγένητον καὶ ἀίδιον ἐδείκνυ. (5) οὔτε
δὲ ἄπειρον οὔτε πεπερασμένον εἶναι, διότι ἄπειρον μὲν τὸ μὴ ὂν ὡς οὔτε ἀρχὴν
ἔχον οὔτε μέσον οὔτε τέλος, περαίνειν δὲ πρὸς ἄλληλα τὰ πλείω. (6) παραπλη-
σίως δὲ καὶ τὴν κίνησιν ἀφαιρεῖ καὶ τὴν ἠρεμίαν. ἀκίνητον μὲν γὰρ εἶναι τὸ μὴ ὄν·
5 οὔτε γὰρ ἂν εἰς αὐτὸ ἕτερον οὔτε αὐτὸ πρὸς ἄλλο ἐλθεῖν· κινεῖσθαι δὲ τὰ πλείω
τοῦ ἑνός· ἕτερον γὰρ εἰς ἕτερον μεταβάλλειν. (7) ὥστε καὶ ὅταν ἐν ταὐτῶι
μένειν λέγηι καὶ μὴ κινεῖσθαι, 'ἀεὶ δ' . . . ἄλληι' [B 26], οὐ κατὰ τὴν ἠρεμίαν τὴν
ἀντικειμένην τῆι κινήσει μένειν αὐτό φησιν, ἀλλὰ κατὰ τὴν ἀπὸ κινήσεως καὶ ἠρε-
μίας ἐξηιρημένην μονήν. (8) Νικόλαος δὲ ὁ Δαμασκηνὸς ὡς ἄπειρον καὶ ἀκίνητον
10 λέγοντος αὐτοῦ τὴν ἀρχὴν ἐν τῆι Περὶ θεῶν ἀπομνημονεύει, 'Αλέξανδρος δὲ ὡς
πεπερασμένον αὐτὸ καὶ σφαιροειδές. (9) ἀλλ' ὅτι μὲν οὔτε ἄπειρον οὔτε πεπε-
ρασμένον αὐτὸ δείκνυσιν, ἐκ τῶν προειρημένων δῆλον· πεπερασμένον δὲ καὶ σφαι-
ροειδὲς αὐτὸ διὰ τὸ πανταχόθεν ὅμοιον λέγειν. καὶ πάντα νοεῖν δέ φησιν αὐτὸ
λέγων 'ἀλλ' . . . κραδαίνει' [B 25].
15 32. [PLUT.] Strom. 4 [Eus. P. E. i 8, 4. D. 580] Ξ. δὲ ὁ Κολοφώνιος ἰδίαν
τινὰ ὁδὸν πεπορευμένος καὶ παρηλλαχυῖαν πάντας τοὺς προειρημένους [Thales,
Anaximander, Anaximenes] οὔτε γένεσιν οὔτε φθορὰν ἀπολείπει, ἀλλ' εἶναι λέγει
τὸ πᾶν ἀεὶ ὅμοιον· εἰ γὰρ γίγνοιτο τοῦτο, φησίν, ἀναγκαῖον πρὸ τούτου μὴ εἶναι·
τὸ μὴ ὂν δὲ οὐκ ἂν γένοιτο οὐδ' ἂν τὸ μὴ ὂν ποιήσαι τι οὔτε ὑπὸ τοῦ μὴ ὄντος
20 γένοιτ' ἄν τι. ἀποφαίνεται δὲ καὶ τὰς αἰσθήσεις ψευδεῖς καὶ καθόλου σὺν αὐταῖς
καὶ αὐτὸν τὸν λόγον διαβάλλει. ἀποφαίνεται δὲ καὶ τῶι χρόνωι καταφερομένην
συνεχῶς καὶ κατ' ὀλίγον τὴν γῆν εἰς τὴν θάλασσαν χωρεῖν. φησὶ δὲ καὶ τὸν ἥλιον
ἐκ μικρῶν καὶ πλειόνων πυριδίων ἀθροίζεσθαι. ἀποφαίνεται δὲ καὶ περὶ θεῶν ὡς
οὐδεμιᾶς ἡγεμονίας ἐν αὐτοῖς οὔσης· οὐ γὰρ ὅσιον δεσπόζεσθαί τινα τῶν θεῶν· ἐπι-
25 δεῖσθαί τε μηδενὸς αὐτῶν μηδένα μηδ' ὅλως· ἀκούειν δὲ καὶ ὁρᾶν καθόλου καὶ μὴ
κατὰ μέρος. ἀποφαίνεται δὲ καὶ τὴν γῆν ἄπειρον εἶναι καὶ μὴ κατὰ πᾶν μέρος
περιέχεσθαι ὑπὸ ἀέρος· γίνεσθαι δὲ ἅπαντα ἐκ γῆς· τὸν δὲ ἥλιόν φησι καὶ τὰ ἄστρα
ἐκ τῶν νεφῶν γίνεσθαι.
33. HIPPOL. Ref. i 14 (D. 565, W. 17) (1) Ξ. δὲ ὁ Κολοφώνιος 'Ορθομένους υἱός.
30 οὗτος ἕως Κύρου διέμεινεν. οὗτος ἔφη πρῶτος ἀκαταληψίαν εἶναι πάντων εἰπὼν
οὕτως· 'εἰ γὰρ . . . τέτυκται' [B 34, 3. 4].
(2) λέγει δὲ ὅτι οὐδὲν γίνεται οὐδὲ φθείρεται οὐδὲ κινεῖται καὶ ὅτι ἐν τὸ πᾶν
ἐστιν ἔξω μεταβολῆς. φησὶ δὲ καὶ τὸν θεὸν εἶναι ἀίδιον καὶ ἕνα καὶ ὅμοιον πάντηι
καὶ πεπερισμένον καὶ σφαιροειδῆ καὶ πᾶσι τοῖς μορίοις αἰσθητικόν. (3) τὸν
35 δὲ ἥλιον ἐκ μικρῶν πυριδίων ἀθροιζομένων γίνεσθαι καθ' ἑκάστην ἡμέραν, τὴν
δὲ γῆν ἄπειρον εἶναι καὶ μήτε ὑπ' ἀέρος μήτε ὑπὸ τοῦ οὐρανοῦ περιέχεσθαι. καὶ
ἀπείρους ἡλίους εἶναι καὶ σελήνας, τὰ δὲ πάντα εἶναι ἐκ γῆς. (4) οὗτος τὴν
θάλασσαν ἁλμυρὰν ἔφη διὰ τὸ πολλὰ μίγματα συρρεῖν ἐν αὐτῆι. ὁ δὲ Μητρό-
δωρος [70 A 19] διὰ τὸ ἐν τῆι γῆι διηθεῖσθαι, τούτου χάριν γίνεσθαι ἁλμυράν.

---

6 μεταβάλλει Hss.: verb. Karsten   8 αὐτὸ DE: αὐτὸν EªF wie Z. 13
11 πεπερασμένον ⟨οὔτε ἠρεμοῦν οὔτε κινητὸν⟩ H. Schoene   13 λέγει Aldine:
λέγειν Hss.: vgl. Dox. 112f.   αὐτὸ DE: αὐτὸν EªF   14 λέγων] so die
Hss.   23 πυριδίων Toup: πυρίων Hss. (vgl. A 33. 40)   24 vgl. 21 C 1
25 μὴ nach καὶ Brandis: nach μέρος Hss. (vgl. B 28)   28 τῶν νεφῶν] näm-
lich πεπυρωμένων A 38. 40. Dieser Satz stammt aus dem Kap. περὶ νεφῶν,
dagegen ὁ ἥλιον . . . ἀθροίζεσθαι (22) aus dem Kap. περὶ ἄστρων des Theo-
phrast. Werkes   36 εἶναι ⟨κάτω⟩ Diels wie i 125, 25. B 28, 2; doch s. ob. Z. 26

(5) ὁ δὲ Ξενοφάνης μίξιν τῆς γῆς πρὸς τὴν θάλασσαν γίνεσθαι δοκεῖ καὶ τῶι χρόνωι ὑπὸ τοῦ ὑγροῦ λύεσθαι, φάσκων τοιαύτας ἔχειν ἀποδείξεις, ὅτι ἐν μέσηι γῆι καὶ ὄρεσιν εὑρίσκονται κόγχαι, καὶ ἐν Συρακούσαις δὲ ἐν ταῖς λατομίαις λέγει εὑρῆσθαι τύπον ἰχθύος καὶ φωκῶν, ἐν δὲ Πάρωι τύπον δάφνης ἐν τῶι βάθει τοῦ λίθου, 5 ἐν δὲ Μελίτηι πλάκας συμπάντων τῶν θαλασσίων. (6) ταῦτα δέ φησι γενέσθαι, ὅτε πάντα ἐπηλώθησαν πάλαι, τὸν δὲ τύπον ἐν τῶι πηλῶι ξηρανθῆναι. ἀναιρεῖσθαι δὲ τοὺς ἀνθρώπους πάντας, ὅταν ἡ γῆ κατενεχθεῖσα εἰς τὴν θάλασσαν πηλὸς γένηται, εἶτα πάλιν ἄρχεσθαι τῆς γενέσεως, καὶ ταύτην πᾶσι τοῖς κόσμοις γίνεσθαι μεταβολήν. S. B 33.

10 34. Cic. Acad. ii 118 [s. i 114, 18] *unum esse omnia neque id esse mutabile et id esse deum neque natum umquam et sempiternum, conglobata figura.* d. n. deor. i 11, 28 *tum X. qui mente adiuncta omne praeterea quod esset infinitum deum voluit esse, de ipsa mente item reprehendetur ut ceteri, de infinitate autem vehementius, in qua nihil neque sentiens neque* 15 *coniunctum potest esse.* Vgl. Arist. Poet. 25. 1460b 35.

35. [Galen.] Hist. phil. 7 (Dox. 604, 17) ... Ξενοφάνην μὲν περὶ πάντων ἠπορηκότα, δογματίσαντα δὲ μόνον τὸ εἶναι πάντα ἐν καὶ τοῦτο ὑπάρχειν θεὸν πεπερασμένον, λογικόν, ἀμετάβλητον. Τιμον fr. 59 [Sext. P. H. i 223] ἐν πολλοῖς γὰρ αὐτὸν ἐπαινέσας [τὸν Ξενοφάνην], ὡς καὶ τοὺς Σίλλους αὐτῶι ἀναθεῖναι, 20 ἐποίησεν [Timon] αὐτὸν ὀδυρόμενον καὶ λέγοντα·

ὡς καὶ ἐγὼν ὄφελον πυκινοῦ νόου ἀντιβολῆσαι
ἀμφοτερόβλεπτος· δολίηι δ᾽ ὁδῶι ἐξαπατήθην
πρεσβυγενὴς ἔτ᾽ ἐὼν καὶ ἀμενθήριστος ἁπάσης
σκεπτοσύνης· ὅππηι γὰρ ἐμὸν νόον εἰρύσαιμι,
25　5 εἰς ἓν ταὐτό τε πᾶν ἀνελύετο· πᾶν δ᾽ ἐὸν αἰεὶ
πάντηι ἀνελκόμενον μίαν εἰς φύσιν ἵσταθ᾽ ὁμοίην.

Τιμον fr. 60 [Sext. P. H. i 224. Diog. ix 18, i 113, 12]
Ξεινοφάνης θ᾽ ὑπάτυφος, Ὁμηραπάτης ἐπικόπτης,

---

3 κόγχαι] vgl. Herod. ii 12 7ff. Die Angaben über (das jüngere Tertiär von) Syrakus und Malta nach Pompecki durchaus glaublich, nicht die über Paros, wo weder δάφνη (Hss.) noch ἀφύη (Gronov.) fossil vorkommen kann; wohl aber sind · auf Φάρος (Lessina an der dalmatischen Küste) fossile Fische zahlreich gefunden 5 μελίτω LB: verb. Karsten συμπάντων τῶν θαλασσίων alle Hss. 8 ἄρχεσθαι] näml. τὴν γῆν 8. 9 Diels: καὶ τοῦτο πᾶσι τοῖς κόσμοις γίνεσθαι καταβάλλειν Hss. vgl. Ar. Meteor. A 14. ? a 14ff. 13 *esset* ⟨*unum et*⟩ Diels u. Kalbfleisch *reprehenderetur* AB¹ 19 τὸν Ξενοφάνην Glosse; tilgte Kayser 22 ἀμφοτεροβλέπτου Bekker 23 ἔτ᾽ ἐὼν Hss. (*noch im Greisenalter ließ er sich täuschen*; vgl. Plato Menex. 236 c): ἐτέων Bekker, τε γέρων Nauck unrichtig ἀπενθήριστος Hss.: verb. Bergk '*unbekümmert um jede Vorsicht*' 24 ὅπη Sext. MC: ὅπου EAB 25 vgl. A 30. i 121, 17 δ᾽ ἐὸν] δ᾽ ἐμὸν Ludwich unnötig, ebenso δέ οἱ Otfr. Müller, der übersetzt: *nach welcher Seite ich meine Gedanken lenkte, kehrten sie immer bei dem Einen und Gleichen ein; alles Seiende, auf welche Weise ich es wog, ergab eine und dieselbe Natur* 28 Ξεινοφάνης usw. Sext.: Ξεινοφάνην usw. Diog. [21 A 1]. Der Akk. bei Diog. ist wahrscheinlicher als der von Sext. gegebene Nominativ ὀμηραπάτης ἐπισκόπτης Sext.: ὀμηροπάτην (ὀμηραπάτην FP²) ἐπικόπτην Diog.

124   21 [11]. XENOPHANES

ἔα, τὸν ἀπ' ἀνθρώπων θεὸν ἐπλάσατ' ἴσον ἀπάντηι
⟨ἀτρεμῆ⟩ ἀσκηθῆ νοερώτερον ἠὲ νόημα.

wozu Sext. erkl. διὰ τοῦτο γοῦν καὶ 'ὑπάτυφον' αὐτὸν λέγει καὶ οὐ τέλειον ἄτυ-
φον, δι' ὧν φησι· 'Ξεινοφάνης [so Sext.] ... νόημα'. 'ὑπάτυφον' μὲν γὰρ εἶπε
5 τὸν κατά τι ἄτυφον, ''Ομηραπάτης' [so] δὲ ἐπισκώπτην, ἐπεὶ τὴν παρ' 'Ομήρωι
ἀπάτην διέσυρεν· ἐδογμάτιζε δὲ ὁ Ξ. παρὰ τὰς τῶν ἄλλων ἀνθρώπων προλήψεις ἓν
εἶναι τὸ πᾶν, καὶ τὸν θεὸν συμφυῆ τοῖς πᾶσιν, εἶναι δὲ σφαιροειδῆ καὶ ἀπαθῆ καὶ
ἀμετάβλητον καὶ λογικόν. Sext. adv. math. VII 14 τῶν δὲ διμερῆ τὴν φιλο-
σοφίαν ὑποστησαμένων Ξ. μὲν ὁ Κ. τὸ φυσικὸν ἅμα καὶ λογικόν, ὥς φασί τινες,
10 μετήρχετο.

36. THEODORET. IV 5 aus Aëtios (D. 284 not.) Ξ. μὲν οὖν ὁ 'Ορθομένους
ὁ Κολοφώνιος ὁ τῆς 'Ελεατικῆς αἱρέσεως ἡγησάμενος ἓν εἶναι τὸ πᾶν ἔφησε
σφαιροειδὲς καὶ πεπερασμένον, οὐ γενητὸν ἀλλ' ἀίδιον καὶ πάμπαν ἀκίνητον.
πάλιν δὲ αὖ τῶνδε τῶν λόγων ἐπιλαθόμενος ἐκ τῆς γῆς φῦναι ἅπαντα εἴρηκεν·
15 αὐτοῦ γὰρ δὴ τόδε τὸ ἔπος ἐστὶν 'ἐκ γῆς... τελευτᾶι' [B 27]. Aus d. home-
rischen Allegorien STOB. Ecl. I 10, 12 Ξ. ἀρχὴν τῶν ὄντων πάντων εἶναι τὴν
γῆν. γράφει γὰρ ἐν τῶι Περὶ φύσεως 'ἐκ... τελευτᾶι'. OLYMPIOD. de arte
sacr. 24 [Berthelot Collect. des Alchim. gr. I 2] p. 82, 21 τὴν μὲν γὰρ γῆν
οὐδεὶς ἐδόξασεν εἶναι ἀρχήν, εἰ μὴ Ξ. ὁ Κολοφώνιος. GALEN. in Hippocr. d. nat.
20 hom. XV 25 K. κακῶς δὲ καὶ τῶν ἐξηγητῶν ἔνιοι κατεψεύσαντο Ξενοφάνους ὥσπερ
καὶ Σαβῖνος ὧδέ πως γράψας αὐτοῖς ὀνόμασιν· 'οὔτε γὰρ πάμπαν ἀέρα λέγω τὸν
ἄνθρωπον ὥσπερ 'Αναξιμένης οὔτε ὕδωρ ὡς Θαλῆς οὔτε γῆν ὡς ἕν τινι [B 33?]
Ξενοφάνης'· οὐδαμόθεν γὰρ εὑρίσκεται ὁ Ξ. ἀποφηνάμενος οὕτως ... καὶ Θεό-
φραστος δ' ἂν ἐν ταῖς τῶν Φυσικῶν δοξῶν ἐπιτομαῖς τὴν Ξενοφάνους δόξαν, εἴπερ
25 οὕτως εἶχεν, ἐγεγράφει. Vgl. Arist. Metaph. A 8. 989a 5.

37. ΑËΤ. II 4, 11 (D. 332) Ξ. ἀγένητον καὶ ἀίδιον καὶ ἄφθαρτον τὸν κόσμον.
Vgl. II 1, 3 s. I 86, 16.

38. — II 13, 14 (D. 343) Ξ. ἐκ νεφῶν μὲν πεπυρωμένων [sc. τοὺς ἀστέρας
γίνεσθαι]· σβεννυμένους δὲ καθ' ἑκάστην ἡμέραν ἀναζωπυρεῖν νύκτωρ καθάπερ
30 τοὺς ἄνθρακας· τὰς γὰρ ἀνατολὰς καὶ τὰς δύσεις ἐξάψεις εἶναι καὶ σβέσεις.

39. — II 18, 1 (D. 347) Ξ. τοὺς ἐπὶ τῶν πλοίων φαινομένους οἷον ἀστέρας,
οὓς καὶ Διοσκούρους καλοῦσί τινες, νεφέλια εἶναι κατὰ τὴν ποιὰν κίνησιν παρα-
λάμποντα.

40. — 20, 3 (D. 348) Ξ. ἐκ νεφῶν πεπυρωμένων εἶναι τὸν ἥλιον. Θεόφραστος
35 ἐν τοῖς Φυσικοῖς [fr. 16. D. 492] γέγραφεν ἐκ πυριδίων μὲν τῶν συναθροιζομένων
ἐκ τῆς ὑγρᾶς ἀναθυμιάσεως, συναθροιζόντων δὲ τὸν ἥλιον.

1 ἔα τὸν (so) Sextushss.: ἢ τὸν (vgl. Tim. fr. 50. Diog. IX 69) oder
ἐκτὸς Fabricius: εἰ τὸν (vielleicht ging ein Wort wie θαυμάζω vorher) Diels
(1. 2. Aufl.): ὃς τὸν Roeper   ἀπ' ἀνθρώπων Fabricius nach Timon fr. 50:
ἀπάνθρωπον Hss.   ἴσον ἀπάντη wohl aus Xenophanes vgl. 28 B 8, 44;
31 B˙ 28.   Daher 2 ἀτρεμῆ Diels aus 28 B 1, 29; 8, 4; ἀσκηθῆ = οὖλον
28 B 8, 4   8ff. Nach der (recht unbestimmten) Aussage erscheint X. als
ein Vorläufer des Parmenides (umgekehrt Reinhardt Parmenides S. 117),
ohne daß hier doch Zweiteilung des Gedichtes für ihn bezeugt würde
34 Aëtios gab zuerst ein Excerpt aus Poseidonios, der Theophrast be-
nutzt, dann aus Theophrast selbst. Vgl. Diels Berl. Sitz. Ber. 1920, 2ff.

41. — II 24, 4 (D. 354) Ξ. κατά σβέσιν [sc. τὴν ἔκλειψιν, richtiger δύσιν, ἡλίου γίνεσθαι], ἕτερον δὲ πάλιν πρὸς ταῖς ἀνατολαῖς γίνεσθαι. παριστόρηκε δὲ καὶ ἔκλειψιν ἡλίου ἐφ᾽ ὅλον μῆνα καὶ πάλιν ἔκλειψιν ἐντελῆ, ὥστε τὴν ἡμέραν νύκτα φανῆναι.

5   41a. — II 24, 9 (D. 355) Ξ. πολλοὺς εἶναι ἡλίους καὶ σελήνας κατὰ κλίματα τῆς γῆς καὶ ἀποτομὰς καὶ ζώνας, κατὰ δέ τινα καιρὸν ἐκπίπτειν τὸν δίσκον εἴς τινα ἀποτομὴν τῆς γῆς οὐκ οἰκουμένην ὑφ᾽ ἡμῶν καὶ οὕτως ὥσπερ κενεμβατοῦντα ἔκλειψιν ὑποφαίνειν· ὁ δ᾽ αὐτὸς τὸν ἥλιον εἰς ἄπειρον μὲν προϊέναι, δοκεῖν δὲ κυ-κλεῖσθαι διὰ τὴν ἀπόστασιν.

10   42. — II 30, 8 (D. 362) Ξ. τὸν μὲν ἥλιον χρήσιμον εἶναι πρὸς τὴν τοῦ κόσμου καὶ τὴν τῶν ἐν αὐτῶι ζώιων γένεσίν τε καὶ διοίκησιν, τὴν δὲ σελήνην παρέλκειν.

43. — II 25, 4 (D. 356) Ξ. νέφος εἶναι πεπιλημένον [sc. τὴν σελήνην]. II 28, 1 [D. 358] Ἀναξίμανδρος, Ξ., Βήρωσος ἴδιον αὐτὴν ἔχειν φῶς. II 29, 5 (D. 360) Ξ.

15   καὶ τὴν μηνιαίαν ἀπόκρυψιν κατὰ σβέσιν [sc. γίνεσθαι].

44. — III 2, 11 (D. 367) Ξ. πάντα τὰ τοιαῦτα [sc. κομήτας, διάιττοντας, δοκίδας] νεφῶν πεπυρωμένων συστήματα ἢ κινήματα.

45. — III 3, 6 (D. 368) Ξ. ἀστραπὰς γίνεσθαι λαμπρυνομένων τῶν νεφῶν κατὰ τὴν κίνησιν.

20   46. — III 4, 4 (D. 371) Ξ. ἀπὸ τῆς τοῦ ἡλίου θερμότητος ὡς ἀρκτικῆς αἰτίας τάν τοῖς μεταρσίοις συμβαίνειν. ἀνελκομένου γὰρ ἐκ τῆς θαλάττης τοῦ ὑγροῦ τὸ γλυκὺ διὰ τὴν λεπτομέρειαν διακρινόμενον νέφη τε συνιστάνειν ὁμιχλούμενον καὶ καταστάζειν ὄμβρους ὑπὸ πιλήσεως καὶ διατμίζειν τὰ πνεύματα. γράφει γὰρ διαρρήδην 'πηγή δ᾽... ὕδατος᾽ [Β 30, 1].

25   47. ARISTOT. de caelo B 13. 294a 21 οἱ μὲν γὰρ διὰ ταῦτα ἄπειρον τὸ κάτω τῆς γῆς εἶναί φασιν, ἐπ᾽ ἄπειρον αὐτὴν ἐρριζῶσθαι λέγοντες ὥσπερ Ξ. ὁ Κολοφώνιος [Β 28], ἵνα μὴ πράγματ᾽ ἔχωσι ζητοῦντες τὴν αἰτίαν. διὸ καὶ Ἐμπεδοκλῆς οὕτως ἐπέπληξεν εἰπὼν ὡς ʽεἴ περ... ἰδόντων [31 Β 39]; vgl. Simpl. ad Ar. l. c. p. 522, 7 Heib. ἀγνοῶ δὲ ἐγὼ τοῖς Ξενοφάνους ἔπεσι τοῖς περὶ τούτου μὴ ἐντυ-

30   χών, πότερον τὸ κάτω μέρος τῆς γῆς ἄπειρον εἶναι λέγων διὰ τοῦτο μένειν αὐτήν φησιν ἢ τὸν ὑποκάτω τῆς γῆς τόπον καὶ αἰθέρα ἄπειρον καὶ διὰ τοῦτο ἐπ᾽ ἄπειρον καταφερομένην τὴν γῆν δοκεῖν ἠρεμεῖν. οὔτε γὰρ ὁ Ἀριστοτέλης διεσάφησεν οὔτε τὰ Ἐμπεδοκλέους ἔπη διορίζει σαφῶς· ʽγῆς᾽ γὰρ ʽβάθη᾽ λέγοιτο ἂν καὶ ἐκεῖνα εἰς ἃ κάτεισιν. AËT. III 9, 4 (D. 376) Ξ. ἐκ τοῦ κατωτέρου μέρους εἰς

35   ἄπειρον [μέρος] ἐρριζῶσθαι [scil. τὴν γῆν], ἐξ ἀέρος δὲ καὶ πυρὸς συμπαγῆναι. II 11, 1. 2 (D. 377) οἱ ἀπὸ Θάλεω τὴν γῆν μέσην, Ξ. πρώτην· εἰς ἄπειρον γὰρ ἐρριζῶσθαι [vgl. Β 28]. CIC. Acad. pr. II 39, 122 sed ecquid nos eodem modo rerum naturas persecare aperire dividere possumus, ut videamus, terra peni-tusne defixa sit et quasi radicibus suis haereat [d. i. Xenophanes] an media

40   pendeat ? 123 habitari ait Xenophanes [vielmehr Anaxagoras] in luna eamque

1ff. nr. 41 und 41a nicht recht verständlich, weil ἔκλειψις unklar vgl. Reinhardt *Parmenides* S. 149   2 πρὸς fehlt Stob.: setzt zu aus Plut. Cleomed. p. 16, 22; 76, 8 (Ziegler) u. a. St. Reinhardt a. O.   8 ὑποφαίνειν Stob., Plut. A.: ὑπομένειν Plut. EBC   11 παρέλκειν] opp. χρήσιμον εἶναι Z. 10   17 κινήματα] also νέφη κινούμενα z. Β. διάιττοντες   35 [ ] Diels (vgl. Z. 36)

esse terram multarum urbium et montium. Vgl. Hippol. I 14, 3 [I 122, 34].
Aus Aristoteles Pseudar. de MXG 2, 21 p. 976a 32 [30 A 5]. Diog. Oenoand.
fr. 21, 10 p. 26f. William.

48. [ARIST.] Mirab. 38. 833a 15 [viell. aus Timaios] τὸ δ' ἐν τῆι Λιπάραι
5 [scil. πῦρ] ποτὲ καὶ ἐκλιπεῖν Ξ. φησὶν ἐπ' ἔτη ἑκκαίδεκα, τῶι δ' ἑβδόμωι ἐπανελθεῖν.

49. ARISTOCLES Περὶ φιλοσοφίας ῆ [Eus. XIV 17, 1] οἴονται γὰρ δεῖν τὰς
μὲν αἰσθήσεις καὶ τὰς φαντασίας καταβάλλειν, αὐτῶι δὲ μόνον τῶι λόγωι πιστεύειν·
τοιαῦτα γάρ τινα πρότερον μὲν Ξ. καὶ Παρμενίδης καὶ Ζήνων καὶ Μέλισσος ἔλεγον,
ὕστερον δ' οἱ περὶ Στίλπωνα καὶ τοὺς Μεγαρικούς. ὅθεν ἠξίουν οὗτοί γε τὸ ὄν
10 ἓν εἶναι καὶ τὸ ἕτερον μὴ εἶναι μηδὲ γεννᾶσθαί τι μηδὲ φθείρεσθαι μηδὲ κινεῖσθαι τὸ
παράπαν. Aët. IV 9, 1 (D. 369) Πυθαγόρας, Ἐμπεδοκλῆς, Ξ.... ψευδεῖς εἶναι
τὰς αἰσθήσεις. Vgl. B 34.

50. MACROB. S. Scip. I 14, 19 X. *ex terra et aqua* [sc. animam esse].

51. TERTULL. de anima c. 43 [über den Schlaf] *Anaxagoras cum Xeno-*
15 *phane defetiscentiam* [gr. κόπον τῆς σωματικῆς ἐνεργείας].

52. CIC. de divin. I 3, 5 *philosophorum vero exquisita quaedam argu-*
menta cur esset vera divinatio collecta sunt, e quibus, ut de antiquissumis
loquar, Colophonius X., unus qui deos esse diceret, divinationem funditus
sustulit; reliqui vero omnes praeter Epicurum balbutientem de natura deorum
20 *divinationem probaverunt.* AËT. V 1, 1 (D. 415) Ξ. καὶ Ἐπίκουρος ἀναιροῦσι
τὴν μαντικήν.

B. FRAGMENTE

ΞΕΝΟΦΑΝΟΥΣ ΕΛΕΓΕΙΑΙ

1 [21 Karsten, 1 Diehl]. ATHEN. XI 462 c

25   νῦν γὰρ δὴ ζάπεδον καθαρὸν καὶ χεῖρες ἁπάντων
       καὶ κύλικες· πλεκτοὺς δ' ἀμφιτιθεῖ στεφάνους,
       ἄλλος δ' εὐῶδες μύρον ἐν φιάληι παρατείνει·
       κρατὴρ δ' ἕστηκεν μεστὸς εὐφροσύνης,
   5   ἄλλος δ' οἶνος ἕτοιμος, ὃς οὔποτέ φησι προδώσειν,

ELEGIEN

1. Denn nun ist ja der Fußboden rein und aller Hände und Becher.
Gewundene Kränze legt uns einer ums Haupt, und ein anderer reicht
duftende Salbe in einer Schale dar. Der Mischkrug steht da angefüllt
mit Frohsinn, (5) auch noch anderer Wein ist bereit in den Krügen,

---

17 *collecta sunt*] näml. von Poseidonios   18 *unus qui deos esse diceret*]
'der einzige, der an Götter glaubte'. Korrekter wäre gewesen *unus ex*
eis qui deos esse dicerent   26 (1, 2) ἀμφιτιθεὶς Ath. (was Ludwich [*Mél.*
Nicole S. 343] als ἀμφιτιθεῖς deutet): verb. Dindorf   29 (5) ἄλλος δ' οἶνος
ἐστὶν ἕτοιμος Ath.: verb. apogr.: οἶνος δ' ἐστὶν ἕτοιμος (ohne ἄλλος) Ludwich

μείλιχος ἐν κεράμοισ' ἄνθεος ὀζόμενος·
ἐν δὲ μέσοισ' ἁγνὴν ὀδμὴν λιβανωτὸς ἵησι·
ψυχρὸν δ' ἔστιν ὕδωρ καὶ γλυκὺ καὶ καθαρόν·
πάρκεινται δ' ἄρτοι ξανθοὶ γεραρή τε τράπεζα

5   10   τυροῦ καὶ μέλιτος πίονος ἀχθομένη·
βωμὸς δ' ἄνθεσιν ἀν τὸ μέσον πάντηι πεπύκασται,
μολπὴ δ' ἀμφὶς ἔχει δώματα καὶ θαλίη.
χρὴ δὲ πρῶτον μὲν θεὸν ὑμνεῖν εὔφρονας ἄνδρας
εὐφήμοις μύθοις καὶ καθαροῖσι λόγοις·

10   15   σπείσαντας δὲ καὶ εὐξαμένους τὰ δίκαια δύνασθαι
πρήσσειν — ταῦτα γὰρ ὦν ἐστι προχειρότερον —
οὐχ ὕβρις πίνειν ὀπόσον κεν ἔχων ἀφίκοιο
οἴκαδ' ἄνευ προπόλου μὴ πάνυ γηραλέος.
ἀνδρῶν δ' αἰνεῖν τοῦτον ὃς ἐσθλὰ πιὼν ἀναφαίνει,

10   20   ὡς οἱ μνημοσύνη καὶ τόνος ἀμφ' ἀρετῆς,

der nimmer zu versagen verspricht, ein milder, blumenduftender. In unsrer Mitte sendet heiligen Duft der Weihrauch empor, kaltes Wasser ist da, süßes, lauteres. Bereit liegen rötlich-blonde Brote, und der würdige Tisch (10) beugt sich unter der Last des Käses und fetten Honigs. Der Altar steht in der Mitte ganz mit Blumen geschmückt, Gesang umfängt das Haus und Festesfreude. Da ziemt's zuerst wohlgesinnten Männern dem Gotte lobzusingen mit frommen Geschichten und reinen Worten. (15) Nach der Spende aber und nach dem Gebet, uns Kraft zu verleihen das Rechte zu tun — denn dies *zu erbitten*, ist ja das Gemäßere (das uns näher Angehende) —, ist's kein Übermut so viel zu trinken, daß sich ungeleitet nach Hause finden kann, wer nicht ganz altersschwach ist. Von den Männern aber ist der zu loben, der nach dem Trunke Edles ans Licht bringt, (20) so wie ihm das Gedächtnis und das Streben um die Tugend ist, wobei er nicht etwa Kämpfe der Titanen durchgeht oder der

4 (1, 9) παρκέαται Wackernagel *Glotta* VII (1915) 257 (= *Unters. z. Homer* S. 97)   7 (12) ἔχοι Usener wider die Absicht des Prooemiums   8 (13) χρὴ δὴ Bergk   10 (15) δὲ Bergk: τε Ath. Das Gebet steht im Gegensatz zum volkstümlichen; vgl. Nestle *Philolog.* 67 (1908) 531. Reinhardt *Parmenides* S. 127f.   12 (17) οὐχ ὕβρεις πίνειν δ' Ath.: verb. Musurus, Bergk 14 (19) ἐσθλ' εἰπὼν vermutet H. Fränkel um des »Hermannschen Gesetzes« willen   15 (20) ὡς οἱ Coraes: ωση Ath. τὸν ὃς Ath.: τόνος Diels (Sitzler *B. ph. Woch.* 1921, 1053 vergleicht Pind. Pyth. 11, 54 ἀμφ' ἀρεταῖς τέταμαι), beibehalten trotz Wilamowitz *Hermes* 61 (1926) 278f.; die neue Bedeutung von ἀρετή bestätigt die Polemik von B 2

οὔτι μάχας διέπων Τιτήνων οὐδὲ ˙Γιγάντων
οὐδέ ⟨τε⟩ Κενταύρων, πλάσματα τῶν προτέρων,
ἢ στάσιας σφεδανάς, τοῖσ' οὐδὲν χρηστὸν ἔνεστι·
θεῶν ⟨δὲ⟩ προμηθείην αἰὲν ἔχειν ἀγαθόν.

5   **2** [19 K., 2 D.]. ΑΤΗΕΝ. x 413 F nach 21 C 2: ταῦτ' εἴληφεν ὁ Εὐριπίδης
ἐκ τῶν τοῦ Κολοφωνίου ἐλεγείων Ξενοφάνους οὕτως εἰρηκότος·

          ἀλλ' εἰ μὲν ταχυτῆτι ποδῶν νίκην τις ἄροιτο
          ἢ πενταθλεύων, ἔνθα Διὸς τέμενος
          πὰρ Πίσαο ῥοῆισ' ἐν 'Ολυμπίηι, εἴτε παλαίων
10   ἢ καὶ πυκτοσύνην ἀλγινόεσσαν ἔχων,
      5   εἴτε τι δεινὸν ἄεθλον ὃ παγκράτιον καλέουσιν,
          ἀστοῖσίν κ' εἴη κυδρότερος προσορᾶν
          καί κε προεδρίην φανερὴν ἐν ἀγῶσιν ἄροιτο
          καί κεν σῖτ' εἴη δημοσίων κτεάνων
15   ἐκ πόλεως καὶ δῶρον ὅ οἱ κειμήλιον εἴη·
      10 εἴτε καὶ ἵπποισιν, ταῦτά κε πάντα λάχοι —

Giganten oder auch der Kentauren — Erfindungen der Vorzeit — oder
tobenden Bürgerzwist, denn darin ist nichts Nützliches; aber der Götter
allzeit fürsorglich zu gedenken, das ist edel.

2. Aber, wenn einer mit der Schnelligkeit der Füße den Sieg ge-
wönne oder im Fünfkampf, dort wo des Zeus heilige Flur ist am Pisa-
quell in Olympia, oder im Ringen oder auch weil er die Kunst des
schmerzensreichen Faustkampfs besitzt (5) oder eine gewisse schreck-
liche Kampfart, die sie Allkampf (*Pankration*) benennen, so wäre er
zwar für die Bürger glorreicher anzuschauen *als zuvor*, er erwürbe den
weithin sichtbaren Ehrensitz bei den Kampfspielen und die Speisung
auf öffentliche Kosten von der Stadt und eine Gabe, die ihm ein
Kleinod wäre; (10) und auch wenn er mit seinen Rossen (*den Sieg*

---

1 (1, 21) διέπων H. Fränkel (freilich auch ἔχων ƶ. 4): διέπειν A:
διέπει Ε; es muß im Gegensatz zu Wilamowitz a. a. O. vom Vortrag ver-
standen werden vgl. oben Z. 3 m. Anm.   2 (22) ⟨ ⟩ Ludwich: αὖ, τι, τὰ
andere   πλασμάτων πρ. Ath.: verb. Schweighäuser; bezieht sich trotz-
dem auf Τιτήνων, Γιγάντων, Κενταύρων vgl. Wilamowitz a. a. O.; Rezitation
von Hesiods Theog. u. dgl. Epen wird abgewehrt   3 (23) σφεδανάς Osann:
φενδόνας Ath.; Polemik gegen des Alkaios Stasiotika wie Anacr. fr. 96 D.
4 (24) ⟨ ⟩ Scaliger   ἀγαθὴν (will schützen Ziegler Sat. Viadr. alt., 1921, 108¹)
Ath.: ἀγαθὸν G. Hermann   7 (2, 1) vgl. zu Frag. 2 H. Fränkel Nachr.
d. Gött. Ges. 1924, 95. Hermes 60 (1925) 177ff. Jaeger Tyrtaios über die
wahre ἀρετή Berl. Sitz. Ber. 1932, 23   10 (4) ἑλὼν Usener   12 (6) προσεραν
Ath.: verb. Jacobs   16 (10) κε Schweighäuser: κ' εἰ Ath.

οὐκ ἐὼν ἄξιος ὥσπερ ἐγώ. ῥώμης γὰρ ἀμείνων
ἀνδρῶν ἠδ' ἵππων ἡμετέρη σοφίη.
ἀλλ' εἰκῆι μάλα τοῦτο νομίζεται, οὐδὲ δίκαιον
προκρίνειν ῥώμην τῆς ἀγαθῆς σοφίης.

5   15 οὔτε γὰρ εἰ πύκτης ἀγαθὸς λαοῖσι μετείη
οὔτ' εἰ πενταθλεῖν οὔτε παλαισμοσύνην,
οὐδὲ μὲν εἰ ταχυτῆτι ποδῶν, τόπερ ἐστὶ πρότιμον
ῥώμης ὅσσ' ἀνδρῶν ἔργ' ἐν ἀγῶνι πέλει,
τοὔνεκεν ἂν δὴ μᾶλλον ἐν εὐνομίηι πόλις εἴη.
10   20 σμικ̣   ¯' ἄν τι πόλει χάρμα γένοιτ' ἐπὶ τῶι,
εἴ τις ἀεθλευ̣ ικῶι Πίσαο παρ' ὄχθας·
οὐ γὰρ πιαίνει ταῦτα μυχοὺς πόλεως.

3 [20 K., 3 D.]. ΑΤΗΕΝ. ΧΙΪ 526 A Κολοφώνιοι δ', ὡς φησι Φύλαρχος
[FGrHist. 81 F 66 ιι 184].. τὴν ἀρχὴν ὄντες σκληροὶ ἐν ταῖς ἀγωγαῖς, ἐπεὶ
15 εἰς τρυφὴν ἐξώκειλαν πρὸς Λυδοὺς φιλίαν καὶ συμμαχίαν ποιησάμενοι, προήιεσαν
διησκημένοι τὰς κόμας χρυσῶι κόσμωι, ὡς καὶ Ζ. φησίν·

ἁβροσύνας δὲ μαθόντες ἀνωφελέας παρὰ Λυδῶν,
ὄφρα τυραννίης ἦσαν ἄνευ στυγερῆς,
ἤιεσαν εἰς ἀγορὴν παναλουργέα φάρε' ἔχοντες,
20 οὐ μείους ὥσπερ χίλιοι εἰς ἐπίπαν,

gewönne), so erhielte er alle diese *Ehren*; und doch wäre er nicht
(= *keiner*) so würdig wie ich. Denn besser als Männer- und Rossekraft
ist doch unser Wissen. Vielmehr ist das eine gar grundlose Sitte, und es
ist nicht gerecht die Stärke dem tüchtigen Wissen vorzuziehen. (15) Denn
wenn auch ein tüchtiger Faustkämpfer unter den Bürgern wäre oder
wer im Fünfkampf oder in der Ringkunst hervorragte, oder auch in der
Schnelligkeit der Füße, was ja den Vorrang hat unter allen Kraftstücken,
die sich im Wettkampfe der Männer zeigen, so wäre doch um dessent-
willen die Stadt nicht in besserer Ordnung. (20) Nur geringen Genuß
hätte die Stadt davon, wenn einer an Pisas Ufern den Wettsieg ge-
wönne; denn das macht die Kammern der Stadt nicht fett.

3. Weichlichen Prunk, nutzlosen, erlernten sie vòn den Lydern und,
solange sie noch frei waren von der verhaßten Zwingherrschaft, schritten
sie zur Versammlung mit ganz purpurnen Gewändern nicht weniger denn

5 (2, 15) λαοῖσιν ἔτ' εἴη Ath.: verb. Stephanus   17 (3, 1) ἀφροσύνας Ath.:
verb. Schneider Saxo   18 (2) ησσα|νευ A: verb. Dindorf   19 (3) vgl.
H. Fränkel *Hermes* 60 (1925) 180, Hom. Τ 45 u. ö. (anders Cicero de r.
publ. VI 2)   20 (4) χίλιοι] vgl. Arist. Pol. Δ 4. 1290b 15, Heracl. Pol. 51

5 αὐχαλέοι, χαίτῃσιν ἀγάλμενοι εὐπρεπέεσσιν,
ἀσκητοῖσ᾽ ὀδμὴν χρίμασι δευόμενοι.

4. POLLUX IX 83 εἴτε Φείδων πρῶτος ὁ Ἀργεῖος ἔκοψε νόμισμα εἴτε Δη-
μοδίκη ἡ Κυμαία συνοικήσασα Μίδαι τῶι Φρυγὶ (παῖς δ᾽ ἦν Ἀγαμέμνονος Κυμαίων
5 βασιλέως) εἴτε Ἀθηναίοις Ἐριχθόνιος καὶ Λύκος, εἴτε Λυδοί, καθά φησι Ξ. Vgl.
Herod. I 94 Λυδοὶ γὰρ δὴ καὶ πρῶτοι ἀνθρώπων τῶν ἡμεῖς ἴδμεν, νόμισμα χρυσοῦ
καὶ ἀργυροῦ κοψάμενοι ἐχρήσαντο.

5 [23 K., 4 D.]. ATHEN. XI 18. 782 A

οὐδέ κεν ἐν κύλικι πρότερον κεράσειέ τις οἶνον
10   ἐγχέας, ἀλλ᾽ ὕδωρ καὶ καθύπερθε μέθυ.

6 [22 K., 5 D.]. ATHEN. IX 368 E Ξ. δ᾽ ὁ Κολοφώνιος ἐν τοῖς ἐλεγείοις φησί·

πέμψας γὰρ κωλῆν ἐρίφου σκέλος ἤραο πῖον
ταύρου λαρινοῦ, τίμιον ἀνδρὶ λαχεῖν,
τοῦ κλέος Ἑλλάδα πᾶσαν ἐφίξεται οὐδ᾽ ἀπολήξει,
15   ἔστ᾽ ἂν ἀοιδάων ἦι γένος Ἑλλαδικῶν.

7 [18 K., 6 D.]. DIOG. VIII 36 περὶ δὲ τοῦ ἄλλοτε ἄλλον γεγενῆσθαι (Pytha-
goras) Ξενοφάνης ἐν ἐλεγείαι προσμαρτυρεῖ, ἧς ἀρχή ᾽νῦν ... κέλευθον᾽. ὁ δὲ
περὶ αὐτοῦ (Pythagoras) φησιν, οὕτως ἔχει ᾽καί ... ἀίων᾽. Vgl. A 1, I 113, 21.

νῦν αὖτ᾽ ἄλλον ἔπειμι λόγον, δείξω δὲ κέλευθον.

*   *   *

tausend zumal, (5) vornehm tuend, prahlend mit ihren wohlgezierten
Locken, triefend von Duft durch künstlich bereitete Salben.

4. *Die Lyder prägten zuerst Geld.*

5. Auch beim Mischen im Becher würde niemand den Wein zuerst
hineingießen, sondern das Wasser und darüber den Wein.

6. Denn du sandtest die Keule eines Böckchens und erhieltst dafür
den fetten Schenkel eines Mastochsen, wie sich das als Preis für einen
Mann gebührt, dessen Ruhm über ganz Hellas reichen und nimmer ver-
gehen wird, solange nur das Geschlecht der Helladischen Lieder besteht.

7. Jetzt will ich wieder zu anderer Rede mich wenden und den
Pfad weisen.

*   *   *

1 (3, 5) Hesych. αὐχαλέοι· σεμνοί   ἀγαλλομενεὑπρεπέεσσιν Ath.: verb.
Wilamowitz *Herm.* 61 (1926) 279   3ff. vgl. Kleingünther *Πρῶτος εὑρετής*
Philol. Suppl. XXVI, 1, 41f. 85   5 Ἀθηναῖοι? Diels   10 ἐγχεύας CE:
verb. Casaubon.   11 Ausfall auf einen Sänger wie Simonides (B 21);
doch vgl. auch Wilamowitz a. a. O. S. 280   14 ἀφίξεται Ath.: verb. Karsten
15 ἀοιδάων Ath. A: ἀοιδῶν C wertlose Korrektur   ἑλλαδικόν A: verb. C;
doch s. Dittenberger *Herm.* 41 (1906) 209   19 αὖτ᾽ Stephan.: οὖν τ᾽ Hss.

καί ποτέ μιν στυφελιζομένου σκύλακος παριόντα
φασὶν ἐποικτῖραι καὶ τόδε φάσθαι ἔπος·
'παῦσαι μηδὲ ῥάπιζ', ἐπεὶ ἦ φίλου ἀνέρος ἐστίν
5 ψυχή, τὴν ἔγνων φθεγξαμένης ἀίων'.

5   **8** [24 K., 7 D.]. DIOG. IX 18. 19 (vgl. I 113, 21) μακροβιώτατός τε γέγονεν
(Xenophanes), ὥς που καὶ αὐτός φησιν·

ἤδη δ' ἑπτά τ' ἔασι καὶ ἑξήκοντ' ἐνιαυτοὶ
βληστρίζοντες ἐμὴν φροντίδ' ἀν' Ἑλλάδα γῆν·
ἐκ γενετῆς δὲ τότ' ἦσαν ἐείκοσι πέντε τε πρὸς τοῖς,
10   εἴπερ ἐγὼ περὶ τῶνδ' οἶδα λέγειν ἐτύμως.

9 [26 K., 8 D.]. ETYM. GEN. s. v. γῆρας
ἀνδρὸς γηρέντος πολλὸν ἀφαυρότερος.

ΣΙΛΛΟΙ

10 [9 D., 4 Wachsm. Sillogr.]. HERODIAN π. διχρ. p. 296, 6 [Cr. An. Ox. III]
15   ἐξ ἀρχῆς καθ' Ὅμηρον ἐπεὶ μεμαθήκασι πάντες . . .

Und es heißt, als er (Pythagoras) einmal vorüberging, wie ein Hünd-
chen mißhandelt wurde, habe er Mitleid empfunden und dieses Wort
gesprochen: 'Hör auf mit deinem Schlagen. Denn es ist ja die Seele
eines Freundes, die ich erkannte, wie ich ihre Stimme hörte'.

8. Siebenundsechzig Jahre aber sind es bereits, die meine Sorge
durch das Hellenische Land auf und ab treiben. Von meiner Geburt
gerechnet aber waren es damals fünfundzwanzig, wenn ich denn hierüber
der Wahrheit gemäß zu berichten weiß.

9. Viel kraftloser als ein gealterter Mann.

SILLEN

10. Da von Anfang an alle nach Homer gelernt haben . . .

1ff. (7, 2) an der Überlieferung, Pythagoras sei gemeint, ist nicht zu
zweifeln; falsch Rathmann in d. zu S. 96 angef. Dissert. S. 37   1 (2) μὴν BF
2 (3) φασὶν Anth., Σ (s. v. στυφελίξαι): φασί γ' PΦΣ (s. v. Ξενοφάνης): φασὶ
γ' οὖν F: B fehlt   9 τότ'] nach B 22 wohl Ioniens Unterwerfung durch
Harpagos, 540. Vgl. c. 14, 8 (I 99, 35); 21 A 1 (I 114, 7). Also dann
Xen. geboren 565, Zeit der Elegie 473; die Zahlen entsprechend zu
ändern, wenn die Unterwerfung Kolophons auf 545 angesetzt wird.
12 γηρέντος] vgl. K. Meister Hom. Kunstsprache S. 100   13 Σίλλοι] min-
destens 5 Bücher! Vgl. B 21a   15 μεμαθήκασι] „näml. τοὺς θεοὺς κακίστους
εἶναι vgl. Plat. rep. X. 600 DE" Diels; oder allgemein vgl. 22 B 57

132   21 [11]. XENOPHANES

11 [7 K., 10 D., 2 W.]. SEXT. adv. math. IX 193

πάντα θεοῖσ' ἀνέθηκαν Ὅμηρός θ' Ἡσίοδός τε,
ὅσσα παρ' ἀνθρώποισιν ὀνείδεα καὶ ψόγος ἐστίν,
κλέπτειν μοιχεύειν τε καὶ ἀλλήλους ἀπατεύειν.

5 12 [7 K., 11 D., 2 W.]. SEXT. adv. math. I 289 Ὅμηρος δὲ καὶ Ἡσίοδος
κατὰ τὸν Κολοφώνιον Ξενοφάνη

ὡς πλεῖστ(α) ἐφθέγξαντο θεῶν ἀθεμίστια ἔργα,
κλέπτειν μοιχεύειν τε καὶ ἀλλήλους ἀπατεύειν.

Κρόνος μὲν γὰρ ἐφ' οὗ τὸν εὐδαίμονα βίον γεγονέναι λέγουσι τὸν πατέρα ἠνδρο-
10 τόμησε καὶ τὰ τέκνα κατέπιεν Ζεύς τε ὁ τούτου παῖς ἀφελόμενος αὐτὸν τῆς ἡγε-
μονίας 'γαίης νέρθε καθεῖσε' (Ƶ 204) κτλ.

13 [31 K., 5 W.]. GELLIUS N. A. III 11 alii Homerum quam Hesiodum
maiorem natu fuisse scripserunt, in quibus Philochorus [fr. 54b FHG I 393]
et X., alii minorem.

15 14 [5 K., 12 D.]. CLEM. Str. v 109 [II 399, 19 St.] nach B 23

ἀλλ' οἱ βροτοὶ δοκέουσι γεννᾶσθαι θεούς,
τὴν σφετέρην δ' ἐσθῆτα ἔχειν φωνήν τε δέμας τε.

15 [6 K., 13 D.]. CLEM. Str. v 110 [II 400, 1 St.] nach B 14

ἀλλ' εἰ χεῖρας ἔχον βόες ⟨ἵπποι τ'⟩ ἠὲ λέοντες

───────────────────────────────

11. Alles haben den Göttern Homer und Hesiod angehängt, was
nur bei Menschen Schimpf und Tadel ist: Stehlen und Ehebrechen
und einander Betrügen.

12. Wie sie sehr viele ungesetzliche Taten (oder: so viele wie nur
möglich) der Götter erzählten: Stehlen und Ehebrechen und einander
Betrügen.

13. Homer war älter als Hesiod.

14. Doch wähnen die Sterblichen, die Götter würden geboren und
hätten Gewand und Stimme und Gestalt wie sie.

15. Doch wenn die Ochsen und Rosse und Löwen Hände hätten

───────────────────────────────

7 ὡς Fabricius: ὃς Sext.: οἱ Stephanus, καὶ Karsten, ὣς Wachsmuth,
der v. 2 tilgte und v. 1 an fr. 11 schob. „Sextus faßte ὡς πλεῖστα (quam
plurima) unepisch zusammen." Diels   8 ἀλλήλοις hier alle Hss. außer E
16 Iambus nach Art des Kolophonischen Margites   δοκέουσι Eus.: δοκοῦσι
Clem.   γεννᾶσθαι wäre im epischen Verse unmöglich vgl. W. Ribbeck
Rh. Mus. 33 (1878) 456   17 σφετέρην ἐσθῆτά τ' Karsten   19 (15, 1) ἀλλ'...
ἔχον Euseb. (dessen Überl. meist weniger von Interpolation gelitten als die
direkte des Clem. u. das Exc. d. Theodor.): ἀλλ' εἴ τοι χεῖρας εἶχον Clem. (und
daraus Theodor.).   Danach ἀλλ' ἵπποι εἰ ἔχον χέρας ἢ βόες ἠὲ λέοντες καὶ γράψαι
Ludwich a. O.   ἵπποι τ' fügte zu Diels, fraglich ob richtig; nach Wila-
mowitz ist βόες und λέοντες nur beispielsweise gesagt

ἢ γράψαι χείρεσσι καὶ ἔργα τελεῖν ἅπερ ἄνδρες,
ἵπποι μέν θ' ἵπποισι βόες δέ τε βουσὶν ὁμοίας
καί ⟨κε⟩ θεῶν ἰδέας ἔγραφον καὶ σώματ' ἐποίουν
5 τοιαῦθ' οἷόν περ καὐτοὶ δέμας εἶχον ⟨ἕκαστοι⟩.

5   16 [14 D.]. Clem. Str. vii 22 [iii 16, 6 St.]
    Αἰθίοπές τε ⟨θεοὺς σφετέρους⟩ σιμοὺς μέλανάς τε
    Θρῆικές τε γλαυκοὺς καὶ πυρρούς ⟨φασι πέλεσθαι⟩.

    17 [27 K., 15 D., 1 W.]. Schol. Arist. Equ. 408 (vgl. Hesych. s. v.
    βάκχος) βάκχους ... τοὺς κλάδους, οὓς οἱ μύσται φέρουσι. μέμνηται δὲ Ξ. ἐν
10 Σίλλοις·
    ἑστᾶσιν δ' ἐλάτης ⟨βάκχοι⟩ πυκινὸν περὶ δῶμα.

    18 [16 K., 16 D.]. Stob. Ecl. i 8, 2. Flor. 29, 41.
    οὗτοι ἀπ' ἀρχῆς πάντα θεοὶ θνητοῖσ' ὑπέδειξαν,
    ἀλλὰ χρόνωι ζητοῦντες ἐφευρίσκουσιν ἄμεινον.

15   19. Diog. i 23 [vgl. i 67, 21; 21 A 1 i 113, 20] δοκεῖ δὲ [Thales] κατά
    τινας πρῶτος ἀστρολογῆσαι καὶ ἡλιακὰς ἐκλείψεις κα:ὶ τροπὰς προειπεῖν, ὡς
    φησιν Εὔδημος ἐν τῆι περὶ τῶν Ἀστρολογουμένων ἱστορίαι [fr. 94 Speng. Vgl.
    11 A 5 i 74, 20], ὅθεν αὐτὸν καὶ Ξ. καὶ Ἡρόδοτος θαυμάζει.

oder malen könnten mit ihren Händen und Werke bilden wie die Men-
schen, so würden die Rosse roßähnliche, die Ochsen ochsenähnliche
Göttergestalten malen und solche Körper bilden, (5) wie *jede Art* gerade
selbst ihre Form hätte.

16. Die Äthiopen *behaupten, ihre Götter* seien stumpfnasig und schwarz,
die Thraker, blauäugig und rothaarig.

17. Rings um das feste Haus stehen Fichtenbakchen (= zweige).

18. Wahrlich nicht von Anfang an haben die Götter den Sterb-
lichen alles enthüllt, sondern allmählich finden sie suchend das Bessere.

19. X. 'bewunderte' Thales, weil er Sonnenfinsternisse voraussagte.

---

1 (15, 2) γράψαι sc. εἶχον   2 (3) ὁμοίας (sc. ἰδέας) Theod.: ὁμοῖοι
Clem., Eus.   3 (4) ⟨ ⟩ Sylburg   4 (5) ⟨ἕκαστοι⟩ Herwerden *Quaest.*
ep. Utr. 1876   6. 7 erg. Diels: Die Paraphrase d. Clemens lautet: τὰς
μορφὰς αὐτῶν (n. θεῶν) ὁμοίας ἑαυτοῖς ἕκαστοι διαζωγραφοῦσιν, ὥς φησιν ὁ Ξ.
'Αἰθίοπές τε μέλανας σιμοὺς τε Θρᾶικές τε πυρροὺς καὶ γλαύκους'   7 πυρρούς]
rothaarig nach [Ar.] Probl. 38, 2. 966b 26. Galen. de temp ii 5 (i 618 K.).
Die Hautfarbe scheint Hipp. de aer. aq. loc. 20 (i 63, 16 Kühlew.) zu
meinen   11 ἐλάτης ⟨ ⟩ Wachsmuth: ἐλάτε Θ: ἐλάτη V   13 ὑπέδειξαν
Flor. 29, 41: παρέδειξαν Ecl. i 8, 2

20 [32 K.]. — 1 111 [vgl. 1 113, 21] ὡς δὲ Ξ. ὁ Κολοφώνιος ἀκηκοέναι φησί, τέτταρα πρὸς τοῖς πεντήκοντα καὶ ἑκατόν (sc. ἔτη βιῶναι 'Επιμενίδην). Vgl. 3 A 1 § 111.

21 [28 K.]. SCHOL. ARISTOPH. Pac. 697 ὁ Σιμωνίδης διεβέβλητο ἐπὶ φιλαρ-
5 γυρίαι .... χαριέντως δὲ πάνυ τῶι αὐτῶι λόγωι διέσυρε [β̄ τοῦ ἰαμβοποιοῦ] καὶ μέμνηται ὅτι σμικρολόγος ἦν. ὅθεν Ξενοφάνης κίμβικα αὐτὸν προσαγορεύει. Vgl. 21 A 22.

21a. SCHOL. HOM. OXYRH. 1087, 40 (Ox. Pap. VIII p. 103) τὸ Ἔρυκος παρὰ Ξενοφάνει ἐν ē Σίλλων.

10   ΠΑΡΩΙΔΙΑΙ [= ΣΙΛΛΟΙ? vgl. 21 A 9]

22 [17 K., 18 D., 3 W.]. ATHEN. Epit. II p. 54 Ε Ξ. ὁ Κολοφώνιος ἐν Παρωιδίαις·

πὰρ πυρὶ χρὴ τοιαῦτα λέγειν χειμῶνος ἐν ὥρηι
ἐν κλίνηι μαλακῆι κατακείμενον, ἔμπλεον ὄντα,
15   πίνοντα γλυκὺν οἶνον, ὑποτρώγοντ' ἐρεβίνθους·
'τίς πόθεν εἶς ἀνδρῶν, πόσα τοι ἔτε' ἐστί, φέριστε;
5 πηλίκος ἦσθ', ὅθ' ὁ Μῆδος ἀφίκετο;'

---

20. *Epimenides lebte — wie X. gehört habe — 154 Jahre.*

21. *Simonides der Knicker.*

21a. *Erykos (Stadt oder Berg in Sicilien = Eryx).*

PARODIEN

22. Beim Feuer ziemt solch Gespräch zur Winterzeit, wenn man auf weichem Lager gesättigt daliegt und süßen Wein trinkt und Kichern dazu knuspert: 'Wer und von wem bist du unter den Männern? Wieviel Jahre zählst du, mein Bester? (5) Wie alt warst du, als der Meder ankam?'

---

2 Das Gedicht, in dem von Epim. Schlaf berichtet war (Fälschung des Onomakritos? s. *Berl. Sitz. Ber.* 1891, 401), gab X. Anlaß zum Spott wie Pythagoras (B 7) 5 [β̄ τοῦ ἰαμβοποιοῦ] Glosse tilgte Diels; sie bezieht sich wohl auf Simonides 6 κίμβιξ] vgl. Athen. XIV 656 und Wilamowitz *Berl. Sitz. Ber.* 1901, 1303 8 Ἔρυκος] statt Ἔρυξ 12 παρώδαις Hss.: verb. Menage. Aus der Epitome des Ath. geht nicht hervor, ob παρωιδίαι eigentlicher Titel oder Charakterisierung der Sillen sein soll; das letztere wahrscheinlicher. Homerimitation zeigen auch die Sillen vgl. die Belege bei Diehl 15 (22, 3) vgl. Aristoph. Eccl. 45 16 vgl. Wackernagel *Syntax* I 299 17 (5) ὁ Μῆδος] Harpagos vgl. B 8

ΠΕΡΙ ΦΥΣΕΩΣ

23 [1 K., 19 D.]. CLEM. Strom. v 109 (II 399, 16 St.) Ξ. ὁ Κολ. διδάσκων
ὅτι εἷς καὶ ἀσώματος ὁ θεὸς ἐπιφέρει [vgl. A 30]·

εἷς θεός, ἔν τε θεοῖσι καὶ ἀνθρώποισι μέγιστος,
5   οὔτι δέμας θνητοῖσιν ὁμοίιος οὐδὲ νόημα.

24 [2 K., 20 D.]. SEXT. adv. math. IX 144 [21 A 1 I 113, 26].

οὖλος ὁρᾶι, οὖλος δὲ νοεῖ, οὖλος δέ τ᾽ ἀκούει.

25 [3 K., 21 D.]. SIMPL. Phys. 23, 19 [A 31, 9]

ἀλλ᾽ ἀπάνευθε πόνοιο νόου φρενὶ πάντα κραδαίνει.

10   **26** [4 K., 22 D.]. SIMPL. Phys. 23, 10 [A 31, 7]

αἰεὶ δ᾽ ἐν ταὐτῶι μίμνει κινούμενος οὐδέν
οὐδὲ μετέρχεσθαί μιν ἐπιπρέπει ἄλλοτε ἄλληι.

27 [8 K., 23 D.]. AËT. (Theodor.) IV 5 [vgl. A 36]

ἐκ γαίης γὰρ πάντα καὶ εἰς γῆν πάντα τελευτᾶι.

15   **28** [12 K., 24 D.]. ACHILL. Isag. 4 p. 34, 11 Maass [vgl. A 32. 33, 31 122, 26 ff.]

γαίης μὲν τόδε πεῖρας ἄνω παρὰ ποσσὶν ὁρᾶται
ἠέρι προσπλάζον, τὸ κάτω δ᾽ ἐς ἄπειρον ἱκνεῖται.

───

VON DER NATUR

23. Ein einziger Gott, unter Göttern und Menschen am größten,
weder an Gestalt den Sterblichen ähnlich noch an Gedanken.

24. *Gott* ist ganz Auge, ganz Geist, ganz Ohr.

25. Doch sonder Mühe erschüttert er alles mit des Geistes Denkkraft.

26. Stets aber am selbigen Ort verharrt er sich garnicht bewegend,
und es geziemt ihm nicht hin- und herzugehen bald hierhin bald dorthin.

27. Denn aus Erde ist alles, und zur Erde wird alles am Ende.

28. Dieses obere Ende der Erde erblickt man zu seinen Füßen, wie es
an die Luft stößt, das untere dagegen erstreckt sich ins Unermeßliche.

───

4 εἷς θεός] nach Diels vom οὐρανός gesagt vgl. A 30 I 121, 17. Danach
Ps.-Phocyl. 54 vgl. Diehl z. St.   Vgl. 1 A 23 I 20, 1; Kern verweist auf
Weinreich *Neue Urk. z. Serapisrel.* Tüb. 1919 S. 30 Beil. 2, Peterson *Heis
Theos* Gött. 1926   ἔν τε θεοῖσι καὶ ἀνθρώποισι »polarische Ausdrucksweise«
5 οὔτε ... οὔτε falsch Sylburg   7 Parallelen s. *Poet. Phil. Fr.* p. 42, vgl.
auch 23 B 12. Plin. N. H. II 14 (aus Poseidonios) 1. Korinth. 12, 16ff. (nach
Diehl)   9 zu κραδαίνει vgl. Reinhardt *Parmenides* S. 112f.   11 κινούμενος
E^aF: κινούμενον DE; beständige Variante vgl. zu I 122, 8ff.   16 φησὶ γὰρ
γαίης μὲν M: γαίης γάρ φησι V   πεῖρας M: πεῖραν V   πὰρ ποσσὶν M
17 ἠέρι Diels: καὶ ῥεῖ Hss.: αἰθέρι Karsten vgl. Herod. VII 8 γ γῆν τὴν
Περσίδα ἀποδέξομεν τῶι Διὸς αἰθέρι ὁμουρέουσαν   ἄπειρον] *indefinitum,* nicht
infinitum. Doch s. 21 A 28 p. 977b 3   ἱκνεῖται] s. 28 B 8, 46

29 [10 K., 25 D.]. SIMPLIC. Phys. 188, 32 [vgl. A 29 I 121, 10]

γῆ καὶ ὕδωρ πάντ' ἐσθ' ὅσα γίνοντ(αι) ἠδὲ φύονται.

30 [11 K. 11a, 26 D.]. AËT. III 4, 4 [= 21 A 46] SCHOL. GENAV. ad
Φ 196 [aus Krates von Mallos] Ζ. ἐν τῶι Περὶ φύσεως·

5   πηγὴ δ' ἐστὶ θάλασσ(α) ὕδατος, πηγὴ δ' ἀνέμοιο·
οὔτε γὰρ ἐν νέφεσιν ⟨γίνοιτό κε ἲς ἀνέμοιο
ἐκπνείοντος⟩ ἔσωθεν ἄνευ πόντου μεγάλοιο
οὔτε ῥοαὶ ποταμῶν οὔτ' αἰ⟨θέρος⟩ ὄμβριον ὕδωρ,
5 ἀλλὰ μέγας πόντος γενέτωρ νεφέων ἀνέμων τε
10   καὶ ποταμῶν.

31 [27 D.]. HERACLIT. Alleg. Hom. c. 44 [Etymologie v. ὑπερίων]

ἠέλιός θ' ὑπεριέμενος γαῖάν τ' ἐπιθάλπων.

32 [13 K., 28 D.]. SCHOL. BLT Eust. ad Hom. Λ 27

ἥν τ' Ἶριν καλέουσι, νέφος καὶ τοῦτο πέφυκε,
15   πορφύρεον καὶ φοινίκεον καὶ χλωρὸν ἰδέσθαι.

33 [9 K., 29 D.]. SEXT. adv. math. x 314

πάντες γὰρ γαίης τε καὶ ὕδατος ἐκγενόμεσθα.

---

29. Erde und Wasser ist alles, was da wird und wächst.

30. Das Meer ist Quell des Wassers, Quell des Windes. Denn in den Wolken *würde keine Kraft des Windes, der* von innen *herausbläst, entstehen* ohne den großen Pontos, noch Fluten der Ströme, noch Regenwasser des Äthers; (5) der große Pontos ist vielmehr der Erzeuger der Wolken, Winde und Ströme.

31. Die Sonne sich über die Erde schwingend und sie erwärmend.

32. Und was sie Iris benennen, auch das ist seiner Natur nach nur eine Wolke, purpurn und hellrot und gelbgrün zu schauen.

33. Denn wir alle wurden aus Erde und Wasser geboren.

---

1 Simpl. nennt irrtümlich Anaximenes. Richtig Philop. a. O.   2 πάντ'
Philop.: πᾶν Simpl.   3 Berl. Sitz. Ber. 1891, 576.   Vgl. Arist. Meteor.
B 2. 354b 15; Praechter *Philolog.* 64 (1905) 308   5 (30, 1) θαλάσση
Genav.   6 (2) Lücke füllte Diels (vgl. Wackernagel *Glotta* VII, 1915, 255
= *Unters. zu Homer* S. 95): οὔτε γὰρ ⟨ἂν νέφε' οὔτ' ἀνέμων ἂν ἐγίγνετ'
ἀὐτμή⟩ ἐν νεφέεσσιν ἔσωθεν H. Weil: ohne Lücke οὔτε γὰρ ἂν γνόφος ἔσθεν'
ἄνευ κτλ.   Ludwich (Mél. Nicole S. 336): οὔτε γὰρ ἂν νέφε' ἔσκεν Wachs-
muth   7 (3) ἄνα πόντοιο Genav.: verb. Nicole   8 (4) ⟨ ⟩ Nicole:
αἱ dann Ras. Genav.   14 καὶ] wie Sonne usw. Vgl. Diels *Arch. f. Gesch.*
d. Phil. x (1898) 533   17 nach Hom. H 99 vgl. oben Z. 2

34 [14 K., 30 D.]. SEXT. adv. math. VII 49. 110 PLUT. aud. poet. 2 p. 17 E

καὶ τὸ μὲν οὖν σαφὲς οὔτις ἀνὴρ ἴδεν οὐδέ τις ἔσται
εἰδὼς ἀμφὶ θεῶν τε καὶ ἄσσα λέγω περὶ πάντων·
εἰ γὰρ καὶ τὰ μάλιστα τύχοι τετελεσμένον εἰπών,
5   αὐτὸς ὅμως οὐκ οἶδε· δόκος δ' ἐπὶ πᾶσι τέτυκται.

35 [15 K., 31 D.]. PLUT. Sympos. IX 7 p. 746 B

ταῦτα δεδοξάσθω μὲν ἐοικότα τοῖς ἐτύμοισι ...

36 [32 D.]. HERODIAN. π. διχρ. 296, 9

ὁππόσα δὴ θνητοῖσι πεφήνασιν εἰσοράασθαι ...

10   **37** [33 D.]. HERODIAN. π. μον. λέξ. 30, 30

καὶ μὲν ἐνὶ σπεάτεσσί τεοις καταλείβεται ὕδωρ.

---

34. Und das Genaue freilich erblickte kein Mensch und es wird
auch nie jemand sein, der es weiß (erblickt hat) in bezug auf die Götter
und alle Dinge, die ich nur immer erwähne; denn selbst wenn es
einem im höchsten Maße gelänge, ein Vollendetes auszusprechen,
so hat er selbst trotzdem kein Wissen davon; Schein(meinen) haftet
an allem.

35. Dies soll zwar der bloßen Meinung nach gelten als gleichend dem
Wahren, ⟨aber ...⟩.

36. Alles, was sich nur immer den Sterblichen offenbart hat anzu-
schauen ...

37. Und in gewissen (?) Höhlen fürwahr tropft das Wasser herab.

---

2 ἴδεν Sext.: εἴδεν Diog. IX 72 (P): οἶδεν Diog. (BF): γένετ' Plut.;
richtig H. Fränkel *Hermes* 60 (1925) 185ff., dessen Übersetzung auch
benutzt wurde   3 ἀμφὶ θεῶν] Sext. paraphrasiert: τὸ μὲν οὖν ἀληθὲς καὶ
γνώριμον οὐδεὶς ἄνθρωπος οἶδε τό γε ἐν τοῖς ἀδήλοις πράγμασιν· κἂν γὰρ ἐκ
τύχης ἐπιβάλληι τούτωι, ὅμως οὐκ οἶδεν ὅτι ἐπιβέβληκεν αὐτῶι ἀλλ' οἴεται καὶ
δοκεῖ (vgl. Plat. Men. 80 D). Die Deutung trifft zu trotz Fränkel a. O.; nach
Reinhardt *Parmenides* S. 118 und Fränkel a. O. S. 190 gehört das Fragm. zum
Bucheingang   4 ἦν ... τύχηι ... τετελεσμένα Gal. VIII 636 K.   5 deutet
ungefähr richtig Wilamowitz *Herm.* 61 (1926) 280; zur zweiten Vershälfte
vergleicht Fränkel Orph. 1 B 6. An solche Gedanken (vgl. auch B 35)
knüpfte Parmenides an   7 δεδόξασθαι Plut.: verb. Wilamowitz (vgl.
Theogn. 681): δεδόξασται Karsten   9 vgl. H. Fränkel *Herm.* 60 (1925) 186
11 Diels: καὶ μὴν Hs.   ἐν σπεάτεσσι (vorher καὶ μήν) Ludwich a. O.   τεοῖς
= *tuis* sinnlos: Diels faßte τεοῖς indefinit, näml. in den Stalaktitenhöhlen,
wo sich Erde aus Wasser bildet: τέως 'währenddessen, daß das Wasser
durch die Poren der Erde dringt, sickert es beständig von den Wänden'
Ludwich

138   21 [11]. XENOPHANES

38 [34 D.]. HERODIAN. π. μον. λέξ. p. 41, 5

εἰ μὴ χλωρὸν ἔφυσε θεὸς μέλι, πολλὸν ἔφασκον
γλύσσονα σῦκα πέλεσθαι.

39 [20 K.]. POLLUX VI 46 κέρασον τὸ δένδρον ἐν τῶι Περὶ φύσεως Ξενο-
5 φάνους εὐρών.

40 [30 K.]. ETYM. GEN. s. v. βρόταχον τὸν βάτραχον Ἴωνες [καὶ Ἀριστο-
φάνης φησὶ] καὶ παρὰ Ξενοφάνει.

41. TZETZ. ad Dion. Perieg. v. 940 p. 1010 Bernhardy περὶ τῶν εἰς ρος
κανών (über σιρός)

10   σιλλογράφος δέ τις τὸ σι μακρὸν γράφει
              τῶι ῥῶ, δοκεῖ μοι, τοῦτο μηκύνας τάχα.

σιλλογράφος νῦν ὁ Ξενοφάνης ἐστὶ καὶ ὁ Τίμων καὶ ἕτεροι.

ZWEIFELHAFTE FRAGMENTE

42 [17 D.]. HERODIAN. π. μον. λέξεως 7, 11 καὶ παρὰ Ξενοφάνει ἐν δωι
15 Σίλλων·

καὶ ⟨κ'⟩ ἐπιθυμήσειε νέος νῆς ἀμφιπόλοιο.

45. SCHOL. HIPPOCR. ad Epid. I 13, 3 [Nachmanson, Erotian. p. 102, 19]
βληστρισμός: ὁ ῥιπτασμός· οὕτω Βακχεῖος τίθησιν· ἐν ἐνίοις δὲ ἀντιγράφοις
εὕρομεν βλητρισμὸν χωρὶς τοῦ σ. ὄντως δὲ τὸν ῥιπτασμὸν σημαίνει, καθὼς καὶ
20 Ξενοφάνης ὁ Κολοφώνιός φησιν· ἐγὼ δὲ ἐμαυτὸν πόλιν ἐκ πόλεως φέρων
ἐβλήστριζον' ἀντὶ τοῦ ἐρριπταζόμην [vgl. B 8, 2].

38. Wenn Gott nicht den gelblichen Honig erschaffen hätte, so
würde man meinen, die Feigen seien viel süßer (als sie uns jetzt erscheinen).

39. Kirschbaum.

40. Frosch.

41. Grube.

ZWEIFELHAFTE FRAGMENTE

42. Da würde Lust bekommen ein Junger nach einer jungen Magd.

45. Doch ich warf mich hin und her von Stadt zu Stadt fahrend.

2 πολλῶν ἔφασκεν Hs. (Rh. Mus. 35, 1880, 104): verb. Lehrs: πολλὸν
ἔφης κεν Ludwich; vgl. Nestle Philolog. 67 (1908) 533   14 Ξ. ἐν δ Σίλλων
Seidler: ἀριστοφάνει ἐν δινσίλλων Havn.: ἀρ. ἐν δ συλλάβωι Vind.: Ἀριστο-
φάνει ἐν Δίνῳ Σίλλων (!) Ludwich: Ἀριστοφάνει ἐν Αἰολοσίκωνι W. Dindorf.
Gegen Aristoph. spricht, daß Herodian die Kontraktion νῆ nur noch aus
den Σαμίων ὧροι kennt, ferner πλῆ [64 B 10] und Ῥῆ [7 B 9]   16 ⟨κ'⟩
Dindorf   17 Zu den hier früher gezählten Frag. 43. 44 vgl. Wilamowitz
Aischyl. Interpret. S. 217f.   20 πόλιν ⟨ἐς⟩ Diels, so daß ein Sillen-
trimeter entstände, ἐβλήστριζον einen Hexameter begänne wie B 8, 2

C. IMITATION

1. EURIP. Herc. 1341 [vgl. B 11. 12. A 32 ɪ 122, 23f.]

ἐγὼ δὲ τοὺς θεοὺς οὔτε λέκτρ' ἃ μὴ θέμις
στέργειν νομίζω, δεσμά τ' ἐξάπτειν χεροῖν
5 οὔτ' ἠξίωσα πώποτ' οὔτε πείσομαι,
οὐδ' ἄλλον ἄλλου δεσπότην πεφυκέναι.
1345 δεῖται γὰρ ὁ θεός, εἴπερ ἔστ' ὀρθῶς θεός,
οὐδενός· ἀοιδῶν οἵδε δύστηνοι λόγοι.

2. ATHEN. x 413 c διὸ καὶ Εὐριπίδης ἐν τῶι πρώτωι Αὐτολύκωι λέγει [fr. 282 N.]

10 κακῶν γὰρ ὄντων μυρίων καθ' Ἑλλάδα
οὐδὲν κάκιόν ἐστιν ἀθλητῶν γένους·
οἳ πρῶτα μὲν ζῆν οὔτε μανθάνουσιν εὖ
οὔτ' ἂν δύναιντο· πῶς γάρ, ὅστις ἔστ' ἀνὴρ
5 γνάθου τε δοῦλος νηδύος θ' ἡσσημένος,
15 κτήσαιτ' ἂν ὄλβον εἰς ὑπερβολὴν πατρός; . . .
13 ἐμεμψάμην δὲ καὶ τὸν Ἑλλήνων νόμον,
οἳ τῶνδ' ἕκατι σύλλογον ποιούμενοι
15 τιμῶσ' ἀχρείους ἡδονὰς δαιτὸς χάριν.
τί γὰρ παλαίσας εὖ, τί δ' ὠκύπους ἀνὴρ
20 ἢ δίσκον ἄρας ἢ γνάθον παίσας καλῶς
πόλει πατρώιαι στέφανον ἤρκεσεν λαβών;
πότερα μαχοῦνται πολεμίοισιν ἐν χεροῖν
20 δίσκους ἔχοντες ἢ δίχ' ἀσπίδων χερὶ
θείνοντες ἐκβαλοῦσι πολεμίους πάτρας;
25 οὐδεὶς σιδήρου ταῦτα μωραίνει πέλας [στάς].
⟨ἀλλ'⟩ ἄνδρας ⟨οἶμαι⟩ χρὴ σοφούς τε κἀγαθοὺς
φύλλοις στέφεσθαι, χὦστις ἡγεῖται πόλει
25 κάλλιστα σώφρων καὶ δίκαιος ὢν ἀνὴρ
ὅστις τε μύθοις ἔργ' ἀπαλλάσσει κακὰ
30 μάχας τ' ἀφαιρῶν καὶ στάσεις. τοιαῦτα γὰρ
πόλει τε πάσηι πᾶσι θ' Ἕλλησιν καλά.

ταῦτ' εἴληφεν ὁ Εὐριπίδης ἐκ τῶν τοῦ Κολοφωνίου ἐλεγείων Ξενοφάνους οὕτως
εἰρηκότος· 'ἀλλ' . . . πόλεως' [B 2].

22 [12]. HERAKLEITOS

35 ### A. LEBEN UND LEHRE

LEBEN

1. DIOG. ix 1—17. (1) Ἡράκλειτος Βλόσωνος ἤ, ὡς τινες, Ἡράκωντος Ἐφέ-
σιος. οὗτος ἤκμαζε μὲν κατὰ τὴν ἐνάτην καὶ ἑξηκοστὴν ὀλυμπιάδα [504—501].

8 ἀοιδῶν δ' Hss.: δ' fehlt Plut., Clem.   20 ἄρας ἢ C: ἄρση A   23 δίχ'
Lobeck: δι' Hs.   25 στάς. ἄνδρας χρὴ Hs.: verb. Nauck: στάς. ἄνδρας οἶμαι
Mekler   29 τε Musgrave: γε A   37 βλόσωνος BP: βλύσωνος F. Βλύ-
σωνος geben Aët. 18 A 7; Σ [22 A 1 a] als zweiten Namen βαύτωρος, βλαύτωρος,

140   22 [12]. HERAKLEITOS

μεγαλόφρων δὲ γέγονε παρ' ὁντιναοῦν καὶ ὑπερόπτης, ὡς καὶ ἐκ τοῦ συγγράμμα-
τος αὐτοῦ δῆλον, ἐν ὧι φησι 'πολυμαθίη ... Ἑκαταῖον' [B 40]. εἶναι γὰρ
'ἓν τὸ σοφόν ... πάντων' [B 41]. 'τόν' τε '''Ομηρον' ἔφασκεν ... ὁμοίως'
[B 42]. (2) ἔλεγε δὲ καὶ 'ὕβριν ... πυρκαϊήν' [B 43] καὶ 'μάχεσθαι ... τείχεος'
5 [B 44]. καθάπτεται δὲ καὶ τῶν Ἐφεσίων ἐπὶ τῶι τὸν ἑταῖρον ἐκβαλεῖν Ἑρμόδω-
ρον, ἐν οἷς φησιν· 'ἄξιον ... μετ' ἄλλων' [B 121]. ἀξιούμενος δὲ καὶ νόμους
θεῖναι πρὸς αὐτῶν ὑπερεῖδε διὰ τὸ ἤδη κεκρατῆσθαι τῆι πονηρᾶι πολιτείαι τὴν
πόλιν. (3) ἀναχωρήσας δὲ εἰς τὸ ἱερὸν τῆς Ἀρτέμιδος μετὰ τῶν παίδων ἠστρα-
γάλιζεν· περιστάντων δ' αὐτὸν τῶν Ἐφεσίων, 'τί, ὦ κάκιστοι, θαυμάζετε;' εἶπεν·
10 'ἢ οὐ κρεῖττον τοῦτο ποιεῖν ἢ μεθ' ὑμῶν πολιτεύεσθαι;' καὶ τέλος μισανθρωπήσας
καὶ ἐκπατήσας ἐν τοῖς ὄρεσι διηιτᾶτο, πόας σιτούμενος καὶ βοτάνας. καὶ μέντοι
καὶ διὰ τοῦτο περιτραπεὶς εἰς ὕδερον κατῆλθεν εἰς ἄστυ καὶ τῶν ἰατρῶν αἰνιγμα-
τωδῶς ἐπυνθάνετο, εἰ δύναιντο ἐξ ἐπομβρίας αὐχμὸν ποιῆσαι· τῶν δὲ μὴ συνιέν-
των, αὐτὸν εἰς βούστασιν κατορύξας τῆι τῶν βολίτων ἀλέαι ἤλπισεν ἐξατμισθή-
15 σεσθαι. οὐδὲν δὲ ἀνύων οὐδ' οὕτως ἐτελεύτα βιοὺς ἔτη ἑξήκοντα. (Folgt Epigramm
des Laërtios.) (4) Ἕρμιππος [FHG III 42 fr. 28] δέ φησι λέγειν αὐτὸν τοῖς
ἰατροῖς, εἴ τις δύναται τὰ ἔντερα κεινώσας ⟨τὸ⟩ ὑγρὸν ἐξερᾶσαι· ἀπειπόντων δὲ
θεῖναι αὐτὸν εἰς τὸν ἥλιον καὶ κελεύειν τοὺς παῖδας βολίτοις καταπλάττειν· οὕτω
δὴ κατατεινόμενον δευτεραῖον τελευτῆσαι καὶ ταφῆναι ἐν τῆι ἀγορᾶι. Νεάνθης
20 δ' ὁ Κυζικηνός [FGrHist. 84 F 25 II 197] φησι μὴ δυνηθέντα αὐτὸν ἀποσπάσαι
τὰ βόλιτα μεῖναι καὶ διὰ τὴν μεταβολὴν ἀγνοηθέντα κυνόβρωτον γενέσθαι. (5) γέ-
γονε δὲ θαυμάσιος ἐκ παίδων, ὅτε καὶ νέος ὢν ἔφασκε μηδὲν εἰδέναι, τέλειος μέντοι
γενόμενος πάντα ἐγνωκέναι. ἤκουσέ τε οὐδενός, ἀλλ' αὐτὸν ἔφη διζήσασθαι
[B 101] καὶ μαθεῖν πάντα παρ' ἑαυτοῦ. Σωτίων δέ φησιν εἰρηκέναι τινὰς Ξενο-
25 φάνους αὐτὸν ἀκηκοέναι· λέγειν τε Ἀρίστωνα ἐν τῶι Περὶ Ἡρακλείτου καὶ τὸν
ὕδερον αὐτὸν θεραπευθῆναι, ἀποθανεῖν δ' ἄλληι νόσωι· τοῦτο δὲ καὶ Ἱππόβοτός
φησι. τὸ δὲ φερόμενον αὐτοῦ βιβλίον ἐστὶ μὲν ἀπὸ τοῦ συνέχοντος Περὶ φύσεως,
διήιρηται δὲ εἰς τρεῖς λόγους, εἴς τε τὸν περὶ τοῦ παντὸς καὶ πολιτικὸν καὶ θεολογι-

---

βάκτωρος, Clem. [A 3] βαύσωνος; dagegen Βλόσωνος Σ (erster Name), Schol.
Plat. r. p. VI 498 B βαθεωνος = βλοσωνος, Epiph. Dox. 591, 13 βλεσωνος; s.
Inschr. v. Abydos oben c. 19, 1 (I 111, 30) Crönert *Kolotes* S. 184 (138) 'Ηρά-
κωντος Κ. Keil; vgl. 'Ηράκλειτος 'Ηράκωνος IG IV nr. 926, 83 = IG IV² nr. 71, 83:
ηρακίοντος F: ηρακίωντος B: ηρακιῶντος P [vgl. Suid. I 143, 13 Anm.]
     3 τε F²: γε BP¹F   9 εἶπεν BPΦ: ἔφη F   10 der Ausspruch wirkt
sehr echt   13 vgl. Philostrat. V. Apoll. I 9   14 βουστάσιον Φ   βολ-
βίτων ΒΦ (vgl. Z. 18)   17 τὰ ἔντερα κεινώσας Diels: ἔντερα ταπεινώσας
(mit versetztem Artikel) Hss.: τὰ ἔντερα πιέσας Cobet. Der parodische
Autor Περὶ θανάτων, dem Hermippos hier folgt [s. Diels *Heraklit²*
(Berl. 1909) 3¹⁶], scheint absichtlich die hippokratischen Fachausdrücke
κε(ι)νοῦν und ἐξερᾶν verwandt zu haben   ⟨τὸ⟩ Cobet   ἐξερῦσαι Φ
22 εἶναι BPF: verb. Ambros. vgl. Gnom. Vat. 743 'Η. ὁ φυσικὸς ἔφησε σοφώ-
τατος γεγονέναι πάντων νέος ὢν ὅτι ἤιδει ἑαυτὸν μηδὲν εἰδότα   23 διζήσεσθαι
BPF: verb. Casaubonus   24 ἑαυτοῦ BP: ἑωυτοῦ F¹   28 τρεῖς λόγους |
3 Bücher gab es zu Heraklits Zeit nicht. Auch ist diese Teilung an sich
unwahrscheinlich. Wie kann, nach unseren Fragmenten zu urteilen, der
λόγος περὶ τοῦ παντὸς vom θεολογικός getrennt gewesen sein! Ein alex-
andrinischer Auszug kann so geordnet gewesen sein

κόν. (6) ἀνέθηκε δ' αὐτὸ εἰς τὸ τῆς Ἀρτέμιδος ἱερόν, ὡς μέν τινες, ἐπιτηδεύσας ἀσαφέστερον γράψαι, ὅπως οἱ δυνάμενοι ⟨μόνοι⟩ προσίοιεν αὐτῶι καὶ μὴ ἐκ τοῦ δημώδους εὐκαταφρόνητον ἦι. τοῦτον δὲ καὶ ὁ Τίμων [fr. 43 D.] ὑπογράφει λέγων· 'τοῖς δ' ἔνι κοκκυστὴς ὀχλολοίδορος Ἡράκλειτος αἰνικτὴς ἀνόρουσε'. Θεόφραστος 5 δέ φησιν ὑπὸ μελαγχολίας τὰ μὲν ἡμιτελῆ, τὰ δὲ ἄλλοτε ἄλλως ἔχοντα γράψαι. σημεῖον δ' αὐτοῦ τῆς μεγαλοφροσύνης Ἀντισθένης φησὶν ἐν Διαδοχαῖς [FHG III 182*]· ἐκχωρῆσαι γὰρ τἀδελφῶι τῆς βασιλείας. τοσαύτην δὲ δόξαν ἔσχε τὸ σύγγραμμα, ὡς καὶ αἱρετιστὰς ἀπ' αὐτοῦ γενέσθαι τοὺς κληθέντας Ἡρακλειτείους.

(7) ἐδόκει δὲ αὐτῶι καθολικῶς μὲν τάδε· ἐκ πυρὸς τὰ πάντα συνεστάναι καὶ 10 εἰς τοῦτο ἀναλύεσθαι· πάντα δὲ γίνεσθαι καθ' εἱμαρμένην καὶ διὰ τῆς ἐναντιοτροπῆς ἡρμόσθαι τὰ ὄντα· καὶ πάντα ψυχῶν εἶναι καὶ δαιμόνων πλήρη. εἴρηκε δὲ καὶ περὶ τῶν ἐν κόσμωι συνισταμένων πάντων παθῶν, ὅτι τε ὁ ἥλιός ἐστι τὸ μέγεθος οἷος φαίνεται. (λέγεται δὲ καί· 'ψυχῆς ... ἔχει' [B 45]. τήν τε οἴησιν ἱερὰν νόσον [B 46] ἔλεγε καὶ τὴν ὅρασιν ψεύδεσθαι. λαμπρῶς τε ἐνίοτε ἐν τῶι 15 συγγράμματι καὶ σαφῶς ἐκβάλλει, ὥστε καὶ τὸν νωθέστατον ῥαιδίως γνῶναι καὶ δίαρμα ψυχῆς λαβεῖν· ἥ τε βραχύτης καὶ τὸ βάρος τῆς ἑρμηνείας ἀσύγκριτον.)

(8) καὶ τὰ ἐπὶ μέρους δὲ αὐτῶι ὧδ' ἔχει τῶν δογμάτων· πῦρ εἶναι στοιχεῖον καὶ πυρὸς ἀμοιβὴν τὰ πάντα [B 90], ἀραιώσει καὶ πυκνώσει [τὰ] γινόμενα· σαφῶς δὲ οὐδὲν ἐκτίθεται. γίνεσθαί τε πάντα κατ' ἐναντιότητα καὶ ῥεῖν τὰ ὅλα ποταμοῦ 20 δίκην [vgl. B 12. 91], πεπεράνθαι τε τὸ πᾶν καὶ ἕνα εἶναι κόσμον· γεννᾶσθαί τε αὐτὸν ἐκ πυρὸς καὶ πάλιν ἐκπυροῦσθαι κατά τινας περιόδους ἐναλλὰξ τὸν σύμπαντα αἰῶνα· τοῦτο δὲ γίνεσθαι καθ' εἱμαρμένην. τῶν δὲ ἐναντίων τὸ μὲν ἐπὶ τὴν γένεσιν ἄγον καλεῖσθαι πόλεμον καὶ ἔριν [B 80], τὸ δ' ἐπὶ τὴν ἐκπύρωσιν ὁμολογίαν καὶ εἰρήνην, καὶ τὴν μεταβολὴν ὁδὸν ἄνω κάτω, τόν τε κόσμον γίνε- 25 σθαι κατ' αὐτήν. (9) πυκνούμενον γὰρ τὸ πῦρ ἐξυγραίνεσθαι συνιστάμενόν τε γίνεσθαι ὕδωρ, πηγνύμενον δὲ τὸ ὕδωρ εἰς γῆν τρέπεσθαι· καὶ ταύτην ὁδὸν ἐπὶ τὸ κάτω εἶναι. πάλιν τε αὖ τὴν γῆν χεῖσθαι, ἐξ ἧς τὸ ὕδωρ γίνεσθαι, ἐκ δὲ τούτου τὰ λοιπά, σχεδὸν πάντα ἐπὶ τὴν ἀναθυμίασιν ἀνάγων τὴν ἀπὸ τῆς θαλάττης· αὕτη δέ ἐστιν ἡ ἐπὶ τὸ ἄνω ὁδός. γίνεσθαι δὲ ἀναθυμιάσεις ἀπό τε γῆς καὶ θαλάττης, 30 ἃς μὲν λαμπρὰς καὶ καθαράς, ἃς δὲ σκοτεινάς. αὔξεσθαι δὲ τὸ μὲν πῦρ ὑπὸ τῶν λαμπρῶν, τὸ δὲ ὑγρὸν ὑπὸ τῶν ἑτέρων. τὸ δὲ περιέχον ὁποῖόν ἐστιν οὐ δηλοῖ· εἶναι μέντοι ἐν αὐτῶι σκάφας ἐπεστραμμένας κατὰ κοῖλον πρὸς ἡμᾶς, ἐν αἷς ἀθροιζομένας τὰς λαμπρὰς ἀναθυμιάσεις ἀποτελεῖν φλόγας, ἃς εἶναι τὰ ἄστρα. (10) λαμπροτάτην δὲ εἶναι τὴν τοῦ ἡλίου φλόγα καὶ θερμοτάτην. τὰ μὲν γὰρ ἄλλα ἄστρα 35 πλεῖον ἀπέχειν ἀπὸ γῆς καὶ διὰ τοῦτο ἧττον λάμπειν καὶ θάλπειν, τὴν δὲ σελήνην προσγειοτέραν οὖσαν μὴ διὰ τοῦ καθαροῦ φέρεσθαι τόπου. τὸν μέντοι ἥλιον ἐν

1 vgl. Wilamowitz Glaube der Hellenen II 210¹   2 ⟨ ⟩ Richards 6 'σημεῖον ... βασιλείας (7) gehört in d. Erörterung der μεγαλοφροσύνη § 1' Kranz   10 δὲ B: τε PF: tilgt P² ἐναντιοτροπῆς regelwidrige Komposition (geschützt von Ritter Philolog. 73, 1914—16, 240): ἐναντιοτροπίας Kranz: -δρομίας Diels aus A 8   12 πάντων lassen aus FP² τὸ F: fehlt BP¹   13 οἷος] ὅσος Cobet   15 ἐκβάλλει ὥστε Laur. 69, 28 (vgl. I 142, 34): ἐκβόλως τε Hss.   18 τὰ BP¹Φ: fehlt F: es scheint etwas ausgefallen σαφῶς ... ἐκτίθεται] er gab also keine regelrechte Kosmogonie; soweit richtig Reinhardt Parmenides S. 173. Das entsprach H.s Gnomenstil   20 πεπεράνθαι Φ: πεπεράσθαι BPF   25 κατὰ ταύτην F   27 εἶναι ΒΡΦ: εἶναι λέγει F αὖ τὴν Reiske: αὐτὴν Hss.

διαυγεῖ καὶ ἀμιγεῖ κεῖσθαι καὶ σύμμετρον ἀφ᾿ ἡμῶν ἔχειν διάστημα· τοιγάρτοι μᾶλλον θερμαίνειν τε καὶ φωτίζειν. ἐκλείπειν τε ἥλιον καὶ σελήνην ἄνω στρεφομένων τῶν σκαφῶν· τούς τε κατὰ μῆνα τῆς σελήνης σχηματισμοὺς γίνεσθαι στρεφομένης ἐν αὐτῆι κατὰ μικρὸν τῆς σκάφης. ἡμέραν τε καὶ νύκτα γίνεσθαι καὶ μῆνας 5 καὶ ὥρας ἐτείους καὶ ἐνιαυτοὺς ὑετούς τε καὶ πνεύματα καὶ τὰ τούτοις ὅμοια κατὰ τὰς διαφόρους ἀναθυμιάσεις.   (11) τὴν μὲν γὰρ λαμπρὰν ἀναθυμίασιν φλογωθεῖσαν ἐν τῶι κύκλωι τοῦ ἡλίου ἡμέραν ποιεῖν, τὴν δὲ ἐναντίαν ἐπικρατήσασαν νύκτα ἀποτελεῖν· καὶ ἐκ μὲν τοῦ λαμπροῦ τὸ θερμὸν αὐξόμενον θέρος ποιεῖν, ἐκ δὲ τοῦ σκοτεινοῦ τὸ ὑγρὸν πλεονάζον χειμῶνα ἀπεργάζεσθαι. ἀκολούθως δὲ τούτοις 10 καὶ περὶ τῶν ἄλλων αἰτιολογεῖ. περὶ δὲ τῆς γῆς οὐδὲν ἀποφαίνεται ποία τίς ἐστιν, ἀλλ᾿ οὐδὲ περὶ τῶν σκαφῶν. καὶ ταῦτα μὲν ἦν αὐτῶι τὰ δοκοῦντα.

τὰ δὲ περὶ Σωκράτους καὶ ὅσα ἐντυχὼν τῶι συγγράμματι εἴποι, κομίσαντος Εὐριπίδου, καθά φησιν ᾽Αρίστων, ἐν τῶι περὶ Σωκράτους εἰρήκαμεν [s. A 4]. (12) (Σέλευκος μέντοι φησὶν ὁ γραμματικὸς [fehlt FHG III 500] Κρότωνά τινα 15 ἱστορεῖν ἐν τῶι Κατακολυμβητῆι Κράτητά τινα πρῶτον εἰς τὴν Ἑλλάδα κομίσαι τὸ βιβλίον). καὶ εἰπεῖν Δηλίου τινὸς δεῖσθαι κολυμβητοῦ, ὃς οὐκ ἀποπνιγήσεται ἐν αὐτῶι. ἐπιγράφουσι δὲ αὐτῶι οἱ μὲν Μούσας, οἱ δὲ Περὶ φύσεως, Διόδοτος δὲ ἀκριβὲς οἰάκισμα πρὸς στάθμην βίου, ἄλλοι γνώμον᾿ ἠθῶν, τρόπου κόσμον ἕνα τῶν ξυμπάντων. φασὶ δ᾿ αὐτὸν ἐρω-20 τηθέντα, διὰ τί σιωπᾶι, φάναι ῾ἵν᾿ ὑμεῖς λαλῆτε᾿. ἐπόθησε δὲ αὐτοῦ καὶ Δαρεῖος μετασχεῖν καὶ ἔγραψεν ὧδε πρὸς αὐτόν. Folgt § 13—14 ein Brief des Dareios (attisch) und Heraklits Antwort (ionisch), die wie die übrigen sieben (Hercher *Epistologr.* 280ff.) nach Diels den Abdruck nicht lohnen.

(15) τοιοῦτος μὲν ἀνὴρ καὶ πρὸς βασιλέα. Δημήτριος δέ φησιν ἐν τοῖς Ὁμω-25 νύμοις καὶ ᾽Αθηναίων αὐτὸν ὑπερφρονῆσαι, δόξαν ἔχοντα παμπλείστην, καταφρονούμενόν τε ὑπὸ τῶν Ἐφεσίων ἑλέσθαι μᾶλλον τὰ οἰκεῖα. μέμνηται αὐτοῦ καὶ ὁ Φαληρεὺς Δημήτριος ἐν τῆι Σωκράτους ἀπολογίαι [FGrHist. 228 F 40 II 970]. πλεῖστοί τέ εἰσιν ὅσοι ἐξήγηνται αὐτοῦ τὸ σύγγραμμα· καὶ γὰρ ᾽Αντισθένης καὶ Ἡρακλείδης ὁ Ποντικός [p. 88 Voss], Κλεάνθης τε καὶ Σφαῖρος ὁ Στωικός, πρὸς δὲ 30 Παυσανίας ὁ κληθεὶς Ἡρακλειτιστής, Νικομήδης τε καὶ Διονύσιος· τῶν δὲ γραμματικῶν Διόδοτος, ὃς οὔ φησι περὶ φύσεως εἶναι τὸ σύγγραμμα, ἀλλὰ περὶ πολιτείας, τὰ δὲ περὶ φύσεως ἐν παραδείγματος εἴδει κεῖσθαι.   (16) Ἱερώνυμος δέ φησι [fr. 23 Hiller] καὶ Σκυθῖνον τὸν τῶν Ἰάμβων ποιητὴν [vgl. C 3] ἐπιβαλέσθαι τὸν ἐκείνου λόγον διὰ μέτρου ἐκβάλλειν. πολλὰ τ᾿ εἰς αὐτὸν ἐπιγράμματα φέρεται, ἀτὰρ δὴ 35 καὶ τόδε [Anth. P. VII 128]·

Ἡράκλειτος ἐγώ· τί μ᾿ ἄνω κάτω ἕλκετ᾿ ἄμουσοι;
οὐχ ὑμῖν ἐπόνουν, τοῖς δ᾿ ἐμ᾿ ἐπισταμένοις.

---

1 κινεῖσθαι (wahrscheinlich) Bywater   5 καὶ (vor ὥρας) F: fehlt ΒΡΦ   ἐτείους Φ: ἐτίους F¹: αἰτίους ΒΡ   7 ἐν fehlt F   15 κράτη ΒΡ 16 καὶ εἰπεῖν bezieht sich auf Sokrates Z. 13   19 γνώμονα und ἕνα Küster: γνώμην und ἑνὸς Hss.   Zu τρόπου κόσμον verweist P. Von der Mühll auf Aelian V. Hist. VI 12 Schluß; das Urteil im Heraklitstil, κόσμον — ξυμπάν- των spielerische Umbildung von B 30   27 δημόκριτος ΒΡ   29 nach τε wiederh. die Hss. ὁ ποντικός   31 τὰ so die Hss.: τὸ (infolge Druckfehlers der Hübnerschen Ausg.) Cobet   33 ἐπιβαλέσθαι F: ἐπιβαλλέσθαι ΒΡ 34 ἐκ διαμέτρου ἐκβαλεῖν F   36 τί μ ἄνω Meineke; τιμαίω ΒΡ¹: τίμε ὦ Φ Anth.: τίμε ὦν F

εἷς ἐμοὶ ἄνθρωπος τρισμύριοι, οἱ δ' ἀνάριθμοι
οὐδείς. ταῦτ' αὐδῶ καὶ παρὰ Φερσεφόνηι.
καὶ ἄλλο τοιόνδε [Anth. P. IX 540]·

μὴ ταχὺς Ἡρακλείτου ἐπ' ὀμφαλὸν εἴλεε βύβλον
5 τοὐφεσίου· μάλα τοι δύσβατος ἀτραπιτός.
ὀρφνὴ καὶ σκότος ἐστὶν ἀλάμπετον· ἢν δέ σε μύστης
εἰσαγάγηι, φανεροῦ λαμπρότερ' ἠελίου.

(17) γεγόνασι δ' Ἡράκλειτοι πέντε· πρῶτος αὐτὸς οὗτος· δεύτερος ποιητὴς
λυρικός, οὗ ἐστι τῶν δώδεκα θεῶν ἐγκώμιον· τρίτος ἐλεγείας ποιητὴς Ἁλικαρ-
10 νασσεύς, εἰς ὃν Καλλίμαχος πεποίηκεν οὕτως· 'εἶπέ τις ... βαλεῖ [epigr. 2 Wil.]·
τέταρτος Λέσβιος ἱστορίαν γεγραφὼς Μακεδονικήν· πέμπτος σπουδογέλοιος ἀπὸ
κιθαρωιδίας μεταβεβηκὼς εἰς τὸ εἶδος.

1 a. SUID· Ἡράκλειτος Βλόσωνος ἢ Βαύτωρος, οἱ δὲ Ἡρακῖνος, Ἐφέσιος, φι-
λόσοφος φυσικός, ὃς ἐπεκλήθη Σκοτεινός. οὗτος ἐμαθήτευσεν οὐδενὶ τῶν φιλο-
15 σόφων, φύσει δὲ καὶ ἐπιμελείαι ἤσκήθη. οὗτος ὑδρωπιάσας οὐκ ἐνεδίδου τοῖς
ἰατροῖς ἤιπερ ἐβούλοντο θεραπεύειν αὐτόν, ἀλλ' αὐτὸς βολβίτωι χρίσας ὅλον ἑαυ-
τὸν εἴασε ξηρανθῆναι τοῦτο ὑπὸ τῶι ἡλίωι, καὶ κείμενον αὐτὸν κύνες προσελθοῦσαι
διέσπασαν. οἱ δὲ ἄμμωι χωσθέντα φασὶν ἀποθανεῖν. τινὲς δὲ αὐτὸν ἔφασαν δια-
κοῦσαι Ξενοφάνους καὶ Ἱππάσου τοῦ Πυθαγορείου. ἦν δὲ ἐπὶ τῆς ξθ ὀλυμπιάδος
20 [504—1] ἐπὶ Δαρείου τοῦ Ὑστάσπου, καὶ ἔγραψε πολλὰ ποιητικῶς.

2. STRABO XIV 3 p. 632. 633 ἄρξαι δέ φησιν (Pherekydes FGrHist. 3 F 155
I 99) Ἄνδροκλον τῆς τῶν Ἰώνων ἀποικίας, ὕστερον τῆς Αἰολικῆς, υἱὸν γνήσιον
Κόδρου τοῦ Ἀθηνῶν βασιλέως, γενέσθαι δὲ τοῦτον Ἐφέσου κτίστην. διόπερ τὸ
βασίλειον τῶν Ἰώνων ἐκεῖ συστῆναί φασι, καὶ ἔτι νῦν οἱ ἐκ τοῦ γένους ὀνομάζον-
25 ται βασιλεῖς ἔχοντές τινας τιμάς, προεδρίαν τε ἐν ἀγῶσι καὶ πορφύραν ἐπίσημον
τοῦ βασιλικοῦ γένους, σκίπωνα ἀντὶ σκήπτρου, καὶ τὰ ἱερὰ τῆς Ἐλευσινίας
Δήμητρος. Vgl. I 141, 7.

3. CLEM. Strom. I 65 (II 41, 19 St.) Ἡ. γὰρ ὁ Βλύσωνος Μελαγκόμαν τὸν
τύραννον ἔπεισεν ἀποθέσθαι τὴν ἀρχήν. οὗτος βασιλέα Δαρεῖον παρακαλοῦντα
30 ἥκειν εἰς Πέρσας ὑπερεῖδεν.

3 a. STRABO XIV 25 p. 642 ἄνδρες δ' ἀξιόλογοι γεγόνασιν ἐν αὐτῆι [Ephesos]
τῶν μὲν παλαιῶν Ἡ. τε ὁ Σκοτεινὸς καλούμενος καὶ Ἑρμόδωρος, περὶ οὗ ὁ αὐτός
φησιν 'ἄξιον ... ἄλλων' [B 121]. δοκεῖ δ' οὗτος ὁ ἀνὴρ νόμους τινὰς Ῥωμαίοις
συγγράψαι. PLIN. H. n. XXXIV 21 fuit et Hermodori Ephesii [näml. statua]
35 in comitio, legum quas decemviri scribebant interpretis, publice dicata.

---

2 Περσεφόνηι ΒΦ Anth. 4 εἴλεε BPF Anth. Pal.: εἴλυο Plan. 13 Βλό-
σωνος alle Hss. Βαύτωρος GIVM: βλαύτωρος B: βάκτωρος A, Verlesungen
von Βλύσωνος (s. zu I 139, 37) ἡρακῖνος GIVMB: Ἡ in lac. A: Ὡρακίνjυ
ed. princ. (s. zu I 139, 37) 17 τοῦ ἡλίου B προσελθοῦσαι Bernh.:
προελθοῦσαι Hss. 19 ξε A 20 Ὑστάσπου A: ὑστάτου d. übr. 28 βαύ-
σωνος Clem. (s. zu I 139, 37): verb. Canter 34 über Hermodoros, der
nichts mit den Decemvirn zu tun haben kann, vgl. Boesch de XII tabulis.
Diss. Gött. 1893, 58. Die Legende scheint erwachsen aus der Tatsache,
daß ein Ionier Hermodoros, den Polemon (bei Hesych s. v. σκυδικαί) zitiert.
Gesetze geschrieben hat. Ihn identifiziert mit Heraklits Freund Wilamo-
witz Nordion. Steine (Abh. d. Berl. Ak. 1909) S. 71[1]

3b. THEMIST. π. ἀρετῆς p. 40 [Rh. Mus. 27, 1872, 456f.] Die Ephesier waren an Wohlleben und Vergnügen gewöhnt, als aber gegen sie Krieg sich erhob, versetzte eine Umschließung der Perser ihre Stadt in Belagerung. Sie aber vergnügten sich auch so nach ihrer Gewohnheit. Es
5 fingen aber die Lebensmittel an in der Stadt zu mangeln. Als der Hunger stark auf ihnen lastete, versammelten sich die Städter, um zu beraten was zu tun sei, daß der Lebensunterhalt nicht fehle; aber zu raten, daß sie ihr Wolleben einschränken müßten, wagte keiner. Als sie darüber alle versammelt waren, nahm ein Mann namens H. Gerstengrütze, mischte
10 sie mit Wasser und aß sie unter ihnen sitzend, und dies war eine stillschweigende Lehre dem ganzen Volk. Es sagt die Geschichte, daß die Ephesier sofort ihre Zurechtweisung merkten und keiner anderen Zurechtweisung bedurften, sondern fortgingen, indem sie tatsächlich gesehen hatten, daß sie etwas am Wohlleben mindern müßten, damit die
15 Speise nicht abnehme. Als aber ihre Feinde hörten, daß sie gelernt hätten, ordnungsmäßig zu leben, und die Mahlzeit nach des Herakleitos Rate hielten, brachen sie von der Stadt auf, und während sie Sieger waren durch die Waffen, räumten sie das Feld vor der Grütze des Herakleitos. PLUT. de garr. 17 p. 511 B οἱ δὲ συμβολικῶς ἄνευ φωνῆς ἃ δεῖ φράζοντες οὐκ ἐπαι-
20 νοῦνται καὶ θαυμάζονται διαφερόντως; ὡς Ἡ. ἀξιούντων αὐτὸν τῶν πολιτῶν γνώμην τιν' εἰπεῖν περὶ ὁμονοίας, ἀναβὰς ἐπὶ τὸ βῆμα καὶ λαβὼν ψυχροῦ κύλικα καὶ τῶν ἀλφίτων ἐπιπάσας καὶ τῶι γλήχωνι κινήσας ἐκπιὼν ἀπῆλθεν, ἐνδειξάμενος αὐτοῖς, ὅτι τὸ τοῖς τυχοῦσιν ἀρκεῖσθαι καὶ μὴ δεῖσθαι τῶν πολυτελῶν ἐν εἰρήνηι καὶ ὁμονοίαι διατηρεῖ τὰς πόλεις. Vgl. Schol. Hom. BT z. K 149.

25   Römische Münzen von Ephesos zeigen im Rs. mit der Umschrift ΗΡΑΚΛΕΙΤΟΣΕΦΕΣΙωΝ den Philosophen stehend, bärtig, nach links blickend und die Rechte zum Reden erhebend (vgl. die Titelvignette zu Band II und die Erklärung dazu). Danach wollte G. Lippold Mitt. d. Ath. Inst. 36
(1911) 153 in einer Marmorstatue aus Gortyn (Candia, Museum) ein Abbild
30 der ephes. Statue erkennen.

SCHRIFT. Vgl. A 1, §§ 5—7. 12. 15. 16.

4. ARIST. Rhet. Γ 5. 1407b 11 ὅλως δὲ δεῖ εὐανάγνωστον εἶναι τὸ γεγραμμέ-
νον καὶ εὔφραστον· ἔστιν δὲ τὸ αὐτό· ὅπερ οἱ πολλοὶ σύνδεσμοι ⟨ἔχουσιν, οἱ δ'
ὀλίγοι⟩ οὐκ ἔχουσιν οὐδ' ἃ μὴ ῥάιδιον διαστίξαι ὥσπερ τὰ Ἡρακλείτου. τὰ γὰρ
35 Ἡρακλείτου διαστίξαι ἔργον διὰ τὸ ἄδηλον εἶναι, ποτέρωι πρόσκειται, τῶι ὕστερον
ἢ τῶι πρότερον, οἷον ἐν τῆι ἀρχῆι αὐτοῦ τοῦ συγγράμματος· φησὶ γάρ 'τοῦ
λόγου τοῦδ' ἐόντος ἀεὶ ἀξύνετοι ἄνθρωποι γίγνονται' [B 1], ἄδηλον
γὰρ τὸ ἀεὶ πρὸς ποτέρωι ⟨δεῖ⟩ διαστίξαι. DEMETR. 192 τὸ δὲ σαφὲς ἐν πλείοσιν·

---

1 Anekdote ist historisch wertlos, da der Lakonismus des H. aus dem Stil seines Buches und der Gerstentrank aus B 125 (vgl. κινήσας) genommen ist. Vgl. auch B 125a   22 ἐνδειξάμενος Γ: ἐπιδ. O   33 ⟨ ⟩ Diels vgl. Demetr. Z. 38   38 πρὸς ποτέρωι [προτέρω A: ὁποτέρωι cett.] διαστίξαι Hss.: δεῖ στίξαι Victorius. Aristotelischer klänge πρὸς ποτέρωι ohne Verbum. Fraglich war, ob ἐόντος, oder ἀεί, zu interpungieren sei

πρῶτα μὲν ἐν τοῖς κυρίοις, ἔπειτα ἐν τοῖς συνδεδεμένοις· τὸ δὲ ἀσύνδετον καὶ δια-
λελυμένον ὅλον ἀσαφὲς πᾶν· ἄδηλος γὰρ ἡ ἑκάστου κώλου ἀρχὴ διὰ τὴν λύσιν,
ὥσπερ τὰ Ἡρακλείτου· καὶ γὰρ ταῦτα σκοτεινὰ ποιεῖ τὸ πλεῖστον ἡ λύσις. Diog.
II 22 φασὶ δ' Εὐριπίδην αὐτῶι [Sokrates] δόντα τὸ Ἡρακλείτου σύγγραμμα
5 ἐρέσθαι 'τί δοκεῖ'; τὸν δὲ φάναι 'ἃ μὲν συνῆκα, γενναῖα· οἶμαι δὲ καὶ ἃ μὴ συνῆκα·
πλὴν Δηλίου γέ τινος δεῖται κολυμβητοῦ'.

LEHRE

Vgl. die Auszüge aus Theophrasts Φυσικῶν δόξαι A 1, 7 (mittelbar) und
8—11 (unmittelbar).

10   5. Arist. Metaph. A 3. 984a 7 [s. c. 18, 7 I 109, 5]. Simpl. Phys. 23, 33
(aus Theophr. Phys. Opin. fr. 1, D. 475) Ἵππασος δὲ ὁ Μεταποντῖνος [c. 18, 7]
καὶ Ἡ. ὁ Ἐφέσιος ἓν καὶ οὗτοι καὶ κινούμενον καὶ πεπερασμένον, ἀλλὰ πῦρ ἐποίησαν
τὴν ἀρχήν, καὶ ἐκ πυρὸς ποιοῦσι τὰ ὄντα πυκνώσει καὶ μανώσει καὶ διαλύουσι πάλιν
εἰς πῦρ, ὡς ταύτης μιᾶς οὔσης φύσεως τῆς ὑποκειμένης· πυρὸς γὰρ ἀμοιβὴν εἶναί
15 φησιν Ἡ. πάντα. ποιεῖ δὲ καὶ τάξιν τινὰ καὶ χρόνον ὡρισμένον τῆς τοῦ κόσμου
μεταβολῆς κατά τινα εἱμαρμένην ἀνάγκην. Aët. I 3, 11 (D. 283) Ἡ. καὶ Ἵππασος
ὁ Μεταποντῖνος ἀρχὴν τῶν ἀπάντων τὸ πῦρ. ἐκ πυρὸς γὰρ τὰ πάντα γίνεσθαι καὶ
εἰς πῦρ πάντα τελευτᾶν λέγουσι. τούτου δὲ κατασβεννυμένου κοσμοποιεῖσθαι τὰ
πάντα· πρῶτον μὲν γὰρ τὸ παχυμερέστατον αὐτοῦ εἰς αὐτὸ συστελλόμενον γῆ
20 γίγνεται, ἔπειτα ἀναχαλωμένην τὴν γῆν ὑπὸ τοῦ πυρὸς φύσει ὕδωρ ἀποτελεῖσθαι,
ἀναθυμιώμενον δὲ ἀέρα γίγνεσθαι. πάλιν δὲ τὸν κόσμον καὶ τὰ σώματα πάντα
ὑπὸ τοῦ πυρὸς ἀναλοῦσθαι ἐν τῆι ἐκπυρώσει. Vgl. 5, 5 I 109, 10. Gal. de elem.
sec. Hipp. I 4 (I 443 K. 23, 1 Helmr.) οἵ τε τὸ πῦρ [nämlich στοιχεῖον εἰπόν-
τες] ὡσαύτως ἐκ τοῦ συνιὸν μὲν καὶ πυκνούμενον ἀέρα γίγνεσθαι, παθὸν δ' ἔτι
25 μᾶλλον τοῦτο καὶ σφοδρότερον πιληθὲν ὕδωρ, ἐπὶ πλεῖστον δὲ πυκνωθὲν γῆν ἀπο-
τελεῖσθαι, συλλογίζονται καὶ αὐτοὶ τοῦτ' εἶναι τὸ στοιχεῖον.

6. Plat. Cratyl. p. 402 A λέγει που Ἡράκλειτος ὅτι πάντα χωρεῖ καὶ οὐδὲν
μένει καὶ ποταμοῦ ῥοῆι ἀπεικάζων τὰ ὄντα λέγει ὡς δὶς ἐς τὸν αὐτὸν ποταμὸν
οὐκ ἂν ἐμβαίης [vgl. B 91. 12]. Aët. I 23, 7 (D. 320) Ἡ. ἠρεμίαν μὲν καὶ στάσιν ἐκ
30 τῶν ὅλων ἀνήιρει· ἔστι γὰρ τοῦτο τῶν νεκρῶν· κίνησιν δὲ τοῖς πᾶσιν ἀπεδίδου,
ἀίδιον μὲν τοῖς ἀιδίοις, φθαρτὴν δὲ τοῖς φθαρτοῖς.

7. Arist. Metaph. Γ 3. 1005b 23 ἀδύνατον γὰρ ὀντινοῦν ταὐτὸν ὑπολαμ-
βάνειν εἶναι καὶ μὴ εἶναι, καθάπερ τινὲς οἴονται λέγειν Ἡράκλειτον.

8. Aët. I 7. 22 (D. 303) Ἡ. τὸ περιοδικὸν πῦρ ἀίδιον [nämlich εἶναι θεόν],
35 εἱμαρμένην δὲ λόγον ἐκ τῆς ἐναντιοδρομίας δημιουργὸν τῶν ὄντων [vgl. I 141, 10].
I, 27, 1 (D. 322 nach Theophrast) Ἡ. πάντα καθ' εἱμαρμένην, τὴν δὲ αὐτὴν
ὑπάρχειν καὶ ἀνάγκην. 28, 1 (D. 323 nach Poseidonios) Ἡ. οὐσίαν εἱμαρ-
μένης ἀπεφαίνετο λόγον τὸν διὰ οὐσίας τοῦ παντὸς διήκοντα. αὕτη δ' ἐστὶ τὸ
αἰθέριον σῶμα, σπέρμα τῆς τοῦ παντὸς γενέσεως καὶ περιόδου μέτρον τεταγμένης.
40 Vgl. c. 18, 8.

4 τὸ Hss.: τοῦ oder τὸ τοῦ Ausgg.   15 καὶ χρόνον E^aF: παρα χρ. E.
Vgl. I 107, 19   18 ⟨τὰ⟩ πάντα Kochalsky nach Z. 17   19 γῆ γίγνεται]
so Aët. (Plut. Stob.) statt γῆν γίνεσθαι   20 φύσει Plut. Stob.: χύσει
Döhner: φησὶ? Diels   26 αὐτοὶ LIM: οὗτοι dett.

9. ARIST. de part. anim. A 5. 645a 17 καθάπερ 'Η.

λέγεται πρός τούς ξένους είπεῖν τούς βουλομένους έντυχεῖν αύτῶι, οἵ ἐπειδή προσιόντες εἶδον αύτόν θερόμενον πρός τῶι ἱπνῶι ἔστησαν (ἐκέλευε γάρ αύτούς εἰσιέναι θαρροῦντας· εἶναι γάρ καί ἐνταῦθα θεούς), οὕτω καί πρός τήν ζήτησιν περί ἑκάστου τῶν

5 ζώιων προσιέναι δεῖ μή δυσωπούμενον, ὡς ἐν ἅπασιν ὄντος τινός φυσικοῦ καί καλοῦ.

10. PLATO Soph. 242 D 'Ιάδες .. καί Σικελικαί τινες .. Μοῦσαι [Heraklit und Empedokles] ξυνενόησαν, ὅτι .. ἀσφαλέστατον ... λέγειν, ὡς τό ὄν πολλά τε καί ἕν ἐστιν, ἔχθραι δέ καί φιλίαι συνέχεται. 'διαφερόμενον γάρ ἀεί ξυμφέρεται',

10 φασίν αἱ συντονώτεραι τῶν Μουσῶν [B 10], αἱ δέ μαλακώτεραι τό μέν ἀεί ταῦθ' οὕτως ἔχειν ἐχάλασαν, ἐν μέρει δέ τοτέ μέν ἕν εἶναί φασι τό πᾶν καί φίλον ὑπ' 'Αφροδίτης, τοτέ δέ πολλά καί πολέμιον αὐτό αὐτῶι διά Νεῖκός τι [31 B 17]. — ARIST. de caelo A 10. 279b 12 γενόμενον μέν οὖν ἅπαντες εἶναί φασιν [nämlich τόν οὐρανόν], ἀλλά γενόμενον οἱ μέν ἀίδιον, οἱ δέ φθαρτόν ὥσπερ ὁτιοῦν ἄλλο τῶν

15 φύσει συνισταμένων, οἱ δέ ἐναλλάξ ὁτέ μέν οὕτως ὁτέ δέ ἄλλως ἔχειν φθειρόμενον καί τοῦτο ἀεί διατελεῖν οὕτως, ὥσπερ 'Εμπεδοκλῆς ὁ 'Ακραγαντῖνος καί 'Η. ὁ 'Εφέσιος. Phys. Γ 5. 205a 3 ὥσπερ 'Η. φησιν ἅπαντα γίνεσθαί ποτε πῦρ. SIMPLIC. de cael. 94, 4 Heib. καί 'Η. δέ ποτέ μέν ἐκπυροῦσθαι λέγει τόν κόσμον, ποτέ δέ ἐκ τοῦ πυρός συνίστασθαι πάλιν αὐτόν κατά τινας χρόνου περιόδους ἐν

20 οἷς φησι 'μέτρα ἁπτόμενος καί μέτρα σβεννύμενος' [B 30]. ταύτης δέ τῆς δόξης ὕστερον ἐγένοντο καί οἱ Στωικοί. Vgl. B 31. ΑἐT. II 1. 2 (D. 327) 'Η. ... ἕνα τόν κόσμον. 4, 3 (D. 331) 'Η. οὐ κατά χρόνον εἶναι γενητόν τόν κόσμον, ἀλλά κατ' ἐπίνοιαν. 11, 4 (D. 340) Παρμενίδης 'Η. ... πύρινον εἶναι τόν οὐρανόν.

25 11. — II 13, 8 (D. 342) Παρμενίδης καί 'Η. πιλήματα πυρός τά ἄστρα. 17, 4 (D. 346) 'Η. ... τρέφεσθαι τούς ἀστέρας ἐκ τῆς ἀπό γῆς ἀναθυμιάσεως.

12. — II 20, 16 (D. 351) 'Η. ... ἄναμμα νοερόν τό ἐκ θαλάττης εἶναι τόν ἥλιον. — 22, 2 (D. 352) σκαφοειδῆ, ὑπόκυρτον. — 24, 3 (D. 354) (γίνεσθαι τήν ἔκλειψιν) κατά τήν τοῦ σκαφοειδοῦς στροφήν, ὥστε τό μέν κοῖλον ἄνω γίγνεσθαι,

30 τό δέ κυρτόν κάτω πρός τήν ἡμετέραν ὄψιν. — 27, 2 (D. 358) 'Η. σκαφοειδῆ (τήν σελήνην). — 28, 6 (D. 359) 'Η. ταὐτόν πεπονθέναι τόν ἥλιον καί τήν σελήνην. σκαφοειδεῖς γάρ ὄντας τοῖς σχήμασι τούς ἀστέρας, δεχομένους τάς ἀπό τῆς ὑγρᾶς ἀναθυμιάσεως αὐγάς, φωτίζεσθαι πρός τήν φαντασίαν, λαμπρότερον μέν τόν ἥλιον· ἐν καθαρωτέρωι γάρ ἀέρι φέρεσθαι· τήν δέ σελήνην ἐν θολωτέρωι· διά τοῦτο καί

35 ἀμαυροτέραν φαίνεσθαι. — 29, 3 'Η. ... (ἐκλείπειν τήν σελήνην) κατά τήν τοῦ σκαφοειδοῦς στροφήν καί τάς περικλίσεις.

---

17 γίνεσθαί ποτε (nicht γενήσεσθαι) drückt den steten Epochenwechsel aus, freilich im Widerspruch mit Z. 9ff.		21 οἱ Στωικοί vgl. Plut. de def. orac. 12 p. 415F. Die Auffassung, daß erst die Stoiker die Weltverbrennung in H. hineininterpretiert hätten, ist irrig; vgl. das Zeugnis des Aristoteles Z. 17. Doch ist Platons Auffassung Z. 9ff., streng genommen, damit unvereinbar. Vgl. die Darstellung des Problems b. Zeller-Nestle I 865ff.		36 καί τάς περικλίσεις fehlt Plut., gehört also vielleicht zu den gleichzeitig bei Stob. genannten Alkmaion [24 A 4] oder Antiphon [86 B 28]. Gemeint sind mit περικλίσεις die halben oder Viertelswendungen der Phasen

13. AËT. II 32, 3 (D. 364) Ἡ. ἐκ μυρίων ὀκτακοσίων ἐνιαυτῶν ἡλιακῶν (τὸν μέγαν ἐνιαυτὸν εἶναι). (Vgl. Censorin. 18, 10 *hic annus etiam heliacos a quibusdam dicitur, et ab aliis* [*Heraklit?*] θεοῦ ἐνιαυτός ... (11) *hunc Aristarchus putavit annorum vertentium* IICCCCLXXXIIII..., *H. et Linus* 5 XDCCC.

14. — III 3, 9 (D. 369) Ἡ. βροντὴν μὲν κατὰ συστροφὰς ἀνέμων καὶ νεφῶν καὶ ἐμπτώσεις πνευμάτων εἰς τὰ νέφη, ἀστραπὰς δὲ κατὰ τὰς τῶν θυμιωμένων ἐξάψεις, πρηστῆρας δὲ κατὰ νεφῶν ἐμπρήσεις καὶ σβέσεις.

14a. NICAND. Alex. 171ff. (vgl. B 84)
10 καί τε σύ γ᾽ ἀγλεύκην βάψαις ἰόεντα θάλασσαν,
ἥν τε καὶ ἀτμεύειν ἀνέμοις πόρεν Ἐννοσίγαιος
σὺν πυρί. καὶ γὰρ δὴ τὸ πνοαῖς συνδάμναται ἐχθραῖς
πῦρ μὲν ἀείζωον καὶ ἀχύνετον ἔτρεσεν ὕδωρ
ἀργέστας, καί ῥ᾽ ἡ μὲν ἀκοσμήεσσα, φιλοργὴς
15 175 δεσπόζει νηῶν τε καὶ ἐμφθορέων αἰζηῶν,
ὕλη δ᾽ ἐχθομένοιο πυρὸς κατὰ θεσμὸν ἀκούει.

Schol. ἀτμεύειν δὲ δουλεύειν, ὑποκεῖσθαι· ἀτμένες γὰρ οἱ δοῦλοι· ὅτι δὲ δουλεύει ἡ θάλασσα καὶ τὸ πῦρ ἀνέμοις, κατὰ θεῖον νόμον δηλονότι, τοῦτο δὲ καὶ Ἡ. καὶ Μενεκράτης εἴρηκεν. ἀργέστας: οἱονεὶ τοὺς ἀνέμους. ἀχύνετον δὲ τὸ πολύχυτον·
20 τὸ γὰρ ᾶ ἐπιτατικόν ἐστιν. ἐκτίθεσθαι οὖν βούλεται διὰ τούτων καὶ Ἡ., ὅτι πάντα ἐναντία ἀλλήλοις ἐστὶ κατ᾽ αὐτόν. ... δεσπόζει νηῶν: τῆι γὰρ θαλάσσηι ὑπόκεινται τὰ πλοῖα, τῶι δὲ πυρὶ ἡ ὕλη. ἐμφθορέων δ᾽ αἰζηῶν: τῶν ἐν θαλάσσηι φθειρομένων.

15. ARIST. de anima A 2. 405a 24 καὶ Ἡ. δὲ τὴν ἀρχὴν εἶναί φησι ψυχήν (wie
25 Diogenes 64 A 20), εἴπερ τὴν ἀναθυμίασιν [B 12], ἐξ ἧς τἆλλα συνίστησιν. MACROB. S. Scip. 14, 19 (animam) *H. physicus scintillam stellaris essentiae.* AËT. IV 3, 12 (D. 389) Ἡ. τὴν μὲν τοῦ κόσμου ψυχὴν ἀναθυμίασιν ἐκ τῶν ἐν αὐτῶι ὑγρῶν, τὴν δὲ ἐν τοῖς ζώιοις ἀπὸ τῆς ἐκτὸς καὶ τῆς ἐν αὐτοῖς ἀναθυμιάσεως, ὁμογενῆ. Vgl. B 12. (Vgl. c. 18, 9.)

30 16. SEXT. adv. math. VII 126ff. (126) ὁ δὲ Ἡράκλειτος, ἐπεὶ πάλιν ἐδόκει δυσὶν ὠργανῶσθαι ὁ ἄνθρωπος πρὸς τὴν τῆς ἀληθείας γνῶσιν, αἰσθήσει τε καὶ λόγωι, τούτων τὴν ⟨μὲν⟩ αἴσθησιν παραπλησίως τοῖς προειρημένοις φυσικοῖς ἄπιστον εἶναι νενόμικεν, τὸν δὲ λόγον ὑποτίθεται κριτήριον. ἀλλὰ τὴν μὲν αἴσθησιν ἐλέγχει λέγων κατὰ λέξιν 'κακοὶ ... ἐχόντων' [B 107], ὅπερ ἴσον ἦν τῶι 'βαρ-
35 βάρων ἐστὶ ψυχῶν ταῖς ἀλόγοις αἰσθήσεσι πιστεύειν'. (127) τὸν δὲ λόγον κριτὴν τῆς ἀληθείας ἀποφαίνεται οὐ τὸν ὁποιονδήποτε, ἀλλὰ τὸν κοινὸν καὶ θεῖον. τίς δ᾽ ἐστὶν οὗτος, συντόμως ὑποδεικτέον· ἀρέσκει γὰρ τῶι φυσικῶι τὸ περιέχον

1 ὀκτακισχιλίων Aët. (Plut. Stob.): den antiken Zahlenfehler verb. Tannery aus Censorin *Pour l'hist. de la Science Hell.* S. 168. Denn 30 × 360 Jahre = 10800. Vgl. z. d. Zeugnis Reinhardt *Parmenides* S. 183ff. 7 ἀναθυμιωμένων Schuster. Doch steht auch Aët. II 6, 3 das Simplex 27ff. vgl. Capelle *Herm.* 59 (1924) 121 32 ⟨μὲν⟩ Bekker 35ff. die Behandlung durch Reinhardt *Kosmos u. Sympathie* S. 193ff. bedarf der Nachprüfung auf Grund von 22 C 1

148 22 [12]. HERAKLEITOS

ἡμᾶς λογικόν τε ὂν καὶ φρενῆρες.   (128) ἐμφαίνει δὲ τὸ τοιοῦτο πολὺ πρόσθεν
•Ὅμηρος [σ 163] εἰπών·
    τοῖος γὰρ νόος ἐστὶν ἐπιχθονίων ἀνθρώπων,
    οἷον ἐπ' ἦμαρ ἄγηισι πατήρ ἀνδρῶν τε θεῶν τε.
5 καὶ Ἀρχίλοχος [fr. 68 D.] δέ φησι τοὺς ἀνθρώπους τοιαῦτα φρονεῖν 'ὁποίην Ζεὺς
ἐφ' ἡμέρην ἄγει'. εἴρηται δὲ καὶ τῶι Εὐριπίδηι [Troad. 885] τὸ αὐτό·
    ὅστις ⟨ποτ'⟩ εἶ σὺ δυστόπαστος εἰσιδεῖν
    Ζεύς, εἴτ' ἀνάγκη φύσεος εἴτε νοῦς βροτῶν,
    ἐπευξάμην σε.
10 (129) τοῦτον οὖν τὸν θεῖον λόγον καθ' Ἡράκλειτον δι' ἀναπνοῆς σπάσαντες
νοεροὶ γινόμεθα, καὶ ἐν μὲν ὕπνοις ληθαῖοι, κατὰ δὲ ἔγερσιν πάλιν ἔμφρονες· ἐν
γὰρ τοῖς ὕπνοις μυσάντων τῶν αἰσθητικῶν πόρων χωρίζεται τῆς πρὸς τὸ περιέχον
συμφυΐας ὁ ἐν ἡμῖν νοῦς, μόνης τῆς κατὰ ἀναπνοὴν προσφύσεως σωιζομένης οἱονεί
τινος ῥίζης, χωρισθείς τε ἀποβάλλει ἣν πρότερον εἶχε μνημονικὴν δύναμιν· (130)
15 ἐν δὲ ἐγρηγόρσει πάλιν διὰ τῶν αἰσθητικῶν πόρων ὥσπερ διά τινων θυρίδων
προκύψας καὶ τῶι περιέχοντι συμβαλὼν λογικὴν ἐνδύεται δύναμιν. ὅνπερ οὖν
τρόπον οἱ ἄνθρακες πλησιάσαντες τῶι πυρὶ κατ' ἀλλοίωσιν διάπυροι γίνονται,
χωρισθέντες δὲ σβέννυνται, οὕτω καὶ ἡ ἐπιξενωθεῖσα τοῖς ἡμετέροις σώμασιν ἀπὸ
τοῦ περιέχοντος μοῖρα κατὰ μὲν τὸν χωρισμὸν σχεδὸν ἄλογος γίνεται, κατὰ δὲ τὴν
20 διὰ τῶν πλείστων πόρων σύμφυσιν ὁμοιοειδὴς τῶι ὅλωι καθίσταται.   (131) τοῦτον
δὴ τὸν κοινὸν λόγον καὶ θεῖον καὶ οὗ κατὰ μετοχὴν γινόμεθα λογικοί, κριτήριον
ἀληθείας φησὶν ὁ Ἡ.· ὅθεν τὸ μὲν κοινῆι πᾶσι φαινόμενον, τοῦτ' εἶναι πιστόν (τῶι
κοινῶι γὰρ καὶ θείωι λόγωι λαμβάνεται), τὸ δέ τινι μόνωι προσπῖπτον ἄπιστον
ὑπάρχειν διὰ τὴν ἐναντίαν αἰτίαν.   (132) ἐναρχόμενος γοῦν τῶν Περὶ φύσεως
25 ὁ προειρημένος ἀνήρ καὶ τρόπον τινὰ δεικνὺς τὸ περιέχον φησί· 'λόγου ... ἐπι-
λανθάνονται' [Β 1].   (133) διὰ τούτων γὰρ ῥητῶς παραστήσας ὅτι κατὰ
μετοχὴν τοῦ θείου λόγου πάντα πράττομέν τε καὶ νοοῦμεν ὀλίγα προσδιελθὼν
ἐπιφέρει 'διὸ ... φρόνησιν' [Β 2]. ἡ δ' ἔστιν οὐκ ἄλλο τι ἀλλ' ἐξήγησις τοῦ
τρόπου τῆς τοῦ παντὸς διοικήσεως. διὸ καθ' ὃ τι ἂν αὐτοῦ τῆς μνήμης κοινωνή-
30 σωμεν, ἀληθεύομεν, ἃ δὲ ἂν ἰδιάσωμεν, ψευδόμεθα.   (134) νῦν γὰρ ῥητότατα
καὶ ἐν τούτοις τὸν κοινὸν λόγον κριτήριον ἀποφαίνεται, καὶ τὰ μὲν κοινῆι φησι
φαινόμενα πιστὰ ὡς ἂν τῶι κοινῶι κρινόμενα λόγωι, τὰ δὲ κατ' ἰδίαν ἑκάστωι
ψευδῆ. VIII 286 καὶ μὴν ῥητῶς ὁ Ἡ. φησι τὸ μὴ εἶναι λογικὸν τὸν ἄνθρωπον,
μόνον δ' ὑπάρχειν φρενῆρες τὸ περιέχον [s. VII 127]. Danach APOLL. Tyan.
35 Ep. 18 Ἡ. ὁ φυσικὸς ἄλογον εἶναι κατὰ φύσιν ἔφησε τὸν ἄνθρωπον [= Heracl.
fr. 133 Byw.].

17. AËT. IV 7, 2 (D. 392) ⟨Ἡ. ἄφθαρτον εἶναι τὴν ψυχήν⟩· ἐξιοῦσαν γὰρ εἰς
τὴν τοῦ παντὸς ψυχὴν ἀναχωρεῖν· πρὸς τὸ ὁμογενές.

7 ⟨ ⟩ u. εἰδέναι Eur. Hss.   10 οὖν NE: δὴ L   15 ἐγρηγόρσει (vgl. Z. 11) N:
ἐγρηγορόσι übr.   θυρίδων] vgl. Chalcid. c. 237 p. 272 Wrobel: at vero
H. intimum motum, qui est intentio animi sive animadversio, porrigi dicit
per oculorum meatus atque ita tangere tractareque visenda. Lucret. III 360 D.
24 γοῦν Kayser: οὖν Hss.   27 προδιελθών Hss.: verb. Bekker   31 φησι
Edd.: φασι Hss.   37 Lemma erg. Diels aus Theodor. v 23, der das
übrige frei paraphrasiert

18. — v 23 (D. 434) 'Η. καὶ οἱ Στωικοὶ ἄρχεσθαι τοὺς ἀνθρώπους τῆς τελειότητος περὶ τὴν δευτέραν ἑβδομάδα, περὶ ἣν ὁ σπερματικὸς κινεῖται ὀρρός.
19 [fr. 87—89 Byw.]. PLUT. def. orac. 11. 415 E οἱ μὲν 'ἡβώντων' ἀναγιγνώσκοντες [bei Hesiod. fr. 171, 2 Rz.²] ἔτη τριάκοντα ποιοῦσι τὴν γενεὰν
5 καθ' 'Ηράκλειτον, ἐν ὧι χρόνωι γεννῶντα παρέχει τὸν ἐξ αὐτοῦ γεγεννημένον ὁ γεννήσας. Philo fr. Harris (Cambr. 1886) p. 20 δυνατὸν ἐν τριακοστῶι ἔτει τὸν ἄνθρωπον πάππον γενέσθαι, ἡβᾶν μὲν περὶ τὴν τεσσερεσκαιδεκαετῆ ἡλικίαν, ἐν ἧι σπείρει, τὸ δὲ σπαρὲν ἐνιαυτοῦ γενόμενον πάλιν πεντεκαιδεκάτωι ἔτει τὸ ὅμοιον ἑαυτῶι γεννᾶν. Vgl. CENSORIN. 17, 2 saeculum est spatium vitae humanae
10 longissimum partu et morte definitum. quare qui annos triginta saeculum putarunt multum videntur errasse. hoc enim tempus genean vocari Heraclitus auctor est, quia orbis aetatis in ²o sit spatio; orbem autem vocat aetatis, dum natura ab sementi humana ad sementim revertitur. Mißverstanden bei JOH. LYDUS de mens. III 14 ὅθεν οὐκ ἀπὸ σκοποῦ 'Η. γενεὰν τὸν
15 μῆνα καλεῖ.

20. CHALCID. c. 251 p. 284, 10 Wrob. [wahrsch. aus dem Timaioscomm. des Poseidonios.) H. vero consentientibus Stoicis rationem nostram cum divina ratione conectit regente ac moderante mundana: propter inseparabilem comitatum consciam decreti rationabilis factam quiescentibus animis
20 ope sensuum futura denuntiare. ex quo fieri, ut adpareant imagines ignotorum locorum simulacraque hominum tam viventium quam mortuorum. idemque adserit divinationis usum et praemoneri meritos instruentibus divinis potestatibus.

21. CLEM. Strom. II 130 (II 184, 6 St.) 'Αναξαγόραν μὲν γὰρ τὸν Κλαζομέ-
25 νιον τὴν θεωρίαν φάναι τοῦ βίου τέλος εἶναι καὶ τὴν ἀπὸ ταύτης ἐλευθερίαν λέγουσιν, 'Ηράκλειτόν τε τὸν 'Εφέσιον τὴν εὐαρέστησιν.

22 [43 B.]. EUDEM. Eth. H 1. 1235a 25 καὶ 'Η. ἐπιτιμᾶι·τῶι ποιήσαντι 'ὡς ἔρις ἔκ τε θεῶν καὶ ἀνθρώπων ἀπόλοιτο' [Σ 107]· οὐ γὰρ ἂν εἶναι ἁρμονίαν μὴ ὄντος ὀξέος καὶ βαρέος οὐδὲ τὰ ζῶια ἄνευ θήλεος καὶ ἄρρενος ἐναντίων
30 ὄντων. SIMPL. Cat. 412, 26 Kalbfl. fügt dem Homerverse zu οἰχήσεσθαι γάρ φησι πάντα. NUMEN. fr. 16 Thedinga (bei Chalcid. c. 297) Numenius laudat Heraclitum reprehendentem Homerum qui optaverit interitum ac vastitatem malis vitae, quod non intelligeret mundum sibi deleri placere, siquidem silva, quae malorum fons est, exterminaretur. Vgl. Plut. de
35 Iside 48 p. 370.

23 [14 B.]. POLYB. IV 40 οὐκ ἂν ἔτι πρέπον εἴη ποιηταῖς καὶ μυθογράφοις χρῆσθαι μάρτυσι περὶ τῶν ἀγνοουμένων, ὅπερ οἱ πρὸ ἡμῶν περὶ τῶν πλείστων, ἀπίστους ἀμφισβητουμένων παρεχόμενοι βεβαιωτὰς κατὰ τὸν 'Ηράκλειτον. Vgl. B 40. 42. 56. 57. 104.

---

7 so Wendland n. d. Armenier: αὐτὸν Hs.: αὖ τὸν früher Diels
16 Poseidonios ist durch Adrastos vermittelt. Vgl. Borghorst de Anatolii fontibus Berl. 1905   26 εὐαρέστησιν erklärt Theodoret. XI 7 durch ἡδονή, vgl. B 110   27 vgl. Kranz Herm. 69 (1934) 116

B. FRAGMENTE
ΗΡΑΚΛΕΙΤΟΥ ΠΕΡΙ ΦΥΣΕΩΣ

1 [2 Bywater]. Sext. adv. math. vii 132 (Vgl. A 4. 16.

B 51) τοῦ
δὲ λόγου τοῦδ' ἐόντος ἀεὶ ἀξύνετοι γίνονται ἄνθρω-
5   ποι καὶ πρόσθεν ἢ ἀκοῦσαι καὶ ἀκούσαντες τὸ πρῶ-
τον· γινομένων γὰρ πάντων κατὰ τὸν λόγον τόνδε
ἀπείροισιν ἐοίκασι, πειρώμενοι καὶ ἐπέων καὶ ἔργων
τοιούτων, ὁκοίων ἐγὼ διηγεῦμαι κατὰ φύσιν διαι-
ρέων ἕκαστον καὶ φράζων ὅκως ἔχει. τοὺς δὲ ἄλλους
10 ἀνθρώπους λανθάνει ὁκόσα ἐγερθέντες ποιοῦσιν,
ὅκωσπερ ὁκόσα εὕδοντες ἐπιλανθάνονται.

---

1. (*Heraklit, Blosons Sohn, aus Ephesos lehrt folgendes.*) Für der
Lehre Sinn aber, wie er hier vorliegt, gewinnen die Menschen
nie ein Verständnis, weder ehe sie ihn vernommen noch sobald
sie ihn vernommen. Denn geschieht auch alles nach diesem Sinn,
so gleichen sie doch Unerprobten, so oft sie sich erproben an
solchen Worten und Werken, wie ich sie erörtere, nach seiner
Natur ein jegliches zerlegend und erklärend, wie es sich verhält.
Den anderen Menschen aber bleibt unbewußt, was sie nach dem
Erwachen tun, so wie sie das Bewußtsein verlieren für das, was
sie im Schlafe *tun*.

Bei der Neugestaltung der Übersetzung wurde mit verwendet die Über-
tragung von Snell (München 1926, Tuskulum-Bücher 11), vgl. dens. *Hermes*
61 (1926) 353ff.
3ff. Vorher ging etwa Ἡράκλειτος Βλόσωνος Ἐφέσιος τάδε λέγει. Vgl.
Wilamowitz *Herakles*² i 186, danach andere ähnlich. Zur Wortverbindung
im ersten Satz vgl. A 4. Daß ἀεί Z. 4 durch πρόσθεν und τὸ πρῶτον zer-
legt wird, scheint sicher; Diels freilich verband mit anderen wie Clem.
Strom. v 14 und Hippol. Ref. p. 241, 21 W ἀεί mit ἐόντος, so auch Capelle
Herm. 59 (1924) 190ff. Aus der Fülle der Deutungen des Frag. seien noch
besonders erwähnt Busse *Rhein. Mus.* 75 (1926) 203ff., Snell *Hermes* 61
(1926) 366; keinen Fortschritt bedeutet Loews Erklärung *Rhein. Mus.* 79
(1930) 124ff. Λόγος ist zugleich der des Buches und der Welt (Gegen-
satz: ἔπος vgl. E. Hoffmann *Die Sprache u. d. arch. Logik* S. 1ff.): er ist
eben ξυνός (B 2); ὅδε kann zu Beginn der Schrift wohl nur auf diese selbst
verweisen (anders Sextus A 16 i 148, 25). τοῦ δὲ Z. 3f. fehlt Sext.: τοῦ
hat Arist. (A 4), τοῦ δὲ hat Hippol. a. O.; ebenso beide ἀεί Z. 4, Hipp.
πάντων Z. 6. 4 γίνονται Sext. N, Hippol.: γίγνονται Sext. vulg.   7 ἀπεί-
ροισιν Sext. N: ἄπειροι (aus ἄπειρον?) εἰσὶν Hipp.: ἄπειροι Sext. übr. Hss.
8f. so Sext.: διερέων κατὰ φύσιν (ohne ἕκαστον!) Hipp.

2 [92]. SEXT. VII 133 [vgl. I 148, 26] διὸ δεῖ ἕπεσθαι τῶι
⟨ξυνῶι, τουτέστι τῶι⟩ κοινῶι· ξυνὸς γὰρ ὁ κοινός. τοῦ λό-
γου δ' ἐόντος ξυνοῦ ζώουσιν οἱ πολλοὶ ὡς ἰδίαν
ἔχοντες φρόνησιν.

5 3 [0]. AËT. II 21,4 (D.351,20) (περὶ μεγέθους ἡλίου) εὖρος ποδὸς
ἀνθρωπείου.

4 [J. of phil. IX 230]. ALBERTUS M. de veget. VI 401 p. 545
Meyer H. dixit quod *Si felicitas esset in delectationibus
corporis, boves felices diceremus, cum inveniant oro-*
10 *bum ad comedendum.*

5 [130. 126]. ARISTOCRITUS Theosophia 68 (Buresch *Klaros* S. 118),
ORIG. c. CELS. VII 62 καθαίρονται δ' ἄλλωι αἵματι μιαινό-
μενοι οἷον εἴ τις εἰς πηλὸν ἐμβὰς πηλῶι ἀπονίζοιτο.
μαίνεσθαι δ' ἂν δοκοίη, εἴ τις αὐτὸν ἀνθρώπων ἐπι-
15 φράσαιτο οὕτω ποιέοντα. καὶ τοῖς ἀγάλμασι δὲ του-

---

2. Drum ist es Pflicht, dem Gemeinsamen zu folgen. Aber obschon
der Sinn gemeinsam ist, leben die Vielen, als hätten sie eine eigene
Einsicht.

3. Die Sonne hat (wie sie erscheint) die Breite des menschlichen Fußes.

4. Bestände das Glück in körperlichen Genüssen, so müßte man die
Ochsen glücklich nennen, wenn sie Erbsen zu fressen finden.

5. Aber Reinigung von (Blutschuld) suchen sie, indem sie sich mit
neuem Blut besudeln, wie wenn einer, der in Kot getreten, sich
mit Kot abwaschen wollte. Für wahnsinnig (μιαινόμενος: μαινόμε-
νος) würde ihn doch halten, wer etwa von den Leuten ihn bei solchem
Treiben entdeckte. Und sie beten auch zu den Götterbildern da,

---

1 ⟨ ⟩ Bekker   2ff. Vgl. B 113.   5f. vgl. A 1 (I 141, 12f.), Rein-
hardt *Parmenides* S. 237   8 Es ist fraglich, ob die hypothetische Fassung
und der ganze Vordersatz authentisch ist. Vielleicht betont das Fr. die
Relativität wie B 9. 13. 37. 61   11 Aristokritos der Manichäer (5. Jahrh.);
vgl. Brinkmann *Rhein. Mus.* 51 (1896) 273   12 vgl. Hipp. d. morb. sacr. 1
(VI 362, 6 L.)   ἄλλως Hss., fehlt Elias z. Greg. Naz. 25, 15: ἄλλωι verb.
H. Fränkel (brieflich): καθ. δ' αἵματι ⟨αἵματι⟩ μιαιν. Kochalsky   13 οἷον]
ὥσπερ ἂν Elias   14 [ἀνθρώπων] Wilamowitz *Glaube d. Hellen.* II 209¹ ἐπι-
φράζομαι steht genau wie Hom. θ 94 = 533 (beigeordnet ἀκούω, begründend
ἥμενος ἀγχί), unrichtig gedeutet von H. Fränke! *Nachr. d.Gött.Ges.*1924, 106,
der danach auch die erste Hälfte des Frag. 5 erklärt   15 δὲ lassen fort
Clem. Protr. 4, Orig., denen Wilamowitz a. O. folgt

152   22 [12]. HERAKLEITOS

τέοισιν εὔχονται, ὁκοῖον εἴ τις δόμοισι λεσχηνεύοιτο,
οὔ τι γινώσκων θεοὺς οὐδ' ἥρωας οἵτινές εἰσι.
6 [32]. ARISTOTELES Meteor. B 2. 355a 13 [vgl. 68 B 158] ὁ ἥλιος
οὐ μόνον, καθάπερ ὁ Ἡ. φησι, νέος ἐφ' ἡμέρηι ἐστίν, ·ἀλλ'
5 ἀεὶ νέος συνεχῶς.
7 [37]. — de sensu 5. 443a 23 εἰ πάντα τὰ ὄντα καπνὸς
γένοιτο, ῥῖνες ἂν διαγνοῖεν.
8 [46]. — Eth. Nic. Θ 2. 1155b 4 'Η. τὸ ἀντίξουν συμφέρον καὶ
ἐκ τῶν διαφερόντων καλλίστην ἁρμονίαν [καὶ πάντα
10 κατ' ἔριν γίνεσθαι = Β 80].
9 [51]. — — Κ 5. 1176a 7 ἑτέρα γὰρ ἵππου ἡδονὴ καὶ κυνὸς καὶ
ἀνθρώπου, καθάπερ 'Η. φησιν ὄνους σύρματ' ἂν ἑλέσθαι
μᾶλλον ἢ χρυσόν· ἥδιον γὰρ χρυσοῦ τροφὴ ὄνοις.
10 [59]. [Arist.] de mundo 5. 396b 7 ἴσως δὲ τῶν ἐναντίων ἡ φύσις
15 γλίχεται καὶ ἐκ τούτων ἀποτελεῖ τὸ σύμφωνον, οὐκ ἐκ τῶν
ὁμοίων· ὥσπερ ἀμέλει τὸ ἄρρεν συνήγαγε πρὸς τὸ θῆλυ καὶ οὐχ
ἑκάτερον πρὸς τὸ ὁμόφυλον καὶ τὴν πρώτην ὁμόνοιαν διὰ τῶν

---

wie wenn einer mit Gebäuden eine Unterhaltung pflegen wollte, weil
man nicht Götter erkennt und Heroen als das was sie sind.

6. *Die Sonne* neu an jedem Tag.

7. Würden alle Dinge zu Rauch, so würde man sie mit der Nase unter-
scheiden.

8. Das widereinander Strebende zusammengehend; aus dem aus-
einander Gehenden die schönste Fügung.

9. Esel würden Häckerling dem Golde vorziehen.

10. *Auch die Natur strebt wohl nach dem Entgegengesetzten und bringt
hieraus und nicht aus dem Gleichen den Einklang hervor, wie sie
z. B. das männliche mit dem weiblichen Geschlechte paarte und nicht
etwa beide mit dem gleichen, und die erste Eintracht durch Vereinigung*

---

2 γινώσκων ... εἰσι fehlt. Aristokr., der aus ουτι sinnlos θύειν machte
vgl. 22 C 1 § 11. Der Singular archaisch statt γινώσκοντες, wie H. Weil
lesen wollte   6 über B 7 vgl. Patin *Einheitsl.* (Leipzig 1886) S. 17. Doch
vgl. B 98   9 ἐκ τῶν διαφερόντων καλλίστην scheint ebenfalls Heraklitisch
vgl. I 153, 6 und B 124.   ἁρμονίη nicht *Akkord* (das wäre moderne Poly-
phonie), sondern Verbindung verschiedener Töne zu einem Melos (vgl. A 22
I 149, 28f.); ἐν διαφόροις φωναῖς (I 153, 6) geht auf Zusammensingen ver-
schiedener Individuen   12 ὄνους K, Mich.: ὄνον L   13 μᾶλλον läßt
Mich. 570, 22 aus, wahrscheinlich richtig

ἐναντίων συνῆψεν, οὐ διὰ τῶν ὁμοίων. ἔοικε δὲ καὶ ἡ τέχνη
τὴν φύσιν μιμουμένη τοῦτο ποιεῖν· ζωγραφία μὲν γὰρ λευκῶν
τε καὶ μελάνων ὠχρῶν τε καὶ ἐρυθρῶν χρωμάτων ἐγκερασαμένη
φύσεις τὰς εἰκόνας τοῖς προηγουμένοις ἀπετέλεσε συμφώνους,
5 μουσικὴ δὲ ὀξεῖς ἅμα καὶ βαρεῖς μακρούς τε καὶ βραχεῖς φθόγ-
γους μείξασα ἐν διαφόροις φωναῖς μίαν ἀπετέλεσεν ἁρμονίαν,
γραμματικὴ δὲ ἐκ φωνηέντων καὶ ἀφώνων γραμμάτων κρᾶσιν
ποιησαμένη τὴν ὅλην τέχνην ἀπ' αὐτῶν συνεστήσατο. ταὐτὸ
δὲ τοῦτο ἦν καὶ τὸ παρὰ τῶι σκοτεινῶι λεγόμενον Ἡρακλείτωι·
10 συνάψιες ὅλα καὶ οὐχ ὅλα, συμφερόμενον διαφερό-
μενον, συνᾶιδον διᾶιδον, καὶ ἐκ πάντων ἓν καὶ ἐξ
ἑνὸς πάντα. Vgl. Plato Sophist. 242 D [A 10. 31 A 29].

11 [55]. [Arist.] de mundo 6 p. 401 a 8 τῶν τε ζώιων τά τε ἄγρια καὶ
ἥμερα τά τε ἐν ἀέρι καὶ ἐπὶ γῆς καὶ ἐν ὕδατι βοσκόμενα γίνεταί τε
15 καὶ ἀκμάζει καὶ φθείρεται τοῖς τοῦ θεοῦ πειθόμενα θεσμοῖς· πᾶν
γὰρ ἑρπετὸν πληγῆι νέμεται, ὥς φησιν Ἡράκλειτος.

---

*des Gegensätzlichen, nicht des Gleichartigen herstellte. Auch die Kunst
bringt dies, offenbar durch Nachahmung der Natur, zustande. Die
Malerei mischt auf dem Bilde die Bestandteile der weißen und schwarzen
der gelben und roten Farbe und bewirkt dadurch Übereinstimmung
mit dem Vorbild; die Musik mischt hohe und tiefe, lange und kurze
Töne in verschiedenen Stimmen und bringt dadurch eine einheitliche
Harmonie zustande; die Schreibkunst mischt Vokale und Konsonanten
und stellt daraus die ganze Kunst zusammen. Das gleiche spricht
sich auch in dem Worte des dunklen Herakleitos aus: Verbindungen:
Ganzes und Nichtganzes, Einträchtiges Zwieträchtiges, Einklang
Zwieklang, und aus Allem Eins und aus Einem Alles.*

11. *Alles, was da kreucht, wird mit Gottes (Geißel)schlag gehütet.*

1ff. Vgl. 22 C 1 § 15ff.   zum Ganzen vgl. 22 A 22   7 γραμματικὴ] vgl.
22 C 1 § 24   10 συνάψιες Arist. OR: συλλάψιες (übergeschr. ν) Lips: συν-
λατιψιδις oder συνατιψιδις (d. i. συνλαψιες oder συναψιες, δι = αι = ε) Apul.
d. m. 36. Vgl. Berl. Sitz. Ber. 1901, 188ff.: συλλάψιες (das dem Sinn weniger
entspricht, aber formell untadelig ist) zieht Hoffmann Gr. Dial. III 240
vor   ὅλα καὶ οὐχ ὅλα Apul., Ar. P, Stob.: οὖλα καὶ οὐχὶ οὖλα (Verderb-
liches und nicht Verderbliches) Arist. cett. Vgl. 22 C 1 § 15   nach συμ-
φερόμενον fügen καὶ (dittogr. vor δια) zu Ar. plerique   16 πληγῆι kann
nach dem Zusammenhange nur von Gott gesagt sein, wie A 14a. C 4, 7
bestätigen (vgl. Aesch. Ag. 367. Soph. Aias 137). Doch ist θεοῦ vor πληγῆι
nicht mehr zugesetzt, weil dies aus Heraklits Zusammenhang folgen konnte
und die Spuren von θυ bei Apuleius zweifelhaft sind. Anders erklärt Wila-

12 [41. 42]. ARIUS DID. ap. Eus. P. E. xv 20 (D. 471, 1) Ζήνων
τὴν ψυχὴν λέγει αἰσθητικὴν ἀναθυμίασιν, καθάπερ Ἡ.· βουλό-
μενος γὰρ ἐμφανίσαι, ὅτι αἱ ψυχαὶ ἀναθυμιώμεναι νοεραὶ ἀεὶ γίνον-
ται, εἴκασεν αὐτὰς τοῖς ποταμοῖς λέγων οὕτως· ποταμοῖσι
5 τοῖσιν αὐτοῖσιν ἐμβαίνουσιν ἕτερα καὶ ἕτερα ὕδατα
ἐπιρρεῖ· καὶ ψυχαὶ δὲ ἀπὸ τῶν ὑγρῶν ἀναθυμιῶνται(?)
[vgl. B 49a. 91 und A 6. 15].

13 [54]. ATHEN. v p. 178 F δεῖ γὰρ τὸν χαρίεντα μήτε ῥυπᾶν μήτε
αὐχμεῖν μήτε βορβόρωι χαίρειν καθ᾽ Ἡράκλειτον. [Vgl. B 9].
10 CLEM. Strom. ι 2 (ιι 4, 3 St.) ὕες βορβόρωι ἥδονται μᾶλλον ἢ
καθαρῶι ὕδατι. [Vgl. B 37. 68 B 147. Plotin. ι 6, 6. Aegypt.
Ostrakon 12319 Wilamowitz Berl. Sitz. Ber. 1918, 743, 12].

14 [124. 125]. CLEM. Protr. 22 (p. 16, 24 St.) τίσι δὴ μαντεύεται
Ἡ. ὁ Ἐφέσιος; νυκτιπόλοις, μάγοις, βάκχοις, λήναις,
15 μύσταις· τούτοις ἀπειλεῖ τὰ μετὰ θάνατον, τούτοις μαντεύεται
τὸ πῦρ· τὰ γὰρ νομιζόμενα κατ᾽ ἀνθρώπους μυστήρια
ἀνιερωστὶ μυεῦνται.

15 [127]. ――34(p. 26, 6) εἰ μὴ γὰρ Διονύσωι πομπὴν ἐποι-
οῦντο καὶ· ὕμνεον ἆισμα αἰδοίοισιν, ἀναιδέστατα

---

12. Denen, die in dieselben Flüsse hineinsteigen, strömen andere und
wieder andere Wasserfluten zu. Aber auch Seelen dünsten aus dem
Feuchten hervor (?).

13. (Schweine) erfreuen sich am Dreck (mehr als an reinem Wasser).

14. Wem prophezeit Heraklit? Den Nachtschwärmern, Magiern, Bakchen,
Mänaden und Mysten. Diesen droht er mit der Strafe nach dem Tode,
diesen prophezeit er das Feuer Denn die Weihung in die Mysterien-
weihen, wie sie bei den Menschen im Schwange sind, ist unheilig.

15. Denn wenn es nicht Dionysos wäre, dem sie die Prozession ver-
anstalten und das Lied singen für das Schamglied (Phallos), so

---

mowitz Leseb. ιι 132 (dagegen Theophr. d. sens. 31) und H. Gomperz Z. f.
ö. Gymn. 1910, 963. Anspiel. bei Plato Critias 109 вс (danach die Neu-
platoniker Procl. in r. p. II 20, 24 Kr., in Alc. I p. 279 Cr., Olympiod. in
Alc. I p. 178 Cr. vgl. Berl. Sitz. Ber. 1901, 196)
2 αἴσθησιν ἢ ἀναθυμίασιν Hss.: verb. E. Wellmann   ἀναθυμίασις als
Heraklitischen Ausdruck erkannte J. Woltjer (Feestbundel Prof. Bort p. 141,
anders Wilamowitz Herm. 62, 1927, 276), der Z. 6 schreibt ἀναθυμιώμεναι.
Zum letzten Satz vgl. B 36. Den ersten Gedanken fortführend ἀνα-
θυμιῶνται ⟨ἕτεραι καὶ ἕτεραι⟩ H. Gomperz, ⟨ἀεὶ⟩ vor ἀπὸ τ. ὑγρ. Capelle
17 μυοῦνται Clem.: μυεῦνται Euseb. O: μύονται Euseb. H

είργαστ' ἄν· ὡυτὸς δὲ Ἀίδης καὶ Διόνυσος, ὅτεωι
μαίνονται καὶ ληναΐζουσιν.

16 [27]. CLEM. Paedag. II 99 (I 216, 28 St.) λήσεται μὲν γὰρ ἴσως τὸ
αἰσθητὸν φῶς τις, τὸ δὲ νοητὸν ἀδύνατόν ἐστιν, ἢ ὥς φησιν
5   Ἡ.· τὸ μὴ δῦνόν ποτε πῶς ἄν τις λάθοι;
17 [5]. — Strom. II 8 (II 117, 1 St.) οὐ γὰρ φρονέουσι τοιαῦ-
τα πολλοί, ὁκόσοι ἐγκυρεῦσιν, οὐδὲ μαθόντες γινώ-
σκουσιν, ἑωυτοῖσι δὲ δοκέουσι.
18 [7]. — — II 17 (II 121, 24) ἐὰν μὴ ἔλπηται, ἀνέλπιστον οὐκ
10   ἐξευρήσει, ἀνεξερεύνητον ἐὸν καὶ ἄπορον. [Vgl. B 27].
19 [6]. — — II 24 (II 126, 5) ἀπίστους εἶναί τινας ἐπιστύφων
Ἡ. φησιν· ἀκοῦσαι οὐκ ἐπιστάμενοι οὐδ' εἰπεῖν.
20 [86]. — — III 14 (II 201, 23) Ἡ. γοῦν κακίζων φαίνεται τὴν
γένεσιν, ἐπειδὰν φῆι· γενόμενοι ζώειν ἐθέλουσι μόρους
15   τ' ἔχειν, μᾶλλον δὲ ἀναπαύεσθαι, καὶ παῖδας κατα-
λείπουσι μόρους γενέσθαι.

wär's ein ganz schamloses Treiben. Derselbe aber ist Hades und
Dionysos, dem sie da toben und ihr Lenaienfest feiern!

16. Wie kann einer sich bergen vor dem, was nimmer untergeht?

17. (Denn) es verstehen solches viele nicht, soviele auch darauf stoßen,
noch erkennen sie es, wenn sie es lernen; aber sie bilden es sich ein.

18. Wenn er's nicht erhofft, das Unerhoffte wird er nicht finden, da
es unaufspürbar ist und unzugänglich.

19. Leute, die weder zu hören verstehen noch zu reden.

20. *Heraklit scheint die Geburt als ein Unglück zu betrachten, wenn er*
sagt: Wann sie geboren sind, haben sie Willen zu leben und
dadurch ihr Todeslos zu haben — oder vielmehr auszuruhen —
und sie hinterlassen Kinder, daß wieder Todeslose entstehen.

---

1 είργαστ' ἄν Schleiermacher: είργασται Clem., hält für verschrieben
Wilamowitz *Glaube d. Hellenen* II 209² 4 νοητὸν] das ewige Feuer Hera-
klits, in platonischer Terminologie 6 τοσαῦτα Th. Gomperz 7 ⟨οἱ⟩
πολλοί Bergk [πολλοί] Reinhardt ὁκόσοι Clem. (22 B 1 vergleicht H. Gom-
perz *Z. f. ö. G.* 1910, 963): ὁκοίοις Bergk vgl. A 16 § 128: ὁκόσοις Wilamowitz
Glaube d. Hellen. II 114¹, der gleichfalls Opposition gegen Archilochos fr. 68 D.
annimmt; aber wie paßt ὁκόσοις zu τοιαῦτα? ἐγκυρεῦσιν Diels vgl. B 72:
ἐγκυρσεύουσιν Clem.: ἐγκύρσωσιν Bergk   παθόντες Brinkmann   9 hinter
ἀνέλπιστον statt ἔλπηται interp. Th. Gomperz *Wien. Sitz. Ber.* 1886, 999 vgl.
Reinhardt *Parmenides* S. 62²   ἐλπίζητε ... εὑρήσετε Theodoret. »Hoffen«
im Mysteriensinn? 14 φῆι Diels: φησὶν Clem. 15 μᾶλλον δὲ ἀναπαύ-
εσθαι hält Mullach falsch für Zusatz des Clem.   παῖδας καταλείπουσι κτλ.]
vgl. Ennius Telamo 312 p. 177 Vahl.²

21 [64]. CLEM. Strom. III 21 (II 205, 7) οὐχὶ καὶ Ἡ. θάνατον τὴν
γένεσιν καλεῖ ... ἐν οἷς φησι· θάνατός ἐστιν ὁκόσα ἐγερ-
θέντες ὁρέομεν, ὁκόσα δὲ εὕδοντες ὕπνος.
22 [8]. — — IV 4 (II 249, 23) χρυσὸν γὰρ οἱ διζήμενοι γῆν
5 πολλὴν ὀρύσσουσι καὶ εὑρίσκουσιν ὀλίγον.
23 [60]. — — — 10 (II 252, 25) Δίκης ὄνομα οὐκ ἂν ᾔδεσαν,
εἰ ταῦτα μὴ ἦν.
24 [102]. — — — 16 (II 255, 30) ἀρηιφάτους θεοὶ τιμῶσι καὶ
ἄνθρωποι.
10 25 [101]. — — — 50 (II 271, 3) μόροι γὰρ μέζονες μέζονας
μοίρας λαγχάνουσι.
26 [77]. — — — 143 (II 310, 21) ἄνθρωπος ἐν εὐφρόνηι φάος
ἅπτεται ἑαυτῶι [ἀποθανὼν] ἀποσβεσθεὶς ὄψεις, ζῶν
δὲ ἅπτεται τεθνεῶτος εὕδων, [ἀποσβεσθεὶς ὄψεις], ἐγρη-
15 γορὼς ἅπτεται εὕδοντος.

---

21. Tod ist alles, was wir erwacht schauen, was aber im Schlummer,
Schlaf (Dämmerung), ⟨was aber im Tode, Leben⟩.

22. (Denn) die Goldsucher graben viel Erde und finden wenig.

23. Des Rechtes Namen würden sie nicht kennen, wenn es dieses (das
Ungerechte?) nicht gäbe.

24. Im Kriege Gefallene ehren Götter und Menschen.

25. (Denn) größeres Todesgeschick erlost größeren Lohn (μόρος : μοῖρα).

26. Der Mensch rührt (zündet sich) in der Nacht ein Licht an, wann
sein Augenlicht erloschen. Lebend rührt er an den Toten im Schlaf;
im Wachen rührt er an den Schlafenden.

---

3 nach ὕπνος folgte wohl ὁκόσα δὲ τεθνηκότες ζωή vgl. B 26   6 Clem.
'δικαίωι γὰρ οὐ κεῖται νόμος' ἡ γραφή (1. Timoth. 1, 9) φησιν· καλῶς οὖν Ἡ.
'δίκης κτλ.   ᾔδεσαν Sylburg: ἔδησαν Hs.: ἔδεισαν Hoeschel   7 ταῦτα]
unverständlich; auch Reinhardts ταῦτά (Parmenides S. 204¹). τάδικα od.
τἀντία ?   10 μόροι Clem.: μόνοι Theodor.   μείζονος μοίρας Theod. Vgl.
Philem. fr. 96, 7 (II 508 K.) λύπας δ' ἔχοντας μείζονας τοὺς μείζονας. Plato
Crat. 398 B ἐπειδάν τις ἀγαθὸς ὢν τελευτήσηι, μεγάλην μοῖραν καὶ τιμὴν ἔχει
καὶ γίγνεται δαίμων κατὰ τὴν τῆς φρονήσεως ἐπωνυμίαν.   13 f. ἀποθανών
tilgte als Glosse, das zweite ἀποσβ. ὄψεις als Dittographie Wilamowitz,
Diels tilgte nur das erste ἀποσβ. ὄψεις und interpung. mit E. Schwartz
nach δέ Z. 14. Der Gedanke entspricht dem von B 21. Die vielen anderen
Erklärungsversuche können hier nicht erwähnt werden

27 [122]. — — — 146 (π 312, 15) ἀνθρώπους μένει ἀποθανόν
τας ἅσσα οὐκ ἔλπονται οὐδὲ δοκέουσιν.

28 [118]. — — v 9 (π 331, 20) δοκέοντα γὰρ ὁ δοκιμώτατος
γινώσκει, φυλάσσει· καὶ μέντοι καὶ Δίκη καταλήψεται
5 ψευδῶν τέκτονας καὶ μάρτυρας.

29 [111b]. — — — 60 (π 366, 11) [nach B 104] vgl. ιv 50 (π 271, 17)
αἱρεῦνται γὰρ ἓν ἀντὶ ἁπάντων οἱ ἄριστοι, κλέος
ἀέναον θνητῶν· οἱ δὲ πολλοὶ κεκόρηνται ὅκωσπερ
κτήνεα.

10 30 [20]. — — — 105 (π 396, 10) [Plut. d. anim. 5 p. 1014 A]
κόσμον τόνδε, τὸν αὐτὸν ἁπάντων, οὔτε τις θεῶν

---

27. Der Menschen wartet, wenn sie gestorben, was sie nicht hoffen
noch wähnen.

28. (Denn) nur Glaubliches ist, was der Glaubwürdigste erkennt, festhält. Aber freilich Dike wird auch zu fassen wissen der Lügen
Schmiede und Zeugen.

29. (Denn) eins gibt es, was die Besten allem anderen vorziehen: den
ewigen Ruhm den vergänglichen Dingen; die Vielen freilich liegen
da vollgefressen wie das Vieh.

30. Diese Weltordnung, dieselbige für alle *Wesen*, schuf weder einer
der Götter noch der Menschen, sondern sie war immerdar und ist

---

1 ἀποθανόντας Clem. Strom.: τελευτήσαντας Protr. 2 (Paraphr.): ἀποθνή
σκοντας Theodor. 3 δοκεόντων Clem.: verb. Schleiermacher 4 γινώσκει
φυλάσσειν Clem.: γινώσκειν φυλάσσει Schleierm.: verb. Diels. Vgl. Hipp. de
vict. ac. morb. 11 τόδε γε μὴν καὶ φύλασσουσι καὶ γινώσκουσιν, ὅτι μεγάλην
βλάβην φέρει κτλ. καὶ μὲν πῦρ καὶ Δίκη Wilam. *Hippol.* S. 237 vgl. Clem.
nach diesem Zitat: οἶδεν γὰρ καὶ οὗτος ἐκ τῆς βαρβάρου φιλοσοφίας μαθὼν τὴν
διὰ πυρὸς κάθαρσιν τῶν κακῶς βεβιωκότων ἣν ὕστερον ἐκπύρωσιν ἐκάλεσαν οἱ
Στωικοί καταλήψεται] = *wird verurteilen* Wilam. a. O. 5 vgl. Schottlaender *Herm.* 62 (1927) 443f. ἐν ἀντὶ ἁπάντων ἐναντία πάντων Clem.
v 60 (L): ἐν ἀντὶ πάντων Clem. ιv 50 (π 271, 17) κλέος ἀέναον (scil. ἀντὶ)
θνητῶν] vgl. Anon. Iambl. 5, 2 [c. 88, 5 g. E.]. Zur Wortstellung vgl. Wenkebach *Herm.* 43 (1908) 91f. Anders Wilam. *Leseb.*: θνητῶν = τῶν ἀνθρώπων,
das sei die Ansicht der ἄριστοι, nicht Heraklits 8 κεκόρεαται Cobet
Λογ. Ἑρμῆς ι 534 ὅπως Clem. a. O.: οὐχ ὥσπερ Clem. ιv 7. Gewöhnlich
wird Fr. 29 direkt mit 104 verbunden. Aber Clem. schiebt den Gedanken
τοὺς ἀρίστους δὲ τὸ κλέος μεταδιώκειν dazwischen und das kann aus ganz
anderer Stelle herrühren 11 τόνδε fehlt Clem.: zugefügt aus Plut.,
Simpl. d. cael. 294, 15 τὸν αὐτὸν ἁπάντων Clem.: fehlt Plut., Simpl.

158   22 [12]. HERAKLEITOS

οὔτε ἀνθρώπων ἐποίησεν, ἀλλ' ἦν ἀεὶ καὶ ἔστιν καὶ
ἔσται πῦρ ἀείζωον, ἁπτόμενον μέτρα καὶ ἀποσβεννύ-
μενον μέτρα.

31 [21]. CLEM. Strom. v 105 (ΙΙ 396, 13) [nach 30] ὅτι δὲ καὶ
5 γενητὸν καὶ φθαρτὸν εἶναι ἐδογμάτιζεν, μηνύει τὰ ἐπιφερόμενα·
πυρὸς τροπαὶ πρῶτον θάλασσα, θαλάσσης δὲ τὸ μὲν
ἥμισυ γῆ, τὸ δὲ ἥμισυ πρηστήρ. δυνάμει γὰρ λέγει ὅτι τὸ
πῦρ ὑπὸ τοῦ διοικοῦντος λόγου καὶ θεοῦ τὰ σύμπαντα δι' ἀέρος
τρέπεται εἰς ὑγρὸν τὸ ὡς σπέρμα τῆς διακοσμήσεως, ὃ καλεῖ
10 θάλασσαν, ἐκ δὲ τούτου αὖθις γίνεται γῆ καὶ οὐρανὸς καὶ τὰ
ἐμπεριεχόμενα. ὅπως δὲ πάλιν ἀναλαμβάνεται καὶ ἐκπυροῦται,
σαφῶς διὰ τούτων δηλοῖ· [23] ⟨γῆ⟩ θάλασσα διαχέεται,
καὶ μετρέεται εἰς τὸν αὐτὸν λόγον, ὁκοῖος πρόσθεν
ἦν ἢ γενέσθαι γῆ.

---

und wird sein ewig lebendiges Feuer, erglimmend nach Maßen und
erlöschend nach Maßen.

31. Feuers Umwende: erstens Meer, vom Meere aber die eine Hälfte
Erde, die andere Hälfte Gluthauch. *Das bedeutet, daß das Feuer
durch den das Weltall regierenden Sinn oder Gott durch die Luft
hindurch in Wasser verwandelt wird als den Keim der Weltbildung,
den er* Meer *nennt. Daraus entsteht wiederum Erde, Himmel und
das dazwischen Liegende. Wie dann die Welt wieder ins Ursein
zurückkehrt und der Weltbrand entsteht, spricht er klar im folgenden
aus:* Die Erde zerfließt als Meer und dieses erhält sein Maß nach
demselben Sinn (Verhältnis) wie er galt, ehe denn es Erde ward.

---

2 μέτρια Simpl. a. O. cod. A und Galen VII 617. μέτρα innerer Akku-
sativ = μεμετρημένας ἄψεις ἁπτόμενον καὶ μεμετρημένας σβέσεις σβεννύμενον.
Vgl. B 94. Zu Reinhardts Deutung *Parmenides* S. 170ff. vgl. Zeller-Nestle
I 810. Starke Interpunktion nach ἔσται (H. Gomperz *Herm.* 58, 1923, 49)
scheint unmöglich   7 ὅτι τὸ πῦρ Eus.: ὅτι πῦρ Clem.   12 ⟨γῆ⟩ nach
anderen Kranz: der Satz kehrt am Schluß wie öfter bei H. zum Anfang
zurück. Diels hielt πῦρ für das Subjekt; allein es ist das letzte (γῆ) und
mittlere (θάλασσα) Stadium der ἄνω ὁδὸς gemeint vgl. A 1 § 9 I 141, 27ff.
(wo auch χεῖσθαι). Dabei wird das frühere (Z. 6) μέτρον (Z. 13) wieder
voll erreicht. Der letzte Satz des Zitates, der die Rückwandlung in das
erste Stadium (πῦρ) brachte, ist im Text ausgefallen. Zur ὁδὸς ἄν. κάτ.
vgl. auch Pascal *Studi critici sul poema di Lucrezio* (Roma 1903) p. 80ff.
13 εἰς τὺν αὐτὸν λόγον] vgl. Lucr. v 257, auch B 67a   πρόσθεν Euseb.:
πρῶτον Clem.   14 γῆ Clem.: fehlt Eus.; γῆν (Schuster, Brieger) ist falsch

32 [65]. — — — 116 (π 404, 1) ἐν τὸ σοφὸν μοῦνον λέγεσθαι
οὐκ ἐθέλει καὶ ἐθέλει Ζηνὸς ὄνομα.

33 [110]. — — — νόμος καὶ βουλῆι πείθεσθαι ἑνός.

34 [3]. — — — ἀξύνετοι ἀκούσαντες κωφοῖσιν ἐοίκασι·
5 φάτις αὐτοῖσιν μαρτυρεῖ παρεόντας ἀπεῖναι.

35 [49]. — — 141 (π 421, 4) χρὴ γὰρ εὖ μάλα πολλῶν ἵστο-
ρας φιλοσόφους ἄνδρας εἶναι καθ' Ἡράκλειτον.

36 [68]. — — vi 16 (π 435, 25) ψυχῆισιν θάνατος ὕδωρ γενέ-
σθαι, ὕδατι δὲ θάνατος γῆν γενέσθαι, ἐκ γῆς δὲ ὕδωρ
10 γίνεται, ἐξ ὕδατος δὲ ψυχή. [Vgl. B 76].

37 [53]. COLUMELLA VIII 4 si modo credimus Ephesio Heracleto
qui ait sues caeno [vgl. B 13], cohortales aves pulvere
vel cinere lavari.

38 [33]. DIOG. I 23 [11 A 1 Thales] δοκεῖ δὲ κατά τινας πρῶτος
15 ἀστρολογῆσαι ... μαρτυρεῖ δ' αὐτῶι καὶ Ἡ. καὶ Δημόκριτος.

---

32. Eins, das allein Weise, will nicht und will doch mit dem Namen
des Zeus benannt werden.

33. Gesetz heißt auch dem Willen eines einzigen folgen.

34. Sie verstehen es nicht, auch wenn sie es vernommen; so sind sie
wie Taube. Das Sprichwort bezeugt's ihnen: 'Anwesend sind sie
abwesend'.

35. (Denn) gar vieler Dinge kundig müssen weisheitsliebende Männer sein.

36. Für Seelen ist es Tod Wasser zu werden, für Wasser aber Tod
Erde zu werden. Aus Erde aber wird Wasser und aus Wasser Seele.

37. Säue baden in Kot, Geflügel in Staub oder Asche.

38. Thales erforschte nach einigen als erster die Gestirne. Das bezeugt
auch Heraklit und Demokrit.

---

1 B 32 verbindet unrichtig mit 41 Th. Gomperz   2 οὐκ ἐθέλει, weil
er mit dem vulgären Zeus nicht einverstanden ist, ἐθέλει, wenn er wie
21 B 23 als Einheit gefaßt wird   3 'vgl. Xenoph. Mem. I 2, 43' Heidel
5 ἀπεῖναι Eus.: ἀπιέναι Clem.   6 εὖ μάλα πολλῶν ἵστορας als allein echt
betrachtet Wilam. Phil. Unt. I 215. Aber φιλόσοφος ist gewiß schon ionisch
[vgl. Herod. I 30; Hippocr. I 620. IX 232 L.], vielleicht Heraklits Schöpfung,
da σοφόν bei ihm technische Bedeutung hat (B 32). Porph. abst. II 49
ἵστωρ γὰρ πολλῶν ὁ ὄντως φιλόσοφος scheint Zitat. Freilich scheint inhalt-
lich Frag. 40 (und 129) zu widersprechen, wenn Fr. 35 nicht als Meinung
der πολλοί angeführt wurde

39 [112]. Diog. ɪ 88 ἐν Πριήνηι Βίας ἐγένετο ὁ Τευτάμεω, οὗ πλείων λόγος ἢ τῶν ἄλλων. [Vgl. B 104].

40 [16]. — ɪx 1 [s. A 1 ɪ 140, 2, vgl. Athen. xɪɪɪ 610 b] πολυμαθίη νόον ἔχειν οὐ διδάσκει· Ἡσίοδον γὰρ ἂν
5　ἐδίδαξε καὶ Πυθαγόρην αὖτίς τε Ξενοφάνεά τε καὶ Ἑκαταῖον.

41 [19]. — — [anschl. an 40] εἶναι γὰρ ἓν τὸ σοφόν, ἐπίστασθαι γνώμην, ὁτέη ἐκυβέρνησε πάντα διὰ πάντων.

42 [119]. — — τόν τε Ὅμηρον ἔφασκεν ἄξιον ἐκ τῶν ἀγώνων
10　ἐκβάλλεσθαι καὶ ῥαπίζεσθαι καὶ Ἀρχίλοχον ὁμοίως [vgl. A 22 B 56].

43 [103]. — — 2 ὕβριν χρὴ σβεννύναι μᾶλλον ἢ πυρκαϊήν.

44 [100]. — — μάχεσθαι χρὴ τὸν δῆμον ὑπὲρ τοῦ νόμου ὅκωσπερ τείχεος.

---

39. In Priene lebte (oder: wurde geboren) Bias, des Teutames Sohn, dessen Ruf (Geltung) größer ist als der der andern.

40. Vielwisserei lehrt nicht Verstand haben. Sonst hätte sie's Hesiod gelehrt und Pythagoras, ferner auch Xenophanes und Hekataios. (Denn:)

41. Eins nur ist das Weise, sich auf den Gedanken zu verstehen, als welcher alles auf alle Weise zu steuern weiß.

42. Homer verdient aus den Preiswettkämpfen herausgeworfen und mit Ruten gestrichen zu werden und ebenso Archilochos.

43. Überhebung soll man löschen mehr noch als Feuersbrunst.

44. Kämpfen soll die Bürgerschaft für ihr Gesetz wie für die Mauer.

---

2 πλείων BP (F¹ fehlt hier). Das bei Diog. ɪ 88 folgende καὶ οἱ Πριηνεῖς δὲ τέμενος αὐτῶι καθιέρωσαν, τὸ Τευτάμειον λεγόμενον auch Heraklitisch nach H. Gomperz (Gegensatz B 121). 4 ἔχειν Athen. u. Clem. Str. ɪ 93 [ɪɪ59, 25]: sonst meist weggelassen 5 τε (vor καὶ) BP: fehlt F 7 σοφόν vgl. B 50 (anders B 32): εἶναι γὰρ (näml. τὸ νόον ἔχειν B 41), ἓν τὸ σοφὸν (wie B 32) ἐπίστασθαι, γνώμην versteht H. Gomperz, ganz anders wieder Reinhardt Parmenides S. 200f. 8 γνώμην] vgl. auch Snell Philol. Unters. 29, 35 Diels: ὁτέη κυβερνῆσαι P¹B: ὅτ' ἐγκυβερνῆσαι F. Vgl. 22 C 1 § 10 g. E. ὁτέη Archaismus = ἥτις vgl. 28 B 8, 46 A. ἐκυβέρνησε aor. gnom. 9 τε Ausgg.: γε Hss.; gegen Homer A 22 B 56 12 nach νόμου haben BP¹F ὑπὲρ τοῦ γινομένου, nach Diels lect. em. ὑπὲρ τοῦ γε νόμου, die Beachtung verdient; ὑπ. τ. γιγνομένου will halten W. Vollgraff Mnemos. 45 (1917) 166ff.

45 [71]. — —7 ψυχῆς πείρατα ἰὼν οὐκ ἂν ἐξεύροιο, πᾶσαν
ἐπιπορευόμενος ὁδόν· οὕτω βαθὺν λόγον ἔχει.

46 [132]. — — τήν τε οἴησιν ἱερὰν νόσον ἔλεγε καὶ τὴν ὅρασιν
ψεύδεσθαι.

5 47 [48]. — —73 μὴ εἰκῆ περὶ τῶν μεγίστων συμβαλλώμεθα.

48 [66]. Ετυμ. gen. βίος: τῶι οὖν τόξωι ὄνομα βίος, ἔργον
δὲ θάνατος. [Vgl. C 2, 21].

49 [113]. Galen. de dign. puls. viii 773 K. [Symmach. Ep. ix 115,
Theod. Prodr. Ep. p. 20] εἷς ἐμοὶ μύριοι, ἐὰν ἄριστος ἧι.

10 [Vgl. 68 B 98. 302a].

49a [81]. Heraclit. Alleg. 24 (nach 62) ποταμοῖς τοῖς αὐτοῖς
ἐμβαίνομέν τε καὶ οὐκ ἐμβαίνομεν εἶμέν τε καὶ οὐκ
εἶμεν [Vgl. B 12].

50 [1]. Hippol. Refut. ix 9 Ἡ. μὲν οὖν φησιν εἶναι τὸ πᾶν διαιρετὸν
15 ἀδιαίρετον, γενητὸν ἀγένητον, θνητὸν ἀθάνατον, λόγον αἰῶνα,
πατέρα υἱόν, θεὸν δίκαιον· 'οὐκ ἐμοῦ, ἀλλὰ τοῦ λόγου ἀκού-
σαντας ὁμολογεῖν σοφόν ἐστιν ἓν πάντα εἶναι' ὁ Ἡ. φησι.

45. Der Seele Grenzen kannst du im Gehen nicht ausfindig machen,
und ob du jegliche Straße abschrittest; so tiefen Sinn hat sie.

46. Eigendünkel *nannte er* fallende Sucht *und das Gesicht trügerisch*.

47. Wir sollen nicht leichthin über die größten Dinge urteilen.

48. Des Bogens Name also ist Leben (βιός : βίος), sein Werk aber Tod.

49. Einer gilt mir zehntausend, falls er der Beste ist.

49a. In dieselben Flüsse steigen wir und steigen wir nicht, wir sind
und wir sind nicht.

50. Haben sie nicht mich, sondern den Sinn vernommen, so ist es
weise, dem Sinne gemäß zu sagen, alles sei eins.

---

1 Diels: ψυχῆς πειραταιον B¹FP²: ψ. πειρατέον P¹ vgl. Pind. P. 10, 29
ναυσὶ δ' οὔτε πεζὸς ἰών κεν εὕροις ἐς Ὑπερβορέων ἀγῶνα θαυματὰν ὁδόν: ἰὼν will
statt ἐπιπορευόμενος einsetzen Wilamowitz *Herm.* 62 (1927) 276   ἐξεύροιο
oder ἐξεύροι ὁ oder εὕροι ὁ Hss., vgl. Soph. fr. 833   2 βαθὺν F: βαθύς BP¹.
Imitationen Sextusspr. 27. 403 Elter   3 οἴησις früher ängefochten (z. B.
von Wilamowitz *Herm.* 40, 1905, 134) scheint echt ionisch zu sein vgl.
Hippocr. de dec. orn. 4 (IX 230 L.); demnach sind auch die Zeugnisse
Epikur fr. 224 Usen., A 15. B 131 als vollwertig zu betrachten   14 οὖν ⟨ἓν⟩
φησιν Diels   15 λόγος das Ewige, αἰών die Lebenszeit vgl. B 52 ?   16 δίκαιον
⟨ἄδικον⟩ Diels: πάτερα υἱόν christl. Zusatz, θεὸν δίκαιον gnost. Antith. n.
Wendl.; δίκαιον zieht zum Folgenden Bergk, H. Gomperz, dessen Lesung
s. *Vorsokr.* I⁴ S. XXIV   λόγου Bergk: δογμτ (über μτ : ος, δ fast wie λ) Paris.
17 εἶναι Miller: εἰδέναι Par. (vergeblich verteidigt von H. Gomperz *Z. f. ö.
Gymn.* 1910, 967). Vgl. B 32. 33

51 [45; vgl. 56]. HIPPOL. IX 9 (nach B 50) καὶ ὅτι τοῦτο οὐκ ἴσασι
πάντες οὐδὲ ὁμολογοῦσιν, ἐπιμέμφεται ὧδέ πως· οὐ ξυνιᾶσιν
ὅκως διαφερόμενον ἑωυτῶι ὁμολογέει· παλίντροπος
ἁρμονίη ὅκωσπερ τόξου καὶ λύρης. [Folgt B 1.]
5 52 [79]. — — αἰὼν παῖς ἐστι παίζων, πεσσεύων· παιδὸς
ἡ βασιληίη.
53 [44]. — — Πόλεμος πάντων μὲν πατήρ ἐστι, πάντων δὲ
βασιλεύς, καὶ τοὺς μὲν θεοὺς ἔδειξε τοὺς δὲ ἀνθρώπους,
τοὺς μὲν δούλους ἐποίησε τοὺς δὲ ἐλευθέρους.
10 54 [47]. — — ἁρμονίη ἀφανὴς φανερῆς κρείττων.
55 [13]. — — ὅσων ὄψις ἀκοὴ μάθησις, ταῦτα ἐγὼ προ-
τιμέω.

---

51. Sie verstehen nicht, wie es auseinander getragen mit sich selbst
im Sinn zusammen geht: gegenstrebige Vereinigung wie die des
Bogens und der Leier.

52. Die Lebenszeit ist ein Knabe, der spielt, hin und her die Brett-
steine setzt: Knabenregiment!

53. Krieg ist aller Dinge Vater, aller Dinge König. Die einen erweist
er als Götter, die anderen als Menschen, die einen macht er zu
Sklaven, die anderen zu Freien.

54. Unsichtbare Fügung stärker als sichtbare.

55. Alles, wovon es Gesicht, Gehör, Kunde gibt, das ziehe ich vor.

---

3 ὁμολογέει Miller: ὁμολογεῖν Paris. Vielleicht ὁμολογεῖ ἕν? Diels. Vgl.
Plato Symp. 187 A τὸ ἓν γάρ φησι διαφερόμενον αὐτὸ αὑτῶι ξυμφέρεσθαι ὥσπερ
ἁρμονίαν τόξου τε καὶ λύρας. Vgl. B 8. παλίντροπος Hipp. a. O., Plut. 473 F
(alle Hss. außer D). 1026 B vgl. Diog. 22 A 1 § 7 I 141, 10f. u. andere Para-
phrasen; vgl. auch παλίντροπος κέλευθος Parm. B 6, 9: παλίντονος (ἁρμονίη
κόσμου) Plut. 369 A. 473 F (hier nur D) (ἡ ἁρμονία καὶ τόξου, εἰ διὰ τῶν
ἐναντίων) Porphyr. d. antr. n. 29; offenbar zwei alte Varianten: die erste
bezeichnet die im ganzen Instrument liegende Gegenstrebigkeit (vgl. vom
Bogen ὀπισθότονα ἢ τὰ ἐπὶ θάτερα τρεπόμενα Hes. s. v. παλίντονα), die andere
die Spannung der Saite, nach Homer τόξον παλίντονον Ο 443 φ 11. 59 oder
τόξα παλίντονα Θ 266 h. 27, 16 Κ 459; zu beachten, daß Hippolytos, der
allein den Spruch vollständig und fehlerlos überliefert, nur παλίντροπος
kennt. An die Tätigkeit des bogenanziehenden Schützen (Wilamowitz
Platon I² 367¹ nach Plato rep. 439 B) kann hier nicht gedacht sein, da die
des Kitharaspielers eine andere ist. Im übr. vgl. Zeller-Nestle I 2, 827². 829
und besonders Praechter Philolog. 88 (1933) 342ff.   5 Übersicht über die
verschiedenen Deutungen bei Zeller-Nestle I 808   so 22 C 5: πεττεύων Hipp.
10 ἁρμονίη ἀφανὴς d. i. d. Logos   11 Hipp. a. O. c. 10 wiederholt ὅσων
ὄψις ἀκοὴ μάθησις (τουτέστι τὰ ὄργανα), ταῦτα, φησίν, ἐγὼ προτιμέω, οὐ τὰ
ἀφανῆ προτιμήσας. Anspielung bei Luc. de domo c. 20 vermutet Bidez

56 [47 Anm.]. — — ἐξηπάτηνται, φησίν, οἱ ἄνθρωποι πρὸς
τὴν γνῶσιν τῶν φανερῶν παραπλησίως Ὁμήρωι, ὃς
ἐγένετο τῶν Ἑλλήνων σοφώτερος πάντων. ἐκεῖνόν τε
γὰρ παῖδες φθεῖρας κατακτείνοντες ἐξηπάτησαν εἰ-
5 πόντες· ὅσα εἴδομεν καὶ ἐλάβομεν, ταῦτα ἀπολείπομεν,
ὅσα δὲ οὔτε εἴδομεν οὔτ' ἐλάβομεν, ταῦτα φέρομεν.
57 [35]. — ιχ 10 διδάσκαλος δὲ πλείστων Ἡσίοδος· τοῦτον
ἐπίστανται πλεῖστα εἰδέναι, ὅστις ἡμέρην καὶ εὐφρό-
νην οὐκ ἐγίνωσκεν· ἔστι γὰρ ἕν. [Vgl. B 106].
10 58 [57, 58]. — — καὶ ἀγαθὸν καὶ κακόν [näml. ἕν ἐστιν]. οἱ γοῦν
ἰατροί, φησὶν ὁ Ἡ., τέμνοντες, καίοντες, πάντηι βασανί-
ζοντες κακῶς τοὺς ἀρρωστοῦντας, ἐπαιτέονται μηδὲν ἄξιοι
μισθὸν λαμβάνειν παρὰ τῶν ἀρρωστούντων, ταὐτὰ ἐργα-
ζόμενοι, τὰ ἀγαθὰ καὶ τὰς νόσους.

---

56. Der Täuschung hingegeben sind die Menschen in der Erkenntnis
der sichtbaren Dinge ähnlich wie Homer, der doch weiser war als
die Hellenen allesamt. Denn auch jenen täuschten Jungen, die
Läuse knickten, indem sie sprachen: alles was wir gesehen und ge-
griffen, das lassen wir da; was wir aber nicht gesehen und nicht
gegriffen, das bringen wir mit.

57. Lehrer aber der meisten ist Hesiod. Von ihm sind sie überzeugt,
er wisse am meisten, er, der doch Tag und Nacht nicht erkannte.
Ist ja doch eins!

58. *Und Gut und Übel ist eins.* Fordern *doch* die Ärzte, wenn sie *die
Kranken* schneiden, brennen *und auf jede Art schlimm quälen*, noch
Lohn dazu *von den Kranken*, während sie doch gar nichts zu erhalten
verdienten, da sie ja nur dasselbe bewirken (*wie die Krankheiten*).

2f. als Polemik gegen Homer zu verstehen wie A 22. B 42   5 ἐλάβομεν
Bernays: κατελάβομεν Paris.   8 εὐφροσύνην Paris.: verb. Miller. Gemeint
sind Hesiod. Theog. 123. 748f.   11 πάντηι zog zu τέμν., καίοντες und hielt
für Heraklitisch Diels, auch γοῦν Z. 10; die Lesungen von H. Gomperz s. *Vor-
sokr.* ι⁴ S. XXIV   12 ἐπαιτιῶνται μηδὲν ἄξιον μισθω≡ Paris.: verb. Bernays
13 ταὐτὰ Sauppe: ταῦτα Paris. vgl. 22 C 1, 16   14 τὰ ἀγαθὰ καὶ τὰς νόσους]
schlechte Paraphrase Hippolyts. Heraklit meint, sie fügen ja auch Böses
zu, tun also dasselbe wie die Krankheit und brauchen daher keinen be-
sonderen Lohn. τὰ καὶ αἱ νοῦσοι sieht als d. Original an Wilamowitz *Herm.*
62 (1927) 278. Praechter: 'Man tilge das Komma nach ἐργαζόμενοι »da sie
das Gute als das nämliche wirken wie die Krankheiten« d. h. die Heilung,
die schmerzvolle, ist nicht besser als die Krankheit. Daher sollen die Ärzte
nichts bekommen.' Die schnöde Polemik gegen die Ärzte haben die Briefe
unerträglich ausgesponnen. — 'Ist auch d. nicht Gesperrte echt ?' Friedl.

59 [50]. HIPPOL. IX 10 γναφείωι ὁδὸς εὐθεῖα καὶ σκολιή (ἡ τοῦ
ὀργάνου τοῦ καλουμένου κοχλίου ἐν τῶι γναφείωι περιστροφὴ
εὐθεῖα καὶ σκολιή· ἄνω γὰρ ὁμοῦ καὶ κύκλωι περιέρχεται) μία
ἐστί, φησί, καὶ ἡ αὐτή.

5 60 [69]. — — ὁδὸς ἄνω κάτω μία καὶ ὡυτή.

61 [52]. — — θάλασσα ὕδωρ καθαρώτατον καὶ μιαρώτα-
τον, ἰχθύσι μὲν πότιμον καὶ σωτήριον, ἀνθρώποις δὲ
ἄποτον καὶ ὀλέθριον.

62 [67]. — — ἀθάνατοι θνητοί, θνητοὶ ἀθάνατοι, ζῶντες
10 τὸν ἐκείνων θάνατον, τὸν δὲ ἐκείνων βίον τεθνεῶτες.

63 [123]. — — λέγει δὲ καὶ σαρκὸς ἀνάστασιν ταύτης ⟨τῆς⟩
φανερᾶς, ἐν ἧι γεγενήμεθα, καὶ τὸν θεὸν οἶδε ταύτης τῆς ἀνα-
στάσεως αἴτιον οὕτως λέγων· ἔνθα δ' ἐόντι ἐπανίστασθαι
καὶ φύλακας γίνεσθαι ἐγερτὶ ζώντων καὶ νεκρῶν. λέγει
15 δὲ καὶ τοῦ κόσμου κρίσιν καὶ πάντων τῶν ἐν αὐτῶι διὰ πυρὸς

---

59. Der Walkerschraube Weg, grad und krumm, ist ein und derselbe.

60. Der Weg hinauf hinab ein und derselbe.

61. Meer: reinstes und scheußlichstes Wasser: Fischen trinkbar und
lebenerhaltend, Menschen untrinkbar und tödlich.

62. Unsterbliche: Sterbliche, Sterbliche: Unsterbliche, denn das Leben
dieser ist der Tod jener und das Leben jener der Tod dieser.

63. *Er spricht auch von einer Auferstehung des Fleisches, des irdischen,
sichtbaren, in dem wir geboren sind, und weiß, daß Gott diese Auf-
erstehung bewirkt. Sein Ausspruch lautet*: Vor ihm aber, der dort ist,
erhöben sie sich und Wächter würden wach der Lebendigen und der
Toten. *Er sagt aber auch, es finde ein Gericht der Welt und alles
dessen, was drinnen ist, durch Feuer statt, in folgendem*:

---

1 γναφείωι Bernays: γραφέων Paris.   Erklärung s. Diels *Heraklit²* (1909)
2 γναφείωι Bernays: γραφείω Paris.   3 περιέχεται Paris.: verb. Roeper
10 τὸν δὲ κτλ.] θνήσκοντες τὴν ἐκείνων ζωήν Heraclit. Alleg. 24, ähnlich
Max. Tyr. 12, 4   τεθνεῶτες] τεθνήκαμεν Philo, Hierocl.   11 ⟨τῆς⟩ Diels
13 [οὕτως]? H. Fränkel   ἐπανίστασθαι vgl. Hom. B 85 [Eustath.]. Diels
deutete: »Der Gott erscheint. Die in der Finsternis des Todes Liegenden
erheben sich wie die Neophyten der Mysterien, zünden ihre Fackel an dem
Licht des Gottes an (B 26) und neugeboren gelten sie nun in ihrem Licht-
dasein als Wächter der Menschen (Hesiod Opp. 107). H. knüpft dabei an
die Heroen an (B 24. 25), nur daß der Wert, des Seelenfeuers hinzutritt.
Denn was außer diesem nach dem Tode übrig bleibt ist wertloser als Kot
(B 96). Das Verbum regens zu ἐπανίστασθαι muß wie der Begriff 'Gott' im
vorhergehenden gestanden haben. Konjekturen wie ἔνθα θεόν τιν' (Patin),
θεὸν δεῖ (Sauppe) sind überflüssig und darum falsch.« Doch vgl. auch Rein-

64 γίνεσθαι λέγων οὕτως· τὰ δὲ πάντα οἰακίζει Κεραυνός [28],·
τουτέστι κατευθύνει, κεραυνὸν τὸ πῦρ λέγων τὸ αἰώνιον. λέγει
δὲ καὶ φρόνιμον τοῦτο εἶναι τὸ πῦρ καὶ τῆς διοικήσεως τῶν
65 ὅλων αἴτιον· καλεῖ δὲ αὐτὸ χρησμοσύνην καὶ κόρον [24]·
5 χρησμοσύνη δέ ἐστιν ἡ διακόσμησις κατ' αὐτόν, ἡ δὲ ἐκπύρωσις
66 κόρος. πάντα γάρ, φησί, τὸ πῦρ ἐπελθὸν κρινεῖ καὶ
καταλήψεται [26].
67 [36]. — — ὁ θεὸς ἡμέρη εὐφρόνη, χειμὼν θέρος, πόλε-
μος εἰρήνη, κόρος λιμός (τἀναντία ἅπαντα· οὗτος ὁ νοῦς),
10 ἀλλοιοῦται δὲ ὅκωσπερ ⟨πῦρ⟩, ὁπόταν συμμιγῆι θυώ-
μασιν, ὀνομάζεται καθ' ἡδονὴν ἑκάστου.

---

64. Das Weltall aber steuert der Blitz, *d. h. er lenkt es. Unter Blitz versteht er nämlich das ewige Feuer. Er sagt auch, dieses Feuer sei vernunftbegabt und Ursache der ganzen Weltregierung. Er nennt*
65. *es aber* Mangel und Sattheit. *Mangel ist nach ihm die Weltbildung,*
66. *dagegen der Weltbrand Sattheit.* Denn alles, *sagt er,* wird das Feuer, herangekommen, richten und fassen (verurteilen).
67. Gott ist Tag Nacht, Winter Sommer, Krieg Frieden, Sattheit Hunger. Er wandelt sich aber gerade wie das Feuer, das, wenn es mit Räucherwerk vermengt wird, nach dem Duft eines jeglichen heißt.

---

hardt *Parmenides* S. 193[1]. — H. Fränkel vermutet mit großer Wahrscheinlichkeit (brieflich), daß die Zitate Fr. 64—66, ursprünglich am Rande stehend, z. T. falsch in den Text eingedrungen sind: Fr. 66 ι 165, 6 gehöre in ι 165, 1 an die Stelle von Fr. 64; dieses nebst dem Kommentar τουτέστι—αἰώνιον hinter αἴτιον ι 165, 4, woran der Satz καλεῖ—κόρος schließe. Unwahrscheinlich die Deutung von H. Gomperz *Herm.* 58 (1923) 54
1 Κεραυνός] s. zu Z. 8, vgl. Usener *Kl. Schrift.* ιν 472f. 7 καταλήψεται] vgl. zu B 28 8 vgl. Philod. de piet. 6a S. 70 G. ⟨θεοὺς Ἐρινύας θ' ὡς ἐπικούρους⟩ ε⟨ἶπε τῆς Δί⟩κης [B 94] καὶ τ⟨ὸν κόσμο⟩ν, ἐν οἷς [sic pap.] φησι δ⟨ιχῶ⟩ς· 'Κεραυνὸς π⟨άντ' οἰα⟩κίζει' [B 64] καὶ Ζ⟨εύς· συμβ⟩αίνει δὲ κα⟨ὶ τά⟩ναντία θε⟨ῖα θε⟩ῖναι νύκτα ⟨ἡμέραν, πόλεμον εἰρήνην κτλ.⟩ [B 67]. Nach Crönerts Revision des Pap. unsicher erg. Diels. Ebenda 14, 26 S. 81 G. καὶ τὸν πόλεμον καὶ τὸν Δία τὸν αὐτὸν εἶναι, καθάπερ καὶ τὸν Ἡράκλειτον λέγειν 10 ⟨πῦρ⟩ Diels: fehlt Hippol. Vgl. 22 A 16 (ι 148,17f.) Cramer A. P. ι 167, 17. Pindar. fr. 129. 130 Schr. Hippol. v 21 (Sethianer) τὴν ἀκτῖνα τὴν φωτεινὴν ἄνωθεν ἐγκεκρᾶσθαι ... καὶ γεγονέναι ἐν ἑνὶ φυράματι, ὡς μίαν ὀσμὴν ἐκ πολλῶν καταμεμιγμένων ἐπὶ τοῦ πυρὸς θυμιαμάτων· καὶ δεῖ τὸν ἐπιστήμονα τῆς ὀσφρήσεως ἔχοντα κριτήριον εὐαγὲς ἀπὸ τῆς μιᾶς τοῦ θυμιάματος ὀσμῆς διακρίνειν λεπτῶς ἕκαστον τῶν καταμεμιγμένων ἐπὶ τοῦ πυρὸς θυμιαμάτων οἱονεὶ στύρακα καὶ σμύρναν καὶ λίβανον ἢ εἴ τι ἄλλο εἴη μεμιγμένον. X 11, 3 ἡ δὲ τοῦ πνεύματος εὐωδία φέρεται ... ὥσπερ ἡ τῶν θυμιαμάτων ὀσμὴ ἐπὶ τῶι πυρὶ φέρεται. Über die Brachylogie des Vergleichungssatzes s. Vahlen z. Arist. Poet.[3] S. 275 11 ὀνομάζεται] d. h. der

67a [0]. HISDOSUS Scholasticus ad Chalcid. Plat. Tim. [cod. Paris.
l. 8624 s. XII f. 2] *ita vitalis calor a sole procedens omnibus
quae vivunt vitam subministrat. cui sententiae Heraclitus ad-
quiescens optimam similitudinem dat de aranea ad animam,*
5   *de tela araneae ad corpus. sic⟨ut⟩ aranea, ait, stans in
medio telae sentit, quam cito musca aliquem filum
suum corrumpit itaque illuc celeriter currit quasi
de fili persectione dolens, sic hominis anima aliqua
parte corporis laesa illuc festine meat quasi im-*
10 *patiens laesionis corporis, cui firme et proportiona-
liter iuncta est.*
68 [129]. IAMBL. de myst. I 11 καὶ διὰ τοῦτο εἰκότως αὐτὰ ἄκεα
Ἡ. προσεῖπεν ὡς ἐξακεσόμενα τὰ δεινὰ καὶ τὰς ψυχὰς ἐξάντεις
ἀπεργαζόμενα τῶν ἐν τῆι γενέσει συμφορῶν.
15 69 [128]. — ᴠ 15 θυσιῶν τοίνυν τίθημι διττὰ εἴδη · τὰ μὲν τῶν

67a. Wie die Spinne, die in der Mitte ihres Netzes sitzt, merkt, sobald
eine Fliege irgendeinen Faden ihres Netzes zerstört, und darum
schnell dahin eilt, als ob sie um die Zerreißung des Fadens sich
härmte, so wandert des Menschen Seele bei der Verletzung irgend-
eines Körperteils rasch dahin, als ob sie über die Verletzung des
Körpers, mit dem sie fest und nach einem bestimmten Sinn (Ver-
hältnis) verbunden ist, ungehalten sei.

68. 'Heilmittel' *nannte er die schimpflichen Bräuche der Mysterienkulte.*

69. *Bei den Opfern sind zwei Arten zu unterscheiden. Die einen werden*

Name bezeichnet gerade nicht die Sache vgl. B 23. 32. 48, Nestle *Philolog.*
67 (1908) 536   ἡδονὴν ἑκάστου] sc. θυμιάματος (vgl. Hipp. a. O.). ἡδονή
oft (*Wohl)geschmack* (vgl. ἡδύς), hier (*Wohl)geruch* (s. Wortindex)
1 s. Pohlenz *Berl. Ph. Woch.* 1903, 972. Vgl. Chrysipp. 879 Arnim. Wie
weit Heraklit das Gleichnis ausgeführt hat, ist nicht zu entscheiden. Zur
Erklärung vgl. Tertull. de anim. 14 *non longe hoc exemplum* (Wasserorgel
des Archimedes) *est a Stratone et Aenesidemo et Heraclito. nam et ipsi uni-
tatem animae tuentur, quae in totum corpus diffusa et ubique ipsa, velut
flatus in calamo per cavernas, ita per sensualia variis modis emicet non tam
concisa quam dispensata*   8 *persectione* Diels: *perfectione*   10 *pro-
portionaliter*] B 31 εἰς τὸν αὐτὸν λόγον. Vgl. Demokrit. 68 A 108. 135 § 57ff.
Über den λόγος ψυχῆς vgl. auch B 115   12 Die ἄκεα beziehen sich nach
H. Gomperz auch bei Heraklit (vgl. B 15) auf die στάσις τῶν φάλλων und die
αἰσχρολογίαι (Iambl. p. 38, 13. 39, 3).   15 Der Wortlaut Heraklits ist
nicht abzugrenzen. Vielleicht nur Paraphrase von B 49 oder ähnlichem
Gedanken. Vgl. Sext. VII 329 σπάνιος μὲν γάρ ἐστιν ὁ συνετός, πολὺς δὲ
ὁ εἰκαῖος

ἀποκεκαθαρμένων παντάπασιν ἀνθρώπων, οἷα ἐφ᾽ ἑνὸς ἄν ποτε
γένοιτο σπανίως, ὡς φησιν Ἡ., ἢ τινων ὀλίγων εὐαριθμήτων
ἀνδρῶν· τὰ δ᾽ ἔνυλα κτλ.

70 [79 Anm.]. — de anima [Stob. Ecl. II 1, 16] πόσωι δὴ οὖν βέλ-
5 τιον Ἡ. παίδων ἀθύρματα νενόμικεν εἶναι τὰ ἀνθρώπινα
δοξάσματα.

71 [73 Anm.]. MARC. ANTON. IV 46 (nach 76) μεμνῆσθαι δὲ καὶ
τοῦ ἐπιλανθανομένου ἧι ἡ ὁδὸς ἄγει.

72 [93]. — ὧι μάλιστα διηνεκῶς ὁμιλοῦσι λόγωι τῶι τὰ
10 ὅλα διοικοῦντι, τούτωι διαφέρονται, καὶ οἷς καθ᾽ ἡμέραν
ἐγκυροῦσι, ταῦτα αὐτοῖς ξένα φαίνεται.

73 [94]. — οὐ δεῖ ὥσπερ καθεύδοντας ποιεῖν καὶ λέγειν·
καὶ γὰρ καὶ τότε δοκοῦμεν ποιεῖν καὶ λέγειν.

74 [97 Anm.]. — οὐ δεῖ ⟨ὡς⟩ παῖδας τοκεώνων, τοῦτ᾽ ἔστι
15 κατὰ ψιλόν· καθότι παρειλήφαμεν.

---

*dargebracht von innerlich vollständig gereinigten Menschen, wie das
hier und da bei einem Einzelnen vorkommen mag, wie Heraklit sagt,
oder bei einigen wenigen, leicht zu zählenden Männern. Die anderen
aber sind materiell* usw.

70. Kinderspiele *nannte er die menschlichen Meinungen.*

71. *Man soll auch des Mannes gedenken, der vergißt, wohin der Weg
führt.*

72. *Mit dem Sinn, mit dem sie doch am meisten beständig verkehren,
dem Verwalter des Alls, mit dem entzweien sie sich, und die Dinge,
auf die sie täglich stoßen, die scheinen ihnen fremd.*

73. Man soll nicht handeln und reden wie Schlafende. *Denn auch im
Schlaf glauben wir zu handeln und zu reden.*

74. *Man soll es ferner nicht tun* als Kinder der Erzeuger, *d. h. schlicht
ausgedrückt 'wie wir es überkommen haben'.*

---

5 vgl. B 52   7 vgl. B 1 I 150, 10f., vielleicht aber nur Paraphrase
von B 117   11 vgl. zu B 17   12 schwer zu vereinen mit Gedanken
wie B 75, wohl aber mit B 89 + B 2   14 ⟨ὡς⟩ Koraës; dafür ⟨τὰ⟩ τοκ. ?
Friedländer τοκεώνων] das ionische Wort wiesen nach Headlam *Class. Rev.*
1901, 401, Rendall ebend. 1902, 28. Vgl. Meleager A. P. VII 79, 4 (Heraklit
spricht) λὰξ γὰρ καὶ τοκεῶνας, ἰὼ ξένε, δύσφρονας ἄνδρας ὑλάκτειν. Die Endung
ist nicht immer hypokoristisch (Lentz Herodian. I 15) vgl. ὀργεών, κυκεών.
Zum Gedanken vgl. auch Apul. de mag. 39

168   22 [12]. HERAKLEITOS

75 [90]. MARC. ANTON. VI 42 τοὺς καθεύδοντας οἶμαι ὁ Ἡ. ἐρ-
γάτας εἶναι λέγει καὶ συνεργοὺς τῶν ἐν τῶι κόσμωι
γινομένων.

76 [25]. MAXIM. TYR. XII 4 p. 489 [nach B 60. 62] ζῆι πῦρ τὸν γῆς
5   θάνατον καὶ ἀὴρ ζῆι τὸν πυρὸς θάνατον, ὕδωρ ζῆι τὸν ἀέρος
θάνατον, γῆ τὸν ὕδατος. PLUT. de E 18. 392c πυρὸς θάνατος
ἀέρι γένεσις, καὶ ἀέρος θάνατος ὕδατι γένεσις. (Vgl. de primo
frig. 10. 949a). MARC. IV 46 (vor B 71) ὅτι γῆς θάνατος ὕδωρ
γενέσθαι καὶ ὕδατος θάνατος ἀέρα γενέσθαι καὶ ἀέρος πῦρ καὶ
10   ἔμπαλιν.

77 [72]. NUMEN. fr. 35 Thedinga (bei Porphyr. antr. nymph. 10) ὅθεν
καὶ Ἡράκλειτον ψυχῆισι φάναι τέρψιν ἢ θάνατον ὑγρῆισι
γενέσθαι. τέρψιν δὲ εἶναι αὐταῖς τὴν εἰς γένεσιν πτῶσιν. ἀλλα-
χοῦ δὲ φάναι ζῆν ἡμᾶς τὸν ἐκείνων θάνατον καὶ ζῆν
15   ἐκείνας τὸν ἡμέτερον θάνατον [B 62].

78 [96]. ORIG. c. Cels. VI 12 (Π 82, 23 Koetschau) [wie 79. 80 aus
Celsus] ἦθος γὰρ ἀνθρώπειον μὲν οὐκ ἔχει γνώμας,
θεῖον δὲ ἔχει.

---

75. Die Schlafenden *nennt, glaube ich, Heraklit* Werker und Mitwirker
an den Geschehnissen in der Welt.

76. *Feuer lebt der Erde Tod und Luft lebt des Feuers Tod*; Wasser lebt
der Luft Tod und Erde den des Wassers (?).

77. Für die Seelen ist es Lust oder (?) Tod feucht zu werden. *Die
Lust bestehe aber in ihrem Eintritt in das Leben. Anderswo aber
sagt er*: Wir leben jener, der Seelen, Tod und jene leben unsern Tod.

78. Denn menschliches Wesen hat keine Einsichten, wohl aber gött-
liches.

---

1 Der Austausch der Stoffe geht auch ohne unsern Willen nachts vor
sich. So bleiben wir mit dem κόσμος in Verbindung. Freilich οἶμαι! Vgl.
auch Reinhardt *Parmenides* S. 195 Anm.   4 Heraklits Fassung läßt
sich nicht sicher herstellen. Maximus hat Tocco *Studi Ital.* IV 5 so ver-
bessert ζῆι πῦρ τὸν ἀέρος θάνατον καὶ ἀὴρ ζῆι τὸν πυρὸς θάνατον· ὕδωρ ζῆι
τὸν γῆς θάνατον, γῆ τὸν ὕδατος. Aber vermutlich ist ἀήρ stoisch ein-
geschwärzt und Heraklit sagte ζῆι πῦρ τὸν ὕδατος θάνατον, ὕδωρ ζῆι τὸν
πυρὸς ἢ γῆς θάνατον, γῆ τὸν ὕδατος. Die Ähnlichkeit mit B 36 ist freilich
verdächtig   12 ἢ Diels: μὴ Porph.; καὶ Kranz; μὴ θάνατον tilgte
Schuster. Wasser ist Durchgangspunkt zum Leben vom Feuer her, zum
Tode von der Erde (Körper) her; vgl. B 36. Das zweite Zitat nur un-
genaue Wiedergabe des echten Wortlautes von B 62   17 γὰρ bezeugt!

79 [97]. — — [nach 78] ἀνὴρ νήπιος ἤκουσε πρὸς δαίμονος ὅκωσπερ παῖς πρὸς ἀνδρός.

80 [62]. — — VI 42 (II 111, 11 Koetschau) εἰδέναι δὲ χρὴ τὸν πόλεμον ἐόντα ξυνόν, καὶ δίκην ἔριν, καὶ γινό-
5 μενα πάντα κατ' ἔριν καὶ χρεών.

81 [vgl. 138]. PHILODEM. Rhet. I c. 57. 62 S. 351. 354 Sudh. [aus d. Stoiker Diogenes] ἡ δὲ τῶν ῥητόρων εἰσαγωγὴ πάντα τὰ θεωρήματα πρὸς τοῦτ' ἔχει τείνοντα καὶ κατὰ τὸν Ἡράκλειτον κοπίδων ἐστὶν ἀρχηγός. SCHOL. in Eur. Hec. 131 κοπίδας
10 τὰς λόγων τέχνας ἔλεγον ἄλλοι τε καὶ ὁ Τίμαιος οὕτως γράφων [FHG IV p. 640b]· 'ὥστε καὶ φαίνεσθαι μὴ τὸν Πυθαγόραν εὑ-ρετὴν ὄντα τῶν ἀληθινῶν κοπίδων μηδὲ τὸν ὑφ' Ἡρακλείτου κατηγορούμενον, ἀλλ' αὐτὸν τὸν Ἡράκλειτον εἶναι τὸν ἀλαζο-νευόμενον'.

15 **82** [99]. PLATO Hipp. maior 289 A πιθήκων ὁ κάλλιστος αἰσχρὸς ἀνθρώπων γένει συμβάλλειν.

83 [98]. — — B ἀνθρώπων ὁ σοφώτατος πρὸς θεὸν πίθηκος φανεῖ-ται καὶ σοφίαι καὶ κάλλει καὶ τοῖς ἄλλοις πᾶσιν.

79. Der Mann heißt kindisch vor der Gottheit so wie der Knabe vor dem Manne.

80. Man soll aber wissen, daß der Krieg gemeinsam (allgemein) ist und das Recht der Zwist und daß alles geschieht auf Grund von Zwist und Schuldigkeit.

81. Pythagoras Ahnherr der Schwindeleien (Schwindler).

82. *Der schönste Affe ist häßlich mit dem Menschengeschlechte verglichen.*

83. *Der weiseste Mensch wird gegen Gott gehalten wie ein Affe erscheinen in Weisheit, Schönheit und allem andern.*

---

1 ἤκουσε] ~ καλεῖται vgl. E. Petersen *Herm.* 14 (1879) 304. Anspielung bei Euseb. Theophan. p. 74, 9 Gressmann   3 εἰδέναι Schleiermach.: εἰ δὲ Hs.   5 ἔριν] vgl. A 22   χρεώμενα Hs.: χρεών Diels *Jen. Litt. Z.* 1877, 394 bestätigt durch Philodem. de piet. p. 29 (57a 1) hergestellt von Philippson *Herm.* 55 (1920) 254 ⟨γίνεσθαι⟩ κατ' ἔ⟨ριν καὶ κατὰ⟩ χρεών ⟨πάντα φ⟩ησὶν Ἡρ⟨άκλειτος⟩, wo nur Diels παρ' (= διὰ) statt κατ' den Spuren der Buch-staben näher zu kommen schien. Vgl. Plut. soll. anim. 7 φύσιν ὡς ἀνάγκην καὶ πόλεμον οὖσαν   6 vgl. Diels *Arch. f. G. d. Phil.* III (1890) 4. 54.   11 f. εὑρά-μενον oder -όμενον τῶν Schol. (anders verderbt Et. Gud. u. Magn. teilw.): εὑρετήν Hemsterhuys   richtig gedeutet von Reinhardt *Herm.* 63 (1928) 107 ff. vgl. Wilamowitz *Herm.* 62 (1927) 277; zur Polemik gegen P. vgl. B 40. 129   16 ἀνθρώπων Bekker: ἄλλωι (d. i. ἀνῶν) Hss., falsch verteidigt v. Zilles *Rhein. Mus.* 62 (1907) 54, Heidel *Class. philol.* 5, 246   17 vgl. Wendland bei Gressmann in Harnacks *Text. u. Unters.* N. F. V II 3, 152

170   22 [12]. HERAKLEITOS

84a [83]. PLOTIN. Enn. IV 8, 1 [n. B 60] μεταβάλλον ἀναπαύεται.
84b [82]. — κάματός ἐστι τοῖς αὐτοῖς μοχθεῖν καὶ ἄρχεσθαι.
85 [105]. PLUT. Coriol. 22 θυμῶι μάχεσθαι χαλεπόν· ὃ γὰρ
ἂν θέληι, ψυχῆς ὠνεῖται.
5 **86** [116]. — — 38 ἀλλὰ τῶν μὲν θείων τὰ πολλά, καθ᾽ Ἡράκλειτον,
ἀπιστίηι διαφυγγάνει μὴ γιγνώσκεσθαι.
87 [117]. — de aud. 7 p. 41A βλὰξ ἄνθρωπος ἐπὶ παντὶ λόγωι
ἐπτοῆσθαι φιλεῖ.
88 [78]. — cons. ad Apoll. 10 p. 106 E ταὐτό τ᾽ ἔνι ζῶν καὶ
10 τεθνηκὸς καὶ [τὸ] ἐγρηγορὸς καὶ καθεῦδον καὶ νέον καὶ

84a. Sich wandelnd ruht es aus (*das ätherische Feuer im menschl. Körper*).
84b. Es ist Ermattung (ermattend), denselben *Herren* zu frohnen und
zu gehorchen.
85. Gegen das Herz anzukämpfen ist schwer. Denn was es auch will
erkauft es um die Seele.
86. Das meiste des Göttlichen entzieht sich der Erkenntnis aus Mangel
an Zutrauen.
87. Ein blöder Mensch pflegt bei jedem Wort erschreckt dazustehen.
88. Und es ist immer ein und dasselbe was in uns wohnt (?): Lebendes
und Totes und Waches und Schlafendes und Junges und Altes.

---

1 Plotin behandelt die Frage ὅπως ποτέ μοι ἔνδον ἡ ψυχὴ γεγένηται τοῦ
σώματος, τοῦτο οὖσα οἷον ἐφάνη καθ᾽ ἑαυτὴν καίπερ οὖσα ἐν σώματι. Vgl. IV 8, 5
οὐδ᾽ ἡ Ἐμπεδοκλέους φυγὴ ἀπὸ τοῦ θεοῦ καὶ πλάνη καὶ ἁμαρτία ἐφ᾽ ἧι ἡ δίκη
[31 B 114] οὐδ᾽ ἡ Ἡρακλείτου ᾽ἀνάπαυλα᾽ ἐν φυγῆι   2 τοῖς αὐτοῖς] wohl
die Elemente, die den Körper bilden. Über diesen Dienst vgl. 22 A 14a
3 θυμῶι] d. i. ἐπιθυμίαι vgl. Herodot V 49 (vgl. Vorr. z. 1. Aufl.)   4 θέληι]
archaisch ∼ ἐπιθυμῆι   ψυχῆς] nicht *Leben*. Es kostet nicht das Leben,
aber ein Stück der Seele, weil dadurch das göttliche Feuer um so viel
vermindert wird als man dem Körper schenkt (anders Wilamowitz *Glaube
d. Hellenen* I 370¹ vgl. II 547¹). Auf Mißverständnis Plutarchs de coh. ira 9
p. 457D, wo B 85 auch zitiert wird, beruht das angebl. Fr. bei Ammian
XXI 16, 14 (Schuster *Acta Lips.* III 391)   5 »nach Clem. Str. V 89
(II 384, 14 St.), der Eigenes einmischt, hieß das Ganze vielleicht: τοῦ λόγου τὰ
πολλὰ κρύπτειν κρύψις ἀγαθή· ἀπιστίηι γὰρ…« Diels   6 ἀπιστίη Y: πίστιν N;
ἀπιστίηι = ἐξ ἀπιστίας Aesch. Ag. 268   7f. anders H. Gomperz *Herm.* 58
(1923) 46f.   8 παιδεύεσθαι ω: verb. Xylander nach p. 28D; dort die
Stellung φιλεῖ ἐπτοῆσθαι   9 τ᾽ ἔνι ΦΠ: γ᾽ ἔνι O: tilgt Wilamowitz
Herm. 62 (1927) 276; zu ἔνι erg. ἡμῖν Diels, da er aus τε Vorausgehen eines
Satzes erschloß. ταὐτῶι τ᾽ ἔνι Bernays; ἔνι = ᾽ist᾽ (ngr. εἶναι)? H. Fränkel,
vgl. Wackernagel *Syntax* II 166   10 [τὸ] Reiske   καθεῦδον ΦΠ (pr. E) B:
τὸ καθ. O

γηραιόν· τάδε γὰρ μεταπεσόντα ἐκεῖνά ἐστι κἀκεῖνα πάλιν μεταπεσόντα ταῦτα. [Vgl. Sext. P. H. III 230].

89 [95]. — de superst. 3 p. 166 C ὁ Ἡ. φησι τοῖς ἐγρηγορόσιν ἕνα καὶ κοινὸν κόσμον εἶναι, τῶν δὲ κοιμωμένων ἕκαστον 5 εἰς ἴδιον ἀποστρέφεσθαι.

90 [22]. — de E 8 p. 388 E πυρός τε ἀνταμοιβὴ τὰ πάντα καὶ πῦρ ἁπάντων ὅκωσπερ χρυσοῦ χρήματα καὶ χρημάτων χρυσός.

91 [41. 40]. — — 18 p. 392 B ποταμῶι γὰρ οὐκ ἔστιν 10 ἐμβῆναι δὶς τῶι αὐτῶι καθ' Ἡράκλειτον [vgl. Plat. Cratyl. 402 A = 22 A 6. Aristot. Metaph. Γ 5. 1010a 12 c. 65, 4. — 22 B 12. 49 a] οὐδὲ θνητῆς οὐσίας δὶς ἅψασθαι κατὰ ἕξιν ⟨τῆς αὐτῆς⟩· ἀλλ' ὀξύτητι καὶ τάχει μεταβολῆς σκίδνησι καὶ πάλιν συνάγει (μᾶλλον δὲ οὐδὲ πάλιν οὐδ' ὕστερον, ἀλλ' ἅμα 15 συνίσταται καὶ ἀπολείπει) καὶ πρόσεισι καὶ ἄπεισι.

Denn dieses ist umschlagend jenes und jenes zurück umschlagend dieses.

89. Die Wachenden haben eine einzige und gemeinsame Welt, *doch im Schlummer wendet sich jeder von dieser ab in seine* eigene.

90. Wechselweiser Umsatz: des Alls gegen das Feuer und des Feuers gegen das All, so wie der Waren gegen Gold und des Goldes gegen Waren.

91. Man kann nicht zweimal in denselben Fluß steigen *nach Heraklit und nicht zweimal eine ihrer Beschaffenheit nach identische vergängliche Substanz berühren, sondern durch das Ungestüm und die Schnelligkeit ihrer Umwandlung* zerstreut sie sich und sammelt sich wiederum und naht sich und entfernt sich.

---

1 τάδε—2 ταῦτα hielt für Plutarchisch (!) Wilamowitz   5 ἀποστρ.] ἀναστρέφεσθαι D (richtig ?)   6 τε x: fehlt O   ἀνταμοίβητα πάντα Γ: ἀνταμείβεται π. O: verb. Diels   7 ὅκ. Bernardakis: ἐκ ὥσπερ Γ: ὥσπερ O zu dem Vergleich s. Plato Legg. VIII p. 849 E ἀλλάττεσθαι νόμισμά. τε χρημάτων καὶ χρήματα νομίσματος. Theophrast deutete hier vielleicht auf die Entstehung der Einzeldinge, vgl. seine Worte 22 A 1 I 141, 18 (Covotti)   9 Gegen Reinhardts Wertung des Fr. (*Parmenides* S. 207) mit Recht Zeller-Nestle I 794f. Aus der Paraphrase bei Gregor. Naz. de hum. nat. 27 (Migne 37, 757) ἔμπεδον οὐδὲν κτλ. vgl. mit 22 C 5 (I 190, 19) schließt Hürth de Greg. N. or. funebr. (Diss. Argent. XII 1, 57), daß ἔμπεδον οὐδέν Heraklitisches Fragment sei   12 ⟨ ⟩ Diels. θνητὴ οὐσία wie alles übrige bis μεταβολῆς ist stoische Paraphrase wie die Parenthese μᾶλλον ... ἀπολείπει. Die Parallelität verlangt, daß auch σκίδνησι κ. π. συνάγει intransitiv sind;

92 [12]. PLUT. de Pyth. or. 6 p. 397 A Οὐχ ὁρᾶις .., ϳϲην χάριν ἔχει
τὰ Σαπφικὰ μέλη, κηλοῦντα καὶ καταθέλγοντα τοὺς ἀκροωμένους;
Σίβυλλα δὲ μαινομένωι στόματι καθ᾽ Ἡράκλειτον ἀγέλα-
στα καὶ ἀκαλλώπιστα καὶ ἀμύριστα φθεγγομένη χι-
5   λίων ἐτῶν ἐξικνεῖται τῆι φωνῆι διὰ τὸν θεόν.

93 [11]. — — 21 p. 404 D ὁ ἄναξ, οὗ τὸ μαντεῖόν ἐστι τὸ ἐν
Δελφοῖς, οὔτε λέγει οὔτε κρύπτει ἀλλὰ σημαίνει.

94 [29]. — de exil. 11 p. 604 A Ἥλιος γὰρ οὐχ ὑπερβήσεται
μέτρα· εἰ δὲ μή, Ἐρινύες μιν Δίκης ἐπίκουροι ἐξευρή-
10   σουσιν.

95 [108.] — Sympos. III pr. 1 p. 644 F ἀμαθίην γὰρ ἄμεινον
κρύπτειν, ἔργον δὲ ἐν ἀνέσει καὶ παρ᾽ οἶνον. STOB. Flor. I 175
κρύπτειν ἀμαθίην κρέσσον ἢ ἐς τὸ μέσον φέρειν.

96 [85]. — — IV 4, 3. p. 669 A νέκυες γὰρ κοπρίων ἐκβλητό-
15   τεροι.

---

92. Die Sibylle, die mit rasendem Munde Ungelachtes und Ungeschmin-
tes und Ungesalbtes redet, *reicht mit ihrer Stimme durch tausend
Jahre*. Denn der Gott treibt sie.

93. Der Herr, dem das Orakel in Delphi gehört, sagt nichts und birgt
nichts, sondern er bedeutet.

94. (Denn) Helios wird seine Maße nicht überschreiten; sonst werden
ihn die Erinyen, der Dike Schergen, ausfindig machen.

95. (Denn) seinen Unverstand bergen ist besser (*als ihn zur Schau stellen*):
nur ist's schwer in der Ausgelassenheit und beim Wein.

96. Leichen sollte man eher wegwerfen als Mist.

---

das ist archaische Ausdrucksform. Diels dachte an das Subjekt θεός wie
Epist. Heracl. 6 θεὸς ἐν κόσμωι μεγάλα σώματα ἰατρεύει. ἐπανισοῖ αὐτῶν τὸ
ἄμετρον ... συνάγει τὰ σκιδνάμενα κτλ.
1ff. nur Σίβυλλα—στόματι hält für Heraklitisch, das übrige für Plu-
tarchisch (als Gegensatz zu Sapphos Stil) H. Fränkel (briefl.)   4 ἀκαλλώ-
πιστα] vgl. Philo de opif. S. 1, 1   χιλίων ... φωνῆι] vgl. Rohde *Psyche*
II⁹ 69 A 1   6 (ὡς) ὁ ἄν. Turneb.: ὥσθ᾽ ἄν. E (B)   9 μέτρα wie B 30, daher
⟨τὰ⟩ μέτρα entbehrlich.   Plut. paraphrasiert τοὺς προσήκοντας ὅρους de
Isid. 48 p. 370 D   Ἐρινύες steht auch durch die Imitationen Hippol. VI 26.
Iambl. Protr. 21 p. 107, 14 Pist. fest.   Vgl. auch Wilamowitz *Griech.
Trag.*¹¹ II 234f.   11 Frag. 95 und 109 verbindet wieder H. Gomperz; unter
Streichung von ἄμεινον will er das Ganze für Heraklit in Anspruch nehmen;
Diels hielt ἢ ἐς τὸ μέσον φέρειν für spielende Ausfüllung eines Anthologen
14 Fr. 96 von Mich. Akominatos II 335 ed. Lambros fälschlich Demokrit
zugeschrieⱨϳn   14 ohne γὰρ Strabo XVI 26 p. 784

97 [115]. — an seni resp. 7 p. 787 C κύνες γὰρ καταβαΰζουσιν
ὧν ἂν μὴ γινώσκωσι.

98 [38]. — fac. lun. 28 p. 943 E αἱ ψυχαὶ ὀσμῶνται καθ'
Ἅιδην.

5 99 [31]. — aqu. et ign. comp. 7 p. 957 A; vgl. de fort. 3. p. 98 C εἰ
μὴ ἥλιος ἦν, ἕνεκα τῶν ἄλλων ἄστρων εὐφρόνη ἂν ἦν.

100 [34]. — Qu. Plat. 8, 4 p. 1007 D ... περιόδους· ὧν ὁ ἥλιος ἐπι-
στάτης ὢν καὶ σκοπὸς ὁρίζειν καὶ βραβεύειν καὶ ἀναδεικνύναι
καὶ ἀναφαίνειν μεταβολὰς καὶ ὥρας αἳ πάντα φέρουσι καθ'
10 Ἡράκλειτον κτλ.

101 [80]. — adv. Colot. 20. 1118 C ἐδιζησάμην ἐμεωυτόν.

101a [15]. POLYB. XII 27 δυεῖν γὰρ ὄντων κατὰ φύσιν ὡσανεί τινων
ὀργάνων ἡμῖν, οἷς πάντα πυνθανόμεθα καὶ πολυπραγμονοῦμεν,
ἀκοῆς καὶ ὁράσεως, ἀληθινωτέρας δ' οὔσης οὐ μικρῶι τῆς ὁρά-
15 σεως κατὰ τὸν Ἡράκλειτον· ὀφθαλμοὶ γὰρ τῶν ὤτων
ἀκριβέστεροι μάρτυρες.

102 [61]. PORPHYR. zu Δ 4 [I 69, 6 Schr.] τῶι μὲν θεῶι :αλὰ
πάντα καὶ ἀγαθὰ καὶ δίκαια, ἄνθρωποι δὲ ἃ μὲν
ἄδικα ὑπειλήφασιν ἃ δὲ δίκαια.

---

97. (Denn) Hunde bellen die an, die sie nicht kennen.

98. Die Seelen atmen Geruch ein im Hades.

99. Gäbe es keine Sonne, trotz der übrigen Gestirne wäre es Nacht.

100. *Die Sonne als Wächterin des Jahreslaufs bringt die Veränderungen zum Vorschein und* die Horen, die alles bringen.

101. Ich durchforschte mich selbst.

101a. Augen sind genauere Zeugen als die Ohren.

102. Für Gott ist alles schön und gut und gerecht; die Menschen aber haben das eine als ungerecht, das andere als gerecht angenommen.

---

1 καταβαΰζουσιν Wakefield: καὶ βαΰζουσιν Hss.   2 ὧν Diels: τῶν Wila-mowitz: ὃν Hss.   3 Zusammenhang b. Plut : die Seelen erhalten vom Äther in der Nähe des Mondes ihre lichte Feuernatur ὥστε ὑπὸ τῆς τυχούσης ἀναθυμιάσεως τρέφεσθαι, καὶ καλῶς Ἡ. εἶπεν ὅτι αἱ ψ. ὀσμῶνται (vgl. B 7) καθ' ἅιδην. Hängt also mit der Eschatologie wie B 26 zusammen. Bericht über die Deutungsversuche bei Zeller-Nestle I 893f.; vgl. bes. auch Reinhardt *Parmenides* S. 195   6 ἄλλων ἄστρων] vgl. A 1 § 10.   11 Plut. faßt dies als γνῶθι σεαυτόν, ebenso Aristonym. Stob. Fl. 21, 7 [vgl. B 116]. Anders A 1 § 5 μαθεῖν πάντα παρ' ἑαυτοῦ. Vgl. Arnim in Wilam. *Phil. Unters.* XI 94   15 vielleicht γάρ τοι ὤτων. Vgl. B 107 und 31 B 4, 10; Herod. I 8 ὦτα γὰρ τυγχάνει ἀνθρώποισι ἐόντα ἀπιστότερα ὀφθαλμῶν. Dio 12, 71 τὸ λεγόμενον, ὡς ἔστιν ἀκοῆς πιστότερα ὄμματα. Anders Wendland *Rhein. Mus.* 53 (1898) 31

174   22 [12]. HERAKLEITOS

103 [70]. PORPHYR. zu Ζ 200 [I 190 Schr.] ξυνὸν γὰρ ἀρχὴ καὶ
πέρας ἐπὶ κύκλου περιφερείας [vgl. I 164, 3. 187, 23f.].

104 [111a]. PROCL. in Alc. I p. 525, 21 (1864) τίς γὰρ αὐτῶν
νόος ἢ φρήν; δήμων ἀοιδοῖσι πείθονται καὶ διδασκά-
5   λωι χρείωνται ὁμίλωι οὐκ εἰδότες ὅτι 'οἱ πολλοὶ
κακοί, ὀλίγοι δὲ ἀγαθοί' [vgl. Bias c. 10   3 ς].

105 [119 Anm.]. SCHOL. HOM. AT zu Σ 251 (Ἕκτορι δ' ἦεν ἑταῖρος,
[näml. Πουλυδάμας], ἴηι δ' ἐν νυκτὶ γένοντο) Ἡ. ἐντεῦθεν
ἀστρολόγον φησὶ τὸν Ὅμηρον καὶ ἐν οἷς φησι 'μοῖραν
10   δ' οὔ τινά φημι πεφυγμένον ἔμμεναι ἀνδρῶν' κτλ.

106 [120]. PLUT. Camill. 19 περὶ δ' ἡμερῶν ἀποφράδων εἴτε χρὴ
τίθεσθαί τινας εἴτε ὀρθῶς Ἡράκλειτος ἐπέπληξεν Ἡσιόδωι
τὰς μὲν ἀγαθὰς ποιουμένωι, τὰς δὲ φαύλας [Opp. 765ff.], ὡς
ἀγνοοῦντι φύσιν ἡμέρας ἁπάσης μίαν οὖσαν, ἑτέρωθι
15   διηπόρηται [vgl. B 40. 57]. SENECA Ep. 12, 7 *unus dies par*
omni est.

---

103. (Denn) gemeinsam ist Anfang und Ende beim Kreisumfang.

104. Denn was ist ihr Geist oder Verstand? Volkssängern glauben
sie und zum Lehrer haben sie den Haufen, denn das wissen sie nicht:
„die Vielen sind schlecht, wenige nur gut".

105. Homer *sei ein Astrologe gewesen, schließt Heraklit aus dieser Stelle*
(Ilias 18, 251) 'Auch wurden in einer Nacht sie geboren' und aus
(6, 488) 'Nie, so mein ich, entrann von den Sterblichen einer dem
Schicksal.'

106. *H. tadelte Hesiod, der die einen Tage zu guten, die anderen zu*
schlechten macht, daß er nicht wisse: das Wesen jedes Tages ist
ein und dasselbe.

1f. Vgl. 28 B 3, 1. Hipp. de loc. in hom. 1 [VI 276 L.]; unrichtig hält die
drei letzten Worte für unheraklitisch Wilamowitz *Herm.* 62 (1927) 276
4 ἀοιδοῖσι πείθονται Diels: αἰδοῦς ἠπίων τε Procl.: ἀοιδοῖσιν ἕπεσθαι para-
phrasiert Clem.   5 χρειῶν τε Procl. = χρέωνται, χρέονται, χρείονται, χρήι-
ονται?   7 Zur Deutung und Wertung des Frag. vgl. 22 A 22, Kranz
Hermes 69 (1934) 116 gegen Capelle ebd. 60 (1925) 375. Auch Diels glaubte,
die Zufügung der Homerzitate deute auf Vermittlung der Stoa oder des
Krates. B 139 liegt fern   12 εἴτε Reiske: εἴτε μὴ Hss.   16 Seneca fügt
zu: *hoc alius aliter excepit: dixit enim parem esse horis, ... alius ait parem*
esse unum diem omnibus similitudine, aus der Polemik gegen Hesiod geht
hervor, daß nur die zweite Deutung richtig ist (nur nicht *similitudine*,
sondern φύσει). Vgl. *Hermes* a. O. S. 115

107 [4]. SEXT. EMP. VII 126 κακοὶ μάρτυρες ἀνθρώποισιν
ὀφθαλμοὶ καὶ ὦτα βαρβάρους ψυχὰς ἐχόντων [vgl.
A 16 I 147, 30ff.; B 101a].

108 [18]. STOB. Flor. I 174 Hense Ἡρακλείτου. ὁκόσων λόγους
5 ἤκουσα, οὐδεὶς ἀφικνεῖται ἐς τοῦτο, ὥστε γινώσκειν
ὅτι σοφόν ἐστι πάντων κεχωρισμένον.

109 [108] = B 95.

110 [104a]. — — 176 ἀνθρώποις γίνεσθαι ὁκόσα θέλουσιν
οὐκ ἄμεινον [vgl. B 85].

10 111 [104b]. — — 177 νοῦσος ὑγιείην ἐποίησεν ἡδὺ καὶ
ἀγαθόν, λιμὸς κόρον, κάματος ἀνάπαυσιν.

107. Schlimme Zeugen sind den Menschen Augen und Ohren, sofern
sie Barbarenseelen haben.

108. Von allen, deren Worte ich vernommen, gelangt keiner dazu zu
erkennen, daß das Weise etwas von allem Abgesondertes ist.

109 = 95.

110. Für die Menschen wäre es nicht besser, wenn ihnen alles zuteil wird,
was sie wollen.

111. Krankheit macht Gesundheit angenehm und gut, Hunger Sattheit,
Mühe Ruhe.

2 βαρβάρους] Seelen, die wie Barbaren die Aussagen der Sinne nicht
richtig verstehen können; so richtig auch Werner Neue Jahrb. 21 (1918) 391¹,
irrtümlich (als ob ἔχοντα dastünde) Wilamowitz Platon I³ 339¹   ἐχόντων]
vgl. Classen Beobacht. Hom. Sprachg. S. 174ff. Das Participium kann causal
und condicional verstanden werden. Vgl. Pascal Rendic. del R. Ist. Lomb.
Ser. II 49 (1906) 199   6 ⟨τό⟩ vor σοφόν bei Herakl. überflüssig; die
Randbem. des Marc. (Trinc.) ἢ γὰρ θεὸς ἢ θηρίον ist nur Reminiscenz aus
Arist. Pol. A 2. 1253a 25.   Die ἀφανὴς ἁρμονία Gottes (B 67) und seine im
λόγος verkörperte Einheit tritt der irdischen Dissonanz und ihrem steten
Wechsel als das Absolute gegenüber; vgl. B 102. 44 B 20. Apollonius Tyan.
bei Euseb. P. E. IV 13 θεῶι ... ἑνί τε ὄντι κεχωρισμένωι πάντων. Bernays
und andere halten das Fr. mit Unrecht für unecht, Heidel interpretiert
anders: no one has really attained to true knowledge (B 78); for wisdom
(which consists in the knowing the λόγος) is far removed from all (men).
10f. vgl. Wilamowitz Herm. 62 (1927) 278; zu ἡδὺ καὶ ἀγαθόν vergleicht
H. Gomperz Herodot III 80 οὔτε ἡδὺ οὔτε ἀγαθόν: κακόν statt καί mit
Heitz Diels

176   22 [12]. HERAKLEITOS

112 [107]. Stob. Flor. I 178 σωφρονεῖν ἀρετὴ μεγίστη, καὶ
σοφίη ἀληθέα λέγειν καὶ ποιεῖν κατὰ φύσιν ἐπαΐον-
τας.

113 [91]. — — 179 ξυνόν ἐστι πᾶσι τὸ φρονέειν.

5 114 [91b]. — — 179 ξὺν νόωι λέγοντας ἰσχυρίζεσθαι χρὴ
τῶι ξυνῶι πάντων, ὅκωσπερ νόμωι πόλις, καὶ πολὺ
ἰσχυροτέρως. τρέφονται γὰρ πάντες οἱ ἀνθρώπειοι
νόμοι ὑπὸ ἑνὸς τοῦ θείου· κρατεῖ γὰρ τοσοῦτον
ὁκόσον ἐθέλει καὶ ἐξαρκεῖ πᾶσι καὶ περιγίνεται.

10 115 [0]. — — 180a ψυχῆς ἐστι λόγος ἑαυτὸν αὔξων.

116 [106]. — — v 6 ἀνθρώποισι πᾶσι μέτεστι γινώσκειν
ἑωυτοὺς καὶ σωφρονεῖν.

112. Gesund Denken ist die größte Vollkommenheit, und die Weisheit
besteht darin, die Wahrheit zu sagen und zu handeln nach der
Natur, auf sie hinhörend.

113. Gemeinsam ist allen das Denken.

114. Wenn man mit Verstand reden will, muß man sich stark machen
mit dem allen Gemeinsamen (d. h. dem Verstand ξὺν νῶι: ξυνῶι)
wie eine Stadt mit dem Gesetz und noch viel stärker. Nähren sich
doch alle menschlichen Gesetze von dem einen, göttlichen; denn
dieses gebietet, soweit es nur will, und reicht aus für alle (und
alles) und ist sogar noch darüber.

115. Der Seele ist der Sinn eigen, der sich selbst mehrt.

116. Den Menschen ist allen zuteil geworden, sich selbst zu erkennen
und gesund zu denken.

1 σωφρονεῖν Hss. (wie B 116), hält auch H. Gomperz: τὸ φρονεῖν [vgl.
B 113] Diels, der die Echtheit von B 112. 116 gegen Heidels Angriffe a. O.
S. 714 wieder verteidigte (4. Aufl. I S. XXV)   2 κατὰ] καλὰ Valckenaer
unnötig; denn ἐπαΐοντας sc. φύσεως   5 νῶι Wackernagel Unters. zu
Homer S. 38⁴   9 Deutung nach P. Friedländer Platon I 9   περιγίνεται
⟨πάντων⟩ Diels wie Plut. de Isid. 45 p. 369a, wo Heraklit imitiert wird
10 Stob. hat B 115 falsch den folgenden Sokratessprüchen zugeschrieben:
berichtigt von Hense und H. Schenkl. Vgl. 22 C 1, 6. 7 und 31 B 110, 4.
An Erhöhung der Seele nach dem Tode (Heidel) ist hier wohl nicht zu
denken; eher gibt Erklärung Hipp. Epid. VI 5, 1 (v 314 L) ἀνθρώπου ψυχὴ
αἰεὶ φύεται μέχρι θανάτου· ἢν δὲ ἐκπυρωθῆι ἅμα τῆι νούσωι, καὶ ἡ ψυχὴ τὸ σῶμα
φέρβεται   12 σωφρονεῖν Hss.: φρονεῖν Diels, der auch εὖ φρονεῖν für mög-
lich hielt. Der Gegensatz ἀλλ᾽ οὐ ποιοῦσι ausgelassen. Vgl. auch O. Crusius
Bl. f. d. bayr. Gymn. Schulw. 49, 228

117 [73]. — — 7 ἀνὴρ ὁκόταν μεθυσθῆι, ἄγεται ὑπὸ παιδὸς
ἀνήβου σφαλλόμενος, οὐκ ἐπαΐων ὅκη βαίνει, ὑγρὴν
τὴν ψυχὴν ἔχων. [Vgl. B 71 ?].

118 [74—76]. — — 8 αὐγὴ ξηρὴ ψυχὴ σοφωτάτη καὶ
5 ἀρίστη oder vielmehr: αὔη ψυχὴ σοφωτάτη καὶ ἀρίστη.

119 [121]. — — ιν 40, 23 'Η. ἔφη ὡς ἦθος ἀνθρώπωι δαίμων.

120 [30]. STRABO ι 6 p. 3 βέλτιον δ' 'Η. καὶ ὁμηρικωτέρως ὁμοίως
ἀντὶ τοῦ ἀρκτικοῦ τὴν ἄρκτον ὀνομάζων· ἠοῦς καὶ ἑσπέρας
τέρματα ἡ ἄρκτος καὶ ἀντίον τῆς ἄρκτου οὖρος αἰ-
10 θρίου Διός. ὁ γὰρ ἀρκτικός ἐστι δύσεως καὶ ἀνατολῆς ὅρος,
οὐχ ἡ ἄρκτος.

---

117. Hat sich ein Mann betrunken, so wird er von einem unerwachsenen
Knaben geführt, taumelnd, ohne zu merken, wohin er geht; denn
feucht ist seine Seele. (*Als Gegenstück folgt*:)

118. Trockner Glast: weiseste und beste Seele *oder vielmehr* Trockene
Seele weiseste und beste.

119. Seine Eigenart ist dem Menschen sein Dämon (*d. h. sein Ge-
schick*).

120. Grenzen von Morgen und Abend: die Bärin und gegenüber der
Bärin der Grenzstein des strahlenden Zeus.

---

1 vgl. 21 B 1, 17f.   4 so Philo b. Eus. P. E. vιιι 14; vgl. Muson.
p. 96, 9 Hense, Plut. de esu carn. 1, 6 p. 995 E, Gal. ιv 786 K., Herm. in
Plat. Phaedr. 27, 28 Couvreur   αὔη ξηρὴ ψυχὴ σοφωτάτη καὶ ἀρίστη
Stob.: αὐγὴ ψυχὴ ξηρὰ σοφωτάτη κ. ἀ. Clem. Paed. ιι 2: ξηρὰ ψυχὴ σοφω-
τάτη Porphyr. d. antr. nymph. 11, ähnl. Synes. d. insomn. p. 140 Α Pet.,
Eustath. in Il. Ψ 261: αὔη ψυχὴ ξηρὴ καὶ ἀρίστη Plutarch Rom. 28 vgl. def.
orac. 41 p. 432 F: αὔη ξηρὴ σοφωτάτη Aristid. Quint. ιι 64. 29 Jahn.   Als
echt heraklitisch erschien αὔη ψυχὴ σ. κ. ἀ. Stephanus, wohl mit Recht
(gegen Diels). ξηρὴ sah Wendland als durch Panaitios und Poseidonios
weiter verbreitete Glosse an *Philo über die Vors.* S. 81⁴, 120 Nachtr.
6 So verstand Epicharm vgl. 23 B 17; vgl. H. Gomperz *Herm.* 58 (1923)
S. 42ff.   Zur Wertung des ἦθος ἀνθρώπειον vgl. B 78   8ff. vgl. Diels
*Herakleitos*² S. 45.   Gewählt hier die Deutung von Kranz *Berl. Sitz.
Ber.* 1916, 1161: Morgen- und Abendland werden getrennt durch die Ver-
bindungslinie des Nordsterns mit dem (täglichen) Kulminationspunkt der
Sonnenbahn, den Helios (~ Ζεὺς αἴθριος vgl. 22 C 1 Z. 4, Pherekyd. A 9,
Emped. B 6, 2 u. ö.) nicht überschreiten darf (B 94). οὖρος Grenzstein
wie Hom. Φ 405; vgl. auch K. Meister *Hom. Kunstspr.* S. 205³. Deutung
Wind muß falsch sein, da dieser nicht τέρμα sein kann

121 [114]. STRABO XIV 25 p. 642. DIOG. IX 2 [s. I 140,5] ἄξιον Ἐφε-
σίοις ἡβηδὸν ἀπάγξασθαι πᾶσι καὶ τοῖς ἀνήβοις τὴν
πόλιν καταλιπεῖν, οἵτινες Ἑρμόδωρον ἄνδρα ἑωυτῶν
ὀνήιστον ἐξέβαλον φάντες· ἡμέων μηδὲ εἷς ὀνήιστος
5 ἔστω, εἰ δὲ μή, ἄλλη τε καὶ μετ' ἄλλων.

122 [9]. SUID. s. v. ἀγχιβατεῖν und ἀμφισβατεῖν: ἀγχιβασίην
Ἡράκλειτος.

123 [10]. THEMIST. Or. 5 p. 69 φύσις δὲ καθ' Ἡράκλειτον κρύ-
πτεσθαι φιλεῖ.

10 124 [46 Anm.]. THEOPHR. Metaphys. 15 p. 7a 10 Usen. ἄλογον δὲ
κἀκεῖνο δόξειεν ἄν, εἰ ὁ μὲν ὅλος οὐρανὸς καὶ ἕκαστα τῶν
μερῶν ἅπαντ' ἐν τάξει καὶ λόγωι, καὶ μορφαῖς καὶ δυνάμεσιν
καὶ περιόδοις, ἐν δὲ ταῖς ἀρχαῖς μηθὲν τοιοῦτον, ἀλλ' ὥσπερ
σάρμα εἰκῇ κεχυμένων ὁ κάλλιστος, φησὶν Ἡράκλειτος,
15 [ὁ] κόσμος.

125 [84]. — de vertig. 9 καὶ ὁ κυκεὼν διίσταται ⟨μὴ⟩ κινού-
μενος.

---

121. Recht täten die Ephesier, sich Mann für Mann aufzuhängen alle-
samt und den Nicht-Mannbaren ihre Stadt zu hinterlassen, sie,
die Hermodoros, ihren wertvollsten Mann, hinausgeworfen haben
mit den Worten: Von uns soll keiner der wertvollste sein oder,
wenn schon, dann anderswo und bei andern.

122. Annäherung.

123. Die Natur (das Wesen) liebt es sich zu verbergen.

124. (Wie) ein Haufen aúfs Geratewohl hingeschütteter *Dinge*(?) die
schönste (Welt)ordnung.

125. Auch der Gerstentrank zersetzt sich, wenn man ihn nicht umrührt.

---

2 ἀπάγξασθαι Strab.: ἀποθανεῖν Diog.   3 über Hermodoros vgl. zu
22 A 3a   ἄνδρα fehlt Diog.   4 φάντες] λέγοντες Diog.   5 εἰ δέ τις
τοιοῦτος, ἄλλοι τε Diog.   8 Die Quelle ist Porphyrios vgl. Procl. r. p.
II 107, 6 Kroll καὶ ἡ φύσις κρύπτεσθαι φιλεῖ καθ' Ἡράκλειτον (aus Porph.). Vgl.
Manil. IV 869 *conditur en, inquit, vasto natura recessu*; Senec. N. Q. VII 30, 6
11 κἀκείνοις Hss.: verb. Bergk   14 σάρμα Diels: σάρξ Hss.: σωρός Usener
κεχυμένον Usener. Sinn wohl: so erscheint sie der Menge, die den Logos
nicht begreift   15 [ὁ] Wimmer   16 zu διίσταται vgl. Hipp. de morb. IV 51
(VII 584 L.) τὸ .. πῖον ὃ βούτυρον καλέουσιν ἐπιπολῆς διίσταται. Dem Sinne
nach gleich διαχέεται B 31   μή fehlt Theophr. (der es nach εἰ δὲ im Satze
vorher einschiebt): zugef. aus Alex. Aphr. Probl. III 42 Usener

125a [0]. Tzetzes ad Aristoph. Plut. 88 [Ambr., Paris.] τυφλὸν δὲ
τὸν Πλοῦτον ποιεῖ ὡς οὐκ ἀρετῆς, κακίας δὲ παραιτίου. ὅθεν καὶ
Ἡ. ὁ Ἐφέσιος ἀρώμενος Ἐφεσίοις, οὐκ ἐπευχόμενος· μὴ ἐπι-
λίποι ὑμᾶς πλοῦτος, ἔφη, Ἐφέσιοι, ἵν᾽ ἐξελέγχοισθε
5 πονηρευόμενοι.

126 [39]. — schol. ad exeg. ii. p. 126 Herm. τὰ ψυχρὰ θέρεται,
θερμὸν ψύχεται, ὑγρὸν αὐαίνεται, καρφαλέον νοτί-
ζεται.

ZWEIFELHAFTE, FALSCHE UND GEFÄLSCHTE FRAGMENTE
10 126a [0]. Anatol. de decade p. 36 Heiberg (Annales d'histoire. Congrès
de Paris 1901. 5. section) κατὰ λόγον δὲ ὡρέων συμβάλλεται
ἑβδομὰς κατὰ σελήνην, διαιρεῖται δὲ κατὰ τὰς ἄρκτους,
ἀθανάτου Μνήμης σημείω.

125a. Möge euch nie der Reichtum ausgehen, Ephesier, damit eure
Schlechtigkeit an den Tag kommen kann.

126. Das Kalte erwärmt sich, Warmes kühlt sich, Feuchtes trocknet
sich, Dürres netzt sich.

ZWEIFELHAFTE, FALSCHE UND GEFÄLSCHTE FRAGMENTE

126a. Nach dem Gesetze der Zeiten aber wird die Siebenzahl bei dem
Monde zusammengerechnet, gesondert aber erscheint sie bei den
Bären, den beiden Sternbildern unvergänglicher Erinnerung.

---

1 ediert von Zuretti Misc. Salinas (Pal. 1907) 218, „Apophthegma in
ganz moderner Sprache" Wilamowitz Herm. 62 (1927) 276. Diels wollte
das Branchidenorakel Herod. I 159 vergleichen   4 ὑμᾶς Epist. Heracl. 8, 3
(schlechtere Fassung): ὑμῖν Tzetz.   6 verkürzt in Epist. Heracl. 5   vgl.
C 1 § 21 g. E.   10 Diels urteilte: »Anat. schließt das Fr. an die 7 Phasen
des Mondes an. Dann ἄρκτος ἐπτάστερος· ἡράκλειτος· κατὰ λόγον δὲ ὡρίων
[so Monac.] συμβάλλεται ἑβδομάσι [so] κ. σελ. διαιρ. δὲ κατὰ τοὺς [so] ἄρκτους,
ἀθανάτου μνήμης σημείω [so]· πλειὰς ἐξάστερος [so]. Lat. Übers. bei Valla
de expetendis et fugiendis rebus III 17: septentrio stellarum septem. Heraclitus
rationem annonae colligendae ad septem lunae transfert mutationes. Pleades
septem stellae etc. Anatolius wie Philo de opif. 101. I 35, 3 W. gehen über
Poseidonios auf einen alexandrinischen Pythagoreer Περὶ ἑβδομάδος [Proros
c. 54, 6?] zurück, der notorisch Zeugnisse fälschte. Vgl. zu 36 B 5 und
Anatol. p. 36 Heib. (Terpander). Hier ist abgesehen von dieser Umgebung
auffallend 1) der Dual σημείω, der im Ionischen sehr zweifelhaft ist. Vgl.
Diels Berl. Sitz. Ber. 1910, 1154. 2) ἀθανάτου μνήμης σημείω, die Verbindung
des Genitivs klingt spät vgl. Seikilosinschr. μνήμης ἀθανάτου σῆμα πολυ-
χρόνιον oder Diodor. iv 85, 5 διὰ δὲ τὴν δόξαν ἐν τοῖς κατ᾽ οὐρανὸν ἄστροις
καταριθμηθέντα τυχεῖν ἀθανάτου μνήμης (über den adnominalen Gebrauch

130   22 [12]. HERAKLEITOS

126b [0]. ANONYM. IN PLAT. Theaet. [Berl. Klassikert. 2] 71, 12 zu p. 152 E
[23 A 6] Ἐπίχαρμος ὁ ⟨ὁμιλή⟩σας τοῖς Πυθα⟨γορείοις⟩ ἄλλα τ⟨έ⟩ τινα ἐ⟨πι-
νενόη⟩κεν δ⟨ειν⟩ὰ τ⟨όν τε περὶ τὺ⟩ῦ αὔξο⟨μένου λόγον⟩. ἐφοδ⟨εύει δὲ κατὰ
τὸ⟩ Ἡρα⟨κλείτου⟩ ᾽ἄλλως ἄ⟨λλο ἀεὶ αὔξε⟩ται πρὸς ὃ ⟨ἂν ἦι ἑλλι⟩πές᾽. εἰ οὖν
5   ⟨μηδεὶς⟩ ⟨παύε⟩ται ⟨ῥέων καὶ ἀλ⟩λ⟨άτ⟩των ⟨τὸ εἶδος, αἱ⟩ οὐσίαι ἄλλ⟨οτε
ἄλλαι⟩ γίνονται ⟨κατὰ συν⟩εχῆ ῥύσιν.

127 [0]. ARISTOCRITUS Theos. 69 [nach B 5] ὁ αὐτὸς πρὸς Αἰγυπτίους ἔφη · εἰ
θεοί εἰσιν, ἵνα τί θρηνεῖτε αὐτούς; εἰ δὲ θρηνεῖτε αὐτούς, μη-
κέτι τούτους ἡγεῖσθε θεούς.

10 128 [0]. — 74 ὅτι ὁ Ἡράκλειτος ὁρῶν τοὺς Ἕλληνας γέρα τοῖς δαίμοσιν ἀπο-
νέμοντας εἶπεν · δαιμόνων ἀγάλμασιν εὔχονται οὐκ ἀκούουσιν,
ὥσπερ ἀκούοιεν, οὐκ ἀποδιδοῦσιν, ὥσπερ οὐκ ἀπαιτοῖεν.

129 [17]. DIOG. VIII 6 Πυθαγόρης Μνησάρχου ἱστορίην ἤσκησεν
ἀνθρώπων μάλιστα πάντων καὶ ἐκλεξάμενος ταύτας τὰς

126 b. Stets wächst das eine so, das andere so, je nach seinem Bedürfnis.

127. Wenn es Götter gibt, weshalb beweint ihr sie? Wenn ihr sie
aber beweint, haltet sie doch nicht mehr für Götter!

128. Sie beten zu den Götterbildern, die nicht hören, als ob sie Gehör
hätten, die keinen Lohn zahlen, wie sie ja auch nichts fordern
könnten (?).

129. Pythagoras, des Mnesarchos Sohn, hat von allen Menschen am
meisten Erkundung getrieben, und nachdem er sich diese Schriften

dieses Genetivs s. auch Nachmanson Eranos IX (Upsala 1909) 63, Rader-
macher Neutest. Gramm. S. 89). Besser ist die Auffassung, wenn Μνήμης
gelesen werden kann (vgl. 44 A 13 g. E., 58 C 2). Denn diese Art pytha-
goreischer Mythologie erscheint auch bei Parmenides und Empedokles
(28 A 37. B 13; 31 B 116. 128 u. a.) und bei Heraklit selbst (22 B 94). Aber
auch so ist das Ganze wunderlich verzwackt wie auch der Gegensatz von
διαιρεῖσθαι und συμβάλλεσθαι spielerisch. Vgl. auch Diels Festschr. f. Gomperz
(1902) 10⁵.« H. Gomperz dagegen hält das Frag. für echt: der λόγος ὡρέων
kehre A 18. 19 wieder 30 = 2 (2 × 7 + 1); der Lebenszeit entspreche der
Monat A 19 Ende; 2 × 7 nehme der Mond zu + 1 Vollmondstag, ebenso
2 × 7 + 1 Neumond = Monat; da Feuer = Denkkraft sei, die Bären aber
nicht im Meere verlöschten, hätten sie „unverlöschliche Denkkraft"

1 Lesung und Herstellung unsicher. Zum Gedanken vgl. 23 B 2
7 vgl. 21 A 13 I 115, 9ff.   11 vgl. Acta Apbllonii S. 106 Klette (Gebhard-
Harnack T. u. U. XV 2) (Var. Z. 12 ἀκούομεν, dann οὐκ ἀπαιτοῦσιν, οὐκ ἀπο-
διδοῦσιν, wo die patristische Erweiterung von 22 B 5 klar ist. Da gerade
diese Stelle, die mit δὲ angeknüpft wird, im Armenischen fehlt, so ist eine
Einarbeitung in die alten Akten (aus der Zeit des Commodus) wahrschein-
lich (Vgl. Psalm. 115, 5. 135, 16 Sap. Sal. 15, 15.). Der Optativ und die Inkon-
zinnität des Ausdrucks ist daher (n. Diels) nicht zu beanstanden (ἀπαιτοῦσιν
erwartet man)   13 πυθαγόρης P: πυθαγόρας F: πυθαγόροις B ἱστορεῖν ἴσχυσεν F

συγγραφάς έποιήσατο έαυτοῦ σοφίην, πολυμαθίην, κακο-
τεχνίην.

130 [0]. GNOMOL. Mor.ac. lat. ι 19 (Caeci!. Balb. Wölfflin p.
18) *non convenit ridiculum esse ita, ut ridiculus ipse videaris.*
5 *Heraclitus dixit.*

131 [134]. — Paris. ed. Sternbach n. 209 ὁ δέ γε 'H. ἔλεγε τὴν οἴησιν
προκοπῆς ἐγκοπήν.

132 [0]. — Vatic. 743 n. 312 Sternb. τιμαὶ θεοὺς καὶ ἀνθρώπους κατα-
δουλοῦνται.

10 133 [0]. — — 313 ἄνθρωποι κακοὶ ἀληθινῶν ἀντίδικοι.

134 [135]. — — 314 τὴν παιδείαν ἕτερον ἥλιον εἶναι τοῖς πεπαιδευ-
μένοις.

135 [137]. — — 315 συντομωτάτην ὁδὸν ἔλεγεν εἰς εὐδοξίαν τὸ γενέ-
σθαι ἀγαθόν.

herausgesucht hat, machte er sich daraus eine eigene Weisheit:
Vielwisserei, Betrügerei.

130. Man soll nicht so spaßhaft sein, daß man selbst zum Spaße wird.

131. Eigendünkel ist Fortschritts Rückschritt.

132. Ehrenbezeugungen verknechten Götter und Menschen.

133. Böse Menschen sind die Widersacher der wahrhaftigen.

134. Bildung ist den Gebildeten eine zweite Sonne.

135. Der kürzeste Weg zum Ruhm ist gut zu werden.

1 ἐποίησεν F   ἑαυτοῦ BP¹F: ἑωυτοῦ P²   κακοτεχνίη] vgl. B 81. Rein-
hardt *Parmenides* S. 235.   πολυμαθίην B: sonst -μαθείην   Diels urteilte:
»Fr. 129 ist verdächtig 1. es dient den Zwecken einer notorischen pytha-
goreischen Fälschung 2. ταύτας τὰς συγγραφάς auf ἱστορίην bezogen ist
hart 3. Schriften des Pythagoras sind undenkbar vgl. c. 14, 17—19. Daher
ist das Ganze oder wenigstens ταύτας τὰς συγγραφάς (Zeller) oder ἐκλ. τ. τ.
συγγρ. (Th. Gomperz) unecht. καὶ ἐκλ. τ. τ. συγγραφάς gibt Corssen *Rhein.
Mus.* 67 (1912) 16 dem Diog.   Mir scheint das Ganze komponiert aus
B 40. 81 u. ähnl. Frr. Imitation des Heraklit in den pythagoreischen
„Symbolen“ s. zu B 94. ἱστορία im Sinne von γεωμετρία bei den Pytha-
goreern vgl. Nicom. b. Iambl. V. P. 89.« Trotzdem dringt die Ansicht
mit Recht durch, daß das Fr. echt sei, vor allem wegen des Schlusses
(vgl. B 40), vgl. u. a. Reinhardt *Parmenides* S. 235f., Wilamowitz *Glaube
d. Hellen.* II 188 (der ἐκδεξάμενος statt ἐκλεξάμενος vermutet, doch s. Rein-
hardt a. O.) Ταύτας τὰς συγγρ. auf ἱστορίην bezogen ist archaische
Härte (so richtig Reinhardt); zur Wertung des Fr., das auch Ion 35 B 4 als
echt bezeugt, vgl. *Herm.* 69 (1934) 115. 227f. Zu den συγγραφαί, welche P.
benutzte, vgl. Rathmann i. d. zu ι 96, 14 An. angef. Diss. S. 39f. 93   3 vgl.
Plato Sympos. 189 B   6 vgl. B 46. Die Gnome wird echt sein. Stob.
gibt sie dem Bion   10 vgl. B 28. 112   11 anderswo Platon zu-
geschrieben   13 vgl. Xen. Mem. ι 7, 1

182   22 [12]. HERAKLEITOS

136 [0]. Schol. Epictet. Bodl. p. lxxi Schenkl Ἡρακλείτου· ψυχαὶ ἀρηί-
φατοι καθερώτεραι (so) ἢ ἐνὶ νούσοις.

137 [63]. Stob. Ecl. i 5, 15 p. 78, 11 (nach Aët. i 27 1 s. 22 A 8) γράφει
γοῦν 'ἔστι γὰρ εἱμαρμένα πάντως ...

5 138 [0]. Cod. Paris. 1630 s. xiv f. 191ʳ Ἡρακλείτου φιλοσόφου κατὰ τοῦ βίου.
Ποίην τις βιότοιο τάμοι τρίβον κτλ. = Anth. Pal. ix 359. Stob. iv 34, 57
= Posidipp. Ep. 21 p. 79 Schott.

139 [0]. Catal. codd. astrol. graec. iv 32 vii 106 Ἡρακλείτου φιλοσόφου.
Ἐπειδὴ φασί τινες εἰς ἀρχὰς κεῖσθαι τὰ ἄστρα ... μέχρις οὗ ἐθέλει ὁ ποιή-
10 σας αὐτόν.

C. IMITATION

1. Hippocrates de victu i 5—24. [vi 476ff. Littré]

(5) χωρεῖ δὲ πάντα καὶ θεῖα καὶ ἀνθρώπινα ἄνω καὶ κάτω ἀμειβόμενα· ἡμέρη
καὶ εὐφρόνη ἐπὶ τὸ μήκιστον καὶ ἐλάχιστον· ὡς σελήνη ἐπὶ τὸ μήκιστον καὶ ἐλά-
15 χιστον, πυρὸς ἔφοδος καὶ ὕδατος, ⟨οὕτως⟩ ἥλιος ἐπὶ τὸ μακρότατον καὶ βραχύ-

136. Seelen im Kriege gefallen sind reiner als Krankheiten erlegene.

137. Denn es gibt auf alle Fälle Schicksalsbestimmungen (?) ...

138 = Poseidippos Epigr. 21.

139. Astrologische Fälschungen christl. Zeit auf Heraklits Namen 'Über
die Herkunft der Sterne'.

1 Das früher hier nach Bywater geführte Fr. aus Max. Serm. 8 p. 557
hat nicht einmal äußere Gewähr; vgl. Schenkl Epict. fragm. (Wien.
Sitz. Ber. 115 S. 484, 69). Das dafür eingesetzte 136 ist byzantinische
Spielerei nach B 24   4 εἱμαρμένη C   nach Diels lückenhaftes An-
hängsel an ein Placitum des Aët.; »Lortzing hält den Ursprung aus
Heraklit fest Berl. ph. Wochenschr. 1903, 36, auch H. Gomperz Herm.
58 (1923) 51ff. Aber Zitate Heraklits gibt es in den Placita nicht. Vor
allem aber ist das folgende aus Theodoret sicher als Chrysippisch fest-
gestellt (Aët. i 27, 2. D. 322b 6—8). Dazu stimmt der stoische Terminus
εἱμαρμένα.«   8 Das kurze Exzerpt ist hauptsächlich Kompilation aus
Philon. S. Boll. a. O. vii 106. Einmal scheint auf 22 B 94 angespielt.
Daher der Titel der byzantinischen Fälschung. Auf eine ähnliche astro-
logische Fälschung scheint sich zu beziehen Georg. Pachymeres in Martins
Ausg. des Theo Smyrn. p. 413 γίνονται δὲ πολλάκις καὶ κατὰ διάμετρόν τισί
τινες ⟨πλάνητες⟩ καὶ τῶι ἡλίωι καὶ τῆι σελήνηι πλὴν οὐχ ἅμα· τερατεύονται γὰρ
οἱ περὶ τὸν Ἡράκλειτον τὴν συντέλειαν τοῦ παντός, εἰ κατὰ διάμετρον πάντες
γένοιντο. Vgl. Martin p. 379 und zu B 105   13 vgl. Fredrich Hippokr.
Unters. (Wilamowitz Phil. Unters. xv) 112ff.; Diels Herm. 45 (1910) 138;
46 (1911) 266. Herakleitos² 56ff. Auch schon in dem vorhergehenden
Kapitel 4 wird heraklitisiert   χωρεῖ P [lat. Übers.] Bernays: χωρὶς Hss.
14 [ὡς] Wilam.   15 ⟨οὕτως⟩ Diels   [ἥλιος ... βραχύτατον] Wilam.

τατον. πάντα ταὐτὰ καὶ οὐ τὰ αὐτά· φάος Ζηνί, σκότος 'Αίδηι, φάος 'Αίδηι, σκότος Ζηνί· φοιτᾶι κεῖνα ὧδε καὶ τάδε κεῖσε, πᾶσαν ὥρην, πᾶσαν χώρην, δια-πρησσόμενα κεῖνά τε τὰ τῶνδε τάδε τ' αὖ τὰ κείνων. καὶ τὰ μὲν πρήσσουσιν, οὐκ οἴδασιν, ἃ δὲ οὐ πρήσσουσι, δοκέουσιν εἰδέναι· καὶ τὰ μὲν ὁρέουσιν, οὐ γι-
5 νώσκουσιν, ἀλλ' ὅμως αὐτοῖσι πάντα γίνεται δι' ἀνάγκην θείην καὶ ἃ βούλονται καὶ ἃ μὴ βούλονται. φοιτώντων τε ἐκείνων ὧδε τῶνδέ τε κεῖσε συμμισγομένων πρὸς ἄλληλα, τὴν πεπρωμένην μοῖραν ἕκαστον ἐκπληροῖ καὶ ἐπὶ τὸ μέζον καὶ ἐπὶ τὸ μεῖον. φθορὴ δὲ πᾶσιν ἀπ' ἀλλήλων, τῶι μέζονι ἀπὸ τοῦ μείονος καὶ τῶι μείονι ἀπὸ τοῦ μέζονος, αὔξη τε τῶι μέζονι ἀπὸ τοῦ ἐλάσσονος καὶ τῶι ἐλάσσονι ἀπὸ
10 τοῦ μέζονος.

(6) τὰ δὲ ἄλλα πάντα, καὶ ψυχὴν ἀνθρώπου καὶ σῶμα ὁμοίως, ἡ ψυχὴ δια-κοσμεῖται. ἐσέρπει δὲ ἐς ἄνθρωπον μέρεα μερέων, ὅλα ὅλων, ἔχοντα σύγκρησιν πυρὸς καὶ ὕδατος, τὰ μὲν ληψόμενα τὰ δὲ δώσοντα· καὶ τὰ μὲν λαμβάνοντα μεῖον ποιεῖ, τὰ δὲ διδόντα πλέον. πρίουσιν ἄνθρωποι ξύλον· ὁ μὲν ἕλκει, ὁ δὲ ὠθεῖ, τὸ
15 δὲ αὐτὸ τοῦτο ποιοῦσι· μεῖον δὲ ποιοῦντες πλέον ποιοῦσι. τοιοῦτον φύσις ἀνθρώ-που· τὸ μὲν ὠθεῖ, τὸ δὲ ἕλκει· τὸ μὲν δίδωσι, τὸ δὲ λαμβάνει· καὶ τῶι μὲν δίδωσι, τοσούτωι πλέον, τοῦ δὲ λαμβάνει, τοσούτωι μεῖον. χώρην δὲ ἕκαστον φυλάσσει τὴν ἑωυτοῦ, καὶ τὰ μὲν ἐπὶ τὸ μεῖον ἰόντα διακρίνεται ἐς τὴν ἐλάσσονα χώρην, τὰ δὲ ἐπὶ τὸ μέζον πορευόμενα συμμισγόμενα ἐξαλλάσσει ἐς τὴν μέζω τάξιν. τὰ δὲ
20 ξεῖνα καὶ μὴ ὁμότροπα ὠθεῖται ἐκ χώρης ἀλλοτρίης.

ἑκάστη δὲ ψυχὴ μέζω καὶ ἐλάσσω ἔχουσα περιφοιτᾶι τὰ μόρια τὰ ἑωυτῆς, ⟨αὐτὴ δὲ⟩ οὔτε προσθέσιος οὔτε ἀφαιρέσιος δεομένη τῶν μερέων, κατὰ δὲ αὔξησιν τῶν ὑπαρχόντων καὶ μείωσιν δεομένη χώρης ἕκαστα διαπρήσσεται, ἐς ἥντιν' ἂν ἔλθηι, καὶ δέχεται τὰ προσπίπτοντα. οὐ γὰρ δύναται τὸ μὴ ὁμότροπον ἐν τοῖσιν
25 ἀσυμφόροισι χωρίοισιν ἐμμένειν· πλανᾶται μὲν γὰρ ἀγνώμονα, συγγνώμονα δὲ ἀλλήλοισι γινώσκει πρὸς ὃ προσίζει· προσίζει γὰρ τὸ σύμφορον τῶι συμφόρωι, τὸ δὲ ἀσύμφορον πολεμεῖ καὶ μάχεται καὶ διαλλάσσει ἀπ' ἀλλήλων. διὰ τοῦτο ἀν-θρώπου ψυχὴ ἐν ἀνθρώπωι αὔξεται, ἐν ἄλλωι δὲ οὐδενί. καὶ τῶν ἄλλων ζώιων τῶν μεγάλων ὡσαύτως ὅσα διαλλάσσει ἀπ' ἀλλήλων, ὑπὸ βίης ἀποκρίνεται.
30 (7) περὶ μὲν οὖν τῶν ἄλλων ζώιων ἐάσω, περὶ δὲ ἀνθρώπου δηλώσω. ἐσέρπει γὰρ ἐς ἄνθρωπον ψυχὴ πυρὸς καὶ ὕδατος σύγκρησιν ἔχουσα, μοῖραν δὲ σώματος

3 τ' αὖ τὰ Diels: ταῦτα Μ: τε τὰ Θ   5 ὅμως Littré: ὅκως ΘΜ   6 καὶ τῶνδε Μ   8 φορὴ Θ   9 αὔξεται τὸ μέζον ἀ. τ. ἐ. καὶ τὸ ἔλασσον Hss.: verb. Wilam.   11 ψυχὴν und ὁμοίως Fredrich: ψυχή und ὁκοῖον ΘΜ   ἡ ψυχὴ ΜΡ: ἡσυχῆ Θ   13. 14 μεῖον und πλέον vertauschen ΘΜΡ: verb. Fredr.   16 μὲν δίδ. Μ: δὲ δ. Θ   17 τοῦ δὲ Μ (var. l. nach δίδωσι eingeschoben): οὐδὲν ΘΜ (suo loco): οὗ δὲ Bywater   φυλάσσειν Θ   20 καὶ Ρ: fehlt ΜΘ   ὠθεῖται Μ: ἐκχωρεῖται Θ   22 ⟨αὐτὴ δὲ⟩ Diels: statt dessen ἕκαστα ⟨δὲ⟩ Ζ. 23 Fredr.: anders deutet Reinhardt Parmen. S. 58   22 und 23 δεόμενα Θ   23 χώ-ρης Θ¹: χώρην Θ²: χώρην δὲ Μ   ἂν ἔλθηι Θ: ἐσέλθη Μ   24 δέχεται Μ: ἀνέχεται Θ: ⟨οὗ⟩ ἂν δέχηται Diels   25 ἐμμένειν Μ: μὴ ὁμονοεῖν Θ (d. i. μίμνειν ? Diels)   συγγνώμονα Fredr.: συγγινόμενα Θ: συμμισγόμενα ΜΡ   26 γὰρ tilgt Heidel   28 καὶ ⟨ἐπὶ⟩ ... ὡσαύτως verm. Heidel Harvard Stud. in Class. Philol. 22 (1911) 184ff.   29 διαλλάσσει Diels: δὲ (fehlt Θ) ἄλλως ΘΜΡ: ἀλλοῖα Wilam.   ἀλλήλων vulg.: ἄλλων ΘΜ   30 οὖν fehlt Θ   30ff. vgl. Heidel ebd. 25 (1914) 155   31 γὰρ Θ: δὲ Μ   μοῖραν ΘΜ: μοίρας Bernays: μέρεα Fredr.

ἀνθρώπου. (ταῦτα δὲ καὶ θήλεα καὶ ἄρσενα πολλὰ καὶ παντοῖα τρέφεταί τε καὶ
αὔξεται διαίτηι τῆιπερ ἄνθρωπος.) ἀνάγκη δὲ τὰ μέρεα ἔχειν πάντα τὰ ἐσιόντα·
οὗτινος γὰρ μὴ ἐνείη μοῖρα ἐξ ἀρχῆς, οὐκ ἂν αὐξηθείη οὔτε πολλῆς τροφῆς ἐπιούσης
οὔτε ὀλίγης· οὐ γὰρ ἔχει τὸ προσαυξόμενον. ἔχον δὲ πάντα αὔξεται ἐν χώρηι
5 τῆι ἑωυτοῦ ἕκαστον, τροφῆς ἐπιούσης ἀπὸ ὕδατος ξηροῦ καὶ πυρὸς ὑγροῦ, καὶ
τὰ μὲν ἔσω βιαζομένης τὰ δὲ ἔξω. ὥσπερ οἱ τέκτονες τὸ ξύλον πρίουσιν· ὁ μὲν
ἕλκει, ὁ δὲ ὠθεῖ τωὐτὸ ποιοῦντες. κάτω δὲ πιεζόντων ἄνω ἕρπει· οὐ γὰρ ἂν παρὰ
⟨καιρὸν⟩ δέχοιτο κάτω ἰέναι· ἢν δὲ βιάζηται, παντὸς ἁμαρτήσεται· τοιοῦτον
τροφὴ ἀνθρώπου· τὸ μὲν ἕλκει, τὸ δὲ ὠθεῖ· ἔσω δὲ βιαζομένου ἔξω ἕρπει. ἢν δὲ
10 βιῆται παρὰ καιρόν, παντὸς ἀποτεύξεται.

(8) χρόνον δὲ τοσοῦτον ἕκαστον τὴν αὐτὴν τάξιν ἔχει, ἄχρι μηκέτι δέχηται
ἡ χώρη μηδὲ τροφὴν ἱκανὴν ἔχηι ἐς τὸ μήκιστον τῶν δυνατῶν. ἔπειτεν ἀμείβει
ἐς τὴν μέζονα χώρην, θήλεα καὶ ἄρσενα, τὸν αὐτὸν τρόπον ὑπὸ βίης καὶ ἀνάγκης
διωκόμενα· ὁκότερα δ' ἂν πρότερον ἐκπλήσηι τὴν πεπρωμένην μοῖραν, ταῦτα δια-
15 κρίνεται πρῶτα, ἅμα δὲ καὶ συμμίσγεται· ἕκαστον μὲν γὰρ διακρίνεται πρῶτα,
ἅμα δὲ καὶ συμμίσγεται. χώρην δὲ ἀμείψαντα· καὶ τυχόντα ἁρμονίης ὀρθῆς, ἐχού-
σης συμφωνίας τρεῖς, συλλαβήν, δι' ὀξεῶν, διὰ πασέων, ζώει καὶ αὔξεται τοῖσιν
αὐτοῖσιν οἷσίπερ καὶ πρόσθεν. ἢν δὲ μὴ τύχηι τῆς ἁρμονίης μηδὲ σύμφωνα τὰ
βαρέα τοῖσιν ὀξέσι γένηται ἐν τῆι πρώτηι συμφωνίηι ἢ τῆι δευτέρηι ἢ τῆι διὰ
20 παντός, ἑνὸς ἀπογενομένου πᾶς ὁ τόνος μάταιος· οὐ γὰρ ἂν προσαείσαι· ἀλλ'
ἀμείβει ἐκ τοῦ μέζονος ἐς τὸ μεῖον πρὸ μοίρης, διότι οὐ γινώσκουσιν, ὅτι ποιοῦσιν.

(9) ἀρσένων μὲν οὖν καὶ θηλέων διότι ἑκάτερα γίνεται, προϊόντι τῶι λόγωι
δηλώσω (nämlich c. 27ff.). τούτων δὲ ὁπότερον ἂν τύχηι ἐλθὸν καὶ τύχηι τῆς
ἁρμονίης, ὑγρὸν ἐὸν κινεῖται ὑπὸ τοῦ πυρός, κινεόμενον δὲ ζωπυρεῖται καὶ προσά-
25 γεται τὴν τροφὴν ἀπὸ τῶν ἐσιόντων ἐς τὴν γυναῖκα σίτων καὶ πνεύματος· καὶ τὰ
μὲν πρῶτα πάντη ὁμοίως, ἕως ἔτι ἀραιόν ἐστιν, ὑπὸ δὲ τῆς κινήσιος καὶ τοῦ πυρὸς
ξηραίνεται καὶ στερεοῦται· στερεούμενον δὲ πυκνοῦται πέριξ καὶ τὸ πῦρ ἐγκατα-
κλειόμενον οὐκέτι τὴν τροφὴν ἱκανὴν ἔχει ἐπάγεσθαι οὐδὲ τὸ πνεῦμα ἐξωθεῖ διὰ τὴν
πυκνότητα τοῦ περιέχοντος· ἀναλίσκει οὖν τὸ ὑπάρχον ὑγρὸν ἔσω. τὰ μὲν οὖν
30 στερεὰ τὴν φύσιν ἐν τῶι συνεστηκότι καὶ ξηρὰ οὐ καταναλίσκεται τῶι πυρὶ ἐς τὴν
τροφήν, ἀλλ' ἐγκρατέα γίνεται καὶ συνίσταται τοῦ ὑγροῦ ἐκλείποντος, ἅπερ
ὀστέα καὶ νεῦρα ὀνομάζεται. τὸ δὲ πῦρ ἐκ τοῦ συμμιγέντος κινεόμενον τοῦ ὑγροῦ
διακοσμεῖται τὸ σῶμα κατὰ φύσιν διὰ τοιήνδε ἀνάγκην· διὰ μὲν τῶν στερεῶν καὶ
ξηρῶν οὐ δύναται τὰς διεξόδους χρονίας ποιεῖσθαι, διότι οὐκ ἔχει τροφήν, διὰ
35 δὲ τῶν ὑγρῶν καὶ μαλακῶν δύναται· ταῦτα γὰρ αὐτῶι ἐστι τροφή· ἔνι δὲ καὶ ἐν

---

1 πολλὰ ΘΡ: καὶ πολλὰ Μ   3 ἂν fehlt Θ   6 βιαζόμενα ΘΜ: verb.
Diels   7 κάτω δὲ πιεζόντων ἀνέρπει Θ: κάτω δὲ πιέζοντον ἄνω ἕρπει Μ:
κάτω δὲ πιεζόμενον ἄνω ἕρπει Fredr.: vgl. c. 16 I 186, 32   8 ⟨καιρὸν⟩ nach
Z. 10 Diels   9 βιαζομένου Θ: βιαζόμενον Μ   12 ἡ χώρη μὴ δὲ τροφὴν Μ:
ἡ τροφῆι μηδὲ χώρην Θ   13 μέζονα Θ: ἔξω Μ   14 ὁκότερα Θ: ὅσα δὲ
ἂν Μ   17 συλλήβδην διεξιὸν Hss.: verb. Delatte vgl. 44 Β 6. 58 Β 18.
18 οὗπερ Μ   19 γένηται ἡ πρώτηι συμφωνίηι ἢ [ἢν Μ] δὲ δευτέρηι γένεσις
[ἢι fügt Μ zu] τὸ διὰ παντός ΘΜ: verb. Fredrich   20 ἑνὸς Μ: τινὸς Θ
21 προμοιρῆσαι ὅτι Θ   23 ἂν Μ: ἢν Θ   24 κεινεομένου Θ   25 πνεύματος·
καὶ τὰ ΘΡ: πνευμάτων τὰ Μ(?)   30 ξηρὰ Fredr.: ξηρῶ ΘΜ   οὐκ ἀναλίσκε-
ται Μ   31 ἐκλείποντος ΜΡ: οὐκ ἐκλείπ. Θ   32 ἐπονομάζεται Μ   κινεου-
μένου ΘΜ: verb. Diels   33. 34 τὸ στερεὸν καὶ ξηρὸν Μ   35 γὰρ ΜΡ: δὲ Θ

τούτοισι ξηρότης οὐ καταναλισκομένη ὑπὸ τοῦ πυρός· ταῦτα δὲ συνίσταται πρὸς
ἄλληλα. τὸ μὲν οὖν ἐσωτάτω καταφραχθὲν πῦρ καὶ πλεῖστόν ἐστι καὶ μεγίστην
τὴν διέξοδον ἐποιήσατο. πλεῖστον γὰρ τὸ ὑγρὸν ἐνταῦθ' ἐνῆν, ὅπη κοιλίη καλεῖται·
καὶ ἐξέπεσεν ἐντεῦθεν, ἐπεὶ οὐκ εἶχε τροφήν, ἔξω, καὶ ἐποιήσατο τοῦ πνεύματος
5 διεξόδους καὶ τροφῆς ἐπαγωγὴν καὶ διάπεμψιν. τὸ δὲ ἀποκλεισθὲν ἐς ⟨τὸ⟩ ἄλλο
σῶμα περιόδους ἐποιήσατο τρισσάς· ὅπερ ἦν ὑγρότατον τοῦ πυρός, ἐν τούτοισι
τοῖσι χωρίοισιν, αἵτινες φλέβες καλέονται κοῖλαι ⟨* * *⟩, ἐς δὲ τὰ μέσα τούτων τὸ
ὑπολειπόμενον τοῦ ὕδατος συνιστάμενον πήγνυται, ὅπερ καλεῖται σάρκες.

' (10) ἐνὶ δὲ λόγωι πάντα διεκοσμήσατο κατὰ τρόπον αὐτὸ ἑωυτῶι τὰ ἐν τῶι
10 σώματι τὸ πῦρ, ἀπομίμησιν τοῦ ὅλου, μικρὰ πρὸς μεγάλα καὶ μεγάλα πρὸς μικρά·
κοιλίην μὲν τὴν μεγίστην ὕδατι ξηρῶι καὶ ὑγρῶι ταμιεῖον δοῦναι πᾶσι καὶ λαβεῖν
παρὰ πάντων, θαλάσσης δύναμιν, ζώιων συμφόρων τροφόν, ἀσυμφόρων δὲ φθό-
ρον. περὶ δὲ ταύτην ὕδατος ψυχροῦ καὶ ὑγροῦ σύστασιν, διέξοδον πνεύματος
ψυχροῦ καὶ θερμοῦ, ἀπομίμησιν γῆς τὰ ἐπεισπίπτοντα πάντα ἀλλοιούσης· καὶ τὰ
15 ⟨μὲν⟩ ἀναλίσκον, τὰ δὲ αὖξον σκέδασιν ὕδατος λεπτοῦ καὶ πυρὸς ἐποιήσατο ἠε-
ρίου, ἀφανέος καὶ φανεροῦ, ἀπὸ τοῦ συνεστηκότος ἀπόκρισιν, ἐν ὧι φερόμενα ἐς
τὸ φανερὸν ἀφικνεῖται ἕκαστον μοίρηι πεπρωμένηι. ἐν δὲ τούτωι ἐποιήσατο ⟨τὸ⟩
πῦρ περιόδους τρισσάς, περαινούσας πρὸς ἀλλήλας καὶ ἔσω καὶ ἔξω· αἱ μὲν πρὸς
τὰ κοῖλα τῶν ὑγρῶν, σελήνης δύναμιν, αἱ δὲ ⟨ὡς⟩ πρὸς τὴν ἔξω περιφορὴν πρὸς
20 τὸν περιέχοντα πάγον, ἄστρων δύναμιν, αἱ δὲ μέσαι καὶ ἔσω καὶ ἔξω περαίνουσαι
⟨πρὸς τὰς ἑτέρας, ἡλίου δύναμιν⟩, τὸ θερμότατον καὶ ἰσχυρότατον πῦρ, ὅπερ
πάντων κρατεῖ, διέπον ἕκαστα κατὰ φύσιν ἄθικτον καὶ ὄψει καὶ ψαύσει. ἐν τού-
τωι ψυχή, νόος, φρόνησις, κίνησις, αὔξησις, μείωσις, διάλλαξις, ὕπνος, ἔγερσις·
τοῦτο πάντα διὰ παντὸς κυβερνᾶι καὶ τάδε καὶ ἐκεῖνα οὐδέποτε ἀτρεμίζον.

25 (11) οἱ δὲ ἄνθρωποι ἐκ τῶν φανερῶν τὰ ἀφανέα σκέπτεσθαι οὐκ ἐπίστανται.
τέχνηισι γὰρ χρεόμενοι ὁμοίηισιν ἀνθρωπίνηι φύσει οὐ γινώσκουσιν. θεῶν γὰρ
νόος ἐδίδαξε μιμεῖσθαι τὰ ἑωυτῶν, γινώσκοντας ἃ ποιοῦσι καὶ οὐ γινώσκοντας ἃ
μιμέονται· πάντα γὰρ ὅμοια ἀνόμοια ἐόντα, καὶ σύμφορα πάντα διάφορα ἐόντα,
διαλεγόμενα οὐ διαλεγόμενα, γνώμην ἔχοντα ἀγνώμονα, ὑπεναντίος ὁ τρόπος
30 ἑκάστων ὁμολογεόμενος· νόμος γὰρ καὶ φύσις, οἷσι πάντα διαπρησσόμεθα, οὐχ
ὁμολογεῖται ὁμολογεόμενα. νόμον μὲν ἄνθρωποι ἔθεσαν αὐτοὶ ἑωυτοῖσιν, οὐ γι-

---

3 ἐντεῦθεν ηνοποι Θ: *intrinsecus quo* P: ἐνταῦθα ἐνῆν, ὅπερ M: verb. Diels
(vgl. 68 B 30 Z. 2 Anm.)   5 ⟨τὸ⟩ Fredr.   6 περιόδους ... τρισσάς ver-
setzt nach χωρίοισιν (Z. 7) Diels   7 Die Lücke füllt Fredr. aus c. 10
mit περαινούσας πρὸς ἄλληλα — ἔξω περαίνουσαι   9ff. Die hier ge-
gebene Mikrokosmosdarstellung ist eine heraklitisierende Wiedergabe per-
sischer Lehre, entsprechend der in Περὶ ἑβδ. 6 § 1 Rosch., Περὶ διαίτ. 4.
Vgl. A. Götze *Zeitschr. f. Indol. u. Iran.* 2 (1923) 60ff. 167ff., Capelle *Herm.*
60 (1925) 381ff.; sie bedarf weiterer Behandlung   9 ἑωυτῶι τὰ fehlt Θ
11 ὕδατι fehlt M   πᾶσι fehlt Θ   14 καὶ τὰ ⟨μὲν⟩ ἀναλίσκον τὰ δὲ Diels:
καταναλίσκοντα δὲ ΘΜ: καταναλίσκον δὲ vulgo   15 ἠερίου ΘΡ: περὶ οὗ M:
ἀραιοῦ Fredr.   17 τούτων Θ   ⟨τὸ⟩ πῦρ Bernays: πυρὸς ΘΜ   19 ⟨ὡς⟩
Diels   περιφορὴν M: ἐπιφορὴν Θ   20 πάγον] vgl. ἄκριτον πάγος Hipp.
Περὶ ἑβδ. 6 (Gal. xix 73)   21 ⟨ ⟩ Diels vgl. 13 A 13. 60 A 1   22 ἄθικτον
PM(?): ἄοικτον Θ   23 [ψυχή] Fredr.   κίνησις αὔξησις μείωσις διάλλαξις PM
(nur dieser κίν. und αὔξ. umgestellt): αὔξησις allein Θ: [αὔξησις] Fredr.
26 θεῶν M: ὅσων Θ: θεῖον(?) P

νώσκοντες περὶ ὧν ἔθεσαν, φύσιν δὲ πάντων θεοὶ διεκόσμησαν. τὰ μὲν οὖν ἄνθρωποι
διέθεσαν, οὐδέποτε κατὰ τωὐτὸ ἔχει οὔτε ὀρθῶς οὔτε μὴ ὀρθῶς· ὅσα δὲ θεοὶ διέθεσαν,
ἀεὶ ὀρθῶς ἔχει καὶ τὰ ὀρθὰ καὶ τὰ μὴ ὀρθά· τοσοῦτον διαφέρει.

(12) ἐγὼ δὲ δηλώσω τέχνας φανερὰς ἀνθρώπου παθήμασιν ὁμοίας ἐούσας καὶ
5 φανεροῖσι καὶ ἀφανέσι. μαντικὴ τοιόνδε· τοῖσι μὲν φανεροῖσι τὰ ἀφανέα γινώσκει
καὶ τοῖσιν ἀφανέσι τὰ φανερά, καὶ τοῖσιν ἐοῦσι τὰ μέλλοντα καὶ τοῖσιν ἀποθα-
νοῦσι τὰ ζῶντα, καὶ τοῖς ἀσυνέτοισι συνιᾶσιν ὁ μὲν εἰδὼς ἀεὶ ὀρθῶς ὁ δὲ μὴ εἰδὼς
ἄλλοτε ἄλλως. φύσιν ἀνθρώπου καὶ βίον ταῦτα μιμεῖται· ἀνὴρ γυναικὶ συγγενό-
μενος παιδίον ἐποίησε· τῶι φανερῶι τὸ ἄδηλον γινώσκει, ὅτι ⟨συνέλαβεν⟩· οὕτως
10 ἔσται γνώμη ἀνθρώπου ἀφανὴς γινώσκουσα τὰ φανερά. ἐκ παιδὸς ἐς ἄνδρα
μεθίσταται· τῶι ἐόντι τὸ μέλλον γινώσκει. οὐχ ὅμοιον ἀποθανὼν ζώοντι· τῶι
τεθνηκότι οἶδεν τὸ ζῶον. ἀσύνετον γαστήρ. ταύτηι συνίεμεν ὅτι διψῆι ἢ πεινῆι.
ταὐτὰ μαντικῆς τέχνης καὶ φύσιος ἀνθρωπίνης παθήματα· τοῖσι μὲν γινώκουσιν
ἀεὶ ὀρθῶς, τοῖσι δὲ μὴ γινώκουσιν [ἀεὶ] ἄλλοτε ἄλλως.
15 (13) [σιδήρου ὄργανα] τέχνηισι τὸν σίδηρον πυρὶ τήκουσι, πνεύματι ἀναγκά-
ζοντες τὸ πῦρ· τὴν ὑπάρχουσαν τροφὴν ἀφαιρέονται, ἀραιὸν δὲ ποιήσαντες
παίουσι καὶ συνελαύνουσιν, ὕδατος δὲ ἄλλου τροφῆι ἰσχυρὸν γίνεται. ταὐτὰ
πάσχει ἄνθρωπος ὑπὸ παιδοτρίβου. τὴν ὑπάρχουσαν τροφὴν πῦρ ἀφαιρεῖται,
ὑπὸ πνεύματος ἀναγκαζόμενον. ἀραιούμενος δὲ κόπτεται, τρίβεται, καθαίρεται.
20 ὑδάτων δὲ ἐπαγωγῆι ἄλλοθεν ἰσχυρὸς γίνεται.

(14) καὶ οἱ γναφέες τοῦτο διαπρήσσονται· λακτίζουσι, κόπτουσιν, ἕλκουσι· λυ-
μαινόμενοι ἰσχυρότερα(?) ποιοῦσι· κείροντες τὰ ὑπερέχοντα καὶ παραπέκοντες
καλλίω ποιοῦσι· ταὐτὰ πάσχει ἄνθρωπος.

(15) σκυτέες τὰ ὅλα κατὰ μέρεα διαιρέουσι καὶ τὰ μέρεα ὅλα ποιοῦσι· τέμνον-
25 τες δὲ καὶ κεντέοντες τὰ σαθρὰ ὑγιέα ποιοῦσι. καὶ ἄνθρωπος ταῦτα πάσχει. ἐκ τῶν
ὅλων μέρεα διαιρεῖται καὶ ἐκ τῶν μερέων συντιθεμένων ὅλα γίνεται. κεντεόμενοι δὲ
καὶ τεμνόμενοι τὰ σαθρὰ ὑπὸ τῶν ἰητρῶν ὑγιάζονται. καὶ τόδε ἰητρικῆς· τὸ λυπέον
ἀπαλλάσσειν καὶ ὑφ᾽ οὗ πονεῖ ἀφαιρέοντα ὑγιέα ποιεῖν. ἡ φύσις αὐτομάτη ταῦτα
ἐπίσταται· καθήμενος πονεῖ ἀναστῆναι, κινεόμενος πονεῖ ἀναπαύσασθαι. καὶ πολλὰ
30 τὰ τοιαῦτα ἔχει ἡ φύσις ἰητρικῆς.

(16) τέκτονες πρίοντες ὁ μὲν ὠθεῖ ὁ δὲ ἕλκει· τωὐτὸ ποιοῦντες ἀμφοτέρως.
[φέρε· τρυπῶσιν ὁ μὲν ἕλκει ὁ δὲ ὠθεῖ] πιεζόντων ἄνω ἕρπει, τὸ δὲ κάτω· μείω ποιοῦν-

---

1 θεὸς διεκόσμησεν ΘΡ   2 θεοὶ Μ: ὅσοι Θ: θεὸς Ρ   διέθηκε Ρ(?)   4 δὲ
fehlt Μ   6 καὶ (nach φαν.) fehlt Μ   7 τοῖς ἀσυνέτοισι Ρ: τῶν ἀσυνέτων
Μ: ἀσυνέτων Θ: τῶι ἀσυνέτωι Bywater   9 ⟨ ⟩ Diels: [ὅτι οὕτως ἔσται]
Fredr.   11 ἀποθανάτου Μ   ζῶντι Θ   12 ζῶον Hss.: ζῶιον Fredr.
(Druckf.)   13 Diels: μαντικὴ τέχνη Hss.   14 ἀεὶ ΘΜ: fehlt Ρ   15 [σι-
δήρου ὄργανα] Diels (vgl. I 187, 9): σιδήρου ἐργάται Wilam., der τέχνηισι
aus der Variante τεχνῖται entstanden sein läßt   πυρὶ τήκουσι Bywater:
περιτήκουσι ΘΜΡ   16 ἀφαιρέοντες Μ   18 πῦρ Fredr.: πυρὶ ΘΜ   19 ἀναγ-
καζόμενος Μ   ἀραιούμενος δὲ Μ: ἀραιούμενα Θ: ἀραιωμένος δὲ verm. Diels   δὲ
Μ: fehlt Θ   20 ὑδάτων Μ: ὕδατος Ρ: ὑπὸ τῶνΘ   ὑπαγωγῆ Μ   22 παρα-
πέκοντες Wilam.: παραπλέκοντες Hss.   23 ὤνθρωπος Bywater   24 τὰ ὅλα
fehlt Μ   κατὰ Μ: καὶ τὰ Θ   25 nach ἄνθρωπος fügt δὲ zu Μ   26 δὲ ὁ
τε Μ   27 ὑγιάζονται Ermerins: ὑγιαίνονται Θ: ὑγιαίνονται καὶ ζώει Μ
29 πολλὰ τὰ Ρ: τὰ ἄλλα τὰ Θ: τὰ ἄλλα Μ   31 ἀμφοτέρως φέρει Μ: ἀμφό-
τεροι Θ   32 [ ] Diels   πιεζόμενον Fredr. vgl. c. 7

τες πλείω ποιοῦσι. φύσιν ἀνθρώπου μιμέονται· τὸ πνεῦμα τὸ μὲν ἕλκει τὸ δὲ ὠθεῖ· τωὐτὸ ποιεῖ καὶ ἀμφοτέρως· τὰ μὲν κάτω πιεζεῖται, τὰ δὲ ἄνω ἕρπει. ἀπὸ μιῆς ψυχῆς διαιρεομένης πλείους καὶ μείους καὶ μέζονες καὶ ἐλάσσονες.

(17) οἰκοδόμοι ἐκ διαφόρων σύμφορα ἐργάζονται· τὰ μὲν ξηρὰ ὑγραίνοντες 5 τὰ δὲ ὑγρὰ ξηραίνοντες, τὰ μὲν ὅλα διαιρέοντες, τὰ δὲ διηιρημένα συντιθέντες. μὴ οὕτω δὲ ἐχόντων οὐκ ἂν ἔχοι ᾗ δεῖ. δίαιταν ἀνθρώπου μιμέονται· τὰ μὲν ξηρὰ ὑγραίνοντες, τὰ δὲ ὑγρὰ ξηραίνοντες· τὰ μὲν ὅλα διαιρέουσι, τὰ δὲ διηιρημένα συντιθέασι· ταῦτα πάντα διάφορα ἐόντα συμφέρει.

(18) [μουσικῆς ὄργανον ὑπάρξαι δεῖ πρῶτον ἐν ᾧ δηλώσει ἃ βούλεται.] ἁρ-
10 μονίης συντάξιες ἐκ τῶν αὐτῶν οὐχ αἱ αὐταί· ἐκ τοῦ ὀξέος καὶ ἐκ τοῦ βαρέος, ὀνό-
ματι μὲν ὁμοίων, φθόγγωι δὲ οὐχ ὁμοίων. τὰ πλεῖστον διάφορα μάλιστα συμφέρει,
τὰ δὲ ἐλάχιστον διάφορα ἥκιστα συμφέρει. εἰ δὲ ὅμοια πάντα ποιήσειέ τις, οὐκ
ἔτι τέρψις. αἱ πλεῖσται μεταβολαὶ καὶ πολυειδέσταται μάλιστα τέρπουσιν. μάγειροι
ὄψα σκευάζουσιν ἀνθρώποισι, διαφόρων συμφόρων παντοδαπὰ συγκρίνοντες,
15 ἐκ τῶν αὐτῶν οὐ ταὐτά, βρῶσιν καὶ πόσιν ἀνθρώπωι· εἰ δὲ πάντα ὅμοια ποιήσειεν,
οὐκ ἔχει τέρψιν· οὐδ᾿ εἰ ἐν τῶι αὐτῶι πάντα συντάξειεν, οὐκ ἂν ἔχοι ὀρθῶς. κρούε-
ται τὰ κρούματα ἐν μουσικῆι τὰ μὲν ἄνω τὰ δὲ κάτω. γλῶσσα μουσικὴν μιμεῖται,
διαγινώσκουσα μὲν τὸ γλυκὺ καὶ τὸ ὀξὺ τῶν προσπιπτόντων, καὶ διάφωνα καὶ
ξύμφωνα. κρούεται δὲ [τοὺς φθόγγους] ἄνω καὶ κάτω, καὶ οὔτε τὰ ἄνω κάτω κρουό-
20 μενα ὀρθῶς ἔχει οὔτε τὰ κάτω ἄνω· καλῶς δὲ ἡρμοσμένης γλώσσης τῆι συμφωνίηι
τέρψις, ἀναρμόστου δὲ λύπη.

(19) νακοδέψαι τείνουσι, τρίβουσι, κτενίζουσι, πλύνουσι. ταὐτὰ παιδίων θε-
ραπείη. πλοκεῖς ἄγοντες κύκλωι πλέκουσιν· ἀπὸ τῆς ἀρχῆς ἐς τὴν ἀρχὴν τελευτῶ-
σιν. τωὐτὸ περίοδος ἐν τῶι σώματι· ὁκόθεν ἄρχεται, ἐπὶ τοῦτο τελευτᾶι.

25 (20) χρυσίον ἐργάζονται· κόπτουσι, πλύνουσι, τήκουσι· πυρὶ μαλθακῶι, ἰσχυ-
ρῶι δὲ οὔ, συνίσταται· ἀπειργασμένοι πρὸς πάντα χρῶνται. ἄνθρωπος σῖτον
κόπτει, πλύνει, ἀλήθει, πυρώσας χρῆται. ἰσχυρῶι μὲν πυρὶ ἐν τῶι σώματι οὐ
συνίσταται, μαλακῶι δέ.

(21) ἀνδριαντοποιοὶ μίμησιν σώματος ποιοῦσι [πλὴν ψυχῆς], γνώμην δ᾿ ἔχοντα
30 οὐ ποιοῦσιν, ἐξ ὕδατος καὶ γῆς, τὰ ὑγρὰ ξηραίνοντες καὶ τὰ ξηρὰ ὑγραίνοντες.

---

1 nach ποιοῦσι fügt zu καὶ πλείω ποιοῦντες μείω ποιοῦσι P (echt ?)   τὸ (vor πνεῦμα) fehlt M   2 ποιεῖ καὶ ΘP: ποιεῖν M   nach ἀμφοτέρως be-
wahren das Glossem φέρει [φέρε P] σίτων MP   πιεζεῖται Diels: πιέζηται Θ:
πιέζεται M   3 διαιρευμένηι Θ   4 σύμφορον MP: fehlt Θ: verb. Fredr.   ἐργά-
ζοντες M   5 τὴν μὲν ὕλην P (?)   6 ηδει Θ: ἰδίως M   μιμέεται ΘM: verb.
Zwinger   7 ὑγραίνοντες] näml. ἄνθρωποι. Vielleicht ist etwas ausgefallen
8 συμφέρει τῇ φύσει M   9 [ ] ΘMP: tilgte Fredr.   ἁρμονίη M   10 σύν-
ταξις Θ   11 φθόγγων Θ   πλεῖστα ... ἐλάχιστα ΘM: verb. Wilam.   12 εἰ M:
τὰ Θ   ποιήσει ΘM: verb. Wilam.   14 ἀνθρώπων M: ἀνθρώποισι P   ἐκ δια-
φόρων (ohne συμφόρων) M   15 ἦν M   ποιήσει Θ: ποιήσῃ M: verb. Wilam.
16 ἔχει τέρψιν Hss.: ἔτι τέρψις (wie 13. 21)? Diels   συνταράξειεν M   18 f. καὶ
ξύμφωνα Θ: fehlt M   19 [τους φθόγγους] Bywater   20 κάτω ἄνω M:
ἄνω κάτω Θ: fehlt P   τῆς συμφωνίης M   22 σκυτοδέψαι M   23 πλοκεῖς
so Hss.   24 τωὐτὸ Ermerins: τοῦτο ΘMP   τοῦτο] auch τωὐτὸ? Diels
25 μαλθακῶι Θ: μαλακῷ M   26 χρῶνται fehlt Θ   27 [ἀλήθει] Fredr.
29 [ ] Wilam.   δ᾿ ἔχοντα οὐ M: δέχονται Θ   30 καὶ τὰ ξ. ὑγρ. fehlt M

ἀφαιρέονται ἀπὸ τῶν ὑπερεχόντων, προστιθέασι πρὸς τὰ ἐλλείποντα· ἐκ τοῦ
ἐλαχίστου ἐς τὸ μήκιστον αὔξοντες. ταὐτὰ πάσχει καὶ ἄνθρωπος· αὔξεται ἐκ τοῦ
ἐλαχίστου ἐς τὸ μέγιστον, ἐκ τῶν ὑπερεχόντων ἀφαιρεύμενος τοῖσιν ἐλλείπουσι
προστιθείς, τὰ ξηρὰ ὑγραίνων καὶ τὰ ὑγρὰ ξηραίνων.

5   (22) κεραμεῖς τὸν τροχὸν δινέουσι, καὶ οὔτε πρόσω οὔτε ὀπίσω προχωρεῖ ἀμφο-
τέρως, ἅμα τοῦ ὅλου ἀπομίμημα τῆς περιφορῆς. ἐν δὲ τῶι αὐτῶι ἐργάζονται
περιφερομένωι παντοδαπά, οὐδὲν ὅμοιον τὸ ἕτερον τῶι ἑτέρωι ἐκ τῶν αὐτῶν τοῖσιν
αὐτοῖσιν ὀργάνοισιν. ἄνθρωποι ταὐτὰ πάσχουσι καὶ τὰ ἄλλα ζῶια· ἐν τῆι αὐτῆι
περιφορῆι πάντα ἐργάζονται ἐκ τῶν αὐτῶν οὐδὲν ὅμοια τοῖσιν αὐτοῖσιν ὀργάνοισιν,
10 ἐξ ὑγρῶν ξηρὰ ποιοῦντες καὶ ἐκ τῶν ξηρῶν ὑγρά.

(23) γραμματικὴ τοιόνδε· σχημάτων σύνθεσις, σημεῖα ἀνθρωπίνης φωνῆς·
δύναμις τὰ παροιχόμενα μνημονεῦσαι, τὰ ποιητέα δηλῶσαι. δι᾽ ἑπτὰ σχημάτων
ἡ γνῶσις· ταὐτὰ πάντα ἄνθρωπος διαπρήσσεται καὶ ὁ ἐπιστάμενος γράμματα καὶ
ὁ μὴ ἐπιστάμενος. δι᾽ ἑπτὰ σχημάτων καὶ αἱ αἰσθήσεις ἀνθρώπωι· ἀκοὴ ψόφου,
15 ὄψις φανερῶν, ῥῖνες ὀδμῆς, γλῶσσα ἡδονῆς καὶ ἀηδίης, στόμα διαλέκτου, σῶμα
ψαύσιος, θερμοῦ ἢ ψυχροῦ πνεύματος διέξοδοι ἔξω καὶ ἔσω· διὰ τούτων ἀνθρώ-
ποισι γνῶσις.

(24) ἀγωνίη, παιδοτριβίη τοιόνδε· διδάσκουσι παρανομεῖν κατὰ νόμον, ἀδικεῖν
δικαίως, ἐξαπατᾶν κλέπτειν ἁρπάζειν βιάζεσθαι, τὰ αἴσχιστα [καὶ] κάλλιστα. ὁ μὴ
20 ταῦτα ποιῶν κακός, ὁ δὲ ταῦτα ποιῶν ἀγαθός. ἐπίδεξις ⟨τῆς⟩ τῶν πολλῶν ἀφρο-
σύνης· θεῶνται ταῦτα καὶ κρίνουσιν ἕν᾽ ἐξ ἁπάντων ἀγαθόν, τοὺς δε ἄλλους κακούς·
πολλοὶ θωμάζουσιν, ὀλίγοι γινώσκουσιν. ἐς ἀγορὴν ἐλθόντες ἄνθρωποι ταὐτὰ
διαπρήσσονται· ἐξαπατῶσιν ἄνθρωποι πωλεῦντες καὶ ὠνεύμενοι· ὁ πλεῖστα ἐξα-
πατήσας οὗτος θωμάζεται. πίνοντες καὶ μαινόμενοι ταὐτὰ διαπρήσσονται. τρέ-
25 χουσι, παλαίουσι, μάχονται, κλέπτουσιν, ἐξαπατῶσιν· εἷς ἐκ πάντων κρίνεται.
ὑποκριτικὴ ἐξαπατᾶ εἰδότας· ἄλλα λέγουσιν καὶ ἄλλα φρονέουσιν· οἱ αὐτοὶ
ἐσέρπουσι καὶ ἐξέρπουσι καὶ οὐχ οἱ αὐτοί. ἔνι κἂν ἀνθρώπωι ἄλλα μὲν λέγειν
ἄλλα δὲ ποιεῖν, καὶ τὸν αὐτὸν μὴ εἶναι τὸν αὐτόν, καὶ τοτὲ μὲν ἄλλην τοτὲ δὲ ἄλλην
ἔχειν γνώμην.
30   οὕτω μὲν αἱ τέχναι πᾶσαι τῆι ἀνθρωπίνηι φύσει ἐπικοινωνέουσιν.

---

2 πρὸς τὸ μέγιστον M   3 μήκιστον Fredr.   5 ἀμφοτέρως Θ: ἀμφο-
τέρωσε M. Vgl. ι 186, 31   6 ἅμα] ἄγει Diels (früher); ⟨χωρέων⟩ ἀμφο-
τέρωσε ἅμα Wilam.   ὅλου ΘΜ: πόλου P   ἀπομιμα τ. π. Θ: μιμητὴς περι-
φερής M   7 τοῖσιν αὐτοῖσιν ὀργάνοισιν ΘΡ: tilgt Wilam.: fehlt M; Stoff
und Werkzeug werden gut unterschieden   9 ὅμοια Diels: ὅμοιον ΘΜ:
ὅμοιον ⟨τῶι ἑτέρωι τὸ ἕτερον⟩ Kochalsky   10 [ἐξ ὑγρῶν ... ὑγρά] Fredr.
11 συνθέσεις Θ   σημείων oder ⟨ἃ⟩ σημεῖα Diels   13 ταῦτα vulgo   14 αἱ
αἰσθήσεις ἀνθρώπωι Bywater: αἰσθήσεις ἀνθρώπων Θ: ἡ αἴσθησις ἡ ἀνθρώ-
πων M   ψόφου Fredr.: ψόφους Θ: ψόφωι M   15 φανερῶ Θ   16 γνῶσις
ἀνθρώποισι M   18 ἀγωνίη παιδοτρίβαι M(P?): ἀγνωσίη παιδοτριβίηι Θ²
(παιδοτριβείηι? Θ¹): ἀγνωσίη (als Schluß v. § 23 nach γνῶσις vgl. C 5
ι 190, 20). παιδοτριβίη vulg.   τοιὸν M   19 [καὶ] Bernays   20 ἀπό-
δεξις Bernays   ⟨τῆς⟩ Paris 2255   21 κακῶς Θ   23 ἐξαπατῶσιν. M:
ἐξ ἁπάντων εἰν Θ   24 πίνοντες] παίζοντες Heidel   25 κρίνεται κακὸς P(?)
26 εἰδότας ΘΜ: ἰδόντας Fredr.   ἄλλα λέγουσιν P: ἃ λέγουσιν Θ: λέγουσι
M Fredr.   27 κἂν Diels: καὶ ἐν Θ: δὲ M   28 ποιεῖν M: ἀκούειν Θ   τοτὲ
δὲ ἄλλην fehlt M   29 ἔχειν M: μὴ ἔχειν Θ

2. HIPPOCRATES de nutrimento [IX 98ff. L.].

(1) τροφή καὶ τροφῆς εἶδος μία καὶ πολλαί . . .

(2) αὔξει δὲ καὶ ῥώννυσι καὶ σαρκοῖ καὶ ὁμοιοῖ καὶ ἀνομοιοῖ τὰ ἐν ἑκάστοισι κατὰ φύσιν τὴν ἑκάστου καὶ τὴν ἐξ ἀρχῆς δύναμιν.

5 (8) τροφὴ δὲ τὸ τρέφον, τροφὴ δὲ τὸ οἷον, τροφὴ δὲ τὸ μέλλον.

(9) ἀρχὴ δὲ πάντων μία καὶ τελευτὴ πάντων μία καὶ ἡ αὐτὴ τελευτὴ καὶ ἀρχή.

(12) καὶ πάντων ἐς θερμασίην βλάπτει καὶ ὠφελεῖ· ἐς ψύξιν βλάπτει καὶ ὠφελεῖ· ἐς δύναμιν βλάπτει καὶ ὠφελεῖ.

(14) χυλοὶ . . . αὐτόματοι καὶ οὐκ αὐτόματοι, ἡμῖν μὲν αὐτόματοι, αἰτίηι δ' 10 οὐκ αὐτόματοι· αἰτίηι δ' αὖ τὰ μὲν δῆλα, τὰ δ' ἄδηλα καὶ τὰ μὲν δυνατά, τὰ δ' ἀδύνατα.

(15) φύσις ἐξαρκεῖ πάντα πᾶσιν.

(17) μία φύσις ἐστὶ πάντα ταῦτα καὶ οὐ μία· πολλαὶ φύσιές εἰσι πάντα ταῦτα καὶ μία.

15 (19) ἐν τροφῆι φαρμακείη ἄριστον, ἐν τροφῆι φαρμακείη φλαῦρον· φλαῦρον καὶ ἄριστον πρός τι.

(21) τροφὴ οὐ τροφή, ἢν μὴ δύνηται, ⟨οὐ⟩ τροφὴ τροφή, ἢν [μὴ] οἷόν τε ἦι. τρέφειν. οὔνομα τροφή, ἔργον δὲ οὐχί· ἔργον τροφή, οὔνομα δὲ οὐχί.

(23) σύρροια μία, σύμπνοια μία, πάντα συμπαθέα· κατὰ μὲν οὐλομελίην πάντα, 20 κατὰ μέρος δὲ τὰ ἐν ἑκάστωι μέρει μέρεα πρὸς τὸ ἔργον.

(24) ἀρχὴ μεγάλη ἐς ἔσχατον μέρος ἀφικνεῖται, ἐξ ἐσχάτου μέρεος ἐς ἀρχὴν μεγάλην ἀφικνεῖται· μία φύσις εἶναι καὶ μὴ εἶναι.

(40) τὸ σύμφωνον διάφωνον, τὸ διάφωνον σύμφωνον· γάλα ἀλλότριον ἀστεῖον, γάλα ἴδιον φλαῦρον, γάλα ἀλλότριον βλαβερόν, γάλα ἴδιον ὠφέλιμον.

25 (42) ἔστιν δὲ καὶ οὐκ ἔστιν τὰ ὀκτάμηνα. γίνεται δὲ ἐν τούτοις καὶ πλείω καὶ ἐλάσσω καὶ ὅλον καὶ κατὰ μέρος· οὐ πολλὸν δὲ καὶ πλείω πλείω καὶ ἐλάσσω ἐλάσσω [betr. der Zeit der Schwangerschaft].

(45) ὁδὸς ἄνω κάτω μία.

3. SKYTHINOS von Teos Ἴαμβοι περὶ φύσεως (4. Jahrh.). Vgl. 22 A 1, § 16.

30 1. PLUT de Pyth. orac. 17 p. 402 A . . . περὶ τῆς λύρας,

ἣν ἁρμόζεται

Ζηνὸς εὐειδὴς Ἀπόλλων πᾶσαν, ἀρχὴν καὶ τέλος

συλλαβών, ἔχει δὲ λαμπρὸν πλῆκτρον ἡλίου φάος.

---

5 οἷον] näml. τρέφειν. Ebenso μέλλον. Vgl. Gal. xv 268   7 πάντων] näml. τροφή   10 αἰτίηι δ' αὖ Gal.: αἰτίης δὲ A   17 ⟨οὐ⟩ fügte zu Diels: μὴ nach ἢν versetzte vor τροφὴ Littré   19 vgl. Heidel *Harvard Stud.* 25, 192   πάντα συμπαθέα A: ξυμπαθέα πάντα vulg.   κατά] καὶ τὰ A 21 ἐς fehlt A   25 Text nach Gell. III 16, 7, der erklärt: *quibus verbis significat, quod aliquando ocius fieret, non multo tamen fieri ocius, neque quod serius, multo serius*   28 μία fehlt A   31 Vgl. B 51 und Clem. Str. v 8, 48 (II 358, 12 St.) Κλεάνθην τὸν φιλόσοφον, ὃς ἄντικρυς πλῆκτρον τὸν ἥλιον καλεῖ. ἐν γὰρ ταῖς ἀνατολαῖς ἐρείδων τὰς αὐγὰς οἷον πλήσσων τὸν κόσμον εἰς τὴν ἐναρμόνιον πορείαν τὸ φῶς ἄγει, ἐκ δὲ τοῦ ἡλίου σημαίνει καὶ τὰ λοιπὰ ἄστρα   32 πᾶσιν Diels 1. Aufl.: πᾶσαν auf ἣν bezogen (= τὴν πᾶσαν τοῦ κόσμου ἁρμονίαν) ist haltbar   33 πλῆκτρον vgl. Philostrat. Imag. I 7 (II 305, 19 Teubn.) δοκεῖ γὰρ ὁ Ἥλιος οἱονεὶ πλῆκτρον κατὰ στόμα ἐμπίπτων τῶι Μέμνονι ἐκκαλεῖσθαι φωνὴν ἐκεῖθεν

2. STOB. Ecl. I 8, 43 p. 108, 6 W.   ... πάντων χρόνος
     ὕστατον καὶ πρῶτόν ἐστι, κἀν ἑαυτῶι πάντ' ἔχει
     κἄστιν εἷς κοὔκ ἔστιν· αἰεὶ δ' ἐξ ἐόντος οἴχεται
     καὶ πάρεστιν αὐτὸς αὐτῶι τὴν ἐναντίην ὁδόν.
5   αὔριον γὰρ ἡμῖν ἔργωι χθές, τὸ δὲ χθὲς αὔριον.

4. CLEANTH. fr. 537, 3—9 Arnim (Hymn. auf Zeus) b. STOB. I 12 p. 25 W.
     σοὶ δὴ πᾶς ὅδε κόσμος ἑλισσόμενος περὶ γαῖαν
     πείθεται, ἧι κεν ἄγηις, καὶ ἑκὼν ὑπὸ σεῖο κρατεῖται·
     5 τοῖον ἔχεις ὑπ⌐εργὸν ἀνικήτοις ἐνὶ χερσὶν
10   ἀμφήκη πυρόεντα ἀειζώοντα κεραυνόν·
     τοῦ γὰρ ὑπὸ πληγῆι φύσεως πάντ' ἐρρίγα⟨σιν⟩·
     ὧι σὺ κατευθύνεις κοινὸν λόγον, ὃς διὰ πάντων
     φοιτᾶι μειγνύμενος μεγάλοις μικροῖς τε φάεσσι.

5. LUCIAN. Vit. auct. 14 Σὺ δὲ τί κλάεις, ὦ βέλτιστε; πολὺ γάρ οἶμαι κάλ-
15 λιον ϲοὶ προσλαλεῖν. — Ἡράκλειτος· Ἡγέομαι γάρ, ὦ ξεῖνε, τὰ ἀνθρωπήϊα πρή-
γματα ὀιζυρὰ καὶ δακρυώδεα καὶ οὐδὲν αὐτῶν ὅ τι μὴ ἐπικήριον· τῶι δὴ οἰκτείρω
τέ σφεας καὶ ὀδύρομαι· καὶ τὰ μὲν παρεόντα οὐ δοκέω μεγάλα, τὰ δ' ἐν ὑστέρωι
χρόνωι ἐσόμενα πάμπαν ἀνιηρά, λέγω δὴ τὰς ἐκπυρώσιας καὶ τὴν τοῦ ὅλου συμ-
φορήν· ταῦτα ὀδύρομαι καὶ ὅτι ἔμπεδον οὐδέν, ἀλλά κως ἐς κυκεῶνα πάντα συνει-
20 λέονται καὶ ἔστι τωὐτὸ τέρψις ἀτερψίη, γνῶσις ἀγνωσίη, μέγα μικρόν, ἄνω κάτω,
περιχωρέοντα καὶ ἀμειβόμενα ἐν τῆι τοῦ αἰῶνος παιδιῆι. — Τί γὰρ ὁ αἰών ἐστιν; —
Ἡρ. Παῖς παίζων, πεσσεύων, ⟨συμφερόμενος⟩ διαφερόμενος. — Τί δὲ οἱ ἄνθρωποι;
— Ἡ. Θεοὶ θνητοί. — Τί δὲ οἱ θεοί; — Ἡρ. Ἄνθρωποι ἀθάνατοι. — Αἰνίγματα
λέγεις, ὦ οὗτος, ἢ γρίφους συντίθης; ἀτεχνῶς γὰρ ὥσπερ ὁ Λοξίας οὐδὲν ἀπο-
25 σαφεῖς. — Ἡρ. Οὐδὲν γάρ μοι μέλει ὑμέων. — Τοιγαροῦν οὐδὲ ὀνήσεταί σέ τις
εὖ φρονῶν. — Ἡρ. Ἐγὼ δὲ κέλομαι πᾶσιν ἡβηδὸν οἰμώζειν, τοῖσιν ὠνεομένοις·
καὶ τοῖσιν οὐκ ὠνεομένοισι. — τουτοῒ τὸ κακὸν οὐ πόρρω μελαγχολίας ἐστίν.

23 [13]. EPICHARMOS
A. LEBEN UND SCHRIFTEN

30   1. SUID. Ἐπίχαρμος Τιτύρου ἢ Χιμάρου καὶ Σηκίδος Συρακούσιος ἢ ἐκ πό-
λεως Κραστοῦ τῶν Σικανῶν· ὃς εὗρε τὴν κωμωιδίαν ἐν Συρακούσαις ἅμα Φόρ-
μωι. ἐδίδαξε δὲ δράματα νβ, ὡς δὲ Λύκων [s. cap. 57] φησί, λε. τινὲς δὲ αὐτὸν

1ff. Stob. χρόνος ἐστὶν ὕστατον καὶ πρῶτον πάντων καὶ ἔχει ἐν ἑαυτῷ πάντα
καὶ ἔστιν εἷς ἀεί· καὶ οὐκ ἔστιν ὁ παροιχόμενος ἐκ τοῦ ἐόντος αὐτῷ ἐναντίην ὁδὸν
παρεωνιατῶν [so Hss.]· τὸ γὰρ αὔριον ἢ μὲν τῷ ἔργῳ χθὲς ἐστιν, τὸ δὲ χθὲς
αὔριον. Restitution nach Wilamowitz *Coniectanea* Ind. aest. Gott. 1884 S. 18
4 αὐτὸς αὐτῶι Diels : αὗτις αὐτὸς Wilam.   7 δὴ Scaliger : δὲ Hs.   9 ἐνὶ Brunck :
ὑπὸ Hs.   11 πληγῆι (nach 22 B 11) Diels : πληγῆς Hs.   ἔρηγα : verb. Ursin. :
ἔρριγεν ἅπαντα Wilam.   13 μεγάλων μικροῖσι φάεσσι Hs.: verb. Brunck (μεγά-
λωι d. i. ἡλίωι Diels)   21 περιχορέοντα Γ : περιχορεύοντα ΩΨℬℱ: -χωρέοντα
(vgl. 59 B 12) AC   22 ⟨συμφερόμενος⟩ erg. bereits der Korrektor von Ψ
30 Χιμάρου Bernh.: Χειμάρρου A   Σηκίδος Bernh.: Σικίδος Hss.   Σηκίδος]
vgl. Epich. fr. 125 Kaibel   zu 31 u. S. 191, 4. 9 vgl. „Zusätze"

Κῶιον ἀνέγραψαν τῶν μετὰ Κάδμου εἰς Σικελίαν μετοικησάντων, ἄλλοι Σάμιον, ἄλλοι Μεγάρων τῶν ἐν Σικελίαι. ἦν δὲ πρὸ τῶν Περσικῶν [480] ἔτη ἕξ διδάσκων ἐν Συρακούσαις.

2. ARIST. Poet. 5. 1449 b 5 τὸ δὲ μύθους ποιεῖν [näml. ἀπέδωκεν] Ἐ. καὶ Φόρ-
5 μις· τὸ μὲν ἐξ ἀρχῆς ἐκ Σικελίας ἦλθε ... 3. 1448 a 31 τῆς μὲν γὰρ κωμωιδίας οἱ Με-γαρεῖς οἵ τε ἐνταῦθα ὡς ἐπὶ τῆς παρ' αὐτοῖς δημοκρατίας γενομένης καὶ οἱ ἐκ Σικε-λίας [näml. ἀντιποιοῦνται]· ἐκεῖθεν γὰρ ἦν Ἐπίχαρμος ὁ ποιητής, πολλῶι πρότερος ὢν Χιωνίδου καὶ Μάγνητος.

3. DIOG. VIII 78 Ἐπίχαρμος Ἡλοθαλοῦς Κῶιος. καὶ οὗτος ἤκουσε Πυθαγόρου.
10 τριμηνιαῖος δ' ὑπάρχων ἀπηνέχθη τῆς Σικελίας εἰς Μέγαρα, ἐντεῦθεν δ' εἰς Συρα-κούσας, ὡς φησι καὶ αὐτὸς ἐν τοῖς συγγράμμασιν. καὶ αὐτῶι ἐπὶ τοῦ ἀνδριάντος ἐπιγέγραπται τόδε·

εἴ τι παραλλάσσει φαέθων μέγας ἅλιος ἄστρων
καὶ πόντος ποταμῶν μεῖζον' ἔχει δύναμιν,
15   φαμὶ τοσοῦτον ἐγὼ σοφίαι προέχειν Ἐπίχαρμον,
ὃν πατρὶς ἐστεφάνωσ' ἅδε Συρακοσίων.

οὗτος ὑπομνήματα καταλέλοιπεν ἐν οἷς φυσιολογεῖ, γνωμολογεῖ, ἰατρολογεῖ. καὶ παραστιχίδια γε ἐν τοῖς πλείστοις τῶν ὑπομνημάτων πεποίηκεν, οἷς διασαφεῖ ὅτι ἑαυτοῦ ἐστι τὰ συγγράμματα. βιοὺς δ' ἔτη ἐνενήκοντα κατέστρεψεν.

20   3a. DIOMED. Gr. p. 489 K. (p. 58, 170 Kaib.) sunt qui velint Epichar-mum in Co insula exulantem primum hoc carmen frequentasse et sic a Coo comoediam dici.

4. IAMBL. V. P. 226 τῶν δὲ ἔξωθεν ἀκροατῶν γενέσθαι καὶ Ἐπίχαρμον, ἀλλ' οὐκ ἐκ τοῦ συστήματος τῶν ἀνδρῶν. ἀφικόμενον δὲ εἰς Συρακούσας διὰ τὴν Ἱέ-
25 ρωνος τυραννίδα τοῦ μὲν φανερῶς φιλοσοφεῖν ἀποσχέσθαι, εἰς μέτρον δ' ἐντεῖναι τὰς διανοίας τῶν ἀνδρῶν, μετὰ παιδιᾶς κρύφα ἐκφέροντα τὰ Πυθαγόρου δόγματα. 166 περὶ τῶν φυσικῶν ὅσοι τινὰ μνείαν πεποίηνται, πρῶτον Ἐμπεδοκλέα καὶ Παρ-μενίδην τὸν Ἐλεάτην προφερόμενοι τυγχάνουσιν, οἵ τε γνωμολογῆσαί τι τῶν κατὰ τὸν βίον βουλόμενοι τὰς Ἐπιχάρμου διανοίας προφέρονται, καὶ σχεδὸν πάντες
30 αὐτὰς οἱ φιλόσοφοι κατέχουσι.

5. MARM. PAR. ep. 71 ἀφ' οὗ Ἱέρων Συρακουσσῶν ἐτυράννευσεν ἔτη ΗΗΓΙΙΙ ἄρ-χοντος Ἀθήνησι Χάρητος [472/1]. ἦν δὲ καὶ Ἐπίχαρμος ὁ ποιητὴς κατὰ τοῦτον. Vgl. 21 A 8 ι 114, 28. ANON. de com. II 4 S. 7, 16 Kaibel ⟨Ἐ. Συρακόσιος⟩. οὗτος πρῶτος τὴν κωμωιδίαν διερριμμένην ἀνεκτήσατο πολλὰ προσφιλοτεχνήσας.
35 χρόνοις δὲ γέγονε κατὰ τὴν ογ ὀλυμπιάδα [488—5], τῆι δὲ ποιήσει γνωμικὸς καὶ εὑρετικὸς καὶ φιλότεχνος. σώιζεται δὲ αὐτοῦ δράματα μ̄, ὧν ἀντιλέγονται δ̄.

2 Μεγαρέα Kaibel   4 ff. doch vgl. Gudemans Ed.   8 vgl. SUID. Χιωνίδης Ἀθηναῖος κωμικὸς τῆς ἀρχαίας κωμωιδίας, ὃν καὶ λέγουσι πρωταγωνιστὴν γενέσθαι τῆς ἀρχαίας κωμωιδίας, διδάσκειν δὲ ἔτεσιν η̄ πρὸ τῶν Περσικῶν [488/7]. Wilhelm Urk. dram. Auff. S. 108 ff. 174. Also hat Aristoteles den Epicharm ins 6. Jahrh. gerückt. Ausgleichung bei SUID. Μάγνης Ἰκαρίου πόλεως Ἀττικῆς [so Meineke: -κὸς], ἢ Ἀθηναῖος, κωμικός. ἐπιβάλλει δὲ Ἐπιχάρμωι νέος πρεσβύτηι. S. Wilamowitz Gött. gel. Anz. 1906, 620   11 αὐτῶι P¹: αὐτὸ BF   16 ἐστε-φάνωσεν B¹P¹   συρακοσίων B: συρρακοσίων F: συρρακοσίων P¹: συρρα-κουσίων F   18 παραστιχίδια überliefert ?   γε BP¹: fehlt F: δὲ Cobet 19 συντάγματα B   25 ἐντεῖναι Wyttenbach: ἐνεῖναι Hs.

6. PLATO Theaet. p. 152 DE ἔστι μὲν γὰρ οὐδέποτ' οὐδέν, ἀεὶ δὲ γίγνεται, καὶ περὶ τούτου πάντες ἐξ ἴσου οἱ σοφοὶ πλὴν Παρμενίδου συμφερέσθων, Πρωταγόρας τε καὶ Ἡράκλειτος καὶ Ἐμπεδοκλῆς καὶ τῶν ποιητῶν οἱ ἄκροι τῆς ποιήσεως ἑκατέρας, κωμωιδίας μὲν Ἐπίχαρμος, τραγωιδίας δὲ Ὅμηρος. Vgl. dazu
5 22 B 126 b; 23 B 2. ALEXIS Linos bei Ath. IV 164 c [II 345 K.] Auswahl beliebter Bücher: Ὀρφεὺς ἔνεστιν, Ἡσίοδος, τραγωιδίαι, Χοιρίλος, Ὅμηρος ⟨ἔστ'⟩ Ἐπίχαρμος, γράμματα παντοδαπά.

6 a. THEOCR. Ep. 18 Wil. (auf die Bildsäule des E. im Theater zu Syrakus)

ἅ τε φωνὰ Δώριος χὠνὴρ ὁ τὰν κωμωιδίαν
10   εὑρὼν Ἐπίχαρμος·
ὦ Βάκχε χάλκεόν νιν ἀντ' ἀλαθινοῦ
τὶν ὧδ' ἀνέθηκαν
τοὶ Συρακούσσαις ἐνίδρυνται, πελωρίσται πόλει,
οἱ' ἀνδρὶ πολῖται
15   σοφῶν ἔοικε (?) ῥημάτων μεμναμένους
τελεῖν ἐπίχειρα.
πολλὰ γὰρ ποττὰν ζόαν τοῖς παισὶν εἶπε χρήσιμα·
μεγάλα χάρις αὐτῶι.

6 b. PLIN. N. H. VII 192 Aristoteles [Peplos; fr. 501 Rose] x et VIII
20 [sc. litteras] priscas fuisse . . . et duas ab Epicharmo additas ΘΧ quam a Palamede mavolt.

6 c. DIOG. I 42 Ἱππόβοτος δ' ἐν τῆι τῶν φιλοσόφων Ἀναγραφῆι· Ὀρφέα, Λίνον, Σόλωνα, Περίανδρον, Ἀνάχαρσιν, Κλεόβουλον, Μύσωνα, Θαλῆν, Βίαντα, Πιττακόν, Ἐπίχαρμον, Πυθαγόραν (7 Weise; vgl. c 10, 1).

25 7. PORPHYR. V. Plot. 24 (Apollodoros aus Athen) Ἐπίχαρμον τὸν κωμωιδιογράφον εἰς δέκα τόμους φέρων συνήγαγεν. SUID. u. Διονύσιος υἱὸς τοῦ Σικελίας τυράννου καὶ αὐτὸς τύραννος καὶ φιλόσοφος. Ἐπιστολὰς καὶ Περὶ τῶν ποιημάτων Ἐπιχάρμου.

8. IAMBL. V. P. 241 Μητρόδωρός τε ὁ Θύρσου ⟨ἀδελφὸς ἐκ τῆς⟩ τοῦ πατρὸς
30 Ἐπιχάρμου καὶ τῆς ἐκείνου [Pythagoras] διδασκαλίας τὰ πλείονα πρὸς τὴν ἰατρικὴν μετενέγκας ἐξηγούμενος τοὺς τοῦ πατρὸς λόγους πρὸς τὸν ἀδελφόν φησι τὸν Ἐπίχαρμον καὶ πρὸ τούτου τὸν Πυθαγόραν τῶν διαλέκτων ἀρίστην λαμβάνειν τὴν Δωρίδα κτλ. Metrodors Buch ist nach der Zeit des Aristoxenos gefälscht. S. c. 14, 19 (I 105, 6).

35 9. COLUMELL. I 1 Siculi quoque non mediocri cura negotium istud [d. h. die Landwirtschaft] prosecuti sunt Hieron et Epicharmus. STAT. Silv. V 3, 150 quantumque pios ditarit agrestes Ascraeus Siculusque senex. Vgl. PLIN. N. H. ind. I 20—27.

─────────────────

2 ἐξαίσιοι BW, Eus.: ἐξαίσιοι οἱ Pap. Berol.: ἑξῆς οἱ Stob., T corr.: verb. Morel; ἐξ αἰσίου Diels   συμφερέσθων B (vor d. Corr.): συμφέρεσθον TW Pap. Ber.: συμφέρονται Stob.   6 ὅμηρος ἐπίχαρμος συγγράμματα Hs.: G. Hermanns Herst. unsicher.   Vielleicht ⟨ὁ δ'⟩ Ἐπίχαρμος, γρ. Diels 14 οἱ' ΚΠ: ὅσσ' Anth. Pal.   15 σοφῶν ἔοικε Kaibel: σωρὸν (γὰρ) εἶχε ΚΠ, Λ. P.   χρημάτων ΚΠ   μεμναμένοις A. P.   17 πᾶσιν A. P.   29 ⟨ ⟩ Diels, vgl. Z. 31   32 ὑπολαμβάνειν Nauck

10. ATHEN. XIV 648 D τὴν μὲν ἡμίναν οἱ τὰ εἰς Ἐπίχαρμον ἀναφερόμενα ποιή-
ματα πεποιηκότες οἴδασι, κἄν τῶι Χίρωνι ἐπιγραφομένωι οὕτω λέγεται ʻκαί ...
δύο' [B 58]. τὰ δὲ Ψευδεπιχάρμεια ταῦτα ὅτι πεποιήκασιν ἄνδρες ἔνδοξοι Χρυ-
σόγονός τε ὁ αὐλητής, ὡς φησιν Ἀριστόξενος ἐν ὀγδόωι Πολιτικῶν νόμων
5 [fr. 80 FHG II 289], τὴν Πολιτείαν ἐπιγραφομένην· Φιλόχορος δ' ἐν τοῖς Περὶ
μαντικῆς [fr. 193 I 416] Ἀξιόπιστον τὸν εἴτε Λοκρὸν γένος ἢ Σικυώνιον τὸν
Κανόνα καὶ τὰς Γνώμας πεποιηκέναι φησίν. ὁμοίως δὲ ἱστορεῖ καὶ Ἀπολλό-
δωρος [FGrHist. 244 F 226 II 1108].

B. FRAGMENTE

(Auswahl nach Kaibel CGF I 91—147)

Die Echtheit der Fragmente, die nicht aus Apollodors Ausgabe der
Komödien stammen, ist bestritten. Von den durch Alkimos, Stilpons
Schüler, in seinen vier Büchern gegen Amyntas (von Heraklea, Schüler
Platons Ind. ac. 6, 1 Ael. V. H. III 19 Diog. III 46) bezeugten Fragmenten
erscheinen nach Inhalt, Form, Stil und Sprache einwandfrei B 1—5,
worin 1 und 2 die von Heraklit und den Eleaten aufgeworfenen Probleme
der Bewegung und Veränderung berühren, 4 an den ξυνὸς λόγος Heraklits
zu erinnern scheint, während 3, das der Sprache nach echt aussieht,
der Katechismusform und dem Inhalt nach wohl in das vierte Jahrh.
zu setzen ist. Vermutlich gehört dies Fr., das Platos Apologie zu benutzen
scheint (s. Anm.), zu den Einlagen, die Dionysios bei den wohl zu Ehren
Platons veranstalteten Neuaufführungen epicharmischer Stücke scherz-
hafter Weise zufügte [anders urteilt Wilamowitz *Platon* II² 28]. Wenigstens
ist das Interesse des Tyrannen für den Dichter bezeugt (23 A 7). Eben-
dahin scheint auch B 7 zu weisen. Sicher unecht ist von den Anführungen
des Alkimos B 6. Denn es hat sich jetzt als Gegenstück dazu der Anfang
einer Gnomologie des Epicharmos gefunden, über deren naive Fälschung
(4. Jahrh.) kein Zweifel bestehen kann: HIBEH PAPYR. I 1 [aus d. Z. d.
Philadelphos; V. 8 u. 15 nach Lesung von Diels]

τεῖδ' ἔνεστι πολλὰ καὶ παντοῖα, τοῖς χρήσαιό κα
ποτὶ φίλον, ποτ' ἐχθρόν, ἐν δίκαι λέγων, ἐν ἀλίαι,
ποτὶ πονηρόν, ποτὶ καλόν τε κἀγαθόν, ποτὶ ξένον,
ποτὶ δύσηριν, ποτὶ πάροινον, ποτὶ βάναυσον, εἴτε τις
5 ἀλλ' ἔχει κακόν τι. καὶ τούτοισι κέντρα τεῖδ' ἔνο,
ἐν δὲ καὶ γνώμαι σοφαὶ τεῖδ(ε), αἷσιν εἰ πείθοιτό τις,
δεξιώτερός τέ κ' εἴη βελτίων τ' ἐς πάντ' ἀνήρ.
κοὔ τι πολλὰ δεῖ λέγειν, ἀλλ' ἐμ μόνον, τοῦτ' ὦν ἔπος
ποττὸ πρᾶγμα ποτιφέροντα τῶνδ' ἀεὶ τὸ συμφέρον.

3ff. Die Anakoluthe sind durch Schuld des Epitomators unheilbar
9 zu B vgl. Wilamowitz *Textgesch. d. gr. Lyr.* (Abh. d. Gött. G. d. W. 1900) 24.
W. Nestle *Philol. Suppl.* VIII 601   Vers 8 μόνον τούτων richtiger?

10 αἰτίαν γὰρ ἦχον, ὡς ἄλλως μὲν εἴην δεξιός,
   μακρολόγος δ' οὐ κα δυναίμαν ἐμ βραχεῖ γνώμας λέγειν.
   ταῦτα δὴ 'γὼν εἰσακούσας συντίθημι τὰν τέχναν
   τάνδ' ὅπως εἴπηι τι⟨ς⟩· Ἐπίχαρμος σοφός τις ἐγένετο,
   ⟨πόλλ' ὃς εἴ⟩π' ἀστεῖα καὶ παντοῖα καθ' ἕν ⟨ἔπος⟩ λέγων,
15 ⟨πεῖραν⟩ αὐταυτοῦ διδούς, ὡς καὶ β⟨ραχέα λέγειν ἔχει⟩ κτλ.

[Nach Crönert *Hermes* 47 (1912) 402 bildet dieses Stück vielmehr die
Einleitung zu einer Sammlung echter Epicharmsprüche; B 6 ı 199, 8
schließe fast unmittelbar an. Seine dortige Zusammenstellung der gnomo-
logischen Fragmente ist zu vergleichen.] Sicher unecht sind ferner nach
A 10: 1. Πολιτεία (B 56—57), erbärmliche Poesie mit heraklitischen
und pythagoreischen Reminiscenzen, verfaßt von dem Flötenvirtuosen
Chrysogonos (Zeitg. d. Alkibiades nach Duris, Athen. xıı 535). 2. Χίρων
(B 58—62), Ärztliches (vgl. Anth. P. vıı 158, 9), in pythagoreischem
Kreise (vgl. A 8) nach dem Muster des Hesiod verfaßt. 3. Ὀψοποιΐα (B 63).
Dergleichen wird im Altertum zur ärztlichen Schriftstellerei gerechnet,
also Teil von n. 2 ? 4. Πρὸς Ἀντήνορα (B 65), neupythagoreische Fälschung
(vgl. Plin. 34, 12 [Varro]. Plut. Num. 8 g. E.). 5. Ἐπίγραμμα (B 64),
wegen B 9 auf Epicharm geschrieben. 6. Unecht als Sammlung sind
auch die Γνῶμαι des Axiopistos (B 8—46), die Ennius in seiner Über-
setzung (B 47—54) vor sich gehabt hat, da die Akrostichis (Q. ENNIUS
FECIT Cic. d. div. ıı 54, 111) nach A 3 (φυσιολογεῖ γνωμολογεῖ κτλ.) sich
auf diese Schrift beziehen wird [doch vgl. Anm. zu ı 206, 2]. Aber
einzelnes darin scheint alt. Die Form gemahnt zum Teil an die Kraft
des Echten (B 10. 12. 13. 16. 37), Dialogwendungen z. B. B 9. 29. 31. 37
sind stehen geblieben, einzelnes ist alt bezeugt (B 19. 36. 37), und der
Inhalt vor allem geht das 6.—5. Jahrh. an: Xenophanes B 9 (?). 12 (vgl.
R. Schottlaender *Herm.* 62, 1927, 437f.). 52, Heraklit B 17. 48, Anaximenes
(vgl. Diogenes v. Ap.) B 53, also wie in den „echten" Fragm. B 1. 2. 4.
Vermutlich haben sich früh gnomologische Auszüge seiner Dramen ver-
breitet (vgl. Theognis, Menander, Publilius Syrus; vgl. B 45), die seinen
Namen im 4. Jahrh. schon populär machten (vgl. A 6 und B 36. 37)
und damals einen gewissen Axiopistos veranlaßten, dieses Volksbuch
zu erweitern und pythagoreisch zu bearbeiten (vgl. B 9. 22. 47. 50, auf
Empedokles weist B 49). Es könnte zum Kreis des Pontikers Herakleides
gehören, wo man solche Fiktionen liebte und mit der Akrostichis Scherz
trieb (Diog. v 93). Über ähnliche Gnomologien alex. Zeit vgl. Wilamowitz
Berl. Klassikert. v 2, 124. Vgl. Stob. ıv 22, 84 H. (Flor. 69, 17). 7. Der
Titel Κανών desselben Fälschers (B 55) deutet auf pythagoreische Sekte. —
Das Verhältnis der Gnomen zu Euripides (Wilamowitz *Herakl.* ı¹ 29,
Textg. a. O. 24; Rohde *Psyche* ıı⁹ 258; Susemihl *Philol.* 53, 1894, 564;
P. Friedländer *Iohannes v. Gaza* S. 30²) ist unaufgeklärt. B 45 ist nicht
sicher herstellbar. Die anderen Berührungen (Eur. fr. 954 = 46, Hel.
1650 = 13, Herc. 1016 = 11, Bacch. 276 = 52, fr. 941 = 53, fr. 909, 6
[vgl. Hel. 122] = 12) sind an sich unsicher und entscheiden nicht, wer
nachahmt. Der alte Dialekt Epicharms läßt sich nach unserer Überl.
nicht überall rein herstellen. (Nach Diels, mit Zusätzen v. Kranz)

ΕΚ ΤΩΝ ΑΛΚΙΜΟΥ ΠΡΟΣ ΑΜΥΝΤΑΝ Ā Β̄ Γ̄ Δ

Echtheit nicht ganz sicher, besonders bei 3. 6. 7.

1—6. DIOG. III 9—17. (9) πολλά δὲ καὶ παρ' Ἐπιχάρμου τοῦ κωμωιδιοποιοῦ προσωφέληται [Platon] τὰ πλεῖστα μεταγράψας, καθά φησιν Ἄλκιμος ἐν Τοῖς 5 πρὸς Ἀμύνταν, ἅ ἐστι τέτταρα, ἔνθα καὶ ἐν τῶι πρώτωι [fr. 7 FHG IV 297] φησὶ ταῦτα· 'φαίνεται δὲ καὶ Πλάτων πολλὰ τῶν Ἐπιχάρμου λέγων· σκεπτέον δέ.

ὁ Πλάτων φησὶν αἰσθητὸν μὲν εἶναι τὸ μηδέποτε ἐν τῶι ποιῶι μηδὲ ποσῶι διαμένον, ἀλλ' ἀεὶ ῥέον καὶ μεταβάλλον· (10) ὡς ἐξ ὧν ἄν τις ἀνέληι τὸν ἀριθμόν, τούτων οὔτε ἴσων οὔτε τινῶν οὔτε ποσῶν οὔτε ποιῶν ὄντων — ταῦτα δ' ἐστὶν ὧν ἀεὶ γένεσις, 10 οὐσία δὲ μηδέποτε πέφυκε. νοητὸν δὲ ἐξ οὗ μηθὲν ἀπογίνεται μηδὲ προσγίνεται. τοῦτο δ' ἐστὶν ἡ τῶν ἀιδίων φύσις, ἥν ὁμοίαν τε καὶ τὴν αὐτὴν ἀεὶ συμβέβηκεν εἶναι. καὶ μὴν ὁ γε Ἐ. περὶ τῶν αἰσθητῶν καὶ νοητῶν ἐναργῶς εἴρηκεν·

1 [170a K.].

— ἀλλ' ἀεί τοι θεοὶ παρῆσαν χὐπέλιπον οὐ πώποκα,
15 τάδε δ' ἀεὶ πάρεσθ' ὁμοῖα διά τε τῶν αὐτῶν ἀεί.
— ἀλλὰ λέγεται μὰν Χάος πρᾶτον γενέσθαι τῶν θεῶν.
— πῶς δέ κα; μὴ ἔχον γ' ἀπό τινος μηδ' ἐς ὅ τι πρᾶτον μόλοι.
5 — οὐκ ἄρ' ἔμολε πρᾶτον οὐθέν; — οὐδὲ μὰ Δία δεύτερον
τῶνδέ γ' ὧν ἁμὲς νῦν ὧδε λέγομες, ἀλλ' ἀεὶ τάδ' ἦς.
20 καί ·

AUS DER SCHRIFT DES ALKIMOS AN AMYNTAS

1. A. Aber Götter waren doch immer da und noch niemals hat's an ihnen gefehlt, und das ist auch immer entsprechend da und immer auf dieselbe Weise. B. Aber man sagt ja doch, das Chaos sei als Erstes von der Götterwelt entstanden. A. Wie kann das sein? Es kann ja doch unmöglich als Erstes woher gekommen sein oder wohin eingehen! (5) B. Also kam überhaupt nichts zuerst? A. Gewißnicht, auch nicht zu zweit, wenigstens von dem, wovon wir hier jetzt auf diese Weise reden, sondern das war immer da.

---

3 κωμωδοποιοῦ P (ähnl. F)   7 μηδὲ τῷ ποσῷ F   14 ἀεί τοι Froben.: ἀεί τοί vulg.   χὐπέλιπον Dobree: καὶ ὑπέλιπον (od. -λειπον) Hss.   15 τάδε richtig = τὰ θεῖα gedeutet von Reinhardt Parmenides S. 122ff.   διὰ δὲ Hss.: verb. Kühn   16 nach Hesiod Theog. 116   μὰν FP²: μὰ BP¹   17 πῶς δέ κ' ἀμήχανον γ' Hss.: verb. G. Hermann   ἀπὸ τίνος] sc. μόλοι μηδὲς B: μηδὲν PF: ἐνθὲν Kaibel: εἶμεν G. Hermann   18 οὐθέν B: οὐδὲν BF 19 τωνδεγεων B: τῶνδ' ὧν F: τᾶ(εκ τοῦ ?)νδ .. ὧν (nach δ Rasur) P   λέγομες G. Hermann: λέγω BP: λέγων F   ἀλλ' ἀεὶ τάδ' ἦς Bergk: μέλλει τάδ' εἶναι (ἦναι, ἦ in Ras. B) BP: μέλλει (με in Corr.) τάδ' ἦναι F¹. In ἦναι steckt ἦς. καὶ nach Diels; καί, da B 2 nicht zugehört

2 [170b]. — ⟨αἰ⟩ πότ ἀριθμόν τις περισσόν, αἰ δὲ λῇς πότ ἄρτιον,
(11)   ποτθέμειν λῇι ψᾶφον ἢ καὶ τᾶν ὑπαρχουσᾶν λαβεῖν,
ἦ δοκεῖ κά τοί γ' ⟨ἔθ'⟩ ωὑτὸς εἶμεν; — οὐκ ἐμίν γά κα.
— οὐδὲ μὰν οὐδ' αἰ ποτὶ μέτρον παχυαῖον ποτθέμειν
5   5   λῇι τις ἕτερον μᾶκος ἢ τοῦ πρόσθ' ἐόντος ἀποταμεῖν,
ἔτι χ' ὑπάρχοι κῆνο τὸ μέτρον; — οὐ γάρ. — ὧδε νῦν ὅρη
καὶ τὸς ἀνθρώπως· ὁ μὲν γὰρ αὔξεθ', ὁ δέ γα μὰν φθίνει,
ἐν μεταλλαγᾶι δὲ πάντες ἐντὶ πάντα τὸν χρόνον.
ὁ δὲ μεταλλάσσει κατὰ φύσιν κοὔποκ' ἐν ταὐτῶι μένει,
10   10   ἕτερον εἴη κα τόδ' ἤδη τοῦ παρεξεστακότος,
καὶ τὺ δὴ κἀγὼ χθὲς ἄλλοι καὶ νῦν ἄλλοι τελέθομες,
καὖθις ἄλλοι κοὔποχ' ωὑτοὶ καττὸν ⟨αὐτὸν αὖ⟩ λόγον.'

[Vgl. Plut. d. comm. not. 44 p. 1083 A ὁ τοίνυν περὶ αὐξήσεως λόγος ἐστὶ μὲν ἀρ-
χαῖος· ἠρώτηται γάρ, ὥς φησι Χρύσιππος, ὑπ' Ἐπιχάρμου. d. sera num. vind. 15
15 p. 559 A ταῦτά γε τοῖς Ἐπιχαρμείοις ἔοικεν, ἐξ ὧν ὁ αὐξόμενος ἀνέφυ τοῖς σοφι-
σταῖς λόγος· ὁ γὰρ λαβὼν πάλαι τὸ χρέος νῦν οὐκ ὀφείλει γεγονὼς ἕτερος· ὁ δὲ
κληθεὶς ἐπὶ δεῖπνον ἐχθὲς ἄκλητος ἥκει τήμερον· ἄλλος γάρ ἐστι. ANON. IN

2. A. Wenn einer zu einer ungeraden Zahl, meinethalben auch einer
geraden, einen Stein zulegen oder auch von den vorhandenen einen weg-
nehmen will, meinst du wohl, sie bleibe noch dieselbe? B. Bewahre!
A. Nun ferner, wenn einer zu einer Elle Maß (5) eine andere Länge
zulegen oder von der vorhandenen abschneiden will, bleibt dann wohl
noch jenes Maß bestehen? B. Natürlich nicht. A. Nun so sieh dir auch
die Menschen an: der eine wächst, der andere nimmt halt ab, im Wechsel
sind sie alle allezeit. Doch was von Natur wechselt und nimmer auf
demselben Flecke bleibt, (10) das wäre ja dann wohl etwas von dem
Veränderten Verschiedenes. Auch du und ich sind gestern andere und
heut andere und wieder andere *in Zukunft* und niemals dieselben nach
demselben Gesetz.

---

1 ⟨αἰ⟩ G. Hermann   πότ (vor ἄρτιον) Bergk: τὸν Hss.   2 ποτὲ
θέμην (θέμιν B) Hss.: verb. Ahrens   3 κά τοι γ' ἔθ' ωὑτὸς Kaibel: κατοικ'
ἑαυτος B: κατοῖκ' (κ ausradiert) καὶ (in Rasur) ὁ αὐτὸς P: κάτοὶ καὶ ὁ
αὐτὸς F   γά κα G. Hermann: τάκα Hss.   4 αἰ ποτὶ μ. π. Casaub.:
ἀποτι μέτρον παχὺ ἐὸν Hss.   ποτθεμειν B: ποτ' ἐθέμην F: ποτ' ἐθέμιν P
5 ἕτερον BP²: στερρὸν P¹F²   6 χ' Cobet: κ' BPF   κῆνο B: κεῖνο PF²:
τῆνο G. Hermann   7 τὸς ἀνθρώπους B: τὼς ἀνθρώπους P: τὼς ἀνθρώπως F
10 κα τόδ' ἤδη Cobet: κατωδή P: κατωδή F: καὶ τὸ δ' ει B: κα τόδ' ἀεί
Basileenses (*Iuvenes dum sumus* Basel 1897)   11 κἠγὼ Ahrens   12 αὐτοὶ
Hss.   κατὰ τὸν λόγον BPF: verb. Cobet: κατὰ ⟨γα τοῦτον⟩ τὸν λ. Basil.
14 Χρύσιππος] fr. 762 II 214 Arnim   16 δὲ] τε Pohlenz

PLAT. Theaet. 71, 26 [nach 22 B 126b] καὶ ἐκωμώιδησεν αὐτὸ ἐπὶ τοῦ ἀπαιτου-
μένου συμβολὰς καὶ ἀρνουμένου τοῦ αὐτοῦ εἶναι διὰ τὸ τὰ μὲν προσγεγενῆσθαι,
τὰ δὲ ἀπεληλυθέναι, ἐπεὶ δὲ ὁ ἀπαιτῶν ἐτύπτησεν αὐτὸν καὶ ἐνεκαλεῖτο, πάλιν
κἀκείνου φάσκοντος ἕτερον μὲν εἶναι τὸν τετυπτηκότα, ἕτερον δὲ τὸν ἐγκαλούμενον].

5   (12) ἔτι φησὶν ὁ Ἄλκιμος καὶ ταυτί· 'φασὶν οἱ σοφοὶ τὴν ψυχὴν τὰ μὲν διὰ
τοῦ σώματος αἰσθάνεσθαι, οἷον ἀκούουσαν, βλέπουσαν· τὰ δ' αὐτὴν καθ' αὑτὴν
ἐνθυμεῖσθαι, μηδὲν τῶι σώματι χρωμένην. διὸ καὶ τῶν ὄντων τὰ μὲν αἰσθητὰ
εἶναι, τὰ δὲ νοητά. ὧν ἕνεκα καὶ Πλάτων ἔλεγεν ὅτι δεῖ τοὺς συνιδεῖν τὰς τοῦ
παντὸς ἀρχὰς ἐπιθυμοῦντας πρῶτον μὲν αὐτὰς καθ' αὑτὰς διελέσθαι τὰς ἰδέας,
10 οἷον ὁμοιότητα καὶ μονάδα καὶ πλῆθος καὶ μέγεθος καὶ στάσιν καὶ κίνησιν· δεύ-
τερον αὐτὸ καθ' αὑτὸ τὸ καλὸν καὶ ἀγαθὸν καὶ δίκαιον καὶ τὰ τοιαῦτα ὑποθέσθαι.
τρίτον τῶν ἰδεῶν συνιδεῖν ὅσαι πρὸς ἀλλήλας εἰσίν, οἷον ἐπιστήμην ἢ μέγεθος ἢ
δεσποτείαν, ἐνθυμουμένους ὅτι τὰ παρ' ἡμῖν διὰ τὸ μετέχειν ἐκείνων ὁμώνυμα
ἐκείναις ὑπάρχει· λέγω δὲ οἷον δίκαια μὲν ὅσα τοῦ δικαίου, καλὰ δὲ ὅσα τοῦ καλοῦ.
15 ἔστι δὲ τῶν εἰδῶν ἓν ἕκαστον ἀίδιόν τε καὶ νόημα καὶ πρὸς τούτοις ἀπαθές· διὸ
καί φησιν [Parm. 132 D] ἐν τῆι φύσει τὰς ἰδέας ἑστάναι καθάπερ παραδείγματα,
τὰ δ' ἄλλα' ταύταις ἐοικέναι τούτων ὁμοιώματα καθεστῶτα.   (13) ὁ τοίνυν
'Ε. περί τε τοῦ ἀγαθοῦ καὶ περὶ τῶν ἰδεῶν οὕτω λέγει·

3 [171]. (14) — ἆρ' ἔστιν αὔλησίς τι πρᾶγμα; — πάνυ μὲν οὖν.
20   — ἄνθρωπος οὖν αὔλησίς ἐστιν; — οὐθαμῶς.
        — φέρ(ε) ἴδω, τί δ' αὐλητάς; τίς εἶμέν τοι δοκεῖ;
        ἄνθρωπος, ἢ οὐ γάρ; — πάνυ μὲν οὖν. — οὐκ οὖν δοκεῖς
        5 οὕτως ἔχειν ⟨κα⟩ καὶ περὶ τἀγαθοῦ; τὸ μὲν
        ἀγαθὸν τὸ πρᾶγμ⟨α⟩ εἶμεν καθ' αὕθ'· ὅστις δέ κα
25   εἰδῆι μαθὼν τῆν(ο), ἀγαθὸς ἤδη γίγνεται.

---

3. A. Ist Flötenspiel ein Ding? B. Selbstverständlich. A. Ist
denn nun aber Flötenspiel *auch* ein Mensch? B. Keineswegs. A. Laß
weiter sehn, ·was ist ein Flötenspieler? Was dünkt er dich zu sein?
(5) Ein Mensch. Nicht wahr? B. Selbstverständlich. A. Glaubst du
nun nicht, daß es sich so auch grad mit dem Guten verhält? Das Gute
ist doch das Ding an und für sich; wer das aber gelernt hat und weiß,
wird dann ein Guter· Wie nämlich Flötenspieler der heißt, der das

---

7 μηδὲν BFP²: μηδὲ P¹   14 ἐκείναις so B: ἐκείνοις PF   17 ὁμοιώματα
BF: ὁμοιότατα P   19 οὖν] ὧν Ahrens usf.. Nach Vers 1 nahm Diels
(1. 2. Aufl.) Ausfall eines Verses an, um den Schluß logisch zu gestalten.
Allein da ihm später die Beziehung des Fr. auf Platos Apologie p. 27 B
(Parodie der sokratischen Methode) festzustehen schien, ließ er diese
Annahme fallen. Vgl. Ed. Basil. Anm. 135. S. oben I 193,18   20 Deut-
licher wäre κἄνθρωπος (Diels)   οὐθαμῶς B: οὐδαμῶς PF   22 δοκεῖς PF:
δοκεῖ B   23 ⟨κα⟩ Diels: ⟨γα⟩ (nach περὶ) Kaibel   τώγαθοῦ Ahrens   τὸ
μὲν BPF: τό γα Ahrens   24 τὸ δὲ πρᾶγμα Hss.: verb. Kaibel: ἀγαθόν τι
Ahrens   καθ' αὐτὸ Hss.   25 γίνεται Ahrens

ὥσπερ γὰρ ἔστ' αὔλησιν αὐλητὰς μαθών
ἢ ὄρχησιν ὀρχηστάς τις ἢ πλοκεὺς πλοκάν,
10 ἢ πᾶν γ' ὁμοίως τῶν τοιούτων ὅ τι τὺ λῇς,
οὐκ αὐτὸς εἴη κα τέχνα, τεχνικός γα μάν.

5 (15) Πλάτων ἐν τῆι περὶ τῶν ἰδεῶν ὑπολήψει [Phaedo p. 96 B] φησίν, εἴπερ
ἔστι μνήμη, τὰς ἰδέας ἐν τοῖς οὖσιν ὑπάρχειν διὰ τὸ τὴν μνήμην ἠρεμοῦντός τινος
καὶ μένοντος εἶναι· μένειν δὲ οὐδὲν ἕτερον ἢ τὰς ἰδέας. 'τίνα γὰρ ἂν τρόπον, φησί,
διεσώιζετο τὰ ζῷα μὴ τῆς ἰδέας ἐφαπτόμενα, καὶ πρὸς τοῦτο τὸν νοῦν φυσικῶς
εἰληφότα; νῦν δὲ μνημονεύει [vgl. Parm. p. 129] τῆς ὁμοιότητος ⟨γενέσεώς⟩ τε
10 καὶ τροφῆς, ὁποία τίς ἐστιν αὐτοῖς, ἐνδεικνύμενα διότι πᾶσι τοῖς ζῴοις ἔμφυτός
ἐστιν ἡ τῆς ὁμοιότητος θεωρία· διὸ καὶ τῶν ὁμοφύλων αἰσθάνεται'. πῶς οὖν ὁ Ε.;

4 [172]. (16) Εὔμαιε, τὸ σοφόν ἐστιν οὐ καθ' ἓν μόνον,
ἀλλ' ὅσσα περ ζῇι, πάντα καὶ γνώμαν ἔχει.
καὶ γὰρ τὸ θῆλυ τᾶν ἀλεκτορίδων γένος,
15 αἰ λῇς καταμαθεῖν ἀτενές, οὐ τίκτει τέκνα
5 ζῶντ(α), ἀλλ' ἐπώιζει καὶ ποιεῖ ψυχὰν ἔχειν.
τὸ δὲ σοφὸν ἁ φύσις τόδ' οἶδεν ὡς ἔχει
μόνα· πεπαίδευται γὰρ αὐταύτας ὑπο.

καὶ πάλιν·

20 5 [173].   θαυμαστὸν οὐδὲν ἀμὲ ταῦθ' οὕτω λέγειν
καὶ ἀνδάνειν αὐτοῖσιν αὐτοὺς καὶ δοκεῖν

Flötenspiel erlernt hat, (10) oder Tänzer wer das Tanzen, Flechter
wer das Flechten gelernt hat und ebenso all dergleichen was du willst,
so ist doch wohl *überall der betreffende* nicht selbst Kunst, wohl aber
Künstler.

4. Eumaios, die Weisheit ist nicht nur bei e i n e r *Gattung* vorhanden,
sondern alles, was da lebt, hat auch Verstand. Denn das Hennenvolk
bringt (wenn du scharf aufmerken willst) keine lebendigen Jungen hervor,
sondern (5) brütet sie erst aus und verschafft ihnen so ein Leben (Seele).
Doch wie sich's mit dieser Weisheit verhält, das weiß die Natur allein.
Denn sie ist ganz durch sich selbst unterrichtet worden.

5. Kein Wunder, daß wir das so sagen und uns selbst gefallen und
uns selber schön gewachsen dünken. Denn der Hund scheint dem

---

1 ἔστ' Kaibel: εἰς τὴν P: εἴτην BF¹   2 ὄρχησιν BP¹F: τὴν ὄρχησιν P²
3 ἢ] καὶ Wilamowitz   γ'] γε Hss.   4 οὐχ αὐτὸς PF: verb. Scaliger   κα
Kaibel: χἀ PF   γε μάν PF: τε ... B   8 φυσικῶς F: φυσικὸν BP   9 ⟨ ⟩
Diels   13 ὅσαπερ Hss.   16 ἐπωίζει B: ἐπωάζει P: ἐπόζει F   18 αὖ
ταύτας PF: αὖ ταύτης B: verb. Porson   20 ἀμὲ Ahrens: με Hss.

καλῶς πεφύκειν· καὶ γὰρ ἁ κύων κυνί
κάλλιστον εἶμεν φαίνεται, καὶ βοῦς βοΐ,
5 ὄνος δ(ὲ) ὄνωι κάλλιστον, ὗς δέ θην ὑί. [Vgl. 21 B 15]

(17) καὶ ταῦτα μὲν καὶ τὰ τοιαῦτα διὰ τῶν τεττάρων βιβλίων παραπήγνυσιν
5 ὁ Ἄλκιμος, παρασημαίνων τὴν ἐξ Ἐπιχάρμου Πλάτωνι περιγενομένην ὠφέλειαν.
ὅτι δ᾽ οὐδ᾽ αὐτὸς Ἐ. ἠγνόει τὴν αὐτοῦ σοφίαν, μαθεῖν ἔστι κἀκ τούτων ἐν οἷς τὸν
ζηλώσοντα προμαντεύεται·

6 [254]. ὡς δ(ὲ) ἐγὼ δοκέω — δοκέω γάρ; σάφα ἴσαμι τοῦθ᾽, ὅτι
τῶν ἐμῶν μνάμα ποκ᾽ ἐσσεῖται λόγων τούτων ἔτι.
10 καὶ λαβών τις αὐτὰ περιδύσας τὸ μέτρον ὃ νῦν ἔχει,
εἶμα δοὺς καὶ πορφυροῦν, λόγοισι ποικίλας καλοῖς,
5 δυσπάλαιστος ὢν τὸς ἄλλως εὐπαλαίστους ἀποφανεῖ.

7 [78]. EUSTRAT. z. Ar. Nic. Γ 7 S. 155, 10 Heylb. ἐν Ἡρακλεῖ τῶι
παρὰ Φόλωι·
15   ἀλλὰ μὰν ἐγὼν ἀνάγκαι ταῦτα πάντα ποιέω·
οἴομαι δ᾽ οὐδεὶς ἑκὼν πονηρὸς οὐδ᾽ ἄταν ἔχων.

Hunde das schönste *Geschöpf* zu sein und der Ochse dem Ochsen,
der Esel dem Esel das schönste und das Schwein gar dem Schweine.

6. Wie ich aber meine — meine ich's denn? Nein, ich weiß es genau,
daß von diesen meinen Worten noch einmal eine Erinnerung sein wird.
Da wird einer sie hernehmen, das Versgewand, das sie jetzt haben, ihnen
ausziehen, *dafür* ihnen sogar ein Purpurgewand umlegen, es mit
schönen Reden bunt bestickend, (5) und dann die andern *damit*
als leicht bezwingbar erweisen, er selbst ein schwer zu bezwingender
Mann.

7. Doch fürwahr ich tue das alles nur aus Zwang. Niemand ist, dünkt
mich, aus freiem Willen mühebeladen oder unglücklich (*sagt Herakles*).

---

1 πεφύκειν Ahrens: πεφυκέναι Hss.: πεφῦκεν Basil.   2 καλλίστα B   vor
φαίνεται hat τινι F   5 περιγενομένην F(?): περιγινομένην BP   7 ζηλώ-
σαντα F   8 δοκέων γάρ Hss.: verb. Ahrens   σαφαισαμι B² mrg.: σαφι-
σαμι B¹: σαφὲς ἁμι P: σαφάσαιμι F   10 περιδύσας PF: περιδήσας so B:
περιλύσας zwecklos Cobet. Die Bedeutung dieser Worte ist zweifelhaft, da
die Pseudepicharmea gerade das Metrum als charakteristisch beibehielten.
Vielleicht deutet der Verf. dieser (Schluß?)-Verse auf Imitationen (durch d.
σεμνὴ τραγωιδία)   11 καὶ BP: fehlt F: κα schwerlich richtig Basil.   πορ-
φυροῦν so BPF: πορφύραν cod. Q (Abschr. von P) und vulg.   12 ὢν τὸς
Ahrens: ὢν τοὺς BPF: αὐτὸς Heimsöth, Kaibel   ἀποφάνη F: ἀποφαίνει B¹P
15 ἀνάγκαῖα Hss.: verb. Ahrens   16 zur Übersetzung vgl. O. Hensé *Wien.*
Stud. 42 (1920/21) 2

ΑΞΙΟΠΙΣΤΟΥ ΓΝΩΜΑΙ

Vgl. A 10 und Vorbemerkung 6 ι 194.

8 [239]. Stob. iv 31, 30 Μενάνδρου (537 Kock) vgl. B 53.

5
    ὁ μὲν Ἐπίχαρμος τοὺς θεοὺς εἶναι λέγει
    ἀνέμους, ὕδωρ, γῆν, ἥλιον, πῦρ, ἀστέρας·
    ἐγὼ δ' ὑπέλαβον χρησίμους εἶναι θεοὺς
    τἀργύριον ἡμῖν καὶ τὸ χρυσίον μόνους.

9 [245]. [Plut.] cons. ad Apoll. 15 p. 110 A [vgl. B 48]
    συνεκρίθη καὶ διεκρίθη κἀπῆλθεν ὅθεν ἦλθεν πάλιν,
10   γᾶ μὲν εἰς γᾶν, πνεῦμα δ' ἄνω· τί τῶνδε χαλεπόν; οὐδὲ ἕν.

10 [246]. Clem. Str. iv 45 (ii 268, 20 St.)
    ἁ γα φύσις ἀνδρῶν τί ὤν; ἀσκοὶ πεφυσιαμένοι.

11 [247]. Sext. adv. math. ι 273 (vgl. Cic. Tusc. ι 8, 15)
    ἀποθανεῖν ⟨μὴ εἴ⟩η, τεθνάκειν δ' οὔκ ἐμίν ⟨γα⟩ διαφέρει.

15 12 [249]. Plut. de fort. Al. ii 3 p. 336 b [vgl. 21 B 24]
    νοῦς ὁρῆι καὶ νοῦς ἀκούει· τἆλλα κωφὰ καὶ τυφλά.

DES AXIOPISTOS GNOMENSAMMLUNG

8. *Epicharm sagt, die Götter seien Winde, Wasser, Erde, Sonne, Feuer, Sterne. Ich aber habe die Meinung bekommen, brauchbare Götter seien für uns lediglich Gold- und Silbergeld.*

9. Es verband und schied sich, es kam wieder hin, wo es herkam: Erde zur Erde, der Hauch in die Höhe! Was ist davon schwierig? Gar nichts!

10. Was ist nun also die Natur der Menschen? Aufgeblasene Bälge.

11. Sterben, nein das bleibe fern, doch tot sein — das macht mir nichts aus.

12. Verstand *nur* sieht, Verstand *nur* hört, das andere: taub und blind.

---

5 ἥλιον γῆν ὕδωρ stellen Hss.: verb. Grotius   7 ἡμῖν Grotius: ἡμῶν Hss.   μόνους B (vgl. Cobet *N. L.* S. 82): fehlt sonst: μόνον vulg.   12 ἁ γα φύσις ἀνδρῶν τί ὤν Diels: αὖτα φύσις ἀνθρώπων Clem.   πεφυσιαμένοι Diels (wie ἐμφυσιόω *aufblähen* neben ἐμφυσᾶν, φυσιάει Kerkidas Ox. P. viii 31 [3, 17] neben φυσῆν ib. 33 [4, 6]: πεφυσημένοι Clem.   14 ἀποθανεῖν ἢ τεθνάναι οὔ μοι διαφέρει Sext.: verb. Diels (Cic. Tusc. ι 8, 15 *emori nolo, sed me esse mortuum nil aestumo*): ἁ. οὐ λῶ, τεθνάκειν δ' οὐδὲ ἕν μοι διαφέρει Ahrens 16 wertet richtig R. Schottlaender *Herm.* 62 (1927) 437f. — Vgl. Floril. Vatic. armeno-bor[anum ed. A. Zanolli, *Rendic. d. Acc. d. Lincei* Ser. V vol. 22, 650 (Epicharmisch wohl nur der Anfang, der Schluß orphisch)

13 [250]. Polyb. xviii 40, 4

νᾶφε καὶ μέμνασ᾽ ἀπιστεῖν· ἄρθρα ταῦτα τᾶν φρενῶν.

14 [251]. Arist. Metaph. M 9. 1086a 16 χαλεπὸν δ᾽ ἐκ μὴ καλῶς ἐχόντων λέγειν καλῶς κατ᾽ Ἐπίχαρμον· ἀρτίως τε γὰρ λέλεκται καὶ εὐθέως φαίνεται
5 οὐ καλῶς ἔχον. Hieraus versucht Crönert a. O. folgende Verse herzustellen:

ἐκ δὲ μὴ καλῶς ἐχόντων χαλεπόν ἐστ᾽ εἰπεῖν καλῶς·
ἀρτίως τε γὰρ λέλεκται κού τὸ πᾶν καλῶς ἔχον.

15 [252]. — Metaph. Γ 5. 1010a 5. S. 21 A 15 (i 115, 23)

10 16 [253]. Athen. vii 308 c

τὰ πρὸ τοῦ δύ᾽ ἄνδρες ἔλεγον, εἷς ἐγὼν ἀποχρέω.

17 [258]. Stob. iii 37, 18 H. Vgl. 22 B 119

ὁ τρόπος ἀνθρώποισι δαίμων ἀγαθός, οἷς δὲ καὶ κακός.

18 [261]. Anecd. Boiss. i 125

15 ἐφόδιον θνατοῖς μέγιστόν ἐστιν εὐσεβὴς βίος.

19 [262]. Arist. Rhet. ii 21, 1394b 13 [ohne Lemma]

ἀνδρὶ δ᾽ ὑγιαίνειν ἄριστόν ἐστιν, ὥς γ᾽ ἐμὶν δοκεῖ.

20 [263]. — — ii 21, 1394b 25

θνατὰ χρὴ τὸν θνατόν, οὐκ ἀθάνατα τὸν θνατὸν φρονεῖν.

20 20a [147]. — — iii 9, 1410b 3

τόκα μὲν ἐν τήνων ἐγὼν ἦν, τόκα δὲ παρὰ τήνοις ἐγών.

---

13. Nüchtern sei und Mißtrauen übe, das sind des Geistes Gelenke.

14. *Denn es ist schwer aus unrichtigen Vordersätzen einen richtigen Schluß zu bilden nach Epicharm:* 'Eben ist es ausgesprochen *und gleich ist der Fehler da*'.

16. Was vordem zwei Männer sagten, dazu bin ich einer ausreichend.

17. Die Artung ist den Menschen ihr guter Dämon, welchen auch ihr schlechter.

18. Größtes Zehrgeld ist den Sterblichen ein frommes Leben.

19. Für den Mann ist Gesundsein das Beste, wie's mir scheinen will.

20. Sterbliche Gedanken soll der Sterbliche hegen, nicht unsterbliche der Sterbliche.

20a. Bald war ich in jener Haus, bald war ich bei jenen.

---

4 Epicharms Zitat beginnt erst mit ἀρτίως   9 (B 15) εἰκότως μὲν οὐκ ἔφα τόδ᾽, ἀλλ᾽ ἀλαθέως ἔφα Th. Gomperz   15 εὐσεβὴς βίος μέγιστον ἐφόδιον θνατοῖς ἐστι Hs.: verb. Kaibel   17 nach Schol. Plat. Gorg. 451 E Ep. zugesprochen von Meineke, der γ᾽ ἡμῖν der Hss. verb.   21 ἐν τήνοις Demetr. de eloc. 24

21 [264]. Cic. ad Qu. fr. iii 1, 23

γνῶθι πῶς ἄλλωι κέχρηται . . .

22 [265]. Clem. Str. iv 170 (ii 322, 22 St.)

εὐσεβὴς νόωι πεφυκὼς οὐ πάθοις κ' οὐδὲν κακόν
5 κατθανών· ἄνω τὸ πνεῦμα διαμενεῖ κατ' οὐρανόν.

23 [266]. — — v 101 (ii 393, 10 St.) ὁ μὲν 'Επίχαρμος (Πυθαγόρειος δὲ
ἦν) λέγων

οὐδὲν ἐκφεύγει τὸ θεῖον· τοῦτο γινώσκειν σε δεῖ·
αὐτός ἐσθ' ἁμῶν ἐπόπτης, ἀδυνατεῖ δ' οὐδὲν θεός.

10 24 [267]. — — vi 12 (ii 432, 11 St.)

ὡς πολὺν ζήσων χρόνον χὡς ὀλίγον, οὕτως διανοοῦ.

25 [268]. — — vi 21 (ii 439, 22 St.). Vgl. 11 A 1 (i 73, 1). c. 10, 2. 3 δ 1

ἐγγύα ⟨δ'⟩ ἄτας ⟨γα⟩ θυγάτηρ, ἐγγύας δὲ ζαμία.

26 [269]. — — vii 27 (iii 20, 11 St.)

15 καθαρὸν ἂν τὸν νοῦν ἔχηις, ἅπαν τὸ σῶμα καθαρὸς εἶ.

27 [270]. Cornut. Theol. 14

αἴ τί κα ζατῇις σοφόν, τᾶς νυκτὸς ἐνθυμητέον.

καί·

28 [271].

20 πάντα τὰ σπουδαῖα νυκτὸς μᾶλλον ἐξευρίσκεται.

---

21. Erkenne, wie er einen andern ausgenutzt hat . . . !

22. Bist du im Geiste fromm geartet, so wird Dir im Tode kein Leid widerfahren. Oben wird der Hauch ewig bestehen bleiben, am Himmel.

23. Nichts entflieht der Gottheit; das sollst du erkennen. Er selbst ist unser Aufseher und vermag ein jedes Ding, Gott.

24. Daß du sowohl lange Zeit als kurze leben kannst, so richte den Gedanken ein.

25. Bürgschaft ist der Verblendung Tochter und der Bürgschaft die (Geld)buße.

26. Hast du rein den Sinn, so bist du am ganzen Körper rein.

27. Suchst du etwas Kluges, so bedenk' es in der Nacht!

28. Alles Ernste findet sich eher bei Nacht.

---

2 ἄλλοις verm. Kaibel   4 νῶι Hs.   κ' Dindorf: γ' Hs.   5 δια-
μένει Hs., Kaibel   8 τὺ und ἐπόπτας (Grotius) wären notwendig, wenn
das Fragm. alt aussähe   11 vgl. Bacchyl. 3, 78   13 Diels: ἐγγύα ἄτα
θυγάτηρ, ἐγγύα δὲ ζαμίας Hs., ἐγγύας ἄτα 'στὶ θυγ., ἐγγύα δὲ ζαμίας Teuffel
17 εἴ τι τὲ φησὶ ζητεῖς σοφὸν τῆς ν. ἐ. Hss.: verb. Kaibel: αἴτε τι ζατεῖ σοφόν
τις ν. ἐ. Porson-Lorenz

29 [272]. GELL. I 15, 15
οὐ λέγειν τύ γ᾽ ἐσσὶ δεινός, ἀλλὰ σιγᾶν ἀδύνατος.

30 [273]. [Plat.] Axioch. p. 366 c
ἁ δὲ χεὶρ τὰν χεῖρα νίζει· δός τι καὶ λάβοις τί κα.

5 31 [274]. PLUT. Popl. 15 (πρὸς τὸν ἄσωτον)
οὐ φιλάνθρωπος τύ γ᾽ ἔσσ᾽, ἔχεις νόσον· χαίρεις διδούς.

32 [275]. — de aud. poet. 4 p. 21 E [ohne Lemma]
ποτὶ [τὸν] πονηρὸν οὐκ ἄχρηστον ὅπλον ἁ πονηρία.

33 [284]. STOB. Flor. (III) 29, 54 H.
10 ἁ δὲ μελέτα φύσιος ἀγαθᾶς πλέονα δωρεῖται, φίλοι.

34 [285]. — 38, 21 H.
τίς δέ κα λώιη γενέσθαι μὴ φθονούμενος, φίλοι;
δῆλον ὡς ἀνὴρ παρ᾽ οὐδέν ἐσθ᾽ ὁ μὴ φθονούμενος·
τυφλὸν ἠλέησ᾽ ἰδών τις, ἐφθόνησε δ᾽ οὐδὲ εἷς.

15 35 [286]. — (IV) 23, 37 H.
σώφρονος γυναικὸς ἀρετὰ τὸν συνόντα μὴ ἀδικεῖν [ἄνδρα].

36 [287]. XENOPH. Mem. II 1, 20 μαρτυρεῖ δὲ καὶ ᾽Ε. ἐν τῷδε·
τῶν πόνων πωλοῦσιν ἡμῖν πάντα τἀγάθ᾽ οἱ θεοί.

καὶ ἐν ἄλλωι δὲ τόπωι φησίν·
20 37 [288].
ὦ πονηρέ, μὴ τὰ μαλακὰ μῶσο, μὴ τὰ σκλήρ᾽ ἔχηις.

---

29. Nicht im Reden bist du mächtig, sondern zu schweigen unfähig.

30. Hand wird nur von Hand gewaschen; wenn du nehmen willst, so gib! [nach Goethe]

31. Du bist nicht etwa menschenfreundlich, du bist krank; dir macht ja das Schenken Freude.

32. Gegen einen Schurken ist Schurkerei keine unbrauchbare Waffe.

33. Doch die Übung gibt mehr aus als gute Anlage, Freunde.

34. Wer möchte nicht gern beneidet werden, Freunde! Klärlich taugt so gut wie nichts der Mann, der nicht beneidet wird. Einen Blinden bemitleidet mancher, der ihn erblickt, aber beneiden tut ihn keiner.

35. Einer braven Frau Tugend heißt: ihrem Gatten nicht unrecht tun.

36. Mühe ist der Preis, um den uns die Götter alle Güter verkaufen.

37. Schurke, denk᾽ nicht auf das Weiche, daß du nicht das Harte kriegst.

---

4 s. Varianten zu 83 B 9   8 [τὸν] Schneidewin   10 Diels: φίλοις
Stob.: φίλε Wilamowitz   12 δ᾽ ἐγκαλοίη Stob.: verb. Porson   Diels:
φίλος Stob.: φίλοις Kaibel   13 παρ᾽ οὐδὲν Hense, Kaibel: γὰρ οὐδεὶς Stob.
16 [ἄνδρα] Valckenaer   18 πωλοῦντι πάντα τἀγάθ᾽ ἀμὶν τοὶ Ahrens
21 μῶσο Ahrens: μόσω, μώεο, μώσης ὦ Hss.

38 [277]. Stob. Ecl. II 15, 7

πρὸς ⟨δὲ⟩ τὸς πέλας πορεύου λαμπρὸν ἱμάτιον ἔχων,
καὶ φρονεῖν πολλοῖσι δόξεις, τυχὸν ἴσως ⟨οὐδὲν φρονῶν⟩.

39 [278]. — — 18 (ohne Lemma)

5   τῶι λόγωι μὲν εὖ διέρχηι πάντα, τῶι δ' ἔργωι κακῶς.

40 [279]. — — 31, 25 (ohne Lemma)

φύσιν ἔχειν ἄριστόν ἐστι, δεύτερον δὲ ⟨μανθάνειν⟩.

41 [280]. — Flor. (III) 1, 10 H.

οὐ μετανοεῖν ἀλλὰ προνοεῖν χρὴ τὸν ἄνδρα τὸν σοφόν.

10   42 [281]. — — 20, 8 H.

μὴ (ἐ)πὶ μικροῖς αὐτὸς αὑτὸν ὀξύθυμον δείκνυε.

43 [282]. — — 20, 9 H.

ἐπιπολάζειν οὔ τι χρὴ τὸν θυμόν, ἀλλὰ τὸν νόον.

44 [283]. — — 20, 10 H.

15   οὐδὲ εἷς οὐδὲν μετ' ὀργῆς κατὰ τρόπον βουλεύεται.

44a [0]. Ostrakon 12319 [Wilamowitz Berl. Sitz. Ber. 1918, 742, l. 2
vgl. oben I 154, 12]. Zweite Hälfte des III. Jahrh. v. Chr.

ṬΑΛΕΑṢ γάρ ἐσθ' ὁ φρόνιμος· ὡς δὲ τοῦθ' οὕτως ἔχει·
χῶρος οἰκία τυραννὶς πλοῦτος ἰσχὺς καλλονά

38. Doch geh zu den Nächsten (d. i. Menschen) in glänzendem Gewande: dann werden viele meinen, du habest Verstand, wenn du vielleicht auch keinen hast.

39. Dem Worte nach führst du alles gut aus, aber der Tat nach schlecht.

40. (Die rechte) Veranlagung haben, das ist das Beste, das zweite, etwas lernen.

41. Nicht nachbedenken, sondern vorbedenken soll der weise Mann.

42. Zeige dich nicht bei Kleinigkeiten leidenschaftlich erregt!

43. Obenauf schwimmen muß nicht die Leidenschaft, sondern der Verstand.

44. Kein einziger pflegt im Zorne Rat, wie sich's gebührt.

44a. . . . nämlich ist der Vernünftige. Daß sich das aber so verhält, dafür sage ich: Grundstück, Haus, Alleinherrschaft, Reichtum, Stärke,

---

2 ⟨δὲ⟩ Welcker vgl. O. Hense Wien. Stud. 42 (1920/1) 3   3 ⟨ ⟩ Meineke
7 ⟨ ⟩ Meineke   13 οὔ τι S: οὔ τε A: ὅτι M   νόον Ahrens: νόμον Stob.
15 οὐθεὶς Stob.: verb. Grotius   ὀργᾶς Ahrens   16 durch Wilamowitz
a. O. S. 743 Pseudo-Epicharm zugewiesen   18 Anfang noch nicht gefunden; man erwartet etwas wie τίμιος. Καλλίας (appellativisch)? Morel
Wilamowitz interpungiert hinter τοῦθ', doch scheint das zu künstlich

ἄφρονος ἀνθρώπου τυχόντα καταγέλαστα γίνεται.

ἀδοναὶ δ' εἰσὶν βροτοῖσιν ἀνόσιοι λαστήριοι·
καταπεπόντισται γὰρ εὐθὺς ἀδοναῖς ἀνὴρ ἁλούς.

5   45 [297]. ANTHOL. MAHAFF. [Flinders Petrie Pap. I t. 3] III. Jahrh. v. Chr.

a) Ἐπιχάρμου
⟨ἥκιστά γ' ὅσ⟩τις δυστυχῶν βίον τ' ἔχων
⟨μηδὲν καλόν⟩ τε κἀγαθὸν ψυχᾶι διδῶι,
⟨ἐγὼν μὲν αὐτὸ⟩ν οὔτι φασῶ μακάριον,
10   ⟨φύλακα δὲ μ⟩ἄλλον χρημάτων ἄλλωι τε⟨λεῖν.

b) Εὐριπίδου [fr. 198 N.]
εἰ δ' εὐτυχῶν τις καὶ βίον κεκτημένος
μηδὲν δόμοισι τῶν καλῶν θηράσεται,
ἐγὼ μὲν αὐτὸν οὔποτ' ὄλβιον καλῶ,
15   φύλακα δὲ μᾶλλον χρημάτων ἄλλων λέγω.

46 [299]. PHILO Qu. in Gen. IV 203 p. 406 Auch. *porro optime dixit
Epicharmus* 'quicunque, ait, minus delinquit, optimus est vir:
nemo est enim innocens, nemo reprehensionis expers.' *et Euri-
pides* [fr. 954 N.] 'quicunque incontinentes sunt et redundat in eis malum
20 inimicitiae et iniustitiae, mali sunt; in quibus autem opposita praevalent,
virtute praediti; in aliis vero ita, quasi aequalis sit commixtio; ita ut nulli
sint qui omnia mala habeant sine ullo bono.'

Schönheit, die auf einen unvernünftigen Menschen treffen, werden
lächerlich.

Lüste aber sind für die Sterblichen gottlose Seeräuber; denn ins
Meer versenkt ist gleich der Mann, der von Lüsten gefangen wurde.

45. Wer nicht im geringsten vom Unglück verfolgt wird und sein
Auskommen hat, aber dabei seiner Seele nichts Gutes und Schönes
gönnt, den werde ich keineswegs glücklich nennen, sondern vielmehr
sagen, er sei als Schatzhüter für einen andern da.

46. Wer weniger fehlt (*als andere*), ist der beste Mann. Denn niemand
ist unschuldig, niemand ohne Tadel.

---

3 λαιστήριοι ~ λαισταί (Wil.)   4 ἀρην Ostr.: verb. Wil.   7 ⟨ ⟩ Diels:
⟨μηδὲν γὰρ εἴ⟩ Kaibel   7—10 Diels meistens nach Kaibel   10 Vers-
schluß so gelesen vgl. *Class. Rev.* 36 (1922) 165⁻   13 θηράσε[ται Pap.:
πειράσεται Stob. III 16, 4   14 αὐτὸν οὔποτ' Pap. MA: οὔποτ' αὐτὸν S
15 (fehlt Pap.) ἄλλων λέγω Vitelli (vgl. Z. 10): εὐδαίμονα Stob.   17 vgl.
Horat. Serm. I 3, 68. Griechisch μεῖον ὃς χ' ἁμαρτάνηι κράτιστος οὗτός ἐστ'
ἀνήρ· οὐ γὰρ ἀναμάρτητος οὐδεὶς οὐδ' ἀμώμματος πέλει Diels *Herm.* 23 (1888) 281

EPICHARMUS ENNI

(Aus der Sammlung des Axiopistos ?)

47 [1 Vahlen 1903]. Cic. Ac. ii 16, 51 *at cum somniavit* [näml. Ennius], *ita narravit 'visus Homerus adesse poeta'* [Ann. 7]; *idemque in Epicharmo*

5 *nam videbar somniare med ego esse mortuum.*

48 [5]. Prisc. i 341 H. (*mentis* = *mens*) [vgl. B 9]

— ◡ — ◡ *terra corpus est, at mentis ignis est.*

49 [3]. Varro d. re r. i 4, 1 *eius* [näml. agriculturae] *principia sunt eadem, quae mundi esse Ennius scribit, aqua terra anima et sol.*

10 **50** [6, 52]. — d. ling. l. v 59 *itaque Epicharmus dicit de mente humana. ait:*

istic est de sole sumptus ignis.

50a [6, 53]. *idem solem:*

isque totus mentis est,

ut humores frigidae sunt humi, ut supra ostendi. 60. *quibus iunctis caelum*

15 *et terra omnia exgenuerunt, quod per hos natura*

51 [2]. *frigori miscet calorem atque humori aritudinem.*

52 [4, 48. 49]. Varro l. l. 64 *dicitur Ops mater quod terra mater. haec enim*

terris gentis omnis peperit et resumit denuo

quae . . . . . . dat cibaria,

20 *ut ait Ennius. quae*

EPICHARMUS DES ENNIUS

47. Denn im Traume dünkt' es mich, ich sei gestorben.

48. Der Körper ist Erde, aber der Geist ist Feuer.

49. *Wasser, Erde, Hauch und Sonne sind die Elemente der Welt.*

50. Dieses Feuer da (*d. menschl. Geist*) ist von der Sonne genommen.

50a. Und sie (*die Sonne*) ist ganz Geist.

51. *Durch Mischung von Feuer und Wasser haben Himmel und Erde alles geschaffen,* weil die Natur durch sie Wärme der Kälte zumischt und Trocknis der Feuchte.

52. *Die Mutter Erde* hat alle Geschlechter in den Ländern geboren und nimmt sie wieder in sich auf. *Sie ist es,* die Futter darbietet;

---

2 Kaibel (*Pauly-Wiss. RE* vi 40) und Leo *Röm. Liter.* S. 201² nehmen (nach Wilamowitz) als Vorlage des Ennius ein pseudepicharmisches Gedicht περὶ φύσεως an   5 *me et ego* Cic.: verb. Manutius; *ego memet esse* Leo a. O. 200⁷   12 ⟨*de*⟩ *sole* Spengel   14 *iuncti* Flor.: verb. Müller   16 *calori* Flor.¹

52a [4, 50]. *quod gerit fruges, Ceres.*
antiquis enim, quod nunc G, C. 65 *item hi dei Caelum et Terra Iupiter et Iuno, quod ut ait Ennius*

53 [7]. *istic est 'is Iupiter quem dico, quem Graeci vocant*
5   *aerem; qui ventus est et nubes, imber postea,*
atque ex imbre frigus, ventus post fit, aer denuo.
haece propter Iupiter sunt ista quae dico tibi,
quia mortalis ⟨is⟩ atque urbes beluasque omnis iuvat.

54 [8]. — 68 *hinc Epicharmus Enni Proserpinam quoque* [sc. lunam]
10 *appellat quod solet esse sub terris; dicta Proserpina, quod haec ut serpens modo in dexteram modo in sinisteram partem late movetur.*

AΞIOΠIΣTOY KANWN
Unecht, vgl. A 10.   Vorbem. I 194.

55 [289].   TERTULL. de anima 46 (377, 8 Wiss.) *ceterum E. etiam*
15 *summum apicem inter divinationes somniis extulit cum Philochoro Athe-niensi.* 47 *porro quia non est ex arbitrio somniare* (*nam et E. ita sentit*), *quomodo ipsa erit sibi causa alicuius visionis?* Für berühmte Traum-erfüllungen vorher 377, 3 zitiert: *Artemon, Antiphon, Strato, Philochorus, Epicharmus* usw.

52a. die Ceres heißt, weil sie die Früchte *im Schoße* trägt (*Ceres = gerens*).

53. Dies ist der Jupiter, von dem ich rede, den die Griechen Luft nennen. Er ist Wind und Wolken, dann Regen und aus Regen wird Kälte dann Wind und aufs neue Luft. Darum sind jene *Elemente*, die ich dir nenne, Jupiter, weil er durch sie allen Menschen, Städten und Tieren hilft (*Jupiter = iuvat*).

54. *Proserpina heißt der Mond, weil er unter der Erde zu verweilen pflegt; Proserpina ist sein Name, weil er wie eine Schlange bald nach rechts bald nach links sich in die Weite fortbewegt* (*Luna = Proserpina = serpens*).

KANON DES AXIOPISTOS

55. *E. legt sogar den größten Wert unter den Formen der Weissagung den Träumen bei; sie können nicht willkürlich hervorgerufen werden.*

---

2 G, C Lachmann: *et* Flor.   6 *ventis* Flor.   7 *hec* Flor.   8 *quia* Laetus: *qua* Flor.   ⟨*is*⟩ Vahlen² Add.

XΡΥΣΟΓΟΝΟΥ ΠΟΛΙΤΕΙΑ

Unecht, vgl. A 10. Vorbem. I 194.

56 [255]. CLEM. Str. v 119 (II 405, 13 St.) ὅ τε κωμικὸς 'E. σαφῶς περὶ τοῦ
λόγου ἐν τῆι Πολιτείαι λέγει ὧδέ πως·

5   ὁ βίος ἀνθρώποις λογισμοῦ κἀριθμοῦ δεῖται πάνυ·
       ζῶμεν [δὲ] ἀριθμῶι καὶ λογισμῶι· ταῦτα γὰρ σώιζει βροτούς.

57 [256. 257]. εἶτα διαρρήδην ἐπιφέρει·
       ὁ λόγος ἀνθρώπους κυβερνᾶι κατὰ τρόπον σώιζει τ' ἀεί.
       ἔστιν ἀνθρώπωι λογισμός, ἔστι καὶ θεῖος λόγος·
10   ὁ δέ γε τἀνθρώπου πέφυκεν ἀπό γε τοῦ θείου λόγου,
       ⟨καὶ⟩ φέρει ⟨πόρους ἑκάστωι⟩ περὶ βίου καὶ τᾶς τροφᾶς.
5   ὁ δέ γε ταῖς τέχναις ἁπάσαις συνέπεται θεῖος λόγος,
       ἐκδιδάσκων αὐτὸς αὐτούς, ὅ τι ποιεῖν δεῖ συμφέρον.
       οὐ γὰρ ἄνθρωπος τέχναν τιν' εὗρεν, ὁ δὲ θεὸς τοπάν.

VERFASSUNG DES CHRYSOGONOS

56. Das menschliche Leben braucht durchaus Berechnung und Zahl.
Wir leben durch Zahl und Berechnung; denn das ist es, was die Sterb-
lichen am Leben erhält.

57. Die Vernunft lenkt die Menschen nach Gebühr und erhält sie
immerdar. Der Mensch hat seine Berechnung, es gibt aber auch eine
göttliche Vernunft. Doch die menschliche Vernunft ist aus der gött-
lichen geboren und sie bringt einem jeglichen die Mittel zum Leben
und zur Nahrung. Aber die göttliche Vernunft zieht mit allen Künsten
mit. Denn sie allein belehrt die Menschen, was man Fördersames zu
tun hat. Denn kein Mensch hat irgendeine Kunst erfunden, vielmehr
stets nur Gott.

---

6 [δὲ] Grotius: δ' ἐν Euseb.   8 σώιζει τ' ἀεί Kaibel: σώζει εἶτα εἰ
Clem.: σώζει εἰ Eus.   9 ἀνθρώπῳ Clem.: ἀνθρώπων Eus.   10 Diels:
ὁ δέ γε ... θείου λόγου steht als V. 6 am Schluß in Clem., Eus. (Rand-
nachtrag), an richtiger Stelle Z. 10 u. 11 steht verstümmelt ἀνθρώπῳ
πέφυκε περὶ βίου καὶ τὰς τροφὰς (καταστροφὰς Eus.) Clem., Eus.   11 καὶ ...
ἑκάστωι Diels: fehlt Clem., Eus., doch ist φέρει am Ende von Z. 14 von dem
Randnachtrage übrig geblieben   πόρους ... περὶ vgl. Aristoph. Eccl. 653
12 Diels: τὰς τέχνας ἅπασι Clem., Eus.   13 ἐκδιδάσκων Clem.: διδάσκων
Eus.   αὐτὸς αὐτούς Eus.: ἀεὶ αὐτὸς αὐτούς Clem.   σύμφορον Kaibel
14 τιν' Clem.: fehlt Eus.   τοπάν Diels: ταύταν φέρει (s. zu Z. 11) Clem.,
Eus. Bei Stählin wird das Fragment so geschrieben 'ὁ λόγος ... σῴζει·'
εἶτα, εἰ 'ἔστιν ἀνθρώπῳ λογισμός, ἔστι καὶ θεῖος λόγος· ⟨ὁ μὲν ἐν⟩ (nach
Schwartz) ἀνθρώπῳ πέφυκεν περὶ βίου καταστροφάς· ὁ δέ γε τὰς τέχνας
ἅπασι συνέπεται θεῖος λόγος ἐκδιδάσκων ... συμφέρον· οὐ γὰρ ἄνθρωπος τέχναν
εὗρ'· ὁ δὲ θεὸς ταύταν φέρει. ὁ δέ γε τἀνθρώπου [λόγος] πέφυκεν ἀπό γε τοῦ
θείου λόγου.'

XIPWN

Unecht, vgl. A 10. Vorbem. I 194.

58 [290]. ATHEN. XIV 648 D [vgl. I 193, 1].
καὶ πιεῖν ὕδωρ διπλάσιον χλιαρόν, ἡμίνας δύο.

58a [291]. ANECD. Bekk. Antiattic. 98, 32 ἡμιλίτριον· Ἐ. Χίρωνι.

59 [248]. CENSORIN. VII 6 (D. 195) *contra eum* [Euryphon von Knidos]
ferme omnes Epicharmum secuti octava mense nasci negaverunt.

60 [292]. COLUMELL. VII 3, 6 *E. autem Syracusanus, qui pecudum
medicinas diligentissime conscripsit, affirmat pugnacem arietem mitigari
terebra secundum auriculas foratis cornibus, qua curvantur in flexu.*

61 [293]. PLIN. N. H. XX 89 *E. testium et genitalium malis hanc*
[sc. brassicam] *utilissime inponi* etc.

62 [294]. — — 94 *E. satis esse eam* [sc. brassicam silvestrem] *contra
canis rabiosi morsum imponi, melius si cum lasere et aceto · acri, necari
quoque canes ea si detur ex carne.*

OΨOΠOIIA

Unecht, aus Χίρων? S. Vorbem. I 194.

63 [290]. ANECD. Bekk. Antiattic. 99, 1 ἡμίνα· ἐν τῆι ἀναφερομένηι εἰς
Ἐπίχαρμον Ὀψοποιίαι [= B 58? vgl. B 58a].

CHIRON

58. Und ein doppelt Quantum laues Wasser trinken, zwei Halbe.

58a. Halbes Liter.

59. *Geburt im achten Monat ist nicht lebensfähig.*

60. *Ein kampflustiger Widder läßt sich zähmen, wenn man ihm die
Hörner in der Nähe der Ohren, wo ihre Krümmung umbiegt, durchbohrt.*

61. *Hoden- und Genitalleiden werden durch Auflegen von Kohl mit
gutem Erfolg behandelt.*

62. *Es genügt Waldkohl gegen den Biß eines tollen Hundes aufzulegen,
doch fügt man besser Silphionsaft und scharfen Essig zu. Auch sterben
Hunde daran, wenn man ihn mit dem Fleisch vermengt eingibt.*

KOCHBUCH

63. Halber.

ΕΠΙΓΡΑΜΜΑ

Unecht, vgl. B 9. 48.   Vorbem. I 194.

64 [296]. Schol. BT zu X 414 ἔστι δὲ καὶ ἐπίγραμμα ὃ εἰς Ἐπίχαρμον ἀναφέρεται·

5   εἰμὶ νεκρός· νεκρὸς δὲ κόπρος, γῆ δ' ἡ κόπρος ἐστίν··
εἰ δ' ἡ γῆ θεός ἐστ', οὐ νεκρός, ἀλλὰ θεός.

ΠΡΟΣ ΑΝΤΗΝΟΡΑ

Unecht

65 [295]. PLUT. Num. 8 Πυθαγόραν τῆι πολιτείαι Ῥωμαῖοι προσέγραψαν,
10 ὡς ἱστόρηκεν Ἐπίχαρμος ὁ κωμικὸς ἔν τινι λόγωι πρὸς Ἀντήνορα γεγραμμένωι,
παλαιὸς ἀνὴρ καὶ τῆς Πυθαγορικῆς διατριβῆς μετεσχηκώς.

24 [14]. ALKMAION

A. LEBEN UND LEHRE

1. DIOG. VIII 83. Ἀλκμαίων Κροτωνιάτης. καὶ οὗτος Πυθαγόρου διήκουσε.
15 καὶ τὰ πλεῖστά γε [τὰ] ἰατρικὰ λέγει, ὅμως δὲ καὶ φυσιολογεῖ ἐνίοτε λέγων 'δύο
τὰ πολλά ἐστι τῶν ἀνθρωπίνων' [vgl. I 211, 18]. δοκεῖ δὲ πρῶτος φυσικὸν λό-
γον συγγεγραφέναι, καθά φησι Φαβωρῖνος ἐν Παντοδαπῇι ἱστορίαι [FHG III 25].
καὶ τὴν σελήνην καθόλου ⟨τε τὰ ὑπὲρ⟩ ταύτην ἔχειν ἀίδιον φύσιν. (ἦν δὲ Πει-
ρίθου υἱός, ὡς αὐτὸς ἐναρχόμενος τοῦ συγγράμματός φησιν "Ἀλκμαίων . . . τε-
20 κμαίρεσθαι' κτέ. [B 1]). ἔφη δὲ καὶ τὴν ψυχὴν ἀθάνατον, καὶ κινεῖσθαι αὐτὴν
συνεχὲς ὡς τὸν ἥλιον.

EPIGRAMM

64. Ich bin eine Leiche. Leiche ist Mist, der Mist ist Erde. Wenn aber
die Erde eine Gottheit ist, so bin ich nicht eine Leiche, sondern ein Gott.

AN ANTENOR

65. *Die Römer haben Pythagoras zu ihrem Mitbürger gemacht.*

6 δ' ἡ γῆ Bergk: ἡ (εἰ) δὲ γῆ Schol.: δὴ las Kaibel   vgl. Büch.
Anthol. Lat. 974, 4. 1532, 3. Epigr. Eretr. *Amer. Journ. of archaeol.* VII 252
= CIG XII 9, 290   7 Die Fälschung hängt mit dem in Rom Anf. d.
2. Jahrh. v. Chr. versuchten pythagoreischen Betruge zusammen, von
dem Liv. 40, 29 u. a. erzählen (Zeller III b⁴ 100)   15 τὰ BFP¹: tilgte P²
18 ⟨ ⟩ Diels: καὶ ὅλον τὸν οὐρανὸν nach A 12 Zeller   ἦν . . . κτέ. ist
Einschub in die Doxographie   20 ἔφη . . . ἥλιον] stellte vor καὶ τὴν Z. 18
Wachtler *de Alcmaeone* Diss. Berl. 1896; dann ist καὶ nach ἔφη δὲ unerklär-
bar   21 συνεχὲς BP: συνεχῶς F

2. CLEM. Strom. I 78 (II 51, 1 St.) 'A. γοῦν Περίθου Κροτωνιάτης πρῶτος φυσικὸν λόγον συνέταξεν. GAL. de elem. sec. Hipp. I 9. (I 487 K., 54, 18 Helmr.) τὰ γὰρ τῶν παλαιῶν ἅπαντα Περὶ φύσεως ἐπιγέγραπται, τὰ Μελίσσου, τὰ Παρμενίδου, τὰ Ἐμπεδοκλέους Ἀλκμαίωνός τε καὶ Γοργίου καὶ Προδίκου καὶ
5 τῶν ἄλλων ἁπάντων. ISIDOR. Orig. I 40, 1 *fabulas poetae a fando nominaverunt, quia non sunt res factae, sed tantummodo loquendo fictae. quae ideo sunt inductae, ut ficto animalium mutorum inter se colloquio imago quaedam hominum vitae nosceretur. has primus invenisse traditur Alcimon* [sic] *Crotoniensis, appellanturque Aesopicae, quod is apud Phrygas in hac re*
10 *polluit.*

3. ARIST. Metaph. A 5 986a 22 ἕτεροι δὲ τῶν αὐτῶν τούτων [Pythagoreer] τὰς ἀρχὰς δέκα λέγουσιν εἶναι τὰς κατὰ συστοιχίαν λεγομένας, πέρας καὶ ἄπειρον, περιττὸν καὶ ἄρτιον, ἓν καὶ πλῆθος, δεξιὸν καὶ ἀριστερόν, ἄρρεν καὶ θῆλυ, ἠρεμοῦν καὶ κινούμενον, εὐθὺ καὶ καμπύλον, φῶς καὶ σκότος, ἀγαθὸν καὶ κακόν, τετρά-
15 γωνον καὶ ἑτερόμηκες. ὅνπερ τρόπον ἔοικε καὶ 'A. ὁ Κροτωνιάτης ὑπολαβεῖν, καὶ ἤτοι οὗτος παρ' ἐκείνων ἢ ἐκεῖνοι παρὰ τούτου παρέλαβον τὸν λόγον τοῦτον· καὶ γὰρ ἐγένετο τὴν ἡλικίαν Ἀλκμαίων ⟨νέος⟩ ἐπὶ γέροντι Πυθαγόραι, ἀπεφήνατο δὲ παραπλησίως τούτοις· φησὶ γὰρ εἶναι δύο τὰ πολλὰ τῶν ἀνθρωπίνων, λέγων τὰς ἐναντιότητας οὐχ ὥσπερ οὗτοι διωρισμένας ἀλλὰ τὰς τυχούσας, οἷον λευκὸν
20 μέλαν, γλυκὺ πικρόν, ἀγαθὸν κακόν, μέγα μικρόν. οὗτος μὲν οὖν ἀδιορίστως ἀπέρριψε περὶ τῶν λοιπῶν, οἱ δὲ Πυθαγόρειοι καὶ πόσαι καὶ τίνες αἱ ἐναντιώσεις ἀπεφήναντο. παρὰ μὲν οὖν τούτων ἀμφοῖν τοσοῦτον ἔστι λαβεῖν, ὅτι τἀναντία ἀρχαὶ τῶν ὄντων [vgl. Arist. Schrift Πρὸς τὰ Ἀλκμαίωνος ā Diog. v 25]. ISOCR. 15, 268 τοὺς λόγους τῶν παλαιῶν σοφιστῶν, ὧν ὁ μὲν ἄπειρον τὸ πλῆθος ἔφησεν εἶναι
25 τῶν ὄντων, Ἐμπεδοκλῆς δὲ τέτταρα καὶ Νεῖκος καὶ Φιλίαν ἐν αὐτοῖς, Ἴων δ' οὐ πλείω τῶν τριῶν, Ἀλκμέων δὲ δύο μόνα. SCHOL. BASIL. ed. Pasquali n. 3 [Gött. Nachr. 1910, 196] 'A. ἀντιθέσεις [= Pseudoclem. Recogn. VIII 15 (Dox. 250)].

4. AËT. II 16, 2. 3 (D. 345) (τῶν μαθηματικῶν τινες) τοὺς πλανήτας τοῖς
30 ἀπλανέσιν ἀπὸ δυσμῶν ἐπ' ἀνατολὰς ἀντιφέρεσθαι. τούτωι δὲ συνομολογεῖ καὶ 'A. II 22, 4 (D. 352) 'A. πλατὺν εἶναι τὸν ἥλιον. 29, 3 (D. 359) 'A., Ἡράκλειτος [22 A 12], Ἀντιφῶν [87 B 28] κατὰ τὴν τοῦ σκαφοειδοῦς στροφὴν καὶ τὰς περικλίσεις (nämlich ἐκλείπειν τὴν σελήνην).

5. THEOPHR. de sens. 25f. (D. 506) τῶν δὲ μὴ τῶι ὁμοίωι ποιούντων τὴν
35 αἴσθησιν 'A. μὲν πρῶτον ἀφορίζει τὴν πρὸς τὰ ζῶια διαφοράν. ἄνθρωπον γάρ φησι τῶν ἄλλων διαφέρειν ὅτι μόνον ξυνίησι, τὰ δ' ἄλλα αἰσθάνεται μέν, οὐ ξυνίησι δέ [B 1a], ὡς ἕτερον ὂν τὸ φρονεῖν καὶ αἰσθάνεσθαι, καὶ οὔ, καθάπερ Ἐμπεδοκλῆς, ταὐτόν· ἔπειτα περὶ ἑκάστης λέγει. ἀκούειν μὲν οὖν φησι τοῖς ὠσίν, διότι κενὸν ἐν αὐτοῖς ἐνυπάρχει· τοῦτο γὰρ ἠχεῖν (φθέγγεσθαι δὲ τῶι

---

8 *alcimon* Voss. l. F 74, Toletan.: *al**mon* Bernensis 101: *alcinon* Weißenburg.[1], in *alcmon*, dann in *alemon* verbessert. Der Name Alcmeon wohl sicher; Konfusion einer Heuremataliste, indem φυσικὸν übersehen wurde? Anders Thiele *Neue Jahrb.* 11 (1908) 394[2]   17. 18 καὶ γὰρ 'A. ἀπεφήνατο παραπλησίως τούτοις Ab, was einige für echte Fassung halten   17 ⟨νέος⟩ Diels vgl. zum Ausdruck I 219, 6. 9   20 ἀπέρριψε Ab E: ἐπέρριψε cett.   23 πρὸς τὰς BF   ἀκμαίωνος BP[1]   34 ff. Text nach Dox.   36 μόνον] vgl. Vahlen Ar. Poet.[3] S. 103

κοίλωι), τὸν ἀέρα δ' ἀντηχεῖν. ὀσφραίνεσθαι δὲ ῥισὶν ἅμα τῶι ἀναπνεῖν ἀνάγοντα
τὸ πνεῦμα πρὸς τὸν ἐγκέφαλον. γλώττηι δὲ τοὺς χυμοὺς κρίνειν· χλιαρὰν γὰρ
οὖσαν καὶ μαλακὴν τήκειν τῆι θερμότητι· δέχεσθαι δὲ καὶ διαδιδόναι διὰ τὴν μανό-
τητα καὶ ἀπαλότητα.   (26) ὀφθαλμοὺς δὲ ὁρᾶν διὰ τοῦ πέριξ ὕδατος. ὅτι
5 δ' ἔχει πῦρ, δῆλον εἶναι· πληγέντος γὰρ ἐκλάμπειν. ὁρᾶν δὲ τῶι στίλβοντι καὶ
τῶι διαφανεῖ, ὅταν ἀντιφαίνηι, καὶ ὅσον ἂν καθαρώτερον ἦι, μᾶλλον. ἁπάσας δὲ
τὰς αἰσθήσεις συνηρτῆσθαί πως πρὸς τὸν ἐγκέφαλον· διὸ καὶ πηροῦσθαι κινου-
μένου καὶ μεταλλάττοντος τὴν χώραν· ἐπιλαμβάνειν γὰρ τοὺς πόρους, δι' ὧν αἱ
αἰσθήσεις. περὶ δὲ ἁφῆς οὐκ εἴρηκεν οὔτε πῶς οὔτε τίνι γίνεται. [ἀλλ'] 'Α. μὲν
10 οὖν ἔτ.ι τοσοῦτον ἀφώρικεν.

6. ΑËΤ. ιν 16, 2 (D. 406) 'Α. ἀκούειν ἡμᾶς τῶι κενῶι τῶι ἐντὸς τοῦ ὠτός·
τοῦτο γὰρ εἶναι τὸ διηχοῦν κατὰ τὴν τοῦ πνεύματος εἰσβολήν· πάντα γὰρ τὰ
κοῖλα ἠχεῖ vgl. A 5. Arist. de an. B 8. 419b 34. Hipp. de carn. 15 (VIII 603 L.).

7. ARIST. Hist. anim. A 11. 492a 13 κεφαλῆς μόριον, δι' οὗ ἀκούει, ἄπνουν,
15 τὸ οὖς· 'Α. γὰρ οὐκ ἀληθῆ λέγει, φάμενος ἀναπνεῖν τὰς αἶγας κατὰ τὰ ὦτα.

8. ΑËΤ. ιν 17, 1 (D. 407) 'Α. ἐν τῶι ἐγκεφάλωι εἶναι τὸ ἡγεμονικόν· τούτωι
οὖν ὀσφραίνεσθαι ἕλκοντι διὰ τῶν ἀναπνοῶν τὰς ὀσμάς.

9. — ιν 18, 1 (D. 407) 'Α. τῶι ὑγρῶι καὶ τῶι χλιαρῶι τῶι ἐν τῆι γλώττηι
πρὸς τῆι μαλακότητι διακρίνεσθαι τοὺς χυμούς. Vgl. A 5 oben Z. 2.

20   10. — ιν 13, 12 (D. 404) 'Α. κατὰ τὴν τοῦ διαφανοῦς ἀντίληψιν (τὴν
ὅρασιν γίνεσθαι). CHALCID. in Tim. p. 279 Wrob. *demonstranda igitur
oculi natura est, de qua cum plerique alii tum Alcmaeo Crotoniensis in
physicis exercitatus quique primus exsectionem adgredi est ausus, et Calli-
sthenes, Aristotelis auditor, et Herophilus multa et praeclara in lucem pro-*
25 *tulerunt: duas esse angustas semitas, quae a cerebri sede, in qua est sita
potestas animae summa ac principalis, ad oculorum cavernas meent naturalem
spiritum continentes. quae cum ex uno initio eademque radice progressae
aliquantisper coniunctae sint in frontis intimis, separatae bivii specie per-
veniunt ad oculorum concavas sedes, qua superciliorum obliqui tramites*
30 *porriguntur, sinuataeque illic tunicarum gremio naturalem umorem reci-
piente globos complent munitos tegmine palpebrarum, ex quo appellantur
orbes. porro quod ex una sede progrediantur luciferae semitae, docet quidem
sectio principaliter; nihilo minus tamen intelligitur ex eo quoque, quod
uterque oculus moveatur una nec alter sine altero moveri queat. oculi porro*
35 *ipsius continentiam in quattuor membranis seu tunicis notaverunt disparili
soliditate. quarum differentiam proprietatemque si quis persequi velit,
maiorem proposita materia suscipiet laborem.* Vgl. Hipp. de loc. in hom. 2
(VI 278 L.), de carn. 17 (VIII 606 L.) πολλὰ δὲ ταῦτ' ἐστὶ τὰ δέρματα πρὸ

---

1 ἀνάγοντας Usener   3 δεδέχθαι δὲ καὶ διδόναι Hss.: verb. Schneider
4 καὶ· ἀπαλότητα Wimmer: τῆς ἀπαλότητος Hss. — Vgl. Lackenbacher
Wien. Stud. 35 (1913) 35   6 ὅσον wegen des Hiates statt ὅσωι   7 πλη-
ροῦσθαι PF: verb. Koraes   8 ἐπιλαμβάνειν] sc. τὸν ἐγκέφαλον   9 ἀλλ'
wohl Korrektur des in PF verderbten ἀκμαίων   13 κοῖλα Stob.: κενά
Plut.   20 ἀντίληψιν] wohl ἀντίλαμψιν vgl. A 5 oben Z. 6   23 *exsectionem*]
Sektion am lebenden Tiere; vgl. Hirschberg *Archiv f. Ophthalmologie*
105 (1921) 129ff.   28f. *perveniant* Hss. nach Wrobel

τοῦ ὁρέοντος διαφανέα ὁκοῖόν περ αὐτό ἐστιν· τούτωι γὰρ τῶι διαφανεῖ ἀνταυγεῖ τὸ φῶς καὶ τὰ λαμπρὰ πάντα. τούτωι οὖν ὁρῆι τῶι ἀνταυγέοντι. ARIST. de gen. anim. B 6. 744a 8 ἀπὸ τῆς περὶ τὸν ἐγκέφαλον ὑγρότητος ἀποκρίνεται τὸ καθαρώτατον διὰ τῶν πόρων, οἳ φαίνονται φέροντες ἀπ' αὐτῶν πρὸς τὴν μήνιγγα 5 τὴν περὶ τὸν ἐγκέφαλον.

11. PLATO Phaedo p. 96 A B (Sokrates spricht) νέος ὢν θαυμαστῶς ὡς ἐπεθύμησα ταύτης τῆς σοφίας ἣν δὴ καλοῦσι περὶ φύσεως ἱστορίαν ... σκοπῶν πρῶτον τὰ τοιάδε· ἆρ' ἐπειδὰν τὸ θερμὸν καὶ τὸ ψυχρὸν σηπεδόνα τινὰ λάβηι ὥς τινες ἔλεγον, τότε δὴ τὰ ζῷα συντρέφεται [Archelaos]; καὶ πότερον τὸ αἷμά 10 ἐστιν ὧι φρονοῦμεν [Empedokles] ἢ ὁ ἀὴρ [Anaximenes, Diogenes] ἢ τὸ πῦρ [Herakleitos]; ἢ τούτων μὲν οὐδέν, ὁ δ' ἐγκέφαλός ἐστιν ὁ τὰς αἰσθήσεις παρέχων τοῦ ἀκούειν καὶ ὁρᾶν καὶ ὀσφραίνεσθαι, ἐκ τούτων δὲ γίγνοιτο μνήμη καὶ δόξα, ἐκ δὲ μνήμης καὶ δόξης λαβούσης τὸ ἠρεμεῖν, κατὰ ταῦτα γίγνεσθαι ἐπιστήμην; vgl. A 5 ι 212, 6f. Hipp. de morb. sacro 14 ὁκόσον δ' ἂν ἀτρεμήσηι ὁ ἐγκέ-15 φαλος χρόνον, τοσοῦτον καὶ φρονεῖ ἄνθρωπος. 17 διὸ φημι τὸν ἐγκέφαλον εἶναι τὸν ἑρμηνεύοντα τὴν ξύνεσιν. Arist. Anal. post. B 19. 100a 3ff.

12. ARIST. de anima A 2. 405a 29 παραπλησίως δὲ τούτοις [Thales, Diogenes, Heraklit] καὶ 'Α. ἔοικεν ὑπολαβεῖν περὶ ψυχῆς· φησὶ γὰρ αὐτὴν ἀθάνατον εἶναι διὰ τὸ ἐοικέναι τοῖς ἀθανάτοις· τοῦτο δ' ὑπάρχειν αὐτῆι ὡς ἀεὶ κινουμένηι· 20 κινεῖσθαι γὰρ καὶ τὰ θεῖα πάντα συνεχῶς ἀεί, σελήνην, ἥλιον, τοὺς ἀστέρας καὶ τὸν οὐρανὸν ὅλον. CIC. de n. d. ι 11, 27 Crotoniates autem A., qui soli et lunae reliquisque sideribus omnibus animoque praeterea divinitatem dedit, non sensit sese mortalibus rebus immortalitatem dare. CLEM. Protr. 66 (ι 50, 20 St.) ὁ γάρ τοι Κροτωνιάτης 'Α. θεοὺς ὤιετο τοὺς ἀστέρας εἶναι ἐμψύχους 25 ὄντας. AËT. ιν 2, 2 (D. 386 περὶ ψυχῆς) 'Α. φύσιν αὐτοκίνητον κατ' ἀίδιον κίνησιν καὶ διὰ τοῦτο ἀθάνατον αὐτὴν καὶ προσεμφερῆ τοῖς θείοις ὑπολαμβάνει. Vgl. Plato Phaedr. 245 c.

13. AËT. ν 3, 3 (D. 417) 'Α. ἐγκεφάλου μέρος (sc. εἶναι τὸ σπέρμα). CENSOR. 5, 2ff. sed hanc opinionem (sc. e medullis semen profluere) non-30 nulli refellunt, ut Anaxagoras [59 A 107], Democritus [68 A 141] et A. Crotoniates: (3) hi enim post gregum contentionem non medullis modo, verum et adipe multaque carne mares exhauriri respondent. illud quoque ambiguam facit inter auctores opinionem, utrumne ex patris tantummodo semine partus nascatur, ut Diogenes [64 A 27] et Hippon [38 A 13] Stoicique 35 scripserunt, an etiam ex matris, quod Anaxagorae et Alcmaeoni nec non Parmenidi [28 A 54] Empedoclique et Epicuro visum est. de conformatione autem partus nihilo minus definite se scire A. confessus est, ratus neminem posse perspicere quid primum in infante formetur. AËT. ν 17, 3 (D. 427) 'Α. τὴν κεφαλήν, ἐν ἧι ἐστι τὸ ἡγεμονικόν (sc. πρῶτον τελεσιουργεῖσθαι ἐν τῆι 40 γαστρί).

14. CENSORIN. 6, 4 ex quo parente seminis amplius fuit, eius sexum repraesentari dixit A.

17ff. vgl. Wilamowitz Platon ι³ 456   26 θείοις richtig Hss. (vgl. oben Z. 20; A 1 ι 210, 18)   28ff. vgl. A. Götze Zeitschr. f. Indol. u. Iran. 2 (1923) 81   31 grecam Hss.   37 nihilo minus ∼ nequaquam

15. ARIST. Hist. anim. H 1. 581a 12 φέρειν δὲ σπέρμα πρῶτον ἄρχεται τὸ ἄρρεν ὡς ἐπὶ τὸ πολὺ ἐν τοῖς ἔτεσι τοῖς δὶς ἑπτὰ τετελεσμένοις· ἅμα δὲ καὶ τρίχωσις τῆς ἥβης ἄρχεται, καθάπερ καὶ τὰ φυτὰ μέλλοντα σπέρμα φέρειν ἀνθεῖν πρῶτον Ἀ. φησὶν ὁ Κροτωνιάτης [Schol. Plat. Alc. I p. 121 E]. Vgl. Solon 19, 3 D. τοὺς 5 δ' ἑτέρους ὅτε δὴ τελέσηι θεὸς ἕπτ' ἐνιαυτούς, ἥβης ἐκφαίνει σήματα γεινομένης. Heraklit 22 A 18 I 149, 1.

16. — de gen. an. Γ 2. 752b 22 τοῖς μὲν γὰρ ζωιοτοκουμένοις ἐν ἄλλωι μορίωι γίνεται ἡ τροφή, τὸ καλούμενον γάλα, ἐν τοῖς μαστοῖς· τοῖς δ' ὄρνισι τοῦτο ποιεῖ ἡ φύσις ἐν τοῖς ὠιοῖς, τοὐναντίον μέντοι ἢ οἵ τε ἄνθρωποι οἴονται καὶ Ἀ. 10 φησὶν ὁ Κροτωνιάτης· οὐ γὰρ τὸ λευκόν ἐστι γάλα, ἀλλὰ τὸ ὠχρόν. τοῦτο γὰρ ἐστιν ἡ τροφὴ τοῖς νεοττοῖς· οἱ δ' οἴονται τὸ λευκὸν διὰ τὴν ὁμοιότητα τοῦ χρώματος.

17. ΑËT. v 16, 3 (D. 426) Ἀ. δι' ὅλου τοῦ σώματος τρέφεσθαι (nämlich τὰ ἔμβρυα)· ἀναλαμβάνειν γὰρ αὐτῶι ὥσπερ σπογγιᾶι τὰ ἀπὸ τῆς τροφῆς θρεπτικά. 15 Anders RUFUS bei ORIBAS. III 156 CMG VI, 2. 2, 136 ἔνεστι περίττωμα τοῖς τηλικούτοις ἐν τῶι ἐντέρωι ὃ χρὴ ἐξάγειν, οὐχ ὥσπερ Ἀ. οἴεται ὅτι ἐν ταῖς μήτραις ὂν τὸ παιδίον ἤσθιεν στόματι· τοῦτο γὰρ οὐδένα τρόπον δυνατόν.

18. — v 24, 1 (D. 435) Ἀ. ἀναχωρήσει τοῦ αἵματος εἰς τὰς αἱμόρρους φλέβας ὕπνον γίνεσθαί φησι, τὴν δὲ ἐξέγερσιν διάχυσιν, τὴν δὲ παντελῆ ἀναχώρησιν 20 θάνατον.

B. FRAGMENTE

ΑΛΚΜΑΙΩΝΟΣ ΠΕΡΙ ΦΥΣΕΩΣ

1 [1 Wachtler]. DIOG. VIII 83 [s. A 1, 1] Ἀλκμαίων Κροτω-
νιήτης τάδε ἔλεξε Πειρίθου υἱὸς Βροτίνωι καὶ Λέοντι καὶ
25 Βαθύλλωι· περὶ τῶν ἀφανέων, περὶ τῶν θνητῶν σαφή-
νειαν μὲν θεοὶ ἔχοντι, ὡς δὲ ἀνθρώποις τεκμαίρεσθαι καὶ
τὰ ἑξῆς.

1. Alkmaion aus Kroton sprach folgendes, er, des Peirithoos Sohn, zu Brotinos und Leon und Bathyllos: Über das Unsichtbare wie über das Irdische haben Gewißheit die Götter, uns aber als Menschen ist nur das Erschließen gestattet.

14 αὐτὸ Hss.: verb. Xylander   18 ὁμόρους Hss.: verb. Reiske aus [Gal.] H. phil.   23 zum Eingang vgl. Herm. 22 (1887) 436   Κροτωνιήτης (so die Hss.) neben ἔχοντι (6) auffallend   24 βροτίνωι BP: βροντίνω F (s. I 106, 21 Anm., 107, 4 Anm. ff.)   25 περὶ τῶν θνητῶν tilgen Zeller u. a.; [περὶ τῶν ἀφανέων] περὶ τῶν ἀθητῶν Wachtler; Alkm. gibt gleich am Anfang sein Thema an, er handelt sowohl über ἀφανῆ wie über θνητά   26 τεκμ.] vgl. Diller Herm. 67 (1932) 21   nach Diels fehlt ⟨ἡμῖν?⟩ δέδοται o. ä.

1a [2]. ΤΗΕΟΡΗR. d. sens. 25 [A 5] ἄνθρωπον γάρ φησι τῶν ἄλλων διαφέρειν ὅτι μόνον ξυνίησι, τὰ δ᾽ ἄλλα αἰσθάνεται μέν, οὐ ξυνίησι δέ.

2 [11]. [ARIST.] Probl. 17, 3. 916a 33 τοὺς ἀνθρώπους φησὶν 5 Ἀ. διὰ τοῦτο ἀπόλλυσθαι, ὅτι οὐ δύνανται τὴν ἀρχὴν τῶι τέλει προσάψαι.

3 [16]. ΑΕΤ. v 14, 1 (D. 424) Ἀ. τῶν ἡμιόνων τοὺς μὲν ἄρρενας ἀγόνους παρὰ τὴν λεπτότητα τῆς θορῆς καὶ ψυχρότητα, τὰς δὲ θηλείας παρὰ τὸ μὴ ἀναχάσκειν τὰς μήτρας· οὕτω γὰρ αὐτὸς 10 εἴρηκε.

4 [22]. — v 30 1 (D. 442) Ἀ. τῆς μὲν ὑγιείας εἶναι συνεκτικὴν τὴν ἰσονομίαν τῶν δυνάμεων, ὑγροῦ, ξηροῦ, ψυχροῦ, θερμοῦ, πικροῦ, γλυκέος καὶ τῶν λοιπῶν, τὴν δ᾽ ἐν αὐτοῖς μοναρχίαν νόσου ποιητικήν· φθοροποιὸν γὰρ ἑκατέρου μοναρχίαν. καὶ νόσον συμ-15 πίπτειν ὡς μὲν ὑφ᾽ οὗ ὑπερβολῆι θερμότητος ἢ ψυχρότητος, ὡς δὲ

1a. Der Mensch unterscheidet sich von den übrigen *Geschöpfen* dadurch, daß er allein begreift, während die übrigen zwar wahrnehmen, aber nicht begreifen.

2. Die Menschen vergehen darum, weil sie nicht die Kraft haben, den Anfang an das Ende anzuknüpfen.

3. *Die männlichen Maulesel seien steril wegen der Feinheit und Kälte des* Samens, *die weiblichen, weil ihre Gebärmutter nicht* aufklaffe. *So drückt er sich nämlich selbst aus.*

4. *Gesundheitbewahrend sei die* Gleichberechtigung . *der Kräfte, des Feuchten, Trocknen, Kalten, Warmen, Bittern, Süßen usw., die* Alleinherrschaft *dagegen sei bei ihnen krankheiterregend. Denn verderblich wirke die Alleinherrschaft des einen Gegensatzes. Und zwar ließen sich die Krankheitsfälle, was die Ursache angehe, auf das Übermaß von Hitze oder Kälte zurückführen, was die Veranlassung, auf Übermaß oder Mangel*

1ff. Schottlaender *Herm.* 62 (1927) 438, der das Frag. anficht, beachtet ξυνίησι nicht   5 wie die Gestirne in ihren Kreisbahnen   8 καὶ Gal.: fehlt Hss.: ·ἢ Diels Dox., aber vgl. Arist. de gen. anim. B 7. 747a 2   9 ἀναχάσκειν τ. μ. Gal.: nach μήτρας fügen zu ὃ ἔστιν ἀναστομοῦσθαι Hss.; ἀναχασκεῖν nach Dioskurides bei Gal. lex. Hippocr. (XIX 154 K.) χασκῶν: περισπῶν ὁ Διοσκουρίδης ἀναγιγνώσκει καί φησιν οὕτως εἰρῆσθαι τὰς μήτρας διὰ τὸ ἀνεστομῶσθαι   13 καὶ fehlt Stob.   14 ποιητικὴν Plut.: παρασκευαστικὴν Stob.   φθοροποιὸν ... μοναρχίαν Plut.: fehlt Stob.

ἐξ οὖ διὰ πλῆθος τροφῆς ἢ ἔνδειαν, ὡς δ' ἐν οἷς ἢ * αἷμα ἢ μυελὸν ἢ ἐγκέφαλον. ἐγγίνεσθαι δὲ τούτοις ποτὲ κἀκ τῶν ἔξωθεν αἰτιῶν, ὑδάτων ποιῶν (?) ἢ χώρας ἢ κόπων ἢ ἀνάγκης ἢ τῶν τούτοις παραπλησίων. τὴν δὲ ὑγείαν τὴν σύμμετρον τῶν ποιῶν κρᾶσιν. Vgl.

5 Hipp. d. prisc. med. 14. 1 16, 2 Kühlew. Plato Symp. 186 CD.

5 [23]. CLEM. Strom. VI 16 (II 435, 9 St.) 'Αλκμαίωνος γὰρ τοῦ Κροτωνιάτου λέγοντος 'ἐχθρὸν ἄνδρα ῥᾶιον φυλάξασθαι ἢ φίλον' ὁ μὲν Σοφοκλῆς ἐποίησεν ἐν τῆι 'Αντιγόνηι (652) 'τί γὰρ γένοιτ' ἂν ἕλκος μεῖζον ἢ φίλος κακός;'.

10   **25** [15]. IKKOS

1. PLATO Protag. 316 D ἐγὼ δὲ τὴν σοφιστικὴν τέχνην φημὶ μὲν εἶναι παλαιάν, τοὺς δὲ μεταχειριζομένους αὐτὴν τῶν παλαιῶν ἀνδρῶν φοβουμένους τὸ ἐπαχθὲς αὐτῆς πρόσχημα ποιεῖσθαι καὶ προκαλύπτεσθαι, τοὺς μὲν ποίησιν οἷον 'Όμηρόν τε καὶ Ἡσίοδον καὶ Σιμωνίδην, τοὺς δὲ αὖ τελετάς τε καὶ χρησμωιδίας τοὺς ἀμφί
15 τε 'Ορφέα καὶ Μουσαῖον, ἐνίους δέ τινας ἥισθημαι καὶ γυμναστικὴν οἷον "Ικκος τε ὁ Ταραντῖνος καὶ ὁ νῦν ἔτι ὢν οὐδενὸς ἥττων σοφιστὴς Ἡρόδικος ὁ Σηλυμβριανός.

2. — de legg. VIII 839. 840 ἄρ' οὖν οὐκ ἴσμεν τὸν Ταραντῖνον "Ικκον ἀκοῆι διὰ τὸν 'Ολυμπίασί τε ἀγῶνα καὶ τοὺς ἄλλους, ὡς διὰ φιλονικίαν καὶ τέχνην καὶ τὸ μετὰ τοῦ σωφρονεῖν ἀνδρεῖον ἐν τῆι ψυχῆι κεκτημένος, ὡς λόγος, οὔτε τινὸς
20 πώποτε γυναικὸς ἥψατο οὐδ' αὖ παιδὸς ἐν ὅληι τῆι τῆς ἀσκήσεως ἀκμῆι; PAUS. VI 10, 5 'Ι. δὲ ὁ Νικολαΐδα Ταραντῖνος τόν τε 'Ολυμπικὸν στέφανον ἔσχεν ἐπὶ πεντάθλωι καὶ ὕστερον γυμναστὴς ἄριστος λέγεται τῶν ἐφ' αὑτοῦ γενέσθαι. STEPH.

an Nahrung, was die Örtlichkeit, so würden Blut, Mark oder Hirn betroffen; doch entstünden hier auch Krankheiten aus äußeren Veranlassungen, z. B. durch bestimmte(?) Wässer oder Gegend oder Anstrengung oder Folterqual oder dergl.. Die Gesundheit dagegen beruhe auf der gleichmäßigen Mischung der Qualitäten.

5. Vor einem feindlichen Mann ist leichter sich zu hüten als vor einem befreundeten.

1 τροφῆς Stob.: σίτων Diels aus οἷον Plut.   ἢ αἷμα ἐνδέον ἢ ἐγκέφαλος (ἐγκέφαλον) Plut.: αἷμα ἢ μυελὸν ἢ ἐγκέφαλον Stob.; ἢ ⟨δι'⟩ αἷμα Kalbfleisch: ἢ ⟨περὶ⟩ αἷμα Diels   2 ἐγγίνεσθαι δὲ Diels: ἐν γὰρ Plut. (Psellus): γίνεσθαι δὲ Stob.   καὶ τῶν ἔσωθεν ἔτι Plut. (Psell.): καὶ ὑπὸ τῶν ἔξωθεν αἰτιῶν Stob.: verb. Diels   3 ποιῶν Stob.: φυτῶν Plut. (Psell.); [ποιῶν] Kranz   κόπων Stob.: τόπων Plut.   7 vielleicht Warnung an Brotinos und Genossen vor unvorsichtiger Überlassung der Schrift an andere Freunde. Vgl. Hippocr. lex. 5 (IV 642 L.) Spinoza von Freudenthal I 104

Byz. s. v. Τάρας: 'I. ὁ Ταραντῖνος ἰατρὸς ἐπὶ τῆς οζ[?] ὀλυμπιάδος· μέμνηται τού- του καὶ Πλάτων ἐν Πρωταγόραι. EUSTATH. z. Hom. p. 610, 28 [aus Steph. und d. Parömiencorpus] 'I. ὅπερ ἐστὶ κύριον ὄνομα σοφοῦ ἰατροῦ 'Ρηγίνου ἐξ οὗ παροι- μία 'τὸ δεῖπνον "Ικκου' διὰ τὸ εὐτελὲς τῆς ἐκείνου ζωῆς. Z. Dionys. Per. 376 ὅθεν
5 'I. ἦν ὁ Ταραντῖνος ἰατρός, ὃς ἐπὶ βίου εὐτελείαι εἰς παροιμίαν κεῖται τὴν λέγου- σαν '"Ικκου δεῖπνον' ἐπὶ τῶν ἀπερίττως δειπνούντων.
3. IAMBL. V. Pyth. 267 in der Liste der Pythagoreer unter den Ταραν- τῖνοι steht "Ικκος.

---

26 [16]. PARON

10 ARIST. Phys. Δ 13. 222b 17 οἱ μὲν σοφώτατον ἔλεγον [sc. τὸν χρόνον], ὁ δὲ Πυθαγόρειος Πάρων ἀμαθέστατον, ὅτι καὶ ἐπιλανθάνονται ἐν τούτωι, λέγων ὀρθό- τερον. SIMPL. z. d. St. 754, 9 οὗτος δὲ ἔοικεν εἶναι, οὗ καὶ Εὔδημος [fr. 52 Sp.] ἀνωνύμως ἐμνήσθη λέγων ἐν 'Ολυμπίαι Σιμωνίδου τὸν χρόνον ἐπαινοῦντος ὡς σοφώτατον, εἴπερ ἐν αὐτῶι αἱ μαθήσεις γίνονται καὶ αἱ ἀναμνήσεις, παρόντα τινὰ
15 τῶν σοφῶν εἰπεῖν 'τί δέ, ὦ Σιμωνίδη, οὐκ ἐπιλανθανόμεθα μέντοι ἐν τῶι χρόνωι;'

---

27 [17]. AMEINIAS

DIOG. IX 21 [s. unten Z. 24].

---

28 [18]. PARMENIDES

A. LEBEN UND LEHRE

20   LEBEN

1. DIOGENES IX 21—23. (21) Ξενοφάνους δὲ διήκουσε Παρμενίδης Πύρητος 'Ελεάτης (τοῦτον Θεόφραστος ἐν τῆι 'Επιτομῆι [Phys. Opin. fr. 6a. D. 482, 14] 'Αναξιμάνδρου φησὶν ἀκοῦσαι). ὅμως δ' οὖν ἀκούσας καὶ Ξενοφάνους οὐκ ἠκο- λούθησεν αὐτῶι. ἐκοινώνησε δὲ καὶ 'Αμεινίαι Διοχαίτα τῶι Πυθαγορικῶι, ὡς ἔφη
25 Σωτίων, ἀνδρὶ πένητι μέν, καλῶι δὲ καὶ ἀγαθῶι. ὧι καὶ μᾶλλον ἠκολούθησε καὶ ἀποθανόντος ἡρῶιον ἱδρύσατο γένους τε ὑπάρχων λαμπροῦ καὶ πλούτου, καὶ ὑπ' 'Αμεινίου, ἀλλ' οὐχ ὑπὸ Ξενοφάνους εἰς ἡσυχίαν προετράπη. πρῶτος δὲ οὗτος

---

1 Ol. 77 (472) unmöglich, wohl zu lesen ος (Ol. 76 = 476) mit Robert Herm. 35 (1900) 165   2 Über die Quellen d. Eustathius vgl. Kurtz Philol. Suppl. VI 311   12 Eudem folgte also einer anderen Lesart oder Überlieferung   22. 23 (τοῦτον ... ἀκοῦσαι) Notiz, die sich auf Xenophanes bezieht. Vgl. zu I 90, 17   24 Διοχαίτα Diels Herm. 35 (1900) 191: διοχαίτη BP: καὶ διοχέτη F   26 πλούτου καὶ Hss.: πλούσιος Edd.   27 ἡσυχίαν] im Gegens. z. politischen Unruhe. Vgl. Prodikos 83 B 2 Anfg. Pind. Pyth. 1, 70. Ol. 4, 14 u. ö.; Epicharm. fr. 101 K. Das Widmungsdistichon könnte etwa gelautet haben: Παρμενίδης Διοχαίτα 'Αμεινίαι εἴσατο μνῆμα, ὅς τε μιν ἐς σεμνὴν προὔτραπεν ἡσυχίην

τὴν γῆν ἀπέφαινε σφαιροειδῆ καὶ ἐν μέσωι κεῖσθαι. δύο τε εἶναι στοιχεῖα, πῦρ
καὶ γῆν, καὶ τὸ μὲν δημιουργοῦ τάξιν ἔχειν, τὴν δὲ ὕλης.   (22) γένεσίν τε ἀν-
θρώπων ἐξ ἡλίου πρῶτον γενέσθαι· αὐτὸν [?] δὲ ὑπάρχειν τὸ θερμὸν καὶ τὸ ψυ-
χρόν, ἐξ ὧν τὰ πάντα συνεστάναι. καὶ τὴν ψυχὴν καὶ τὸν νοῦν ταὐτὸν εἶναι,
5 καθὰ μέμνηται καὶ Θεόφραστος ἐν τοῖς Φυσικοῖς [fr. 6a. D. 483, 2], πάντων σχεδὸν
ἐκτιθέμενος τὰ δόγματα. δισσήν τε ἔφη τὴν φιλοσοφίαν, τὴν μὲν κατὰ ἀλήθειαν,
τὴν δὲ κατὰ δόξαν. διὸ καὶ φησί που· 'χρεὼ ... ἀληθής' [B 1, 28—30]. καὶ
αὐτὸς δὲ διὰ ποιημάτων φιλοσοφεῖ, καθάπερ Ἡσίοδός τε καὶ Ξενοφάνης καὶ Ἐμπε-
δοκλῆς. κριτήριον δὲ τὸν λόγον εἶπε· τάς τε αἰσθήσεις μὴ ἀκριβεῖς ὑπάρχειν. φησὶ
10 γοῦν· 'μηδέ ... ἔλεγχον' [B 1, 34—36].
(23) διὸ καὶ περὶ αὐτοῦ φησιν ὁ Τίμων· [fr. 44 D.]
     Παρμενίδου τε βίην μεγαλόφρονος οὐ πολύδοξον,
     ὅς ῥ' ἀπὸ φαντασίας ἀπάτης ἀνενείκατο νώσεις.
εἰς τοῦτον καὶ Πλάτων τὸν διάλογον γέγραφε 'Παρμενίδην' ἐπιγράψας 'ἢ περὶ
15 ἰδεῶν'. ἤκμαζε δὲ κατὰ τὴν ἐνάτην καὶ ἑξηκοστὴν ὀλυμπιάδα [504—501]. καὶ
δοκεῖ πρῶτος πεφωρακέναι τὸν αὐτὸν εἶναι Ἕσπερον καὶ Φωσφόρον, ὡς φησι
Φαβωρῖνος ἐν πέμπτωι Ἀπομνημονευμάτων (οἱ δὲ Πυθαγόραν)· Καλλίμαχος δέ
φησι μὴ εἶναι αὐτοῦ τὸ ποίημα. λέγεται δὲ καὶ νόμους θεῖναι τοῖς πολίταις, ὡς
φησι Σπεύσιππος ἐν τῶι Περὶ φιλοσόφων. καὶ πρῶτος ἐρωτῆσαι τὸν Ἀχιλλέα
20 λόγον, ὡς Φαβωρῖνος ἐν Παντοδαπῆι ἱστορίαι [fr. 14 FHG III 579]. γέγονε δὲ
καὶ ἕτερος Παρμενίδης, ῥήτωρ τεχνογράφος.
2. SUIDAS Παρμενίδης Πύρητος Ἐλεάτης φιλόσοφος, μαθητὴς γεγονὼς Ξενο-
φάνους τοῦ Κολοφωνίου, ὡς δὲ Θεόφραστος Ἀναξιμάνδρου τοῦ Μιλησίου. αὐτοῦ
δὲ διάδοχοι ἐγένοντο Ἐμπεδοκλῆς τε ὁ καὶ φιλόσοφος καὶ ἰατρὸς καὶ Ζήνων ὁ Ἐλεά-
25 της. ἔγραψε δὲ φυσιολογίαν δι' ἐπῶν καὶ ἄλλα τινὰ καταλογάδην, ὧν μέμνηται
Πλάτων [Soph. 237 A vgl. B 7] (aus Diog. abges. vom Schlußsatz, dessen
erster Teil wohl aus Lobon vgl. fr. 18 Crön.)
3. DIOG. II 3 Ἀναξιμένης Εὐρυστράτου Μιλήσιος, ἤκουσεν Ἀναξιμάνδρου,
ἔνιοι δὲ καὶ Παρμενίδου φασὶν ἀκοῦσαι αὐτόν [vgl. A 1 I 217, 23].
30 4. IAMBLICHUS V. Pyth. 166 [aus Nikomachos] καὶ περὶ τῶν φυσικῶν ὅσοι
τινὰ μνείαν πεποίηνται, πρῶτον Ἐμπεδοκλέα καὶ Παρμενίδην τὸν Ἐλεάτην προ-
φερόμενοι τυγχάνουσιν (um den Einfluß des Pythagoras auf die Kultur Italiens
zu erweisen). PROCLUS in Parm. I p. 619, 4 (Cous. Par. 1864) ταύτης δ' οὖν
ὅπερ εἴπομεν τῆς ἑορτῆς οὔσης ἀφίκοντο Παρμενίδης καὶ Ζήνων Ἀθήναζε, διδάσκαλος

---

3 ἡλίου Hss. vgl. B 12, 3ff.: ἰλύος (Aldobr. limo) ed. Froben.: ἐκ πηλοῦ
Ziegler   αὐτὸν verderbt, es kann nicht auf ἥλιον gehen; ταὐτὸν Usener:
αἴτια Diels Dox. 166 vgl. A 24 (I 221, 43)   πρῶτον] im Gegensatze zu
den späteren Entwicklungsstadien, vgl. 28 A 51. 31 A 72: πρῶτον streicht
P. V. d. Mühll hier und setzt es statt αὐτόν ein   δὲ BPF: τε Φ   θερμόνδε B
5 καὶ fehlt B   ἐν τοῖς στωικοῖς πάντων (ohne σχεδόν) B   6 ἔφη] εἶναι FP²
12 οὐ Neap. III B 28 u. andere Hss.: ὁ BP¹ (μεγαλόφρονα τὴν P²F)   πολύ-
δοξον bezieht sich auf B 1, 30; 7, 3; 8, 51 u. dgl.   13 ἀπὸ Wachsmuth:
ἐπὶ Hss.: ὀπὶ Ludwich   ἀπάτης] vgl. B 8, 52   14 καὶ Πλάτων τὸν fehlt B
17 Πυθαγόραν] vgl. Diog. VIII 14 [s. 28 A 40a]   18 αὐτοῦ] des Pythagoras?
Vgl. zu A 40a. Zu der Nachricht über d. Gesetzgebung s. I 220, 19ff.; Jaeger,
Berl. Sitz. Ber. 1928, 415¹   19 vgl. Lang de Speus. Diss. Bonn 1911, 41

μὲν ὁ Π. ὢν μαθητὴς δ' ὁ Ζήνων, 'Ελεᾶται δ' ἄμφω καὶ οὐ τοῦτο μόνον, ἀλλὰ καὶ τοῦ Πυθαγορικοῦ διδασκαλείου μεταλαβόντε, καθάπερ που καὶ Νικόμαχος ἱστόρησεν. PHOT. Bibl. c. 249 (VITA Pyth.) p. 439a 36 Ζήνωνα καὶ Παρμενίδην τοὺς 'Ελεάτας· καὶ οὗτοι δὲ τῆς Πυθαγορείου ἦσαν διατριβῆς.

5 5. PLATO Theaet. 183 E Π. δέ μοι [Sokrates] φαίνεται τὸ τοῦ 'Ομήρου αἰδοῖός τέ μοι εἶναι ἅμα δεινός τε· συνπροσέμειξα γὰρ δὴ τῶι ἀνδρὶ πάνυ νέος πάνυ πρεσβύτηι καί μοι ἐφάνη βάθος τι ἔχειν παντάπασι γενναῖον. Sophist. 217 c δι' ἐρωτήσεων, οἷόν ποτε καὶ Παρμενίδηι χρωμένωι καὶ διεξιόντι λόγους παγκάλους παρεγενόμην ἐγὼ νέος ὢν ἐκείνου μάλα δὴ τότε ὄντος πρεσβύτου. PARM. 127 A ἔφη
10 δὲ δὴ ὁ 'Αντιφῶν λέγειν τὸν Πυθόδωρον ὅτι ἀφίκοιντό ποτε εἰς Παναθήναια τὰ μεγάλα Ζήνων τε καὶ Π.· τὸν μὲν οὖν Παρμενίδην εὖ μάλα δὴ πρεσβύτην εἶναι σφόδρα πολιόν, καλὸν δὲ κἀγαθὸν τὴν ὄψιν περὶ ἔτη μάλιστα πέντε καὶ ἑξήκοντα· Ζήνωνα δὲ ἐγγὺς ἐτῶν τετταράκοντα τότε εἶναι, εὐμήκη δὲ καὶ χαρίεντα ἰδεῖν· καὶ λέγεσθαι αὐτὸν παιδικὰ τοῦ Παρμενίδου γεγονέναι. καταλύειν δὲ αὐτοὺς ἔφη
15 παρὰ τῶι Πυθοδώρωι ἐκτὸς τείχους ἐν Κεραμεικῶι· οἱ δὴ καὶ ἀφικέσθαι τόν τε Σωκράτη καὶ ἄλλους τινὰς μετ' αὐτοῦ πολλούς, ἐπιθυμοῦντας ἀκοῦσαι τῶν τοῦ Ζήνωνος γραμμάτων· τότε γὰρ αὐτὰ πρῶτον ὑπ' ἐκείνων κομισθῆναι· Σωκράτη δὲ εἶναι τότε σφόδρα νέον [vgl. Procl. z. d. St. 684, 21]. Dagegen: ATHEN. XI 505 F Παρμενίδηι μὲν γὰρ καὶ ἐλθεῖν εἰς λόγους τὸν τοῦ Πλάτωνος Σωκράτην
20 μόλις ἡ ἡλικία συγχωρεῖ, οὐχ ὡς καὶ τοιούτους εἰπεῖν ἢ ἀκοῦσαι λόγους. τὸ δὲ πάντων σχετλιώτατον καὶ ⟨ψευδέστατον⟩ τὸ εἰπεῖν οὐδεμιᾶς κατεπειγούσης χρείας ὅτι παιδικὰ γεγόνοι τοῦ Παρμενίδου Ζήνων ὁ πολίτης αὐτοῦ. [MACROB. Sat. ι 1, 5]. DIOG. IX 25 Ζήνων 'Ελεάτης. τοῦτον 'Απολλόδωρός φησιν εἶναι ἐν Χρονικοῖς [FGrHist. 244 F 30 II 1028] [Πύρητος τὸν δὲ Παρμενίδην] φύσει μὲν
25 Τελευταγόρου, θέσει δὲ Παρμενίδου... ὁ δὴ Ζήνων διακήκοε Παρμενίδου καὶ γέγονεν αὐτοῦ παιδικά.

6. ARISTOT. Metaph. A 5. 986b 22 ὁ γὰρ Π. τούτου λέγεται γενέσθαι μαθητής [des Xenophanes; vgl. 21 A 30].

7. ALEX. in Metaphys. A 3. 984b 3 p. 31, 7 Hayd. περὶ Παρμενίδου καὶ τῆς
30 δόξης αὐτοῦ καὶ Θεόφραστος ἐν τῶι πρώτωι Περὶ τῶν φυσικῶν [fr. 6 D. 482, 5] οὕτως λέγει· 'τούτωι δὲ ἐπιγενόμενος Π. Πύρητος ὁ 'Ελεάτης' (λέγει δὲ [καὶ] Ξενοφάνην) 'ἐπ' ἀμφοτέρας ἦλθε τὰς ὁδούς. καὶ γὰρ ὡς ἀίδιόν ἐστι τὸ πᾶν ἀποφαίνεται καὶ γένεσιν ἀποδιδόναι πειρᾶται τῶν ὄντων, οὐχ ὁμοίως περὶ ἀμφοτέρων δοξάζων, ἀλλὰ κατ' ἀλήθειαν μὲν ἓν τὸ πᾶν καὶ ἀγένητον καὶ σφαιροειδὲς ὑπολαμβάνων,
35 κατὰ δόξαν δὲ τῶν πολλῶν εἰς τὸ γένεσιν ἀποδοῦναι τῶν φαινομένων δύο ποιῶν τὰς ἀρχάς, πῦρ καὶ γῆν, τὸ μὲν ὡς ὕλην τὸ δὲ ὡς αἴτιον καὶ ποιοῦν.' SIMPL. Phys. 22, 27 ... Ξενοφάνην τὸν Κολοφώνιον, τὸν Παρμενίδου διδάσκαλον (aus Theophr.).

8. SIMPL. Phys. 28, 4 (Theophr. Phys. Opin fr. 8. D. 483, 11) Λεύκιππος
40 δὲ ὁ 'Ελεάτης ἢ Μιλήσιος (ἀμφοτέρως γὰρ λέγεται περὶ αὐτοῦ) κοινωνήσας Παρμενίδηι τῆς φιλοσοφίας οὐ τὴν αὐτὴν ἐβάδισε Παρμενίδηι καὶ Ξενοφάνει περὶ τῶν ὄντων ὁδόν, ἀλλ' ὡς δοκεῖ τὴν ἐναντίαν. ἐκείνων γὰρ ἓν καὶ ἀκίνητον καὶ ἀγένητον

2 Νικόμαχος CD u. Gogava: Καλλίμαχος vulgo   10 Πυθόδωρον] d. Isolochos Sohn, athenischer Strateg 425, verbannt 424 (Kirchner Prosop. 12 399)   21 ⟨ ⟩ Diels   24 [ ] Rossi   31 [καὶ] Diels   36 τὸ μὲν] vielleicht τὴν μὲν Diels

καὶ πεπερασμένον ποιούντων τὸ πᾶν καὶ τὸ μὴ ὂν μηδὲ ζητεῖν συγχωρούντων οὗτος ἄπειρα καὶ ἀεὶ κινούμενα ὑπέθετο στοιχεῖα τὰς ἀτόμους.

9. DIOG. VIII 55 ὁ δὲ Θεόφραστος [Phys. Op. fr. 3 D. 477] Παρμενίδου φησὶ ζηλωτὴν αὐτὸν [Empedokles] γενέσθαι καὶ μιμητὴν ἐν τοῖς ποιήμασιν·
5 καὶ γὰρ ἐκεῖνον ἐν ἔπεσι τὸν περὶ φύσεως ἐξενεγκεῖν λόγον.

10. SIMPL. Phys. 25, 19 Ἐμπεδοκλῆς ὁ Ἀκραγαντῖνος οὐ πολὺ κατόπιν τοῦ Ἀναξαγόρου γεγονώς, Παρμενίδου δὲ ζηλωτὴς καὶ πλησιαστὴς καὶ ἔτι μᾶλλον τῶν Πυθαγορείων [aus Theophr. vgl. n. 9].

11. EUSEB. Chron. a) Hieron. Ἐμπεδοκλῆς καὶ Π. φυσικοὶ φιλόσοφοι ἐγνω-
10 ρίζοντο z. J. Abr. 1561; arm. Ol. 81, 1 [456]. b) τότε καὶ Δημόκριτος Ἀβδη-ρίτης φυσικὸς φιλόσοφος ἐγνωρίζετο καὶ Ἐμπεδοκλῆς ὁ Ἀκραγαντῖνος Ζήνων τε καὶ Π. οἱ φιλόσοφοι καὶ Ἱπποκράτης Κῶιος arm. Hier. z. J. Abr. 1581 [436]. Vgl. CHRONIC. HENZEN. (Inscr. Sic. et It. [IG XIV] 1297, 30) zwischen Xerxes und d. Peloponn. Krieg; Zahl unkenntlich: ἀφ' οὗ Σωκράτης ὁ φιλόσοφος καὶ
15 Ἡράκλειτος ὁ Ἐφέσιος καὶ Ἀναξαγόρας καὶ Π. καὶ Ζήνων ἔτη . . .

12. STRABO VI 1 p. 252 κάμψαντι δ' ἄλλος συνεχὴς κόλπος, ἐν ὧι πόλις, ἣν οἱ μὲν κτίσαντες Φωκαιεῖς Ὑέλην, οἱ δὲ Ἕλην ἀπὸ κρήνης τινός, οἱ δὲ νῦν Ἐλέαν ὀνομάζουσιν, ἐξ ἧς Π. καὶ Ζήνων ἐγένοντο ἄνδρες Πυθαγόρειοι. δοκεῖ δέ μοι καὶ δι' ἐκείνους καὶ ἔτι πρότερον εὐνομηθῆναι [vgl. A 1 ι 218, 18]. PLUTARCH.
20 adv. Col. 32 p. 1126 A Π. δὲ τὴν ἑαυτοῦ πατρίδα διεκόσμησε νόμοις ἀρίστοις, ὥστε τὰς ἀρχὰς καθ' ἕκαστον ἐνιαυτὸν ἐξορκοῦν τοὺς πολίτας ἐμμενεῖν τοῖς Παρμενίδου νόμοις.

POESIE (vgl. A 1. 2 ι 218, 8. 25)

13. DIOG. I 16 οἱ δὲ [sc. κατέλιπον] ἀνὰ ἓν σύγγραμμα· Μέλισσος, Π.,
25 Ἀναξαγόρας.

14. SIMPL. de caelo 556, 25 ἢ ὅτι Περὶ φύσεως ἐπέγραφον τὰ συγγράμματα καὶ Μέλισσος καὶ Π. . . . καὶ μέντοι οὐ περὶ τῶν ὑπὲρ φύσιν μόνον, ἀλλὰ καὶ περὶ τῶν φυσικῶν ἐν αὐτοῖς τοῖς συγγράμμασι διελέγοντο καὶ διὰ τοῦτο ἴσως οὐ παρ-ηιτοῦντο Περὶ φύσεως ἐπιγράφειν.

30 15. PLUTARCH. quomodo adul. poet. aud. deb. 2 p. 16c τὰ δ' Ἐμπεδο-κλέους ἔπη καὶ Παρμενίδου καὶ Θηριακὰ Νικάνδρου καὶ Γνωμολογίαι Θεόγνιδος λόγοι εἰσὶ κεχρημένοι παρὰ ποιητικῆς ὥσπερ ὄχημα τὸν ὄγκον καὶ τὸ μέτρον, ἵνα τὸ πεζὸν διαφύγωσιν. [Vgl. 11 B 1 ι 80, 10.]

16. — de audiendo 13 p. 45 A μέμψαιτο δ' ἄν τις Ἀρχιλόχου μὲν τὴν ὑπό-
35 θεσιν, Παρμενίδου δὲ τὴν στιχοποιίαν, Φωκυλίδου δὲ τὴν εὐτέλειαν, Εὐριπίδου δὲ τὴν λαλιάν, Σοφοκλέους δὲ τὴν ἀνωμαλίαν. Vgl. 21 A 25f. (ι 116, 13ff.).

17. PROCL. in Tim. I 345, 12 Diehl ὁ δέ γε Π. καίτοι διὰ ποίησιν ἀσαφὴς ὢν ὅμως καὶ αὐτὸς ταῦτα ἐνδεικνύμενός φησιν.

18. — in Parm. I p. 665, 17 αὐτὸς ὁ Π. ἐν τῆι ποιήσει· καίτοι δι' αὐτὸ δήπου
40 τὸ ποιητικὸν εἶδος χρῆσθαι μεταφοραῖς ὀνομάτων καὶ σχήμασι καὶ τροπαῖς ὀφεί-λων ὅμως τὸ ἀκαλλώπιστον καὶ ἰσχνὸν καὶ καθαρὸν εἶδος τῆς ἀπαγγελίας ἠσπά-σατο. δηλοῖ δὲ τοῦτο ἐν τοῖς τοιούτοις (zitiert werden B 8, 25. 5. 44. 45) καὶ πᾶν ὅ τι ἄλλο τοιοῦτον· ὥστε μᾶλλον πεζὸν εἶναι δοκεῖν ἢ ποιητικὸν ⟨τὸν⟩ λόγον.

---

24 σύγγραμμα] συγγράψαντες am Rande PF²   32 κεχρημένοι] κιχρά-μενοι Madvig   43 ⟨τὸν⟩ Diels

19. SIMPL. Phys. 36, 25 ἐπειδὴ δὲ καὶ 'Αριστοτέλους ἐλέγχοντος ἀκουσόμεθα τὰς τῶν προτέρων φιλοσόφων δόξας καὶ πρὸ τοῦ 'Αριστοτέλους ὁ Πλάτων τοῦτο φαίνεται ποιῶν καὶ πρὸ ἀμφοῖν ὅ τε Π. καὶ Ξενοφάνης, ἰστέον ὅτι τῶν ἐπιπολαιότερον ἀκροωμένων οὗτοι κηδόμενοι τὸ φαινόμενον ἄτοπον ἐν τοῖς λόγοις 5 αὐτῶν διελέγχουσιν, αἰνιγματωδῶς εἰωθότων τῶν παλαιῶν τὰς ἑαυτῶν ἀποφαίνεσθαι γνώμας.

20. — — 146, 29 εἰ δ' 'εὐκύκλου σφαίρης ἐναλίγκιον ὄγκωι' τὸ ἐν ὄν φησι [Β 8, 43], μὴ θαυμάσηις· διὰ γὰρ τὴν ποίησιν καὶ μυθικοῦ τινος παράπτεται πλάσματος. τί οὖν διέφερε τοῦτο εἰπεῖν ἢ ὡς 'Ορφεὺς [fr. 70, 2 Kern] εἶπεν 10 'ὠεὸν ἀργύφεον'; MENANDER [richtiger GENETHLIOS] Rhet. ι 2, 2 φυσικοὶ [sc. ὕμνοι] δὲ ὁποίους οἱ περὶ Παρμενίδην καὶ 'Εμπεδοκλέα ἐποίησαν [vgl. 31 A 23]. Ebend. ι 5, 2 εἰσὶν δὲ τοιοῦτοι, ὅταν 'Απόλλωνος ὕμνον λέγοντες ἥλιον αὐτὸν εἶναι φάσκωμεν καὶ περὶ τοῦ ἡλίου τῆς φύσεως διαλεγώμεθα καὶ περὶ "Ηρας ὅτι ἀήρ, καὶ Ζεὺς τὸ θερμόν· οἱ γὰρ τοιοῦτοι ὕμνοι φυσιολογικοί. καὶ χρῶνται δὲ τῶι τοιού- 15 τωι τρόπωι Π. τε καὶ 'Εμπεδοκλῆς ἀκριβῶς ... Π. μὲν γὰρ καὶ 'Εμπεδοκλῆς ἐξηγοῦνται, Πλάτων δὲ ἐν βραχυτάτοις ἀναμιμνήισκει.

21. — — 144, 25 καὶ εἴ τωι μὴ δοκῶ γλίσχρος, ἡδέως ἂν τὰ περὶ τοῦ ἑνὸς ὄντος ἔπη τοῦ Παρμενίδου μηδὲ πολλὰ ὄντα τοῖσδε τοῖς ὑπομνήμασι παραγράψαιμι διά τε τὴν πίστιν τῶν ὑπ' ἐμοῦ λεγομένων καὶ διὰ τὴν σπάνιν τοῦ 20 Παρμενιδείου συγγράμματος.

LEHRE [Vgl. A 1 (ι 218, 1) 7. 8.]

PHILOP. in Phys. 65, 23 Vit. φασὶ δὲ γεγράφθαι αὐτῶι [Aristoteles] ἰδίαι βιβλίον πρὸς τὴν Παρμενίδου δόξαν.

22. [PLUT.] Strom. 5 (Eus. P. E. ι 8, 5 D. 580) Π. δὲ ὁ 'Ελεάτης, ἑταῖρος 25 Ξενοφάνους, ἅμα μὲν καὶ τῶν τούτου δοξῶν ἀντεποιήσατο, ἅμα δὲ καὶ τὴν ἐναντίαν ἐνεχείρησεν στάσιν. ἀίδιον μὲν γὰρ τὸ πᾶν καὶ ἀκίνητον ἀποφαίνεται [καὶ] κατὰ τὴν τῶν πραγμάτων ἀλήθειαν· εἶναι γὰρ αὐτὸ 'μοῦνον μουνογενές τε .. ἀγένητον' [Β 8, 4]. γένεσιν δὲ τῶν καθ' ὑπόληψιν ψευδῆ δοκούντων εἶναι. καὶ τὰς αἰσθήσεις ἐκβάλλει ἐκ τῆς ἀληθείας. φησὶ δὲ ὅτι εἴ τι παρὰ τὸ ὂν ὑπάρχει, τοῦτο 30 οὐκ ἔστιν ὄν· τὸ δὲ μὴ ὂν ἐν τοῖς ὅλοις οὐκ ἔστιν. οὕτως οὖν τὸ ὂν ἀγένητον ἀπολείπει· λέγει δὲ τὴν γῆν τοῦ πυκνοῦ καταρρυέντος [ἀέρος] γεγονέναι [aus Theophr. Phys. Opin. wie im folgenden n. 23. 28ff.].

23. HIPPOL. Ref. ι 11 (D. 564 W. 16) (1) καὶ γὰρ καὶ Π. ἐν μὲν τὸ πᾶν ὑποτίθεται ἀίδιόν τε καὶ ἀγένητον καὶ σφαιροειδές — οὐδ' αὐτὸς ἐκφεύγων τὴν τῶν 35 πολλῶν δόξαν πῦρ λέγων καὶ γῆν τὰς τοῦ παντὸς ἀρχάς, τὴν μὲν γῆν ὡς ὕλην τὸ δὲ πῦρ ὡς αἴτιον καὶ ποιοῦν. τὸν κόσμον ἔφη φθείρεσθαι, ὧι δὲ τρόπωι, οὐκ εἶπεν. (2) ὁ αὐτὸς δὲ εἶπεν ἀίδιον εἶναι τὸ πᾶν καὶ οὐ γενόμενον καὶ σφαιροειδὲς καὶ ὅμοιον, οὐκ ἔχον δὲ τόπον ἐν ἑαυτῶι, καὶ ἀκίνητον καὶ πεπερασμένον.

24. ARISTOT. Metaph. A 5. 986 b 18 Π. μὲν γὰρ ἔοικε τοῦ κατὰ τὸν λόγον ἑνὸς 40 ἅπτεσθαι κτλ. (vgl. ι 121, 13). b 27 Π. δὲ μᾶλλον βλέπων ἔοικέ που λέγειν. παρὰ γὰρ τὸ ὂν τὸ μὴ ὂν οὐδὲν ἀξιῶν εἶναι, ἐξ ἀνάγκης ἐν οἴεται εἶναι τὸ ὂν καὶ ἄλλο οὐδέν ... ἀναγκαζόμενος δ' ἀκολουθεῖν τοῖς φαινομένοις καὶ τὸ ἐν μὲν κατὰ τὸν λόγον, πλείω δὲ κατὰ τὴν αἴσθησιν ὑπολαμβάνων εἶναι, δύο τὰς αἰτίας καὶ δύο

---

26 [καὶ] Diels   31 [ ] Patin u. a.   36 οὐκ εἶπεν] Β 19, 2   38 τύπον
Hss.: verb. Brandis   40 βλέπων fehlt Ε, βλέπειν für βλέπων λέγειν Simpl.
d. cael. 560, 3

τὰς ἀρχὰς πάλιν ⸴ίθησι, θερμὸν καὶ ψυχρόν, οἷον πῦρ καὶ γῆν λέγων. τούτων δὲ κατὰ μὲν τὸ ὂν τὸ θερμὸν τάττει, θάτερον δὲ κατὰ τὸ μὴ ὂν [vgl. Alex. z. d. St. p. 45, 2]. Γ 5. 1010 a ⸴ περὶ τῶν ὄντων μὲν τὴν ἀλήθειαν ἐσκό· ⸴υν, τὰ δ' ὄντα ὑπέλαβον εἶναι τὰ αἰσθητὰ μόνον.

5   25. ARISTOT. de caelo Γ 1. 298 b 14 οἱ μὲν γὰρ αὐτῶν ὅλως ἀνεῖλον γένεσιν καὶ φθοράν· οὐθὲν γὰρ οὔτε γίγνεσθαί φασιν οὔτε φθείρεσθαι τῶν ὄντων, ἀλλὰ μόνον δοκεῖν ἡμῖν, οἷον οἱ περὶ Μέλισσόν τε καὶ Παρμενίδην, οὓς εἰ καὶ τἆλλα λέγουσι καλῶς, ἀλλ' οὐ φυσικῶς γε δεῖ νομίσαι λέγειν· τὸ γὰρ εἶναι ἄττα τῶν ὄντων ἀγένητα καὶ ὅλως ἀκίνητα μᾶλλόν ἐστιν ἑτέρας καὶ προτέρας ἢ τῆς φυσικῆς σκέψεως. ἐκεῖνοι
10 δὲ διὰ τὸ μηδὲν μὲν ἄλλο παρὰ τὴν τῶν αἰσθητῶν οὐσίαν ὑπολαμβάνειν εἶναι, τοιαύτας δέ τινας νοῆσαι πρῶτοι φύσεις, εἴπερ ἔσται τις γνῶσις ἢ φρόνησις, οὕτω μετήνεγκαν ἐπὶ ταῦτα τοὺς ἐκεῖθεν λόγους. de gen. et corr. A 8. 325 a 13 ἐκ μὲν οὖν τούτων τῶν λόγων ὑπερβάντες τὴν αἴσθησιν καὶ παριδόντες αὐτὴν ὡς τῶι λόγωι δέον ἀκολουθεῖν ἓν καὶ ἀκίνητον τὸ πᾶν εἶναί φασι καὶ ἄπειρον ἔνιοι· τὸ
15 γὰρ πέρας περαίνειν ἂν πρὸς τὸ κενόν. οἱ μὲν οὖν οὕτως καὶ διὰ ταύτας τὰς αἰτίας ἀπεφήναντο περὶ τῆς ἀληθείας. ἔτι δὲ ἐπὶ μὲν τῶν λόγων δοκεῖ ταῦτα συμβαίνειν, ἐπὶ δὲ τῶν πραγμάτων μανίαι παραπλήσιον εἶναι τὸ δοξάζειν οὕτως (Philop. z. d. St. 157, 27 μέμφεται τοὺς περὶ Παρμενίδην, ὅτι ἐνόμισαν τῆι μὲν ἐναργείαι τῶν πραγμάτων μὴ δεῖν ὅλως προσέχειν, μόνηι δὲ τῆι τῶν λόγων ἀκολουθίαι).
20 26. PLATO Theaet. 181 A ἐὰν δὲ οἱ τοῦ ὅλου στασιῶται ἀληθέστερα λέγειν δοκῶσι, φευξόμεθα παρ' αὐτοὺς ἀπ' αὖ τῶν τὰ ἀκίνητα κινούντων. SEXT. adv. math. x 46 μὴ εἶναι δὲ [sc. τὴν κίνησιν] οἱ περὶ Παρμενίδην καὶ Μέλισσον, οὓς ὁ Ἀριστοτέλης [in einem seiner Dialoge mit Anspielung auf die Platonische Stelle] 'στασιώτας τε καὶ ἀφυσίκους' κέκληκεν, στασιώτας μὲν ἀπὸ τῆς στάσεως,
25 ἀφυσίκους δὲ ὅτι ἀρχὴ κινήσεώς ἐστιν ἡ φύσις, ἣν ἀνεῖλον φάμενοι μηδὲν κινεῖσθαι.

27. ARIST. Phys. Γ 6. 207 a 9 οὕτω γὰρ ὁριζόμεθα τὸ ὅλον, οὗ μηθὲν ἄπεστιν οἷον ἄνθρωπον ὅλον ἢ κιβωτόν. ὥσπερ δὲ τὸ καθ' ἕκαστον οὕτω καὶ τὸ κυρίως οἷον τὸ ὅλον οὗ μηδέν ἐστιν ἔξω· οὗ δ' ἐστὶν ἀπουσία ἔξω, οὐ πᾶν ὅ τι ἂν ἀπῆι.
30 ὅλον δὲ καὶ τέλειον ἢ τὸ αὐτὸ πάμπαν ἢ σύνεγγυς τὴν φύσιν ἐστίν. τέλειον δ' οὐδὲν μὴ ἔχον τέλος· τὸ δὲ τέλος πέρας. διὸ βέλτιον οἰητέον Παρμενίδην Μελίσσου εἰρηκέναι· ὁ μὲν γὰρ τὸ ἄπειρον ὅλον φησίν, ὁ δὲ τὸ ὅλον πεπεράνθαι 'μεσσόθεν ἰσοπαλές' [B 8, 44].

28. SIMPL. Phys. 115, 11 τὸν Παρμενίδου λόγον, ὡς ὁ Ἀλέξανδρος ἱστορεῖ, ὁ
35 μὲν Θεόφραστος οὕτως ἐκτίθεται ἐν τῶι πρώτωι τῆς Φυσικῆς ἱστορίας [Phys. Op. 7. D. 483] 'τὸ παρὰ τὸ ὂν οὐκ ὄν· τὸ οὐκ ὂν οὐδέν· ἓν ἄρα τὸ ὄν', Εὔδημος δὲ οὕτως 'τὸ παρὰ τὸ ὂν οὐκ ὄν, ἀλλὰ καὶ μοναχῶς λέγεται τὸ ὄν· ἓν ἄρα τὸ ὄν'. τοῦτο δὲ εἰ μὲν ἀλλαχοῦ που γέγραφεν οὕτως σαφῶς Εὔδημος, οὐκ ἔχω λέγειν· ἐν δὲ τοῖς Φυσικοῖς [fr. 11 Sp.] περὶ Παρμενίδου τάδε γράφει, ἐξ ὧν ἴσως συν-
40 αγαγεῖν τὸ εἰρημένον δυνατόν· 'Π. δὲ οὐ φαίνεται δεικνύειν ὅτι ἓν τὸ ὄν, οὐδὲ εἴ τις αὐτῶι συγχωρήσειε μοναχῶς λέγεσθαι τὸ ὄν, εἰ μὴ τὸ ἓν τῶι τί κατηγορούμενον ἑκάστου ὥσπερ τῶν ἀνθρώπων ὁ ἄνθρωπος. καὶ ἀποδιδομένων τῶν λόγων καθ' ἕκαστον ἐνυπάρξει ὁ τοῦ ὄντος λόγος ἐν ἅπασιν εἷς καὶ ὁ αὐτὸς ὥσπερ καὶ ὁ τοῦ ζώιου ἐν τοῖς ζώιοις. ὥσπερ δὲ εἰ πάντα εἴη τὰ ὄντα καλὰ καὶ μηδὲν εἴη λαβεῖν
45 ὃ οὐκ ἔστι καλόν, καλὰ μὲν ἔσται πάντα, οὐ μὴν ἕν γε τὸ καλὸν ἀλλὰ πολλά (τὸ μὲν

---

15 περαίνειν] Joachim vergleicht 30 B 5   16 ἔτι EFHL: ἐπεὶ vulgo
34 ff. vgl. Schöbe Quaest. Eudem. Diss. Hal. 1931, 72

γὰρ χρῶμα καλὸν ἔσται τὸ δὲ ἐπιτήδευμα τὸ δὲ ὁτιδήποτε), οὕτω δὴ καὶ ὄντα μὲν πάντα ἔσται, ἀλλ' οὐχ ἓν οὐδὲ τὸ αὐτό· ἕτερον μὲν γὰρ τὸ ὕδωρ, ἄλλο δὲ τὸ πῦρ. Παρμενίδου μὲν οὖν ⟨οὐκ ἂν⟩ ἀγασθείη τις ἀναξιοπίστοις ἀκολουθήσαντος λόγοις καὶ ὑπὸ τοιούτων ἀπατηθέντος, ἃ οὔπω τότε διεσαφεῖτο (οὔτε γὰρ τὸ
5 πολλαχῶς ἔλεγεν οὐδείς, ἀλλὰ Πλάτων πρῶτος τὸ δισσὸν εἰσήγαγεν, οὔτε τὸ καθ' αὑτὸ καὶ κατὰ συμβεβηκός)· φαίνεταί τε ὑπὸ τούτων διαψευσθῆναι. ταῦτα δὲ ἐκ τῶν λόγων καὶ ἐκ τῶν ἀντιλογιῶν ἐθεωρήθη καὶ τὸ συλλογίζεσθαι· οὐ γὰρ συνεχωρεῖτο, εἰ μὴ φαίνοιτο ἀναγκαῖον. οἱ δὲ πρότερον ἀναποδείκτως ἀπεφαίνοντο'.

10   29. ΑΕΤ. ι 24, 1 (D. 320) Π. καὶ Μέλισσος ἀνῄρουν γένεσιν καὶ φθορὰν διὰ τὸ νομίζειν τὸ πᾶν ἀκίνητον.

30. ΑΜΜΟΝ. de interpr. p. 133, 16 Busse πρῶτον μὲν γάρ, ὡς ὁ Τίμαιος [p. 27 c] ἡμᾶς ἐδίδαξε καὶ αὐτὸς ὁ 'Αριστοτέλης θεολογῶν ἀποφαίνεται καὶ πρὸ τούτων ὁ Π., οὐχ ὁ παρὰ Πλάτωνι μόνον [p. 137 Α], ἀλλὰ καὶ ὁ ἐν τοῖς οἰκείοις
15 ἔπεσιν, οὐδέν ἐστι παρὰ τοῖς θεοῖς οὔτε παρεληλυθὸς οὔτε μέλλον, εἴ γε τούτων μὲν ἑκάτερον οὐκ ὂν ὄν, τὸ μὲν οὐκέτι τὸ δὲ οὔπω, καὶ τὸ μὲν μεταβεβληκὸς τὸ δὲ πεφυκὸς μεταβάλλειν, τὰ δὲ τοιαῦτα τοῖς ὄντως οὖσι καὶ μεταβολὴν οὐδὲ κατ' ἐπίνοιαν ἐπιδεχομένοις προσαρμόττειν ἀμήχανον.

31. ΑΕΤ. ι 7, 26 (D. 303) Π. τὸ ἀκίνητον καὶ πεπερασμένον σφαιροειδές [sc.
20 θεὸν εἶναι].

32. — ι 25, 3 (D. 321) Π. καὶ Δημόκριτος πάντα κατ' ἀνάγκην· τὴν αὐτὴν δὲ εἶναι εἱμαρμένην καὶ δίκην καὶ πρόνοιαν καὶ κοσμοποιόν.

33. CLEM. Protr. 5, 64 (ι 49, 2 St.) Π. δὲ ὁ 'Ελεάτης θεοὺς εἰσηγήσατο πῦρ καὶ γῆν.

25   34. PLUT. adv. Colot. 13 p. 1114D ὁ δ' [Parm.] ἀναιρεῖ μὲν οὐδετέραν φύσιν [sc. τῶν νοητῶν καὶ δοξαστῶν], ἑκατέρᾳ δ' ἀποδιδοὺς τὸ προσῆκον εἰς μὲν τὴν τοῦ ἑνὸς καὶ ὄντος ἰδέαν τίθεται τὸ νοητόν, ὂν μὲν ὡς ἀΐδιον καὶ ἄφθαρτον, ἓν δ' ὁμοιότητι πρὸς αὑτὸ καὶ τῷ μὴ δέχεσθαι διαφορὰν προσαγορεύσας, εἰς δὲ τὴν ἄτακτον καὶ φερομένην τὸ αἰσθητόν, ὧν καὶ κριτήριον ἰδεῖν ἔστιν 'ἠμὲν :.. ἦτορ'
30 [Β 1, 29] τοῦ νοητοῦ καὶ κατὰ ταὐτὰ ἔχοντος ὡσαύτως ἁπτόμενον 'ἠδὲ... ἀληθής' [Β 1, 30] διὰ τὸ παντοδαπὰς μεταβολὰς καὶ πάθη καὶ ἀνομοιότητας δεχομένοις ὁμιλεῖν πράγμασι. SIMPL. Phys. 39, 10 δοξαστὸν οὖν καὶ ἀπατηλὸν τοῦτον καλεῖ τὸν λόγον οὐχ ὡς ψευδῆ ἁπλῶς, ἀλλ' ὡς ἀπὸ τῆς νοητῆς ἀληθείας εἰς τὸ φαινόμενον καὶ δοκοῦν τὸ αἰσθητὸν ἐκπεπτωκότα. Ebend. p. 25, 15 καὶ τῶν
35 πεπερασμένας [sc. ἀρχὰς λεγόντων] οἱ μὲν δύο, ὡς Π. ἐν τοῖς πρὸς δόξαν, πῦρ καὶ γῆν ἢ μᾶλλον φῶς καὶ σκότος.

35. ΑΒΙST. de gen. et corr. Β 3. 330b 13 οἱ δ' εὐθὺς δύο ποιοῦντες ὥσπερ Π. πῦρ καὶ γῆν, τὰ μεταξὺ μείγματα ποιοῦσι τούτων οἷον ἀέρα καὶ ὕδωρ. Β 9. 336a 3 ἐπειδὴ γὰρ πέφυκεν, ὥς φασι, τὸ μὲν θερμὸν διακρίνειν τὸ δὲ ψυχρὸν συνιστάναι
40 καὶ τῶν ἄλλων ἕκαστον τὸ μὲν ποιεῖν τὸ δὲ πάσχειν, ἐκ τούτων λέγουσι καὶ διὰ τούτων ἅπαντα τἆλλα γίγνεσθαι καὶ φθείρεσθαι. CIC. Ac. II 37, 118 P. ignem qui moveat, terram quae ab eo formetur [aus Theophr. Phys. Opin.; vgl. 28 A 23].

3 ⟨οὐκ ἂν⟩ Diels   5 πολλαχῶς ⟨ὂν⟩ und συμβεβηκὸς ⟨ὂν⟩ (6) unrichtig Karsten   22 Theodor. fügt καὶ δαίμονα zu, vielleicht aus ΑΕΤ. ιι 7, 1 (vgl. A 37)   29 ἰδεῖν] ἴδιον Wyttenbach

36. Aët. II 1, 2 (D. 327) Π., Μέλισσος . . . ἕνα τὸν κόσμον. 4, 11 (D. 332) Ξενοφάνης, Π., Μέλισσος ἀγένητον καὶ ἀίδιον καὶ ἄφθαρτον τὸν κόσμον.

37. — II 7, 1 (D. 335; vgl. 28 B 12) Π. στεφάνας εἶναι περιπεπλεγμένας, ἐπαλλήλους, τὴν μὲν ἐκ τοῦ ἀραιοῦ, τὴν δὲ ἐκ τοῦ πυκνοῦ· μικτὰς δὲ ἄλλας ἐκ φωτὸς 5 καὶ σκότους μεταξὺ τούτων. καὶ τὸ περιέχον δὲ πάσας τείχους δίκην στερεὸν ὑπάρχειν, ὑφ' ὧι πυρώδης στεφάνη, καὶ τὸ μεσαίτατον πασῶν στερεόν, περὶ ὃ πάλιν πυρώδης [sc. στεφάνη]. τῶν δὲ συμμιγῶν τὴν μεσαιτάτην ἁπάσαις ⟨ἀρχήν⟩ τε καὶ ⟨αἰτίαν⟩ κινήσεως καὶ γενέσεως ὑπάρχειν, ἥντινα καὶ δαίμονα κυβερνῆτιν [vgl. B 12, 3] καὶ κληιδοῦχον [B 1, 14] ἐπονομάζει Δίκην τε καὶ Ἀνάγκην [B 8, 30; 10 10, 6]. καὶ τῆς μὲν γῆς ἀπόκρισιν εἶναι τὸν ἀέρα διὰ τὴν βιαιοτέραν αὐτῆς ἐξατμισθέντα πίλησιν, τοῦ δὲ πυρὸς ἀναπνοὴν τὸν ἥλιον καὶ τὸν γαλαξίαν [vgl. B 11, 2] κύκλον. συμμιγῆ δ' ἐξ ἀμφοῖν εἶναι τὴν σελήνην, τοῦ τ' ἀέρος καὶ τοῦ πυρός. περιστάντος δ' ἀνωτάτω πάντων τοῦ αἰθέρος ὑπ' αὐτῶι τὸ πυρῶδες ὑποταγῆναι τοῦθ' ὅπερ κεκλήκαμεν οὐρανόν, ὑφ' ὧι ἤδη τὰ περίγεια. Cic. de nat. 15 deor. I 11, 28 nam P. quidem commenticium quiddam: coronae simile efficit (στεφάνην appellat), continentem ardorum ⟨et⟩ lucis orbem qui cingit caelum, quem appellat deum; in quo neque figuram divinam neque sensum quisquam suspicari potest. multaque eiusdem ⟨modi⟩ monstra: quippe qui Bellum, qui Discordiam, qui Cupiditatem [B 13] ceteraque generis eiusdem 20 ad deum revocat, quae vel morbo vel somno vel oblivione vel vetustate delentur; eademque de sideribus, quae reprehensa in alio iam in hoc omittantur.

38. — II 11, 4 (D. 340) Π., Ἡράκλειτος, Στράτων, Ζήνων πύρινον εἶναι τὸν οὐρανόν. Vgl. 11, 1 oben I 93, 23.

39. — II 13, 8 (D. 342) Π. καὶ Ἡράκλειτος πιλήματα πυρὸς τὰ ἄστρα.

25 40. ANONYM. BYZANT. ed. Treu p. 52, 19 [Isag. in Arat. II 14 p. 318, 15 Maass] καὶ τῶν μὲν ἀπλανῶν τῶν σὺν τῶι παντὶ περιαγομένων τὰ μὲν ἀκατονό-μαστα ἡμῖν καὶ ἀπερίληπτα, ὡς καὶ Π. ὁ φυσικὸς εἴρηκε, τὰ δὲ κατωνομασμένα ἕως ἕκτου μεγέθους χιλιά εἰσι κατὰ τὸν Ἄρατον.

40a. — II 15, 4 (D. 345) Π. πρῶτον μὲν τάττει τὸν Ἑῶιον, τὸν αὐτὸν δὲ 30 νομιζόμενον ὑπ' αὐτοῦ καὶ Ἕσπερον, ἐν τῶι αἰθέρι· μεθ' ὃν τὸν ἥλιον, ὑφ' ὧι τοὺς ἐν τῶι πυρώδει ἀστέρας, ὅπερ οὐρανὸν καλεῖ [B 10, 5]. Diog. VIII 14 (Pytha-

---

3ff. Zur Erklärung und Wertung (im Vergleich mit B 12) vgl. Rein-hardt Parmenides S. 10ff., H. Fränkel Nachr. d. Gött. Ges. 1930, 178ff., dem wir jetzt folgen   6 περὶ ὃ Boeckh (ohne στερεόν): περὶ ὃν F: περὶ ὧν P; στερεόν, ⟨ὑφ' ὧι⟩ las Diels   7 ⟨ἀρχήν⟩ und 8 ⟨αἰτίαν⟩ nach Simpl. Phys. 34, 16 Diels: τε καὶ ändern in τοκέα Davis, in αἰτίαν Krische   9 κληι-δοῦχον Fülleborn: κληροῦχον Aët.   14 ὧι Krische: οὖ Hss.   15 conuen-ticium AB: verb. dett. codd.   similem Hss. außer OM²   16 ardorē ACNB²: ardorum B¹   ⟨ ⟩ Plasberg   18 ⟨modi⟩ Heindorf   18f. also Πόλεμος, Ἔρις (Δῆρις Emped. B 122, 2 vgl. Parm. B 7, 5), Ἔρως vgl. Wilamowitz Glaube d. Hellenen II 215, auch 22 B 53. 80. Reinhardt Parmenides S. 17 vergleicht Hesiod. Theog. 211ff., aber der Satz quae—delentur ist Gedanke des Kritikers, also kamen bei P. nach B 13 vielmehr Gestalten vor wie Φυσώ (31 B 123, 1), Ἔγερσις (ebd.), Μνημοσύνη, Ἥβη. Zu diesem Katalog vgl. 31 B 122. 123. Vgl. auch Herm. 69 (1934) 118 goras) πρῶτόν τε Ἕσπερον καὶ Φωσφόρον τὸν αὐτὸν εἰπεῖν, ὥς φησι Παρμενίδης. Vgl. A 1 § 23 (ι 218, 16).

41. — ιι 20, 8 (D. 349) Π. καὶ Μητρόδωρος πύρινον ὑπάρχειν τὸν ἥλιον.

42. — ιι 25, 3 (D. 356) Π. πυρίνην [sc. εἶναι τὴν σελήνην]. 26, 2 (D. 357)
5 Π. ἴσην τῶι ἡλίωι [sc. εἶναι τὴν σελήνην]· καὶ γὰρ ἀπ' αὐτοῦ φωτίζεται. 28, 5 (D. 358) Θαλῆς πρῶτος ἔφη ὑπὸ τοῦ ἡλίου φωτίζεσθαι. Πυθαγόρας, Παρμ. ... ὁμοίως. Vgl. B 21.

43. — ιι 20, 8a (D. 349) Π. τὸν ἥλιον καὶ τὴν σελήνην ἐκ τοῦ γαλαξίου κύκλου ἀποκριθῆναι, τὸν μὲν ἀπὸ τοῦ ἀραιοτέρου μίγματος ὃ δὴ θερμόν, τὴν δὲ ἀπὸ τοῦ
10 πυκνοτέρου ὅπερ ψυχρόν.

43a. — ιιι 1, 4 (D. 365. Milchstraße) Π. τὸ τοῦ πυκνοῦ καὶ τοῦ ἀραιοῦ μῖγμα γαλακτοειδὲς ἀποτελέσαι χρῶμα.

44. Diog. viii 48 (Pythagoras) ἀλλὰ μὴν καὶ τὸν οὐρανὸν πρῶτον ὀνομάσαι κόσμον καὶ τὴν γῆν στρογγύλην, ὡς δὲ Θεόφραστος [Phys. Opin. 17] Παρμενίδην,
15 ὡς δὲ Ζήνων Ἡσίοδον. Vgl. A 1 ι 218, 1. Aët. ιιι 15, 7 (D. 380) Π., Δημόκριτος διὰ τὸ πανταχόθεν ἴσον ἀφεστῶσαν [näml. τὴν γῆν] μένειν ἐπὶ τῆς ἰσορροπίας οὐκ ἔχουσαν αἰτίαν δι' ἣν δεῦρο μᾶλλον ἢ ἐκεῖσε ῥέψειεν ἄν· διὰ τοῦτο μόνον μὲν κραδαίνεσθαι, μὴ κινεῖσθαι δέ. Anatol. p. 30 Heib. πρὸς τούτοις ἔλεγον [Pythagoreer] περὶ τὸ μέσον τῶν τεσσάρων στοιχείων κεῖσθαί τινα ἑναδικὸν
20 διάπυρον κύβον, οὗ τὴν μεσότητα τῆς θέσεως καὶ Ὅμηρον εἰδέναι λέγοντα 'τόσσον ἔνερθ' Ἀίδαο ὅσον οὐρανός ἐστ' ἀπὸ γαίης' [Θ 16]. ἐοίκασι δὲ κατά γε τοῦτο κατηκολουθηκέναι τοῖς Πυθαγορικοῖς οἵ τε περὶ Ἐμπεδοκλέα καὶ Παρμενίδην καὶ σχεδὸν οἱ πλεῖστοι τῶν πάλαι σοφῶν, φάμενοι τὴν μοναδικὴν φύσιν ἑστίας τρόπον ἐν μέσωι ἱδρῦσθαι καὶ διὰ τὸ ἰσόρροπον φυλάσσειν τὴν αὐτὴν ἕδραν [daraus Theol.
25 Arithm. p. 6 de Falco].

44a. Strabo ι 94 φησὶ δὴ ὁ Ποσειδώνιος τῆς εἰς πέντε ζώνας διαιρέσεως ἀρχηγὸν γενέσθαι Παρμενίδην, ἀλλ' ἐκεῖνον μὲν σχεδόν τι διπλασίαν ἀποφαίνειν τὸ πλάτος τὴν διακεκαυμένην [τῆς μεταξὺ τῶν τροπικῶν] ὑπερπίπτουσαν ἑκατέρων τῶν τροπικῶν εἰς τὸ ἐκτὸς καὶ πρὸς ταῖς εὐκράτοις. Daraus Achill. Isag. 31.
30 (67, 27 M.) Aët. ιιι 11, 4 (Dox. 377a 8) Π. πρῶτος ἀφώρισε τῆς γῆς τοὺς οἰκουμένους τόπους ὑπὸ ταῖς δυσὶ ζώναις ταῖς τροπικαῖς.

45. Macrob. S. Sc. ι 14, 20 Parmenides ex terra et igne [sc. animam esse]. Aët. ιv 3, 4 (D. 388) Π. δὲ καὶ Ἵππασος πυρώδη. 5, 5 (D. 391) Π. ἐν

1 ὥς φησι παρμενίδης Hss.: οἱ δέ φασι Παρμενίδην Casaubonus. Die Ursache der Differenz liegt darin, daß des Parmenides Gedicht, wie es scheint, auch unter dem Namen des Pythagoras umlief. Vgl. ι 218, 17. Vielleicht ὥς φησι ⟨καὶ⟩ Π., nämlich daß Morgen- und Abendstern derselbe sei. Andere anders, z. B. Corssen Rhein. Mus. 67 (1912) 240   5 γὰρ Stob. Plut. (Eus.): fehlt Plut. (AB Gal.); φωτίζεσθαι Zeller   14 στρογγύλην] Gegens. πλατεῖαν vgl. Plato Phaed. 97 D; von der χάλαζα Arist. Meteor. A 12. 348a 28. Auch von Walzen vgl. Theophr. H. P. v 6, 5 στρογγύλα (ξύλα) im Gegens. zu behauenen Balken. Vgl. (gegen E. Frank) Friedländer Platon ι 243   18 κραδαίνεσθαι] vgl. 21 B 25   20 διάπυρον κύβον] das pythagoreische Zentralfeuer vergleicht sich mit der πυρώδης στεφάνη in der Mitte des P.schen Kosmos A 37 ι 224, 6   26ff. vgl. Reinhardt Parmenides S. 147 Poseidonios S. 60   28 [ ] Kramer   ὑπερπιππτούσης Hss.: verb. Brequigny

ὅλωι τῶι θώρακι τὸ ἡγεμονικόν.　5, 12 (D. 392) Π. καὶ Ἐμπεδοκλῆς καὶ Δημό-
κριτος ταὐτὸν νοῦν καὶ ψυχήν, καθ' οὓς οὐδὲν ἂν εἴη ζῶιον ἄλογον κυρίως.

46. ΤΗΕΟΡΗΒ. de sensu 1ff. (D. 499) περὶ δ' αἰσθήσεως αἱ μὲν πολλαὶ καὶ
καθόλου δόξαι δύ' εἰσιν· οἱ μὲν γὰρ τῶι ὁμοίωι ποιοῦσιν, οἱ δὲ τῶι ἐναντίωι. Π.
5 μὲν καὶ Ἐμπεδοκλῆς καὶ Πλάτων τῶι ὁμοίωι, οἱ δὲ περὶ Ἀναξαγόραν καὶ Ἡρά-
κλειτον τῶι ἐναντίωι.　(3) Π. μὲν γὰρ ὅλως οὐδὲν ἀφώρικεν ἀλλὰ μόνον, ὅτι
δυοῖν ὄντοιν στοιχείοιν κατὰ τὸ ὑπερβάλλον ἐστὶν ἡ γνῶσις. ἐὰν γὰρ ὑπεραίρηι
τὸ θερμὸν ἢ τὸ ψυχρόν, ἄλλην γίνεσθαι τὴν διάνοιαν, βελτίω δὲ καὶ καθαρωτέραν
τὴν διὰ τὸ θερμόν· οὐ μὴν ἀλλὰ καὶ ταύτην δεῖσθαί τινος συμμετρίας· 'ὡς γὰρ ἑκά-
10 στοτε, φησίν, ἔχει ... νόημα' (Β 16). τὸ γὰρ αἰσθάνεσθαι καὶ τὸ φρονεῖν ὡς
ταὐτὸ λέγει· διὸ καὶ τὴν μνήμην καὶ τὴν λήθην ἀπὸ τούτων γίνεσθαι διὰ τῆς
κράσεως· ἂν δ' ἰσάζωσι τῆι μίξει, πότερον ἔσται φρονεῖν ἢ οὔ, καὶ τίς ἡ διάθεσις,
οὐδὲν ἔτι διώρικεν. ὅτι δὲ καὶ τῶι ἐναντίωι καθ' αὐτὸ ποιεῖ τὴν αἴσθησιν, φανερὸν
ἐν οἷς φησι τὸν νεκρὸν φωτὸς μὲν καὶ θερμοῦ καὶ φωνῆς οὐκ αἰσθάνεσθαι διὰ τὴν
15 ἔκλειψιν τοῦ πυρός, ψυχροῦ δὲ καὶ σιωπῆς καὶ τῶν ἐναντίων αἰσθάνεσθαι. καὶ
ὅλως δὲ πᾶν τὸ ὂν ἔχειν τινὰ γνῶσιν. οὕτω μὲν οὖν αὐτὸς ἔοικεν ἀποτέμνεσθαι
τῆι φάσει τὰ συμβαίνοντα δυσχερῆ διὰ τὴν ὑπόληψιν.

46a. ΑËΤ. v 30, 4 (Dox. 443, 12) Π. γῆρας γίνεσθαι παρὰ τὴν τοῦ θερμοῦ
ὑπόλειψιν.

20　46b. ΤΕΒΤΥLL. de anima 45 somnum ... Empedocles (31 A 85) et P.
refrigerationem.

47. ΑËΤ. ιν 9, 6 (D. 397b 1) Π., Ἐμπεδοκλῆς, Ἀναξαγόρας, Δημόκριτος,
Ἐπίκουρος, Ἡρακλείδης παρὰ τὰς συμμετρίας τῶν πόρων τὰς κατὰ μέρος αἰσθήσεις
γίνεσθαι τοῦ οἰκείου τῶν αἰσθητῶν ἑκάστου ἑκάστηι ἐναρμόττοντος.

25　48. — (?) ιν 13, 9. 10 (D. 404) Ἵππαρχος ἀκτῖνάς φησιν ἀφ' ἑκατέρου τῶν
ὀφθαλμῶν ἀποτεινομένας τοῖς πέρασιν αὐτῶν οἱονεὶ χειρῶν ἐπαφαῖς περικαθα-
πτούσας τοῖς ἐκτὸς σώμασι τὴν ἀντίληψιν αὐτῶν πρὸς τὸ ὁρατικὸν ἀναδιδόναι.
ἔνιοι καὶ Πυθαγόραν τῆι δόξι ταύτηι συνεπιγράφουσιν ἅτε δὴ βεβαιωτὴν τῶν
μαθημάτων καὶ πρὸς τούτωι Παρμενίδην ἐμφαίνοντα τοῦτο διὰ τῶν ποιημάτων.

30　49. ΡΗΙLΟDΕΜ. Rhet. fr. inc. 3, 7 [ΙΙ 169 Sudh.] οὐδὲ κατὰ Π. καὶ Μέλισσον
ἐν τὸ πᾶν λέγοντας εἶναι καὶ διὰ τὸ τὰς αἰσθήσεις ψευδεῖς εἶναι. ΑËΤ. ιν 9, 1
(D. 396, 12) Πυθαγόρας, Ἐμπεδοκλῆς, Ξενοφάνης, Π. ψευδεῖς εἶναι τὰς αἰσθήσεις.

50. ΑËΤ. ιν 9, 14 (D. 398) Π., Ἐμπεδοκλῆς ἐλλείψει τροφῆς τὴν ὄρεξιν [sc.
γίνεσθαι].

35　51. CΕΝSΟRΙΝ. 4, 7. 8 Empedocles ... tale quiddam confirmat. primo
membra singula ex terra quasi praegnate passim edita, deinde coisse et
effecisse solidi hominis materiam igni simul et umori permixtam ... haec
eadem opinio etiam in Parmenide Veliensi fuit pauculis exceptis ab Em-
pedocle † dissensis. Vgl. ΑËΤ. v 19, 5 (31 A 72).

---

11 τούτων] näml. θερμὸν u. ψυχρόν　13 τῶι ἐναντίωι] d. Gegensatz ist
nicht wie Z. 4 τῶι ὁμοίωι, sondern τῶι θερμῶι　15 καὶ ⟨ὅλως⟩ τῶν Η. Gom-
perz　18ff. von Η. Gomperz eingefügt　24 ἐναρμόττοντος Diels: ἀναρμ.
Stob. (Flor. Laur.): ἀρμόζοντος Plut.　38 Veliensi Ο. Jahn: uelinste D[1]:
velinsterte D[2]　39 dissensis D[1]: dissensisse D[2]. Dox. 189[2] schlug vor:
Veliensi [eleate] fuit p. e. ab Empedocle ⟨non⟩ dissentiente Diels

52. ARIST. de part. anim. B 2. 648a 25 ἔνιοι γὰρ τὰ ἔνυδρα τῶν πεζῶν θερμότερά φασιν εἶναι, λέγοντες ὡς ἐπανισοῖ τὴν ψυχρότητα τοῦ τόπου ἡ τῆς φύσεως αὐτῶν θερμότης, καὶ τὰ ἄναιμα τῶν ἐναίμων καὶ τὰ θήλεα τῶν ἀρρένων, οἷον Π. τὰς γυναῖκας τῶν ἀνδρῶν θερμοτέρας εἶναί φησι καὶ ἕτεροί τινες, ὡς διὰ τὴν 5 θερμότητα καὶ πολυαιμούσαις γινομένων τῶν γυναικείων, Ἐμπεδοκλῆς δὲ τοὐναντίον.

53. ΑËΤ. v 7, 2 (D. 419 nach 31 A 81) Π. ἀντιστρόφως· τὰ μὲν πρὸς ταῖς ἄρκτοις ἄρρενα βλαστῆσαι (τοῦ γὰρ πυκνοῦ μετέχειν πλείονος), τὰ δὲ πρὸς ταῖς μεσημβρίαις θήλεα παρὰ τὴν ἀραιότητα. 7, 4 (D. 420) Ἀναξαγόρας, Π. τὰ μὲν ἐκ 10 τῶν δεξιῶν [sc. σπέρματα] καταβάλλεσθαι εἰς τὰ δεξιὰ μέρη τῆς μήτρας, τὰ δ' ἐκ τῶν ἀριστερῶν εἰς τὰ ἀριστερά. εἰ δ' ἐναλλαγείη τὰ τῆς καταβολῆς, γίνεσθαι θήλεα. Vgl. ARIST. de gen. anim. Δ 1. 763b 30 [59 A 107]. CENSORIN. 5, 2 *igitur semen unde exeat inter sapientiae professores non constat. P. enim tum ex dextris tum e laevis partibus oriri putavit.* Vgl. 24 A 13.

15 54. — v 11, 2 (D. 422) Π. ὅταν μὲν ἀπὸ τοῦ δεξιοῦ μέρους τῆς μήτρας ὁ γόνος ἀποκριθῇ!, τοῖς πατράσιν, ὅταν δὲ ἀπὸ τοῦ ἀριστεροῦ, ταῖς μητράσιν [sc. ὅμοια τὰ τέκνα γίνεσθαι]. CENSORIN. 6, 8 *ceterum Parmenidis sententia est, cum dexterae partes semina dederint, tunc filios esse patri consimiles, cum laevae, tunc matri.* 6, 5 *at inter se certare feminas et maris et,* 20 *penes utrum victoria sit, eius habitum referri auctor est Parmenides.* Vgl. LACTANT. de opif. 12, 12 *dispares quoque naturae hoc modo fieri putantur: cum forte in laevam uteri partem masculinae stirpis semen inciderit, marem quidem gigni opinatio est, sed quia sit in feminina parte conceptus, aliquid in se habere femineum supra quam decus virile patiatur,* 25 *vel formam insignem vel nimium candorem vel corporis levitatem vel artus delicatos vel staturam brevem vel vocem gracilem vel animum inbecillum vel ex his plura. item si partem in dexteram semen feminini generis influxerit, feminam quidem procreari, sed quoniam in masculina parte concepta sit, habere in se aliquid virilitatis ultra quam sexus ratio permittat, aut valida* 30 *membra aut immoderatam longitudinem aut fuscum colorem aut hispidam faciem aut vultum indecorum aut vocem robustam aut animum audacem aut ex his plura* [vgl. B 18].

B. FRAGMENTE

ΠΑΡΜΕΝΙΔΟΥ ΠΕΡΙ ΦΥΣΕΩΣ

35 **1** [1—32 Karst., 1—32 Stein.]. 1—30 SEXT. VII 111ff. ὁ δὲ γνώριμος αὐτοῦ [des Xenophanes] Π. τοῦ μὲν δοξαστοῦ λόγου κατέγνω, φημὶ δὲ τοῦ ἀσθενεῖς ἔχοντος ὑπολήψεις, τὸν δ' ἐπιστημονικόν, τουτέστι τὸν ἀδιάπτωτον, ὑπέθετο κριτήριον, ἀποστὰς καὶ τῆς τῶν αἰσθήσεων πίστεως· ἐναρχόμενος γοῦν τοῦ Περὶ φύσεως γράφει τὸν τρόπον τοῦτον· Ἵπποι ... ἀληθής' (anschließend ἀλλὰ 40 σὺ ... λείπεται jetzt B 7, 2—7). Folgt seine Paraphrase § 112—114: ἐν τούτοις γὰρ ὁ Παρμενίδης Ἵππους μέν φησιν αὐτὸν φέρειν τὰς ἀλόγους τῆς ψυχῆς ὁρμάς

---

11 Diels: ἐναλλαγεῖ A: ἐναλλαγῇ BC   19 *feminas* V²: *feminae* DV¹
36 λόγου] τούτου N   39 τοῦτον τὸν τρόπον N

τε καὶ ὀρέξεις (1), κατὰ δὲ τὴν πολύφημον ὁδὸν τοῦ δαίμονος πορεύεσθαι
τὴν κατὰ τὸν φιλόσοφον λόγον θεωρίαν, ὃς λόγος προπομποῦ δαίμονος τρόπον
ἐπὶ τὴν ἀπάντων ὁδηγεῖ γνῶσιν (2. 3), κούρας δ' αὐτοῦ προάγειν τὰς αἰσθήσεις (5),
ὧν τὰς μὲν ἀκοὰς αἰνίττεται ἐν τῶι λέγειν 'δοιοῖς ... κύκλοις' (7. 8), τουτέστι
5 τοῖς τῶν ὤτων, τὴν φωνὴν δι' ὧν καταδέχονται, τὰς δὲ ὁράσεις 'Ηλιάδας κούρας
κέκληκε (9), δώματα μὲν Νυκτὸς ἀπολιπούσας (9), 'ἐς φάος ⟨δὲ⟩ ὠσαμένας' (10)
διὰ τὸ μὴ χωρὶς φωτὸς γίνεσθαι τὴν χρῆσιν αὐτῶν. ἐπὶ δὲ τὴν 'πολύποινον'
ἐλθεῖν Δίκην καὶ ἔχουσαν 'κληῖδας ἀμοιβούς' (14), τὴν διάνοιαν ἀσφαλεῖς
ἔχουσαν τὰς τῶν πραγμάτων καταλήψεις. ἥτις αὐτὸν ὑποδεξαμένη (22) ἐπαγ-
10 γέλλεται δύο ταῦτα διδάξειν 'ἠμὲν ἀληθείης εὐπειθέος ἀτρεμὲς ἦτορ' (29),
ὅπερ ἐστὶ τὸ τῆς ἐπιστήμης ἀμετακίνητον βῆμα, ἕτερον δὲ 'βροτῶν δόξας ...
ἀληθής' (30), τουτέστι τὸ ἐν δόξηι κείμενον πᾶν, ὅτι ἦν ἀβέβαιον. 28—32 SIMPL.
d. cael. 557, 20 οἱ δὲ ἄνδρες ἐκεῖνοι διττὴν ὑπόστασιν ὑπετίθεντο, τὴν μὲν τοῦ
ὄντως ὄντος τοῦ νοητοῦ, τὴν δὲ τοῦ γινομένου τοῦ αἰσθητοῦ, ὅπερ οὐκ ἠξίουν
15 καλεῖν ὂν ἁπλῶς, ἀλλὰ δοκοῦν ὄν. διὸ περὶ τὸ ὂν ἀλήθειαν εἶναί φησι, περὶ δὲ τὸ
γινόμενον δόξαν. λέγει γοῦν ὁ Π. 'χρεὼ ... περῶντα' (28ff.).

ἵπποι ταί με φέρουσιν, ὅσον τ' ἐπὶ θυμὸς ἱκάνοι,
πέμπον, ἐπεί μ' ἐς ὁδὸν βῆσαν πολύφημον ἄγουσαι
δαίμονες, ἣ κατὰ πάντ' ἄστη φέρει εἰδότα φῶτα·
20   τῆι φερόμην· τῆι γάρ με πολύφραστοι φέρον ἵπποι
5 ἅρμα τιταίνουσαι, κοῦραι δ' ὁδὸν ἡγεμόνευον.

1. Die Rosse, die mich dahintragen, zogen *mich* fürder, soweit nur
die Lust *mich* ankam, als mich auf den Weg, den vielberühmten,
die Dämonen (die Göttinnen) führend gebracht, der über alle Wohn-
stätten hin trägt den wissenden Mann. Auf dem wurde ich dahin-
getragen; auf dem nämlich trugen mich die vielverständigen Rosse,
(5) den Wagen ziehend, und die Mädchen wiesen den Weg. Die Achse

2 ὃς N: ὡς übr. Hss.   6 ⟨δὲ⟩ Bekker   10 ἀτρεμὲς N: ἀτρεκὲς nach
§ 111 (s. I 230, 11 Anm.) R im Widerspruch zur Paraphrase ἀμετακίνητον
17 Über das Prooemium s. Diels *Parmenides* Sonderausg. S. 8ff., Kranz *Berl.*
Sitz. Ber. 1916, 1158ff., H. Fränkel *Parmenidesstudien Nachr. d. Gött. Ge-*
sellsch. 1930, 154ff. Wir gliedern in drei Teile: 1. die Fahrt V. 1—10
2. (im Rückblick) die Abfahrt V. 11—21 3. der Empfang V. 22—32
(anders Fränkel). Zum Eingang vgl. Pindar Ol. 6, 22ff.   18 πολύφημον]
'*Weg des Liedes mit vieler klingender Rede*' Fränkel; es widerspricht
„Polyphem" (über den nicht richtig Fränk. a. O. S. 156)   19 δαίμονες d. i.
'Ηλιάδες Stein, Wilamowitz: δαίμονος Sext. (Proclus Parm. S. 640, 39
= νύμφη Ὑψιπύλη wegen V. 11)   πάντ' ἄστη N:·πάντ' ἄτη L: πάντα τῆ
Es. Die Lesart der vorzüglichen Hs. N, die nur sehr selten interpoliert
(wie 80 A 12 σειληνῶν), vgl. mit ('Ηλιε Πῦρ) διὰ πάντ' ἄστη (νίσεαι) 1 B 21, 3;
zu ἄστη vgl. auch Hom. α 3 (auch ο 82), Herodot. I 5, freilich liegt die
Straße, die P. fährt, ἀπ' ἀνθρώπων ἐκτὸς πάτου B 1, 27; κατὰ *über ... hin* wie
Hom. Τ 93 : κατὰ πάντα τατὴ Barnett, Wilamowitz; αὐτὴ (*allein*) G. Hermann,
ἀσινῆ Meineke

ἄξων δ' ἐν χνοίῃσιν ἵει σύριγγος ἀυτήν
αἰθόμενος (δοιοῖς γὰρ ἐπείγετο δινωτοῖσιν
κύκλοις ἀμφοτέρωθεν), ὅτε σπερχοίατο πέμπειν
Ἡλιάδες κοῦραι, προλιποῦσαι δώματα Νυκτός,
5   10   εἰς φάος, ὠσάμεναι κράτων ἄπο χερσὶ καλύπτρας.
ἔνθα πύλαι Νυκτός τε καὶ Ἥματός εἰσι κελεύθων,
καί σφας ὑπέρθυρον ἀμφὶς ἔχει καὶ λάινος οὐδός·
αὐταὶ δ' αἰθέριαι πλῆνται μεγάλοισι θυρέτροις·
τῶν δὲ Δίκη πολύποινος ἔχει κληῖδας ἀμοιβούς.
10   15   τὴν δὴ παρφάμεναι κοῦραι μαλακοῖσι λόγοισιν·
πεῖσαν ἐπιφραδέως, ὥς σφιν βαλανωτὸν ὀχῆα
ἀπτερέως ὤσειε πυλέων ἄπο· ταὶ δὲ θυρέτρων
χάσμ' ἀχανὲς ποίησαν ἀναπτάμεναι πολυχάλκους

in den Naben entsandte der Pfeife Ton, sich glühend erhitzend (denn von
doppelten gewirbelten Kreisèn wurde sie beiderseits getrieben), so oft
sich zum Geleit beeilten die Heliadenmädchen, die das Haus der
Nacht *vorher* verließen, (10) lichtwärts, wobei sie vom Haupte mit den
Händen die Hüllen zurückstießen. — Dort (*am Hause der Nacht*) ist
das Tor der Bahnen von Nacht und Tag, und Türsturz und steinerne
Schwelle umfaßt es (hält es auseinander); das Tor selbst, das ätherische,
hat eine Füllung von großen Türflügeln; davon verwaltet Dike, die
vielstrafende, die wechselnden Schlüssel. (15) Ihr nun sprachen die
Mädchen zu mit weichen Worten und beredeten sie kundig, daß sie ihnen
den verpflöckten Riegel geschwind vom Tore wegstieße. Da öffnete
dieses weit den Schlund der Türfüllung, auffliegend, wobei es die reich

---

1 χνοίῃσιν ἵει Diels: χνοιῇσινι N: χνοιῇσιν d. übr.: χνοιῇς ἵει Karsten
2 αἰρόμενος N   4 δώματα Νυκτός] nach Hes. Theog. 744ff.   5 φῶς N   κρά-
των Karsten: κρατερῶν Sext.   6ff. ἔνθα] näml. am Hause der Nacht, vgl.
Hesiod Theog. 748ff., auch Hom. κ 86, Θ 15. Porphyr. de antro nymph. 23
identifiziert willkürlich diese πύλαι mit den δύο θύραι Hom. ν 102ff. und
den δύο χάσματα Platos rep. 614 B ff.: καὶ ὀρθῶς τοῦ ἄντρου αἱ πρὸς βορρᾶν
πύλαι καταβαταὶ ἀνθρώποις, τὰ δὲ νότια οὐ θεῶν, ἀλλὰ τῶν εἰς θεοὺς ἀνιου-
σῶν ... τῶν δύο πυλῶν τούτων μεμνῆσθαι καὶ Παρμενίδην ἐν τῶι Φυσικῶι φασι.
Zur Deutung vgl. Kranz a. O. S. 1161f. (ganz anders Fränkel a. O. S. 157)
8 πλῆνται singulär (vgl. B 12, 1) wie 13 ἀναπτάμεναι   9 δίκην Hss.: verb.
ed. princ.; vgl. Orph. fr. 158 K.   κληῖδας ἀμοιβούς] weil sie den Weg bald
schließen bald frei lassen ('*Vergelter*' Fränkel a. O. S. 164, doch vgl.
ἀμοιβαδόν V. 19).   Der Plural poetisch   10 nach Hom. π 287, Μ 249
12 ἀπτερέως nach Hes. fr. 96, 46 Rz.²   ταῖς δὲ θυρέτροις N

άξονας έν σύριγξιν άμοιβαδόν είλίξασαι
20 γόμφοις καί περόνηισιν άρηρότε · τῆι ρα δι' αὐτέων
ἰθὺς ἔχον κοῦραι κατ' άμαξιτὸν ἅρμα καί ἵππους.
καί με θεὰ πρόφρων ὑπεδέξατο, χεῖρα δὲ χειρί
5   δεξιτερὴν ἕλεν, ὧδε δ' ἔπος φάτο καί με προσηύδα ·
ὦ κοῦρ' άθανάτοισι συνάορος ἡνιόχοισιν,
25 ἵπποις ταί σε φέρουσιν ἱκάνων ἡμέτερον δῶ,
χαῖρ', ἐπεί οὔτι σε μοῖρα κακὴ προύπεμπε νέεσθαι
τήνδ' ὁδόν (ἦ γὰρ ἀπ' άνθρώπων ἐκτὸς πάτου ἐστίν),
10 άλλὰ θέμις τε δίκη τε. χρεὼ δέ σε πάντα πυθέσθαι
ἡμὲν 'Αληθείης εὐκυκλέος άτρεμὲς ἦτορ
30 ἡδὲ βροτῶν δόξας, ταῖς οὐκ ἔνι πίστις άληθής.
άλλ' ἔμπης καί ταῦτα μαθήσεαι, ὡς τὰ δοκοῦντα
χρῆν δοκίμως εἶναι διὰ παντὸς πάντα περῶντα.

mit Erz beschlagenen Pfosten, (20) die mit Zapfen und Dornen einge-
fügten, in ihren Pfannen wechselweis drehte. Da nun mitten durchs
Tor lenkten die Mädchen stracks dem Geleise nach Wagen und Rosse. —
Und es nahm mich die Göttin huldreich auf, ergriff meine rechte
Hand mit der ihren und so sprach sie das Wort und redete mich an:
„Jüngling, der du unsterblichen Wagenlenkern gesellt (25) mit den
Rossen, die dich dahintragen, zu unserem Hause gelangst, Freude dir!
Denn keinerlei schlechte Fügung entsandte dich, diesen Weg zu kommen
(denn fürwahr außerhalb von der Menschen Pfade ist er), sondern
Gesetz und Recht. Nun sollst du alles erfahren, sowohl der wohl-
gerundeten Wahrheit unerschütterlich Herz (30) wie auch der Sterb-
lichen Schein-Meinungen, denen nicht innewohnt wahre Gewißheit.
Doch wirst du trotzdem auch dieses kennen lernen und zwar so, wie
das *ihnen* Scheinende auf eine probehafte, wahrscheinliche Weise sein
müßte, indem es alles ganz und gar durchdringt.

---

1 άμοιβαδόν] vgl. hymn. Cer. 326   2 άρηρότε Bergk: άρηρότα Hss.
Schluß (vgl. E 752) ebenso wie V. 22ff. (vgl. α 120ff.) nach Homer   αὐτέων
N: αὐτῶν d. übr.   4ff. Zur dichterischen Form des Ganzen vgl. Kranz
Neue Jahrb. 27 (1924) 65ff.   6 άθανάτηισι συνήορος (ϑ 99) Brandis   7 nach
Hom. Σ 385. 424   ἵπποι N   ταί] θ' αἵ G. Hermann   8 μοῖρα κακή nach
Hom. N 602 u. a.   11 εὐκυκλέος Simpl. (DE; -ιος A): εὐφεγγέος Procl.
Tim. p. 248 Schn.: εὐπειθέος Sext. u. a.   άτρεμὲς Sext. Text und Paraph.
§ 114 I 228, 10, Simpl.: άτρεκὲς Sext. § 111 Text (άτερκὲς N) und Plut. adv. Col.
1114 D (vgl. 28 A 34)   12ff. vgl. Xenophan. 21 B 34   12 ταῖς] αἷς Plut.:
τῆς Diog. (vgl. 28 A 1)   ἔνι] ἔτι Diog.   13. 14 Simpl.: fehlen Sextus
13 μαθήσεαι Simpl. DE: μαθήσεται A: μυθήσομαι F   14 δοκίμως Simpl.   πε-

2 (früher 4) [33—40 K., 43—50 St.]. PROCL. in Tim. I 345, 18 Diehl (nach B 1, 30) καὶ πάλιν 'εἰ δ' . . . ἀταρπόν' καὶ 'οὔτε . . . φράσαις'.
3—8 SIMPL. Phys. 116, 25 εἰ δέ τις ἐπιθυμεῖ καὶ αὐτοῦ τοῦ Παρμενίδου ταύτας λέγοντος ἀκοῦσαι τὰς προτάσεις, τὴν μὲν τὸ παρὰ τὸ ὂν οὐκ ὂν καὶ οὐδὲν λέγου-
5 σαν, ἥτις ἡ αὐτή ἐστι τῆι τὸ ὂν μοναχῶς λέγεσθαι, εὑρήσει ἐν ἐκείνοις τοῖς ἔπεσιν· 'ἡ μὲν . . . φράσαις'. B 3 schließt an.

εἰ δ' ἄγ' ἐγὼν ἐρέω, κόμισαι δὲ σὺ μῦθον ἀκούσας,
αἵπερ ὁδοὶ μοῦναι διζήσιός εἰσι νοῆσαι·
ἡ μὲν ὅπως ἔστιν τε καὶ ὡς οὐκ ἔστι μὴ εἶναι,
10   Πειθοῦς ἐστι κέλευθος ('Αληθείηι γὰρ ὀπηδεῖ),
5 ἡ δ' ὡς οὐκ ἔστιν τε καὶ ὡς χρεών ἐστι μὴ εἶναι,
τὴν δή τοι φράζω παναπευθέα ἔμμεν ἀταρπόν·
οὔτε γὰρ ἂν γνοίης τό γε μὴ ἐὸν (οὐ γὰρ ἀνυστόν)
οὔτε φράσαις.
15 **3 (früher 5)** [40 K., 50 St.]. CLEM. Strom. VI 23 (II 440, 12 St.) 'Αριστο-
φάνης ἔφη 'δύναται γὰρ ἴσον τῶι δρᾶν τὸ νοεῖν' [fr. 691 K.] καὶ πρὸ τούτου ὁ
'Ελεάτης Π. 'τὸ γὰρ . . . εἶναι'. PLOTIN. Enn. V 1, 8 ἥπτετο μὲν οὖν καὶ Π.
πρότερον τῆς τοιαύτης δόξης, καθόσον εἰς ταὐτὸ συνῆγεν ὂν καὶ νοῦν καὶ τὸ ὂν οὐκ
ἐν τοῖς αἰσθητοῖς ἐτίθετο. 'τὸ γὰρ . . . εἶναι' λέγων καὶ ἀκίνητον λέγει τοῦτο,
20 καίτοι προστιθεὶς τὸ νοεῖν σωματικὴν πᾶσαν κίνησιν ἐξαιρῶν ἀπ' αὐτοῦ. An
B 2 anzuschließen.

. . . τὸ γὰρ αὐτὸ νοεῖν ἐστίν τε καὶ εἶναι.

---

2. Wohlan, so will ich denn sagen (nimm du dich aber des Wortes an, das du hörtest), welche Wege der Forschung allein zu denken sind: der eine Weg, daß IST *ist* und daß Nichtsein nicht ist, das ist die Bahn der Überzeugung (denn diese folgt der Wahrheit), (5) der andere aber, daß NICHT IST *ist* und daß Nichtsein erforderlich ist, dieser Pfad ist, so künde ich dir, gänzlich unerkundbar; denn weder erkennen könntest du das Nichtseiende (das ist ja unausführbar) noch aussprechen;

3. denn dasselbe ist Denken und Sein.

ρῶντα Simpl. A: περ ὄντα DEF   Diels las δοκιμῶσ' εἶναι und übersetzte: *wie man bei allseitiger Durchforschung annehmen müßte, daß sich jenes Scheinwesen verhalte.* Wir folgen im wesentl. der Deutung von Wilamowitz, vgl. *Berl. Sitz. Ber. a. O.* S. 1170. Doch s. auch Diels Nachträge zu *Vorsokr.* 4. Aufl. S. XXVIII. Andere anders. An V. 32 (Z. 14) schloß Diels früher das jetzige Frag. 7, 3 ff. an
7 ἄγ' ἐγὼν Karsten: ἄγε τῶν Procl.   8 μοῦναι Procl. C: μοῦσαι AB
9 ὡς Simpl.: fehlt Procl.   10 ἀληθείη Procl. Simpl.: verb. Bywater
11 ἔστι τε Simpl.: ἔστι γε Procl.   χρεών] vielleicht χρεόν vgl. B 8, 45
12 παναπευθέα (vgl. Hom. γ 88) Simpl. (EF, παραπεύθεα D): παναπειθέα Procl.
13 ἀνυστόν Simpl.: ἐφικτόν Procl.   Zum Gedanken vgl. Plato rep. 477 A

4 (früher 2) [89—92 K., 37—40 St.]. CLEM. Strom. 5, 15 (II 335, 25 St., nach Emp. [31 B 17, 21]) ἀλλὰ καὶ Π. ἐν τῶι αὑτοῦ ποιήματι περὶ τῆς ἐλπίδος αἰνισσόμενος τὰ τοιαῦτα λέγει· 'λεῦσσε ... συνιστάμενον', ἐπεὶ καὶ ὁ ἐλπίζων καθάπερ ὁ πιστεύων τῶι νῶι ὁρᾶι τὰ νοητὰ καὶ τὰ μέλλοντα. εἰ τοίνυν φαμέν τι
5 εἶναι δίκαιον, φαμὲν δὲ καὶ καλόν, ἀλλὰ καὶ ἀλήθειάν τι λέγομεν· οὐδὲν δὲ πώποτε τῶν τοιούτων τοῖς ὀφθαλμοῖς εἴδομεν, ἀλλ' ἢ μόνωι τῶι νῶι.

λεῦσσε δ' ὅμως ἀπεόντα νόωι παρεόντα βεβαίως·
οὐ γὰρ ἀποτμήξει τὸ ἐὸν τοῦ ἐόντος ἔχεσθαι
οὔτε σκιδνάμενον πάντηι πάντως κατὰ κόσμον
10   οὔτε συνιστάμενον.

5 (früher 3) [41. 42 K. St.]. PROCL. in Parm. I p. 708, 16 (nach B 8, 25)
ξυνὸν δέ μοί ἐστιν,
ὁππόθεν ἄρξωμαι· τόθι γὰρ πάλιν ἵξομαι αὖθις.

6 [43—51 K., 51—59 St.]. SIMPL. Phys. 117, 2 (nach B 2) ὅτι δὲ ἡ
15 ἀντίφασις οὐ συναληθεύει, δι' ἐκείνων λέγει τῶν ἐπῶν δι' ὧν μέμφεται τοῖς εἰς ταὐτὸ συνάγουσι τὰ ἀντικείμενα· εἰπὼν γὰρ 'ἔστι γὰρ εἶναι ... διζήσιος ⟨εἴργω' ἐπάγει⟩· 'αὐτὰρ ... κέλευθος'. 78, 2 μεμψάμενος γὰρ τοῖς τὸ ὂν καὶ τὸ μὴ ὂν συμφέρουσιν ἐν τῶι νοητῶι 'οἷς ... ταὐτόν' (B 6, 8. 9) καὶ ἀποστρέψας τῆς ὁδοῦ τῆς τὸ μὴ ὂν ζητούσης 'ἀλλὰ ... νόημα' (B 7, 2), ἐπάγει 'μοῦνος κτλ.'
20 (B 8, 1ff.).

χρὴ τὸ λέγειν τε νοεῖν τ' ἐὸν ἔμμεναι· ἔστι γὰρ εἶναι,
μηδὲν δ' οὐκ ἔστιν· τά σ' ἐγὼ φράζεσθαι ἄνωγα.

---

4. Schaue jedoch mit dem Geist, wie durch den Geist das Abwesende anwesend ist mit Sicherheit; denn er wird das Seiende von seinem Zusammenhang mit dem Seienden nicht abtrennen weder als solches, das sich überall gänzlich zerstreue nach der Ordnung, noch als solches, das sich *also* zusammenballe.

5. Ein Gemeinsam-Zusammenhängendes aber ist es mir, von wo ich auch den Anfang nehme; denn dorthin werde ich wieder zurückkommen.

6. Nötig ist zu sagen und zu denken, daß *nur* das Seiende ist; denn Sein ist, ein Nichts dagegen ist nicht; das heiße ich dich

---

7 zur Verbindung d. Worte und Deutung s. 31 B 17, 21, Schottlaender *Herm.* 62 (1927) 435ff. Vgl. [Arist.] d. mund. 1. 391a 13 τὰ πλεῖστον ἀλλήλων ἀφεστῶτα τοῖς τόποις τῆι διανοίαι συνεφρόνησε   8 ἀποτμήσει Damasc. p. 67, 23 Ruelle   ἔχεσθαι Damascius: ἐχθεσθαι Clem.   9 Versschluß wie Hom. Κ 472 9f. wohl gegen Heraklit 22 B 91 (Patin)   12f. vgl. Heraklit 22 B 103 16 ⟨εἴργω' ἐπάγει⟩ Diels   21 τὸ wird Nominativ sein, vgl. Fränkel *Parmenidesstudien* S. 181³   τ' ἐὸν Simpl. F: τὸ ὂν DE   22 μηδὲν δ' Simpl. 86: μηδεοιδ 117; zu μηδὲν ~ μὴ ἐὸν vgl. B 8, 10; μὴ δ' εἶν' οὐκ P. V. d. Mühll   τά σ' ἐγὼ Bergk (vgl. Hes. Opp. 367): τά γ' ἐγὼ Simpl. D: τοῦ ἐγὼ E: τά γε F

πρώτης γάρ σ' ἀφ' ὁδοῦ ταύτης διζήσιος ⟨εἴργω⟩,
αὐτὰρ ἔπειτ' ἀπὸ τῆς, ἣν δὴ βροτοὶ εἰδότες οὐδὲν
5 πλάττονται, δίκρανοι· ἀμηχανίη γὰρ ἐν αὐτῶν
στήθεσιν ἰθύνει πλακτὸν νόον· οἱ δὲ φοροῦνται
5 κωφοὶ ὁμῶς τυφλοί τε, τεθηπότες, ἄκριτα φῦλα,
οἷς τὸ πέλειν τε καὶ οὐκ εἶναι ταὐτὸν νενόμισται
κοὐ ταὐτόν, πάντων δὲ παλίντροπός ἐστι κέλευθος.

7. 8 [52—120 K. 60—61. 34—37; 62—124 St.]. 7, 1—2 PLATO Soph.
237 A vgl. 258 D Π. δὲ ὁ μέγας, ὦ παῖ, παισὶν ἡμῖν οὖσιν ἀρχόμενός τε
10 καὶ διὰ τέλους τοῦτο ἀπεμαρτύρατο, πεζῆι τε ὧδε ἑκάστοτε λέγων καὶ μετὰ
μέτρων· οὐ γὰρ μήποτε τοῦτ' οὐδαμῆι (so die Hss.), φησίν, εἶναι μὴ
ὄντα· ἀλλὰ ... νόημα. ARISTOT. Metaph. N 2. 1089a 2 ἔδοξε γὰρ αὐτοῖς
πάντ' ἔσεσθαι ἓν τὰ ὄντα, αὐτὸ τὸ ὄν, εἰ μή τις λύσει καὶ ὁμόσε βαδιεῖται τῶι
Παρμενίδου λόγωι 'οὐ γάρ... ἐόντα', ἀλλ' ἀνάγκη εἶναι τὸ μὴ ὂν δεῖξαι ὅτι
15 ἔστιν. 7, 2—7 (früher 1, 33—38) SEXT. VII 114 [nach B 1 I 227, 39. 228, 12]
καὶ ἐπὶ τέλει προσδιασαφεῖ τὸ μὴ δεῖν αἰσθήσεσι προσέχειν ἀλλὰ τῶι λόγωι. μὴ
γάρ σε, φησίν, 'ἔθος ... ῥηθέντα' (7, 3—7, 6 im Text § 111—λείπεται).
ἀλλ' οὗτος μὲν καὶ αὐτός, ὡς ἐκ τῶν εἰρημένων συμφανές, τὸν ἐπιστημονικὸν
λόγον κανόνα τῆς ἐν τοῖς οὖσιν ἀληθείας ἀναγορεύσας ἀπέστη τῆς τῶν αἰσθήσεων
20 ἐπιστάσεως. 8, 1—52 SIMPL. Phys. 144, 29 [nach 28 A 21] ἔχει δὲ οὑτωσὶ τὰ
μετὰ τὴν τοῦ μὴ ὄντος ἀναίρεσιν· (145) 'μοῦνος ... ἀκούων'. 8, 1—14 DERS.
78, 5 (nach B 7, 2) ἐπάγει 'μοῦνος ... πολλὰ μάλα' καὶ παραδίδωσι λοιπὸν
τὰ τοῦ κυρίως ὄντος σημεῖα· 'ὡς ἀγένητον ... πέδηισιν'. ταῦτα δὴ περὶ
τοῦ κυρίως ὄντος λέγων ἐναργῶς ἀποδείκνυσιν, ὅτι ἀγένητον τοῦτο τὸ ὄν· οὔτε
25 γὰρ ἐξ ὄντος· οὐ γὰρ προϋπῆρχεν ἄλλο ὄν· οὔτε ἐκ τοῦ μὴ ὄντος· οὐδὲ γὰρ ἔστι

---

wohl beherzigen. Denn das ist der erste Weg der Forschung, von dem
ich dich fernhalte. Aber dann auch von jenem, auf dem da nichts
wissende Sterbliche einherschwanken, (5) Doppelköpfe. Denn Rat-
losigkeit steuert in ihrer Brust den hin und her schwankenden Sinn.
Sie aber treiben dahin stumm zugleich und blind, die Verblödeten, un-
entschiedene Haufen, denen das Sein und Nichtsein für dasselbe gilt und
nicht für dasselbe und für die es bei allem eine gegenstrebige Bahn gibt.

---

1 ⟨εἴργω⟩ Diels nach B 7, 2   2ff. Gemeint sind die Herakliteer,
denn ταὐτὸν νενόμισται κοὐ ταὐτόν = πάντα ταὐτὰ κοὐ ταὐτά 22 C 1 I 183, 1
u. dort ähnl. öfter, πέλειν τε καὶ οὐκ εἶναι nach εἶμεν τε καὶ οὐκ εἶμεν B 49a o. ä.
(vgl. ταὐτὸν ... εἶναι καὶ μὴ εἶναι, καθάπερ τινὲς οἴονται λέγειν Ἡράκλειτον A 7),
παλίντροπος κέλευθος nach B 51 (vgl. B 60); dieses umgebildet Soph. Phil.
1222. Vgl. *Herm.* 69 (1934) 117f.   3 πλάττονται verderbt für πλάσσονται
= πλάζονται vgl. Diels *Parmenides* S. 72   4 πλακτὸν] Nebenform zu πλαγκ-
τὸν wie B 8, 28 ἐπλάχθησαν, vgl. Hes. πλακτός: παράφρων, πεπλανημένος. Doch
s. auch H. Fränkel a. O. S. 171[1]   5 ἄκριτα] gedeutet nach Fränkel a. O.
S. 171 (vgl. 28 B 8, 15f.); das homerische Wort (vgl. z. B. Γ 412 = ω 91) wäre
dann (wie andere, vgl. z. B. B 14) umgedeutet   10 πεζῆι *gesprächsweise*?

τὸ μὴ ὄν. καὶ διὰ τί δὴ τότε, ἀλλὰ μὴ καὶ πρότερον ἢ ὕστερον ἐγένετο; ἀλλ'
οὐδὲ ἐκ τοῦ πῆι μὲν ὄντος πῆι δὲ μὴ ὄντος, ὡς τὸ γενητὸν γίνεται (neuplatonische
Vorstellung)· οὐ γὰρ ἂν τοῦ ἁπλῶς ὄντος προϋπάρχοι τὸ πῆι μὲν ὄν πῆι δὲ μὴ
ὄν, ἀλλὰ μετ' αὐτὸ ὑφέστηκε. 3—4 CLEM. Strom. v 113 (II 402, 8 St.) Π.
5 δὲ ... ὧδέ πως περὶ τοῦ θεοῦ γράφει· 'πολλὰ ... ἀτρεμὲς ἠδ' ἀγένητον'.
38 PLATO Theaet. 180 D ἄλλοι αὖ τἀναντία τούτοις ἀπεφήναντο 'οἷον ...
ὄνομ' εἶναι' καὶ ἄλλα ὅσα Μέλισσοί τε καὶ Παρμενίδαι ἐναντιούμενοι πᾶσι τού-
τοις διισχυρίζονται. 39 vgl. MELISSOS 30 B 8 εἰ γὰρ ἔστι γῆ καὶ ὕδωρ ... καὶ
τὰ ἄλλα ὅσα φασὶν οἱ ἄνθρωποι εἶναι ἀληθῆ. 42 vgl. SIMPL. Phys. 147, 13
10 εἴπερ ἕν ἐστι 'ὁμοῦ τὸ πᾶν' (5) καὶ 'πεῖρας πύματον'. 43—45 PLAT.
Soph. 244 E εἰ τοίνυν ὅλον ἐστὶν ὥσπερ καὶ Π. λέγει 'πάντοθεν ... τῆι ἢ
τῆι', τοιοῦτόν γε ὂν τὸ ὂν μέσον τε καὶ ἔσχατα ἔχει. EUDEM. bei Simpl.
Phys. 143, 4 ὥστε οὐδὲ τῶι οὐρανῶι ἐφαρμόττει τὰ παρ' αὐτοῦ λεγόμενα, ὡς
τινας ὑπολαβεῖν ὁ Εὔδημός φησιν [fr. 13 Sp.] ἀκούσαντας τοῦ 'πάντοθεν ...
15 ὄγκωι'· οὐ γὰρ ἀδιαίρετος ὁ οὐρανός, ἀλλ' οὐδὲ ὅμοιος σφαίραι, ἀλλὰ σφαῖρά
ἐστιν ἡ τῶν φυσικῶν ἀκριβεστάτη. 44 ARIST. Phys. Γ 6. 207a 15 βέλτιον
οἰητέον Παρμενίδην Μελίσσου εἰρηκέναι· ὁ μὲν γὰρ τὸ ἄπειρον ὅλον φησίν, ὁ δὲ
τὸ ὅλον πεπεράνθαι 'μεσσόθεν ἰσοπαλές'. 50—61 SIMPL. Phys. 38, 28
συμπληρώσας γὰρ τὸν περὶ τοῦ νοητοῦ λόγον ὁ Π. ἐπάγει ταυτί ... 'ἐν τῶι ...
20 παρελάσσηι'. 50—59 SIMPL. Phys. 30, 13 μετελθὼν δὲ ἀπὸ τῶν νοητῶν ἐπὶ
τὰ αἰσθητὰ ὁ Π. ἤτοι ἀπὸ ἀληθείας, ὡς αὐτός φησιν, ἐπὶ δόξαν ἐν οἷς λέγει 'ἐν
τῶι ... ἀκούων', τῶν γενητῶν ἀρχὰς καὶ αὐτὸς στοιχειώδεις μὲν τὴν πρώτην
ἀντίθεσιν ἔθετο, ἣν φῶς καλεῖ καὶ σκότος ⟨ἢ⟩ πῦρ καὶ γῆν ἢ πυκνὸν καὶ ἀραιὸν
ἢ ταὐτὸν καὶ ἕτερον, λέγων ἐφεξῆς τοῖς πρότερον παρακειμένοις ἔπεσιν 'μορφὰς ...
25 ἐμβριθές τε'. 52 SIMPL. Phys. 147, 28 ἀπατηλὸν καλεῖ τῶν ἐπῶν τὸν
κόσμον τὸν περὶ τὰς βροτείους δόξας. 53—59 SIMPL. Phys. 179, 31 καὶ
γὰρ οὗτος ἐν τοῖς πρὸς δόξαν 'θερμὸν καὶ ψυχρὸν ἀρχὰς ποιεῖ· ταῦτα δὲ προσ-
αγορεύει πῦρ καὶ γῆν [Arist. p. 188a 20] καὶ φῶς καὶ νύκτα ἤτοι σκότος·
λέγει γὰρ μετὰ τὰ περὶ ἀληθείας (p. 180) 'μορφὰς ... ἐμβριθές τε'. — Das
30 Ganze vielleicht an B 6 anzuschließen.

7. οὐ γὰρ μήποτε τοῦτο δαμῆι εἶναι μὴ ἐόντα·
ἀλλὰ σὺ τῆσδ' ἀφ' ὁδοῦ διζήσιος εἶργε νόημα
μηδέ σ' ἔθος πολύπειρον ὁδὸν κατὰ τήνδε βιάσθω,
νωμᾶν ἄσκοπον ὄμμα καὶ ἠχήεσσαν ἀκουήν

---

7. 8. Denn es ist unmöglich, daß dies zwingend erwiesen wird:
es sei Nichtseiendes; vielmehr halte du von diesem Wege der Forschung
den Gedanken fern, und es soll dich nicht vielerfahrene Gewohnheit

---

23 ⟨ ⟩ Torstrik　31 τοῦτο δαμῇ Arist. E, Simpl. phys. 135, 21 E 244, 1 E
143, 31 DE: τοῦτ' οὐδαμῇ Plat., Aristot. (Ab u. a. Hss.), Simpl. 244 F:
τούτου οὐδαμή 143 F: τοῦτο μηδαμῇ Simpl. 135 D　ἐόντα Aristot.: ὄντα Plat.
(Simpl.)　32 διζήσιος Plat. 258 (Simpl.): διζήμενος Plat. 237　33 σ' ἔθος
Sext.: σε θεὸς Diog. IX 22 (vgl. 28 A 1)　πολύπειρον] die δόξαι der Menschen
ergeben sich aus vielfacher ἐμπειρία. Vgl. Thuk. I 71　34 ἄσκοπον] vgl.
Fränkel Gött. gel. Anz. 1928, 271². Zum Gedanken vgl. Plato Phaedo 65 E

καὶ γλῶσσαν, κρῖναι δὲ λόγωι πολύδηριν ἔλεγχον
8. ἐξ ἐμέθεν ῥηθέντα. μόνος δ' ἔτι μῦθος ὁδοῖο
λείπεται ὡς ἔστιν· ταύτηι δ' ἐπὶ σήματ' ἔασι
πολλὰ μάλ', ὡς ἀγένητον ἐὸν καὶ ἀνώλεθρόν ἐστιν,
5   ἔστι γὰρ οὐλομελές τε καὶ ἀτρεμὲς ἠδ' ἀτέλεστον·
5 οὐδέ ποτ' ἦν οὐδ' ἔσται, ἐπεὶ νῦν ἔστιν ὁμοῦ πᾶν,
ἕν, συνεχές· τίνα γὰρ γένναν διζήσεαι αὐτοῦ;
πῆι πόθεν αὐξηθέν; οὐδ' ἐκ μὴ ἐόντος ἐάσσω

---

auf diesen Weg zwingen, walten zu lassen das blicklose Auge und das dröhnende Gehör und die Zunge, nein mit dem Denken bring zur Entscheidung die streitreiche Prüfung, die von mir genannt wurde. Aber nur noch Eine Weg-Kunde bleibt dann, daß IST *ist*. Auf diesem sind gar viele Merkzeichen: weil ungeboren ist es auch unvergänglich, denn es ist ganz in seinem Bau und unerschütterlich sowie ohne Ziel (5) und es war nie und wird nie sein, weil es im Jetzt zusammen vorhanden ist als Ganzes, Eines, Zusammenhängendes (Kontinuierliches). Denn was für einen Ursprung willst du für dieses ausfindig machen? Wie, woher sein Heranwachsen? Auch nicht *sein Heranwachsen* aus dem Nichtseienden werde ich dir gestatten auszusprechen und zu denken.

---

1 πολύδηριν Diog.: πολύπειρον aus dem vorvor. Verse Sext.   2 μόνος Simpl. 142; 145 F: μοῦνος 145 DE   δ' ἔτι] δέ τι Sext. V: δέ τοι CR: δέ γε FG   μῦθος Simpl.: θυμὸς Sext. Die früher zu B 1, 2 geäußerten Gedanken hatte Diels selbst aufgegeben vgl. Nachtr. zu *Vorsokr.* 4. Aufl. S. XXVIII   5 ἔστι γὰρ οὐλομελές Plut. adv. Col. 1114c vgl. Procl. Parm. 1152, 24 u. ö.: οὖλον μουνογενές (μονογ.) Simpl., Clem., Philop. phys. 65, 7: μοῦνον μουνογενές Pseudoplut. (vgl. 28 A 22). Diels zog die Lesart des Simpl. usw. vor (doch s. auch Simpl. 137, 16), hielt für die Quelle des Wortes οὖλομ. Ar. Metaph. N 6. 1093b 4, aber vgl. zu οὐλομελές Hippokr. 22 C 2 (I 189, 19 opp. μέρος u. ö., Pythagor. B 27 geg. Ende m. Anm.), Emped. B 62, 4, Meister *Homer. Kunstsprache* S. 207 u. a.; gegen μουνογενές spricht ἀγένητον im vor. Verse; οὐλομελές gibt Plato Phaedr. 250c vielleicht durch ὁλόκληρος wieder, vgl. P. Friedländer *Platon* I 27   ἠδ' ἀτέλεστον hom. Klausel (Δ 26) d. h. *ohne Ziel in der Zeit*: ἀγένητον aus B 8, 3 Variante (z. B. bei Clem.): οὐδ' ἀτέλεστον (wegen B 8, 32. 42) unrichtig Brandis   7 διζήσεαι Simpl. cael. 137, 1: διζήσεο phys. E: διζήσεται F   8 αὐξηθῆν'; Wilamowitz   hinter αὐξηθέν; setzte Diels eine Lücke an, die er so füllte ⟨οὔτ' ἐκ τευ ἐόντος ἔγεντ' ἄν· ἄλλο γὰρ ἂν πρὶν ἔην·⟩ οὔτ' ἐκ μὴ ἐόντος . . ., aber wahrscheinlich setzen V. 6/7 Entstehen und Wachstum aus dem Seienden als selbstverständlich an   οὐδ' Kranz: οὔτ' Hss., οὔτ' = οὔτοι Wilamowitz   ἐόντος Simpl. cael., phys. 78 E: sonst ὄντος   ἐάσσω Simpl. cael. D; phys. 145 F (vgl. Jacobsohn *Herm.* 45, 1910, 96): ἐάσω 78. 145 (vgl. Meister *Homer. Kunstsprache* S. 104): ἐασέω cael. A B

φάσθαι σ᾽ οὐδὲ νοεῖν· οὐ γὰρ φατὸν οὐδὲ νοητόν
ἔστιν ὅπως οὐκ ἔστι. τί δ᾽ ἄν μιν καὶ χρέος ὦρσεν
10 ὕστερον ἢ πρόσθεν, τοῦ μηδενὸς ἀρξάμενον, φῦν;
οὕτως ἢ πάμπαν πελέναι χρεών ἐστιν ἢ οὐχί.
5 οὐδέ ποτ᾽ ἐκ μὴ ἐόντος ἐφήσει πίστιος ἰσχύς
γίγνεσθαί τι παρ᾽ αὐτό· τοῦ εἵνεκεν οὔτε γενέσθαι
οὔτ᾽ ὄλλυσθαι ἀνῆκε Δίκη χαλάσασα πέδηισιν,
15 ἀλλ᾽ ἔχει· ἡ δὲ κρίσις περὶ τούτων ἐν τῶιδ᾽ ἔστιν·
ἔστιν ἢ οὐκ ἔστιν· κέκριται δ᾽ οὖν, ὥσπερ ἀνάγκη,
10 τὴν μὲν ἐᾶν ἀνόητον ἀνώνυμον (οὐ γὰρ ἀληθής
ἔστιν ὁδός), τὴν δ᾽ ὥστε πέλειν καὶ ἐτήτυμον εἶναι.
πῶς δ᾽ ἂν ἔπειτ᾽ ἀπόλοιτο ἐόν; πῶς δ᾽ ἄν κε γένοιτο;
20 εἰ γὰρ ἔγεντ᾽, οὐκ ἔστ(ι), οὐδ᾽ εἴ ποτε μέλλει ἔσεσθαι.

Denn unaussprechbar und undenkbar ist, daß NICHT IST *ist*.
Welche Verpflichtung hätte es denn auch antreiben sollen, (10) später
oder früher mit dem Nichts beginnend zu entstehen? So muß es
also entweder ganz und gar sein oder überhaupt nicht. Auch wird
ja die Kraft der Überzeugung niemals einräumen, aus Nichtseiendem
könnte irgend etwas anderes als eben dieses hervorgehen. Um dessen
Willen hat weder zum Werden noch zum Vergehen die Rechtsgottheit
das Sein freigegeben, es in den Fesseln lockernd, (15) sondern sie hält
es fest. Die Entscheidung aber hierüber liegt in folgendem: IST oder
NICHT IST! Entschieden ist aber nun, wie notwendig, den einen
Weg als undenkbar, unsagbar beiseite zu lassen (es ist ja nicht der
wahre Weg), den anderen aber als vorhanden und wirklich-wahr
zu betrachten. Wie könnte aber dann Seiendes zugrunde gehen,
wie könnte es entstehen? (20) Denn entstand es, so ist es nicht

---

3 ὑστ. ἢ πρόσθ.] *later rather than sooner* Burnet, Heidel; möglich   φῦν
Simpl. phys 78 E; 162 (vgl. B 12, 5 u. Wilhelm *Oesterr. Jahresh.* VIII 17):
φυὲν 78 F: φῦναι 78 D   4 χρεών] vgl. B 2, 5 u. Anmerkg.   5 μὴ ἐόντος
Diels: μὴ ὄντος Simpl. phys. 78 DE; 145 DE: ἐκ γε μὴ ὄντος 78 F; 145 F:
οὔτε ποτ᾽ ἐκ τοῦ ἐόντος (entsprechend οὔτ᾽ ἐκ μὴ ἐόντος S. 235, 8) Reinhardt
6 γίγνεσθαι phys. 145 E: sonst γίνεσθαι   7 πέδησιν Simpl. 78. 145: πέδησι
78 D; der Ausdruck χαλάσασα πέδηισιν (~ οὐ κατέχουσα) wie Hom. Z 226
ἔγχεσι δ᾽ ἀλλήλους ἀλεώμεθα nach Zenodot; πέδησιν (als Verb) Bergk. Zur
Deutung d. Verses vgl. Fränkel a. O. S. 160ff.   8 ἢ . . . ἔστιν] vgl. *Parm.*
S. 78ff. 153   ἔστι Simpl. D: ἔνεστιν EF   10 ἀνόητον Simpl. F: ἀνόητον DE
11 ὥστε] vgl. *Parm.* S. 80: αὔτε? Diels   12 so Karsten, Stein: ἔπειτα πέλοι
τὸ ἐὸν Hss., Diels   αὖ κε Stein   13 ἔγεντ᾽ Bergk: ἔγετ᾽ Simpl. D: ἔγενετ᾽ EF

τὼς γένεσις μὲν ἀπέσβεσται καὶ ἄπυστος ὄλεθρος.
οὐδὲ διαιρετόν ἐστιν, ἐπεὶ πᾶν ἐστιν ὁμοῖον·
οὐδέ τι τῆι μᾶλλον, τό κεν εἴργοι μιν συνέχεσθαι,
οὐδέ τι χειρότερον, πᾶν δ᾽ ἔμπλεόν ἐστιν ἐόντος.
5   25   τῶι ξυνεχὲς πᾶν ἐστιν· ἐὸν γὰρ ἐόντι πελάζει.
αὐτὰρ ἀκίνητον μεγάλων ἐν πείρασι δεσμῶν
ἔστιν ἄναρχον ἄπαυστον, ἐπεὶ γένεσις καὶ ὄλεθρος
τῆλε μάλ᾽ ἐπλάχθησαν, ἀπῶσε δὲ πίστις ἀληθής.
ταὐτόν τ᾽ ἐν ταὐτῶι τε μένον καθ᾽ ἑαυτό τε κεῖται
10   30   χοὔτως ἔμπεδον αὖθι μένει· κρατερὴ γὰρ Ἀνάγκη
πείρατος ἐν δεσμοῖσιν ἔχει, τό μιν ἀμφὶς ἐέργει,

---

und ebensowenig, wenn es *erst* in Zukunft einmal sein sollte. So ist Entstehen verlöscht und verschollen Vergehen.

Auch teilbar ist es nicht, weil es ganz gleichartig ist. Und es gibt nicht etwa *hier oder* da ein stärkeres Sein, das seinen Zusammenhang hindern könnte, noch eiñ geringeres; es ist vielmehr ganz von Seiendem erfüllt. (25) Darum ist es ganz zusammenhängend; denn Seiendes stößt dicht an Seiendes.

Aber unbeweglich — unveränderlich liegt es in den Grenzen gewaltiger Bande ohne Ursprung, ohne Aufhören; denn Entstehen und Vergehen wurden weit in die Ferne verschlagen, es verstieß sie die wahre Überzeugung; und als Dasselbe und in Demselben verharrend ruht es für sich (30) und so verharrt es standhaft an Ort und Stelle. Denn die machtvolle Notwendigkeit hält es in den Banden der Grenze, die es rings umzirkt, weil das Seiende nicht ohne Abschluß sein darf;

---

1 τὼς phys. EF: πῶς D: τὸ (?) cael. 559   ἄπυστος phys. F, cael. A: ἄπτυστος phys. DE: ἄπαυστος cael. DE   4 δ᾽ ἔμπλεον Simpl. phys. DE: δὲ πλέον F: δ᾽ ἐν πλέον Damasc. II 146, 5   5 τῶι] τὸ Simpl. 86 DE; 87 DE 6ff. d. h. es ist kein ἄπειρον. Zur Deutung von V. 21—49 vgl. Fränkel a. O. S. 188ff.   8 τῆλε Scaliger: τῆδε Simpl.   ἐπλάχθησαν (vgl. B 6, 6) phys. 145: ἐπλάγχθησαν 39. 79   Zu dem V. vergleicht Fränkel Lukrez I 880   9 Identität nach Wesen und Ort wird bezeichnet, Wortlaut aber zweifelhaft   ταὐτόν τ᾽ Simpl. phys. 30 Ea. 145: ταυτὸν ὂν 143: ταὐτόν τε ὂν 30 DF: ταυτόν τε ὂν καὶ 30 E; ταῦτ᾽ ἐὸν verm. Diels   ταυτὸν δ᾽ ἐν ταὐτῶι μίμνει Proclus Parm. 1152. 1177 (μίμνον 639) vgl. Xenophan. B 26, 1; so liest Fränkel a. O. S. 186 und im folg. Verse μενεῖ (aber würde P. positiv vom Futurum reden? Anders unten V. 36)   10 χοὔτως (οὐχ οὕτως E) Simpl. 145: οὕτως 30   ἔμπεδον] gegen Heraklit? Vgl. zu 22 B 9   11 τό Simpl. 145: τε 30   Versschluß wie Hom. N 706

οὕνεκεν οὐκ ἀτελεύτητον τὸ ἐὸν θέμις εἶναι·
ἔστι γὰρ οὐκ ἐπιδευές· [μὴ] ἐὸν δ᾽ ἂν παντὸς ἐδεῖτο.
ταὐτὸν δ᾽ ἐστὶ νοεῖν τε καὶ οὕνεκεν ἔστι νόημα.

35 οὐ γὰρ ἄνευ τοῦ ἐόντος, ἐν ὧι πεφατισμένον ἐστιν,
εὑρήσεις τὸ νοεῖν· οὐδὲν γὰρ ⟨ἢ⟩ ἔστιν ἢ ἔσται
ἄλλο πάρεξ τοῦ ἐόντος, ἐπεὶ τό γε Μοῖρ᾽ ἐπέδησεν
οὖλον ἀκίνητόν τ᾽ ἔμεναι· τῶι πάντ᾽ ὄνομ(α) ἔσται,
ὅσσα βροτοὶ κατέθεντο πεποιθότες εἶναι ἀληθῆ,
40 γίγνεσθαί τε καὶ ὄλλυσθαι, εἶναί τε καὶ οὐχί,
καὶ τόπον ἀλλάσσειν διά τε χρόα φανὸν ἀμείβειν.
αὐτὰρ ἐπεὶ πεῖρας πύματον, τετελεσμένον ἐστί
πάντοθεν, εὐκύκλου σφαίρης ἐναλίγκιον ὄγκωι,
μεσσόθεν ἰσοπαλὲς πάντηι· τὸ γὰρ οὔτε τι μεῖζον

---

denn es ist unbedürftig, fehlte ihm aber der, so würde es des „ganz"
bedürfen (?).

Dasselbe ist Denken und der Gedanke, daß IST *ist*; (35) denn nicht
ohne das Seiende, in dem es als Ausgesprochenes ist, kannst du
das Denken antreffen. Es ist ja nichts und wird nichts anderes
sein außerhalb des Seienden, da es ja die Moira *daran* gebunden
hat, ein Ganzes und unbeweglich zu sein. Darum wird alles *bloßer*
Name sein, was die Sterblichen *in ihrer Sprache* festgesetzt haben,
überzeugt, es sei wahr: (40) Werden sowohl als Vergehen, Sein sowohl
als Nichtsein, Verändern des Ortes und Wechseln der leuchtenden
Farbe.

Aber da eine letzte Grenze vorhanden, so ist es vollendet von
(und nach) allen Seiten, einer wohlgerundeten Kugel Masse vergleich-
bar, von der Mitte her überall gleichgewichtig. Es darf ja nicht da

---

1 οὕνεκεν hier und Z. 3 w. s. erklärt nach Fränkel a. O. S. 186f. (ähnlich
Heidel)　　τὸ ἐὸν Simpl. 40 F: τεον Simpl. 30; 145; 40 DE　　2 ἐπιδευές
Simpl. 30 Ea F; 40 Ea; 145: ἐπιδεὲς 40 DEF; 30 DE　　[μὴ] Bergk, doch
bleibt die Les. d. Vers. zweifelhaft vgl. Fränkel a. O. S. 187 u. „Zusätze"　ἐὸν
Simpl. 30; 40: ὂν 145　　δ᾽ ἂν] γὰρ ἂν 30 F　　παντὸς] vgl. E. Loew *Rhein.
Mus.* 78 (1929) 156¹ (dem wir sonst nicht zu folgen vermögen); auch ἐόν
gebraucht P. (mit u.) ohne Artikel　　3 οὕνεκεν *daß* wie in der Odyssee
(Fränkel)　　5 οὐδὲν γὰρ Simpl. 86: οὐδ᾽ εἰ χρόνος 146　　⟨ἢ⟩ Preller; οὐδ᾽
ἢν γὰρ ἢ ἔστιν Bergk　　7 οὖλον ἀκίνητον τελέθει τῶι παντ(ὶ) ὄνομ᾽ εἶναι Plato
frei　　ὄνομα (οὔνομα) ἔσται Simpl. 86 FD: ὀνόμασται 86 E: ὠνόμασται 145
10 vgl. Hom. E 858, Emp. B 21, 14　　11 vgl. V. 30ff.

45 οὔτε τι βαιότερον πελέναι χρεόν ἐστι τῆι ἢ τῆι.

οὔτε γὰρ οὐκ ἐὸν ἔστι, τό κεν παύοι μιν ἱκνεῖσθαι

εἰς ὁμόν, οὔτ' ἐὸν ἔστιν ὅπως εἴη κεν ἐόντος

τῆι μᾶλλον τῆι δ' ἧσσον, ἐπεὶ πᾶν ἐστιν ἄσυλον·

5 οἱ γὰρ πάντοθεν ἶσον, ὁμῶς ἐν πείρασι κύρει.

50 ἐν τῶι σοι παύω πιστὸν λόγον ἠδὲ νόημα

ἀμφὶς ἀληθείης· δόξας δ' ἀπὸ τοῦδε βροτείας

μάνθανε κόσμον ἐμῶν ἐπέων ἀπατηλὸν ἀκούων.

μορφὰς γὰρ κατέθεντο δύο γνώμας ὀνομάζειν·

0 τῶν μίαν οὐ χρεών ἐστιν — ἐν ὧι πεπλανημένοι εἰσίν —

55 τἀντία δ' ἐκρίναντο δέμας καὶ σήματ' ἔθεντο

---

oder dort etwas größer (45) oder etwas schwächer sein. Denn es ist weder Nichtseiendes, das es hindern könnte zum Gleichmäßigen zu gelangen, noch könnte Seiendes irgendwie hier mehr, dort weniger vorhanden sein als Seiendes, da es ganz unversehrt ist. Sich selbst nämlich ist es von allen Seiten her gleich, gleichmäßig begegnet es seinen Grenzen.

(50) Damit beschließe ich für dich mein verläßliches Reden und Denken über die Wahrheit. Aber von hier ab lerne die menschlichen Schein-Meinungen kennen, indem du meiner Worte trügliche Ordnung hörst.

Sie haben nämlich ihre Ansichten dahin festgelegt, zwei Formen zu benennen (von denen man *freilich* eine nicht *ansetzen* sollte, in diesem Punkte sind sie in die Irre gegangen); (55) und sie schieden die Gestalt

---

1 χρεόν Plato, Simpl. 145 E: χρεών DF   2 οὔ τεον (= οὔ τι vgl. *Parm.* S. 90) Diels: οὔτε ὂν Simpl. EF: οὔτε ἐόν D: οὐκ ἐὸν gut Aldus; doch bleibt der Text unsicher; οὐδὲ γὰρ οὔτ' ἐὸν ἔστι ... und V. 49 τοίγαρ Wilamowitz   ἱκνεῖσθαι Simpl. DE: κινεῖσθαι F; zur Korrektion vgl. 21 B 28, 2   3 κεν Karsten: καὶ ἐν Simpl.   5 οἱ Diels: οἱ Simpl. Erklärung nach Fränkel a. O. S. 187   ἱσονάμως F   κύρει Stein (vgl. Callim. h. 6, 37; Timon fr. 48, 5 Diels): κυρεῖ Simpl. EF: κυροῖ D 6 παύω phys. 30; 41 F; 145: παύσω cael., phys. 30; 41 DEEa   7 βροτείας phys. 145: βροτείους 30 (vgl. 147, 28)   8 ἐπέων] vgl. E. Hoffmann *D. Sprache u. d. archaische Logik* S. 10   9 γνώμας Simpl. 38; 180 F: γνώμαις 30; 180 DE   ὀνομάζειν] vgl. B 8, 38; 9, 1; 18, 3   10 χρεών (vgl. B 2, 5 u. Anm.) zu erg. ὀνομάζειν   π. εἰσίν] nämlich die Anhänger der δόξα   11 ἀντία Simpl. 39; 180; 30 F: ἐναντία 30 DE; τἀντία (hier wie V. 59) adv. wie τἀναντία Thuc. VII 79 τἀναντία διαστῶμεν   δ' ἐκρίναντο Simpl. 39 F: δὲ κρίναντο 30: δ' ἐκρίνοντο 39 DE: δὲ κρίνον. το (d. i. δ' ἐκρίνον τὸ) 39 Ea   δέμα Platt

χωρὶς ἀπ' ἀλλήλων, τῆι μὲν φλογὸς αἰθέριον πῦρ,
ἤπιον ὄν, μέγ' [ἀραιὸν] ἐλαφρόν, ἐωυτῶι πάντοσε τωὐτόν,
τῶι δ' ἑτέρωι μὴ τωὐτόν· ἀτὰρ κἀκεῖνο κατ' αὐτό
τἀντία νύκτ' ἀδαῆ, πυκινὸν δέμας ἐμβριθές τε.
5   60 τόν σοι ἐγὼ διάκοσμον ἐοικότα πάντα φατίζω,
ὡς οὐ μή ποτέ τίς σε βροτῶν γνώμη παρελάσσηι.

9 [121—124 K., 125—128 St.]. SIMPL. Phys. 180, 8 [nach B 8, 59]
καὶ μετ' ὀλίγα πάλιν 'αὐτὰρ ... μηδέν'. εἰ δὲ 'μηδετέρωι μέτα μηδέν' καὶ
ὅτι ἀρχαὶ ἄμφω καὶ ὅτι ἐναντίαι δηλοῦται.

10   αὐτὰρ ἐπειδὴ πάντα φάος καὶ νὺξ ὀνόμασται

SCHOLION zu 56—59. Simpl. Phys. 31, 3 καὶ δὴ καὶ καταλογάδην μεταξὺ
τῶν ἐπῶν ἐμφέρεταί τι ῥησείδιον ὡς αὐτοῦ Παρμενίδου ἔχον οὕτως· ἐπὶ τῶιδέ
ἐστι τὸ ἀραιὸν καὶ τὸ θερμὸν καὶ τὸ φάος καὶ τὸ μαλθακὸν καὶ τὸ κοῦφον,
ἐπὶ δὲ τῶι πυκνῶι ὠνόμασται τὸ ψυχρὸν καὶ τὸ ζόφος καὶ σκληρὸν καὶ
15 βαρύ· ταῦτα γὰρ ἀπεκρίθη ἑκατέρως ἑκάτερα.

gegensätzlich und sonderten ihre Merkzeichen voneinander ab: hier
das ätherische Flammenfeuer, das milde, gar leichte, mit sich selber
überall identisch, mit dem anderen aber nicht identisch; aber auch jenes
für sich, gerade entgegengesetzt: die lichtlose Nacht, ein dichtes und
schweres Gebilde. (60) Diese Welteinrichtung teile ich dir als wahr-
scheinlich-einleuchtende in allen Stücken mit; so ist es unmöglich,
daß dir irgendeine Ansicht der Sterblichen jemals den Rang ablaufe.

9. Aber nachdem alle *Dinge* Licht und Nacht benannt und das

2 ἤπιον vgl. Emp. B 17, 18 (v. l.) αἰθέρος ἤπιον ὕψος   ὄν (nur hier sicher)
Simpl. 30 F; 38 F: τὸ 30 DE: fehlt 38 DEEa; 180   [ἀραιὸν] Diels: μέγ'
ἀραιὸν ἐλαφρόν Simpl. 30. 38 F: ἀραιὸν ἐλαφρὸν 38 DEEa; 180 E: ἄρ ἐλαφρὸν
180 DF. Zu μέγ' ἐλαφρόν vgl. ἐλαφρότατον Plat. Tim. p. 56 A. Von der para-
phrasierenden Tätigkeit eines Scholiasten hat sich in dem Exemplar des
Simpl. außer dieser Glosse noch das Z. 11 ff. abgedruckte Scholion erhalten;
vgl. *Parm*. S. 96. Zu ἀραιὸν vgl. freilich auch 28 A 37. 43, ἀραιότατα Emp. B 104.
Von Konjekturen ist zu beachten Prellers ἠπιόφρον μέγ' ἀραιόν (wobei ἐλαφρόν
aus der l. em. φρον über ηπιονον entstanden sein müßte)   3 κατ' αὐτό Simpl.
30 F; 38 EaF; 180 F: sonst κατὰ ταὐτὸ   4 τἀντία Simpl. 31 F; 39 EaF;
180 E: τἀναντία Simpl. 31 DE; 180 DF   κατ' αὐτὸ τἀντία = κατ' αὐτὸ
τἀναντία, αὐτὸ Apposition zum Adverbium   ἀδαῆ] von δάος *Licht*, nur hier
in dieser Bedeutung (?): ἀλαήν Herwerden. Vgl. aber Fränkel a. O. S. 177[1].
ἀδαῆ: ἄπειρον (?) Hesych   5 τὸν] τῶν Karsten   πάντα sowohl vorwärts wie
rückwärts zu beziehen   6 γνώμη] γνώμηι Stein   10 ὀνόμασται F (die be-
denkliche Form scheint durch das Scholion Z. 14 bestätigt zu werden):
ὠνόμασται DE: ὄνομ' ἐστί Diels nach B 8, 38 *Parm*. S. 101. Vgl. Emp. 31 B 8, 4:
νενόμισται P. V. d. Mühll   15 ἑκατέρωσ' H. Fränkel

B. FRAGMENTE 8, 56—11   241

καὶ τὰ κατὰ σφετέρας δυνάμεις ἐπὶ τοῖσί τε καὶ τοῖς,
πᾶν πλέον ἐστὶν ὁμοῦ φάεος καὶ νυκτὸς ἀφάντου
ἴσων ἀμφοτέρων, ἐπεὶ οὐδετέρωι μέτα μηδέν.

10 [132—138 K., S. 797 St.]. CLEM. Strom. v 138 (II 419, 12 St.) ἀφικό-
5 μενος οὖν ἐπὶ τὴν ἀληθῆ μάθησιν [Christi] ὁ βουλόμενος ἀκουέτω μὲν Παρμενίδου
τοῦ Ἐλεάτου ὑπισχνουμένου ʼεἴσηι... ἄστρωνʼ. Vgl. Plut. adv. Col. 1114 B
(über Parmenides) ὅς γε καὶ διάκοσμον πεποίηται καὶ στοιχεῖα μιγνὺς τὸ λαμπρὸν
καὶ σκοτεινὸν ἐκ τούτων τὰ φαινόμενα πάντα καὶ διὰ τούτων ἀποτελεῖ· καὶ γὰρ
περὶ γῆς εἴρηκε πολλὰ καὶ περὶ οὐρανοῦ καὶ ἡλίου καὶ σελήνης καὶ γένεσιν ἀνθρώ-
10 πων ἀφήγηται· καὶ οὐδὲν ἄρρητον ὡς ἀνὴρ ἀρχαῖος ἐν φυσιολογίαι καὶ συνθεὶς
γραφὴν ἰδίαν, οὐκ ἀλλοτρίας διαφθοράν, τῶν κυρίων παρῆκεν.

εἴσηι δʼ αἰθερίαν τε φύσιν τά τʼ ἐν αἰθέρι πάντα
σήματα καὶ καθαρᾶς εὐαγέος ἠελίοιο
λαμπάδος ἔργʼ ἀίδηλα καὶ ὁππόθεν ἐξεγένοντο,
15   ἔργα τε κύκλωπος πεύσηι περίφοιτα σελήνης
5 καὶ φύσιν, εἰδήσεις δὲ καὶ οὐρανὸν ἀμφὶς ἔχοντα
ἔνθεν [μὲν γὰρ] ἔφυ τε καὶ ὥς μιν ἄγουσ(α) ἐπέδησεν Ἀνάγκη
πείρατʼ ἔχειν ἄστρων.

11 [139—142 K., 129—132 St.]. SIMPL. de cael. 559, 20 Π. δὲ περὶ τῶν
20 αἰσθητῶν ἄρξασθαί φησι λέγειν·

πῶς γαῖα καὶ ἥλιος ἠδὲ σελήνη
αἰθήρ τε ξυνὸς γάλα τʼ οὐράνιον καὶ ὄλυμπος

was ihren Kräften gemäß ist diesen und jenen als Name zugeteilt worden,
so ist alles voll zugleich von Licht und unsichtbarer Nacht, die beide gleich-
(gewichtig); denn nichts ist möglich, *was* unter keinem von beiden *steht*.

10. Du wirst aber erfahren das Äther-Wesen und alle Sternbilder
im Äther und der reinen klaren Sonnenfackel versengendes Wirken, und
woher sie entstanden, und das umwandernde Wirken und Wesen des rund-
äugigen Mondes wirst du erkunden, (5) wirst aber auch erfahren vom
rings umfasserden Himmel, woher er entsproß und wie ihn führend
Notwendigkeit festband (zwang), die Grenzen der Gestirne zu halten.

11. *Ich will zu reden beginnen*, wie die Erde und die Sonne sowie der
Mond, auch der all-gemeinsame Äther und auch die himmlische Milch-

3 ἴσων] vgl. 31 B 17, 27   zur 2. Vershälfte vgl. Fränkel a. O. S. 176f.;
die Form μηδέν wohl Ausdruck der (Un)möglichkeit. Nach Diels erklärt
ἐπεὶ vielmehr nur ἴσων ἀμφ.; er deutete ʼdenn keinem kommt ein Anteil
am anderen zuʼ und verglich zu μηδέν Plat. Tim. 77 B, zur Auslassung von
οὐδετέρου Soph. Philoct. 138   12 danach Emp. 31 B 38   14 ἔργʼ ἀίδηλα
aus Hom. E 757. 827 geg. Aristarch, vgl. Hesiod fr. 123 Rz.² 17 [μὲν γὰρ]
Sylburg   ἔφυγε Hs.: verb. Sylburg   22 ξυνὸς] vgl. 31 B 38, 4

ἔσχατος ἠδ' ἄστρων θερμὸν μένος ὡρμήθησαν
γίγνεσθαι.

καὶ τῶν γινομένων καὶ φθειρομένων μέχρι τῶν μορίων τῶν ζώιων τὴν γένεσιν
παραδίδωσι.

5   12 [125—130 K., 133—138 St.]. 1—3 SIMPL. Phys. 39, 12 (nach B 8, 61)
μετ' ὀλίγα δὲ πάλιν περὶ τῶν δυεῖν στοιχείων εἰπὼν ἐπάγει καὶ τὸ ποιητικὸν λέγων
οὕτως 'αἱ γὰρ ... κυβερνᾶι'. 2—6 Ebenda 31, 10 καὶ ποιητικὸν δὲ αἴτιον οὐ
σωμάτων μόνον τῶν ἐν τῆι γενέσει ἀλλὰ καὶ ἀσωμάτων τῶν τὴν γένεσιν συμ-
πληρούντων σαφῶς παραδέδωκεν ὁ Π. λέγων· 'αἱ δ' ἐπὶ ... θηλυτέρωι'.
10 4 Ebenda 34, 14 καὶ ποιητικὸν αἴτιον ἐκεῖνος μὲν ἓν κοινὸν τὴν ἐν μέσωι
πάντων ἱδρυμένην καὶ πάσης γενέσεως αἰτίαν δαίμονα τίθησιν. Vgl. A 37.

αἱ γὰρ στεινότεραι πλῆντο πυρὸς ἀκρήτοιο,

straße und der äußerste Olympos sowie der Sterne warme Kraft
strebten zu entstehen.

12. Denn die engeren *Ringe* wurden angefüllt mit ungemischtem

1 μένος homerisch vgl. z. B. Z 182   12 πλῆντο (vgl. Hom. P 499) Bergk:
πάηντο Simpl. Ea D: πύηντο E; πλῆνται nach Bergk H. Fränkel wie
B 1, 13   ἀκρήτοις Ea D: ἀκρίτοις EF: verb. Stein. Über die Kosmos-
vorstellung des P. urteilte Diels: »Nach A 37 gibt es im Kosmos zwei
verschiedene Arten von στεφάναι d. h. Ringen (bei Homer goldene Reifen
im Haar Σ 597 h. 6, 7 oder Helmkränze H 12, vgl. auch Σ 485): A) aus den
ungemischten Elementen Feuer und Erde gebildete B) aus den gemischten
gebildete. Von der ersten Art (A) gibt es je zwei weitere und engere (στεινό-
τεραι vgl. Herodot I 181): 1. Peripheriekränze a) ὄλυμπος ἔσχατος, festes
Firmament, also aus Erde, weiterer Ring. b) Ätherfeuer (αἰθὴρ ξυνός), engerer
Ring. 2. Erdkränze a) Erdrinde, weiterer Ring b) Erdinneres, vulkanisches
Feuer, engerer Ring, Kern. Zwischen Zentrum und Peripherie kreist die
zweite Art (B) von Ringen gemischter Natur. Das sind die Gestirnkränze,
deren Elemente Erde und Feuer nicht reinlich gesondert nebeneinander,
sondern vermischt durcheinander liegen. Solche dunklen Ringe, aus denen
hier und da das Feuer herausblitzt (vgl. I 84, 10), sind die Milchstraße,
Sonne, Mond und die Planeten (vgl. auch Robert, *Münch. Sitz. Ber., phil.
hist. Cl.* 1916, 2, 19). Die δαίμων in der Mitte der Weltringe (vgl. 28 A 37)
lokalisiert Berger auf der Sonne als lebenspendendem Prinzip (vgl. die
Heliaden B 1, 9). Dafür spricht Plut. de fac. in orb. lun. 30, 13. 945 F;
Procl. in Tim. p. 34. 47 Diehl; Philo quis div. her. 224ff. III 50 Wendl.;
Julian. Laod. in Cumonts *Catal. astrol.* I 135, 30. Andererseits setzt Simpl.
Phys. 34, 14 (oben Z. 10) die δαίμων in die Mitte des Universums, d. h. also
in das Kernfeuer (= Ἑστία der Pythagoreer) vgl. A 44 I 225, 19ff. Vgl. B 20.
Ähnlich, im einzelnen unrichtig, O. Gilbert *Archiv f. G. d. Phil.* 20 (1907) 42ff.«
Vgl. aber jetzt H. Fränkel a. O. S. 178ff., zum Sitz der Daimon auch Rein-
hardt *Parmenides* S. 12f.; ihr entspricht die Philotes des Empedokles vgl.
31 B 17, 25. γάρ V. 1 weist darauf hin, daß vorher der äußerste Ring aus
Nacht geschildert wurde; dementsprechend folgte V. 6 die Erwähnung des
innersten (d. Erde)

αἱ δ' ἐπὶ ταῖς νυκτός, μετὰ δὲ φλογὸς ἵεται αἶσα·
ἐν δὲ μέσωι τούτων δαίμων ἣ πάντα κυβερνᾶι·
πάντα γὰρ ⟨ἣ⟩ στυγεροῖο τόκου καὶ μίξιος ἄρχει
5 πέμπουσ' ἄρσενι θῆλυ μιγῆν τό τ' ἐναντίον αὖτις
5 ἄρσεν θηλυτέρωι.

13 [131 K., 139 St.]. PLATO Symp. 178 B Π. δὲ τὴν γένεσιν λέγει 'πρώ-
τιστον ... πάντων'. ARISTOT. Metaph. A 4 p. 984 b 23 ὑποπτεύσειε δ' ἄν τις
'Ησίοδον πρῶτον ζητῆσαι τὸ τοιοῦτον, κἂν εἴ τις ἄλλος ἔρωτα ἢ ἐπιθυμίαν ἐν τοῖς
οὖσιν ἔθηκεν ὡς ἀρχὴν οἷον καὶ Π.· οὗτος γὰρ κατασκευάζων τὴν τοῦ παντὸς
10 γένεσιν 'πρώτιστον μέν, φησίν, Ἔρωτα ... πάντων'. PLUT. Amat. 13
p. 756 F διὸ Π. μὲν ἀποφαίνει τὸν Ἔρωτα τῶν Ἀφροδίτης ἔργων πρεσβύτατον
ἐν τῆι κοσμογονίαι γράφων 'πρώτιστον ... πάντων'. SIMPL. Phys. 39, 18
(nach B 12, 3) ταύτην (nämlich d. Daimon) καὶ θεῶν αἰτίαν εἶναί φησι λέγων
'πρώτιστον ... πάντων' κτλ. καὶ τὰς ψυχὰς πέμπειν ποτὲ μὲν ἐκ τοῦ ἐμφανοῦς
15 εἰς τὸ ἀειδές, ποτὲ δὲ ἀνάπαλίν φησιν.

πρώτιστον μὲν Ἔρωτα θεῶν μητίσατο πάντων ...

14 [143 K., 140 St.] PLUT. adv. Colot. 15 p. 1116 A οὐδὲ γὰρ ὁ πῦρ μὴ λέ-
γων εἶναι τὸν πεπυρωμένον σίδηρον ἢ τὴν σελήνην ἥλιον, ἀλλὰ κατὰ Παρμενίδην
νυκτιφαὲς περὶ γαῖαν ἀλώμενον ἀλλότριον φῶς
20 ἀναιρεῖ σιδήρου χρῆσιν ἢ σελήνης φύσιν.

Feuer, die auf diese *folgenden* mit Nacht, dazwischen aber stürzt der
Flamme Anteil. Und inmitten von diesen ist die Daimon (Göttin),
die alles lenkt. Denn überall regt sie grausige Geburt und Paarung an,
(5) indem sie dem Männlichen das Weibliche zur Paarung sendet und
umgekehrt wieder das Männliche dem Weiblichen.

13. Zuallererst ersann sie (*die Daimon der Geburt oder der Liebe*) von
allen Göttern den Eros (*darauf aber . . .*)

14. *Der Mond ein* nachtleuchtendes, um die Erde irrendes fremdes
Licht.

---

3 »Die Konjekturen πάντων, πᾶσιν, πάντη werden überflüssig durch
Einsetzung von ⟨ἣ⟩« Diels; dagegen H. Fränkel a. O. S. 181[3]   4 μιγῆν
Stein (vgl. zu B 8, 10): μιγὲν Simpl.   αὖτις F: αὖθις DE   6 Auch wenn
man mit Diels das Parmenideszitat bei Plato Symp. 178 B vgl. 195 C für
eine Texterweiterung hält, ist das Zeugnis anzuerkennen; vgl. 9 B 2.
Dagegen Wilamowitz *Platon* II[2] 341, *Glaube d. Hellenen* II 215[1]; Genesis
nahm als Person zuerst K. F. Hermann   16 πρώτιστον] πρῶτον Arist. gute
Hss. Hier folgte ein Katalog göttlicher Gestalten, soweit richtig Rein-
hardt *Parmenides* S. 18, vgl. oben 28 A 37 m. Anm.   19 νυκτὶ φάος Plut.:
verb. Scaliger   ἀλλότριον] = ψευδοφανές bei Theophr. [28 B 21]   ἀλλό-
τριον φῶς spielende Imitation von Hom. E 214, aufgenommen v. Emped. B 45

15 [144K., 141 St.]. PLUT. de fac. lun. 16, 6 p. 929 A τῶν ἐν οὐρανῶι τοσούτων τὸ πλῆθος ὄντων μόνη φωτὸς ἀλλοτρίου δεομένη περίεισι [Mond] κατὰ Π.

αἰεὶ παπταίνουσα πρὸς αὐγὰς ἠελίοιο.

15a. SCHOL. BASILII 25 [ed. Pasquali Gött. Nachr. 1910 p. 201, 2]. Zu 5 ἐὰν ὑποθῆις ἑαυτῶι ὕδωρ εἶναι τὸ ὑποβεβλημένον τῆς γῆς] Π. ἐν τῆι στιχοποιίαι ὑδατόριζον εἶπεν τὴν γῆν.

16 [145—148 K., 149—152 St.]. ARISTOT. Metaph. Γ 5. 1009b 21 vgl. A 46

ὡς γὰρ ἕκαστος ἔχει κρᾶσιν μελέων πολυπλάγκτων,
τὼς νόος ἀνθρώποισι παρίσταται· τὸ γὰρ αὐτό
10 ἔστιν ὅπερ φρονέει μελέων φύσις ἀνθρώποισιν
καὶ πᾶσιν καὶ παντί· τὸ γὰρ πλέον ἐστὶ νόημα.

17 [149 K., 142 St.]. GALEN. in Epid. VI 48 (XVII A 1002 K.) τὸ μέντοι ἄρρεν ἐν τῶι δεξιῶι μέρει τῆς μήτρας κυΐσκεσθαι καὶ ἄλλοι τῶν παλαιοτάτων ἀνδρῶν εἰρήκασιν. ὁ μὲν γὰρ Π. οὕτως ἔφη·

15 δεξιτεροῖσιν μὲν κούρους, λαιοῖσι δὲ κούρας . . .

18 [150—155 K., 143—148 St.]. 1—6 CAEL. AURELIANUS Morb. chron. IV 9 p. 116 Sichard. (Bas. 1529) Parmenides libris quos de natura scripsit, eventu inquit conceptionis molles aliquando seu subactos homines generari. cuius quia graecum est epigramma, et hoc versibus intimabo.

---

15. Der Mond stets schauend nach den Strahlen der Sonne.

15a. Die Erde im Wasser verwurzelt.

16. Denn je nachdem wie ein jeder besitzt die Mischung der vielfach irrenden Glieder, so tritt (oder steht) der Geist den Menschen zur Seite. Denn dasselbe ist es, was denkt, die innere Beschaffenheit der Glieder bei den Menschen allen und jedem: nämlich das Mehr (vom Licht- oder Nachtelement) ist der Gedanke.

17. Auf der Rechten (der Gebärmutter läßt der Same (?) entstehen) die Knaben, auf der Linken die Mädchen.

---

3 nach μ 233   5 ὑδατόριζον] vgl. 21 A 47 (I 125, 26. 35ff.) Hes. Theog. 728. 812   8ff. Einen neuen Deutungsversuch s. bei H. Fränkel a. O. S. 171ff., wir halten an dem von Diels fest (vgl. Theophrasts Deutung A 46), nur daß wir in V. 1 mit Fränkel ἕκαστος lesen; μέλεα deutet als Elemente Rostagni (vgl. Gnomon 1, 1927, 153)   8 ἕκαστος Arist. E²: ἑκάστῳ Arist. Ab: ἑκάστοτ' Arist. E¹J, Theophr.   ἔχει (oder ἔχη) Arist.: ἔχειν Theophr.   πολυπλάγκτων Theophr.: -κάμπτων Arist.   9 τὼς] ὡς Arist. E   παρίστἄται (vgl. ἐρᾶσαι Theocr. 1, 78, ἐρᾶται 2, 149; Meister, Hom. Kunstsprache S. 96) Arist.: παρέστηκε〈ν〉 Theophr. (so verlangt H. Fränkel a. O. S. 172); Parm. sagte wohl παρίστηται, doch s. 31 B 108, 2   15 δεξιτεροῖσι und δ' αὖ Gal.: verb. Karsten   17 Übersetzung aus Soranos; Rückübersetzung der Verse versucht Diels Parm. S. 44

*latinos enim ut potui simili modo composui, ne linguarum ratio misceretur.
'femina . . . sexum'. vult enim seminum praeter materias esse virtutes*
(vgl. δυνάμεις B 9, 2), *quae si se ita miscuerint, ut eiusdem corporis faciant
unam, congruam sexui generent voluntatem; si autem permixto semine*
5 *corporeo virtutes separatae permanserint, utriusque veneris natos adpetentia
sequatur.*

> *femina virque simul Veneris cum germina miscent,
> venis informans diverso ex sanguine virtus
> temperiem servans bene condita corpora fingit.*
10 > *nam si virtutes permixto semine pugnent
> nec faciant unam permixto in corpore, dirae
> nascentem gemino vexabunt semine sexum.*

19 [157—159 K., 153—155 St.]. SIMPL. de cael. 558, 8 παραδούς δὲ τὴν
τῶν αἰσθητῶν διακόσμησιν ἐπήγαγε πάλιν·

15 > οὕτω τοι κατὰ δόξαν ἔφυ τάδε καί νυν ἔασι
> καὶ μετέπειτ᾽ ἀπὸ τοῦδε τελευτήσουσι τραφέντα·
> τοῖς δ᾽ ὄνομ᾽ ἄνθρωποι κατέθεντ᾽ ἐπίσημον ἑκάστωι.

ZWEIFELHAFTES

20. HIPPOL. Ref. v 8 p. 97, 2 W. μικρά, φησίν [ein Gnostiker], ἐστὶ τὰ
20 μυστήρια τὰ τῆς Περσεφόνης κάτω, περὶ ὧν μυστηρίων καὶ τῆς ὁδοῦ τῆς ἀγού-
σης ἐκεῖ οὔσης »πλατείας καὶ εὐρυχώρου« καὶ φερούσης τοὺς ἀπολλυμένους ἐπὶ τὴν
Περσεφόνην ⟨...⟩. καὶ ὁ ποιητὴς δέ φησιν·

18. Wenn Frau und Mann der Liebe Keime mischen, formt die Kraft,
die sie in den Adern aus verschiedenem Blute bildet, nur wenn sie die
gleichmäßige Mischung sich erhält, wohlgebaute Körper. Denn wenn
in dem vermischten Samen verschiedene Kräfte streiten und diese in
dem gemischten Körper keine Einheit schaffen, (5) so werden sie grauen-
voll das keimende Leben durch Doppelgeschlechtigkeit heimsuchen.

19. So also entstand dies nach dem Schein und ist noch jetzt
und wird von nun an in Zukunft wachsen und dann sein Ende nehmen.
Und für diese *Dinge* haben die Menschen einen Namen festgesetzt,
einen bezeichnenden für jedes.

---

3 *ut* Diels: *et* Ed. princ.   7ff. vgl. Fredrich *Hippokr. Unter.* S. 104f.
10 *nam* Ed. princ.: *at* andere Ausgg.   12 *gemino semine sexum*] ἀνδρο-
γύνους, vgl. *Parm.* S. 115f.; anders deutet Wilamowitz *Sappho u. Simo-
nides* S. 72¹, Fränkel a. O. S. 177². Vgl. auch A 54   22 ὁ ποιητὴς]
Parmenides nach Meineke, doch ohne zureichenden Grund; eher „Orpheus"
oder Empedokles (Fr. 120. 128 vergleicht Reinhardt). Vgl. Orph. Frag. 352
Kern, woselbst die ältere Literatur

αὐτὰρ ὑπ' αὐτήν ἐστιν ἀταρπιτὸς ὀκρυόεσσα,
κοίλη, πηλώδης· ἡ δ' ἡγήσασθαι ἀρίστη
ἄλσος ἐς ἱμερόεν πολυτιμήτου Ἀφροδίτης.

FALSCHES

5   **21.** Aët. II 30, 4 (D 361b 24) περὶ ἐμφάσεως σελήνης, διὰ τί γεώδης φαί-
νεται ... Π. διὰ τὸ παραμεμῖχθαι τῶι περὶ αὐτὴν πυρώδει τὸ ζοφῶδες· ὅθεν ψευ-
δοφανῆ τὸν ἀστέρα καλεῖ. Vgl. B 14. Das Wort stammt von Theophrast,
s. 59 A 77.

22. Suidas s. v. ὡς: λίαν. Παρμενίδηι· 'θαυμασίως ὡς δυσανάπειστον' =
10 Plato Parm. p. 135 A.

23. — s. v. μακάρων νήσοισιν: ἡ ἀκρόπολις τῶν ἐν Βοιωτίαι Θηβῶν τὸ πα-
λαιόν, ὡς Παρμενίδης.

24. Suetonius (Miller Mél. 417) Τελχῖνες ... τούτους οἱ μὲν θαλάσσης παῖ-
δάς φασι, Παρμενίδης δ' ἐκ τῶν Ἀκταίωνος κυνῶν γενέσθαι μεταμορφωθέντων
15 ὑπὸ Διὸς εἰς ἀνθρώπους.

25. Stob. Ecl. I 144,19 Wachsm. ἀλλ' ὅγε πάντοθεν ἶσος κτλ. = 31 B 28.

---

20. Aber unter ihr (der Erde?) befindet sich ein Pfad, ein schau-
riger, hohler, morastiger. Dieser führt am besten zum lieblichen Haine
der weitverehrten Aphrodite.

21. Mit täuschendem Schein (*vom Monde*).

22. Wunderbar schwer zu überzeugen (= Plato Parm. 135 A).

23. *Inseln der Seligen hieß vor Alters die Burg des böotischen Theben.*

24. *Die Telchinen entstanden aus den Hunden des Aktaion, die Zeus
in Menschen verwandelte.*

25. = Empedokl. fr. 28.

1ff. vgl. 1 B 17ff.   1 ἀτραπητὸς P   2 ἡ δ' Gott.: ἦτ' P   9 Παρμενίδης
GM   12 Ἀρμένδας Phot.: Ἀρμενίδας nach Schol. Ap. Rhod. 1, 551 Fiorillo
14 φασιν, Ἀρμενίδας verb. Diels   Zu den Worten *nam ut quidam me
quoque excellentior* ἀνδρὸς δὴ ἱεροῦ δέμας αἰθέρες ᾠκοδόμησαν Boeth. Philos.
Cons. IV 135 bemerkt Peiper: *quidam*] *sine dubio Parmenides, cuius
reliquiis hunc versum addas*, unmöglich, schon wegen αἰθέρες u. ἀνὴρ
ἱερός (φρὴν ἱερή Emped. B 134, 4). Hierüber Nachod-Stern *Giorn. stor.
della letterat. ital.* 99 (1932) 341

29 [19]. ZENON

A. LEBEN UND LEHRE

LEBEN

1. Diog. ix 25ff. (25) Ζήνων Ἐλεάτης. τοῦτον Ἀπολλόδωρός φησιν εἶναι
5 ἐν Χρονικοῖς [FGrHist. 244 F 30 ii 1028] φύσει μὲν Τελευταγόρου, θέσει δὲ
Παρμενίδου (τὸν δὲ Παρμενίδην Πύρητος). περὶ τούτου καὶ Μελίσσου Τίμων φησὶ
ταῦτα [fr. 45 D.]·

> ἀμφοτερογλώσσου τε μέγα σθένος οὐκ ἀλαπαδνόν
> Ζήνωνος πάντων ἐπιλήπτορος ἠδὲ Μέλισσον
10 > πολλῶν φαντασμῶν ἐπάνω, παύρων γε μὲν ἧσσω ...

ὁ δὲ Ζήνων διακήκοε Παρμενίδου καὶ γέγονεν αὐτοῦ παιδικά. καὶ εὐμήκης ἦν,
καθά φησι Πλάτων ἐν τῶι Παρμενίδηι [127 B; vgl. A 11]. ὁ δ' αὐτὸς ἐν τῶι
Σοφιστῆι [p. 215 A] ⟨καὶ ἐν τῶι Φαίδρωι [p. 261 D] αὐτοῦ μέμνηται⟩ καὶ Ἐλεατικὸν
Παλαμήδην αὐτὸν καλεῖ. φησὶ δ' Ἀριστοτέλης [fr. 65; vgl. A 10] εὑρετὴν αὐτὸν
15 γενέσθαι διαλεκτικῆς, ὥσπερ Ἐμπεδοκλέα ῥητορικῆς. (26) γέγονε δ' ἀνὴρ γεν-
ναιότατος καὶ ἐν φιλοσοφίαι καὶ ἐν πολιτείαι· φέρεται γοῦν αὐτοῦ βιβλία πολλῆς
συνέσεως γέμοντα. καθελεῖν δὲ θελήσας Νέαρχον τὸν τύραννον (οἱ δὲ Διομέδοντα)
συνελήφθη, καθά φησιν Ἡρακλείδης ἐν τῆι Σατύρου ἐπιτομῆι [fr. 7 FHG iii 169].
ὅτε καὶ ἐξεταζόμενος τοὺς συνειδότας καὶ περὶ τῶν ὅπλων ὧν ἦγεν εἰς Λιπάραν,
20 πάντας ἐμήνυσεν αὐτοῦ τοὺς φίλους, βουλόμενος αὐτὸν ἔρημον καταστῆσαι· εἶτα
περί τινων εἰπεῖν ἔχειν τινὰ ⟨ἔφη⟩ αὐτῶι πρὸς τὸ οὖς καὶ δακὼν οὐκ ἀνῆκεν ἕως
ἀπεκεντήθη, ταὐτὸν Ἀριστογείτονι τῶι τυραννοκτόνωι παθών. (27) Δημήτριος
δέ φησιν ἐν τοῖς Ὁμωνύμοις τὸν μυκτῆρα αὐτὸν ἀποτραγεῖν. Ἀντισθένης δὲ ἐν ταῖς
Διαδοχαῖς [FHG iii 182*] φησι μετὰ τὸ μηνῦσαι τοὺς φίλους ἐρωτηθῆναι πρὸς
25 τοῦ τυράννου, εἴ τις ἄλλος εἴη· τὸν δὲ εἰπεῖν· 'σὺ ὁ τῆς πόλεως ἀλιτήριος', πρός
τε τοὺς παρεστῶτας φάναι· 'θαυμάζω ὑμῶν τὴν δειλίαν, εἰ τούτων ἕνεκεν, ὧν
νῦν ἐγὼ ὑπομένω, δουλεύετε τῶι τυράννωι', καὶ τέλος ἀποτραγόντα τὴν γλῶτ-
ταν προσπτύσαι. αὐτῶι· τοὺς δὲ πολίτας παρορμηθέντας αὐτίκα τὸν τύραννον
καταλεῦσαι. ταὐτὰ δὲ σχεδὸν οἱ πλείους λαλοῦσιν. Ἕρμιππος [fr. 30 FHG iii 43]
30 δέ φησιν εἰς ὅλμον αὐτὸν βληθῆναι καὶ κατακοπῆναι. [Vgl. 72 A 13.] (28) καὶ
εἰς αὐτὸν ἡμεῖς εἴπομεν οὕτως. [Folgt Epigramm des Diog.]

γέγονε δὲ τά τε ἄλλα ἀγαθὸς ὁ Ζήνων, ἀλλὰ καὶ ὑπεροπτικὸς τῶν μειζόνων
κατ' ἴσον Ἡρακλείτωι· καὶ γὰρ οὗτος τὴν πρότερον μὲν Ὑέλην, ὕστερον δὲ Ἐλέαν,

---

5 φύσει ... 6 Πύρητος] πύρητος (πύρρητος F) τὸν δὲ παρμενίδην φύσει μὲν
Τελευταγόρου, θέσει δὲ παρμενίδου Hss.: Umstellung von Karsten; πύρη-
τος ... παρμενίδην tilgt Rossi   8 ἀμφοτερογλώσσοιο μέγα Simpl., Elias
9 πάντων Plut.: πλάτων Diog.   μελίσσου Diog.: verb. Meineke   10 γε]
δὲ F   ἧσσω BP: εἴσω F; γιγνόμενον erg. Anf. V. 4 Meineke   13 ⟨ ⟩ Diels
20 ἐμήνυσεν fehlt F, daher tilgt P² das Wort und will nach φίλους zufügen
εἰπεῖν αὐτῶ ταῦτα συνειδέναι   21 εἰπεῖν BP¹: εἰπὼν FP²   ⟨ἔφη⟩ Diels:
fehlt BP¹: εἰπεῖν FP²   ἕως BP¹: ἕως ἂν P²F   23 αὐτοῦ (aus Konj.)
Neapol. iii B 28 s. xv   25 εἴ τι ἄλλο F   27 νῦν fehlt FΦ   29. ταὐτὰ
Bywater: ταῦτα Hss.   λαλοῦσιν BPF: λέγουσιν Φ   33 μὲν πρότερον
stellt F   ὕλην Hss.

Φωκαέων οὖσαν ἀποικίαν, αὐτοῦ δὲ πατρίδα, πόλιν εὐτελῆ καὶ μόνον ἄνδρας ἀγαθοὺς τρέφειν ἐπισταμένην ἠγάπησε μᾶλλον τῆς Ἀθηναίων μεγαλαυχίας, οὐκ ἐπιδημήσας πώμαλα πρὸς αὐτούς, ἀλλ᾿ αὐτόθι καταβιούς.   (29) οὗτος καὶ τὸν Ἀχιλλέα πρῶτος λόγον ἠρώτησε· Φαβωρῖνος δέ φησι [fr. 39 FHG III 583. Vgl.
5 oben I 218, 19] Παρμενίδην καὶ ἄλλους συχνούς.

ἀρέσκει δ᾿ αὐτῶι τάδε· κόσμους εἶναι κενόν τε μὴ εἶναι· γεγενῆσθαι δὲ τὴν τῶν πάντων φύσιν ἐκ θερμοῦ καὶ ψυχροῦ καὶ ξηροῦ καὶ ὑγροῦ, λαμβανόντων αὐτῶν εἰς ἄλληλα τὴν μεταβολήν· γένεσίν τε ἀνθρώπων ἐκ γῆς εἶναι, καὶ ψυχὴν κρᾶμα ὑπάρχειν ἐκ τῶν προειρημένων κατὰ μηδενὸς τούτων ἐπικράτησιν. τοῦτόν
10 φασι λοιδορούμενον ἀγανακτῆσαι· αἰτιασαμένου δέ τινος φάναι· ἐὰν μὴ λοιδορούμενος προσποιῶμαι, οὐδ᾿ ἐπαινούμενος αἰσθήσομαι.

ὅτι δὲ γεγόνασι Ζήνωνες ὀκτώ, ἐν τῶι Κιτιεῖ [VII 35] διειλέγμεθα. ἤκμαζε δὲ οὗτος κατὰ τὴν ἐνάτην ⟨καὶ ἑβδομηκοστὴν⟩ ὀλυμπιάδα [464—461; Apollod. fr. 30 a. O.].

15   2. SUIDAS Ζήνων Τελευταγόρου Ἐλεάτης φιλόσοφος τῶν ἐγγιζόντων Πυθαγόραι καὶ Δημοκρίτωι κατὰ τοὺς χρόνους· ἦν γὰρ ἐπὶ τῆς ὄη ὀλυμπιάδος [468—465], μαθητὴς Ξενοφάνους ἢ Παρμενίδου. ἔγραψεν Ἔριδας, Ἐξήγησιν τῶν Ἐμπεδοκλέους, Πρὸς τοὺς φιλοσόφους, Περὶ φύσεως [aus Hesych].

τοῦτόν φασιν εὑρετὴν εἶναι τῆς διαλεκτικῆς ὡς Ἐμπεδοκλέα τῆς ῥητορικῆς,
20 καθελεῖν δὲ θελήσας Νέαρχον (οἱ δὲ Διομέδοντα), τὸν Ἐλέας τύραννον, ἑάλω. καὶ ἐρωτώμενος ὑπ᾿ αὐτοῦ τὴν γλῶτταν αὐτοῦ ἐνδακὼν καὶ ἀποτεμὼν προσέπτυσε τῶι τυράννωι καὶ ἐν ὅλμωι βληθεὶς συνετρίβη πτισσόμενος [aus Diog.].

3. EUSEB. Chron. zu Ol. 81, 1—3 [456—454] Z. καὶ Ἡράκλειτος ὁ σκοτεινὸς ἤκμαζον. Vgl. 28 A 11. 41 A 1a.

25   4. [PLATO] Alcib. I p. 119 A ἀλλὰ τῶν ἄλλων Ἀθηναίων ἢ τῶν ξένων δοῦλον ἢ ἐλεύθερον εἰπέ, ὅστις αἰτίαν ἔχει διὰ τὴν Περικλέους συνουσίαν σοφώτερος γεγονέναι, ὥσπερ ἐγὼ [Sokrates] ἔχω σοι εἰπεῖν διὰ τὴν Ζήνωνος Πυθόδωρον τὸν Ἰσολόχου [z. 28 A 5] καὶ Καλλίαν τὸν Καλλιάδου, ὧν ἑκάτερος Ζήνωνι ἑκατὸν μνᾶς τελέσας σοφός τε καὶ ἐλλόγιμος γέγονεν. SCHOL. z. d. St. Z. ὁ Ἐλεάτης Παρμε-
30 νίδου μαθητής, φυσικὸς φιλόσοφος καὶ πολιτικὸς ὡς ἀληθῶς· διὸ καὶ πρὸς Περικλέα παραβάλλεται φαινομένως ὄντα πολιτικόν. τούτου Πυθόδωρος ἀκροατής, ὃς καὶ ἐν Παρμενίδηι μνήμης ἠξίωται ὡς Ἀντιφῶντι τῆς συνουσίας ἐκείνης μεταδούς, παρ᾿ οὗ Κέφαλος ὁ Κλαζομένιος μαθὼν διδάσκαλος γέγονε. PLUT. Pericl. 4, 5 διή-

---

1 φωκλέων B¹   3 πώμαλα Diels: τὰ πολλὰ Hss.: τὸ παράπαν Cobet
4 πρῶτος] ᾱ BP: ἕνα F   6—9 gehören vielleicht zu Empedokles, wie dies für τοῦτον ... αἰσθήσομαι (9—11) sich aus 31 A 20 ergibt   6 κόσμους P²F: κόσμος BP¹   εἶναι ⟨ἀπείρους⟩ Kranz   8 τε] δὲ Barber. I 21 s. xv
10 ἐὰν μὴ BP¹F²: ἐὰν (ohne μὴ) F¹P²   11 προσποιοῦμαι B   αἰσθήσομαι BPF: αἰσθανθήσομαι Φ (aus übergeschr. Glossem εὐφρανθήσομαι?): ἠσθήσομαι I 285, 39   12 ὅτι δὲ F: ὅτι τε BP   13 ἐνάτην B: fehlt F: θ̄ P¹: ō P²: θ̄ΗΝ ōΗΝ Barb. I 21 und andere jüngere Hss. (Konjektur)   καὶ ἑβδομηκοστὴν fehlt BPF   16 ōΗ] ō̄θ Reinesius. Vgl. Jacoby Kommentar zu FGrHist. 244 F 30   17 Ἔριδας] vgl. A 14   Ἐξήγησιν] Polemik wie Herakleides Pontikos Ἡρακλείτου ἐξηγήσεις δ und Πρὸς τὸν Δημόκριτον ἐξηγήσεις ᾱ (Diog. v 88). Vgl. Berl. Sitz. Ber. 1884, 359; 1898, 408   21 αὐτοῦ] vgl. I 249, 28

κουσε δὲ Περικλῆς καὶ Ζήνωνος τοῦ 'Ελεάτου πραγματευομένου περὶ φύσιν ὡς Παρμενίδης, ἐλεγκτικὴν δέ τινα καὶ δι' ἀντιλογίας εἰς ἀπορίαν κατακλείουσαν ἐξασκήσαντος ἕξιν. Vgl. 28 A 12.

5. ARISTOT. Rhet. A 12. 1372b 3 καὶ οἷς τοὐναντίον τὰ μὲν ἀδικήματα εἰς 5 ἔπαινόν τινα [sc. γίγνεται, ἀφύλακτοι], οἷον εἰ συνέβη ἅμα τιμωρήσασθαι ὑπὲρ πατρὸς ἢ μητρός, ὥσπερ Ζήνωνι.

6. DIODOR. x 18, 2 ὅτι τυραννουμένης τῆς πατρίδος ὑπὸ Νεάρχου σκληρῶς, ἐπιβουλὴν κατὰ τοῦ τυράννου συνεστήσατο. καταφανὴς δὲ γενόμενος καὶ κατὰ τὰς ἐν ταῖς βασάνοις ἀνάγκας διερωτώμενος ὑπὸ τοῦ Νεάρχου, τίνες ἦσαν οἱ συν-
10 ειδότες 'ὤφελον γάρ, ἔφησεν, ὥσπερ τῆς γλώττης εἰμὶ κύριος, οὕτως ὑπῆρχον καὶ τοῦ σώματος'. τοῦ δὲ τυράννου πολὺ μᾶλλον ταῖς βασάνοις προσεπιτείναντος ὁ Ζ. μέχρι μέν τινος διεκαρτέρει· μετὰ δὲ ταῦτα σπεύδων ἀπολυθῆναί ποτε τῆς ἀνάγκης καὶ ἅμα τιμωρήσασθαι τὸν Νέαρχον ἐπενοήσατό τι τοιοῦτον. κατὰ τὴν ἐπιτονωτάτην ἐπίτασιν τῆς βασάνου προσποιηθεὶς ἐνδιδόναι τὴν ψυχὴν ταῖς ἀλγη-
15 δόσιν ἀνέκραγεν· 'ἄνετε· ἐρῶ γὰρ πᾶσαν ἀλήθειαν'. ὡς δ' ἀνῆκαν, ἠξίωσεν αὐτὸν ἀκοῦσαι κατ' ἰδίαν προσελθόντα. πολλὰ γὰρ εἶναι τῶν λέγεσθαι μελλόντων, ἃ συνοίσει τηρεῖν ἐν ἀπορρήτωι. τοῦ δὲ τυράννου προσελθόντος ἀσμένως καὶ τὴν ἀκοὴν τῶι στόματι παραβαλόντος ὁ Ζ. τοῦ δυνάστου περιχανὼν τὸ οὖς ἐνέπρισε τοῖς ὀδοῦσι. τῶν δὲ ὑπηρετῶν ταχὺ προσδραμόντων καὶ πᾶσαν τῶι βασανιζομένωι
20 προσφερόντων τιμωρίαν εἰς τὸ χαλάσαι τὸ δῆγμα, πολὺ μᾶλλον προσενεφύετο. τέλος δ' οὐ δυνάμενοι τἀνδρὸς νικῆσαι τὴν εὐψυχίαν, παρεκέντησαν αὐτόν, ἵνα διίηι τοὺς ὀδόντας. καὶ τοιούτωι τεχνήματι τῶν ἀλγηδόνων ἀπελύθη καὶ παρὰ τοῦ τυράννου τὴν ἐνδεχομένην ἔλαβε τιμωρίαν.

7. PLUT. adv. Colot. 32 p.1126 D Ζ. τοίνυν ὁ Παρμενίδου γνώριμος ἐπιθέμενος
25 Δημύλωι τῶι τυράννωι καὶ δυστυχήσας περὶ τὴν πρᾶξιν, ἐν πυρὶ τὸν Παρμενίδου λόγον ὥσπερ χρυσὸν ἀκήρατον καὶ δόκιμον παρέσχε καὶ ἀπέδειξεν ἔργοις, ὅτι τὸ αἰσχρὸν ἀνδρὶ μεγάλωι φοβερόν ἐστιν, ἀλγηδόνα δὲ παῖδες καὶ γύναια καὶ γυναίων ψυχὰς ἔχοντες ἄνδρες δεδίασι· τὴν γὰρ γλῶτταν αὐτοῦ διατραγὼν τῶι τυράννωι προσέπτυσεν. Vgl. de Stoic. rep. 37 p. 1051 c, de garr. 8 p. 505 D.

30 8. CLEM. Strom. IV 57 (II 274, 1 St.) οὐ μόνον Αἴσωπις· (?) καὶ Μακεδόνες καὶ Λάκωνες στρεβλούμενοι ἐκαρτέρουν, ὡς φησιν Ἐρατοσθένης ἐν τοῖς Περὶ ἀγαθῶν καὶ κακῶν, ἀλλὰ καὶ Ζ. ὁ Ἐλεάτης ἀναγκαζόμενος κατειπεῖν τι τῶν ἀπορρήτων ἀντέσχεν πρὸς τὰς βασάνους οὐδὲν ἐξομολογούμενος, ὅς γε καὶ τελευτῶν τὴν γλῶσσαν ἐκτραγὼν προσέπτυσε τῶι τυράννωι, ὃν οἱ μὲν Νέαρχον, οἱ δὲ Δημύλον προσ-
35 αγορεύουσιν. Vgl. Val. Max. III ext. 2 (Phalaris), 3 (Nearchus); Nemes. 30 (Dionys.; vgl. A 19).

9. PHILOSTR. V. Apoll. Tyan. VII 2 Ζ. μὲν τοίνυν ὁ Ἐλεάτης (διαλεκτικῆς δὲ οὗτος δοκεῖ ἄρξαι) τὴν Νεάρχου τοῦ Μυσοῦ καταλύων τυραννίδα ἥλω καὶ στρεβλωθεὶς τοὺς μὲν ἑαυτοῦ ξυνωμότας ἀπεσιώπησεν, οἱ δ' ἦσαν τῶι τυράννωι βέβαιοι
40 διαβαλὼν τούτους ὡς οὐ βεβαίους, οἱ μὲν ὡς ἐπ' ἀληθέσι ταῖς αἰτίαις ἀπέθανον, ὁ δ' ἐλεύθερα τὰ Μυσῶν ἤγαγε τὴν τυραννίδα περὶ ἑαυτῆι σφήλας.

---

8 κατεστήσατο Hs.: verb. Dindorf   14 ἐπίτασιν Valesius: ἐπίστασιν Hs.
15 ἀνῆκεν Hs.: verb. Reiske   28 αὐτοῦ] vgl. I 248, 21   διατρώγων Hss.:
verb. Cobet vgl. I 247, 27   30 'Ασώπιοι (= Boioter vgl. Herod. IX•15)
Kern, andere anderes   34 zur Namensdifferenz vgl. 29 A 1 I 247, 17
= A 2 248, 20   38 Μυσοῦ] offenbar Verwechslung von Elea und Elaia

10. Diog. viii 57 [vgl. A 1, i 247, 14] 'Αριστοτέλης δ' έν τῶι Σοφιστῆι [fr. 65] φησι πρῶτον 'Εμπεδοκλέα ῥητορικὴν εὑρεῖν, Ζήνωνα δὲ διαλεκτικήν. Sext. adv. math. vii 6 Παρμενίδης δὲ οὐκ ἂν δόξαι τῆς διαλεκτικῆς ἀπείρως ἔχειν, ἐπείπερ πάλιν 'Αριστοτέλης τὸν γνώριμον αὐτοῦ Ζήνωνα διαλεκτικῆς ἀρχηγὸν ὑπείληφεν.

5   SCHRIFT

11. Plato Parm. 127 a b ἔφη δὲ δὴ ὁ 'Αντιφῶν λέγειν τὸν Πυθόδωρον ὅτι ἀφίκοιντό ποτε εἰς Παναθήναια τὰ μεγάλα Ζήνων τε καὶ Παρμενίδης.   τὸν μὲν οὖν Παρμενίδην εὖ μάλα ἤδη πρεσβύτην εἶναι, σφόδρα πολιόν, καλὸν δὲ κἀγαθὸν τὴν ὄψιν, περὶ ἔτη μάλιστα πέντε καὶ ἑξήκοντα· Ζήνωνα δὲ ἐγγὺς τῶν τετταρά-
10 κοντα τότε εἶναι, εὐμήκη δὲ καὶ χαρίεντα ἰδεῖν, καὶ λέγεσθαι αὐτὸν παιδικὰ τοῦ Παρμενίδου γεγονέναι.   καταλύειν δὲ αὐτοὺς ἔφη παρὰ τῶι Πυθοδώρωι ἐκτὸς τείχους ἐν Κεραμεικῶι· οἱ δὴ καὶ ἀφικέσθαι τόν τε Σωκράτη καὶ ἄλλους τινὰς μετ' αὐτοῦ πολλούς, ἐπιθυμοῦντας ἀκοῦσαι τῶν τοῦ Ζήνωνος γραμμάτων (τότε γὰρ αὐτὰ πρῶτον ὑπ' ἐκείνων κομισθῆναι), Σωκράτη δὲ εἶναι τότε σφόδρα νέον.   ἀνα-
15 γιγνώσκειν οὖν αὐτοῖς τὸν Ζήνωνα αὐτόν, τὸν δὲ Παρμενίδην τυχεῖν ἔξω ὄντα· καὶ εἶναι πάνυ βραχὺ ἔτι λοιπὸν τῶν λόγων ἀναγιγνωσκομένων, ἡνίκα αὐτός τε ἐπεισελθεῖν ἔφη ὁ Πυθόδωρος ἔξωθεν καὶ τὸν Παρμενίδην μετ' αὐτοῦ καὶ 'Αριστο-τέλη τὸν τῶν τριάκοντα γενόμενον, καὶ σμίκρ' ἄττα ἔτι ἐπακοῦσαι τῶν γραμμά-των κτλ. [Vgl. i 219, 5. 247, 11.   Dagegen Athen. xi 505 f τὸ δὲ πάντων
20 σχετλιώτατον καὶ ⟨ψευδέστατον⟩ τὸ εἰπεῖν οὐδεμιᾶς κατεπειγούσης χρείας ὅτι παιδικὰ γεγόνοι τοῦ Παρμενίδου Ζ. ὁ πολίτης αὐτοῦ.]

12. — Parm. 128 b Ναί, φάναι τὸν Ζήνωνα, ὦ Σώκρατες. σὺ δ' οὖν τὴν ἀλήθειαν τοῦ γράμματος οὐ πανταχοῦ ἥισθησαι. καίτοι ὥσπερ γε αἱ Λάκαιναι σκύλακες εὖ μεταθεῖς τε καὶ ἰχνεύεις τὰ λεχθέντα· ἀλλὰ πρῶτον μέν σε τοῦτο
25 λανθάνει, ὅτι οὐ παντάπασιν οὕτω σεμνύνεται τὸ γράμμα, ὥστε ἅπερ σὺ λέγεις διανοηθὲν γραφῆναι, τοὺς ἀνθρώπους δὲ ἐπικρυπτόμενον ὥς τι μέγα διαπραττό-μενον· ἀλλὰ σὺ μὲν εἶπες τῶν συμβεβηκότων τι, ἔστι δὲ τό γε ἀληθὲς βοήθειά τις ταῦτα [τὰ γράμματα] τῶι Παρμενίδου λόγωι πρὸς τοὺς ἐπιχειροῦντας αὐτὸν κωμωιδεῖν ὡς, εἰ ἕν ἐστι, πολλὰ καὶ γελοῖα συμβαίνει πάσχειν τῶι λόγωι καὶ ἐναντία
30 αὐτῶι· ἀντιλέγει δὴ οὖν τοῦτο τὸ γράμμα πρὸς τοὺς τὰ πολλὰ λέγοντας, καὶ ἀνταποδίδωσι ταὐτὰ καὶ πλείω, τοῦτο βουλόμενον δηλοῦν, ὡς ἔτι γελοιότερα πάσχοι ἂν αὐτῶν ἡ ὑπόθεσις, εἰ πολλά ἐστιν, ἢ ἡ τοῦ ἓν εἶναι, εἴ τις ἱκανῶς ἐπεξίοι. διὰ τοιαύτην δὴ φιλονικίαν ὑπὸ νέου ὄντος ἐμοὶ ἐγράφη, καί τις αὐτὸ ἔκλεψε γραφέν, ὥστε οὐδὲ βουλεύσασθαι ἐξεγένετο εἴτ' ἐξοιστέον αὐτὸ εἰς τὸ φῶς εἴτε μή.   ταύτηι
35 οὖν σε λανθάνει, ὦ Σώκρατες, ὅτι οὐχ ὑπὸ νέου φιλονικίας οἴει αὐτὸ γεγράφθαι, ἀλλ' ὑπὸ πρεσβυτέρου φιλοτιμίας· ἐπεί, ὅπερ γ' εἶπον, οὐ κακῶς ἀπήικασας.

13. — Phaedr. 261 d τὸν οὖν 'Ελεατικὸν Παλαμήδην λέγοντα οὐκ ἴσμεν τέχνηι ὥστε φαίνεσθαι τοῖς ἀκούουσι τὰ αὐτὰ ὅμοια καὶ ἀνόμοια, καὶ ἓν καὶ πολλά, μένοντά τε αὖ καὶ φερόμενα;
40 14. Aristot. Soph. el. 10. 170 b 19 εἰ δή τις πλείω σημαίνοντος τοῦ ὀνόματος οἴοιτο ἓν σημαίνειν καὶ ὁ ἐρωτῶν καὶ ὁ ἐρωτώμενος, οἷον ἴσως τὸ ὂν ἢ τὸ ἓν πολλὰ σημαίνει, ἀλλὰ καὶ ὁ ἀποκρινόμενος καὶ ὁ ἐρωτῶν Ζήνων ἐν οἰόμενος εἶναι ἠρώτησε,

8 ἤδη Τ: δὴ Β   9 τῶν Ven. G.: ἐτῶν ΒΤ   20 ⟨ ⟩ Diels   22 σὺ γοῦν Heindorf   28 [ ] Proclus   40 vgl. Waitz Org. ii 546   42 ἠρώτησε] vgl. Wilamowitz Platon ii² 28 (nicht richtig H. Maier Sokrates S. 205³)

καὶ ἔστιν ὁ λόγος ὅτι ἐν πάντα, οὗτος πρὸς τοὔνομα ἔσται ἢ πρὸς τὴν διάνοιαν τοῦ ἐρωτωμένου διειλεγμένος. Vgl. Plato Soph. 217 c. Daraus DIOG. III 48 διαλόγους τοίνυν φασὶ πρῶτον γράψαι Ζήνωνα τὸν Ἐλεάτην, Ἀριστοτέλης δ' ἐν πρώτωι Περὶ ποιητῶν [fr. 55] Ἀλεξαμενὸν Στυρέα ἢ Τήιον. Vgl. A 10 u. Athen.
5 V p. 505 B.

15. PROCL. in Parm. p. 694, 23 [zu Plat. p. 127 D] πολλῶν δὲ εἰρημένων ὑπὸ τοῦ Ζήνωνος λόγων καὶ τετταράκοντα τῶν πάντων ἕνα τῶν πρώτων ὁ Σωκράτης ἀπολαβὼν ἀπορεῖ πρὸς αὐτόν . . .· εἰ πολλά τά ὄντα, τὸ αὐτὸ ὂν ὅμοιόν ἐστι καὶ ἀνόμοιον, ἀλλὰ μὴν ἀδύνατον τὸ αὐτὸ ὅμοιον εἶναι καὶ ἀνόμοιον· οὐκ ἄρα πολλὰ
10 τὰ ὄντα. ELIAS in categ. p. 109, 6 Busse Ζήνων ὁ Κιττιεύς, οὐχ ὁ Ἐλεάτης ὁ καὶ Παρμενίδειος . . . ἀμφοτερόγλωσσος δ' ἐκλήθη οὐχ ὅτι διαλεκτικὸς ἦν, ὡς ὁ Κιττιεύς, καὶ τὰ αὐτὰ ἀνεσκεύαζε καὶ κατεσκεύαζεν, ἀλλ' ὅτι τῆι ζωῆι διαλεκτικὸς ἦν ἄλλα μὲν λέγων ἄλλα δὲ φρονῶν· ἐρωτηθεὶς γὰρ οὗτός ποτε ὑπὸ τοῦ τυράννου, τίνες εἰσὶν οἱ μάλιστα ἐπιβουλεύοντες τῆι τυραννίδι αὐτοῦ, τοὺς δορυφόρους ἔδειξεν·
15 ὁ δὲ πεισθεὶς καὶ ἀνελὼν αὐτοὺς διεφθάρη· ἀγαθὸν γὰρ ἐνόμισε τὸ ψεύσασθαι διὰ τὴν τοῦ τυράννου ἀναίρεσιν. καὶ τῶι οἰκείωι διδασκάλωι ποτὲ Παρμενίδηι ἐν λέγοντι τὸ ὂν κατὰ τὸ εἶδος, ἐκ ⟨δὲ⟩ τῆς ἐναργείας πολλὰ τὰ ὄντα, συντίθησιν ἐκ τεσσαράκοντα ἐπιχειρημάτων ὅτι ἐν τὸ ὄν, ἀγαθὸν νομίσας'τῶι οἰκείωι συμμαχεῖν διδασκάλωι. καί ποτε πάλιν τῶι αὐτῶι συνηγορῶν διδασκάλωι ἀκίνητον
20 λέγοντι τὸ ὄν, διὰ πέντε ἐπιχειρημάτων κατασκευάζει, ὅτι ἀκίνητον τὸ ὄν· οἷς ἀντειπεῖν μὴ δυνηθεὶς Ἀντισθένης ὁ Κυνικὸς ἀναστὰς ἐβάδισε, νομίσας ἰσχυροτέραν εἶναι πάσης τῆς διὰ λόγων ἀντιλογίας τὴν διὰ τῆς ἐνεργείας ἀπόδειξιν.

APOPHTHEGMATIK

16. EUDEM. Phys. fr. 7 [Simpl. Phys. 97, 12 vgl. Schöbe Quaest. Eudem.
25 S. 54] καὶ Ζήνωνά φασι λέγειν, εἴ τις αὐτῶι τὸ ἕν ἀποδοίη τί ποτέ ἐστιν, ἕξειν τὰ ὄντα λέγειν.

17. PLUT. Pericl. 5, 3 τοὺς δὲ τοῦ Περικλέους τὴν σεμνότητα δοξοκοπίαν τε καὶ τῦφον ἀποκαλοῦντας ὁ Ζ. παρεκάλει καὶ αὐτούς τι τοιοῦτο δοξοκοπεῖν, ὡς τῆς προσποιήσεως αὐτῆς τῶν καλῶν ὑποποιούσης τινὰ λεληθότως ζῆλον καὶ συνήθειαν.

30 18. PHILO quod omn. prob. lib. 14 [II 460 M.] ἐπὶ δὴ τοιαύταις ἀποφάσεσι καὶ γνώμαις ἆρ' οὐκ ἄξιον τὸ Ζηνώνειον ἐπιφωνῆσαι ὅτι 'θᾶττον ἂν ἀσκὸν βαπτίσαι πλήρη πνεύματος ἢ βιάσαιτο τὸν σπουδαῖον ὁντινοῦν ἄκοντα δρᾶσαί τι τῶν ἀβουλήτων;' Gehört wohl dem Stoiker fr. 218 [I 53 Arnim].

19. TERTULL. Apologetic. 50 Zeno Eleates consultus a Dionysio, quidnam
35 philosophia praestaret, cum respondisset 'contemptum mortis', impassibilis flagellis tyranni obiectus sententiam suam ad mortem usque signabat.

20. STOB. Flor. (III) t. 7, 37 H. Z. ὁ Ἐλεάτης ὑπὸ τοῦ τυράννου στρεβλούμενος, ὅπως εἴποι τοὺς συνωμότας· 'εἰ γὰρ ἦσαν, εἶπεν, ἐτυράννεις;'

---

7 ἕνα τὸν πρῶτον verm. H. Schöne, da in der kommentierten Stelle 127 D steht (gleich nach dem A 11 mitgeteilten): τὸν οὖν Σωκράτη ἀκούσαντα πάλιν τε κελεῦσαι τὴν πρώτην ὑπόθεσιν τοῦ πρώτου λόγου ἀναγνῶναι . . . εἰ πολλά ἐστι τὰ ὄντα, ὡς ἄρα δεῖ αὐτὰ ὅμοιά τε εἶναι καὶ ἀνόμοια   10 richtiger Κιτιεύς
17 κατὰ Kranz: καὶ Hss.   ⟨δὲ⟩ Busse   18 Die ἐπιχειρήματα stammen aus Proklos, die 5 (statt 4) aus Aristot. Phys. Z 9 (I 253, 19). Vgl. Themist. Phys. 201, 8 (Heinze), der das Mißverständnis aufklärt   22 ἐναργείας ? Diels   31 βαπτίσαι ⟨τις⟩ Kranz: βαπτίσαις Mangey   32 βιάσαιο Mangey

LEHRE

Vgl. die Schrift des Aristoteles Πρὸς τὰ Ζήνωνος ᾱ (Diog. v 25), Herakleides
Pontikos Πρὸς τὸ Ζήνωνος ᾱ (Diog. v 87).

21. ARISTOT. Metaph. B 4. 1001 b 7 ἔτι εἰ ἀδιαίρετον αὐτὸ τὸ ἕν, κατὰ μὲν τὸ
5 Ζήνωνος ἀξίωμα οὐθὲν ἂν εἴη. ὁ γὰρ μήτε προστιθέμενον μήτε ἀφαιρούμενον
ποιεῖ μεῖζον μηδὲ ἔλαττον, οὔ φησιν εἶναι τοῦτο τῶν ὄντων, ὡς δηλονότι ὄντος
μεγέθους τοῦ ὄντος· καὶ εἰ μέγεθος, σωματικόν· τοῦτο γὰρ πάντηι ὄν. τὰ δὲ ἄλλα
πῶς μὲν προστιθέμενα ποιήσει μεῖζον, πῶς δ' οὐθέν, οἷον ἐπίπεδον καὶ γραμμή·
στιγμὴ δὲ καὶ μονὰς οὐδαμῶς. SIMPL. Phys. 97, 13 [aus Eudem. fr. 7 nach A 16]
10 ἠπόρει δὲ ὡς ἔοικε διὰ τὸ τῶν μὲν αἰσθητῶν ἕκαστον κατηγορικῶς τε πολλὰ
λέγεσθαι καὶ μερισμῶι, τὴν δὲ στιγμὴν μηδὲ ἓν τιθέναι· ὁ γὰρ μήτε προστιθέμε-
νον αὔξει μήτε ἀφαιρούμενον μειοῖ, οὐκ ὤιετο τῶν ὄντων εἶναι. Ebend. 99, 10
ἐνταῦθα δέ, ὡς ὁ Εὔδημός φησι, καὶ ἀνήιρει [Zenon] τὸ ἓν (τὴν γὰρ στιγμὴν ὡς
τὸ ἓν λέγει), τὰ δὲ πολλὰ εἶναι συγχωρεῖ. ὁ μέντοι 'Αλέξανδρος καὶ ἐνταῦθα τοῦ
15 Ζήνωνος ὡς τὰ πολλὰ ἀναιροῦντος μεμνῆσθαι τὸν Εὔδημον οἴεται. 'ὡς γὰρ ἱστορεῖ
(φησίν) Εὔδημος [fr. 7], Ζ. ὁ Παρμενίδου γνώριμος ἐπειρᾶτο δεικνύναι ὅτι μὴ οἷόν
τε τὰ ὄντα πολλὰ εἶναι τῶι μηδὲν εἶναι ἐν τοῖς οὖσιν ἕν, τὰ δὲ πολλὰ πλῆθος εἶναι
ἐνάδων'. καὶ ὅτι μὲν οὐχ ὡς τὰ πολλὰ ἀναιροῦντος τοῦ Ζήνωνος Εὔδημος μέμνηται
νῦν, δῆλον ἐκ τῆς αὐτοῦ λέξεως· οἶμαι δὲ μηδὲ ἐν τῶι Ζήνωνος βιβλίωι τοιοῦτον ἐπι-
20 χείρημα φέρεσθαι οἷον ὁ 'Αλέξανδρός φησι. PHILOP. Phys. 42, 9 Ζ. γὰρ ὁ 'Ελεάτης
πρὸς τοὺς διακωμωιδοῦντας τὴν Παρμενίδου τοῦ διδασκάλου αὐτοῦ δόξαν λέγουσαν
ἓν τὸ ὂν εἶναι ἐνιστάμενος καὶ συνηγορῶν τῆι τοῦ διδασκάλου δόξηι ἐπεχείρει
δεικνύναι ὅτι ἀδύνατον πλῆθος εἶναι ἐν τοῖς οὖσιν. εἰ γάρ, φησίν, ἔστι πλῆθος,
ἐπειδὴ τὸ πλῆθος ἐκ πλειόνων ἐνάδων σύγκειται, ἀνάγκη εἶναι ἐνάδας πλείους ἐξ
25 ὧν τὸ πλῆθος συνέστηκεν. εἰ τοίνυν δείξομεν ὅτι ἀδύνατον εἶναι πλείονας ἐνάδας,
δῆλον ὅτι ἀδύνατον εἶναι πλῆθος· τὸ γὰρ πλῆθος ἐξ ἐνάδων. εἰ δὲ ἀδύνατον εἶναι
πλῆθος, ἀνάγκη δὲ ἢ τὸ ἓν εἶναι ἢ τὸ πλῆθος, πλῆθος δὲ εἶναι οὐ δύναται, λείπεται
τὸ ἓν εἶναι κτλ. SENECA Ep. 88, 44 Parmenides ait ex his quae videntur nihil
esse universo; Z. Eleates omnia negotia de negotio deiecit; ait nihil esse . . .
30 45 si Parmenidi [sc. credo], nihil est praeter unum; si Zenoni, ne unum
quidem. ISOCR. 10, 3 [82 B 1].

22. [ARISTOT.] de lin. insec. 968a 18 ἔτι δὲ κατὰ τὸν τοῦ Ζήνωνος λόγον
ἀνάγκη τι μέγεθος ἀμερὲς εἶναι, εἴπερ ἀδύνατον μὲν ἐν πεπερασμένωι χρόνωι ἀπείρων
ἅψασθαι καθ' ἕκαστον ἁπτόμενον, ἀνάγκη δ' ἐπὶ τὸ ἥμισυ πρότερον ἀφικνεῖσθαι
35 τὸ κινούμενον, τοῦ δὲ μὴ ἀμεροῦς πάντως ἐστὶν ἥμισυ. ARISTOT. Phys. A 3. 187a 1
ἔνιοι δ' ἐνέδοσαν τοῖς λόγοις ἀμφοτέροις, τῶι μὲν ὅτι πάντα ἕν . . ., τῶι δὲ ἐκ τῆς
διχοτομίας ἄτομα ποιήσαντες μεγέθη. SIMPL. dazu 138, 3 τὸν δὲ δεύτερον λόγον
τὸν ἐκ τῆς διχοτομίας τοῦ Ζήνωνος εἶναί φησιν ὁ 'Αλέξανδρος . . . τούτωι δὲ τῶι
λόγωι, φησί [Alexander], τῶι περὶ τῆς διχοτομίας ἐνδοῦναι Ξενοκράτη τὸν Καλ-
40 χηδόνιον [fr. 42ff. Heinze] δεξάμενον μὲν τὸ πᾶν τὸ διαιρετὸν πολλὰ εἶναι (τὸ
γὰρ μέρος ἕτερον εἶναι τοῦ ὅλου) . . . εἶναι γάρ τινας ἀτόμους γραμμάς, ἐφ' ὧν
οὐκέτι ἀληθεύεσθαι τὸ πολλὰς ταύτας εἶναι.

23. SIMPL. Phys. 134, 2 (zu Ar. A 3. 187a 1) ἐνίους φησὶν ἀμφοτέροις ἐνδοῦναι
τοῖς λόγοις, τῶι τε εἰρημένωι τοῦ Παρμενίδου καὶ τῶι τοῦ Ζήνωνος, ὃς βοηθεῖν

---

3 τὸ BPF: τὰ Stephanus   7 σωματικόν] sc. εἶναι: σωματικοῦ Christ
28. 29 d. h. οὐδὲν τῶν φαινομένων ὑπάρχειν τῶι παντί

ἐβούλετο τῶι Παρμενίδου λόγωι πρὸς τοὺς ἐπιχειροῦντας αὐτὸν κωμωιδεῖν, ὡς εἰ ἕν ἐστι, πολλὰ καὶ γελοῖα συμβαίνει λέγειν τῶι λόγωι καὶ ἐναντία αὐτῶι, δεικνὺς ὁ Ζ. ὡς ἔτι γελοιότερα πάσχοι ἂν αὐτῶν ἡ ὑπόθεσις ἡ λέγουσα 'πολλά ἐστιν' ἤπερ ἡ τοῦ ἓν εἶναι, εἴ τις ἱκανῶς ἐπεξίοι. [PLUT.] Strom. 5 [D. 581 hinter Par-
5 menides] Ζ. δὲ ὁ Ἐλεάτης ἴδιον μὲν οὐδὲν ἐξέθετο, διηπόρησεν δὲ περὶ τούτων ἐπὶ πλεῖον. AËT. IV 9, 1. Vgl. 28 A 49.

24. ARISTOT. Phys. Δ 3. 210b 22 ὁ δὲ Ζ. ἠπόρει, ὅτι 'εἰ ἔστι τι ὁ τόπος, ἐν τίνι ἔσται;' λύειν οὐ χαλεπόν. οὐδὲν γὰρ κωλύει ἐν ἄλλωι μὲν εἶναι τὸν πρῶτον τόπον, μὴ μέντοι ὡς ἐν τόπωι ἐκείνωι κτλ. 1. 209a 23 ἡ γὰρ Ζήνωνος ἀπορία ζητεῖ
10 τινα λόγον· εἰ γὰρ πᾶν τὸ ὂν ἐν τόπωι, δῆλον ὅτι καὶ τοῦ τόπου τόπος ἔσται, καὶ τοῦτο εἰς ἄπειρον πρόεισιν. EUDEM. Phys. fr. 42 [Simpl. Phys. 563, 17] ἐπὶ ταὐτὸ δὲ καὶ ἡ Ζήνωνος ἀπορία φαίνεται ἄγειν. ἀξιοῖ γὰρ πᾶν τὸ ὂν ποῦ εἶναι· εἰ δὲ ὁ τόπος τῶν ὄντων, ποῦ ἂν εἴη; οὐκοῦν ἐν ἄλλωι τόπωι κἀκεῖνος δὴ ἐν ἄλλωι καὶ οὕτως εἰς τὸ πρόσω ... πρὸς δὲ Ζήνωνα φήσομεν πολλαχῶς τὸ ποῦ λέγεσθαι·
15 εἰ μὲν οὖν ἐν τόπωι ἠξίωκεν εἶναι τὰ ὄντα, οὐ καλῶς ἀξιοῖ· οὔτε γὰρ ὑγείαν οὔτε ἀνδρίαν οὔτε ἄλλα μυρία φαίη τις ἂν ἐν τόπωι εἶναι· οὐδὲ δὴ ὁ τόπος τοιοῦτος ὢν οἷος εἴρηται. εἰ δὲ ἄλλως τὸ ποῦ, κἂν ὁ τόπος εἴη ποῦ· τὸ γὰρ τοῦ σώματος πέρας ἐστὶ τοῦ σώματος ποῦ· ἔσχατον γάρ.

25. — — Ζ 9. 239b 9 τέτταρες δ' εἰσὶν οἱ λόγοι περὶ κινήσεως Ζήνωνος
20 οἱ παρέχοντες τὰς δυσκολίας τοῖς λύουσιν, πρῶτος μὲν ὁ περὶ τοῦ μὴ κινεῖσθαι διὰ τὸ πρότερον εἰς τὸ ἥμισυ δεῖν ἀφικέσθαι τὸ φερόμενον ἢ πρὸς τὸ τέλος, περὶ οὗ διείλομεν ἐν τοῖς πρότερον λόγοις, nämlich 2. 233a 21: διὸ καὶ ὁ Ζήνωνος λόγος ψεῦδος λαμβάνει τὸ μὴ ἐνδέχεσθαι τὰ ἄπειρα διελθεῖν ἢ ἅψασθαι τῶν ἀπείρων καθ' ἕκαστον ἐν πεπερασμένωι χρόνωι. διχῶς γὰρ λέγεται καὶ τὸ μῆκος καὶ
25 ὁ χρόνος ἄπειρον, καὶ ὅλως πᾶν τὸ συνεχές, ἤτοι κατὰ διαίρεσιν ἢ τοῖς ἐσχάτοις. τῶν μὲν οὖν κατὰ ποσὸν ἀπείρων οὐκ ἐνδέχεται ἅψασθαι ἐν πεπερασμένωι χρόνωι, τῶν δὲ κατὰ διαίρεσιν ἐνδέχεται· καὶ γὰρ αὐτὸς ὁ χρόνος οὕτως ἄπειρος. ὥστε ἐν τῶι ἀπείρωι καὶ οὐκ ἐν τῶι πεπερασμένωι συμβαίνει διιέναι τὸ ἄπειρον, καὶ ἅπτεσθαι τῶν ἀπείρων τοῖς ἀπείροις, οὐ τοῖς πεπερασμένοις (Paraphrase d. St.
30 bei Simpl. 947, 3ff.). Top. Θ 8. 160b 7 πολλοὺς γὰρ λόγους ἔχομεν ἐναντίους ταῖς δόξαις, καθάπερ Ζήνωνος, ὅτι οὐκ ἐνδέχεται κινεῖσθαι οὐδὲ τὸ στάδιον διελθεῖν.

26. — — Ζ 9. 239b 14 δεύτερος δ' ὁ καλούμενος Ἀχιλλεύς. ἔστι δ' οὗτος ὅτι τὸ βραδύτατον οὐδέποτε καταληφθήσεται θέον ὑπὸ τοῦ ταχίστου· ἔμπροσθεν
35 γὰρ ἀναγκαῖον ἐλθεῖν τὸ διῶκον, ὅθεν ὥρμησε τὸ φεῦγον, ὥστ' ἀεί τι προέχειν ἀναγκαῖον τὸ βραδύτερον. ἔστι δὲ καὶ οὗτος ὁ αὐτὸς λόγος τῶι διχοτομεῖν, διαφέρει δ' ἐν τῶι διαιρεῖν μὴ δίχα τὸ προσλαμβανόμενον μέγεθος.

27. — — Ζ 9. 239b 30 τρίτος δ' ὁ νῦν ῥηθείς, ὅτι ἡ ὀιστὸς φερομένη ἕστηκεν. συμβαίνει δὲ παρὰ τὸ λαμβάνειν τὸν χρόνον συγκεῖσθαι ἐκ τῶν
40 νῦν· μὴ διδομένου γὰρ τούτου οὐκ ἔσται ὁ συλλογισμός. Vgl. 239b 5 Ζήνων δὲ παραλογίζεται· εἰ γὰρ ἀεί, φησίν, ἠρεμεῖ πᾶν ἢ κινεῖται, ⟨οὐδὲν δὲ κινεῖται⟩, ὅταν

---

2 λέγειν] πάσχειν verm. H. Schöne   9 ἐν τόπωι Ar. Hss.: ποῦ ἐστι Simpl. 534, 9. 563, 4 wie Eudem fr. 42 [Z. 12]   12 ἀξιοῖ Spengel: ἄξιον Simpl.   19 εἰσὶν οἱ Simpl., Ar. FHIK: εἰσὶ Ar. E (n. Vitelli), Themist., Simpl.: βραδύτερον Ar. übr.   34 βραδύτατον Ar. E   41f. Die Stelle lag schon Them. und Simpl. lückenhaft vor: erg. Diels

ἧι κατὰ τὸ ἴσον, ἔστι δ' ἀεὶ τὸ φερόμενον ἐν τῶι νῦν, ⟨πᾶν δὲ κατὰ τὸ ἴσον ἐν τῶι νῦν⟩, ἀκίνητον τὴν φερομένην εἶναι ὀιστόν.

28. ARISTOT. Phys. Z 9. 239b33 τέταρτος δ' ὁ περὶ τῶν ἐν σταδίωι κινουμένων ἐξ ἐναντίας ἴσων ὄγκων παρ' ἴσους, τῶν μὲν ἀπὸ τέλους τοῦ σταδίου τῶν δ'
5 ἀπὸ μέσου, ἴσωι τάχει, ἐν ὧι συμβαίνειν οἴεται ἴσον εἶναι χρόνον τῶι διπλασίωι τὸν ἥμισυν. ἔστι δ' ὁ παραλογισμὸς ἐν τῶι τὸ μὲν παρὰ κινούμενον τὸ δὲ παρ' ἠρεμοῦν τὸ ἴσον μέγεθος ἀξιοῦν τῶι ἴσωι τάχει τὸν ἴσον φέρεσθαι χρόνον. τοῦτο δ' ἐστὶ ψεῦδος. οἷον ἔστωσαν οἱ ἑστῶτες ἴσοι ὄγκοι ἐφ' ὧν τὰ ΑΑ, οἱ δ' ἐφ' ὧν τὰ ΒΒ ἀρχόμενοι ἀπὸ τοῦ μέσου τῶν Α, ἴσοι τὸν ἀριθμὸν τούτοις ὄντες καὶ τὸ μέγεθος,
10 οἱ δ' ἐφ' ὧν τὰ ΓΓ ἀπὸ τοῦ ἐσχάτου, ἴσοι τὸν ἀριθμὸν ὄντες τούτοις καὶ τὸ μέγεθος, καὶ ἰσοταχεῖς τοῖς Β. συμβαίνει δὴ τὸ πρῶτον Β ἅμα ἐπὶ τῶι ἐσχάτωι εἶναι καὶ τὸ πρῶτον Γ, παρ' ἄλληλα κινουμένων. συμβαίνει δὲ καὶ τὸ Γ παρὰ πάντα τὰ Β διεξεληλυθέναι, τὰ δὲ Β παρὰ τὰ ⟨Α⟩ ἡμίση· ὥστε ἥμισυν εἶναι τὸν χρόνον· ἴσον γὰρ ἑκάτερόν ἐστι παρ' ἕκαστον. ἅμα δὲ συμβαίνει τὰ Β παρὰ πάντα τὰ Γ
15 παρεληλυθέναι· ἅμα γὰρ ἔσται τὸ πρῶτον Γ καὶ τὸ πρῶτον Β ἐπὶ τοῖς ἐναντίοις ἐσχάτοις, ἴσον χρόνον παρ' ἕκαστον γινόμενον τῶν Β ὅσον περ τῶν Α, ὡς φησι, διὰ τὸ ἀμφότερα ἴσον χρόνον παρὰ τὰ Α γίγνεσθαι. Simpl. 1019, 32 ὁ μὲν οὖν λόγος τοιοῦτός ἐστιν εὐηθέστατος ὤν, ὥς φησιν Εὔδημος (fr. 68), διὰ τὸ προφανῆ τὸν παραλογισμὸν ἔχειν ... τὰ γὰρ ἀντικινούμενα ἀλλήλοις ἰσοταχῆ διπλασίαν
20 ἀφίσταται διάστασιν ἐν τῶι αὐτῶι χρόνωι, ἐν ὧι τὸ παρὰ ἠρεμοῦν κινούμενον τὸ ἥμισυ διίσταται, κἂν ἰσοταχὲς ἐκείνοις ἧι. Alexanders Figur [bei Simpl. Ph. 1016, 14ff. Vgl. 1019, 27]:

25 Δ | A A A A \ B B B B → \ ← Γ Γ Γ Γ | E

A ὄγκοι ἑστῶτες
B ὄγκοι κινούμενοι ἀπὸ τοῦ Δ ἐπὶ τὸ Ε
Γ ὄγκοι κινούμενοι ἀπὸ τοῦ Ε ἐπὶ τὸ Δ
Δ ἀρχὴ τοῦ σταδίου Ε τέλος τοῦ σταδίου

29. — — H 5. 250a 19 διὰ τοῦτο ὁ Ζήνωνος λόγος οὐκ ἀληθής, ὡς ψοφεῖ τῆς κέγχρου ὁτιοῦν μέρος· οὐδὲν γὰρ κωλύει μὴ κινεῖν τὸν ἀέρα ἐν μηδενὶ χρόνωι τοῦτον ὃν ἐκίνησεν πεσὼν ὁ ὅλος μέδιμνος. Dazu SIMPL. 1108, 18 διὰ
30 τοῦτο λύει καὶ τὸν Ζήνωνος τοῦ 'Ελεάτου λόγον, ὃν ἤρετο Πρωταγόραν τὸν σοφιστήν. 'εἰπὲ γάρ μοι, ἔφη, ὦ Πρωταγόρα, ἆρα ὁ εἷς κέγχρος καταπεσὼν ψόφον

---

1 κατὰ τὸ ἴσον] sc. ἑαυτῶι Them., Simpl.: ein Körper, der stets den gleichen Raum einnimmt, den er selbst hat. Denn nach Ar. 239a 26 τὸ γὰρ ἠρεμεῖν ἐστι τὸ ἐν τῶι αὐτῶι εἶναι χρόνον τινὰ καὶ αὐτὸ καὶ τῶν μερῶν ἕκαστον. οὕτω γὰρ λέγομεν ἠρεμεῖν, ὅταν ἐν ἄλλωι καὶ ἄλλωι τῶν νῦν ἀληθὲς ἧι εἰπεῖν ὅτι ἐν τῶι αὐτῶι καὶ αὐτὸ καὶ τὰ μέρη   3ff. Nach- und Umbildung b. Platon Theaetet p. 154c. Vgl. auch Stölzel Behandl. d. Erkenntnisprobl. bei Platon (Halle 1908) S. 34. Zenon gibt die primitivste Form der Einsteinschen Relativitätstheorie (falsch Eudem unten Z. 18)   12 συμβαίνηι δὲ καὶ Simpl. 1017, 29: συμβαίνει δὲ Alex., Ar. gute Hss. (auch E[1]): συμβαίνει δὴ Ar., Vulgathss.   12. 13 πάντα τὰ Β Ar. E[1]: πάντα τὰ Α Alex., Simpl., Ar. FKE[2]   13 διεξεληλυθέναι Ar. Hss.: διεληλυθέναι Alex., Simpl.   ⟨ ⟩ Kochalsky   29 πεσὼν Ar. H: ἐμπεσὼν Ar. übr.; vgl. καταπεσὼν Z. 31   30 Πρωταγόραν] diese Einkleidung stammt nach Diels nicht aus Zenon (trotz 29 A 14), sondern aus einem alten Dialoge (Φυσικὸς des Alkidamas ? vgl. 31 A 1 § 56. Dazu Berl. Sitz. Ber. 1884, 344[1], 357f.)

ποιεῖ ἢ τὸ μυριοστὸν τοῦ κέγχρου;' τοῦ δὲ εἰπόντος μὴ ποιεῖν 'ὁ δὲ μέδιμνος, ἔφη, τῶν κέγχρων καταπεσὼν ποιεῖ ψόφον ἢ οὔ;' τοῦ δὲ ψοφεῖν εἰπόντος τὸν μέδιμνον 'τί οὖν, ἔφη ὁ Ζήνων, οὐκ ἔστι λόγος τοῦ μεδίμνου τῶν κέγχρων πρὸς τὸν ἕνα καὶ τὸ μυριοστὸν τὸ τοῦ ἑνός;' τοῦ δὲ φήσαντος εἶναι 'τί οὖν, ἔφη ὁ Ζήνων, οὐ καὶ τῶν
5 ψόφων ἔσονται λόγοι πρὸς ἀλλήλους οἱ αὐτοί; ὡς γὰρ τὰ ψοφοῦντα, καὶ οἱ ψόφοι· τούτου δὲ οὕτως ἔχοντος, εἰ ὁ μέδιμνος τοῦ κέγχρου ψοφεῖ, ψοφήσει καὶ ὁ εἷς κέγχρος καὶ τὸ μυριοστὸν τοῦ κέγχρου'. ὁ μὲν οὖν Ζήνων οὕτως ἠρώτα τὸν λόγον.

30. AËT. ι 7, 27 (D. 303) Μέλισσος καὶ Ζήνων τὸ ἓν καὶ πᾶν [sc. θεὸν εἶναι] καὶ μόνον ἀίδιον καὶ ἄπειρον τὸ ἕν.

10 B. FRAGMENTE

ΖΗΝΩΝΟΣ ΠΕΡΙ ΦΥΣΕΩΣ

1. SIMPL. Phys. 140, 34 [nach B 3] τὸ δὲ κατὰ μέγεθος [nämlich ἄπειρον ἔδειξε] πρότερον κατὰ τὴν αὐτὴν ἐπιχείρησιν. προδείξας γὰρ ὅτι 'εἰ μὴ ἔχοι μέγεθος τὸ ὄν, οὐδ᾽ ἂν εἴη',
15 ἐπάγει 'εἰ δὲ ἔστιν, ἀνάγκη ἕκαστον μέγεθός τι ἔχειν καὶ πάχος καὶ ἀπέχειν αὐτοῦ τὸ ἕτερον ἀπὸ τοῦ ἑτέρου. καὶ περὶ τοῦ προύχοντος ὁ αὐτὸς λόγος. καὶ γὰρ ἐκεῖνο ἕξει μέγεθος καὶ προέξει αὐτοῦ τι. ὅμοιον δὴ τοῦτο ἅπαξ τε εἰπεῖν καὶ ἀεὶ λέγειν· οὐδὲν γὰρ αὐτοῦ
20 τοιοῦτον ἔσχατον ἔσται οὔτε ἕτερον πρὸς ἕτερον οὐκ ἔσται. οὕτως εἰ πολλά ἐστιν, ἀνάγκη αὐτὰ μικρά τε

ZENON ÜBER DIE NATUR

1. *Das der Größe nach Unendliche legte er vorher [vor fr. 3] nach demselben Beweisgang dar. Er zeigt zuerst, daß* wenn das Seiende keine Größe besitze, es auch nicht sei. Dann fährt er so fort: *Wenn es aber ist, so muß notwendigerweise ein jeder Teil eine gewisse Größe und Dicke und Abstand der eine vom anderen haben. Und von dem vor jenem liegenden Teile gilt dieselbe Behauptung. Auch dieser wird nämlich Größe haben und es wird ein anderer vor ihm liegen. Die gleiche Behauptung gilt nun ein für allemal. Denn kein derartiger Teil desselben (des Ganzen) wird die äußerste Grenze bilden, und nie wird der eine ohne Beziehung zum anderen sein. Wenn also viele Dinge sind,*

11 zur Diskussion über Zenons Lehre vgl. Luria *Quell. u. Stud. z. Gesch. d. Math.* B 2, 2 (1932) 106ff. 16 ἕτερον] Dichotomie! 17ff. vgl. Heidel *Proc. of. Am. Ac. of Arts & Sc.* 48 (1913) 723f. 20 ἔσχατον ἔσται ὥστε ἕτερον πρὸ ἑτέρου οὐκ ἔσται Th. Gomperz *Wien. Sitz. Ber.* 1890, 22 (*Hellenika* ι 298f.): τοιοῦτον versetzt nach ἔσται Z. 21 H. Gomperz

εἶναι καὶ μεγάλα· μικρὰ μὲν ὥστε μὴ ἔχειν μέγεθος,
μεγάλα δὲ ὥστε ἄπειρα εἶναι'.

2. SIMPL. Phys. 139, 5 ἐν μέντοι τῶι συγγράμματι αὐτοῦ πολλὰ
ἔχοντι ἐπιχειρήματα καθ᾽ ἕκαστον δείκνυσιν, ὅτι τῶι πολλὰ εἶναι
5 λέγοντι συμβαίνει τὰ ἐναντία λέγειν· ὧν ἕν ἐστιν ἐπιχείρημα,
ἐν ὧι δείκνυσιν ὅτι 'εἰ πολλά ἐστι, καὶ μεγάλα ἐστὶ καὶ μικρά·
μεγάλα μὲν ὥστε ἄπειρα τὸ μέγεθος εἶναι, μικρὰ δὲ οὕτως ὥστε
μηθὲν ἔχειν μέγεθος' [B 1]. ἐν δὴ τούτωι δείκνυσιν, ὅτι οὗ μήτε
μέγεθος μήτε πάχος μήτε ὄγκος μηθείς ἐστιν, οὐδ᾽ ἂν εἴη τοῦτο.
10 'εἰ γὰρ ἄλλωι ὄντι, φησί, προσγένοιτο, οὐδὲν ἂν μεῖ-
ζον ποιήσειεν· μεγέθους γὰρ μηδενὸς ὄντος, προσγενο-
μένου δέ, οὐδὲν οἷόν τε εἰς μέγεθος ἐπιδοῦναι. καὶ
οὕτως ἂν ἤδη τὸ προσγινόμενον οὐδὲν εἴη. εἰ δὲ
ἀπογινομένου τὸ ἕτερον μηδὲν ἔλαττον ἔσται μηδὲ
15 αὖ προσγινομένου αὐξήσεται, δῆλον ὅτι τὸ προσ-
γενόμενον οὐδὲν ἦν οὐδὲ τὸ ἀπογενόμενον'. καὶ ταῦτα

so müssen sie notwendig zugleich klein und groß sein: klein bis zur
Nichtigkeit, groß bis zur Grenzenlosigkeit.

2. *In seiner Schrift, die viele Beweisgänge enthält, zeigt er in jedem
daß wer die Vielheit behauptet, sich Widersprechendes sagt. So ist einer
dieser Beweisgänge folgender. Er will zeigen, daß 'wenn Vieles ist,
dies zugleich groß und klein sein muß, und zwar groß bis zur Grenzen-
losigkeit und klein bis zur Nichtigkeit' [B 1]. Darin sucht er nun zu
zeigen, daß ein Ding, das weder Größe noch Dicke noch Masse besitzt,
überhaupt nicht sein könne.* Denn würde es zu einem anderen
Seienden zugefügt (*so lauten seine Worte*), so würde es *dieses* um nichts
vergrößern. Denn wird eine Größe, die nichts ist, *einer anderen* hinzu-
gefügt, so kann diese an Größe nichts gewinnen. Und so wäre denn
bereits hiernach der Zuwachs *gleich* nichts. Wenn ferner durch
Abziehen *einer Größe* die andere um nichts kleiner und andererseits
durch Zufügen nicht größer werden wird, so war offenbar das Zugefügte
wie das Abgezogene *gleich* nichts. *Und dies führt Z. nicht aus, um das
Eine aufzuheben, sondern weil ein jedes der vielen und unendlichen Dinge*

3 πολλά] 40 nach 29 A 15	10 εἰ γὰρ D: οὐ γὰρ EF: οὐ γὰρ εἰ Ald.
Vgl. Arist. Poet. 9. 1451ᵃ 33	12 δέ tilgte Zeller	13 προσγενόμενον
Diels: προσγινόμενον Hss., was aber vortrefflichen Sinn gibt	14 ἀπο-
γινομένου Hss.: ἀπογενομένου Diels	15 προσγινομένου Hss.: προσγενο-
μένου Diels	προσγενόμενον so hier die Hss.	ἀπογινόμενον Hss.:
verb. Ald.

οὐχὶ τὸ ἒν ἀναιρῶν ὁ Ζήνων λέγει, ἀλλ' ὅτι μέγεθος ἔχει ἕκαστον τῶν πολλῶν καὶ ἀπείρων τῶι πρὸ τοῦ λαμβανομένου ἀεί τι εἶναι διὰ τὴν ἐπ' ἄπειρον τομήν· ὁ δείκνυσι προδείξας, ὅτι οὐδὲν ἔχει μέγεθος ἐκ τοῦ ἕκαστον τῶν πολλῶν ἑαυτῶι ταὐτὸν εἶναι καὶ ἕν.

5 **3.** — — 140, 27 καὶ τί δεῖ πολλὰ λέγειν, ὅτε καὶ ἐν αὐτῶι φέρεται τῶι τοῦ Ζήνωνος συγγράμματι; πάλιν γὰρ δεικνύς, ὅτι εἰ πολλά ἐστι, τὰ αὐτὰ πεπερασμένα ἐστὶ καὶ ἄπειρα, γράφει ταῦτα κατὰ λέξιν ὁ Ζ.·

ʽεἰ πολλά ἐστιν, ἀνάγκη τοσαῦτα εἶναι ὅσα ἐστὶ καὶ

Größe haben muß. Denn vor jedem einzelnen, das man nimmt, muß stets wieder irgendein anderes seien wegen der Teilung ins Grenzenlose. Dies legt er dar, nachdem er zuvor gezeigt, daß nichts Größe besitzt, weil jedes der vielen Dinge mit sich selbst identisch und eins ist.

3. *Was bedarf es langen Redens? Es steht ja auch in Zenons Schrift selbst. Z. schreibt nämlich da, wo er wieder zeigt, daß die Vielheit den Widerspruch der Begrenztheit und Unbegrenztheit identischer Dinge einschließt, wörtlich folgendes:*

Wenn Vieles ist, so müssen notwendig gerade soviele *Dinge* sein

---

5 Hierzu bemerkt Diels im Nachtrag zur 4. Auflage: »Vor καὶ τί δεῖ sagt Simpl. nach Anführung einer Stelle des Porphyrios (vgl. Simpl. S. 116, 8—18): ἐν δὴ τούτοις τοῖς ὑπὸ τοῦ Πορφυρίου ῥηθεῖσιν ὅτι μὲν πρὸς ἔπος ἡ μνήμη γέγονε τοῦ ἐκ τῆς διχοτομίας λόγου διὰ τοῦ τῆι διαιρέσει ἀκολουθοῦντος ἀτόπου τὸ ἀδιαίρετον καὶ ἓν εἰσάγοντος, εὖ ἂν ἔχοι. ἐφιστάνειν δὲ ἄξιον, εἰ Παρμενίδου καὶ μὴ Ζήνωνός ἐστιν ὁ λόγος ὡς καὶ τῶι ᾽Αλεξάνδρωι δοκεῖ. οὔτε γὰρ ἐν τοῖς Παρμενιδείοις λέγεταί τι τοιοῦτο, καὶ ἡ πλείστη ἱστορία τὴν ἐκ τῆς διχοτομίας ἀπορίαν εἰς τὸν Ζήνωνα ἀναπέμπει. καὶ δὴ καὶ ἐν τοῖς περὶ κινήσεως λόγοις ὡς Ζήνωνος ἀπομνημονεύεται. Dies beweist Simpl. durch das wörtliche Zitat fr. 3. Es ist also willkürlich, die von Porphyrios dem Parmenides zugeschriebene Ansicht an einer anderen Stelle des Zenonischen Buches wiederfinden zu wollen, wie Reinhardt *Parmenides* S. 106[1] versucht.« Die Porphyriosstelle S. 116 lautet: εἴ τι παρὰ τὸ λευκόν ἐστιν, ἐκεῖνο οὐ λευκόν ἐστι, καὶ εἴ τί παρὰ τὸ ὄν ἐστιν, ἐκεῖνο οὐκ ὄν ἐστι· τὸ δὲ οὐκ ὂν οὐδέν· τὸ ὂν ἄρα μόνον ἐστίν· ἓν ἄρα τὸ ὄν. καὶ γὰρ εἰ μὴ ἕν ἐστιν ἀλλὰ πλείω τὰ ὄντα, ἤτοι τῶι εἶναι διοίσει ἀλλήλων ἢ τῶι μὴ εἶναι· ἀλλ' οὔτε τῶι   εἶναι διαφέροι ἂν (κατὰ γὰρ αὐτὸ τὸ εἶναι ὅμοιά ἐστι, καὶ τὰ ὅμοια ᾗ ὅμοια ἀδιάφορα καὶ οὐχ ἕτερα τυγχάνει ὄντα, τὰ δὲ μὴ ἕτερα ἓν ἐστιν) οὔτε τῶι μὴ εἶναι· τὰ γὰρ διαφέροντα πρότερον εἶναι δεῖ, τὰ δὲ μὴ ὄντα οὐδὲν διαφέρει ἀλλήλων· εἰ τοίνυν πλείω .. ὑποτιθέμενα μήτε τῶι εἶναι μήτε τῶι μὴ εἶναι διαφέρειν οἷόν τε καὶ ἕτερα εἶναι ἀλλήλων, δῆλον ὡς ἓν πάντα ἔσται· καὶ τοῦτο ἀγέννητον καὶ ἄφθαρτον. Vgl. oben A 13; Plato Parm. 128 D ff.

οὔτε πλείονα αὐτῶν οὔτε ἐλάττονα. εἰ δὲ τοσαῦτά
ἐστιν ὅσα ἐστί, πεπερασμένα ἂν εἴη.

εἰ πολλά ἐστιν, ἄπειρα τὰ ὄντα ἐστίν· ἀεὶ γὰρ ἕτερα
μεταξὺ τῶν ὄντων ἐστί, καὶ πάλιν ἐκείνων ἕτερα με-
5 ταξύ. καὶ οὕτως ἄπειρα τὰ ὄντα ἐστί'. καὶ οὕτως μὲν τὸ
κατὰ τὸ πλῆθος ἄπειρον ἐκ τῆς διχοτομίας ἔδειξε.

4. DIOG. IX 72 οὐ μὴν ἀλλὰ καὶ Ξενοφάνης καὶ Ζ. ὁ Ἐλεάτης καὶ
Δημόκριτος κατ' αὐτοὺς [Pyrrhoneer] σκεπτικοὶ τυγχάνουσιν ...
Ζ. δὲ τὴν κίνησιν ἀναιρεῖ λέγων 'τὸ κινούμενον οὔτ' ἐν ὧι
10 ἔστι τόπωι κινεῖται οὔτ' ἐν ὧι μὴ ἔστι'.

30 [20]. MELISSOS

A. LEBEN UND LEHRE

1. DIOG. IX 24 Μέλισσος Ἰθαιγένους Σάμιος. οὗτος ἤκουσε Παρμενίδου. (ἀλλὰ
καὶ εἰς λόγους ἦλθεν Ἡρακλείτωι· ὅτε καὶ συνέστησεν αὐτὸν τοῖς Ἐφεσίοις ἀγνοοῦσι,
15 καθάπερ Ἱπποκράτης Δημόκριτον Ἀβδηρίταις). γέγονε δὲ καὶ πολιτικὸς ἀνὴρ καὶ
ἀποδοχῆς παρὰ τοῖς πολίταις ἠξιωμένος· ὅθεν ναύαρχος αἱρεθεὶς ἔτι καὶ μᾶλλον
ἐθαυμάσθη διὰ τὴν οἰκείαν ἀρετήν.

ἐδόκει δὲ αὐτῶι τὸ πᾶν ἄπειρον εἶναι καὶ ἀναλλοίωτον καὶ ἀκίνητον καὶ ἓν
ὅμοιον ἑαυτῶι καὶ πλῆρες· κίνησίν τε μὴ εἶναι, δοκεῖν δὲ εἶναι. ἀλλὰ καὶ περὶ θεῶν
20 ἔλεγε μὴ δεῖν ἀποφαίνεσθαι· μὴ γὰρ εἶναι γνῶσιν αὐτῶν.

φησὶ δ' Ἀπολλόδωρος [FGrHist. 244 F 72 II 1040] ἠκμακέναι αὐτὸν κατὰ
τὴν τετάρτην καὶ ὀγδοηκοστὴν ὀλυμπιάδα [444—41]. Vgl. Eus. ol. 84, 1.

2. SUID. s. v. Μέλητος Λάρου ... καὶ ἦν ἐπὶ τῶν Ζήνωνος τοῦ Ἐλεάτου καὶ
Ἐμπεδοκλέους χρόνων. οὗτος ἔγραψε Περὶ τοῦ ὄντος. καὶ ἀντεπολιτεύσατο δὲ
25 Περικλεῖ· καὶ ὑπὲρ Σαμίων στρατηγήσας ἐναυμάχησε πρὸς Σοφοκλῆν τὸν τραγικόν,
ὀλυμπιάδι ὀγδοηκοστῆι τετάρτηι [444/1].

---

als wirklich sind, nicht mehr, nicht minder. Wenn aber soviele *Dinge*
sind als eben sind, so dürften sie (*der Zahl nach*) begrenzt sein.

Wenn Vieles ist, so sind die seienden *Dinge* (*der Zahl nach*) un-
begrenzt.   Denn stets sind andere zwischen den seienden *Dingen*
und wieder andere zwischen jenen.   Und somit sind die seienden
Dinge (*der Zahl nach*) unbegrenzt.

4. *Z. hebt die Bewegung auf, wenn er behauptet*: Das Bewegte be-
wegt sich weder in dem Raume, in dem es ist, noch in dem es
nicht ist.

---

13 Ἰθαιγένους BP²: Ἰθαγένους P¹F. Vgl. oben S. 259, 2

3. Plut. Pericl. 26 ff. (26) πλεύσαντος γὰρ αὐτοῦ [Perikles] Μέλισσος ὁ Ἰθαγένους, ἀνὴρ φιλόσοφος στρατηγῶν τότε τῆς Σάμου, καταφρονήσας τῆς ὀλιγότητος τῶν νεῶν ἢ τῆς ἀπειρίας τῶν στρατηγῶν, ἔπεισε τοὺς πολίτας ἐπιθέσθαι τοῖς Ἀθηναίοις. καὶ γενομένης μάχης νικήσαντες οἱ Σάμιοι καὶ πολλοὺς μὲν αὐτῶν
5 ἄνδρας ἑλόντες πολλὰς δὲ ναῦς διαφθείραντες ἐχρῶντο τῆι θαλάσσηι καὶ παρετίθεντο τῶν ἀναγκαίων πρὸς τὸν πόλεμον ὅσα μὴ πρότερον εἶχον. ὑπὸ δὲ τοῦ Μελίσσου καὶ Περικλέα φησὶν αὐτὸν Ἀριστοτέλης [fr. 577 aus d. Πολιτεία Σαμίων] ἡττηθῆναι ναυμαχοῦντα πρότερον. οἱ δὲ Σάμιοι τοὺς αἰχμαλώτους τῶν Ἀθηναίων ἀνθυβρίζοντες ἔστιζον εἰς τὸ μέτωπον γλαύκας· καὶ γὰρ ἐκείνους οἱ Ἀθηναῖοι
10 σάμαιναν ... πρὸς ταῦτα τὰ στίγματα λέγουσι καὶ τὸ Ἀριστοφάνειον ἠινίχθαι Σαμίων ὁ δῆμός ἐστιν — ὡς πολυγράμματος' [Aristot. a. O. fr. 575]. (27) πυθόμενος δ' οὖν ὁ Περικλῆς τὴν ἐπὶ στρατοπέδου συμφορὰν ἐβοήθει κατὰ τάχος καὶ τοῦ Μελίσσου πρὸς αὐτὸν ἀντιταξαμένου κρατήσας καὶ τρεψάμενος τοὺς πολεμίους εὐθὺς περιετείχιζε, δαπάνηι καὶ χρόνωι μᾶλλον ἢ τραύμασι καὶ κινδύνοις τῶν πο-
15 λιτῶν περιγενέσθαι καὶ συνελεῖν τὴν πόλιν βουλόμενος ... (28) ἐνάτωι δὲ μηνὶ [Sommer 440] τῶν Σαμίων παραστάντων ὁ Περικλῆς τὰ τείχη καθεῖλε καὶ τὰς ναῦς παρέλαβε καὶ χρήμασι πολλοῖς ἐζημίωσεν, ὧν τὰ μὲν εὐθὺς εἰσήνεγκαν οἱ Σάμιοι, τὰ δ' ἐν χρόνωι ῥητῶι ταξάμενοι κατοίσειν ὁμήρους ἔδωκαν. Δοῦρις δ' ὁ Σάμιος [FGrHist. 76 F 67 II 154] τούτοις ἐπιτραγωιδεῖ πολλὴν ὠμότητα τῶν
20 Ἀθηναίων καὶ τοῦ Περικλέους κατηγορῶν, ἣν οὔτε Θουκυδίδης [I 117] ἱστόρηκεν οὔτ' Ἔφορος [FGrHist. 70 F 195 II 98] οὔτ' Ἀριστοτέλης [fr. 578]. Vgl. Themist. 2 καίτοι Στησίμβροτος [FGrHist. 107 F 1 II 516] Ἀναξαγόρου τε διακοῦσαι τὸν Θεμιστοκλέα φησὶ καὶ περὶ Μέλισσον σπουδάσαι τὸν φυσικόν, οὐκ εὖ τῶν χρόνων ἁπτόμενος. Περικλεῖ γάρ, ὃς πολὺ νεώτερος ἦν Θεμιστοκλέους,
25 Μέλισσος μὲν ἀντεστρατήγει πολιορκοῦντι Σαμίους, Ἀναξαγόρας δὲ συνδιέτριβε. Vgl. adv. Col. 32 p. 1126 B. Ael. V. H. VII 14.

SCHRIFT [vgl. 30 A 2]

4. Simpl. Phys. 70, 16 ὁ Μ. καὶ τὴν ἐπιγραφὴν οὕτως ἐποιήσατο τοῦ συγγράμματος Περὶ φύσεως ἢ περὶ τοῦ ὄντος. de caelo 557, 10 καὶ εἰ Περὶ φύσεως ἢ
30 περὶ τοῦ ὄντος ἐπέγραψε Μ., δῆλον ὅτι τὴν φύσιν ἐνόμιζεν εἶναι τὸ ὄν. Gal. de el. sec. Hipp. I 9 (I 487 K., 54, 19 Helmr. Vgl. 24 A 2); in Hipp. de nat. h. xv 5 K. = CMG V, 9, 1 p. 5, 11.

LEHRE

5. Aristot. q. f. de Melisso Xenophane Gorgia c. 1. 2 nach d. Ausg. von
35 Diels Abh. d. Berl. Ak. 1900 [vgl. des Aristoteles Schrift Πρὸς τὰ Μελίσσου ᾱ Diog. v 25].

ed. Bekker
974 a

[ΑΡΙΣΤΟΤΕΛΟΥΣ] ΠΕΡΙ ΜΕΛΙΣΣΟΥ

c. 1. (1) Ἀίδιον εἶναί φησιν εἴ τι ἔστιν, εἴπερ μὴ ἐνδέχεσθαι γενέσθαι μηδὲν ἐκ μηδενός· εἴτε γὰρ ἅπαντα γέγονεν εἴτε μὴ
40 πάντα, ἀίδια ἀμφοτέρως· ἐξ οὐδενὸς γὰρ γενέσθαι ἂν αὐτὰ γιγνόμενα.

17 ἤνεγκαν Y 18 δ' ἐν Y: δὲ S 34 Zu diesem Bericht vgl. auch Reinhardt Parmenides S. 90ff.
Arist. 974a 1 περὶ ζήνωνος Hss. (LR): verb. Spalding 2 ἐνδέχεσθαι L: ἐνδέχεται R 4 ἀίδια L: δι' R: ἀδύνατα Bonitz αὐτὰ Apelt: αὐτῶν LR: ἀεὶ τὰ Wendland

974a 5 ἀπάντων τε γὰρ γιγνομένων οὐδὲν ⟨ἂν⟩ προϋπάρχειν· εἶτ' ὄντων
τινῶν ἀεὶ ἕτερα προσγίγνοιτο, πλέον ἂν καὶ μεῖζον τὸ ὂν
γεγονέναι· ὧι δὲ πλέον καὶ μεῖζον, τοῦτο γενέσθαι ἂν ἐξ
οὐδενός· ⟨ἐν⟩ τῶι γὰρ ἐλάττονι τὸ πλέον, ⟨ὡς⟩ οὐδ' ἐν τῶι μικροτέρωι
τὸ μεῖζον, οὐχ ὑπάρχειν.   (2) ἀίδιον δὲ ὂν ἄπειρον εἶναι, ὅτι
10 οὐκ ἔχει ἀρχὴν ὅθεν ἐγένετο, οὐδὲ τελευτὴν εἰς ὃ γιγνόμενον
ἐτελεύτησέ ποτε.   (3) πᾶν δὲ καὶ ἄπειρον ὂν ⟨ἓν⟩ εἶναι· εἰ γὰρ
δύο ἢ πλέω εἴη, πέρατ' ἂν εἶναι ταῦτα πρὸς ἄλληλα.   (4) ἐν
δὲ ὂν ὅμοιον εἶναι πάντη· εἰ γὰρ ἀνόμοιον, πλείω ὄντα οὐκ
ἂν ἔτι ἐν εἶναι, ἀλλὰ πολλά.   (5) ἀίδιον δὲ ὂν ἄμετρόν τε
15 καὶ ὅμοιον πάντη ἀκίνητον εἶναι τὸ ἕν· οὐ γὰρ ἂν κινηθῆ-
ναι μὴ εἴς τι ὑποχωρῆσαν. ὑποχωρῆσαι δὲ ἀνάγκην εἶναι
ἤτοι εἰς πλῆρες ἰὸν ἢ εἰς κενόν· τούτων δὲ τὸ μὲν οὐκ ἂν δέ-
ξασθαι [τὸ πλῆρες], τὸ δὲ οὐκ εἶναι οὐδέν [ἢ τὸ κενόν].   (6) τοιοῦτον
δὲ ὂν τὸ ἓν ἀνώδυνόν τε καὶ ἀνάλγητον ὑγιές τε καὶ ἄνο-
20 σον εἶναι οὔτε μετακοσμούμενον θέσει οὔτε ἑτεροιούμενον εἴδει
οὔτε μιγνύμενον ἄλλωι· κατὰ πάντα γὰρ ταῦτα πολλά τε
τὸ ἓν γίγνεσθαι καὶ τὸ μὴ ὂν τεκνοῦσθαι καὶ τὸ ὂν φθείρε-
σθαι ἀναγκάζεσθαι· ταῦτα δὲ ἀδύνατα εἶναι.   (7) καὶ γὰρ
εἰ τῶι μεμῖχθαι τὸ ἓν ἐκ πλειόνων λέγοιτο, καὶ εἴη πολλά
25 τε καὶ κινούμενα εἰς ἄλληλα τὰ πράγματα, καὶ ἡ μίξις ἢ ὡς ἐν
ἑνὶ σύνθεσις εἴη τῶν πλειόνων ἢ τῆι ἐπαλλάξει οἷον ἐπι-
πρόσθησις γίγνοιτο τῶν μιχθέντων· ἐκείνως μὲν ἂν διάδη-
λα χωριζόντων εἶναι τὰ μιχθέντα, ἐπιπροσθήσεως δ' οὔσης
ἐν τῆι τρίψει γίγνεσθαι ἂν ἕκαστα φανερὰ ἀφαιρουμένων
974b 1 τῶν πρώτων τὰ ὑπ' ἄλληλα τεθέντα τῶν μιχθέντων· ὧν
οὐδέτερον συμβαίνειν.   (8) διὰ τούτων δὲ τῶν τρόπων κἂν εἶναι
πολλὰ κἂν ἡμῖν ὤιετο φαίνεσθαι μόνως. ὥστε ἐπειδὴ οὐχ
οἷόν τε οὕτως, οὐδὲ πολλὰ δυνατὸν εἶναι τὰ ὄντα, ἀλλὰ
5 ταῦτα δοκεῖν οὐκ ὀρθῶς.   πολλὰ γὰρ καὶ ἄλλα κατὰ τὴν
αἴσθησιν φαντάζεσθαι [ἀπατᾶν]· λόγον δ' οὔτ' ἐκεῖν' αἱρεῖν,
ταῦτα γίγνεσθαι, οὔτε πολλὰ εἶναι τὸ ὄν, ἀλλὰ ἓν ἀίδιόν τε καὶ
ἄπειρον καὶ πάντη ὅμοιον αὐτὸ αὑτῶι.   (9) ἆρ' οὖν δεῖ πρῶτον
μὲν μὴ πᾶσαν λαβόντα δόξαν ἄρχεσθαι, ἀλλ' αἳ μά-
10 λιστά εἰσι βέβαιοι; ὥστ' εἰ μὲν ἅπαντα τὰ δοκοῦντα μὴ ὀρ-
θῶς ὑπολαμβάνεται, οὐθὲν ἴσως προσήκει οὐδὲ τούτωι προσ-
χρῆσθαι τῶι δόγματι, ⟨ὅτι⟩ οὐκ ἂν ποτε οὐδὲν γένοιτο ἐκ μηδενός.

974a 5 ⟨ἂν⟩ Diels   6 ὂν L: ἓν R   7 δὲ Susemihl: δὴ LR   8 ⟨ἐν⟩
Beck   ⟨ὡς⟩ οὐδ' Wendl.: οὐδ' L: οἶδ' R   11 ⟨ἐν⟩ F. Kern   12 πλέω
ἢ δύο Hss.: stellte Susemihl um   πέρατ' ἂν εἶναι Ausg.: περαιαν εἶναι R:
περιλίάν εἶναι L: περαίνειν ἂν Apelt   13 εἰ] η Hss.   ὄντα] ὂν Wendl.
17 ἰὸν Bekker: ὂν LR   18 [τὸ πλῆρες] Diels   [ἢ τὸ κενόν] Apelt
24 τὸ μεμῖχθαί τι ἓν LR: verb. Spengel   26 ἐπαλλάξει Mullach: ἀπαλλά-
ξει LR   29 ἕκαστον φανερὸν LR: verb. Spengel   974b 3 ὤιετο Diels:
ὠ.ετ (so) L: ὡς τὸ R   μόνων Apelt   6 [ ] Spalding: ἀπατᾶ L: ἀπα-
σαν R   οὔτ' ἐκεῖν' αἱρεῖν Bonitz: οὔταικειναιρει R: οὔτεειαιρεῖν L   7 ταῦτα
Diels: τὰ αὐτὰ LR   12 ⟨ὅτι⟩ Spalding

974b μία γάρ τίς ἐστι δόξα, καὶ αὕτη τῶν οὐκ ὀρθῶν, ἣν ἐκ τοῦ
αἰσθάνεσθαί πως ἐπὶ πολλῶν πάντως ὑπειλήφαμεν. (10) εἰ δὲ
15 μὴ ἅπαντα ψευδῆ τὰ ἡμῖν φαινόμενα, ἀλλά τινές εἰσι
καὶ τούτων ὀρθαὶ ὑπολήψεις, ἢ ἐπιδείξαντα, ὅτι αὗται τοιαῦται, ἢ
τὰς μάλιστα δοκούσας ὀρθάς, ταύτας ληπτέον· ἃς ἀεὶ βε-
βαιοτέρας εἶναι δεῖ ἢ αἱ μέλλουσιν ἐξ ἐκείνων τῶν λόγων
δειχθήσεσθαι. (11) εἰ γὰρ καὶ εἶεν δύο δόξαι ὑπεναντίαι ἀλ-
20 λήλαις, ὥσπερ οἴεται (εἰ μὲν πολλά, γενέσθαι φησὶν ἀνάγκην
εἶναι ἐκ μὴ ὄντων· εἰ δὲ τοῦτο μὴ οἷόν τε, οὐκ εἶναι τὰ
ὄντα πολλά· ἀγένητον γὰρ ὄν, εἴ τι ἔστιν, ἄπειρον εἶναι.
εἰ δ' οὕτως, καὶ ἕν), ὁμοίως μὲν δὴ ἡμῖν ὁ⟨μολογουμένων⟩ ἀμφοτέρων
π⟨ροτάσεων⟩
οὐδὲν μᾶλλον, ὅτι ἓν ἢ ὅτι πολλά, δείκνυται. εἰ δὲ βέβαιος
25 μᾶλλον ἡ ἑτέρα, τἀπὸ ταύτης ξυμπερανθέντα μᾶλλον δέ-
δεικται. (12) τυγχάνομεν δὲ ἔχοντες ἀμφοτέρας τὰς ὑπο-
27 λήψεις ταύτας, καὶ ὡς ἂν οὐ γένοιτ' ἂν οὐδὲν ἐκ μηδενὸς [ὄντος]
27a ⟨καὶ ὡς⟩ πολλά τε καὶ κινούμενά [μέν] ἐστι τὰ ὄντα. ἀμφοῖν·
δὲ πιστὴ μᾶλλον αὕτη, καὶ θᾶττον ἂν πρόοιντο πάντες
ταύτης ἐκείνην τὴν δόξαν. ὥστ' εἰ καὶ συμβαίνοι ἐναντίας
975a 1 εἶναι τὰς φάσεις, καὶ ἀδύνατον γίγνεσθαί τε ἐκ μὴ ὄντος
καὶ μὴ πολλὰ εἶναι τὰ πράγματα, ἐλέγχοιτο μὲν ἂν
ὑπ' ἀλλήλων ταῦτα. (13) ἀλλὰ τί μᾶλλον οὕτως ἂν ἔχοι; ἴσως
τε κἂν φαίη τις τούτοις τἀναντία. οὔτε γὰρ δείξας ὅτι
5 ὀρθὴ δόξα, ἀφ' ἧς ἄρχεται, οὔτε μᾶλλον βέβαιον ἢ περὶ
ἧς δείκνυσι λαβών, διελέχθη. μᾶλλον γὰρ ὑπολαμβάνεται
εἰκὸς εἶναι γίγνεσθαι ἐκ μὴ ὄντος ἢ μὴ πολλὰ εἶναι. (14) λέ-
γεταί τε καὶ σφόδρα ὑπὲρ αὐτῶν γίγνεσθαί τε τὰ μὴ
ὄντα, καὶ δὴ γεγονέναι πολλὰ ἐκ μὴ ὄντων, καὶ οὐχ ὅτι
10 οἱ τυγχάνοντες, ἀλλὰ καὶ τῶν δοξάντων τινὲς εἶναι σοφῶν
εἰρήκασιν. (15) αὐτίκα δ' Ἡσίοδος 'πάντων μὲν πρῶτον, φησί,
Χάος ἐγένετο, αὐτὰρ ἔπειτα Γαῖα εὐρύστερνος, πάντων ἕδος
ἀσφαλὲς αἰεὶ ἡδ' Ἔρος, ὃς πάντεσσι μεταπρέπει ἀθανάτοι-
σι' [Theog. 116. 117. 120]. τὰ δ' ἄλλα φησὶ γενέσθαι ⟨ἐκ τούτων⟩, ταῦτα
δὲ ἐξ οὐδενός. πολ-
15 λοὶ δὲ καὶ ἕτεροι εἶναι μὲν οὐδέν φασι, γίγνεσθαι δὲ πάντα,
16 λέγοντες οὐκ ἐξ ὄντων γίγνεσθαι τὰ γιγνόμενα. οὐδὲ

974b 14 πάντως Diels: πάντες L: ὄντες R 15 μὴ ἅπαντα Apelt: μὴ
ἢ πάντα L: μὴν πάντα R ἡμῖν nach ἅπαντα LR: stellte Spald. um
16 αὗται τοιαῦται ἢ τὰς Spengel: τοιαύτη ποία ἢ τὰς L: τοιαύτη ποιότητας R
20 μὲν Apelt: μὴ LR ἀνάγκη LR: verb. Mullach 22 ἀγένητον Apelt:
γένη τὸ L: γένοιτο R εἴ τι Wilson: ὅτι LR 23 ⟨ ⟩ Apelt: ὁ ...... ἀμ-
φοτέρων π ..... LR 24 ὅτι ἓν Spald.: τι ἓν LR 25 τἀπὸ zuerst
Spengel: ἀπὸ LR 26 τυγχανόμενα LR: verb. Mullach 27 [ὄντος] Diels
27a ⟨καὶ ὡς⟩ Mullach [μὲν] Spengel 28 πρόοιντο L: προείντο R:
πρόσοιντο Spald. 29 ταύτην ἐκείνης LR: verb. Bonitz συμβαίνει LR:
verb. Spald. 975a 9 δὴ Bonitz: μὴ LR 11 δὴ Mullach 14 ⟨ ⟩
Spald.

975a 16a γὰρ ἂν ἔτι αὐτοῖς ἅπαντα γίγνοιτο.   ὥστε τοῦτο μὲν
δῆλον, ὅτι ἐνίοις γε δοκεῖ καὶ ἐξ οὐκ ὄντων ἂν γενέσθαι.

c. 2. (1) ἀλλ' ἄρα, εἰ μὲν δυνατά ἐστιν ἢ ἀδύνατα ἃ λέγει,
ἐατέον, τὸ δὲ πότερον συμπεραίνεται αὐτὰ ἐξ ὧν λαμβά-
20 νει, ἢ οὐδὲν κωλύει καὶ ἄλλως ἔχειν, ἱκανὸν σκέψασθαι;
ἕτερον γὰρ ἂν τι τοῦτ' ἴσως ἐκείνου εἴη.   (2) καὶ πρώτου τεθέντος,
ὃ πρῶτον λαμβάνει, μηδὲν γενέσθαι ἂν ἐκ μὴ ὄντος, ἆρα
ἀνάγκη ἀγένητα ἅπαντα εἶναι, ἢ οὐδὲν κωλύει γεγονέναι
ἕτερα ἐξ ἑτέρων, καὶ τοῦτο εἰς ἄπειρον ἰέναι;   (3) ἢ καὶ ἀνα-
25 κάμπτειν κύκλωι, ὥστε τὸ ἕτερον ἐκ τοῦ ἑτέρου γεγονέναι, ἀεί
τε οὕτως ὄντος τινὸς καὶ ἀπειράκις ἑκάστων γεγενημένων ἐξ
ἀλλήλων;   (4) ὥστε οὐδὲν ἂν κωλύοι τὸ ἅπαντα γεγονέναι κει-
μένου τοῦ μηδὲν γενέσθαι ἂν ἐκ μὴ ὄντος, καὶ ἄπειρα
ὄντα πρὸς ἐκεῖνον προσαγορεῦσαι οὐδὲν κωλύει τῶν τῶι
30 ἑνὶ ἑπομένων ὀνομάτων.   τὸ ἅπαντα γὰρ εἶναι καὶ λέγεσθαι
καὶ ἐκεῖνος τῶι ἀπείρωι προσάπτει.   οὐδέν τε κωλύει, καὶ μὴ
ἀπείρων ὄντων, κύκλωι αὐτῶν εἶναι τὴν γένεσιν.   (5) ἔτι εἰ
ἅπαντα γίγνεται, ἔστι δὲ οὐδέν, ὡς τινες λέγουσι, πῶς ἂν
ἀίδια εἴη; ἀλλὰ γὰρ τοῦ μὲν εἶναί τι ὡς ὄντος καὶ
35 κειμένου διαλέγεται.   εἰ γάρ, φησί, μὴ ἐγένετο, ἔστιν δέ,
ἀίδιον ἂν εἴη, ὡς δέον ὑπάρχειν τὸ εἶναι τοῖς πράγμασιν.   (6) ἔτι εἰ
καὶ ὅτι μάλιστα μήτε τὸ μὴ ὂν ἐνδέχεται γενέσθαι μήτε
ἀπολέσθαι τὸ [μὴ] ὄν, ὅμως τί κωλύει τὰ μὲν γενόμενα
αὐτῶν εἶναι, τὰ δ' ἀίδια, ὡς καὶ Ἐμπεδοκλῆς [31 B 12] λέγει;
975b 1 ἅπαντα γὰρ κἀκεῖνος ταῦτα ὁμολογήσας, ὅτι 'ἔκ τε τοῦ μὴ
ὄντος ἀμήχανόν ἐστι γενέσθαι, τό τε ὂν ἐξόλλυσθαι ἀνή-
νυστον καὶ ἄπρηκτον, ἀεὶ γὰρ τῇ γ' ἔσται, ὅπη κέ τις αἰὲν
ἐρείδηι', ὅμως τῶν ὄντων τὰ μὲν ἀίδιά φησιν εἶναι, πῦρ
5 καὶ ὕδωρ καὶ γῆν καὶ ἀέρα, τὰ δ' ἄλλα γίγνεσθαί τε καὶ
γεγονέναι ἐκ τούτων.   (7) οὐδεμία γὰρ ἑτέρα, ὡς οἴεται, γένεσίς
ἐστι τοῖς οὖσιν, "ἀλλὰ μόνον μίξις τε διάλλαξίς τε μιγέν-
των ἐστί· φύσις δ' ἐπὶ τοῖς ὀνομάζεται ἀνθρώποισιν" [31 B 8, 3. 4]. (8) τὴν
δὲ γένεσιν οὐ πρὸς οὐσίαν τοῖς ἀιδίοις καὶ τῶι ὄντι γίγνεσθαι λέ-
10 γει, ἐπεὶ τοῦτό γε ἀδύνατον ὤιετο.   πῶς γὰρ ἄν, φησί,
καὶ 'ἐπαυξήσειε τὸ πᾶν τί τε καὶ πόθεν ἐλθόν' [31 B 17, 32]; ἀλλὰ
μισγομένων τε καὶ συντιθεμένων πυρὸς καὶ τῶν μετὰ πυρὸς

975a 16a γίγνοιτο L: γίνεσθαι τὰ γινόμενα R   17 ἐνίοις γε Sylburg:
ἐν οἷς γε LR   19 ἐατέον Ausg.: ἀετεὸν R: λεκτέον L   20 ἱκανῶς LR:
verb. Bonitz   21 πρώτου Spengel: πρῶτον LR   26 ἑκάστου γεγενη-
μένου LR: verb. Wendl.   29 ⟨τὰ⟩ ὄντα Spald.   πρὸς ἐκεῖνον] nach des
Melissos Meinung   30 τὸ ἅπαντα Spald.: τὰ ἅπαντα R: τὸ ἅπαν L
31 προσάπτειν LR: verb. Ausg.   33 γίγνεται Korrektor Urb. 108: γί-
γνεσθαι LR   ἂν Spald.: ἐν LR   35 ἔστιν Spald.: ἔστω LR   36 ἀίδιον
εἴη L: ἀίδιανεικ R: verb. Spald.   38 [μὴ] Spald.   975b 1 ἔκ τε τοῦ μὴ
ὄντος Apelt: ἐκ τοῦ μὴ ὄντος L: ἐκτέμνοντες R   3 τῇ γ' ἔσται Panzerbieter:
θήσεσθαι LR   9 οὐ Fülleborn: εἰ L: fehlt R   10 πῶς γὰρ ἄν, φησί Spald.:
πῶς γὰρ φήσει L: πῶς γ' ἂν φήσει R   11 τε fehlt L

975b γίγνεσθαι τὰ πολλά, διαλλαττομένων τε καὶ διακρινομέ-
νων φθείρεσθαι πάλιν, καὶ εἶναι τῆι μὲν μίξει πολλά ποτε
15 καὶ τῆι διακρίσει, τῆι δὲ φύσει τέτταρα ἄνευ τῶν αἰτίων ἢ
ἕν. (9) ἢ εἰ καὶ ἄπειρα εὐθὺς ταῦτα εἴη, ἐξ ὧν συντιθεμένων
γίγνεται, διακρινομένων δὲ φθείρεται, ὡς καὶ τὸν Ἀναξα-
γόραν φασί τινες λέγειν ἐξ ἀεὶ ὄντων καὶ ἀπείρων τὰ γι-
γνόμενα γίγνεσθαι, κἂν οὕτως οὐκ ἂν εἴη ἀίδια πάντα, ἀλλὰ
20 καὶ γιγνόμενα ἄττα καὶ γενόμενά τ' ἐξ ὄντων καὶ φθει-
ρόμενα εἰς οὐσίας τινὰς ἄλλας. (10) ἔτι οὐδὲν κωλύει μίαν τινὰ
οὖσαν τὸ πᾶν μορφήν, ὡς καὶ ὁ Ἀναξίμανδρος καὶ ὁ
Ἀναξιμένης λέγουσιν, ὁ μὲν ὕδωρ εἶναι φάμενος τὸ πᾶν,
ὁ δέ, ὁ Ἀναξιμένης, ἀέρα, καὶ ὅσοι ἄλλοι οὕτως εἶναι τὸ
25 πᾶν ἐν ἠξιώκασιν, τοῦτο ἤδη σχήμασί τε καὶ πλήθει καὶ
ὀλιγότητι, καὶ τῶι μανὸν ἢ πυκνὸν γίγνεσθαι, πολλὰ καὶ
ἄπειρα ὄντα τε καὶ γιγνόμενα ἀπεργάζεσθαι, τὸ ὅλον. (11) φησὶ
δὲ καὶ ὁ Δημόκριτος τὸ ὕδωρ τε καὶ τὸν ἀέρα ἕκαστόν τε
τῶν πολλῶν, ταὐτὸ ὄν, ῥυθμῶι διαφέρειν. (12) τί δὴ κωλύει καὶ
30 οὕτως τὰ πολλὰ γίγνεσθαί τε καὶ ἀπόλλυσθαι, ἐξ ὄντος
ἀεὶ εἰς ὂν μεταβάλλοντος ταῖς εἰρημέναις διαφοραῖς τοῦ
ἑνός, καὶ οὐδὲν οὔτε πλέονος οὔτε ἐλάττονος γιγνομένου τοῦ
ὅλου; ἔτι τί κωλύει ποτὲ μὲν ἐξ ἄλλων τὰ σώματα γίγνεσθαι
33a καὶ διαλύεσθαι εἰς σώματα, οὕτως δ' ἀεὶ ἀναλυόμενα κατ' ἴσα γί-
γνεσθαί τε καὶ ἀπόλλυσθαι πάλιν; (13) εἰ δὲ καὶ ταῦτά τις
35 συγχωροίη, καὶ εἴη τε καὶ ἀγένητον εἴη, τί μᾶλλον ἄπει-
ρον δείκνυται; ἄπειρον γὰρ εἶναί φησιν, εἰ ἔστι μέν, μὴ
γέγονε δέ· πέρατα γὰρ εἶναι τὴν τῆς γενέσεως ἀρχήν τε
καὶ τελευτήν. (14) καίτοι τί κωλύει ἀγένητον ὂν ἔχειν πέρας
ἐκ τῶν εἰρημένων; εἰ γὰρ ἐγένετο, ἀρχὴν ἔχειν ἀξιοῖ ταύ-
976a 1 την ὅθεν ἤρξατο γιγνόμενον. τί δὴ κωλύει, καὶ εἰ μὴ
ἐγένετο, ἔχειν ἀρχήν, οὐ μέντοι γε ἐξ ἧς γε ἐγένετο, ἀλλὰ
καὶ ἑτέραν, καὶ εἶναι περαίνοντα πρὸς ἄλληλα ἀίδια ὄντα;
(15) ἔτι τί κωλύει τὸ μὲν ὅλον ἀγένητον ὂν ἄπειρον εἶναι, τὰ
5 δὲ ἐν αὐτῶι γιγνόμενα πεπεράνθαι, ἔχοντα ἀρχὴν καὶ τε-
λευτὴν γενέσεως; ἔτι καὶ ὡς ὁ Παρμενίδης φησί, τί κω-
λύει καὶ τὸ πᾶν ἓν ὂν καὶ ἀγένητον ὅμως πεπεράνθαι, καὶ
εἶναι "πάντοθεν εὐκύκλου σφαίρας ἐναλίγκιον ὄγκωι, μεσσό-

975b 15 d. h. der natürliche Zustand ist entweder die vollständige
Vereinigung (Sphairos = ἕν) oder vollständige Trennung (vier Elemente).
In beiden Fällen sind die αἴτια (Φιλία und Νεῖκος) ausgeschaltet   20 καὶ
γενόμενα tilgten Bergk und Spengel   22 Ἀναξίμανδρος versehentlich statt
Θαλῆς: ὡς ⟨καὶ ὁ Θαλῆς⟩ und 23 τὸ πᾶν, ⟨ὁ δὲ τὸ ἄπειρον⟩, H. Gomperz
24 [ὁ Ἀναξιμένης]? Diels   25 πλήθει Diels (vgl. 977a 1): πλήθεσι LR
27 ἀπεργάζεται LR: verb. Spald.   [τὸ ὅλον] Wendl.   29 τοῦτο LR:
verb. Sylburg   ῥυσμῶι Sylburg   κωλύειν LR: verb. Ausg.   33a καὶ ...
γίγνεσθαί τε fehlt R   δ' ἀεὶ Diels: δὴ L   ἀναλυόμενα ⟨καὶ γιγνόμενα⟩
Kochalsky   κατ' F. Kern: καὶ L   37 γέγονε δὲ Sylburg: ʼ γεγονέναι
LR   976a 1 ἤρξατο γιγνόμενα L: γίγνοιτο εἰ γιγνόμενα R: verb. Bergk

976a θεν ἰσοπαλὲς πάντη· τὸ γὰρ οὔτε τι μεῖζον οὔτε τι βαιό-
10 τερον πελέμεν χρεών ἐστι τῇ ἢ τῇ" [28 B 8, 43—45]. (16) ἔχον δὲ μέσον καὶ
ἔσχατα, πέρας ἔχει ἀγένητον ὄν, ἐπεὶ εἰ καί, ὡς αὐτὸς
λέγει, ἕν ἐστι, καὶ τοῦτο σῶμα, ἔχει ἄλλα ἑαυτοῦ μέρη,
τὰ δὲ ὅμοια πάντα.   (17) καὶ γὰρ ὅμοιον οὕτω λέγει τὸ πᾶν
εἶναι οὐχὶ ὡς ἄλλωι τινί (ὅπερ Ἀναξαγόρας ἐλέγχει ὅτι ὅμοιον
15 τὸ ἄπειρον· τὸ γὰρ ὅμοιον ἑτέρωι ὅμοιον, ὥστε δύο ἢ πλείω
ὄντα οὐκ ἂν ἓν οὐδὲ ἄπειρον εἶναι), ἀλλ' ἴσως τὸ ὅμοιον πρὸς
αὐτὸ λέγει, καί φησιν αὐτὸ ὅμοιον εἶναι πᾶν, ὅτι ὁμοιο-
μερές, ὕδωρ ὂν ἅπαν ἢ γῆ ἢ εἴ τι τοιοῦτον ἄλλο.   (18) δῆλος
γὰρ οὕτως ἀξιῶν εἶναι ἕν, τῶν δὲ μερῶν ἕκαστον σῶμα ὂν
20 οὐκ ἄπειρόν ἐστι· τὸ γὰρ ὅλον ἄπειρον. ὥστε ταῦτα περαί-
νει πρὸς ἄλληλα ἀγένητα ὄντα.   (19) ἔτι εἰ ἀίδιόν τε καὶ ἄπει-
ρόν ἐστι, πῶς ἂν εἴη ἓν σῶμα ὄν; εἰ μὲν γὰρ ⟨τῶν⟩ ἀνομοιο-
μερῶν εἴη, πολλά, καὶ αὐτὸς οὕτω γ' ⟨ἂν⟩ εἶναι ἀξιοῖ. εἰ δὲ
ἅπαν ὕδωρ ἢ ἅπαν γῆ, ἢ ὅτι δὴ τὸ ὂν τοῦτ' ἐστί, πόλλ'
25 ἂν ἔχοι μέρη (ὡς καὶ Ζήνων ἐπιχειρεῖ ὂν δεικνύναι τὸ
οὕτως ὂν ἕν), εἴη οὖν ἂν καὶ πλεῖον ἄττα αὐτοῦ μέρη, ἐλάττον' ὄντα
καὶ μικρότερ' ἄλλα ⟨ἄλλων, ὥσ⟩τε πάντη ἂν ταύτη ἀλλοῖον εἴη
οὐδενὸς προσγιγνομένου σώματος οὐδ' ἀπογιγνομένου.   (20) εἰ δὲ
μήτε σῶμα μήτε πλάτος μήτε μῆκος ἔχον μηδέν, πῶς ἂν
30 ἄπειρον ⟨τὸ⟩ ἓν εἴη; ⟨ἢ⟩ τί κωλύει πολλὰ καὶ ἀνάριθμα τοιαῦτα
εἶναι;   (21) ⟨ἔτι⟩ τί κωλύει καὶ πλείω ὄντα ἑνὸς μεγέθει ἄπειρα εἶναι;
ὡς καὶ ὁ Ξενοφάνης [21 A 47] ἄπειρον τό τε βάθος τῆς γῆς καὶ τοῦ
ἀέρος φησὶν εἶναι.   δηλοῖ δὲ καὶ ὁ Ἐμπεδοκλῆς· ἐπιτιμᾷ
γὰρ ὡς λεγόντων τινῶν τοιαῦτα, ἀδύνατον εἶναι οὕτως ἐχόν-
35 των ξυμβαίνειν αὐτά, "εἴπερ ἀπείρονα γῆς τε βάθη καὶ
δαψιλὸς αἰθήρ, ὡς διὰ πολλῶν δὴ βροτέων ῥηθέντα μα-
ταίως ἐκκέχυται στομάτων, ὀλίγον τοῦ παντὸς ἰδόντων" [31 B 39].   (22) ἔτι
ἓν ὂν οὐδὲν ἄτοπον, εἰ μὴ πάντη ὁμοιόν ἐστιν. εἰ γάρ ἐστιν
976b 1 ὕδωρ ἅπαν ἢ πῦρ ἢ ὅτι δὴ ἄλλο τοιοῦτον, οὐδὲν κωλύει
πλείω εἰπεῖν τοῦ ὄντος ἑνὸς εἴδη, ἰδίαι ἕκαστον ὅμοιον αὐτὸ
ἑαυτῶι.   (23) καὶ γὰρ μανόν, τὸ δὲ πυκνὸν εἶναι, μὴ ὄντος ἐν
τῶι μανῶι κενοῦ, οὐδὲν κωλύει. ἐν γὰρ τῶι μανῶι οὐκ ἔστιν ἓν

976a 10 πελέμεν χρεών Spald.: εἶναι μεχριων (oder μέχρι ὂν) LR   14 Ἀνα-
ξαγόρας Bergk: ἀθηναγόρας (ἀθῆναι ὁρᾷς R) LR; derselbe Schreibfehler
Friedr. d. Gr. Brief an d'Alembert 2. Juli 1769 (xxiv 458 Preuß). Gemeint
ist 59 B 12 νοῦς δὲ πᾶς ὅμοιός ἐστι κτλ. Das ἄπειρον ebenda am Anfang
νοῦς δέ ἐστιν ἄπειρον   15 γὰρ Spald.: γε LR   17 vgl. 28 B 8, 22
19 δὲ Diels: δὴ L: δι R   22 ⟨τῶν⟩ Diels   23 ⟨ἂν⟩ Apelt   26 πλείον'
ἄττα Diels: πλείονα τὰ L: πλείονα R   26. 27 ἐλαττόνων τε καὶ μικροτέρων
ἀλλ ...... τε (ἀλλαί τε R) LR: verb. Apelt   28 οὐδενὸς ⟨ὄντος τοῦ⟩
Diels   προσγενομένου σ. οὐδ' ἀπογενομένου (vgl. 29 B 2)? Diels   30 ⟨τὸ⟩
ἓν Diels: ἂν LR   ⟨ἢ⟩ Wilson   ἀνάριθμα Korrektor des Bern. 402:
ἐνάριθμα R: ἐν ἀριθμῷ L   31 ⟨ἔτι⟩ Wilson   36 βροτέων] γλώσσης
Arist. 294a 27 [s. I 125, 28]   976b 2 εἴδη, ἰδίαι Apelt: εἰ δὴ (οὖ δὴ L¹)
δι' (δεῖ L) LR   4 κωλύει. ἐν Bonitz: κωλύειν LR

976b 5 τισι μέρεσι χωρὶς ἀποκεκριμένον τὸ κενόν, ὥστε τοῦ ὅλου
τὸ μὲν πυκνόν, ⟨τὸ δὲ μὴ πυκνὸν⟩ εἶναι (καὶ τοῦτ' ἤδη ἐστὶ μανόν, τὸ
πᾶν οὕτως
ἔχον), ἀλλ' ὁμοίως ἅπαν πλῆρες ὂν ὁμοίως ἧττον πλῆρές
ἐστι τοῦ πυκνοῦ.   (24) εἰ δὲ καὶ ἔστιν ⟨καὶ⟩ ἀγένητόν ἐστι, κἂν διὰ
τοῦτο ἄπειρον δοθείη εἶναι καὶ μηδὲ ἐνδέχεσθαι ἄλλο καὶ
10 ἄλλο [ἄπειρον] εἶναι, διὰ τί καὶ ἐν τοῦτο ἤδη προσαγο-
ρευτέον καὶ ἀκίνητον; * * * πῶς γάρ, εἰ τὸ ἄπειρον ὅλον εἴη, τὸ
κενὸν μὴ ὅλον ὂν οἷόν τε εἶναι;   (25) ἀκίνητον δ' εἶναί φησιν,
εἰ κενὸν μὴ ἔστιν· ἅπαντα γὰρ κινεῖσθαι τῶι ἀλλάττειν
τόπον.   (26) πρῶτον μὲν οὖν τοῦτο πολλοῖς οὐ συνδοκεῖ, ἀλλ'
15 εἶναί τι κενόν, οὐ μέντοι τοῦτό γέ τι σῶμα εἶναι, ἀλλ' οἷον
καὶ ὁ Ἡσίοδος ἐν τῆι γενέσει πρῶτον τὸ χάος φησὶ γενέ-
σθαι, ὡς δέον χώραν πρῶτον ὑπάρχειν τοῖς οὖσι· τοιοῦτον δέ
τι καὶ τὸ κενὸν οἷον ἀγγεῖόν τι, ⟨οὗ τὸ⟩ ἀνὰ μέσον εἶναι ζητοῦμεν.
(27) ἀλλὰ δὴ καὶ εἰ μὴ ἔστι κενὸν μηδέν, ⟨οὐδέν⟩ τι ἧσσον ἂν κινοῖτο.
20 ἐπεὶ καὶ Ἀναξαγόρας τὸ πρὸς αὐτὸ πραγματευθείς, καὶ οὐ
μόνον ἀποχρῆσαν αὐτῶι ἀποφήνασθαι ὅτι οὐκ ἔστιν, ὅμως
κινεῖσθαί φησι τὰ ὄντα οὐκ ὄντος κενοῦ.   (28) ὁμοίως δὲ καὶ ὁ
Ἐμπεδοκλῆς κινεῖσθαι μὲν ἀεί φησι συγκρινόμενα τὸν
ἅπαντα ἐνδελεχῶς χρόνον, ⟨κενὸν⟩ δὲ οὐδὲν εἶναι, λέγων ὡς "τοῦ παν-
τὸς δ(ὲ)
25 οὐδὲν κενεόν· πόθεν οὖν τί κ' ἐπέλθοι;" [31 B 14] ὅταν δὲ εἰς μίαν μορ-
φὴν συγκριθῆι, ὥσθ' ἓν εἶναι, 'οὐδέν, φησί, τό γε κενεὸν πέλει
οὐδὲ περισσόν' [31 B 13].   (29) τί γὰρ κωλύει εἰς ἄλληλα φέρεσθαι καὶ
περιίστασθαι ἅμα ὁτουοῦν εἰς ἄλλο, καὶ τούτου εἰς ἕτερον, καὶ
εἰς τὸ πρῶτον ἄλλου μεταβάλλοντος ἀεί;   (30) τί καὶ τὴν ἐν
30 τῶι αὐτῶι μένοντος τοῦ πράγματος τόπωι τοῦ εἴδους με-
ταβολήν, ἣν ἀλλοίωσιν οἵ τ' ἄλλοι κἀκεῖνος λέγει, ἐκ
τῶν εἰρημένων αὐτῶι κωλύει κινεῖσθαι τὰ πράγματα, ὅταν
ἐκ λευκοῦ μέλαν ἢ ἐκ πικροῦ γίγνηται γλυκύ; οὐδὲν γὰρ τὸ
μὴ εἶναι κενὸν ἢ μὴ δέχεσθαι τὸ πλῆρες ἀλλοιοῦσθαι κωλύει.
35 (31) ὥστ' οὔθ' ἅπαν οὔτε ἀίδιον [οὔθ' ἕν] οὔτ' ἄπειρον ἀνάγκη εἶναι (ἀλλ'
⟨εἰ ἄρα,⟩ ἄπειρα πολλά), οὔτε ἕν, ⟨οὔ⟩θ' ὅμοιον, οὔτ' ἀκίνητον. οὔτ' εἰ ἓν
οὔτ' εἰ πόλλ' ἄττα.   τούτων δὲ κειμένων καὶ μετακοσμεῖσθαι καὶ

976b 5 ὥστε Mullach: ὡς τὸ LR   6 ⟨ ⟩ Diels   8 ⟨καὶ⟩ Bonitz   κἂν
Diels: καὶ LR   10 [ἄπειρον] Spengel   τί L: τοῦτο R   11 ἀκίνητον
Spengel: ἀδύνατον LR. Das Folgende bei Spengel so: πῶς γὰρ ἢ τὸ ἄπειρον
ὂν ἢ τὸ μὴ ἄλλο καὶ ἄλλο ὂν οἷόν τε εἶναι ⟨ἀκίνητον⟩. Die Hss. πῶς γὰρ ἢ
(ἂν R) τὸ ἀπ. ὅσον ἢ τὸ κενὸν (κενὸν fehlt L) μὴ ὅλον ἂν οἷόν τε εἶναι LR:
ὅλον st. ὅσον Felicianus, das übrige Diels   18 ⟨οὗ τὸ⟩ Diels vgl. Ar.
Phys. 212a 14   19 ⟨οὐδέν⟩ Spengel; τί hatte Apelt vorgeschlagen   20 τὸ]
ὁ Spald.: τὰ Wendl.   24 ⟨κενὸν⟩ Apelt   25 πόθον LR   29 τί Diels:
ἔτι LR   32 ⟨οἷον⟩ ὅταν ? Diels   35 [οὔθ' ἕν] Spengel   36 ⟨εἰ ἄρα⟩
aus 977a 3 Diels   ἕν, ⟨οὔ⟩θ' ὅμοιον Spengel: ἓν θ' ὅμοιον LR   Das Ganze
las Spengel: ὥστε οὔθ' ἅπαντα ἀίδιον οὔτ' ἄπειρον ἀνάγκη εἶναι οὔτε ἓν οὔθ'
ὅμοιον οὔτ' ἀκίνητον (darin ἀίδιον statt ἀίδια Hss., ἅπαν οὔτε Diels)

976b ἑτεροιοῦσθαι τὰ ὄντα οὐδὲν ἄν κωλύοι ἐκ τῶν ὑπ' ἐκείνου εἰρημε-
977a 1 νων, καὶ ἑνὸς ὄντος τοῦ παντὸς κινήσεως οὔσης, καὶ πλήθει καὶ
ὀλιγότητι διαφέροντος, καὶ ἀλλοιουμένου οὐδενὸς προσγιγνομένου
οὐδ' ἀπογιγνομένου σώματος, καὶ εἰ πολλά, συμμισγομένων
καὶ διακρινομένων ἀλλήλοις.   (32) τὴν γὰρ μίξιν οὔτ' ἐπιπρόσ-
5 θησιν τοιαύτην εἶναι οὔτε σύνθεσιν εἰκὸς οἵαν λέγει, ὥστε ἢ
χωρὶς εὐθὺς εἶναι, ἢ καὶ ἀποτριφθέντων ὅσ' ἐπίπροσθεν ἕτερα ἑτέ-
ρων φαίνεσθαι χωρὶς ἀλλήλων ταῦτα, ἀλλ' οὕτως συγκεῖσθαι
ταχθέντα ὥστε ὁτιοῦν τοῦ μιγνυμένου παρ' ὁτιοῦν ᾧ μίγνυ⟨ται γίγνε⟩-
σθαι μέ-
ρος οὕτως, ὡσ⟨τε⟩ μὴ ἄν ληφθῆναι συγκείμενα, ἀλλὰ μεμιγμένα,
10 μηδ' ὁποσαοῦν αὐτοῦ μέρη.   ἐπεὶ γὰρ οὐκ ἔστι σῶμα [τὸ] ἐλά-
χιστον, ἄπαν ἄπαντι μέρος μέμικται ὁμοίως καὶ τὸ ὅλον.

6. HIPP. de nat. hom. 1 [VI 34 L.] ἀλλ' ἔμοιγε δοκέουσιν οἱ τοιοῦτοι ἄνθρω-
ποι αὐτοὶ σφᾶς αὐτοὺς καταβάλλειν ἐν τοῖσιν ὀνόμασι τῶν λόγων αὐτῶν ὑπὸ
ἀσυνεσίης, τὸν δὲ Μελίσσου λόγον ὀρθοῦν. GAL. CMG V 9, 1, 17, 16 φανερῶς οὖν
ἐν τούτωι τῶι λόγωι παντὶ τοῖς ἔν τι μόνον τῶν τεσσάρων στοιχείων ἡγουμένοις
5 εἶναι τὸν ἄνθρωπον ἀντιλέγει καί φησιν αὐτοὺς ἁμαρτάνειν. ⟨οὐχ⟩ ὅτι γὰρ μηδὲν
ἀποδεικνύουσιν, ⟨ἀλλ'⟩ ἐσχάτως ἀπίθανος ἦν ὁ λόγος αὐτῶν· ἐν μὲν γάρ τι τῶν τεσ-
σάρων εἶναι τὸν ἄνθρωπον οὐ κατασκευάζουσι, τὸν δὲ Μελίσσου λόγον ὀρθοῦσιν
ἡγουμένου μὲν ἓν εἶναι καὶ αὐτοῦ τούτου, οὐ μὴν ἐκ τῶν τεσσάρων γ' ἕν τι τού-
των, ἀέρος καὶ γῆς ὕδατός τε καὶ πυρός.   ἔοικε δὲ ὁ ἀνὴρ οὗτος ἐννοῆσαι μὲν εἶναί
10 τινα οὐσίαν κοινὴν ὑποβεβλημένην τοῖς τέσσαρσι στοιχείοις, ἀγένητόν τε καὶ
ἄφθαρτον, ἣν οἱ μετ' αὐτὸν ὕλην ἐκάλεσαν, οὐ μὴν διηρθρωμένος γε δυνηθῆναι
τοῦτο δηλῶσαι.   ταύτην δ' οὖν αὐτὴν τὴ- οὐσίαν ὀνομάζει τὸ ἓν καὶ τὸ πᾶν.

7. ARISTOT. Metaph. A 5. 986 b 25 οὗτοι μὲν οὖν, καθάπερ εἴπομεν, ἀφετέοι
πρὸς τὴν νῦν παροῦσαν ζήτησιν, οἱ μὲν δύο καὶ πάμπαν ὡς ὄντες μικρὸν ἀγροι-
15 κότεροι, Ξενοφάνης καὶ Μ., Παρμενίδης δὲ μᾶλλον βλέπων κτλ. [28 A 24].
Phys. A 3. 186a 6 ἀμφότεροι γὰρ ἐριστικῶς συλλογίζονται, καὶ Μ. καὶ Παρ-
μενίδης· καὶ γὰρ ψευδῆ λαμβάνουσι καὶ ἀσυλλόγιστοί εἰσιν αὐτῶν οἱ λόγοι·
μᾶλλον δ' ὁ Μελίσσου φορτικὸς καὶ οὐκ ἔχων ἀπορίαν, ἀλλ' ἑνὸς ἀτόπου δοθέντος
τἆλλα συμβαίνει· τοῦτο δ' οὐδὲν χαλεπόν.
20 8. — Phys. Δ 6. 213b 12 Μ. μὲν οὖν καὶ δείκνυσιν ὅτι τὸ πᾶν ἀκίνητον
ἐκ τούτων· εἰ γὰρ κινήσεται, ἀνάγκη εἶναι, φησί, κενόν, τὸ δὲ κενὸν οὐ τῶν ὄντων.
de gen. et corr. A 8. 325 a 2 ἐνίοις γὰρ τῶν ἀρχαίων ἔδοξε τὸ ὄν ἐξ ἀνάγκης ἓν εἶναι
καὶ ἀκίνητον· τὸ μὲν γὰρ κενὸν οὐκ ὄν, κινηθῆναι δ' οὐκ ἂν δύνασθαι μὴ ὄντος
κενοῦ κεχωρισμένου.   οὐδ' αὖ πολλὰ εἶναι μὴ ὄντος τοῦ διείργοντος.   τοῦτο δ'

---

976 b 39 οὐδένα κωλύει LR: verb. Apelt   977a 3 οὐδ' ἀπογιγνομένου
F. Kern: εἰ δ' ἄρα τινος, οὐ τοῦ LR (s. zu 976 b 36)   5 λέγει Sylburg: λέγειν LR
6 ἀποτριφθέντων ὅσ' Wilson: ἀποστρεφθέντος LR   8 ⟨ ⟩ Apelt   9 ὡς
μὴ ἀναληφθῆναι LR: verb. Wilson   10 μηδ' ὁποιαοῦν R: μὴ δὲ ποιαοῦν L:
verb. Diels   αὐτῷ LR: verb. Wilson   [τὸ] Diels: τι Apelt; σώματα
ἐλάχιστα F. Kern
2 αὐτοὶ Gal.: fehlt Hss.   σφᾶς αὐτοὺς MV, Gal.: ἑωυτοὺς A   viel-
leicht καταβάλλειν ἀντίοισιν ὀνόμασι τῶι λόγωι αὐτῶι Diels   3 Weitere Be-
ziehungen des Verf. auf Mel. bespricht Fredrich Hippokr. Unters. S. 30
5 ⟨ ⟩ Diels   6 ⟨ ⟩ Diels   τι L: fehlt VR   8 τούτου Diels: τοῦτο Hss.

οὐδὲν διαφέρειν, εἴ τις οἴεται μὴ συνεχὲς εἶναι τὸ πᾶν ἀλλ' ἅπτεσθαι διηιρημένον, τοῦ φάναι πολλὰ καὶ μὴ ἓν εἶναι καὶ κενόν. εἰ μὲν γὰρ πάντηι διαιρετόν, οὐθὲν εἶναι ἕν, ὥστε οὐδὲ πολλά, ἀλλὰ κενὸν τὸ ὅλον· εἰ δὲ τῆι μέν, τῆι δὲ μή, πεπλασμένωι τινὶ τοῦτ' ἐοικέναι· μέχρι πόσου γὰρ καὶ διὰ τί τὸ μὲν οὕτως ἔχει τοῦ ὅλου 5 καὶ πλῆρές ἐστι, τὸ δὲ διηιρημένον; ἔτι δ' ὁμοίως ἀναγκαῖον μὴ εἶναι κίνησιν. ἐκ μὲν οὖν τούτων τῶν λόγων ὑπερβάντες τὴν αἴσθησιν καὶ παριδόντες αὐτὴν ὡς τῶι λόγωι δέον ἀκολουθεῖν, ἓν καὶ ἀκίνητον τὸ πᾶν εἶναί φασι καὶ ἄπειρον ἔνιοι· τὸ γὰρ πέρας περαίνειν ἂν πρὸς τὸ κενόν. Vgl. 28 A 25.

9. CIC. Ac. II 37, 118 M. hoc quod esset infinitum et inmutabile et fuisse 0 semper et fore. AËT. II 1, 2 (s. I 224, 1). I 3, 14 [Theodor. IV 8; D. 285] M. δὲ ὁ Ἰθαγένους ὁ Μιλήσιος (so!) τούτου [Parmenides] μὲν ἑταῖρος ἐγένετο, τὴν δὲ παραδοθεῖσαν διδασκαλίαν ἀκήρατον οὐκ ἐτήρησεν. ἄπειρον γὰρ οὗτος ἔφη τὸν κόσμον ἐκείνων φάντων πεπερασμένον.Ι1, 6 (D. 328) Διογένης καὶ Μ. τὸ μὲν πᾶν ἄπειρον, τὸν δὲ κόσμον πεπεράνθαι. II 4, 11 s. I 224, 1.

5 10. ARISTOT. Soph.el.5.167b 13 οἷον ὁ Μελίσσου λόγος, ὅτι ἄπειρον τὸ ἅπαν, λαβὼν τὸ μὲν ἅπαν ἀγένητον (ἐκ γὰρ μὴ ὄντος οὐδὲν ἂν γενέσθαι), τὸ δὲ γενόμενον ἐξ ἀρχῆς γενέσθαι. εἰ μὴ οὖν γέγονεν, ἀρχὴν οὐκ ἔχειν τὸ πᾶν, ὥστ' ἄπειρον. οὐκ ἀνάγκη δὲ τοῦτο συμβαίνειν· οὐ γὰρ εἰ τὸ γενόμενον ἅπαν ἀρχὴν ἔχει, καὶ εἴ τι ἀρχὴν ἔχει γέγονεν. 6. 168b 35 ὡς ἐν τῶι Μελίσσου λόγωι, τὸ αὐτὸ εἶναι 0 λαμβάνει· τὸ γεγονέναι καὶ ἀρχὴν ἔχειν, ἢ τὸ ἴσοις γίνεσθαι καὶ ταὐτὸ μέγεθος λαμβάνειν. ὅτι γὰρ τὸ γεγονὸς ἔχει ἀρχήν, καὶ τὸ ἔχον ἀρχὴν γεγονέναι ἀξιοῖ, ὡς ἄμφω ταὐτὰ ὄντα τῶι ἀρχὴν ἔχειν, τό τε γεγονὸς καὶ τὸ πεπερασμένον. Vgl. 28. 181a 27. Phys. A 3. 186a 10.

11. — Phys. A 2. 185a 32 M. δὲ τὸ ὂν ἄπειρόν φησιν εἶναι. ποσὸν ἄρα τι τὸ ῖ5 ὄν . . . ὁ γὰρ τοῦ ἀπείρου λόγος τῶι ποσῶι προσχρῆται, ἀλλ' οὐκ οὐσίαι οὐδὲ τῶι ποιῶι. Vgl. Metaph. A 5. 986b 18 [21 A 30]. Phys. Γ 6. 207a 9 [28 A 27].

12. EPIPHAN. adv. haer. III 2, 12 (D. 590) Μ. ὁ τοῦ Ἰθαγένους Σάμιος τὸ γένος ἓν τὸ πᾶν ἔφη εἶναι, μηδὲν δὲ βέβαιον ὑπάρχειν τῆι φύσει, ἀλλὰ πάντα εἶναι φθαρτὰ ἐν δυνάμει. AËT. I 24, 1 (s. I 223, 10).

ῖ0 13. AËT. I 7, 27 (D. 303) Μ. καὶ Ζήνων τὸ ἓν καὶ πᾶν [sc. θεὸν εἶναι], καὶ μόνον ἀίδιον καὶ ἄπειρον τὸ ἕν. OLYMPIODOR. de arte sacra (Collection des Alchym. grecs Berthelot II) p. 81, 3 Ruelle μίαν τοίνυν ἀκίνητον ⟨καὶ⟩ ἄπειρον ἀρχὴν πάντων τῶν ὄντων ἐδόξαζεν Μέλισσος τὸ θεῖον.

14. PHILODEM. Rhet. fr. inc. 3. 7 (II 196 Sudhaus) . . . οὐδὲ κατὰ Παρμενίδην ῖ5 καὶ Μέλισσον ἓν τὸ πᾶν λέγοντας εἶναι καὶ διὰ τὸ τὰς αἰσθήσεις ψευδεῖς εἶναι. ARISTOCL. b. Eus. P. E. XIV 17, 7 ὁ γέ τοι Μ. ἐθέλων ἐπιδεικνύναι διότι τῶν φαινομένων καὶ ἐν ὄψει τούτων οὐδὲν εἴη τῶι ὄντι, διὰ τῶν φαινομένων ἀποδείκνυσιν αὐτῶν· φησὶ γοῦν· 'εἰ γὰρ ἔστι γῆ . . . μαλακὸν σκληρόν' [30 B 8, 2. 3]. ταῦτα δὲ καὶ ἄλλα πολλὰ τοιαῦτα λέγοντος αὐτοῦ καὶ μάλα εἰκότως ῖ0 ἐπύθετό τις ἄν· 'ἆρ' οὖν ὅτι ὁ νῦν θερμόν ἐστι κἄπειτα τοῦτο γίνεται ψυχρὸν οὐκ αἰσθόμενος ἔγνως;' ὁμοίως δὲ καὶ περὶ τῶν ἄλλων. ὅπερ γὰρ ἔφην, εὑρεθείη ἂν οὐδὲν ἀλλ' ἢ τὰς αἰσθήσεις ἀναιρῶν καὶ ἐλέγχων διὰ τὸ μάλιστα πιστεύειν αὐταῖς. Vgl. AËT. IV 9, 1 [28 A 49].

5 δ' hinter ἔτι fehlt E   ὁμοίως φάναι ἀναγκαῖον FHL   32 ⟨καὶ⟩ nach L: fehlt A   33 μιλήσιος L: μιλήσει σοι Α: verb. Vitelli   θεῖον Vitelli: ὡὸν Hss. — Vgl. J. Hammer-Jensen Histor. filol. Meddelelser d. Dän. Akad. IV 2 (1921) 127   40 τοῦτο nach ψυχρὸν ? Diels

B. FRAGMENTE
ΜΕΛΙΣΣΟΥ ΠΕΡΙ ΦΥΣΕΩΣ Η ΠΕΡΙ ΤΟΥ ΟΝΤΟΣ

1 [1 Covotti *Stud. Ital.* VI 217]. SIMPL. Phys. 162, 24 καὶ Μ.
δὲ τὸ ἀγένητον τοῦ ὄντος ἔδειξε τῶι κοινῶι τούτωι χρησάμενος
5 ἀξιώματι· γράφει δὲ οὕτως· 'ἀεὶ ἦν ὅ τι ἦν καὶ ἀεὶ ἔσται.
εἰ γὰρ ἐγένετο, ἀναγκαῖόν ἐστι πρὶν γενέσθαι εἶναι
μηδέν· εἰ τοίνυν μηδὲν ἦν, οὐδαμὰ ἂν γένοιτο οὐδὲν
ἐκ μηδενός'.

2 [2]. — — 29, 22. 109, 20 'ὅτε τοίνυν οὐκ ἐγένετο, ἔστι
10 τε καὶ ἀεὶ ἦν καὶ ἀεὶ ἔσται καὶ ἀρχὴν οὐκ ἔχει οὐδὲ

PARAPHRASE DER FRAGMENTE 1. 2. 6. 7.

SIMPL. Phys. 103, 13 νῦν δὲ τὸν Μελίσσου λόγον ἴδωμεν, πρὸς ὃν πρότερον
ὑπαντᾶ [Aristot. Phys. A 3. 186a 4]. τοῖς γὰρ τῶν φυσικῶν ἀξιώμασι χρησάμενος
ὁ Μ. περὶ γενέσεως καὶ φθορᾶς ἄρχεται τοῦ συγγράμματος οὕτως·
15 1. 'εἰ μὲν μηδὲν ἔστι, περὶ τούτου τί ἂν λέγοιτο ὡς ὄντος τινός; εἰ δὲ τὶ ἔστιν,
ἤτοι γινόμενόν ἐστιν ἢ ἀεὶ ὄν. ἀλλ' εἰ γενόμενον, ἤτοι ἐξ ὄντος ἢ ἐξ οὐκ ὄντος·
ἀλλ' οὔτε ἐκ μὴ ὄντος οἷόν τε γενέσθαι τι (οὔτε ἄλλο μὲν οὐδὲν ὄν, πολλῶι δὲ μᾶλλον
τὸ ἁπλῶς ὄν) οὔτε ἐκ τοῦ ὄντος. εἴη γὰρ ἂν οὕτως καὶ οὐ γίνοιτο. οὐκ ἄρα γινό-
μενόν ἐστι τὸ ὄν· ἀεὶ ὂν ἄρα ἐστίν. οὐδὲ φθαρήσεται τὸ ὄν· οὔτε γὰρ εἰς τὸ μὴ ὂν
20 οἷόν τε τὸ ὂν μεταβάλλειν (συγχωρεῖται γὰρ καὶ τοῦτο ὑπὸ τῶν φυσικῶν) οὔτε
εἰς ὄν· μένοι γὰρ ἂν πάλιν οὕτω γε καὶ οὐ φθείροιτο. οὔτε ἄρα γέγονε τὸ ὂν οὔτε
φθαρήσεται· ἀεὶ ἄρα ἦν τε καὶ ἔσται. 2. ἀλλ' ἐπειδὴ τὸ γενόμενον ἀρχὴν ἔχει,
τὸ μὴ γενόμενον ἀρχὴν οὐκ ἔχει· τὸ δὲ ὂν οὐ γέγονεν· οὐκ ἄρ' ἔχει ἀρχήν. ἔτι δὲ

MELISSOS ÜBER DIE NATUR ODER ÜBER DAS SEIENDE

1. Immerdar war, was da war, und immerdar wird es sein. Denn
wäre es entstanden, so müßte notwendigerweise vor dem Entstehen
nichts sein. Wenn nun nichts war, so könnte unter keinen Umständen
etwas aus nichts entstehen.

2. Weil es nun also nicht entstanden ist, so ist es und war immerdar
und wird immerdar sein und hat keinen Anfang und auch kein Ende,

5 zu dieser 'Seinsformel' vgl. Wortindex u. εἶναι   7 εἰ τοίνυν aF: εἰ
τύχοι νῦν E: εἰ τυχη νῦν D. Vielleicht ὅτε τοίνυν wie Z. 9 vgl. S. 269, 3. 271, 4.
9. 10 ἔστι δὲ ἀεὶ ἦν Simpl. 109; zur 'Seinsformel' vgl. Anm. zu Z. 5   10 ἀεὶ
(vor ἔσται) fehlt Simpl. 29   11 Die früher als Melissisch angesehene
Paraphrase des Simplicius hat nichts als die oben stehenden Fragmente
des Melissos zur Grundlage. Vgl. Pabst *de Mel. fragm.* Bonn 1889. Burnet
Early gr. philos.[2] S. 370 sieht jedoch noch 15 εἰ ... τινός als echt an   16 γινό-
μενον] s. zu S. 269, 2   19 οὐδὲ Diels: οὔτε (oder οὔτε γὰρ) Simpl. Hss.
23 Diels: οὐκ ἂν ἔχοι Hss. — Vgl. durchgehend Parmenides B 7. 8

τελευτήν, ἰλλ' ἄπειρόν ἐστιν. εἰ μὲν γὰρ ἐγένετο,
ἀρχὴν ἂν εἶχεν (ἤρξατο γὰρ ἄν ποτε γενόμενον) καὶ
τελευτήν (ἐτελεύτησε γὰρ ἄν ποτε γενόμενον)· ὅτε δὲ
μήτε ἤρξατο μήτε ἐτελεύτησεν, ἀεί τε ἦν καὶ ἀεὶ ἔσται
5 〈καὶ〉 οὐκ ἔχει ἀρχὴν οὐδὲ τελευτήν· οὐ γὰρ ἀεὶ εἶναι
ἀνυστόν, ὅ τι μὴ πᾶν ἔστι'.

3 [3]. — — 109, 29 ὅτι δὲ ὥσπερ τὸ 'ποτὲ γενόμενον' [B 2]
πεπερασμένον τῆι οὐσίαι φησίν, οὕτω καὶ τὸ 'ἀεὶ ὄν' ἄπειρον
λέγει τῆι οὐσίαι, σαφὲς πεποίηκεν εἰπών· 'ἀλλ' ὥσπερ ἔστιν
10 ἀεί, οὕτω καὶ τὸ μέγεθος ἄπειρον ἀεὶ χρὴ εἶναι'. μέγε-
θος δὲ οὐ τὸ διάστατόν φησι [vgl. B 10].

4 [4]. — — 110, 2 [nach B 9] καὶ ἐφεξῆς δὲ τῶι ἀιδίωι τὸ ἄπειρον
κατὰ τὴν οὐσίαν συνέταξεν εἰπών· 'ἀρχήν τε καὶ τέλος ἔχον
οὐδὲν οὔτε ἀίδιον οὔτε ἄπειρόν ἐστιν', ὥστε τὸ μὴ ἔχον
15 ἄπειρόν ἐστιν.

5 [9]. — — 110, 5 [nach B 4] ἀπὸ δὲ τοῦ ἀπείρου τὸ ἓν συνε-
λογίσατο ἐκ τοῦ 'εἰ μὴ ἓν εἴη, περανεῖ πρὸς ἄλλο' τοῦτο

τὸ φθειρόμενον τελευτὴν ἔχει. εἰ δέ τί ἐστιν ἄφθαρτον, τελευτὴν οὐκ ἔχει τὸ ὄν
ἄρα ἄφθαρτον ὂν τελευτὴν οὐκ ἔχει. τὸ δὲ μήτε ἀρχὴν ἔχον μήτε τελευτὴν ἄπειρον
20 τυγχάνει ὄν. ἄπειρον ἄρα τὸ ὄν.

sondern ist unendlich. Denn wäre es entstanden, so hätte es einen
Anfang (denn es müßte ja, wenn entstanden, einmal angefangen haben)
und ein Ende (denn es müßte ja, wenn entstanden, einmal geendet
haben); da es aber weder angefangen noch geendet hat, so war es immer-
dar und wird immerdar sein und hat keinen Anfang und auch kein Ende;
denn unmöglich kann immerdar sein, was nicht ganz und gar ist.

3. Sondern gleich wie es immerdar ist, so muß es auch der Größe
nach immerdar unendlich sein.

4. Nichts, was Anfang und Ende hat, ist ewig oder unendlich.

5. Wäre es nicht eines, so wird es gegen ein anderes eine Grenze
bilden.

1ff. vgl. Schöbe *Quaest. Eudem.* Diss. Hal. 1931, 63ff.   2 und 3 γενό-
μενον nur Simpl. 109, 29 (s. B 3): γινόμενον (oder γινόμενον ὄν) Simpl. 29, 24.
109, 22. 27 (vgl. Paraphr. S. 268, 16)   3 ποτε γενόμενον fehlt 29, 25
ὅτε 29, 25: εἰ 109, 23   5 〈καὶ〉 Kranz vgl. S. 268, 10   ἔχει 109 DE. 29:
ἔχον 109 F: οὐκ ἔχον ἀρχὴν οὐδὲ τελευτὴν 〈πᾶν ἦν〉 Kochalsky   17 εἰ F:
radiert D: fehlt E. Vgl. Schöbe a. O. S. 65ff.

δὲ αἰτιᾶται Εὔδημος [fr. 9 Sp.] ὡς ἀδιορίστως λεγόμενον γράφων
οὕτως 'εἰ δὲ δὴ συγχωρήσειέ τις ἄπειρον εἶναι τὸ ὄν, διὰ τί καὶ
ἕν ἐστιν; οὐ γὰρ δὴ διότι πλείονα, περανεῖ πηι πρὸς ἄλληλα.
δοκεῖ γὰρ ὁ παρεληλυθὼς χρόνος ἄπειρος εἶναι περαίνων πρὸς
5   τὸν παρόντα. πάντηι μὲν οὖν ἄπειρα τὰ πλείω τάχα οὐκ ἂν εἴη,
ἐπὶ θάτερα δὲ φανεῖται ἐνδέχεσθαι. χρὴ οὖν διορίσαι, πῶς ἄπειρα
οὐκ ἂν εἴη, εἰ πλείω'
6 [5]. SIMPL. de caelo 557, 14 τοῦ γὰρ αἰσθητοῦ ἐναργῶς εἶναι δο-
κοῦντος, εἰ ἓν τὸ ὄν ἐστιν, οὐκ ἂν εἴη ἄλλο παρὰ τοῦτο. λέγει δὲ
10 Μ. μὲν 'εἰ γὰρ ⟨ἄπειρον⟩ εἴη, ἓν εἴη ἄν· εἰ γὰρ δύο εἴη,
οὐκ ἂν δύναιτο ἄπειρα εἶναι, ἀλλ' ἔχοι ἂν πείρατα
πρὸς ἄλληλα', Παρμενίδης δὲ 'οὖλον ... ἀγένητον' [28 B 8, 4].
7 [6]. — Phys. 111, 18 λέγει δ' οὖν Μ. οὕτως τὰ πρότερον εἰρη-
μένα συμπεραινόμενος καὶ οὕτως τὰ περὶ τῆς κινήσεως ἐπάγων·
15 (1) 'οὕτως οὖν ἀίδιόν ἐστι καὶ ἄπειρον καὶ ἓν καὶ
ὅμοιον πᾶν.   (2) καὶ οὔτ' ἂν ἀπόλοιτο οὔτε μεῖζον
γίνοιτο οὔτε μετακοσμέοιτο οὔτε ἀλγεῖ οὔτε ἀνιᾶται·
εἰ γάρ τι τούτων πάσχοι, οὐκ ἂν ἔτι ἓν εἴη. εἰ γὰρ
ἑτεροιοῦται, ἀνάγκη τὸ ἐὸν μὴ ὅμοιον εἶναι, ἀλλὰ
20 ἀπόλλυσθαι τὸ πρόσθεν ἐόν, τὸ δὲ οὐκ ἐὸν γίνεσθαι.

---

6. εἰ δὲ ἄπειρον, ἕν. εἰ γὰρ δύο εἴη, οὐκ ἂν δύναιτο ἄπειρα εἶναι,
ἀλλ' ἔχοι ἂν πέρατα πρὸς ἄλληλα. ἄπειρον δὲ τὸ ὄν· οὐκ ἄρα πλείω τὰ
ὄντα· ἓν ἄρα τὸ ὄν.   7. (1) ἀλλὰ μὴν εἰ ἕν, καὶ ἀκίνητον· τὸ γὰρ ἓν ὅμοιον ἀεὶ
ἑαυτῶι·   (2) τὸ δὲ ὅμοιον οὔτ' ἂν ἀπόλοιτο οὔτ' ἂν μεῖζον γίνοιτο
25 οὔτε μετακοσμέοιτο οὔτε ἀλγεῖ οὔτε ἀνιᾶται. εἰ γάρ τι τούτων
πάσχοι, οὐκ ἂν ἓν εἴη. τὸ γὰρ ἡντιναοῦν κίνησιν κινούμενον ἔκ τινος καὶ
εἰς ἕτερόν τι μεταβάλλει. οὐθὲν δὲ ἦν ἕτερον παρὰ τὸ ὄν· οὐκ ἄρα τοῦτο κινήσεται.

---

6. Denn falls es unendlich (grenzenlos) wäre, wäre es eins. Denn
wäre es zwei *Dinge*, so könnten sie nicht unendlich (grenzenlos) sein,
sondern bildeten gegen einander Grenzen.

7. (1) So ist denn ewig und unendlich und eins und gleichmäßig
ganz und gar. (2) Und es könnte weder untergehen noch größer werden
noch sich umgestalten, noch empfindet es Schmerz oder Leid. Denn
empfände es irgend etwas davon, so wäre es nicht mehr eines. Wird es
nämlich anders, so muß notwendigerweise das Seiende nicht *mehr*

---

6 χρῆν Spengel   10 ⟨ ⟩ Burnet aus der Paraphrase; Diels wollte
es aus dem Zushg. ergänzen   16 ἀπόλοιτο F: ἀπόλλοιτο E; bezieht sich
im Gegensatz zu den folgenden durativen Tempora auf ἀίδιον § 1: ἀπολ-
λύοι τι Covotti   γίνοιτο DE: γίγνοιτο F; nicht γένοιτο!

εἰ τοίνυν τριχὶ μιῆι μυρίοις ἔτεσιν ἑτεροῖον γίνοιτο,
ὀλεῖται πᾶν ἐν τῶι παντὶ χρόνωι.   (3) ἀλλ' οὐδὲ
μετακοσμηθῆναι ἀνυστόν· ὁ γὰρ κόσμος ὁ πρόσθεν
ἐὼν οὐκ ἀπόλλυται οὔτε ὁ μὴ ἐὼν γίνεται. ὅτε δὲ
5 μήτε προσγίνεται μηδὲν μήτε ἀπόλλυται μήτε ἑτε-
ροιοῦται, πῶς ἂν μετακοσμηθὲν τῶν ἐόντων εἴη; εἰ
μὲν γάρ τι ἐγίνετο ἑτεροῖον, ἤδη ἂν καὶ μετακοσμη-
θείη.   (4) οὐδὲ ἀλγεῖ· οὐ γὰρ ἂν πᾶν εἴη ἀλγέον·
οὐ γὰρ ἂν δύναιτο ἀεὶ εἶναι χρῆμα ἀλγέον· οὐδὲ ἔχει
10 ἴσην δύναμιν τῶι ὑγιεῖ· οὐδ' ἂν ὁμοῖον εἴη, εἰ ἀλγέοι·
ἀπογινομένου γάρ τευ ἂν ἀλγέοι ἢ προσγινομένου,
κοὐκ ἂν ἔτι ὁμοῖον εἴη.   (5) οὐδ' ἂν τὸ ὑγιὲς ἀλγῆσαι

---

gleichmäßig sein, sondern es muß das vorher Seiende zugrunde
gehen und das nicht Seiende entstehen. Wenn es also in zehn-
tausend Jahren auch nur um ein Haar anders würde, so muß es
in der ganzen Zeit ganz und gar zugrunde gehen. (3) Aber auch
eine Umgestaltung ist unmöglich. Denn die frühere Gestaltung geht
nicht unter und die nicht vorhandene entsteht nicht. Weil aber
weder etwas dazukommt noch verloren geht noch anders wird, wie
sollte es nach der Umgestaltung noch zu dem Seienden zählen?
Denn würde es in etwas anders, dann würde es ja bereits umgestaltet.
(4) Auch empfindet es keinen Schmerz. Denn es könnte nicht ganz
und gar sein, wenn es Schmerz empfände; denn ein Schmerz empfinden-
des Ding könnte nicht immerdar sein und besitzt auch nicht dieselbe
Kraft wie ein gesundes. Auch würde es nicht gleichmäßig sein, wenn
es Schmerz empfände. Denn es empfände ihn doch über Ab- oder
Zugang irgendeines *Dinges*, und es würde so nicht mehr gleich-
mäßig sein. (5) Auch könnte das Gesunde nicht wohl Schmerz emp-

---

1 Diels: εἰ τοίνυν τριχὶ μιῆ μυρίοις ἔτεσιν ἑτεροῖον γίνοιτο τὸ πᾶν, ὀλεῖται
ἂν ἐν τῷ παντὶ χρόνῳ Simpl. Phys.: τὸ τριχὶ μιῆ μυρίοις ἔτεσιν ἑτεροῖον γινό-
μενον ὀλεῖται ἂν ἐν τῷ παντὶ χρόνῳ Simpl. d. cael. 113, 21. Das bei Melissos
öfter eigentümlich gebrauchte πᾶν scheint in dem genaueren Text der
Phys. als lectio emendata für das verderbte ἂν an falscher Stelle ein-
gedrungen: ὀλεῖσθαι ἂν F. Schulteß; ἂν hier trotz Kuehner-Gerth II¹ 1³ 209,
Münscher *Gött. gel. Anz.* 1907 S. 774 für Melissos nach Diels unmöglich,
er verweist auf Stahl *Krit. hist. Syntax* S. 288   6 μετακοσμηθέντων ἐόντων
τι ἢ Hs.: verb. mit Beibehaltung von τι vor εἴη Mullach: πῶς ἂν μετα-
κοσμηθείη τι τῶν ἐόντων [τι ἢ] Heidel   7 γὰρ Ald.: γε Hss.   11 ἀπο-
γενομένου und προσγενομένου Diels (doch vgl. zu I 256, 13ff.)

δύναιτο· ἀπὸ γὰρ ἂν ὄλοιτο τὸ ὑγιὲς καὶ τὸ ἐόν, τὸ
δὲ οὐκ ἐὸν γένοιτο.　(6) καὶ περὶ τοῦ ἀνιᾶσθαι ὡυτὸς
λόγος τῶι ἀλγέοντι.　(7) οὐδὲ κενεόν ἐστιν οὐδέν·
τὸ γὰρ κενεὸν οὐδέν ἐστιν· οὐκ ἂν οὖν εἴη τό γε μη-
5　δέν. οὐδὲ κινεῖται· ὑποχωρῆσαι γὰρ οὐκ ἔχει οὐδαμῆι,
ἀλλὰ πλέων ἐστίν. εἰ μὲν γὰρ κενεὸν ἦν, ὑπεχώρει
ἂν εἰς τὸ κενόν· κενοῦ δὲ μὴ ἐόντος οὐκ ἔχει ὅκηι ὑπο-
χωρήσει.　(8) πυκνὸν δὲ καὶ ἀραιὸν οὐκ ἂν εἴη. τὸ
γὰρ ἀραιὸν οὐκ ἀνυστὸν πλέων εἶναι ὁμοίως τῶι
10　πυκνῶι, ἀλλ' ἤδη τὸ ἀραιόν γε κενεώτερον γίνεται
τοῦ πυκνοῦ.　(9) κρίσιν δὲ ταύτην χρὴ ποιήσασθαι
τοῦ πλέω καὶ τοῦ μὴ πλέω· εἰ μὲν οὖν χωρεῖ τι ἢ

---

(7) καὶ κατ' ἄλλον δὲ τρόπον· οὐδὲν κενόν ἐστι τοῦ ὄντος· τὸ γὰρ κενὸν
οὐδέν ἐστιν· οὐκ ἂν οὖν εἴη τό γε μηδέν. οὐ κινεῖται οὖν τὸ ὄν·
15 ὑποχωρῆσαι γὰρ οὐκ ἔχει οὐδαμῆι κενοῦ μὴ ὄντος.　(8) ἀλλ' οὐδὲ εἰς
ἑαυτὸ συσταλῆναι δυνατόν· εἴη γὰρ ἂν οὕτως ἀραιότερον αὐτοῦ καὶ πυκνότερον·
τοῦτο δὲ ἀδύνατον. τὸ γὰρ ἀραιὸν ἀδύνατον ὁμοίως πλῆρες εἶναι τῶι πυ-
κνῶι. ἀλλ' ἤδη τὸ ἀραιόν γε κενότερον γίνεται τοῦ πυκνοῦ· τὸ δὲ κενὸν
οὐκ ἔστιν. εἰ δὲ πλῆρές ἐστι τὸ ὂν ἢ μή, κρίνειν χρὴ τῶι εἰσδέχεσθαί τι αὐτὸ ἄλλο
20 ἢ μή· εἰ γὰρ μὴ εἰσδέχεται, πλῆρες· εἰ δὲ εἰσδέχοιτό τι, οὐ πλῆρες. εἰ οὖν μὴ ἔστι
κενόν, ἀνάγκη πλῆρες εἶναι· εἰ δὲ τοῦτο, μὴ κινεῖσθαι, οὐχ ὅτι μὴ δυνατὸν διὰ
πλήρους κινεῖσθαι, ὡς ἐπὶ τῶν σωμάτων λέγομεν, ἀλλ' ὅτι πᾶν τὸ ὂν οὔτε εἰς ὂν
δύναται κινηθῆναι (οὐ γὰρ ἔστι τι παρ' αὐτό) οὔτε εἰς τὸ μὴ ὄν· οὐ γὰρ ἔστι τὸ
μὴ ὄν'.

---

finden. Denn dann ginge ja das Gesunde und das Seiende zu-
grunde, und das Nichtseiende entstände. (6) Und für die Leidemp-
findung gilt der Beweis ebenso wie für die Schmerzempfindung. (7) Auch
gibt es kein Leeres. Denn das Leere ist nichts, also kann das, was
ja nichts ist, auch nicht sein. Und es [das Seiende] kann sich
auch nicht bewegen. Denn es kann nirgendshin ausweichen, sondern
ist voll. Denn wäre es leer, so wiche es ins Leere aus. Wenn es nun
kein Leeres gibt, so hat es keinen Raum zum Ausweichen. (8) Auch
kann es kein Dicht oder Dünn geben. Denn das Dünne kann unmög-
lich ähnlich voll sein wie das Dichte, sondern das Dünne entsteht ja
bereits als etwas, das leerer ist als das Dichte. (9) Man muß aber folgende
Unterscheidung machen zwischen dem Vollen und dem Nichtvollen:
faßt nämlich ein Ding etwas oder nimmt es noch etwas in sich auf,

---

1 [τὸ ὑγιὲς καὶ] H. Gomperz, doch ist der breitere Ausdruck erklärlich
11 vgl. 28 B 8, 15　　12 οὖν möchte Diels tilgen

εἰσδέχεται, οὐ πλέων· εἰ δὲ μήτε χωρεῖ μήτε εἰσδέχε
ται, πλέων.   (10) ἀνάγκη τοίνυν πλέων εἶναι, εἰ
κενὸν μὴ ἔστιν. εἰ τοίνυν πλέων ἐστίν, οὐ κινεῖται.

8 [7]. SIMPL. de caelo 558, 19 [vgl. A 14] εἰπὼν γὰρ [Mel.]
5 τοῦ ὄντος ὅτι ἕν ἐστι καὶ ἀγένητον καὶ ἀκίνητον καὶ μηδενὶ κενῶι
διειλημμένον, ἀλλ᾿ ὅλον ἑαυτοῦ πλῆρες, ἐπάγει·   (1) ʼμέγιστον
μὲν οὖν σημεῖον οὗτος ὁ λόγος, ὅτι ἓν μόνον ἔστιν·
ἀτὰρ καὶ τάδε σημεῖα.   (2) εἰ γὰρ ἦν πολλά, τοιαῦτα
χρὴ αὐτὰ εἶναι, οἷόν περ ἐγώ φημι τὸ ἓν εἶναι. εἰ γὰρ
10 ἔστι γῆ καὶ ὕδωρ καὶ ἀὴρ καὶ πῦρ καὶ σίδηρος καὶ χρυ
σός, καὶ τὸ μὲν ζῶον τὸ δὲ τεθνηκός, καὶ μέλαν καὶ
λευκὸν καὶ τὰ ἄλλα, ὅσα φασὶν οἱ ἄνθρωποι εἶναι
ἀληθῆ, εἰ δὴ ταῦτα ἔστι, καὶ ἡμεῖς ὀρθῶς ὁρῶμεν καὶ
ἀκούομεν, εἶναι χρὴ ἕκαστον ·τοιοῦτον, οἷόν περ τὸ

15 ταῦτα μὲν οὖν ἀρκεῖ τῶν Μελίσσου ὡς πρὸς τὴν Ἀριστοτέλους ἀντίρρησιν·
τὰ δὲ λήμματα αὐτοῦ ὡς συνελόντι φάναι τοιαῦτα· ʼτὸ ὂν οὐ γέγονε· τὸ μὴ
γενόμενον ἀρχὴν οὐκ ἔχει, ἐπειδὴ τὸ γενόμενον ἀρχὴν ἔχει· τὸ μὴ ἔχον ἀρχὴν
ἄπειρον· τὸ ἄπειρον μεθ᾿ ἑτέρου δεύτερον οὐκ ἂν εἴη, ἀλλ᾿ ἕν· τὸ δὲ ἓν καὶ
ἄπειρον ἀκίνητόν ἐστινʼ.

so ist es nicht voll; faßt es aber nichts und nimmt es nichts auf, so
ist es voll.   (10) Notwendigerweise muß es also voll sein, wenn es
nicht leer ist.   Ist es also voll, dann kann es sich nicht bewegen.

8.   (1) Der wichtigste Beweispunkt dafür, daß *das Seiende* eins
allein ist, ist nun diese Darlegung. Aber auch folgendes *gibt es* als
Beweispunkte.   (2) Wäre nämlich eine Vielheit *von Dingen*, so müßten
sie so beschaffen sein, gerade wie ich es von dem Eins aussage. Wenn
nämlich Erde, Wasser, Luft, Feuer, Eisen und Gold i s t, und das eine
lebend, das andere tot, und schwarz und weiß und so weiter, was
die Leute alles für wirklich seiend halten, wenn das also i s t und
wir richtig sehen und hören, so muß ein jedes so beschaffen
sein, gerade wie es uns beim ersten Mal erschienen ist, d. h.
es darf nicht umschlagen oder anders werden, sondern jedes einzelne

6ff. vgl. Diller *Hermes* 67 (1932) 26   9·χρῆν Mullach   10 καὶ πῦρ
καὶ σίδηρος καὶ χρυσός Aristocl. (30 A 14): καὶ πῦρ nach χρυσός Simpl.
11 ζῶον Simpl. AE: ζῶν Simpl. DE², Arist.   12 τὰ ἄλλα πάντα ὅσα
Arist.   οἱ Simpl. fehlt Arist.   13 εἰ . . . ἔστι fehlt Arist.   14 ἐχρῆν
Arist.   ἕκαστον Simpl.: καὶ τὸ ὂν Arist.   οἷον πρῶτον Arist.

πρῶτον ἔδοξεν ἡμῖν, καὶ μὴ μεταπίπτειν μηδὲ γίνεσθαι
ἑτεροῖον, ἀλλὰ ἀεὶ εἶναι ἕκαστον, οἷόν πέρ ἐστιν. νῦν
δέ φαμεν ὀρθῶς ὁρᾶν καὶ ἀκούειν καὶ συνιέναι· (3) δο-
κεῖ δὲ ἡμῖν τό τε θερμὸν ψυχρὸν γίνεσθαι καὶ τὸ
5   ψυχρὸν θερμὸν καὶ τὸ σκληρὸν μαλθακὸν καὶ τὸ μαλ-
θακὸν σκληρὸν καὶ τὸ ζῷον ἀποθνήισκειν καὶ ἐκ μὴ
ζῶντος γίνεσθαι, καὶ ταῦτα πάντα ἑτεροιοῦσθαι, καὶ
ὅ τι ἦν τε καὶ ὃ νῦν οὐδὲν ὁμοῖον εἶναι, ἀλλ' ὅ τε σίδη-
ρος σκληρὸς ἐὼν τῶι δακτύλωι κατατρίβεσθαι ὁμου-
10 ρέων, καὶ χρυσὸς καὶ λίθος καὶ ἄλλο ὅ τι ἰσχυρὸν
δοκεῖ εἶναι πᾶν, ἐξ ὕδατός τε γῆ καὶ λίθος γίνεσθαι·
ὥστε συμβαίνει μήτε ὁρᾶν μήτε τὰ ὄντα γινώσκειν.
(4) οὐ τοίνυν ταῦτα ἀλλήλοις ὁμολογεῖ. φαμένοις γὰρ
εἶναι πολλὰ καὶ ἀίδια (?) καὶ εἴδη τε καὶ ἰσχὺν ἔχοντα,

---

muß immerdar so sein, wie es gerade ist. Nun aber: wir behaupten ja
doch richtig zu sehen, zu hören und zu verstehen; (3) und doch scheint
uns das Warme kalt und das Kalte warm, das Harte weich und das
Weiche hart zu werden und das Lebende zu sterben und aus dem Nicht-
lebenden zu entstehen und alles dieses sich zu ändern und nichts, was
war und was jetzt ist, sich zu gleichen, vielmehr das Eisen trotz seiner
Härte durch den Finger sich abzureiben, dort, wo es mit ihm in Be-
rührung ist, und auch Gold und Stein und alles, was sonst für fest
gilt, und aus Wasser Erde und Stein zu entstehen. Daraus ergibt
sich, daß wir das Seiende weder sehen noch erkennen können. (4) Das
stimmt also nicht miteinander. Denn obgleich man behauptet, es seien

---

2 ἑτεροῖον Simpl.: ἕτερον (oder ὕστερον) Arist.   ἀλλ' εἶναι ὁμοιον οἷον
πέρ ἐστιν ἕκαστον Arist.   4 τε fehlt Arist.   γίνεσθαι Arist., Simpl. F:
γίγνεσθαι DE: γενέσθαι A   5 μαλθακὸν Simpl. A: μαλακὸν Simpl. DE.,
Arist.   6 ζῶν D   7 ζῶντος so alle Hss.: ζῶντος ⟨ζῶον⟩ Kranz   8 νῦν
⟨ἐστι⟩ Mullach   9 ὁμουρέων = conterminus, so nach Bergk u. a. Wila-
mowitz Herm. 65 (1930) 250; früher ὁμοῦ ῥέων in der Nähe des Fingers (?)
schwindend (nach Plato Phaedo 87 D. Plut. Quaest. nat. 19 p. 916 D =
31 B 89)   11 ἐξ ὕδατος ... γίνεσθαι nach γινώσκειν (Z. 12) Simpl.: um-
gestellt durch Karsten   12f. vgl. Reinhardt Parmenides S. 42   12 μήτε
ὁρᾶν τὰ ἑόντα μήτε γινώσκειν Th. Gomperz   14 καὶ ἀίδια A: ἀίδια DEF:
καὶ ἴδια Gomperz Apol. d. Heilk. S. 108f., Wien Sitz. Ber. 1890, 15
= Hellenika I 15. Sehr wahrscheinlich; ἴδια = propria vgl. Eur. Phoen. 558
οὗτοι τὰ χρήματ' ἴδια (dauernden Besitz) κέκτηνται βροτοί   εἴδη] vgl. Stenzel
Metaphysik d. Altertums S. 67

πάντα ἑτεροιοῦσθαι ἡμῖν δοκεῖ καὶ μεταπίπτειν ἐκ
τοῦ ἑκάστοτε ὁρωμένου. (5) δῆλον τοίνυν, ὅτι οὐκ
ὀρθῶς ἑωρῶμεν οὐδὲ ἐκεῖνα πολλὰ ὀρθῶς δοκεῖ εἶναι·
οὐ γὰρ ἂν μετέπιπτεν, εἰ ἀληθῆ ἦν· ἀλλ' ἦν οἷόν περ
ἐδόκει ἕκαστον τοιοῦτον. τοῦ γὰρ ἐόντος ἀληθινοῦ
κρεῖσσον οὐδέν. (6) ἦν δὲ μεταπέσηι, τὸ μὲν ἐὸν
ἀπώλετο, τὸ δὲ οὐκ ἐὸν γέγονεν. οὕτως οὖν, εἰ πολλὰ
εἴη, τοιαῦτα χρὴ εἶναι, οἷόν περ τὸ ἕν.

9 [8]. SIMPL. Phys. 109, 34 [nach B 10]; Schluß Simpl. a. O. 87, 6
ὅτι γὰρ ἀσώματον εἶναι βούλεται τὸ ὄν [Mel.], ἐδήλωσεν εἰπών·
'εἰ μὲν οὖν εἴη, δεῖ αὐτὸ ἓν εἶναι· ἓν δ' ἐὸν δεῖ αὐτὸ
σῶμα μὴ ἔχειν. εἰ δὲ ἔχοι πάχος, ἔχοι ἂν μόρια, καὶ
οὐκέτι ἓν εἴη.

10 [10]. —— 109, 32 [nach B 3] μέγεθος δὲ οὐ τὸ διαστατόν φησιν·
αὐτὸς γὰρ ἀδιαίρετον τὸ ὂν δείκνυσιν [Mel.]· 'εἰ γὰρ διήιρη-
ται, φησί, τὸ ἐόν, κινεῖται· κινούμενον δὲ οὐκ ἂν εἴη'.
ἀλλὰ μέγεθος τὸ δίαρμα αὐτὸ λέγει τῆς ὑποστάσεως.

---

viele ewige (?) *Dinge*, die *ihre bestimmten* Gestalten und Festigkeit
besäßen, scheint uns auf Grund des jedesmal Gesehenen, daß alles
sich ändert und umschlägt. (5) Es ist also offenbar, daß wir nicht
richtig sahen und daß jene *Dinge* uns nicht richtig viele zu sein scheinen.
Denn sie schlügen nicht um, wenn sie wirklich wären, sondern ein jedes
wäre gerade so wie es *vordem* erschien. Denn stärker als das wirklich
seiende Wahre ist nichts. (6) Schlägt aber etwas um, so geht das
Seiende zugrunde und das Nichtseiende ist entstanden. So *ergibt
sich* also: wäre eine Vielheit *von Dingen*, so müßten sie gerade so
beschaffen sein wie das Eins.

9. Angenommen also, es sei *überhaupt*, so muß es eins sein. Ist
es aber eins, so darf es keinen Körper besitzen. Besäße es aber Dicke
(Dichte), so besäße es Teile und wäre nicht mehr eins.

10. Wenn das Seiende geteilt ist, dann bewegt es sich *auch*. Wenn
es sich aber bewegt, dann hört sein Sein auf.

---

5 τοῦ DEF: τοῦτο A   6 μὲν ἐὸν Brandis: μέσον Hss.   8 εἴη] ἦν
Preller   χρῆν Preller   11 οὖν εἴη EF: ὂν εἴη D: ὂν ἐστι Brandis   δ' ἐὸν
Diels: δὲ ὂν Simpl. 110: ἐὸν Simpl. 87   12 σῶμα] vgl. H. Gomperz
Herm. 67 (1932) S. 157ff.

GEFÄLSCHTE FRAGMENTE

11. PALAEPHAT. de incredib. p. 22, 1 Festa ἀεὶ δὲ ἔγωγε ἐπαινῶ τοὺς συγγραφέας Μέλισσον καὶ Λαμίσκον τὸν Σάμιον [Pythagoreer, s. Diog. III 22] ἐν ἀρχῆι λέγοντας· 'ἔστιν ἃ ἐγένετο νῦν καὶ ⟨ἀεὶ⟩ ἔσται'. Vgl. B 1.

5 **12.** GRIECHISCH-SYRISCHE PHILOSOPHENSPRÜCHE *über die Seele* übers. von Ryssel [*Rhein. Mus.* 51, 1896, 539 n. 31]: Melissos hat gesagt: Sehr ärgerlich bin ich über die unnütze Arbeit, durch die die Lebenden sich abmühen und ermüden: durch nächtliche Reisen und mühselige Wanderungen, indem sie *sogar* zwischen den wildbewegten Wogen des Meeres
10 hinfahren und mitten darin verharrend zwischen Tod und Leben schweben und fremd und weit entfernt von ihren Wohnungen weilen, *nur* um Gewinn zusammen zu bringen, von dem sie nicht wissen, wer ihn bei ihrem Tode erben wird, und nicht wollen sie die herrlichen Schätze der Weisheit erwerben, deren sie nicht entäußert werden, da dies, während sie es ihren
15 Freunden als Erbe hinterlassen, *doch auch* mit ihnen zur Unterwelt fährt und ihnen nicht verloren geht. Und es bezeugen dies die Verständigen, indem sie sagen: 'der und der Weise ist gestorben und nicht seine Weisheit'.

31 [21]. EMPEDOKLES

A. LEBEN UND LEHRE

20   LEBEN

1. DIOG. VIII 51ff. Ἐμπεδοκλῆς, ὥς φησιν Ἱππόβοτος, Μέτωνος ἦν υἱὸς τοῦ Ἐμπεδοκλέους Ἀκραγαντίνος. τὸ δ' αὐτὸ καὶ Τίμαιος ἐν τῆι πεντεκαιδεκάτηι τῶν Ἱστοριῶν [fr. 93 FHG I 215] ⟨λέγει προσιστορῶν⟩ ἐπίσημον ἄνδρα γεγονέναι τὸν

GEFÄLSCHTE FRAGMENTE
11. Was geworden, ist jetzt und wird immerdar sein.

2 »Die Frage des Palaiphatos ist, nachdem die Biographie des angeblich antiken Fragmentes Harrisons, das Botti *Bullet. d. soc. arch. d'Al.* 2, 75, Vitelli *Atti del Congr. intern. d. scienze storiche* (Roma 1905) II 154 vgl. *Studi Ital.* XII 446 veröffentlicht haben, sich als Simonideische Fälschung erwiesen hat (S. de Ricci *Bulletin de la Soc. archéol.* XI [1909] 346), wieder ins alte Geleise gekommen. Melissos und Lamiskos halte ich für Schwindelzitate eines alexandrinischen Schriftstellers, wie denn Lamiskos auch bei dem Archytas- [Diog. III 22] und Okkelosfälscher [Diog. VIII 80; vgl. 47 A 1 § 80 = c. 48, 4] auftaucht. Ähnlich steht es mit dem *Melistos Euboicus* des Fulgent. myth. II 13.« Diels   4 ἃ καὶ ἐγ. B   νῦν καὶ ⟨ἀεὶ⟩ Kranz: καὶ νῦν Hss.   20 Über die Quellen der Vita s. Bidez *La Biographie d'Emp.* Gand 1894; kritische Darstellung der Vita b. Wilamowitz *Berl. Sitz. Ber.* 1929, 653ff.   21 Hippobotos aus Timaios, besonders aus dessen gegen Herakleides Περὶ νόσων gerichteten Ausführungen; vgl. Voss *de Heracl. vita et scriptis* S. 71ff.   22 τῶν Ἱστοριῶν] Ἱστορῶν Schwartz (*Herm.* 34, 1899, 488)   23 ⟨λέγει προσιστορῶν⟩ Diels

Ἐμπεδοκλέα τὸν πάππον τοῦ ποιητοῦ. ἀλλὰ καὶ ˇΕρμιππος [fr. 27 FHG III 42] τὰ αὐτὰ τούτωι φησίν. ὁμοίως Ἡρακλείδης ἐν τῶι Περὶ νόσων [fr. 74 Voss], ὅτι λαμπρᾶς ἦν οἰκίας ἱπποτροφηκότος τοῦ πάππου. λέγει δὲ καὶ Ἐρατοσθένης ἐν τοῖς Ὀλυμπιονίκαις [FGrHist. 241 F 7 II 1014] τὴν πρώτην καὶ ἑβδομηκοστὴν 5 ὀλυμπιάδα [496] νενικηκέναι τὸν τοῦ Μέτωνος πατέρα, μάρτυρι χρώμενος Ἀριστοτέλει [fr. 71]. (52) Ἀπολλόδωρος δ' ὁ γραμματικὸς ἐν τοῖς Χρονικοῖς [FGrHist. 244 F 32 II 1028] φησιν ὡς

ἦν μὲν Μέτωνος υἱός, εἰς δὲ Θουρίους
αὐτὸν νεωστὶ παντελῶς ἐκτισμένους
10 ⟨ὁ⟩ Γλαῦκος [fr. 6 FHG II 24] ἐλθεῖν φησιν.
εἶθ' ὑποβάς·

οἱ δ' ἱστοροῦντες, ὡς πεφευγὼς οἴκοθεν
εἰς τὰς Συρακούσας μετ' ἐκείνων ἐπολέμει
πρὸς Ἀθηναίους, ἔμοι⟨γε⟩ τελέως ἀγνοεῖν
15 δοκοῦσιν· ἢ γὰρ οὐκέτ' ἦν ἢ παντελῶς
ὑπεργεγηρακώς, ὅπερ οὐχὶ φαίνεται.

Ἀριστοτέλης [fr. 71, vgl. § 74] γὰρ αὐτὸν (ἔτι τε Ἡράκλειτον) ἑξήκοντα ἐτῶν φησι τετελευτηκέναι. ὁ δὲ ⟨τὴν⟩ μίαν καὶ ἑβδομηκοστὴν ὀλυμπιάδα νενικηκὼς κέλητι τούτου πάππος ἦν ὁμώνυμος,
20 ὥσθ' ἅμα καὶ ⟨τούτου⟩ τὸν χρόνον ὑπὸ τοῦ Ἀπολλοδώρου σημαίνεσθαι. (53) Σάτυρος δὲ ἐν τοῖς Βίοις [fr. 11 FHG III 162] φησίν, ὅτι Ἐμπεδοκλῆς υἱὸς μὲν ἦν Ἐξαινέτου, κατέλιπε δὲ καὶ αὐτὸς υἱὸν Ἐξαίνετον· ἐπί τε τῆς αὐτῆς ὀλυμπιάδος τὸν μὲν ἵππωι κέλητι νενικηκέναι, τὸν δὲ υἱὸν αὐτοῦ πάληι ἤ, ὡς Ἡρακλείδης ἐν τῆι Ἐπιτομῆι [fr. 6 FHG III 169], δρόμωι. ἐγὼ δὲ εὗρον ἐν τοῖς ὑπομνήμασι Φαβω-
25 ρίνου [fr. 3 FHG III 578], ὅτι καὶ βοῦν ἔθυσε τοῖς θεωροῖς ὁ Ἐμπεδοκλῆς ἐκ μέλιτος καὶ ἀλφίτων, καὶ ἀδελφὸν ἔσχε Καλλικρατίδην. Τηλαύγης δ' ὁ Πυθαγόρου παῖς ἐν τῆι πρὸς Φιλόλαον ἐπιστολῆι [vgl. I 278, 4. 282, 4] φησι τὸν Ἐμπεδοκλέα Ἀρχινόμου εἶναι υἱόν. (54) ὅτι δ' ἦν Ἀκραγαντῖνος ἐκ Σικελίας, αὐτὸς ἐναρχόμενος τῶν Καθαρμῶν φησιν· 'ὦ ... πόλεος' [B 112]. καὶ τὰ μὲν περὶ τοῦ γένους αὐτοῦ
30 τάδε.

ἀκοῦσαι δ' αὐτὸν Πυθαγόρου Τίμαιος διὰ τῆς ἐνάτης [fr. 81 FHG I 211] ἱστορεῖ, λέγων ὅτι καταγνωσθεὶς ἐπὶ λογοκλοπίαι τότε (καθὰ καὶ Πλάτων) τῶν λόγων ἐκωλύθη μετέχειν. μεμνῆσθαι δὲ καὶ αὐτὸν Πυθαγόρου λέγοντα· 'ἦν ... πλοῦτον' [B 129]. οἱ δὲ τοῦτο εἰς Παρμενίδην αὐτὸν λέγειν ἀναφέροντα. (55) φησὶ δὲ
35 Νεάνθης [FGrHist. 81 F 26 II 197] ὅτι μέχρι Φιλολάου καὶ Ἐμπεδοκλέους ἐκοινώνουν

---

2 ὁμοίως καὶ FP² 8 μέτωνος μὲν BP: μέτωνος F¹, darüber mὲν F²: umstellte Clinton 10 ⟨ὁ⟩ Cobet 12 οἱ δ' ἱστοροῦντες] vgl. zu § 71; οἴκοθεν πεφευγὼς Hss.: umstellte Clinton 14 πρὸς ... δοκοῦσιν Diels: πρ. τοὺς ἀθηναίους τελέως ἀγνοεῖν μοι δοκοῦσιν Hss.: πρὸς τὰς Ἀθήνας ἀγνοεῖν τελέως ἐμοὶ Bahnsch Quaest. d. D. L. f. p. 7 16 οὐχὶ Clinton: οὐ Hss. 17 ἡράκλειτον B¹PF (vgl. I 140, 15): ἡράκλειτος B²: Ἡρακλείδης (d. Pontiker) Sturz (vgl. zu § 61) als Apollodors Verse hergestellt von Diels: Ἀριστοτέλης γὰρ αὐτὸν ἑξήκοντ' ἐτῶν Ἔτι δ' Ἡρακλείδης φησὶ τετελευτηκέναι (Rhein. Mus. 31, 1876, 37) 18 ⟨τὴν⟩ Cobet 19 πάππος Karsten: πάντως Hss. 20 ⟨ ⟩ Jacoby 21 Ἐμπεδοκλέους ... Ἐξαίνετος Schwartz, vgl. Euseb. Chr. I 204, Diodor XIII, 82, 7 24 vgl. 31 A 11 28 ἦν nach Ἀκραγ. wiederh. B¹P¹

278   31 [21]. EMPEDOKLES

οἱ Πυθαγορικοὶ τῶν λόγων· ἐπεὶ δ' αὐτὸς διὰ τῆς ποιήσεως ἐδημοσίωσεν αὐτά, νόμον ἔθεντο μηδενὶ μεταδώσειν ἐποποιῶι (τὸ δ' αὐτὸ καὶ Πλάτωνα παθεῖν φησι· καὶ γὰρ τοῦτον κωλυθῆναι). τίνος μέντοι γε αὐτῶν ἤκουσεν ὁ Ἐμπεδοκλῆς, οὐκ εἶπε· τὴν γὰρ περιφερομένην ὡς Τηλαύγους ἐπιστολὴν ὅτι τε μετέσχεν Ἱππάσου καὶ 5 Βροτίνου, μὴ εἶναι ἀξιόπιστον. ὁ δὲ Θεόφραστος [Phys. Opin. fr. 3 D. 477, 18 not.] Παρμενίδου φησὶ ζηλωτὴν αὐτὸν γενέσθαι καὶ μιμητὴν ἐν τοῖς ποιήμασι· καὶ γὰρ ἐκεῖνον ἐν ἔπεσι τὸν περὶ φύσεως ἐξενεγκεῖν λόγον.   (56) Ἕρμιππος [fr. 27 FHG III 42] δὲ οὐ Παρμενίδου, Ξενοφάνους δὲ γεγονέναι ζηλωτήν, ὦι καὶ συνδιατρῖψαι καὶ μιμήσασθαι τὴν ἐποποιίαν· ὕστερον δὲ τοῖς Πυθαγορικοῖς ἐντυχεῖν. Ἀλκιδάμας 10 δ' ἐν τῶι Φυσικῶι [OA II 156b 6 Sauppe] φησι κατὰ τοὺς αὐτοὺς χρόνους Ζήνωνα καὶ Ἐμπεδοκλέα ἀκοῦσαι Παρμενίδου, εἶθ' ὕστερον ἀποχωρῆσαι, καὶ τὸν μὲν Ζήνωνα κατ' ἰδίαν φιλοσοφῆσαι, τὸν δὲ Ἀναξαγόρου διακοῦσαι καὶ Πυθαγόρου· καὶ τοῦ μὲν τὴν σεμνότητα ζηλῶσαι τοῦ τε βίου καὶ τοῦ σχήματος, τοῦ δὲ τὴν φυσιολογίαν.   (57) Ἀριστοτέλης δὲ ἐν τῶι Σοφιστῆι [fr. 65; vgl. A 19] φησι πρῶτον 15 Ἐμπεδοκλέα ῥητορικὴν εὑρεῖν, Ζήνωνα δὲ διαλεκτικήν. ἐν δὲ τῶι Περὶ ποιητῶν [fr. 70] φησιν ὅτι καὶ Ὁμηρικὸς ὁ Ἐμπεδοκλῆς καὶ δεινὸς περὶ τὴν φράσιν γέγονεν, μεταφορητικός τε ὢν καὶ τοῖς ἄλλοις τοῖς περὶ ποιητικὴν ἐπιτεύγμασι χρώμενος· καὶ διότι γράψαντος αὐτοῦ καὶ ἄλλα ποιήματα τήν τε Ξέρξου διάβασιν καὶ προ- οίμιον εἰς Ἀπόλλωνα, ταῦθ' ὕστερον κατέκαυσεν ἀδελφή τις αὐτοῦ (ἢ θυγάτηρ, ὡς 20 φησιν Ἱερώνυμος [fr. 24 Hiller]), τὸ μὲν προοίμιον ἄκουσα, τὰ δὲ Περσικὰ βουλη- θεῖσα διὰ τὸ ἀτελείωτα εἶναι.   (58) καθόλου δέ φησι καὶ τραγωιδίας αὐτὸν γράψαι καὶ πολιτικούς· Ἡρακλείδης δὲ ὁ τοῦ Σαραπίωνος ἑτέρου φησὶν εἶναι τὰς τραγωιδίας. Ἱερώνυμος δὲ τρισὶ καὶ τετταράκοντά φησιν ἐντετυχηκέναι, Νεάνθης [FGrHist. 84 F 27 II 197] δὲ νέον ὄντα γεγραφέναι τὰς τραγωιδίας καὶ αὐτῶν 25 ἑπτὰ ἐντετυχηκέναι. φησὶ δὲ Σάτυρος ἐν τοῖς Βίοις [fr. 12 FHG III 162], ὅτι καὶ ἰατρὸς ἦν καὶ ῥήτωρ ἄριστος. Γοργίαν γοῦν τὸν Λεοντῖνον [82 A 3] αὐτοῦ γενέσθαι μαθητήν, ἄνδρα ὑπερέχοντα ἐν ῥητορικῆι καὶ τέχνην ἀπολελοιπότα· ὃν φησιν Ἀπολλόδωρος ἐν Χρονικοῖς [FGrHist. 244 F 33 II 1029] ἐννέα πρὸς τοῖς ἑκατὸν ἔτη βιῶναι.   (59) τοῦτόν φησιν ὁ Σάτυρος λέγειν, ὡς αὐτὸς παρείη τῶι Ἐμπεδοκλεῖ 30 γοητεύοντι. ἀλλὰ καὶ αὐτὸν διὰ τῶν ποιημάτων ἐπαγγέλλεσθαι τοῦτό τε καὶ ἄλλα πλείω, δι' ὧν φησι· 'φάρμακα ... ἀνδρός' [B 111].   (60) φησὶ δὲ καὶ Τίμαιος ἐν τῆι ὀκτωκαιδεκάτηι [fr. 94 FHG I 215] κατὰ πολλοὺς τρόπους τεθαυμάσθαι τὸν ἄνδρα. καὶ γὰρ ἐτησίων ποτὲ σφοδρῶς πνευσάντων ὡς τοὺς καρποὺς λυμῆναι, κελεύσας ὄνους ἐκδαρῆναι καὶ ἀσκοὺς ποιῆσαι περὶ τοὺς λόφους καὶ τὰς ἀκρω- 35 ρείας διέτεινε πρὸς τὸ συλλαβεῖν τὸ πνεῦμα· λήξαντος δὲ κωλυσανέμαν κληθῆναι. Ἡρακλείδης τε ἐν τῶι περὶ νόσων [fr. 75 Voss] φησὶ καὶ Παυσανίαι ὑφηγήσασθαι

4 προσφερομένην B   ὡς Diels: πρὸς Hss., vgl. zu c. 17, 3   τε BP: μὲν F   5 βροντίνου BF vgl. c. 17   Θεόφραστος] wohl nicht in den Φυσι- κῶν δόξαι, sondern in Περὶ λέξεως   8 οὐ παρμενίδης F²: ὁ παρμενίδου BP¹: fehlt F¹   9 Ἀλκιδαμας] vgl. zu I 254, 30   17 μεταφοριτικός BP¹: μετα- φορικός P²F. Aristoteles schrieb jedenfalls das letztere   24 αὐτῶν ἑπτὰ Diels: αὐτὸν ἔπειτα Hss.   26 γοῦν] δὲ B   29 παρείη P: παρῆναι B: παρῆει F   32 statt ιη̅ verm. gut ιβ̅ Beloch; vgl. DIOG. VIII 66   33 ὡς BPΣ (s. v. ἄπνους): ὡς ἂν F: ὡς καὶ Φ   λυμῆναι BPFΣ: das Med. nach korrektem Sprachgebrauch Cobet   34 ποιεῖσθαι Cobet   35 Κωλυσά- νεμον Suidas l. c. Vgl. 31 A 13. 14   τε Hss.: δὲ Froben.   36 Ἡρακλείδης Mercurialis: ἡράκλειτος P: ἡράκλητος BF (vgl. § 52 Anm. zu I 277, 17)

αὐτὸν τὰ περὶ τὴν ἄπνουν. ἦν δ᾽ ὁ Παυσανίας, ὥς φησιν ᾽Αρίστιππος καὶ Σάτυρος,
ἐρώμενος αὐτοῦ, ὧι δὴ καὶ τὰ Περὶ φύσεως προσπεφώνηκεν οὕτως· ᾽Παυσανίη
... υἱέ᾽ [Β 1]. ἀλλὰ καὶ ἐπίγραμμα εἰς αὐτὸν ἐποίησεν· (61) ᾽Παυσανίην ...
ἀδύτων᾽ [Β 156]. τὴν γοῦν ἄπνουν ὁ ῾Ηρακλείδης [fr. 72 Voss] φησὶ τοιοῦτόν
5 τι εἶναι, ὡς τριάκοντα ἡμέρας συντηρεῖν ἄπνουν καὶ ἄσφυκτον τὸ σῶμα· ὅθεν
εἶπεν αὐτὸν καὶ ἰητρὸν καὶ μάντιν, λαμβάνων ἅμα καὶ ἀπὸ τούτων τῶν στίχων·
(62) ᾽ὦ φίλοι ... βάξιν᾽ [Β 112]. (63) μέγαν δὲ τὸν ᾽Ακράγαντα εἰπεῖν φησι
[ποταμὸν ἄλλα], ἐπεὶ μυριάδες αὐτὸν κατώικουν ὀγδοήκοντα· ὅθεν τὸν ᾽Εμπεδοκλέα
εἰπεῖν τρυφώντων αὐτῶν· ᾽Ακραγαντῖνοι τρυφῶσι μὲν ὡς αὔριον ἀποθανούμενοι,
10 οἰκίας δὲ κατασκευάζονται ὡς πάντα τὸν χρόνον βιωσόμενοι᾽. αὐτοὺς δὲ τούτους
τοὺς Καθαρμοὺς [ἐν] ᾽Ολυμπίασι ῥαψωιδῆσαι λέγεται Κλεομένη τὸν ῥαψωιδόν, ὡς
καὶ Φαβωρῖνος ἐν ᾽Απομνημονεύμασι. φησὶ δ᾽ αὐτὸν καὶ ᾽Αριστοτέλης [fr. 66]
ἐλεύθερον γεγονέναι καὶ πάσης ἀρχῆς ἀλλότριον, εἴ γε τὴν βασιλείαν αὐτῶι διδο-
μένην παρηιτήσατο, καθάπερ Ξάνθος ἐν τοῖς περὶ αὐτοῦ λέγει, τὴν λιτότητα δηλον-
15 ότι πλέον ἀγαπήσας. (64) τὰ δ᾽ αὐτὰ καὶ Τίμαιος [fr. 88a FHG I 214] εἴρηκε,
τὴν αἰτίαν ἅμα παρατιθέμενος τοῦ δημοτικὸν εἶναι τὸν ἄνδρα. φησὶ γὰρ ὅτι κλη-
θεὶς ὑπό τινος ,τῶν ἀρχόντων, ὡς προβαίνοντος τοῦ δείπνου τὸ ποτὸν οὐκ εἰσε-
φέρετο, τῶν [δ᾽] ἄλλων ἡσυχαζόντων, μισοπονήρως διατεθεὶς ἐκέλευσεν εἰσφέρειν·
ὁ δὲ κεκληκὼς ἀναμένειν ἔφη τὸν τῆς βουλῆς ὑπηρέτην. ὡς δὲ παρεγένετο, ἐγενήθη
20 συμποσίαρχος, τοῦ κεκληκότος δηλονότι καταστήσαντος, ὃς ὑπεγράφετο τυραν-
νίδος ἀρχήν· ἐκέλευσε γὰρ ἢ πίνειν ἢ καταχεῖσθαι τῆς κεφαλῆς. τότε μὲν οὖν
ὁ ᾽Εμπεδοκλῆς ἡσύχασε· τῆι δ᾽ ὑστεραίαι εἰσαγαγὼν εἰς δικαστήριον ἀπέκτεινε
καταδικάσας ἀμφοτέρους, τόν τε κλήτορα καὶ τὸν συμποσίαρχον. ἀρχὴ μὲν οὖν
αὐτῶι τῆς πολιτείας ἥδε. (65) πάλιν δὲ ῎Ακρωνος τοῦ ἰατροῦ τόπον αἰτοῦντος
25 παρὰ τῆς βουλῆς εἰς κατασκευὴν πατρώιου μνήματος διὰ τὴν ἐν τοῖς ἰατροῖς
ἀκρότητα παρελθὼν ὁ ᾽Εμπεδοκλῆς ἐκώλυσε, τά τε ἄλλα περὶ ἰσότητος διαλεχθεὶς
καί τι καὶ τοιοῦτον ἐρωτήσας· τί δὲ ἐπιγράψομεν ἐλεγεῖον; ἢ τοῦτο· ᾽ἄκρον ...
ἀκροτάτης᾽ [Β 157]; τινὲς δὲ τὸν δεύτερον στίχον οὕτω προφέρονται·
᾽ἀκροτάτης κορυφῆς τύμβος ἄκρος κατέχει.᾽
30 τοῦτό τινες Σιμωνίδου φασὶν εἶναι. (66) ὕστερον δ᾽ ὁ ᾽Εμπεδοκλῆς καὶ τὸ τῶν
χιλίων ἄθροισμα κατέλυσε συνεστὼς ἐπὶ ἔτη τρία, ὥστε οὐ μόνον ἦν τῶν πλου-
σίων, ἀλλὰ καὶ τῶν τὰ δημοτικὰ φρονούντων. ὅ γέ τοι Τίμαιος ἐν τῆι ιᾱ καὶ ιβ̄
[fehlt FHG] (πολλάκις γὰρ αὐτοῦ μνημονεύει) φησὶν ἐναντίαν ἐσχηκέναι γνώμην

---

5 ἄσφυκτον Mercurialis: ἄσηπτον Hss.: ἄσιτον Suidas l. c. ὅθεν καὶ εἶπεν
P²F 6 ἰητρὸν BP¹: ἰατρὸν P²F, vgl. 31 B 146, 1 7 φησι] Timaios vgl.
Diod. XIII 82, 6 8 ποταμὸν ἄλλα (d. h. ὑπομνήματα oder ἀντίγραφα
λέγουσιν, Rest eines antiken Rand-Scholions?) P²: ποταμὸν ἀλλ᾽ F: ποτα-
μίλλα BP¹: εἰπεῖν φησὶ ⟨Τίμαιος οὐκ ἐπὶ μέγα ἦν προάστιον παρὰ τὸν⟩ ποτα-
μόν, ἀλλ᾽ ἐπεὶ ... Wilamowitz Berl. Sitz. Ber. 1929, 630¹ αὐτὴν BP¹
μυριάδες ... ὀγδοήκοντα] πλείους τῶν δισμυρίων Diod. XIII 84, 3 11 [ἐν]
᾽Ολυμπίασι Diels: ἐν ὀλυμπιάδι ῥαψωδῆσαι BP: ἐν ὀλυμπίαι διαραψωδῆσαι P²F,
vgl. 31 A 12 12 ἐν B²P²: fehlt BPF 17 ὡς Diels: καὶ Hss.: καὶ προβαίνον-
τος τοῦ δείπνου ⟨ὡς⟩ vulgo, besser wohl ⟨ὡς⟩ καὶ προβ. τοῦ δείπνου τὸ
ποτὸν F: τοῦ πότου τὸ δεῖπνον BPΦ 18 [δ᾽] Cobet 24 αὐτῶι Aldobr.:
αὐτὴ (αὐτῆ, αὐτη) Hss. 30 τοῦτον P² 31 χιλιάδων F διέλυσε B
32 ιᾱ καὶ ιβ̄ Beloch: πρώτηι καὶ δευτέραι Hss.

αὐτὸν ⟨ἕν⟩ τε τῆι πολιτείαι ⟨καὶ ἐν τῆι ποιήσει· ὅπου μὲν γὰρ μέτριον καὶ ἐπιεικῆ⟩ φαίνεσθαι, ὅπου δὲ ἀλαζόνα καὶ φίλαυτον [ἐν τῆι ποιήσει]· φησὶ γοῦν· 'χαίρετ' ... πωλεῦμαι' καὶ τὰ ἑξῆς [Β 112, 4. 5]. καθ' ὃν δὲ χρόνον ἐπεδήμει 'Ολυμπίασιν, ἐπιστροφῆς ἠξιοῦτο πλείονος, ὥστε μηδενὸς ἑτέρου μνείαν γίγνεσθαι ἐν ταῖς ὁμι-
5 λίαις τοσαύτην ὅσην 'Εμπεδοκλέους.   (67) ὕστερον μέντοι τοῦ 'Ακράγαντος οἰκιζομένου [?] ἀντέστησαν αὐτοῦ τῆι καθόδωι οἱ τῶν ἐχθρῶν ἀπόγονοι· διόπερ εἰς Πελοπόννησον ἀποχωρήσας ἐτελεύτησεν. οὐ παρῆκε δ' οὐδὲ τοῦτον ὁ Τίμων [fr. 42 Diels; vgl. 31 A 43], ἀλλ' ὧδ' αὐτοῦ καθάπτεται λέγων·

10
'καὶ 'Εμπεδοκλῆς ἀγοραίων
ληκητὴς ἐπέων· ὅσα δ' ἔσθενε, τοσσάδ' ἔειλεν,
ἀρχῶν ὃς διέθηκ' ἀρχὰς ἐπιδευέας ἄλλων'.

περὶ δὲ τοῦ θανάτου διάφορός ἐστιν αὐτοῦ λόγος· 'Ηρακλείδης [fr. 76 Voss] μὲν γὰρ τὰ περὶ τῆς ἄπνου διηγησάμενος, ὡς ἐδοξάσθη 'Εμπεδοκλῆς ἀποστείλας τὴν νεκρὰν ἄνθρωπον ζῶσαν, φησὶν ὅτι θυσίαν συνετέλει πρὸς τῶι Πεισιάνακτος
15 ἀγρῶι. συνεκέκληντο δὲ τῶν φίλων τινές, ἐν οἷς καὶ Παυσανίας.   (68) εἶτα μετὰ τὴν εὐωχίαν οἱ μὲν ἄλλοι χωρισθέντες ἀνεπαύοντο, οἱ μὲν ὑπὸ τοῖς δένδροις ὡς ἀγροῦ παρακειμένου, οἱ δ' ὅπηι βούλοιντο, αὐτὸς δὲ ἔμεινεν ἐπὶ τοῦ τόπου ἐφ' οὗπερ κατεκέκλιτο. ὡς δὲ ἡμέρας γενηθείσης ἐξανέστησαν, οὐχ ηὑρέθη μόνος. ζητουμένου δὲ καὶ τῶν οἰκετῶν ἀνακρινομένων καὶ φασκόντων μὴ εἰδέναι, εἷς τις
20 ἔφη μέσων νυκτῶν φωνῆς ὑπερμεγέθους ἀκοῦσαι προσκαλουμένης 'Εμπεδοκλέα, εἶτα ἐξαναστὰς ἑωρακέναι φῶς οὐράνιον καὶ λαμπάδων φέγγος, ἄλλο δὲ μηδέν· τῶν δὲ ἐπὶ τῶι γενομένωι ἐκπλαγέντων καταβὰς ὁ Παυσανίας ἔπεμψέ τινας ζητήσοντας. ὕστερον δὲ ἐκώλυεν πολυπραγμονεῖν, φάσκων εὐχῆς ἄξια συμβεβηκέναι καὶ θύειν αὐτῶι δεῖν καθαπερεὶ γεγονότι θεῶι.   (69) "Ερμιππος [fr. 27 FHG III 42]
25 δέ φησι Πάνθειάν τινα 'Ακραγαντίνην ἀπηλπισμένην ὑπὸ τῶν ἰατρῶν θεραπεῦσαι αὐτὸν καὶ διὰ τοῦτο τὴν θυσίαν ἐπιτελεῖν· τοὺς δὲ κληθέντας εἶναι πρὸς τοὺς ὀγδοή-κοντα. 'Ιππόβοτος [Heraclides fr. 77 Voss] δέ φησιν ἐξαναστάντα αὐτὸν ὡδευκέναι ὡς ἐπὶ τὴν Αἴτνην, εἶτα παραγενόμενον ἐπὶ τοὺς κρατῆρας τοῦ πυρὸς ἐναλέσθαι καὶ ἀφανισθῆναι, βουλόμενον τὴν περὶ αὐτοῦ φήμην βεβαιῶσαι ὅτι
30 γεγόνοι θεός, ὕστερον δὲ γνωσθῆναι, ἀναρριπισθείσης αὐτοῦ μιᾶς τῶν κρηπίδων·

1—2 ⟨ἕν⟩ τε τῆι πολιτείαι κτλ. Diels: τῆι τε πολιτείαι φαίνεσθαι (so) BP: fehlt F: anderes verm. Richards Class. Rev. 1904, 301   2 [ ] Diels 5 ὅσην Ε: ὅσον vor der Verb. PF   6 οἰκιζομένου] verwirrte und lücken-hafte Stelle. Jedenfalls nach 445 vgl. § 52   7 δ' P²F: τ' BP   8 ἄλλως δ' P²: ἄλλων δ' BP¹F: verb. Stephanus   10 τοσσάδε εἴλεν Hss.; Sinn etwa: Soviel Worte er nur konnte, ballte er zusammen (Anspielung auf lächerliche Composita wie B 61)?: τοσσάδ' ἔειπεν Diels (1. 2. Aufl.): τοσσάδ' ἄειδεν Keydel Quaest. metr. (Berl. 1911) 22. Evidente Lesung noch nicht gefunden   11 ἄρχων ὃς Hss.: ἄρχειν, ὣς Diels (1. 2. Aufl.): ἄρχων ὃς Wachsmuth; Sinn jedenfalls: Seine Prinzipien (4 Elemente) bedürfen wieder anderer Prinzipien (Φιλία und Νεῖκος)   12 αὐτοῦ hinter θανάτου die Ausgg.; Hiatvermeidung des Timaios!   16 δένδρεσιν Φ   18 ηὑρέθη P¹: εὑρέθη P²BFΦ   23 Diels: ἐκώλυε Reiske: ἐκωλύθη Hss.: ἐκώλυσε Cobet: ἐνομίσθη Φ   28ff. vgl. I 281, 16ff. 285, 1ff. Capelle verweist auch auf Lukian Ikaromen. 13f.; Berl. phil. Woch. 1914, 267 (vgl. auch oben I 281, 20) 30 γεγόνοιν B¹P¹: γεγόνει F   ἀναρριφθείσης Kochalsky

χαλκᾶς γὰρ εἴθιστο ὑποδεῖσθαι. πρὸς τοῦθ' ὁ Παυσανίας ἀντέλεγε. (70) (Διόδωρος δ' ὁ Ἐφέσιος περὶ Ἀναξιμάνδρου γράφων φησὶν ὅτι τοῦτον ἐζηλώκει, τραγικὸν ἀσκῶν τῦφον καὶ σεμνὴν ἀναλαβὼν ἐσθῆτα). τοῖς Σελινουντίοις ἐμπεσόντος λοιμοῦ διὰ τὰς ἀπὸ τοῦ παρακειμένου ποταμοῦ δυσωδίας, ὥστε καὶ αὐτοὺς
5 φθείρεσθαι καὶ τὰς γυναῖκας δυστοκεῖν, ἐπινοῆσαι τὸν Ἐμπεδοκλέα καὶ δύο τινὰς ποταμοὺς τῶν σύνεγγυς ἐπαγαγεῖν ἰδίαις δαπάναις· καὶ καταμίξαντα γλυκῆναι τὰ ῥεύματα. οὕτω δὴ λήξαντος τοῦ λοιμοῦ καὶ τῶν Σελινουντίων εὐωχουμένων ποτὲ παρὰ τῶι ποταμῶι, ἐπιφανῆναι τὸν Ἐμπεδοκλέα· τοὺς δ' ἐξαναστάντας προσκυνεῖν καὶ προσεύχεσθαι καθαπερεὶ θεῶι. ταύτην οὖν θέλοντα βεβαιῶσαι τὴν διάληψιν
10 εἰς τὸ πῦρ ἐναλέσθαι. (71) τούτοις δ' ἐναντιοῦται Τίμαιος [fr. 98 FHG I 218] ῥητῶς λέγων ὡς ἐξεχώρησεν εἰς Πελοπόννησον καὶ τὸ σύνολον οὐκ ἐπανῆλθεν· ὅθεν αὐτοῦ καὶ τὴν τελευτὴν ἄδηλον εἶναι. πρὸς δὲ τὸν Ἡρακλείδην καὶ ἐξ ὀνόματος ποιεῖται τὴν ἀντίρρησιν ἐν τῆι ιδ· Συρακόσιόν τε γὰρ εἶναι τὸν Πεισιάνακτα καὶ ἀγρὸν οὐκ ἔχειν ἐν Ἀκράγαντι· Παυσανίαν τε μνημεῖον ⟨ἂν⟩ πεποιηκέναι
15 τοῦ φίλου, τοιούτου διαδοθέντος λόγου, ἢ ἀγαλμάτιόν τι ἢ σηκὸν οἷα θεοῦ· καὶ γὰρ πλούσιον εἶναι. ʽπῶς οὖν, φησίν, εἰς τοὺς κρατῆρας ἥλατο ὧν σύνεγγυς ὄντων οὐδὲ μνείαν ποτὲ ἐπεποίητο; τετελεύτηκεν οὖν ἐν Πελοποννήσωι. (72) οὐδὲν δὲ παράδοξον τάφον αὐτοῦ μὴ φαίνεσθαι· μηδὲ γὰρ ἄλλων πολλῶν.' τοιαῦτά τινα εἰπὼν ὁ Τίμαιος ἐπιφέρει· ʽἀλλὰ διὰ παντός ἐστιν Ἡρακλείδης τοιοῦτος παραδοξο-
20 λόγος, καὶ ἐκ τῆς σελήνης πεπτωκέναι ἄνθρωπον λέγων'. Ἱππόβοτος δέ φησιν ὅτι ἀνδριὰς ἐγκεκαλυμμένος Ἐμπεδοκλέους ἔκειτο πρότερον μὲν ἐν Ἀκράγαντι, ὕστερον δὲ πρὸ τοῦ Ῥωμαίων βουλευτηρίου ἀκάλυφος, δηλονότι μεταθέντων αὐτὸν ἐκεῖ Ῥωμαίων. γραπταὶ μὲν γὰρ εἰκόνες καὶ νῦν περιφέρονται. Νεάνθης δ' ὁ Κυζικηνὸς ὁ καὶ περὶ τῶν Πυθαγορικῶν εἰπών φησι [FGrHist. 84 F 28 II 197] Μέτωνος
25 τελευτήσαντος τυραννίδος ἀρχὴν ὑποφύεσθαι· εἶτα τὸν Ἐμπεδοκλέα πεῖσαι τοὺς Ἀκραγαντίνους παύσασθαι μὲν τῶν στάσεων, ἰσότητα δὲ πολιτικὴν ἀσκεῖν. (73) ἔτι τε πολλὰς τῶν πολιτίδων ἀπροίκους ὑπαρχούσας αὐτὸν προικίσαι διὰ τὸν παρόντα πλοῦτον· διὸ δὴ πορφύραν τε ἀναλαβεῖν αὐτὸν καὶ στρόφιον ἐπιθέσθαι χρυσοῦν, ὡς Φαβωρῖνος ἐν Ἀπομνημονεύμασιν, ἔτι τ' ἐμβάδας χαλκᾶς καὶ στέμμα Δελφικόν.
30 κόμη τε ἦν αὐτῶι βαθεῖα καὶ παῖδες ἀκόλουθοι· καὶ αὐτὸς ἀεὶ σκυθρωπὸς ἐφ' ἑνὸς σχήματος ἦν. τοιοῦτος δὴ προήιει, τῶν πολιτῶν ἐντυχόντων καὶ τοῦτο ἀξιωσάντων οἱονεὶ βασιλείας τινὸς παράσημον. ὕστερον δὲ διά τινα πανήγυριν πορευόμενον ἐπ' ἀμάξης ὡς εἰς Μεσσήνην πεσεῖν καὶ τὸν μηρὸν κλάσαι· νοσήσαντα δ' ἐκ τούτου τελευτῆσαι ἐτῶν ἑπτὰ καὶ ἑβδομήκοντα. εἶναι δ' αὐτοῦ καὶ τάφον ἐν Με-
35 γάροις. (74) περὶ δὲ τῶν ἐτῶν Ἀριστοτέλης διαφέρεται· φησὶ γὰρ ἐκεῖνος ἑξήκοντα ἐτῶν αὐτὸν τελευτῆσαι. οἱ δὲ ἐννέα καὶ ἑκατόν [vgl. § 58]. ἤκμαζε δὲ κατὰ τὴν τετάρτην καὶ ὀγδοηκοστὴν ὀλυμπιάδα [444/1]. Δημήτριος δ' ὁ Τροιζήνιος

---

1 Π. ἀντέλεγε] im Dialog d. Herakleides. Vgl. I 278, 36   4 λοιμοῦ] vgl. Head Hist. num. S. 147ff.   6 γλυκῆναι BF: γλυκῦναι P¹: γλυκάναι P²: ἐγλύκανε Φ   7 δὲ F   9 διαβεβαιῶσαι FP²Φ   ὑπόληψιν Φ   13 τῆι ιδ Diels: τῆι δ Hss. Timaios schilderte im 13. (wohl auch 14.) Buche die athenische Expedition gegen Syrakus (Athen. VII 327B, XIII 589A) und kam dabei auf Empedokles. Polemisiert Apollodor ʽ(vgl. I 277, 12) gegen ihn?   14 ⟨ἂν⟩ C. Müller   18 μηδὲ] die direkte Rede indirekt fortgesetzt   20 vgl. 3 B 2   23 εἰκόνες Sturz: εἰσί τινες Hss.   28 δὴ BP: καὶ Φ: fehlt F   31 προήιει vulgo: προσήιει PΦ: προσείη BF   33 ἐπ' ἀμ. B¹P: ἐφ' ἀμάξης B²FΦ   37 Δημήτριος Stephanus: δημόκριτος BPF

ἐν τῶι Κατὰ σοφιστῶν βιβλίωι [FHG IV 383] φησὶν αὐτὸν καθ' Ὅμηρον [λ 278] ἀψάμενον βρόχον αἰπὺν ἀφ' ὑψηλοῖο κρανείης αὐχέν' ἀποκρεμάσαι, ψυχὴν ⟨δ'⟩ Ἀϊδόσδε κατελθεῖν. ἐν τῶι προειρημένωι [§ 53, 55] Τηλαύγους ἐπιστολίωι λέγεται αὐτὸν εἰς θάλατταν 5 ὑπὸ γήρως ὀλισθόντα τελευτῆσαι. καὶ ταῦτα μὲν περὶ τοῦ θανάτου καὶ τοσαῦτα. [Folgen zwei Epigramme des Diogenes.]   (76) ἐδόκει δ' αὐτῶι τάδε· στοιχεῖα μὲν εἶναι τέτταρα, πῦρ, ὕδωρ, γῆν, ἀέρα· Φιλίαν τε ἧι συγκρίνεται καὶ Νεῖκος ὧι διακρίνεται. φησὶ δ' οὕτω· Ζεὺς ... βρότειον' [B 6, 2. 3], Δία μὲν τὸ πῦρ λέγων, Ἥρην δὲ τὴν γῆν, Ἀϊδωνέα δὲ τὸν ἀέρα, Νῆστιν δὲ τὸ ὕδωρ. 'καὶ ταῦτα, 10 φησίν, ἀλλάττοντα ... λήγει' [B 17, 6], ὡς ἂν ἀιδίου τῆς τοιαύτης διακοσμήσεως οὔσης· ἐπιφέρει γοῦν· 'ἄλλοτε ... ἔχθει' [B 17, 7. 8].   (77) καὶ τὸν μὲν ἥλιόν φησι πυρὸς ἄθροισμα μέγα καὶ τῆς σελήνης μείζω· τὴν δὲ σελήνην δισκοειδῆ, αὐτὸν δὲ τὸν οὐρανὸν κρυσταλλοειδῆ. καὶ τὴν ψυχὴν παντοῖα εἴδη ζώιων καὶ φυτῶν ἐνδύεσθαι· φησὶ γοῦν· 'ἤδη ... ἰχθύς' [B 117]. 15   τὰ μὲν οὖν Περὶ φύσεως αὐτῶι καὶ οἱ Καθαρμοὶ εἰς ἔπη τείνουσι πεντακισχίλια, ὁ δὲ Ἰατρικὸς λόγος εἰς ἔπη ἑξακόσια [Lobon fr. 19 Crön.]. περὶ δὲ τῶν τραγωιδιῶν προειρήκαμεν [§ 58].

2. SUIDAS Ἐμπεδοκλῆς Μέτωνος, οἱ δὲ Ἀρχινόμου [aus Hesych], οἱ δ' Ἐξαινέτου. καὶ ἀδελφὸν δὲ ἔσχε Καλλικρατίδην [aus A 1 § 53]. 20 ἠκροάσατο δὲ πρώτου Παρμενίδου, οὗτινος, ὥς φησι Πορφύριος ἐν τῆι Φιλοσόφωι ἱστορίαι [fr. 8 Nauck], καὶ ἐγένετο παιδικά. οἱ δὲ ἔφασαν μαθητὴν Τηλαύγους, τοῦ Πυθαγόρου υἱοῦ, τὸν Ἐμπεδοκλέα γενέσθαι. Ἀκραγαντῖνος φιλόσοφος φυσικὸς καὶ ἐποποιὸς [aus Hesych]. ἦν δὲ κατὰ τὴν ōδ ὀλυμπιάδα [464/0; aus der Chronik s. I 91, 5. 6 m. Anm.]. 25 οὗτος στέμμα ἔχων ἐπὶ τῆς κεφαλῆς χρυσοῦν καὶ ἀμύκλας ἐν τοῖς ποσὶ χαλκᾶς καὶ στέμματα Δελφικὰ ἐν ταῖς χερσὶν ἐπήιει τὰς πόλεις, δόξαν περὶ αὐτοῦ κατασχεῖν ὡς περὶ θεοῦ βουλόμενος. ἐπεὶ δὲ γηραιὸς ἐγένετο, νύκτωρ ἔρριψεν ἑαυτὸν εἰς κρατῆρα πυρός, ὥστε μὴ φανῆναι αὐτοῦ τὸ σῶμα. καὶ οὕτως ἀπώλετο τοῦ σανδαλίου αὐτοῦ ἐκβρασθέντος ὑπὸ τοῦ πυρός. ἐπεκλήθη δὲ καὶ κωλυσανέμας διὰ τὸ 30 ἀνέμου πολλοῦ ἐπιθεμένου τῆι Ἀκραγαντίαι ἐξελάσαι αὐτὸν δορὰς ὄνων περιθέντα τῆι πόλει [aus Porph., vgl. A 16].

γέγονε δὲ τούτου μαθητὴς Γοργίας ὁ ῥήτωρ ὁ Λεοντῖνος [aus A 1 § 58].

καὶ ἔγραψε δι' ἐπῶν Περὶ φύσεως τῶν ὄντων βιβλία β̄ (καὶ ἔστιν ἔπη ὡς δισχίλια). Ἰατρικὰ καταλογάδην καὶ ἄλλα πολλά [Lobon fr. 19 Crön.].

___

3 δ' P²: fehlt BP¹F   5 ὀλισθήσαντα FP²   15 Da die Zahlangaben hier und Z. 33f. aus Lobon stammen (vgl. Crönert De Lobone Argivo Χάριτες für Leo S. 126ff.), so ist auf sie kein Verlaß. Vgl. auch Wilamowitz Berl. Sitz. Ber. 1929, 627   19 δὲ Ξενέτου Hss.: verb. Diels nach Diog.   δὲ hinter ἀδ. fehlt VM   20f. ἐν — καὶ fehlt VM   Φιλοσόφωι] so Hss.   21 παιδικά] aus 28 A 5 übertragen   22 τὸν VM: τοῦ GIT   Ἐμπεδοκλέους GT   23 Ἀκραγαντῖνος δὲ VM: ohne δὲ übr. Hss., Ἀκραγαντῖνον I   24 Zeile fehlt M, trägt an anderer Stelle nach V   τὴν GI: fehlt T   25 οὗτος Kranz: οὗτος ὁ Ἐμπεδοκλῆς VM: ὁ GIT; [ὁ] στέμμα ℓ. Diels   28 ὥστε— σῶμα fehlt VM   30 Ἀκράγαντι B   33 φύσεων V   β̄] γ' ed. pr. (nach der sehr zweifelhaften Angabe des Tzetz. Chiliad. VII 552 [31 B 134] ?); vgl. hierüber auch C. Horna Wien. Stud. 48 (1931) 6ff.   δισχίλια GIT: δύο V: β̄' M vgl. oben zu Z. 15   34 Ἰατρικά] dasselbe wie Ἰατρικὸς λόγος A 1 § 77

3. PLINIUS N. H. XXIX 1, 5 *alia factio (ab experimentis cognominant empiricen) coepit in Sicilia, Acrone Agragantino Empedoclis physici auctoritate commendato.* SUID. s. v. Ἄκρων, Ἀκραγαντῖνος, ἰατρός, υἱὸς Ξένωνος. ἐσοφίστευσεν ἐν ταῖς Ἀθήναις ἅμα Ἐμπεδοκλεῖ. ἔστιν οὖν πρεσβύτερος Ἱπποκρά-
5 τους. ἔγραψε Περὶ ἰατρικῆς δωρίδι διαλέκτωι, Περὶ τροφῆς ὑγιεινῶν βιβλίον ᾱ. ἔστι δὲ καὶ οὗτος τῶν τινα πνεύματα σημειωσαμένων. εἰς τοῦτον ἐποίησεν Ἐ. τωθαστικὸν ἐπίγραμμα [B 157]. PLUT. de Is. et Os. 79 p. 383 D Ἄκρωνα γοῦν τὸν ἰατρὸν ἐν Ἀθήναις ὑπὸ τὸν μέγαν λοιμὸν εὐδοκιμῆσαι λέγουσι πῦρ κε-λεύοντα παρακαίειν τοῖς νοσοῦσιν. [Vgl. M. Wellmann *Fr. d. gr. Ärzte* I 108ff.]
10 GALEN. Meth. med. I 1 [x 5 K.] καὶ πρόσθεν μὲν ἔρις ἦν οὐ σμικρὰ νικῆσαι τῶι πλήθει τῶν εὑρημάτων ἀλλήλους ὀριγνωμένων τῶν ἐν Κῶι καὶ Κνίδωι· διττὸν γὰρ ἔτι τοῦτο τὸ γένος ἦν τῶν ἐπὶ τῆς Ἀσίας Ἀσκληπιαδῶν ἐκλιπόντος τοῦ κατὰ Ῥόδον· ἥριζον δ' αὐτοῖς τὴν ἀγαθὴν ἔριν ἐκείνην, ἣν Ἡσίοδος ἐπήινει (Opp. 24), καὶ οἱ ἐκ τῆς Ἰταλίας ἰατροί, Φιλιστίων τε καὶ Ἐμπεδοκλῆς καὶ Παυ-
15 σανίας καὶ οἱ τούτων ἑταῖροι.

4. ARISTOT. de anima A 2. 405b 1 τῶν δὲ φορτικωτέρων καὶ ὕδωρ τινὲς ἀπε-φήναντο [näml. τὴν ἀρχήν] καθάπερ Ἵππων· πεισθῆναι δ' ἐοίκασιν ἐκ τῆς γονῆς ὅτι πάντων ὑγρά· καὶ γὰρ ἐλέγχει τοὺς αἷμα φάσκοντας τὴν ψυχήν, ὅτι ἡ γονὴ οὐχ αἷμα.

20 5. SUIDAS s. v. Ζήνων [29 A 2] ... ἔγραψεν Ἔριδας, Ἐξήγησιν τῶν Ἐμπε-δοκλέους, Πρὸς τοὺς φιλοσόφους περὶ φύσεως. — τοῦτόν φασιν εὑρετὴν εἶναι τῆς διαλεκτικῆς, ὡς Ἐμπεδοκλέα ῥητορικῆς. Vgl. 29 A 1 § 25.

6. ARISTOT. Metaph. A 3. 984 a 11 Ἀναξαγόρας δὲ ὁ Κλαζομένιος τῆι μὲν ἡλι-κίαι πρότερος ὢν τούτου [als Emped.], τοῖς δ' ἔργοις ὕστερος ἀπείρους εἶναί
25 φησι τὰς ἀρχάς.

7. SIMPLIC. Phys. 25, 19 [aus Theophr. Phys. Opin. fr. 3. D. 477] Ἐμπε-δοκλῆς ὁ Ἀκραγαντῖνος οὐ πολὺ κατόπιν τοῦ Ἀναξαγόρου γεγονώς, Παρμενίδου δὲ ζηλωτὴς καὶ πλησιαστὴς καὶ ἔτι μᾶλλον τῶν Πυθαγορείων.

8. EUS. P. E. x 14, 15 [aus d. anonymen Biographen] Τηλαύγους δὲ Ἐ.
30 ἀκουστὴς γίνεται, καθ' ὃν Ἡράκλειτος ὁ σκοτεινὸς ἐγνωρίζετο (d. h. Ol. 69 [504—1] nach d. Chron.).

9. — Chron. ol. 81, 1 [456] Ἐ. καὶ Παρμενίδης φυσικοὶ φιλόσοφοι ἐγνωρί-ζοντο. GELL. XVII 21, 14 [vermutlich aus der Chronik d. Nepos] zwischen d. Schlacht a. d. Cremera [477] u. d. Decemvirat [450]: *iuxta ea tempora*
35 *E. Agrigentinus in philosophiae naturalis studio floruit.*

10. EUS. Chron. ol. 86, 1 [436] vgl. 28 A 11b.

1 *cognominant* T: *cognominaris* V¹R   6 πνεύματα] also Pneumatiker 18 τοὺς ... ψυχὴν] sicher E. gemeint, vgl. auch Hippocr. de morb. I 30 (VI 200 L.), de sacro morbo 17 (VI 392 L.)   25 'Anaxagoram quod dicit Aristoteles aetate priorem esse Empedocle τοῖς δ' ἔργοις ὕστερον, illud quidem apparet τὰ ἔργα ipsam eius esse doctrinam et philosophiam, sed ὕστερος dubium est utrum ad tempus referendum sit quo vel coeperit philosophari vel placita sua proposuerit Anaxagoras, an ad doctrinae Anaxagoreae dignitatem et auctoritatem' Bonitz comm. p. 67   28 καὶ ... Πυθαγορείων] wohl nicht aus Theophrast vgl. Diog. § 54

284   31 [21]. EMPEDOKLES

11. ATHEN. I 5E [daraus Suid. s. v. Ἀθήναιος] Ἐ. δ' ὁ Ἀκραγαντῖνος ἵπποις Ὀλύμπια νικήσας Πυθαγορικὸς ὢν καὶ ἐμψύχων ἀπεχόμενος ἐκ σμύρνης καὶ λιβανωτοῦ καὶ τῶν πολυτελεστάτων ἀρωμάτων βοῦν ἀναπλάσας διένειμε τοῖς εἰς τὴν πανήγυριν ἀπαντήσασιν. (Vgl. A 1 § 51. 53).

5   12. — XIV 620 D τοὺς δ' Ἐμπεδοκλέους Καθαρμοὺς ἐραψώιδησεν Ὀλυμπίασι Κλεομένης ὁ ῥαψωιδός, ὥς φησιν Δικαίαρχος ἐν τῶι Ὀλυμπικῶι (fr. 47 FHG II 249].

13. NICOMACHUS (rekonstruiert aus Porph. V. Pyth. 29, Iamb. V. P. 135, über die Wundertaten des Pythagoras) ὧν μεταλαβόντας Ἐμπεδοκλέα τε τὸν Ἀκραγαντῖνον καὶ Ἐπιμενίδην τὸν Κρῆτα καὶ Ἄβαριν τὸν Ὑπερβόρειον πολλαχῆι 10 καὶ αὐτοὺς τοιαῦτά τινα ἐπιτετελεκέναι. δῆλα δ' αὐτῶν τὰ ποιήματα ὑπάρχει, ἄλλως τε καὶ ἀλεξανέμας μὲν ὂν τὸ ἐπώνυμον Ἐμπεδοκλέους, καθαρτὴς δὲ τὸ Ἐπιμενίδου, αἰθροβάτης δὲ τὸ Ἀβάριδος.

14. PLUTARCH de curios. 1 p. 515 C ὁ δὲ φυσικὸς Ἐμπεδοκλῆς ὄρους τινὰ διασφάγα βαρὺν καὶ νοσώδη κατὰ τῶν πεδίων τὸν νότον ἐμπνέουσαν ἐμφράξας 15 λοιμὸν ἔδοξεν ἐκκλεῖσαι τῆς χώρας. adv. Colot. 32, 4 p. 1126 B Ἐ. δὲ τούς τε πρώτους τῶν πολιτῶν ὑβρίζοντας καὶ διαφοροῦντας τὰ κοινὰ ἐξελέγξας ⟨ἐξέβαλε⟩ τήν τε χώραν ἀπήλλαξεν ἀκαρπίας καὶ λοιμοῦ διασφάγας ὄρους ἀποτειχίσας δι' ὧν ὁ νότος εἰς τὸ πεδίον ὑπερέβαλλε. CLEM. Strom. VI 30 (II 445, 11 St.) Ἐ. τε ὁ Ἀκραγαντῖνος κωλυσανέμας ἐπεκλήθη. λέγεται οὖν ἀπὸ τοῦ Ἀκράγαντος 20 ὄρους πνέοντός ποτε ἀνέμου βαρὺ καὶ νοσῶδες τοῖς ἐγχωρίοις, ἀλλὰ καὶ ταῖς γυναιξὶν αὐτῶν ἀγονίας αἰτίου γινομένου παῦσαι τὸν ἄνεμον. Folgen die Fr. B 111, 3—5. 112, 10—12. PHILOSTRAT. V. Apoll. VIII 7, 8 p. 158 τίς δ' ἂν σοφὸς ἐκλιπεῖν σοι δοκεῖ τὸν ὑπὲρ πόλεως τοιαύτης ἀγῶνα, ἐνθυμηθεὶς μὲν Δημόκριτον ἐλευθερώσαντα λοιμοῦ ποτε Ἀβδηρίτας, ἐννοήσας δὲ Σοφοκλέα τὸν Ἀθηναῖον, ὃς λέγεται 25 καὶ ἀνέμους θέλξαι τῆς ὥρας ὑπερπνεύσαντας, ἀκηκοὼς δὲ τὰ Ἐμπεδοκλέους ὃς νεφέλης ἀνέσχε φορὰν ἐπ' Ἀκραγαντίνους ῥαγείσης; vgl. I 2 Ἐ. τε γὰρ καὶ Πυθαγόρας αὐτὸς καὶ Δημόκριτος ὁμιλήσαντες μάγοις καὶ πολλὰ δαιμόνια εἰπόντες οὔπω ὑπήχθησαν τῆι τέχνηι. PLIN. N. H. XXX 1, 9 certe Pythagoras, E., Democritus, Plato ad hanc [sc. magicen] discendam navigavere exsiliis verius 30 quam peregrinationibus susceptis. hanc reversi praedicavere, hanc in arcanis habuere.

15. IAMBLICH. V. Pyth. 113 [aus Nicomachos] Ἐ. δὲ σπασαμένου τὸ ξίφος ἤδη νεανίου τινὸς ἐπὶ τὸν αὐτοῦ ξενοδόχον Ἄγχιτον [vgl. B 1], ἐπεὶ δικάσας δημοσίαι τὸν τοῦ νεανίου πατέρα ἐθανάτωσε, καὶ ἀΐξαντος, ὡς εἶχε συγχύσεως καὶ 35 θυμοῦ, ξιφήρους παῖσαι τὸν τοῦ πατρὸς καταδικαστὴν ὡσανεὶ φονέα Ἄγχιτον, μεθαρμοσάμενος ὡς εἶχε τὴν λύραν καὶ πεπαντικόν τι μέλος καὶ κατασταλτικὸν μεταχειρισάμενος εὐθὺς ἀνεκρούσατο τὸ 'νηπενθές τ' ἄχολόν τε, κακῶν ἐπίληθες ἀπάντων' κατὰ τὸν ποιητήν [δ 221], καὶ τόν τε ἑαυτοῦ ξενοδόχον Ἄγχιτον θανάτου ἐρρύσατο καὶ τὸν νεανίαν ἀνδροφονίας. ἱστορεῖται δ' οὗτος τῶν Ἐμπεδοκλέους 40 γνωρίμων ὁ δοκιμώτατος ἔκτοτε γενέσθαι.

---

2 Entweder ist der Sieg des Großvaters oder der des Enkels auf E. übertragen   7 über die Quelle vgl. Corssen Rhein. Mus. 67 (1912), 39 14 ἐμπνέουσαν] ἐκπνέουσαν Reiske   16 ⟨ἐξέβαλε⟩ vor ἐξελέγξας Bernard.: ⟨ἀπέκτεινε⟩ vgl. I 279, 22 ? Kranz: ⟨τὴν πόλιν ἠλευθέρωσε⟩ Diels   25 τῆς ὥρας πέρα πνεύσαντας Kayser   38 der Jüngling wohl Pausanias, der Sohn des Anchitos, dessen Name irrtümlich auf den Gastfreund übertragen ist

16. Strabo VI p. 274 νομίζειν δ' ἐκ τῆς τοιαύτης ὄψεως [Aetna] πολλὰ μυθεύεσθαι καὶ μάλιστα οἷά φασί τινες περὶ Ἐμπεδοκλέους, ὅτι καθάλοιτο εἰς τὸν κρατῆρα καὶ καταλίποι τοῦ πάθους ἴχνος τῶν ἐμβάδων τὴν ἐτέραν ἃς ἐφόρει χαλκᾶς. εὑρεθῆναι γὰρ ἔξω μικρὸν ἄπωθεν τοῦ χείλους τοῦ κρατῆρος ὡς ἀνερ-
5 ριμμένην ὑπὸ τῆς βίας τοῦ πυρός [vgl. p. 276]. Horat. Ars Poet. 458 ff.

> si veluti merulis intentus decidit auceps
> in puteum foveamve, licet 'succurrite' longum
> clamet 'io cives!', non sit qui tollere curet.
> si curet quis opem ferre et demittere funem
10 > 'qui scis, an prudens huc se deiecerit atque
> servari nolit ?' dicam, Siculique poetae
> narrabo interitum. deus immortalis haberi
> dum cupit Empedocles, ardentem frigidus Aetnam
> insiluit. sit ius liceatque perire poetis:
15 > invitum qui servat, idem facit occidenti.

17. [Aristot.] Probl. 30, 1 p. 953a 26 τῶν δὲ ὕστερον Ἐ. καὶ Πλάτων καὶ Σωκράτης καὶ ἕτεροι συχνοὶ γνωρίμων (waren Melancholiker) vgl. Luc. Fug. 2.

18. Aelian. V. H. XII 32 Ἐμπεδοκλῆς δὲ ὁ Ἀκραγαντῖνος ἁλουργεῖ ἐχρήσατο καὶ ὑποδήμασι χαλκοῖς. [Vgl. A 1 § 73.] Philostr. V. Ap. VIII 7 p. 156 Ἐ. μὲν
20 γὰρ καὶ στρόφιον τῶν ἁλουργοτάτων περὶ αὐτὴν [sc. τὴν κόμην] ἁρμόσας ἐσόβει περὶ τὰς τῶν Ἑλλήνων ἀγυιὰς ὕμνους ξυντιθείς, ὡς θεὸς ἐξ ἀνθρώπου ἔσοιτο. [Vgl. B 112, 6ff.]

19. Sextus adv. math. VII 6 Ἐμπεδοκλέα μὲν γὰρ ὁ Ἀριστοτέλης (im Sophistes vgl. A 1 § 57) φησὶ πρῶτον ῥητορικὴν κεκινηκέναι. Aus desselben Συνα-
25 γωγὴ τεχνῶν (vgl. fr. 137 Rose) Quint. III 1, 8 nam primus post eos quos poetae tradiderunt movisse aliqua circa rhetoricen E. dicitur. artium autem scriptores antiquissimi Corax et Tisias Siculi, quos insecutus est vir eiusdem insulae Gorgias Leontinus, Empedoclis, ut traditur, discipulus. Aristot. Soph. el. 33 p. 183b 31 οἱ δὲ νῦν εὐδοκιμοῦντες [sc. ῥήτορες] παραλαβόντες
30 παρὰ πολλῶν οἷον ἐκ διαδοχῆς κατὰ μέρος προαγαγόντων οὕτως ηὐξήκασι Τεισίας μὲν μετὰ τοὺς πρώτους [Redner bei Homer], Θρασύμαχος δὲ μετὰ Τεισίαν κτλ. Schol. Iamblich. V. P. p. 198 Nauck ὅτι καὶ ὁ Παρμενίδης ὁ ἐξ Ἐλέας Πυθαγόρειος ἦν· ἐξ οὗ δῆλον ὅτι καὶ Ζήνων ὁ 'ἀμφοτερόγλωσσος' (vgl. I 247, 8) ὁ καὶ τὰς ἀρχὰς τῆς διαλεκτικῆς παραδούς. ὥστε ἐκ Πυθαγόρου ἤρξατο ἡ διαλεκτική,
35 ὡσαύτως δὲ ἡ ῥητορική· Τισίας γὰρ καὶ Γοργίας καὶ Πῶλος Ἐμπεδοκλέους τοῦ Πυθαγορείου μαθηταί.

APOPHTHEGMATIK

20. Gnom. Paris. n. 153 [Ac. Cracov. xx 152] Ἐμπεδοκλῆς ἐρωτηθείς, διὰ τί σφόδρα ἀγανακτεῖ κακῶς ἀκούων, ἔφη· 'ὅτι οὐδὲ ἐπαινούμενος ἡσθήσομαι,
40 εἰ μὴ κακῶς ἀκούων λυπηθήσομαι' [vgl. 29 A 1 I 248, 10]. 158 Ἐ. πρὸς τὸν λέγοντα, ὅτι οὐδένα σοφὸν εὑρεῖν δύναμαι, 'κατὰ λόγον' εἶπε· 'τὸν γὰρ ζητοῦντα σοφὸν αὐτὸν πρῶτον εἶναι δεῖ σοφόν'. Besser als Diog. IX 20 [21 A 1 I 114, 1].

20a. Eudem. Eth. H 1. 1235a 9 οἱ φυσιολόγοι καὶ τὴν ὅλην φύσιν δια-
45 κοσμοῦσιν ἀρχὴν λαβόντες τὸ τὸ ὅμοιον ἰέναι πρὸς τὸ ὅμοιον, διὸ Ἐ. [vgl. A 86 B 22, 5. 62, 6. 90. 109 u. ö.] καὶ τὴν κύν' ἔφη καθῆσθαι ἐπὶ τῆς κεραμῖδος διὰ

τὸ ἔχειν πλεῖστον ὅμοιον. Vgl. Magna Mor. B 11. 1208b 11 φασὶ δὲ καὶ κυνός ποτε ἀεὶ καθευδούσης ἐπὶ τῆς αὐτῆς κεραμῖδος, ἐρωτηθέντα τὸν 'Ε. διὰ τί ποτε ἡ κύων ἐπὶ τῆς αὐτῆς κεραμῖδος καθεύδει, εἰπεῖν ὅτι ἔχει τι τῆι κεραμῖδι ὅμοιον ἡ κύων.

5 POESIE (vgl. A 1 §§ 55ff. 65. 77; ferner A 2. 12)

21. LUCRET. I 714ff.

et qui quattuor ex rebus posse omnia rentur
715 ex igni terra atque anima procrescere et imbri.
quorum Acragantinus cum primis Empedocles est,
10 insula quem triquetris terrarum gessit in oris,
quam fluitans circum magnis anfractibus aequor
Ionium glaucis aspargit virus ab undis
720 angustoque freto rapidum mare dividit undans
Italiae terrarum oras a finibus eius.
15 hic est vasta Charybdis, et hic Aetnaea minantur
murmura flammarum rursum se colligere iras,
faucibus eruptos iterum vis ut vomat ignis
725 ad caelumque ferat flammai fulgura rursum.
quae cum magna modis multis miranda videtur
20 gentibus humanis regio visendaque fertur,
rebus opima bonis, multa munita virum vi,
nil tamen hoc habuisse viro praeclarius in se
730 nec sanctum magis et mirum carumque videtur;
carmina quin etiam divini pectoris eius
25 vociferantur et exponunt praeclara reperta,
ut vix humana videatur stirpe creatus.

22. ARISTOT. Poet. 1. 1447b 17 οὐδὲν δὲ κοινόν ἐστιν Ὁμήρωι καὶ 'Ἐμπεδοκλεῖ πλὴν τὸ μέτρον· διὸ τὸν μὲν ποιητὴν δίκαιον καλεῖν, τὸν δὲ φυσιολόγον μᾶλλον ἢ ποιητήν.

30 23. MENANDER [vielmehr GENETHLIOS] I 2, 2 φυσικοὶ [sc. ὕμνοι] δ' ὁποίους οἱ περὶ Παρμενίδην καὶ 'Ἐμπεδοκλέα ἐποίησαν, τίς ἡ τοῦ 'Ἀπόλλωνος φύσις [vgl. A 1 § 57 u. Ammon. 31 B 134], τίς ἡ τοῦ Διὸς [B 6, 2] παρατιθέμενοι. καὶ οἱ πολλοὶ τῶν 'Ὀρφέως τούτου τοῦ τρόπου. Ebenda 5, 2 εἰσὶν δὲ τοιοῦτοι, ὅταν 'Ἀπόλλωνος ὕμνον λέγοντες ἥλιον αὐτὸν εἶναι φάσκωμεν καὶ περὶ τοῦ ἡλίου τῆς 35 φύσεως διαλεγώμεθα καὶ περὶ Ἥρας ὅτι ἀὴρ καὶ Ζεὺς τὸ θερμὸν [B 6, 2]. οἱ γὰρ τοιοῦτοι ὕμνοι φυσιολογικοί. καὶ χρῶνται δὲ τῶι τοιούτωι τρόπωι Παρμενίδης καὶ 'Ε. ... Παρμενίδης μὲν γὰρ καὶ 'Ε. ἐξηγοῦνται, Πλάτων δὲ ἐν βραχυτάτοις ἀναμιμνήισκει.

24: LACTANT. Inst. div. II 12, 4 Empedocles, quem nescias utrumne 40 inter poetas an inter philosophos numeres, quia de rerum natura versibus

---

1. 3 ὅμοιον] worin das bestehen soll, unklar 13 (720) undans Lachm.: undis Prisc. u. Hss. 14 (721) Italiae L: Haeliae OQG: Haeoliae O¹ 16 (723) se O: fehlt Q(?)G 17 (724) vomat Lambin.: omniat Hss. 30. 31 φυσικοὶ δέτοι ὅσοι παρὰ πᾶν μέρος καὶ ἐμπεδοκλέα Hss.: von vielen verb. 31 ἐποίησαν Bursian: ἐτίμησαν Hss.

scripsit ut apud Romanos Lucretius et Varro, quattuor elementa constituit.
QUINT. I 4, 4 ... *propter Empedoclea in Graecis, Varronem ac Lucretium*
in Latinis, qui praecepta sapientiae versibus tradiderunt.
25. SCHOL. ad DIONYS. Thrac. p. 168, 8 Hilgard ποιητὴς δὲ κεκόσμηται
5 τοῖς τέσσαρσι τούτοις μέτρωι, μύθωι, ἱστορίαι καὶ ποιᾶι λέξει, καὶ πᾶν ποίημα μὴ
μετέχον τούτων οὐκ ἔστι ποίημα, εἰ καὶ μέτρωι κέχρηται. ἀμέλει τὸν Ἐμπεδοκλέα
καὶ Τυρταῖον [?] καὶ τοὺς περὶ ἀστρολογίας εἰπόντας οὐ καλοῦμεν ποιητάς, εἰ καὶ
μέτρωι ἐχρήσαντο διὰ τὸ μὴ χρήσασθαι αὐτοὺς τοῖς τῶν ποιητῶν χαρακτηριστι-
κοῖς. 166, 13 οὐκ ἔστι ποιητὴς ὁ μέτρωι μόνωι χρώμενος· οὐδὲ γὰρ Ἐμπεδοκλῆς ὁ
10 τὰ Φυσικὰ γράψας οὐδ' οἱ περὶ ἀστρολογίας εἰπόντες οὐδὲ ὁ Πύθιος ἐμμέτρως χρη-
σμωιδῶν. PLUTARCH. quom. ad. poet. aud. 2 p. 16c [28 A 15]. ARISTOT. Rhet.
Γ 5. 1407a 31 δεύτερον δὲ τὸ τοῖς ἰδίοις ὀνόμασι λέγειν ..., τρίτον μὴ ἀμφιβόλοις·
ταῦτα δέ, ἂν μὴ τἀναντία προαιρῆται, ὅπερ ποιοῦσιν ὅταν μηθὲν μὲν ἔχωσι λέγειν,
προσποιῶνται δέ τι λέγειν. οἱ γὰρ τοιοῦτοι ἐν ποιήσει λέγουσιν ταῦτα οἷον Ἐμ-
15 πεδοκλῆς. φενακίζει γὰρ τὸ κύκλωι πολύ ὄν, καὶ πάσχουσιν οἱ ἀκροαταὶ ὅπερ οἱ
πολλοὶ παρὰ τοῖς μάντεσιν. ὅταν γὰρ λέγωσιν ἀμφίβολα, συμπαρανεύουσιν Κροῖ-
σος Ἅλυν διαβὰς μεγάλην ἀρχὴν καταλύσει'. Meteor. B 3. 357a 24 ὁμοίως δὲ
γελοῖον καὶ εἴ τις εἰπὼν ἱδρῶτα τῆς γῆς εἶναι τὴν θάλατταν οἴεταί τι σαφὲς
εἰρηκέναι, καθάπερ Ἐ. [B 55]· πρὸς ποίησιν μὲν γὰρ οὕτως εἰπὼν ἴσως εἴρηκεν
20 ἱκανῶς (ἡ γὰρ μεταφορὰ ποιητικόν), πρὸς δὲ τὸ γνῶναι τὴν φύσιν οὐχ ἱκανῶς.
CICERO de oratore I 50, 217 *licet ista ratione dicamus pila bene et duodecim*
scriptis ludere proprium esse iuris civilis, quoniam utrumque eorum P. Mucius
optime fecerit; eademque ratione dicantur ei quos φυσικούς *Graeci nominant,*
eidem poetae, quoniam Empedocles physicus egregium poema fecerit.
25 26. DIONYSIUS de comp. verb. 22 ταύτης τῆς ἁρμονίας [nämlich τῆς αὐ-
στηρᾶς] πολλοὶ μὲν ἐγένοντο ζηλωταὶ κατά τε ποίησιν καὶ ἱστορίαν καὶ λόγους
πολιτικούς, διαφέροντες δὲ τῶν ἄλλων ἐν μὲν ἐπικῆι ποιήσει ὅ τε Κολοφώνιος Ἀντί-
μαχος καὶ Ἐμπεδοκλῆς ὁ φυσικός, ἐν δὲ μελοποιίαι Πίνδαρος, ἐν τραγωιδίαι δ'
Αἰσχύλος ...
30 27. CICERO ad Qu. fr. II 9, 3 *Lucreti poemata, ut scribis, ita sunt: multis*
luminibus ingeni, multae etiam artis; sed cum veneris —. virum te putabo,
si Sallusti Empedoclea legeris, hominem non putabo.

LEHRE (Vgl. A 1 § 76, 77; A 4. 6.)

28. ARISTOT. Metaphys. A 3. 984a 8 Ἐ. δὲ τὰ τέτταρα πρὸς τοῖς εἰρημένοις
35 [näml. ὕδωρ, ἀήρ, πῦρ] γῆν προσθεὶς τέταρτον· ταῦτα γὰρ ἀεὶ διαμένειν καὶ οὐ
γίγνεσθαι ἀλλ' ἢ πλήθει καὶ ὀλιγότητι συγκρινόμενα καὶ διακρινόμενα εἰς ἕν τε
καὶ ἐξ ἑνός. SIMPL. Phys. 25. 21 [nach A 7; aus Theophr.] οὗτος δὲ τὰ μὲν
σωματικὰ στοιχεῖα ποιεῖ τέτταρα, πῦρ καὶ ἀέρα καὶ ὕδωρ καὶ γῆν, ἀίδια μὲν ὄντα,

---

6 εἰ ... κέχρηται Brit. (Cram. A. O. IV 312, 16): fehlt sonst   7 Τυρταῖον]
Emendation noch nicht gefunden; vgl. Kaibel *Abh. d. Gött. Ges.* 1898, 20:
T. hält H. Gomperz, da auch er des μῦθος und der ἱστορία entbehre!   27 δια-
φερόντως verm. Sauppe   ἐπικῆι Sylburg: ἐπιεικη F: ἐπιεικεῖ PMV   28 ἐμπε-
δοκλῆς P: ἀλκμέων F   31 *etiam* Orelli: *tamen* Hss.; vgl. auch Lucretius ed.
Diels I XXXV   35 προσθεὶς E: προστιθεὶς Ab   36 ἀλλ' ἢ E: ἀλλὰ Ab

πλήθει δέ καί όλιγότητι μεταβάλλοντα κατά τήν σύγκρισιν καί διάκρισιν, τάς δέ κυρίως άρχάς, ύφ' ών κινεΐται ταῦτα, Φιλίαν καί Νεῖκος. δεΐ γάρ διατελεΐν έναλλάξ κινούμενα τά στοιχεΐα, ποτέ μέν ύπό τῆς Φιλίας συγκρινόμενα, ποτέ δέ ύπό τοῦ Νείκους διακρινόμενα· ώστε καί έξ εἶναι κατ' αὐτόν τάς άρχάς. καί γάρ ὅπου
5 μέν ποιητικήν δίδωσι δύναμιν τῶι Νείκει καί τῆι Φιλίαι ὅταν λέγηι 'ἄλλοτε .. ἐχθει' [B 17, 7. 8], ποτέ δέ τοῖς τέτταρσιν ώς ίσόστοιχα συντάττει καί ταῦτα ὅταν λέγηι 'τοτέ ... πλάτος τε' [B 17, 17—20].

29. PLATO Soph. 242 c d μῦθόν τινα ἕκαστος φαίνεταί μοι διηγεΐσθαι παισίν ώς οὖσιν ήμῖν, ὁ μέν ώς τρία τά ὄντα, πολεμεῖ δέ άλλήλοις ένίοτε αὐτῶν ἄττα
10 πηι, τοτέ δέ καί φίλα γιγνόμενα γάμους τε καί τόκους καί τροφάς τῶν έκγόνων παρέχεται. δύο δέ ἕτερος εἰπών, ύγρὸν καί ξηρὸν ἢ θερμὸν καί ψυχρόν, συνοικίζει τε αὐτά καί ἐκδίδωσι [vgl. 60 A 4 ?]. τὸ δὲ παρ' ἡμῶν 'Ελεατικὸν ἔθνος, ἀπὸ Ξενοφάνους τε καί ἔτι πρόσθεν ἀρξάμενον [vgl. 1 B 6. Phileb. p. 16 c d], ώς ἑνός ὄντος τῶν πάντων καλουμένων οὕτω διεξέρχεται τοῖς μύθοις. 'Ιάδες δὲ καί Σικελαί
15 τινες ὕστερον Μοῦσαι [Heraklit und Empedokles] ξυνενόησαν, ὅτι συμπλέκειν ἀσφαλέστατον ἀμφότερα καί λέγειν, ώς τὸ ὂν πολλά τε καί ἕν ἐστιν, ἔχθραι δὲ καί φιλίαι συνέχεται. 'διαφερόμενον γάρ ἀεί ξυμφέρεται', φασίν αἱ συντονώτεραι τῶν Μουσῶν [22 B 10], αἱ δὲ μαλακώτεραι τὸ μὲν ἀεί ταῦθ' οὕτως ἔχειν ἐχάλασαν, ἐν μέρει δὲ τοτὲ μὲν ἕν εἶναί φασι τὸ πᾶν καί φίλον ὑπ' 'Αφροδίτης, τοτὲ δὲ πολλά
20 καί πολέμιον αὐτὸ αὐτῶι διά Νεῖκός τι [31 B 17].

30. [PLUT.] Stromat. ap. Eus. P. E. ι 8, 10 (D. 582; aus Theophrast wie n. 31 ff.) 'Ε. ὁ 'Ακραγαντῖνος στοιχεῖα τέσσαρα, πῦρ ὕδωρ αἰθέρα γαῖαν. αἰτίαν δὲ τούτων Φιλίαν καί Νεῖκος. ἐκ πρώτης φησί τῆς τῶν στοιχείων κράσεως ἀποκριθέντα τὸν άέρα περιχυθῆναι κύκλωι· μετά δὲ τὸν άέρα τὸ πῦρ ἐκδραμόν καί
25 οὐκ ἔχον ἑτέραν χώραν ἄνω ἐκτρέχειν ὑπὸ τοῦ περί τὸν ⟨άέρα πάγου. εἶναι δὲ κύκλωι περί τὴν γῆν φερόμενα δύο ἡμισφαίρια τὸ μὲν καθόλου πυρός, τὸ δὲ μικτὸν ἐξ άέρος καί όλίγου πυρός, ὅπερ οἴεται τὴν νύκτα εἶναι. τὴν δὲ άρχὴν τῆς κινήσεως συμβῆναι ἀπὸ τοῦ τετυχηκέναι κατά ⟨τι⟩ τὸν άθροισμὸν ἐπιβρίσαντος τοῦ πυρός. ὁ δὲ ἥλιος τὴν φύσιν οὐκ ἔστι πῦρ, άλλά τοῦ πυρός άντανάκλασις ὁμοία τῆι άφ'
30 ύδατος γινομένηι. σελήνην δέ φησιν συστῆναι καθ' ἑαυτὴν ἐκ τοῦ άποληφθέντος άέρος ὑπὸ τοῦ πυρός. τοῦτον γάρ παγῆναι καθάπερ καί τὴν χάλαζαν. τὸ δὲ φῶς αὐτὴν ἔχειν ἀπὸ τοῦ ἡλίου. τὸ δὲ ἡγεμονικὸν οὔτε ἐν κεφαλῆι οὔτε ἐν θώρακι, άλλ' ἐν αἵματι. ὅθεν καθ' ὅ τι ἄν μέρος τοῦ σώματος πλεῖον ἦι παρεσπαρμένον (τὸ ἡγεμονικὸν οἴεται), κατ' ἐκεῖνο προτερεῖν τούς άνθρώπους.

35 31. HIPPOL. Ref. ι 3 (D. 558, W. 9) (1) 'Ε. δὲ μετά τούτους [Pythagoreer] γενόμενος καί περί δαιμόνων φύσεως εἶπε πολλά, ώς άναστρέφονται διοικοῦντα τά κατά τήν γῆν, ὄντες πλεῖστοι. οὗτος τὴν τοῦ παντὸς άρχὴν Νεῖκος καί Φιλίαν ἔφη

1 δέ (nach πλήθει) Diels vgl. ι 287, 36: nach μεταβάλλοντα Hss.; μεταβάλλοντα δέ stellte nach ὄντα (ι 287, 38) Usener   9 ὁ μέν] unbekannt s. Kranz Herm. 47 (1912) 22¹. 35²; vgl. 7 A 8ff. oder 36 B 1 ?   12 παρ' ἡμῶν BT, Euseb. (P. E. xiv 4) O d. h. von uns ausgehend; denn der Sprecher ist der 'Ελεάτης ξένος: παρ' ἡμῖν (aus interpolierten Euseb.- und Platohss.) vulgo   23 αἴτια? Kranz   24 ἔκδρομον A   25 vor ύπό: κατεχόμενον? Kranz   26 τήν A: fehlt OB   28 κατά ⟨τι⟩ Diels (alicubi)   τὸν AB: fehlt O   29 vgl. ι 293, 32   30 φησιν fehlt O   ἀπολειφθέντος A   32 ἔχειν A: σχεῖν OB   33 παρεσπασμένον B: παρασπασμένον O   36 vgl. 31 B 121—123

καὶ τὸ τῆς μονάδος νοερὸν πῦρ τὸν θεὸν καὶ συνεστάναι ἐκ πυρὸς τὰ πάντα καὶ
εἰς πῦρ ἀναλυθήσεσθαι. ὧι σχεδὸν καὶ οἱ Στωικοὶ συντίθενται δόγματι ἐκπύρωσιν
προσδοκῶντες. (2) μάλιστα δὲ πάντων συγκατατίθεται τῆι μετενσωματώσει
οὕτως εἰπών· 'ἤτοι ... ἰχθύς' [B 117]. (3) οὗτος πάσας εἰς πάντα τὰ ζῶια
5 μεταλλάττειν εἶπε τὰς ψυχάς. καὶ γὰρ ὁ τούτων διδάσκαλος Πυθαγόρας ἔφη
ἑαυτὸν Εὔφορβον γεγονέναι τὸν ἐπὶ Ἴλιον στρατεύσαντα, φάσκων ἐπιγινώσκειν
τὴν ἀσπίδα.

32. ΑËΤ. ι 7, 28 (D. 303 vgl. Stob. ι 35, 17 W.) ⟨'Εμπεδοκλῆς σφαιροειδὲς
καὶ ἀίδιον καὶ ἀκίνητον τὸ ἕν⟩ καὶ τὸ μὲν ἓν τὴν ἀνάγκην, ὕλην δὲ αὐτῆς τὰ τέτταρα
10 στοιχεῖα, εἴδη δὲ τὸ Νεῖκος καὶ τὴν Φιλίαν. λέγει δὲ καὶ τὰ στοιχεῖα θεοὺς καὶ
τὸ μῖγμα τούτων τὸν κόσμον καὶ πρὸς τ⟨ούτοις τὸν Σφαῖρον, εἰς ὃν πάντα ταῦτ⟩·
ἀναλυθήσεται, τὸ μονοειδές. καὶ θείας μὲν οἴεται τὰς ψυχάς, θείους δὲ καὶ τοὺς
μετέχοντας αὐτῶν καθαροὺς καθαρῶς.

33. — ι 3, 20 (D. 286) Ἐ. Μέτωνος 'Ακραγαντῖνος τέτταρα μὲν λέγει στοι-
15 χεῖα, πῦρ ἀέρα ὕδωρ γῆν, δύο δὲ ἀρχικὰς δυνάμεις, Φιλίαν τε καὶ Νεῖκος, ὧν ἡ μέν
ἐστιν ἑνωτική, τὸ δὲ διαιρετικόν. φησὶ δὲ οὕτως· 'τέσσαρα ... βρότειον' [B 6].
Δία μὲν γὰρ λέγει τὴν ζέσιν καὶ τὸν αἰθέρα, Ἥρην δὲ φερέσβιον τὸν ἀέρα,
τὴν δὲ γῆν τὸν 'Αιδωνέα, Νῆστιν δὲ καὶ κρούνωμα βρότειον οἱονεὶ τὸ
σπέρμα καὶ τὸ ὕδωρ. Allegor. hom. script. (viell. Plutarch) bei STOB. Ecl.
20 ι 10, 11 b p. 121 W. (vgl. Pluṭ. Vit. Hom. 99) Ἐ. Δία μὲν λέγει τὴν ζέσιν ⟨καὶ⟩ τὸν
αἰθέρα, Ἥρην δὲ φερέσβιον τὴν γῆν, ἀέρα δὲ τὸν 'Αιδωνέα, ἐπειδὴ φῶς οἰκεῖον
οὐκ ἔχει, ἀλλὰ ὑπὸ ἡλίου καὶ σελήνης καὶ ἄστρων καταλάμπεται, Νῆστιν δὲ καὶ
κρούνωμα βρότειον τὸ σπέρμα καὶ τὸ ὕδωρ. ἐκ τεσσάρων οὖν στοιχείων τὸ
πᾶν, τῆς τούτων φύσεως ἐξ ἐναντίων συνεστώσης, ξηρότητός τε καὶ ὑγρότητος
25 καὶ θερμότητος καὶ ψυχρότητος, ὑπὸ τῆς πρὸς ἄλληλα ἀναλογίας καὶ κράσεως
ἐναπεργαζομένης τὸ πᾶν καὶ μεταβολὰς μὲν μερικὰς ὑπομενούσης, τοῦ δὲ παντὸς
λύσιν μὴ ἐπιδεχομένης. λέγει γὰρ οὕτως· 'ἄλλοτε ... ἔχθει' [B 17, 7. 8]. HIPPOL.
Ref. VII 29 (p. 211 W.) nach B 6 [aus Plutarchs Schr. üb. Emped. ?, vgl. v 20
p. 122, 5] Ζεύς ἐστι τὸ πῦρ, Ἥρη δὲ φερέσβιος ἡ γῆ ἡ φέρουσα τοὺς πρὸς τὸν
30 βίον καρπούς, 'Αιδωνεὺς δὲ ὁ ἀήρ, ὅτι πάντα δι' αὐτοῦ βλέποντες μόνον αὐτὸν
οὐ καθορῶμεν, Νῆστις δὲ τὸ ὕδωρ· μόνον γὰρ τοῦτο ὄχημα τροφῆς [αἴτιον] γινό-
μενον πᾶσι τοῖς τρεφομένοις, αὐτὸ καθ' αὐτὸ τρέφειν οὐ δυνάμενον τὰ τρεφόμενα.
εἰ γὰρ ἔτρεφε, φησίν, οὐκ ἄν ποτε λιμῶι κατελήφθη τὰ ζῶια, ὕδατος ἐν τῶι κόσμωι
πλεονάζοντος ἀεί. διὰ τοῦτο Νῆστιν καλεῖ τὸ ὕδωρ, ὅτι τροφῆς αἴτιον γινόμενον
35 τρέφειν οὐκ εὐτονεῖ τὰ τρεφόμενα. PHILODEM. de pietate 2 p. 63 G. (Philippson
Herm. 55,.1920, 277) ⟨τὴν δ' Ἥρ⟩αν καὶ τ⟨ὸν Δία φη⟩σὶν ἀέρα τ⟨ε καὶ πῦρ⟩ εἶν·
'Εμπε⟨δοκλῆς ἐν τ⟩οῖς ὕμνοις (vgl. A 23).

34. GALEN. in Hipp. nat. hom. xv 32 K. CMG v 9, 1 p. 19, 7 Ἐ. ἐξ ἀμετα-
βλήτων τῶν τεσσάρων στοιχείων ἡγεῖτο γίνεσθαι τὴν τῶν συνθέτων σωμάτων

---

2 ὧ LO, Cedren.: ὡς B　　8. 9 ⟨'Εμπεδοκλῆς ... ἕν⟩ Diels Rhein. Mus. 36
(1881) 345　　11 τ⟨ούτοις ... ταῦτ'⟩· Diels: καὶ πρότερον, ἐς ὃ καὶ ἀναλυ-
θήσεται, τὸ μονοειδές Usener　　14ff. Die doppelte Überlieferung (vollständig
wiedergegeben Poet. Phil. Fr. p. 108) geht in der Interpretation auseinander:
Hera = ἀήρ (Theophr.; ἀήρ wie αἰθήρ auch Femin. im Epos) oder = γῆ
(Stoiker, Krates) und Aidoneus umgekehrt. Vgl. den Wortindex s. v.,
Kranz Herm. 47 (1912) 23; Zeller-Nestle ι 949f.　　31 ὄχημα τροφῆς] vgl.
Plut. Symp. VI p. 690 A, 698 D　　[αἴτιον] Kranz (vgl. Z. 34)

φύσιν, οὕτως ἀναμεμειγμένων ἀλλήλοις τῶν πρώτων, ὡσεί τις λειώσας ἀκριβῶς καὶ χνοώδη ποιήσας ἰὸν καὶ χαλκίτην καὶ καδμείαν καὶ μίσυ μείξειεν, ὡς μηδὲν ἐξ αὐτῶν δύνασθαι μεταχειρίσασθαι χωρὶς ἑτέρου. Ebenda p. 27, 22 πρῶτος ὧν ἴσμεν Ἱπποκράτης ἀπεφήνατο κεράννυσθαι τὰ στοιχεῖα . . . καὶ ταύτηι διήνεγκεν
5 Ἐμπεδοκλέους· κἀκεῖνος γὰρ ἐκ μὲν τῶν αὐτῶν στοιχείων, ὧν καὶ Ἱπποκράτης, γεγονέναι φησὶν ἡμᾶς τε καὶ τὰ ἄλλα σώματα πάντα τὰ περὶ τὴν γῆν, οὐ μὴν κεκραμένων γε δι' ἀλλήλων ἀλλὰ κατὰ σμικρὰ μόρια παρακειμένων τε καὶ ψαυόντων.

35. AËT. II 7, 6 (D. 336) ᾿Ε. ἔλεγε μὴ διὰ παντὸς ἑστῶτας εἶναι μηδ' ὡρισμένους τοὺς τόπους τῶν στοιχείων, ἀλλὰ πάντα τοὺς ἀλλήλων μεταλαμβάνειν.
10 ACHILL. Is. 4 p. 34, 20 M. ὁ δὲ ᾿Ε. οὐ δίδωσι τοῖς στοιχείοις ὡρισμένους τόπους, ἀλλ' ἀντιπαραχωρεῖν ἀλλήλοις φησίν, ὥστε τὴν γῆν μετέωρον φέρεσθαι καὶ τὸ πῦρ ταπεινότερον.

36. ARISTOT. de gen. et corr. B 3. 330b 19 ἔνιοι δ' εὐθὺς τέτταρα λέγουσιν οἷον ᾿Ε.· συνάγει δὲ καὶ οὗτος εἰς τὰ δύο· τῶι γὰρ πυρὶ τἆλλα πάντα ἀντι-
15 τίθησιν.

37. — Metaph. A 4. 985a 21 καὶ ᾿Ε. ἐπὶ πλέον μὲν χρῆται τούτου [als Anaxagoras] τοῖς αἰτίοις, οὐ μὴν οὔθ' ἱκανῶς οὔτ' ἐν τούτοις εὑρίσκει τὸ ὁμολογούμενον· πολλαχοῦ γοῦν αὐτῶι ἡ μὲν Φιλία διακρίνει, τὸ δὲ Νεῖκος συγκρίνει. ὅταν μὲν γὰρ εἰς τὰ στοιχεῖα διίστηται τὸ πᾶν ὑπὸ τοῦ Νείκους, τό τε πῦρ εἰς ἓν συγκρί-
20 νεται καὶ τῶν ἄλλων στοιχείων ἕκαστον· ὅταν δὲ πάλιν ὑπὸ τῆς Φιλίας συνίωσιν εἰς τὸ ἕν, ἀναγκαῖον ἐξ ἑκάστου τὰ μόρια διακρίνεσθαι πάλιν. ᾿Ε. μὲν οὖν παρὰ τοὺς πρότερον πρῶτος τὸ τὴν αἰτίαν διελεῖν εἰσήνεγκεν, οὐ μίαν ποιήσας τὴν τῆς κινήσεως ἀρχὴν ἀλλ' ἑτέρας τε καὶ ἐναντίας. ἔτι δὲ τὰ ὡς ἐν ὕλης εἴδει λεγόμενα στοιχεῖα τέτταρα πρῶτος εἶπεν. οὐ μὴν χρῆταί γε τέτταρσιν, ἀλλ' ὡς δυσὶν οὖσι μόνοις,
25 πυρὶ μὲν καθ' αὑτό, τοῖς δ' ἀντικειμένοις ὡς μιᾶι φύσει, γῆι τε καὶ ἀέρι καὶ ὕδατι. λάβοι δ' ἄν τις αὐτὸ θεωρῶν ἐκ τῶν ἐπῶν.

38. — Phys. Θ 1. 252a 7 ἔοικεν ᾿Ε. ἂν εἰπεῖν ὡς τὸ κρατεῖν καὶ κινεῖν ἐν μέρει τὴν Φιλίαν καὶ τὸ Νεῖκος ὑπάρχει τοῖς πράγμασιν ἐξ ἀνάγκης, ἠρεμεῖν δὲ τὸν μεταξὺ χρόνον.

30 39. — Metaph. A 4. 984b 32 ἐπεὶ δὲ καὶ τἀναντία τοῖς ἀγαθοῖς ἐνόντα ἐφαίνετο ἐν τῆι φύσει, καὶ οὐ μόνον τάξις καὶ τὸ καλὸν ἀλλὰ καὶ ἀταξία καὶ τὸ αἰσχρόν, καὶ πλείω τὰ κακὰ τῶν ἀγαθῶν καὶ τὰ φαῦλα τῶν καλῶν, οὕτως ἄλλος τις Φιλίαν εἰσήνεγκε καὶ Νεῖκος, ἑκάτερον ἑκατέρου αἴτιον τούτων. εἰ γάρ τις ἀκολουθοίη καὶ λαμβάνοι πρὸς τὴν διάνοιαν καὶ μὴ πρὸς ἃ ψελλίζεται λέγων ᾿Ε., εὑρήσει τὴν
35 μὲν Φιλίαν αἰτίαν οὖσαν τῶν ἀγαθῶν, τὸ δὲ Νεῖκος τῶν κακῶν· ὥστ' εἴ τις φαίη τρόπον τινὰ καὶ λέγειν καὶ πρῶτον λέγειν τὸ κακὸν καὶ τὸ ἀγαθὸν ἀρχὰς Ἐμπεδοκλέα, τάχ' ἂν λέγοι καλῶς, εἴπερ τὸ τῶν ἀγαθῶν ἁπάντων αἴτιον αὐτὸ τἀγαθόν ἐστι [καὶ τῶν κακῶν τὸ κακόν].

40. — de gen. et corr. B 6. 333b 19 ὁ δὲ [Emp.] τὴν μίξιν μόνον ἐπαινεῖ.
40 καίτοι τά γε στοιχεῖα διακρίνει οὐ τὸ Νεῖκος ἀλλ' ἡ Φιλία, τὰ φύσει πρότερα τοῦ θεοῦ· θεοὶ δὲ καὶ ταῦτα.

---

1 zu dieser Methode der Analogie hier und im folg. vgl. Diller *Herm.* 67 (1932) S. 37   9 πάντα τοὺς Plut. AB richtig: ,*Alle Elemente tauschen ihre Plätze gegenseitig*': πάντας τοὺς Stob.: πάντα πως Plut. C, Eus. B: πάντας τούτους Eus. O: πανταχοῦ Diels (Dox.)   16ff. nach Ab   22 τὸ ... διελεῖν Ab: ταύτην ... διελὼν E   38 [καὶ ... κακόν] fehlt Ab, Alex.: hat E

41. PHILOP. de gen. et corr. 19, 3 Vitelli πρὸς μὲν γὰρ τὰ φαινόμενα ἐναντία λέγει ἀναιρῶν τὴν ἀλλοίωσιν ἐναργῆ οὖσαν, πρὸς ἑαυτὸν δὲ διότι λέγει μὲν ἀμετάβλητα τὰ στοιχεῖα, καὶ αὐτὰ μὲν μὴ γίνεσθαι ἐξ ἀλλήλων τὰ δὲ ἄλλα ἐκ τούτων· πάλιν δέ φησι τῆς Φιλίας κρατούσης τὰ πάντα ἐν γίνεσθαι καὶ τὸν Σφαῖρον 5 ἀποτελεῖν ἄποιον ὑπάρχοντα, ὡς μηκέτι μήτε τὴν τοῦ πυρὸς μήτε τῶν ἄλλων τινὸς σώιζεσθαι ἐν αὐτῶι ἰδιότητα, ἀποβάλλοντος ἑκάστου τῶν στοιχείων τὸ οἰκεῖον εἶδος.

42. ARISTOT. de caelo Γ 2. 301a 14 ἐκ διεστώτων δὲ καὶ κινουμένων οὐκ εὔλογον ποιεῖν τὴν γένεσιν. διὸ καὶ Ἐ. παραλείπει τὴν ἐπὶ τῆς Φιλότητος· οὐ γὰρ ἂν 10 ἠδύνατο συστῆσαι τὸν οὐρανὸν ἐκ κεχωρισμένων μὲν κατασκευάζων, σύγκρισιν δὲ ποιῶν διὰ τὴν Φιλότητα· ἐκ διακεκριμένων γὰρ συνέστηκεν ὁ κόσμος τῶν στοιχείων. ὥστ' ἀναγκαῖον γίνεσθαι ἐξ ἑνὸς καὶ συγκεκριμένου. d. gen. et corr. B 7. 334a 5 ἅμα δὲ καὶ τὸν κόσμον ὁμοίως ἔχειν φησὶν ἐπί τε τοῦ Νείκους νῦν καὶ πρότερον ἐπὶ τῆς Φιλίας.

15 43. — de gen. et corr. B 7. 334a 26 ἐκείνοις τε γὰρ τοῖς λέγουσιν ὡς Ἐ. τίς ἔσται τρόπος; ἀνάγκη γὰρ σύνθεσιν εἶναι καθάπερ ἐκ πλίνθων καὶ λίθων τοῖχος· καὶ τὸ μεῖγμα δὲ τοῦτο ἐκ σωιζομένων μὲν ἔσται τῶν στοιχείων, κατὰ μικρὰ δὲ παρ' ἄλληλα συγκειμένων· οὕτω δὴ σὰρξ καὶ τῶν ἄλλων ἕκαστον. ΑΕΤ. ι 13, 1 (D. 312) Ἐμπεδοκλῆς ἔφη πρὸ τῶν τεττάρων στοιχείων θραύσματα ἐλάχιστα οἱονεὶ 20 στοιχεῖα πρὸ τῶν στοιχείων ὁμοιομερῆ. 17, 3 (D. 315) Ἐ. καὶ Ξενοκράτης ἐκ μικροτέρων ὄγκων τὰ στοιχεῖα συγκρίνει, ἅπερ ἐστὶν ἐλάχιστα καὶ οἱονεὶ στοιχεῖα στοιχείων. GALEN. in Hipp. de nat. h. xv 49 K. CMG V 9, 1 p. 27, 24 κἀκεῖνος γὰρ [Emp.] ἐκ μὲν τῶν αὐτῶν στοιχείων, ὧν καὶ Ἱπποκράτης, γεγονέναι φησὶν ἡμᾶς τε καὶ τὰ ἄλλα σώματα πάντα τὰ περὶ τὴν γῆν, οὐ μὴν κεκραμένων 25 γε δι' ἀλλήλων, ἀλλὰ κατὰ μικρὰ μόρια παρακειμένων τε καὶ ψαυόντων [vgl. ιν 762 κατὰ σμικρὰ μόρια καταθραυομένων].

43a. — de caelo Γ 6. 305a 1 εἰ δὲ στήσεται ἡ διάλυσις, ἤτοι ἄτομον ἔσται τὸ σῶμα ἐν ὧι ἵσταται ἢ διαιρετὸν μέν, οὐ μέντοι διαιρεθησόμενον οὐδέποτε, καθάπερ Ἐ. βούλεται λέγειν. Vgl. B 159.

30 44. ΑΕΤ. ι 24, 2 (D. 320) Ἐ., Ἀναξαγόρας, Δημόκριτος, Ἐπίκουρος καὶ πάντες ὅσοι κατὰ συναθροισμὸν τῶν λεπτομερῶν σωμάτων κοσμοποιοῦσι, συγκρίσεις μὲν καὶ διακρίσεις εἰσάγουσι, γενέσεις δὲ καὶ φθορὰς οὐ κυρίως· οὐ γὰρ κατὰ τὸ ποιὸν ἐξ ἀλλοιώσεως, κατὰ δὲ τὸ ποσὸν ἐκ συναθροισμοῦ ταύτας γίνεσθαι. Vgl. ARISTOT. de cael. Γ 5.

35 45. — ι 26, 1 (D. 321) Ἐ. οὐσίαν ἀνάγκης αἰτίαν χρηστικὴν τῶν ἀρχῶν καὶ τῶν στοιχείων. PLUT. de an. procr. 27, 2 p. 1026 B ἀνάγκην, ἣν εἱμαρμένην οἱ πολλοὶ καλοῦσιν, Ἐ. δὲ Φιλίαν ὁμοῦ καὶ Νεῖκος.

46. ARISTOT. Phys. A 4. 187a 20 οἱ δ' ἐκ τοῦ ἑνὸς ἐνούσας τε ἐναντιότητας ἐκκρίνεσθαι, ὥσπερ Ἀναξίμανδρός φησι καὶ ὅσοι δ' ἐν καὶ πολλὰ φασιν εἶναι, 40 ὥσπερ Ἐ. καὶ Ἀναξαγόρας· ἐκ τοῦ μείγματος γὰρ καὶ οὗτοι ἐκκρίνουσι τἄλλα. διαφέρουσι δ' ἀλλήλων τῶι τὸν μὲν [Emp.] περίοδον ποιεῖν τούτων, τὸν δ' [Ana-

---

15ff. vgl. Kranz Herm. 47 (1912) 25ff. (anderer Ansicht Reinhardt Kosmos u. Sympathie S. 26ff.)   20 στοιχεῖα πρὶν στοιχείων Plut. (Molekeln)   23 τε H. Schoene: γε vulg.   27 vgl. Luria Quellen u. Stud. z. Gesch. d. Math. B 2, 2 S. 136f.   39 εἶναι τὰ ὄντα Arist. E

xag.] ἅπαξ, καὶ τὸν μὲν ἄπειρα τά τε ὁμοιομερῆ καὶ τἀναντία, τὸν δὲ τὰ καλού
μενα στοιχεῖα.

47. Aἔτ. ι 5, 2 (D. 291) Ἐμπεδοκλῆς δὲ κόσμον μὲν ἕνα, οὐ μέντοι τὸ πᾶν
εἶναι τὸν κόσμον, ἀλλὰ ὀλίγον τι τοῦ παντὸς μέρος, τὸ δὲ λοιπὸν ἀργὴν ὕλην.

5   48. PLATO Leg. x 889B πῦρ καὶ ὕδωρ καὶ γῆν καὶ ἀέρα φύσει πάντα εἶναι
καὶ τύχηι φασί [Anhänger des Empedokles], τέχνηι δὲ οὐδὲν τούτων, καὶ τὰ
μετὰ ταῦτα αὖ σώματα, γῆς τε καὶ ἡλίου καὶ σελήνης ἄστρων τε πέρι, διὰ τούτων
γεγονέναι παντελῶς ὄντων ἀψύχων. τύχηι δὲ φερόμενα τῆι τῆς δυνάμεως ἕκαστα
ἑκάστων ἧι ξυμπέπτωκεν ἁρμόττοντα οἰκείως πως, θερμὰ ψυχροῖς ἢ ξηρὰ πρὸς
10 ὑγρὰ καὶ μαλακὰ πρὸς σκληρά, καὶ πάντα ὁπόσα τῆι τῶν ἐναντίων κράσει κατὰ
τύχην ἐξ ἀνάγκης συνεκεράσθη, ταύτηι καὶ κατὰ ταῦτα οὕτω γεγεννηκέναι τόν τε
οὐρανὸν ὅλον καὶ πάντα ὁπόσα κατ' οὐρανόν, καὶ ζῶια αὖ καὶ φυτὰ ξύμπαντα,
ὡρῶν πασῶν ἐκ τούτων γενομένων, οὐ δὲ διὰ νοῦν, φασίν, οὐδὲ διά τινα θεὸν οὐδὲ
διὰ τέχνην, ἀλλὰ ὃ λέγομεν, φύσει καὶ τύχηι.

15 49. PHILO de provid. II 60 p. 86 [Aucher, mit Verbesserungen n.
Conybeare] *eodem modo etiam mundi partes confici videntur, ut dicit
Empedocles. postquam enim secretus est aether* (d. i. μετὰ τὸ διακριθῆναι
τὸν αἰθέρα), *aer et ignis sursus volaverunt et caelum formatum quod
in latissimo spatio circumferebatur. ignis autem, qui caelo paulo inferior
20 manserat, ipse quoque in radios solis coacervatus est. terra vero in unum
concurrens et necessitate quadam concreta* (πιληθεῖσα) *in medio apparens
consedit. porro circa eam undique aether, quia multo levior erat, volvitur
neque umquam desistit. quietis autem inde causa per deum* [?], *non vero
per sphaeras multas super se invicem positas, quarum circumrotationes
25 poliverint figuram, quia circa eam* [sc. terram] *circumiectus est* (περιεβλήθη)
typi cuiusdam gyrus mirabilis (*magnae enim et multiplicis formae vim
habet*), *ideo nec huc nec illuc cadit ista.* Aἔτ. II 6, 3 (D. 334) Ἐ. τὸν μὲν
αἰθέρα πρῶτον διακριθῆναι, δεύτερον δὲ τὸ πῦρ, ἐφ' ὧι τὴν γῆν, ἐξ ἧς ἄγαν
περισφιγγομένης τῆι ῥύμηι τῆς περιφορᾶς ἀναβλύσαι τὸ ὕδωρ· ἐξ οὗ θυμιαθῆναι
30 τὸν ἀέρα, καὶ γενέσθαι τὸν μὲν οὐρανὸν ἐκ τοῦ αἰθέρος, τὸν δὲ ἥλιον ἐκ τοῦ πυρός,
πιληθῆναι δὲ ἐκ τῶν ἄλλων τὰ περίγεια.

50. Aἔτ. II 31, 4 (D. 363) Ἐ. τοῦ ὕψους τοῦ ἀπὸ τῆς γῆς εἰς τὸν οὐρανόν,
ἥτις ἐστὶν ἀφ' ἡμῶν ἀνάτασις, πλείονα εἶναι τὴν κατὰ τὸ πλάτος διάστασιν, κατὰ
τοῦτο τοῦ οὐρανοῦ μᾶλλον ἀναπεπταμένου διὰ τὸ ὠιῶι παραπλησίως τὸν κόσμον
35 κεῖσθαι. 1, 4 (D. 328) Ἐ. τὸν τοῦ ἡλίου περίδρομον εἶναι περιγραφὴν τοῦ πέρατος

---

1 ἄπειρα ποιεῖν Ar. E: ποιεῖν fehlt FI, Simpl. 181, 1   2 στοιχεῖα μόνον
Ar. Hss.: μόνον fehlt Simpl. a. O.   6 Pohlenz *Aus Platons Werdezeit* S. 416
denkt an Demokrit, Bignone *Emped.* S. 340 an Philistion, doch bezieht dieser
die 4 Elemente nur auf d. menschl. Körper   25 *circumiectus est ... gyrus*
nach Conybeare bei Clara E. Millerd *On the interpr. of Emp.* (Chicago 1908)
S. 64 Anm.   26 *gyrus* (καλαραν) = *typus, forma, exemplar* (Conyb.): *ignis*
(λαμβαρ) andre Hs. (Aucher)   *formae* Conyb.: *theoriae* falsch Auch.; die
Parenthese bezieht Conyb. auf die Lehre des Arist. von der Kreisbewegung
29 ἀναθυμιαθῆναι Gal., Reiske   30 αἰθέρος ⟨καὶ τοῦ πυρός⟩ Bignone *Emped.*
S. 342 nach A 51. 53, doch soll αἰθήρ viell. ἀήρ und πῦρ zusammenfassen
32 εἰς τὸν Diels: οἷον FP¹: εἰς P²

τοῦ κόσμου. 10, 2 (D. 339) Ἐ. δεξιὰ μὲν αὐτοῦ [sc. τοῦ κόσμου] τὰ κατὰ τὸν θερινὸν τροπικόν, ἀριστερὰ δὲ τὰ κατὰ τὸν χειμερινόν.

51. — II 11, 2 (D. 339) Ἐ. στερέμνιον εἶναι τὸν οὐρανὸν ἐξ ἀέρος συμπαγέντος ὑπὸ πυρὸς κρυσταλλοειδῶς, τὸ πυρῶδες καὶ τὸ ἀερῶδες ἐν ἑκατέρωι τῶν ἡμι-
5 σφαιρίων περιέχοντα. ACHILL. Is. 5 p. 34, 29 M. Ἐ. δὲ κρυσταλλώδη τοῦτον εἶναί φησιν ἐκ τοῦ παγετώδους συλλεγέντα. SCHOL. BASILII 22 (ed. Pasquali Gött. Nachr. 1910, 200. 219) Ἐ. δὲ ὑδροπαγῆ [näml. τὸν οὐρανόν] καὶ οἱονεὶ κρυσταλλῶδες πίλημα. LACTANT. de opif. dei 17, 6 an si mihi quispiam dixerit aeneum esse caelum aut vitreum aut, ut Empedocles ait, aerem
10 glaciatum, statimne assentiar? [aus Varros Tubero vgl. § 5. Dox. 198¹].

52. — II 4, 8 (D. 331) Ἐ. τὸν κόσμον φθείρεσθαι κατὰ τὴν ἀντεπικράτειαν τοῦ Νείκους καὶ τῆς Φιλίας. SIMPL. de caelo 293, 18.οἱ δὲ ἐναλλὰξ γίνεσθαι καὶ φθείρεσθαι τὸν αὐτὸν καὶ πάλιν γενόμενον πάλιν φθείρεσθαι [sc. τὸν κόσμον] λέγουσι, καὶ ἀίδιον εἶναι τὴν τοιαύτην διαδοχήν, ὥσπερ Ἐ. τὴν Φιλίαν λέγων καὶ
15 τὸ Νεῖκος παρὰ μέρος ἐπικρατοῦντα τὴν μὲν συνάγειν τὰ πάντα εἰς ἓν καὶ φθείρειν τὸν τοῦ Νείκους κόσμον καὶ ποιεῖν ἐξ αὐτοῦ τὸν Σφαῖρον, τὸ δὲ Νεῖκος διακρίνειν πάλιν τὰ στοιχεῖα καὶ ποιεῖν τὸν τοιοῦτον κόσμον [dann folgt B 17, 7—13]. 305, 21 Πλάτων καὶ Ἐ. καὶ Ἀναξαγόρας καὶ οἱ ἄλλοι φυσικοὶ τὴν τῶν συνθέτων ἀπὸ τῶν ἁπλῶν γένεσιν κατὰ τὸν ἐξ ὑποθέσεως τοῦτον τρόπον [d. h. διδασκαλίας
20 χάριν 304, 5] φαίνονται παραδιδόντες ... ὡσεὶ καὶ προϋπῆρχον τῶι χρόνωι τὰ ἐξ ὧν γίνεται τὰ γινόμενα. ARISTOT. Metaph. B 4. 1000b 18 οὐ γὰρ τὰ μὲν φθαρτά, τὰ δ᾽ ἄφθαρτα ποιεῖ τῶν ὄντων, ἀλλ᾽ ἅπαντα φθαρτὰ πλὴν τῶν στοιχείων.

53. — II 13, 2 (D. 341) Ἐ. πύρινα [sc. εἶναι τὰ ἄστρα] ἐκ τοῦ πυρώδους,
25 ὅπερ ὁ ἀὴρ ἐν ἑαυτῶι περιέχων ἐξανέθλιψε κατὰ τὴν πρώτην διάκρισιν.

54. — II 13, 11 (D. 342) Ἐ. τοὺς μὲν ἀπλανεῖς ἀστέρας συνδεδέσθαι τῶι κρυστάλλωι, τοὺς δὲ πλανήτας ἀνεῖσθαι.

55. ACHILL. Is. 16 p. 43, 2 M. εἰσὶ δὲ οἱ πρῶτον τὸν ἥλιον λέγουσιν, δευτέραν δὲ τὴν σελήνην, τρίτον δὲ τὸν Κρόνον. ἡ δὲ πλείων δόξα πρώτην τὴν
30 σελήνην, ἐπεὶ καὶ ἀπόσπασμα τοῦ ἡλίου λέγουσιν αὐτήν. ὡς καὶ Ἐ. ᾽κυκλοτερὲς ... φῶς᾽ [B 45].

56. AËT. II 20, 13 (D. 350) Ἐ. δύο ἡλίους· τὸν μὲν ἀρχέτυπον, πῦρ ὂν ἐν τῶι ἑτέρωι ἡμισφαιρίωι τοῦ κόσμου, πεπληρωκὸς τὸ ἡμισφαίριον, ἀεὶ κατ᾽ ἀντικρὺ τῆι ἀνταυγείαι ἑαυτοῦ τεταγμένον· τὸν δὲ φαινόμενον, ἀνταύγειαν ἐν τῶι ἑτέρωι
35 ἡμισφαιρίωι τῶι τοῦ ἀέρος τοῦ θερμομιγοῦς πεπληρωμένωι, ἀπὸ κυκλοτεροῦς τῆς γῆς κατ᾽ ἀνάκλασιν γιγνομένην [vgl. Plut. zu B 44] εἰς τὸν ἥλιον τὸν κρυσταλλοειδῆ, συμπεριελκομένην δὲ τῆι κινήσει τοῦ πυρίνου. ὡς δὲ βραχέως εἰρῆσθαι

3ff. zu dieser Vorstellung vom οὐρανός als πάγος vgl. B 84, 6 βηλός u. dazu Et. Magn. s. v., Hippokr. 22 C 1, 10 I 185, 20 m. Anm.   5f. κρυσταλλῶδες ἐκ τοῦ παγετώδους συλλεγέντος εἶναι V   7 ὑδροπαγῆ ungenau statt ἀεροπαγῆ 8 πίλημα Diels: ἐπείλημα Hs.   13 πάλιν γενόμενον] generato eo et iterum Moerbeka: fehlt gr. Hss.   29. 30 πρώτην τὴν σελήνην Diels: καθ᾽ ἣν πρώτην σελήνην V: πρώτην τὴν σελήνην λέγει M: καθ᾽ ἣν πρώτη ἡ σελήνη Maass 30 ἀπόφασμα (= ἀπόφασιν Diog. Oenoand. 8, 2 p. 14 Will.) Heidel   32 Der Bericht über die Sonne des E. ist unklar; vgl. auch A 30 I 288, 29; Kafka Philolog. 78 (1923) 212ff.

294   31 [21]. EMPEDOKLES

[συντεμόντα], ἀνταύγειαν εἶναι τοῦ περὶ τὴν γῆν πυρὸς τὸν ἥλιον. 21, 2 (D. 351)
ἴσον τῆι γῆι τὸν κατὰ τὴν ἀνταύγειαν.

57. ARISTOT. de anima B 6.418b 20 οὐκ ὀρθῶς Ἐ. οὐδ᾽ εἴ τις ἄλλος οὕτως εἴρη-
κεν, ὡς φερομένου τοῦ φωτὸς καὶ γιγνομένου ποτὲ μεταξὺ τῆς γῆς καὶ τοῦ περιέχον-
5 τος, ἡμᾶς δὲ λανθάνοντος . . . ἐν μικρῶι μὲν γὰρ διαστήματι λάθοι ἄν, ἀπ᾽ ἀνατολῆς
δ᾽ ἐπὶ δυσμὰς τὸ λανθάνειν μέγα λίαν τὸ αἴτημα. de sensu 6. 446a 26 καθάπερ
καὶ Ἐ. φησιν ἀφικνεῖσθαι πρότερον τὸ ἀπὸ τοῦ ἡλίου φῶς εἰς τὸ μεταξύ, πρὶν
πρὸς τὴν ὄψιν ἢ ἐπὶ τὴν γῆν. Vgl. PHILOP. de anima 344, 34 (zu Ar. 418b 20)
Ἐ. ὃς ἔλεγεν ἀπορρέον τὸ φῶς σῶμα ὂν ἐκ τοῦ φωτίζοντος σώματος γίνεσθαι
10 πρῶτον ἐν τῶι μεταξὺ τόπωι τῆς τε γῆς καὶ τοῦ οὐρανοῦ, εἶτα ἀφικνεῖσθαι
πρὸς ἡμᾶς, λανθάνειν δὲ τὴν τοιαύτην αὐτοῦ κίνησιν διὰ τὴν ταχυτῆτα. COD.
ATHENIENS. 1249 s. XVIII^in. (optischer Traktat) f. 110^r δευτέρα δόξα ἐστὶ
τῶν λεγόντων τὸ φῶς λεπτομερεστάτην τοῦ φωταυγοῦς φλόγα εἶναι μεγίστηι
ὁρμῆι ἀποπαλλομένην· αὕτη ἡ δόξα φαίνεται Ἐμπεδοκλέους εἶναι. διισχυρίζονται
15 δὲ ἀποδεῖξαι λόγοις τοιοῖσδε· ἐν ὧι αἱ τοῦ σώματος ἰδιότητες ἀνήκουσιν, ἐκεῖνό ἐστι
σῶμα, ἀλλὰ τοῦ φωτός ἐστι τὸ ἀνακλᾶσθαι καὶ διαθραύεσθαι, ἅτινά εἰσιν ἰδιότητες
μόνον σώματος· ἄρα ἐστὶν σῶμα.

58. AËT. II 8, 2 (D. 338) Ἐ. τοῦ ἀέρος εἴξαντος τῆι τοῦ ἡλίου ὁρμῆι ἐπικλι-
θῆναι τὰς ἄρκτους, καὶ τὰ μὲν βόρεια ὑψωθῆναι, τὰ δὲ νότια ταπεινωθῆναι, καθ᾽
20 ὃ καὶ τὸν ὅλον κόσμον. 23, 3 (D. 353) Ἐ. ὑπὸ τῆς περιεχούσης αὐτὸν σφαίρας κω-
λυόμενον ἄχρι παντὸς εὐθυπορεῖν καὶ ὑπὸ τῶν τροπικῶν κύκλων [sc. τὸν ἥλιον
τρέπεσθαι].

59. — II 24, 7 (D. 354) σελήνης αὐτὸν ὑπερχομένης [sc. ἥλιον ἐκλείπειν].

60. — II 25, 15 (D. 357) Ἐ. ἀέρα συνεστραμμένον, νεφοειδῆ, πεπηγότα ὑπὸ
25 πυρός, ὥστε σύμμικτον [sc. τὴν σελήνην]. PLUT. de fac. in orbe lun. 5, 6
p. 922 c καὶ γὰρ Ἐμπεδοκλεῖ δυσκολαίνουσι πάγον ἀέρος χαλαζώδη ποιοῦντι τὴν
σελήνην ὑπὸ τῆς τοῦ πυρὸς σφαίρας περιεχόμενον. AËT. II 27, 3 (D. 358) δισκο-
ειδῆ. PLUT. Quaest. Rom. 101 p. 288 B τὸ γὰρ φαινόμενον σχῆμα τῆς σελήνης,
ὅταν ἦι διχόμηνος, οὐ σφαιροειδὲς ἀλλὰ φακοειδές ἐστι καὶ δισκοειδές, ὡς δ᾽ Ἐ.
30 οἴεται, καὶ τὸ ὑποκείμενον. AËT. II 28, 5 (D. 358) Θαλῆς πρῶτος ἔφη ὑπὸ τοῦ
ἡλίου φωτίζεσθαι. Πυθαγόρας, Παρμενίδης, Ἐ. . . . ὁμοίως.

61. — II 31, 1 (D. 362) Ἐ. διπλάσιον ἀπέχειν τὴν σελήνην ἀπὸ τοῦ ἡλίου
ἤπερ ἀπὸ τῆς γῆς (Plut.): διπλ. ἀπ. τῆς σελήνης ἀπὸ γῆς ἤπερ ἀπὸ τοῦ ἡλίου
(Stob.) [sollte heißen: διπλ. ἀπέχειν τὸν ἥλιον ἀπὸ τῆς γῆς ἤπερ τὴν σελήνην].

35 62. HIPPOL. I 4, 3 (D. 559, W. 9) ὥσπερ δ᾽ Ἐ. πάντα τὸν καθ᾽ ἡμᾶς τόπον ἔφη
κακῶν μεστὸν εἶναι καὶ μέχρι μὲν σελήνης τὰ κακὰ φθάνειν ἐκ τοῦ περὶ γῆν τόπου
ταθέντα, περαιτέρω δὲ μὴ χωρεῖν, ἅτε καθαρωτέρου τοῦ ὑπὲρ τὴν σελήνην παντὸς
ὄντος τόπου· οὕτω καὶ τῶι Ἡρακλείτωι ἔδοξεν.

63. ARISTOT. Meteor. B 9. 369b 12 (über ἀστραπή) τινὲς λέγουσιν ὡς ἐν
40 τοῖς νέφεσιν ἐγγίνεται πῦρ. τοῦτο δ᾽ Ἐ. μέν φησιν εἶναι τὸ ἐμπεριλαμβανόμενον

---

1 [συντεμόντα] Diels   4 γιγνομένου auch Them. Philop.: τεινομένου
EV   7 τὸ μεταξὺ] τὸν μ. EM, vielleicht richtig, sc τὸν φαινόμενον ἥλιον
12ff. scheint scholastische Ausdeutung der Philop.-stelle   14 ἀποπαλλο-
μένων Hs.: verb. Delatte, der die Stelle nachwies   19 ἄρκτους] Nordpol
der Erde   35 vgl. Paul Capelle De luna stellis lacteo orbe animarum sedibus
Diss. Hall. 1917, 10   36 Capelle vergleicht 24 A 1 u. 44 A 16

τῶν τοῦ ἡλίου ἀκτίνων. Αëτ. III 3, 7 (D. 368) Ε. ἔμπτωσιν φωτὸς εἰς νέφος ἐξείργοντος τὸν ἀνθεστῶτα ἀέρα, οὗ τὴν μὲν σβέσιν καὶ τὴν θραῦσιν κτύπον ἀπεργάζεσθαι, τὴν δὲ λάμψιν ἀστραπήν, κεραυνὸν δὲ τὸν τῆς ἀστραπῆς τόνον.

64. OLYMPIOD. in Meteor. A 13, 102, 1 Stüve τί τὸ κινοῦν αὐτοὺς [Winde]
5 λοξὴν κίνησιν; ὅτι οὐ τὸ γεῶδες καὶ τὸ πυρῶδες τὴν ἐναντίαν κινούμενα κίνησιν, ὡς Ε. ᾤετο, ἀλλ' ὁ κύκλωι κινούμενος ἀήρ.

65. Αëτ. III 8, 1 (D. 375) Ε. καὶ οἱ Στωικοὶ χειμῶνα μὲν γίνεσθαι τοῦ ἀέρος ἐπικρατοῦντος τῆι πυκνώσει εἰς τὸ ἀνωτέρω βιαζομένου, θερείαν δὲ τοῦ πυρός, ὅταν εἰς τὸ κατωτέρω βιάζηται.

10   66. PHILO de prov. II 61 p. 86 [nach Aucher und Conybeare] *deinde ratiocinatus* [sc. Empedocles] *de mari ait: postquam concretum est id quod erat in extremitate orae maxime grandinis more* [vgl. A 30 I 288, 31], *aqua limosa ⟨facta est⟩. quidquid enim in terra humidi est, in demissis depressisque eius locis a ventis certatim flantibus nexibus quam fortissimis undique*
15 *comprimi solebat.* TZETZ. Exeg. Iliad. p. 42, 17 ed. Herm. κατὰ γὰρ Ε. τὸν φυσικὸν καὶ μετὰ τὸ γῆν φανῆναι καὶ θάλασσαν ἀτάκτως [καὶ] ἔτι τὰ στοιχεῖα κεκίνητο ποτὲ μὲν τοῦ πυρὸς ὑπερνικῶντος καὶ καταφλέγοντος, ὁτὲ δὲ τῆς ὑδατώδους ὑπερβλυζούσης καὶ κατακλυζούσης ἐπιρροῆς. Αëτ. III 16, 3 (D. 381) Ε. ἱδρῶτα τῆς γῆς ἐκκαιομένης ὑπὸ τοῦ ἡλίου διὰ τὴν ἐπὶ τὸ πλεῖον πίλησιν
20 [vgl. II 6, 3 u. B 55]. AELIAN. Hist. an. IX 64 λέγει δὲ Ἀριστοτέλης, καὶ Δημόκριτος πρὸ ἐκείνου, Θεόφραστός τε ἐκ τρίτων καὶ αὐτός φησι μὴ τῶι ἁλμυρῶι ὕδατι τρέφεσθαι τοὺς ἰχθῦς, ἀλλὰ τῶι παρακειμένωι τῆι θαλάττηι γλυκεῖ ὕδατι [cf. d. caus. pl. VI 10, 2]. καὶ ἐπεὶ δοκεῖ πως ἄπιστον, δι' αὐτῶν τῶν ἔργων βεβαιῶσαι βουληθεὶς τὸ λεχθὲν ὁ τοῦ Νικομάχου λέγει [Hist. an. Θ 2. 590a 24]
25 εἶναί τι πότιμον ὕδωρ ἐν πάσηι θαλάττηι, καὶ ἐλέγχεσθαι τούτωι· εἴ τις ἀγγεῖον ἐκ κηροῦ ποιήσας κοῖλον καὶ λεπτὸν καθείη κενὸν ἐς τὴν θάλατταν, ἐξάψας ποθὲν ὥστε ἀνιμήσασθαι δύνασθαι, νυκτὸς δὲ διελθούσης καὶ ἡμέρας ἀρύεται πεπλησμένον, γλυκέος τε καὶ ποτίμου ὕδατος μεστὸν αὐτό· καὶ Ε. δὲ ὁ Ἀκραγαντῖνος λέγει τι εἶναι γλυκὺ ἐν τῆι θαλάττηι ὕδωρ, οὐ πᾶσι δῆλον, τρόφιμον δὲ τῶν ἰχθύων. καὶ
30 τὴν αἰτίαν τοῦδε τοῦ ἐν τῆι ἅλμηι γλυκαινομένου λέγει φυσικήν, ἣν ἐκεῖθεν εἴσεσθε.

67. ARISTOT. de caelo B 13. 295a 13 διὸ δὴ καὶ τὴν γῆν πάντες ὅσοι τὸν οὐρανὸν γεννῶσιν ἐπὶ τὸ μέσον συνελθεῖν φασιν. ὅτι δὲ μένει, ζητοῦσι τὴν αἰτίαν καὶ λέγουσιν οἱ μὲν τοῦτον τὸν τρόπον, ὅτι τὸ πλάτος καὶ τὸ μέγεθος αὐτῆς αἴτιον, οἱ δ' ὥσπερ Ε. τὴν τοῦ οὐρανοῦ φορὰν κύκλωι περιθέουσαν καὶ θᾶττον φερομένην
35 τὴν τῆς γῆς φορὰν κωλύειν καθάπερ τὸ ἐν τοῖς κυάθοις ὕδωρ· καὶ γὰρ τοῦτο κύκλωι τοῦ κυάθου φερομένου πολλάκις κάτω τοῦ χαλκοῦ γινόμενον ὅμως οὐ φέρεται κάτω πεφυκὸς φέρεσθαι διὰ τὴν αὐτὴν αἰτίαν.

68. SENECA Nat. quaest. III 24, 1 *E. existimat ignibus, quos multis locis terra opertos tegit, aquam calescere, si subiecti sunt ei solo, per quod*
40 *aquis transcursus est. facere solemus dracones et miliaria et complures*

---

2 σβέσιν] vgl. Lucr. VI 145ff. Plin. N. H. II 43 (Bignone a. O. S. 349)
8 βιαζομένου] sc. τὸν ἥλιον, was wohl im Original aus dem Zusammenhange klar war. Vgl. Arnim *Stoic. Fr.* II 201 (693ff.)   12 *aqua] terra* verm.
Heidel. Vielleicht *aqua limosa ⟨facta est terra⟩* Diels   15ff. zugefügt
von Bignone   20ff. vgl. Diels *Herm.* 40 (1905) 310   35 τὴν] ἢ τὴν EF
39 *ei* Haase: *et* Φ: fehlt ΔT

formas, in quibus aere tenui fistulas struimus per declive circumdatas, ut saepe eundem ignem ambiens aqua per tantum fluat spatii quantum efficiendo calori sat est; frigida itaque intrat, effluit calida. idem sub terra E. existimat fieri.

5　69. [ARISTOT.] Probl. 24, 11. 937a 11 διὰ τί ὑπὸ τῶν θερμῶν ὑδάτων μᾶλλον ἢ ὑπὸ τῶν ψυχρῶν πήγνυνται λίθοι; πότερον ὅτι τῆι τοῦ ὑγροῦ ἐκλείψει γίνεται λίθος, μᾶλλον δὲ ὑπὸ τοῦ θερμοῦ ἢ τοῦ ψυχροῦ ἐκλείπει τὸ ὑγρόν· καὶ ἀπολιθοῦται δὴ διὰ τὸ θερμόν, καθάπερ καὶ Ἐ. φησι τάς τε πέτρας καὶ τοὺς λίθους καὶ τὰ θερμὰ τῶν ὑδάτων γίνεσθαι [vgl. 68 A 164]. PLUTARCH. d. prim. frig. 19, 4
10 p. 953 E ταυτὶ δὲ τὰ ἐμφανῆ, κρημνοὺς καὶ σκοπέλους καὶ πέτρας, Ἐ. μὲν ὑπὸ τοῦ πυρὸς οἴεται τοῦ ἐν βάθει τῆς γῆς ἑστάναι καὶ ἀνέχεσθαι διερειδόμενα φλεγμαίνοντος. Vgl. auch A 89.

69a. THEOPHR. de sensu 59 (D. 516, 9) Ἐ. δὲ καὶ περὶ τῶν χρωμάτων (näml. λέγει) καὶ ὅτι τὸ μὲν λευκὸν τοῦ πυρός, τὸ δὲ μέλαν τοῦ ὕδατος. Vgl. A 86
15 § 7. B 94.

───────────

70. AËT. v 26, 4 (D. 438) Ἐ. πρῶτα τὰ δένδρα τῶν ζώιων ἐκ γῆς ἀναφῦναί φησι, πρὶν τὸν ἥλιον περιαπλωθῆναι καὶ πρὶν ἡμέραν καὶ νύκτα διακριθῆναι· διὰ δὲ συμμετρίας τῆς κράσεως τὸν τοῦ ἄρρενος καὶ τοῦ θήλεος περιέχειν λόγον. αὔξεσθαι δὲ ὑπὸ τοῦ ἐν τῆι γῆι θερμοῦ διαιρόμενα, ὥστε γῆς εἶναι μέρη καθάπερ καὶ
20 τὰ ἔμβρυα τὰ ἐν τῆι γαστρὶ τῆς μήτρας μέρη· τοὺς δὲ καρποὺς περιττώματα εἶναι τοῦ ἐν τοῖς φυτοῖς ὕδατος καὶ πυρός· καὶ τὰ μὲν ἐλλιπὲς ἔχοντα τὸ ὑγρὸν ἐξικμαζομένου αὐτοῦ τῶι θέρει φυλλορροεῖν, τὰ δὲ πλεῖον, παραμένειν [vgl. B 77. 78] ὥσπερ ἐπὶ τῆς δάφνης καὶ τῆς ἐλαίας καὶ τοῦ φοίνικος· τὰς δὲ διαφορὰς τῶν χυμῶν ⟨παρὰ⟩ παραλλαγὰς τῆς ⟨γῆς⟩ πολυμερείας καὶ τῶν φυτῶν γίνεσθαι διαφόρως
25 ἑλκόντων τὰς ἀπὸ τοῦ τρέφοντος ὁμοιομερείας ὥσπερ ἐπὶ τῶν ἀμπέλων· οὐ γὰρ αἱ διαφοραὶ τούτων χρηστὸν τὸν οἶνον ποιοῦσιν, ἀλλ' αἱ τοῦ τρέφοντος ἐδάφους. THEOPHR. d. c. pl. ı 12, 5 ἐν γάρ τι τὸ γεννῶν οὐχ ὥσπερ Ἐ. διαιρεῖ καὶ μερίζει τὴν μὲν γῆν εἰς τὰς ῥίζας, τὸν δ' αἰθέρα εἰς τοὺς βλαστοὺς ὡς ἑκάτερον ἑκατέρου χωριζόμενον, ἀλλ' ἐκ μιᾶς ὕλης καὶ ὑφ' ἑνὸς αἰτίου γεννῶντος. ARISTOT. de anima
30 B 4. 415b 28 Ἐ. δ' οὐ καλῶς εἴρηκε τοῦτο, προστιθεὶς τὴν αὔξησιν συμβαίνειν τοῖς φυτοῖς κάτω μὲν ῥιζουμένοις διὰ τὸ τὴν γῆν οὕτω φέρεσθαι κατὰ φύσιν, ἄνω δὲ διὰ τὸ πῦρ ὡσαύτως. PLUT. Quaest. conv. vı 2, 2 p. 688 A τηρεῖται δὲ [sc. ἡ φύσις] τοῖς μὲν φυτοῖς ἀναισθήτως ἐκ τοῦ περιέχοντος, ὥς φησιν Ἐ., ὑδρευο-

───────────

1 circumlatas oder circumductas Gercke　17 πρὶν ... περιαπλωθῆναι] bevor ... sich rings um die Himmelssphäre ausbreitete, später, aber nach A 56 verständlicher Ausdruck: περικυκλωθῆναι Reiske　18 συμμετρίαν Diels Dox.　περιέχειν] ἐπέχειν Diels　19 ὑπὸ G: ἀπὸ (A)BC　διαιρόμενα Diels: διαιρούμενα G: διαιρουμένου (A)C: ἀραιουμένου B　20 μητρὸς? Diels περιττώματα G: -εύματα (A)BC　21 τοῦ G: fehlt (A)BC　22 πλείονα (A)BC: verb. Wyttenbach vgl. G, der hinzufügt ἀεὶ φύλλοις τεθηλότα vgl. Plut. Quaest. conviv. ııı 2f.　24 ⟨ ⟩ Diels　φυτῶν G: χυμῶν B: αἰτίων AC　διαφόρως ἑλκόντων G: διαφορὰς ἐχόντων ABC　25 .τρέφοντος GC: τρέφεσθαι AB　26 χρηστὸν τὸν Diels: χρηστικὸν (A)BC, etwa später Fachausdruck?　ἀλλὰ τοῦ τρέφοντος ἐδάφους G: ἀλλ' ἐκ τοῦ τρέφεσθαι ἐδάφους (A)BC: verb. Wyttenbach　31 ῥιζουμένοις T: -μένων übr. Hss. (verteidigt von L. Reinhard Die Anakoluthe bei Platon S. 114 A.)

μένοις τὸ πρόσφορον. [ARISTOT.] de plant. A 1. 815a 15 [d. i. NIKOLAOS v. Damask. ed. Meyer p. 5, 4] *Anaxagoras autem et Abrucalis* [d. i. Empedocles] *desiderio eas* [näml. plantas] *moveri dicunt, sentire quoque et tristari delectarique asserunt* . . . *Abr. autem sexum in his permixtum opinatus est.*
5 b16 [p. 6, 17 M.] *Anaxagoras autem et Democritus et Abr. illas intellectum intellegentiamque habere dicebant.* 817a 1 [p. 10, 7 M.] *quod dixit Abr. videlicet si invenitur in plantis sexus femineus et sexus masculinus sive species commixta ex his duobus sexubus.* 817b 35 [p. 13, 2 M.] *dixitque Abr. quod plantae habent generationem, mundo tamen diminuto et non perfecto in*
10 *complemento suo; et eo completo generabatur animal* [vgl. B 79].

71. HIPPOCR. de prisc. med. 20 λέγουσι δέ τινες ἰητροὶ καὶ σοφισταί, ὡς οὐκ εἴη δυνατὸν ἰητρικὴν εἰδέναι ὅστις μὴ οἶδεν ὃ τί ἐστιν ἄνθρωπος, ἀλλὰ τοῦτο δεῖ καταμαθεῖν τὸν μέλλοντα ὀρθῶς θεραπεύσειν τοὺς ἀνθρώπους. τείνει δὲ αὐτοῖς ὁ λόγος ἐς φιλοσοφίην, καθάπερ Ἐ. ἢ ἄλλοι, οἳ περὶ φύσιος γεγράφασιν, ⟨φασίν⟩, ἐξ
15 ἀρχῆς ὅ τί ἐστιν ἄνθρωπος καὶ ὅπως ἐγένετο πρῶτον καὶ ὁπόθεν συνεπάγη· ἐγὼ δὲ τοῦτο μέν, ὅσα τινὶ εἴρηται ἢ σοφιστῆι ἢ ἰητρῶι ἢ γέγραπται περὶ φύσιος, ἧσσον νομίζω τῆι ἰητρικῆι τέχνηι προσήκειν ἢ τῆι γραφικῆι. νομίζω δὲ περὶ φύσιος γνῶναί τι σαφὲς οὐδαμόθεν ἄλλοθεν εἶναι ἢ ἐξ ἰητρικῆς.

72. AËT. v 19, 5 (D. 430) Ἐ. τὰς πρώτας γενέσεις τῶν ζώιων καὶ φυτῶν
20 μηδαμῶς ὁλοκλήρους γενέσθαι, ἀσυμφυέσι δὲ τοῖς μορίοις διεζευγμένας, τὰς δὲ δευτέρας συμφυομένων τῶν μερῶν εἰδωλοφανεῖς, τὰς δὲ τρίτας τῶν ὁλοφυῶν, τὰς δὲ τετάρτας οὐκέτι ἐκ τῶν ὁμοίων [?] οἷον ἐκ γῆς καὶ ὕδατος, ἀλλὰ δι' ἀλλήλων ἤδη, τοῖς μὲν πυκνωθείσης [τοῖς δὲ καὶ τοῖς ζώιοις] τῆς τροφῆς, τοῖς δὲ καὶ τῆς εὐμορφίας τῶν γυναικῶν ἐπερεθισμὸν τοῦ σπερματικοῦ κινήματος ἐμποιησάσης·
25 τῶν δὲ ζώιων πάντων τὰ γένη διακριθῆναι διὰ τὰς ποιὰς κράσεις· τὰ μὲν οἰκειοτέραν εἰς τὸ ὕδωρ τὴν ὁρμὴν ἔχειν, τὰ δὲ εἰς ἀέρα ἀναπτῆναι, ὅσ' ἂν πυρῶδες ἔχηι τὸ πλέον, τὰ δὲ βαρύτερα ἐπὶ τὴν γῆν, τὰ δὲ ἰσόμοιρα τῆι κράσει πᾶσι τοῖς θώραξι πεφωνηκέναι [?] vgl. PHILO de gig. 7ff. [II 43 W.]. CENSORIN. 4, 7 *E. autem egregio suo carmine* . . . *tale quiddam confirmat. primo membra singula ex*

---

2 Sonst ist *Abrucalis* bei den Arabern Protagoras (s. Meyer Anm.) oder Herophilos vgl. Honains Übers. v. Galen in Hipp. Progn. A (XVIII B 14ff. K.) in *Articella* Ven. 1493 f. 41r   13 δεῖ] viell. δεῖν Diels   14 ⟨φασιν⟩ oder [οἱ] Diels: ⟨ἐζητήκασιν⟩ Pohlenz, vgl. *Herm.* 53 (1918) 397f. Vgl. Hipp. d. victu 2   17 [ἢ τῆι γραφικῆι] Ehlert   22 ὁμοίων] »aus den gleichen, d. h. allen gemeinsamen Stoffen«? vermutlich verderbt; οἰκείων Reiske: ὁμοστοίχων Th. Gomperz: ὁμοιομερῶν Diels (vgl. I 296, 24 u. 59 A 43)   23 [ ] str. als Scholion Diels   25 οἰκειοτέραν Dübner, vgl. 68 B 5, 1.1 7, 5 u. Philo de gig. 7 (II 43, 11 Wendl.): οἰκειότερα Hss.: ὑγρότερα Reiske: οἰκειότερα ⟨εἰς τὸ ὕδωρ⟩ Papabasiliu 'Ἀθηνᾶ x 215: νοτερώτερα Diels (2. Aufl.)   26 ἔχειν] σχεῖν Diels. Es handelt sich um die Kosmogonie   ἀναπτῆναι ὅσ' ἂν Diels Dox. (vgl. Diodor. I 7, 5 τὰ μὲν πλείστης θερμασίας κεκοινωνηκότα πρὸς τοὺς μετεώρους τόπους ἀπελθεῖν γενόμενα πτηνά): ἀναπνεῖν ἕως ἂν (ὡς ἂν B) ABC; ὅσα ἂν schon Reiske. Für das Feuer ist wie bei Diodor (anders Philon) keine besondre Gattung (ἄστρα) reserviert   τὸ πλέον AC: πλέον B   27 πᾶσι τοῖς θώραξι πεφωνηκέναι ABC: π. τοῖς χωρίοις σύμφωνα εἶναι Diels: π. τοῖς χώροις συμπεφυκέναι Wyttenbach: π. τοῖς τόποις συμπεφωνηκέναι Reiske

298   31 [21]. EMPEDOKLES

terra quasi praegnate passim edita, deinde coisse et effecisse solidi hominis
materiam igni simul et umori permixtam [vgl. 28 A 51]. VARRO Eumenid.
sat. fr. 27 Büch. *E. natos homines ex terra ait ut blitum.*

73. ARISTOT. de resp. 14. 477a 32 'E. δ' ού καλῶς τοῦτ' εἴρηκε φάσκων τὰ
5 θερμότατα καὶ πῦρ ἔχοντα πλεῖστον τῶν ζώιων ἔνυδρα εἶναι φεύγοντα τὴν ὑπερ-
βολὴν τῆς ἐν τῆι φύσει θερμότητος. Vgl. de part. anim. B 2. 648a 5 [1 227, 1].
THEOPHR. de caus. pl. I 21, 5 ὥσπερ καὶ 'E. λέγει περὶ τῶν ζώιων· τὰ γὰρ
ὑπέρπυρα τὴν φύσιν ἄγειν εἰς τὸ ὑγρόν [vgl. 22, 2].

74. AËT. IV 22, 1 (D. 411) 'E. τὴν πρώτην ἀναπνοὴν τοῦ πρώτου ζώιου
10 [in seiner Kosmogonie, vgl. v 7, 1] γενέσθαι τῆς ⟨μὲν⟩ ἐν τοῖς βρέφεσιν
ὑγρασίας ἀποχώρησιν λαμβανούσης, πρὸς δὲ τὸ παρακενωθὲν ἐπεισόδου [τῆς
ἔξωθεν] τοῦ ἐκτὸς ἀερώδους γινομένης εἰς τὰ παρανοιχθέντα τῶν ἀγγείων· τὸ δὲ
μετὰ τοῦτο ἤδη τοῦ ἐμφύτου θερμοῦ τῆι πρὸς τὸ ἐκτὸς ὁρμῆι τὸ ἀερῶδες ὑπαναθλί-
βοντος τὴν ἐκπνοήν, τῆι δ' εἰς τὸ ἐντὸς ἀνθυποχωρήσει τῶι ἀερῶδει τὴν ἀντ-
15 επείσοδον παρεχομένου τὴν εἰσπνοήν. τὴν δὲ νῦν κατέχουσαν φερομένου τοῦ αἵμα-
τος ὡς πρὸς τὴν ἐπιφάνειαν καὶ τὸ ἀερῶδες διὰ τῶν ῥινῶν ταῖς ἑαυτοῦ ἐπιρροίαις
ἀναθλίβοντος κατὰ τὴν ἐκχώρησιν αὐτοῦ γίνεσθαι τὴν ἐκπνοήν, παλινδρομοῦντος
δὲ καὶ τοῦ ἀέρος ἀντεπεισιόντος εἰς τὰ διὰ τοῦ αἵματος ἀραιώματα τὴν εἰσπνοήν·
ὑπομιμνήσκει δὲ τὸ ἐπὶ τῆς κλεψύδρας [B 100, 9]. Schlechter v 15, 3 (D. 425).
20 75. — v 18, 1 (D. 427) (διὰ τί τὰ ἑπταμηνιαῖα γόνιμα) 'E. ὅτε ἐγεννᾶτο τὸ
τῶν ἀνθρώπων γένος ἐκ τῆς γῆς, τοσαύτην γενέσθαι τῶι μήκει τοῦ χρόνου διὰ
τὸ βραδυπορεῖν τὸν ἥλιον τὴν ἡμέραν, ὁπόση νῦν ἐστιν ἡ δεκάμηνος· προϊόντος δὲ
τοῦ χρόνου τοσαύτην γενέσθαι τὴν ἡμέραν, ὁπόση νῦν ἐστιν ἡ ἑπτάμηνος· διὰ
τοῦτο καὶ τὰ δεκάμηνα καὶ τὰ ἑπτάμηνα, τῆς φύσεως τοῦ κόσμου οὕτω μεμελετη-
25 κυίας, αὔξεσθαι ἐν μιᾶι ἡμέραι ἧι τίκτεται [νυκτὶ] τὸ βρέφος.

76. PLATO Phaedo 96 A B ἐγὼ γάρ, ἔφη (Sokrates), ὦ Κέβης, νέος ὢν θαυ-
μαστῶς ὡς ἐπεθύμησα ταύτης τῆς σοφίας, ἣν δὴ καλοῦσι περὶ φύσεως ἱστορίαν.
ὑπερήφανος γάρ μοι ἐδόκει εἶναι εἰδέναι τὰς αἰτίας ἑκάστου, διὰ τί γίγνεται ἕκαστον
καὶ διὰ τί ἀπόλλυται καὶ διὰ τί ἐστιν. καὶ πολλάκις ἐμαυτὸν ἄνω κάτω μετέβαλλον
30 σκοπῶν πρῶτον τὰ τοιάδε· ἆρ' ἐπειδὰν τὸ θερμὸν καὶ ψυχρὸν σ η π ε δ ό ν α τινὰ
λάβηι, ὥς τινες [Empedokles, Archelaos] ἔλεγον, τότε δὴ τὰ ζῶια συντρέφεται;
καὶ πότερον τὸ αἷμά ἐστιν ὧι φρονοῦμεν [Empedokles] ἢ ὁ ἀήρ [Anaximenes,
Diogenes] ἢ τὸ πῦρ [Heraklit]; ἢ τούτων μὲν οὐδέν, ὁ δ' ἐγκέφαλός ἐστιν
[Alkmaion]; κτλ.

35 77. AËT. v 27, 1 (D. 440) 'E. τρέφεσθαι μὲν τὰ ζῶια διὰ τὴν ὑπόστασιν
τοῦ οἰκείου, αὔξεσθαι δὲ διὰ τὴν παρουσίαν τοῦ θερμοῦ, μειοῦσθαι δὲ καὶ φθίνειν
διὰ τὴν ἔκλειψιν ἑκατέρων. τοὺς δὲ νῦν ἀνθρώπους τοῖς πρώτοις συμβαλλομένους
βρεφῶν ἐπέχειν τάξιν. [GAL.] d. def. med. 99 (XIX 372 K.) πῶς Ἱπποκράτης καὶ

─────────────────────────────────

3 vgl. Luc. Philopseud. 3 τοὺς πρώτους ἀνθρώπους ἐκ τῆς Ἀττικῆς ἀναφῦναι
καθάπερ τὰ λάχανα. Censorin a. O. § 11ff.   10 ⟨μὲν⟩ Diels vgl. v 153
11 [τῆς ἔξωθεν] Diels   14 ἐντὸς Bernadakis: ἐκτὸς Hss.   17 κατὰ corrector
Voss.: καὶ Hss.   19 τὸ Diels: αὐτὸ Hss.: αὐτῶι ⟨τὸ⟩ Reiske   25 τίκτεται
[νυκτὶ] Diels: τίθεται νυκτὶ Hss.: τίκτεται νυνὶ Casaub. Die Paraphrase Tzetz.
Exeg. Il. p. 42, 17 hilft nichts ('νυκτὶ scheint Rest der Korrektur τικ über
τιθ.' Heidel)   30 ψυχρὸν] ὑγρὸν Sprengel, doch vgl. Dox. 564, 3   σηπε-
δόνα] vgl. I 299, 3 f. Zu 31ff. vgl. auch F. Vogel *Sokrates* 1918 S. 10ff.
36 οἰκείου] vgl. πρόσφορον I 297, 1; ὑγροῦ Diels (1. 2. Aufl.)

Έρασίστρατος καὶ 'Ε. καὶ 'Ασκληπιάδης τὰς πέψεις τῆς τροφῆς φασι γίνεσθαι ...
'Ε. δὲ σήψει. Vgl. oben I 298, 30, B 81. u. c. 32, 7. Galen in Hipp.
aph. VI 1 (XVIII A 8 K.) παλαιά τις ἦν συνήθεια τούτοις τοῖς ἀνδράσιν ἄσηπτα
καλεῖν, ἅπερ ἡμεῖς ἄπεπτα λέγομεν.

5 78. AËT. v 22, 1 (D. 434) 'Ε. τὰς μὲν σάρκας γεννᾶσθαι ἐκ τῶν ἴσων τῆι
κράσει τεττάρων στοιχείων, τὰ δὲ νεῦρα πυρὸς καὶ γῆς ὕδατι διπλασίονι μιχθέν-
των, τοὺς δὲ ὄνυχας τοῖς ζώιοις γεννᾶσθαι τῶν νεύρων καθ' ὃ τῶι ἀέρι συνέτυχε
περιψυχθέντων, ὀστᾶ δὲ δυεῖν μὲν ὕδατος καὶ γῆς, τεττάρων δὲ πυρός, ἔσω γῆς
τούτων συγκραθέντων μερῶν. ἱδρῶτα ⟨δὲ⟩ καὶ δάκρυον γίνεσθαι τοῦ αἵματος τηκο-
10 μένου καὶ παρὰ τὸ λεπτύνεσθαι διαχεομένου. ARISTOT. de part. an. A 1. 642a 17
ἀρχὴ γὰρ ἡ φύσις μᾶλλον τῆς ὕλης, ἐνιαχοῦ δέ που αὐτῆι καὶ 'Ε. περιπίπτει,
ἀγόμενος ὑπ' αὐτῆς τῆς ἀληθείας, καὶ τὴν οὐσίαν καὶ τὴν φύσιν ἀναγκάζεται φάναι
τὸν λόγον εἶναι, οἷον ὀστοῦν ἀποδιδοὺς τί ἐστιν· οὔτε γὰρ ἕν τι τῶν στοιχείων
λέγει αὐτὸ οὔτε δύο ἢ τρία οὔτε πάντα, ἀλλὰ λόγον τῆς μίξεως αὐτῶν. ARISTOT.
15 de anima A 4. 408a 13 ὁμοίως δὲ ἄτοπον καὶ ⟨τὸ⟩ τὸν λόγον τῆς μίξεως εἶναι
τὴν ψυχήν· οὐ γὰρ τὸν αὐτὸν ἔχει λόγον ἡ μίξις τῶν στοιχείων καθ' ἣν σάρξ
καὶ καθ' ἣν ὀστοῦν· συμβήσεται οὖν πολλάς τε ψυχὰς ἔχειν καὶ κατὰ πᾶν τὸ
σῶμα, εἴπερ πάντα μὲν ἐκ τῶν στοιχείων μεμειγμένων, ὁ δὲ τῆς μίξεως λόγος ἁρμο-
νία καὶ ψυχή. ἀπαιτήσειε δ' ἄν τις τοῦτό γε καὶ παρ' 'Εμπεδοκλέους· ἕκαστον
20 γὰρ αὐτῶν λόγωι τινί φησιν εἶναι· πότερον οὖν ὁ λόγος ἐστὶν ἡ ψυχή, ἢ μᾶλλον
ἕτερόν τι οὖσα ἐγγίνεται τοῖς μέλεσι; ἔτι δὲ πότερον ἡ Φιλία τῆς τυχούσης αἰτία
μίξεως ἢ τῆς κατὰ τὸν λόγον; καὶ αὕτη πότερον ὁ λόγος ἐστὶν ἢ παρὰ τὸν λόγον
ἕτερόν τι; vgl. Metaph. A 10. 993a 15. [ARISTOT.] de spiritu 9. 485b 26 'Ε.
μίαν ἁπλῶς τὴν τοῦ ὀστοῦ φύσιν * * * εἴπερ ἅπαντα τὸν αὐτὸν λόγον ἔχει
25 τῆς μίξεως, ἀδιάφορα ἐχρῆν ἵππου καὶ λέοντος καὶ ἀνθρώπου εἶναι. PLUTARCH.
Quaest. nat. 20, 2 p. 917 A ἔνιοι δέ φασιν ὥσπερ γάλακτος ὀρρὸν τοῦ αἵματος
ταραχθέντος ἐκκρούεσθαι τὸ δάκρυον, ὡς 'Ε.

79. SORANUS Gynaec. I 57 p. 42, 12 Ilb. (Nabel) συγκέκριται δ' ⟨ἐκ τεσ-
σάρων⟩ τὸν ἀριθμὸν ἀγγείων, δύο φλεβωδῶν καὶ δύο ἀρτηριωδῶν, δι' ὧν εἰς θρέ-
30 ψιν ὕλη αἱματικὴ καὶ πνευματικὴ παρακομίζεται τοῖς ἐμβρύοις. ἐμφύεσθαι δὲ ταῦτα
'Εμπεδοκλῆς μὲν εἰς τὸ ἧπαρ οἴεται, Φαῖδρος δὲ εἰς τὴν καρδίαν.

80. — I 21 p. 14, 9 (Menstruation) ἔστιν γὰρ ὅτε καὶ προπαραλαμβάνει
τινὰς ἡμέρας ἢ ἐφυστερεῖ. τοῦτο δὲ ἑκάστηι κατὰ τὴν ἰδίαν ἀπαντᾶι προθεσμίαν
καὶ οὐ⟨λαμβάνει⟩ κατὰ τὰς αὐτὰς ⟨περιόδους⟩, ὥσπερ ὁ Διοκλῆς [FGÄ I 197 fr. 171
35 Wellmann] ⟨φησιν⟩, πάσας, καὶ πάλιν 'Ε., ἐλαττουμένου τοῦ φωτὸς τῆς σελήνης.
αἱ μὲν γὰρ πρὸ εἰκάδος αἱ δὲ ἐν εἰκάδι καθαίρονται, καὶ πάλιν αἱ μὲν αὐξανομένου
τοῦ φωτὸς τῆς σελήνης αἱ δὲ μειουμένου. [Vgl. Ar. de anim. hist. H 2. 582a 34].

---

5 ἴσων Wyttenb.: ἔσω (A)C   6 καὶ γῆς ὕδατι G(al.), B: γῆς τὰ ABC   δι-
πλασίονι Bernadakis: διπλάσιον G: διπλασίονα ABC   8 δυεῖν Wyttenb.:
δοκεῖ Hss.   καὶ γῆς, τεττάρων δὲ πυρός, ἔσω γῆς (nach B 96, 1) Diels: καὶ
τῆς ἔσω γῆς, τεττάρων δὲ πυρὸς γῆς ABC   9 ⟨δὲ⟩ Diels   τοῦ αἵματος ...
διαχεομένου Diels nach G: in den Hss. verderbt und verstümmelt   15 ⟨τὸ⟩
Diels   18 καὶ ἁρμονία setzt um Heidel   21 μέλεσι Hss., auch μέρεσι, μιχθεῖσι
24 μίαν Neustadt: αἰτίαν P   ⟨οὐ καλῶς, ἐπεὶ⟩ Jaeger   28f. ⟨ ⟩ Ermering
29 ἀγγείω P: verb. Dietz   ἀρτηριωδῶν H. Schoene: ἀρτηριῶν P   31 Φαῖδρος]
unbekannt. Gal. XII 736 wohl ein andrer   33 ἅπαντα P: verb. Dietz
34. 35 ⟨ ⟩ Ilberg, Kalbfleisch

300 31 [21]. EMPEDOKLES

81. ARISTOT. de gener. anim. Δ 1. 764a 1 (Geschlechtsunterschied) οἱ
δ' ἐν τῆι μήτραι, καθάπερ 'Ε.· τὰ μὲν γὰρ εἰς θερμὴν ἐλθόντα τὴν ὑστέραν ἄρρενα
γίνεσθαί φησι, τὰ δ' εἰς ψυχρὰν θήλεα, τῆς δὲ θερμότητος καὶ τῆς ψυχρότητος τὴν
τῶν καταμηνίων αἰτίαν εἶναι ῥύσιν ἢ ψυχροτέραν οὖσαν ἢ θερμοτέραν καὶ ἢ πα-
5 λαιοτέραν ἢ προσφατωτέραν·... τοῦτο γὰρ ὡς ἀληθῶς 'Ε. ῥαιθυμότερον ὑπείλη-
φεν οἰόμενος ψυχρότητι καὶ θερμότητι διαφέρειν μόνον ἀλλήλων, ὁρῶν ὅλα τὰ μόρια
μεγάλην ἔχοντα διαφορὰν τήν τε τῶν αἰδοίων καὶ τὴν τῆς ὑστέρας. Ebenda
765a 8 ἀναγκαῖον ἀπαντᾶν καὶ πρὸς τὸν 'Εμπεδοκλέους λόγον, ὃς διορίζει τὸ θῆλυ
πρὸς τὸ ἄρρεν θερμότητι καὶ ψυχρότητι τῆς ὑστέρας. ΑΕΤ. v 7, 1 (D. 419) 'Ε.
10 ἄρρενα καὶ θήλεα γίνεσθαι παρὰ θερμότητα καὶ ψυχρότητα· ὅθεν ἱστορεῖται τοὺς
μὲν πρώτους ἄρρενας πρὸς ἀνατολῆι καὶ μεσημβρίαι γεγενῆσθαι μᾶλλον ἐκ τῆς
γῆς, τὰς δὲ θηλείας πρὸς ταῖς ἄρκτοις. 8, 1 (D. 420) 'Ε. τέρατα γίνεσθαι παρὰ
πλεονασμὸν σπέρματος ἢ παρ' ἔλλειψιν ἢ παρὰ τὴν τῆς κινήσεως ταραχὴν ἢ παρὰ
τὴν εἰς πλείω διαίρεσιν ἢ παρὰ τὸ ἀπονεύειν. οὕτω προειληφὼς φαίνεται σχεδόν
15 τι πάσας τὰς αἰτιολογίας. 10, 1 (D. 421) 'Ε. δίδυμα καὶ τρίδυμα γίνεσθαι κατὰ
πλεονασμὸν καὶ περισχισμὸν τοῦ σπέρματος. 11, 1 (D. 422) πόθεν γίνονται τῶν
γονέων αἱ ὁμοιώσεις καὶ τῶν προγόνων· 'Ε. ὁμοιότητας γίνεσθαι κατ' ἐπικράτειαν
τῶν σπερματικῶν γόνων, ἀνομοιότητας δὲ τῆς ἐν τῶι σπέρματι θερμασίας ἐξατμι-
σθείσης. [Vgl. Hipp. de genit. 8. VII 480 L.]. 12, 2 (D. 423) πῶς ἄλλοις γί-
20 νονται ὅμοιοι οἱ γεννώμενοι καὶ οὐ τοῖς γονεῦσιν· 'Ε. τῆι κατὰ τὴν σύλληψιν φαν-
τασίαι τῆς γυναικὸς μορφοῦσθαι τὰ βρέφη· πολλάκις γὰρ ἀνδριάντων καὶ εἰκόνων
ἠράσθησαν γυναῖκες καὶ ὅμοια τούτοις ἀπέτεκον [vgl. Soran. p. 27, 30 Ilb.;
[Gal.] XIV 253; Dionys. de imit. p. 17, 18 Usen.]. CENSORIN. 5, 4 [s. 24 A 13].
6, 6 ex dextris partibus profuso semine mares gigni, at e laevis feminas
25 Anaxagoras Empedoclesque consentiunt. quorum opiniones, ut de hac specie
congruae, ita de similitudine liberorum dispariles; super qua re Empedoclis,
disputata ratione, talis profertur. si par calor in parentum seminibus fuit,
patri similem marem procreari; si frigus, feminam matri similem. quodsi
patris calidius erit et frigidius matris, puerum fore qui matris vultus reprae-
30 sentet: at si calidius matris, patris autem fuerit frigidius, puellam futuram
quae patris reddat similitudinem. 6, 9. 10 sequitur de geminis, qui ut ali-
quando nascantur modo seminis fieri Hippon ratus ⟨est⟩: id enim cum
amplius est quam uni satis fuit, bifariam deduci. id ipsum ferme E. videtur
sensisse: nam causas quidem cur divideretur non posuit; partiri tantum modo
35 ait et si utrumque sedes aeque calidas occupaverit, utrumque marem nasci,
si frigidas aeque, utramque feminam, si vero alterum calidiorem, alterum
frigidiorem, dispari sexu partum futurum.

82. — de gen. anim. B 8. 747a 24 τὸ δὲ τῶν ἡμιόνων γένος ὅλον ἄγο-
νόν ἐστιν. περὶ δὲ τῆς αἰτίας, ὡς μὲν λέγουσιν 'Ε. καὶ Δημόκριτος, λέγων ὁ μὲν οὐ
40 σαφῶς, Δημόκριτος δὲ γνωρίμως μᾶλλον, οὐ καλῶς εἰρήκασιν. λέγουσι γὰρ ἐπὶ
πάντων ὁμοίως τὴν ἀπόδειξιν τῶν παρὰ τὴν συγγένειαν συνδυαζομένων ... 'Ε.

13 ταραχὴν G: ἀρχὴν (A)BC   15 αἰτιολογίας Reiske: ἀπολογίας (A)BC
20 älteste Erwähnung des 'Versehens' vgl. M. Wellmann Der Physiologos
Phil. Suppl. 22 (1931) 42   26 Empedoclis Diels: enpedocles Hss.   27 talia
profatur Lachmann   28 frigus Carrio: frigidus Hss.   29 calidius-frigidius
Jahn: calidus-frigidus Hss.   32 ⟨est⟩ Carrio

δ' αἰτιᾶται κτλ. Vgl. B 92. Αἕτ. v 14, 2 (D. 425 διὰ τί αἱ ἡμίονοι στεῖραι;)
'E. [?] διὰ τὴν σμικρότητα καὶ ταπεινότητα καὶ στενότητα τῆς μήτρας κατεστραμ-
μένως προσπεφυκυίας τῆι γαστρὶ μήτε τοῦ σπέρματος εὐθυβολοῦντος εἰς αὐτὴν
μήτε, εἰ καὶ φθάσειεν, αὐτῆς ἐκδεχομένης.

5   83. Αἕτ. v 21, 1 (D. 433 ἐν πόσωι χρόνωι μορφοῦται τὰ ζῷα ἐν γαστρὶ
ὄντα;) 'E. ἐπὶ μὲν τῶν ἀνθρώπων ἄρχεσθαι τῆς διαρθρώσεως ἀπὸ ἕκτης καὶ τρια-
κοστῆς, τελειοῦσθαι δὲ τοῖς μορίοις ἀπὸ πεντηκοστῆς μιᾶς δεούσης. ORIBASIUS
aus Athenaios III 78, 13 [Diokles fr. 175 Wellm.] περὶ δὲ τὰς τέσσαρας ἐννεά-
δας ὁρᾶται πρῶτον διακεκριμένον ὅλον τὸ σῶμα ἢ τὸ τελευταῖον μιᾶς προστεθείσης
10   τετράδος περὶ τὴν τεσσαρακοντάδα. συμφωνεῖ δὲ τοῖς χρόνοις τῆς παντελοῦς τῶν
ἐμβρύων διακρίσεως καὶ ὁ φυσικὸς 'E. καί φησιν, ὅτι θᾶσσον διαμορφοῦται τὸ
ἄρρεν τοῦ θήλεος καὶ τὰ ἐν τοῖς δεξιοῖς τῶν ἐν τοῖς εὐωνύμοις. CENSORIN. 7, 5
septimo mense parere mulierem posse plurimi adfirmant ut . . . Empedocles,
Epigenes multique praeterea.

15   84. CENSORIN. 6, 1 E., quem in hoc Aristoteles secutus est, ante omnia
cor iudicavit increscere, quod hominis vitam maxime contineat.

85. Αἕτ. v 24, 2 (D. 435) 'E. τὸν μὲν ὕπνον καταψύξει τοῦ ἐν τῶι αἵματι
θερμοῦ συμμέτρωι γίνεσθαι, τῆι δὲ παντελεῖ θάνατον. 25, 4 (D. 437) 'E. τὸν θάνα-
τον γίγνεσθαι διαχωρισμῶι τοῦ πυρώδους ⟨καὶ ἀερώδους καὶ ὑδατώδους καὶ γεώ-
20   δους⟩, ἐξ ὧν ἡ σύγκρισις τῶι ᾽ἀνθρώπωι συνεστάθη· ὥστε κατὰ τοῦτο κοινὸν εἶναι
τὸν θάνατον σώματος καὶ ψυχῆς· ὕπνον δὲ γίνεσθαι διαχωρισμῶι τοῦ πυρώδους.

86. THEOPHRAST. de sensu 1ff. (D. 499ff.) (1) Παρμενίδης μὲν καὶ 'E. καὶ
Πλάτων τῶι ὁμοίωι [sc. ποιοῦσι τὴν αἴσθησιν], οἱ δὲ περὶ 'Αναξαγόραν καὶ 'Ηρά-
κλειτον τῶι ἐναντίωι . . .   (2) περὶ ἑκάστης δὲ τῶν κατὰ μέρος οἱ μὲν ἄλλοι σχεδὸν
25   ἀπολείπουσιν, 'E. δὲ πειρᾶται καὶ ταύτας ἀνάγειν εἰς τὴν ὁμοιότητα.

(D. 500) (7) 'E. δὲ περὶ ἀπασῶν ὁμοίως λέγει καί φησι τῶι ἐναρμόττειν εἰς
τοὺς πόρους τοὺς ἑκάστης αἰσθάνεσθαι· διὸ καὶ οὐ δύνασθαι τὰ ἀλλήλων κρίνειν,
ὅτι τῶν μὲν εὐρύτεροί πως, τῶν δὲ στενώτεροι τυγχάνουσιν οἱ πόροι πρὸς τὸ
αἰσθητόν, ὡς τὰ μὲν οὐχ ἁπτόμενα διευτονεῖν τὰ δ' ὅλως εἰσελθεῖν οὐ δύνασθαι.
30   πειρᾶται δὲ καὶ τὴν ὄψιν λέγειν, ποία τίς ἐστι· καί φησι τὸ μὲν ἐντὸς αὐτῆς εἶναι
πῦρ [vgl. B 84. 85], τὸ δὲ περὶ αὐτὸ ⟨ὕδωρ καὶ⟩ γῆν καὶ ἀέρα δι' ὧν διιέναι
λεπτὸν ὂν καθάπερ τὸ ἐν τοῖς λαμπτῆρσι φῶς. τοὺς δὲ πόρους ἐναλλὰξ κεῖσθαι
τοῦ τε πυρὸς καὶ τοῦ ὕδατος, ὧν τοῖς μὲν τοῦ πυρὸς τὰ λευκά, τοῖς δὲ τοῦ ὕδατος
τὰ μέλανα γνωρίζειν· ἐναρμόττειν γὰρ ἑκατέροις ἑκάτερα. φέρεσθαι δὲ τὰ χρώματα
35   πρὸς τὴν ὄψιν διὰ τὴν ἀπορροήν [vgl. A 69 a].

(8) συγκεῖσθαι δ' οὐχ ὁμοίως, ⟨ἀλλὰ τὰς μὲν ἐκ τῶν ὁμοίων⟩, τὰς δ' ἐκ τῶν
ἀντικειμένων, καὶ ταῖς μὲν ἐν μέσωι, ταῖς δ' ἐκτὸς εἶναι τὸ πῦρ· διὸ καὶ τῶν ζώιων
τὰ μὲν ἐν ἡμέραι, τὰ δὲ νύκτωρ μᾶλλον ὀξυωπεῖν· ὅσα μὲν πυρὸς ἔλαττον ἔχει,

---

2—4 kaum aus Emped. vgl. Karsten Emp. p. 469   7 ἀπό] ἐπὶ Usener
17 vgl. 28 A 46b   καταψύξει B: κατὰ ψύξιν ACG   18 συμμέτρω ABC:
σύμμετρον G   τῆι δὲ παντελεῖ Bernadakis: τῆ δὲ ἀσυμμέτρω καὶ παντελεῖ B:
ἢ [τὴν δὲ G] παντελῆ [παντελεῖ C] ACG   19 ⟨ ⟩ Diels   21 διαχωρισμῶι
Bernadakis: διαχωρισμὸν Hss.   28 πως Diels: πρὸς Hss.   31 αὐτὸ]
sc. τὸ πῦρ   ⟨ὕδωρ καὶ⟩ Diels   δῖιὸν Hss.: verb. Wimmer   34 ἑκατέραις
Hss.: verb. Schneider   36 ⟨ ⟩ Diels

μεθ᾽ ἡμέραν· ἐπανισοῦσθαι γὰρ αὐτοῖς τὸ ἐντὸς φῶς ὑπὸ τοῦ ἐκτός· ὅσα δὲ τοῦ ἐναντίου, νύκτωρ· ἐπαναπληροῦσθαι γὰρ καὶ τούτοις τὸ ἐνδεές· ἐν δὲ τοῖς ἐναντίοις ⟨ἐναντίως⟩ ἑκάτερον. ἀμβλυωπεῖν μὲν γὰρ καὶ οἷς ὑπερέχει τὸ πῦρ· ἐπαυξηθὲν ⟨γὰρ⟩ ἔτι μεθ᾽ ἡμέραν ἐπιπλάττειν καὶ καταλαμβάνειν τοὺς τοῦ ὕδατος πόρους·

5 οἷς δὲ τὸ ὕδωρ, ταὐτὸ τοῦτο γίνεσθαι νύκτωρ· καταλαμβάνεσθαι γὰρ τὸ πῦρ ὑπὸ τοῦ ὕδατος. ⟨γίγνεσθαι δὲ ταῦτα⟩, ἕως ἂν τοῖς μὲν ὑπὸ τοῦ ἔξωθεν φωτὸς ἀποκριθῆι τὸ ὕδωρ, τοῖς δ᾽ ὑπὸ τοῦ ἀέρος τὸ πῦρ. ἑκατέρων γὰρ ἴασιν εἶναι τὸ ἐναντίον. ἄριστα δὲ κεκρᾶσθαι καὶ βελτίστην εἶναι τὴν ἐξ ἀμφοῖν ἴσων συγκειμένην. καὶ περὶ μὲν ὄψεως σχεδὸν ταῦτα λέγει.

10 (9) τὴν δ᾽ ἀκοὴν ἀπὸ τῶν ἔσωθεν γίνεσθαι ψόφων· ὅταν γὰρ ⟨ὁ ἀὴρ⟩ ὑπὸ τῆς φωνῆς κινηθῆι, ἠχεῖν ἐντός. ὥσπερ γὰρ εἶναι κώδωνα τῶν ἴσων [?] ἤχων τὴν ἀκοήν, ἣν προσαγορεύει σάρκινον ὅζον [B 99; vgl. A 93]· κινούμενον δὲ παίειν τὸν ἀέρα πρὸς τὰ στερεὰ καὶ ποιεῖν ἦχον. ὄσφρησιν δὲ γίνεσθαι τῆι ἀναπνοῆι. διὸ καὶ μάλιστα ὀσφραίνεσθαι τούτους, οἷς σφοδροτάτη τοῦ ἄσθματος ἡ κίνησις·

15 ὀσμὴν δὲ πλείστην ἀπὸ τῶν λεπτῶν καὶ τῶν κούφων ἀπορρεῖν. περὶ δὲ γεύσεως καὶ ἁφῆς οὐ διορίζεται καθ᾽ ἑκατέραν οὔτε πῶς οὔτε δι᾽ ἃ γίγνονται, πλὴν τὸ κοινὸν ὅτι τῶι ἐναρμόττειν τοῖς πόροις αἴσθησίς ἐστιν· ἥδεσθαι δὲ τοῖς ὁμοίοις κατά τε ⟨τὰ⟩ μόρια καὶ τὴν κρᾶσιν, λυπεῖσθαι δὲ τοῖς ἐναντίοις.

ὡσαύτως δὲ λέγει καὶ περὶ φρονήσεως καὶ ἀγνοίας.   (10) τὸ μὲν γὰρ φρο-
20 νεῖν εἶναι τοῖς ὁμοίοις, τὸ δ᾽ ἀγνοεῖν τοῖς ἀνομοίοις, ὡς ἢ ταὐτὸν ἢ παραπλήσιον ὂν τῆι αἰσθήσει τὴν φρόνησιν. διαριθμησάμενος γάρ, ὡς ἕκαστον ἑκάστωι γνωρίζομεν, ἐπὶ τέλει προσέθηκεν ὡς ᾽ἐκ τούτων ... ἀνιῶνται᾽ [B 107]. διὸ καὶ τῶι αἵματι μάλιστα φρονεῖν· ἐν τούτωι γὰρ μάλιστα κεκρᾶσθαι [ἐστὶ] τὰ στοιχεῖα τῶν μερῶν.

25 (11) ὅσοις μὲν οὖν ἴσα καὶ παραπλήσια μέμεικται καὶ μὴ διὰ πολλοῦ μηδ᾽ αὖ μικρὰ μηδ᾽ ὑπερβάλλοντα τῶι μεγέθει, τούτους φρονιμωτάτους εἶναι καὶ κατὰ τὰς αἰσθήσεις ἀκριβεστάτους, κατὰ λόγον δὲ καὶ τοὺς ἐγγυτάτω τούτων, ὅσοις δ᾽ ἐναντίως, ἀφρονεστάτους. καὶ ὧν μὲν μανὰ καὶ ἀραιὰ κεῖται τὰ στοιχεῖα, νωθροὺς καὶ ἐπιπόνους· ὧν δὲ πυκνὰ καὶ κατὰ μικρὰ τεθραυσμένα, τοὺς δὲ τοιούτους ὀξεῖς
30 φερομένους καὶ πολλὰ ἐπιβαλλομένους ὀλίγα ἐπιτελεῖν διὰ τὴν ὀξύτητα τῆς τοῦ

---

1 αὐτῷ Hss.: verb. Schneider   3 ⟨ ⟩ Diels   4 ⟨γὰρ⟩ Schneider: ἐπεὶ αὐξηθὲν Usener   5 οἷς δὲ Schneider: ὧν δὲ Hss.   6 ⟨ ⟩ Usener 7 ἀέρος] das Wasser mit umfassend vgl. I 303, 22   8 συγκειμένων Hss.: verb. Stephanus   10 ἔσωθεν Karsten nach I 304, 36: ἔξωθεν Hss. ⟨ὁ ἀὴρ⟩ Kranz nach Diels, der es statt γὰρ las   11 κινηθὲν ἠχεῖ F: κινηθὲν ἠχῇ P: verb. Wimmer; Diels las κινηθεὶς ἠχῆι   κώδωνα] nicht Trompete wie [Ar.] Probl. 33, 14 p. 963a 1, sondern Glocke wie Philop. de anima 355, 17; 31 A 93   ἴσων vgl. Millerd On the interpr. of Emp. p. 86, Bignone, der übersetzt: come un sonaglio che riproduce all'unisono suoni [esterni], doch ist der Ausdr. unscharf: εἰσιόντων Diels: ἔσω Schneider 12 ὅζον] vgl. Bignone z. St.; Kafka Philol. 72 (1913) 65ff.   κινουμένην Hss.: verb. Diels   16 ἑκατέραν Schneider: ἑτέραν Hss.   17 so Diels: τῷ (τὸ P) συναρμόττειν τοὺς πόρους Hss.   18 ⟨τὰ⟩ nach τε Diels: vor τε Philippson; Sinn: κατὰ τὴν ἐν τοῖς καθ᾽ ἕκαστα μορίοις τοῦ σώματος κρᾶσιν τῶν στοιχείων vgl. § 10   23 [ἐστὶ] Mullach   29 ὀξεῖς (ὀξεῖς καὶ) PF: verb. Wimmer   30 πολλὰ] Bignone vergleicht Plato Tim. 48c, Aristot. Pol. B 1. 1260b 36

αἵματος φορᾶς· οἷς δὲ καθ' ἕν τι μόριον ἡ μέση κρᾶσίς ἐστι, ταύτηι σοφοὺς ἑκάστους εἶναι· διὸ τοὺς μὲν ῥήτορας ἀγαθούς, τοὺς δὲ τεχνίτας, ὡς τοῖς μὲν ἐν ταῖς χερσί, τοῖς δὲ ἐν τῆι γλώττηι τὴν κρᾶσιν οὖσαν· ὁμοίως δ' ἔχειν καὶ κατὰ τὰς ἄλλας δυνάμεις.

5   (12) Ἐ. μὲν οὖν οὕτως οἴεται καὶ τὴν αἴσθησιν γίνεσθαι καὶ τὸ φρονεῖν, ἀπορήσειε δ' ἄν τις ἐξ ὧν λέγει πρῶτον μέν, τί διοίσει τὰ ἔμψυχα πρὸς τὸ αἰσθάνεσθαι τῶν ἄλλων. ἐναρμόττει γὰρ καὶ τοῖς τῶν ἀψύχων πόροις· ὅλως γὰρ ποιεῖ τὴν μίξιν τῆι συμμετρίαι τῶν πόρων· διόπερ ἔλαιον μὲν καὶ ὕδωρ οὐ μείγνυσθαι [vgl. Β 91], τὰ δὲ ἄλλα ὑγρὰ καὶ περὶ ὅσων δὴ καταριθμεῖται τὰς ἰδίας κράσεις. ὥστε
10   πάντα τε αἰσθήσεται καὶ ταὐτὸν ἔσται μίξις καὶ αἴσθησις καὶ αὔξησις· πάντα γὰρ ποιεῖ τῆι συμμετρίαι τῶν πόρων, ἐὰν μὴ προσθῆι τινα διαφοράν.

(13) ἔπειτα ἐν αὐτοῖς τοῖς ἐμψύχοις τί μᾶλλον αἰσθήσεται τὸ ἐν τῶι ζώιωι πῦρ ἢ τὸ ἐκτός, εἴπερ ἐναρμόττουσιν ἀλλήλοις; ὑπάρχει γὰρ καὶ ἡ συμμετρία καὶ τὸ ὅμοιον. ἔτι δὲ ἀνάγκη διαφοράν τινα ἔχειν, εἴπερ αὐτὸ μὲν μὴ δύναται συμ-
15   πληροῦν τοὺς πόρους, τὸ δ' ἔξωθεν ἐπεισιόν· ὥστ' εἰ ὅμοιον ἦν πάντηι καὶ πάντως, οὐκ ἂν ἦν αἴσθησις. ἔτι δὲ πότερον οἱ πόροι κενοὶ ἢ πλήρεις; εἰ μὲν γὰρ κενοί, συμβαίνει διαφωνεῖν ἑαυτῶι· φησὶ γὰρ ὅλως οὐκ εἶναι κενόν· εἰ δὲ πλήρεις, ἀεὶ ἂν αἰσθάνοιτο τὰ ζῶια· δῆλον γὰρ ὡς ἐναρμόττει, καθάπερ φησί, τὸ ὅμοιον.

(14) καίτοι κἂν αὐτὸ τοῦτό τις διαπορήσειεν, εἰ δυνατόν ἐστι τηλικαῦτα μεγέθη
20   γενέσθαι τῶν ἑτερογενῶν, ὥστ' ἐναρμόττειν, ἄλλως τε κἂν συμβαίνηι, καθάπερ φησί, τὰς ὄψεις ὧν ἀσύμμετρος ἡ κρᾶσις ὁτὲ μὲν ὑπὸ τοῦ πυρός, ὁτὲ δὲ ὑπὸ τοῦ ἀέρος ἐμπλαττομένων τῶν πόρων ἀμαυροῦσθαι. εἰ δ' οὖν ἐστι καὶ τούτων συμμετρία καὶ πλήρεις οἱ πόροι τῶν μὴ συγγενῶν, πῶς, ὅταν αἰσθάνηται, καὶ ποῦ ταῦτα ὑπεξέρχεται; δεῖ γάρ τινα ἀποδοῦναι μεταβολήν. ὥστε πάντως ἔχει δυσκο-
25   λίαν· ἢ γὰρ κενὸν ἀνάγκη ποιεῖν, ἢ ἀεὶ τὰ ζῶια αἰσθάνεσθαι πάντων, ἢ τὸ μὴ συγγενὲς ἁρμόττειν οὐ ποιοῦν αἴσθησιν οὐδ' ἔχον μεταβολὴν οἰκείαν τοῖς ἐμποιοῦσιν.

(15) ἔτι δέ, εἰ καὶ μὴ ἐναρμόττοι τὸ ὅμοιον, ἀλλὰ μόνον ἅπτοιτο, καθ' ὁτιοῦν εὔλογον αἴσθησιν γίνεσθαι· δυοῖν γὰρ τούτοιν ἀποδίδωσι τὴν γνῶσιν τῶι τε ὁμοίωι
30   καὶ τῆι ἁφῆι· διὸ καὶ τὸ 'ἁρμόττειν' εἴρηκεν. ὥστ' εἰ τὸ ἔλαττον ἅψαιτο τῶν μειζόνων, εἴη ἂν αἴσθησις. ὅλως τε κατά γε ἐκεῖνον ἀφαιρεῖται καὶ τὸ ὅμοιον, ἀλλὰ ἡ συμμετρία μόνον ἱκανόν. διὰ τοῦτο γὰρ οὐκ αἰσθάνεσθαί φησιν ἀλλήλων, ὅτι τοὺς πόρους ἀσυμμέτρους ἔχουσιν· εἰ δ' ὅμοιον ἢ ἀνόμοιον τὸ ἀπορρέον, οὐδὲν ἔτι προσαφώρισεν· ὥστε ἢ οὐ τῶι ὁμοίωι ἡ αἴσθησις ἢ οὐ διά τινα ἀσυμμετρίαν
35   οὐ κρίνουσιν, ἁπάσας ⟨τ'⟩ ἀνάγκη τὰς αἰσθήσεις καὶ πάντα τὰ αἰσθητὰ τὴν αὐτὴν ἔχειν φύσιν.

(16) ἀλλὰ μὴν οὐδὲ τὴν ἡδονὴν καὶ λύπην ὁμολογουμένως ἀποδίδωσιν ἥδεσθαι μὲν ποιῶν τοῖς ὁμοίοις, λυπεῖσθαι δὲ τοῖς ἐναντίοις· 'ἐχθρὰ' γὰρ εἶναι, διότι 'πλεῖστον ... ἐκμακτοῖσιν' [Β 22, 6. 7]. αἰσθήσεις γάρ τινας ἢ μετ' αἰσθήσεως
40   ποιοῦσι [Empedokles und Anaxagoras nach § 17?] τὴν ἡδονὴν καὶ τὴν λύπην, ὥστε οὐχ ἅπασι γίνεται τοῖς ὁμοίοις. ἔτι εἰ τὰ συγγενῆ μάλιστα ποιεῖ τὴν

---

6 πρὸς τῷ Hss.: verb. Schneider   20 καὶ συμβαίνει Hss.: verb. Schneider   21 φασί Hss.: verb. Schneider   23 μὴ Schneider: μὲν Hss. 24 ἔχειν Hss.: verb. Stephanus   28 ἐναρμόττει Hss.: verb. Stephanus 31 τε Schneider: δὲ Hss.   32 αἰσθάνεσθαι Diels: -εται Hss.: -εται, ⟨καθάπερ⟩ φησίν, Kranz vgl. oben Z. 18. 20 u. ö.   35 ⟨τ'⟩ Usener   41 γίνεται] sc. ἡ αἴσθησις

304   31 [21]. EMPEDOKLES

ήδονήν έν τῆι άφῆι, καθάπερ φησί, τά σύμφυτα μάλιστ' άν ήδοιτο καί όλως αίσθά-
νοιτο· διά τῶν αύτῶν γάρ ποιεῖ τήν αἴσθησιν καί τήν ήδονήν.   (17) καίτοι πολ-
λάκις αἰσθανόμενοι λυπούμεθα κατ' αύτήν τήν αἴσθησιν, ὡς ⟨δ'⟩ 'Αναξαγόρας
φησίν, άεί· πᾶσαν γάρ αἴσθησιν εἶναι μετά λύπης. ἔτι δ' έν ταῖς κατά μέρος· συμ-
5 βαίνει γάρ τῶι ὁμοίωι γίνεσθαι τήν γνῶσιν· τήν γάρ ὄψιν ὅταν έκ πυρός καί τοῦ
έναντίου συστήσηι, τό μέν λευκόν καί τό μέλαν δύναιτ' άν τοῖς ὁμοίοις γνωρίζειν,
τό δέ φαιόν καί τἆλλα χρώματα τά μεικτά πῶς; οὔτε γάρ τοῖς τοῦ πυρός οὔτε
τοῖς τοῦ ὕδατος πόροις οὔτ' ἄλλοις ποιεῖ κοινοῖς έξ άμφοῖν· ὁρῶμεν δ' ούδέν ἧττον
ταῦτα τῶν ἁπλῶν.
10   (18) άτόπως δέ καί ὅτι τά μέν ήμέρας, τά δέ νύκτωρ μᾶλλον ὁρᾶι. τό γάρ
ἔλαττον πῦρ ὑπό τοῦ πλείονος φθείρεται, διό καί πρός τόν ἥλιον καί όλως τό
καθαρόν ού δυνάμεθ' άντιβλέπειν. ὥστε όσοις ένδεέστερον τό φῶς, ἧττον έχρῆν
ὁρᾶν μεθ' ήμέραν· ἤ εἴπερ τό ὅμοιον συναύξει, καθάπερ φησί, τό δέ έναντίον φθείρει
καί κωλύει, τά μέν λευκά μᾶλλον έχρῆν ὁρᾶν ἅπαντας μεθ' ήμέραν καί όσοις ἔλαττον
15 καί όσοις πλεῖον τό φῶς, τά δέ μέλανα νύκτωρ. νῦν δέ πάντες ἅπαντα μεθ' ήμέραν
μᾶλλον ὁρῶσι πλήν ὀλίγων ζώιων. τούτοις δ' εὔλογον τοῦτ' ίσχύειν τό οίκεῖον
πῦρ, ὥσπερ ἔνια καί τῆι χρόαι διαλάμπει μᾶλλον τῆς νυκτός.
    (19) ἔτι δ' οἷς ή κρᾶσις έξ ἴσων, ἀνάγκη συναύξεσθαι κατά μέρος ἑκάτερον· ὥστ'
εί πλεονάζον κωλύει θάτερον ὁρᾶν, ἁπάντων άν εἴη παραπλησία πως ή διάθεσις.
20 άλλά τά μέν τῆς ὄψεως πάθη χαλεπώτερον ἔσται διελεῖν. τά δέ περί τάς ἄλλας
αίσθήσεις πῶς κρίνομεν τῶι ὁμοίωι; τό γάρ ὅμοιον άόριστον. οὔτε γάρ ψόφωι
τόν ψόφον οὔτ' όσμῆι τήν όσμήν οὔτε τοῖς ἄλλοις τοῖς ὁμογενέσιν, άλλά μᾶλλον ὡς
εἰπεῖν τοῖς έναντίοις. άπαθῆ γάρ δεῖ τήν αἴσθησιν προσάγειν· ἤχου δέ ένόντος
έν ὠσίν ἤ χυλῶν έν γεύσει καί όσμῆς έν όσφρήσει κωφότεραι πᾶσαι γίνονται
25 ⟨καί⟩ μᾶλλον όσωι άν πλήρεις ὦσι τῶν ὁμοίων, εί μή τις λεχθείη περί τούτων
διορισμός.
    (20) ἔτι δέ τό περί τήν άπορροήν, καίπερ ούχ ίκανῶς λεγόμενον περί μέν τάς
ἄλλας όμως ἔστι πως ὑπολαβεῖν, περί δέ τήν άφήν καί γεῦσιν ού ράιδιον. πῶς
γάρ τῆι άπορροῆι κρίνωμεν ἤ πῶς έναρμόττον τοῖς πόροις τό τραχύ καί τό λεῖον;
30 μόνου γάρ δοκεῖ τῶν στοιχείων τοῦ πυρός άπορρεῖν, άπό δέ τῶν ἄλλων ούδενός.
ἔτι δ' εί ή φθίσις διά τήν άπορροήν, ὥσπερ χρῆται κοινοτάτωι σημείωι, συμβαίνει
δέ καί τάς όσμάς άπορροῆι γίνεσθαι, τά πλείστην έχοντα όσμήν τάχιστ' έχρῆν
φθείρεσθαι. νῦν δέ σχεδόν έναντίως ἔχει· τά γάρ όσμωδέστατα τῶν φυτῶν καί
τῶν ἄλλων έστί χρονιώτατα. συμβαίνει δέ καί έπί τῆς Φιλίας όλως μή εἶναι αἴσθησιν
35 ἤ ἧττον διά τό συγκρίνεσθαι τότε καί μή άπορρεῖν.
    (21) άλλά περί μέν τήν άκοήν ὅταν άποδῶι τοῖς ἔσωθεν γίνεσθαι ψόφοις,
ἄτοπον τό οἴεσθαι δῆλον εἶναι πῶς άκούουσιν, ἔνδον ποιήσαντα ψόφον ὥσπερ κώ-
δωνος. τῶν μέν γάρ ἔξω δι' έκεῖνον άκούομεν, έκείνου δέ ψοφοῦντος διά τί; τοῦτο
γάρ αὐτό λείπεται ζητεῖν. άτόπως δέ καί τό περί τήν όσφρησιν εἴρηκεν. πρῶτον
40 μέν γάρ ού κοινήν αίτίαν άπέδωκεν· ένια μέν γάρ όλως ούδ' άναπνέει τῶν όσφραι-

---

3 ⟨δ'⟩ Wimmer   4 μέρος Schneider: μέγεθος Hss.   8 κοινοῖς Diels:
κοινούς Hss.   10 άτόπως] sc. λέγει   17 διαλάμπειν Hss.: verb. Stephanus
21 κρίνομεν Hss.: verb. Stephanus, so auch Z. 29   25 ⟨ ⟩ Diels   28 [καί
γεῦσιν] Kafka Philol. 72 (1913) 75   29 έναρμόττον P: έναρμόττειν F
31 συμβαίνει δέ Diels: συμβαίνειν Hss.   33 φθείρειν Hss.: verb. Schneider
37 ποιήσαντα] Emped.   κώδωνας Hss.: verb. Sturz   38 έκεῖνον Schneider:
έκεῖνα Hss.   τοῦτο Wimmer: τό Hss.

νομένων. ἔπειτα τὸ μάλιστα ὀσφραίνεσθαι τοὺς πλεῖστον ἐπισπωμένους εὔηθες· οὐδὲν γὰρ ὄφελος μὴ ὑγιαινούσης ἢ μὴ ἀνεωιγμένης πως τῆς αἰσθήσεως. πολλοῖς δὲ συμβαίνει πεπηρῶσθαι καὶ ὅλως μηδὲν αἰσθάνεσθαι. πρὸς δὲ τούτοις οἱ δύσπνοοι καὶ οἱ πονοῦντες καὶ οἱ καθεύδοντες μᾶλλον ἄν αἰσθάνοιντο τῶν ὀσμῶν· τὸν πλεῖστον 5 γὰρ ἕλκουσιν ἀέρα. νῦν δὲ συμβαίνει τοὐναντίον. (22) οὐ γὰρ ἴσως καθ᾽ αὐτὸ τὸ ἀναπνεῖν αἴτιον τῆς ὀσφρήσεως, ἀλλὰ κατὰ συμβεβηκός, ὡς ἔκ τε τῶν ἄλλων ζώιων μαρτυρεῖται καὶ διὰ τῶν εἰρημένων παθῶν· ὁ δ᾽ ὡς ταύτης οὔσης τῆς αἰτίας καὶ ἐπὶ τέλει πάλιν εἴρηκεν ὥσπερ ἐπισημαινόμενος ‘ὧδε ... ὀσμῶν’ [Β 102]. οὐκ ἀληθὲς ⟨δὲ⟩ οὐδὲ τὸ μάλιστα ὀσφραίνεσθαι τῶν κούφων, ἀλλὰ δεῖ καὶ 10 ὀσμὴν ἐνυπάρχειν. ὁ γὰρ ἀὴρ καὶ τὸ πῦρ κουφότατα μέν, οὐ ποιοῦσι δὲ αἴσθησιν ὀσμῆς.

(23) ὡσαύτως δ᾽ ἄν τις καὶ περὶ τὴν φρόνησιν ἀπορήσειεν, εἰ γὰρ τῶν αὐτῶν ποιεῖ καὶ τὴν αἴσθησιν. καὶ γὰρ ἅπαντα μεθέξει τοῦ φρονεῖν. καὶ ἅμα πῶς ἐνδέχεται καὶ ἐν ἀλλοιώσει καὶ ὑπὸ τοῦ ὁμοίου γίνεσθαι τὸ φρονεῖν; τὸ γὰρ ὅμοιον 15 οὐκ ἀλλοιοῦται τῶι ὁμοίωι. τὸ δὲ δὴ τῶι αἵματι φρονεῖν καὶ παντελῶς ἄτοπον· πολλὰ γὰρ τῶν ζώιων ἄναιμα. τῶν δὲ ἐναίμων τὰ περὶ τὰς αἰσθήσεις ἀναιμότατα τῶν μερῶν. ἔτι καὶ ὀστοῦν καὶ θρὶξ αἰσθάνοιτ᾽ ἄν, ἐπεὶ οὖν ἐξ ἁπάντων ἐστὶ τῶν στοιχείων. καὶ συμβαίνει ταὐτὸν εἶναι τὸ φρονεῖν καὶ αἰσθάνεσθαι καὶ ἥδεσθαι καὶ ⟨τὸ⟩ λυπεῖσθαι καὶ [τὸ] ἀγνοεῖν· ἄμφω γὰρ ποιεῖ τοῖς ἀνομοίοις. ὥσθ᾽ ἅμα 20 τῶι μὲν ἀγνοεῖν ἔδει γίνεσθαι λύπην, τῶι δὲ φρονεῖν ἡδονήν.

(24) ἄτοπον δὲ καὶ τὸ τὰς δυνάμεις ἑκάστοις ἐγγίνεσθαι διὰ τὴν ἐν τοῖς μορίοις τοῦ αἵματος σύγκρασιν, ὡς ἢ τὴν γλῶτταν αἰτίαν τοῦ εὖ λέγειν ⟨οὖσαν ἢ⟩ τὰς χεῖρας τοῦ δημιουργεῖν, ἀλλ᾽ οὐκ ὀργάνου τάξιν ἔχοντα. διὸ καὶ μᾶλλον ἄν τις ἀποδοίη τῆι μορφῆι τὴν αἰτίαν ἢ τῆι κράσει τοῦ αἵματος, ἢ χωρὶς διανοίας 25 ἐστίν· οὕτως γὰρ ἔχει καὶ ἐπὶ τῶν ἄλλων ζώιων. Ἐ. μὲν οὖν ἔοικεν ἐν πολλοῖς διαμαρτάνειν.

87. ARISTOT. de gen. et corr. Α 8. 324b 26 τοῖς μὲν οὖν δοκεῖ πάσχειν ἕκαστον διά τινων πόρων εἰσιόντος τοῦ ποιοῦντος ἐσχάτου καὶ κυριωτάτου, καὶ τοῦτον τὸν τρόπον καὶ ὁρᾶν καὶ ἀκούειν ἡμᾶς φασι καὶ τὰς ἄλλας αἰσθήσεις αἰσθάνεσθαι 30 πάσας, ἔτι δὲ ὁρᾶσθαι διά τε ἀέρος καὶ ὕδατος καὶ τῶν διαφανῶν, διὰ τὸ πόρους ἔχειν ἀοράτους μὲν διὰ μικρότητα, πυκνοὺς δὲ καὶ κατὰ στοῖχον, καὶ μᾶλλον ἔχειν τὰ διαφανῆ μᾶλλον. οἱ μὲν οὖν ἐπί τινων οὕτω διώρισαν, ὥσπερ καὶ Ἐ., οὐ μόνον ἐπὶ τῶν ποιούντων καὶ πασχόντων, ἀλλὰ καὶ μείγνυσθαί φησιν, ὅσων οἱ πόροι σύμ- μετροι πρὸς ἀλλήλους εἰσίν. PHILOP. ad h. c. p. 160, 3 Vitelli ἀναγκαῖον, 35 φησί, τῶι Ἐμπεδοκλεῖ λέγειν εἶναί τινα στερεὰ καὶ ἀδιαίρετα διὰ τὸ μὴ εἶναι πάντηι τοῦ σώματος πόρους συνεχεῖς. τοῦτο γὰρ ἀδύνατον· πόρος γὰρ ἄν εἴη τὸ πᾶν σῶμα καὶ κενόν. ὥστε εἰ τοῦτο ἄτοπον, ἀνάγκη τὰ μὲν ἁπτόμενα μόρια τοῦ σώ- ματος στερεὰ εἶναι ἀδιαίρετα, τὰ δὲ μεταξὺ αὐτῶν κενά, οὓς Ἐ. πόρους ἐκάλεσεν. ib. 178, 2 ἴσμεν δὲ ὅτι οἱ τοὺς πόρους ὑποτιθέμενοι οὐ κενοὺς ὑπετίθεντο τούτους, 40 ἀλλὰ πεπληρωμένους λεπτομερεστέρου τινὸς σώματος οἷον ἀέρος. ταύτηι γὰρ διέφε- ρον τῶν τὸ κενὸν ὑποτιθεμένων. 154, 5 διαφέρουσι δὲ τοῦ κενοῦ οἱ πόροι, διότι οἱ τοὺς πόρους εἰσάγοντες κενὸν εἶναι οὐκ ἔλεγον. Vgl. ARISTOT. de gen. et corr.

A 8. 326b 6 ff. [Philop.] in Ar. de gen. anim. 123, 13 'E. ἐν ἅπασι τοῖς σώμασι τοῖς ὑπὸ σελήνην, οἷον ὕδασιν, ἐλαίοις καὶ τοῖς ἄλλοις, εἶναι ἔλεγεν, ὡς καὶ ἐν τῆι Περὶ γενέσεως καὶ φθορᾶς [vgl. B 92] εἴρηκεν, ἀναμεμιγμένους πόρους καὶ ναστά, καὶ τοὺς μὲν πόρους ἐκάλεσε κοῖλα, τὰ δὲ ναστὰ πυκνά.

5   88. Aët. iv 14, 1 (περὶ κατοπτρικῶν ἐμφάσεων. D. 405) 'E. κατ' ἀπορροίας τὰς συνισταμένας μὲν ἐπὶ τῆς ἐπιφανείας τοῦ κατόπτρου, πιλουμένας δ' ὑπὸ τοῦ ἐκκρινομένου ἐκ τοῦ κατόπτρου πυρώδους καὶ τὸν προκείμενον ἀέρα, εἰς ὃν φέρεται τὰ ῥεύματα, συμμεταφέροντος.

89. Alex. Quaest. ii 23 p. 72, 9 Bruns (vermutlich aus Theophr. Phys.
10 Opin.) περὶ τῆς Ἡρακλείας λίθου διὰ τί ἕλκει τὸν σίδηρον. 'E. μὲν ταῖς ἀπορροίαις ταῖς ἀπ' ἀμφοτέρων καὶ τοῖς πόροις τοῖς τῆς λίθου συμμέτροις οὖσιν ταῖς ἀπὸ τοῦ σιδήρου τὸν σίδηρον φέρεσθαι λέγει πρὸς τὴν λίθον· αἱ μὲν γὰρ ταύτης ἀπόρροιαι τὸν ἀέρα τὸν ἐπὶ τοῖς τοῦ σιδήρου πόροις ἀπωθοῦσί τε καὶ κινοῦσι τὸν ἐπιπωμα-τίζοντα αὐτούς· τούτου δὲ χωρισθέντος ἀθρόαι ἀπορροίαι ῥεούσηι τὸν σίδηρον
15 ἕπεσθαι· φερομένων δὲ τῶν ἀπ' αὐτοῦ ἀπορροιῶν ἐπὶ τοὺς τῆς λίθου πόρους, διὰ τὸ συμμέτρους τε αὐτοῖς εἶναι καὶ ἐναρμόζειν καὶ τὸν σίδηρον σὺν ταῖς ἀπορ-ροίαις ἕπεσθαί τε καὶ φέρεσθαι. ἐπιζητήσαι δ' ἄν τις, εἰ καὶ συγχωρηθείη τὸ τῶν ἀπορροιῶν, τί δήποτε ὁ λίθος οὐχ ἕπεται ταῖς ἰδίαις ἀπορροίαις, κινεῖται δὲ πρὸς τὸν σίδηρον. οὐδὲν γὰρ μᾶλλον ἐκ τῶν εἰρημένων ἡ λίθος πρὸς τὸν σίδηρον ἢ
20 ὁ σίδηρος κινηθήσεται πρὸς τὴν λίθον. ἔτι διὰ τί οὐ καὶ χωρὶς τῆς λίθου κινηθή-σεταί ποτε σίδηρος ἐπ' ἄλλο τι τῶν ἀπ' αὐτοῦ ἀπορροιῶν ἀθρόων φερομένων. διὰ τί γὰρ μόναι αἱ ἀπὸ τῆς λίθου ἀπόρροιαι κινεῖν δύνανται τὸν ἐπιπωματί-ζοντα τοὺς τοῦ σιδήρου πόρους ἀέρα καὶ ἐπέχοντα τὰς ἀπορροίας; ἔτι διὰ τί ἄλλο οὐδὲν πρὸς ἄλλο τι οὕτω φέρεται, καίτοι πολλὰ λέγεται ὑπ' αὐτοῦ συμμέτρους
25 τοὺς πόρους πρὸς ἀλλήλας ταῖς ἀπορροίαις ἔχειν· λέγει γοῦν· ὕδωρ κτλ. [B 91].
Psell. de lapid. 26 (Ideler Physici i 247, 24; Mély Lapidaires p. 204, 12) τούτων δὲ τῶν παρὰ τοῖς λίθοις δυνάμεων αἰτίας πολλοὶ ἐθάρρησαν ἀποδοῦναι, τῶν μὲν ἀρχαιοτέρων σοφῶν Ἀναξαγόρας καὶ 'E. καὶ Δημόκριτος, τῶν δὲ οὐ πολὺ πρὸ ἡμῶν ὁ ἐκ τῆς Ἀφροδισίας Ἀλέξανδρος.

30   90. Aët. iv 13, 4 (D. 403) 'E. καὶ πρὸς τὸ διὰ τῶν ἀκτίνων καὶ πρὸς τὸ διὰ τῶν εἰδώλων ἐκδοχὰς παρέχεται [näml. τὴν αἴσθησιν τῶν ὁρατῶν]. πλείους δὲ πρὸς ⟨τὸ⟩ δεύτερον· τὰς γὰρ ἀπορροίας ἀποδέχεται. 9, 6 [28 A 47].

91. Aristot. de sensu 2. 437b 9 (über das Feuer im Auge) ἐκείνως δ' αὐ-τὸς αὐτὸν ὁρᾶι ὁ ὀφθαλμός, ὥσπερ καὶ ἐν τῆι ἀνακλάσει, ἐπεὶ εἴ γε πῦρ ἦν, καθάπερ
35 'E. φησι καὶ ἐν τῶι Τιμαίωι [68 a] γέγραπται, καὶ συνέβαινε τὸ ὁρᾶν ἐξιόντος ὥσπερ ἐκ λαμπτῆρος τοῦ φωτός [31 B 84, 3], διὰ τί οὐ καὶ ἐν τῶι σκότει ἑώρα ἂν ἡ ὄψις; de gen. anim. E 1. 779b 15 τὸ μὲν οὖν ὑπολαμβάνειν τὰ μὲν γλαυκὰ [sc. ὄμματα] πυρώδη, καθάπερ 'E. φησιν, τὰ δὲ μέλανα πλεῖον ὕδατος ἔχειν ἢ πυρός, καὶ διὰ τοῦτο τὰ μὲν ἡμέρας οὐκ ὀξὺ βλέπειν, τὰ γλαυκά, δι' ἔνδειαν ὕδατος,.

---

1 Vgl. Diels Verh. d. 35. Phil. Vers. 105²⁹. Der Verf. ist wahrschein-lich Michael Ephesius, aber er benutzt ältere Kommentare   6 πιλου-μένας Stob. (flor. Laur.): falsch τελειουμένας Plut.   12 ταύτης Apogrr.: τούτου V   21 αὐτῆς V: verb. Apogrr.   25 πρὸς ἄλληλα verm. Diels: tilgt Kranz   λέγεις V: verb. Spengel   32 ⟨τὸ⟩ Diels   38 μέλανα Z: μελανόμματα PS: μεγαλόμματα Y

θάτερα δὲ νύκτωρ δι' ἔνδειαν πυρός, οὐ λέγεται καλῶς, εἴπερ μὴ πυρὸς τὴν ὄψιν θετέον, ἀλλ' ὕδατος πᾶσιν.

92. PLATO Meno p. 76 c Βούλει οὖν σοι κατὰ Γοργίαν [82 B 4] ἀποκρίνωμαι ἧι ἄν συ μάλιστα ἀκολουθήσαις; — Βούλομαι· πῶς γὰρ οὔ; — Οὐκοῦν λέγετε ἀπορροάς 5 τινας τῶν ὄντων κατὰ 'Εμπεδοκλέα; — Σφόδρα γε. — Καὶ πόρους εἰς οὖς καὶ δι' ὧν αἱ ἀπόρροιαι πορεύονται; — Πάνυ γε. — Καὶ τῶν ἀπορροῶν τὰς μὲν ἁρμόττειν ἐνίοις τῶν πόρων, τὰς δὲ ἐλάττους ἢ μείζους εἶναι; — "Εστι ταῦτα. — Οὐκοῦν καὶ ὄψιν καλεῖς τι; — "Εγωγε. — 'Εκ τούτων δὴ 'σύνες ὅ τοι λέγω' ἔφη Πίνδαρος, ἔστιν γὰρ χρόα ἀπορροὴ χρημάτων ὄψει σύμμετρος καὶ αἰσθητός. ΑЁΤ. I 10 15, 3 (D. 313) 'Ε. χρῶμα εἶναι ἀπεφαίνετο τὸ τοῖς πόροις τῆς ὄψεως ἐναρμόττον. τέτταρα δὲ τοῖς στοιχείοις ἰσάριθμα, λευκὸν μέλαν ἐρυθρὸν ὠχρόν.

93. — IV 16, 1 (D. 406) 'Ε. τὴν ἀκοὴν γίνεσθαι κατὰ πρόσπτωσιν πνεύματος τῶι χονδρώδει, ὅπερ φησὶν ἐξηρτῆσθαι ἐντὸς τοῦ ὠτὸς κώδωνος δίκην αἰωρούμενον καὶ τυπτόμενον [vgl. B 99].

15 94. — IV 17, 2 (D. 407) 'Ε. ταῖς ἀναπνοαῖς ταῖς ἀπὸ τοῦ πνεύμονος συνεισκρίνεσθαι τὴν ὀσμήν· ὅταν γοῦν ἡ ἀναπνοὴ βαρεῖα γένηται, κατὰ τραχύτητα μὴ συναισθάνεσθαι, ὡς ἐπὶ τῶν ῥευματιζομένων. ΑRISTOT. de sensu 4. 441 a 3 ἢ δὲ γεῦσις ἁφή τίς ἐστιν. ἡ μὲν οὖν τοῦ ὕδατος βούλεται ἄχυμος εἶναι. ἀνάγκη δ' ἢ ἐν αὐτῶι τὸ ὕδωρ ἔχειν τὰ γένη τῶν χυμῶν ἀναίσθητα διὰ μικρότητα, κα-20 θάπερ 'Ε. φησιν, ἢ κτλ. Vgl. ΑLEX. z. d. St. 67, 19.

95. ΑЁΤ. IV 9, 14 (D. 398) Παρμενίδης, 'Ε. ἐλλείψει τροφῆς τὴν ὄρεξιν. 15. 'Ε. τὰς ἡδονὰς γίνεσθαι τοῖς μὲν ὁμοίοις ⟨ἐκ⟩ τῶν ὁμοίων, κατὰ δὲ τὸ ἐλλεῖπον πρὸς τὴν ἀναπλήρωσιν, ὥστε τῶι ἐλλείποντι ἡ ὄρεξις τοῦ ὁμοίου. τὰς δ' ἀλγηδόνας τοῖς ἐναντίοις· ἠλλοτριῶσθαι γὰρ πρὸς ἄλληλα ὅσα διαφέρει κατά τε τὴν σύγ-25 κρισιν καὶ τὴν τῶν στοιχείων κρᾶσιν. v 28 (D. 440) 'Ε. τὰς μὲν ὀρέξεις γίνεσθαι τοῖς ζώιοις κατὰ τὰς ἐλλείψεις τῶν ἀποτελούντων ἕκαστον στοιχείων, τὰς δὲ ἡδονὰς ἐξ οἰκείου κατὰ τὰς τῶν συγγενῶν καὶ ὁμοίων κράσεις, τὰς δὲ ὀχλήσεις καὶ τὰς ⟨ἀλγηδόνας ἐξ ἀνοικείου⟩.

96. — IV 5, 12 (D. 392) Παρμενίδης καὶ 'Ε. καὶ Δημόκριτος ταὐτὸν νοῦν 30 καὶ ψυχήν, καθ' οὖς οὐδὲν ἄν εἴη ζῶιον ἄλογον κυρίως.

97. — IV 5, 8 (D. 391) 'Ε. ἐν τῆι τοῦ αἵματος συστάσει [sc. τὸ ἡγεμονικὸν εἶναι] vgl. Theodor. v 22 'Ε. κτλ. τὴν καρδίαν ἀπεκλήρωσαν τούτωι. καὶ τούτων δ' αὖ πάλιν οἱ μὲν ἐν τῆι κοιλίαι τῆς καρδίας, οἱ δὲ ἐν τῶι αἵματι.

98. CAELIUS AUREL. Morb. chron. I 5 p. 25 Sich. (furor) Empedoclem 35 sequentes alium dicunt ex animi purgamento fieri, alium alienatione mentis ex corporis causa sive iniquitate, de quo nunc scripturi sumus; quem Graeci, siquidem magnam faciat anxietatem, [quam] adpellant μανίαν.

---

9 γρ. χρημάτων T: σχημάτων BTWF: σωμάτων Alex. d. sensu p. 24, 8 Wendl.   11 ἐρυθρόν ... ὠχρόν] vgl. [Ar.] de mundo p. 396b 13. 22 B 10. Plato Tim. 67 c. Kranz Herm. 47 (1912) 127ff.   12 κατὰ Plut.: καὶ τὴν Stob. (falsch κατὰ τὴν Dox.)   13 χόνδρῳ Stob.   22 ⟨ἐκ⟩ Meineke: [τῶν ὁμοίων] Karsten, Wachsmuth unrichtig   24 ἢ ἀλλοτριοῦσθαι Stob.: verb. Meineke   ἄλλα Stob.: verb. Karsten   28 ⟨ἀλγηδόνας ... ἀνοικείου⟩ Diels

B. FRAGMENTE

ΕΜΠΕΔΟΚΛΕΟΥΣ ΠΕΡΙ ΦΥΣΕΩΣ Ā B̄

Die Fragmente werden in der Reihenfolge gebracht, die ihnen Diels
gab (nur daß 3 hinter 5 gestellt wurde), ohne Buchabteilung. Die antiken
5 Zitate beweisen, daß Frag. 8. 17 und 96 (dann auch 97—102) dem ersten,
Frag. 62 (dann auch seine Umgebung) dem zweiten Buche angehörten; Frag. 6
hat Tzetzes aus eigener (richtiger) Vermutung dem ersten Buche zugewiesen;
vgl. *Poet. Phil. Fr.* z. St. Über das angebliche dritte Buch s. z. I 282, 33.
Zur Bucheinteilung vgl. auch Wilamowitz *Berl. Sitz. Ber.* 1929, 627;
10 *Herm.* 65 (1930) 245. Bignone *Empedocle* (Torino 1916) ordnet die Frag-
mente so: 1. 2. 4. 5—7. 18. 16. 19. 17. 20—22. 26. 8—12. 14. 15. 24. 25.
71. 72. 23. 34. 73. 75. 76. 26a (s. B 27). 35. 96. 98. 57—61. [86. 87. 95.
83 ?] 77. 78. 104 ? 54 ? 33 ? 36. 27. 27a. 13. 28—31. 38. 53. 51. 52. 55. 56.
37—40. 39. 41. 44—47. 43. 42. 48—50. 61a. 82. 79—81. 62. 32. 74. 97.
15 64. 66. 63. 65. 67. 69. 70. 84—95. 99—103. 109. 107. 106. 105. 108. 109a.
109b. 109c. 109d (= 131—134 Diels). 110. 111. 3.

1 [54 Karsten, 1 Stein]. DIOG. VIII 60 [A 1 I 279, 1 ff.] ἦν δ' ὁ Παυσα-
νίας, ὥς φησιν 'Αρίστιππος καὶ Σάτυρος, ἐρώμενος αὐτοῦ, ὧι δὴ καὶ τὰ Περὶ φύ-
σεως προσπεφώνηκεν οὕτως·

20   Παυσανίη, σὺ δὲ κλῦθι, δαΐφρονος 'Αγχίτεω υἱέ.

2 [32—40 K., 2—10 St.]. SEXT. VII 122—124 ἄλλοι δὲ ἦσαν οἱ λέγοντες
κατὰ τὸν 'Εμπεδοκλέα κριτήριον εἶναι τῆς ἀληθείας οὐ τὰς αἰσθήσεις, ἀλλὰ τὸν
ὀρθὸν λόγον, τοῦ δὲ ὀρθοῦ λόγου τὸν μέν τινα θεῖον ὑπάρχειν τὸν δὲ ἀνθρώπινον.
ὧν τὸν μὲν θεῖον ἀνέξοιστον εἶναι, τὸν δὲ ἀνθρώπινον ἐξοιστόν. λέγει δὲ περὶ μὲν
25 τοῦ μὴ ἐν ταῖς αἰσθήσεσι τὴν κρίσιν τἀληθοῦς ὑπάρχειν οὕτως· 'στεινωποὶ . . .
περιληπτά' (1—8), περὶ δὲ τοῦ μὴ εἰς τὸ παντελὲς ἄληπτον εἶναι τὴν ἀλήθειαν,
ἀλλ' ἐφ' ὅσον ἱκνεῖται ὁ ἀνθρώπινος λόγος ληπτὴν ὑπάρχειν, διασαφεῖ τοῖς προ-
κειμένοις ἐπιφέρων 'σὺ δ' οὖν . . . ὄρωρεν' (8—9).

στεινωποὶ μὲν γὰρ παλάμαι κατὰ γυῖα κέχυνται·

FRAGMENTE ÜBER DIE NATUR

1. Pausanias, du aber höre, des kundigen Anchites (Anchitos?) Sohn!

2. Denn engbezirkt sind die Sinneswerkzeuge ('Greifer'), die über

---

2 Zur literarischen Form des Gedichtes vgl. Kranz *Neue Jahrb.* 27
(1924) 66. 78. Über das Verhältnis der beiden Gedichte des E. zueinander
s. Diels *Berl. Sitz. Ber.* 1898, 396, Wilamowitz *ebd.* 1929, 651 ff.; Bidez *Biogr.
d'Empéd.* S. 159; Nestle *Philol.* 65 (1906) 555; zur Deutung vgl. auch durch-
gehend den Kommentar Bignones   20 vorher ging etwa *Anderen verkünde
ich nichts* . . . (vgl. Kranz a. O. S. 78) oder auch ein Musenanruf
παυσανίη BP¹: παυσανία F   'Αγχίτου Hss., auch d. Gewährsmann Iamblichs
(vgl. I 284, 33): 'Αγχίτεω Anth. »aus Diog.« Wil.* (vgl. B 156)   26 εἶναι
hinter μὴ stellt Bekker nach ς   29 παλάμαι] vgl. Schottlaender *Herm.*
62 (1927) 443   κέχυνται (homer. Klausel) Sext.: τέτανται (wie B 100, 2)
Vol. Herc. VII² c. 29 (vgl. *Berl. Sitz. Ber.* 1897, 1072) Variante (wie viele)

πολλά δὲ δείλ' ἔμπαια, τά τ' ἀμβλύνουσι μέριμνας.

παῦρον δ' ἐν ζωῆισι βίου μέρος ἀθρήσαντες
ὠκύμοροι καπνοῖο δίκην ἀρθέντες ἀπέπταν
5 αὐτὸ μόνον πεισθέντες, ὅτωι προσέκυρσεν ἕκαστος

5 πάντοσ' ἐλαυνόμενοι, τὸ δ' ὅλον ⟨πᾶς⟩ εὔχεται εὑρεῖν·
οὕτως οὔτ' ἐπιδερκτὰ τάδ' ἀνδράσιν οὔτ' ἐπακουστά
οὔτε νόωι περιληπτά. σὺ δ' οὖν, ἐπεὶ ὧδ' ἐλιάσθης,
πεύσεαι οὐ πλέον ἠὲ βροτείη μῆτις ὄρωρεν.

3 (4) [41—53 K., 11—23 St.]. SEXT. vii 124 (nach B 2, 9] καὶ διὰ
10 τῶν ἑξῆς ἐπιπλήξας τοῖς πλέον ἐπαγγελλομένοις γιγνώσκειν παρίστησιν ὅτι τὸ δι'
ἑκάστης αἰσθήσεως λαμβανόμενον πιστόν ἐστι τοῦ λόγου τούτων ἐπιστατοῦντος,
καίπερ πρότερον [B 2] καταδραμὼν τῆς ἀπ' αὐτῶν πίστεως. φησὶ γὰρ 'ἀλλά...
ἕκαστον'.

ἀλλὰ θεοὶ τῶν μὲν μανίην ἀποτρέψατε γλώσσης,

---

die Glieder gebreitet sind; auch dringt viel Armseliges auf sie ein, das
stumpf macht die Gedanken. Und schauten sie in ihrem Leben vom
(All)leben nur kleinen Teil, so fliegen sie raschen Todesgeschicks wie
Rauch in die Höhe getragen davon, (5) von dem allein überzeugt, worauf
jeder einzelne gerade stieß bei seinen mannigfachen Irrfahrten, und doch
rühmt sich jeder das Ganze gefunden zu haben. So wenig ist dies
für die Menschen erschaubar oder erhörbar oder mit dem Geiste
umfaßbar. Du aber sollst nun, da du dich hier *von ihnen* absondertest,
erfahren — nicht mehr, als sterbliche Klugheit sich regt und erhebt.

3. Doch, ihr Götter, dieser *Männer* (?) Wahn lenkt ab von meiner
Zunge, vielmehr aus heiligem Munde lasset reinen Quell erfließen!

---

1 vgl. B 110, 7 δείλ' Sext., Procl. in Tim. II 116, 23 Diehl P: δειρ
(über ρ: τ) Procl. Q ἔμπαια Emperius: ἔμπεα Sext.: ἔπεα (ἔπεα) Procl.
2 δὲ ζωῆσι βίου Sext.: verb. Wil.*: δ' ἐν ζωοῖσι βίου Gataker; δὲ ζωῆς
ἰδίου Diels ἀθρήσαντες Scaliger: ἀθρήσαντος Sext. LEAB: ἀθροίσαντος NV
3 καπνοῖο δίκην] vgl. Hom. Ψ 100 4 πεισθέντες ὅτω Sext. vgl. 22 B 17
5 πάντοσ' ἐλαυνόμενοι] vgl. Hom. E 508, Parm. 28 B 6, 5ff. ⟨πᾶς⟩ Bergk
vgl. Hipp. de victu 1 p. 466, 7 L.: ⟨τίς ἄρ'⟩ H. Fränkel 7 ἐλίασθης]
Versschl. δεῦρο λιάσθης Hom. X 12, ähnl. öfter. Zur Bedeutg. vgl. H. Fränkel
'Αντίδωρον Wackernagel-Festschr. S. 275ff. Angeredet kann nur Pausanias
sein, vgl. Kranz Berl. Sitz. Ber. 1916, 1168, Neue Jahrb. a. O.; nicht richtig
Rohde Psyche⁹ II 185². Vgl. auch B 111 8 οὐ πλέον ἢ Stein nach Karsten
vgl. I 310, 6: οὐ πλεῖον γε Sext. (was H. Gomperz hält = ὅσον γε); οὐ
πλέον οὖτι H. Fränkel (ἠὲ sei vor der B-Caesur unmöglich), doch wie stimmt
dies zu I 308, 27? 14 Frag. 3 setzt H. Fränkel a. O. unmittelbar an
Frag. 2, τῶν Z. 14 faßt er als Neutrum, während Diels darunter Nicht-
empiriker wie Parmenides verstand ἀποτρέψατε Steph.: ἀπετρέψατε Sext.

ἐκ δ' ὁσίων στομάτων καθαρὴν ὀχετεύσατε πηγήν
καὶ σέ, πολυμνήστη λευκώλενε παρθένε Μοῦσα,
ἄντομαι, ὧν θέμις ἐστὶν ἐφημερίοισιν ἀκούειν,
5 πέμπε παρ' Εὐσεβίης ἐλάουσ' εὐήνιον ἅρμα.

5   μηδέ σέ γ' εὐδόξοιο βιήσεται ἄνθεα τιμῆς
πρὸς θνητῶν ἀνελέσθαι, ἐφ' ὧι θ' ὁσίης πλέον εἰπεῖν
θάρσεϊ — καὶ τότε δὴ σοφίης ἐπ' ἄκροισι θοάζειν.

ἀλλ' ἄγ' ἄθρει πάσηι παλάμηι, πῆι δῆλον ἕκαστον,
10 μήτε τιν' ὄψιν ἔχων πίστει πλέον ἢ κατ' ἀκουήν

10   ἢ ἀκοὴν ἐρίδουπον ὑπὲρ τρανώματα γλώσσης,

Und dich, Muse, vielgefeierte, weißarmige Jungfrau, flehe ich an, (5) ge-
leite aus *dem Reiche* der Frommheit führend den lenksamen Wagen
des Gesanges, soviel davon Eintagsmenschen zu vernehmen erlaubt
ist! Und dich werden nicht die Blüten ruhmreicher Ehrung von den
Sterblichen überwältigen, sie von ihnen auf- und anzunehmen, auf
daß du mehr als heilige Ordnung erlaubt mit Dreistigkeit aussprichst
— und alsdann auf der Höhe der Weisheit thronst! — Doch nun,
wohlan, betrachte mit jedem Sinneswerkzeug, auf welchem Wege jedes
Einzelne klar liegt, und halte nicht etwa den Blick mehr mit Vertrauen
fest als dies dem Gehöre gemäß ist oder *schätze* das brausende Gehör
höher als die deutlichen Wahrnehmungen der Zunge, und stelle
auch nicht etwa die Glaubwürdigkeit der übrigen Glieder zurück,

---

1 ὀχεύσατε Lς: ὠχεύσατε N: ἐχεύσατε E: verb. Stephanus   2 λευκ.
homerisch, dagegen πολυμνήστη hom. *vielumfreit*   3 ὧν θέμις ἐστὶν] vgl.
1 B 7   ἐφημέριοισιν (so) N: ἐφημέροισιν übr. Hss.   5 hiervor nimmt
Wilamowitz a. O. S. 652 nach Karsten eine Lücke an, in der eine neue
Anrede d. Pausanias stand (ähnlich H. Gomperz); hier aber ist die Muse
gemeint (μηδέ setzt den schon vorher dem Sinne nach negativen Gedanken
fort), die Vorstellung vom Dichter mischt sich unter; erst ἀλλ' ἄγε V. 9
wendet sich (wie immer bei E.) von neuem dem Pausanias zu   5. 6 zur
τιμή der Gottheit vgl. B 21, 12. 23, 8, zum ganzen Gedanken 22 B 132
6 ἐφ' ὧι θ' ὁσίης Clem. Str. v 60: ἐφωθοείης Sext.   7 θάρσεϊ vgl. Bacchyl.
17, 63   τότε δὴ Sext.: τάδε τοι Procl. in Tim. ι 351, 10 Diehl (scheint
so gelesen zu haben)   θοάζειν G. Hermann: θοάζει Sext., Procl. in Tim.
p. 106: θαμίζειν Plut. de mult. am. 1 p. 93 в; θοάζειν *sedere* (von W. θε)
vgl. Plut. de aud. poet. 6 p. 22 в   8ff. gegen 28 B 1, 33ff.   8 ἀλλὰ γὰρ
ἄθρει πᾶς Sext.: verb. Bergk   9 τιν' Sext. alle Hss., τι nur R(egiomont.)
9—311, 2 vgl. Plato Phaedo 65 в   ὄψιν ἔχων πίστει} vgl. Hom. B 33:
ὄψει ἔχων πίστιν Ellis (unvereinbar mit V. 13 S. 311, 2): ὄψιν ἔχων πιστὴν
H. Fränkel

μήτε τι τῶν ἄλλων, ὁπόσηι πόρος ἐστὶ νοῆσαι,
γυίων πίστιν ἔρυκε, νόει δ' ἧι δῆλον ἕκαστον.
4 (5) [84—86 K., 55—57 St.). CLEM. Str. v 18 [II 338, 1 St.] 'ἀλλὰ
... λόγοιο'. τοῖς μὲν γὰρ κακοῖς τοῦτο σύνηθες, φησὶν ὁ 'Ε.,
5 τὸ ἐθέλειν κρα-
τεῖν τῶν ἀληθῶν διὰ τοῦ ἀπιστεῖν.

ἀλλὰ κακοῖς μὲν κάρτα μέλει κρατέουσιν ἀπιστεῖν·
ὡς δὲ παρ' ἡμετέρης κέλεται πιστώματα Μούσης,
γνῶθι διασσηθέντος ἐνὶ σπλάγχνοισι λόγοιο.

5 (3) [0]. PLUT. Quaest. conviv. VIII 8, 1 p. 728 E ἔλεγε δὲ τῆς ἐχεμυθίας
10 τοῦτο γέρας εἶναι τοὺς ἰχθῦς καλεῖν ⟨ἔλλοπας⟩ οἷον εἰλλομένην τὴν ὄπα καὶ καθειρ-
γομένην ἔχοντας. καὶ τὸν ὁμώνυμον ἐμοὶ [Empedokles, Plutarchs Dialogperson]
τῶι Παυσανίαι Πυθαγορικῶς παραινεῖν τὰ δόγματα

στεγάσαι φρενὸς ἔλλοπος εἴσω.

6 [55—57 K., 33—35 St.]. AËT. I 3, 20 [A 33 I 289, 14]; SEXT. x 315
15 τέσσαρα γὰρ πάντων ῥιζώματα πρῶτον ἄκουε·

---

soweit es nur eben einen Pfad zum Erkennen gibt, sondern erkenne
auf dem Wege, auf dem jedes Einzelne klar liegt.

4. Freilich Niedrigen liegt es nur zu sehr am Herzen, Machtvollen
zu mißtrauen; wie aber die vertrauenswürdigen Lehren aus dem Munde
unserer Muse gebieten, so erkenne du, nachdem die Rede durch deines
Inneren Sieb drang (?).

5. . . . zu hüten im Innern deiner stummen Brust.

6. Denn die vier Wurzelkräfte aller Dinge höre zuerst: Zeus der

---

1 ὁπόσηι quot viis vgl. V. 9. 13 B 59, 2 u. a.: ὅππηι Karsten: ὁπόσων
Stein 6 κάρτα μέλει Herwerden 1876: κάρτα πέλει Clem.: χαρτὰ πέλει
Diels 1. Aufl. κρατέουσιν] Gegensatz zu κακοί, also persönlich zu ver-
stehen; so richtig Bignone 8 διασσηθέντος Diels: διατμηθέντος Clem.:
διατμισθέντος Wilamowitz 10 ⟨ἔλλοπας⟩ Wyttenbach 12 Παυσανίαι
Diels: παυσαμένωι Hss. παραινεῖν Wyttenbach: περαίνειν Hss. 13 Daß
Frag. 5 (3) nicht zwischen 2 und 4 stehen kann, zeigte zuerst Bignone
a. O. S. 62f. (vgl. Wilamowitz a. O. S. 631¹) στεγάσαι φρενὸς ἔλλοπος
(dies schon Wyttenbach) εἴσω Diels: στέγουσαι φρενὸς ἀλλ' ὅπερ ἐλάσσω Hss.;
da ἔλλοπος auch Nominativ sein könnte (vgl. B 117, 2), ließe sich auch
übersetzen: zu wahren stumm in deiner Brust 14 über die doppelte
Überlieferung d. Verse s. Diels Poet. Phil. Frag. z. St. 15 γὰρ Heraklit
Allg. 24 (Sext.): τῶν nach dem Gedächtnis Theophrast: δὴ Probus ad
Verg. 11, 4 Keil ῥίζωμα] vgl. den Pythagoreerschwur 57 B 15 Ende

Ζεὺς ἀργὴς "Ηρη τε φερέσβιος ἠδ᾽ Ἀιδωνεύς
Νῆστίς θ᾽, ἢ δακρύοις τέγγει κρούνωμα βρότειον.

7 [0]. ἀγένητα: στοιχεῖα. παρ᾽ Ἐμπεδοκλεῖ HESYCH. Vgl. B 16 (I 315, 2).
8 [77—80 K., 36—39 St.]. PLUT. adv. Col. 10 p. 1111 F. AËT. I 30, 1
5 (D. 326, 10) Ε. φύσιν μηδενὸς εἶναι, μίξιν δὲ τῶν στοιχείων καὶ διάστασιν· γράφει γὰρ οὕτως ἐν τῶι πρώτωι Φυσικῶν·

    ἄλλο δέ τοι ἐρέω· φύσις οὐδενὸς ἔστιν ἁπάντων
    θνητῶν, οὐδέ τις οὐλομένου θανάτοιο τελευτή,
    ἀλλὰ μόνον μίξις τε διάλλαξίς τε μιγέντων
10   ἔστι, φύσις δ᾽ ἐπὶ τοῖς ὀνομάζεται ἀνθρώποισιν.

9 [342—346 K., 40—44 St.]. PLUT. adv. Col. 11 p. 1113 A B [vgl. zu B 10]

    οἱ δ᾽ ὅτε μὲν κατὰ φῶτα μιγέντ᾽ εἰς αἰθέρ᾽ ἵ⟨κωνται⟩ (?)
    ἢ κατὰ θηρῶν ἀγροτέρων γένος ἢ κατὰ θάμνων
    ἠὲ κατ᾽ οἰωνῶν, τότε μὲν τὸ ⟨λέγουσι⟩ γενέσθαι,

schimmernde und Here die lebenspendende sowie Aidoneus und
Nestis, die durch ihre Tränen irdisches Quellwasser fließen läßt.

7. Ungewordne *Elemente*.

8. Doch ein anderes will ich dir verkünden. Geburt ist (gibt es)
von keinem einzigen unter allen sterblichen Dingen auch nicht ein
Ende im verwünschten Tode, sondern nur Mischung und Austausch
der gemischten *Stoffe* ist: Geburt wird nur dafür bei den Menschen
als üblicher Name gebraucht.

9. Diese freilich sagen, wenn sich beim Menschen *die Elemente*
mischen und zum Äther gelangen (?) oder bei der wilden Tiere Geschlecht oder der Pflanzen, oder der Vögel, dann entstehe dies; aber.
wenn sie sich voneinander scheiden, dann *nennen sie* dies wiederum

1 ἀργὴς] γὰρ γῆς (d. h. γ᾽ ἀργὴς) Etym., woraus Usener τ᾽ ἀργῆς, doch
vgl. z. B. Hom. Σ 40. 47; zur Interpret. vgl. zu A 33. Die 4 Elemente in
2 Versen auch [Hes.] Theog. 736f.   2 Νῆστις] Σικελικὴ θεός· Ἄλεξις Phot.
(vgl. νάειν, anders erkl. A 33)   3 ἀγέννητα Hs.   5 μηδενὸς Stein: μηδὲν (A)BC
7 ἄλλο ... ἐρέω homerisch   οὐδὲν Aët.   ἁπάντων Aët.: ἐόντων Arist.
Metaph. Δ 4 1014b 36 (der φύσις als πρώτη σύνθεσις falsch versteht): ἑκάστου
Plut.   8 οὐλομένη θανάτοιο γενέθλη Plut.   οὐλομένου] möglich, daß schon
E. (falsch) verstand *verderblich*; vgl. Orac. Sibyll. XIII 4   10 δ᾽ ἐπὶ τοῖς
[Ar.] de MXG 2 p. 975b 7 [30 A 5], Ar. Met. (EAb), Plut.: δ᾽ ἐπὶ τοῖσδ᾽ Ar.
schlechte Hss.: δὲ βροτοῖς Aët.   Vgl. 28 B 18, 38ff.   12 μὲν E: fehlt B
so Diels: μιγὲν φὼς αἰθέρι, Lücke von 6—8 Buchst. BE: οἱ δ᾽ ὅτε κεν κατὰ
φῶτα μιγὲν φάος αἰθέρος ἵκηι Mullach-Panzerbieter: οἱ δ᾽ ὅτ(ε) ἵκηι κατὰ φῶτα
μιγέντ᾽ εἰς αἰθέριον φῶς (vgl. B 45) Bignone   14 τὸ ⟨λέγουσι⟩ Reiske:
τόν ...... BE: τάδε φασὶ Xylander: τόν ⟨φασι⟩? Friedländer

εὖτε δ' ἀποκρινθῶσι, τὸ δ' αὖ δυσδαίμονα πότμον·
5 ἢ θέμις ⟨οὐ⟩ καλέουσι, νόμωι δ' ἐπίφημι καὶ αὐτός.

10 [452 K.]. PLUT. adv. Col. 11 p. 1113 A τοσοῦτον ἐδέησε [Empedokles]
τοῦ κινεῖν τὰ ὄντα καὶ μάχεσθαι τοῖς φαινομένοις, ὥστε μηδὲ τὴν φωνὴν [sc.
5 γένεσις] ἐκβαλεῖν ἐκ τῆς συνηθείας, ἀλλ' ὅσον εἰς τὰ πράγματα βλάπτουσαν ἀπάτην
παρεῖχεν ἀφελών, αὖθις ἀποδοῦναι τοῖς ὀνόμασι τὸ νενομισμένον ἐν τούτοις 'οἱ
δ' ... αὐτός' [B.9]. ἃ ὁ Κολώτης παραθέμενος οὐ συνεῖδεν, ὅτι φῶτας μὲν
καὶ θῆρας καὶ θάμνους καὶ οἰωνοὺς ὁ 'Ε. οὐκ ἀνήιρηκεν, ἅ γέ φησι μιγνυμένων
τῶν στοιχείων ἀποτελεῖσθαι, τοὺς δὲ τῆι συγκρίσει ταύτηι καὶ διακρίσει φύσιν
10 τινὰ [B 8, 1] καὶ πότμον δυσδαίμονα [B 9, 4] καὶ θάνατον ἀλοίτην ἐπι-
κατηγοροῦντας ἧι σφάλλονται διδάξας, οὐκ ἀφείλετο τὸ χρῆσθαι ταῖς εἰθισμέναις
φωναῖς περὶ αὐτῶν.

θάνατον ... ἀλοίτην ...

11 [347—349 K., 45—47 St.]. PLUT. adv. Col. 12 p. 1113 c [nach B 10]
15 ἐμοὶ μέντοι δοκεῖ μὴ τοῦτο κινεῖν τὸ ἐκφορικὸν ὁ 'Ε., ἀλλ' ὡς πρότερον εἴρηται,
πραγματικῶς διαφέρεσθαι περὶ τῆς ἐξ οὐκ ὄντων γενέσεως, ἣν φύσιν τινὲς καλοῦσι
[B 8, 1]. δηλοῖ δὲ μάλιστα διὰ τούτων τῶν ἐπῶν·

νήπιοι· οὐ γάρ σφιν δολιχόφρονές εἰσι μέριμναι,
οἳ δὴ γίγνεσθαι πάρος οὐκ ἐὸν ἐλπίζουσιν
20 ἤ τι καταθνήισκειν τε καὶ ἐξόλλυσθαι ἁπάντηι.

ταῦτα γὰρ τὰ ἔπη μέγα βοῶντός ἐστι τοῖς ὦτα ἔχουσιν, ὡς οὐκ ἀναιρεῖ γένεσιν
ἀλλὰ τὴν ἐκ μὴ ὄντος, οὐδὲ φθορὰν ἀλλὰ τὴν ἁπάντηι, τουτέστι τὴν εἰς τὸ μὴ
ὂν ἀπολλύουσαν.

12 [81—83 K., 48—50 St.]. [ARISTOT.] de MXG 2, 6 p. 975b 1 [30 A 5].
25 1. 2 PHILO de aetern. mundi 2 p. 3, 5 Cum. ὥσπερ γὰρ ἐκ τοῦ μὴ ὄντος
οὐδὲν γίνεται, οὐδ' εἰς τὸ μὴ ὂν φθείρεταί τι· 'ἐκ ... ἄπυστον'.

ἔκ τε γὰρ οὐδάμ' ἐόντος ἀμήχανόν ἐστι γενέσθαι

---

unseliges Todesgeschick. Was Recht ist, sprechen sie nicht; doch
dem Brauche nach sage auch ich so dazu.

10. Tod als Rächer . . .

11. Die Unmündigen! Ihre Bemühungen sind ja nicht von langen
Gedanken, da sie ja glauben, es könne entstehen ein vorher nicht
Seiendes oder es könne etwas ganz und gar sterben und ausgetilgt
werden.

12. Denn aus garnicht Seiendem kann unmöglich etwas entstehen

---

1 ἀποκριθῶσι Plut.: verb. Panzerbieter   τὰ δ' αὖ Hss.: verb. Reiske
vgl. B 15, 2   2 ἢ θέμις (?) Plut. 820: εἶναι Plut. 1113   ⟨οὐ⟩ Wytten-
bach   οὐ θέμις ἧι καλέουσι Wilamowitz *Herm.* 65 (1930) 246   νόμωι
Plut. 820. 1112 (vgl. zu B 10): ὅμως 1113 BE   20 τι Reiske: τοι Plut.
πάντηι Plut.: verb. Steph.   27 ἔκ τε γάρ Diels *Herm.* 15 (1880) 162:
ἐκ τοῦ γάρ Philo: ἔκ τε [Ar.] R: ἐκ τοῦ L   οὐδάμ' ἐόντος Diels: οὐδαμῆ
ὄντος Philo: μὴ ὄντος [Ar.]

314   31 [21]. EMPEDOKLES

καί τ᾽ ἐὸν ἐξαπολέσθαι ἀνήνυστον καὶ ἄπυστον·
αἰεὶ γὰρ τῆι γ᾽ ἔσται, ὅπηι κέ τις αἰὲν ἐρείδηι.

13 [63 K., 91 St.]. AËT. I 18, 2 (D. 316, 1). [ARISTOT.] de MXG 2, 28
p. 976b 26 [30 A 5]

5   οὐδέ τι τοῦ παντὸς κενεὸν πέλει οὐδὲ περισσόν.

14 [0]. [ARISTOT.] de MXG 2, 28 p. 976b 23

τοῦ παντὸς δ᾽ οὐδὲν κενεόν· πόθεν οὖν τί κ᾽ ἐπέλθοι;

15 [350—353 K., 51—54 St.]. PLUT. adv. Col. 12 p. 1113 D (nach B 11)
τὸ μετὰ ταῦτ᾽ ἐπὶ τοὐναντίον ἂν αἰτιάσασθαι παράσχοι τοῦ ᾽Εμπεδοκλέους λέγοντος·

10   οὐκ ἂν ἀνὴρ τοιαῦτα σοφὸς φρεσὶ μαντεύσαιτο,
ὡς ὄφρα μέν τε βιῶσι, τὸ δὴ βίοτον καλέουσι,
τόφρα μὲν οὖν εἰσίν, καί σφιν πάρα δειλὰ καὶ ἐσθλά,
πρὶν δὲ πάγεν τε βροτοὶ καὶ ⟨ἐπεὶ⟩ λύθεν, οὐδὲν ἄρ᾽ εἰσιν.

ταῦτα γὰρ οὐκ ἀρνουμένου μὴ εἶναι τοὺς γεγονότας καὶ ζῶντάς ἐστιν, εἶναι δὲ
15 μᾶλλον οἰομένου καὶ τοὺς μηδέπω γεγονότας καὶ τοὺς ἤδη τεθνηκότας.

16 [0 K., 110—111 St.]. HIPPOL. Ref. VII 29 (p. 211 W.) καὶ ἔστι
πάντων τῶν γεγονότων τῆς γενέσεως δημιουργὸς καὶ ποιητὴς τὸ Νεῖκος τὸ ὀλέ-
θριον, τῆς δὲ ἐκ τοῦ κόσμου τῶν γεγονότων ἐξαγωγῆς καὶ μεταβολῆς καὶ εἰς τὸν

und ebenso ist, daß Seiendes ausgetilgt werde, unvollziehbar und
unerhört; denn jedesmal wird es da sein, wo es einer jedesmal
hinstellt.

13. Und nichts vom All ist leer noch übervoll.

14. Vom All aber ist nichts leer. Woher sollte also etwas hinzu-
kommen?

15. Nicht würde ein weiser Mann solches aus seinem Herzen weis-
sagend verkünden: solange sie leben, was man so Leben heißt, so
lange also sind sie und es widerfährt ihnen Schlimmes und Gutes;
dagegen bevor die Sterblichen (aus den Elementen) zusammengefügt
und nachdem sie getrennt, sind sie nun also gar nichts.

---

1 καί τ᾽ ἐὸν Stein: τό τε ὂν [Ar.], Philo; hält Wil.* nach Φ 352
ἐξόλλυσθαι [Ar.]   ἄπυστον Mangey: ἄπαυστον Philo: ἄπρηκτον [Ar.], vgl.
28 B 8, 21   2 αἰεὶ γὰρ τῆι γ᾽ ἔσται Panzerbieter: ἀεὶ γὰρ θήσεσθαι LR
5 κενεὸν Theodor. IV 14: κενὸν Plut. Stob. (Aët.)   Vgl. 28 B 8, 22.
45ff.   7 Daß B 14 nicht aus B 13 und B 17, 32 zusammengesetzt ist,
erhellt daraus, daß eben [Ar.] B 13 neben 14 zitiert   οὐδὲν L: οὐδὲ R
πόθεν] πόθον L   10 nach ἀνὴρ wiederh. φρεσὶ BE   μαντ.] vgl. Lukrez I 737;
E. spricht ironisch   12 δειλὰ Bergk: δεινὰ Plut.; vgl. δειλῶν τε καὶ ἐσθλῶν 2 B 7
13 πρὶν δὲ πάγεν τε βροτοὶ] »erg. οὐδὲν ἦσαν vgl. Stahl Syntax S. 469« Diels,
doch erklärt Plut. richtiger   ⟨ἐπεὶ⟩ Reiske   λύθεν Xylander: λυθέντ᾽
Plut. BE

ἕνα [sc. κόσμον] ἀποκαταστάσεως ἡ Φιλία· περὶ ὧν ὁ 'Ε. ὅτι ἐστὶν ἀθάνατα δύο
καὶ ἀγένητα καὶ ἀρχὴν τοῦ γενέσθαι μηδέποτε εἰληφότα ἄλλα λέγει τοιοῦτόν τινα
τρόπον· 'ἦι γὰρ ... αἰών'. τίνων τούτων; τοῦ Νείκους καὶ τῆς Φιλίας· οὐ γὰρ
ἤρξαντο γενέσθαι, ἀλλὰ προῆσαν καὶ ἔσονται ἀεί.

5   ἦι γὰρ καὶ πάρος ἔσκε (?), καὶ ἔσσεται, οὐδέ ποτ', οἴω,
       τούτων ἀμφοτέρων κενεώσεται ἄσπετος αἰών.

17 [88—123 K., 61—95 St.]. 1—8. 10—35 SIMPL. Phys. 157, 25 ὁ δὲ
'Ε. ... οὕτως ἐν τῶι πρώτωι τῶν Φυσικῶν παραδίδωσι 'δίπλ' ... ὁμοῖα'.
1. 2 SIMPL. Phys. 161, 14 τὰ εὐθὺς ἐν ἀρχῆι παρατεθέντα 'τοτὲ ...
10 εἶναι'. ⟨9 aus B 26, 8.⟩ 20. 21 PLUT. Amat. 13 p. 756 D ἀλλ' ὅταν 'Εμπε-
δοκλέους ἀκούσηις λέγοντος, ὦ ἑταῖρε, 'καὶ ... τεθηπώς', ταῦτ' οἴεσθαι χρὴ
λέγεσθαι περὶ "Ερωτος· οὐ γάρ ἐστιν ὁρατὸς ἀλλὰ δοξαστὸς ἡμῖν ὁ θεὸς ἐν τοῖς
πάνυ παλαιοῖς. 21 CLEM. Strom. v 15 [II 335, 22 St.] ὁ δὲ 'Ε. ἐν ταῖς
ἀρχαῖς καὶ Φιλότητα συγκαταριθμεῖται συγκριτικήν τινα ἀγάπην νοῶν 'ἦν ...
15 τεθηπώς'.

       δίπλ' ἐρέω· τοτὲ μὲν γὰρ ἓν ηὐξήθη μόνον εἶναι
       ἐκ πλεόνων, τοτὲ δ' αὖ διέφυ πλέον' ἐξ ἑνὸς εἶναι.
       δοιὴ δὲ θνητῶν γένεσις, δοιὴ δ' ἀπόλειψις·
       τὴν μὲν γὰρ πάντων σύνοδος τίκτει τ' ὀλέκει τε,
20 5   ἡ δὲ πάλιν διαφυομένων θρεφθεῖσα διέπτη.
       καὶ ταῦτ' ἀλλάσσοντα διαμπερὲς οὐδαμὰ λήγει,

---

16. Denn wie *diese beiden Kräfte (Streit und Liebe)* vordem waren,
so werden sie auch sein, und nimmer, glaube ich, wird von diesen beiden
leer sein die unendliche Lebenszeit.

17. Ein Doppeltes will ich verkünden. Bald wächst nämlich Eines zu
alleinigem Sein aus Mehrerem heran, bald scheidet es sich auch wieder,
Mehreres aus Einem zu sein. Doppelt ist der sterblichen Dinge Ent-
stehung, doppelt ist auch ihre Abnahme. Denn die eine zeugt und zer-
stört die Vereinigung aller *Stoffe*, (5) die andere, *eben* herangewachsen,
fliegt wieder auseinander, wenn sie sich wieder trennen. Und dieser

---

2 ἄλλα Kranz: ἀλλὰ Hs.: ἅμα Diels   5 ἦι Nauck: ἥν Hipp. 151: εἰ 211
(gemeint beidemal nach Wendland: ἤ)   ἔσκε καὶ Diels (wenig wahrscheinl.):
ἦν καὶ Hipp.: ἥν ὡς Nauck; καὶ γὰρ (ἥ γὰρ Kranz wie 28 B 1, 27) καὶ πάρος
ἦν τε καὶ Schneidewin   ἔσσεται ... οἴω Miller: ἔσται οὐδέπω. τοίω Hipp.
6 κενεώσεται Roeper (vgl. B 13. 14): κενώσεται Hipp.   ἄσπετος Miller:
ἄσβεστος Hipp.   16 Wiederholungen von Versen wie 1. 2 = 16. 17 sind bei
Emp. absichtlich (vgl. I, 287, 15 u. seinen Grundsatz B 25); doch bedarf
diese Frage der Versiwederholung erneuter Prüfung. Über den doppelten
Zyklus vgl. v. Arnim *Festschrift f. Gomperz* S. 16ff., zur Beweisführung
vgl. Reinhardt *Parmenides* S. 53ff.   20 θρεφθεῖσα, dem τίκτει entsprechend,
Panzerb. vgl. B 30, 1: θρυφθεῖσα Hss. (u. Wil.*)   διέπτη Scaliger: δρέπτη Hss.

ἄλλοτε μὲν Φιλότητι συνερχόμεν' εἰς ἓν ἅπαντα,
ἄλλοτε δ' αὖ δίχ' ἕκαστα φορεύμενα Νείκεος ἔχθει.

⟨οὕτως ἧι μὲν ἓν ἐκ πλεόνων μεμάθηκε φύεσθαι⟩
10 ἠδὲ πάλιν διαφύντος ἑνὸς πλέον' ἐκτελέθουσι,
5 τῆι μὲν γίγνονταί τε καὶ οὔ σφισιν ἔμπεδος αἰών·
ἧι δὲ διαλλάσσοντα διαμπερὲς οὐδαμὰ λήγει,
ταύτηι δ' αἰὲν ἔασιν ἀκίνητοι κατὰ κύκλον.

ἀλλ' ἄγε μύθων κλῦθι· μάθη γάρ τοι φρένας αὔξει·
15 ὡς γὰρ καὶ πρὶν ἔειπα πιφαύσκων πείρατα μύθων,
10 δίπλ' ἐρέω· τοτὲ μὲν γὰρ ἓν ηὐξήθη μόνον εἶναι
ἐκ πλεόνων, τοτὲ δ' αὖ διέφυ πλέον' ἐξ ἑνὸς εἶναι,
πῦρ καὶ ὕδωρ καὶ γαῖα καὶ ἠέρος ἄπλετον ὕψος,
Νεῖκός τ' οὐλόμενον δίχα τῶν, ἀτάλαντον ἁπάντηι,

---

beständige Tauschwechsel hört nimmer auf: bald vereinigt sich alles
durch Liebe zu Einem, bald auch trennen sich wieder die einzelnen
Stoffe im Hasse des Streites. Insofern nun so Eines aus Mehrerem
gelernt hat zu entstehen (10) und wiederum aus dem zergangenen
Einen Mehreres hervorgeht, insofern werden sie, und das Leben bleibt
ihnen nicht unverändert; sofern aber ihr ständiger Tauschwechsel
nimmer aufhört, insofern sind sie stets unerschütterte *Wesen* während
des Kreislaufes. — Wohlan vernimm meine Worte! Denn Lernen stärkt
dir den Verstand. (15) Wie ich nämlich schon vorher sagte, als ich
darlegte die Ziele meiner Lehre, will ich ein Doppeltes verkünden.
Bald wächst nämlich Eines zu alleinigem Sein aus Mehrerem
heran, bald scheidet es sich auch wieder, Mehreres aus Einem zu sein:
Feuer und Wasser und Erde und der Luft unendliche (*oder* zarte) Höhe,
sodann der Streit der verwünschte gesondert von ihnen, gleich wuchtig

---

2 αὖ δίχ' Simpl.: αὖτε Stob.: αὖτις [Plut.] V. Hom. 99   ἕκαστα Simpl.
phys. 1318, 26; de caelo 293. 530: ἅπαντα phys. 25. 158; de caelo 141
3 fehlt hier den Hss., erg. aus B 26, 8   4 ἠδὲ] ἧι δὲ unrichtig Wilamowitz
5 ἔμπεδος] gegen 28 B 8, 30   7 ἀκίνητοι] Konjekturen wie ἀκίνητον Beck,
ἀκινητὶ Panzerbieter unnötig; vgl. B 6   8 μάθη γάρ τοι Bergk: μέθη γάρ
τοι Simpl.: μάθησις γάρ Stob. Ecl. II 6 (201, 9 W.)   12 ἠέρος Sext. adv.
math. IX 10; Athenag. 22, Simpl.: αἰθέρος Plut. quom. adul. ab amico 22
p. 63 D, Clem. Strom. VI 17 (II 436, 6 St.), doch vgl. B 38, 3. 78 (wo freilich
nicht vom Element die Rede; vgl. Wortindex) ἄπλετον Clem. Strom.
VI 17, Simpl. vgl. B 135, 2: ἤπιον Plut., Athen., Sext. (gute Var.)   zum
Vers vgl. Orph. Fr. 168, 8 = 169, 2 K. (αἰθήρ!). Orpheus A 1 I 1, 10 Anm.
Enn. Annal. 522 (Norden *Enn. u. Verg.* S. 13)   13 οὐλόμενον] vgl. zu B 8, 2
ἁπάντηι Sext. IX 10. X 317: ἕκαστον Simpl. 26. 158 (vgl. V. 8), ἑκάστωι
Panzerbieter. Jenes entspricht besser V. 20, außerdem vgl. 28 B 8, 24. Arat 22

20 καὶ Φιλότης ἐν τοῖσιν, ἴση μῆκός τε πλάτος τε·
   τὴν σὺ νόωι δέρκευ, μηδ' ὄμμασιν ἦσο τεθηπώς·
   ἥτις καὶ θνητοῖσι νομίζεται ἔμφυτος ἄρθροις,
   τῆι τε φίλα φρονέουσι καὶ ἄρθμια ἔργα τελοῦσι,
5 Γηθοσύνην καλέοντες ἐπώνυμον ἠδ' Ἀφροδίτην·
25 τὴν οὔ τις μετὰ τοῖσιν ἑλισσομένην δεδάηκε
   θνητὸς ἀνήρ· σὺ δ' ἄκουε λόγου στόλον οὐκ ἀπατηλόν.
   ταῦτα γὰρ ἴσά τε πάντα καὶ ἥλικα γένναν ἔασι,
   τιμῆς δ' ἄλλης ἄλλο μέδει, πάρα δ' ἦθος ἑκάστωι,
10 ἐν δὲ μέρει κρατέουσι περιπλομένοιο χρόνοιο.
30 καὶ πρὸς τοῖς οὔτ' ἄρ τι ἐπιγίνεται οὐδ' ἀπολήγει·
   εἴτε γὰρ ἐφθείροντο διαμπερές, οὐκέτ' ἂν ἦσαν·

überall, (20) und die Liebe (Freundschaft) unter ihnen, gleich an Länge und Breite. Sie betrachte mit deinem Geiste (und sitze nicht da mit den Augen verwundert), die auch den Sterblichen gilt als eingewurzelt ihren Gliedern und mit der sie Liebesgedanken hegen und Eintrachts- werke vollenden, wobei sie sie Wonne benennen und Aphrodite. (25) Sie ist es, die unter jenen wirbelt; doch das hat kein einziger sterb- licher Mann erkannt. Du aber vernimm *dafür* der Rede untrüglichen Gang! Jene *Elemente und Kräfte* nämlich sind alle gleichstark und gleichalt von Abstammung, doch jedes von ihnen hat ein verschiedenes Amt, jedes seine besondere Art, und abwechselnd gewinnen sie die Ober- hand im Umlauf der Zeit. (30) Und außer diesen kommt eben weder etwas hinzu — doch es hört auch nicht auf. Denn wenn sie bis zu Ende zugrunde gingen, so wären sie nicht mehr. Was sollte denn aber dies

1 Φιλότης Simpl., Sext. IX 10: Φιλίη Sext. x 317, Athenag. 22 ἐν Plut.; Simpl. 26. 158: μετὰ Sext. beidemal; Athenag. (vgl. V. 25; Φιλίη μετὰ gute Var.) ἴσον Plut.   2 τὴν (ἣν Clem.) σὺ νόωι Simpl. 158 DE: σὺν νῶι F, σὺν νόῳ Clem., Plut.: ἀλλὰ νόωι Simpl. 188   δέρκευ Clem.: δέρκου Simpl., Plut.   νόωι δέρκευ] vgl. 28 B 2, 1   3 *wurzelt und Geltung gewinnt* Diels 5 vgl. Hom. l 562   6 μετὰ τοῖσιν Brandis: μετ' ὅσσοισιν (ὅσοισιν F) Simpl.: τήν τ' οὔ τις ⟨γ' Preller⟩ ὅσσοισιν Ellis vgl. V. 21   7 λόγου Simpl. DE: λόγων F; gegen 28 B 8, 52, vgl. Hom. A 526   8 Polemik gegen die alten Ionier   9 τιμῆς] vgl. B 30, 2   10 ~ B 26, 1. Daher tilgt den Vers hier Burnet; dagegen wiederholt nach ihm B 26, 2 Wilamowitz   11 ἄρτι ἐπιγίγνεται(ἐπιγίνεται D) Simpl. DE, geschützt von Wilamowitz *Griech. Vers- kunst* S. 608 (Lucret. II 296 vergleicht Bignone): ἄρ ἐπιγίνεται F: ἄρ τέ τι γίνεται Diels vgl. *Berl. Sitz. Ber.* 1897, 1069   οὐδ' (nicht οὔτ') Hss. wohl richtig vgl. Wortindex s. v. οὔτε   12 εἴτε ohne Responsion, da das ent- sprechende Glied (V. 32) anders geformt ist. εἴ τι nach 30 B 7, 2 Diels Poet. Phil. Fr. 114

τοῦτο δ' ἐπαυξήσειε τὸ πᾶν τί κε; καὶ πόθεν ἐλθόν;
πῆι δέ κε κήξαπόλοιτο, ἐπεὶ τῶνδ' οὐδὲν ἔρημον;
ἀλλ' αὐτ(ὰ) ἔστιν ταῦτα, δι' ἀλλήλων δὲ θέοντα
35 γίγνεται ἄλλοτε ἄλλα καὶ ἠνεκὲς αἰὲν ὁμοῖα.

5   **18** [p. 375 K.]. Plut. de Is. et Os. 48 p. 370 D 'E. δὲ τὴν μὲν ἀγα-
θουργὸν ἀρχὴν Φιλότητα καὶ Φιλίαν πολλάκις, ⟨ἔτι⟩ δ' 'Αρμονίαν καλεῖ
θεμερῶπιν (B 122, 2).

Φιλίη.

19 [p. 349 K., 209 St.]. Plut. de prim. frig. 16 p. 952 B καὶ ὅλως τὸ
10 μὲν πῦρ διαστατικόν ἐστι καὶ διαιρετικόν, τὸ δ' ὕδωρ κολλητικὸν καὶ σχετικὸν
τῆι ὑγρότητι συνέχον καὶ πῆττον· ἧι καὶ παρέσχεν 'E. ὑπόνοιαν ὡς τὸ μὲν πῦρ
Νεῖκος οὐλόμενον [B 17, 19], σχεδύνην δὲ Φιλότητα τὸ ὑγρὸν ἑκάστοτε
προσαγορεύων.

σχεδύνην Φιλότητα.

15   **20** [335—341 K., 247—253 St.]. Simpl. Phys. 1124, 9 καὶ γὰρ καὶ ἐνταῦ-
θα τὸ Νεῖκος καὶ τὴν Φιλίαν παρὰ μέρος ἐπικρατεῖν ἐπί τε ἀνθρώπων καὶ ἰχθύων
καὶ θηρίων καὶ ὀρνέων ὁ 'E. φησι τάδε γράφων·

τοῦτο μὲν ἂν βροτέων μελέων ἀριδείκετον ὄγκον·
ἄλλοτε μὲν Φιλότητι συνερχόμεν' εἰς ἓν ἅπαντα
20   γυῖα, τὰ σῶμα λέλογχε, βίου θαλέθοντος ἐν ἀκμῆι·
ἄλλοτε δ' αὖτε κακῆισι διατμηθέντ' 'Ερίδεσσι

Ganze vermehren? Und woher gekommen? Wie sollte es auch zu-
grunde gehen, da nichts leer von diesen ist? Nein, eben nur diese
sind, doch indem sie durcheinander laufen, wird bald dieses bald
jenes und so fort und fort immer ähnliches.

18. Liebe (Freundschaft).

19. . . . festhaltende Liebe.

20. Dieser *Wettstreit der beiden Kräfte* liegt klar vor an der mensch-
lichen Glieder Masse: bald vereinigen sich durch die Liebe alle Glieder,
welche die Leiblichkeit erlangt haben, auf des blühenden Lebens Höhe,
bald wieder zerschnitten durch die schlimmen Mächte des Zwistes (5) irren

---

1 s. 30 A 5. 975b 10   κε Simpl.: τε [Ar.] R: fehlt L   2 κε κήξαπό-
λοιτο Diels (zur Krasis vgl. Herond. Büchel. p. 93): κε καί (fehlt F)
κῆρυξ ἀπόλοιτο Simpl.: καὶ ἐξαπόλοιτ' ἂν Karsten: καὶ ἐξαπολοίατο Stein
3 = B 21, 13. 26, 3   4 zu ἄλλοτε(ν) vgl. Usener *Jahrb. f. klass. Phil.*
1878, 62   6 ⟨ἔτι⟩ Diels   καλεῖ θεμερῶπιν Bentley: καλεῖσθαι μέροπι Hss.
8 Φιλίη] Lesart auch B 17, 20   11ff. Plutarchs Beziehung auf πῦρ u.
ὑγρόν falsch, wie schon aus B 17, 18ff. folgt; B 34 beweist nichts
18 τοῦτο Diels: τοῦτον (das 2. o auf Rasur A¹) Simpl.   ὄγκον] vgl.
Parm. B 8, 43   19 = B 17, 7; 26, 5   20 θαλέθοντος AM: θαλέοντος F

5 πλάζεται ἄνδιχ' ἕκαστα περίρρηγμῖνι βίοιο.
ὡς δ' αὔτως θάμνοισι καὶ ἰχθύσιν ὑδρομελάθροις
θηρσί τ' ὀρειλεχέεσσιν ἰδὲ πτεροβάμοσι κύμβαις.

21 [124—137 K., 96—109 St.]. 1—14 SIMPL. Phys. 159, 13 (nach B 17)
5 πλείονα δὲ ἄλλα εἰπὼν ἐπάγει ἑκάστου τῶν εἰρημένων τὸν χαρακτῆρα, τὸ μὲν
πῦρ ἥλιον (v. 3) καλῶν, τὸν δὲ ἀέρα αὐγὴν (v. 4) καὶ οὐρανόν (22, 2), τὸ δὲ
ὕδωρ ὄμβρον (5) καὶ θάλασσαν (22, 2). λέγει δὲ οὕτως· 'ἀλλ'... ἀμείβει'.
3. 5. ARISTOT. de gen. et corr. A 1. 314b 20. GALEN. de simpl. med.
temp. II 1; PLUT. de primo frig. 13 p. 949 F. 9—11 ARISTOT. Metaph.
10 B 4. 1000a 29.

ἀλλ' ἄγε, τόνδ' ὀάρων προτέρων ἐπιμάρτυρα δέρκευ,
εἴ τι καὶ ἐν προτέροισι λιπόξυλον ἔπλετο μορφῇ,
ἠέλιον μὲν λευκὸν ὁρᾶν καὶ θερμὸν ἁπάντηι,
ἄμβροτα δ' ὅσσ' εἴδει τε καὶ ἀργέτι δεύεται αὐγῇ,
15   5 ὄμβρον δ' ἐν πᾶσι δνοφόεντά τε ῥιγαλέον τε·

sie einzeln voneinander getrennt am Gestade des Lebens. Ganz ebenso
ist es mit den Sträuchern, den im Wasser hausenden Fischen, den
bergbewohnenden Wildtieren und den fittichwandelnden Tauchvögeln.

21. Doch wohlan, schaue auf folgenden Zeugen meiner früheren
Worte, falls etwa noch in meinen früheren ein Mangel an ihrer (*der
Elemente*) Gestalt geblieben war: auf die Sonne, hell zu schauen und
warm überall, auf alle die unsterblichen *Teile*, die mit Wärme und
strahlendem Glanze getränkt werden (*d. h. die Luft*), (5) auf den Regen,

1 περρίρρηγμῖνι A (vgl. zu B 30, 1): περὶ ῥηγμῆνι M: περὶ ῥηγμήνεσι F;
homerisch ἐπὶ ῥ. θαλάσσης u. ä.   3 ὀρειλεχέεσσιν Schneider nach B 127, 1:
ὀρειμελέεσιν AM: ῥημελέεσσιν F   πτεροβάμοσι A: πτεροβάσι M: περ F: πτερο-
βήμοσι Merzdorf, doch vgl. 28 B 1, 24   κύμβαι wie θάμνοι, d. Einzelne
f. d. Allgemeine   11 τόνδ' Wilamowitz: τῶνδε Hss.   13 λευκὸν ... θερμὸν
Arist. vgl. Wilamowitz Herm. 65 (1930) 247: θερμὸν ... λαμπρὸν Simpl.
33, 159: λαμπρὸν ... θερμὸν Plut.   ὁρᾶν Arist., Simpl. 33 (DE), 159: ὁρα
Plut., Arist. (EL), verteidigt von Wilamowitz a. O.: ὁρᾶι Simpl. 33 (F)
14 »ἄμβροτα sind die von der Zentralsonne [31 A 56] gespeisten, in der
Luft schwebenden Kristallinsen (Sonne, Mond usw.), die hier als Vertreter
des zweiten Elementes Luft erscheinen« Diels, eher die Luftteile selbst
ὅσσ' ἴδει (dafür εἴδει Wackernagel Philol. 86, 1931, 134) τε Diels (Berl. Sitz.
Ber. 1884, 366 vgl. B 62, 5): ὅσσε δέ τε Simpl. 33 F: ὅσσ' ἔδεται DE: ὅσσα
ἐδεῖτο 159; statt εἴδει: εἴληι Wilamowitz, doch vgl. Wackernagel a. O.
15 δνοφόεντά Arist., Plut.: δνοφέοντά Simpl.: ζοφόεντα Arist. (HL)   Daraus,
daß Ar. u. Plut. V. 3 und 5 ohne 4 bringen, schließt Wilamowitz Herm. a. O.,
daß ursprüngl. V. 4 hinter 5 gestanden habe; 6 gehöre in den ὅσσα-Satz;
dies unmöglich, da aus der Erde Hervorgehende nicht ἄμβροτον ist.
Die Verselbständigung von V. 6 am Ende der Aufzählung archaisch-gut

ἐκ δ' αἴης προρέουσι θελεμνά τε καὶ στερεωπά.
ἐν δὲ Κότωι διάμορφα καὶ ἄνδιχα πάντα πέλονται,
σὺν δ' ἔβη ἐν Φιλότητι καὶ ἀλλήλοισι ποθεῖται.
ἐκ τούτων γὰρ πάνθ' ὅσα τ' ἦν ὅσα τ' ἔστι καὶ ἔσται,
5   10 δένδρεά τ' ἐβλάστησε καὶ ἀνέρες ἠδὲ γυναῖκες,
θῆρές τ' οἰωνοί τε καὶ ὑδατοθρέμμονες ἰχθῦς,
καί τε θεοὶ δολιχαίωνες τιμῆισι φέριστοι.
αὐτὰ γὰρ ἔστιν ταῦτα, δι' ἀλλήλων δὲ θέοντα
γίγνεται ἀλλοιωπά· τόσον διὰ κρῆσις ἀμείβει.

10   22 [326—334 K., 186—194 St.]. 1—9 Simpl. Phys. 160, 26 καὶ ἐκ τού-
των δὲ ἄν τις τὸν διττὸν αἰνίττεσθαι διάκοσμον οἴοιτο· 'ἄρθμια ... ἔοργεν'.
καὶ γὰρ ὅτι καὶ ἐν τοῖς θνητοῖς (3) ἥρμοσται ταῦτα, δεδήλωκεν, ἐν δὲ τοῖς νοητοῖς
μᾶλλον ἥνωται καὶ 'ἀλλήλοις ... 'Αφροδίτηι', (5) καὶ ὅτι κἂν πανταχοῦ, ἀλλὰ
τὰ μὲν νοητὰ τῆι Φιλίαι ὡμοίωται, τὰ δὲ αἰσθητὰ ὑπὸ τοῦ Νείκους κρατηθέντα
15 καὶ ἐπὶ πλέον διασπασθέντα ἐν τῆι κατὰ τὴν κρᾶσιν γενέσει ἐν ἐκμάκτοις (7) καὶ
εἰκονικοῖς εἴδεσιν ὑπέστησαν τοῖς νεικεογενέσι (vgl. 9) καὶ ἀήθως ἔχουσι (8)
πρὸς τὴν ἕνωσιν τὴν πρὸς ἄλληλα.   6. 7 Theophr. de sens. 16 [A 86 I 303, 38].

ἄρθμια μὲν γὰρ ταῦτα ἑαυτῶν πάντα μέρεσσιν,
ἠλέκτωρ τε χθών τε καὶ οὐρανὸς ἠδὲ θάλασσα,

der in allem dunkel und kühl, und aus der Erde strömt hervor das
Gründende und Feste. Und im Groll regt sich alles verschiedengestaltet
und zwiespältig, doch es eint sich in Liebe und sehnt sich zueinander.
Denn aus diesen entsproßt alles, was da war, und was ist und sein wird,
(10) Bäume und Männer sowie Frauen und Tiere und Vögel und wasser-
genährte Fische, und auch Götter, langlebige, an Ehren reichste. Denn
eben nur diese (vier Elemente) gibt es, doch durcheinander laufend
werden sie zu verschiedenartigen Dingen; einen so großen Wechsel
bringt die gegenseitige Mischung hervor.

22. Denn in Eintracht verbunden sind alle diese mit ihren
Teilen, Strahlsonne sowohl wie Erde und Himmel und Meer,

---

1 προρέουσι] προθέουσι H. Schöne vgl. 31 B 35, 12   θελεμνά· ὅλον ἐκ
ῥιζῶν Hesych s. v. vgl. Wilamowitz a. O.: θελημνά Simpl. 33 E: θελημά (wie
B 35, 6) Simpl. 33 DF; 159: θέλυμνα Sturz   2 πέλονται Simpl. 33: πέ-
λοντα 159   4 ἐκ ... ἔσται] ἐξ ὧν πάνθ' ὅσα τ' ἦν ὅσα τ' ἔσθ' ὅσα τ' ἔσται ὀπίσσω
n. d. Gedächtnis Arist.   5—7 ~ B 23, 6—8   5 δένδρεά τ' ἐβλάστησε Arist.,
Simpl. 159: δένδρεα (δένδρα F) τε βεβλάστηκε Simpl. 33   7 vgl. Zeller-
Nestle I 1, 1017 Anm.   9 τόσον διὰ κρῆσις Diels: τόγον διάκρισις Simpl. D:
τογον διάκρασις E: fehlt F. Vgl. B 22, 4. 7 und Diels Parm. S. 26. 112
18 vielleicht an B 17, 35 anzuschließen   ἄρθμια DE: ἄρτια F   ταῦτα
ἑαυτῶν Diels vgl. B 17, 6. 34: ἑαυτὰ ἑαυτῶν DE: αὐτὰ ἑαυτῶν F   19 ἠλέ-
κτωρ vgl. Hom. Z 513 T 398   Klausel homerisch

ὅσσα φιν ἐν θνητοῖσιν ἀποπλαχθέντα πέφυκεν.
ὡς δ' αὔτως ὅσα κρῆσιν ἐπαρκέα μᾶλλον ἔασιν,
5 ἀλλήλοις ἔστερκται ὁμοιωθέντ' Ἀφροδίτηι.

ἐχθρὰ ⟨δ' ἃ⟩ πλεῖστον ἀπ' ἀλλήλων διέχουσι μάλιστα
5 γέννηι τε κρήσει τε καὶ εἴδεσιν ἐκμάκτοισι,
πάντηι συγγίνεσθαι ἀήθεα καὶ μάλα λυγρά
Νείκεος ἐννεσίηισιν, ὅτι σφίσι γένναν ἔοργεν (?).

23 [154—164 K., 119—129 St.]. SIMPL. Phys. 159, 27 καὶ παράδειγμα δὲ
ἐναργὲς παρέθετο τοῦ ἐκ τῶν αὐτῶν [B 21, 13] γίνεσθαι τὰ διάφορα·
10 ὡς δ' ὁπόταν γραφέες ἀναθήματα ποικίλλωσιν
ἀνέρες ἀμφὶ τέχνης ὑπὸ μήτιος εὖ δεδαῶτε,
οἵτ' ἐπεὶ οὖν μάρψωσι πολύχροα φάρμακα χερσίν,
ἁρμονίηι μείξαντε τὰ μὲν πλέω, ἄλλα δ' ἐλάσσω,
5 ἐκ τῶν εἴδεα πᾶσιν ἀλίγκια πορσύνουσι,
15 δένδρεά τε κτίζοντε καὶ ἀνέρας ἠδὲ γυναῖκας
θῆράς τ' οἰωνούς τε καὶ ὑδατοθρέμμονας ἰχθῦς
καί τε θεοὺς δολιχαίωνας τιμῆισι φερίστους·

die ihnen in der sterblichen Welt weitverschlagen vorhanden sind.
Und ebenso ist alles, was in bezug auf die Mischung mehr entsprechend
eingerichtet ist, einander ähnlich und in Liebe verbunden. Feindlich
dagegen ist am meisten, was am weitesten voneinander absteht in
Ursprung, Mischung und ausgeprägten Gestalten, gänzlich ungewohnt
der Verbindung und gar düster durch die Eingebungen des Streites,
der ihnen den Ursprung geschaffen (?).

23. Wie wenn Maler Weihetafeln bunt verfertigen, Männer, die sich
auf Kunst infolge ihrer Begabung wohl verstehen, — nachdem sie nun
vielfarbige Gifte mit ihren Händen ergriffen und harmonisch gemischt
haben, das eine mehr, das andere weniger, (5) bereiten sie daraus Ge-
stalten, die allem möglichen gleichen, indem sie Bäume schaffen und
Männer sowie Frauen und Tiere und Vögel und wassergenährte Fische,

1 ἀποπλαχθέντα D (vgl. 28 B 8, 28): ἀποπλαγχθέντα EF   2 κρᾶσιν
hier Hss., doch vgl. V. 7   4 ἐχθρὰ Theophr.: ἐχθρα (d. h. ἔχθραι) Simpl.
F: ἔργα DE   ⟨δ' ἃ⟩ Diels   5 γέννηι Simpl.: γένει Theophr.   κρίσει
d. i. κρήσει Simpl.: κράσει Theophr.   7 Νείκεος ἐννεσίηισιν (homerisch)
Panzerbieter: νεικεογεννέστησιν Simpl. (s. ob. S. 320, 16)   ἔοργεν Diels:
ὀργᾶ Simpl.   8 zu B 23 vgl. Kranz Herm. 47 (1912) 127   10 γραφέες]
beachte die Cäsurwirkung (γραφέης ? Wil.*)   ἀναθήματα] vgl. B 128, 5.
Aen. Tact. 31, 15   11 ἄμφω Simpl.: verb. Aldus   τέχνηισ' wünschte
Diels Poet. Philos. Frag. z. St.   δεδαῶτι DE: δεδαῶτες F   13 ἁρμονίη F:
ἁρμενίη DE   15—17 ∼ B 21, 10—12   17 ∼ B 146, 3

οὕτω μή σ' ἀπάτη φρένα καινύτω ἄλλοθεν εἶναι
10 θνητῶν, ὅσσα γε δῆλα γεγάκασιν ἄσπετα, πηγήν,
ἀλλὰ τορῶς ταῦτ' ἴσθι, θεοῦ πάρα μῦθον ἀκούσας.

24 [447. 448 K., 58. 59 St.]. PLUT. de defectu orac. 15 p.
418 c ἀλλ'
5 ἵνα μή, τὸ Ἐμπεδόκλειον εἰπεῖν, δόξω
κορυφὰς ἑτέρας ἑτέρῃσι προσάπτων
μύθων μὴ τελέειν ἀτραπὸν μίαν,
ἑάσατέ με τοῖς πρώτοις τὸ προσῆκον ἐπιθεῖναι τέλος.

25 [446 K., 59 bis St.]. PLAT. Gorg. 498 E συλλόγισαι δὴ κοινῆι μετ' ἐμοῦ
10 τί ἡμῖν συμβαίνει ἐκ τῶν ὡμολογημένων· καὶ δὶς γάρ τοι καὶ τρίς φασι καλὸν
εἶναι τὰ καλὰ λέγειν τε καὶ ἐπισκοπεῖσθαι. Dazu SCHOL. (aus Lukillos) παροιμία
'δὶς καὶ τρὶς τὸ καλόν', ὅτι χρὴ περὶ τῶν καλῶν πολλάκις λέγειν. Ἐμπεδοκλέους
τὸ ἔπος, ἀφ' οὗ καὶ ἡ παροιμία· φησὶ γὰρ 'καὶ ... ἐνισπεῖν'.
        . . . καὶ δὶς γάρ, ὃ δεῖ, καλόν ἐστιν ἐνισπεῖν.

15 26 [138—149 K., 112—118 (ohne 8—12) St.]. 1—12 SIMPL. Phys.
33, 18 καὶ ὀλίγον δὲ προελθών (nach B 21, 12) φησιν 'ἐν ... κύκλον'.
ἐν δὲ μέρει κρατέουσι περιπλομένοιο κύκλοιο,
καὶ φθίνει εἰς ἄλληλα καὶ αὔξεται ἐν μέρει αἴσης.

und auch Götter, langlebige, an Ehren reichste —: so soll dir nicht Trug
den Sinn bezwingen, anderswoher (als aus den Elementen) stamme (10) die
Quelle aller sterblichen Dingen, soviele — unzählige — offenbar geworden
sind. Nein, dies wisse genau, da du von der Gottheit die Rede vernahmst.

24. Gipfel an Gipfel fügend nicht nur Einen Pfad der Lehre
vollenden . . .

25. Denn auch zweimal ist, was nottut, schön zu verkünden.

26. Abwechselnd aber gewinnen *die Elemente und Kräfte* die Ober-
hand im Umschwung des Kreises und vergehen ineinander und wachsen

1 μή σ' DE: μὴν F   καινύτω· νικάτω Hesych s. v.   2 γεγάκασιν Diels,
sehr zweifelhaft ob richtig; er verglich Pind. O. 6, 49; zur Kürzung der vor-
letzten Silbe B 102. 107, 1, doch s. B 71, 4. 111, 1 : γεγάασιν Simpl. : δὴ γεγάασιν
ἄσπετα Karsten (schlechter Vers!)   3 θεοῦ] wer ist gemeint ? Emped. selbst
(wie B 112,4) sicher nicht; die Muse wie B 3, 3. 4, 2 ?   5 εἰπεῖν] ποιεῖν Emper.
6 ἑτέρῃσι Scaliger : ἑτέραις Plut.   7 μὴ τελέειν Knatz: μήτε λέγειν Plut.
12 Weder ist das Sprichwort bei Platon aus Empedokles genommen noch
stimmt es überhaupt dem Sinne nach überein. Zur Überlieferung vgl. im übr.
Poetae Philos. z. St.; Radermacher zu Soph. Phil. 1238. Der Satz wichtig
zur Beurteilung der Versenwiederholungen bei E.   17ff. das Fragment in
seiner Zusammensetzung „bedenklich" (Wilamowitz *Herm.* 65, 1930, 245f.)
17 (~ B 17, 29) versteht Arist. phys. Θ 1. 250b 11 von Haß und Liebe,
Simpl. 160, 14 von den 4 Elementen; vielleicht wird wie B 17, 29 von
beiden zusammenfassend gesprochen   κύκλοιο] χρόνοιο Simpl. 1184 (irr-
tümlich nach B 17, 29)   18 φθίνει] ι als kurz gebraucht

αὐτὰ γὰρ ἔστιν ταῦτα, δι' ἀλλήλων δὲ θέοντα
γίνοντ(αι) ἄνθρωποί τε καὶ ἄλλων ἔθνεα θηρῶν
5 ἄλλοτε μὲν Φιλότητι συνερχόμεν' εἰς ἕνα κόσμον,
ἄλλοτε δ' αὖ δίχ' ἕκαστα φορούμενα Νείκεος ἔχθει,
εἰσόκεν ἓν συμφύντα τὸ πᾶν ὑπένερθε γένηται.
οὕτως ᾗ μὲν ἓν ἐκ πλεόνων μεμάθηκε φύεσθαι
ἠδὲ πάλιν διαφύντος ἑνὸς πλέον' ἐκτελέθουσι,
10 τῇ μὲν γίγνονταί τε καὶ οὔ σφισιν ἔμπεδος αἰών·
ᾗ δὲ τάδ' ἀλλάσσοντα διαμπερὲς οὐδαμὰ λήγει,
ταύτῃ δ' αἰὲν ἔασιν ἀκίνητοι κατὰ κύκλον.

27 [72. 73. 59. 60 K., 135—138 St.]. 1. 2 PLUT. de fac. lun. 12 p. 926 D
ὅρα ... μὴ ... τὸ Νεῖκος ἐπάγῃς τὸ 'Εμπεδοκλέους τοῖς πράγμασι, μᾶλλον δὲ
τοὺς παλαιοὺς κινῇς Τιτᾶνας ἐπὶ τὴν φύσιν καὶ Γίγαντας καὶ τὴν μυθικὴν ἐκείνην
καὶ φοβερὰν ἀκοσμίαν καὶ πλημμέλειαν ἐπιδεῖν ποθῇς χωρὶς τὸ βαρὺ πᾶν καὶ
15 χωρὶς ⟨τιθείς⟩ τὸ κοῦφον [daraus stammt der schlechte Vers 71 K., 143 St.],
'ἔνθ' ... θάλασσα', ὥς φησιν 'Ε., οὐ γῇ θερμότητος μετεῖχεν, οὐχ ὕδωρ πνεύματος,
οὐκ ἄνω τι τῶν βαρέων, οὐ κάτω τι τῶν κούφων, ἀλλ' ἄκρατοι καὶ ἄστοργοι [daraus
der Vers 144 St.] καὶ μονάδες αἱ τῶν ὅλων ἀρχαί ... ἄχρις οὗ τὸ ἱμερτὸν ἧκεν
ἐπὶ τὴν φύσιν ἐκ προνοίας Φιλότητος ἐγγενομένης καὶ 'Αφροδίτης καὶ Ἔρωτος,
20 ὡς 'Ε. λέγει καὶ Παρμενίδης καὶ Ἡσίοδος. 1. 3. 4. SIMPL. Phys. 1183, 28
Εὔδημος [fr. 71] δὲ τὴν ἀκινησίαν ἐν τῇι τῆς Φιλίας ἐπικρατείαι κατὰ τὸν
Σφαῖρον ἐκδέχεται, ἐπειδὰν ἅπαντα συγκριθῇι 'ἔνθ' ... γυῖα', ἀλλ' ὥς φησιν
'οὕτως ... γαίων'.

im Wechsel der Bestimmung. Denn eben nur diese *Elemente* sind,
doch durcheinander laufend werden sie zu Menschen und anderer
Tiere Geschlechtern, indem sie sich (5) bald in Liebe vereinigen zu einer
gefügten Ordnung, bald auch wieder die einzelnen Dinge sich trennen
im Hasse des Streites, bis sie, zum All-Einen zusammengewachsen,
wieder unterliegen. Insofern nun so Eines aus Mehrerem gelernt hat
zu entstehen und wiederum aus dem zergangenen Einen Mehreres
hervorgeht, (10) insofern werden sie, und das Leben bleibt ihnen
nicht unverändert; sofern aber ihr ständiger Tauschwechsel nimmer
aufhört, insofern sind sie stets unerschütterte *Wesen* während des
Kreislaufes.

1 = B 17, 34. 21, 13   ἔστι Hss.   2 θηρῶν Karsten (vgl. Lucr. II 598f.):
κηρῶν (aus B 121, 2) Simpl.: θνητῶν nach B 35, 7. 16 Bergk   3. 4 ∼ B 17, 7. 8
4 φορεύμενα nach B 17, 8 Sturz   5 ἐν Simpl. E: ὃν D: ὃν F: ἂν Ald.;
αὖ Bywater. Den Vers zweifelt an dieser Stelle an Wilamowitz a. O.
6—10 = B 17, 9—13, w. s.   6 ἐν Arist. phys. Θ 1. 250b 29: fehlt Simpl
15 ⟨ ⟩ Bernardakis: ⟨θείς⟩ nach ποθῇς Z. 14 Diels

ἔνθ' οὔτ' ἠελίοιο διείδεται ὠκέα γυῖα
οὐδὲ μὲν οὐδ' αἴης λάσιον μένος οὐδὲ θάλασσα·
οὕτως Ἀρμονίης πυκινῶι κρύφωι ἐστήρικται
Σφαῖρος κυκλοτερὴς μονίηι περιηγέι γαίων.

5   27a [θ]. PLUT. c. princip. philos. esse diss. 2 p. 777 c ὁ μὲν γὰρ εἰς
ἀρετὴν διὰ φιλοσοφίας τελευτῶν σύμφωνον ἑαυτῶι καὶ ἄμεμπτον ὑφ' ἑαυτοῦ καὶ
μεστὸν εἰρήνης καὶ φιλοφροσύνης τῆς πρὸς ἑαυτὸν ἀεὶ παρέχεται τὸν ἄνθρωπον
οὐ στάσις οὐδέ τε δῆρις ἀναίσιμος ἐν μελέεσσιν.

28 [61. 62 K.]. 1. 2 STOB. Ecl. I 15, 2ab [I 144, 20 W.]; vgl. 28 B 25
10   ἀλλ' ὅ γε πάντοθεν ἶσος ⟨ἐοῖ⟩ καὶ πάμπαν ἀπείρων
Σφαῖρος κυκλοτερὴς μονίηι περιηγέι γαίων.

29 [0]. 1—3 HIPP. Ref. VII 29 (p. 212 W.) καὶ περὶ μὲν τῆς τοῦ κόσμου
ἰδέας, ὁποία τίς ἐστιν ὑπὸ τῆς Φιλίας κοσμουμένη, λέγει τοιοῦτόν τινα τρόπον·
'οὐ ... αὐτῶι'. τοιοῦτόν τι καὶ κάλλιστον εἶδος τοῦ κόσμου ἡ Φιλία ἐκ πολλῶν
15 ἓν ἀπεργάζεται· τὸ δὲ Νεῖκος, τὸ τῆς τῶν κατὰ μέρος διακοσμήσεως αἴτιον, ἐξ
ἑνὸς ἐκείνου ἀποσπᾶι καὶ ἀπεργάζεται πολλά. 3 SIMPL. Phys. 1124, 1 τὴν

---

27. Dort (da) sind weder der Sonne schnelle Glieder zu unterscheiden,
noch auch fürwahr der Erde zottige Kraft oder das Meer. So in der
Fügung festem Verließ liegt verwahrt Sphairos, der kugelförmige,
über die ringsum herrschende Einsamkeit von frohem Stolz erfüllt.

27a. Nicht Zwist und auch nicht unziemlicher Streit in seinen
Gliedern.

28. Aber er, von allen Seiten sich selber gleich und überall endlos,
Sphairos, der kugelförmige, über die ringsum herrschende Einsamkeit
von frohem Stolz erfüllt.

1ff. Nach Bignone meint das Plutarchzitat die Herrschaft des Neikos
(bei ihm Frag. 26a; beachte die Variante am Schluß von V. 1), das des
Simpl. die der Philotes (bei ihm Frag. 27)   1 διείδεται Simpl. AF: διείε-
ται (d. h. διίεται) M: δεδίττεται Plut.; δεδίσκεται Karsten   ὠκέα γυῖα Simpl.:
ἀγλαὸν εἶδος Plut.   2 μένος Bergk: γένος Plut.; δέμας Karsten   3 κρυ-
φωι A: κρυφῶ M: κρύφει F   4 = B 28, 2   μονίηι Simpl. phys. AM, de
caelo 591,5 A: μόνη oder μονῆ Procl. in Tim. II 69, 22 Diehl, Simpl. phys. F,
de caelo DE u. a.: μούνηι Achill. Isag. 6 p. 37, 13 M.: μανία Anonym. in
Arat. I p. 97, 26 M.: μιμίης Stob. (s. B 28). Vgl. 28 B 8, 4 Variante, Plato
Tim. 31B. 34B   περιηγέι Achill., Anon., Procl. (vgl. Ap. Rhod. IV 950;
Eratosth. Herm. fr. 19,1): περιηγθεῖ Simpl. phys., de caelo: περιήθει M. Anton.
12,3   γαίων Simpl. de caelo: αἴων phys.: χαίρων Achill., Anon., Procl., Stob.
8 27a mit Recht von Wilamowitz dem Emp. zugeschrieben   ἀναίσιμος]
vgl. αἴσιμον B 100, 15   ἐν μελέεσσιν] vgl. B 30, 1   10f. vgl. 28 B 8, 43
(Wil.*)   10 ⟨ἐοῖ⟩ P. Maas vgl. B 29, 3. 28 B 8, 49: ⟨ἔην⟩ Diels   ἀπεί-
ρων] vgl. Zeller-Nestle I 973³   11 περιηγέι γαίων·nach B 27, 4 Diels: περι-
τεθῆ oder περιτείθη (d. i. περιγηθέι) χαίρων Stob.   16 ἐκείνου Diels

Φιλίαν διὰ τῆς ἑνώσεως τὸν Σφαῖρον ποιοῦσαν, ὃν καὶ θεὸν ὀνομάζει [B 31], καὶ οὐδετέρως ποτὲ καλεῖ 'σφαῖρον ἔην'.

οὐ γὰρ ἀπὸ νώτοιο δύο κλάδοι ἀίσσονται,
οὐ πόδες, οὐ θοὰ γοῦν(α), οὐ μήδεα γεννήεντα,
5   ἀλλὰ σφαῖρος ἔην καὶ ⟨πάντοθεν⟩ ἴσος ἑαυτῶι.

30 [66—68 K., 139—141 St.]. 1—3 ARISTOT. Metaph. B 4. 1000b 12 καὶ ἅμα δὲ αὐτῆς τῆς μεταβολῆς αἴτιον οὐθὲν λέγει ἀλλ' ἢ ὅτι οὕτως πέφυκεν 'ἀλλ' ὅτε δὴ ... ὅρκου'. SIMPL. Phys. 1184, 12 λέγει δὲ καὶ ταῦτα 'E. ἐπὶ τῆς τοῦ Νείκους ἐπικρατείας 'αὐτὰρ ἐπεὶ ... ὅρκου'.

10   αὐτὰρ ἐπεὶ μέγα Νεῖκος ἐνὶμμελέεσσιν ἐθρέφθη
ἐς τιμάς τ' ἀνόρουσε τελειομένοιο χρόνοιο,
ὅς σφιν ἀμοιβαῖος πλατέος παρ' ἐλήλαται ὅρκου ...

31 [70 K., 142 St.]. SIMPL. Phys. 1184, 2 [nach B 27, 4] ἀρξαμένου δὲ πάλιν τοῦ Νείκους ἐπικρατεῖν τότε πάλιν κίνησις ἐν τῶι Σφαίρωι γίνεται·
15   πάντα γὰρ ἐξείης πελεμίζετο γυῖα θεοῖο.

32 [457 K., 63 St.]. [ARISTOT.] de lin. insecab. p. 972b 29 ἔτι τὸ ἄρθρον διαφορά πῶς ἐστιν· διὸ καὶ 'E. ἐποίησε † 'διὸ δεῖ ὀρθῶς'.

δύω δέει ἄρθρον (?).

---

29. Nicht schwingen sich (dem Sphairos) vom Rücken zwei Zweige, nicht Füße, nicht hurtige Knie, nicht Glieder voll Zeugungskraft, sondern eine Kugel war es und von allen Seiten sich selber gleich.

30. Doch nachdem der Streit in den Gliedern (des Sphairos) groß gezogen und zu Ehren emporgestiegen war, als die Zeit sich erfüllte, die ihnen (dem Streit und der Liebe) wechselsweise von einem breitverschnürten Eidvertrage festgesetzt ist . . .

31. Denn alle der Reihe nach wurden sie erschüttert die Glieder des Gottes.

32. Zwei bindet das Gelenk (?).

---

3 vgl. aber dagegen z. B. 1 A 12, 5f. (ɪ 5, 9f.)   3. 4∼ B 134, 2. 3   ἀίσσοντο?
Wil.*   4 γοῦνα B 134: γούνατ' Hipp.   γεννήεντα Sauppe: γενήεντα Hipp.:
λαχνήεντα B 134   5 Ob das Zitat σφαῖρον [sic] ἔην (Simpl.) mit B 29, 3
sich deckt, ist nicht sicher   ⟨πάντοθεν⟩ ἴσος ἑαυτῶι (vgl. Hes. Theog. 126)
Schneidewin: ἴσος ἐστίν αὐτῶι Hipp.   10 αὐτὰρ ἐπεὶ Simpl.: ἀλλ' ὅτε δὴ
Arist. (gute Variante)   ἐνὶμμελέεσσιν Simpl. A (vgl. B 20, 5): ἐνὶ (ἐν Simpl. F)
μελέεσσιν Arist., Simpl. M   ἐθρέφθη Arist.: ἐρέφθη Simpl.   11 ἐς Simpl.:
εἰς Ar.   τιμάς] vgl. B 17, 28   τ' Ar., Simpl. F: fehlt Simpl. AM
12 πλατέος] wie Schnüre vom Siegel vgl. B 115, 2   παρελήλαται Ar. Ab,
Simpl.: παρελήλατο Arist. E: παρ' ἐλήλαται Sturz   15 πελεμίζετο A: πολεμίζετο FM   18 δύω δέει ἄρθρον Diels: διὸ δεῖ (δὴ Za) ὀρθῶς Hss. (vgl. Plato*
Tim. 31ʙ); Martianus Rota übersetzt: articulis constat semper iunctura duobus

33 [265 K., 279 St.]. PLUT. de amic. multit. 5 p. 95 A ἡ μὲν γὰρ (sc.
φιλία) συνάγει καὶ συνίστησι καὶ συνέχει καταπυκνοῦσα ταῖς ὁμιλίαις καὶ φιλο-
φροσύναις

> ὡς δ' ὅτ' ὀπὸς γάλα λευκὸν ἐγόμφωσεν καὶ ἔδησε ...

5 κατ' Ἐμπεδοκλέα (τοιαύτην γὰρ ἡ φιλία βούλεται ποιεῖν ἑνότητα καὶ σύμπηξιν),
ἡ δὲ πολυφιλία διίστησι καὶ ἀποσπᾶι καὶ ἀποστρέφει, τῶι μετακαλεῖν καὶ μετα-
φέρειν ἄλλοτε πρὸς ἄλλον οὐκ ἐῶσα κρᾶσιν οὐδὲ κόλλησιν [vgl. B 34. 96, 4]
εὐνοίας ἐν τῆι συνηθείαι περιχυθείσηι καὶ παγείσηι γενέσθαι.

34 [208 K., St.]. ARISTOT. Meteor. Δ 4. 381b 31 τὸ γὰρ ὑγρὸν τῶι
10 ξηρῶι αἴτιον τοῦ ὁρίζεσθαι καὶ ἑκάτερον ἑκατέρωι οἷον κόλλα γίγνεται, ὥσπερ καὶ
Ἐ. ἐποίησεν ἐν τοῖς Φυσικοῖς·

> ἄλφιτον ὕδατι κολλήσας ...

35 [165—181 K., 169—185 St.]. 1—15 SIMPL. de caelo 528, 30 μήποτε
δὲ κἂν ἐπικρατῆι ἐν τούτωι [sc. τῶι κόσμωι] τὸ Νεῖκος ὥσπερ ἐν τῶι σφαίρωι ἡ
15 Φιλία, ἀλλ' ἄμφω ὑπ' ἀμφοῖν λέγονται γίνεσθαι. καὶ τάχα οὐδὲν κωλύει παρα-
θέσθαι τινὰ τῶν τοῦ Ἐμπεδοκλέους ἐπῶν τοῦτο δηλοῦντα 'αὐτὰρ ... κελεύ-
θους'. 3—17 Phys. 32, 11 καὶ πρὸ τούτων δὲ τῶν ἐπῶν [B 98] ἐν ἄλλοις τὴν
ἀμφοῖν ἐν τοῖς αὐτοῖς ἐνέργειαν παραδίδωσι λέγων 'ἐπεί ... ἰδέσθαι'. 5. 10—13
Ders. de caelo 587, 8 καὶ πῶς ταῦτα, φαίη ἄν τις, ἐπὶ τῆς Φιλότητος γίνεσθαι
20 λέγει ὁ Ἀρ., δι' ἣν πάντα ἓν γίνεσθαι ὁ Ἐ. φησιν 'ἐν τῆι δὴ ... εἶναι' (5); μήποτε
οὖν οὐκ ἐν τῆι ἐπικρατείαι τῆς Φιλίας ταῦτα λέγει γενέσθαι ὁ Ἐ., ὡς ἐνόμισεν
Ἀλέξανδρος, ἀλλὰ τότε, ὅτε οὔπω τὸ Νεῖκος 'πᾶν ... ὁρμῆ'. 14. 15 ARISTOT.
Poet. 25 p. 1461a 23 τὰ δὲ διαιρέσει [sc. λυτέον] οἷον Ἐ. 'αἶψα ... κέκρητο'.
ATHEN. x 423 F Θεόφραστος δ' ἐν τῶι Περὶ μέθης ζωρότερόν φησιν εἶναι τὸ κεκρα-
25 μένον παρατιθέμενος Ἐμπεδοκλέους τάδε 'αἶψα ... κελεύθους'. Aus derselben
nachtheophrastischen Mittelquelle PLUT. Quaest. conv. v 4, 1. 677 D
Σωσικλῆς δ' ὁ ποιητής, τοῦ Ἐμπεδοκλέους ἐπιμνησθεὶς εἰρηκότος ἐν τῆι καθόλου
μεταβολῆι γίγνεσθαι 'ζωρά τε τὰ πρὶν ἄκρητα' μᾶλλον ἔφη τὸ εὔκρατον ἢ
τὸ ἄκρατον ὑπὸ τἀνδρὸς ζωρὸν λέγεσθαι.

30   αὐτὰρ ἐγὼ παλίνορσος ἐλεύσομαι ἐς πόρον ὕμνων,
        τὸν πρότερον κατέλεξα, λόγου λόγον ἐξοχετεύων,
        κεῖνον· ἐπεὶ Νεῖκος μὲν ἐνέρτατον ἵκετο βένθος

---

33. Wie aber, wenn Feigensaft weiße Milch verdickt und bindet ...

34. Mehl mit Wasser zu Leim verbindend ...

35. Doch ich will zurückkehrend kommen auf den Pfad der Ge-
sänge, den ich früher darlegte, aus einem Redestrom den anderen
ableitend, — also auf jenen: Wenn der Streit zur untersten Tiefe des

---

4 vgl. Hom. E 902   ἔδησε] ἔπηξε LC   12 Beispiel aus der Bäckerei
30 παλίνορσος] vgl. Hom. Γ 33; Hes. ὀπισθόρμητος, πάλιν ὑποστρέψας   31 λό-
γου Bergk: λόγωι AF; vgl. Plat. Theaet. 172 D, Dem. 18, 313. Orac.
chald. 33   ἐξοχετεύων F: ἐπιχετεύων A; vgl. 31 B 3ₙ 2

δίνης, ἐν δὲ μέσηι Φιλότης στροφάλιγγι γένηται,
5 ἐν τῆι δὴ τάδε πάντα συνέρχεται ἓν μόνον εἶναι,
οὐκ ἄφαρ, ἀλλὰ θελημὰ συνιστάμεν' ἄλλοθεν ἄλλα.
τῶν δέ τε μισγομένων χεῖτ' ἔθνεα μυρία θνητῶν (?)·
5   πολλὰ δ' ἄμεικτ' ἔστηκε κεραιομένοισιν ἐναλλάξ,
ὅσσ' ἔτι Νεῖκος ἔρυκε μετάρσιον· οὐ γὰρ ἀμεμφέως
10 τῶν πᾶν ἐξέστηκεν ἐπ' ἔσχατα τέρματα κύκλου,
ἀλλὰ τὰ μέν τ' ἐνέμιμνε μελέων τὰ δέ τ' ἐξεβεβήκει.
ὅσσον δ' αἰὲν ὑπεκπροθέοι, τόσον αἰὲν ἐπήιει
10   ἠπιόφρων Φιλότητος ἀμεμφέος ἄμβροτος ὁρμή·
αἶψα δὲ θνήτ' ἐφύοντο, τὰ πρὶν μάθον ἀθάνατ' εἶναι,

Wirbels gekommen ist, aber in die Mitte des Strudels die Liebe gelangt,
(5) da vereinigt sich in ihr (?) gerade alles dies um nur ein Einziges
zu sein, nicht auf einmal, sondern willig zusammentretend das eine
von hier, das andre von da. Aus dieser Mischung nun ergossen sich
unzählige Scharen sterblicher *Geschöpfe* (?). Vieles aber blieb noch un-
gemischt stehen zwischen dem sich Mischenden, soviel noch der Streit
zurückhielt in der Schwebe befindlich. Denn nicht tadellos (10) trat
er aus jenen gänzlich heraus an die äußersten Grenzen des Kreises,
sondern teilweise verharrte er noch drinnen (in den Gliedern), teilweise
war er aber auch schon aus den Gliedern (*des Alls = den Elementen*)
herausgegangen. Um wieviel er nun stets vorweglief, um soviel rückte
stets heran der untadeligen Liebe mildgesinnter unsterblicher Drang.
Schnell aber erwuchs zu sterblichen *Dingen*, was früher unsterblich zu

---

1 γένηται] γέγακε (vgl. B 23, 10), da der Konjunktiv undenkbar sei,
Wilamowitz   2 ἐν τῆι δὴ (auch τῆ u. δὲ) Simpl. phys., de caelo 587, 529 F:
ἐντῆι ἡ δὲ 529 A: ἐνθ' ἥδη Bergk: ἐν τῶι δὴ Kranz   3 ἄφορα Simpl. de
cael. A   ἄλλα cael.: ἄλλο phys.   4 V. 7 ist vermutlich durch eine
im Text des Simpl. häufige Übertragung aus V. 16 (ι 328, 2) vorweg-
genommen. An dessen Stelle muß vermutlich B 36 treten   5 ἔστηκε
Imperf. des sizilischen Verbums στήκειν   κεραιομένοισιν Simpl. cael.:
κερασμένοισιν (d. i. κεραομένοισιν) phys.   6 μετάρσια wäre verständlicher
und metrisch unanstößig   ἀμεμφέως phys.: ἀμεμφέος od. ἀμφαφέως cael.
7 τῶν Diels: τὸ Simpl. cael. 529 A: πὼ las Simpl. (vgl. phys. 33, 4,
cael. 587, 13) und so phys. 32 F, cael. 529 F: οὔπω phys. DE   8 δέ τ'
phys. DF: δ' cael.   9 ὑπεκπροθέει phys. F   10 ἠπιόφρων cael. 529. 587:
ἡ περίφρων phys. F: πίφρων phys. DE   ἀμεμφέος cael. 587. 529 F, phys. DE:
ἀμεμφέως phys. F: ἀμφέσσον cael. A   11 θνητὰ φύοντο Ath.   ἀθάνατα
(ohne εἶναι) Arist.

15   ζωρά τε τὰ πρὶν ἄκρητα διαλλάξαντα κελεύθους.
τῶν δέ τε μισγομένων χεῖτ' ἔθνεα μυρία θνητῶν,
παντοίαις ἰδέηισιν ἀρηρότα, θαῦμα ἰδέσθαι. [Vgl. B 60ff.]

36 [58 K., 175 St.]. STOB. Ecl. ι 10, 11 [p. 121, 14 W.] nach B 6 'τῶν ...
5 Νεῖκος'. ARISTOT. Metaph. B 4. 1000b 1 εἰ γὰρ μὴ ἐνῆν τὸ Νεῖκος ἐν τοῖς
πράγμασιν, ἐν ἂν ἦν ἅπαντα, ὥς φησιν· ὅταν γὰρ συνέλθηι, τότε 'ἐξ ... Νεῖκος'
[der Vers ist vermutlich in B 35 statt V. 7 (= 16) einzufügen].

τῶν δὲ συνερχομένων ἐξ ἔσχατον ἵστατο Νεῖκος.

37 [270. 271 K., 197. 198 St.]. ARISTOT. de gen. et corr. B 6. 333a 35
10 ἀλλὰ μὴν οὐδ' αὔξησις ἂν εἴη κατ' 'Εμπεδοκλέα, ἀλλ' ἢ κατὰ πρόσθεσιν· πυρὶ γὰρ
αὔξει τὸ πῦρ,

αὔξει δὲ χθὼν μὲν σφέτερον δέμας, αἰθέρα δ' αἰθήρ.

38 [182—185 K., 130—133 St.]. 1—4 CLEM. Strom. v 48 [ιι 358,
20 St.].
15   εἰ δ' ἄγε τοι λέξω πρῶθ' † ἥλιον ἀρχήν †,
ἐξ ὧν δῆλ' ἐγένοντο τὰ νῦν ἐσορῶμεν ἅπαντα,

---

sein verstand, (15) und zu (kräftig) gemischten, was vordem ungemischt
war, im Wechsel der Pfade. Und aus diesen Mischungen nun ergossen
sich unzählige Scharen sterblicher *Geschöpfe*, in mannigfaltige Formen
gefügt, ein Wunder zu schauen.

36. Während diese nun sich vereinigten, trat der Streit allmählich
an das äußerste Ende.

37. *Feuer nimmt durch Feuer zu*, es mehrt die Erde ihre eigene Ge-
stalt und den Äther der Äther.

38. Wohlan, so will ich Dir verkünden (die ersten und gleichursprüng-
lichen *Elemente*?), aus denen offenbar wurde, was wir jetzt betrachten,

---

1 τε τὰ πρὶν ἄκρητα Plut., Ath.: τε τὰ πρὶν ἄκριτα Simpl. phys., cael.:
ζῶα τε πρὶν κέκρῆτο (so) Aristot., woraus Bergk ζωρά τε πρὶν τὰ κέκρητο: ζωρά
θ' ἃ πρὶν κέκρητο Gomperz: ζωρά τε τὰ πρίν, ἔκρητο (wie ἔπλητο gebildet),
woraus die falsche Lesart ἄκρητα bei Theophr. leicht entstehen konnte,
Diels; doch kommt ζωρότερος als Gegensatz von ἄκρατος οἶνος vor bei
Philumenus de venen. anim. ed. Wellmann c. 2, 3. 4, 2 (CMG x 1, 1)
διαλλάξαντα Simpl.: διαλλάσσοντα Ath. (vgl. 31 B 115, 8)   3 παντοίαις
ἰδέηισιν Simpl. F: παντοίαισιν ἰδέεσσιν DE   Klausel bedeutungsvoll   8 ἐξ
Stob.: fehlt Arist. E: δ' Ar. Ab   12 δέμας H: γένος d. übr. Hss.   vgl.
Lucr. ιι 1114ff.   15f. Wiederherstellung unsicher; man muß annehmen,
εἰ δ' ἄγε ist Versanfang (Wil.*)   15 ἥλικά τ' ἀρχήν Diels (vgl. B 17, 27),
unbefriedigend   16 δῆλ' H. Weil (vgl. B 23, 10): δὴ Clem. (und so Fried-
länder — oder δὴ ⟨ῥ'⟩ — vgl. Hesiod Th. 108 — 11)   ἐσορώμενα πάντα Clem.:
trennte Th. Gomperz

γαῖά τε καὶ πόντος πολυκύμων ἠδ' ὑγρὸς ἀήρ
Τιτὰν ἠδ' αἰθήρ σφίγγων περὶ κύκλον ἅπαντα.

39 [199—201 K., 146—148 St.]. 1—2 ARISTOT. de caelo B 13. 294a 21
[ι 125, 25].

5 εἴπερ ἀπείρονα γῆς τε βάθη καὶ δαψιλὸς αἰθήρ,
ὡς διὰ πολλῶν δὴ γλώσσας ἐλθόντα ματαίως
ἐκκέχυται στομάτων ὀλίγον τοῦ παντὸς ἰδόντων ...

40 [186 K., 149 St.]. PLUT. de fac. in orb. lun. 2 p. 920 c ὥς που καὶ
'Ε. τὴν ἑκατέρων ἀποδίδωσιν οὐκ ἀηδῶς διαφοράν· 'ἥλιος ... σελήνη', τὸ
10 ἐπαγωγὸν αὐτῆς καὶ ἱλαρὸν καὶ ἄλυπον οὕτω προσαγορεύσας.

Ἥλιος ὀξυβελὴς ἠδ' ἱλάειρα Σελήνη.

41 [188 K., 150 St.]. APOLLODOROS Περὶ θεῶν bei Macrob. Sat. ι 17, 46
(συναλισθέντος πολλοῦ πυρὸς περιπολεῖ ut ait Emp. 'οὔνεκ' ... ἀμφιπολεύει')
und den Etymologen wie Barroc. 50 (Cramer A. O. ιι 427, 29) u. a.

15 ἀλλ' ὁ μὲν ἀλισθεὶς μέγαν οὐρανὸν ἀμφιπολεύει.

42 [194—196 K., 157—159 St.]. PLUT. de fac. in orbe lun. 16 p. 929 c
κατὰ στάθμην, φησὶ Δημόκριτος [68 A 89a], ἱσταμένη [sc. ἡ σελήνη] τοῦ φωτί-
ζοντος ὑπολαμβάνει καὶ δέχεται τὸν ἥλιον· ὥστ' αὐτήν τε φαίνεσθαι καὶ διαφαίνειν

---

alles: die Erde sowohl wie das Meer, das wogenreiche, und die feuchte
Luft und der Titan Äther, der umschnürt rings den Kreis in seiner
Gesamtheit.

39. Wenn wirklich unendlich der Erde Tiefen und überreichlich
der Äther *wäre*, wie es, in der Tat schon durch Vieler Zungen gegangen,
ins Gelag hinein aus dem Munde *von solchen* ausgesprudelt worden
ist, die nur wenig vom Ganzen erblickten ...

40. Helios, der scharfe Schütze, und die gnadenreiche Selene.

41. Doch er (*der Sonnenball*) in sich gesammelt umwandelt rings
den großen Himmel.

---

2 vgl. Lucret. v 467ff.   6 γλώσσης Ar. [γλώσσῃ E], Clem. Strom.
vi 149 [ιι 508, 24 St.]: verb. Wilamowitz *Herm*. 65 (1930) 249: βροτέων (!)
[Ar.] de MXG 2 p. 976b 32   ἐλθόντα Clem.: ῥηθέντα Ar.; vgl. Wilamo-
witz a. O.   Polemik gegen (Hesiod Theog. 728 und) Xenophanes, vgl.
21 B 28. A 28 p. 977b 3; zum Schluß vgl. 31 B 2, 3ff.   11 ὀξυβελὴς
Turnebus [vgl. B 83, 2]: ὀξυμελὴς Plut.   ἠδ' αὖ ἱλάειρα aus Hesych
Xylander: ἡ δὲ λάιρα Plut. (BE); zu ἱλάειρα vgl. ἶλαος Hom. A 583 (Schulze
Quaest. ep. S. 68)   15 ἀλλ' ὁ μὲν ἀλισθεὶς Et. M. 426, 54 u. a.: ἀλλ' ὁ μὲν
ἀλεῖσθαι Barocc. u. a.: οὔνεκ' ἀναλισθεὶς Macr.   μέγαν] μέσον Et. M., Gud.
242, 45 gegen 242, 21.   Über Apollodoros vgl. R. Münzel *de Ap.* π. θεῶν
libris Bonn 1883. Hefermehl *Stud. in Ap.* π. θ. Berl. 1905. Ihn schreibt
wohl Seleukos, die Quelle der Etym., aus

ἐκεῖνον εἰκὸς ἦν. ἡ δὲ πολλοῦ δεῖ τοῦτο ποιεῖν· αὐτή τε γὰρ ἄδηλός ἐστι τηνικαῦτα κἀκεῖνον ἀπέκρυψε καὶ ἠφάνισε πολλάκις 'ἀπεσκεύασε δέ οἱ αὐγάς' ὥσπερ φησὶν Ἐ. '† ἔστε αἶαν καθύπερθεν . . . μήνης', καθάπερ εἰς νύκτα καὶ σκότος, οὐκ εἰς ἄστρον ἕτερον τοῦ φωτὸς ἐμπεσόντος . . . ἀπολείπεται τοίνυν
5 τὸ τοῦ Ἐμπεδοκλέους, ἀνακλάσει τινὶ τοῦ ἡλίου πρὸς τὴν σελήνην γίγνεσθαι τὸν ἐνταῦθα φωτισμὸν ἀπ' αὐτῆς. ὅθεν οὐδὲ θερμὸν οὐδὲ λαμπρὸν ἀφικνεῖται πρὸς ἡμᾶς, ὥσπερ ἦν εἰκός, ἐξάψεως καὶ μίξεως ⟨τῶν⟩ φώτων γεγενημένης, ἀλλ' οἷον αἵ τε φωναὶ κατὰ τὰς ἀνακλάσεις ἀμαυροτέραν ἀναφαίνουσι τὴν ἠχὼ τοῦ φθέγματος . . ., 'ὡς αὐγὴ . . . εὐρύν' [Β 43] ἀσθενῆ καὶ ἀμυδρὰν ἀνάρροιαν ἴσχει
10 πρὸς ἡμᾶς διὰ τὴν κλάσιν ἐκλυομένης τῆς δυνάμεως. Vgl. Α 59.

ἀπεστέγασεν δέ οἱ αὐγάς,
ἔστ' ἂν ἴηι καθύπερθεν, ἀπεσκνίφωσε δὲ γαίης
τόσσον ὅσον τ' εὖρος γλαυκώπιδος ἔπλετο μήνης.

43 [192 K., 153 St.]. PHILO de prov. II 70 ex armen. Aucher p. 92
15 *lunae vero lumen nonne inepte putatur a sole iuxta providentiam desumere lucem, cum potius instar speculi casu in se incidentem formam recipiat?* *quemadmodum Empedocles:* '*lumen accipiens lunaris globus magnus largusque* [= B 43?] *mox illico reversus est ut currens caelum attingeret'.* PLUT. [zu B 42] 929 E.

20 ὡς αὐγὴ τύψασα σεληναίης κύκλον εὐρύν . . .

44 [188 K., 151 St.]. PLUT. de Pyth. or. 12 p. 400 B ὑμεῖς δὲ τοῦ μὲν Ἐμπεδοκλέους καταγελᾶτε φάσκοντος τὸν ἥλιον περὶ γῆν [vgl. A 56 I 293, 36] ἀνακλάσει φωτὸς οὐρανίου γενόμενον αὖθις 'ἀνταυγεῖν . . . προσώποις'.

ἀνταυγεῖ πρὸς Ὄλυμπον ἀταρβήτοισι προσώποις.

---

42. Der Mond deckte ihr (*der Sonne*) die Strahlen ab, während sie darüber hinging, und verdunkelte von der Erde so viel, als die Breite des glanzäugigen Mondes betrug.

43. . . . so das *Sonnen*licht, als es des Mondes weiten Kreis getroffen, (kehrte es sofort zurück, um den Himmel im Lauf zu erreichen?).

44. *Helios* strahlt dem Olympos mit furchtlosen Mienen entgegen.

---

6 οὐδὲ] οὐδὲν Emperius   7 ⟨τῶν⟩ Bernardakis   11 ἀπεστέγασεν . . . ἐστ' ἂν ἴηι Diels: ἀπεσκεύασε . . . ἔστε αἶαν Hss.: ἀπεσκέδασεν (ἀπεσκίασεν Bergk) . . . ἐς γαῖαν Xylander: ἐπεσκίασεν . . . ἱσταμένη Stein; evidente Besserung noch nicht gefunden   17 J. Gildemeister übersetzte 1877 das Armenische so: φῶς (αὐγήν) δεξάμενος ὁ σεληναῖος κύκλος μέγας καὶ εὐρὺς αὐτίκα πάλιν ἐκεῖσε μετεστρέψατο ἀφικόμενος εἰς τὸν οὐρανὸν τῶι δραμεῖν. Unter der Voraussetzung starken Mißverständnisses des Arm. (denn *lumen* kann wie Gild. bemerkt nicht Subjekt sein) vermutete Identität des Anfangs mit B 43 und ergänzte dazu aus dem Armen. V. 2 καὶ μέγαν, αὐτίκ' ἀνῆλθε, θέουσ' ὡς οὐρανὸν ἵκοι Diels *Herm.* 15 (1880) 176. Wendland vermutete sogar Identität von V. 2 mit B 44 (*Philo üb. d. Vors.* S. 68, 'wahrscheinlich richtig; beachte auch d. Zusammenh. b. Plut. a. O.' Kranz)   24 ἀνταυγεῖ Sturz: bei d. Autoren verschieden d. Satze angepaßt   ἀταρβήτοισι Galen. d. usu part. III 3: -τοις Plut.

45 [190 K., 154 St.]. ACHILL. Is. 16 p. 43, 6 M. [vgl. A 55]
κυκλοτερὲς περὶ γαῖαν ἑλίσσεται ἀλλότριον φῶς.

46 [189 K., 155 St.]. PLUT. de fac. in orbe lun. 9 p. 925 B *der Mond ist vom Himmel sehr weit entfernt*, τῆς δὲ γῆς τρόπον τινὰ ψαύει καὶ περι-
5 φερομένη πλησίον 'ἅρματος ὥσπερ ἴχνος ἀνελίσσεται', φησὶν 'Ε., 'ἥ τε περὶ ἄκραν ***'. οὐδὲ γὰρ τὴν σκιὰν αὐτῆς ὑπερβάλλει πολλάκις ἐπὶ μικρὸν αἱρομένην τῶι παμμέγεθες εἶναι τὸ φωτίζον, ἀλλ' οὕτως ἔοικεν ἐν χρῶι καὶ σχεδὸν ἐν ἀγκάλαις τῆς γῆς περιπολεῖν, ὥστ' ἀντιφράττεσθαι πρὸς τὸν ἥλιον ὑπ' αὐτῆς μὴ ὑπεραίρουσα τὸν σκιερὸν καὶ χθόνιον καὶ νυκτέριον τοῦτον τὸν τόπον, ὃς γῆς
10 κλῆρός ἐστι. διὸ λεκτέον οἶμαι θαρροῦντας ἐν τοῖς τῆς γῆς ὅροις εἶναι τὴν σελήνην ὑπὸ τῶν ἄκρων αὐτῆς ἐπιπροσθουμένην [anschließend an B 45 ?].
ἅρματος ὡς πέρι χνοίη ἑλίσσεται ἥ τε παρ' ἄκρην ... (?)

47 [191 K., 156 St.]. ANECD. Bekk. I 337, 13 [Συναγωγὴ λέξεων χρησ.]
ἀγής: τοῦτο ἀπὸ συνθέτου καταλείπεται τοῦ εὐαγὴς ἢ παναγής. 'Εμπεδοκλῆς·
15 ἀθρεῖ μὲν γὰρ ἄνακτος ἐναντίον ἀγέα κύκλον.

48 [197 K., 160 St.]. PLUT. Quaest. Platon. 3 p. 1006 F οἱ τῶν ὡρο-
λογίων γνώμονες͵ οὐ συμμεθιστάμενοι ταῖς σκιαῖς ἀλλ' ἑστῶτες ὄργανα καὶ χρόνου μέτρα γεγόνασι μιμούμενοι τῆς γῆς τὸ ἐπιπροσθοῦν τῶι ἡλίωι περὶ αὐτὴν ὑποφερο-
μένωι, καθάπερ εἶπεν 'Ε.
20 νύκτα δὲ γαῖα τίθησιν ὑφισταμένη φαέεσσι
⟨ἠελίου⟩.

49 [198 K., 161 St.]. PLUT. Quaest. conv. VIII 3, 1 p. 720 E σκοτεινὸς γὰρ ὢν ὁ ἀὴρ κατ' 'Εμπεδοκλέα
νυκτὸς ἐρημαίης ἀλαώπιδος ...
25 ὅσον τῶν ὀμμάτων ἀφαιρεῖται τοῦ προαισθάνεσθαι διὰ τῶν ὤτων ἀποδίδωσιν.

---

45. Ein kreisrundes, fremdes Licht dreht sich um die Erde (*der Mond*),

46. sowie des Wagens Nabe sich umdreht, die an dem äußersten ⟨*Ziel vorbeiführt*⟩ ... (?)

47. Denn sie (*Selene*) schaut gegenüber auf des Herrn heiligen Kreis.

48. Nacht aber die Erde schafft, indem sie sich den *Sonnen*strahlen von unten entgegenstellt.

49. Der Nacht, der einsamen, blindäugigen.

---

2 nach Parmenides (28 B 14)   7 αἱρομένη Hss.: verb. Wyttenb.   12 ὡς πέρι χνοίη ἑλίσσεται Panzerbieter: Hss. wie oben   παρ' ἄκρην Diels. Nach ἄκραν ist in den Hss. Lücke von 13—20 Buchst., also wohl Anfang d. folg. Verses ausgefallen: ἥ τε παρ' ἄκρην ⟨νύσσαν ἐλαυνομένη κτλ. (*Poet. Phil. Frag.* S. 126) oder nach Z. 11 ⟨γαῖαν ἐλ. Diels   15 vgl. 28 B 15   20 ὑφιστα-μένη φάεσσι Hss.: verb. Sturz; ὑφισταμένοιο φάεσσι Diels (entsprechend Plutarchs ὑποφερομένωι)   21 ⟨ ⟩ Kranz vgl. B 115, 11   24 ἐρημαίης Plut. (vgl. Dionys. Per. 290): ἐρεμναίης Nauck   ἀλαώπιδος (vgl. Hesych)
Xylander: ἀγλαώπιδος Plut.

50 [0]. Tzetz. Alleg. Ο 83 ὅπερ φησίν Ἐμπεδοκλῆς εἴτε τις τῶν ἑτέρων·
Ἶρις δ' ἐκ πελάγους ἄνεμον φέρει ἢ μέγαν ὄμβρον.

51 [202 K., 168 St.]. Herodian. schematismi Hom. cod. Darmstadini
in Sturzii Et. Gud. p. 745 [ad Et. M. p. 111, 10] ἀνόπαια· οἱ μὲν ἀφανῆ,
5 τινὲς δὲ τὸ ἄνω φέρεσθαι. Ἐμπεδοκλῆς· 'καρπαλίμως δὲ ἀνόπεαν' ἐπὶ τοῦ
πυρός. ἐξ οὗ δῆλον ὅτι καὶ οὐδετέρου γένους ἐστὶ τὸ ἀνόπαιον. Vgl. Β 54.

καρπαλίμως δ' ἀνόπαιον . . .

52 [207 K., 162 St.]. Procl. in Tim. II 8, 26 Diehl καὶ γὰρ ὑπὸ γῆς
ῥύακές εἰσι πυρός, ὥς πού φησι καὶ Ἐ. Vgl. Α 68.

10   πολλὰ δ' ἔνερθ(ε) οὔδεος πυρὰ καίεται.

53 [204 K., 167 St.]. Aristot. de gen. et corr. Β 6. 334a 1 διέκρινε μὲν
γὰρ τὸ Νεῖκος, ἠνέχθη δ' ἄνω ὁ αἰθὴρ οὐχ ὑπὸ τοῦ Νείκους, ἀλλ' ὁτὲ μέν φησιν
ὥσπερ ἀπὸ τύχης 'οὕτω . . . ἄλλως', ὁτὲ δέ φησι πεφυκέναι τὸ πῦρ ἄνω φέ-
ρεσθαι, ὁ δ' 'αἰθήρ, φησι, μακρῆισι . . . ῥίζαις' [Β 54]. ἅμα δὲ καὶ τὸν κόσμον
15 ὁμοίως ἔχειν φησὶν ἐπί τε τοῦ Νείκους νῦν καὶ πρότερον ἐπὶ τῆς Φιλίας· τί οὖν
ἐστι τὸ κινοῦν πρῶτον καὶ αἴτιον τῆς κινήσεως; Phys. Β 4. 196a 19 ἄτοπον οὖν
εἴτε μὴ ὑπελάμβανον εἶναι εἴτε οἰόμενοι παρέλιπον, καὶ ταῦτ' ἐνίοτε χρώμενοι,
ὥσπερ Ἐμπεδοκλῆς οὐκ ἀεὶ τὸν ἀέρα ἀνωτάτω ἀποκρίνεσθαί φησιν, ἀλλ' ὅπως
ἂν τύχηι. λέγει γοῦν ἐν τῆι κοσμοποιίαι ὡς 'οὕτω συνέκυρσε . . . ἄλλως'.

20   οὕτω γὰρ συνέκυρσε θέων τοτέ, πολλάκι δ' ἄλλως.

54 [203 K., 166 St.]. Aristot. de gen. et corr. Β 7. 334a 5 [zu Β 53]

αἰθὴρ ⟨δ' αὖ⟩ μακρῆισι κατὰ χθόνα δύετο ῥίζαις.

55 [451 K., 165 St.]. Aristot. Meteorol. Β 3. 356a 24 [Α 25]

γῆς ἰδρῶτα θάλασσαν.

25 **56** [206 K., 164 St.]. Hephaest. Ench. 1 p. 2, 13 Consbr. Ἐμπεδοκλῆς·

ἅλς ἐπάγη ῥιπῆισιν ἐωσμένος ἠελίοιο.

---

50. Iris aber bringt aus dem Meere Wind oder großen Regenguß.

51. Hurtig aber nach oben (*fährt das Feuer*).

52. Viele Feuer aber brennen unter dem Boden.

53. Denn *der Äther* stieß in seinem Laufe bald so, vielfach aber
anders zusammen (*mit den übrigen Elementen*).

54. *Das Feuer fährt nach oben*; der Äther dagegen tauchte mit langen
Wurzeln in die Erde hinab.

55. Der Erde Schweiß, das Meer.

56. Das Salz ward fest, getroffen von den anprallenden Strahlen
der Sonne.

---

1 Bezeugung also unsicher, daher P. Maas darin nur eine volkstümliche
Wetterregel sieht (vgl. Wilamowitz *Glaube d. Hell.* I 263²)   10 ἔνερθεν
Procl.   οὔδεος] zur Synizese vgl. Β 112, 2   vgl. Lucr. VI 885   22 ⟨δ' αὖ⟩
Diels: ἀλλ' αἰθὴρ Karsten   ῥίζαις] vgl. Β 6, 1

57 [232—234 K., 244—246 St.]. 1—3 SIMPL. de caelo 586, 29 πῶς δὲ
ἂν εἴη μίξεως σημαντικὸν ἡ ἀναύχενος κόρση καὶ τἆλλα τὰ ὑπὸ τοῦ Ἐμπε-
δοκλέους λεγόμενα 'γυμνοί ... μετώπων' καὶ πολλὰ ἄλλα, ἅπερ οὐκ ἔστι μίξεως
παραδείγματα; 1 ARISTOT. de caelo Γ 2. 300 b 25 ἔτι δὲ τοσοῦτον ἐπανέροιτ' ἄν
5 τις, πότερον δυνατὸν ἢ οὐχ οἷόν τ' ἦν κινούμενα ἀτάκτως καὶ μείγνυσθαι τοιαύτας
μίξεις ἔνια ἐξ ὧν συνίσταται τὰ κατὰ φύσιν συνιστάμενα σώματα. λέγω δ' οἷον
ὀστᾶ καὶ σάρκας, καθάπερ Ἐ. φησι γίνεσθαι ἐπὶ τῆς Φιλότητος· λέγει γὰρ 'πολλαὶ
... ἐβλάστησαν'.

ἧι πολλαὶ μὲν κόρσαι ἀναύχενες ἐβλάστησαν,
10   γυμνοὶ δ' ἐπλάζοντο βραχίονες εὔνιδες ὤμων,
ὄμματά τ' οἶ(α) ἐπλανᾶτο πενητεύοντα μετώπων.

58 [0]. SIMPL. de caelo 587, 18 (nach B 35, 13) ἐν ταύτηι οὖν τῆι κατα-
στάσει [als der Streit noch nicht ganz zurückgetreten] 'μουνομελῆ ἔτι τὰ
γυῖα ἀπὸ τῆς τοῦ Νείκους διακρίσεως ὄντα ἐπλανᾶτο τῆς πρὸς ἄλληλα μίξεως
15 ἐφιέμενα'.

59 [234—237 K., 254—256 St.]. 1—3 SIMPL. de caelo 587, 20 (nach
B 58) 'αὐτὰρ ἐπεί, φησί, κατὰ ...... δαίμων', ὅτε τοῦ Νείκους ἐπεκράτει
λοιπὸν ἡ Φιλότης, 'ταῦτά τε ... ἐξεγένοντο'. ἐπὶ τῆς Φιλότητος οὖν ὁ Ἐμπε-
δοκλῆς ἐκεῖνα εἶπεν, οὐχ ὡς ἐπικρατούσης ἤδη τῆς Φιλότητος, ἀλλ' ὡς μελλούσης
20 ἐπικρατεῖν, ἔτι δὲ τὰ ἄμικτα καὶ μονόγυια δηλούσης.

αὐτὰρ ἐπεὶ κατὰ μεῖζον ἐμίσγετο δαίμονι δαίμων,
ταῦτά τε συμπίπτεσκον, ὅπηι συνέκυρσεν ἕκαστα,
ἄλλα τε πρὸς τοῖς πολλὰ διηνεκῆ ἐξεγένοντο.

---

57. Ihr (der Erde) entsproßten viele Kinnbacken ohne Hälse, nackte
Arme irrten hin und her sonder Schultern, und Augen allein schweiften
umher bar der Stirnen.

58. Vereinzelt irrten die Glieder umher gegenseitige Vereinigung
suchend.

59. Doch als in größerem Maße handgemein wurde der eine Daimon
mit dem anderen (die Liebe mit dem Streite), da fiel dieses zusammen,
wie gerade die einzelnen Glieder zusammentrafen, und auch anderes
vieles entsproßte außerdem sich aneinander reihend.

---

1 vgl. Lucr. V 483ff.   9ff. vgl. Kern Orph. Frag. 26 S. 95 (oben
1 B 10a), dagegen Wilamowitz Herm. 65 (1930) 250   9 πολλαί Ar. de
cael. 300. 722, Simpl.: πολλῶν Ar. de anim. 430a 29   10 ἐπλάζοντο
Simpl. D (ἐπλάζοντο E): ἐμπλάζοντο A (gute Var.)   13 μουνομελῆ] vgl.
Simpl. 587, 25f., Gegensatz οὐλομελές Parm. B 8, 4   22 ἕκαστα Simpl.
de cael.: ἅπαντα phys. 327. 331   23 διηνεκὲς Peyron vgl. B 17, 35

60 [242 K., 261 St.]. PLUT. adv. Colot. 28 p. 1123 B ταῦτα μέντοι καὶ πολλὰ τούτων ἕτερα τραγικώτερα τοῖς Ἐμπεδοκλέους ἐοικότα τεράσμασιν ὧν καταγελῶσιν

εἱλίποδ᾽ ἀκριτόχειρα

5 καὶ ᾽βουγενῆ ἀνδρόπρωιρα᾽ (B 61, 2).

61 [238—241 K., 257—260 St.]. 1—4 AEL. Nat. anim. XVI 29 ᾽Ε. ὁ φυσι-κός φησι περὶ ζώιων ἰδιότητος λέγων καὶ ἐκεῖνος δήπου γίνεσθαί τινα συμφυῆ καὶ κράσει μορφῆς μὲν διάφορα, ἑνώσει δὲ σώματος συμπλακέντα· ἃ δὲ λέγει, ταῦτά ἐστι ᾽πολλά... γυίοις᾽. 2 SIMPL. Phys. 371, 33 ὥσπερ ᾽Ε. κατὰ τὴν τῆς
10 Φιλίας ἀρχήν φησι γενέσθαι ὡς ἔτυχε μέρη πρῶτον τῶν ζώιων οἷον κεφαλὰς καὶ χεῖρας καὶ πόδας, ἔπειτα συνιέναι ταῦτα ᾽βουγενῆ... ἐξανατέλλειν᾽, ἀνδρο-γενῆ δηλονότι βούπρωιρα, τουτέστιν ἐκ βοὸς καὶ ἀνθρώπου. καὶ ὅσα μὲν οὕτω συνέστη ἀλλήλοις ὥστε δύνασθαι τυχεῖν σωτηρίας, ἐγένετο ζῶια καὶ ἔμεινεν διὰ τὸ ἀλλήλοις ἐκπληροῦν τὴν χρείαν, τοὺς μὲν ὀδόντας τέμνοντάς τε καὶ λεαίνοντας
15 τὴν τροφήν, τὴν δὲ γαστέρα πέττουσαν, τὸ δὲ ἧπαρ ἐξαιματοῦν. καὶ ἡ μὲν τοῦ ἀνθρώπου κεφαλὴ τῶι ἀνθρωπίνωι σώματι συνελθοῦσα σώιζεσθαι ποιεῖ τὸ ὅλον, τῶι δὲ τοῦ βοὸς οὐ συναρμόζει καὶ διόλλυται· ὅσα γὰρ μὴ κατὰ τὸν οἰκεῖον συνῆλθε λόγον, ἐφθάρη. ARISTOT. Phys. B 7. 198b 29 ὅπου μὲν οὖν ἅπαντα συνέβη ὥσπερ κἂν εἰ ἕνεκά του ἐγίνετο, ταῦτα μὲν ἐσώθη ἀπὸ τοῦ αὐτομάτου συστάντα
20 ἐπιτηδείως· ὅσα δὲ μὴ οὕτως, ἀπώλετο καὶ ἀπόλλυται, καθάπερ ᾽Ε. λέγει τὰ ᾽βουγενῆ ἀνδρόπρωιρα᾽. Vgl. A 72.

πολλὰ μὲν ἀμφιπρόσωπα καὶ ἀμφίστερνα φύεσθαι,
βουγενῆ ἀνδρόπρωιρα, τὰ δ᾽ ἔμπαλιν ἐξανατέλλειν
ἀνδροφυῆ βούκρανα, μεμειγμένα τῆι μὲν ἀπ᾽ ἀνδρῶν
25   τῆι δὲ γυναικοφυῆ σκιεροῖς ἠσκημένα γυίοις.

60. *Geschöpfe* schleppfüßige mit nicht zu sondernden (zahllosen) Händen.

61. Da (*heißt es*) wuchsen viele *Geschöpfe* hervor mit doppeltem Gesicht und doppelter Brust, Kuhsprößlinge mit Menschenvorderteil, andere wieder tauchten umgekehrt auf als Menschengeschöpfe mit Ochsenköpfen, Mischwesen, hier von Männern, dort nach Frauen Art mit beschatteten Schamgliedern versehen.

---

2 ἕτερα] so gestellt von Plutarch wegen des Hiats; nicht ἔτι! 4 ἀκριτ.] vgl. ἀκριτόφυλλον Hom. B 868   22 ἀμφίστερν᾽ ἐφύοντο Karsten   23 ἐξ-ανατέλλειν Simpl.: ἐξανατείνειν Ael.: ἐξανέτελλον nach B 62, 4 Karsten 23f. vgl. Soph. Trach. 12f. (beide Lesarten)   24 ἀνδρογενῆ βούπρωρα Simpl. 372, 2. 381, 7 als Interpretation   μεμειγμένα] vgl. Aesch. Suppl. 568f. Lucr. v 839. Zur Konstr. vgl. Wilamowitz zu Eur. Herakl. 225, Aesch. Choeph. 1069   ἀπ᾽ Karsten: ὑπ᾽ Ael.   25 σκιεροῖς] vgl. δάσκιον γενειάδα Aesch. Pers. 316, Soph. Tr. 13: στείροις od. σκιροῖς nach Lucr. v 855 (*Mélanges Weil* S. 129) Diels; aber vielleicht war von der Unfruchtbarkeit erst im folgenden die Rede   γυίοις] vgl. B 62, 8

B. FRAGMENTE 60—62 ΠΕΡΙ ΦΥΣΕΩΣ   335

62 [248—255 K., 262—269 St.]. 1—8 SIMPL. Phys. (zu Arist. unt. Z. 18)
381, 29 εἰπόντος δὲ τοῦ Ἐμπεδοκλέους ἐν τῶι δευτέρωι τῶν Φυσικῶν πρὸ
τῆς τῶν ἀνδρείων καὶ γυναικείων σωμάτων διαρθρώσεως ταυτὶ τὰ ἔπη·

    νῦν δ' ἄγ', ὅπως ἀνδρῶν τε πολυκλαύτων τε γυναικῶν
5   ἐννυχίους ὅρπηκας ἀνήγαγε κρινόμενον πῦρ,
    τῶνδε κλύ'· οὐ γὰρ μῦθος ἀπόσκοπος οὐδ' ἀδαήμων.

    οὐλοφυεῖς μὲν πρῶτα τύποι χθονὸς ἐξανέτελλον,
5   ἀμφοτέρων ὕδατός τε καὶ εἴδεος αἶσαν ἔχοντες·
    τοὺς μὲν πῦρ ἀνέπεμπε θέλον πρὸς ὁμοῖον ἱκέσθαι,
10 οὔτε τί πω μελέων ἐρατὸν δέμας ἐμφαίνοντας
    οὔτ' ἐνοπὴν οἶόν τ' ἐπιχώριον ἀνδράσι γυῖον.

ταῦτα οὖν εἰπόντος τοῦ Ἐμπεδοκλέους ἐφίστησιν (Arist.), ὅτι καὶ αὐτὸς (Emp.)
ὡς ἔοικε σπέρμα πρὸ τῶν ζώιων γεγονέναι φησί. καὶ τὸ 'οὐλοφυὲς μὲν πρῶ-
τα' παρ' αὐτοῦ εἰρημένον σπέρμα ἦν οὔπω μελέων ἐρατὸν δέμας ἐμφαῖνον ...
15 εἰ δὲ τὸ σπέρμα ἦν, θαυμαστῶς μοι δοκεῖ τὸ 'οὐλοφυὲς' αὐτῶι ἐπιτρέπειν.
οὐλοφυὲς γὰρ ἐκεῖνο κυρίως ἐστίν, ὃ καθ' ὅλον ἑαυτὸ πᾶν ἐστιν, ὅπερ οὖν
ἐστι, μήπω γενομένης ἐν αὐτῶι διακρίσεως (vgl. Philop. zu Ar. a. O. 319, 29).
3 Aristot. Phys. B 8. 199b 7 ἔτι ἀνάγκη σπέρμα γενέσθαι πρῶτον, ἀλλὰ
μὴ εὐθὺς τὰ ζῶια καὶ τὸ 'οὐλοφυὲς μὲν πρῶτα' σπέρμα ἦν. ἔτι καὶ ἐν
20 τοῖς φυτοῖς ἔνεστι τὸ ἑνεκά του, ἧττον δὲ διήρθρωται. πότερον οὖν καὶ ἐν
τοῖς φυτοῖς ἐγίνετο ὥσπερ τὰ 'βουγενῆ ἀνδρόπρωιρα' [B 61, 2] οὕτω
καὶ 'ἀμπελογενῆ ἐλαιόπρωιρα' ἢ οὔ; ἄτοπον γάρ. ἀλλὰ μὴν ἔδει γε, εἴπερ
καὶ ἐν τοῖς ζώιοις. Vgl. A 72. 77.

---

62. Jetzt wohlan höre folgendes, wie der viel beweinenswerten
Männer und Frauen nachtverhüllte Sprossen ans Licht brachte das sich
ausscheidende Feuer! Denn die Rede ist nicht ziellos noch kenntnislos.
Rohgeballte Formen von Erde tauchten zuerst aus ihr auf, (5) die
von beidem, von Wasser und Wärme, ihren bestimmten Anteil hatten.
Diese sandte das Feuer in die Höhe, weil es strebte, zu dem Gleichen
(*dem Himmelsfeuer*) zu gelangen, wobei sie der Glieder liebliche Ge-
stalt noch nicht darzeigten noch Stimme oder Schamglied, wie es bei
den Menschen am Platze ist.

2 δευτέρωι] vgl. I 308, 5f.   4 ἄγε πῶς F   πολυκλαύτων] wie üblich
passivisch, ἀπὸ κοινοῦ gesetzt, in orphischer Auffassung des Lebens vgl.
28 B 12, 4 u. d. Katharmoi   5 ἐννυχίους] ἐμμυχίους Panzerbieter   7 οὐ-
λοφυὲς Ar. seinen Worten anpassend; zum folg. vgl. auch Kafka *Philol.*
78 (1923) 216ff.   8 ἀμφότερον Meineke (zu Callim. 223)   εἴδεος Simpl.
(vgl. seine Paraphr. p. 382, 7); vgl. zu B 21, 4: ἴδεος Diels (*Berl. Sitz. Ber.*
1884, 366)   11 οἷόν τ' Diels (*Herm.* 15, 1880, 169): οἶα τ' E: οὔτ' F: οὔτ'
οὖν Wilamowitz   16 οὖν Karsten: ἂν Hss.   Zu diesem ganzen Abschnitt
der Kosmologie des E. vgl. Ziegler *Neue Jahrb.* 16 (1913) 534ff.

63 [257 K., 270 St.]. ARISTOT. de gen. anim. A 18. 722b 10 φησὶ γάρ
(Emp.) ἐν τῶι ἄρρενι καὶ τῶι θήλει οἶον σύμβολον ἐνεῖναι, ὅλον δ' ἀπ' οὐδετέρου ἀπιέναι,

ἀλλὰ διέσπασται μελέων φύσις· ἡ μὲν ἐν ἀνδρός ...

5   **64** [256 K., 272 St.]. PLUT. Quaest. nat. 21. 917 c ἡ καὶ τὸ συντρέφεσθαι καὶ συναγελάζεσθαι τὰ θήλεα τοῖς ἄρρεσιν ἀνάμνησιν ποιεῖ τῶν ἀφροδισίων καὶ συνεκκαλεῖται τὴν ὄρεξιν· ὡς ἐπ' ἀνθρώπων 'Ε. ἐποίησε [vgl. AET. v 19, 5 A 72 I 297, 19]·

τῶι δ' ἐπὶ καὶ πόθος εἶσι δι' ὄψιος ἀμμιμνήισκων (?).

10   **65** [259. 260 K., 273. 274 St.]. ARISTOT. de gen. anim. A 17. 723a 23 εἰ τὸ θῆλυ καὶ τὸ ἄρρεν ἐν τῆι κυήσει διαφέρει καθάπερ 'Ε. λέγει 'ἐν ... ἀντιάσαντα'. Vgl. ARISTOT. de gen. an. Δ 1. 764a 1 = A 81 I 300, 1.

ἐν δ' ἐχύθη καθαροῖσι· τὰ μὲν τελέθουσι γυναῖκες
ψύχεος ἀντιάσαντα ⟨τὰ δ' ἔμπαλιν ἄρρενα θερμοῦ⟩.

15   **66** [261 K., 275 St.]. SCHOL. EUR. Phoen. 18 'μὴ σπεῖρε τέκνων ἄλοκα':
'Ε. ὁ φυσικὸς ἀλληγορῶν φησι 'σχιστοὺς λειμῶνας 'Αφροδίτης', ἐν οἶς ἡ τῶν παίδων γένεσίς ἐστιν. Εὐριπίδης δὲ ταὐτὸν τούτωι φάσκων τήν τε ἔννοιαν τὴν αἰσχρὰν ἀπέφυγε καὶ τοῖς ὀνόμασιν οἰκείοις ἐχρήσατο καὶ τεχνικαῖς ταῖς μεταφοραῖς, σπόρον καὶ ἄλοκα λέγων.

20   σχιστοὺς λειμῶνας ... 'Αφροδίτης.

63. Aber voneinander geschieden ist der Ursprung der (*menschlichen*) Glieder: der eine liegt in dem männlichen, ⟨*der andere in dem weiblichen Samen verborgen*⟩.

64. Ihm aber naht auch die Liebessehnsucht, die durch den Anblick Erinnerung weckt (?).

65. In den reinen *Schoß* ergossen sie sich (*der männliche und weibliche Samen*). Teils werden sie weibliche Wesen, wenn sie nämlich Kälte antreffen, ⟨*teils wiederum männliche, wenn sie Wärme antreffen*⟩.

66. Die gespaltenen Auen Aphrodites.

───

2 σύμβολον] vgl. auch Plato Conviv. p. 191 D. 192 E   4 den zweiten Vers ergänzte versuchsweise: ἡ δ' ἐνὶ θηλείης δίχ' ἑκάστη σπέρματι κεύθει Diels Poet. Phil. Frag. S. 131   9 τῶι δέ τι ... εἴτε Plut.: verb. Karsten δι' ὄψιος Wyttenbach: διαπέψεως Plut.   ἀμμιμνήισκων Diels: ἀμμίσγων Plut.: δι' ἄψιος αἶμ' ἀναμίσγων Ellis; aber es ist nach Plut. von ἀνάμνησις τῆς μίξεως, nicht von μίξις die Rede: ἀμ⟨ματα⟩ μίσγων Diels (1. Aufl.); zu ἀμμιμνήισκων wäre Plato Conviv. p. 191 A zu vergleichen   13 καθαροῖσι] ḥämlich durch die Menstruation; Konjekturen wie ταλάροισι v. Scaliger, καμάραισι v. Weil unnötig   14 ⟨τὰ ... θερμοῦ⟩ beispielsweise Diels 20 λειμῶνας AT (vgl. Eur. Cycl. 171): λιμῶνας M: λιμένας B (vgl. B 98, 3); etwa ⟨εἰς⟩ σχιστοὺς λειμῶνας ἐσέρχεται (B 100, 15) αἶψ' 'Αφροδίτης | σπέρμα Diels

67 [262—264 K., 276—278 St.]. 1—3 GALEN. ad Hippocr. Epid. VI 48
[XVII A p. 1002 K.] τὸ μέντοι ἄρρεν ἐν τῶι δεξιῶι μέρει τῆς μήτρας κυΐσκεσθαι καὶ
ἄλλοι τῶν παλαιοτάτων ἀνδρῶν εἰρήκασιν· ὁ μὲν γὰρ Παρμενίδης οὕτως ἔφη
'δεξιτεροῖσι ... κούρας' [28 B 17]· ὁ δ' 'Ε. οὕτως· 'ἐν ... μᾶλλον'. Vgl. A 81.
5   ἐν γὰρ θερμοτέρωι τοκὰς ἄρρενος ἔπλετο γαστήρ(?)·
καὶ μέλανες διὰ τοῦτο καὶ ἀδρομελέστεροι ἄνδρες
καὶ λαχνήεντες μᾶλλον.

68 [266 K., 280 St.]. ARISTOT. de gen. anim. Δ 8. 777a 7 τὸ γὰρ γάλα
πεπεμμένον αἷμά ἐστιν, ἀλλ' οὐ διεφθαρμένον. 'Ε. δ' ἢ οὐκ ὀρθῶς ὑπελάμβανεν
10 ἢ οὐκ εὖ μετήνεγκε ποιήσας ὡς τὸ αἷμα
μηνὸς ἐν ὀγδοάτου δεκάτηι πύον ἔπλετο λευκόν.

69 [0]. PROCL. in Rep. II 34, 25 Kroll ὅτι καὶ 'Ε. οἶδεν τὸν διπλοῦν τῶν
γεννήσεων χρόνον [von 7 und 9 Monaten nach Proklos]. διὸ καὶ τὰς
γυναῖκας καλεῖ διγόνους καὶ τὴν ὑπεροχὴν τοῦ πλήθους τῶν ἡμερῶν
15 αὐτὸς εἶπεν καὶ ὅτι τὰ ὀκτάμηνα ἄγονα. καὶ εἰκότως· τῶν μὲν γὰρ ἑπταμήνων
ὁ πρῶτος ἀριθμὸς ὁ λε ἐν ἀριθμοῖς ἐστιν ϛ ἦ θ ιβ, ὧν οἱ ἄκροι τὸν διπλάσιον ἔχουσιν
λόγον καὶ τὴν διὰ πασῶν· τῶν δὲ ἐννεαμήνων ὁ πρῶτος ἀριθμὸς ἐν ἀριθμοῖς συμ-
φώνοις ϛ θ ιβ ιη, ὧν οἱ ἄκροι τριπλάσιον ἔχουσιν λόγον· μεταξὺ δὲ τούτων σύμ-
φωνος ἄλλος οὐκ ἔστι λόγος, ὥστ' εἰκότως συμφωνίας οὐκ οὔσης ἄγονα τὰ ὀκτά-
20 μηνα. Vgl. freilich AËT. v 18, 1 [A 75 I 298, 20].
δίγονοι.

70 [p. 474 K.]. RUFUS Ephes. d. nom. part. hom. 229 p. 166, 11 Daremb.
τὸ δὲ βρέφος περιέχεται χιτῶσι, τῶι μὲν λεπτῶι καὶ μαλακῶι· ἀμνίον αὐτὸν 'Ε.
καλεῖ.
25   ἀμνίον.

67. Denn bei wärmerem *Stoff* ist der Leib (?) Erzeuger von Männ-
lichem, und schwärzer sind deshalb und von kräftigeren Gliedern die
Männer und haariger.

68. Am zehnten *Tage* des achten Monats pflegt *das Blut* weißer
Biest zu werden.

69. Doppeltgebärende (*d. i. im 7. und 9* [*10*]. *Monat*).

70. Schafhaut (*Embryonalhülle*).

5 vgl. Hippocr. Epid. VI 2, 25 (v 290 L.)   τοκὰς ἄρρενος ἔπλετο γαστήρ
Diels *Herm.* 15 (1880) 170: τὸ κατ' ἄρρενα ἔπλετο γαίης Galen Ausgg.: wie
Diels, aber γαῖα statt γαστήρ liest Deichgräber, vgl. *Gnomon* 6 (1930) 375f.
und Wenkebachs dort zitierte Schrift   6 ἀδρομελέστεροι Karsten, dem-
entsprechend Galen vgl. *Gnomon* a. O.: ἀνδρωδέστεροι Hss.   10 τὸ γάλα
Hss.: verb. Kranz; [τὸ γάλα] Diels   14ff. nach Delatte wäre diese
pythagoreische Berechnung (7 Mon. = 6 × 35, 9 Mon. = 6 × 45 Tage)
Empedokleisch wegen der Worte Z. 14f., A 75 widerspreche nicht

338   31 [21]. EMPEDOKLES

71 [150—153 K., 210—213 St.]. SIMPL. de caelo 529, 28

εἰ δέ τί σοι περὶ τῶνδε λιπόξυλος ἔπλετο πίστις,
πῶς ὕδατος γαίης τε καὶ αἰθέρος ἠελίου τε
κιρναμένων εἴδη τε γενοίατο χροῖά τε θνητῶν
5   τόσσ᾽, ὅσα νῦν γεγάασι συναρμοσθέντ᾽ Ἀφροδίτηι . . .

72 [234 K., 214 St.]. ATHEN. VIII 334 B οὐ λανθάνει δέ με καὶ ὅτι κοινῶς πάντες οἱ ἰχθύες καμασῆνες ὑπὸ Ἐμπεδοκλέους ἐλέχθησαν τοῦ φυσικοῦ οὕτως·

πῶς καὶ δένδρεα μακρὰ καὶ εἰνάλιοι καμασῆνες . . .

73 [209. 210 K., 215. 216 St.]. SIMPL. de caelo 530, 5 (nach B 71) καὶ μετ᾽
10 ὀλίγα·

ὡς δὲ τότε χθόνα Κύπρις, ἐπεί τ᾽ ἐδίηνεν ἐν ὄμβρωι,
εἴδεα ποιπνύουσα θοῶι πυρὶ δῶκε κρατῦναι . . .

74 [205 K., 163 St.]. PLUT. Quaest. conv. V 10, 4 p. 685 F αὐτῶν δὲ τῶν ζώιων οὐδὲν ἂν χερσαῖον ἢ πτηνὸν εἰπεῖν ἔχοις οὕτω γόνιμον ὡς πάντα τὰ
15 θαλάττια· πρὸς ὃ καὶ πεποίηκεν ὁ Ἐ.·

φῦλον ἄμουσον ἄγουσα πολυσπερέων καμασήνων.

75 [230. 231 K., 217. 218 St.]. SIMPL. de caelo 530, 8 (nach B 73, 2)

τῶν δ᾽ ὅσσ᾽ ἔσω μὲν πυκνά, τὰ δ᾽ ἔκτοθι μανὰ πέπηγε,
Κύπριδος ἐν παλάμηισι πλάδης τοιῆσδε τυχόντα . . .

---

71. Wenn dir aber hierüber die Überzeugung noch irgendwie mangelhaft blieb, wie durch Mischung von Wasser, Erde, Äther und Sonne so viele Gestalten und Farben der sterblichen *Dinge* entstehen könnten, als jetzt entstanden sind, zusammengefügt durch Aphrodite, ⟨*so höre folgendes* ...⟩

72. Wie die Bäume die hohen und auch die in der Salzflut lebenden Fische ⟨*entstanden*⟩ ...

73. Wie (*oder*: So) aber damals Kypris die Erde, nachdem sie sie getränkt im Naß, um die Gestalten eifrig sich mühend dem raschen Feuer zur Festigung übergab ...

74. Die führt das musenlose Geschlecht der samenreichen Fische ...

75. Von den *Tieren* aber, die innen zwar ein festes, außen aber ein lockeres Gefüge besitzen, die unter der Kypris Händen solche Schwammigkeit erhielten ...

---

2 δ᾽ ἔτι Cobet   λιπόξυλος] vgl. I 319, 12   4 χροῖα wohl Neutr. Plur. neben χροιά, χρώς wie φλοῖα (Hes. s. v. πίτυρα) neben φλοιά, φλόος   5 τόσσ᾽ ὅσα Karsten: τοία ὅσα AF: τοῖ᾽ οἷα Wilamowitz   γεγώασι A   vgl. Hom. ω 84   11 ἐδίηνεν F: ἐδείκνυεν A   12 εἴδεα ποιπνύουσα F: εἰ δὲ ἀποπνοιοῦσα A; ἴδεα las Diels (vgl. zu B 21, 4), doch verteidigte εἴδεα Bignone zu Frag. 73 mit Recht, vgl. B 22, 7. 71, 3   16 ἄγουσα] vielleicht Aphrodite   πολυσπερέων vgl. Hom. B 804   19 vgl. B 95

76 [220—222 K., 233—235 St.]. 1—3 PLUT. Quaest. conv. I 2, 5 p. 618 B
καὶ τὸν θεὸν ὁρᾶις, ὃν 'ἀριστοτέχναν' ἡμῶν ὁ Πίνδαρος [fr.
57] προσεῖπεν, οὐ
πανταχοῦ τὸ πῦρ ἄνω τάττοντα καὶ κάτω τὴν γῆν ἀλλ᾽ ὡς ἂν αἱ χρεῖαι τῶν σω-
μάτων ἀπαιτῶσι· 'τοῦτο . . . χελύων τε', φησὶν Ε., 'ἔνθ᾽ . . . ναιετάουσαν'.
5 2. 3. DERS. de fac. i. orb. l. 14 p. 927 F οὐδὲ τοῦ πυρὸς τὸ μὲν ἄνω περὶ τὰ
ὄμματα ἀποστίλβον κατὰ φύσιν ἐστί, τὸ δ᾽ ἐν κοιλίαι καὶ καρδίαι παρὰ φύσιν, ἀλλ᾽
ἕκαστον οἰκείως καὶ χρησίμως τέτακται. 'ναὶ . . . χελύων τε' καὶ παντὸς ὀστρέου
φύσιν, ὡς φησιν ὁ Ἐμπεδοκλῆς καταμανθάνων 'ἔνθ᾽ . . . ναιετάουσαν'.

    τοῦτο μὲν ἐν κόγχαισι θαλασσονόμων βαρυνώτοις,
10 ναὶ μὴν κηρύκων τε λιθορρίνων χελύων τε·
    ἔνθ᾽ ὄψει χθόνα χρωτὸς ὑπέρτατα ναιετάουσαν.

77. 78 [366. 367 K., 423. 424 St.]. PLUT. Quaest. conv. III 2, 2 p. 649 C
τὸ δ᾽ ἀειθαλὲς τοῦτο καὶ ὡς φησιν Ε. ἐμπεδόφυλλον οὐκ ἔστι θερμότητος·
οὐδὲ γὰρ ψυχρότητος τὸ φυλλοροεῖν. . . . ἔνιοι μὲν οὖν ὁμαλότητι κράσεως οἴονται
15 παραμένειν τὸ φύλλον. Ε. δὲ πρὸς τούτωι καὶ πόρων τινὰ συμμετρίαν αἰτιᾶται
τεταγμένως καὶ ὁμαλῶς τὴν τροφὴν διιέντων ὥστε ἀρκούντως ἐπιρρεῖν. THEOPHR.
de caus. plant. I 13, 2 εἰ δὲ καὶ συνεχῶς ὁ ἀὴρ ἀκολουθοίη τούτοις [sc. τοῖς δέν-
δροις], ἴσως οὐδὲ τὰ παρὰ τῶν ποιητῶν λεγόμενα δόξειεν ἂν ἀλόγως ἔχειν οὐδ᾽
ὡς Ε. ἀείφυλλα καὶ ἐμπεδόκαρπά φησι θάλλειν 'καρπῶν . . . ἐνιαυτόν',
20 ὑποτιθέμενός τινα τοῦ ἀέρος κρᾶσιν, τὴν ἐαρινήν, κοινήν.

    〈δένδρεα δ᾽〉 ἐμπεδόφυλλα καὶ ἐμπεδόκαρπα τέθηλεν
    καρπῶν ἀφθονίηισι κατ᾽ ἠέρα πάντ᾽ ἐνιαυτόν.

76. Dies ist der Fall bei den schwerrückigen Schalen der Wasser-
bewohner, vor allem der Meerschnecken und der Schildkröten mit der
steinernen Haut. Da kannst du den Erdstoff auf der Hautoberfläche
lagern sehen.

77. 78. Bäume, immer Blätter und immer Frucht bringend, prangen
in der Früchte Überfülle je nach der Luftmischung (?) das ganze Jahr
hindurch.

---

9 θαλασσονόμων Diels: -μους Plut.   10 ναὶ μὴν] καὶ μὴν Xylander   χε-
λύων τε Plut. 618: χελωνῶν τε (daraus τε χελώνων Karsten) 927 BE   vgl.
hom. Hermesh. 48   11 hom. Versschluß   18 [οὐδ᾽] Diels   21. 22 wieder-
hergestellt v. Karsten (vgl. Aët. v 26, 4 = A 70 I 296, 21), der das Fr. in die
Katharmen (B 128) rückt wegen Theophrast Z. 20 und daher τεθήλει schreibt.
›Aber auch in der Bildung der Welt gab es ein goldnes Zeitalter, wie A 77
andeutet. Plutarch zeigt, daß Emp. für das ἐμπεδόφυλλον eine physikalische
Erklärung gab, die Theophr. a. O. I 21, 5 aus ihm selbst und seinem Nach-
folger Menestor [c. 32, 5] breiter darlegt.« So Diels; aber A 77 beweist
nichts. Richtiger Wilamowitz Berl. Sitz. Ber. 1929, 647. Capelle Philol.
69 (1910) 285f. spricht auch die bei Plutarch a. O. folgende Lehre bis
ἀγήρω καὶ χλοερά (D Schluß) als Empedokleisch an   22 κατήορα Beck
(vgl. Apoll.Rhod. II 1041)

340   31 [21]. EMPEDOKLES

79 [245 K., 219 St.]. ARISTOT. de gen. anim. A 23. 731a 1 ἐν δὲ τοῖς φυτοῖς μεμειγμέναι αὗται αἱ δυνάμεις εἰσὶ καὶ οὐ κεχώρισται τὸ θῆλυ τοῦ ἄρρενος. διὸ καὶ γεννᾷ αὐτὰ ἐξ αὑτῶν καὶ προΐεται οὐ γονήν, ἀλλὰ κύημα τὰ καλούμενα σπέρματα. καὶ τοῦτο καλῶς λέγει Ἐ. ποιήσας 'οὕτω ... ἐλαίας'. τό τε γὰρ ὠιὸν
5 κύημά ἐστι καὶ ἔκ τινος αὐτοῦ γίγνεται τὸ ζῷον, τὸ δὲ λοιπὸν τροφή, καὶ τοῦ σπέρματος [καὶ] ἐκ μέρους γίγνεται τὸ φυόμενον, τὸ δὲ λοιπὸν τροφὴ γίγνεται τῶι βλαστῶι καὶ τῆι ῥίζηι τῆι πρώτηι. THEOPHR. de caus. plant. ι 7, 1 τὰ δὲ σπέρματα πάντων ἔχει τινὰ τροφὴν ἐν αὑτοῖς, ἣ συναποτίκτεται τῆι ἀρχῆι καθάπερ ἐν τοῖς ὠιοῖς. ἧι καὶ οὐ κακῶς Ἐμπεδοκλῆς εἴρηκε φάσκων ὠιοτοκεῖν
10 μακρὰ δένδρεα· παραπλησία γὰρ τῶν σπερμάτων ἡ φύσις τοῖς ὠιοῖς.

οὕτω δ' ὠιοτοκεῖ μακρὰ δένδρεα πρῶτον ἐλαίας ...

80 [246 K., 220 St.]. PLUT. Quaest. conv. v 8, 2 p. 683 D ταῦτα μὲν οὖν ἔφαμεν ἡμεῖς μετρίως λέγεσθαι· τοῦ δ' Ἐμπεδοκλέους εἰρηκότος

οὕνεκεν ὀψίγονοί τε σίδαι καὶ ὑπέρφλοια μῆλα

15 τὸ μὲν τῶν σιδῶν ἐπίθετον νοεῖν, ὅτι τοῦ φθινοπώρου λήγοντος ἤδη καὶ τῶν καυμάτων μαραινομένων ἐκπέττουσι τὸν καρπόν· ἀσθενῆ γὰρ αὐτῶν τὴν ὑγρότητα καὶ γλίσχραν οὖσαν οὐκ ἐᾷ λαβεῖν σύστασιν ὁ ἥλιος ... τὰ δὲ μῆλα καθ' ἥντινα διάνοιαν ὁ σοφὸς ὑπέρφλοια προσείρηκοι, διαπορεῖν ... (es folgen B 148−150). 3. εἰπόντος οὖν ἐμοῦ ταῦτα γραμματικοί τινες ἔφασαν
20 ὑπέρφλοια λελέχθαι τὰ μῆλα διὰ τὴν ἀκμήν· τὸ γὰρ ἄγαν ἀκμάζειν καὶ τεθηλέναι φλοίειν ὑπὸ τῶν ποιητῶν λέγεσθαι [zitiert werden Antimachos u. Arat, Διόνυσος Φλοῖος]. ἐπεὶ τοίνυν μάλιστα τῶν καρπῶν ἡ χλωρότης καὶ τὸ τεθηλέναι τῶι μήλωι παραμένει, ὑπέρφλοιον αὐτὸ τὸν φιλόσοφον προσαγορεῦσαι.

25 81 [247 K., 221 St.]. PLUT. Quaest. nat. 2 p. 912 c τῶν δ' ὀμβρίων τὸ εὔτρεπτον αἱ σήψεις κατηγοροῦσιν, εὐσηπτότερα γάρ ἐστι τῶν ποταμίων καὶ φρεατιαίων· ἡ δὲ πέψις ἔοικεν εἶναι σῆψις, ὡς Ἐμπεδοκλῆς μαρτυρεῖ λέγων 'οἶνος ... ὕδωρ'. 31 p. 919 c ἢ φύ⟨σει σηπτικὸν⟩ τὸ οἰνῶδές ἐστιν ὡς φησιν Ἐ. οἶνον ἀπὸ φλοιοῦ πέλεσθαι σαπὲν ἐν ξύλωι ὕδωρ. ARISTOT. Top. Δ 5. 127a 17
30 ὁμοίως δ' οὐδ' ὁ οἶνός ἐστιν ὕδωρ σεσηπός, καθάπερ Ἐμπ. φησι 'σαπὲν ὕδωρ'. ἁπλῶς γὰρ οὐκ ἔστιν ὕδωρ.

οἶνος ἀπὸ φλοιοῦ πέλεται σαπὲν ἐν ξύλωι ὕδωρ.

---

79. Und so legen Eier erstlich die hohen Olivenbäume, ⟨zweitens ...⟩

80. Weshalb so spätreif die Granaten und so übersaftig die Äpfel sind.

81. Wein wird das von der Rinde her eingedrungene, im Holze vergorene Wasser.

---

6 τοῦ PSY: καὶ ἐκ τοῦ Z   καὶ ἐκ PSY: καὶ Z: [καὶ] Diels   11 μακρὰ Theophr., Ar. Z: μικρὰ Ar. PSY, Philop.   14 zu σίδαι vgl. Meineke zu Callim. p. 247   28 φύ⟨σει σηπτικὸν⟩ Kaltwasser   32 vgl. Plut. Quaest. conv. vι 2, 6 p. 688 A   ὑπό (= unter)? Friedländer

82 [223. 224 K., 236. 237 St.]. ARISTOT. Meteor. Δ 9. 387b 4
ταὐτὰ τρίχες καὶ φύλλα καὶ οἰωνῶν πτερὰ πυκνὰ
καὶ λεπίδες γίγνονται ἐπὶ στιβαροῖσι μέλεσσιν.

83 [225. 226 K., 238. 239 St.]. PLUT. de fort. 3 p. 98 D τὰ μὲν γὰρ ὥπλι-
5 σται κέρασι καὶ ὀδοῦσι καὶ κέντροις,

αὐτὰρ ἐχίνοις
ὀξυβελεῖς χαῖται νώτοις ἐπιπεφρίκασι.

84 [302—311 K., 316—324 St.]. 1—11 ARISTOT. de sens. 2 p. 437b 23
ʼΕ. δʼ ἔοικε νομίζοντι ὁτὲ μὲν ἐξιόντος τοῦ φωτός, ὥσπερ εἴρηται πρότερον, βλέπειν.
10 λέγει γοῦν οὕτως· ʼὡς ... ἦενʼ, ὁτὲ μὲν οὕτως ὁρᾶν φησιν, ὁτὲ δὲ ταῖς ἀπορροίαις
ταῖς ἀπὸ τῶν ὁρωμένων. ALEX. z. d. St. p. 23, 8 Wendl. καὶ πρῶτόν γε
παρατίθεται αὐτοῦ τὰ ἔπη, διʼ ὧν ἡγεῖται καὶ αὐτὸς πῦρ εἶναι τὸ φῶς καὶ τοῦτο ἐκ
τῶν ὀφθαλμῶν προχεῖσθαί τε καὶ ἐκπέμπεσθαι καὶ τούτωι τὸ ὁρᾶν γίνεσθαι. ἀπει-
κάζει γὰρ διὰ τῶν ἐπῶν τὸ ἐκπεμπόμενον ἀπὸ τῆς ὄψεως φῶς τῶι διὰ τῶν λυχνού-
15 χων φωτί. ὡς γὰρ ὁδοιπορεῖν τις νυκτὸς μέλλων λύχνον παρασκευασάμενος ἐντί-
θησιν εἰς λαμπτῆρα (ὁ γὰρ λαμπτὴρ τὰ μὲν ἔξωθεν πνεύματα ἀπείργει τε καὶ κω-
λύει, τοῦ δὲ πυρὸς τὸ λεπτότατον εἰς τὸ ἔξω διίησιν, ὅπερ ἐστὶ φῶς), οὕτω, φησίν,
καὶ ἐν ταῖς μήνιγξι καθειργόμενον τὸ πῦρ ὑπὸ λεπτῶν ὑμένων περιέχεται, οἳ
τὰ μὲν ἔξωθεν προσπίπτοντα λυμαντικὰ τοῦ πυρὸς ἀπείργουσι καὶ οὐκ ἐῶσιν
20 ἐνοχλεῖν τῆι κόρηι, τὸ δὲ λεπτότατον τοῦ πυρὸς εἰς τὸ ἔξω διιᾶσιν. ἀμουργοὺς
δὲ τοὺς λαμπτῆρας λέγοι ἂν τοὺς ἀπειρκτικοὺς ἀπὸ τοῦ ἀπερύκειν τὰ πνεύ-
ματα καὶ σκέπειν τὸ περιεχόμενον ὑπʼ αὐτῶν πῦρ· ἢ ἀμουργοὺς τοὺς πυκνοὺς
καὶ διὰ πυκνότητα ἀπερύκοντας τὰ πνεύματα. ταναὸν δὲ τὸ πῦρ τὸ διὰ λεπτό-
τητα τεινόμενόν τε καὶ διεκπίπτειν διὰ τῶν πυκνῶν δυνάμενον. κατὰ βηλὸν
25 δὲ κατὰ τὸν οὐρανόν. Ὅμηρος ʼῥίπτασκεν τεταγὼν ἀπὸ βηλοῦ, ὄφρʼ ἂν ἵκηται
γῆν ὀλιγηπελέωνʼ [Ο 23]. λεπτῆισι δὲ ὀθόνηισιν ἐχεύατο κύκλωπα κού-
ρην εἶπεν ἀντὶ τοῦ ʼλεπτοῖς ὑμέσι περιέλαβε τὴν κυκλοτερῆ κόρηνʼ, πρὸς τὸ ὄνομα
τῆς κόρης χρησάμενος ποιητικῶς ταῖς ὀθόναις ἀντὶ τῶν ὑμένων. δείξας δὲ αὐτὸν
διὰ τούτων τῶν ἐπῶν ταῦτα λέγοντα, προστίθησι τὸ ʼὁτὲ μὲν οὕτως ὁρᾶν φησιν,
30 ὁτὲ δὲ ταῖς ἀπορροίαις ταῖς ἀπὸ τῶν ὁρωμένωνʼ ἀπορρεῖν τινα, ἃ προσπίπτοντα
τῆι ὄψει, ὅταν ἐναρμόσηι τοῖς ἐν αὐτῆι πόροις τῶι εἶναι σύμμετρα, εἴσω τε χωρεῖν
καὶ οὕτως τὸ ὁρᾶν γίνεσθαι. ταύτης τῆς δόξης καὶ Πλάτων μνημονεύει ὡς οὔσης

---

82. Dasselbe *sind* Haare und Blätter und der Vögel dichte Federn
und Schuppen, *die* auf den kräftigen Gliedern entstehen.

83. Aber den Igeln scharfgespitzte Borsten auf dem Rücken
starren.

---

3 λεπίδες Arist. FHN: λοπίδες E: φολιδονίδες Olymp. zu Ar. a. O.
p. 335, 21 St., daraus φλονίδες (Hesych. φλονίδες: λεπίδες) Karsten   4ff. vgl.
Protagoras 31 C 1 (I 374, 17ff.)   6 ἐχῖνος Plut.: verb. Vulcobius   7 ὀξυ-
βελεῖς C²X²M²: -οῖς W: -ῆς O   χαῖται Vulcobius (vgl. Opp. Hal. 2, 372): καὶ
τε N: δέ τε O   8ff. über die optischen Theorien des E. s. Lackenbacher
Wien. Stud. 35 (1913) 39ff. dazu Aët. v. Amida I S. 2 Hirschb. (Friedländer)

342   31 [21]. EMPEDOKLES

Ἐμπεδοκλέους ἐν Μένωνι [Α 92 Ι 307, 3] καὶ ὁρίζεται κατὰ τὴν δόξαν τὴν
ἐκείνου τὸ χρῶμα ἀπορροὴν σωμάτων ὄψει σύμμετρον καὶ αἰσθητήν. Vgl. A 86
ι 301, 30 ff.

ὡς δ' ὅτε τις πρόοδον νοέων ὡπλίσσατο λύχνον
5   χειμερίην διὰ νύκτα, πυρὸς σέλας αἰθομένοιο,
ἅψας παντοίων ἀνέμων λαμπτῆρας ἀμοργούς,
οἵ τ' ἀνέμων μὲν πνεῦμα διασκιδνᾶσιν ἀέντων,
5 φῶς δ' ἔξω διαθρῶισκον, ὅσον ταναώτερον ἦεν,
λάμπεσκεν κατὰ βηλὸν ἀτειρέσιν ἀκτίνεσσιν·
10   ὡς δὲ τότ' ἐν μήνιγξιν ἐεργμένον ὠγύγιον πῦρ
λεπτῇσίν ⟨τ'⟩ ὀθόνηισι λοχάζετο κύκλοπα κούρην,
⟨αἳ⟩ χοάνηισι δίαντα τετρήατο θεσπεσίηισιν·
10 αἱ δ'ὕδατος μὲν βένθος ἀπέστεγον ἀμφιναέντος,
πῦρ δ' ἔξω δίεσκον, ὅσον ταναώτερον ἦεν.

---

84. Und wie wenn ein Mann, einen Ausgang im Sinne, sich dazu
einen Leuchter rüstete durch die winterliche Nacht, des brennenden
Feuers Glanz, wobei er entzündete vor allerlei Winden schirmende
Laternen; sie zerteilen zwar der blasenden Winde Wehen, (5) doch
das Licht drang nach außen durch, weil es soviel dünner (feiner) war,
und leuchtete zum Himmel (?) mit unermatteten Strahlen: so barg sich
damals (bei der Bildung des Auges) das urewige Feuer in Häute ein-
geschlossen und in dünne Gewänder hinter dem rundäugigen Mädchen
(der Pupille); sie waren mit Kanälen gerade durchbohrt, göttlich-
wunderbaren. (10) Und diese hielten zwar des Wassers Tiefe ab des
ringsum erflossenen, doch das Feuer ließen sie durch und hinaus, weil
es soviel feiner war.

---

4 ff. Interpunktion nach Wil.*   6 ἀμοργούς Arist. (vgl. Diels Herm.
15, 1880, 170): ἀμουργούς Al. (s. ι 341, 20)   7 οἵ τ' Arist. vulg.: αἴτε E u. a.
Hss. (verstanden wohl ἀμοργίδας)   8 φῶς Arist. vulg., Alex.: πῦρ E u. a.
Hss.: zur Anakoluthie vgl. B 17, 31. 21, 6   βηλός (βῆλος)] Bedeutung
Himmel (Firmament Diels) unpassend, man erwartet Weg (ὁδός Hesych.
s. v. ?)   10 ἐελμένον Ar. E   11 ⟨τ'⟩ Diels; λεπτῆσ' εἰν Panzerbieter   ὀθό-
νηισι(ν) Ar. vulg., A: χθονίησι E u. a. Hss.: χοανῆσι P (vgl. V. 9)   λοχάζετο
Ar. EMYil. (vgl. Euen. Anth. ιx 251, 3): ἐχεύατο (!) d. übrig. Hss., Al.
κύκλοπα] vgl. 28 B 10, 4   12 von Blaß wiederhergestellt aus den hinter
φῶς δ' ἔξω (V. 8) verschlagenen Worten d. Hs. P διάντατα τρείατο θεσπε-
σίησεν ὀθόνησιν διαθρῶισκον, δίαντα wie ἔσαντα, ἔναντα u. a.   13 an dem
doppelten αἱ nimmt Wil.* mit Recht Anstoß   ἀμφιναέντος v. ἐνάην, wovon
να(ι)ήσομαι (31 B 111, 8) wie ῥυήσομαι v. ἐρρύην, δαήσομαι v. ἐδάην   14 δίε-
σκον Ar. P.: διαθρῶσκον (aus V. 5) d. übr. Hss.

85 [193 K., 152 St.]. SIMPL. Phys. 331, 3 καὶ τὰ μόρια τῶν ζώιων ἀπὸ τύχης γενέσθαι τὰ πλεῖστά φησιν ὡς ὅταν λέγηι 'ἡ δὲ χθὼν ... μάλιστα' [B 98, 1]. καὶ πάλιν

ἡ δὲ φλὸξ ἱλάειρα μινυνθαδίης τύχε γαίης

5 καὶ ἐν ἄλλοις 'Κύπριδος ... τυχόντα' [B 75, 2]. καὶ πολλὰ ἄν τις εὕροι ἐκ τῶν 'Εμπεδοκλέους Φυσικῶν τοιαῦτα παραθέσθαι. Vgl. A 86 I 301, 30f.

86 [227 K., 240 St.]. SIMPL. de caelo 529, 21 (nach B 35, 1—15) ἀλλὰ καὶ περὶ γενέσεως τῶν ὀφθαλμῶν τῶν σωματικῶν τούτων λέγων ἐπήγαγεν·

ἐξ ὧν ὄμματ᾽ ἔπηξεν ἀτειρέα δῖ᾽ Ἀφροδίτη.

10 **87** [228 K., 241 St.]. SIMPL. de caelo 529, 24 (nach B 86) καὶ μετ᾽ ὀλίγον·

γόμφοις ἀσκήσασα καταστόργοις Ἀφροδίτη.

88 [311 K., 326 St.]. ARISTOT. Poet. 21. 1458a 4 ἀφηιρημένον δὲ οἷον τὸ κρῖ καὶ τὸ δῶ καὶ 'μία ... ὄψ'. STRABO VIII p. 364 (aus Apollodoros) 15 παρ᾽ 'Εμπεδοκλεῖ δὲ 'μία ... ὄψ', ἡ ὄψις.

μία γίγνεται ἀμφοτέρων ὄψ.

89 [267 K., 281 St.]. PLUT. Quaest. nat. 19 p. 916 D σκόπει δὴ κατ᾽ 'Εμπεδοκλέα

γνούς, ὅτι πάντων εἰσὶν ἀπορροαί, ὅσσ᾽ ἐγένοντο ...

20 οὐ γὰρ ζώιων μόνον οὐδὲ φυτῶν οὐδὲ γῆς καὶ θαλάττης, ἀλλὰ καὶ λίθων ἄπεισιν ἐνδελεχῶς πολλὰ ῥεύματα καὶ χαλκοῦ καὶ σιδήρου· καὶ γὰρ φθείρεται πάντα καὶ ὅλωλε τῶι ῥεῖν ἀεί τι καὶ φέρεσθαι συνεχῶς.

90 [268. 269 K., 282. 283 St.]. 1. 2. PLUT. Quaest. conviv. IV 1, 3 p. 663 A εἴτε γὰρ ἐξ ὁμοίων ἀναλαμβάνει τὸ οἰκεῖον ἡ φύσις καὶ εἰς τὸν ὄγκον αὐτόθεν ἡ 25 ποικίλη τροφὴ πολλὰς μεθιεῖσα ποιότητας ἐξ ἑαυτῆς ἑκάστωι μέρει τὸ πρόσφορον ἀναδίδωσιν· ὥστε γίγνεσθαι τὸ τοῦ 'Εμπεδοκλέους 'ὡς γλυκὺ ... ἐπ᾽ ὀξὺ δαλε-

---

85. Aber die Flamme mildgesinnt erhielt (*bei der Bildung des Auges*) gerade nur eine geringfügige *Beimischung von* Erde.

86. Aus diesen *Elementen* bildete die unermüdlichen Augen die göttliche Aphrodite.

87. Sie, die mit Liebesnägeln (*die Vereinigung*) herstellte, Aphrodite ...

88. Eins wird beider Blick.

89. Erkennend, daß es von allem Abflüsse gibt, was da entstanden ...

---

4 ἡδὲ F: ἡ δὴ D: ἤδη E: ἡδὲ Wil.* (doch vgl. z. B. 96, 1. 98, 1) τύχε
E: ψύχε DF   16 ὄψ Strabo: ὅης Ar. Hs.   vor μία ergänzte ὀφθαλμῶν
Karsten   19 γνούς kann v. Plutarch herrühren; γνῶθι Wakefield   24 καὶ
Hs.: tilgte unr. Wyttenb.

ρὸν δαλεροῦ' κτλ. Daraus MACROB. Sat. VII 5, 17 *scimus autem similibus similia nutriri* ... *singula ad se similitudinem sui rapere testis Empedocles qui ait* 'ὡς ... ἔβη, θερμὸν δ' ἐποχεύετο θερμῶι'.

ὡς γλυκὺ μὲν γλυκὺ μάρπτε, πικρὸν δ' ἐπὶ πικρὸν ὄρουσεν,
5   ὀξὺ δ' ἐπ' ὀξὺ ἔβη, δαερὸν δ' ἐποχεῖτο δαηρῶι.

91 [272. 273 K., 284. 285 St.]. ALEX. Quaest. II 23 [oben I 306, 16ff.]
ὕδωρ
οἴνωι ... μᾶλλον ἐνάρθμιον, αὐτὰρ ἐλαίωι
οὐκ ἐθέλει.

10   **92** [450 K.]. ARISTOT. de gen. anim. B 8. 747 a 34 (über die Aporie διὰ τί τὸ τῶν ἡμιόνων γένος ἄγονον vgl. A 82 I 300, 38) 'E. δ' αἰτιᾶται τὸ μεῖγμα τὸ τῶν σπερμάτων γίνεσθαι πυκνὸν ἐκ μαλακῆς τῆς γονῆς οὔσης ἑκατέρας· συναρμόττειν γὰρ τὰ κοῖλα τοῖς πυκνοῖς ἀλλήλων, ἐκ δὲ τῶν τοιούτων γίνεσθαι ἐκ μαλακῶν σκληρὸν ὥσπερ τῶι καττιτέρωι μειχθέντα τὸν χαλκόν, λέγων οὔτ'
15   ἐπὶ τοῦ χαλκοῦ καὶ τοῦ καττιτέρου τὴν αἰτίαν ὀρθῶς ... οὔθ' ὅλως ἐκ γνωρίμων ποιούμενος τὰς ἀρχάς. τὰ γὰρ κοῖλα καὶ τὰ στερεὰ ἁρμόττοντα ἀλλήλοις πῶς ποιεῖ τὴν μίξιν οἷον οἴνου καὶ ὕδατος; [vgl. B 91].

93 [274 K., 286 St.]. PLUT. de def. or. 41 p. 433 B ἄλλα γὰρ ἄλλοις οἰκεῖα καὶ πρόσφορα καθάπερ τῆς μὲν πορφύρας ὁ κυανὸς τῆς δὲ κόκκου τὸ νίτρον
20   δοκεῖ τὴν βαφὴν ἄγειν μεμιγμένον,

---

90. So Süßes nach Süßem griff, Bitteres auf Bitteres losstürmte, Saures auf Saures stieg und Heißes ritt auf Heißem.

91. *Wasser* fügt sich dem Weine mehr ein, aber mit Öl will es *sich* nicht *verbinden.*

92. *Die Samenmischung bei der Erzeugung von Mauleseln bringt, da zwei weiche Stoffe zusammenkommen, eine harte Verbindung zustande, wie wenn man Zinn und Kupfer mischt. Denn nur Hohles und Dichtes paßt zueinander. Dagegen die beiderseits harten Mischlinge sind unfruchtbar.*

---

1 Nach δαλεροῦ folgt im Vindob. (Archetyp.) verderbt λαβετωσ δὲ καὶ ἄλλου ... (L. 3 Buchst.) ἐπὶ πρόσφορον μένοντος τῆι θερμότητι ἐν τῶι πνεύματι τοῦ μίγματος σκεδασθέντος τὰ οἰκεῖα τοῖς συγγενέσιν ἕπεται   4 μὲν Macr.: μὲν ἐπὶ Plut.   5 δαερὸν δ' ἐποχεῖτο δαηρῶι Diels aus den bei Plut. wie bei Macr. verschieden verstümmelten und interpolierten Worten (vgl. Hes. s. v. δαερόν und δαηρόν; Et. M. 244, 42 s. v. δαηρόν). Vgl. *Poet. Phil. z. St.*: ἐποχεύετο δαερῶι vgl. Hom. Ω 769 ? P. Maas   8 nach οἴνωι fehlt etwa μὲν γάρ: οἴνωι ὕδωρ μᾶλλον μὲν Stein   vgl. Lucr. VI 1071   ἐναρίθμιον Alex.: verb. Karsten   vgl. Hatzidakis 'Αθηνᾶ 13 (1901) 680   19 κυανὸς Paton: κύαμος Hss.   20 ἄγειν] αὔξειν Reiske; αἴρειν ? Diels

βύσσωι δὲ γλαυκῆς κόκκος καταμίσγεται ἀκτῆς,
ὡς 'Ε. εἴρηκε.

94 [p. 50 St.]. PLUT. Quaest. nat. 39 *cur aqua in summa parte alba,
in fundo vero nigra spectatur*? *an quod profunditas nigredinis mater est,
5 ut quae solis radios prius quam ad eam descendant, obtundat et labefactet*?
*superficies autem quoniam continuo a sole afficitur, candorem luminis
recipiat oportet. quod ipsum et Empedocles approbat*:

et niger in fundo fluvii color exstat ab umbra,
atque cavernosis itidem spectatur in antris.

10 **95** [229 K., 242 St.]. SIMPL. de caelo 529, 26 (nach B 87) καὶ τὴν
αἰτίαν λέγων τοῦ τοὺς μὲν ἐν ἡμέραι τοὺς δὲ ἐν νυκτὶ κάλλιον ὁρᾶν [vgl. A 86
1 301, 37ff.]

Κύπριδος, φησίν, ἐν παλάμηισιν ὅτε ξύμ πρῶτ' ἐφύοντο.

96 [211—214 K., 199—202 St.]. 1—4 SIMPL. Phys. 300, 19 καὶ γὰρ λό-
15 γωι τινὶ ποιεῖ σάρκας καὶ ὀστοῦν καὶ τῶν ἄλλων ἕκαστον. λέγει γοῦν ἐν τῶι
πρώτωι τῶν Φυσικῶν· 'ἡ ... θεσπεσίηθεν' τουτέστιν ἀπὸ τῶν θείων αἰτίων
καὶ μάλιστα τῆς Φιλίας ἤτοι 'Αρμονίας· ταῖς γὰρ ταύτης κόλλαις ἁρμόζεται. 1—3
ARISTOT. de anima A 5. 410a 1 οὐ γὰρ ὁπωσοῦν ἔχοντα τὰ στοιχεῖα τούτων ἕκα-
στον ἀλλὰ λόγωι τινὶ καὶ συνθέσει, καθάπερ φησὶ 'Ε. τὸ ὀστοῦν· 'ἡ ... γένοντο'.
20 Paraphrase bei Simpl. zu d. St. 68, 5 Hayd. 'ἐπίηρος' δέ, τουτέστιν ἐναρ-
μόνιος, εἴρηται ἡ γῆ ὡς κύβος κατὰ τὴν Πυθαγόρειον παράδοσιν· τὸν γὰρ κύβον
διὰ τὸ δώδεκα μὲν ἔχειν πλευρὰς ὀκτὼ δὲ γωνίας ἓξ δὲ ἐπίπεδα τὴν ἁρμονικὴν
ποιοῦντα ἀναλογίαν ἁρμονίαν ἐκάλουν. 'χόανα' δὲ καὶ παρὰ τῶι ποιητῆι, ἐν οἷς
ἡ τῶν μιγνυμένων γίνεται κρᾶσις, ἀγγεῖα· 'φῦσαι δ' ἐν χοάνοισιν ἐείκοσι πᾶσαι
25 ἐφύσων' [Σ 470], ἃ καὶ 'εὔστερνα' ὡς πλατέα διὰ τὸ χωρητικὸν καλεῖ. μίγνυσι

93. Mit der Byssosfarbe aber wird des blauen Holunders Beere
gemischt.

94. Und die Schwärze auf dem Grunde des Flusses entsteht aus dem
Schatten und ebenso ist sie in zerklüfteten Höhlen zu sehen.

95. *Bei der Bildung der Augen*, als sie unter der Kypris Händen
zuerst zusammenwuchsen, *ergab sich auch der Unterschied, daß einige
bei Tag, andere bei Nacht heller sehen.*

---

1 κόκκος Diels: κρόκου, καὶ κρόκου, κρόκον, κρόνου Hss.   ἀκτῆς Wila-
mowitz: fehlt FΠB: ἀκτίς O; Wyttenbach las βύσσωι δὲ γλαυκῆι κόκκου
καταμίσγεται· ἄνθος, indem er Byssos als Gewandstoff faßte. Ihm folgt
Millerd a. O. S. 38, indem sie sogar ἀκτίς (*the brilliance of the scarlet*) hält.
Vgl. Manil. 5, 258   Byssos als Farbe erklärt v. Hesych., Et. M. 217, 20
3 Die der lat. Übers. des Longolius (Köln 1542) zugrunde liegende gr. Hs.
scheint verloren. Rückübers. versucht Diels *Poet. Phil.* p. 141: καὶ πέλει
ἐν βένθει ποταμοῦ μέλαν ἐκ σκιόεντος καὶ σπηλαιώδεσσιν ὁμῶς ἐνορᾶται ἐν ἄντροις
13 vgl. B 75, 2

δὲ πρὸς τὴν τῶν ὀστῶν γένεσιν τέσσαρα μὲν πυρὸς μέρη, διὰ τὸ ξηρὸν καὶ λευκὸν χρῶμα ἴσως πλείστου λέγων αὐτὰ μετέχειν πυρός, δύο δὲ γῆς καὶ ἐν μὲν ἀέρος ἐν δὲ ὕδατος, ἃ δὴ ἄμφω 'νῆστιν αἴγλην' προσαγορεύει, νῆστιν μὲν διὰ τὸ ὑγρὸν ἀπὸ τοῦ νάειν καὶ ῥεῖν, αἴγλην δὲ ὡς διαφανῆ. Vgl. A 78 ι 299, 8.

5   ἡ δὲ χθὼν ἐπίηρος ἐν εὐστέρνοις χοάνοισι
      τὼ δύο τῶν ὀκτὼ μερέων λάχε Νήστιδος αἴγλης,
      τέσσαρα δ' Ἡφαίστοιο· τὰ δ' ὀστέα λευκὰ γένοντο
      Ἁρμονίης κόλλησιν ἀρηρότα θεσπεσίηθεν.

97 [p. 452 K.]. ARISTOT. de part. anim. A 1 p. 640a 18 ἡ γὰρ γένεσις
10 ἕνεκα τῆς οὐσίας ἐστίν, ἀλλ' οὐχ ἡ οὐσία ἕνεκα τῆς γενέσεως. διόπερ Ἐμπεδοκλῆς οὐκ ὀρθῶς εἴρηκε λέγων ὑπάρχειν πολλὰ τοῖς ζῴοις διὰ τὸ συμβῆναι οὕτως ἐν τῆι γενέσει οἷον καὶ τὴν ῥάχιν τοιαύτην ἔχειν ὅτι στραφέντος καταχθῆναι συνέβη.

98 [215—219 K., 203—207 St.]. 1—5 SIMPL. Phys. 32, 3 καλεῖ δὲ τὸ μὲν πῦρ καὶ Ἥφαιστον (Β 96, 3) καὶ ἥλιον (21, 3 u. a.) καὶ φλόγα (85), τὸ δὲ ὕδωρ
15 ὄμβρον (73, 1 u. a.), τὸν δὲ ἀέρα αἰθέρα (100, 7 u. a.). λέγει οὖν πολλαχοῦ μὲν ταῦτα καὶ ἐν τούτοις δὲ τοῖς ἔπεσιν 'ἡ δὲ ... σαρκός' vgl. AËT. v 22 [A 78 ι 299, 5]. 1 EBEND. 331,3 καὶ τὰ μόρια τῶν ζῴων ἀπὸ τύχης γενέσθαι τὰ πλεῖστά φησιν ὡς ὅταν λέγηι 'ἡ δὲ ... μάλιστα'.

      ἡ δὲ χθὼν τούτοισιν ἴση συνέκυρσε μάλιστα,
20   Ἡφαίστωι τ' ὄμβρωι τε καὶ αἰθέρι παμφανόωντι,
      Κύπριδος ὁρμισθεῖσα τελείοις ἐν λιμένεσσιν,
      εἴτ' ὀλίγον μείζων εἴτε πλεόνεσσιν(?) ἐλάσσων·
      5 ἐκ τῶν αἷμά τε γέντο καὶ ἄλλης εἴδεα σαρκός.

---

96. Die Erde aber zu ihrer Freude erhielt in schönbrüstigen Tiegeln zwei von den acht Teilen hinzu vom Glanze der Nestis und vier vom Hephaistos. Das wurden die weißen Knochen, durch der Harmonie Leimkräfte aneinander gefügt mit göttlicher Schönheit.

97. Die Wirbelsäule *hat ihre Form daher, daß sie bei der Entstehung der Tiere durch eine zufällige Wendung zerbrach.*

98. Aber die Erde traf mit diesen etwa im gleichen Verhältnis zusammen, mit Hephaistos und dem Naß wie auch dem helleuchtenden Äther, in der Kypris vollkommenen Häfen vor Anker gegangen, sei es ein wenig stärker, sei es der Mehrzahl gegenüber (?) schwächer; (5) daraus das Blut wurde und sonst die Arten von Fleisch.

---

5 εὐστέρνοις Arist., Simpl. de anim., phys. D: εὐτύκτοις Simpl. phys. EF
6 τὼ Steinhart: τῶν Arist. ESTUX: τὰς Simpl. phys. DE, Arist. W: τὰ Arist. V, Simpl. F   μερέων Ar. ESTX, Simpl. phys. F: μοιράων Arist. UVW (-ῶν LF), Simpl. DE   Νήστιδος] vgl. B 6, 3   7 λεύκ' ἐγένοντο Arist. SUX   19 μάλιστα] vgl. B 22, 6   20 homerische Klausel, vgl. z. B. Θ 320   21 ὁρμισθεῖσα F: ὁρμηθεῖσα DE   an 'Αφρ. Λιμενία erinnert Kern   22 πλεόνεσσιν Panzerbieter: πλέον ἐστὶν Simpl.   23 αἷματ' ἐγένοντο F   zum Versschluß vgl. B 26, 4

99 [p. 483 K., 315 St.]. THEOPHR. de sens. 9 [A 86 ɪ 302, 11ff.]. Vgl. A 93.

κώδων. σάρκινος ὄζος.

100 [275—299 K., 287—311 St.]. ARISTOT. de respir. 7 p.
473a 15 λέγει δὲ περὶ ἀναπνοῆς καὶ 'E., οὐ μέντοι τίνος γ' ἕνεκα οὐδὲ περὶ πάντων τῶν ζώιων
5 οὐδὲν ποιεῖ δῆλον εἴτε ἀναπνέουσιν εἴτε μή. καὶ περὶ τῆς διὰ τῶν μυκτήρων
ἀναπνοῆς λέγων (V. 4) οἴεται καὶ περὶ τῆς κυρίας λέγειν ἀναπνοῆς ... 473b 1
γίνεσθαι δέ φησι τὴν ἀναπνοὴν καὶ ἐκπνοὴν διὰ τὸ φλέβας εἶναί τινας, ἐν αἷς ἔνεστι
μὲν αἷμα, οὐ μέντοι πλήρεις εἰσὶν αἵματος (V. 1), ἔχουσι δὲ πόρους εἰς τὸν ἔξω
ἀέρα, τῶν μὲν τοῦ σώματος μορίων ἐλάττους, τῶν δὲ τοῦ ἀέρος μείζους· διὸ τοῦ
10 αἵματος πεφυκότος κινεῖσθαι ἄνω καὶ κάτω, κάτω μὲν φερομένου εἰσρεῖν τὸν ἀέρα
καὶ γίνεσθαι ἀναπνοήν, ἄνω δ' ἰόντος ἐκπίπτειν θύραζε καὶ γίνεσθαι τὴν ἐκπνοήν,
παρεικάζων τὸ συμβαῖνον ταῖς κλεψύδραις· 'ὧδε ... ὀπίσσω'.

ὧδε δ' ἀναπνεῖ πάντα καὶ ἐκπνεῖ· πᾶσι λίφαιμοι
σαρκῶν σύριγγες πύματον κατὰ σῶμα τέτανται,
15 καί σφιν ἐπὶ στομίοις πυκιναῖς τέτρηνται ἄλοξιν
ῥινῶν ἔσχατα τέρθρα διαμπερές, ὥστε φόνον μὲν
5 κεύθειν, αἰθέρι δ' εὐπορίην διόδοισι τετμῆσθαι.
ἔνθεν ἔπειθ' ὁπόταν μὲν ἀπαΐξηι τέρεν αἷμα,
αἰθὴρ παφλάζων καταΐσσεται οἴδματι μάργωι,
20 εὖτε δ' ἀναθρώισκηι, πάλιν ἐκπνέει, ὥσπερ ὅταν παῖς

99. Das Ohr ist gleichsam eine Glocke der eindringenden (?) Töne.
Er nennt es fleischigen Zweig (?).

100. Also aber atmet alles ein und aus: Allen sind blutarme Fleisch-
röhren über die Oberfläche des Körpers hin gespannt, und an ihren
Mündungen ist mit vielen Ritzen durchweg durchbohrt der Haut
äußerste Oberfläche, so daß zwar das Blut (5) drinnen geborgen bleibt,
der Luft aber freier Zutritt durch die Öffnungen gebahnt ist. Wenn
von hier nun dann wegstürzt das dünne Blut, so stürmt die Luft brausend
nach in rasendem Schwalle, wenn es dagegen zurückspringt, so weht

---

2 vgl. zu A 86   13 verändert bei Demetrius Lacon Pap. 1012
(Voll. Herc. coll. alt. VII 36) ὧδε δ' ἀναπνήουσι καὶ ἐκπνήουσι· λίφαιμοι σαρκῶν
σήριγγες πύματον κατὰ σῶμα τέτανται. Die Fassung und Form ist durchweg
schlechter als die Ar. Überl.   δίαιμοι ilM   15 πυκιναῖς GaHaLQ (vgl.
Jaeckel de poet. Sicul. hex. S. 22): πυκναῖς oder -οῖς d. meisten Hss.   δόναξι
ilM   16 »Das lächerliche Mißverständnis des Ar., ῥινῶν = μυκτήρων zu
setzen, darf nicht beirren« Diels   τέρθρα GaHaLmo: die übr. τέθρα   φό-
νον ilM: φανὸν die übr.   17 τετμῆσθαι] das Bild von Kanälen (διώρυχες
τετμημέναι Plato Crit. 118 D) hergenommen   18 ἀπαΐξη GaHaLXmo: die
übr. ἐπαΐξη u. ä.   20 ἀναθρώσκει Hss.: verb. Karsten   ἐκπνέει (auch
V. 25) Diels: ἐκπνεῖ Hss.   zum Gleichnis vgl. auch A 67 ɪ 295, 35ff.

348   31 [21]. EMPEDOKLES

κλεψύδρηι παίζουσα διειπετέος χαλκοῖο —
10 εὖτε μὲν αὐλοῦ πορθμὸν ἐπ᾽ εὐειδεῖ χερὶ θεῖσα
εἰς ὕδατος βάπτηισι τέρεν δέμας ἀργυφέοιο,
οὐδεὶς ἄγγοσδ᾽ ὄμβρος ἐσέρχεται, ἀλλά μιν εἴργει
5 ἀέρος ὄγκος ἔσωθε πεσὼν ἐπὶ τρήματα πυκνά,
εἰσόκ᾽ ἀποστεγάσηι πυκινὸν ῥόον· αὐτὰρ ἔπειτα
15 πνεύματος ἐλλείποντος ἐσέρχεται αἴσιμον ὕδωρ.
ὣς δ᾽ αὔτως, ὅθ᾽ ὕδωρ μὲν ἔχηι κατὰ βένθεα χαλκοῦ
πορθμοῦ χωσθέντος βροτέωι χροΐ ἠδὲ πόροιο, —
10 αἰθὴρ δ᾽ ἐκτὸς ἔσω λελιημένος ὄμβρον ἐρύκει,
ἀμφὶ πύλας ἠθμοῖο δυσηχέος ἄκρα κρατύνων,

die Luft wieder heraus, wie wenn ein Mädchen mit einer Klepsydra
(einem Wasserheber) spielt aus glänzendem Erze: (10) Solange es des
Halses Mündung gegen die wohlgeformte Hand gedrückt hält und so
die Klepsydra in den weichen Bau des silbernen Wassers eintaucht,
tritt kein Naß in das Gefäß ein, sondern dies hindert der Luft Gewicht,
die von innen stürzt auf die dichtgefügten Löcher (*des Siebes*), bis
das Mädchen durch Abdecken befreit den verdichteten *Luft*strom; aber
dann, (15) da die Luft eine Lücke läßt, tritt ein das entsprechende
Maß Wasser. Ebenso aber, wenn Wasser füllend bedeckt den Bauch
des *Erzgefäßes*, während der Hals und auch die Mündung verstopft
ist durch die menschliche Haut, — die Luft aber, die (von) außen
nach innen strebt, hält das Naß zurück, da sie an den Toren des gurgeln-

---

1 κλεψύδρηι Diels: -ην LMP u. a. (und so Wil.*): κλεψύδραις übr. Hss.
(Simpl. de caelo 524, 10). Über die Sache vgl. Photiadis.᾽Αθηνᾶ 16 (1904) 54;
H. Schöne in d. *Festschr. z. Phil. Vers.* Basel 1907 S. 453; Sandys *Cambridge
Univ. Reporter* 5. March 1912; M. Schmidt *Kulturh. Beitr.* II 86; Powell *Class.
Quarterly* 7 (1923) 172; Regenbogen *Quell. u. Stud. z. Gesch. d. Math.* B, 1, 180;
Thalheim *Pauly-Wiss. R.-E.* s. v. Klepsydra   παίζησι il. (παίζηισι Diels):
παίζουσι ZM: παίζουσα d. übr. (u. so mit Recht Wil.*)   διειπετέος nach
Zenodot Diels (vgl. Solmsen *Z. f. vgl. Sprachf.* 44, 1911, 162): διιπετέος ZMil.:
δι᾽ εὐπετέος d. übr.   4 οὐδέτ᾽ ἐς oder οὐδ᾽ ὅτι ἐς Hss.: verb. Wilamowitz;
οὐδ᾽ ὁ γ᾽ Bekker, οὐ τότ᾽ Stein   5 αἰθέρος (wie V. 7) Stein   7 ἐκλείπον-
τος MZil   αἴσιμον Michael, Simpl. phys. 647, 30 (ἀνὰ λόγον), wenige Ar.
Hss.: αὔξιμον LMQ u. a. (Var.)   9 χωσθέντος GaHaLQf: χρωσθέντος d.
übrigen   10 ἐρύκει Hss., von Regenbogen a. O., dessen Interpretation wir
folgen, verteidigt (zum Satzbau vergleicht er Hom. λ 387f. u. a.); ἐρύκηι
mit Nachsatzbeginn in V. 20 Diels   11 ἰσθμοῖο die besten Hss. (Hes. s. v.
εἰσθμός): ἠθμοῖο wenige, weniger gute; Varianten, von denen Regenbogen a. O.
S. 182 mit Recht die zweite vorzieht

20 εἰσόκε χειρὶ μεθῆι, τότε δ' αὖ πάλιν, ἔμπαλιν ἢ πρίν,
πνεύματος ἐμπίπτοντος ὑπεκθέει αἴσιμον ὕδωρ.
ὣς δ' αὔτως τέρεν αἷμα κλαδασσόμενον διὰ γυίων
ὁππότε μὲν παλίνορσον ἀπαΐξειε μυχόνδε,
5 αἰθέρος εὐθὺς ῥεῦμα κατέρχεται οἴδματι θῦον,
25 εὖτε δ' ἀναθρώισκηι, πάλιν ἐκπνέει ἴσον ὀπίσσω.

101 [300 K., 312 (313) St.]. 1. 2 PLUT. de curios. 11 p. 520 E καὶ καθά-
περ οἱ κυνηγοὶ τοὺς σκύλακας οὐκ ἐῶσιν ἐκτρέπεσθαι καὶ διώκειν πᾶσαν ὀδμήν,
ἀλλὰ τοῖς ῥυτῆρσιν ἕλκουσι καὶ ἀνακρούουσι καθαρὸν αὐτῶν φυλάττοντες καὶ
10 ἄκρατον τὸ αἰσθητήριον ἐπὶ τὸ οἰκεῖον ἔργον, ἵν' εὐτονώτερον ἐμφύηται τοῖς ἴχνεσι
'τέρματα... ἐρευνῶν', οὕτω κτλ. DERS. Quaest. nat. 23 p. 917 E πότερον αἱ
κύνες, ὥς φησιν ὁ 'Ε., 'κέμματα [!]... ἐρευνῶσαι' τὰς ἀπορροὰς ἀναλαμβάνου-
σιν, ἃς ἐναπολείπει τὰ θηρία τῆι ὕληι, ταύτας δὲ τοῦ ἔαρος ἐξαμαυροῦσι
καὶ συγχέουσι αἱ πλεῖσται τῶν φυτῶν καὶ τῶν ὑλημάτων ὀσμαί κτλ. 2 ALEX. q. f.
15 problem. III 102 (p. 22, 7 Usen., zur Aporie διὰ τί αἱ κύνες οὐκ ὀσφραίνουσι
τῶν ἰχνῶν, ὅταν ἀποθάνηι δασύπους) ζῶντος μὲν οὖν διὰ τὸ συνεχῆ εἶναι τὴν
ὀσμὴν ἀπὸ τοῦ θηρίου αἰσθάνονται, τεθνεῶτος δὲ πέπαυται ῥέουσα· οὐ γὰρ κατα-
λείπει, ὥσπερ 'Ε., ὡς 'ἀπέλειπε... περιποία [!]', οὐχ οἷόν τε γὰρ διασπᾶσθαι
τὴν ὀσμὴν οὐδὲ τὴν χρόαν, ἀλλ' ὅταν ἀποθάνηι κἀκεῖνα [die riechenden Partikeln]
20 καὶ αὐτὴ [die Witterung] ἔφθαρται. ANON. IN PLAT. Theaet. 70, 48 'Ε. ἀπορροὰς
ἀπολείπει καί φησιν, ὅτι ἀνιχνεύουσι οἱ κύνες 'κέρματ⟨α θηρείων⟩ μελέων'.
⟨ἀδύνατον δὲ⟩ τοῦτό γ' ὅτ⟨αν ἦι ἀπο⟩θνήσκον⟨τα τὰ ζῶια⟩.

κέρματα θηρείων μελέων μυκτῆρσιν ἐρευνῶν,
⟨ζώονθ'⟩ ὅσσ' (?) ἀπέλειπε ποδῶν ἁπαλῆι περὶ ποίηι ...

den Siebes die Oberfläche beherrscht, (20) bis *das Mädchen die Klepsydra*
mit der Hand freigibt; dann läuft, umgekehrt wie früher, während
die Luft *von oben* einstürzt, unten das entsprechende Maß .Wasser
aus. Ebenso aber das zarte Blut, das durch die Glieder rauscht: wenn
es rückwärts gewandt wegstürzt nach dem Innern, so geht sofort der
Luftstrom hinab in wogendem Schwalle, (25) wenn es dagegen zurück-
springt, so geht beim Ausatmen ein gleicher *Luftstrom* wieder zurück.

101. (*Der Hund*) die Teilchen von den Gliedern des Wildes mit
der Nase erschnüffelnd, so viele sie lebend(?) zurückließen von ihren
Füßen rings am zarten Grase.

---

2 ἐκπίπτοντος SaMZiln   ὑπεκθέει MZil: ὑπεκθεῖ d. übr.   4 ἐπαΐξειε
(u. ä.) Hss.: verb. Stein   5 αἰθέρος MZil: ἕτερον d. übrigen: θάτερον
Michael   οἴδματι θῦον homerisch: οἶδμα τιταῖνον MZil   6 ἀναθρώσκη
MSZ: ἀναθρώσκοι und -ει d. übrigen   ἐκπνεῖ Hss.   19 χρόαν] πνοάν ?
Wil.*   23 κέρματα Anonym. Theaet.: τέρματα O, πέλματα (Emperii) J¹
aus πέρματα Plut. 520: κέμματα (?) 917   24 ⟨ζώονθ'⟩ nach Al. u. Anon.
Diels; ⟨πνεύματά θ'⟩ Diels 1. Aufl.: ⟨ὀσμᾶθ'⟩ Pearson *Cl. Rev.* 23, 50   ὅσσ'
Nauck: ὡς (ὃς) Al.   ἁπαλὴ περιποία Al.: verb. Diels

350   31 [21]. EMPEDOKLES

102 [301 K., 314 St.]. THEOPHR. de sens. 31 A 86 (I 305, 8)
ὧδε μὲν οὖν πνοιῆς τε λελόγχασι πάντα καὶ ὀσμῶν.

103 [312 K., 195 St.]. SIMPL. Phys. 331, 10 (τύχη des Emp.) καὶ πολλὰ
ἄν τις εὕροι ἐκ τῶν Ἐμπεδοκλέους Φυσικῶν τοιαῦτα παραθέσθαι ὥσπερ καὶ
5 τοῦτο·
τῆιδε μὲν οὖν ἰότητι Τύχης πεφρόνηκεν ἅπαντα.

104 [414 K., 196 St.]. SIMPL. Phys. 331, 13 [nach B 103] καὶ μετ' ὀλίγον·
καὶ καθ' ὅσον μὲν ἀραιότατα ξυνέκυρσε πεσόντα . . .

105 [315–317 K., 327–329 St.]. PORPHYR. de Styge ap. Stob. Ecl.
10 I 49, 53 p. 424, 14 W. Ἐ. τε οὕτω φαίνεται ὡς ὀργάνου πρὸς σύνεσιν τοῦ αἵματος
ὄντος λέγειν 'αἵματος . . . νόημα'. Vgl. A 84 (I 301, 15). 86 (I 302, 23). Von
καρδία gesagt:
αἵματος ἐν πελάγεσσι τεθραμμένη ἀντιθορόντος,
τῆι τε νόημα μάλιστα κικλήσκεται ἀνθρώποισιν·
15 αἷμα γὰρ ἀνθρώποις περικάρδιόν ἐστι νόημα.

106 [318 K., 330 St.]. ARISTOT. de anima Γ 4. 427a 21 οἵ γε ἀρχαῖοι τὸ
φρονεῖν καὶ τὸ αἰσθάνεσθαι ταὐτὸν εἶναί φασιν, ὥσπερ καὶ Ἐ. εἴρηκε 'πρὸς . . .
ἀνθρώποισιν' καὶ ἐν ἄλλοις 'ὅθεν . . . παρίσταται' [B 108]. Metaph. Γ 5.
1009b 17 Ἐ. μεταβάλλοντας τὴν ἕξιν μεταβάλλειν φησὶ τὴν φρόνησιν 'πρὸς . . .
20 ἀνθρώποισιν'. καὶ ἐν ἑτέροις δὲ λέγει ὅτι 'ὅσσον . . . παρίστατο' [B 108].
πρὸς παρεὸν γὰρ μῆτις ἀέξεται ἀνθρώποισιν.

---

102. So hat nun alles Odem erhalten und Gerüche.

103. So sind alle *Wesen* durch den Willen der Tyche mit Bewußtsein
begabt.

104. Und soweit gerade die leichtesten *Körper* zusammenstießen
im Falle . . .

105. *Das Herz* in des Blutes Fluten genährt (?), des entgegenspringen-
den, wo ja gerade das vorzüglich sitzt, was Denkkraft heißt bei den
Menschen. Denn das den Menschen ums Herz *wallende* Blut ist ihnen
die Denkkraft.

106. Denn auf den anwesenden Stoff hin wächst der Verstand
den Menschen.

---

2 πνοῆς Hss.   6 οὖν fehlt F   7 ὀλίγον] ὀλίγα E   13 τεθραμμένη Grotius
(sc. καρδία, vgl. A 84): τετραμμένα FP   ἀντιθρῶντος FP¹: ἀντιθορῶντος P²:
verb. Scaliger   15 vgl. Capelle *Herm.* 59 (1924) 122   21 ἀέξεται Ar.
de anim. fast alle Hss., metaph. E¹SBbCb: ἐναέξεται de anim. E¹: ἐναύξεται
metaph. E²Ab   vgl. 28 B 16; Herodot III 134, Nestle *Gymn.-Programm
v. Schöntal* 1908 S. 12

107 [324. 325 K., 336. 337 St.]. THEOPHR. de sensu 10 [A 86 I 302, 22]
ἐκ τούτων ⟨γὰρ⟩ πάντα πεπήγασιν ἁρμοσθέντα
καὶ τούτοις φρονέουσι καὶ ἥδοντ' ἠδ' ἀνιῶνται.
108 [319. 320 K., 331. 332 St.]. ARISTOT. Metaph. Γ 5. 1009b 18 [vgl. zu
5 B 106] καὶ ἐν ἑτέροις δὲ λέγει ὅτι 'ὅσσον... παρίστατο'. de anima Γ 3. 427a 24
[vgl. zu B 106] καὶ ἐν ἄλλοις 'ὅθεν σφίσιν... παρίσταται'. PHILOP. z. d.
St. 486, 13 ὁ γὰρ Ἐ. τὰς διαφορὰς τῶν ὀνειράτων λέγων φησὶν ὅτι ἐκ τῶν
καθ' ἡμέραν ἐνεργημάτων αἱ νυκτεριναὶ γίνονται φαντασίαι· ταύτην δὲ τὴν φαν-
τασίαν φρόνησιν καλεῖ ἐν οἷς φησιν 'ὅθεν... παρίσταται'. Vgl. 487, 1;
10 SIMPL. z. d. St. 202, 30 καὶ τὸ φρονεῖν ἐν τοῖς ὀνείροις ἀλλοῖα παρίστα-
ται κτλ. (Herod. VII 16, 2. Hipp. de morbo sacro 17).
δσσον ⟨γ'⟩ ἀλλοῖοι μετέφυν, τόσον ἄρ σφισιν αἰεί
καὶ τὸ φρονεῖν ἀλλοῖα παρίσταται ...
109 [321—323 K., 333—335 St.]. 1—3 ARISTOT. de anima A 2. 404b 8
15 ὅσοι δ' ἐπὶ τὸ γινώσκειν καὶ τὸ αἰσθάνεσθαι τῶν ὄντων [sc. ἀπέβλεψαν], οὗτοι
δὲ λέγουσι τὴν ψυχὴν τὰς ἀρχάς, οἱ μὲν πλείους ποιοῦντες οἱ δὲ μίαν ταύτην,
ὥσπερ Ἐ. μὲν ἐκ τῶν στοιχείων πάντων, εἶναι δὲ καὶ ἕκαστον ψυχὴν τούτων λέγων
οὕτω· 'γαίηι... λυγρῶι'. Metaph. B 4. 1000b 5 ἡ δὲ γνῶσις τοῦ ὁμοίου
τῶι ὁμοίωι· 'γαίηι μὲν γάρ, φησί, γαῖαν... λυγρῶι'.
20 γαίηι μὲν γὰρ γαῖαν ὀπώπαμεν, ὕδατι δ'ὕδωρ,
αἰθέρι δ' αἰθέρα δῖον, ἀτὰρ πυρὶ πῦρ ἀίδηλον,
στοργὴν δὲ στοργῆι, νεῖκος δέ τε νείκεϊ λυγρῶι.

---

107. Denn aus diesen (*den Elementen*) ist alles passend zusammen-
gefügt und durch diese denken sie und freuen sich und betrüben sich.

108. Nach dem Maße, wie sich die *Menschen* (*am Tage*) in ihrer
Natur änderten, so fällt es ihnen auch stets bei ihre Gedanken zu ändern
(*in der Nacht*).

109. Denn durch Erde schauen wir die Erde, durch Wasser das
Wasser, durch Äther den göttlichen Äther, aber durch Feuer das ver-
nichtende Feuer; die Liebe ferner durch *unsere* Liebe und den Haß
durch *unseren* traurigen Haß.

---

2 ⟨γὰρ⟩ Karsten: Lücke v. 14 Buchst. P: fehlt (am Rande ζήτει) F
3 ἥδοντ' ἠδ' Karsten: ἥδονται καὶ PF   12 ⟨γ'⟩ Sturz: ⟨τ'⟩ Stein: ⟨δ'⟩
Diels   μετέφην Arist. AbST   τόσον ἄρ Ar. metaph.: ὅθεν de anim.,
nach d. Gedächtnis   13 τὸ φρονεῖν] φρονέειν Karsten   παρίσταται Ar.
de an.: -το metaph.; vgl. 28 B 16, 2   21 δῖον Ar. metaph. (θεῖον Ab),
de anim. TUVW: δῖαν d. übrigen   22 στοργὴν δὲ στοργῆι Ar. metaph.
bessere Hss.: στοργῆι δὲ στοργήν de an.: στοργῆι τε στοργὴν metaph.
schlecht. Hss.   Stand B 109 kurz vor 107 ? Vgl. A 86 I 302, 21f.

109a [0]. PAP. OXYRH. 1609 XIII 94 (II. Jhdt. n. Chr., Eudorus?) δοκῆι
δὲ ἐκεῖ φαίνεσθαι· οὐ γὰρ ἐπ᾽ ἐκείνου τοῦ κατόπτρου ὁρᾶται, ἀλλ᾽ ἡ ἀνάκλασις
ἐπὶ τὸν ὁρῶντα ＼. περὶ μὲν οὖν τούτων ἐν τοῖς εἰς τὸν Τίμαιον εἴρηται.
οὐ δεῖ δὲ
εἴδωλον τοιοῦτον ἀκούειν οἷον τὸ κατὰ Δημόκριτον ἢ ᾽Επίκουρον ἢ ὡς ᾽Εμπεδοκλῆς
5 ἀπορροὰς φαίη ἂν ἀπιέναι ἀπὸ ἑκάστου τῶν κατοπτριζομένων καὶ τ⟨οῖς⟩ ⟨ὄμ-
μασιν ὥσ⟩περ ἐούσας ⟨εἰκόνας ἐναρμόζεσθαι⟩. Vgl. A 88.

110 [222—231 St.]. 1—10 HIPPOL. Ref. VII 29 (p. 214 W.) τοιαύτη τις ἡ
κατὰ τὸν ᾽Εμπεδοκλέα ἡμῖν ἡ τοῦ κόσμου γένεσις καὶ φθορὰ καὶ σύστασις ἐξ ἀγαθοῦ
καὶ κακοῦ συνεστῶσα φιλοσοφεῖται. εἶναι δέ φησι καὶ νοητὴν τρίτην τινὰ δύναμιν,
10 ἣν καὶ ἐκ τούτων ἐπινοεῖσθαι δύνασθαι, λέγων ὧδέ πως· 'εἰ γὰρ ... αἶσαν'.
... 30 (p. 216) (gegen Marcion) τοὺς ᾽Εμπεδοκλέους λανθάνεις διδάσκων κα-
θαρμούς ... λύεις τοὺς ὑπὸ τοῦ θεοῦ συνηρμοσμένους γάμους τοῖς ᾽Εμπεδοκλέους
ἀκολουθῶν δόγμασιν, ἵνα σοι φυλαχθῆι τὸ τῆς φιλίας ἔργον ἓν ἀδιαίρετον. διαιρεῖ
γὰρ ὁ γάμος κατὰ ᾽Εμπεδοκλέα τὸ ἓν καὶ ποιεῖ πολλά, καθὼς ἀπεδείξαμεν.
15 10 ebenda VI 12 (p. 138) (nach B 109) πάντα γάρ, φησίν (Simon), ἐνόμιζε
(Empedokles) τὰ μέρη τοῦ πυρὸς τὰ ⟨ὁρατὰ καὶ τὰ⟩ ἀόρατα φρόνησιν ἔχειν
καὶ γνώμην ἴσην (statt νώματος αἶσαν). SEXT. adv. math. VIII 286 ᾽Ε. ἔτι
παραδοξότερον πάντα ἠξίου λογικὰ τυγχάνειν καὶ οὐ ζῶια μόνον ἀλλὰ καὶ
φυτὰ ῥητῶς γράφων 'πάντα ... αἶσαν'.

20   εἰ γὰρ κέν σφ᾽ ἀδινῆισιν ὑπὸ πραπίδεσσιν ἐρείσας
εὐμενέως καθαρῆισιν ἐποπτεύσηις μελέτηισιν,
ταῦτά τέ σοι μάλα πάντα δι᾽ αἰῶνος παρέσονται,
ἄλλα τε πόλλ᾽ ἀπὸ τῶνδ᾽ ἐκτήσεαι· αὐτὰ γὰρ αὔξει
5 ταῦτ᾽ εἰς ἦθος ἕκαστον, ὅπη φύσις ἐστὶν ἑκάστωι.

109a. *E. würde sagen*, Abflüsse *gehen von jedem der sich spiegelnden
Gegenstände ab und paßten sich ein* den Augen als seien sie Abbilder.

110. Wenn du nämlich sie (*die Lehren des Meisters?*) tief in deinen
festen Sinn einfügst und wohlgesinnt mit reinen Bemühungen beschaust,
so wird dir sowohl dieses alles auf Lebenszeit zu Gebote stehen, aber
auch noch anderes vieles wirst du daraus gewinnen; denn dies läßt von
selbst ins Wesen *des Menschen* ein jedes wachsen, sowie die Natur einem

---

1 als Verf. nahm Diels nicht den Akademiker Eudoros, sondern eher
Poseidonios an wegen des Timaioszitats   3 ＼ deutet als εἶναι, setzt
dafür γίγνεται Diels   5f. Versergänzung von Diels, der auch ein hinter περ
stehendes Iota tilgte   16 ⟨´⟩ Gotting.   20 γὰρ καὶ ἐν σφαδινῆισιν (σφαδί-
νησιν) Hipp.: verb. Schneidewin   21 ἐποπτεύεις Hipp. verb. Schneidewin
der Ausdruck der Mystik entnommen, die Anrede kann nur Pausanias
meinen, trotz καθαρμούς Z. 11f. (die K. hat Hipp., wie Wendland mit Recht
bemerkt, vorher nie benutzt). Objekt zu ἐποπτ. die Grundstoffe nach H. Gom-
pèrz, aber πάντα Z. 22! ἐρείσας gedeut. nach Friedländer, faßt intrans. Diels
22 δέ Hipp.: verb. Schneidewin vgl. Hom. β 306   23 τῶνδεκτ(ή. η)ται
die Hs. des Hipp.: verb. Diels: τῶν κεκτήσεαι Meineke   αὔξει nach Diels
intrans., faßt Wil.* wohl richtig trans.   24 ἔθος Hipp.: verb. Miller

εἰ δὲ σύ γ᾽ ἀλλοίων ἐπορέξεαι, οἷα κατ᾽ ἄνδρας
μυρία δειλὰ πέλονται ἅ τ᾽ ἀμβλύνουσι μερίμνας,
ἦ σ᾽ ἄφαρ ἐκλείψουσι περιπλομένοιο χρόνοιο
σφῶν αὐτῶν ποθέοντα φίλην ἐπὶ γένναν ἱκέσθαι·
5 10   πάντα γὰρ ἴσθι φρόνησιν ἔχειν καὶ νώματος αἶσαν.

111 [424—428 K., 24—32 St.]. 1—9 Diog. viii 59 aus Satyros (αὐτὸν
[näml. ᾽Εμπεδοκλέα] ἐπαγγέλλεσθαι . . .) [A 1 i 278, 30] 3—5 Clem. Strom.
vi 30 [ii 445, 16 St.; s. A 14 i 284, 18]

φάρμακα δ᾽ ὅσσα γεγᾶσι κακῶν καὶ γήραος ἄλκαρ
10 πεύσῃ, ἐπεὶ μούνωι σοὶ ἐγὼ κρανέω τάδε πάντα.
παύσεις δ᾽ ἀκαμάτων ἀνέμων μένος οἵ τ᾽ ἐπὶ γαῖαν
ὀρνύμενοι πνοιαῖσι καταφθινύθουσιν ἀρούρας·
5 καὶ πάλιν, ἢν ἐθέλησθα, παλίντιτα πνεύματ(α) ἐπάξεις·
θήσεις δ᾽ ἐξ ὄμβροιο κελαινοῦ καίριον αὐχμόν
15 ἀνθρώποις, θήσεις δὲ καὶ ἐξ αὐχμοῖο θερείου

jeden ist. Willst du aber nach andersartigen Dingen trachten, wie sie
so bei den Menschen im Schwange sind, unzählige, armselige, die das
Nachdenken abstumpfen, wahrlich dann werden sie dich schnell im
Stiche lassen im Umlauf der Zeit, weil sie sich sehnen zu ihrem eignen,
angestammten Geschlecht zurückzukehren. Denn alles, wisse, hat Be-
wußtsein und am Denken Anteil.

111. Und Gifte, so viele nur geworden sind als Hilfe gegen Übel und
Alter, wirst du kennen lernen, denn dir allein will ich dies alles erfüllen.
Stillen wirst du auch der unermatteten Winde Gewalt, die gegen die
Erde losbrechen und mit ihrem Wehen vernichten die Fluren, und
umgekehrt wirst du, wenn du den Willen hast, zum Ausgleich die
Lüfte herbeiholen. Schaffen wirst du aus dunklem Regen rechtzeitige
Trocknis den Menschen, schaffen wirst du aber auch aus sommer-

---

1 σὺ τἄλλ᾽ οἴων ἐπιρέξεις Hipp.   2 ~ B 2, 2   δῆλα Hipp.: verb.
Schneidewin   ἅ Diels: τὰ Hipp. wie B 2, 2   μέριμναι Hipp.: verb.
Schneidewin   3 ἦ σ᾽ Meineke: σῆς Hipp.   περιπλομένοις Hipp.; zur
Klausel vgl. B 17, 29. 26, 1   5 νώματος αἶσαν Sextus: γνωματοσισον
Hippol. vii 29 p. 215: γνώμην ἴσην Hipp. vi 12   z. Gedanken vgl. Zeller-
Nestle I 996 An. 1009 An.   9 nachgeahmt Orph. Lith. 588; vgl. auch
28 B 10, 1ff.   10 vgl. B 2, 7. 5; *Berl. Sitz. Ber.* 1898, 407   12 πνοιαῖσι
Diog. (πνοιῇσι Merzdorf): θνητοῖσι Clem.   ἀρούρας Clem., Tzetz. Chil. 906:
ἄρουραν Diog.   13 ἢν κ᾽ Diog.: εὖτ᾽ Clem.   παλίντιτα Diog. Clem. vgl.
Hom. α 379: ταλίντονα Suid. (Σ) s. v. ἄπνους   ἐπάξεις Diog.: θήσεις (aus V. 6)
Clem.   14 θήσεις (Clem.), Diog. F: τησεις B: στήσεις P, Tzetz.   15 θήσεις
Diog. B²F: θήσει B¹: στήσεις ΡΣ Tzetz.   θερείου Tzetz.: θερείοις Diog.

ῥεύματα δενδρεόθρεπτα, τά τ' αἰθέρι ναιήσονται (?),
ἄξεις δ' ἐξ Ἀίδαο καταφθιμένου μένος ἀνδρός.

ΚΑΘΑΡΜΟΙ

Bignone a. O. behält die Reihenfolge der Fragmente bei, nur daß er
5 131—134 zu Περὶ φύσεως rechnet; vgl. oben I 308, 16. Wilamowitz *Berl.
Sitz. Ber.* 1929, 646f. setzt Frag. 77. 78 in die Καθαρμοί, wie Karsten, wahr-
scheinlich richtig; vgl. oben I 339, 21 Anm.

112 [389—400 K., 352—363 St.]. 1. 2. 4—11 Diog. VIII 62 (A 1 I 279, 7)
1. 2 ebd. 54 (A 1 I 277, 28) ὅτι δ' ἦν Ἀκραγαντῖνος ἐκ Σικελίας αὐτὸς ἐναρχό-
10 μενος τῶν Καθαρμῶν φησιν 'ὦ φίλοι... πόλεως'. [3 Diodor. XIII 83   ]
10—12 Clem. Strom. VI 30 (II 445, 19 St.; nach B 111, 5) παρακολουθεῖν
τε αὐτῶι ἔλεγεν τοὺς μὲν μαντοσυνῶν κεχρημένους, τοὺς δ' ἐπὶ νοῦσον
σιδηρὸν δὴ χαλεποῖσι πεπαρμένους (so!).

ὦ φίλοι, οἳ μέγα ἄστυ κατὰ ξανθοῦ Ἀκράγαντος
15 ναίετ' ἀν' ἄκρα πόλεος, ἀγαθῶν μελεδήμονες ἔργων,
ξείνων αἰδοῖοι λιμένες, κακότητος ἄπειροι,
χαίρετ'· ἐγὼ δ' ὑμῖν θεὸς ἄμβροτος, οὐκέτι θνητός
5 πωλεῦμαι μετὰ πᾶσι τετιμένος, ὥσπερ ἔοικα,

---

licher Trocknis baumernährende Güsse, die dem Himmel entströmen(?);
zurückführen wirst du aus dem Hades gestorbenen Mannes Kraft.

LEHRE VON DER REINIGUNG

112. Ihr Freunde, die ihr die große Stätte bewohnt, die am gelb-
lichen Akragas sich hinabzieht, oben auf der Höhe der Stadt, ihr
Pfleger trefflicher Werke, der Fremdlinge ehrfurchtsvolle Zufluchts-
stätten, in Schlechtigkeit unerfahren, seid mir gegrüßt! Ich aber
wandle euch daher als ein unsterblicher Gott, nicht mehr als Sterb-
licher, (5) unter allen geehrt, so wie ich *ihnen* dünke (so wie es geziemt),

---

1 τάτ' αἰθέρι ναιήσονται Diog. P¹ (vgl. zu I 342, 13): ταταιθερινάης ὄντα B :
τάτε θερειναήσονται F : τάτ' ἐν θερει ἀήσονται P² : τάτ' αἰθέρια θήσονται Tzetz. :
τάτ' ἐν θέρει ἔσονται Σ; αἰθέρι ἀίσσονται Wil.* (vgl. B 29, 1)   3 zu den
Katharmoi vgl. Wilamowitz a. a. O. Rathmann *Quaest. Pyth. Orph. Emped.*
Diss. Hal. 1933, 94ff. und über ihr Verhältnis zu Π. φύσεως außer den zu
I 308, 2 Genannten Kranz *Herm.* 70 (1935)   12 αὐτῶι ἔλεγεν Hervet :
αὐτῶι ἔλεγον Hs.   15 πόλεος Merzdorf : πόλεως BP¹ : πόληος F   16 hält
H. Fränkel für falsch eingesetzt   17 nach Demeterhym. 120 und Hom.
ω 460. Nachahmung Carm. Aur. 71   18 ἔοικα Diog.: ἔοικεν Anthol. Pal.
IX 569; das erstere kann nicht *wie es mir zusteht* (so Diels) bedeuten
(H. Fränkel)

ταινίαις τε περίστεπτος στέφεσίν τε θαλείοις.

τοῖσιν † ἄμ' † ἂν ἵκωμαι ἐς ἄστεα τηλεθάοντα,
ἀνδράσιν ἠδὲ γυναιξί, σεβίζομαι· οἱ δ' ἄμ' ἕπονται
μυρίοι ἐξερέοντες, ὅπηι πρὸς κέρδος ἀταρπός,
5   10 οἱ μὲν μαντοσυνέων κεχρημένοι, οἱ δ' ἐπὶ νούσων
παντοίων ἐπύθοντο κλυεῖν εὐηκέα βάξιν,
δηρὸν δὴ χαλεπῆισι πεπαρμένοι ⟨ἀμφ' ὀδύνηισιν⟩.

113 [401. 402 K., 364. 365 St.]. Sext. adv. math. I 302 (nach B 112, 5)
ἀλλὰ τί τοῖσδ' ἐπίκειμ' ὡσεὶ μέγα χρῆμά τι πράσσων,
10   εἰ θνητῶν περίειμι πολυφθερέων ἀνθρώπων;

114 [407—409 K., 366—368 St.]. Clem. Strom. v 9 [II 331, 14 St.]
ὦ φίλοι, οἶδα μὲν οὕνεκ' ἀληθείη πάρα μύθοις,

---

mit Tänien umflochten und mit grünenden Kränzen. Wenn ich zu
ihnen (?) komme in die prangenden Städte, zu den Männern und Frauen,
so werde ich von ihnen verehrt; sie aber ziehen mit, Tausende, um
zu erkunden, wo zum Gewinn der Pfad *führe*, die einen der Orakel-
sprüche bedürfend, die anderen fragen nach bei mannigfachen Krank-
heiten ein heilbringendes Wort zu erfahren, lange schon von schweren
Schmerzen durchbohrt.

113. Doch was liege ich diesem (diesen) ob, alsob ich etwas Großes
vollbringe, wenn (daß) ich mehr bin als die sterblichen, vielfachem Ver-
derben geweihten Menschen!

114. Ihr Freunde, ich weiß zwar, daß Wahrheit bei den Worten

---

1 περίστρεπτος Diog. F, Anth.; über Tänien als Symbol der Verehrung
s. Siebourg *Archiv f. Relig.* VIII 391ff. (anders Wilamowitz a. O. S. 630)
2 so Diog. BP¹F: ⟨εὖτ'⟩ hinter ἄμ' Planudes und die interpolierten Hss.
(δ' εὖτ' ohne ἄμ' Kranz): ⟨πᾶσι δὲ⟩ τοῖς ἂν Wilamowitz   τηλεθάοντα BP¹:
τηλεθόωντα F   5 δ' ἐπὶ Clem.: δέ τι Diog.: δέ τε Bergk, der zuerst
V. 12 aus Clem. (s. I 354, 12) einschaltete und nach V. 10 einstellte
6 εὐηκέα] vgl. Hesych. s. v. δυσηκής (εὐήκεα Wilamowitz). Möglichkeit der
Bedeutg. *gut gespitzt, wohl treffend* erwägt Regenbogen *Lukrez Interpret.*
S. 45 m. Parall., aber ἐπὶ νούσων! 7 χαλεπῆισι .. ⟨ἀμφ' ὀδύνηισι⟩ Bergk
vgl. ὀδύνηισι πεπαρμένος Hom. E 399, πεπ. ἀμφ' ὀδ. Apoll. Rhod. IV 1067,
Orph. Lith. 496: d. Clemens-Lesart s. I 354, 12f.: χαλεποῖσι .. ⟨ἀμφὶ μό-
γοισιν⟩ Diels .   9 Wieviel zwischen B 112 und 113 liegt, bleibt unsicher
weswegen greife ich sie nachdrücklich an Wilamowitz a. O. S. 631 *was
red' ich hierüber noch viel* Diels   10 εἰ deutet als *daß* Wilamowitz   πολυ-
φθερέων Sext. EL: πολυφθορέων ς   12 οὕνεκ' Meineke: οὖν ἔκτ' L

356   31 [21]. EMPEDOKLES

οὓς ἐγὼ ἐξερέω· μάλα δ' ἀργαλέη γε τέτυκται
ἀνδράσι καὶ δύσζηλος ἐπί φρένα πίστιος ὁρμή.
115 [1—6. 16—19. 7. 8 K., 369—382 St.]. 13. 14. 4—12. 1. 2 HIPPOL.
Ref. VII 29 (p. 212 W.) καὶ τοῦτό ἐστιν ὃ λέγει περὶ τῆς ἑαυτοῦ γεννήσεως
5 ὁ 'E. 'τῶν ... ἀλήτης' (13), τουτέστι θεὸν καλῶν τὸ ἓν καὶ τὴν ἐκείνου ἑνότητα,
ἐν ὧι ἦν πρὶν ὑπὸ τοῦ Νείκους ἀποσπασθῆναι καὶ γενέσθαι ἐν τοῖς πολλοῖς τούτοις
τοῖς κατὰ τὴν τοῦ Νείκους διακόσμησιν· 'Νείκεῖ, γάρ φησι, ⟨μαινομένωι πί-
συνος, νεῖκος⟩ μαινόμενον καὶ.τεταραγμένον καὶ ἄστατον τὸν δημιουργὸν τοῦδε
τοῦ κόσμου ὁ 'E. ἀποκαλῶν. αὕτη γάρ ἐστιν ἡ καταδίκη καὶ ἀνάγκη τῶν ψυχῶν,
10 ὧν ἀποσπᾶι τὸ Νεῖκος ἀπὸ τοῦ ἑνὸς καὶ δημιουργεῖ καὶ ἐργάζεται, λέγων τοιοῦτόν
τινα τρόπον· 'ὃς καὶ ἐπίορκον ... βίοιο' (4. 5), δαίμονας τὰς ψυχὰς λέγων
μακραίωνας (so!), ὅτι εἰσὶν ἀθάνατοι καὶ μακροὺς ζῶσιν αἰῶνας· 'τρὶς ... ἀλάλη-
σθαι' (6), μάκαρας καλῶν τοὺς συνηγμένους ὑπὸ τῆς Φιλίας ἀπὸ τῶν πολλῶν εἰς τὴν
ἑνότητα τοῦ κόσμου τοῦ νοητοῦ. τούτους οὖν φησιν ἀλάλησθαι καὶ 'φυομένους ...
15 κελεύθους' (7. 8). ἀργαλέας κελεύθους φησὶν εἶναι τῶν ψυχῶν τὰς εἰς τὰ σώ-
ματα μεταβολὰς καὶ μετακοσμήσεις. τοῦτ' ἔστιν ὃ λέγει 'ἀργαλέας ... κελεύ-
θους' (8). μεταλλάσσουσι γὰρ αἱ ψυχαὶ σῶμα ἐκ σώματος, ὑπὸ τοῦ Νείκους
μεταβαλλόμεναι καὶ κολαζόμεναι, καὶ οὐκ ἐώμεναι μένειν εἰς τὸ ἕν. ἀλλὰ κολάζεσθαι
ἐν πάσαις κολάσεσιν ὑπὸ τοῦ Νείκους τὰς ψυχὰς μεταβαλλομένας σῶμα ἐκ
20 σώματος· αἰθέριόν γε, φησί, μένος ... πάντες (9 —12). αὕτη ἐστὶν ἡ κόλασις
ἣν κολάζει ὁ δημιουργός, καθάπερ χαλκεύς τις μετακοσμῶν σίδηρον καὶ ἐκ πυρὸς εἰς
ὕδωρ μεταβάπτων· πῦρ γάρ ἐστιν ὁ αἰθήρ, ὅθεν εἰς πόντον μεταβάλλει τὰς ψυχὰς
ὁ δημιουργός, χθὼν δὲ ἡ γῆ, ὅθεν φησίν 'ἐξ ὕδατος εἰς γῆν, ἐκ γῆς δὲ εἰς τὸν ἀέρα'.
τουτέστιν ὃ λέγει 'γαῖα δ' ἐς αὐγὰς ἠελίου ... πάντες' (10—12). μισουμένας
25 οὖν τὰς ψυχὰς ... συνάγει ἡ Φιλία, ἀγαθή τις οὖσα καὶ κατοικτείρουσα τὸν στεναγ-
μὸν αὐτῶν καὶ τὴν ἄτακτον καὶ πονηρὰν τοῦ Νείκους τοῦ μαινομένου κατα-
σκευήν ... διὰ τὴν τοιαύτην οὖν τοῦ ὀλεθρίου Νείκους διακόσμησιν τοῦδε τοῦ
μεμερισμένου κόσμου πάντων ἐμψύχων ὁ 'Εμπεδοκλῆς τοὺς ἑαυτοῦ μαθητὰς ἀπέ-
χεσθαι παρακαλεῖ· εἶναι γάρ φησι τὰ σώματα τῶν ζώιων τὰ ἐσθιόμενα ψυχῶν
30 κεκολασμένων οἰκητήρια. καὶ ἐγκρατεῖς εἶναι τοὺς τοῦτον τοιούτων λόγων ἀκροωμέ-
νους τῆς πρὸς γυναῖκα ὁμιλίας διδάσκει, ἵνα μὴ συνεργάζωνται καὶ συνεπιλαμ-
βάνωνται τῶν ἔργων, ὧν δημιουργεῖ τὸ Νεῖκος, τὸ τῆς Φιλίας ἔργον λῦον ἀεὶ καὶ
διασπῶν· τοῦτον εἶναί φησιν ὁ 'Εμπεδοκλῆς νόμον μέγιστον τῆς τοῦ παντὸς διοι-
κήσεως λέγων ὧδέ πως· 'ἔστιν ... ὅρκοις' (1. 2), ἀνάγκην καλῶν τὴν ἐξ ἑνὸς

ist, die ich künden werde; aber sehr mühsam ist sie nun einmal
für die Menschen und unbequem das Drängen der Überzeugung an
die Seele.

---

1 ἐγώ γ' L: verb. Sylburg   das Folg. im wes. nach Wilamowitz a. O.:
ἀργαλέη ⟨ἥ⟩ γε m. ganz anderem Sinn Diels Herm. 15 (1880) 172   ἀργαλέη
im vierten Fuß Hes. Opp. 640   2 vgl. B 133, 3   7 νείκη γάρ φησι μαινό-
μενον καὶ Hipp.: ⟨ ⟩ Gotting.   8 τεταγμένον Hs.: verb. Gotting.   τοῦδε
Roeper: τὸ δὲ Hs.   10 ἀπὸ Hs. nach Wendl.   12 μακρεῶνας Hs.   13 μακα-
ρίας Hs.: verb. Gotting.   13 ὑπὸ Gotting.: ἀπὸ Hs.   28 πάντων ⟨τῶν⟩
Wendl.   31 ὁμιλήσας διδάσκειν Hs.

εἰς πολλὰ κατὰ τὸ Νεῖκος καὶ ἐκ πολλῶν εἰς ἓν κατὰ τὴν Φιλίαν μεταβολήν. θεοὺς δέ, ὡς ἔφην, τέσσαρας μὲν θνητούς, πῦρ ὕδωρ γῆν ἀέρα, δύο δὲ ἀθανάτους, ἀγεννή- ·τους, πολεμίους ἑαυτοῖς διὰ παντός, τὸ Νεῖκος καὶ τὴν Φιλίαν. 1. 3. 5. 6. 13 PLUT. de exil. 17 p. 607 c ὁ δ' 'E. ἐν ἀρχῆι τῆς φιλοσοφίας προαναφωνήσας 5 'ἔστιν ... ἀλήτης' οὐχ ⟨ὅπως⟩ ἑαυτόν, ἀλλ' ἀφ' ἑαυτοῦ πάντας ἀποδείκνυσι μετανάστας ἐνταῦθα καὶ ξένους καὶ φυγάδας ἡμᾶς ὄντας ... φεύγει [sc. ἡ ψυχή] καὶ πλανᾶται θείοις ἐλαυνομένη δόγμασι καὶ νόμοις. 9—12 PLUT. de Isid. 361 c 'E. δὲ καὶ δίκας φησὶ διδόναι τοὺς δαίμονας ὧν ἂν ἐξαμάρτωσι καὶ πλημμελήσωσιν 'αἰθέριον ... πάντες', ἄχρι οὗ κολασθέντες οὕτω καὶ καθαρθέντες αὖθις τὴν 10 κατὰ φύσιν χώραν καὶ τάξιν ἀπολάβωσι. 13. 14 PLOTIN. Enn. IV 8, 1 'E. τε εἰπὼν ἁμαρτανούσαις νόμον εἶναι ταῖς ψυχαῖς πεσεῖν ἐνταῦθα καὶ αὐτὸς 'φυγὰς θεόθεν' γενόμενος ἥκειν πίσυνος μαινομένωι Νείκει τοσοῦτον παρεγύμνου ὅσον καὶ Πυθαγόρας οἶμαι καὶ οἱ ἀπ' ἐκείνου ἠινίττοντο περί τε τούτου περί τε πολλῶν ἄλλων. Vgl. 31 C 1.

15 ἔστιν Ἀνάγκης χρῆμα, θεῶν ψήφισμα παλαιόν,
ἀίδιον, πλατέεσσι κατεσφρηγισμένον ὅρκοις·
εὖτέ τις ἀμπλακίηισι φόνωι φίλα γυῖα μιήνηι,
⟨νείκεΐ θ'⟩ ὅς κ(ε) ἐπίορκον ἁμαρτήσας ἐπομόσσηι,
5 δαίμονες ·οἵτε μακραίωνος λελάχασι βίοιο,
20 τρίς μιν μυρίας ὥρας ἀπὸ μακάρων ἀλάλησθαι,

---

115. Es ist der Notwendigkeit Spruch, ein Götterbeschluß, alt, urewig, mit breiten Schwüren versiegelt: wenn einer in Schuldver- strickung mit Mordblut seine eigenen Glieder befleckte, wer ferner im Gefolge des Streites (?) einen Meineid schwor (5) *aus der Zahl der* Dämonen, die ein sehr langes Leben erlost haben, die müssen

---

5 ⟨ ⟩ Diels, fraglich, ob richtig   7 aus Plotin Aen. Gaz. Theophr. p. 5. 7 ed. Paris. 1836   15 ἔστιν Simpl. phys. 1184, 5: ἔστι τι Plut. Hipp., was Wilamowitz annimmt vgl. B 17, 30   ἀνάγκη Hipp.   χρῆμα = τὸ κεχρημένον. Vgl. Plato Phaedr. 248c; Gorg. Hel. 6 θεῶν βουλεύμασιν καὶ ἀνάγκης ψηφίσμασιν   16 κατεσφραγισμένον Hipp. vgl. B 30, 3; Schiller Kabale u. Liebe 5, 1 *mit einem Eid ... versiegeln*   17ff. vgl. Hesiod. Theog. 782ff.   17 μιήνηι] 'μιν codd. mei' Bernard.   18 ⟨Νείκεΐ θ'⟩ Diels *Mél. Weil* S. 125   ὅς καὶ Hipp.   ἁμαρτήσας = ὁμαρτήσας erkl. Diels ὅς κεν τὴν ἐπίορκον ἀπολλείψας ἐπομόσσηι Hes. Theog. 793: ἐπομόσει Hipp. V. 4 hält (nach Knatz) für unempedokleischen Zusatz aus Hesiod Wila- mowitz a. O. S. 634, doch vgl. Rathmann a. O. S. 98ff.   19 δαίμονες οἵ τε Plut., Hipp. Paraphr. [s. I 356, 11]: δαιμόνιοί τε Hipp. Zitat   μακραίωνες Plut., Hipp. Paraphr.   λελάχασι Hipp. (vgl. Hesych. s. v.): λελόγχασι Plut.; λελάχωσι Meineke   βίοις Hipp.   20 μιν Plut.: μὲν Hipp.   ὥρας] Jahre oder Jahreszeiten? vgl. Herodot. II 123, Plato Phaedr. p. 248; Dieterich *Nekyia* S. 119, Rohde *Psyche⁸* S. 179

φυομένους παντοῖα διὰ χρόνου εἴδεα θνητῶν
ἀργαλέας βιότοιο μεταλλάσσοντα κελεύθους.
αἰθέριον μὲν γάρ σφε μένος πόντονδε διώκει,
10 πόντος δ' ἐς χθονὸς οὖδας ἀπέπτυσε, γαῖα δ' ἐς αὐγὰς
5 ἠελίου φαέθοντος, ὁ δ' αἰθέρος ἔμβαλε δίναις·
ἄλλος δ' ἐξ ἄλλου δέχεται, στυγέουσι δὲ πάντες.
τῶν καὶ ἐγὼ νῦν εἰμι, φυγὰς θεόθεν καὶ ἀλήτης,
νείκεϊ μαινομένωι πίσυνος.

116 [69 K., 232 St.]. PLUT. Quaest. conv. IX 5 p. 745 C ὁ δὲ Πλάτων
10 [Rep. X 617 B] ἄτοπος, ταῖς μὲν ἀιδίοις καὶ θείοις περιφοραῖς ἀντὶ τῶν Μουσῶν
τὰς Σειρῆνας ἐνιδρύων οὐ πάνυ φιλανθρώπους οὐδὲ χρηστοὺς δαίμονας, τὰς δὲ
Μούσας ἢ παραλείπων παντάπασιν ἢ τοῖς τῶν Μοιρῶν ὀνόμασι προσαγορεύων
καὶ καλῶν θυγατέρας 'Ανάγκης. ἄμουσον γὰρ 'Ανάγκη, μουσικὸν δὲ ἡ Πειθώ, καὶ
Μούσαις †φιλοδαμοῦσα πολὺ μᾶλλον οἶμαι τῆς 'Εμπεδοκλέους Χάριτος
15 στυγέει δύστλητον 'Ανάγκην.

117 [380. 381 K., 383. 384 St.]. DIOG. VIII 77 [A 1 I 282, 14]. HIPPOL.
Ref. I 3 [A 31 I 289, 4]

dreimal zehntausend Horen fernab von den Seligen umherschweifen,
wobei sie im Laufe der Zeit als alle möglichen Gestalten sterblicher
Geschöpfe entstehen, die des Lebens mühselige Pfade wechseln. Denn
der Luft Macht jagt sie zum Meere, (10) das Meer speit sie auf den Erd-
boden aus, die Erde zu den Strahlen der leuchtenden (unermüdlichen)
Sonne, und diese wirft sie in die Wirbel der Luft. Einer nimmt sie vom
andern auf, es hassen sie aber alle. Zu diesen gehöre jetzt auch ich,
ein von Gott Gebannter und Irrender, da ich rasendem Streite vertraute.

116. Die Grazie haßt die schwer erträgliche Notwendigkeit.

---

1 φυόμενον Wilamowitz χρόνου Celsus Origin. c. Cels. VIII 53: χρόνον
Hipp. 3—5 vgl. Reitzenstein *Hell. Mysterienrel.*³ S. 222 ff. 3 μὲν γὰρ
Plut. 361: γε Hipp.: γὰρ Plut. 830: ψυχὰς ποντονδέ ἐχθονὸσ (lenis ausgestr.)
διώκει· πόντοσδεε. (Loch) χθονὸς οὖδας Hipp. 4 δ' ἐς] δὲ Plut. αὐγὰς
Hipp. Plut. n. Euseb. Pr.Ev. V p. 187 (Wil.*) 5 φαέθοντος Hipp.: ἀκάμαντος
Plut., was Wilamowitz vorzieht Versschluß nach Hom.˙ζ 116 6 ἄλλος
... δέχεται] vgl. Hes. Theog. 800 7 τῶν καὶ ἐγὼ εἰμι Hipp.: τὴν καὶ ἐγὼ
νῦν εἰμι Plut. 607 (was Wilamowitz wählt, aber heißt εἰμι episch *ich bin auf
dem Wege*?): ὡς καὶ ἐγὼ δεῦρ' εἰμι Philop. de anima 73, 31, Asclep. in
Metaph. 197, 17, εἰμι auch Plotin. (vgl. I 357, 12) 14 Μοῦσα φιλόδημος οὖσα
oder Μοῦσ' ἀεί φ. οὖσα Diels: Μούσαις φίλον, Μοῦσα ⟨δὲ⟩ Bignone: Μούσαις
φίλον οὖσα Wilamowitz 16 Hierzu vgl. SCHAHRASTANI ed. Cureton
S. 262, 1—3 deutsch v. Haarbrücker (Halle 1850) II S. 93: *Der Kalâm des
Empedokles hat noch einen andern Gang. Er behauptet die wachsende
(Pflanzen-)Seele sei die Schale der tierischen Seele und die tierische Seele die*

B. FRAGMENTE 115—119 ΚΑΘΑΡΜΟΙ 359

ἤδη γάρ ποτ᾽ ἐγὼ γενόμην κοῦρός τε κόρη τε
θάμνος τ᾽ οἰωνός τε καὶ ἔξαλος ἔλλοπος ἰχθύς.

118 [13 K., 385 St.]. CLEM. Strom. III 14 [II 201, 25 St.] δῆλος δὲ
αὐτῶι [Heraklit, 22 B 20] συμφερόμενος καὶ Ἐμπεδοκλῆς λέγων ʿκλαῦσά τε...
5 χῶρον᾽ vgl. SEXT. adv. math. XI 96 ἀλλ᾽ εἰώθασί τινες τῶν ἀπὸ τῆς Ἐπικούρου
αἱρέσεως [? Hermarchos]... λέγειν ὅτι φυσικῶς καὶ ἀδιδάκτως τὸ ζῶιον φεύγει
μὲν τὴν ἀλγηδόνα, διώκει δὲ τὴν ἡδονήν· γεννηθὲν γοῦν καὶ μηδέπω τοῖς κατὰ
δόξαν δουλεῦον ἅμα τῶι ῥαπισθῆναι ἀσυνήθει ἀέρος ψύξει ἔκλαυσέ τε καὶ
ἐκώκυσεν [s. LUCR. V 226].
10 κλαῦσά τε καὶ κώκυσα ἰδὼν ἀσυνήθεα χῶρον.

119 [11. (12) K., 390. (391) St.]. CLEM. Strom. IV 12 [II 254, 8 St.] παι-
δεύων δὲ οἶμαι καὶ ἐλέγχων ʿἐξ οἴης... ὄλβου᾽, ὥς φησιν Ἐ., ὧδε λιπὼν μετὰ
θνητῶν ἀναστρέφεται. PLUT. de exil. 17 p. 607 D (nach B 115, 1ff.) εἶθ᾽
ὥσπερ ἐν νήσωι σάλον ἐχούσηι πολύν, καθάπερ φησὶν ὁ Πλάτων (Phaedr. 250 C),
15 ʿὀστρέου τρόπον᾽ ἐνδεδεμένη τῶι σώματι διὰ τὸ μὴ ἀναφέρειν μηδὲ μνημονεύειν
ʿἐξ οἴης... ὄλβου᾽ μεθέστηκεν... οὐρανοῦ καὶ σελήνης γῆν ἀμειψαμένη [sc. ἡ
ψυχή] καὶ τὸν ἐπὶ γῆς βίον, ἂν μικρὸν ἐνταῦθα τόπον ἐκ τόπου παραλλάξηι, δυσα-
νασχετεῖ καὶ ξενοπαθεῖ. Vgl. Stob. Flor. III 40, 5 p. 737, 11 H.

ἐξ οἴης τιμῆς τε καὶ ὅσσου μήκεος ὄλβου...

117. Denn ich wurde bereits einmal Knabe, Mädchen, Pflanze, Vogel
und flutenttauchender, stummer Fisch.

118. Bei der Geburt weinte und jammerte ich, als ich den un-
gewohnten Ort erblickte.

119. Aus welchem Range, aus welcher Größe des Glückes herausge-
worfen, weile ich auf Erden!

Schale der redenden Seele und die redende Seele die Schale der vernünftigen;
alles, was niedriger sei, sei Schale für das Höhere, und das Höhere sei sein
Kern; zuweilen gebraucht er für Schale und Kern die Ausdrücke Körper
und Geist. Obgleich der Araber in seinen übrigen Spekulationen über E.
sehr phantastisch ist, liegt hier wohl ein richtiger Kern, nämlich die
Stufenfolge: Pflanze, Tier, Mensch, Gott zugrunde

1 ἤτοι μὲν γὰρ ἐγὼ Hippol.   2 θάμνος] vgl. B 127, 2   ἔξαλος] vgl. v. l.
Hom. λ 134 und Herodian dazu; Nachahmung: Opp. Hal. 2, 593   ἔλλοπος
Clem. Strom. VI 24 (vgl. B 5): ἔμπορος Hipp. Athen. VIII 365 E u. a. vgl. Poet.
Philos. z. St.: ἔμπυρος Diog.   Wilamowitz liest ἐξ ἁλὸς ἔμπορος vgl. Rath-
mann a. O. S. 118   8 ῥιπισθῆναι Usener   10 vgl. zu B 121, 1   15 so
Stob.: μὴ μνημονεύειν μηδὲ ἀναφέρειν Plut.   17 ἂν Stob.: ἵνα Plut.   19 ὅσσου
Gesner: ὅσου Plut. (Stob.): οἵου Clem.   aus den Worten des Clemens
oben Z. 12 ὧδε λιπὼν [ὧδ᾽ ἐλθὼν Stählin] μετὰ θνητῶν ἀναστρέφεται gewann
Diels nach Karsten u. Stein als 2. Vers ὧδε λιπὼν ⟨Διὸς οἶκον⟩ ἀναστρέφομαι
μετὰ θνητοῖς   Vgl. Wilamowitz a. O. S. 640

360   31 [21]. EMPEDOKLES

120 [31 K., 392 St.]. PORPHYR. de antro nymph. 8 p. 61, 19 Nauck

παρά τε γὰρ Ἐμπεδοκλεῖ αἱ ψυχοπομποὶ δυνάμεις λέγουσιν
ἠλύθομεν τόδ' ὑπ' ἄντρον ὑπόστεγον ...

121 [13. 21. 22 K., 385—388 St.]. 1. 2. 4 HIEROCL. ad c. aur. 24 [Stob.
5 Ecl. ed. Gaisf. π 143, 1] ἄνεισι δὲ καὶ τὴν ἀρχαίαν ἕξιν ἀπολαμβάνει, εἰ φύγοι
τὰ περὶ γῆν καὶ τὸν 'ἀτερπέα χῶρον' ὡς ὁ αὐτὸς λέγει, 'ἔνθα ... Κηρῶν',
εἰς ὃν οἱ ἐμπεσόντες '"Ατης ... ἠλάσκουσι'· ἡ δὲ ἔφεσις τοῦ φεύγοντος τὸν τῆς
"Ατης λειμῶνα πρὸς τὸν τῆς 'Αληθείας ἐπείγεται λειμῶνα [31 C 1], ὃν
ἀπολιπὼν τῆι ὁρμῆι τῆς πτερορρυήσεως εἰς γήινον ἔρχεται σῶμα ὀλβίου αἰῶνος
10 ἀμερθείς [31 B 158]. 2. 4 PROCL. in Rep. π 157, 24 Kroll. 2. 3 PROCL.
in Crat. p. 103 Boiss. 2. 4 SYNES. de provid. 1 (66, 1213 A Mign.) κεῖται
δὲ Θέμιδι νόμος ἀγορεύων ψυχαῖς, ἥτις ἂν ὁμιλήσασα τῆι τῶν ὄντων ἐσχατιᾶι
τηρήσηι τὴν φύσιν καὶ ἀμόλυντος διαγένηται, ταύτην δὴ τὴν αὐτὴν ὁδὸν αὖθις
ἀναρρυῆναι καὶ εἰς τὴν οἰκείαν ἀναχυθῆναι πηγήν, ὥσπερ γε καὶ τὰς ἐκ τῆς
15 ἑτέρας μερίδος τρόπον τινὰ ἐξορμησαμένας φύσεως ἀνάγκη ἐς τοὺς συγγενεῖς
αὐλισθῆναι κευθμῶνας 'ἔνθα ... ἠλάσκουσιν'.

. . . . ἀτερπέα χῶρον,
ἔνθα Φόνος τε Κότος τε καὶ ἄλλων ἔθνεα Κηρῶν
αὐχμηραί τε Νόσοι καὶ Σήψιες ἔργα τε ῥευστά
20 "Ατης ἂν λειμῶνα κατὰ σκότος ἠλάσκουσιν.

122 [24—27 K., 393—396 St.]. PLUT. de tranq. an. 15 p. 474 B ἀλλὰ
μᾶλλον, ὡς 'E., διτταί τινες ἕκαστον ἡμῶν γινόμενον παραλαμβάνουσι καὶ κατάρ-
χονται μοῖραι καὶ δαίμονες [vgl. B 120. 123] 'ἔνθ' ... 'Ασάφεια', ὥστε τούτων
ἑκάστου σπέρματα τῶν παθῶν ἀνακεκραμένα δεδεγμένης ἡμῶν τῆς γενέσεως καὶ
25 διὰ τοῦτο πολλὴν ἀνωμαλίαν ἐχούσης εὔχεται μὲν ὁ νοῦν ἔχων τὰ βελτίονα, προσ-

---

120. Wir gelangten in diese überdachte Höhle . . .

121. . . . den freudlosen Ort, wo Mord und Groll und Scharen
anderer Unglücksgeister und ausdörrende Krankheiten und Fäulnisse
und das Wirken des Rheuma auf der Wiese des Unheils im Düster
hin und her schweifen.

---

3 ἄντρον] vgl. Plotin Ennead. IV 8, 1   17 nach Hom. λ 94; Wila-
mowitz hält nach Stein den Versschluß für identisch (homerisch ab-
geändert) mit dem von B 118 und verbindet beide Frag.   19 ἔργα τε ῥευστά]
Diels verglich Stob. IV 44, 81 (p. 981, 5ff. H.) = 68 C 7, 3.   31 B 154 I 372, 3,
doch paßt *Überschwemmung* schlecht in den Zushg.; *res fluxae* Karsten,
foedum morbi genus Stein, *l'opere di dissoluzione* (*del corpo*) Bignone
Wilamowitz zweifelt nach Karsten den Vers an   20 ἂν λειμῶνα Bentley:
ἀνὰ λειμῶνα Hier.: ἐνὶ λειμῶνι Procl. Vgl. Norden *Herm.* 28 (1893) 398 und
die Diskussion Rohde *Psyche*[3] II 178[1] — Wilamowitz a. O. S. 658; zu
σκότος vgl. B 132, 2 u. d. Gegenteil 135, 2, also wird doch d. Erde, nicht
d. Hades gemeint sein   ἠλάσκουσι Hier. (vgl. Hom. B 470): ἰλάσκονται Procl.

δοκᾶι δὲ καὶ θάτερα, χρῆται δ' ἀμφοτέροις τὸ ἄγαν ἀφαιρῶν. Zu θεμερῶπις
V. 2 vgl. Hesych. s. v.

ἔνθ' ἦσαν Χθονίη τε καὶ Ἡλιόπη ταναῶπις,
Δῆρίς θ' αἱματόεσσα καὶ Ἁρμονίη θεμερῶπις,
5   Καλλιστώ τ' Αἰσχρή τε, Θόωσά τε Δηναίη τε,
Νημερτής τ' ἐρόεσσα μελάγκουρός τ' Ἀσάφεια.
123 [28—30 K., 397—400 St.]. CORNUTUS Epidrom. 17 οὗτοι [die
Titanen] δ' ἂν εἶεν διαφοραὶ τῶν ὄντων· ὡς γὰρ Ἐ. φυσικῶς ἐξαριθμεῖται Ἐυσὼ . . .
Μεγιστώ· καὶ Φορύην καὶ Σοφήν τε καὶ Ὀμφαίην καὶ πολλὰς ἄλλας, τὴν
10 εἰρημένην ποικιλίαν τῶν ὄντων αἰνιττόμενος, οὕτως ὑπὸ τῶν παλαιῶν Ἰαπετὸς
μὲν ὠνομάσθη ὁ λόγος καθ' ὃν φωνητικὰ ⟨τὰ⟩ ζῶια ἐγένετο καὶ τὸ ὅλον ψόφος
ἀπετελέσθη, Ἰαφετός τις ὢν (ἰὰ γάρ ἐστιν ἡ φωνή), Κοῖος δὲ κτλ. Setzt B 122 fort.

Φυσώ τε Φθιμένη τε, καὶ Εὐναίη καὶ Ἔγερσις,
Κινώ τ' Ἀστεμφής τε, πολυστέφανός τε Μεγιστώ
15   καὶ Φορύη, Σωπή τε καὶ Ὀμφαίη . . .
124 [14. 15 K., 400. 401 St.]. l. 2. CLEM. Strom. III 14 [II 202, 1 St.]
(nach B 125) καὶ πάλιν 'ὦ πόποι . . . ἐγένεσθε'. TIMON fr. 10 Diels σχέτλιοι
ἄνθρωποι, κάκ' ἐλέγχεα, γαστέρες οἷον 'τοίων . . . πέπλασθε'.

ὦ πόποι, ὦ δειλὸν θνητῶν γένος, ὦ δυσάνολβον,
20   τοίων ἔκ τ' ἐρίδων ἔκ τε στοναχῶν ἐγένεσθε.

---

122. Da waren die Erdfrau und die weitschauende Sonnenblickfrau,
die blutige Zwietracht und die ernst blickende Eintracht, *Frau* Schön
und *Frau* Häßlich, *Frau* Hurtig und *Frau* Spät, die liebreiche Wahr-
haftigkeit und die schwarzaugige (?) Verworrenheit.

123. Und *die Gestalten* des Wachstums und Schwundes, des Schlafens
und Wachens, der Bewegung und Ruhe, der reichbekränzten Pracht
und des Schmutzes, des Schweigens und Redens.

124. Ach wehe, wehe, du armes Menschengeschlecht, wehe du jammer-
voll unseliges: aus solchen Zwisten und Seufzern seid ihr entsprossen!

---

3 ἔνθ' ἦσαν] vgl. Hom. Σ 39. 47; Katalogstil, also ist ἔνθα nicht zu pressen
5 δηναίη Δ: δειναίη O   6 Νημερτής aus Hom. Σ 46   μελάγκουρος Tzetz.
Prol. in Aristoph. 136 (Kaibel Com. I 1, 28): μελάγκορος ders. Chil. XII 574:
μελάγκαρπος (verschieden verderbt) Plut.; μελάγκουρος *mit schwarzer Haar-
schur* Wilamowitz a. O. S. 639   11 ⟨τὰ⟩ Osann   14 Hes. κινώ: κίνησις
Δωριεῖς   15 φορύη (φορίην, φορίη) Hss. Φορύη verhält sich zu φορύνειν,
φορύσσειν (φορύειν) wie Φύη zu φύειν; φορύη zu φόρυς wie ὀφρύη zu ὀφρύς
Σωπή Bergk vgl. Pindars σωπᾶν: σόφη (σόφην, σομφήν) Hss.   19 ὦ (nach
γένος) Scaliger: ἢ Clem.; ἃ (auch vor δειλὸν) Bywater   δυσάνολβον nach
d. hom. δυσάμμορος   20 τοίων Porphyr. de abst. III 27, Tim. (gute Übl.):
ποίων Tim. (schl. Übl.): οἵων Clem.   ἔκ τ' Porph., Tim.: ἐξ Clem.
ἐγένεσθε Clem.: πέπλασθε Tim.: γενόμεσθα Porph.

125 [378 K., 404 St.]. CLEM. Strom. III 14 [II 201, 29 St.] (nach B 118)
ἐκ μὲν γὰρ ζωῶν ἐτίθει νεκρὰ εἴδε᾽ ἀμείβων,
⟨ἐκ δὲ νεκρῶν ζώοντα⟩.

126 [379 K., 402 St.]. PLUT. de esu carn. 2. 3 p. 998 c (Palingenesie)
5 ἀλλάσσει δὲ ἡ φύσις ἅπαντα καὶ μετοικίζει 'σαρκῶν . . . χιτῶνι' (ohne Autor-
namen). PORPHYR. ap. Stob. Ecl. I 49, 60 [I 446, 7 W.] αὐτῆς γὰρ τῆς
μετακοσμήσεως εἱμαρμένη καὶ φύσις ὑπὸ 'Εμπεδοκλέους δαίμων ἀνηγόρευται
'σαρκῶν . . . χιτῶνι' καὶ μεταμπίσχουσα τὰς ψυχάς.
σαρκῶν ἀλλογνῶτι περιστέλλουσα χιτῶνι.

10 127 [382. 383 K., 438. 439 St.]. AEL. N. H. XII 7 λέγει δὲ καὶ 'Ε.
τὴν ἀρίστην εἶναι μετοίκησιν τὴν τοῦ ἀνθρώπου, εἰ μὲν ἐς ζῷον ἡ λῆξις αὐτὸν
μεταγάγοι, λέοντα γίνεσθαι· εἰ δὲ ἐς φυτόν, δάφνην. ἃ δὲ 'Ε. λέγει ταῦτά ἐστιν
'ἐν . . . ἠυκόμοισιν'. Vgl. B 146.

ἐν θήρεσσι λέοντες ὀρειλεχέες χαμαιεῦναι
15 γίγνονται, δάφναι δ᾽ ἐνὶ δένδρεσιν ἠυκόμοισιν.

128 [368 – 377 K., 405 – 414 St.]. PORPHYR. de abst. II 20 (aus Theo-
phrast. de pietate) τὰ μὲν ἀρχαῖα τῶν ἱερῶν νηφάλια παρὰ πολλοῖς ἦν· νηφάλια
δ᾽ ἐστὶ τὰ ὑδρόσπονδα, τὰ δὲ μετὰ ταῦτα μελίσπονδα· τοῦτον γὰρ ἕτοιμον παρὰ
μελιττῶν πρῶτον ἐλάβομεν τὸν ὑγρὸν καρπόν· εἶτ᾽ ἐλαιόσπονδα. τέλος δ᾽ ἐπὶ
20 πᾶσιν τὰ ὕστερον γεγονότα οἰνόσπονδα . . . 21 μαρτυρεῖται δὲ ταῦτα οὐ μόνον
ὑπὸ τῶν [ἐν] κύρβεων [στηλῶν], αἳ τῶν Κρήτηθέν εἰσι Κορυβαντικῶν ἱερῶν οἷον
ἀντίγραφ᾽ ἄττα πρὸς ἀλήθειαν, ἀλλὰ καὶ παρ᾽ 'Εμπεδοκλέους, ὃς περὶ τῆς θεογονίας
διεξιὼν καὶ περὶ τῶν θυμάτων παρεμφαίνει λέγων ['Εμπεδοκλῆς] 'οὐδέ . . . βασί-
λεια᾽, ἢ ἐστιν ἡ Φιλία 'τὴν οἱ γ᾽ . . . οὔδας᾽, ἅπερ καὶ νῦν ἔτι σώιζεται παρ᾽
25 ἐνίοις οἷον ἴχνη τινὰ τῆς ἀληθείας ὄντα, 'ταύρων δ᾽ . . . βωμός'. τῆς γὰρ οἶμαι
φιλίας καὶ τῆς περὶ τὸ συγγενὲς αἰσθήσεως πάντα κατεχούσης, οὐθεὶς οὐθὲν ἐφόνευεν
οἰκεῖα εἶναι νομίζων τὰ λοιπὰ τῶν ζῴων. ἐπεὶ δὲ "Αρης καὶ Κυδοιμὸς καὶ πᾶσα
μάχη καὶ πολέμων ἀρχὴ κατέσχεν, τότε πρῶτον οὐθεὶς οὐθενὸς ὅλως ἐφείδετο τῶν
οἰκείων. 27 'ταύρων . . . γυῖα'.

---

125. Denn aus Lebendigem machte er Totes, die Gestalten ver-
tauschend, ⟨und aus Totem Lebendiges⟩.

126. Ein weiblicher Daimon, der die Seelen mit fremdartiger Fleisches-
hülle umkleidet.

127. Bei der Seelenwanderung werden die Menschen unter den Tieren
am besten Löwen, bergbewohnende, auf dem Erdboden schlafende, Lor-
beer aber unter den schön belaubten Bäumen.

---

2 εἴδε᾽ Sylburg: ἦδε Hs. 'quis ? θεσμός ? νόμος ?' Wil.*   3 ⟨ ⟩ Kranz
9 ἀλλογνῶτι] gebildet wie ἀγνώς, ἀρίγνως, vgl. auch ἀλλογνώτωι ἐνὶ δήμωι
Hom. β 366 (Apollonios Sophista ἀλλογν. = ξένος)   14 ἐν θήρεσσι Schol.
ms. in Aphth. Progymn. (Hermann Orphica S. 511): ἐν θηρσὶ δὲ Ael.   χα-
μαιεῦναι Hom. Π 235   21 [ ] Ruhnken; ἐν κύρβεσιν στηλῶν verm. Diels
(vgl. Wilam. Ar. u. Ath. I 45)   22f. vgl. Wilam. Berl. Sitz. Ber. 1929, 643

οὐδέ τις ἦν κείνοισιν Ἄρης θεὸς οὐδὲ Κυδοιμός
οὐδὲ Ζεὺς βασιλεὺς οὐδὲ Κρόνος οὐδὲ Ποσειδῶν,
ἀλλὰ Κύπρις βασίλεια.
    τὴν οἵ γ᾽ εὐσεβέεσσιν ἀγάλμασιν ἱλάσκοντο
5   5 γραπτοῖς τε ζώιοισι μύροισί τε δαιδαλεόδμοις
σμύρνης τ᾽ ἀκρήτου θυσίαις λιβάνου τε θυώδους,
ξανθῶν τε σπονδὰς μελίτων ῥίπτοντες ἐς οὖδας·
ταύρων δ᾽ ἀκρήτοισι φόνοις οὐ δεύετο βωμός,
ἀλλὰ μύσος τοῦτ᾽ ἔσκεν ἐν ἀνθρώποισι μέγιστον,
10 10 θυμὸν ἀπορραίσαντας ἐ⟨ν⟩έδμεναι ἠέα γυῖα.

129 [440—445 K., 415—420 St.]. PORPH. V. Pyth. 30 αὐτὸς δὲ (Pytha-
goras) τῆς τοῦ παντὸς ἁρμονίας ἠκροᾶτο συνιεὶς τῆς καθολικῆς τῶν σφαιρῶν καὶ
τῶν κατ᾽ αὐτὰς κινουμένων ἀστέρων ἁρμονίας, ἧς ἡμᾶς μὴ ἀκούειν διὰ σμικρότητα
τῆς φύσεως. τούτοις καὶ ᾽Ε. μαρτυρεῖ λέγων περὶ αὐτοῦ· ἦν... αἰώνεσσιν᾽.
15 τὸ γὰρ περιώσια καὶ τῶν ὄντων λεύσσεσκεν ἕκαστα καὶ πραπίδων
πλοῦτον καὶ τὰ ἐοικότα ἐμφαντικὰ μάλιστα τῆς ἐξαιρέτου καὶ ἀκριβεστέρας παρὰ
τοὺς ἄλλους διοργανώσεως ἔν τε τῶι ὁρᾶν καὶ τῶι ἀκούειν καὶ τῶι νοεῖν τοῦ Πυ-
θαγόρου (aus Nikomachos wie Iambl. V. P. 15). 1. 2 DIOG. VIII 54 [vgl. A 1
ı 277, 33]

128. Und für jene (*Menschen des goldenen Zeitalters*) war auch nicht
Ares Gott, auch nicht Kydoimos, auch nicht Zeus der König oder Kro-
nos oder Poseidon, sondern nur Kypris die Königin ... Diese suchten
sie freilich mit frommen Weihegaben zu versöhnen, (5) mit gemalten
Tieren und köstlich duftenden Salben, mit Opferspenden von lauterer
Myrrhe und duftendem Weihrauch, und Weihgüsse rotblonden Honigs
auf den Boden schüttend. Doch mit lauterem (?) Stierblut ward kein
Altar benetzt, sondern dies war unter den Menschen größte Befleckung,
(10) Leben zu entreißen und edle Glieder hineinzuschlingen.

2 οὐδὲ Κρόνος οὐδὲ Π. Athen. XII 510 c: οὐδ᾽ ὁ Κ. οὐδ᾽ ὁ Π. Porphyr.
5 ζώιοισι] über diesen Brauch, der statt des tieropfernden Frevels auch
den Zeitgenossen empfohlen wird, vgl. oben ı 277, 25; Eisler *Arch. f. Rel.*
XIII (1910) 625. Anders Wilamowitz a. O. S. 645 (ζῷα γραπτά = ζωγραφίαι)
δαιδαλεόσμοις Porphyr.   6 ἀκράτου Porph.   7 ξανθῶν ... μελίτων Ath.
(vgl. Wilamowitz a. O. S. 645): ξουθῶν ... μελιττῶν Porph.; ξουθῶν ... μελι-
τῶν *brauner Waben* Diels (vgl. Hes. μελιτόν· κηρίον)   ῥιπτοῦντες Porph.
8 ἀκρήτοισι Scaliger: ἀκρίτοισι Porph.: ἀκράτοισι Eus. P. E. ıv 14: ἀρρήτοισι
Fabricius wohl richtig   10 ἀπορραίσαντας Eus.: ἀπορρέσαντες Porph.
ἐ⟨ν⟩έδμεναι Diels (vgl. B 137, 6): ἔδμεναι Cyrill. c. Jul. ıx p. 972 D Migne
(erklärt nach ἔελδωρ, ἔείκοσι u. ä. Wilamowitz): ἐελμέναι Porph. [daraus
ἔδμεναι (ἔσμεναι AH) Eus. P. E. ıv 14]   ἠέα Vigier: ἦια Porph.: ⟨ἦα
Eus. AH)

ἦν δέ τις ἐν κείνοισιν ἀνὴρ περιώσια εἰδώς,
ὃς δὴ μήκιστον πραπίδων ἐκτήσατο πλοῦτον,
παντοίων τε μάλιστα σοφῶν ⟨τ'⟩ ἐπιήρανος ἔργων·
ὁππότε γὰρ πάσηισιν ὀρέξαιτο πραπίδεσσιν,
5   5 ῥεῖ' ὅ γε τῶν ὄντων πάντων λεύσσεσκεν ἕκαστον
καί τε δέκ' ἀνθρώπων καί τ' εἴκοσιν αἰώνεσσιν.
130 [364. 365 K., 421. 422 St.]. SCHOL. Nic. Ther. 452 p. 36, 22
ἦσαν δὲ κτίλα πάντα καὶ ἀνθρώποισι προσηνῆ,
θῆρές τ' οἰωνοί τε, φιλοφροσύνη τε δεδήει.
10 131 [338—341 St.]. HIPPOL. Ref. VII 31 (p. 216 W.) κόσμον γάρ φησιν
εἶναι ὁ 'Ε. τὸν ὑπὸ τοῦ Νείκους διοικούμενον τοῦ πονηροῦ καὶ ἕτερον νοητὸν τὸν
ὑπὸ τῆς Φιλίας ... μέσον δὲ εἶναι τῶν διαφόρων ἀρχῶν δίκαιον λόγον, καθ' ὃν
συγκρίνεται τὰ διηιρημένα ὑπὸ τοῦ Νείκους καὶ προσαρμόζεται κατὰ τὴν Φιλίαν
τῶι ἑνί. τοῦτον δὲ αὐτὸν τὸν δίκαιον λόγον τὸν τῆι Φιλίαι συναγωνιζόμενον Μοῦ-
15 σαν ὁ 'Ε. προσαγορεύων καὶ αὐτὸς αὐτῶι συναγωνίζεσθαι παρακαλεῖ λέγων
ὧδέ πως·
      εἰ γὰρ ἐφημερίων ἕνεκέν τινος, ἄμβροτε Μοῦσα,

---

129. Doch es lebte unter jenen ein Mann von überragendem Wissen,
der wahrlich den größten Gedankenreichtum erwarb, allerlei kluger
Werke am meisten mächtig. Denn wann er mit allen seinen Geistes-
kräften sich reckte, (5) schaute er leicht jedes einzelne von allem Sei-
enden in seinen zehn und zwanzig Menschenleben.

130. Da waren alle *Geschöpfe* zahm und den Menschen zutunlich,
die wilden Tiere wie die Vögel, und die Flamme der freundlichen Ge-
sinnung glühte.

131. Denn wenn es dir gefiel, unsterbliche Muse, wegen eines

1ff. Zur Beziehung dieser Verse auf Pythagoras vgl. Rohde *Psyche*
II⁹ 417; oben c. 14, 8 I 99, 26ff. Zu περιώσια εἰδώς vgl. Heraklit B 40. 129.
Beziehung auf Parmenides (A 1 I 277, 34) undenkbar   3 ⟨τ'⟩ Wilamowitz
5 ῥεῖά γε Hs.: verb. Cobet   7 »Dies Fr. wurde früher falsch vor B 77. 78
gestellt.« Diels, doch s. dort d. Anm.   8 ἦσαν δὲ KV: ἦσαν δὲ καὶ P: ἦσαν
γὰρ L   ἀνθρώποισι V: ἀνθρώποις KP   9 θῆρες KV(L): φῆρες P   οἰωνοί τε
(vgl. B 21, 11) φιλοφροσύνηι Sturz: ἄνθρωποί τε φιλοσοφροσύνη Hss.   Vers-
schluß wie Hom. B 93   17 d. Fr. den Καθαρμοί zugewiesen v. Diels *Berl.
Sitz. Ber.* 1898, 399. Die Verse bildeten nach Sext. IX 126 den Eingang
der Lehre über die Fleischenthaltung. So Diels; Wilamowitz a. O. S. 643
sieht darin den Eingang der oben I 362, 22 erwähnten Theogonie (mit
der aber jene Lehre verbunden gewesen sein muß!)   εἰκάρσι φημερίων
Hipp.   ἐφημερίων verstand Diels neutral (vgl. Hom. φ 85 ἐφημέρια φρο-
νέοντες), richtig denkt Wilamowitz an einen Menschen, unrichtig an Pau-
sanias (ἕνεκεν V. 1 ~ ἀμφὶ V. 4); vgl. etwa B 129

ἡμετέρας μελέτας ⟨ἄδε τοι⟩ διὰ φροντίδος ἐλθεῖν,
εὐχομένωι νῦν αὖτε παρίστασο, Καλλιόπεια,
ἀμφὶ θεῶν μακάρων ἀγαθὸν λόγον ἐμφαίνοντι.
132 [354. 355 K., 342. 343 St.]. CLEM. Strom. v 140 (π 420, 28 St.]
5 ὄλβιος, ὃς θείων πραπίδων ἐκτήσατο πλοῦτον,
δειλὸς δ', ὧι σκοτόεσσα θεῶν πέρι δόξα μέμηλεν.
133 [356—358 K., 344—346 St.]. CLEM. Strom. v 81 [ιι 380, 5 St.] τὸ
γάρ τοι θεῖον, ὁ 'Ακραγαντῖνός φησι ποιητής,
οὐκ ἔστιν πελάσασθαι ἐν ὀφθαλμοῖσιν ἐφικτόν
10 ἡμετέροις ἢ χερσὶ λαβεῖν, ἧιπέρ τε μεγίστη
πειθοῦς ἀνθρώποισιν ἁμαξιτὸς εἰς φρένα πίπτει.
134 [359—363 K., 347—351 St.]. 1—5 AMMON. de interpr. 249, 1 Busse
διὰ ταῦτα δὲ καὶ ὁ 'Ακραγαντῖνος σοφὸς ἐπιρραπίσας τοὺς περὶ θεῶν ὡς ἀνθρω-
ποειδῶν ὄντων παρὰ τοῖς ποιηταῖς λεγομένους μύθους, ἐπήγαγε προηγουμένως
15 μὲν περὶ 'Απόλλωνος [vgl. A 1 § 57 ι 278, 19 und 23 ι 286, 31ff.], περὶ οὗ ἦν
αὐτῶι προσεχῶς ὁ λόγος, κατὰ δὲ τὸν αὐτὸν τρόπον καὶ περὶ τοῦ θείου παντὸς
ἁπλῶς ἀποφαινόμενος 'οὔτε... θοῆισι' διὰ τοῦ 'ἱερή' καὶ τὴν ὑπὲρ νοῦν αἰνιττό-
μενος αἰτίαν. [Hieraus Io. Tzetz. Chil. VII 522 u. a. mit dem Zitate 'Ε. τῶι
τρίτωι τῶν Φυσικῶν, womit nach Karsten u. a. die Καθαρμοί gemeint sind.]
20 Schließt wohl an B 133 an, obwohl Z. 14f. zu widersprechen scheint.

οὐδὲ γὰρ ἀνδρομέηι κεφαλῆι κατὰ γυῖα κέκασται,

der Irdischen dir unsere Dichtermühen durch den Sinn gehen zu lassen,
so tritt dem Betenden jetzt wieder helfend zur Seite, Kalliope, da ich
über die seligen Götter eine gute Lehre offenbaren will.

132. Glückselig wer von göttlichen Gedanken einen Schatz sich
erwarb, armselig, wem ein finsterer Wahn über die Götter innewohnt.

133. Man kann die Gottheit sich nicht nahe bringen als erreichbar
unseren Augen oder sie mit Händen greifen, Wege, auf denen die Haupt-
fahrstraße der Überzeugung den Menschen ins Herz einfällt.

134. Denn sie (die Gottheit, im besonderen Apollon) ist auch nicht
mit menschenähnlichem Haupte an den Gliedern versehen, nicht

1 ⟨ἄδε τοι⟩ Wilamowitz, P. Maas: ⟨μέλε τοι⟩ Diels; ⟨ἔμελεν⟩ vor μελέτας,
V. 1 τί σοι für τινος, V. 2 ἡμετέρης Schneidewin 2 εὐχομένων Hipp.:
verb. Schneidewin 3 μακαρίων Hipp. 5f. vgl. Norden Agnostos Theos
S. 100¹ 5 πρ. ἐκτήσατο πλοῦτον] vgl. B 129, 2 9 vgl. Lucr. V 100ff.
(Herm. 15, 1880, 172) 10 ἧιπέρ Karsten (vgl. B 3, 12): qua Lucr. a. O.:
ἧπερ Clem. ἧιπερ] nämlich durch Sinneswahrnehmung 11 vgl. Berl. Sitz.
Ber. 1898, 404 15 vgl. Wilamowitz a. O. S. 644; Glaube d. Hellenen ιι 36
21 οὐδὲ Olymp. in Plat. Gorg. ed. Jähn p. 129: οὔτε Amm. οὐ μὲν γὰρ
βροτέη Tzetz. in der ältesten Olympiodorhs., Marc. 196 (10. Jahrh.),
stehen nach C. Horna Wien. Stud. 48 (1930) 5f. die Verse am Rande fol-

οὐ μὲν ἀπαὶ νώτοιο δύο κλάδοι ἀίσσονται,
οὐ πόδες, οὐ θοὰ γοῦν(α), οὐ μήδεα λαχνήεντα,
ἀλλὰ φρὴν ἱερὴ καὶ ἀθέσφατος ἔπλετο μοῦνον,
5 φροντίσι κόσμον ἅπαντα καταΐσσουσα θοῇσιν.

5 135 [404. 405 K., 426. 427 St.]. ARISTOT. Rhet. A 13. 1373b 6 ἔστι γὰρ
ὃ μαντεύονταί τι πάντες φύσει κοινὸν δίκαιον καὶ ἄδικον, κἂν μηδεμία κοινωνία πρὸς
ἀλλήλους ἦι μηδὲ συνθήκη (Zitat der Antigone v. 450ff.) καὶ ὡς 'Ε.
λέγει περὶ τοῦ μὴ κτείνειν τὸ ἔμψυχον· τοῦτο γὰρ οὐ τισὶ μὲν δίκαιον τισὶ δ' οὐ δίκαιον
'ἀλλὰ ... αὖ γῆς'. CIC. de rp. 11, 19 (Naturrecht) Pythagoras et Empe-
10 docles unam omnium animantium condicionem iuris esse denuntiant cla-
mantque inexpiabilis poenas impendere iis a quibus violatum sit animal.
SEXT. IX 126 (vor B 136; aus dem Timaioskommentar d. Poseidonios) εἴπερ
καὶ ἡ δικαιοσύνη κατὰ τὴν ἐπιπλοκὴν τῶν ἀνθρώπων πρός τε ἀλλήλους καὶ
πρὸς θεοὺς εἰσῆκται, εἰ μὴ εἰσὶ θεοί, οὐδὲ δικαιοσύνη συστήσεται. Vgl. IAMBL. V.
15 Pyth. 108 προσέταξεν (Pyth.) ἀπέχεσθαι τῶν ἐμψύχων· ἅτε γὰρ βουλομένους
ἄκρως δικαιοπραγεῖν ἔδει δήπου μηδὲν ἀδικεῖν τῶν συγγενῶν ζώιων. ἐπεὶ πῶς ἂν
ἔπεισαν δίκαια πράττειν τοὺς ἄλλους αὐτοὶ ἁλισκόμενοι ἐν πλεονεξίαι ⟨καίπερ
ἐχόμενοι⟩ συγγενικῆι τῆι τῶν ζώιων μετοχῆι, ἅπερ διὰ τὴν τῆς ζωῆς καὶ τῶν
στοιχείων τῶν αὐτῶν κοινωνίαν καὶ τῆς ἀπὸ τούτων συνισταμένης συγκράσεως
20 ὡσανεὶ ἀδελφότητι πρὸς ἡμᾶς συνέζευκται;

    ἀλλὰ τὸ μὲν πάντων νόμιμον διά τ' εὐρυμέδοντος
    αἰθέρος ἠνεκέως τέταται διά τ' ἀπλέτου αὐγῆς ...

---

schwingen sich fürwahr vom Rücken zwei Zweige, nicht Füße, nicht
schnelle Kniee, nicht behaarte Schamglieder, sondern ein Geist, ein
heiliger und übermenschlicher, regt sich da allein, der mit schnellen
Gedanken den ganzen Weltenbau durchstürmt.

135. Doch das für alle Gesetzgültige ist durch den weithin herrschen-
den Äther langhin ausgespannt und durch den unermeßlichen Glanz,
(aber die menschlichen Gesetze . . .)

---

gendermaßen οὔτε (so!) γὰρ ἀνδρομέη κεφαλὴ κατὰ γυῖα κέκασται, οὐ χέρες,
οὐ θοὰ γοῦν', οὐ μήδεα λαχνήεντα, ἀλλὰ φρὴν ἱερὴ κτλ. wie oben; seine weiteren
Schlüsse nicht zwingend. Vgl. Kranz Herm. 70 (1935) Vorsokratisches III
1. 2 ~ B 29, 1. 2, woselbst s. d. Anm.   1 ἀπαὶ Amm.: ἀπὸ Β 29
νώτοιο Β 29: νώτων γε Amm.   δύω Amm.   ἀίσσονται Β 29 (vgl. Β 100, 7):
ἀίσσουσιν Amm.   2 λαχνήεντα Amm:. γεννήεντα (dort passender) Β 29
3 ἀθέσφατος] vgl. H. Fränkel Ἀντίδωρον Wackernagelfestschrift S. 281f.
4 vgl. 21 B 25   17 ⟨καίπερ ἐχόμενοι⟩ Diels: ἐν πλεονεξίαι; συγγενικὴ
δ' ἡ ... μετοχὴ Wilamowitz   21 Das Fr. gehört wie Β 131 in die Ein-
leitung der ἀποχὴ ἐμψύχων. Daß E. selbst das Wort δίκαιον oder δικαιοσύνη
anwandte (vgl. Rohde Psyche II⁹ 129), geht aus Hipp. zu Β 131 hervor.
doch lassen sich aus den Worten d. Aristoteles τισὶ μὲν κτλ. (I 366, 8) keine
Verse rekonstruieren. Anders Wilamowitz a. O. S. 647   21 vgl. Soph.
Oed. R. 865   ἠνεκέως nur hier, vgl. ἠνεκές Β 17, 35

136 [416. 417 K., 428. 429 St.]. SEXT. IX 127 (s. zu B 135) οἱ μὲν οὖν περὶ τὸν Πυθαγόραν καὶ τὸν Ἐμπεδοκλέα καὶ τὸ λοιπὸν τῶν Ἰταλῶν πλῆθός φασι μὴ μόνον ἡμῖν πρὸς ἀλλήλους καὶ πρὸς τοὺς θεοὺς εἶναί τινα κοινωνίαν, ἀλλὰ καὶ πρὸς τὰ ἄλογα τῶν ζώιων. ἓν γὰρ ὑπάρχειν πνεῦμα τὸ διὰ παντὸς τοῦ κόσμου
5 διῆκον ψυχῆς τρόπον τὸ καὶ ἑνοῦν ἡμᾶς πρὸς ἐκεῖνα (vgl. B 134, 5). διόπερ καὶ κτείνοντες αὐτὰ καὶ ταῖς σαρξὶν αὐτῶν τρεφόμενοι ἀδικήσομέν τε καὶ ἀσεβήσομεν ὡς συγγενεῖς ἀναιροῦντες. ἔνθεν καὶ παρήινουν οὗτοι οἱ φιλόσοφοι ἀπέχεσθαι τῶν ἐμψύχων καὶ ἀσεβεῖν ἔφασκον τοὺς ἀνθρώπους 'βωμὸν ἐρεύθοντας μακάρων θερμοῖσι φόνοισιν', καὶ Ἐ. πού φησιν 'οὐ... νόοιο'.
10 οὐ παύσεσθε φόνοιο δυσηχέος; οὐκ ἐσορᾶτε
ἀλλήλους δάπτοντες ἀκηδείηισι νόοιο;

137 [410—415 K., 430—435 St.]. 1—6 SEXT. IX 129 (nach B 136, 2) καὶ 'μορφὴν... ἔδουσιν'. 1. 2 ORIG. c. Celsum v 49 (wohl aus Celsus) ἐκεῖνοι [Pythagoreer] μὲν γὰρ διὰ τὸν περὶ ψυχῆς μετενσωματουμένης μῦθον ἐμψύχων
15 ἀπέχονται καί τις 'φίλον... νήπιος'.

μορφὴν δ' ἀλλάξαντα πατὴρ φίλον υἱὸν ἀείρας
σφάζει ἐπευχόμενος μέγα νήπιος· οἱ δ' ἀπορεῦνται
λισσόμενον θύοντες· ὁ δ' αὖ νήκουστος ὁμοκλέων
σφάξας ἐν μεγάροισι κακὴν ἀλεγύνατο δαῖτα.
20 5 ὡς δ' αὕτως πατέρ' υἱὸς ἑλὼν καὶ μητέρα παῖδες
θυμὸν ἀπορραίσαντε φίλας κατὰ σάρκας ἔδουσιν.

---

136. Wollt ihr nicht aufhören mit dem mißtönenden Morden? Seht ihr denn nicht, wie ihr einander zerfleischt in Unbedachtheit des Sinnes?

137. Und ihn, der die Gestalt gewandelt hat, seinen eigenen Sohn hebt der Vater empor, schlachtet ihn und spricht auch noch ein Gebet dazu, der arge Tor! Sie aber sind verstört, die den Flehenden opfern wollen; doch jener taub gegen seine Rufe rüstet, nachdem er ihn schlachtete, damit im Hause ein böses Mahl. (5) Ebenso ergreift seinen Vater der Sohn und ihre Mutter die Kinder, entreißen ihnen das Leben und schlingen das eigene Fleisch hinunter.

---

2 τὸ λοιπὸν NEL: fehlt ς   4 ὑπάρχει Hss.: verb. ed. princ.   10 τ·αύ-σασθε N   φόνοιο δυσηχέος nach d. homerischen πολέμοιο δυσηχέος, vgl. B 100, 19   17 σφάξει Orig.   οἱ δὲ] die Opferdiener   οἱ δ' ἀπο·εῦνται Diels: οἶδα πορεύνται Sext. N: οἱ δὲ πορεῦνται übr. Hss. (daher οἱ δ' ἐπ·ρεῦνται nach Hom. Ψ 212 Bergk, Vorsokr. 1. 2. Aufl.)   18 λισσόμενον NF L: λισσό-μενοι ς   ὁ δ' αὖ νήκουστος Diels: δδ' ἀνήκουστος Sext.: ὁ δὲ νήκουστος Bergk   20. 21 παῖδες ἀπορραίσαντε] vgl. B 23, 2. 6   21 ~ B 128, 10   ἀπορραί-σαντε Karsten: -αντα Sext.

138 [0]. ARISTOT. Poet. 21 p. 1457 b 13 ἀπ' εἴδους δὲ ἐπὶ εἶδος (findet Metapher statt) οἷον

χαλκῶι ἀπὸ ψυχὴν ἀρύσας

καὶ 'ταμὼν ἀτειρέι χαλκῶι' (Β 143)· ἐνταῦθα γὰρ τὸ μὲν ἀρύσαι ταμεῖν, τὸ
5 δὲ ταμεῖν ἀρύσαι εἴρηκεν.

139 [9. 10 K., 436. 437 St.]. PORPHYR. de abst. II 31 ἐπεὶ δ' ἀναμάρ-.
τητος οὐδείς, λοιπὸν δὴ ἀκεῖσθαι αὐτοῖς ὕστερον διὰ τῶν καθαρμῶν τὰς πρόσθε
περὶ τὴν τροφὴν ἁμαρτίας. τοῦτο δὲ ὁμοίως γένοιτ' ἄν, εἰ πρὸ ὀμμάτων ποιησά-
μενοι τὸ δεινὸν ἀνευφημίσαιμεν κατὰ τὸν Ἐμπεδοκλέα λέγοντες·
10   οἴμοι ὅτι οὐ πρόσθεν με διώλεσε νηλεὲς ἦμαρ,
πρὶν σχέτλι' ἔργα βορᾶς περὶ χείλεσι μητίσασθαι.

140 [419 K., 440 St.]. PLUT. Quaest. conv. III 1, 2 p. 646 D καὶ οὐ
μόνης ὡς ἔοικε κατ' Ἐμπεδοκλέα τῆς δάφνης τῶν φύλλων ἀπὸ πάμπαν
ἔχεσθαι χρή, ἀλλὰ καὶ τῶν ἄλλων φείδεσθαι δένδρων ἀπάντων.
15   δάφνης φύλλων ἄπο πάμπαν ἔχεσθαι.

141 [418 K., 441 St.]. GELLIUS IV 11, 9 videtur autem de κυάμωι non
esitato causam erroris fuisse, quia in Empedocli carmine qui disciplinas
Pythagorae secutus est, versus hic invenitur 'δειλοί... ἔχεσθαι'. 10. opi-
nati enim sunt plerique κυάμους legumentum dici ut a vulgo dicitur. sed
20 qui diligentius scitiusque carmina Empedocli arbitrati sunt, κυάμους hoc in
loco testiculos significare dicunt eosque more Pythagorae operte atque sym-
bolice κυάμους appellatos, quod sint αἴτιοι τοῦ κυεῖν et geniturae humanae vim
praebeant; idcircoque Empedoclen versu isto non a fabulo edendo, sed a rei
veneriae proluvio voluisse homines deducere. DIDYMUS in GEOPON. II 35, 8
25 πρῶτος δὲ ἀπέσχετο κυάμων Ἀμφιάραος διὰ τὴν δι' ὀνείρων μαντείαν· φέρεται δὲ
καὶ Ὀρφέως τοιάδε ἔπη 'δειλοί... ἔχεσθαι'. CALLIM. fr. 128 [oben c. 14, 9.
ι 101, 17]; CRATES Θῆρες fr. 17 (I 135 K.) ἡμῶν δ' ἄπο χεῖρας ἔχεσθαι.

δειλοί, πάνδειλοι, κυάμων ἄπο χεῖρας ἔχεσθαι.

---

138. Mit dem Erze die Seele abschöpfend.

139. Weh mir, daß mich nicht früher vernichtete der unentrinn-
bare Tag, ehe denn meine Lippen der Gedanke an den gräßlichen
Frevel des Fraßes umspielte!

140. Sich der Lorbeerblätter gänzlich enthalten.

141. Unselige, ganz Unselige! Haltet von den Bohnen eure Hände
zurück!

---

1 vgl. zu B 143   7 δὴ ἀκεῖσθαι Cobet: ἀνακεῖσθαι Hss.   αὐτοῖς Diels:
τοῖς Hss.: [τοῖς] Wil.*   10 οἶμ' ὅτι Nauck (vgl. Theocr. XI 54): οἶμοι
ὅτ' Hss.   11 περὶ malerisch wie ⟨ἐν⟩ B 143?   σχέτλια ἔργα βορᾶς
πρὶν... H. Fränkel   15 δάφνης] vgl. B 127, 2. Diels ergänzte (aber ohne
zwingenden Grund) Φοιβείων φ.   28 πάνδειλοι fehlt Geop.   ἔχεσθαι Gell.,
Geop. CH (vgl. Hom. χ 316, Krates): ἔχεσθε Geop. L?, vulgo   zur Lehre
vgl. c. 14, 9 I 101, 17; 58 C 3 Eing.; zu B 140. 141 vgl. auch 1 A 11

B. FRAGMENTE 138—146 ΚΑΘΑΡΜΟΙ 369

142 [0]. VOLL. HERC. N. 1012 col. 18 [coll. alt. VII fol. 15] σοφίην
[Callim. Epigr. 7, 3. 4; über das σχῆμα ἀπὸ κοινοῦ] δῆλον γὰρ ὡς οἱ | μὲν
κήρυκες φθένξονται, | ἡ δ' Ἑλλὰς φθένξεται. μία | δὴ δύναμις τοῦ σημαι-
νομέ-|(5)νου. τάτὸ δὲ κα[ὶ] παρ' Ἐμ-|πεδ[οκ]λεῖ γέγονεν ὅτε λέ-|[γ]ε[ται] 'τὸν
5 δ' οὔτ' ἄρ τε Διὸς | ΤΕΓΕΟΙΔΟΜΟΙΑΙΓ...... | ΤΕ⁻. ΟΑΙΔΟΥΔΕ...... |
Κ⁻. ΗΣΤΕΓΟΣ.. Δ...... |... \ΟΥ... Ε

τὸν δ' οὔτ' ἄρ τε Διὸς τέγεοι δόμοι αἰγ⟨ιόχοιο⟩
οὔ⟩τε ποτ' Ἀίδεω δέ⟨χετ' ἠδ' οἰ-⟩κτ⟨ρ⟩ῆς τέγος ⟨αὐ⟩δ⟨ῆς.

143 [442. 443 K., 442. 443 St.]. THEO Smyrn. p. 15, 7 Hill. κατὰ ταὐτὰ
10 δὴ καὶ ἡ τῶν πολιτικῶν λόγων παράδοσις τὸ μὲν πρῶτον ἔχει καθαρμόν τινα οἷον
ἡ ἐν τοῖς προσήκουσι μαθήμασιν ἐκ παίδων συγγυμνασία. ὁ μὲν γὰρ Ἐ. ʻκρη-
νάων ἀπὸ πέντε ταμόντα, φησίν, ἀτειρέι χαλκῶιʼ δεῖν ἀπορρύπτεσθαι.
ARISTOT. Poet. 21 p. 1457b 13 [B 138].

κρηνάων ἄπο πέντε ταμόντ' ⟨ἐν⟩ ἀτειρέι χαλκῶι . . .

15 **144** [406 K., 444 St.]. PLUT. de coh. ira 16 p. 464 в τὸ μὲν τοῦ Ἐμπε-
δοκλέους μέγα καὶ θεῖον ἡγούμην τὸ

νηστεῦσαι κακότητος.

145 [420. 421 K., 445. 446 St.]. CLEM. Protr.2, 27 (I 20, 13 St.) ταύ-
τηι τοι ἡμεῖς οἱ τῆς ἀνομίας υἱοί ποτε . . . υἱοὶ γεγόναμεν τοῦ θεοῦ· ὑμῖν δὲ καὶ ὁ
20 ὑμέτερος ὑποδύεται ποιητὴς ὁ Ἀκραγαντῖνος Ἐ.·

τοιγάρτοι χαλεπῆισιν ἀλύοντες κακότησιν
οὔποτε δειλαίων ἀχέων λωφήσετε θυμόν.

146 [384—386K., 447—449 St.]. 1—3 CLEM. Strom. IV 150[II 314, 25 St.]
φησὶ δὲ καὶ ὁ Ἐ. τῶν σοφῶν τὰς ψυχὰς θεοὺς γίνεσθαι ὧδέ πως γράφων· ʻεἰς . . .
25 φέριστοιʼ. Stand bald nach B 130.

---

142. Diesen nimmt also weder der überdachte Palast des ägishalten-
den Zeus auf noch das des Aides und das Haus(dach) der jammervollen
Stimme (?).

143. Von fünf Brunnen schneidend (d. h. schöpfend) in (?) unver-
wüstlichem Erze . . .

144. Von der Sünde sich ernüchtern.

145. Darum also, weil ihr irre seid durch schlimme Sünden, werdet
ihr nimmer euer Herz von den unseligen Leiden entlasten.

---

8 V. 2 von Diels sehr unsicher ergänzt nach Voglianos neuer Lesung
10 πολιτικῶν] Πλατωνικῶν Hiller   14 zur Sache vgl. Jahn zu Pers. II 16.
IV. 39, Rohde Psyche II⁹ 405   ⟨ἐν⟩ Diels vgl. B 139 und Mél. Weil S. 128.
Zum Bilde vgl. Hom. E 292, Sibyll. Blätt. S. 72, Stengel Berl. philol. Woch.
1907, 1247. Nach Wilamowitz a. O. S. 649 lautet der Vers κρηνάων ἀπὸ
πέντε ταμὼν ἀτειρέι χαλκῶι mit falscher Messung von ἀ(τειρής); B 138 hält
er für unempedokleisch   17 vgl. Orph. Fraq. 229 f. K.

εἰς δὲ τέλος μάντεις τε καὶ ὑμνοπόλοι καὶ ἰητροί
καὶ πρόμοι ἀνθρώποισιν ἐπιχθονίοισι πέλονται,
ἔνθεν ἀναβλαστοῦσι θεοὶ τιμῆισι φέριστοι.

147 [387. 388 K., 450. 451 St.]. CLEM. Strom. v 122 [II 409, 8 St.] ἦν
5 δὲ ὁσίως καὶ δικαίως διαβιώσωμεν, μακάριοι μὲν ἐνταῦθα, μακαριώτεροι δὲ μετὰ
τὴν ἐνθένδε ἀπαλλαγήν, οὐ χρόνωι τινὶ τὴν εὐδαιμονίαν ἔχοντες, ἀλλ᾽ ἐν αἰῶνι ἀνα-
παύεσθαι δυνάμενοι ᾽ἀθανάτοις᾽... ἀτειρεῖς᾽, ἡ φιλόσοφος ᾽Εμπεδοκλέους λέγει
ποιητική. Schließt wohl an B 146 an.

ἀθανάτοις ἄλλοισιν ὁμέστιοι, αὐτοτράπεζοι
10 ἐόντες, ἀνδρείων ἀχέων ἀπόκληροι, ἀτειρεῖς.

148. 149. 150 [403. 243 St., 453 K.]. PLUT. Quaest. conviv. v 8, 2 p. 683 E
(nach B 80) καὶ μάλιστα τοῦ ἀνδρὸς [Emped.] οὐ καλλιγραφίας ἕνεκα τοῖς
εὐπροσωποτάτοις τῶν ἐπιθέτων ὥσπερ ἀνθηροῖς χρώμασι τὰ πράγματα γανοῦν
εἰωθότος, ἀλλ᾽ ἕκαστον οὐσίας τινὸς ἢ δυνάμεως δήλωμα ποιοῦντος οἷον
15 ᾽ἀμφιβρότην χθόνα᾽ τὸ τῆι ψυχῆι περικείμενον σῶμα καὶ ᾽νεφεληγερέτην᾽
τὸν ἀέρα καὶ ᾽πολυαίματον᾽ τὸ ἧπαρ.

ἀμφιβρότην χθόνα. ἀέρα.. νεφεληγερέτην. πολυαίματον
ἧπαρ.

151 [p. 347 K.]. PLUT. Amat. 13 p. 756 E ζείδωρον γὰρ αὐτὴν [sc. ᾽Αφρο-
20 δίτην] ᾽Ε., εὔκαρπον δὲ Σοφοκλῆς ἐμμελῶς πάνυ καὶ πρεπόντως ὠνόμασαν. Vgl.
B 17, 24. 22, 5. 71, 4 u. ö.

ζείδωρος ... ᾽Αφροδίτη.

---

146. Zuletzt aber werden sie Seher und Sänger und Ärzte und Fürsten
den irdischen Menschen, woraus sie emporwachsen als Götter, an Ehren
reichste,

147. den anderen Unsterblichen Herdgenossen, Tischgefährten,
menschlicher Leiden unteilhaft, unverwüstlich.

---

148. Menschenumgebenden Erdstoff (d. i. Körper).

149. Luft .. wolkensammelnde.

150. Blutreiche Leber.   **151.** Lebensspendende ... Aphrodite.

1ff. vgl. Hom. ρ 384 ff.; Pindar Ol. 2, 63 ff. fr. 133 Schr.³ Wilamowitz
Pindaros S. 251; Weinreich *Herm.* 67 (1932) 360   3 2. Vershälfte euch
in B 21, 12   9 αὐτοτράπεζοι (αὐτοτράπεζον) Eus. P. E. XIII 13, 49 p. 684
extr.: ἔν τε τραπέζαις Clem., woraus ἔν τε τράπεζοι Rohde   10 ἐόντες Clem.
Eus., von Wilamowitz a. O. S. 642 mit Recht geschützt (lies εὖντες, zum
Versanfang vgl. B 112, 6); Diels las εὖνιες (Scaliger, richtig εὖνιδες vgl. B 57, 2)
ἀνδρείων ἀχέων. Zu ἀπόκληρος m. Genet. vgl. Aischyl. Eum. 352 Wil.   ἀχαιῶν
Clem., Eus.   ἀτειρεῖς Eus. O: ἀτηρεῖς Eus. übr., Clem.   11 Von 148 an
können d. Frag. auch zu Π. φύσεως gehören   15 τῆι ψυχῆι Turnebus: τὴν
ψυχὴν Hss.   18 vgl. B 61 (I 334, 15)

152 [458 K.]. ARISTOT. Poet. 21. 1457b 22 ἢ ὃ γῆρας πρὸς βίον καὶ ἑσπέρα πρὸς ἡμέραν. ἐρεῖ τοίνυν τὴν ἑσπέραν γῆρας ἡμέρας, ἢ ὥσπερ 'Ε., καὶ τὸ γῆρας ἑσπέραν βίου ἢ δυσμὰς βίου.

153 [455 K.]. HESYCH. βαυβώ: τιθήνη Δήμητρος. σημαίνει δὲ καὶ
5 κοιλίαν ὡς παρ' 'Εμπεδοκλεῖ. Vgl. Orph. Frag. 49, 89. 52. 53 K.
βαυβώ.

153a [p. 475 K.]. THEO SMYRN. p. 104, 1 H. τὸ γοῦν βρέφος δοκεῖ τελειοῦσθαι ἐν ἑπτὰ ἑβδομάσιν, ὡς 'Ε. αἰνίττεται ἐν τοῖς Καθαρμοῖς. Vgl. A 83.

ZWEIFELHAFTES

10 154 [0]. PLUT. de esu carn. 1 2 p. 993 c [vielleicht aus Poseidonios
vgl. Schmekel Mittelstoa S. 288⁴] ἢ τοῖς μὲν πρώτοις ἐκείνοις ἐπιχειρήσασι
σαρκοφαγεῖν τὴν αἰτίαν ἂν εἴποι πᾶς εἶναι τὴν ἀπορίαν· οὐ γὰρ ἐπιθυμίαις ἀνόμοις συνδιάγοντες οὐδ' ἐν περιουσίαι τῶν ἀναγκαίων ὑβρίσαντες εἰς ἡδονὰς παρὰ
φύσιν ἀσυμφύλους ἐπὶ ταῦτ' ἦλθον, ἀλλ' εἴποιεν ἂν αἴσθησιν ἐν τῶι παρόντι καὶ
15 φωνὴν λαβόντες· ὦ μακάριοι καὶ θεοφιλεῖς οἱ νῦν ὄντες ὑμεῖς, οἷον βίου λαχόντες
αἰῶνα καρποῦσθε καὶ νέμεσθε κλῆρον ἀγαθῶν ἄφθονον, ὅσα φύεται ὑμῖν, ὅσα τρυγᾶται, ὅσον πλοῦτον ἐκ πεδίων, ὅσας ἀπὸ φυτῶν ἡδονὰς δρέπεσθαι πάρεστιν.
ἔξεστιν ὑμῖν καὶ τρυφᾶν μὴ μιαινομένοις. ἡμᾶς δὲ σκυθρωπότατον καὶ φοβερώτατον
ἐδέξατο βίου καὶ χρόνου μέρος, εἰς πολλὴν καὶ ἀμήχανον ἐκπεσόντας ἀπὸ τῆς
20 πρώτης γενέσεως ἀπορίαν· ἔτι μὲν οὐρανὸν ἔκρυπτεν ἀὴρ καὶ ἄστρα, θολερῶι καὶ
δυσδιαστατοῦντι πεφυρμένος ὑγρῶι καὶ πυρὶ καὶ ζάλαις ἀνέμων. ʽοὔπω δ' ἥλιος
ἵδρυτο ἀπλανῆ καὶ βέβαιον ἔχων δρόμον, ἠῶ
καὶ δύσιν ἔκρινεν, περὶ δ(ὲ) ἤγαγεν αὖθις ὀπίσσω

152. ʽDer Abend, des Tages Greisenalter'. Ähnliche Metapher bei Empedokles.

153. Baubo = Leibeshöhle (Bauch?).

153a. In sieben mal sieben Tagen wird der Embryo (seiner Gliederung nach) durchgebildet.

ZWEIFELHAFTES

154. Das war damals (im Anfange der Welt) noch nicht die Zeit, wo die Sonne fest in ihrer unbeirrbaren, sicheren Bahn lief und Morgen und Abend schied und sie (die Bahn) im Kreis wieder zurückführte,

2 ἢ ὥσπερ 'Ε. setzte vor δυσμὰς βίου die Vulg., vgl. dagegen Vahlen
z. d. St.; Lücke hinter 'Ε. nimmt an Wil.*, anders Gudeman   4 vgl. Crusius Unters. z. Herondas S. 128, Diels Miscellanea Salinas p. 10   8 Καθαρμοῖς] nach Wilamowitz irrtümlich statt Φυσικοῖς   12 πᾶς εἶναι Diels: πᾶσαν
καὶ Hss.   13 τῶν Diels: τινὶ Hss.   19 βίου κ. χρ. μέρος] vgl. B 2, 3
21 πεφυρμένος Wilamowitz Herm. 40 (1905) 168: -μένα Plutarch   22 ἀπλανῆ
Plut.: ἀπλανὴς Wil.   23 περὶ δὲ P: περὶ σέ vulgo

καρποφόροισιν ἐπιστέψας καλυκοστεφάνοισιν
'Ώραις, γῆ δ' ὕβριστο·
ποταμῶν ἐκβολαῖς ἀτάκτοις καὶ πολλά λίμναισιν ἄμορφα καὶ πηλοῖς βαθέσι
καὶ λόχμαις ἀφόροις καὶ ὕλαις ἐξηγρίωτο· φορᾶς δὲ ἡμέρων καρπῶν καὶ τέχνης
5 ὄργανον οὐδὲν ⟨ἦν⟩ οὐδὲ μηχανὴ σοφίας· ὁ δὲ λιμὸς οὐκ ἐδίδου χρόνον οὐδὲ ὥρας
ἐτησίους σπόρος ⟨πυρ⟩ῶν τότ' ἀνέμενε.

τί θαυμαστόν, εἰ ζώιων ἐχρησάμεθα
σαρξὶ παρὰ φύσιν, ὅτ' ἰλὺς ᾐσθίετο καὶ 'φλοιὸς ἐβρώθη ξύλου' καὶ 'ἄγρωστιν
εὑρεῖν βλαστάνουσαν ἢ φλεώ' τινα ῥίζαν εὐτυχὲς ἦν; βαλάνου δὲ γευσάμενοι καὶ
φαγόντες ἐχόρευσαν ὑφ' ἡδονῆς περὶ δρῦν τινα καὶ φηγὸν ζείδωρον [δὲ] καὶ μητέρα
10 καὶ τροφὸν ἀποκαλοῦντες. ἐκείνην (994) οὖν ὁ τότε βίος ἑορτὴν ἔγνω, τὰ δ' ἄλλα
φλεγμονῆς ἦν ἅπαντα μεστὰ καὶ στυγνότητος. ὑμᾶς δὲ τοὺς νῦν τίς λύσσα καὶ
τίς οἶστρος ἄγει πρὸς μιαιφονίαν οἷς τοσαῦτα περίεστι τῶν ἀναγκαίων; κτλ.

154a [0]. PLUT. de esu carn. II 1 p. 996 E καὶ πέποται ὁ τῆς συνη-
θείας κυκεών, ὥσπερ ὁ τῆς Κίρκης
15   ὠδῖνάς ⟨τ'⟩ ὀδύνας ⟨τε⟩ κυκέων ἀπάτας τε γόους τε.

154b = Arat. Phaen. 131f.

154c [0]. SUIDAS s. v. αὐτίκα. καὶ παροιμία· 'αὐτίκα . ._ ἔσεσθαι'
ἐπὶ τῶν εὐθὺς ἀπὸ πρώτης ἀρχῆς πρὸς ἀγαθὸν τέλος ἀποβλεπόντων. Vgl.
Liban. Ep. 30, Boissonade Anecd. II 413f.
20   αὐτίκα καὶ φυτὰ δῆλα, τὰ μέλλει κάρπιμ' ἔσεσθαι.

154d [0]. Vgl. 28 B 20.   **154d** [0] Bignone = Orph. Frag. 354 K.

---

sie mit den fruchtbringenden, knospenbekränzten Horen krönend,
wo vielmehr die Erde vergewaltigt war *durch das ungeregelte Aus-
strömen der Flüsse* und vieles durch Bildung von Seen verunstaltet
*und durch tiefen Schlamm und unfruchtbares Gestrüpp und Dickicht
verödet dalag . . .*

154b. Wehen und Schmerzen brauend und Täuschungen und Klagen.

154c. Sofort zeigt sich auch bei den Pflanzen, was fruchtbar zu sein
verspricht.

154d. s. oben!

---

1 καρποφόροισιν ἐπιστέψας (P: ἐπιστέψαι ETV) κάλυκος στεφάνοισιν Hss.:
danach so zuletzt Diels; vgl. Bacchylides XI 108, v 98   3 πολλά Plut.:
πεδία Wil.   5 ⟨ἦν⟩ Wil.   6 ⟨πυρ⟩ῶν Diels   13 Fr. 154a wies
vermutungsweise dem Emp. zu Wil. *Herm.* 40 (1905) 165, der auch ⟨ ⟩
ergänzte und κυκεών statt κυκεών akzentuierte   20 τὰ Cobet: & Suid.
Th. Gomperz *Wien. Sitz. Ber.* 152, 1, 14 nahm als Empedokleisch
in Anspruch Arist. Top. Z 2. 140a 3 (τόπος τοῦ ἀσαφῶς) ἔτι εἰ μὴ κειμένοις
ὀνόμασι χρῆται οἷον Πλάτων 'ὀφρυόσκιον' τὸν ὀφθαλμὸν ἢ τὸ φαλάγγιον
'σηψιδακές' ἢ τὸν μυελὸν 'ὀστογενές' [so Acuq: ὀστεογενές übr. Hss.
Waitz]· πᾶν γὰρ ἀσαφὲς τὸ μὴ εἰωθός. Er meinte, das Platonische Bei-
spiel sei ausgefallen, das übrige stamme von Emp. Dazu Diels: ,,Da

UNECHTES

155 [439 K., p. 18 St.]. DIOG. VIII 43 ἦν καὶ Τηλαύγης υἱὸς αὐτοῖς (Pythagoras und Theano; vgl.

A 1 ι 277, 26; 2 282, 21), ὃς καὶ διεδέξατο τὸν πατέρα καὶ κατά τινας 'Εμπεδοκλέους καθηγήσατο· 'Ιππόβοτός γέ τοί φησι
5 λέγειν 'Εμπεδοκλέα·
Τήλαυγες, κλυτὲ κοῦρε Θεανοῦς Πυθαγόρεω τε.

156 [435—439 K., p. 9 St.]. DIOG. VIII 60 nach B 1 [A 1 ι 279, 3] ἀλλὰ καὶ ἐπίγραμμα εἰς αὐτὸν ἐποίησε· 'Παυσανίην... ἀδύτων'. ANTHOL. P. VII 508 mit dem Lemma Σιμωνίδου. Vgl. Z. 18.

10 Παυσανίην ἰητρὸν ἐπώνυμον 'Αγχίτεω υἱόν
φῶτ' 'Ασκληπιάδην πατρὶς ἔθρεψε Γέλα,
ὃς πολλοὺς μογεροῖσι μαραινομένους καμάτοισιν
φῶτας ἀπέστρεψεν Φερσεφόνης ἀδύτων.

157 [433. 434 K., p. 9 St.]. DIOG. VIII 65 [A 1 ι 279, 27]
15 ἄκρον ἰατρὸν Ἄκρων' 'Ακραγαντῖνον πατρὸς Ἄκρου
κρύπτει κρημνὸς ἄκρος πατρίδος ἀκροτάτης.

τινὲς δὲ τὸν δεύτερον στίχον οὕτω προσφέρονται 'ἀκροτάτης κορυφῆς τύμβος ἄκρος κατέχει'. τοῦτό τινες Σιμωνίδου φασὶν εἶναι.

UNECHTES

155. Telauges, berühmter Sproß der Theano und des Pythagoras.

156. Pausanias den Arzt, so mit Recht zubenannt (Leidstiller), des Anchites Sohn, den Abkömmling des Asklepios, hat Gela als Vaterstadt aufgezogen. Viele Männer, die an schmerzlichen Leiden hinwelkten, hat er zurückgerufen aus Persephones innerstem Gemache.

157. Akron (Hoche), den hochberühmten Arzt aus Akragas (Hochstadt), des Akros (Hochs) Sohn, birgt der hohe Hügel seiner himmelhohen Vaterstadt.

Alex. 426, 1 den Text las wir, ist dies nicht wahrscheinlich. Wenn wir auch alle Prosa Platons haben und darin die Glossen nicht vorkommen, so ist uns seine Poesie nur sehr fragmentarisch erhalten. Es ist sehr wohl möglich, daß er in seiner Jugendpoesie solche Kenningar liebte wie der ältere Dionys FTG² p. 796 fr. 12."
5 vgl. Zeller Berl. Sitz. Ber. 1889, 990. Mit dieser Fälschung hängt nach Diels der Brief an Philolaos Diog. VIII 53. 55 (A 1 ι 277, 27) und Eus. P. E. x 14, 15 (A 8 ι 283, 29) zusammen 6 τηλαυγεῖ F : τηλαυγῆ BP¹ : verb. Bentley 10 παυσανίαν Anth. ἀγχίτεω] s. zu B 1 11 φῶτ' Diog. : τόνδ' Anth. ἔθαψε πέλας (κόνις) Anth. 12 ὃς πολλοὺς μογεροῖσι (μογεροῖς B) μαραινομένους Diog. BP: ὃς πολλοῖσι μαγερομένους F: ὃς πλείστους κρυεροῖσι μαραινομένους Anth. καμάτοισιν Diog.: ὑπὸ νούσοις Anth. 13 φερσεφόνας BP¹F : φερσεφόνης Anth. ἀδύτων Diog.: θαλάμων Anth. 15 ἄκρων ἰητρὸν F Ἄκρου] vgl. Reitzenstein Epigr. u. Skol. S. 111. 119

158 [389 St.]. HIEROCL. ad c. aur. 24 [Stob. Ecl. ed. Gaisf. II 143, 8
nach Anführung von 31 B 121] ἡ δὲ ἔφεσις τοῦ φεύγοντος τὸν τῆς Ἄτης
λειμῶνα πρὸς τὸν τῆς Ἀληθείας ἐπείγεται λειμῶνα, ὃν ἀπολιπὼν τῆι ὁρμῆι τῆς
πτερορρυήσεως εἰς γήινον ἔρχεται σῶμα ὀλβίου αἰῶνος ἀμερθείς.

5 **159** [145 St.]. ARISTOT. de gener. et corr. A 8.
325b 19 Ἐμπεδοκλεῖ
δὲ τὰ μὲν ἄλλα φανερόν, ὅτι μέχρι τῶν στοιχείων ἔχει τὴν γένεσιν καὶ τὴν φθοράν,
αὐτῶν δὲ τούτων πῶς γίνεται καὶ φθείρεται τὸ σωρευόμενον μέγεθος οὔτε
δῆλον κτλ. Vgl. A 43a.

160 [0]. Die von Stein *Philol.* 15 (1860) 143 aus Cramers An. Ox. III 184
10 zugefügten Empedoklesverse sind Spielereien des Michael Italicus (s. XII);
vgl. Diels *Herm.* 15 (1880) 177, M. Treu *Byz. Zeitschr.* IV 1ff., C. Horna
Wien. Stud. 48 (1930) 8ff.

161 [0]. Über die sog. Σφαῖρα Ἐμπεδοκλέους ed. F. Wiek (diss.
Gryph. 1897) s. E. Maaß *Comm. in Arat. reliqu.* p. 154ff. und A. Elter
15 *Analecta Graeca* Bonn 1899 (Natalic. reg.) S. 41.

C. ANKLANG

1. PLATO Phaedr. 248 B ff. [vgl. B 115] οὗ δ' ἕνεχ᾽· ἡ πολλὴ σπουδὴ τὸ
Ἀληθείας ἰδεῖν πεδίον [οὗ] ἐστίν, ἥ τε δὴ προσήκουσα ψυχῆς τῶι ἀρίστωι νομὴ ἐκ
τοῦ ἐκεῖ λειμῶνος τυγχάνει οὖσα, ἥ τε τοῦ πτεροῦ φύσις, ὧι ψυχὴ κουφίζεται,
20 τούτωι τρέφεται. θεσμός τε Ἀδραστείας ὅδε· ἥτις ἂν ψυχὴ θεῶι ξυνοπαδὸς γενο-
μένη κατίδηι τι τῶν ἀληθῶν, μέχρι τε τῆς ἑτέρας περιόδου εἶναι ἀπήμονα, κἂν
ἀεὶ τοῦτο δύνηται ποιεῖν, ἀεὶ ἀβλαβῆ εἶναι. ὅταν δὲ ἀδυνατήσασα ἐπισπέσθαι μὴ
ἴδηι, καί τινι συντυχίαι χρησαμένη λήθης τε καὶ κακίας πλησθεῖσα βαρυνθῆι, βα-
ρυνθεῖσα δὲ πτερορρυήσηι τε καὶ ἐπὶ τὴν γῆν πέσηι, τότε νόμος ταύτην μὴ φυ-
25 τεῦσαι εἰς μηδεμίαν θήρειον φύσιν ἐν τῆι πρώτηι γενέσει, ἀλλὰ τὴν μὲν πλεῖστα
ἰδοῦσαν εἰς γονὴν ἀνδρὸς γενησομένου φιλοσόφου ἢ φιλοκάλου ἢ μουσικοῦ τινος
καὶ ἐρωτικοῦ, τὴν δὲ δευτέραν εἰς βασιλέως ἐννόμου ἢ πολεμικοῦ καὶ ἀρχικοῦ,
τρίτην εἰς πολιτικοῦ ἤ τινος οἰκονομικοῦ ἢ χρηματιστικοῦ, τετάρτην εἰς φιλοπόνου
⟨ἢ⟩ γυμναστικοῦ ἢ περὶ σώματος ἴασίν τινος ἐσομένου, πέμπτην μαντικὸν βίον ἢ
30 τινα τελεστικὸν ἕξουσαν· ἕκτηι ποιητικὸς ἢ τῶν περὶ μίμησίν τις ἄλλος ἁρμόσει,
ἑβδόμηι δημιουργικὸς ἢ γεωργικός, ὀγδόηι σοφιστικὸς ἢ δημοκοπικός, ἐνάτηι
τυραννικός. ἐν δὴ τούτοις ἅπασιν ὃς μὲν ἂν δικαίως διαγάγηι ἀμείνονος μοίρας
μεταλαμβάνει, ὃς δ' ἂν ἀδίκως, χείρονος. εἰς μὲν γὰρ τὸ αὐτὸ ὅθεν ἥκει ἡ ψυχὴ

---

158. Des (seligen) Lebens beraubt.

159. Die sich anhäufende Größe.

---

4 αἰῶνος ἀμερθείς ist (auch ?) homerisch (X 58) vgl. Nauck *Mél. gr. r.*
II 271   7 »Zu dem von Stein für dichterisch gehaltenen Ausdruck τὸ
σωρ. μεγ. vgl. Rhet. B 15. 1390b 18« Diels; jedenfalls aber ist es ein Fach-
ausdruck geworden vgl. Luria *Quell. u. Stud. z. Gesch. d. Math.* B 2, 2
S. 136[78]. 145[108a]   13 Der Name stammt von Demetrios Triclinios   18 [οὗ]
Madvig; [οὗ ἐστιν] Wilamowitz *Platon*[2] II 364   24 Nachbildung oben Z. 4
29 ⟨ἢ⟩ Badham   τινος C. F. Hermann: τινα Hss.   32 δὴ B: δὲ TW

ἑκάστη οὐκ ἀφικνεῖται ἐτῶν μυρίων (οὐ γὰρ πτεροῦται πρὸ τοσούτου χρόνου)
πλὴν ἡ τοῦ φιλοσοφήσαντος ἀδόλως ἢ παιδεραστήσαντος μετὰ φιλοσοφίας, αὖται
δὲ τρίτηι περιόδωι τῆι χιλιετεῖ, ἐὰν ἕλωνται τρὶς ἐφεξῆς τὸν βίον τοῦτον, οὕτω
πτερωθεῖσαι τρισχιλιοστῶι ἔτει ἀπέρχονται. αἱ δὲ ἄλλαι ὅταν τὸν πρῶτον βίον
5 τελευτήσωσιν, κρίσεως ἔτυχον, κριθεῖσαι δὲ αἱ μὲν εἰς τὰ ὑπὸ γῆς δικαιωτήρια
ἐλθοῦσαι δίκην ἐκτίνουσιν, αἱ δ' εἰς τοὐρανοῦ τινα τόπον ὑπὸ τῆς Δίκης κου-
φισθεῖσαι διάγουσιν ἀξίως οὗ ἐν ἀνθρώπου εἴδει ἐβίωσαν βίου. τῶι δὲ χιλιοστῶι
ἀμφότεραι ἀφικνούμεναι ἐπὶ κλήρωσίν τε καὶ αἵρεσιν τοῦ δευτέρου βίου αἱροῦνται
ὃν ἂν θέληι ἑκάστη· ἔνθα καὶ εἰς θηρίου βίον ἀνθρωπίνη ψυχὴ ἀφικνεῖται, καὶ
10 ἐκ θηρίου, ὃς ποτε ἄνθρωπος ἦν, πάλιν εἰς ἄνθρωπον.
2. s. jetzt zu B 121.

32 [22]. MENESTOR

1. IAMBL. V. P. 267 p. 190, 11 N. [58 A] Συβαρῖται Μέτωπος, Ἵππασος,
Πρόξενος, Εὐάνωρ, Λεάναξ, Μενέστωρ κτλ.
15 2. THEOPHR. H. pl. I 2, 3 τὸ μὲν οὖν ὑγρὸν φανερόν, ὃ δὴ καλοῦσί τινες
ἁπλῶς ἐν ἅπασιν ὀπόν, ὥσπερ καὶ Μ., οἱ δὲ ἐν τοῖς ἄλλοις μὲν ἀνωνύμως, ἐν δέ
τισιν ὀπὸν καὶ ἐν ἄλλοις δάκρυον.
3. — — v 9, 6 πυρεῖα δὲ γίνεται μὲν ἐκ πολλῶν, ἄριστα δέ, ὥς φησι Μ.,
ἐκ κιττοῦ· τάχιστα γὰρ καὶ πλεῖστον ἀναπνεῖ.
20 3a. — — v 3, 4 θερμὸν δὲ καὶ κιττὸς καὶ δάφνη καὶ ὅλως ἐξ ὧν τὰ πυρεῖα
γίνεται. Μ. δέ φησιν καὶ συκάμινον.
4. — de caus. pl. I 17, 3 ἡ μὲν οὖν τῆς συκαμίνου [näml. αὔξησις] διὰ
τοῦτο πρώϊος. ὡς δὲ Μ. φησίν, ἡ μὲν βλάστησις αὐτῆς ὀψία διὰ τὴν ψυχρό-
τητα τοῦ τόπου, ἡ δὲ πέψις ταχεῖα διὰ τὴν ἀσθένειαν.
25 5. — 21, 5 μία μὲν οὖν αἰτία λέγεται τῶν θερμῶν καὶ ψυχρῶν ἡ εἰς τὸ
κάρπιμον ἀνάγουσα καὶ ἄκαρπον, ὡς τῶν μὲν θερμῶν καρπίμων ὄντων ⟨τῶν δὲ
ψυχρῶν ἀκάρπων⟩, καθάπερ καὶ ἐπὶ τῶν ζώιων καὶ ἐν γονίμων καὶ ἀγόνων καὶ
τῶν ζωιοτόκων καὶ ὠιοτόκων. ἑτέρα δ' ἡ κατὰ τὰς χώρας, οἷον ⟨θερμὰς ἢ⟩
ψυχράς· τὰ γὰρ ἐναντία ἐν ταῖς ἐναντίαις δύνασθαι διαμένειν, τὰ μὲν θερμὰ ἐν
30 ταῖς ψυχραῖς, τὰ δὲ ψυχρὰ ἐν ταῖς θερμαῖς. οὕτω γὰρ εὐθὺς καὶ τὴν φύσιν γεννᾶν
ὡς ὑπὸ μὲν τοῦ ὁμοίου φθειρομένων διὰ τὴν ὑπερβολήν, ὑπὸ δὲ τοῦ ἐναντίου
σωιζομένων οἷον εὐκρασίας τινὸς γινομένης· ὥσπερ καὶ Ἐμπεδοκλῆς [31 A 73] λέγει
περὶ τῶν ζώιων· τὰ γὰρ ὑπέρπυρα τὴν φύσιν ἄγειν εἰς τὸ ὑγρόν. (6) συνηκολού-
θηκε δὲ ταύτηι τῆι δόξηι καὶ Μ. οὐ μόνον ἐπὶ τῶν ζώιων, ἀλλὰ καὶ ἐπὶ τῶν φυτῶν.
35 θερμότατα γὰρ εἶναί φησι τὰ μάλιστα ἔνυγρα οἷον σχοῖνον, κάλαμον, κύπειρον·

---

12 Menestor, der Vater der Botanik, kann (trotz n. 7 und Capelle
Philol. 69, 1910, 278) nicht älter sein als Empedokles wegen συνηκολούθηκε
(vgl. Theophr. de sens. 72) Z. 33, was nur vom Jüngeren gesagt werden
kann (so auch Regenbogen *Quell. u. Stud. z. Gesch. d. Math.* B 1 S. 147).
Er vertritt in seinem System den Dualismus der Gegensätze der älteren
Pythagoreer θερμόν ... ψυχρόν (vgl. Alkmaion 24 A 3. B 4; Parmenides in
der Welt der δόξα; Philolaos 44 A 27) 24 τόπου] ähnlich Philolaos a. O.
25 zu nr. 5 vgl. Capelle a. O. S. 279ff. 26. 27 ⟨τῶν δὲ ... ἀκάρπων⟩ Diels
28 ⟨θερμὰς ἢ⟩ statt οἷον Wimmer

δι' ὃ καὶ ὑπὸ τῶν χειμώνων οὐκ ἐκπήγνυσθαι· καὶ τῶν ἄλλων ὅσα μάλιστα ἐν τοῖς ψυχροῖς δύνασθαι διαμένειν, οἷον ἐλάτην, πεύκην, κέδρον, ἄρκευθον, κιττόν. ἐπὶ τούτου γὰρ οὐδὲ τὴν χιόνα τῆι θερμότητι ἐπιμένειν. ἔτι δὲ σκολιὸν εἶναι διὰ τὴν ἐντεριώνην θερμὴν οὖσαν καὶ διαστρέφειν.   (7) τρίτην δ' αἰτίαν λέγει τοῦ
5 πρωϊβλαστῆ καὶ πρωίκαρπα εἶναι· φύσει γὰρ καὶ ὁ ὀπὸς αὐτοῖς ὢν θερμὸς καὶ βλαστάνειν πρωὶ ποιεῖ καὶ πέττειν τοὺς καρπούς.   σημεῖον δὲ ποιεῖ καὶ τούτου τὸν κιττὸν καὶ ἕτερ' ἄττα.   τετάρτη δὲ ἡ τῶν ἀειφύλλων· διὰ γὰρ θερμότητα καὶ ταῦτα οἴεται διατηρεῖν, τὰ δὲ ἐνδείαι τούτου φυλλοβολεῖν.   προσεπιλέγει δὲ τοῖς εἰρημένοις καὶ τὰ τοιαῦτα σημειούμενος, ὅτι τὰ πυρεῖα ἄριστα καὶ κάλλιστα
10 ἐκπυροῦται τὰ ἐκ τῶν ἐνύδρων ὡς τὰ ἔγγιστα τοῦ πυρὸς ὄντα τάχιστα ἐκπυρούμενα.

6. THEOPHR. d. caus. pl. II 4, 3 ἡ δὲ πίειρα [näml. γῆ] πάμπαν οὐδενὶ ξυμφέρει φυτῶι· ξηραίνει γὰρ μᾶλλον τοῦ δέοντος, ὥσπερ καὶ Μ. φησί.   τοιαύτην δ' εἶναι τὴν πλυντρίδα, χρῶμα δ' ὑπόλευκον. Vgl. a. O. II 4, 5.

7. — VI 3, 5 καὶ ἔτι δὲ κατὰ τὸ μᾶλλον καὶ ἧττον αἱ διαφοραί [näml.
15 τῶν χυμῶν].   διὸ καὶ οἱ ὁμογενεῖς πλείους οἷον αὐστηροί, λιπαροί, πικροί, γλυκεῖς. ὅθεν καὶ οἱ παλαιοὶ τῶν φυσιολόγων ἀπείρους ἐτίθεντο τοὺς χυμούς, ὥσπερ καὶ Μενέστωρ· ὁποία γὰρ ἄν τις ἡ μίξις καὶ ἡ σῆψις γένηται τοῦ ὑγροῦ ἐμφύτου, τοιοῦτον εἶναι καὶ τὸν χυμόν.

33 [23]. XUTHOS

20 ARISTOT. Phys. Δ 9. 216b 22 εἰσὶ δέ τινες οἳ διὰ τοῦ μανοῦ καὶ πυκνοῦ οἴονται φανερὸν εἶναι ὅτι ἔστι κενόν.   εἰ μὲν γὰρ μὴ ἔστι μανὸν καὶ πυκνόν, οὐδὲ συνιέναι καὶ πιλεῖσθαι οἷόν τε.   εἰ δὲ τοῦτο μὴ εἴη, ἢ ὅλως κίνησις οὐκ ἔσται ἢ κυμανεῖ τὸ ὅλον, ὥσπερ ἔφη Ξοῦθος. SIMPL. z. d. St. 683, 24 Ξ. ὁ Πυθαγορικός, καὶ ὑπερχυθήσεται καὶ ἐπὶ πλέον ἐκταθήσεται, ὡς ἡ θάλασσα διὰ τῶν κυμάτων εἰς
25 τοὺς αἰγιαλοὺς ὑπερχεῖται. Vgl. IAMBL. V. P. 267 [c. 58 A] Κροτωνιᾶται . . . Τίμαιος, Βοῦθος [Ξοῦθος?] und 36 A 1 I 377, 17 [?].

34 [24]. BOÏDAS

SCHOL. ARISTOPH. vulg. ad Nub. 96 πρῶτον μὲν γὰρ Δίφιλος [der Iambograph PLG II 504 Bergk] εἰς Βοΐδαν τὸν φιλόσοφον ὁλόκληρον συνέταξε
30 ποίημα, δι' οὗ καὶ εἰς δουλείαν ἐρυπαίνετο ὁ φιλόσοφος.   οὐ διὰ τοῦτο δὲ ἐχθρὸς ἦν.   ἔπειτα Εὔπολις, εἰ καὶ δι' ὀλίγων ἐμνήσθη Σωκράτους, μᾶλλον ἢ 'Αριστοφάνης ἐν ὅλαις ταῖς Νεφέλαις αὐτοῦ καθήψατο.

---

5 αὐτοῖς Diels: αὐτὸς Hss.   9 πυρεῖα] Capelle verweist auf 3 I 375, 18
10 ὡς τὰ ἔγγιστα Diels: ὥστ' ἀείτιστα Hss.: ὡς τὰ μάλιστα Wimmer. Vgl.
Theophr. de ign. 64.   Über ἔγγιστα vgl. Arist. Metaph. N 3. 1091a 17
[58 B 26].   Die 5 αἰτίαι Menestors werden von Theophr. c. 22 widerlegt.
S. Capelle a. O., der weiteren Spuren des M. bei Th. nachgeht   16 οἱ
παλαιοὶ] vgl. Isokrates 36 A 6   17 Μενέστωρ Schneider: μεεστῶρ U:
λεεστῶν M: μικτῶν A   σῆψις so mit altem Terminus der Archetypus
Urbinas, vgl. 31 A 77. B 81; M. folgt dem Empedokles auch I 375, 31
28ff. πρῶτον und ἔπειτα beziehen sich zwar auf die Reihenfolge der gegen

35 [24a]. THRASYALKES

1. STRABO XVII p. 790 τὸ δ' ὅτι ἐξ ὄμβρων αἱ ἀναβάσεις (des Nils) μὴ ζητεῖν μήτε τοιούτων δεῖσθαι μαρτύρων οἵους Ποσειδώνιος εἴρηκε. φησὶ γὰρ Καλλισθένη λέγειν τὴν ἐκ τῶν ὄμβρων αἰτίαν τῶν θερινῶν παρὰ 'Αριστοτέλους 5 λαβόντα, ἐκεῖνον δὲ παρὰ Θρασυάλκου τοῦ Θασίου (τῶν ἀρχαίων δὲ φυσικῶν εἷς οὗτος), ἐκεῖνον δὲ παρ' ἄλλου, τὸν δὲ παρ' Ὁμήρου διιπετέα φάσκοντος τὸν Νεῖλον 'ἂψ δ' εἰς Αἰγύπτοιο διιπετέος ποταμοῖο' (δ 581).

2. — ι p. 29 εἰσὶ δέ τινες, οἵ φασιν εἶναι δύο τοὺς κυριωτάτους ἀνέμους Βορέαν καὶ Νότον ... τοῦ δὲ δύο εἶναι τοὺς ἀνέμους ποιοῦνται μάρτυρας Θρα-
10 συάλκην τε καὶ τὸν ποιητὴν αὐτὸν ⟨τῶι⟩ τὸν μὲν 'Αργεστὴν τῶι Νότωι προσνέμειν 'ἀργεστᾶο Νότοιο' (Λ 306 Φ 334), τὸν δὲ Ζέφυρον τῶι Βορέαι 'Βορέης καὶ Ζέφυρος, τώ τε Θρήικηθεν ἄητον' (Ι 5).

36 [25]. ION VON CHIOS

A. LEBEN, SCHRIFTEN UND LEHRE

15 1. HARPOCR. u. Ἴων. Ἰσοκράτης ἐν τῶι Περὶ τῆς ἀντιδόσεως [s. A 6]. Ἴωνος τοῦ τῆς τραγωιδίας ποιητοῦ μνημονεύοι ἂν νῦν ὁ ῥήτωρ, ὃς ἦν Χῖος μὲν γένος, υἱὸς δὲ Ὀρθομένους, ἐπίκλησιν δὲ Ξούθου. ἔγραψε δὲ καὶ μέλη πολλὰ καὶ τραγωιδίας καὶ φιλόσοφόν τι σύγγραμμα τὸν Τριαγμὸν ἐπιγραφόμενον, ὅπερ Καλλίμαχος ἀντιλέγεσθαί φησιν ὡς Ἐπιγένους. ἐν ἐνίοις δὲ καὶ πληθυντικῶς ἐπιγράφεται Τριαγμοί,
20 καθὰ Δημήτριος ὁ Σκήψιος καὶ 'Απολλωνίδης ὁ Νικαεύς. ἀναγράφουσι κτλ. [s. B 1].

2. ARISTOPH. Pax [Frühj. 421] 832ff.

οὐκ ἦν ἄρ' οὐδ' ἃ λέγουσι, κατὰ τὸν ἀέρα
ὡς ἀστέρες γιγνόμεθ', ὅταν τις ἀποθάνηι;
— μάλιστα. — καὶ τίς ἐστιν ἀστὴρ νῦν ἐκεῖ
25 835 Ἴων ὁ Χῖος; — ὅνπερ ἐποίησεν πάλαι
ἐνθάδε, τὸν 'Αοῖόν ποθ'· ὡς δ' ἦλθ', εὐθέως
'Αοῖον αὐτὸν πάντες ἐκάλουν ἀστέρα.

---

persönliche Feindschaft des Aristophanes und Sokrates sprechenden Argumente, nicht auf die Zeitfolge (vgl. Gerhard z. Phoinix S. 214), allein wie vorher Kratinos contra Hippon genannt war [36 A 2], so bewiese der Scholiast nichts, wenn er mit Diphilos contra Boïdas in ein anderes Zeitalter (III. Jahrh. nach Gerhard S. 215) überginge

3 Aus Poseidonios schöpft auch Seneca Nat. Quaest. IV 2 p. 158, 7 Gercke (Laur. Lyd. de mens. 4, 68); vgl. Capelle Herm. 48 (1913) 322 u. Neue Jahrb. 17 (1914) 341f. 8 aus Poseidonios, wie das folgende lehrt 10 ⟨ ⟩ A 2. Hand 17 ἐπίκλ. δὲ A: δὲ fehlt BCGN Ξούθου] bezieht sich (vielleicht als Komikerscherz gegen Ion) auf den mythischen Xuthos, Vater des Ion 19 φησὶν ὡς Ἐπιγενούς verwirrt, s. I 105, 31. 379, 11: φησὶν ὑπὸ 'Ε. Bergk. Eher ὡς ⟨καὶ⟩ Ἐπιγένης 21 vgl. dazu Haussoullier Rev. d. philol. 33 (1909) 5 25 ὄνπερ Wilamowitz mit geänderter Personenabteilung: ὅσπερ Hss. 26f. vgl. P. Capelle De luna etc. sedibus anim. Diss. Halle 1917 S. 24ff. 'Αοῖον (vgl. I 378, 2)] 'Αῷον Bergk, Wilamowitz Herm. 37 (1902) 307

378   36 [25]. ION VON CHIOS

Dazu SCHOL. Ἴων ὁ Χῖος: διθυράμβων καὶ τραγωιδίας καὶ μελῶν ποιητής. ἐποίησε δὲ ὠιδήν, ἧς ἡ ἀρχή 'ἀοῖον ἀεροφοίταν ἀστέρα μείνωμεν ἀελίου λευκῆι πτέρυγι πρόδρομον' [fr. 9 Diehl]. φαίνεται δὲ τετελευτηκὼς ἐκ τούτων. παίζων οὖν ὁ Ἀριστοφάνης Ἀοῖον αὐτόν φησιν ἀστέρα κληθῆναι.
5 περιβόητος δὲ ἐγένετο. ἔγραψε δὲ καὶ κωμωιδίας καὶ ἐπιγράμματα καὶ παιᾶνας καὶ ὕμνους καὶ σκολιὰ καὶ ἐγκώμια καὶ ἐλεγεῖα, καὶ καταλογάδην τὸν Πρεσβευτικὸν λεγόμενον, ὃν νόθον ἀξιοῦσιν εἶναί τινες καὶ οὐχὶ αὐτοῦ. φέρεται δὲ αὐτοῦ καὶ Κτίσις [näml. Χίου] καὶ Κοσμολογικὸς [d. i. Τριαγμός] καὶ Ὑπομνήματα [d. i. Ἐπιδημίαι] καὶ ἄλλα τινά. — καὶ πάνυ δόκιμος ἦν. φασὶ δὲ αὐτὸν ὁμοῦ διθύ-
10 ραμβον καὶ τραγωιδίαν ἀγωνισάμενον ἐν τῆι Ἀττικῆι νικῆσαι, καὶ εὐνοίας χάριν προῖκα Χῖον οἶνον πέμψαι Ἀθηναίοις (Σωκράτους δὲ τοῦ φιλοσόφου ἔστιν εἰς αὐτὸν λόγος λεγόμενος Ἴων). μέμνηται αὐτοῦ καὶ Καλλίμαχος ἐν τοῖς Χωλιάμβοις [fr. 83b Schn.], ὅτι πολλὰ ἔγραψε. Vgl. SUID. u. διθυραμβοδιδάσκαλοι.
3. SUID. Ἴων Χῖος. τραγικὸς καὶ λυρικὸς καὶ φιλόσοφος, υἱὸς Ὀρθομένους,
15 ἐπίκλησιν δὲ Ξούθου. ἤρξατο δὲ τὰς τραγωιδίας διδάσκειν ἐπὶ τῆς πβ ὀλυμπιά-δος [452—449]. δράματα δὲ αὐτοῦ ιβ, οἱ δὲ λ, ἄλλοι δὲ·μ φασίν. (οὕτος ἔγραψε περὶ μετεώρων καὶ συνθέτους λόγους· ὃν παίζων Ἀριστοφάνης ὁ κωμικὸς Ἀοῖόν φησι. οὕτος τραγωιδίαν νικήσας Ἀθήνησιν ἑκάστωι τῶν Ἀθηναίων ἔδωκε Χῖον κεράμιον.)
20   4. [LONGIN.] de subl. 33, 5 τί δ'; ἐν μέλεσι μᾶλλον ἂν εἶναι Βακχυλίδης ἕλοιο ἢ Πίνδαρος, καὶ ἐν τραγωιδίαι Ἴων ὁ Χῖος ἢ νὴ Δία Σοφοκλῆς; ἐπειδὴ οἱ μὲν ἀδιάπτωτοι καὶ ἐν τῶι γλαφυρῶι πάντη κεκαλλιγραφημένοι, ὁ δὲ Πίνδαρος καὶ ὁ Σοφοκλῆς ὁτὲ μὲν οἷον πάντα ἐπιφλέγουσι τῆι φορᾶι, σβέννυνται δ' ἀλόγως πολλάκις καὶ πίπτουσιν ἀτυχέστατα. ἢ οὐδεὶς ἂν εὖ φρονῶν ἑνὸς δράματος, τοῦ
25 Οἰδίποδος, εἰς ταὐτὸ συνθεὶς τὰ Ἴωνος ἀντιτιμήσαιτο ἑξῆς.
5. C. I. G. ι 395 = ed. min. 604 (Mitte v. Jahrh.) [Ἴ]ων ἀνέθηκεν ἄγ[αλμα — — τ]ῆι Ἀθηναίηι.
6. ISOCR. xv 268 τοὺς λόγους τοὺς τῶν παλαιῶν σοφιστῶν, ὧν ὁ μὲν ἀπει-ρον τὸ πλῆθος ἔφησεν εἶναι τῶν ὄντων, Ἐμπεδοκλῆς δὲ τέτταρα καὶ Νεῖκος καὶ
30 Φιλίαν ἐν αὐτοῖς, Ἴων δ' οὐ πλείω τριῶν. PHILOP. d. gen. et corr. p. 207, 18 Vit. πῦρ μὲν καὶ γῆν Παρμενίδης ὑπέθετο, ταῦτά δὲ μετὰ τοῦ ἀέρος Ἴων ὁ Χῖος ὁ τραγωιδοποιός, Ἐμπεδοκλῆς δὲ τὰ τέσσαρα ὑπέθετο. Vgl. 31 A 29?
7. AËT. II 25, 11 (D. 356) (περὶ σελήνης οὐσίας) Ἴων σῶμα τῆι μὲν ὑελοει-δὲς διαυγές, τῆι δ' ἀφεγγές.

35 B. FRAGMENTE

Von den Prosaschriften Χίου κτίσις [62—64 bei E. S. Koepke de Ionis Chii vita et fragm. Berol 1836], Ἐπιδημίαι [65—76, dazu Plut. de prof. in virt. 8 p. 79 B und E und Ioann. Alexandr. Articella (Venet. 1493) f. 105] enthält keine etwas Philosophisches außer dem Triagmos.

3 so Suid.: λευκοπτέρυγα Schol.   5 κωμωιδίας] Satyrdramen, was später öfter verwechselt wird?   16—19 Das folgende οὕτος ἔγραψε περὶ μετεώρων καὶ συνθέτους λόγους κτλ. hat Bentley als Faselei des Suid. nach Schol. Pac. 832 erwiesen. Ebenso stammt παίζων κτλ. aus dem obigen Schol. Z. 4. 10   26 H. v. Gaertringen a. O. ergänzt freilich ΑΝ[ΤΙ]Λ[ΟΧΟ u. bemerkt: nomen haud rarum

ΙΩΝΟΣ ΤΡΙΑΓΜΟΣ

Vgl. ARISTOT. de caelo A 1. 268a 10 (s. 58 B 17).

1 [77 Koepke]. HARPOCR. unter Ἴων [nach A 1] ἀναγράφουσι δὲ ἐν αὐτῶι τάδε· ἀρχὴ δέ μοι τοῦ λόγου· πάντα τρία καὶ 5 οὐδὲν πλέον ἢ ἔλασσον τούτων τῶν τριῶν. ἑνὸς ἑκάστου ἀρετὴ τριάς· σύνεσις καὶ κράτος καὶ τύχη. Vorhér stand wohl Ἴων Χῖος τάδε λέγει.

2 [78]. DIOG. VIII 8 Ἴων δὲ ὁ Χῖος ἐν τοῖς Τριαγμοῖς φησιν αὐτὸν [Pythagoras] ἔνια ποιήσαντα ἀνενεγκεῖν εἰς Ὀρφέα. CLEM. Str. I 131 (II 81 , 11 St.) 10 Ἴων δὲ ὁ Χῖος ἐν τοῖς Τριαγμοῖς καὶ Πυθαγόραν εἰς Ὀρφέα ἀνενεγκεῖν τινα ἱστορεῖ. Ἐπιγένης δὲ κτλ. [s. I 105, 31]. Mißverstanden Harpocr. A 1 und SUID. u. Ὀρφεύς: ἔγραψε Τριαγμούς, λέγονται δὲ εἶναι Ἴωνος τοῦ τραγικοῦ· ἐν δὲ τούτοις τὰ Ἱεροστολικὰ καλούμενα [vgl. 1 A 1 I 1, 10].

Unbestimmt aus welcher Prosaschrift:

15 3 [79]. PLUT. de fort. Rom. Ī p. 316 D Ἴων μὲν οὖν ὁ ποιητὴς ἐν τοῖς δίχα μέτρου καὶ καταλογάδην αὐτῶι γεγραμμένοις φησὶν ἀνομοιότατον πρᾶγμα τῆι σοφίαι τὴν τύχην οὖσαν ὁμοιοτάτων πραγμάτων γίγνεσθαι δημιουργόν. Vgl. Quaest. conv. VIII 1, 1 ἔφη γὰρ οὐ φαύλως εἰπεῖν Ἴωνα περὶ τῆς τύχης ὅτι πολλὰ τῆς σοφίας διαφέρουσα πλεῖστα αὐτῆι ὅμοια ποιεῖ.

FRAGMENTE DES DREIKAMPFES

1. *Ion von Chios spricht folgendes.* Anfang aber meines Wortes ist: Alles ist drei und nichts mehr oder weniger als diese drei. Eines jeden einzelnen Vorzüglichkeit ist eine Dreiheit: Verstand, Kraft, Glück.

2. *Pythagoras habe einiges, was er gedichtet habe, auf Orpheus zurückgeführt.*

AUS UNBESTIMMTEN WERKEN

3. Glück, der Kunst so ganz unähnlich, bringt doch sehr viel ähnliches wie sie hervor.

---

4 Diels: πάντα τρία καὶ πλέον τοῦδε πλέον ἐλάσσων Hss. (vgl. Crönert *Philol.* 61, 1902, 180); πλέοντ scheint Rest einer Randkorrektur πλεον η: π. τρ. καὶ πλέον οὐδὲν οὐδὲ ἔλασσον Lobeck: π. τρ. καὶ οὔτε πλέον οὔτε ἔλασσον Bentley: καὶ ⟨οὐ⟩ πλέον ἔλασσον Wendland, der aus dem späten πλέον ἔλασσον Unechtheit d. Buches erschließt. Aber dieser Latinismus kommt für eine unzweifelhaft vorchristl. Fälschung, falls man an Fälschung denken müßte, nicht in Betracht. Zum Ausdruck vgl. Anaxagoras 59 B 5; zum Bucheingang Hippocr. de arte 4; de virgin. 1, vgl. Heidel *Harvard Stud.* 25, 175   8f. vgl. Kranz *Herm.* 69 (1934) 227, auch 1 A 11 (I 5,·2) 12f. vgl. Anmerkungen zu I 1, 10f.

3a [0]. VARRO de origine linguae Latinae S. 201 Goetz *ut Ion scribit, quinta et vicesima est littera quam vocant agma, cuius forma nulla est et vox communis est Graecis et Latinis ut aggulus* ...

3b [0]. LEXICUM SABBAITICUM ed. Papadopulos αὐτοφρόνων· Ἴων εἴ-
5 ρηκεν· αὐτοφρόνων καὶ ὁμοσπόνδων.
Von der Poesie Ions enthalten die Dramen [Nauck FT² 732ff., *Trag. dict. ind.* S. xxv, Reitzenstein *D. Anf. d. Lex. d. Photios* pass.] nichts Philosophisches. Von der Lyrik [Anth. L. ɪ 68 Diehl] gehört hierher folgendes: in Frag. 1, 15 D. zitiert der Versschluß καλῶν ἐπιήρανε ἔργων (Dionysos)
10 Emp. B 129, 3 σοφῶν ἐπιήρανος ἔργων (Pythagoras); ferner
4 [5 D.]. DIOG. ɪ 119ff. φησὶ δὲ Δοῦρις ἐν τῶι δευτέρωι τῶν Ὡρων [näml. Σαμίων fr. 51 FHG ɪɪ 481] ἐπιγεγράφθαι αὐτῶι [Pherekydes; vgl. 7 A 1ff.] τὸ ἐπίγραμμα τόδε [daraus Anth. P. vɪɪ 93. Preger Inscr. Gr. Metr. 251]·

(120) τῆς σοφίης πάσης ἐν ἐμοὶ τέλος· ἦν δ᾽ ἔτι πλεῖον,
15   Πυθαγόρηι τὡμῶι λέγε [?] ταῦθ᾽, ὅτι πρῶτος ἁπάντων
     ἔστιν ἀν᾽ Ἑλλάδα γῆν· οὐ ψεύδομαι ὥδ᾽ ἀγορεύων.

Ἴων δ᾽ ὁ Χῖός φησι περὶ αὐτοῦ [Pherekydes]·

   ὥς ὁ μὲν ἠνορέηι τε κεκασμένος ἠδὲ καὶ αἰδοῖ
   καὶ φθίμενος ψυχῆι τερπνὸν ἔχει βίοτον,
20 εἴπερ Πυθαγόρης ἐτύμως ὁ σοφὸς περὶ πάντων
   ἀνθρώπων γνώμας εἶδε καὶ ἐξέμαθεν ...

Über die Glaubwürdigkeit des Duris s. unten c. 56 SIMOS; doch ist keine Veranlassung, die letzten Verse aus Duris abzuleiten.

3a. *Der fünfundzwanzigste Buchstabe heißt Agma.*

3b. *Von Männern, die gleiche Gedanken haben und am selben Trankopfer (Bündnis) teilnehmen.*

4. ... So hat er (*Pherekydes*) zwar, durch Mannesmut ausgezeichnet und durch Ehrgefühl, auch nach seinem Tode für seine Seele ein erfreuliches Leben, wenn denn in Wahrheit Pythagoras der Weise über alle Menschen hinaus Einsichten erfuhr und kennen lernte; ⟨*jener aber* ...

1ff. 3a und 3b nachgewiesen und erläutert von Wilamowitz *Herm.* 62 (1927) 279² 5 sprachl. vgl. 31 B 147, 1   8f. vgl. Wilam. a. O. S. 281 11 Ὡρων Cobet: ἱερῶν Hss.   14 δέ τι Hss., las richtig Scaliger   πλεῖον] sc. ἦι. Sinn: *wenn es noch etwas Weiseres gibt*   15 τὡμῶι] weil er als sein Schüler galt   λέγε vielleicht ungeschickt für *weise zu;* τὡμῶι γ᾽ ἔνι τοῦθ᾽? Diels   16 ἀν᾽] ἐς Anth. vor d. Korr.   18ff. keine Grabschrift, wie Diels wollte, sondern aus größerem Zusammenhang, vgl. Kranz *Herm.* a. O.; über die Echtheitsfrage s. Wilamowitz a. O. S. 281¹   21 ειδε B¹ (vgl. Wilamowitz a. O.; 21 B 34, 1): εἰ δὲ B²: ἴδε B: οἶδε Vatic.; ἤιδεε κἀξέμαθεν nicht richtig Diels. Ion zitiert Heraklit B 129, vgl. auch Emped. B 129; nicht richtig deutet Wilamowitz a. O.

ZWEIFELHAFTES

5 [6 D.]. CLEONID. Is. harm. 12 [Mus. scr. ed. Jan p. 202, 9] ἐπὶ μὲν
οὖν τοῦ φθόγγου χρῶνται τῶι ὀνόματι [näml. τόνος] οἱ λέγοντες ἑπτάτονον τὴν
φόρμιγγα καθάπερ Τέρπανδρος καὶ Ἴων. ὁ μὲν γάρ φησιν· 'ἡμεῖς τοι ... ὕμνους'
5 [fr. 4 Diehl], ὁ δέ·

ἑνδεκάχορδε λύρα, δεκαβάμονα τάξιν ἔχοισα
εἰς (?) συμφωνούσας ἁρμονίας τριόδους,
πρὶν μέν σ' ἑπτάτονον ψάλλον διὰ τέσσαρα πάντες
Ἕλληνες σπανίαν μοῦσαν ἀειράμενοι ...

10   37 [25a]. DAMON

A. LEBEN

1. STEPHAN. BYZ. Ὄα. ὁ μέντοι δημότης Ὄαθεν λέγεται 'Δάμων Δαμω-
νίδου Ὄαθεν'.

2. PLATO Laches 180 D καὶ γὰρ αὐτῶι μοι ἔναγχος ἄνδρα προυξένησε
15 τῶι υἱεῖ διδάσκαλον μουσικῆς, Ἀγαθοκλέους μαθητὴν Δάμωνα, ἀνδρῶν χαριέ-

ZWEIFELHAFTES

5. Elfsaitige Leier, die du eine zehnstufige Intervallen-Ordnung be-
sitzest für (?) die zusammenklingenden Dreiwege der Harmonie, dich
spieltest ehedem zwar alle Hellenen mit sieben Saiten auf Viererweise,
wobei sie denn freilich nur eine dünne Musik entstehen ließen, ⟨jetzt aber ...

6 τὴν δικαβάμονα Hss. ἔχοισα εἰς Wilam. (Herm. 37, 1902, 306): ἔχοις
ἀεὶ τὰς Hss. Diels urteilte über die Verse: „Sie sind nach Inhalt und Form
weder dem Ion von Chios noch dem von Samos (Arch. Anz. 1902, 18)
zuzutrauen. Andererseits hat natürlich Kleonides diese ganze Partie aus
alter Tradition genommen. Da nun das vorhergehende Terpanderfragment,
das denselben Stoff behandelt, nachweislich in alexandrinischer Zeit (ver-
mutlich von einem Pythagoreer) gefälscht ist und dieses wiederum durch
das vertrackte ἀποστρέφειν mit dem berüchtigten Dekret der Spartaner
gegen Timotheos (Boeth. Inst. m. ɪ 1 p. 182 Friedl.) zusammenhängt (es
handelt sich auch hier wieder um die Leiersaiten, so ist dies ganze Zitaten-
nest der Unechtheit verdächtig (gegen Wilamowitz Timoth. S. 75¹). Das Epi-
gramm ist übrigens, wie Z. 8 πρὶν μέν zeigt, nur teilweise zitiert. Über die
falschen Aeolismen vgl. zu 44 B 23." 7 εἰς] τρεῖς Fr. Marx, wohl richtig;
vgl. seine Interpret. Rhein. Mus. 83 (1934) 376 8 διὰ τέσσαρα usw. wobei
sie nur eine ärmliche Quartenmusik erzielten Diels, sprachlich und sachlich
nicht richtig, da auch Oktave und Quinte zu den ältesten Intervallen ge-
hören; 'septem chordarum lyram digito pulsabant per quaterna chordarum κρού-
ματα', quae tetrachorda appellantur Marx a. O.   10 vgl. zu diesem Kapitel
Wilamowitz Griechische Verskunst S. 59ff.   15 Agathokles Lehrer Pindars
Schol. ɪ p. 1, 12. 9, 1 Drachmann (vgl. Wil. Pindaros S. 90)

στατον ού μόνον τήν μουσικήν, άλλά καί τάλλα όπόσου βούλει άξιον συνδια-
τρίβειν τηλικούτοις νεανίσκοις. SCHOL. Alcib. 118 c Πυθοκλείδης μουσικός ήν
τής σεμνής μουσικής διδάσκαλος καί Πυθαγόρειος, ού μαθητής 'Αγαθοκλής, ού
Λαμπροκλής, ού Δάμων.

5   3. ISOCRAT. XV 235 Περικλής δέ δυοίν έγένετο μαθητής, 'Αναξαγόρου τε
τού Κλαζομενίου καί Δάμωνος τού κατ' έκείνον τόν χρόνον φρονιμωτάτου δόξαν-
τος είναι τών πολιτών.

4. PLUTARCH. Pericl. 4 διδάσκαλον δ' αύτού [Per.] τών μουσικών οί πλείστοι
Δάμωνα γενέσθαι λέγουσιν, ού φασι δείν τούνομα βραχύνοντας τήν προτέραν
10 συλλαβήν έκφέρειν. 'Αριστοτέλης [fr. 401 R.] δέ παρά Πυθοκλείδηι μουσικήν δια-
πονηθήναι τόν άνδρα φησίν. ό δέ Δάμων έοικεν άκρος ών σοφιστής καταδύεσθαι μέν
είς τό τής μουσικής όνομα πρός τούς πολλούς έπικρυπτόμενος τήν δεινότητα, τώι
δέ Περικλεί συνήν καθάπερ άθλητήι τών πολιτικών άλείπτης καί διδάσκαλος. ού μήν
έλαθεν ό Δάμων τήι λύραι παρακαλύμματι χρώμενος, άλλ' ώς μεγαλοπράγμων
15 καί φιλοτύραννος έξωστρακίσθη καί παρέσχε τοίς κωμικοίς διατριβήν. ό γούν
Πλάτων [fr. 191 1 655 Kock] καί πυνθανόμενον αύτού τινα πεποίηκεν ούτω·
        πρώτον μέν ούν μοι λέξον, άντιβολώ· σύ γάρ,
        ώς φασιν, [ώ] Χίρων έξέθρεψας Περικλέα.

5. PLATO Alcib. 1 p. 118 c λέγεταί γέ τοι, ώ Σώκρατες, ούκ άπό τού
20 αύτομάτου σοφός γεγονέναι (Perikles), άλλά πολλοίς καί σοφοίς συγγεγονέναι
καί Πυθοκλείδηι καί 'Αναξαγόραι· καί νύν έτι τηλικούτος ών Δάμωνι σύνεστιν
αύτού τούτου ένεκα.

6. ARISTOT. Ath. r. p. 27, 4 πρός δή ταύτην τήν χορηγίαν (Kimons) έπι-
λειπόμενος ό Περικλής τήι ούσίαι συμβουλεύσαντος αύτώι Δαμωνίδου τού Οίηθεν
25 (ός έδόκει τών πολλών είσηγητής είναι τώι Περικλεί· διό καί ώστράκισαν αύτόν
ύστερον), έπεί τοίς ίδίοις ήττάτο διδόναι τοίς πολλοίς τά αύτών, κατεσκεύασε
μισθοφοράν τοίς δικασταίς. PLUT. Per. 9 Perikles, um Kimons Freigebigkeit
entgegenzuwirken, τρέπεται πρός τήν τών δημοσίων διανομήν, συμβουλεύ-
σαντος αύτώι Δημονίδου τού Οίηθεν, ώς 'Αριστοτέλης ίστόρηκε.

30 7. DIOG. LAERT. II 19 άκούσας δέ 'Αναξαγόρου (Sokrates) κατά τινας,
άλλά καί Δάμωνος, ώς 'Αλέξανδρος έν Διαδοχαίς ... [fr. 141 FHG III 243]

8. GALEN. de Hipp. et Plat. v 453 Müll. Δάμων ό μουσικός αύλητρίδι παρα-
γενόμενος αύλούσηι τό Φρύγιον νεανίσκοις τισίν οίνωμένοις καί μανικά άττα δια-
πραττομένοις έκέλευσεν αύλήσαι τό Δώριον· οί δέ εύθύς έπαύσαντο τής έμπλήκτου
35 φοράς. Vgl. Martian. Cap. IX 126.

B. FRAGMENTE DES AREOPAGITIKOS

1. CICERO de orat. III 33, 132 num geometriam Euclide aut
Archimede, num musicam Damone aut Aristoxeno, num ipsas
litteras Aristophane aut Callimacho tractante tam discerptas fuisse
40 (scil. existimas), ut nemo genus universum complecteretur?

18 [ώ] Cobet   29 vgl. Aristid. 1; Nic. 6. Daß der Ostrakisierte wirklich
Δάμων Δαμωνίδου war, lehrt das Ostrakon, das 1914 A. Brueckner in Athen
fand: ΔΑΜΩΝ ΔΑΜΟΝΙΔΟ (Ath. Mitt. 40, 1915, 21). Zeit etwa 450 – 440

2 [3 Wilamowitz *Verskunst* S. 64]. PHILOD. de mus. IV 33, 37
(S. 104 Kemke) πολλοὶ δ' ἔτι νομίζουσι προσήκειν αὐτῆς (näml. τῆς
μουσικῆς) μεταλαμβάνειν τοὺς χαρίεντας καὶ μετειληφέναι (col.
34) καὶ Δάμων εἰ τοιαῦτα πρὸς τοὺς ἀληθινοὺς ἀρεοπαγίτας ἔλεγε καὶ
5 μὴ τοὺς πλαττομένους, ἐφενάκιζεν ἀτηρῶς.

3 [1]. PHILOD. de mus. I fr. 11 (S. 7 Kemke) οἱ παίζον⟨τες . . .
τ⟩ὴν ἄσωτον ⟨κατὰ Δά⟩μωνα παι⟨γ⟩νιάν.

4 [2]. — I 13 (S. 7 K., Gomperz zu Phil. v. d. Musik 10).

καὶ τὴν ἕξιν ποι-   εἰς πάσα⟩ς σχεδὸν οἴεσθαι · λέ-
10 ήσειν ἁρμ⟩ονικωτάτην καὶ   γειν γὰ⟩ρ αὐτόν, προσήκειν
ῥυθμικω⟩τάτην, ἐπιζητή-   10 ᾁδοντ⟩α καὶ κιθαρίζον-
σαντος⟩ δέ τινος, πότερον εἰς   τα τὸν πα⟩ῖδα μὴ μόνον
5 πάσας τ⟩ὰς ἀρετὰς ἢ τινὰς ἡ   ἀνδρε⟨ίαν ἐμφαί⟩νεσθαι
μουσικ⟩ὴ προάγει, Δάμωνα   καὶ σω⟨φροσύνη⟩ν, ἀλλὰ
15 πάλιν φη⟩σὶν τὸν μουσικὸν   καὶ δι⟨καιοσύνην.

5 [4]. [PLUT.] de music. 16 ἀλλὰ μὴν καὶ τὴν ἐπανειμένην
Λυδιστί, εἴπερ ἐναντία τῆι Μιξολυδιστί, παραπλησίαν οὖσαν τῆι
Ἰάδι, ὑπὸ Δάμωνος εὑρῆσθαί φασι τοῦ Ἀθηναίου.

6 [8]. ATHEN. 628 c οὐ κακῶς δ' ἔλεγον οἱ περὶ Δάμωνα τὸν
20 Ἀθηναῖον ὅτι καὶ τὰς ὠιδὰς καὶ τὰς ὀρχήσεις ἀνάγκη γίνεσθαι κινου-
μένης πως τῆς ψυχῆς, καὶ αἱ μὲν ἐλευθέριοι καὶ καλαὶ ποιοῦσι τοιαύ-
τας, αἱ δ' ἐναντίαι τὰς ἐναντίας.

7 [5]. ARISTIDES QVINTIL. II 14 ὅτι γὰρ δι' ὁμοιότητος οἱ
φθόγγοι συνεχοῦς μελωιδίας πλάττουσί τε οὐκ ὂν ἦθος ἔν τε παισὶ

3. Das ausschweifende Spiel *spielen*.

4. *Es gezieme sich, daß der Knabe beim Singen und Kitharaspielen
nicht nur Mannhaftigkeit und Zucht an den Tag lege, sondern auch
Gerechtigkeit.*

6. *Die Gesänge und die Tänze entstehen notwendigerweise dann, wenn
die Seele irgendwie in Bewegung ist, und die wahrhaft freien und schönen
machen die Seelen auch so, die entgegengesetzten entgegengesetzt.*

7. *Vom Ethos der Harmonien (Tonarten).*

1 Philodem kennt Damon nur aus Diogenes von Babylon, gegen den
er polemisiert   2 ἔτι Diels: ὅτι Pap.   7 ἄσωτον] A · OTON Pap.: erg.
Wil., das übrige Gomperz   παιδιάν verm. Wilamowitz   9, 1—4 Gom-
perz, nur εἰς statt οισ Diels   9, 5—10 Wil.   9, 7 φησίν Diogenes von
Babylon   9, 11 ff. hat Gomperz aus fr. I 77 (54 K.) ergänzt   16 vgl.
v. Jan *Jahrb. f. Phil.* 95 (1867) 815; ders. *Paul.-Wiss. R. E.* IV 2072 f.

384   37 [25a]. DAMON

καὶ τοῖς ἤδη προβεβηκόσι καὶ ἐνδομυχοῦν ἐξάγουσιν, ἐδήλουν καὶ
οἱ περὶ Δάμωνα· ἐν γοῦν ταῖς ὑπ᾽ αὐτοῦ παραδεδομέναις ἁρμονίαις
τῶν φερομένων φθόγγων ὁτὲ μὲν τοὺς θήλεις ὁτὲ δὲ τοὺς ἄρρενας
ἔστιν εὑρεῖν ἤτοι πλεονάζοντας ἢ ἐπ᾽ ἔλαττον ἢ οὐδ᾽ ὅλως παρειλημ-
5 μένους, δῆλον ὡς κατὰ τὸ ἦθος ψυχῆς ἑκάστης καὶ ἁρμονίας χρησι-
μευούσης.
    8 [6]. PLATO Laches 197 D Nikias: ἀνδρεῖος = σοφός. Darauf
Sokr. καὶ γάρ μοι δοκεῖς οὐδὲ ἠισθῆσθαι, ὅτι ταύτην τὴν σοφίαν
παρὰ Δάμωνος τοῦ ἡμετέρου ἑταίρου παρείληφεν, ὁ δὲ Δάμων τῶι
10 Προδίκωι πολλὰ πλησιάζει, ὃς δὴ δοκεῖ τῶν σοφιστῶν κάλλιστα τὰ
τοιαῦτα ὀνόματα διαιρεῖν. Vgl. B 4. 84 A 17.
    9 [9]. — de rep. III 400 A ὅτι μὲν γὰρ τρί᾽ ἄττα ἐστὶν
εἴδη, ἐξ ὧν αἱ βάσεις πλέκονται (scil. τὸ ἴσον, τὸ διπλάσιον, τὸ
ἡμιόλιον) ὥσπερ ἐν τοῖς φθόγγοις τέτταρα (Proportionen der
15 Intervalle?), ὅθεν αἱ πᾶσαι ἁρμονίαι, τεθεαμένος ἂν εἴποιμι· ποῖα
δ᾽ ὁποίου βίου μιμήματα, λέγειν οὐκ ἔχω. ἀλλὰ ταῦτα μέν, ἢν δ᾽
ἐγώ, καὶ μετὰ Δάμωνος βουλευσόμεθα, τίνες τε ἀνελευθερίας καὶ
ὕβρεως ἢ μανίας καὶ ἄλλης κακίας πρέπουσαι βάσεις, καὶ τίνας τοῖς
ἐναντίοις λειπτέον ῥυθμούς. οἶμαι δέ με ἀκηκοέναι οὐ σαφῶς ἐνόπλιόν
20 τέ τινα ὀνομάζοντος αὐτοῦ ξύνθετον καὶ δάκτυλον καὶ ἡρῶιόν γε,
οὐκ οἶδα ὅπως διακοσμοῦντος καὶ ἴσον ἄνω καὶ κάτω τιθέντος, εἰς
βραχύ τε καὶ μακρὸν γιγνόμενον, καί, ὡς ἐγὼ οἶμαι, ἴαμβον, καί τιν᾽
ἄλλον τροχαῖον ὠνόμαζε, μήκη δὲ καὶ βραχύτητας προσῆπτε. καὶ
τούτων τισὶν οἶμαι τὰς ἀγωγὰς τοῦ ποδὸς αὐτὸν οὐχ ἧττον ψέγειν
25 τε καὶ ἐπαινεῖν ἢ τοὺς ῥυθμοὺς αὐτούς, ἤτοι ξυναμφότερόν τι. οὐ
γὰρ ἔχω λέγειν. ἀλλὰ ταῦτα μέν, ὥσπερ εἶπον, εἰς Δάμωνα ἀνα-
βεβλήσθω· διελέσθαι γὰρ οὐ σμικροῦ λόγου.
    10 [7]. — — IV 424 C εἶδος γὰρ καινὸν μουσικῆς μεταβάλλειν εὐ-
λαβητέον ὡς ἐν ὅλωι κινδυνεύοντα· οὐδαμοῦ γὰρ κινοῦνται μουσικῆς
30 τρόποι ἄνευ πολιτικῶν νόμων τῶν μεγίστων, ὥς φησί τε Δάμων
καὶ ἐγὼ πείθομαι. Vgl. auch das dort Folgende.

8. Zusammenhang von Mannhaftigkeit und Kunstverstand.
10. Nirgends gibt es Erschütterung des Stiles der Musik ohne die
der wichtigsten politischen Gesetze.

5 vgl. ebd. II 12. Weiteres Damonische vermutet bei Arist. Deiters De
Aristid. Quint. fontibus, Düren 1870, p. 13ff.   12ff. vgl. Wilamowitz a. O.
S. 65f.   14 vgl. oben I 381, 8 m. Anm.   18ff. vgl. Aristoph. Nub. 645ff.

38 [26]. HIPPON

A. LEBEN UND LEHRE

1. IAMBL. V. P. 267 [Kat. der Pythagoreer, 58 A] Σάμιοι Μέλισσος . . .
'Ελωρις, 'Ιππων. CENSORIN. 5, 2 *Hipponi vero Metapontino sive ut Aristo-*
5 *xenus auctor est* [fr. 38 FHG II 282] *Samio etc.* [s. I 387, 9. 389, 10]. SEXT.
P. h. III 30 'I. δὲ ὁ 'Ρηγῖνος [s. I 385, 25].
Zeit (nach Empedokles) ergibt sich aus ARISTOT. de anim. A 2. 405b 1
[s. 31 A 4].

2. SCHOL. ARISTOPH. Ven. ad. Nub. 94ff. [vgl. Av. 1001]
10 ψυχῶν σοφῶν τοῦτ' ἔστι φροντιστήριον·
95 ἐνταῦθ' ἐνοικοῦσ' ἄνδρες, οἳ τὸν οὐρανόν
λέγοντες ἀναπείθουσιν ὡς ἔστιν πνιγεύς,
κἄστιν περὶ ἡμᾶς οὗτος, ἡμεῖς δ' ἄνθρακες.
ταῦτα δὲ πρότερος Κρατῖνος ἐν Πανόπταις δράματι [fr. 155 Kock] περὶ "Ιππωνος
15 τοῦ φιλοσόφου κωμῳδῶν αὐτὸν λέγει. SCHOL. CLEM. Protr. IV 103 Klotz
τοῦ δὲ "Ιππωνος καὶ αὐτοῦ ὡς ἀσεβοῦς γενομένου μέμνηται ὁ Κρατῖνος.

3. HIPPOL. Ref. I 16 (D. 566, W. 18) 'I. δὲ ⟨ὁ⟩ 'Ρηγῖνος ἀρχὰς ἔφη ψυχρὸν
τὸ ὕδωρ καὶ θερμὸν τὸ πῦρ. γεννώμενον δὲ τὸ πῦρ ὑπὸ ὕδατος κατανικῆσαι τὴν τοῦ
γεννήσαντος δύναμιν συστῆσαί τε τὸν κόσμον. τὴν δὲ ψυχὴν ποτὲ μὲν ἐγκέφαλον
20 λέγει, ποτὲ δὲ ὕδωρ· καὶ γὰρ τὸ σπέρμα εἶναι τὸ φαινόμενον ἡμῖν ἐξ ὑγροῦ, ἐξ οὖ
φησι ψυχὴν γίνεσθαι.

4. SIMPL. Phys. 23, 22 [s. oben I 77, 16] Θαλῆς . . . καὶ 'I., ὃς δοκεῖ καὶ
ἄθεος γεγονέναι, ὕδωρ ἔλεγον τὴν ἀρχὴν ἐκ τῶν φαινομένων κατὰ τὴν αἴσθησιν
εἰς τοῦτο προαχθέντες κτλ.

25 5. SEXT. Pyrrh. hypoth. III 30. IX 361 'I. δὲ ὁ 'Ρηγῖνος πῦρ καὶ ὕδωρ.

6. ALEX. (zu n. 7) 26, 21 "Ιππωνα ἱστοροῦσιν ἀρχὴν ἁπλῶς τὸ ὑγρὸν ἀδιορί-
στως ὑποθέσθαι οὐ διασαφήσαντα πότερον ὕδωρ ὡς Θαλῆς ἢ ἀὴρ ὡς 'Αναξιμένης
καὶ Διογένης. IOANN. DIAC. Alleg. in Hes. Theog. 116 ὁ δὲ τὴν γῆν [!, näml.
ἀρχὴν ἔθετο] ὡς "Ιππων ὁ ἄθεος.

30 7. ARISTOT. Metaphys. A 3. 984a 3 nach Thales [11 A 12] "Ιππωνα γὰρ
οὐκ ἄν τις ἀξιώσειε θεῖναι μετὰ τούτων διὰ τὴν εὐτέλειαν αὐτοῦ τῆς διανοίας.

8. CLEM. Protr. 24 (I 18, 7 St.) θαυμάζειν ἔπεισί μοι, ὅτῳ τρόπῳ Εὐήμε-
ρον τὸν 'Ακραγαντῖνον καὶ Νικάνορα τὸν Κύπριον καὶ "Ιππωνα καὶ Διαγόραν τὸν
Μήλιον τόν τε Κυρηναῖον ἐπὶ τούτοις ἐκεῖνον (ὁ Θεόδωρος ὄνομα αὐτῷ) καί τινας
35 ἄλλους συχνοὺς σωφρόνως βεβιωκότας καὶ καθεωρακότας ὀξύτερόν που τῶν λοιπῶν

---

16 "Ιππωνος] 'Ιππάσου Pascal *Studi ital.* 14, 97, da die Kohlen nicht zu
der Wassertheorie paßten. Aber es handelt sich nur um das Ortsverhält-
nis der Kohlen zum Becken, nicht um den Stoff. Außerdem muß der
Philosoph Zeitgenosse der Dichter sein   17 ⟨ ⟩ Delarue   18 γεννώ-
μενον LB: γενόμενον Roeper   κατανικῆσαι T: κατανικῆσαν LBO   20 λέγει
Zeller: ἔχειν Hss.: ἔφη εἶναι Roeper   γὰρ Bakhuizen v. d. Brink: παρά Hss.
33 Διαγόραν καὶ "Ιππωνα τὸν Μήλιον Clem.: verb. Diels nach Arnob. IV 29
Hippone ac Diagora Meliis

ἀνθρώπων τὴν ἀμφὶ τοὺς θεοὺς τούτους πλάνην ἀθέους ἐπικεκλήκασιν. PHILOP.
de anima 88, 23 οὗτος ἄθεος ἐπεκέκλητο δι' αὐτὸ τοῦτο, ὅτι τὴν τῶν πάντων
αἰτίαν οὐδενὶ ἄλλωι ἢ τῶι ὕδατι ἀπεδίδου. Vgl. AEL. V. H. II 31 [64 A 3];
fr. 33. Plut. d. comm. not. 31, 4. p. 1075 A.
5   9. [ALEX.] in Metaphys. 462, 29 Ἵππων μὲν πρότερον ὁ ἄθεος ἐπικληθεὶς
(οὐδὲν γὰρ οὗτος παρὰ τὰ αἰσθητὰ εἶναι ἀπεφήνατο) ... Vgl. B 2.
10. AËT. IV 3, 9 (D. 388) Ἵ. ἐξ ὕδατος τὴν ψυχήν. ARISTOT. de anima
A 2. 405b 1 (s. I 283, 16) b 24 οἱ δὲ θάτερον τῶν ἐναντίων, οἷον θερμὸν ἢ
ψυχρὸν ἤ τι τοιοῦτον ἄλλο, καὶ τὴν ψυχὴν ὁμοίως ἕν τι τούτων τιθέασιν· διὸ
10 καὶ τοῖς ὀνόμασιν ἀκολουθοῦσιν· οἱ μὲν γὰρ τὸ θερμὸν λέγοντες, ὅτι διὰ τοῦτο καὶ
τὸ ζῆν ὠνόμασται, οἱ δὲ τὸ ψυχρὸν διὰ τὴν ἀναπνοὴν καὶ τὴν κατάψυξιν καλεῖσθαι
ψυχήν. PHILOP. z. d. St. 92, 2 θάτερον τῶν ἐναντίων τίθεται Ἵ. καὶ Ἡράκλειτος,
ὁ μὲν τὸ θερμόν· πῦρ γὰρ τὴν ἀρχὴν εἶναι· ὁ δὲ τὸ ψυχρόν, ὕδωρ τιθέμενος τὴν
ἀρχήν. ἑκάτερος οὖν τούτων, φησί, καὶ ἐτυμολογεῖν ἐπιχειρεῖ τὸ τῆς ψυχῆς ὄνομα
15 πρὸς τὴν οἰκείαν δόξαν, ὁ μὲν λέγων διὰ τοῦτο ζῆν λέγεσθαι τὰ ἔμψυχα παρὰ
τὸ ζεῖν, τοῦτο δὲ τοῦ θερμοῦ, ὁ δὲ ψυχὴν κεκλῆσθαι ἐκ τοῦ ψυχροῦ, ὅθεν ἔχει τὸ
εἶναι, παρὰ τὸ αἴτιον ἡμῖν γενέσθαι τῆς διὰ τῆς ἀναπνοῆς ψύξεως. ἐπεὶ γὰρ ἡ
μὲν ζωὴ ἐκ τῆς ψυχῆς ὑπάρχει, ἡ δὲ ψυχὴ ἐκ ψυχροῦ (ἐξ ὕδατος γάρ), διὰ τοῦτο
δεῖ τῆς ἀναπνοῆς κολαζούσης τῆι ψύξει τὸ περικάρδιον θερμὸν καὶ οὐκ ἐώσης
20 τῆς ψυχικῆς δυνάμεως ἐπικρατέστερον γενέσθαι, λέγω δὴ τῆς ψυχρᾶς. HERM.
Irris. 2 (D. 651) οἱ δὲ ὕδωρ γονοποιόν [näml. τὴν ψυχὴν εἶναι, am Rande
fügt der Patm. richtig das Lemma Ἵππων zu].

11. MENON Anonymi Londin. 11, 22 [Suppl. Aristot. III 1, 17] Ἵππ⟨ων⟩
[oder Ἵππ⟨ῶναξ⟩] δὲ ὁ Κροτωνιάτης οἴεται ἐν ἡμῖν οἰκείαν εἶναι ὑγρότητα, καθ'
25 ἣν καὶ αἰσθανόμεθα καὶ ἧι ζῶμεν· ὅταν μὲν οὖν οἰκείως ἔχηι ἡ τοιαύτη ὑγρότης,
ὑγιαίνει τὸ ζῶιον, ὅταν δὲ ἀναξηρανθῆι, ἀναισθητεῖ δὲ τὸ ζῶιον καὶ ἀποθνήισκει.
διὰ δὴ τοῦτο οἱ γέροντες ξηροὶ καὶ ἀναίσθητοι, ὅτι χωρὶς ὑγρότητος· ἀναλόγως
δὴ τὰ πέλματα ἀναίσθητα, ὅτι ἄμοιρα ὑγρότητος. καὶ ταῦτα μὲν ἄχρι τούτου φησίν.
ἐν ἄλλωι δὲ βυβλίωι αὐτὸς ἀνὴρ λέγει τὴν κατωνομασμένην ὑγρότητα μετα-
30 βάλλειν δι' ὑπερβολὴν θερμότητος καὶ δι' ὑπερβολὴν ψυχρότητος καὶ οὕτως νόσους
ἐπιφέρειν, μεταβάλλειν δέ φησιν αὐτὴν ἢ ἐπὶ τὸ πλεῖον ὑγρὸν ἢ ἐπὶ τὸ ξηρότερον
ἢ ἐπὶ τὸ παχυμερέστερον ἢ ἐπὶ τὸ λεπτομερέστερον ἢ εἰς ἕτερα, καὶ τὸ αἴτιον
οὕτως νοσολογεῖ, τὰς δὲ νόσους τὰς γινομένας οὐχ ὑπαγορεύει. Vgl. PLUTARCH.
de Iside 33 p. 364 B.
35   12. CENSORIN. 5, 2 [s. I 385, 4] Hipponi ... ex medullis profluere semen
videtur idque eo probari, quod post admissionem pecudum, si quis mares
interimat, medullas utpote exhaustas non reperiat.

13. AËT. V 5, 3 (D. 418) Ἵ. προΐεσθαι μὲν σπέρμα τὰς θηλείας οὐχ ἥκιστα
τῶν ἀρρένων, μὴ μέντοι εἰς ζωιογονίαν τοῦτο συμβάλλεσθαι διὰ τὸ ἐκτὸς πίπτειν
40 τῆς ὑστέρας· ὅθεν ἐνίας προΐεσθαι πολλάκις δίχα τῶν ἀνδρῶν σπέρμα καὶ μάλιστα
τὰς χηρευούσας. [καὶ εἶναι τὰ μὲν ὀστᾶ παρὰ τοῦ ἄρρενος, τὰ δὲ σάρκας παρὰ
τῆς θηλείας.] CENSOR. 5, 4.

14. — V 7, 3 (D. 419) Ἱππῶναξ [s. ob. Z. 24] παρὰ τὸ συνεστὸς καὶ

---

33 vgl. Nestle Philol. 67 (1908) 544   38 ἧττον unnöt. Reiske   40 f. τὰς
μάλιστα (A)B: umst. Wyttenbach   41 f. [ ] falscher Zusatz nach Kranz
43 Ἱππῶναξ] das aus Stob. im Index Phot. erhaltene Lemma Ἱππώνου ist
falsche Auflösung von ἱππῶͮ (= Ἱππώνακτος), nicht = ἵππωνος wie Elter meinte

ἰσχυρὸν ἢ παρὰ τὸ ῥευστικόν τε καὶ ἀσθενέστερον σπέρμα [näml. ἄρρενα καὶ θήλεα γίνεσθαι]. CENSOR. 6, 4 ex seminibus autem tenuioribus feminas, ex densioribus mares fieri Hippon adfirmat. AËT. V 7, 7 (D. 420) Ἱππῶναξ [so hier vgl. I 386, 43]· εἰ μὲν ἡ γονὴ κρατήσειεν, ἄρρεν, εἰ δ' ἡ τροφή, θῆλυ.

5 15. CENSOR. 6, 1 H. vero caput, in quo est animi principale [näml. primum crescere].

16. — 9, 2 H. qui diebus LX infantem scribit formari et quarto mense carnem fieri concretam quinto ungues capillumve nasci septimo iam hominem esse perfectum. 7, 2 H. Metapontinus a septimo ad decimum mensem 10 nasci posse aestimavit. nam septimo partum iam esse maturum eo quod in omnibus numerus septenarius plurimum possit, siquidem septem formemur mensibus additisque alteris recti consistere incipiamus et post septimum mensem dentes nobis innascantur idemque post septimum cadant annum, quarto decimo autem pubescere soleamus. sed hanc a septem mensibus 15 incipientem maturitatem usque ad decem perductam ideo quod in aliis omnibus haec eadem natura est, ut septem mensibus annisve tres aut menses aut anni ad consummationem accedant: nam dentes septem mensum infanti nasci et maxime decimo perfici mense, septimo anno primos eorum excidere, decimo ultimos, post quartum decimum annum nonnullos, sed omnes intra 20 septimum decimum annum pubescere. Vgl. 22 A 18. B 126a. 31 B 153a.

17. — 6, 3 at Diogenes [64 A 25] et H. existimarunt esse in alvo prominens quiddam, quod infans ore adprehendat ⟨et⟩ ex eo alimentum ita trahat, ut, cum editus est, ex matris uberibus.

18. — 6, 9 sequitur de geminis, qui ut aliquando nascantur, modo seminis 25 fieri H. ratus ⟨est⟩. id enim cum amplius est quam uni satis fuit, bifariam deduci.

19. THEOPHR. Hist. plant. I 3, 5 πᾶν γὰρ ἄγριον καὶ ἥμερόν φησιν Ἱ. γίνεσθαι τυγχάνον ἢ μὴ τυγχάνον θεραπείας, ἄκαρπα δὲ καὶ κάρπιμα καὶ ἀνθοφόρα καὶ ἀνανθῆ παρὰ τοὺς τόπους καὶ τὸν ἀέρα τὸν περιέχοντα, τὸν αὐτὸν δὲ τρόπον 30 καὶ φυλλοβόλα καὶ ἀείφυλλα. III 2, 2 καίτοι φησὶν Ἱ. ἅπαν καὶ ἥμερον καὶ ἄγριον εἶναι, καὶ θεραπευόμενον μὲν ἥμερον, μὴ θεραπευόμενον δὲ ἄγριον, τῆι μὲν ὀρθῶς λέγων τῆι δὲ οὐκ ὀρθῶς. ἐξαμελούμενον γὰρ ἅπαν χεῖρον γίνεται καὶ ἀπαγριοῦται, θεραπευόμενον δὲ οὐχ ἅπαν βέλτιον, ὥσπερ εἴρηται.

B. FRAGMENTE

35 1. SCHOL. HOMER. Genev. p. 197, 19 Nicole zu Homer Φ 195:

193 ἀλλ' οὐκ ἔστι Διὶ Κρονίωνι μάχεσθαι·
τῶι οὐδὲ κρείων Ἀχελώϊος ἰσοφαρίζει
195 οὐδὲ βαθυρρείταο μέγα σθένος Ὠκεανοῖο,

---

1 ἢ nach συνεστὼς (so) die Hss.: stellte um Diels   3 für Ἱππῶναξ liest Ἱπποκράτης Wachtler nach Hipp. de sem. 6 [VII 478, 5 Littré] 22 ⟨et⟩ fehlt DV   25 ⟨est⟩ Carrio   27 γὰρ ⟨καὶ⟩ nach Z. 30 Wimmer 35 vgl. Diels Berl. Sitz. Ber. 1891, 579; Wachsmuth Rhein. Mus. 46 (1891), 553; H. Schrader Herm. 43 (1908) 65; Helck de Cratete Diss. Lpz. 1905 S. 47

388   38 [26]. HIPPON

ἐξ οὗ περ πάντες ποταμοὶ καὶ πᾶσα θάλασσα
καὶ πᾶσαι κρῆναι καὶ φρείατα μακρὰ νάουσιν.

Κράτης δὲ ἐν β τῶν Ὁμηρικῶν δεικνύς, ὅτι Ὠκεανὸς 'Μεγάλη θά
λασσα'· "ταῦτα γάρ, φησίν, μόνως ἂν ἁρμόττοι ῥηθῆναι περὶ τῆς
5 ἐκτὸς θαλάσσης, ἣν ἔτι καὶ νῦν οἱ μὲν 'Μεγάλην θάλατταν', οἱ δὲ
"Ἀτλαντικὸν πέλαγος', οἱ δὲ Ὠκεανὸν προσαγορεύουσιν. ποταμὸς
δὲ ποῖος ἂν δύναιτο ταύτην ἔχειν τὴν δύναμιν; καίτοι γ' ἔνιοι
[Zenodotos, Megakleides] ἐξαιροῦντες τὸν περὶ τοῦ Ὠκεανοῦ στίχον
[also 195] τῶι Ἀχελώιωι περιτιθέασι ταῦτα, ὃς οὐχ ὅτι τῆς θαλάσσης
10 μείων ἐστίν, ἀλλὰ καὶ τῶν ἐν αὐτῆι κόλπων, λέγω δὴ Τυρρηνικοῦ
⟨καὶ⟩ Ἰονίου. εἶπε δὲ τοῖς τρισίν [195—197], φησίν, ὅ τι καὶ οἱ
μετὰ ταῦτα φυσικοὶ συνεφώνησαν, τὸ περιέχον τὴν γῆν κατὰ τὸ
πλεῖστον μέρος ὕδωρ Ὠκεανὸν εἶναι, ἐξ οὗπερ τὸ πότιμον. Ἵππων·
'τὰ γὰρ ὕδατα πινόμενα πάντα ἐκ τῆς θαλάσσης ἐστίν·
15 οὐ γὰρ δή που τὰ φρέατα βαθύτερα ἢ ἡ θάλασσά ἐστιν
ἐξ ὧν πίνομεν· οὕτω γὰρ οὐκ ⟨ἂν⟩ ἐκ τῆς θαλάσσης τὸ
ὕδωρ εἴη, ἀλλ' ἄλλοθέν ποθεν. νῦν δὲ ἡ θάλασσα βαθυ
τέρα ἐστὶ τῶν ὑδάτων. ὅσα οὖν καθύπερθεν τῆς θαλάσ
σης ἐστί, πάντα ἀπ' αὐτῆς ἐστιν'. οὕτως τὰ αὐτὰ εἴρηκεν
20 Ὁμήρωι".

FALSCHES

2. CLEM. Protr. 55 (I 43, 1 St.) οὐ νέμεσις τοίνυν οὐδὲ Ἵππωνι ἀπαθα
νατίζοντι τὸν θάνατον τὸν ἑαυτοῦ· ὁ Ἰ. οὗτος ἐπιγραφῆναι ἐκέλευσεν τῶι μνή-

1. Denn alles Trinkwasser stammt aus dem Meere. Denn es sind
doch wohl die Brunnen nicht tiefer, aus denen wir trinken, als das
Meer ist; denn nur so stammte das Wasser nicht aus dem Meere, sondern
irgendwo anders her. Nun ist ja aber das Meer tiefer als die Wasser.
Folglich stammt, was davon über dem Meere sich befindet, alles
von ihm ab.

FALSCHES

2. Hippons Denkmal ist dies, welchen den unsterblichen Göttern
gleich machte die Moira nach seinem Hinscheiden.

4 φησίν Diels: ἂν Hs.   9 ὃς Nicole: ὡς Hs.   10 μείων Nicole: μείζων
Hs.   λέγ. δὲ Hs.: verb. Nic.   11 ⟨καὶ⟩ Nic.   εἶπε] Homer τοῖς
τρισὶν Diels: τῶι γ̄ Hs.: ⟨ἐν⟩ τῶι τρίτωι Nic., Wachsmuth; εἶτα περὶ τοῦ
τρίτου φησὶν (Krates) Schrader   12 περιέχοντες Hs.: verb. Nic.   13 ⟨καὶ⟩
τὸ πότιμον Wachsmuth   14 ⟨τὰ⟩ πιν. Wilamowitz   15 που Diels: πω
Hs.   ἢ ἡ Wilamowitz: ἦν Hs.: ⟨εἰ⟩ nach που Diels   16 ὧν Wilamowitz:
ἧς Hs.   ⟨ἂν⟩ Nicole   vgl. Hipp. d. aëre 7 CMG I, 1 61, 16; de vict.
sal. VI 72 Littr.   23 nach Ἵππων fügt zu γὰρ P²; ὁ ⟨γὰρ⟩ Ἵππων Morel

ματι τῶι ἑαυτοῦ τόδε τὸ ἐλεγεῖον [Anth. L. ι 74 D.]· ᾽᾽Ίππωνος ... καταφθί-
μενον᾽. ALEX. in Metaph. 27, 1 τοῦτο δὲ λέγοι ἂν [Arist.] περὶ αὐτοῦ,
ὅτι ἄθεος ἦν· τοιοῦτο γὰρ καὶ τὸ ἐπὶ τοῦ τάφου αὐτοῦ ἐπίγραμμα· ᾽᾽Ίππωνος ...
καταφθίμενον᾽.

5   Ἵππωνος τόδε σῆμα, τὸν ἀθανάτοισι θεοῖσιν
     ἴσον ἐποίησεν Μοῖρα καταφθίμενον.

3. ATHEN. XIII 610 B πάντων αὐτὸν [Myrtilos] ἐπὶ τῆι μνήμηι θαυμασάν-
των ὁ Κύνουλκος ἔφη ᾽πουλυμαθημοσύνης τῆς οὐ κενεώτερον οὐδέν᾽
⟨* * *⟩ Ἵππων ἔφη ὁ ἄθεος. Folgt 22 B 40.

10   4. CLAUDIAN. MAMERT. de anima 7 p. 121, 14 Eng. H. Metapontinus
ex eadem schola Pythagorae praemissis pro statu sententiae suae insolu-
bilibus argumentis de anima sic pronuntiat ᾽longe aliud anima, aliud
corpus est, quae corpore et torpente viget et caeco videt et
mortuo vivit᾽.

15   39 [27]. PHALEAS UND HIPPODAMOS

1. ARISTOT. Polit. B 7. 1266a 36 (1) δοκεῖ γάρ τισι τὸ περὶ τὰς οὐσίας
εἶναι μέγιστον τετάχθαι καλῶς· περὶ γὰρ τούτων ποιεῖσθαί φασι τὰς στάσεις πάν-
τας. διὸ Φαλέας ὁ Χαλκηδόνιος τοῦτ᾽ εἰσήνεγκε πρῶτος. φησὶ γὰρ δεῖν ἴσας
εἶναι τὰς κτήσεις τῶν πολιτῶν. (2) τοῦτο δὲ κατοικιζομέναις μὲν εὐθὺς οὐ χαλεπὸν
20 ὤιετο ποιεῖν, τὰς δ᾽ ἤδη κατοικουμένας ἐργωδέστερον μέν, ὅμως δὲ τάχιστ᾽ ἂν
ὁμαλισθῆναι τῶι τὰς προῖκας τοὺς μὲν πλουσίους διδόναι μὲν λαμβάνειν δὲ μή,
τοὺς δὲ πένητας μὴ διδόναι μὲν λαμβάνειν δέ κτλ. 8, 1. 1267b 20 περὶ μὲν οὖν
τῆς Φαλέου πολιτείας σχεδὸν ἐκ τούτων ἄν τις θεωρήσειεν, εἴ τι τυγχάνει καλῶς
εἰρηκὼς ἢ μὴ καλῶς.

25   1267b 22 Ἱππόδαμος δὲ Εὐρυφῶντος Μιλήσιος (ὃς καὶ τὴν τῶν πόλεων
διαίρεσιν εὗρε καὶ τὸν Πειραιᾶ κατέτεμεν, γενόμενος καὶ περὶ τὸν ἄλλον βίον περιτ-
τότερος διὰ φιλοτιμίαν οὕτως ὥστε δοκεῖν ἐνίοις ζῆν περιεργότερον τριχῶν τε
πλήθει καὶ κόσμωι πολυτελεῖ, ἔτι δὲ ἐσθῆτος εὐτελοῦς μὲν ἀλεεινῆς δὲ οὐκ ἐν τῶι

---

3. Der Vielwisserei, deren Nichtigkeit nicht zu überbieten ist ...

4. Ganz etwas anderes ist Seele als Leib. Denn diese regt sich,
wenn jener starr, sieht, wenn jener blind, lebt, wenn jener tot ist.

---

8 Der Vers ist von Timon [fr. 20, 2 D.], der bald darauf richtig zitiert
wird. ⟨ ⟩ Diels. Hippons Zitat ähnlichen Inhaltes ist ausgefallen
25 Neuere Hippodamosliteratur s. Gnomon 3 (1927) 84   25—390, 2 Die
Parenthese wird gewöhnlich getilgt   28 κόσμωι πολυτελεῖ Π²: κόμης Π¹.
Die Stelle scheint durch Glosseme entstellt. Statt τριχῶν ... πολυτελεῖ
vermutet κόμης τε τρυφῆι καὶ κόσμου πολυτελείαι Diels; vgl. Philostr. V. Ap.
3, 15 κομᾶν δὲ ἐπιτηδεύουσιν ὥσπερ Λακεδαιμόνιοι πάλαι καὶ Θούριοι, Arist.
Nub. 332 σοφιστὰς Θουριομάντεις ἰατροτέχνας σφραγιδονυχαργοκομήτας εὐτε-
λοῦς] εὐσταλοῦς Apelt Beiträg. z. Gesch. d. gr. Phil. S. 383

χειμῶνι μόνον ἀλλὰ καὶ περὶ τοὺς θερινοὺς χρόνους, λόγιος δὲ καὶ περὶ τὴν ὅλην
φύσιν εἶναι βουλόμενος) πρῶτος τῶν μὴ πολιτευομένων ἐνεχείρησέ τι περὶ πολι-
τείας εἰπεῖν τῆς ἀρίστης.   (2) κατεσκεύαζε δὲ τὴν πόλιν τῶι πλήθει μὲν μυρίαν-
δρον, εἰς τρία δὲ μέρη διηιρημένην· ἐποίει γὰρ ἓν μὲν μέρος τεχνίτας, ἐν δὲ γεωργούς,
5 τρίτον δὲ τὸ προπολεμοῦν καὶ τὰ ὅπλα ἔχον· διήιρει δ' εἰς τρία μέρη τὴν χώραν,
τὴν μὲν ἱερὰν τὴν δὲ δημοσίαν τὴν δ' ἰδίαν· ὅθεν μὲν τὰ νομιζόμενα ποιήσουσι
πρὸς τοὺς θεοὺς ἱεράν, ἀφ' ὧν δ' οἱ προπολεμοῦντες βιώσονται κοινήν, τὴν δὲ τῶν
γεωργῶν ἰδίαν.   ὥιετο δ' εἴδη καὶ τῶν νόμων εἶναι τρία μόνον· περὶ ὧν γὰρ αἱ
δίκαι γίνονται, τρία ταῦτ' εἶναι τὸν ἀριθμόν, ὕβριν βλάβην θάνατον.   (3) ἐνο-
10 μοθέτει δὲ καὶ δικαστήριον ἓν τὸ κύριον, εἰς ὃ πάσας ἀνάγεσθαι δεῖν τὰς μὴ καλῶς
κεκρίσθαι δοκούσας δίκας.   τοῦτο δὲ κατεσκεύαζεν ἔκ τινων γερόντων αἱρετῶν.
τὰς δὲ κρίσεις ἐν τοῖς δικαστηρίοις οὐ διὰ ψηφοφορίας ὥιετο γίνεσθαι δεῖν, ἀλλὰ
φέρειν ἕκαστον πινάκιον, ἐν ὧι γράφειν, εἰ καταδικάζοι ἁπλῶς, τὴν δίκην, εἰ δ'
ἀπολύοι ἁπλῶς, κενόν [näml. φέρειν], εἰ δὲ τὸ μὲν τὸ δὲ μή, τοῦτο διορίζειν.   νῦν
15 γὰρ οὐκ ὥιετο νενομοθετῆσθαι καλῶς· ἀναγκάζειν γὰρ ἐπιορκεῖν ἢ ταῦτα ἢ
ταῦτα δικάζοντας.   (4) ἔτι δὲ νόμον ἐτίθει περὶ τῶν εὑρισκόντων τι τῆι πόλει
συμφέρον ὅπως τυγχάνωσι τιμῆς, καὶ τοῖς παισὶ τῶν ἐν τῶι πολέμωι τελευ-
τώντων ἐκ δημοσίου γίνεσθαι τὴν τροφήν, ὡς οὔπω τοῦτο παρ' ἄλλοις νενο-
μοθετημένον· ἔστι δὲ καὶ ἐν Ἀθήναις οὗτος ὁ νόμος νῦν καὶ ἐν ἑτέραις τῶν
20 πόλεων.   τοὺς δ' ἄρχοντας ὑπὸ τοῦ δήμου αἱρετοὺς εἶναι πάντας· δῆμον δ' ἐποίει
τὰ τρία μέρη τῆς πόλεως· τοὺς δ' αἱρεθέντας ἐπιμελεῖσθαι κοινῶν καὶ ξενικῶν καὶ
ὀρφανικῶν.   (5) τὰ μὲν οὖν πλεῖστα καὶ τὰ μάλιστα ἀξιόλογα τῆς Ἱππο-
δάμου τάξεως ταῦτ' ἐστίν.

2. ARISTOT. Polit. Η 11. 1330b 21 ἡ δὲ τῶν ἰδίων οἰκήσεων διάθεσις ἡδίων
25 μὲν νομίζεται καὶ χρησιμωτέρα πρὸς τὰς ἄλλας πράξεις, ἂν εὔτομος ἦι κατὰ τὸν
νεώτερον καὶ τὸν Ἱπποδάμειον τρόπον, πρὸς δὲ τὰς πολεμικὰς ἀσφαλείας τοὐναν-
τίον ὡς εἶχον κατὰ τὸν ἀρχαῖον χρόνον.

3. HESYCH. s. v. Ἱπποδάμου νέμησις: τὸν Πειραιᾶ Ἱππόδαμος Εὐρυφῶντος
παῖς ὁ καὶ μετεωρολόγος διεῖλεν Ἀθηναίοις. οὗτος δὲ ἦν καὶ ὁ μετοικήσας εἰς Θου-
30 ριακοὺς Μιλήσιος ὤν.

4. HARPOCR. s. v. Ἱπποδάμεια: Δημοσθένης ἐν τῶι πρὸς Τιμόθεον [49, 22]
ἀγοράν φησιν εἶναι ἐν Πειραιεῖ καλουμένην Ἱπποδάμειαν ἀπὸ Ἱπποδάμου Μιλησίου
ἀρχιτέκτονος τοῦ οἰκοδομησαμένου τοῖς Ἀθηναίοις τὸν Πειραιᾶ. BEKK. ANECD.
ι 266, 28 Ἱπποδάμεια ⟨ἢ Ἱπποδάμειος⟩ ἀγορά: τόπος ἐν τῶι Πειραιεῖ ἀπὸ Ἱππο-
35 δάμου Μιλησίου ἀρχιτέκτονος ποιήσαντος Ἀθηναίοις τὸν Πειραιᾶ καὶ κατατεμόντος
τῆς πόλεως τὰς ὁδούς. Falsch identifiziert SCHOL. ARISTOPH. Equ. 327 'ὁ δ'
Ἱπποδάμου': οὗτος ἐν Πειραιεῖ κατώικει καὶ οἰκίαν εἶχεν ἥντερ ἀνῆκε δημοσίαν
εἶναι. καὶ πρῶτος αὐτὸς τὸν Πειραιᾶ κατὰ τὰ Μηδικὰ (!) συνήγαγεν ... καὶ οἱ
μὲν αὐτόν φασι Θούριον, οἱ δὲ Σάμιον, οἱ δὲ Μιλήσιον.

---

4 Daraus gefälscht bei Stob. ιv 1, 93 Hens. Ἱπποδάμου Πυθαγορείου ἐκ
τοῦ Περὶ πολιτείας· φαμὶ δ' ἐγὼν ἐς μοίρας τρεῖς διεστάσθαι τὰν σύμπασαν πολι-
τείαν κτλ. u. anderes. S. auch Suid. s. v. Θεανώ   5 ⟨καὶ⟩ τὴν χώραν
Schmidt   13 τὴν δίκην Π²: fehlt Π¹   κενὸν ⟨ἐᾶν⟩ Meier   34 ⟨ ⟩ Diels.
Denn sonst wäre Ἱπποδαμεία zu betonen (zum Akzent vgl. P. Maas
Gnomon 9, 1933, 665). Vgl. Xen. Hell. ιι, 4, 11.

5. Strabo xiv 654 ἡ δὲ νῦν πόλις [Rhodos] ἐκτίσθη κατὰ τὰ Πελοποννη-
σιακὰ ὑπὸ τοῦ αὐτοῦ ἀρχιτέκτονος, ὥς φασιν, ὑφ' οὗ καὶ ὁ Πειραιεύς. Diodor.
xiii 75 [Ol. 93, 1. 408] οἱ δὲ τὴν 'Ρόδον νῆσον κατοικοῦντες καὶ 'Ιαλυσὸν καὶ
Λίνδον καὶ Κάμιρον μετῳκίσθησαν εἰς μίαν πόλιν τὴν νῦν καλουμένην 'Ρόδον.

5

40 [28]. POLYKLEITOS

A. LEBEN UND SCHRIFT

1. Plato Prot. 311 c εἰ δὲ παρὰ Πολύκλειτον τὸν 'Αργεῖον ἢ Φειδίαν τὸν
'Αθηναῖον ἐπενόεις ἀφικόμενος μισθὸν ὑπὲρ σαυτοῦ τελεῖν ἐκείνοις κτλ. 328 c
ἐπεὶ καὶ οἱ Πολυκλείτου υἱεῖς, Παράλου καὶ Ξανθίππου τοῦδε ἡλικιῶται, οὐδὲν
10 πρὸς τὸν πατέρα εἰσί.

2. Plin. N.˅H. 34, 55 Polyclitus Sicyonius, Hageladae discipulus,
diadumenum fecit molliter iuvenem centum talentis nobilitatum; idem et
doryphorum viriliter puerum. fecit et quem Canona artifices vocant linia-
menta artis ex eo petentes veluti a lege quadam, solusque hominum artem
15 ipsam fecisse artis opere iudicatur.

3. Galen. de temper. i 9 p. 42, 26 Helmr. ἡ μὲν δὴ μέθοδος αὕτη· τὸ δ'
ἀσκῆσαι γνωρίζειν ἑτοίμως ἐν ἑκάστωι γένει ζώιου καὶ κατὰ τὰ σύμπαντα τὸ μέσον
οὐ τοῦ τυχόντος ἀνδρός, ἀλλ' ἐσχάτως ἐστὶ φιλοπόνου καὶ διὰ μακρᾶς ἐμπειρίας
καὶ πολλῆς γνώσεως ἁπάντων τῶν κατὰ μέρος ἐξευρίσκειν δυναμένου τὸ μέσον.
20 οὕτω γοῦν καὶ πλάσται καὶ γραφεῖς ἀνδριαντοποιοί τε καὶ ὅλως ἀγαλματοποιοὶ
τὰ κάλλιστα γράφουσι καὶ πλάττουσι καθ' ἕκαστον εἶδος, οἷον ἄνθρωπον εὐμορ-
φότατον ἢ ἵππον ἢ βοῦν ἢ λέοντα, τὸ μέσον ἐν ἐκείνωι τῶι γένει σκοποῦντες.
καὶ πού τις ἀνδριὰς ἐπαινεῖται Πολυκλείτου Κανὼν ὀνομαζόμενος ἐκ τοῦ πάντων
τῶν μορίων ἀκριβῆ τὴν πρὸς ἄλληλα συμμετρίαν ἔχειν ὀνόματος τοιούτου τυχών.
25 de plac. Hipp. et Plat. v p. 425, 14 Müll. ἐδήλωσε [Chrysippos] γὰρ σαφῶς
τοῦτο διὰ τῆς προγεγραμμένης ὀλίγον ἔμπροσθεν ῥήσεως, ἐν ἧι τὴν μὲν ὑγίειαν τοῦ
σώματος ἐν θερμοῖς καὶ ψυχροῖς καὶ ξηροῖς καὶ ὑγροῖς συμμετρίαν εἶναί φησιν,
ἅπερ δὴ στοιχεῖα δηλονότι τῶν σωμάτων ἐστί, τὸ δὲ κάλλος οὐκ ἐν τῆι τῶν στοι-
χείων, ἀλλὰ ἐν τῆι τῶν μορίων συμμετρίαι συνίστασθαι νομίζει, δακτύλου πρὸς
30 δάκτυλον δηλονότι καὶ συμπάντων αὐτῶν πρός τε μετακάρπιον καὶ καρπὸν καὶ τού-
των πρὸς πῆχυν καὶ πήχεως πρὸς βραχίονα καὶ πάντων πρὸς πάντα, καθάπερ ἐν
τῶι Πολυκλείτου Κανόνι γέγραπται. πάσας γὰρ ἐκδιδάξας ἡμᾶς ἐν ἐκείνωι
τῶι συγγράμματι τὰς συμμετρίας τοῦ σώματος ὁ Π. ἔργωι τὸν λόγον ἐβεβαίωσε
δημιουργήσας ἀνδριάντα κατὰ τὰ τοῦ λόγου προστάγματα καὶ καλέσας δὴ καὶ αὐτὸν
35 τὸν ἀνδριάντα καθάπερ καὶ τὸ σύγγραμμα Κανόνα. τὸ μὲν δὴ κάλλος τοῦ σώματος
ἐν τῆι τῶν μορίων συμμετρίαι κατὰ πάντας ἰατρούς τε καὶ φιλοσόφους ἐστίν.

---

9 vgl. Robert Herm. 35 (1900) 185   13 puerum. Die Interpunktion
stammt von Urlichs   14 artem] der Grieche, den Pl. ausschreibt, spielt mit
der Bedeutung τέχνη Lehrbuch, System.   25ff. Capelle verweist auf 24 B 4
i 215, 11ff.   36 τε fehlt L u. a. — Vgl. Gal. de semin. iv 605 K. Ein
von Polyklet abhängiger, aber variierter Kanon bei Vitruv. iii 1, 2

B. FRAGMENTE

ΠΟΛΥΚΛΕΙΤΟΥ ΚΑΝΩΝ

1. PLUT. de profect. virt. 17 p. 86 A [wie A 3 aus Chrysipp] οἵ γε προ-
κόπτοντες οἷς ἤδη καθάπερ ἱεροῦ τινος οἰκοδομήματος καὶ βασιλικοῦ τοῦ βίου
5 'κεκρότηται χρυσέα κρηπίς' [Pind. fr. 194 Schr.], οὐδὲν εἰκῆ προσίενται τῶν
γιγνομένων, ἀλλ᾽ οἷον ἀπὸ στάθμης τοῦ λόγου προσάγουσι καὶ προσαρμόττουσιν
ἕκαστον, ὑπέρευ τὸν Πολύκλειτον οἰόμενοι λέγειν ὡς ἔστι χαλεπώτατον αὐτῶν
τὸ ἔργον, οἷς ἂν εἰς ὄνυχα ὁ πηλὸς ἀφίκηται. Quaest. conviv. II 3, 2
p. 636 C καὶ γὰρ αἱ τέχναι πρῶτον ἀτύπωτα καὶ ἄμορφα πλάττουσιν, εἶθ᾽ ὕστερον
10 τοῖς εἴδεσιν διαρθροῦσιν· ἧι Π. ὁ πλάστης εἶπε χαλεπώτατον εἶναι τὸ ἔργον,
ὅταν ἐν ὄνυχι ὁ πηλὸς γένηται. διὸ καὶ τῆι φύσει τὸ πρῶτον εἰκός ἐστιν
ἀτρέμα κινούσηι τὴν ὕλην ἀργοτέραν ὑπακούειν, τύπους ἀμόρφους καὶ ἀορίστους
ἐκφέρουσαν ὥσπερ τὰ ὠιά, μορφουμένων δὲ τούτων καὶ διαχαρασσομένων ὕστερον
ἐκδημιουργεῖσθαι τὸ ζῶιον.

15 χαλεπώτατον αὐτῶν(?) τὸ ἔργον οἷς ἂν ἐν ὄνυχι ὁ πη-
λὸς γένηται.

2. PHILO Mechan. IV 1 p. 49, 20 (ed. R. Schöne Berl. 1893) πολλοὶ γοῦν ἐν-
στησάμενοι κατασκευὴν ὀργάνων ἰσομεγεθῶν καὶ χρησάμενοι τῆι τε αὐτῆι συντάξει
καὶ ξύλοις ὁμοίοις καὶ σιδήρωι τῶι ἴσωι οὐδὲ τὸν σταθμὸν αὐτὸν μεταβάλλοντες,
20 τὰ μὲν μακροβολοῦντα καὶ εὔτονα ταῖς πληγαῖς ἐποίησαν, τὰ δὲ καθυστεροῦντα τῶν
εἰρημένων· καὶ ἐρωτηθέντες διὰ τί τοῦτο συνέβη, τὴν αἰτίαν οὐκ εἶχον εἰπεῖν.
ὥστε τὴν ὑπὸ Πολυκλείτου τοῦ ἀνδριαντοποιοῦ ῥηθεῖσαν φωνὴν οἰκείαν εἶναι

FRAGMENTE DES KANONS

1. Am schwierigsten ist das Werk dann, wenn man mit der Ton-
bearbeitung auf Nageldicke (?) gekommen ist.

2. Das Gelingen kommt durch viele Zahlen*verhältnisse* zustande,
wobei Kleinstes den Ausschlag gibt (*oder*: in kleinsten Schritten).

---

2 Κανών] vgl. κανονίας Hippocr. de aëre 24 CMG I, 1 77, 3   7 ὑπέρευ
Reiske: ὑπὲρ οὗ ω   οἰόμεθα ΛΑ²Θ   14 ἐνδημιουργεῖσθαι Hs.: verb.
Reiske   15 αὐτῶν] τούτων verm. Diels   vgl. auch die Fassung Z. 10.
ἐν ὄνυχι γένηται gewählter als εἰς ὄνυχα ἀφίκηται. Diels verstand ἐν ὄνυχι
oder εἰς ὄνυχα nach G. Wolff *Arch. Z.* 1864, 278 sprichwörtlich »auf Nagel-
dicke genau« = *ad unguem*. Porphyrio z. Horat. Sat. I 5, 32 Colum. II 2, 13
ad unguem quadrare, Dionys. d. Dem. 13 [I 157, 9 Us.] ἐκμέμακται εἰς ὄνυχα,
Philo Mechan. IV 36 p. 66, 37 ἐπ᾽ ὄνυχος *genau verzinkt*; 70, 16 ῥινήσαντες
εἰς ὄνυχα, Philod. Rhet. A col. 6, 35 p. 11 Sudh. πρὸς ὄνυχα τὴν προσκαρτέ-
ρησιν ποιεῖσθαι CIG I 282 = ed. min. I 372 E ⟨ἐπὶ⟩ τὸν ὄνυχα ἁρμόσαντα
κολλῆσαι (Tischlerverding.). Vgl. ἐξονυχίζειν. Der Sinn ist also nach Diels:
»Die Arbeit am Tonmodell wird am schwierigsten, wenn's auf den Milli-
meter ankommt«, entsprechend Goethe (Ottiliens Tageb. Wahlverw.): »Die
Schwierigkeiten wachsen, je näher man dem Ziele kommt.«

τῶι μέλλοντι λέγεσθαι· τὸ γάρ ... ἔφη γίνεσθαι. τὸν αὐτὸν δὴ τρόπον καὶ ἐπὶ ταύτης τῆς τέχνης συμβαίνει διὰ πολλῶν ἀριθμῶν συντελουμένων τῶν ἔργων μικρὰν ἐν τοῖς κατὰ μέρος παρέκβασιν ποιησαμένους μέγα συγκεφαλαιοῦν ἐπὶ πέρας ἁμάρτημα.
5   τὸ εὖ παρὰ μικρὸν διὰ πολλῶν ἀριθμῶν γίνεται.

41 [29]. OINOPIDES

1. PROCL. in Eucl. S. 65, 21 [nach Pythagoras c. 14, 6a (ι 98, 24)] μετὰ δὲ τοῦτον Ἀναξαγόρας ὁ Κλαζομένιος πολλῶν ἐφήψατο τῶν κατὰ γεωμετρίαν καὶ Οἰνοπίδης ὁ Χῖος ὀλίγωι νεώτερος ὢν Ἀναξαγόρου.
10   1a. VITA PTOLEM. Neapol. [Rohde Kl. Schr. ι 123⁴ von Oinopides von Chios] ἐγνωρίζετο δὲ κατὰ τέλος τοῦ Πελοποννησιακοῦ πολέμου, καθ' ὃν καιρὸν καὶ Γοργίας ὁ ῥήτωρ ἦν καὶ Ζήνων ὁ Ἐλεάτης καὶ Ἡρόδοτος, ὡς ἔνιοί φασιν, ὁ ἱστορικὸς Ἁλικαρνασσεύς.

2. [PLAT.] Erast. p. 132 A ἐφαινέσθην [nämlich δύο τῶν μειρακίων] μέν-
15 τοι ἢ περὶ Ἀναξαγόρου ἢ περὶ Οἰνοπίδου ἐρίζειν. κύκλους γοῦν γράφειν ἐφαινέσθην καὶ ἐγκλίσεις. τινὰς ἐμιμοῦντο τοῖν χεροῖν ἐπικλίνοντε καὶ μάλ' ἐσπουδακότε.

3. DIOG. IX 41 εἴη ἂν οὖν [Demokritos] κατ' Ἀρχέλαον τὸν Ἀναξαγόρου μαθητὴν καὶ τοὺς περὶ Οἰνοπίδην. καὶ γὰρ τούτου [des Oinopides?] μέμνηται.

4. GNOMOL. VATIC. 743 ed. Sternbach n. 420 Οἰν. ὁρῶν μειράκιον ἀπαί-
20 δευτον πολλὰ βιβλία κτώμενον ἔφη· 'μὴ τῶι κιβωτῶι, ἀλλὰ τῶι στήθει'.

5. SEXT. Pyrrh. hyp. III 30 Οἰν. δὲ ὁ Χῖος πῦρ καὶ ἀέρα [nämlich ἀρχὰς εἶναι].

6. AËT. ι 7, 17 (D. 302) Διογένης [v. Apollonia] καὶ Κλεάνθης καὶ Οἰν. τὴν τοῦ κόσμου ψυχήν [nämlich θεὸν εἶναι].

7. THEO Smyrn. p. 198, 14 [11 A 17, aùs Derkyllides] Εὔδημος [fr. 94 Sp.]
25 ἱστορεῖ ἐν ταῖς Ἀστρολογίαις ὅτι Οἰν. εὗρε πρῶτος τὴν τοῦ ζωιδιακοῦ † διάζωσιν καὶ τὴν τοῦ μεγάλου ἐνιαυτοῦ περίστασιν. AËt. II 12, 2 (D. 340) Πυθαγόρας

---

5 εὖ] Pythagoreischer Begriff vgl. Arist. Metaph. N 6. 1092 b 26 [58 B 27] wie die Symmetrie, auf der diese Zahlentheorie beruht. Vgl. die Anekdote des Kaphisias Athen. XIV 629 A οὐκ ἐν τῶι μεγάλωι τὸ εὖ κείμενον εἶναι, ἀλλὰ ἐν τῶι εὖ τὸ μέγα ∼ Stob. Fl. III 4, 49 und das σύμμετρον in Simon de re equ. § 2 (Xenophont. Scr. m. II ed. Rühl p. 193)   παρὰ μικρόν] vgl. Gal. VIII 25 K. τοῦ 'παρὰ μικρὸν' λόγου, ὃν καὶ σωρείτην ὀνομάζουσιν. Darüber Chrysippos πρὸς Στησαγόραν ᾱ β̄ (Diog. VII 197, Hss. BP). Anders (worauf Friedländer mit Recht aufmerksam macht) Sexti Sent. ed. Elter ι 9. 10 μέχρι καὶ τῶν ἐλαχίστων ἀκριβῶς βίου· οὐ γὰρ μικρὸν ἐν βίωι τὸ 'παρὰ μικρόν'. Vgl. auch die οἱ περὶ μικρὸν θεοί nach Kern Wien. Stud. 45 (1926) 116   ἀριθμῶν] nach Diels die Proportionszahlen, bei denen ein kleiner Fehler [s. Philo] große Wirkungen hervorbringt. An Polyklets Art erinnert, was Michelangelo gesagt haben soll: »Man soll allezeit eine Figur pyramidenförmig, schlangenförmig und mit eins, zwei, drei mannigfaltig machen.« Zur Fassung vgl. Plato Theaet. 186 C 3   16 ἐγκλίσεις] auf die Schiefe der Ekliptik (A 7) hindeutend   25 λόξωσιν Diels

394   41 [29]. OINOPIDES 7—11

πρῶτος ἐπινενοηκέναι λέγεται τὴν λόξωσιν τοῦ ζωιδιακοῦ κύκλου, ἥντινα Οἰν. ὁ Χῖος ὡς ἰδίαν ἐπίνοιαν σφετερίζεται. DIODOR. ι 98, 2 Πυθαγόραν τε τὰ κατὰ τὸν Ἱερὸν λόγον καὶ τὰ κατὰ γεωμετρίαν θεωρήματα καὶ τὰ περὶ τοὺς ἀριθμοὺς ... μαθεῖν παρὰ Αἰγυπτίων. ὑπολαμβάνουσι δὲ καὶ Δημόκριτον παρ' αὐτοῖς ἔτη
5 διατρῖψαι πέντε καὶ πολλὰ διδαχθῆναι τῶν κατὰ τὴν ἀστρολογίαν. τόν τε Οἰνοπίδην ὁμοίως συνδιατρίψαντα τοῖς ἱερεῦσι καὶ ἀστρολόγοις μαθεῖν ἄλλα τε καὶ μάλιστα τὸν ἡλιακὸν κύκλον ὡς λοξὴν μὲν ἔχει τὴν πορείαν, ἐναντίαν δὲ τοῖς ἄλλοις ἄστροις τὴν φορὰν ποιεῖται. MACROB. Sat. ι 17, 31 [aus Apollodoros Περὶ θεῶν] Λοξίας cognominatur [nämlich Apollo], ut ait Oenopides, ὅτι ἐκπορεύεται
10 τὸν λοξὸν κύκλον ἀπὸ δυσμῶν ἐπ' ἀνατολὰς κινούμενος, id est quod obliquum circulum ab occasu ad orientem pergit.

8. CENSORIN. 19, 2 [aus Varro] Oenopides [nämlich annum naturalem dies habere prodidit] CCCLXV et dierum duum et viginti partem unde-sexagesimam.

15 9. AEL. V. H. x 7 Οἰν. ὁ Χῖος ἀστρολόγος ἀνέθηκεν ἐν Ὀλυμπίοις τὸ χαλκοῦν γραμματεῖον ἐγγράψας ἐν αὐτῶι τὴν ἀστρολογίαν τῶν ἑνὸς δεόντων ἑξήκοντα ἐτῶν φήσας τὸν μέγαν ἐνιαυτὸν εἶναι τοῦτον. ὅτι Μέτων ὁ Λευκονοεὺς ἀστρολόγος ἀνέστησε στήλας καὶ τὰς τοῦ ἡλίου τροπὰς κατεγράψατο [17. Juni 432] καὶ τὸν μέγαν ἐνιαυτὸν ὡς ἔλεγεν εὗρε καὶ ἔφατο αὐτὸν ἑνὸς δέοντα εἴκοσιν
20 ἐτῶν. AËT. ιι 32, 2 (D. 363) τὸν δὲ μέγαν ἐνιαυτὸν οἱ μὲν ἐν τῆι ὀκταετηρίδι τίθενται [vgl. 6 B 4], οἱ δὲ ἐν τῆι ἐννεακαιδεκαετηρίδι [Meton], οἱ δ' ἐν τοῖς τετραπλασίοις ἔτεσιν [76 j. Cyclus d. Kallippos], οἱ δὲ ἐν τοῖς ἑξήκοντα ἑνὸς δέουσιν, ἐν οἷς Οἰν. καὶ Πυθαγόρας. οἱ δ' ἐν τῆι λεγομένηι κεφαλῆι τοῦ κόσμου· αὕτη δ' ἐστὶ τῶν ἑπτὰ πλανητῶν ἐπὶ ταὐτὰ σημεῖα τῆς ἐξ ἀρχῆς (?) φορᾶς ἐπάνοδος.

25 10. ARISTOT. Meteor. A 8. 345a 13 τῶν μὲν οὖν καλουμένων Πυθαγορείων φασί τινες ὁδὸν εἶναι ταύτην [nämlich τὸ γάλα] οἱ μὲν τῶν ἐκπεσόντων τινὸς ἄστρων κατὰ τὴν λεγομένην ἐπὶ Φαέθοντος φθοράν, οἱ δὲ τὸν ἥλιον τοῦτον τὸν κύκλον φέρεσθαί ποτέ φασιν· οἷον οὖν διακεκαῦσθαι τὸν τόπον τοῦτον ἤ τι τοιοῦτον ἄλλο πεπονθέναι πάθος ὑπὸ τῆς φθορᾶς αὐτοῦ. ACHILL. Is. p. 55, 18 M. [aus
30 Poseidonios] ἕτεροι δέ φασιν, ὧν ἐστι καὶ Οἰν. ὁ Χῖος, ὅτι πρότερον διὰ τούτου [nämlich γάλακτος] ἐφέρετο ὁ ἥλιος, διὰ δὲ τὰ Θυέστεια δεῖπνα ἀπεστράφη καὶ τὴν ἐναντίαν τούτωι πεποίηται περιφοράν, ἣν νῦν περιγράφει ὁ ζωιδιακός. Vgl. AËT. ιιι 1, 2 [58 B 37c].

11. DIODOR. ι 41, 1 (D. 228, aus Aristoteles de Nilo fr. 248 Rose p. 196, 19
35 durch Agatharchides) Οἰν. δὲ ὁ Χῖος φησι κατὰ μὲν τὴν θερινὴν ὥραν τὰ ὕδατα κατὰ τὴν γῆν εἶναι ψυχρά, τοῦ δὲ χειμῶνος τοὐναντίον θερμά, καὶ τοῦτο εὔδηλον ἐπὶ τῶν βαθέων φρεάτων γίνεσθαι· κατὰ μὲν γὰρ τὴν ἀκμὴν τοῦ χειμῶνος ἥκιστα τὸ ὕδωρ ἐν αὐτοῖς ὑπάρχειν ψυχρόν, κατὰ δὲ τὰ μέγιστα καύματα ψυχρότατον ἐξ αὐτῶν ὑγρὸν ἀναφέρεσθαι. διὸ καὶ τὸν Νεῖλον εὐλόγως κατὰ μὲν

---

17 Λευκονοεὺς Salmasius: λάκων Hss. über Meton vgl. Ptolem. Alm. ιιι 2 S. 205, 20 Heib., Diod. xιι 36, 2 Miles. Parapegm. fr. 84 [Berl. Sitz. Ber. 1903, 93ff. 94¹] 23 κρόνου Stob.: verb. Kroll aus Hephaest. Theb. p. 47, 8 Engelbr. 24 ταῦτα σημεῖα Kroll: ταύτας ἡμία FP ἀρχῆς Diels: ἄρκτου FP ('muß richtig sein' Wil.*); ἐξάρκτου (von ἐξάρχειν) in jenem Sinne scheint nicht glaublich 29 φορᾶς αὐτοῦ (sc. ἡλίου) Capelle 30 aus Poseidonios Manil. ι 727

τὸν χειμῶνα μικρὸν εἶναι καὶ συστέλλεσθαι, διὰ τὸ τὴν μὲν κατὰ γῆν θερμασίαν τὸ πολὺ τῆς ὑγρᾶς οὐσίας ἀναλίσκειν, ὄμβρους δὲ κατὰ τὴν Αἴγυπτον μὴ γίνεσθαι· κατὰ δὲ τὸ θέρος μηκέτι τῆς κατὰ γῆν ἀπαναλώσεως γινομένης ἐν τοῖς κατὰ βάθος τόποις πληροῦσθαι τὴν κατὰ φύσιν αὐτοῦ ῥύσιν ἀνεμποδίστως. Vgl. SCHOL.
5 APOLL. Rhod. IV 269ff. Wendel.

12. PROCL. in Euclid. p. 80, 15 οἱ δὲ περὶ Ζηνόδοτον τὸν προσήκοντα μὲν τῆι Οἰνοπίδου διαδοχῆι, τῶν μαθητῶν δὲ Ἄνδρωνος, διώριζον τὸ θεώρημα τοῦ προβλήματος ᾗι τὸ μὲν θεώρημα ζητεῖ, τί ἐστι τὸ σύμπτωμα τὸ κατηγορούμενον τῆς ἐν αὐτῶι ὕλης, τὸ δὲ πρόβλημα, τίνος ὄντος τί ἐστιν.
10 13. — — p. 283, 4 (ad prop. 12, probl. 7: ἐπὶ τὴν δοθεῖσαν εὐθεῖαν ἄπει-ρον ἀπὸ τοῦ δοθέντος σημείου ὃ μή ἐστιν ἐπ' αὐτῆς, κάθετον εὐθεῖαν γραμμὴν ἀγα-γεῖν). τοῦτο τὸ πρόβλημα Οἰνοπίδης ἐζήτησεν χρήσιμον αὐτὸ πρὸς ἀστρολογίαν οἰόμενος. ὀνομάζει δὲ τὴν κάθετον ἀρχαϊκῶς κατὰ γνώμονα, διότι καὶ ὁ γνώ-μων πρὸς ὀρθάς ἐστι τῶι ὁρίζοντι.
15 14. — — p. 333, 1 (ad prop. 23, probl. 9: πρὸς τῆι δοθείσηι εὐθείαι καὶ τῶι πρὸς αὐτῆι σημείωι τῆι δοθείσηι εὐθυγράμμωι γωνίαι ἴσην γωνίαν εὐθύγραμμον συστήσασθαι). πρόβλημα καὶ τοῦτο Οἰνοπίδου μὲν εὕρημα μᾶλλον. ὡς φησιν Εὔδημος [fr. 86 Sp.].

---

42 [30]. HIPPOKRATES VON CHIOS. AISCHYLOS

20 1. PROCL. in Eucl. p. 66, 4 (aus Eudems Geschichte der Geometrie fr. 84 Sp.; s. ι 396, 2) ἐφ' οἷς [Anaxagoras, Oinopides] Ἱπποκράτης ὁ Χῖος, ὁ τὸν τοῦ μηνίσκου τετραγωνισμὸν εὑρών, καὶ Θεόδωρος ὁ Κυρηναῖος ἐγένοντο περὶ γεωμετρίαν ἐπιφανεῖς ... πρῶτος γὰρ ὁ Ἱ. τῶν μνημονευομένων καὶ Στοιχεῖα συνέγραψεν. Folgt Platon.
25 2. EUDEM. Eth. H 14. 1247a 17 οἷον Ἱ. γεωμετρικὸς ὢν ἀλλὰ περὶ τὰ ἄλλα δοκεῖ βλάξ καὶ ἄφρων εἶναι καὶ πολὺ χρυσίον πλέων ἀπώλεσεν ὑπὸ τῶν ἐν Βυζαν-τίωι πεντηκοστολόγων δι' εὐήθειαν, ὡς λέγουσιν. PLUT. Sol. 2 (s. I 76, 16. 108, 12).
PHILOP. in Phys. 31, 3 Ἱ. Χῖός τις ὢν ἔμπορος ληιστρικῆι νηὶ περιπεσὼν καὶ πάντα ἀπολέσας ἦλθεν Ἀθήναζε γραψόμενος τοὺς ληιστάς, καὶ πολὺν παραμένων
30 ἐν Ἀθήναις διὰ τὴν γραφὴν χρόνον ἐφοίτησεν εἰς φιλοσόφους καὶ εἰς τοσοῦτον ἕξεως γεωμετρικῆς ἦλθεν, ὡς ἐπιχειρῆσαι εὑρεῖν τὸν κύκλου τετραγωνισμόν.
3. ARISTOT. Soph. el. 11. 171b 12 τὰ γὰρ ψευδογραφήματα οὐκ ἐριστικά (κατὰ γὰρ τὰ ὑπὸ τὴν τέχνην οἱ παραλογισμοί), οὐδέ γ' εἴ τί ἐστι ψευδογράφημα περὶ ἀληθές, οἷον τὸ Ἱπποκράτους [ἢ ὁ τετραγωνισμὸς ὁ διὰ τῶν μηνίσκων]. Phys.
35 A 2. 185a 16 τὸν τετραγωνισμὸν τὸν μὲν διὰ τῶν τμημάτων γεωμετρικοῦ διαλῦ-σαι, τὸν δ' Ἀντιφῶντος [87 B 13] οὐ γεωμετρικοῦ. Dazu SIMPL. 55, 26 τὸν 'διὰ

---

6 ξενόδοτον ed. Gryn. Weder Zenodot noch Andron scheinen sonst be-kannt   13 vgl. Max Schmidt Altphilol. Beitr. II 44   19 Über das angeb-liche Pythagoreertum des H. gibt wertlose Kombination Iamblichos (oben c. 18, 4 I 108, 12ff.)   34 ἢ ... μηνίσκων tilgte als Erklärung Diels. »Hipp. Versuch, durch die Menisken die Quadratur des Kreises auszuführen, ist nicht sophistisch, obgleich er falsch ist. Denn er verfährt more geometrico. Anders Bryson und Antiphon.« Diels Vgl. auch Arist. An. Post. B 9. 75b 40

τῶν τμημάτων' τὸν διὰ τῶν μηνίσκων, ὃν Ἱ. ὁ Χῖος ἐφεῦρε· κύκλου γὰρ τμῆμα ὁ
μηνίσκος ἐστίν. 60, 22 ὁ μέντοι Εὔδημος ἐν τῆι Γεωμετρικῆι ἱστορίαι [fr. 92 Sp.]
οὐκ ἐπὶ τετραγωνικῆς πλευρᾶς δεῖξαί φησι τὸν Ἱπποκράτην τὸν τοῦ μηνίσκου
τετραγωνισμόν, ἀλλὰ καθόλου, ὡς ἄν τις εἴποι. εἰ γὰρ πᾶς μηνίσκος τὴν ἐκτὸς
5 περιφέρειαν ἢ ἴσην ἔχει ἡμικυκλίου ἢ μείζονα ἢ ἐλάττονα, τετραγωνίζει δὲ ὁ Ἱ.
καὶ τὸν ἴσην ἡμικυκλίου ἔχοντα καὶ τὸν μείζονα καὶ τὸν ἐλάττονα, καθόλου ἂν
εἴη δεδειχὼς ὡς δοκεῖ . . . λέγει δὲ ὧδε ἐν τῶι δευτέρωι βιβλίωι τῆς Γεωμετρικῆς
ἱστορίας [fr. 92 Sp.]· 'καὶ οἱ τῶν μηνίσκων δὲ τετραγωνισμοὶ δόξαντες εἶναι τῶν
οὐκ ἐπιπολαίων διαγραμμάτων διὰ τὴν οἰκειότητα τὴν πρὸς τὸν κύκλον ὑφ' Ἱππο-
10 κράτους ἐγράφησάν τε πρῶτου καὶ κατὰ τρόπον ἔδοξαν ἀποδοθῆναι'. Folgt der
ausführliche Beweis p. 61, 5—68, 32.
    4. Pseuderatosth. Epist. ad Ptolem. [Eutoc. in Archim. III 104,11 Heib.]
πάντων δὲ διαπορούντων ἐπὶ πολὺν χρόνον [betr. Verdoppelung des Würfels]
πρῶτος Ἱ. ὁ Χῖος ἐπενόησεν, ὅτι ἐὰν εὑρεθῆι δύο εὐθειῶν γραμμῶν, ὧν ἡ μείζων
15 τῆς ἐλάσσονός ἐστι διπλασία, δύο μέσας ἀνὰ λόγον λαβεῖν ἐν συνεχεῖ ἀναλογίαι,
διπλασιασθήσεται ὁ κύβος, ὥστε τὸ ἀπόρημα αὐτοῦ εἰς ἕτερον οὐκ ἔλασσον ἀπό-
ρημα κατέστρεφεν.
    5. ARISTOT. Meteorol. A 6 (περὶ τοῦ κομήτου). 342 b 29 τῶν δ' Ἰταλικῶν τινες
καὶ καλουμένων Πυθαγορείων ἕνα λέγουσιν αὐτὸν εἶναι τῶν πλανήτων ἄστρων,
20 ἀλλὰ διὰ πολλοῦ τε χρόνου τὴν φαντασίαν αὐτοῦ εἶναι καὶ τὴν ὑπερβολὴν ἐπὶ
μικρόν, ὅπερ συμβαίνει καὶ περὶ τὸν τοῦ Ἑρμοῦ ἀστέρα· διὰ γὰρ τὸ μικρὸν ἐπανα-
βαίνειν πολλὰς ἐκλείπει φάσεις. ὥστε διὰ χρόνου φαίνεται πολλοῦ. παραπλησίως
δὲ τούτοις καὶ οἱ περὶ Ἱπποκράτην τὸν Χῖον καὶ τὸν μαθητὴν αὐτοῦ Αἰσχύλον
ἀπεφήναντο. πλὴν τήν γε κόμην οὐκ ἐξ αὐτοῦ φασιν ἔχειν, ἀλλὰ πλανώμενον διὰ
25 τὸν τόπον ἐνίοτε λαμβάνειν ἀνακλωμένης τῆς ἡμετέρας ὄψεως ἀπὸ τῆς ἑλκομένης
ὑγρότητος ὑπ' αὐτοῦ πρὸς τὸν ἥλιον. διὰ δὲ τὸ ὑπολείπεσθαι βραδύτατα τῶι
χρόνωι διὰ πλείστου χρόνου φαίνεσθαι τῶν ἄλλων ἄστρων, ὡς ὅταν ἐκ ταὐτοῦ
φανῆι ὑπολελειμμένον ὅλον τὸν ἑαυτοῦ κύκλον. ὑπολείπεσθαι δ' αὐτὸν καὶ πρὸς
ἄρκτον καὶ πρὸς νότον. ἐν μὲν οὖν τῶι μεταξὺ τόπωι τῶν τροπικῶν οὐχ ἕλκειν
30 τὸ ὕδωρ πρὸς ἑαυτὸν διὰ τὸ κεκαῦσθαι ὑπὸ τῆς τοῦ ἡλίου φορᾶς· πρὸς δὲ νότον
ὅταν φέρηται, δαψίλειαν μὲν ἔχειν τῆς τοιαύτης νοτίδος, ἀλλὰ διὰ τὸ μικρὸν εἶναι
τὸ ὑπὲρ τῆς γῆς τμῆμα τοῦ κύκλου, τὸ δὲ κάτω πολλαπλάσιον, οὐ δύνασθαι τὴν
ὄψιν τῶν ἀνθρώπων φέρεσθαι κλωμένην πρὸς τὸν ἥλιον οὔτε τῶι νοτίωι πλησιά-
ζοντος οὔτ' ἐπὶ θεριναῖς τροπαῖς ὄντος τοῦ ἡλίου. διόπερ ἐν τούτοις μὲν τοῖς
35 τόποις οὐδὲ γίγνεσθαι κομήτην αὐτόν· ὅταν δὲ πρὸς βορέαν ὑπολειφθεὶς τύχηι,
λαμβάνειν κόμην διὰ τὸ μεγάλην εἶναι τὴν περιφέρειαν τὴν ἄνωθεν τοῦ ὁρίζοντος,
τὸ δὲ κάτω μέρος τοῦ κύκλου μικρόν· ῥαιδίως γὰρ τὴν ὄψιν τῶν ἀνθρώπων ἀφι-
κνεῖσθαι τότε πρὸς τὸν ἥλιον. OLYMPIOD. z. d. St. 45, 24 Πυθαγόρας δὲ καὶ

11 Zu Hipp. lunulae vgl. H. Usener in Simpl. Phys. ed. Diels p. IX, XXIII;
P. Tannery das. XXVI; Bibl. mathem. III 3 (1902) 342. F. Rudio Bibl. m. III 3
(1902) 7ff., 4 (1903) 14ff., 6 (1905) 101. Züricher Viertelj. Naturf. Ges. 1905
S. 177ff., 213ff. Bibl. m. III 8 (1907) 13 (Aristoph. Aves 1005 Anspielung auf
die Quadratur des Kreises). W. Schmidt Bibl. m. III 4 (1903) 119. Sonder-
ausgabe von F. Rudio: Der Bericht d. Simpl. über d. Quadr. d. Antiphon
u. Hipp. gr. und d. Lpz. 1907 (Teubn. Urkunden z. Gesch. d. Math. i. Altert. 1)
15 μέσας ἀνὰ λόγον] mittlere Proportionalen 19 ἄστρων Ε: ἀστέρων d. übr.
33 νοτίωι Koenigmann: νότω Ε: τροπικῶ oder τροπικῷ d. übr.

'I. (οὐχ ὁ Κῶιος ἀλλ' ὁ Χῖος ὁ τὸν βίον πάλαι ἔμπορος καὶ τὸν παραλογισμὸν τοῦ
τετραγωνισμοῦ τοῦ κύκλου ἐξευρηκώς) ἕκτον πλανήτην ἔλεγεν εἶναι τὸν κομήτην
ἰσόδρομον τῶι τοῦ Ἑρμοῦ· διὸ ὥσπερ ὁ τοῦ Ἑρμοῦ σπανίως φαίνεται, οὕτω καὶ
οὗτος· ἀλλ' ὁ μὲν Πυθαγόρας καὶ τὸν ἀστέρα καὶ τὴν κόμην ἐκ τῆς πέμπτης ἔλεγε
5 γίνεσθαι οὐσίας, ὁ δέ γε 'I. τὸν μὲν ἀστέρα ἐκ τῆς πέμπτης, τὴν δὲ κόμην ἀπὸ
τοῦ ὑπὸ σελήνην τόπου· φησὶ γάρ, ὅτι ἀτμοῦ ἀναφερομένου ἀπὸ τοῦ κομήτου
ἐπὶ τὰ ἄνω καὶ ἀνακλωμένης τῆς ὄψεως ἡμῶν πρὸς τὸν ἥλιον γίνεσθαι τὴν κόμην.
6. ARISTOT. Meteor. A 8. 345b 9 ἔτι δ' ἐστὶ τρίτη τις ὑπόληψις περὶ αὐτοῦ·
λέγουσι γάρ τινες ἀνάκλασιν εἶναι τὸ γάλα τῆς ἡμετέρας ὄψεως πρὸς τὸν ἥλιον
10 ὥσπερ καὶ τὸν ἀστέρα τὸν κομήτην. ALEXANDER in Met. p. 38, 28 τρίτην
δέ φησι δόξαν εἶναι περὶ τοῦ γάλακτος τὴν λέγουσαν ἀνάκλασιν εἶναι τὸ γάλα τῆς
ἡμετέρας ὄψεως ἀπό τινος ἀναθυμιάσεως, ἥτις εἶναι δοκεῖ τὸ γάλα, ἐπὶ τὸν ἥλιον,
ἔνοπτρον γενόμενον τῆι ὄψει τῶι ἀπὸ τοῦ ἡλίου ὑπ' αὐτῆς ὁρωμένωι φωτί, ὡς
ἔλεγον οἱ περὶ Ἱπποκράτην καὶ τὸν κομήτην γίνεσθαι.

15 **43 [31]. THEODOROS**

1. IAMBL. V. P. 267 p. 193, 4 [Katalog der Pythagoreer; vgl. 58 A]
Κυρηναῖοι Πρῶρος . . ., Θεόδωρος.

2. EUDEM. fr. 84 [s. I 395, 18] ἐφ' οἷς [Anaxagoras, Oinopides] Ἱππο-
κράτης ὁ Χῖος . . . καὶ Θ. ὁ Κυρηναῖος ἐγένοντο περὶ γεωμετρίαν ἐπιφανεῖς.

20 3. DIOG. II 103 Θεόδωροι δὲ γεγόνασιν εἴκοσι. πρῶτος Σάμιος υἱὸς Ῥοίκου
. . . δεύτερος Κυρηναῖος γεωμέτρης, οὗ διήκουσε Πλάτων. III 6 [44 A 5].

4. Dialogperson in Platons Theaetet, Sophistes, Politikos, vgl. z. B.
PLAT. Theaet. 145 C Sokr. λέγε δή μοι· μανθάνεις που παρὰ Θεοδώρου
γεωμετρίας ἄττα. — Theaet. ἔγωγε. — καὶ τῶν περὶ ἀστρονομίαν τε καὶ ἁρμονίας
25 καὶ λογισμούς; — προθυμοῦμαί γε δή. — καὶ γὰρ ἐγώ, ὦ παῖ, παρά τε τούτου καὶ
παρ' ἄλλων, οὓς ἂν οἴωμαί τι ἐπαΐειν. 147 D περὶ δυνάμεών τι ἡμῖν Θεόδωρος ὅδε
ἔγραφεν τῆς τε τρίποδος πέρι καὶ πεντέποδος ἀποφαίνων ὅτι μήκει οὐ σύμμετροι
τῆι ποδιαίαι καὶ οὕτω κατὰ μίαν ἑκάστην προαιρούμενος μέχρι τῆς ἑπτακαιδεκά-
ποδος. 148 A ὅσαι μὲν γραμμαὶ τὸν ἰσόπλευρον καὶ ἐπίπεδον ἀριθμὸν τετρα-
30 γωνίζουσι, μῆκος ὡρισάμεθα, ὅσαι δὲ τὸν ἑτερομήκη, δυνάμεις, ὡς μήκει μὲν
οὐ συμμέτρους ἐκείναις τοῖς δ' ἐπιπέδοις ἃ δύνανται. καὶ περὶ τὰ στερεὰ ἄλλο
τοιοῦτον. 161 B οἶσθ' οὖν, ὦ Θεόδωρε, ὃ θαυμάζω τοῦ ἑταίρου σου Πρω-
ταγόρου; 162 A Theod. ὦ Σώκρατες, φίλος ἀνήρ [nämlich Protagoras],
ὥσπερ σὺ νῦν δὴ εἶπες.

35 5. XENOPH. Mem. IV 2, 10 ἀλλὰ μὴ γεωμέτρης ἐπιθυμεῖς, ἔφη, γενέσθαι
ἀγαθὸς ὥσπερ ὁ Θεόδωρος;

---

4. 5 ἐκ . . . οὐσίας] ἐκ τοῦ πέμπτου σώματος Olymp. S. 51, 5   10 vgl.
Capelle Χάριτες für Leo S. 224   20 ῥοίμου FP²   23 Der Berlin. Theaetet-
komm. 25, 40 erklärt: Θ. ἐκτάξας τετράγωνον ποδὸς ἑνὸς ἐδείκνυεν τοῖς περὶ
Θεαίτητον, ὅτι τούτωι τῶι τετραγώνωι ἀσύμμετρόν ἐστιν τὸ τρίπουν τετράγωνον
καὶ πεντάπουν κατὰ τὰς πλευράς, ἀφ' ὧν ἕκαστον ἐγένετο, καὶ ἐξαριθμούμενος τὰ
ἀσύμμετρα τετράγωνα προῆλθεν μέχρι τοῦ ἑπτακαιδεκάποδος.

44 [32]. PHILOLAOS

A. LEBEN, APOPHTHEGMA, SCHRIFTEN UND LEHRE

LEBEN

1. Diog. viii 84. 85 Φιλόλαος Κροτωνιάτης Πυθαγορικός. παρὰ τούτου
5 Πλάτων ὠνήσασθαι τὰ βιβλία τὰ Πυθαγορικὰ Δίωνι γράφει (ἐτελεύτα δὲ νομισθεὶς
ἐπιτίθεσθαι τυραννίδι. καὶ ἡμῶν ἐστιν εἰς αὐτόν·

> τὴν ὑπόνοιαν πᾶσι μάλιστα λέγω θεραπεύειν·
> εἰ γὰρ καὶ μὴ δρᾶις, ἀλλὰ δοκεῖς, ἀτυχεῖς.
> οὕτω καὶ Φιλόλαον ἀνεῖλε Κρότων ποτὲ πάτρη,
10 > ὥς μιν ἔδοξε θέλειν δῶμα τύραννον ἔχειν).

δοκεῖ δ' αὐτῶι πάντα ἀνάγκηι καὶ ἁρμονίαι γίγνεσθαι. καὶ τὴν γῆν κινεῖσθαι
κατὰ κύκλον πρῶτον εἰπεῖν, οἱ δ' Ἱκέταν ⟨τὸν⟩ Συρακόσιόν φασιν.
γέγραφε δὲ βιβλίον ἕν. (ὅ φησιν Ἕρμιππος [fr. 25 FHG III 42] λέγειν τινὰ τῶν
συγγραφέων Πλάτωνα τὸν φιλόσοφον παραγενόμενον εἰς Σικελίαν πρὸς Διονύσιον
15 ὠνήσασθαι παρὰ τῶν συγγενῶν τοῦ Φιλολάου ἀργυρίου Ἀλεξανδρινῶν μνῶν
τετταράκοντα καὶ ἐντεῦθεν μεταγεγραφέναι τὸν Τίμαιον. ἕτεροι δὲ λέγουσι τὸν
Πλάτωνα λαβεῖν αὐτά, παρὰ Διονυσίου παραιτησάμενον ἐκ τῆς φυλακῆς νεανίσκον
ἀπηγμένον τῶν τοῦ Φιλολάου μαθητῶν.)

τοῦτόν φησι Δημήτριος ἐν Ὁμωνύμοις πρῶτον ἐκδοῦναι τῶν Πυθαγορικῶν
20 ⟨βιβλία καὶ ἐπιγράψαι Περὶ⟩ φύσεως, ὧν ἀρχὴ ἥδε· ἁ φύσις δ' ἐν τῶι κόσμωι
... πάντα' [B 1].

1a. Plato Phaedo 61 e καὶ Φιλολάου ἤκουσα [Kebes], ὅτε παρ' ἡμῖν
[Theben] διηιτᾶτο (Vgl. B 15). Dazu Schol.: οὗτος ὁ Φ. Πυθαγόρειος ἦν ἐξ
Ἰταλίας πεφευγὼς διὰ τὸν ἐμπρησμὸν τὸν τότε ὑπὸ Κύλωνος γεγονότα διὰ τὸ
25 ἀνεπιτήδειον αὐτὸν πρὸς φιλοσοφίαν ὄντα ἀπελαθῆναι τοῦ ὁμακοίου· ὃς καὶ δι'
αἰνιγμάτων ἐδίδασκε καθάπερ ἦν ἔθος αὐτοῖς. ἦλθεν οὖν οὗτος εἰς Θήβας τεθνεῶτι
τῶι διδασκάλωι Λύσιδι χοὰς ποιήσων ἐκεῖ τεθαμμένωι. Ἵππαρχος (= Ἄρχιππος
c. 46) δὲ καὶ Φιλόλαος μόνοι τῆς εἰρημένης συμφορᾶς τῶν Πυθαγορείων διεσώθησαν.

2. Diog. ix 38 φησὶ δὲ καὶ Ἀπολλόδωρος ὁ Κυζικηνὸς Φιλολάωι αὐτὸν
30 [Demokritos] συγγεγονέναι.

3. Cic. de orat. iii 34, 139 aut Philolaus Archytam Tarentinum [näm-
lich instituit].

---

4. 5 aus Satyros vgl. i 400, 1   5 ἐτελεύτα] Dion, was Diog. miß-
versteht   11 ἐδόκει Richards   12 πρῶτος εἶπεν Reiske, unnütz ⟨τὸν⟩
Cobet   13 ἕν· ὅ FP²: ἐν ᾧ PB¹   13 (ὅ)—18 (μαθητῶν) und 19—21 (ὧν
für οὔ) sind spätere Einschiebsel wie αὐτά (17 vgl. i 400, 2) zeigt
15 ἀλεξανδρηνῶν falsch FP²   16 γεγραφέναι F   18 ⟨ἐπιβουλεύσεως⟩ ἀπηγ-
μένον Reiske   20 ausgefallene Zeile ergänzt Diels nach i 400, 2. Vgl.
E. Schwartz Paul.-Wiss. R.-E. v 741, 39   περὶ fehlt BP: erg. bereits
FP²   ὧν BP: ὧν ἡ FP²   ἥδε· ἁ Diels: ἥδε ᾱ BP: ἥδε FP²   das Incipit
stammt wie sonst bei Diog. aus Demetrios Magnes   23ff. vgl. Wila-
mowitz Platon II² 86

4. Diog. viii 46 τελευταῖοι γὰρ ἐγένοντο τῶν Πυθαγορείων, οὓς καὶ 'Αριστόξενος [fr. 12 FHG ii 275] εἶδε, Ξενόφιλός τε ὁ Χαλκιδεὺς ἀπὸ Θράικης καὶ Φάντων ὁ Φλιάσιος καὶ 'Εχεκράτης καὶ Διοκλῆς καὶ Πολύμναστος Φλιάσιοι καὶ αὐτοί [vgl. i 104, 7]. ἦσαν δὲ ἀκροαταὶ Φιλολάου καὶ Εὐρύτου τῶν Ταραντίνων.

5   4a. Plut. de genio Socr. 13 p. 583 A ἐπεὶ γὰρ ἐξέπεσον αἱ κατὰ πόλεις ἑταιρεῖαι τῶν Πυθαγορικῶν στάσει κρατηθέντων, τοῖς δ' ἔτι συνεστῶσιν ἐν Μεταποντίωι συνεδρεύουσιν ἐν οἰκίαι πῦρ οἱ Κυλώνειοι περιένησαν καὶ διέφθειραν ἐν ταὐτῶι πάντας πλὴν Φιλολάου καὶ Λύσιδος νέων ὄντων ἔτι ῥώμηι καὶ κουφότητι διωσαμένων τὸ πῦρ, Φ. μὲν εἰς Λευκανοὺς φυγὼν ἐκεῖθεν ἀνεσώθη πρὸς τοὺς ἄλλους
10 φίλους ἤδη πάλιν ἀθροιζομένους καὶ κρατοῦντας τῶν Κυλωνείων. Romanhaft, vgl. Iambl. V. P. 250 (oben i 103, 38ff.). 266.

5. Diog. iii 6 (Platon) ἔπειτα γενόμενος ὀκτὼ καὶ εἴκοσι ἐτῶν, καθά φησιν 'Ερμόδωρος, εἰς Μέγαρα πρὸς Εὐκλείδην σὺν καὶ ἄλλοις τισὶ Σωκρατικοῖς ὑπεχώρησεν. ἔπειτα εἰς Κυρήνην ἀπῆλθε πρὸς Θεόδωρον τὸν μαθηματικόν, κἀκεῖθεν
15 εἰς 'Ιταλίαν πρὸς τοὺς Πυθαγορικοὺς Φιλόλαον καὶ Εὔρυτον.

6. Vitr. i 1, 16 quibus vero natura tantum tribuit sollertiae acuminis memoriae, ut possint geometriam astrologiam musicen ceterasque disciplinas penitus habere notas . . . hi autem inveniuntur raro, ut aliquando fuerunt Aristarchus Samius, Philolaus et Archytas Tarentini, Apollonius Pergaeus
20 . . . qui multas res organicas et gnomonicas numero naturalibusque rationibus inventas atque explicatas posteris reliquerunt.

7. Athen. iv 184 E καὶ τῶν Πυθαγορικῶν δὲ πολλοὶ τὴν αὐλητικὴν ἤσκησαν ὡς Εὐφράνωρ τε καὶ 'Αρχύτας Φιλόλαός τε ἄλλοι τε οὐκ ὀλίγοι.

APOPHTHEGMA UND SCHRIFTEN

25   7a. Plutarch. Quaest. conv. viii 2, 1 p. 718 E γεωμετρία κατὰ τὸν Φιλόλαον ἀρχὴ καὶ μητρόπολις . . . τῶν ἄλλων (μαθημάτων).

8. Gell. iii 17, 4 Timon amarulentus librum maledicentissimum conscripsit, qui Σίλλος inscribitur. in eo libro Platonem philosophum contumeliose appellat, quod inpenso pretio librum Pythagoricae disciplinae emisset
30 exque eo Timaeum, nobilem illum dialogum, concinnasset. versus super ea re Timonos hi sunt [fr. 54 D.]

καὶ σὺ Πλάτων· καὶ γάρ σε μαθητείης πόθος ἔσχεν,
πολλῶν δ' ἀργυρίων ὀλίγην ἠλλάξαο βίβλον,
ἔνθεν ἀπαρχόμενος τιμαιογραφεῖν ἐδιδάχθης.

---

4 Über Kebes, der nach Plato Phaedo 61 E Philolaos in Theben hörte, ὅτε παρ' ἡμῖν διηιτᾶτο vgl. i 398, 22   7 τούτωι Hss.: verb. Wyttenbach 24 Das älteste Zeugnis (s. iii a. Chr.) für Schriftstellerei des Ph. steht bei Neanthes [Diog. viii 55, oben i 277, 35]. Alle Fragmente (außer dem Apophthegma B 16) halten für gefälscht Rose, Schaarschmidt, auch Heidel Proceed. Am. Ac. of Astr. & Sc. 45, 4 p. 79 u. a.; vgl. jetzt auch Frank Plato u. d. sog. Pythagoreer S. 263ff., Howald Essays on the hist. of med. pres. to prof. Sudhoff S. 1ff.   23 φίλαον Hss.: verb. K. Hubert, der die Stelle nachwies   34 τιμαιογραφεῖν Procl. in Tim. i 1, 11: γραφεῖν Gell. Das Buch ist nicht, wie Iambl. und Proklos wollen, der Pseudotimaeus, sondern das des Philolaos; vgl. i 398, 15

400   44 [32]. PHILOLAOS

Diog. ΙΙΙ 9 λέγουσι δέ τινες, ὧν ἐστι καὶ Σάτυρος [fr. 16 FHG III 163],
ὅτι Δίωνι ἐπέστειλεν εἰς Σικελίαν ὠνήσασθαι τρία βιβλία Πυθαγορικὰ παρὰ
Φιλολάου μνῶν ἑκατόν. EUSEBIUS adv. Hierocl. p. 64 (380, 8 Kayser) καὶ
μὴν οὐδ' ὁ περιβόητος Πλάτων πάντων γε μᾶλλον τῆς Πυθαγόρου κεκοινωνηκὼς
5 φιλοσοφίας οὔτ' Ἀρχύτας οὔτ' αὐτὸς ἐκεῖνος ὁ τὰς Πυθαγόρου γραφῆι παραδοὺς
ὁμιλίας Φιλόλαος. Vgl. A 1 I 398, 4. 13 und I 104, 28ff.; 277, 35.

LEHRE

9. ΑἜΤ. I 3, 10 (D. 283 über die Prinzipien) Φ. ὁ Πυθαγόρειος τὸ πέρας
καὶ τὸ ἄπειρον. PROCL. in Tim. I 176, 27 Diehl κρατεῖται δὲ ὑπὸ τῶν
10 θειοτέρων τὰ καταδεέστερα καὶ εἷς ἀποτελεῖται κόσμος ἐξ ἐναντίων ἡρμοσμένος,
ἐκ περαινόντων τε καὶ ἀπείρων ὑφεστηκὼς κατὰ τὸν Φιλόλαον [B 1. 2].
10. THEO Smyrn. 20, 19 Hill. Ἀρχύτας δὲ καὶ Φ. ἀδιαφόρως τὸ ἓν καὶ
μονάδα καλοῦσι καὶ τὴν μονάδα ἕν.
11. LUC. de lapsu in sal. 5 εἰσὶ δὲ οἱ καὶ τὴν τετρακτὺν τὸν μέγιστον
15 ὅρκον αὐτῶν [der Pythagoreer], ἣν τὸν ἐντελῆ αὐτοῖς ἀριθμὸν ἀποτελεῖν
οἱ⟨ονται τὸν⟩ δέκα, ὑγιείας ἀρχὴν ἐκάλεσαν· ὧν καὶ Φ. ἐστί.
12. THEOLOG. Arithm. p. 74, 10 de Falco (aus Nikomachos) Φ. δὲ μετὰ
τὸ μαθηματικὸν μέγεθος τριχῆ διαστὰν ⟨ἐν⟩ τετράδι, ποιότητα καὶ χρῶσιν ἐπιδειξα-
μένης τῆς φύσεως ἐν πεντάδι, ψύχωσιν δὲ ἐν ἑξάδι, νοῦν δὲ καὶ ὑγείαν καὶ τὸ ὑπ'
20 αὐτοῦ λεγόμενον φῶς ἐν ἑβδομάδι, μετὰ ταῦτά φησιν ἔρωτα καὶ φιλίαν καὶ μῆτιν
καὶ ἐπίνοιαν ἐπ' ὀγδοάδι συμβῆναι τοῖς οὖσιν.
13. — — p. 82, 10 ὅτι καὶ Σπεύσιππος, ὁ Ποτώνης μὲν υἱὸς τῆς τοῦ Πλά-
τωνος ἀδελφῆς, διάδοχος δὲ Ἀκαδημίας πρὸ Ξενοκράτου, ἐκ τῶν ἐξαιρέτως σπου-
δασθεισῶν ἀεὶ Πυθαγορικῶν ἀκροάσεων, μάλιστα δὲ τῶν Φιλολάου συγγραμμάτων,
25 βιβλίδιόν τι συντάξας γλαφυρὸν ἐπέγραψε μὲν αὐτὸ Περὶ Πυθαγορικῶν ἀριθ-
μῶν [fr. 4 P. Lang Bonn 1911 S. 53ff.], ἀπ' ἀρχῆς δὲ μέχρι ἡμίσους περὶ
τῶν ἐν αὐτοῖς γραμμικῶν ἐμμελέστατα διεξελθὼν πολυγωνίων τε καὶ παντοίων
τῶν ἐν ἀριθμοῖς ἐπιπέδων ἅμα καὶ στερεῶν, περί τε τῶν πέντε σχημάτων, ἃ τοῖς
κοσμικοῖς ἀποδίδοται στοιχείοις, ἰδιότητός ⟨τε⟩ αὐτῶν καὶ πρὸς ἄλληλα κοινό-
30 τητος, ἀναλογίας τε καὶ ἀνακολουθίας, μετὰ ταῦτα λοιπὸν θάτερον [τὸ] τοῦ βιβλίου
ἥμισυ περὶ δεκάδος ἄντικρυς ποιεῖται, φυσικωτάτην αὐτὴν ἀποφαίνων καὶ τελε-
στικωτάτην τῶν ὄντων, οἷον εἶδός τι τοῖς κοσμικοῖς ἀποτελέσμασι τεχνικὸν ἀφ'
ἑαυτῆς (ἀλλ' οὐχ ἡμῶν νομισάντων ἢ ὡς ἔτυχε) θεμέλιον ὑπάρχουσαν καὶ παρά-
δειγμα παντελέστατον τῶι τοῦ παντὸς ποιητῆι θεῶι προεκκειμένην. λέγει δὲ

15 ἣν Diels: ἢ Hss.   16 οἱ⟨ονται τὸν⟩ δέκα Diels: οἱ δὲ καὶ Hss.; ἢ . . . ἀπο-
τελεῖ, ἤδη καὶ Marcilius: ἢ . . . ἀποτελεῖ, [οἱ δὲ καὶ] Harder   18 vgl. Roscher
Abh. d. S. Ges. d. W. 24 VI 30⁴⁴   ⟨ἐν⟩ Ast   ποιότητι χρ: verb. Ast   ἐπι-
δεξαμένης Ast   22 vgl. Tannery Pour l'histoire de la Science hellène S. 374.
386ff.   Ποτώνης Diog. IV 1: ὑποτάνης Hss.   23 πρὸ Böckh: παρὰ Hss.
27 αὐτοῖς Ast: αὐτῶ Hss.   πολυγωνίοις τε καὶ παντοίοις τοῖς ἐ. ἀ. ἐπιπέδοις
ἁ. κ. στερεοῖς Hss.: verb. Ast   28 περί τε Ast: περί τι Hss.   πέντε σχ.]
vgl. A 15 I 403, 9; B 12 I 412, 16   29 ⟨τε⟩ Diels   καὶ πρὸς ἄλληλα
Tannery: πρὸς ἄλληλα καὶ Hss.   30 ἀντακολουθίας Hss.: verb. Ast   [τὸ]
Diels   33 θεμέλιον Diels: θεμένων oder θέλλων Hss.   ὑπάρχουσα und 34
προεκκειμένη (oder προσκειμένη) Hss.: verb. Diels

τὸν τρόπον τοῦτον περὶ αὐτῆς· ἔστι δὲ τὸ δέκα τέλειος ⟨ἀριθμός⟩, καὶ ὀρθῶς
τε καὶ κατὰ φύσιν εἰς τοῦτον καταντῶμεν παντοίως ἀριθμοῦντες Ἕλληνές τε καὶ
πάντες ἄνθρωποι οὐδὲν αὐτοὶ ἐπιτηδεύοντες· πολλὰ γὰρ ἴδια ἔχει, ἃ προσήκει
τὸν οὕτω τέλειον ἔχειν, πολλὰ δὲ ἴδια μὲν οὐκ ἔστιν αὐτοῦ, δεῖ δὲ ἔχειν αὐτὰ τέ-
5 λειον. πρῶτον μὲν οὖν ἄρτιον δεῖ εἶναι, ὅπως ἴσοι ἐνῶσιν οἱ περισσοὶ καὶ ἄρτιοι,
καὶ μὴ ἑτερομερεῖς· ἐπεὶ γὰρ πρότερος ἀεί ἐστιν ὁ περισσὸς τοῦ ἀρτίου, εἰ μὴ ἄρ-
τιος εἴη ὁ συμπεραίνων, πλεονεκτήσει ὁ ἕτερος. εἶτα δὲ ἴσους ἔχειν χρὴ τοὺς
πρώτους καὶ ἀσυνθέτους καὶ τοὺς δευτέρους καὶ συνθέτους· ὁ δὲ δέκα ἔχει ἴσους,
καὶ οὐδεὶς ἂν ἄλλος ἐλάσσων τῶν δέκα τοῦτο ἔπαθεν ἀριθμός, πλείων δὲ τάχα
10 (καὶ γὰρ ὁ ι̅β̅ καὶ ἄλλοι τινές), ἀλλὰ πυθμὴν αὐτῶν ὁ δέκα. καὶ πρῶτος τοῦτο
ἔχων καὶ ἐλάχιστος τῶν ἐχόντων τέλος τι ἔχει, καὶ ἴδιόν πως αὐτοῦ τοῦτο γέγονε
τὸ ἐν πρώτωι αὐτῶι ἴσους ἀσυνθέτους τε καὶ συνθέτους ὤφθαι, ἔχων τε τοῦτο
ἔχει πάλιν ⟨ἴσους⟩ καὶ τοὺς πολλαπλασίους καὶ τοὺς ὑποπολλαπλασίους, ὧν εἰσι
πολλαπλάσιοι· ἔχει μὲν γὰρ ὑποπολλαπλασίους τοὺς μέχρι πέντε, τοὺς δὲ ἀπὸ
15 τῶν ἓξ μέχρι τῶν δέκα [οἱ] πολλαπλασίους αὐτῶν· ἐπεὶ δὲ τὰ ζ̅ οὐδενός, ἐξαι-
ρετέον· καὶ τὰ δ̅, ὡς πολλαπλάσια τοῦ β̅, ὥστε ἴσους εἶναι πάλιν [δεῖ]. ἔτι
πάντες οἱ λόγοι ἐν τῶι ι̅, ὅ τε τοῦ ἴσου καὶ τοῦ μείζονος καὶ τοῦ ἐλάττονος καὶ
τοῦ ἐπιμορίου καὶ τῶν λοιπῶν εἰδῶν ἐν αὐτῶι, καὶ οἱ γραμμικοὶ ⟨καὶ⟩ οἱ ἐπίπε-
δοι καὶ οἱ στερεοί. τὸ μὲν γὰρ α̅ στιγμή, τὰ δὲ β̅ γραμμή, τὰ δὲ γ̅ τρίγωνον, τὰ
20 δὲ δ̅ πυραμίς· ταῦτα δὲ πάντα ἐστὶ πρῶτα καὶ ἀρχαὶ τῶν καθ᾽ ἕκαστον ὁμογενῶν.
καὶ ἀναλογιῶν δὲ πρώτη αὕτη ἐστὶν ἡ ἐν αὐτοῖς ὀφθεῖσα, ἡ τὸ ἴσον μὲν ὑπερέ-
χουσα, τέλος δὲ ἔχουσα ἐν τοῖς δέκα. ἔν τε ἐπιπέδοις καὶ στερεοῖς πρῶτά ἐστι
ταῦτα, στιγμή, γραμμή, τρίγωνον, πυραμίς· ἔχει δὲ ταῦτα τὸν τῶν δέκα ἀριθμὸν
καὶ τέλος ἴσχει· τετρὰς μὲν γὰρ ἐν πυραμίδος γωνίαις ἢ βάσεσιν, ἑξὰς δὲ ἐν πλευ-
25 ραῖς, ὥστε δέκα· τετρὰς δὲ πάλιν ἐν στιγμῆς καὶ γραμμῆς διαστήμασι καὶ πέρασιν,
ἑξὰς δὲ ἐν τριγώνου πλευραῖς καὶ γωνίαις, ὥστε πάλιν δέκα. καὶ μὴν καὶ ἐν
τοῖς σχήμασι κατ᾽ ἀριθμὸν σκεπτομένωι συμβαίνει· πρῶτον γάρ ἐστι τρίγωνον
τὸ ἰσόπλευρον, ὃ ἔχει μίαν πως γραμμὴν καὶ γωνίαν· λέγω δὲ μίαν, διότι ἴσας
ἔχει· ἄσχιστον γὰρ ἀεὶ καὶ ἑνοειδὲς τὸ ἴσον· δεύτερον δὲ τὸ ἡμιτετράγωνον· μίαν
30 γὰρ ἔχον παραλλαγὴν γραμμῶν καὶ γωνιῶν ἐν δυάδι ὁρᾶται· τρίτον δὲ τὸ
τοῦ ἰσοπλεύρου ἥμισυ τὸ καὶ ἡμιτρίγωνον· πάντως γὰρ ἄνισον καθ᾽ ἕκαστον, τὸ
δὲ πᾶν αὐτοῦ τρία ἐστί. καὶ ἐπὶ τῶν στερεῶν εὑρίσκοις ἂν ἄχρι τῶν τεττάρων
προϊὸν τὸ τοιοῦτο, ὥστε δεκάδος καὶ οὕτως ψαύει· γίνεται γάρ πως ἡ μὲν πρώτη

---

1 ⟨ἀριθμός⟩ Diels; nötig? τέλειος ist term. techn.   5 τέλειον ⟨ὄντα⟩
de Falco   περισσοί ⟨τε⟩ Ast   6 ἑτερομερῶς Hss.: verb. Ast   7 εἰ δὲ Hss.:
ἔτι δὲ Lang: verb. Diels   ἔχειν χρή Hss.: ἔχει, χρή Ast   10 [καὶ ... τινές]
Tannery   αἱ δέκα Hss.: verb. Ast   11 αὐτοῦ oder αὐτὰ Hss.: αὐτὸ Ast
13 ⟨ἴσους⟩ Lang   14 τοὺς δὲ Hss.: οἱ δὲ Lang   15 οἱ πολλαπλάσιοι Hss.
Lang: verb. Ast   οὐδενός] sc. πολλαπλάσια   16 [δεῖ] Diels, wohl aus δ̅
(vierte Eigentümlichkeit der Dekas), was am Rande stand, entstellt: statt
δεῖ . ἔτι· liest ἔτι δὲ Lang   18 ⟨καὶ⟩ Lang   25 ἐν στιγμῆς καὶ γραμμῆς

διαστήμασι Ast: ἐν στιγμῆ καὶ γραμμῆ διαστήματι Hss. Figur:

27 ⟨ταὐτὸ⟩ συμβαίνει Lang   31f. τὸ δὲ πᾶν Hss.: τὸ δὲ πᾶν [τι] Ast: τὰ
δὲ πάντα verm. Lang   33 προϊὸν Lang: προιων Hss.   γίνεται? Hss.:
τριάς ed. princ., Ast

402   44 [32]. PHILOLAOS

πυραμὶς μίαν πως γραμμήν τε καὶ ἐπιφάνειαν ἐν ἰσότητι ἔχουσα, ἐπὶ τοῦ ἰσοπλεύρου
ἱσταμένη· ἡ δὲ δευτέρα δύο, ἐπὶ τετραγώνον ἐγηγερμένη, μίαν παραλλαγὴν ἔχουσα
παρὰ τῆς ἐπὶ τῆς βάσεως γωνίας, ὑπὸ τριῶν ἐπιπέδων περιεχομένη, τὴν κατὰ
κορυφὴν ὑπὸ τεττάρων συγκλειομένη, ὥστε ἐκ τούτου δυάδι ἐοικέναι· ἡ δὲ τρίτη
5 τριάδι, ἐπὶ ἡμιτετραγώνου βεβηκυῖα καὶ σὺν τῆι ὀφθείσηι μιᾶι ὡς ἐν ἐπιπέδωι τῆι
ἡμιτετραγώνωι ἔτι καὶ ἄλλην ἔχουσα διαφορὰν τὴν τῆς κορυφαίας γωνίας, ὥστε
τριάδι ἂν ὁμοιοῖτο, πρὸς ὀρθὰς τὴν γωνίαν ἔχουσα τῆι τῆς βάσεως μέσηι πλευρᾶι·
τετράδι δὲ ἡ τετάρτη κατὰ ταὐτά, ἐπὶ ἡμιτετραγώνωι βάσει συνισταμένη, ὥστε
τέλος ἐν τοῖς δέκα λαμβάνειν τὰ λεχθέντα.   τὰ αὐτὰ δὲ καὶ ἐν τῆι γενέσει· πρώτη
10 μὲν γὰρ ἀρχὴ εἰς μέγεθος στιγμή, δευτέρα γραμμή, τρίτη ἐπιφάνεια, τέταρτον
στερεόν.'

Vgl. THEOL. p. 81, 15 Πίστις γε μὴν καλεῖται [sc. ἡ δεκάς], ὅτι κατὰ τὸν
Φιλόλαον δεκάδι καὶ τοῖς αὐτῆς μορίοις περὶ τῶν ὄντων οὐ παρέργως καταλαμ-
βανομένοις πίστιν βεβαίαν ἔχομεν. διόπερ καὶ Μνήμη λέγοιτ' ἂν ἐκ τῶν αὐτῶν,
15 ἀφ' ὧν καὶ μονὰς Μνημοσύνη ὠνομάσθη. LAUR. LYD. de mens. I 15 ὀρθῶς
οὖν αὐτὴν ὁ Φ. δεκάδα προσηγόρευσεν ὡς δεκτικὴν τοῦ ἀπείρου. Vgl. B 11.

14. PROCL. in Eucl. p. 130, 8 καὶ γὰρ παρὰ τοῖς Πυθαγορείοις εὑρήσομεν
ἄλλας γωνίας ἄλλοις θεοῖς ἀνακειμένας ὥσπερ καὶ ὁ Φ. πεποίηκε τοῖς μὲν τὴν
τριγωνικὴν γωνίαν τοῖς δὲ τὴν τετραγωνικὴν ἀφιερώσας καὶ ἄλλας ἄλλοις καὶ
20 τὴν αὐτὴν πλείοσι θεοῖς καὶ τῶι αὐτῶι πλείους κατὰ τὰς διαφόρους ἐν αὐτῶι
δυνάμεις ἀνείς. 166, 25 εἰκότως ἄρα καὶ ὁ Φ. τὴν τοῦ τριγώνου γωνίαν τέτταρσιν
ἀνέθηκεν θεοῖς, Κρόνωι καὶ Ἅιδηι καὶ Ἄρει καὶ Διονύσωι ... ὁ μὲν γὰρ Κρόνος πᾶ-
σαν ὑφίστησι τὴν ὑγρὰν καὶ ψυχρὰν οὐσίαν, ὁ δὲ Ἄρης πᾶσαν τὴν ἔμπυρον φύσιν,
καὶ ὁ μὲν Ἅιδης τὴν χθονίαν ὅλην συνέχει ζωήν, ὁ δὲ Διόνυσος τὴν ὑγρὰν καὶ
25 θερμὴν ἐπιτροπεύει γένεσιν, ἧς καὶ ὁ οἶνος σύμβολον ὑγρός ὢν καὶ θερμός. πάντες
δὲ οὗτοι κατὰ μὲν τὰς εἰς τὰ δεύτερα ποιήσεις διεστήκασι, ἥνωνται δὲ ἀλλήλοις.
διὸ καὶ κατὰ μίαν αὐτῶν γωνίαν συνάγει τὴν ἕνωσιν ὁ Φ. p. 173, 11 καὶ πρὸς
τούτοις ὁ Φ. κατ' ἄλλην ἐπιβολὴν τὴν τοῦ τετραγώνου γωνίαν 'Ρέας καὶ Δήμητρος
καὶ 'Εστίας ἀποκαλεῖ. p. 174, 12 τὴν γὰρ τοῦ δωδεκαγώνου γωνίαν Διὸς εἶναί
30 φησιν ὁ Φ., ὡς κατὰ μίαν ἕνωσιν τοῦ Διὸς ὅλον συνέχοντος τὸν τῆς δυωδεκάδος
ἀριθμόν. DAMASC. II 127, 7 Ruelle διὰ τί γὰρ τῶι μὲν [näml. τῶν θεῶν] τὸν κύ-
κλον ἀνιέρουν οἱ Πυθαγόρειοι, τῶι δὲ τρίγωνον, τῶι δὲ τετράγωνον, τῶι δὲ ἄλλο καὶ
ἄλλο τῶν εὐθυγράμμων [τῶν] σχημάτων, ὡς δὲ καὶ μικτῶν, ὡς τὰ ἡμικύκλια τοῖς
Διοσκούροις; πολλάκις δὲ τῶι αὐτῶι ἄλλο καὶ ἄλλο ἀπονέμων κατ' ἄλλην ἰδιό-
35 τητα καὶ ἄλλην ὁ Φ. ἐν τούτοις σοφός, καὶ μήποτε ὡς καθόλου εἰπεῖν τὸ μὲν περι-
φερὲς κοινὸν σχῆμά ἐστιν πάντων τῶν νοερῶν θεῶν ἧι νοεροί, τὰ δὲ εὐθύγραμμα
ἴδια ἑκάστων ἄλλα ἄλλων κατὰ τὰς τῶν ἀριθμῶν, τῶν γωνιῶν καὶ τῶν πλευρῶν
ἰδιότητας· οἷον 'Αθηνᾶς μὲν τὸ τρίγωνον, 'Ερμοῦ δὲ τὸ τετράγωνον. ἤδη δέ φησιν
ὁ Φ. 'καὶ τοῦ τετραγώνου ἤδε μὲν ἡ γωνία τῆς 'Ρέας, ἤδε δὲ τῆς "Ηρας, ἄλλη δὲ

---

1 ἐπὶ — 2 ἔχουσα (vgl. ἔχουσα Z. 1) hat nur Hs. A erhalten   3 τὴν ⟨δὲ⟩
Lang   6 γωνίαν Hss.: verb. Lang   8 ταῦτα Hss.: verb. Lang   ἡμι-
τριγώνωι Tannery   14 -νόμενοι Hss.: verb. Ast   17ff. vgl. Tannery Arch.
f. Gesch. d. Phil. 2 (1889) 380ff., Newbold ebd. 19 (1906) 198ff., Boll Neue
Jahrb. 11 (1908) 119, Boll-Gundel Sternglaube u. Sterndeutung⁴ S. 90
21 ἀνείς] so richtig auch Procl. Inst. Theol. II 1 p. 77 καὶ γὰρ ἀριθμοὺς
ἀνεῖσαν τοῖς θεοῖς καὶ σχήματα   33 [τῶν] Diels

ἄλλης θεοῦ.' καὶ ὅλως ἐστὶν θεολογικὸς ὁ περὶ τῶν σχημάτων ἀφορισμός. Vgl.
PLUT. de Is. et Osir. 30 p. 363 A φαίνονται δὲ καὶ οἱ Πυθαγορικοὶ τὸν Τυ-
φῶνα δαιμονικὴν ἡγούμενοι δύναμιν. λέγουσι γὰρ ἐν ἀρτίωι μέτρωι ἕκτωι καὶ
πεντηκοστῶι γεγονέναι Τυφῶνα· καὶ πάλιν τὴν μὲν τοῦ τριγώνου ⟨γωνίαν⟩
5 "Αιδου καὶ Διονύσου καὶ "Αρεος εἶναι· τὴν δὲ τοῦ τετραγώνου 'Ρέας καὶ 'Αφροδίτης
καὶ Δήμητρος καὶ 'Εστίας καὶ "Ηρας· τὴν δὲ τοῦ δωδεκαγώνου Διός· τὴν δ' ἐκκαι-
πεντηκονταγώνου Τυφῶνος, ὡς Εὔδοξος ἱστόρηκεν.

15. AËT. II 6, 5 (D. 334 aus Theophrasts Phys. Opin. wie A 16—22) Πυθα-
γόρας πέντε σχημάτων ὄντων στερεῶν, ἅπερ καλεῖται καὶ μαθηματικά, ἐκ μὲν τοῦ
10 κύβου φησὶ γεγονέναι τὴν γῆν, ἐκ δὲ τῆς πυραμίδος τὸ πῦρ, ἐκ δὲ τοῦ ὀκταέδρου
τὸν ἀέρα, ἐκ δὲ τοῦ εἰκοσαέδρου τὸ ὕδωρ, ἐκ δὲ τοῦ δωδεκαέδρου τὴν τοῦ παντὸς
σφαῖραν. Vgl. B 12.

16. — II 7, 7 (D. 336, vermutlich Theophrast im Poseidonios-Excerpt)
Φ. πῦρ ἐν μέσωι περὶ τὸ κέντρον ὅπερ ἑστίαν τοῦ παντὸς καλεῖ [B 7] καὶ Διὸς
15 οἶκον καὶ μητέρα θεῶν βωμόν τε καὶ συνοχὴν καὶ μέτρον φύσεως. καὶ
πάλιν πῦρ ἕτερον ἀνωτάτω τὸ περιέχον. πρῶτον δ' εἶναι φύσει τὸ μέσον, περὶ δὲ
τοῦτο δέκα σώματα θεῖα χορεύειν, [οὐρανόν] ⟨μετὰ τὴν τῶν ἀπλανῶν σφαῖραν⟩
τοὺς ε πλανήτας, μεθ' οὓς ἥλιον, ὑφ' ὧι σελήνην, ὑφ' ἧι τὴν γῆν, ὑφ' ἧι τὴν ἀν-
τίχθονα, μεθ' ἃ σύμπαντα τὸ πῦρ ἑστίας περὶ τὰ κέντρα τάξιν ἐπέχον. τὸ μὲν
20 οὖν ἀνωτάτω μέρος τοῦ περιέχοντος, ἐν ὧι τὴν εἰλικρίνειαν εἶναι τῶν στοιχείων,
ὄλυμπον καλεῖ, τὰ δὲ ὑπὸ τὴν τοῦ ὀλύμπου φοράν, ἐν ὧι τοὺς πέντε πλανήτας
μεθ' ἡλίου καὶ σελήνης τετάχθαι, κόσμον, τὸ δ' ὑπὸ τούτοις ὑποσέληνόν τε καὶ
περίγειον μέρος, ἐν ὧι τὰ τῆς φιλομεταβόλου γενέσεως, οὐρανόν. καὶ περὶ μὲν
τὰ τεταγμένα τῶν μετεώρων γίνεσθαι τὴν σοφίαν, περὶ δὲ τῶν γινομένων τὴν
25 ἀταξίαν τὴν ἀρετήν, τελείαν μὲν ἐκείνην ἀτελῆ δὲ ταύτην. Vgl. 58 B 37;
Alex. in Metaph. A 5 p. 38, 22 Hayd.

17. — III 11, 3 (D. 377 aus Theophrast) Φ. ὁ Πυθαγόρειος τὸ μὲν πῦρ
μέσον (τοῦτο γὰρ εἶναι τοῦ παντὸς ἑστίαν), δευτέραν δὲ τὴν ἀντίχθονα, τρίτην δὲ
τὴν οἰκουμένην γῆν ἐξ ἐναντίας κειμένην τε καὶ περιφερομένην τῆι ἀντίχθονι· παρ'
30 ὃ καὶ μὴ ὁρᾶσθαι ὑπὸ τῶν ἐν τῆιδε τοὺς ἐν ἐκείνηι. Vgl. II 4, 15. Stob. I, 21, 6d
nach A 18 (D. 332 Theophr. Poseid.) τὸ δὲ ἡγεμονικὸν ἐν τῶι μεσαιτάτωι πυρί,
ὅπερ τρόπεως δίκην προϋπεβάλετο τῆς τοῦ παντὸς ⟨σφαίρας⟩ ὁ δημιουργὸς θεός.

---

1 ὁ θεολογικὸς Hs.: umstellte H. Schöne   4 ⟨ ⟩ Kranz. Vgl. I 402, 21 ff.
6 ὀκτωκαιπεντηκονταγωνίου Hss.: verb. Xylander   7 Eudoxos ist Schüler
des Archytas Diog. VIII 86   8 ff. zu diesem Problem vgl. E. Sachs Die
5 plat. Körper Phil. Unters. 24   14 Διὸς οἶκον] vgl. Plato Critias Schluß-
satz (Frank Plato u. d. sog. Pythagoreer S. 217)   17 Diels: οὐρανόν τε
πλανήτας F und ohne τε B; zur Ergänzung vgl. Alex. in Metaph. A 5
p. 39, 1 Hayd.: ⟨"Ολυμπόν τε καὶ τοὺς πέν⟩τε πλανήτας H. Gomperz   19 περὶ
Meineke: ἐπὶ FP   20 ff. zu dieser u. d. älteren, vom frühen Pythagoreis-
mus beeinflußten Kosmologie, die vorliegt Περὶ ἑβδομάδων (Roscher, 1913)
c. 1. 2. 6, vgl. A. Götze Zeitschr. f. Indologie u. Iran. 2 (1923) 60ff.
24 τῶν γινομένων τὴν ἀταξίαν Usener: τὰ γενόμενα τῆς ἀταξίας (τὴν ἀταξία
F) FP   32 ⟨σφαίρας⟩ Diels: τῆ τ. π. σφαίρᾳ Heeren; auf τρόπεως kann
τῆς τοῦ παντὸς nicht mit Gundermann und H. Gomperz bezogen werden,
vgl. B 12   θεὸς F: fehlt P

18. AëT. II 5, 3 (D. 333) Φ. διττὴν εἶναι τὴν φθορὰν τοῦ κόσμου, τὸ μὲν ἐξ
οὐρανοῦ πυρὸς ῥυέντος, τὸ δὲ ἐξ ὕδατος σεληνιακοῦ, περιστροφῆι τοῦ ἀέρος ἀπο-
χυθέντος· καὶ τούτων εἶναι τὰς ἀναθυμιάσεις τροφὰς τοῦ κόσμου.
19. — 20, 12 (D. 349) Φ. ὁ Πυθαγόρειος ὑαλοειδῆ τὸν ἥλιον, δεχόμενον
5 μὲν τοῦ ἐν τῶι κόσμωι πυρὸς τὴν ἀνταύγειαν, διηθοῦντα δὲ πρὸς ἡμᾶς τό τε φῶς
καὶ τὴν ἀλέαν, ὥστε τρόπον τινὰ διττοὺς ἡλίους γίνεσθαι, τό τε ἐν τῶι οὐρανῶι
πυρῶδες καὶ τὸ ἀπ' αὐτοῦ πυροειδὲς κατὰ τὸ ἐσοπτροειδές, εἰ μή τις καὶ τρίτον
λέξει τὴν ἀπὸ τοῦ ἐνόπτρου κατ' ἀνάκλασιν διασπειρομένην πρὸς ἡμᾶς αὐγήν·
καὶ γὰρ ταύτην προσονομάζομεν ἥλιον οἱονεὶ εἴδωλον εἰδώλου.
10 20. — II 30, 1 (D. 361) τῶν Πυθαγορείων τινὲς μέν, ὧν ἐστι Φ., γεώδη
φαίνεσθαι τὴν σελήνην διὰ τὸ περιοικεῖσθαι αὐτὴν καθάπερ τὴν παρ' ἡμῖν γῆν
ζώιοις καὶ φυτοῖς μείζοσι καὶ καλλίοσιν· εἶναι γὰρ πεντεκαιδεκαπλάσια τὰ ἐπ'
αὐτῆς ζῶια τῆι δυνάμει μηδὲν περιττωματικὸν ἀποκρίνοντα, καὶ τὴν ἡμέραν
τοσαύτην τῶι μήκει.
15 21. — III 13, 1. 2. (D. 378) (περὶ κινήσεως γῆς) οἱ μὲν ἄλλοι μένειν τὴν γῆν·
Φ. δὲ ὁ Πυθαγόρειος κύκλωι περιφέρεσθαι περὶ τὸ πῦρ κατὰ κύκλον λοξὸν ὁμοιο-
τρόπως ἡλίωι καὶ σελήνηι.

22. CENSORIN. 18, 8 est et Philolai Pythagorici annus ex annis LIX,
in quo sunt menses intercalares XXI. 19, 2 Ph. annum naturalem dies habere
20 prodidit CCCLXIIII et dimidiatum.

23. MACROB. S. Scip. I 14, 19 Pythagoras et Philolaus harmoniam [näm-
lich animam esse dixerunt]. ARISTOT. de anima A 4. 407b 27 καὶ ἄλλη δέ τις
δόξα παραδέδοται περὶ ψυχῆς ... ἁρμονίαν γάρ τινα αὐτὴν λέγουσι· καὶ γὰρ τὴν
ἁρμονίαν κρᾶσιν καὶ σύνθεσιν ἐναντίων εἶναι καὶ τὸ σῶμα συγκεῖσθαι ἐξ ἐναντίων.
25 Vgl. Plato Phaedo 86 B C.

24. NICOM. Arithm. 26, 2 p. 135, 10 H. τινὲς δὲ αὐτὴν [näml. τὴν μεσό-
τητα vgl. 47 B 2] ἁρμονικὴν καλεῖσθαι νομίζουσιν ἀκολούθως Φιλολάωι ἀπὸ
τοῦ παρέπεσθαι πάσηι γεωμετρικῆι ἁρμονίαι, γεωμετρικὴν δὲ ἁρμονίαν φασὶ
τὸν κύβον ἀπὸ τοῦ κατὰ τὰ τρία διαστήματα ἡρμόσθαι ἰσάκις ἴσα ἰσάκις· ἐν γὰρ
30 παντὶ κύβωι ἥδε ἡ μεσότης ἐνοπτρίζεται. πλευραὶ μὲν γὰρ παντὸς κύβου εἰσὶν ιβ,
γωνίαι δὲ η, ἐπίπεδα δὲ ϛ· μεσότης ἄρα ὁ η τῶν ϛ καὶ τῶν ιβ κατὰ τὴν ἁρμονικήν.
IAMBL. in Nicom. 118, 23 Pist. εὕρημα δ' αὐτήν [näml. die 'musikalische'
Proportion] φασιν εἶναι Βαβυλωνίων καὶ διὰ Πυθαγόρου πρώτου εἰς Ἕλληνας

---

2 ἐξ vor ὕδατος tilgt Usener   [τοῦ ἀέρος] H. Gomperz, nach dem die
περιστροφή sich wie 22 A 12 u. 24 A 4 auf den Mond beziehe. Diels ver-
weist dazu auf die Variante τοῦ ἀστέρος in den Hss. des Aëtius (Plut. Stob.)
und auf Aët. II 13, 15 (Dox. 343, 7) Ἡρακλείδης καὶ οἱ Πυθαγόρειοι ἕκαστον
τῶν ἀστέρων κόσμον ὑπάρχειν γῆν περιέχοντα ἀέρα τε καὶ αἰθέρα ἐν τῶι ἀπείρωι
αἰθέρι vgl. 44 A 20   3 τούτου Capelle   7 κατὰ τὸ ἐσοπτροειδές Stob.: καὶ
ἐσοπτροειδὲς Plut.   10f. τὸ γεωφανὲς αὐτῆς εἶναι διὰ τὸ περιοικεῖσθαι τὴν
σελήνην Stob.   12 μείζοσι ⟨δὲ⟩ Kranz   vgl. Herodor. Heracl. bei Athen.
II 57 F τὰς γὰρ σεληνίτιδας γυναῖκας ὠιοτοκεῖν καὶ τοὺς ἐκεῖ γεννωμένους πεντε-
καιδεκαπλασίονας ἡμῶν εἶναι. Dazu fragt Diels: »Hat Herodor den Ph.
oder umgekehrt ausgeschrieben oder fußen beide auf älterer Quelle?«
16 κύκλου λοξοῦ Plut.: verb. Reiske

ἐλθεῖν. εὑρίσκονται γοῦν πολλοὶ τῶν Πυθαγορείων αὐτῆι κεχρημένοι ὥσπερ
'Αρισταῖος ὁ Κροτωνιάτης καὶ Τίμαιος ὁ Λοκρὸς [c. 47] καὶ Φ.
καὶ 'Αρχύτας οἱ
Ταραντῖνοι καὶ ἄλλοι πλείους καὶ μετὰ ταῦτα Πλάτων ἐν τῶι Τιμαίωι [p. 36 A B].
25. PORPHYR. in Ptol. 5 p. 91 Düring ἀπὸ δὴ τούτου κινηθέντες τινὲς
5 τῶν μετ' αὐτὸν [Eratosthenes] διάστημα ἐκάλεσαν εἶναι ὑπεροχήν, ὡς Αἰλιανὸς
ὁ Πλατωνικός· καὶ Φ. δ' ἐπὶ πάντων τῶν διαστημάτων ⟨ταύτην εἴληφε τὴν⟩
προσηγορίαν. Vgl. c. 46, 4.

26. BOËTHIUS Inst. mus. III 5 p. 276, 15 Friedl. *Ph. vero Pythagoricus
alio modo tonum dividere temptavit, statuens scilicet primordium toni ab eo
10 numero, qui primus cybum a primo impari, quod maxime apud Pythagoricos
honorabile fuit, efficeret. nam cum ternarius numerus primus sit impar,
tres tertio atque id ter si duxeris, · XXVII · necessario exsurgent, qui ad
· XXIIII · numerum tono distat, eandem ternarii differentiam servans. ter-
narius enim · XXIIII · summae octava pars est, quae eisdem addita primum
15 a ternario cybum · XX · ac · VII · reddit. ex hoc igitur Ph. duas efficit partes,
unam quae dimidio sit maior, eamque apotomen vocat, reliquam quae
dimidio sit minor eamque rursus diesin dicit [B 6], quam posteri semi-
tonium minus appellavere; harum vero differentiam comma [B 6]. ac
primum diesin in · XIII · unitatibus constare arbitratur eo, quod haec inter
20 · CCLVI · et · CCXLIII · pervisa sit differentia, quodque idem numerus, id
est · XIII ·, ex novenario, ternario atque unitate consistat, quae unitas puncti
obtineat locum, ternarius vero primae inparis lineae, novenarius primi
inparis quadrati. ex his igitur causis cum · XIII · diesin ponat, quod semi-
tonium nuncupatur, reliquam · XXVII · numeri partem, quae · XIIII · uni-
25 tatibus continetur, apotomen esse constituit. sed quoniam inter · XIII · et
· XIIII · unitas differentiam facit, unitatem loco commatis censet esse ponen-
dam. totum vero tonum in · XXVII · unitatibus locat eo quod inter · CCXVI ·
ab · CCXLIII · qui inter se distant tono, · XXVII · sit differentia.*

27. MENON Anonymi Londin. [Suppl. Arist. ed. Ac. Bor. III 1] 18, 8
30 p. 31 Φ. δὲ Κροτωνιάτης συνεστάναι φησὶν τὰ ἡμέτερα σώματα ἐκ θερμοῦ. ἀμέτοχα
γὰρ αὐτὰ εἶναι ψυχροῦ, ὑπομιμνήσκων ἀπό τινων τοιούτων· τὸ σπέρμα εἶναι
θερμόν, κατασκευαστικὸν δὲ τοῦτο τοῦ ζώιου· καὶ ὁ τόπος δέ, εἰς ὃν ἡ καταβολή
(μήτρα δὲ αὕτη), ἐστὶν θερμοτέρα καὶ ἐοικυῖα ἐκείνωι· τὸ δὲ ἐοικός τινι τάτο δύναται
ὧι ἔοικεν· ἐπεὶ δὲ τὸ κατασκευάζον ἀμέτοχόν ἐστιν ψυχροῦ καὶ ὁ τόπος δέ, ἐν ὧι
35 ἡ καταβολή, ἀμέτοχός ἐστιν ψυχροῦ, δῆλον ὅτι καὶ τὸ κατασκευαζόμενον ζῶιον
τοιοῦτον γίνεται. εἰς δὲ τούτου τὴν κατασκευὴν ὑπομνήσει προσχρῆται τοιαύτηι·
μετὰ γὰρ τὴν ἔκτεξιν εὐθέως τὸ ζῶιον ἐπισπᾶται τὸ ἐκτὸς πνεῦμα ψυχρὸν ὄν·
εἶτα πάλιν καθαπερεὶ χρέος ἐκπέμπει αὐτό. διὰ τοῦτο δὴ καὶ ὄρεξις τοῦ ἐκτὸς
πνεύματος, ἵνα τῆι ἐπεισάκτωι τοῦ πνεύματος ὁλκῆι θερμότερα ὑπάρχοντα τὰ

---

2 'Αρισταῖος] sagenhaft vgl. Iambl. V. P. 104. 256 Stob. I 20, 6 u. a.
neupyth. Quellen   5 μετ' αὐτῶν p nach Dür.   6 ⟨ταύτην ... τὴν⟩
Diels   24 Die Apotome hat nicht 14, sondern 17³/₈ Einheiten, was
Proclus in Tim. II 190, 7 Diehl δέδεικται μὲν ἐκ τοῦ Φιλολάου τὸ πλῆθος
τῶν παρὰ τῶι Τιμαίωι γραφέντων ὅρων zugrunde liegt. S. Böckh Philol. S. 79
30 ἀμέτοχα Diels: αμετα oder αμεγα Pap.   34 τατο Orthogr. des Pap.
statt ταὐτὸ

ἡμέτερα σώματα πρὸς αὐτοῦ καταψύχηται. καὶ τὴν μὲν σύστασιν τῶν ἡμετέρων σωμάτων ἐν τούτοις φησίν. λέγει δὲ γίνεσθαι τὰς νόσους διά τε χολὴν καὶ αἷμα καὶ φλέγμα, ἀρχὴν δὲ γίνεσθαι τῶν νόσων ταῦτα. ἀποτελεῖσθαι δέ φησιν τὸ μὲν αἷμα παχὺ μὲν ἔσω παραθλιβομένης τῆς σαρκός, λεπτὸν δὲ γίνεσθαι διαιρουμένων τῶν
5 ἐν τῆι σαρκὶ ἀγγείων· τὸ δὲ φλέγμα συνίστασθαι ἀπὸ τῶν ὄμβρων φησίν. λέγει δὲ τὴν χολὴν ἰχῶρα εἶναι τῆς σαρκός. παράδοξόν τε αὐτὸς ἀνὴρ ἐπὶ τούτου κεινεῖ· λέγει γὰρ μηδὲ τετάχθαι ἐπὶ τῶι ἥπατι χολήν, ἰχῶρα μέντοι τῆς σαρκὸς εἶναι τὴν χολήν. τό τ' αὖ φλέγμα τῶν πλείστων ψυχρὸν εἶναι λεγόντων αὐτὸς θερμὸν τῆι φύσει ὑποτίθεται. ἀπὸ γὰρ τοῦ φλέγειν φλέγμα εἰρῆσθαι· ταύτηι δὲ καὶ τὰ
10 φλεγμαίνοντα μετοχῆι τοῦ φλέγματος φλεγμαίνει· καὶ ταῦτα μὲν δὴ ἀρχὰς τῶν νόσων ὑποτίθεται, συνεργὰ δὲ ὑπερβολάς τε θερμασίας, τροφῆς, καταψύξεως καὶ ἐνδείας ⟨τούτων ἢ⟩ τῶν τούτοις παραπλησίων. Vgl. 84 B 4; 68 A 159.

28. MENON Anonymi Londin. [Suppl. Arist. ed. Ac. Bor. III 1] 20, 21 καὶ σχεδὸν οὗτος [Petron] ὡς ὁ Φ. οἴεται μὴ εἶναι ἐν ἡμῖν χολὴν ἢ ἄχρειον.
15 29. SEXT. adv. math. VII 92 οἱ δὲ Πυθαγορικοὶ τὸν λόγον μέν φασιν [näml. κριτήριον εἶναι], οὐ κοινῶς δέ, τὸν δὲ ἀπὸ τῶν μαθημάτων περιγινόμενον, καθάπερ ἔλεγε καὶ ὁ Φ., θεωρητικόν τε ὄντα τῆς τῶν ὅλων φύσεως ἔχειν τινὰ συγγένειαν πρὸς ταύτην, ἐπείπερ ὑπὸ τοῦ ὁμοίου τὸ ὅμοιον καταλαμβάνεσθαι πέφυκεν (folgt 31 B 109).

20   B. FRAGMENTE

ΦΙΛΟΛΑΟΥ ΠΕΡΙ ΦΥΣΙΟΣ Ā Β̄ Γ̄

Vgl. A 1 (I 398, 5. 13), 8 (I 399, 33), DIOG. VIII 55 (oben I 277, 35).
IAMBL. V. P. 199 (oben I 104, 27).

1 [Böckh Philolaos S. 45]. DIOG. VIII 85 [A 1 I 398, 20] Περὶ
25 φύσεως ὧν ἀρχὰ ἥδε· 'ἁ φύσις δ' ἐν τῶι κόσμωι ἁρμόχθη ἐξ ἀπείρων τε καὶ περαινόντων, καὶ ὅλος ⟨ὁ⟩ κόσμος καὶ τὰ ἐν αὐτῶι πάντα'.

ECHTE FRAGMENTE ÜBER DIE NATUR

1. Die Natur aber ward in der Weltordnung aus grenzenlosen und grenzebildenden Stücken zusammengefügt, sowohl die Weltordnung als Ganzes wie alle in ihr vorhandenen Dinge.

8ff. vgl. Fredrich Hippokr. Unters. S. 40ff.   12 ⟨ ⟩ Diels   14 ἄχρειον Diels: α.. ειαν oder α.. αιον Pap.; ἀχρείαν in d. Ed. princ. Diels, über das Fem. s. Lobeck Phryn. S. 106. Doch zog Diels später die gew. Form vor 15ff. stoisch gefärbt nach Capelle, der Περὶ κόσμου c. 1 vergleicht   20 vgl. Newbolds Interpr. Arch. f. G. d. Phil. 19 (1906) 176ff. Nach anderen (zu I 399, 24) versucht Frank Plato u. d. sog. Pythagoreer S. 263ff. sämtliche Fragmente als unecht zu erweisen; er verweist sie in die Mitte des 4. Jahrh.s. Man vgl. seine Interpretationen im einzelnen. Eine Widerlegung kann von Ps. Hippokr. Περὶ διαίτης u. Περὶ ἑβδ. ausgehen, die zu der bei Philolaos z. T.

A. LEHRE 27—29. B. FRAGMENTE 1—2 407

2 [B. 47]. Stob. Ecl. I 21, 7 a [p. 187, 14 Wachsm.] Ἐκ τοῦ Φιλολάου περὶ κόσμου. ἀνάγκα τὰ ἐόντα εἶμεν πάντα ἢ περαίνοντα ἢ ἄπειρα ἢ περαίνοντά τε καὶ ἄπειρα· ἄπειρα δὲ μόνον ⟨ἢ περαίνοντα μόνον⟩ οὔ κα εἴη. ἐπεὶ τοίνυν φαί
5 νεται οὔτ' ἐκ περαινόντων πάντων ἐόντα οὔτ' ἐξ ἀπείρων πάντων, δῆλον τἄρα ὅτι ἐκ περαινόντων τε καὶ ἀπείρων ὅ τε κόσμος καὶ τὰ ἐν αὐτῶι συναρμόχθη. δηλοῖ δὲ καὶ τὰ ἐν τοῖς ἔργοις. τὰ μὲν γὰρ αὐτῶν ἐκ περαινόντων περαίνοντι, τὰ δ' ἐκ περαινόντων τε καὶ ἀπείρων
10 περαίνοντί τε καὶ οὐ περαίνοντι, τὰ δ' ἐξ ἀπείρων ἄπειρα φανέονται. (Vgl. Damasc. I 101, 3 Ru. τὸ ὂν ἐκ πέρατος καὶ ἀπείρου, ὡς ἕν τε Φιλήβωι [p. 23 c] λέγει ὁ Πλάτων καὶ Φ. ἐν τοῖς Περὶ φύσεως. Vgl. A. 9.) Folgen bei Stob. B 4—7.

---

2. Notwendig müssen die vorhandenen *Dinge* alle entweder grenzebildend oder grenzenlos oder beides zugleich sein. Dagegen nur grenzenlos ⟨oder nur grenzebildend⟩ können sie wohl nicht sein. Da sie also offenbar weder aus lauter Grenzebildendem bestehen noch aus lauter Grenzelosem, so ist doch klar, daß die Weltordnung und, was in ihr ist, aus grenzebildenden und grenzenlosen *Stücken* zusammengefügt wurde. Das beweist auch die Beobachtung in der Wirklichkeit. Denn diejenigen von den wirklichen *Dingen*, welche aus grenzebildenden *Stücken bestehen*, sind *auch* grenzebildend, aber die aus grenzebildenden und grenzenlosen sind sowohl grenzebildend wie grenzenlos, dagegen die aus grenzenlosen werden *auch* grenzenlos erscheinen.

---

noch vorliegenden altpythagoreischen Lehre in Beziehg. stehen 25 ὢν
... ἀ] Varianten s. I 398, 20 Anm. δὲ τῷ κόσμῳ Heidel *Am. Journ. of Philol.* 28, 1, 79; doch hielt er später nach Arist. Metaph. 1093b 7 (Alex. dazu), Galen d. fac. alim. 1, 1 (13, 1 Helmr.) die Überlieferung: ⟨ἀ⟩ ἐν τ. κ. vermutete Diels zweifelnd 26 τε fehlt B περαίνειν übersetzte Diels *begrenzt sein*, was nicht genau zu entsprechen scheint; vgl. auch Reinhardt *Parmenides* S. 65f. ⟨δ⟩ Cobet

4 ⟨ἢ ... μόνον⟩ Diels οὔκ ἀεὶ FP: verb. Badham 8 ἔργοις] vgl. B 11, *Äcker* Diels (2. Aufl.); jetzt nach der von Heidel (a. O.) und Nestle (*Philol.* 67, 1908, 544) vertretenen Auffassung der Stelle. Grenze (Form) und Unbegrenztheit (Stoff) sind die Prinzipien der wirklichen d. h. sichtbaren Dinge die durch die Zahl erfaßt werden (B 3ff.) περαίνοντι so stets FP; περαίνοντα Canter, Wachsm. 11 φανέονται Heeren: φαινέονται PF; φαίνεται Usener, φαίνονται Friedländer (vgl. περαίνοντι)

3 [B. 49]. Iambl. in Nicom. p. 7, 24 Pist. ἀρχὰν γὰρ οὐδὲ
τὸ γνωσούμενον ἐσσεῖται πάντων ἀπείρων ἐόντων κατὰ
τὸν.Φιλόλαον.

4 [B. 58]. Stob. Ecl. ι 21, 7b [p. 188, 5 W.] καὶ πάντα γα
5 μὰν τὰ γιγνωσκόμενα ἀριθμὸν ἔχοντι· οὐ γὰρ οἶόν τε
οὐδὲν οὔτε νοηθῆμεν οὔτε γνωσθῆμεν ἄνευ τούτου.

5 [B. 58]. — — 7c [p. 188, 9] ὅ γα μὰν ἀριθμὸς ἔχει δύο
μὲν ἴδια εἴδη, περισσὸν καὶ ἄρτιον, τρίτον δὲ ἀπ᾽ ἀμ-
φοτέρων μειχθέντων ἀρτιοπέριττον· ἑκατέρω δὲ τῶ
10 εἴδεος πολλαὶ μορφαί, ἃς ἕκαστον αὐταυτὸ σημαίνει.

6 [B. 62]. — — 7d [p. 188, 14, ergänzt aus Nicom. Harm. 9
p. 252, 17 Jan] περὶ δὲ φύσιος καὶ ἁρμονίας ὧδε ἔχει·
ἁ μὲν ἐστὼ τῶν πραγμάτων ἀίδιος ἔσσα καὶ αὐτὰ μὲν
ἁ φύσις θείαν γα καὶ οὐκ ἀνθρωπίνην ἐνδέχεται γνῶσιν
15 πλέον γα ἢ ὅτι οὐχ οἶόν τ᾽ ἦν οὐθὲν τῶν ἐόντων καὶ
γιγνωσκόμενον ὑφ᾽ ἁμῶν γα γενέσθαι μὴ ὑπαρχούσας

---

3. Von vornherein wird es nicht einmal ein Objekt der Erkenntnis
geben können, wenn alles grenzenlos wäre.

4. Und in der Tat hat ja alles was man erkennen kann Zahl.
Denn es ist nicht möglich, irgend etwas mit dem Gedanken zu erfassen
oder zu erkennen ohne diese.

5. Die Zahl fürwahr hat zwei besondere Formen, Ungrades und
Grades, und eine dritte aus beider Mischung entstandene, Grad-Un-
grades. Jede der beiden Formen aber hat viele Gestalten, die jedes
Ding selbst von sich aus anzeigt.

6. Mit Natur und Harmonie verhält es sich so: Das Wesen der Dinge,
das ewig ist, und die Natur gar selbst erfordert göttliche und nicht
menschliche Erkenntnis, wobei es freilich ganz unmöglich wäre, daß
irgend etwas von den vorhandenen *Dingen* von uns auch nur erkannt
würde, wenn nicht das Wesen der Dinge zugrunde läge, aus denen

---

2 τὸ γνωσούμενον will Wackernagel *Unters. zu Homer* S. 216 als *Sub-
jekt der Erkenntnis* fassen, sachlich nicht möglich   5 οἶόν τε Meineke:
ὁπῶν τε F: ὁτιῶν ⟨οἶόν⟩ τε Böckh   9 nicht μειχθὲν τὸ!   10 ἃς] ὡς
Usener   σημαίνει F: verb. Heeren   13 αὐτὰ μὲν] αὐτὰ μὰν Usener
14 θείαν γα Diels: θείαν τε F; θεία ἐντὶ Badham   15 πλάν γα Badham
ἧς Heeren   οὐθενὶ F: verb. Mullach   16 γιγνωσκομένων F: verb. Usener
γα γενέσθαι Diels: γεγνέσθαι F: γενέσθαι Usener   ὑπαρχοίσας Heeren

τᾶς ἐστοῦς τῶν πραγμάτων, ἐξ ὧν συνέστα ὁ κόσμος,
καὶ τῶν περαινόντων καὶ τῶν ἀπείρων. ἐπεὶ δὲ ταὶ
ἀρχαὶ ὑπᾶρχον οὐχ ὁμοῖαι οὐδ' ὁμόφυλοι ἔσσαι, ἤδη
ἀδύνατον ἦς κα αὐταῖς κοσμηθῆναι, εἰ μὴ ἁρμονία ἐπε-
5 γένετο ὡιτινιῶν ἄδε τρόπωι ἐγένετο. τὰ μὲν ὧν ὁμοῖα
καὶ ὁμόφυλα ἁρμονίας οὐδὲν ἐπεδέοντο, τὰ δὲ ἀνόμοια
μηδὲ ὁμόφυλα μηδὲ ἰσοταγῆ ἀνάγκα τᾶι τοιαύται ἁρ-
μονίαι συγκεκλεῖσθαι, οἵαι μέλλοντι ἐν κόσμωι κατέ-
χεσθαι. —
10   ἁρμονίας δὲ μέγεθός ἐστι συλλαβὰ καὶ δι' ὀξειᾶν· τὸ
δὲ δι' ὀξειᾶν μεῖζον τᾶς συλλαβᾶς ἐπογδόωι. ἔστι γὰρ
ἀπὸ ὑπάτας ἐπὶ μέσσαν συλλαβά, ἀπὸ δὲ μέσσας ἐπὶ
νεάταν δι' ὀξειᾶν, ἀπὸ δὲ νεάτας ἐς τρίταν συλλαβά, ἀπὸ
δὲ τρίτας ἐς ὑπάταν δι' ὀξειᾶν· τὸ δ' ἐν μέσωι μέσσας
15 καὶ τρίτας ἐπόγδοον· ἀ δὲ συλλαβὰ ἐπίτριτον, τὸ δὲ

die Weltordnung zusammentrat, sowohl der grenzebildenden wie der
grenzenlosen. Da aber diese Prinzipien (1 und 2) als ungleiche und un-
verwandte zugrunde lagen, so wäre es offenbar unmöglich gewesen mit
ihnen eine Weltordnung zu begründen, wenn nicht Harmonie dazu
gekommen wäre, auf welche Weise diese auch immer zustande kam.
Das Gleiche und Verwandte bedurfte ja durchaus nicht der Harmonie,
dagegen muß das Ungleiche und Unverwandte und ungleich Geordnete
notwendigerweise durch eine solche Harmonie zusammengeschlossen
sein, durch die sie imstande sind in einer Weltordnung niedergehalten
zu werden. —
    Der Harmonie (Oktave 1 : 2) Größe umfaßt die Quarte (3 : 4) und
Quinte (2 : 3). Die Quinte ist aber um einen Ganzton (8 : 9) größer
als die Quarte. Denn von der Hypate (E) bis zur Mese (A) ist eine
Quarte, von der Mese zur Nete (E') eine Quinte, von der Nete zur Trite
(H, später Paramese) eine Quarte, von der Trite (H) zur Hypate (E)

---

1 τὰς ἐντούς F: verb. Badham   2 δέ τε ἀρχαὶ F: verb. Badham
4 καὶ F: verb. Badham   κοσμηθῆμεν Heeren   5 ὡιτινιῶν ἄδε τρόπωι
Diels: ὡτινιῶν ἂν τρόπων F; ὡιτινιῶν τρόπωι Meineke   7 ἰσοταγῆ
(vgl. ὁμοταγής) Heidel Am. J. of Phil. 28, 78. Vgl. Iambl. d. comm. math.
scient. 14 p. 53, 5ff.: ἰσοταχῆ F: ἰσολαχῆ oder ἰσοπαλῆ Meineke   ἁρμο-
νίαις F   8 οἵαι Diels: ἢ εἰ F; αἱ Meineke   10 ἁρμονίας κτλ.]. Dieses
Fragment scheint mit dem Vorhergehenden nicht zusammenzuhängen
12 μέσσας ἐπί F: μέσσας ποτί Nicom.   14. 15 τρίτας καὶ μέσσας Nic.
15 ἐπ' ὀγδόω Stob.: richtig Nic.   ἐπίτριτος Stob.   τὸ Nic.: fehlt Stob.

δι' ὀξειᾶν ἡμιόλιον, τὸ διὰ πασᾶν δὲ διπλόον. οὕτως ἁρμονία πέντε ἐπόγδοα καὶ δύο διέσιες, δι' ὀξειᾶν δὲ τρία ἐπόγδοα καὶ δίεσις, συλλαβὰ δὲ δύ' ἐπόγδοα καὶ δίεσις.

Vgl. BOETHIUS Inst. mus. III 8 p. 278, 11 Friedl. *Philolaus igitur*
5 *haec atque his minora spatia talibus definitionibus includit: diesis, inquit,*
est spatium quo maior est sesquitertia proportio duobus tonis.
comma vero est spatium, quo maior est sesquioctava proportio
duabas diesibus, id est duobus semitoniis minoribus. schisma
est dimidium commatis, diaschisma vero dimidium dieseos,
10 *id est semitonii minoris.*

7 [B. 91]. STOB. Ecl. I 21, 8 [p. 189, 17 W.] τὸ πρᾶτον ἁρμοσθέν, τὸ ἕν, ἐν τῶι μέσωι τᾶς σφαίρας ἑστία καλεῖται.

8 [B. 150]. IAMBL. in Nic. p. 77, 9 ἡ μὲν μονὰς ὡς ἂν ἀρχὴ οὖσα πάντων κατὰ τὸν Φιλόλαον (οὐ γὰρ ἕν φησιν ἀρχὰ πάν-
15 των;) κτλ.

9 [B. 189]. — — p. 19, 21 ἑτέρου γὰρ καιροῦ διερευνᾶν ἐπὶ πλέον πῶς καὶ τετραγωνισθέντος ἀπὸ τῆς στιχηδὸν ἐκθέσεως τοῦ ἀριθμοῦ οὐκ ἐλάττονα πιθανὰ ἐπισυμβαίνει φύσει καὶ οὐ νόμωι, ὡς φησί που Φ.

20 10 [B. 61]. NICOM. Arithm. II 19 p. 115, 2 ἁρμονία δὲ πάντως ἐξ ἐναντίων γίνεται· ἔστι γὰρ ἁρμονία πολυμιγέων ἕνωσις καὶ δίχα φρονεόντων συμφρόνησις. Theo Smyrn. p. 12, 10

---

eine Quinte. Zwischen Trite (*H*) und Mese (*A*) liegt ein Ganzton. Die Quarte aber hat das Verhältnis 3 : 4, die Quinte 2 : 3, die Oktave 1 : 2. So besteht die Oktave aus fünf Ganztönen und zwei Halbtönen, die Quinte aus drei Ganztönen und einem Halbton, die Quarte aus zwei Ganztönen und einem Halbton.

7. Das zuerst zusammengefügte, das Eins, in der Mitte der Kugel heißt Herd (*oder* Hestia).

8. Eins (Einheit) ist aller *Dinge* Anfang.

9. Von Natur, nicht durch Satzung.

10. Harmonie ist des viel Gemischten Einigung und des verschieden Gesinnten Sinnesverbindung.

---

2 ἐπόγδοα καὶ ⟨δύο⟩ διέσιες Böckh: ἐπ' ὀγδόω καὶ διέσιος F: ἐπογδόων καὶ δυοῖν διέσεοιν Nic.   δὲ fehlt Nic.   3 συλλαβὰ . . . δίεσις fehlt Stob. 14f. zu μονάς u. ἕν vgl. 47 A 20   22 σύμφρασις aus GP Böckh, doch s. Theo. Die Autorschaft des Philolaos ist nicht sicher, zumal ἕνωσις vor Aristoteles sonst nur in dem sicher unechten Archytasfragment Stob. I 41, 2 p. 280. 5 W. vorkommt (H. Gomperz); vgl. freilich A 14 pass.

καὶ οἱ Πυθαγορικοὶ δέ, οἷς πολλαχῆι ἕπεται Πλάτων, τὴν μουσικήν φασιν ἐναντίων συναρμογὴν καὶ τῶν πολλῶν ἕνωσιν καὶ τῶν δίχα φρονούντων συμφρόνησιν.

11 [B. 139. 160]. Τʜᴇᴏ Smyrn. 106, 10 περὶ ἧς [über die Dekas]
5 καὶ 'Αρχύτας ἐν τῶι Περὶ τῆς δεκάδος καὶ Φ. ἐν τῶι Περὶ φύσιος πολλὰ διεξίασιν [vgl. A 13]. Sᴛᴏʙ. Ecl. ɪ prooem. cor. 3 [p. 16, 20 W.] Φιλολάου.

θεωρεῖν δεῖ τὰ ἔργα καὶ τὴν οὐσίαν τῶ ἀριθμῶ καττὰν δύναμιν ἅτις ἐστὶν ἐν τᾶι δεκάδι· μεγάλα γὰρ καὶ παν-
10 τελὴς καὶ παντοεργὸς καὶ θείω καὶ οὐρανίω βίω καὶ ἀνθρωπίνω ἀρχὰ καὶ ἀγεμὼν κοινωνοῦσα * * * δύναμις καὶ τᾶς δεκάδος. ἄνευ δὲ τούτας πάντ' ἄπειρα καὶ ἄδηλα καὶ ἀφανῆ.

γνωμικὰ γὰρ ἀ φύσις ἀ τῶ ἀριθμῶ καὶ ἡγεμονικὰ καὶ
15 διδασκαλικὰ τῶ ἀπορουμένω παντὸς καὶ ἀγνοουμένω παντί. οὐ γὰρ ἧς δῆλον οὐδενὶ οὐδὲν τῶν πραγμάτων οὔτε αὐτῶν ποθ' αὐτὰ οὔτε ἄλλω πρὸς ἄλλο, εἰ μὴ ἧς ἀριθμὸς καὶ ἀ τούτω οὐσία. νῦν δὲ οὗτος καττὰν ψυχὰν ἁρμόζων αἰσθήσει πάντα γνωστὰ καὶ ποτάγορα ἀλλά-

---

11. Man muß die Werke und das Wesen der Zahl nach der Kraft beurteilen, die in der Zehnzahl liegt. Denn sie ist groß, allvollendend, allwirkend und göttlichen und himmlischen sowie menschlichen Lebens Anfang und Führerin. Sie nimmt teil * * * Kraft auch der Zehnzahl. Ohne diese aber ist alles grenzenlos und undeutlich und unklar.

Denn erkenntnisspendend ist die Natur der Zahl und führend und lehrend für jeglichen in jeglichem, das ihm zweifelhaft oder unbekannt ist. Denn nichts von den Dingen wäre irgendwem klar weder in ihrem Verhältnis zu sich noch zu einander, wenn die Zahl nicht wäre und ihr Wesen. Nun aber bringt diese innerhalb der Seele alle Dinge mit der Wahrnehmung in Einklang und macht sie dadurch erkennbar und

---

4ff. vgl. E. Hoffmann *Neue Jahrb. für Wiss. u. J.* 5 (1929) 6f.   8ff. vgl.
Kern zu Orph. Frag. 315 S. 324   8 τῶν ἀριθμῶν F: verb. Böckh   κατὰ
F: verb. Böckh   11 Lücke von 12 Buchst. in F   12 τούτας so F;·
die Analogieform wird falsch bezweifelt von Ahrens *d. dialect. dor.* S. 267
14 γνωμικὰ] κανονικὰ Meineke   17 αὐτοῖς F: verb. Heeren   18 τούτοις F:
verb. Heeren   κατὰν F   19 ἁρμόζων] vgl. das orphische Bruchstück
im Par. Zauberp. V. 1755 Preisendanz (Pap. Gr. Mag. ɪ 128) (Dieterich
Abraxas S. 132)   ποτάγορα] vgl. Plato de rep. 546 ʙ ᴄ

λοις κατὰ γνώμονος φύσιν ἀπεργάζεται σωμάτων καὶ
σχίζων τοὺς λόγους χωρὶς ἑκάστους τῶν πραγμάτων
τῶν τε ἀπείρων καὶ τῶν περαινόντων.
ἴδοις δέ κα οὐ μόνον ἐν τοῖς δαιμονίοις καὶ θείοις
5 πράγμασι τὰν τῶ ἀριθμῶ φύσιν καὶ τὰν δύναμιν ἰσχύου-
σαν, ἀλλὰ καὶ ἐν τοῖς ἀνθρωπικοῖς ἔργοις καὶ λόγοις
πᾶσι παντᾷ καὶ κατὰ τὰς δημιουργίας τὰς τεχνικὰς
πάσας καὶ κατὰ τὰν μουσικάν.
ψεῦδος δὲ οὐδὲν δέχεται ἁ τῶ ἀριθμῶ φύσις οὐδὲ ἁρ-
10 μονία· οὐ γὰρ οἰκεῖον αὐτοῖς ἐστι. τᾶς τῶ ἀπείρω καὶ
ἀνοήτω καὶ ἀλόγω φύσιος τὸ ψεῦδος καὶ ὁ φθόνος ἐστί.
ψεῦδος δὲ οὐδαμῶς ἐς ἀριθμὸν ἐπιπνεῖ· πολέμιον γὰρ
καὶ ἐχθρὸν τᾶι φύσει τὸ ψεῦδος, ἁ δ' ἀλήθεια οἰκεῖον καὶ
σύμφυτον τᾶι τῶ ἀριθμῶ γενεᾶι.
15 **12 [B. 160].** THEO Smyrn. [p. 18, 5 W. unmittelbar nach B 11,
vgl. A 15] καὶ τὰ μὲν τᾶς σφαίρας σώματα πέντε ἐντί,

---

einander entsprechend nach des 'Zeigers' Natur, indem sie ihnen
Leiblichkeit verleiht und die Verhältnisse der Dinge jegliches für sich
scheidet, der grenzenlosen ebenso wie den grenzebildenden.

Du kannst aber nicht nur in den dämonischen und göttlichen Dingen
die Natur der Zahl und ihre Kraft wirksam sehen, sondern auch überall
in allen menschlichen Werken und Worten und auf dem Gebiet aller
technischer Verrichtungen und auf dem der Musik.

Lug aber nimmt gar nicht die Natur der Zahl und die Harmonie
in sich auf. Denn er ist ihnen nicht eigen. Der Natur des Unbegrenzten
und Unsinnigen und Unvernünftigen ist der Lug und der Neid eigen.

Lug aber bläst auf keine Weise in die Zahl hinein. Denn als etwas
Feindliches und Unversöhnliches steht der Lug ihrer Natur gegenüber,
die Wahrheit aber ist etwas dem Geschlechte der Zahl Eigenes und
Angeborenes.

12. Und zwar sind die Körper (Elemente) der Weltkugel fünf: die

---

1 κατὰ γνώμονος φύσιν] vgl. Newbold a. O. S. 178   σωμάτων Böckh:
σωμάτων F: συνάπτων Newbold, doch s. Heidel a. O. S. 78   4 κα Meineke:
καὶ F   9 δέχεται] δέκεται dialektisch korrekt, vgl. Wackernagel *Glotta*
7 (1915) 187   ἁ Jacobs: αἱ F   10 τῶ F: γὰρ Heeren: τοι Diels
14 γένναι Heidel   16 καὶ τὰ μὲν τᾶς σφαίρας Diels: καὶ τὰ ἐν τᾶι σφαίραι F:
καττὰ ἐν τᾶι σφαίραι Gundermann *Rhein. Mus.* 69 (1914) 146   σώματα]
nicht die 5 regelmäßigen stereometrischen Körper, sondern die Elemente;
vgl. E. Sachs *Die 5 plat. Körper, Phil. Unters.* 24, 88ff. Zum Ausdruck
vgl. H. Gomperz *Herm.* 67 (1932) 166

τὰ ἐν τᾶι σφαίραι πῦρ ⟨καὶ⟩ ὕδωρ καὶ γᾶ καὶ ἀήρ, καὶ
ὁ τᾶς σφαίρας ὁλκάς (?), πέμπτον.

13 [B. 159]. THEOL. Arithm. p. 25, 17 de Falco καὶ τέσσαρες
ἀρχαὶ τοῦ ζώιου τοῦ λογικοῦ, ὥσπερ καὶ Φ. ἐν τῶι Περὶ φύσεως
5 λέγει, ἐγκέφαλος, καρδία, ὀμφαλός, αἰδοῖον· 'κεφαλὰ μὲν νόου,
καρδία δὲ ψυχᾶς καὶ αἰσθήσιος, ὀμφαλὸς δὲ ῥιζώσιος
καὶ ἀναφύσιος τοῦ πρώτου, αἰδοῖον δὲ σπέρματος [καὶ]
καταβολᾶς τε καὶ γεννήσιος. ἐγκέφαλος δὲ ⟨σαμαίνει⟩
τὰν ἀνθρώπω ἀρχάν, καρδία δὲ τὰν ζώου, ὀμφαλὸς δὲ
10 τὰν φυτοῦ, αἰδοῖον δὲ τὰν ξυναπάντων· πάντα γὰρ
ἀπὸ σπέρματος καὶ θάλλοντι καὶ βλαστάνοντι.'

14 [B. 181]. CLEM. Strom. III 17 [II 203, 11 St.] ἄξιον δὲ καὶ τῆς Φιλο-
λάου λέξεως μνημονεῦσαι· λέγει ὁ Πυθαγόρειος ὧδε· 'μαρτυρέονται . . . τέ-
θαπται'. PLATO Gorg. 493 A ἤδη του ἔγωγε καὶ ἤκουσα τῶν σοφῶν, ὡς νῦν
15 ἡμεῖς τέθναμεν καὶ τὸ μὲν σῶμά ἐστιν ἡμῖν σῆμα, τῆς δὲ ψυχῆς τοῦτο ἐν ὧι αἱ
ἐπιθυμίαι εἰσὶ τυγχάνει ὂν οἷον ἀναπείθεσθαι καὶ μεταπίπτειν ἄνω κάτω. καὶ τοῦτο
ἄρα τις μυθολογῶν κομψὸς ἀνήρ, ἴσως Σικελός τις [31 B 115ff. ?] ἢ Ἰταλικός
[Philolaos ?], παράγων τῶι ὀνόματι διὰ τὸ πιθανόν τε καὶ πειστικὸν ὠνόμασε
πίθον, τοὺς δὲ ἀνοήτους ἀμυήτους, τῶν δ' ἀνοήτων τοῦτο τῆς ψυχῆς οὗ αἱ ἐπι-

in der Kugel: Feuer, Wasser, Erde und Luft, und was der Kugel Last-
schiff (?) ist, das fünfte.

13. *Vier Prinzipien gibt es bei dem vernunftbegabten Geschöpfe: Gehirn,
Herz, Nabel und Schamglied.* Kopf (Gehirn) *ist das Prinzip* des Ver-
standes, Herz das der Seele und Empfindung, Nabel das des Anwurzelns
und Emporwachsens des Embryo, Schamglied das der Samenentleerung
und Zeugung. Das Gehirn aber ⟨*bezeichnet*⟩ das Prinzip des Menschen,
das Herz das des Tieres, der Nabel das der Pflanze, das Schamglied
das aller zusammen, denn alles blüht und wächst aus Samen heraus.

1ff. [τὰ ἐν τᾶι σφαίραι] u. ὁ τᾶς σφαίρας ὁλκός (*volumen, Überzug*) Wila-
mowitz *Plato* II² 91, »doch hat ὁλκός nie diese Bedeutung; vielmehr: wie
ein Lastschiff die Ware in seinem Bauche trägt, so der Äther den Kosmos.
Zum Bilde vgl. 44 A 17 I 403, 32; γῆς ὄχημα 64 C 2. A 16a; ἄστρων ἠελίου
τε σεληναίης θ' ὑπέρεισμα (τεμερίσμα Hss.) . . . ὑψιφανὴς Αἰθήρ, κόσμου στοιχεῖον
ἄριστον Orph. hymn. 5, 2 (M. Wellmann)« Diels. Aber auf ὕπνος ψυχὴν
θραύει καὶ σώματος ὁλκόν Orph. hymn. 87, 2 verweist Rostagni   1 ⟨καὶ⟩
Diels   Interpunktion nach Gundermann   5ff. zu solchen Listen vgl.
Götze *Zeitschr. f. Indolog. u. Iran.* 2 (1923) 83   5 κεφαλὰ so Hss.; es steht
für ἐγκέφαλος vgl. Frank *Plato u. die sog. Pythagor.* S. 322¹   7 [καὶ]
Böckh   8 ⟨σαμαίνει⟩ Diels nach Böckh   9 ἀνθρώπων Hss.: verb. Böckh
11 ἀπὸ σπέρματος hat nur E   so E: θάλλουσι κ. βλαστάνουσι übr. Hss.
15 αἱ vor ἐπιθυμίαι nur F   19 ἀνοήτων YFIambl. Stob.: ἀμυήτων BT

414   44 [32]. PHILOLAOS

θυμίαι εἰσί, τὸ ἀκόλαστον αὐτοῦ καὶ οὐ στεγανόν, ὡς τετρημένος εἴη πίθος, διὰ
τὴν ἀπληστίαν ἀπεικάσας . . . καὶ φοροῖεν εἰς τὸν τετρημένον πίθον ὕδωρ ἑτέρωι
τοιούτωι τετρημένωι κοσκίνωι. τὸ δὲ κόσκινον ἄρα λέγει, ὡς ἔφη ὁ πρὸς ἐμὲ
λέγων, τὴν ψυχὴν εἶναι. Cratyl. 400 c [Orpheus 1 B 3]. Vgl. ATHEN. iv 157 c
5 Εὐξίθεος ὁ Πυθαγορικός . . . ὥς φησι Κλέαρχος ὁ Περιπατητικὸς ἐν δευτέρωι Βίων
[fr. 2 FHG II 303] ἔλεγεν ἐνδεδέσθαι τῶι σώματι καὶ τῶι δεῦρο βίωι τὰς ἁπάν-
των ψυχὰς τιμωρίας χάριν, καὶ διείπασθαι τὸν θεὸν ὡς εἰ μὴ μενοῦσιν ἐπὶ τούτοις,
ἕως ἂν ἑκὼν αὐτοὺς λύσηι, πλείοσι καὶ μείζοσιν ἐμπεσοῦνται τότε λύμαις. διὸ
πάντας εὐλαβουμένους τὴν τῶν κυρίων ἀνάτασιν φοβεῖσθαι τοῦ ζῆν ἑκόντας
10 ἐκβῆναι μόνον τε τὸν ἐν τῶι γήραι θάνατον ἀσπασίως προσίεσθαι, πεπεισμένους
τὴν ἀπόλυσιν τῆς ψυχῆς μετὰ τῆς τῶν κυρίων γίγνεσθαι γνώμης.

μαρτυρέονται δὲ καὶ οἱ παλαιοὶ θεολόγοι τε καὶ μάν-
τιες, ὡς διά τινας τιμωρίας ἁ ψυχὰ τῶι σώματι συνέ-
ζευκται καὶ καθάπερ ἐν σάματι τούτωι τέθαπται.

15   15 [B. 131. 178]. ATHENAG. 6 p. 6, 13 Schw. καὶ Φ. δὲ ὥσπερ ἐν φρουρᾶι
πάντα ὑπὸ τοῦ θεοῦ περιειλῆφθαι λέγων καὶ τὸ ἓν εἶναι καὶ τὸ ἀνωτέρω τῆς
ὕλης δεικνύει. PLAT. Phaedo 61 D τί δέ, ὦ Κέβης; οὐκ ἀκηκόατε σύ τε καὶ
Σιμμίας περὶ τῶν τοιούτων [Verwerflichkeit des Selbstmords] Φιλολάωι συγγε-
γονότες; — Οὐδέν γε σαφές, ὦ Σώκρατες. — Ἀλλὰ μὴν καὶ ἐγὼ ἐξ ἀκοῆς περὶ
20 αὐτῶν λέγω. 61 E ἤδη γὰρ ἔγωγε [Kebes], ὅπερ νυνδὴ σὺ ἤρου, καὶ Φιλολάου
ἤκουσα, ὅτε παρ' ἡμῖν [Theben] διηιτᾶτο, ἤδη δὲ καὶ ἄλλων τινῶν, ὡς οὐ δέοι
τοῦτο ποιεῖν· σαφὲς δὲ περὶ αὐτῶν οὐδενὸς πώποτε οὐδὲν ἀκήκοα. 62 B ὁ μὲν
οὖν ἐν ἀπορρήτοις λεγόμενος περὶ αὐτῶν λόγος, ὡς ἔν τινι φρουρᾶι ἐσμεν οἱ
ἄνθρωποι καὶ οὐ δεῖ δὴ ἑαυτὸν ἐκ ταύτης λύειν οὐδ' ἀποδιδράσκειν, μέγας τέ τίς
25 μοι φαίνεται καὶ οὐ ῥάιδιος διιδεῖν. οὐ μέντοι ἀλλὰ τόδε γέ μοι δοκεῖ, ὦ Κέβης,
εὖ λέγεσθαι τὸ θεοὺς εἶναι ἡμῶν τοὺς ἐπιμελουμένους καὶ ἡμᾶς τοὺς ἀνθρώ-
πους ἓν τῶν κτημάτων τοῖς θεοῖς εἶναι. 82 D τοιγάρτοι τούτοις μὲν
ἅπασιν, ὦ Κέβης, ἐκεῖνοι οἷς τι μέλει τῆς ἑαυτῶν ψυχῆς, ἀλλὰ μὴ σώματα πλάτ-

30   14. Es bezeugen aber auch die alten Gotteskünder und Seher, daß
infolge bestimmter (?) Strafanordnungen die Seele mit dem Körper
zusammengejocht und wie in einem Grabe in ihm bestattet ist.

15. *Gott hält alles wie in einem Gefängnis umschlossen und die Men-
schen sind nur ein Stück des Götterbesitzes.*

5 Εὐξίθεος] Δεξίθεος verb. nach Iambl. V. P. 267 Reinesius   6 τοῖς
σώμασιν ἐν τῶι verm. Kaibel   9 ἀνάστασιν Hs.: verb. Casaub.   12ff. vgl.
H. Maier *Sokrates* S. 524², Wilamowitz *Plato* II² 90, der die Fassung ver-
dächtigt   12 μαρτυρέοντι gut Cobet   13 τινας Clem., Theod.: τινος Diels
vgl. Orpheus 1 B 3. Die dialektischen Formen aus Theodoret v 14 p. 125, 20
Raeder   23 φρουρᾶι] nicht *Wachtposten (praesidium)*, wie Cic. de sen. 73,
sondern *Gefängnis (carcer)*, wie derselbe nach Poseidonios Tusc. I 74;
Somn. Scip. 14 verstand. Vgl. Hirzel *Archiv f. Relig.* 11 (1908) 272f.;
zur Überlieferung d. Wortes vgl. Wilamowitz *Plato* II² 89; ebd. S. 88 über
B 16   28 σώματα B² TW (vgl. Friedländer *Plato* II 330¹); σώματι (so B¹)
παλάττοντες Diels *Herm.* 40 (1905) 308

τοντες ζῶσι, χαίρειν εἰπόντες, οὐ κατὰ ταὐτὰ πορεύονται αὐτοῖς ὡς οὐκ εἰδόσιν ὅπηι ἔρχονται, αὐτοὶ δὲ ἡγούμενοι οὐ δεῖν ἐναντία τῆι φιλοσοφίαι πράττειν καὶ τῆι ἐκείνης λύσει τε καὶ καθαρμῶι ταύτηι δὴ τρέπονται ἐκείνηι ἑπόμενοι, ἧι ἐκείνη ὑφηγεῖται. Vgl. Klearchos I 414, 5.

5 **16** [B. 185]. EUDEM. Eth. B 8. 1225a 30 ὥστε καὶ διάνοιαί τινες καὶ πάθη οὐκ ἐφ' ἡμῖν εἰσιν, ἢ πράξεις αἱ κατὰ τὰς τοιαύτας διανοίας καὶ λογισμούς, ἀλλ' ὥσπερ Φ. ἔφη εἶναί τινας λόγους κρείττους ἡμῶν.

ΒΑΚΧΑΙ

10 **17** [B. 90]. STOB. Ecl. I 15, 7 [p. 148, 4 W.] Φιλολάου Βάκχαι. ὁ κόσμος εἷς ἐστιν, ἤρξατο δὲ γίγνεσθαι ἀπὸ τοῦ μέσου καὶ ἀπὸ τοῦ μέσου εἰς τὸ ἄνω διὰ τῶν αὐτῶν τοῖς κάτω. ἔστι ⟨γὰρ⟩ τὰ ἄνω τοῦ μέσου ὑπεναντίως κείμενα τοῖς κάτω. τοῖς γὰρ κατωτάτω τὰ μέσα ἐστὶν ὥσπερ τὰ ἀνωτάτω καὶ τὰ ἄλλα ὡσαύτως. πρὸς γὰρ 15 τὸ μέσον κατὰ ταὐτά ἐστιν ἑκάτερα, ὅσα μὴ μετενήνεκται.

18 [B. 35]. — — I 25, 8 [p. 214, 21 W.] Φιλολάου ἐκ Βακχῶν. Zitat (περὶ ἡλίου) ausgefallen.

---

16. *Daher haben wir gewisse Vorstellungen und Leidenschaften nicht in unserer Gewalt wie auch gewisse Handlungen, die auf solchen Vorstellungen und Überlegungen beruhen. Es gibt vielmehr, wie Ph. sagte, gewisse Gedanken, die stärker sind als wir.*

AUS DEN BAKCHEN

17. (Bericht.) *Der Kosmos ist einheitlich. Er fing an zu entstehen von der Mitte aus, und zwar von der Mitte in denselben Abständen nach oben wie nach unten. Denn was oben liegt von der Mitte aus verhält sich zu dem, was unten liegt, entgegengesetzt. Denn für die ganz unten liegenden Dinge bilden die in der Mitte liegenden das Oberste und das Übrige dem entsprechend. Denn im Verhältnis zum Mittelpunkt sind beide Richtungen gleich, nur umgedreht.*

18. (*Zitat über die Sonne ausgefallen.*)

---

9 »Der Bericht stimmt weder zu den Placita (A 16. 17) noch zu den eigenen Exzerpten des Stob. p. 147, 22 W. Also liegt vermutlich ein neupythagoreischer Bericht vor. Ob die Schrift echt oder spätere Fälschung, ist aus B 17—19 nicht zu sehen. Titel und Bucheinteilung sind ja doch auf alle Fälle alexandrinischen Ursprungs.« Diels 11 ἀπὸ Meineke: ἄχρι Hs. 12 ⟨γὰρ⟩ Diels; andere ⟨δὲ⟩ oder ⟨καὶ⟩ 13. 14 τοῖς γὰρ κατωτάτω τὰ μέσα (schon Canter) ἐστὶν Diels: τοῖς γὰρ κάτω τὸ‚ κατωτάτω μέγα ἐστὶν Hss. 14 τὰ ἀνωτάτω Diels: τὸ ἀνωτάτω P: τῶι ἀνωτάτω F

19 [B. 36]. PROCL. in Eucl. p. 22, 9 Friedl. διὸ καὶ ὁ Πλάτων πολλὰ καὶ θαυμαστὰ δόγματα περὶ θεῶν διὰ τῶν μαθηματικῶν εἰδῶν ἡμᾶς ἀναδιδάσκει καὶ ἡ τῶν Πυθαγορείων φιλοσοφία παραπετάσμασι τούτοις χρωμένη τὴν μυσταγωγίαν κατακρύπτει τῶν θείων δογμάτων. 5 τοιοῦτος γὰρ καὶ ὁ Ἱερὸς σύμπας λόγος καὶ ὁ Φιλόλαος ἐν ταῖς Βάκχαις καὶ ὅλος ὁ τρόπος τῆς Πυθαγόρου περὶ θεῶν ὑφηγήσεως.

ZWEIFELHAFTES

20 [B. 151]. I. LYDUS de mens. II 12 ὀρθῶς οὖν ἀμήτορα τὸν ἑπτὰ ἀριθμὸν ὁ Φ. προσηγόρευσε· μόνος γὰρ οὔτε γεννᾶν οὔτε γεννᾶσθαι πέφυκε· τὸ 10 δὲ μήτε γεννῶν μήτε γεννώμενον ἀκίνητον· ἐν κινήσει γὰρ ἡ γέννησις ἐπειδὴ καὶ τὸ γεννῶν καὶ τὸ γεννώμενον οὐκ ἄνευ κινήσεώς ἐστι, τὸ μὲν ἵνα γεννήσηι, τὸ δὲ ἵνα γεννηθῆι· τοιοῦτος δὲ ὁ θεός, ὡς καὶ αὐτὸς ὁ ῥήτωρ ὁ Ταραντῖνος· φησὶ δὲ οὕτως· 'ἔστι ... ὅμοιος'. Aus derselben unzuverlässigen Urquelle (Proros Περὶ ἑβδομάδος ?) PHILO d. opif. 100 [I 34, 10 Cohn] δι' ἣν αἰτίαν οἱ 15 μὲν ἄλλοι φιλόσοφοι τὸν ἀριθμὸν τοῦτον ἐξομοιοῦσι τῆι ἀμήτορι Νίκηι καὶ Παρθένωι, ἣν ἐκ τῆς τοῦ Διὸς κεφαλῆς ἀναφανῆναι λόγος ἔχει, οἱ δὲ Πυθαγόρειοι τῶι ἡγεμόνι τῶν συμπάντων· τὸ γὰρ μήτε γεννῶν μήτε γεννώμενον ἀκίνητον μένει ...· μόνον δ' οὔτε κινοῦν οὔτε κινούμενον ὁ πρεσβύτερος ἄρχων καὶ ἡγεμών, οὗ λέγοιτ' ἂν προσηκόντως εἰκὼν ἑβδομάς. μαρτυρεῖ δέ μου τῶι λόγωι καὶ Φ. 20 ἐν τούτοις· 'ἔστι γάρ, φησίν, ... ἄλλων'. ANATOL. de decade p. 35 Heiberg ἑβδομὰς μόνη τῶν ἐντὸς δεκάδος οὐ γεννᾶι οὔτε γεννᾶται ὑπ' ἄλλου ἀριθμοῦ πλὴν ὑπὸ μονάδος· διὸ καὶ καλεῖται ὑπὸ τῶν Πυθαγορείων παρθένος ἀμήτωρ.

ἔστι γὰρ ἡγεμὼν καὶ ἄρχων ἁπάντων, θεός, εἷς, ἀεὶ ὤν, μόνιμος, ἀκίνητος, αὐτὸς ἑαυτῶι ὅμοιος, ἕτερος τῶν ἄλλων.

19. Theologie in Gestalt von mathematischen Figuren lehrt Plato und das Pythagoreische 'Heilige Wort' und Philolaos in den Bakchen.

ZWEIFELHAFTES

20. Die Siebenzahl ist gleich der mutterlosen und jungfräulichen Nike ... Denn sie ist der Führer und Herrscher aller Dinge, Gott, einig, ewig, beharrlich, unbeweglich, sich selbst gleich, verschieden von dem übrigen.

---

5 Φιλολάου Diels   6 Πυθαγορείου H. Schöne   8. 9 nach πέφυκε fügt zu τὸ δὲ τοιοῦτον ἀκίνητον Y: fehlt AB und Philo a. O.   10. 11 ἐπειδὴ ... κινήσεώς ἐστι AB Philo: fehlt Y   καὶ τὸ γεννῶν fehlt Philo   12 γεννηθῆι Lyd.: γένηται Philo   13 über das Quellenverhältnis denkt anders Reinhardt *Parmenides* S. 248²   23 θεός εἷς ἀεὶ ὤν Philo: εἷς ἀεὶ ὢν θεός Lyd. nicht richtig nimmt θεός statt ἑβδομάς als Subjekt Reinhardt a. O., der das Fr. für echt hält; anders Wilamowitz Platon II² 89. Zur Echtheitsfrage vgl. auch Frank *Plato u. d. sog. Pythagor.* S. 324f.   ἡγ. κ. ἀρχ.] vgl. B 11 I 411, 11   24 ἕτερος τ. ἄ. fehlt Lyd.

20a. I. LYDUS d. mens. IV 12 ὀρθῶς οὖν ὁ Φ. τὴν δυάδα Κρόνου σύνευνον εἶναι λέγει, ὃν κατὰ τὸ προφανὲς Χρόνον ἄν τις εἴποι.

UNECHTES

ΠΕΡΙ ΨΥΧΗΣ

5 **21** [B. 164]. STOB. Ecl. I 20, 2 p. 172, 9 W. Φιλολάου Πυθαγορείου ἐκ τοῦ Περὶ ψυχῆς. Φ. ἄφθαρτον τὸν κόσμον εἶναι. λέγει γοῦν οὕτως ἐν τῶι Περὶ ψυχῆς·

παρὸ καὶ ἄφθαρτος καὶ ἀκαταπόνατος διαμένει τὸν ἄπειρον αἰῶνα· οὔτε γὰρ ἔντοσθεν ἄλλα τις αἰτία δυναμικωτέρα αὐτᾶς
10 εὑρεθήσεται οὔτ' ἔκτοσθεν φθεῖραι αὐτόν. δυναμένα· ἀλλ' ἦν ὅδε ὁ κόσμος ἐξ αἰῶνος καὶ εἰς αἰῶνα διαμενεῖ, εἷς ὑπὸ ἑνὸς τῶ συγγενέος καὶ κρατίστω καὶ ἀνυπερθέτω κυβερνώμενος. ἔχει δὲ καὶ τὰν ἀρχὰν τᾶς κινήσιός τε καὶ μεταβολᾶς ὁ κόσμος εἷς ἐὼν καὶ συνεχὴς καὶ φύσει διαπνεόμενος καὶ περιαγεόμενος ἐξ ἀρχιδίου· καὶ τὸ μὲν
15 ἀμετάβλατον αὐτοῦ, τὸ δὲ μεταβάλλον ἐστί· καὶ τὸ μὲν ἀμετάβολον ἀπὸ τᾶς τὸ ὅλον περιεχούσας ψυχᾶς μέχρι σελήνας περαιοῦται, τὸ δὲ μεταβάλλον ἀπὸ τᾶς σελήνας μέχρι τᾶς γᾶς. ἐπεὶ δέ γε καὶ τὸ κινέον ἐξ αἰῶνος ἐς αἰῶνα περιπολεῖ, τὸ δὲ κινεόμενον, ὡς τὸ

20a. Die Zweiheit ist Gemahlin des Kronos.

UNECHTES

21. Darum bleibt (der *Kosmos*) auch unvergänglich und unbezwinglich die unendliche Ewigkeit hindurch. Denn weder wird sich eine andere von innen wirkende Ursache finden lassen, die stärker wäre als sie (*die Weltseele* ?), noch eine von außen wirkende, welche ihn vernichten könnte. Vielmehr war dieser Kosmos von Ewigkeit her und wird bis in Ewigkeit bleiben, Einer, von Einem gelenkt, der ihm wesensverwandt, allmächtig und unübertrefflich ist. Auch hat der Kosmos als einzig, zusammenhängend und von der Natur durchweht und umgedreht den Anfang der Bewegung und Veränderung von Anfang an. Und zwar ist der eine Teil von ihm unveränderlich, der andere ist in Veränderung. Und zwar wird ihr unveränderlicher Teil von der das All umschließenden Seele bis zum Monde abgegrenzt, der veränderliche vom Monde bis zur Erde. Da nun auch das Bewegende von Ewigkeit zu Ewigkeit die Umdrehung

---

5. vgl. Spengel *Münchn. gel. Anz.* 1846, 214   8 ff. Capelle vergleicht Okellos c. 48, 7   8 οὐκ ἀταπείνωτος F   10 δυναμένου PF: verb. Canter 11 διαμενεῖ Kranz: διαμένειν P: διμένων F: διαμένει Heeren   συγγενέω PF: verb. Böckh   14 περιαγόμενος Canter   ἀρχιδίου PF: ἀρχ⟨ᾶς ἀ⟩ιδίω Rose: ἀιδίω Meineke.   Der moderne Ausdruck ist in dem modernen Buch nicht zu beanstanden. Vgl. Collitz 514q (Kret. Inschr. d. 2. Jahrh. vor Chr.). Freilich erwartete man nach Dittenberger Syll.³ 712₁.⁴ ἐξαρχίδιον oder ἐξαρχιδίως, doch scheint C. I. G. 5235₂ die Emendation Letronnes ἐξ ἀρχιδίων zu Recht zu bestehen (so Diels, ἐξαρχίδιον liest auch dort Hiller v. Gaertringen)   16 περαιοῦται] »doch wohl περατοῦται« Diels

κινέον ἄγει, οὕτως διατίθεται, ἀνάγκη τὸ μὲν ἀεικίνατον τὸ δὲ
ἀειπαθὲς εἶμεν· καὶ τὸ μὲν νῶ καὶ ψυχᾶς † ἀνάκωμα πᾶν, τὸ δὲ
γενέσιος καὶ μεταβολᾶς· καὶ τὸ μὲν πρᾶτόν τε δυνάμει καὶ ὑπερέχον,
τὸ δ' ὕστερον καὶ καθυπερεχόμενον· τὸ δὲ ἐξ ἀμφοτέρων τούτων,
5 τοῦ μὲν ἀεὶ θέοντος θείου τοῦ δὲ ἀεὶ μεταβάλλοντος γενατοῦ, κόσμος.
διὸ καὶ καλῶς ἔχειν ἔλεγε, κόσμον ἦμεν ἐνέργειαν ἀίδιον θεῶ τε καὶ
γένεσιος κατὰ συνακολουθίαν τᾶς μεταβλατικᾶς φύσιος. καὶ ὁ
μὲν ⟨εἷς⟩ ἐς ἀεὶ διαμένει κατὰ τὸ αὐτὸ καὶ ὡσαύτως ἔχων, τὰ δὲ καὶ
γινόμενα καὶ φθειρόμενα πολλά. καὶ τὰ μὲν ⟨ἐν⟩ φθορᾶι ὄντα καὶ
10 φύσεις καὶ μορφὰς σώιζοντι καὶ γονῆι πάλιν τὰν αὐτὰν μορφὰν
ἀποκαθιστάντι τῶι γεννήσαντι πατέρι καὶ δημιουργῶι . . .

ΠΕΡΙ ΡΥΘΜΩΝ ΚΑΙ ΜΕΤΡΩΝ Ā B̄ Γ̄

22 [B. 177]. CLAUD. MAM. II 3 p. 105, 5 Engelbr. *Pythagorae igitur,*
quia nihil ipse scriptitaverat, a posteris quaerenda sententia est. in quibus
15 *vel potissimum floruisse Philolaum reperio Tarentinum, qui multis volu-*
minibus de intellegendis rebus et quid quaeque significent oppido obscure
dissertans, priusquam de animae substantia decernat, de mensuris pon-
deribus et numeris iuxta geometricam musicam atque arithmeticam mirifice
disputat per haec omne universum extitisse confirmans. II 7 p. 120, 12
20 *nunc ad Philolaum redeo, a quo didum magno intervallo digressus sum,*
qui in tertio voluminum, quae περὶ ῥυθμῶν καὶ μέτρων *praenotat,*

---

bewirkt und das Bewegte so, wie das Bewegende führt, bestimmt wird,
so muß notwendigerweise das eine stets bewegend, das andere stets
leidend sein und das eine der Aufenthaltsort (?) der Vernunft und Seele,
das andere der Entstehung und Veränderung, das eine der Bedeutung
(Potenz) nach primär und überragend, das andere sekundär und überragt.
Was aus diesen beiden *Prinzipien*, dem stets laufenden Göttlichen und
dem ewig sich verändernden Sterblichen, besteht, das ist der Kosmos.

Darum sagte er, es sei richtig, daß der Kosmos eine ewige Betätigung
Gottes und der Kreatur sei, indem die veränderliche Natur ihm (*dem*
Gotte) Gefolgschaft leiste. Und dieser bleibt einer bis in Ewigkeit in ein
und derselben Verfassung, die Kreaturen aber entstehen und vergehen
in Fülle. Und diese, obwohl der Vergänglichkeit unterworfen, bewahren
doch ihre Eigentümlichkeiten und Gestalten und bringen auf dem Wege
der Zeugung wiederum dieselbe Gestalt hervor wie sie der Vater und
Demiurg geschaffen, ⟨*jener aber* . . .

---

1 διατίθεσθαι PF: verb. Heeren   2 ἀνάκωμα πᾶν] ἀνακώναμα d. h. ἀνα-
στροφή (vgl. ἀνακωνᾶν Hesych) Böckh   3 πρᾶτον (so P) nach späterem
Sprachgebr. = πρότερον   τᾶι δυνάμει Böckh   5 κόσμου PF: verb. Heeren
6 ἔχει λέγεν Badham   8 ⟨εἷς⟩ Diels nach Usener   9 μὲν ⟨ἐν⟩ φθορᾶι
Meineke: μὲν φθορὰ PF   10 φύσει Hss.: verb. Heeren   σώιζοντι Diels:
σώιζεται Hss.   11 ἀποκαθιστάντι Diels: ἀποκαθίσταντα PF   14 *scripti-*
taverat Diels: *scriptiverat* Hss.

de anima sic loquitur: 'anima inditur corpori per numerum et immortalem eandemque incorporalem convenientiam'. *item post alia:* 'diligitur corpus ab anima, quia sine eo non potest uti sensibus. a quo postquam morte deducta est, agit in mundo in-
5 corporalem vitam'. **23** [B. 137]. IAMBL. in Nicom. p. 10, 22 [Syrian. 10, 22] Φ. δέ φησιν ἀριθμὸν εἶναι τῆς τῶν κοσμικῶν αἰωνίας διαμονῆς κρατιστεύοισαν καὶ αὐτογενῆ συνοχήν.

Athenaeus Mechan. p. 4 Wescher τῶν ἀρχαίων φιλοσόφων καλῶς εἰρη-
10 κότων τὰ τοῦ καιροῦ μέτρα δεῖν εἰδέναι ὡς ὑπάρχοντος ὅρου τῆς φιλοσοφίας· τουτὶ γὰρ ἄν τις εἰς πραγμάτων λόγον ὠφεληθεὶς ἀπέλθοι ἐπιμελῶς ἐπιστήσας ἑαυτὸν ἐκ τοῦ Δελφικοῦ ἐκείνου παραγγέλματος ἢ ἐκ τῶν Στράτωνος καὶ Ἑστιαίου καὶ Ἀρχύτου καὶ Ἀριστοτέλους καὶ τῶν ἄλλων τῶν παραπλήσια τούτοις γεγρα-φότων. Der Anonymus, der dies exzerpiert (p. 201, 16 Wescher, Schneider
15 Gr. Poliork. II S. 10), nennt statt dieser Autoren Φιλολάου καὶ Ἀριστοτέλους Ἰσοκράτουςϛ τε καὶ Ἀριστοφάνους καὶ Ἀπολλωνίου. Auf Taktika der genannten Pythagoreer deutet Theophyl. Ep. 71 (Migne P. G. 126 col. 493 A B) πῶς δ' ἄν στρατιωτικὴν καὶ γεωμετρικὴν εἰς ταὐτὸ συνήγαγε καὶ συνῆψε τὰ μακροῖς θριγγίοις ἔκπαλαι διειργόμενα μετ' Ἀρχύταν, μετὰ Φιλόλαον, μετὰ τὸν Αἴλιον
20 Ἀδριανόν, μετὰ τὸν ἔκπτωτον ἡμῖν Ἰουλιανόν.

45 [33]. EURYTOS

1. IAMBL. V. P. 148 Εὔρυτος μὲν ὁ Κροτωνιάτης, Φιλολάου ἀκουστής, ποιμέ-νος τινὸς ἀπαγγείλαντος αὐτῶι ὅτι μεσημβρίας ἀκούσειε Φιλολάου φωνῆς ἐκ τοῦ τάφου καὶ ταῦτα πρὸ πολλῶν ἐτῶν τεθνηκότος ὡσανεὶ ἄιδοντος, 'καὶ τίνα πρὸς
25 θεῶν' εἶπεν 'ἁρμονίαν'; Als Μεταποντῖνος ebenda § 266 [p. 188, 7 N.] und 267 [58 A], als Ταραντῖνος § 267 [58 A] bezeichnet. Vgl. DIOG. III 6. VIII 46 [oben 44 A 4. 5]; APUL. de dogm. Plat. 3. Εὔρυσος heißt der Ver-fasser des gefälschten Buches Περὶ τύχας Stob. Ecl. I 6, 19. Clem. Strom. v 29 [II 344, 19 St.].

ÜBER RHYTHMEN UND MAASSE

22. Die Seele fügt sich dem Körper ein durch die Zahl und die un-sterbliche und zugleich unkörperliche Harmonie ..., Die Seele liebt den Körper, weil sie ohne ihn die Sinne nicht benutzen kann. Wenn der Tod sie von ihm getrennt hat, führt sie ein körperloses Dasein in der Welt.

23. Die Zahl ist das herrschende und unerschaffene Band des ewigen Beharrens der innerweltlichen Dinge.

1 Echtheit wird mit guten Gründen verteidigt von H. Gomperz *Hermes* 67 (1932) 156   2 *incorporalem*] = ἀσώματον vgl. H. Gomperz a. O. 7 κρατιστεύοισαν] der Aeolismus ist nicht zu verwischen. Vgl. zu I 381, 6 25 εἰπεῖν Hss.: verb. Scaliger

2. THEOPHR. Metaphys. 11 p. VIA 19 Usener (Ross-Fobes) τοῦτο γὰρ
[nämlich μὴ μέχρι του προελθόντα παύεσθαι] τελέου καὶ φρονοῦντος, ὅπερ
'Αρχύτας [47 A 13] ποτ' ἔφη ποιεῖν Εὔρυτον διατιθέντα τινὰς ψήφους· λέγειν
γὰρ ὡς ὅδε μὲν ἀνθρώπου ὁ ἀριθμός, ὅδε δὲ ἵππου, ὅδε δ' ἄλλου τινὸς τυγχάνει.
5 νῦν δ' οἵ γε πολλοὶ μέχρι τινὸς ἐλθόντες καταπαύονται, καθάπερ καὶ οἱ τὸ ἓν καὶ
τὴν ἀόριστον δυάδα ποιοῦντες· τοὺς γὰρ ἀριθμοὺς γεννήσαντες καὶ τὰ ἐπίπεδα
καὶ τὰ σώματα σχεδὸν τὰ ἄλλα παραλείπουσιν πλὴν ὅσον ἐφαπτόμενοι καὶ τοσοῦτο
μόνον δηλοῦντες, ὅτι τὰ μὲν ἀπὸ τῆς ἀορίστου δυάδος οἷον τόπος καὶ κενὸν ἄπειρον,
τὰ δ' ἀπὸ τῶν ἀριθμῶν καὶ τοῦ ἑνὸς οἷον ψυχὴ καὶ ἄλλ' ἄττα· [χρόνον δ' ἅμα καὶ
10 οὐρανὸν καὶ ἕτερα δὴ πλείω,] τοῦ δ' οὐρανοῦ πέρι καὶ τῶν λοιπῶν οὐδεμίαν ἔτι
ποιοῦνται μνείαν.

3. ARISTOT. Metaphys. N 5. 1092b 8 οὐθὲν δὲ διώρισται οὐδὲ ὁποτέρως οἱ
ἀριθμοὶ αἴτιοι τῶν οὐσιῶν καὶ τοῦ εἶναι, πότερον ὡς ὅροι οἷον αἱ στιγμαὶ τῶν
μεγεθῶν, καὶ ὡς Εὔρυτος ἔταττε, τίς ἀριθμὸς τίνος, οἷον ὁδὶ μὲν ἀνθρώπου ὁδὶ δὲ
15 ἵππου, ὥσπερ οἱ τοὺς ἀριθμοὺς ἄγοντες εἰς τὰ σχήματα τρίγωνον καὶ τετράγωνον,
οὕτως ἀφομοιῶν ταῖς ψήφοις τὰς μορφὰς τῶν ⟨ζῴων καὶ⟩ φυτῶν. [ALEX.] z. d. St.
p. 827, 9 κείσθω λόγου χάριν ὅρος τοῦ ἀνθρώπου ὁ σ̅ν̅ ἀριθμός, ὁ δὲ τ̅ξ̅ τοῦ φυτοῦ·
τοῦτο θεὶς ἐλάμβανε ψηφῖδας διακοσίας πεντήκοντα τὰς μὲν πρασίνας τὰς δὲ με-
λαίνας, ἄλλας ⟨δὲ⟩ ἐρυθρὰς καὶ ὅλως παντοδαποῖς χρώμασι κεχρωσμένας· εἶτα
20 περιχρίων τὸν τοῖχον ἀσβέστωι καὶ σκιαγραφῶν ἄνθρωπον καὶ φυτὸν οὕτως
ἐπήγνυ τάσδε μὲν τὰς ψηφῖδας ἐν τῆι τοῦ προσώπου σκιαγραφίαι, τὰς δὲ ἐν τῆι
τῶν χειρῶν, ἄλλας δὲ ἐν ἄλλοις, καὶ ἀπετέλει τὴν τοῦ μιμουμένου ἀνθρώπου διὰ
ψηφίδων ἰσαρίθμων ταῖς μονάσιν, ἃς ὁρίζειν ἔφασκε τὸν ἄνθρωπον.

---

46 [34]. ARCHIPPOS. LYSIS. OPSIMOS

25 1. IAMBL. V. P. 250 [s. I 103, 38] τῶν δὲ δύο τῶν περισωθέντων ἀμφο-
τέρων Ταραντίνων ὄντων ὁ μὲν ῎Αρχιππος ἀνεχώρησεν εἰς Τάραντα, ὁ δὲ Λῦσις
μισήσας τὴν ὀλιγωρίαν ἀπῆρεν εἰς τὴν Ἑλλάδα καὶ ἐν Ἀχαΐαι διέτριβε τῆι Πελο-
ποννησιακῆι, ἔπειτα εἰς Θήβας μετωικίσατο σπουδῆς τινος γενομένης, οὗπερ ἐγένετο
Ἐπαμεινώνδας ἀκροατὴς καὶ πατέρα τὸν Λῦσιν ἐκάλεσεν. ὧδε καὶ τὸν βίον κατέ-
30 στρεψεν. Vgl. NEP. Epam. 2. DIODOR. x 11, 2.
   Erfundene Anekdote aus dem Roman des Apollonios über Lysis
IAMBL. V. P. 185 vgl. 256. Flucht und Tod erzählt romanhaft PLUT.
de genio Socr. 13.

ZWEIFELHAFTE SCHRIFTEN

35 2. PORPH. V. P. 57 οὔτε γὰρ αὐτοῦ Πυθαγόρου σύγγραμμα ἦν, οἵ τ' ἐκφυ-
γόντες Λῦσίς τε καὶ ῎Αρχιππος καὶ ὅσοι ἀποδημοῦντες ἐτύγχανον ὀλίγα διέσωσαν
ζώπυρα τῆς φιλοσοφίας ἀμυδρά τε καὶ δυσθήρατα.

---

2 ὅπερ P: ὅπως Σ   9. 10 [χρόνον . . . πλείω] Usener (fehlt J, verb. L),
faßt als echten Zusatz zu Z. 8 κενὸν ἄπειρον (vgl. 58 B 30 I 459, 33) Frank
Plato u. d. sog. Pyth. S. 259¹; vgl. auch Kommentar von Ross z. St.
16 ⟨ ⟩ Christ   19 ⟨ ⟩ Brandis   28 σπουδῆς] nämlich παρὰ τῶν Θηβαίων

3. Diog. viii 7 [s. oben i 105, 13] τὸ δὲ φερόμενον ὡς Πυθαγόρου Λύσιδός ἐστι τοῦ Ταραντίνου Πυθαγορικοῦ φυγόντος εἰς Θήβας καὶ 'Επαμεινώνδα καθηγησαμένου.

4. Athenag. 5 p. 6, 15 Schwartz [nach 44 B 15 i 414, 17] Λῦσις δὲ καὶ
5 "Οψιμος ὁ μὲν ἀριθμὸν ἄρρητον ὁρίζεται τὸν θεόν, ὁ δὲ τοῦ μεγίστου τῶν ἀριθμῶν τὴν παρὰ τὸν ἐγγυτάτω ὑπεροχήν· εἰ δὲ μέγιστος μὲν ἀριθμὸς ὁ δέκα κατὰ τοὺς Πυθαγορικοὺς ὁ τετρακτύς τε ὢν καὶ πάντας τοὺς ἀριθμητικοὺς καὶ τοὺς ἁρμονικοὺς περιέχων λόγους, τούτωι δὲ ἐγγὺς παράκειται ὁ ἐννέα, μονάς ἐστιν ὁ θεός, τοῦτ' ἔστιν εἷς· ἑνὶ γὰρ ὑπερέχει ὁ μέγιστος τὸν ἐγγυτάτω ἐλαχίστωι
10 ⟨ὄντι⟩ αὐτῶι.

5. Iambl. V. P. 267 [58 A] 'Ρηγῖνοι 'Αριστείδης . . . "Οψιμος.

Apokrypher Brief des Lysis an Hipparchos = Hippasos bei Iambl.
V. Pyth. § 75ff., Epistologr. p. 601 Hercher, Diog. viii 42 (= c. 17, 1
i 106, 29), den Delatte *Études sur la litt. Pythag.* (Paris 1915) als echt oder
15 jedenfalls alt (aus pythagoreischen Kreisen vor Timaios stammend)
erweisen will. Vgl. auch oben i 108, 24 Anm. und unten i 448, 15 ff. Anm.

---

47 [35]. ARCHYTAS

A. LEBEN UND LEHRE

LEBEN

20 1. Diog. viii 79 'Αρχύτας Μνησαγόρου Ταραντῖνος, ὡς δὲ 'Αριστόξενος
[fr. 13 FHG II 275 vgl. A 7. 9] 'Εστιαίου, Πυθαγορικὸς καὶ αὐτός. οὗτός ἐστιν ὁ
Πλάτωνα ῥυσάμενος δι' ἐπιστολῆς παρὰ Διονυσίου μέλλοντα ἀναιρεῖσθαι. ἐθαυμάζετο δὲ καὶ παρὰ τοῖς πολλοῖς ἐπὶ πάσηι ἀρετῆι· καὶ δὴ ἑπτάκις πολιτῶν ἐστρατήγησε, τῶν ἄλλων μὴ πλέον ἐνιαυτοῦ στρατηγούντων διὰ τὸ κωλύειν τὸν νόμον.
25 πρὸς τοῦτον καὶ Πλάτων γέγραφεν ἐπιστολὰς δύο, ἐπειδήπερ αὐτῶι πρότερος
γεγράφει τοῦτον τὸν τρόπον. [Folgen §§ 80. 81 die vom Verfertiger der
Okkelosschriften gefälschten Briefe.]
γεγόνασι δὲ 'Αρχύται τέτταρες· πρῶτος αὐτὸς οὗτος, δεύτερος Μιτυληναῖος
μουσικός, τρίτος Περὶ γεωργίας συγγεγραφώς, τέταρτος ἐπιγραμματοποιός. ἔνιοι
30 καὶ πέμπτον ἀρχιτέκτονά φασιν, οὗ φέρεται βιβλίον Περὶ μηχανῆς ἀρχὴν ἔχον
ταύτην· 'τάδε περὶ Τεύκρου Καρχηδονίου διήκουσα'. (περὶ δὲ τοῦ μουσικοῦ φέρεται
καὶ τόδε, ὡς ὀνειδιζόμενος ἐπὶ τῶι μὴ ἐξακούεσθαι εἴποι· 'τὸ γὰρ ὄργανον ὑπὲρ
ἐμοῦ διαγωνιζόμενον λαλεῖ'.)
τὸν δὲ Πυθαγορικὸν 'Αριστόξενός φησι [fr. 14] μηδέποτε στρατηγοῦντα ἡττη-
35 θῆναι· φθονούμενον δ' ἅπαξ ἐκχωρῆσαι τῆς στρατηγίας, καὶ τοὺς αὐτίκα ληφθῆναι.
οὗτος πρῶτος τὰ μηχανικὰ ταῖς μαθηματικαῖς προσχρησάμενος ἀρχαῖς μεθώδευσε
καὶ πρῶτος κίνησιν ὀργανικὴν διαγράμματι γεωμετρικῶι προσήγαγε, διὰ τῆς τομῆς

---

6 ὑπεροχήν] vgl. 44 A 25   9 τὸν ἐγγυτάτω Gesner: τῶν ἐγγυτάτων
Hs.   ἐλαχίστωι ⟨ὄντι⟩ αὐτῶι Diels: ἐλάχιστον αὐτῶι Hs.   26 γεγράφει P:
γέγραφε B: ἔγραψε F   31 περὶ PBF: παρὰ Froben   32 ἐπὶ τὸ BF
36 μαθηματικαῖς Kühn: μηχανικαῖς Hss.   μεθόδευσε so die Hss.

τοῦ ἡμικυλίνδρου δύο μέσας ἀνὰ λόγον λαβεῖν ζητῶν εἰς τὸν τοῦ κύβου διπλα-
σιασμόν. κἀν γεωμετρίαι πρῶτος κύβον εὗρεν, ὥς φησι Πλάτων ἐν Πολιτείαι
[vii 528 в ?].

2. Suidas 'Αρχύτας Ταραντῖνος 'Εστιαίου υἱὸς ἢ Μνησάρχου ἢ Μνασαγέτου
5 ἢ Μνασαγόρου, φιλόσοφος Πυθαγορικός. οὗτος Πλάτωνα ἔσωσε μὴ φονευθῆναι
ὑπὸ Διονυσίου τοῦ τυράννου. τοῦ κοινοῦ δὲ τῶν 'Ιταλιωτῶν προέστη, στρατηγὸς
αἱρεθεὶς αὐτοκράτωρ ὑπὸ τῶν πολιτῶν καὶ τῶν περὶ ἐκεῖνον τὸν τόπον 'Ελλήνων.
ἅμα δὲ καὶ φιλοσοφίαν ἐκπαιδεύων μαθητάς τ' ἐνδόξους ἔσχε καὶ βιβλία συνέγραψε
πολλά [aus Hesychios].
10   τοῦτον φανερῶς γενέσθαι διδάσκαλον 'Εμπεδοκλέους (!). καὶ παροιμία ''Αρχύτου
πλαταγή', ὅτι 'Α. πλαταγὴν εὗρεν ἥτις ἐστὶν εἶδος ὀργάνου ἦχον καὶ ψόφον ἀπο-
τελοῦντος [aus A 10].

3. HORAT. c. i 28

te maris et terrae numeroque carentis arenae
15   mensorem cohibent, Archyta,
pulveris exigui prope litus parva Matinum
munera, nec quicquam tibi prodest
aerias temptasse domos animoque rotundum
percurrisse polum morituro.
20   occidit et Pelopis genitor, conviva deorum,
Tithonusque remotus in auras
et Iovis arcanis Minos admissus, habentque
Tartara Panthoiden iterum Orco
demissum, quamvis clipeo Troiana refixo
25   tempora testatus nihil ultra
nervos atque cutem morti concesserat atrae
iudice te non sordidus auctor
naturae verique. sed omnis una manet nox,
et calcanda semel via leti.

30   4. STRABO vi p. 280 ἴσχυσαν δέ ποτε οἱ Ταραντῖνοι καθ' ὑπερβολὴν πολι-
τευόμενοι δημοκρατικῶς ... ἀπεδέξαντο δὲ καὶ τὴν Πυθαγόρειον φιλοσοφίαν, δια-
φερόντως δ' 'Α. ὃς καὶ προέστη τῆς πόλεως πολὺν χρόνον. [Vgl. A l i 421, 21. 34].

5. PLATO Ep. vii p. 338 c ὅμως δ' οὖν ἀσφαλέστερόν μοι ἔδοξε χαίρειν τότε
γε [vor der dritten Reise nach Syrakus 361] πολλὰ καὶ Δίωνα καὶ Διονύσιον ἐᾶν
35 καὶ ἀπηχθόμην ἀμφοῖν ἀποκρινάμενος ὅτι γέρων τε εἴην καὶ κατὰ τὰς ὁμολογίας
οὐδὲν γίγνοιτο τῶν τὰ νῦν πραττομένων. ἔοικε δὴ τὸ μετὰ τοῦτο 'Αρχύτης τε
παρὰ Διονύσιον ἀφικέσθαι· ἐγὼ γὰρ πρὶν ἀπιέναι [einige Zeit nach 367, zweite
Reise] ξενίαν καὶ φιλίαν 'Αρχύτηι καὶ τοῖς ἐν Τάραντι καὶ Διονυσίωι ποιήσας
ἀπέπλεον ... 339 A ἔπεμψε μὲν γὰρ δὴ Διονύσιος τρίτον ἐπ' ἐμὲ τριήρη ῥαιστώ-
40 νης ἕνεκα τῆς πορείας, ἔπεμψε δὲ 'Αρχέδημον, ὃν ἡγεῖτό με τῶν ἐν Σικελίαι περὶ
πλείστου ποιεῖσθαι τῶν 'Αρχύτηι ξυγγεγονότων ἕνα καὶ ἄλλους γνωρίμους τῶν ἐν
Σικελίαι ... [Brief des Dionysios an Platon] ἐπιστολαὶ δὲ ἄλλαι ἐφοίτων παρά

---

2 κἀν Diels: καὶ BPF   γεωμετρία BPF: doch hat P nach α Rasur
κύβον ΒΡ: κύβην F: κύβου διπλασιασμὸν Meibom: εὖξεν statt εὗρεν (vgl.
Plato a. O. τὴν τῶν κύβων αὖξην)? Wil.*   10 τοῦτόν ⟨φασι⟩ Daub.   τοῦτον]
im Original ist Pythagoras gemeint

A. LEBEN 1—8 423

τε 'Αρχύτου καὶ τῶν ἐν Τάραντι τήν τε φιλοσοφίαν ἐγκωμιάζουσαι τὴν Διονυσίου, καὶ ὅτι, ἂν μὴ ἀφίκωμαι νῦν, τὴν πρὸς Διονύσιον αὐτοῖς γενομένην φιλίαν δι' ἐμοῦ οὐ σμικρὰν οὖσαν πρὸς τὰ πολιτικὰ παντάπασι διαβαλοίην. 340 A πορεύομαι δὴ . . . πολλὰ δεδιὼς μαντευόμενός τε οὐ πάνυ καλῶς.

350 A προσιόντες δέ μοι
5 ἄλλοι τε καὶ οἱ τῶν ὑπηρεσιῶν ὄντες 'Αθήνηθεν ἐμοὶ πολῖται ἀπήγγελλον ὅτι διαβεβλημένος εἴην ἐν τοῖς πελτασταῖς καί μοί τινες ἀπειλοῖεν, εἴ που λήψονταί με, διαφθερεῖν. μηχανῶμαι δή τινα τοιάνδε σωτηρίαν· πέμπω παρ' 'Αρχύτην καὶ τοὺς ἄλλους φίλους εἰς Τάραντα, φράζων ἐν οἷς ὢν τυγχάνω. οἱ δὲ πρόφασίν τινα πρεσβείας πορισάμενοι παρὰ τῆς πόλεως πέμπουσι τριακόντορόν τε καὶ Λα-
10 μίσκον αὐτῶν ἕνα, ὃς ἐλθὼν ἐδεῖτο Διονυσίου περὶ ἐμοῦ λέγων, ὅτι βουλοίμην ἀπιέναι καὶ μηδαμῶς ἄλλως ποιεῖν· ὁ δὲ ξυνωμολόγησε καὶ ἀπέπεμψεν ἐφόδια δούς . . . ἐλθὼν δὲ εἰς Πελοπόννησον εἰς 'Ολυμπίαν [Ol. 105. 360] Δίωνα καταλαβὼν θεωροῦντα ἤγγελλον τὰ γεγονότα. Hieraus alle Späteren z. B. Cic. de rep. i 10, 16 audisse te credo, Tubero, Platonem Socrate mortuo primum
15 in Aegyptum discendi causa, post in Italiam et in Siciliam contendisse, ut Pythagorae inventa perdisceret, eumque et cum Archyta Tarentino et cum Timaeo Locro multum fuisse et Philoleo commentarios esse nanctum. [Demosth.] Erotic. or. 61 § 46 . . . 'Αρχύταν τὴν Ταραντίνων πόλιν οὕτω καλῶς καὶ φιλανθρώπως διοικήσαντα καὶ κύριον αὐτῆς καταστάντα, ὥστ' εἰς ἅπαντας τὴν
20 ἐκείνου μνήμην διενεγκεῖν· ὃς ἐν ἀρχῆι καταφρονούμενος ἐκ τοῦ Πλάτωνι πλησιάσαι τοσαύτην ἔλαβεν ἐπίδοσιν.

6. Procl. in Eucl. prol. ii 66, 14 (aus Eudems Geschichte der Geometrie) ἐν δὲ τούτωι τῶι χρόνωι [Platons] καὶ Λεωδάμας ὁ Θάσιος ἦν καὶ 'Α. ὁ Ταραντῖνος καὶ Θεαίτητος ὁ 'Αθηναῖος, παρ' ὧν ἐπηυξήθη τὰ θεωρήματα καὶ
25 προῆλθεν εἰς ἐπιστημονικωτέραν σύστασιν.

7. Iambl. V. P. 197 (aus Aristoxenos) Σπίνθαρος γοῦν διηγεῖτο πολλάκις περὶ 'Αρχύτου ⟨τοῦ⟩ Ταραντίνου ὅτι διὰ χρόνου (τινὸς) εἰς ἀγρὸν ἀφικόμενος ἐκ στρατείας νεωστὶ παραγεγονώς, ἣν ἐστρατεύσατο ἡ πόλις εἰς Μεσσαπίους, ὡς εἶδε τόν τε ἐπίτροπον καὶ τοὺς ἄλλους οἰκέτας οὐκ εὖ τῶν περὶ τὴν γεωργίαν
30 ἐπιμέλειαν πεποιημένους, ἀλλὰ μεγάληι τινὶ κεχρημένους ὀλιγωρίας ὑπερβολῆι, ὀργισθείς τε καὶ ἀγανακτήσας οὕτως, ὡς ἂν ἐκεῖνος, εἶπεν, ὡς ἔοικε(?), πρὸς τοὺς οἰκέτας, ὅτι εὐτυχοῦσιν, ὅτι αὐτοῖς ὤργισται· εἰ γὰρ μὴ τοῦτο συμβεβηκὸς ἦν, οὐκ ἄν ποτε αὐτοὺς ἀθώιους γενέσθαι τηλικαῦτα ἡμαρτηκότας. Daraus Cic. Tusc. iv 36, 78 u. v. a.

35 8. Athen. xii 519 b καὶ 'Αθηνόδωρος δὲ ἐν τῶι Περὶ σπουδῆς καὶ παιδιᾶς 'Αρχύτην φησὶ τὸν Ταραντῖνον πολιτικὸν ἅμα καὶ φιλόσοφον γενόμενον πλείστους οἰκέτας ἔχοντα αἰεὶ τούτοις παρὰ τὴν δίαιταν ἀφιεμένοις εἰς τὸ συμπόσιον ἥδεσθαι· Ael. V. H. xii 15 ἀλλὰ καὶ 'Α. ὁ Ταραντῖνος πολιτικός τε καὶ φιλόσοφος ἀνὴρ γενόμενος πολλοὺς ἔχων οἰκέτας τοῖς αὐτῶν παιδίοις πάνυ σφόδρα ἐτέρπετο μετὰ
40 τῶν οἰκοτρίβων παίζων· μάλιστα δὲ ἐφίλει τέρπεσθαι αὐτοῖς ἐν τοῖς συμποσίοις. Vgl. A 10.

26ff. vgl. kritischen Apparat zu 58 D 6 § 197   35 vgl. Hense
Ein Fragment des Athenodorus v. Tarsos Rhein. Mus. 62 (1907) 313
παιδείας Hs.: verb. Mus.   37 scheint nach Ael. (Z. 39) emendiert werden
zu müssen

9. ATHEN. XII 545A 'Αριστόξενος δ' ὁ μουσικὸς ἐν τῶι 'Αρχύτα βίωι [fr.
15 FHG II 276] ἀφικέσθαι φησὶ παρὰ Διονυσίου τοῦ νεωτέρου πρεσβευτὰς πρὸς τὴν
Ταραντίνων πόλιν, ἐν οἷς εἶναι καὶ Πολύαρχον τὸν 'Ηδυπαθῆ ἐπικαλούμενον,
ἄνδρα περὶ τὰς σωματικὰς ἡδονὰς ἐσπουδακότα καὶ οὐ μόνον τῶι ἔργωι ἀλλὰ καὶ
5 τῶι λόγωι. ὄντα δὲ γνώριμον τῶι 'Αρχύται καὶ φιλοσοφίας οὐ παντελῶς ἀλλό-
τριον ἀπαντᾶν εἰς τὰ τεμένη καὶ συμπεριπατεῖν τοῖς περὶ τὸν 'Αρχύταν ἀκροώμενον
τῶν λόγων. ἐμπεσούσης δέ ποτε ἀπορίας καὶ σκέψεως περί τε τῶν ἐπιθυμιῶν καὶ τὸ
σύνολον περὶ τῶν σωματικῶν ἡδονῶν ἔφη ὁ Πολύαρχος κτλ. Die Widerlegung
des Polyarchos, die bei Ath. nicht mehr erhalten ist, benutzt, wie Anklänge
10 an Arist. N. Eth. H 12 zeigen, zu seiner Fiktion CIC. Cat. m. 12, 39 accipite
enim, optimi adulescentes, veterem orationem Archytae Tarentini, magni
inprimis et praeclari viri, quae mihi [Cato spricht] tradita est, cum essem
adulescens Tarenti cum Q. Maximo.   nullam capitaliorem pestem quam
voluptatem corporis hominibus dicebat a natura datam, cuius voluptatis
15 avidae libidines temere et ecfrenate ad potiendum incitarentur.   (40) hinc
patriae proditiones, hinc rerum publicarum eversiones, hinc cum hostibus
clandestina colloquia nasci; nullum denique scelus, nullum malum facinus
esse, ad quod suscipiendum non libido voluptatis inpelleret: stupra vero
et adulteria et omne tale flagitium nullis excitari aliis inlecebris nisi volup-
20 tatis. cumque homini sive natura sive quis deus nihil mente praestabilius
dedisset, huic divino muneri ac dono nihil tam esse inimicum quam volup-
tatem.   (41) nec enim libidine dominante temperantiae locum esse neque
omnino in voluptatis regno virtutem posse consistere. quod quo magis intellegi
posset, fingere animo iubebat tanta incitatum aliquem voluptate corporis
25 quanta percipi posset maxima: nemini censebat fore dubium quin tam
diu, dum ita gauderet, nihil agitare mente, nihil ratione, nihil cogitatione
consequi posset. quocirca nihil esse tam detestabile tamque pestiferum quam
voluptatem, si quidem ea, cum maior esset atque longior, omne animi lumen
extingueret. haec cum C. Pontio Samnite patre eius, a quo Caudino proelio
30 Sp. Postumius T. Veturius consules [321] superati sunt, locutum Archytam
Nearchus Tarentinus, hospes noster, qui in amicitia populi Romani per-
manserat, se a maioribus natu accepisse dicebat, cum quidem ei sermoni
interfuisset Plato Atheniensis, quem Tarentum venisse L. Camillo Appio
Claudio consulibus [349!] reperio.

35 10. ARISTOT. Pol. Θ 6. 1340b 26 καὶ τὴν 'Αρχύτου πλαταγὴν οἴεσθαι γενέ-
σθαι καλῶς, ἣν διδόασι τοῖς παιδίοις ὅπως χρώμενοι ταύτηι μηδὲν καταγνύωσι
τῶν κατὰ τὴν οἰκίαν· οὐ γὰρ δύναται τὸ νέον ἡσυχάζειν.

10a. GELL. X 12, 8 sed id, quod Archytam Pythagoricum commentum esse
atque fecisse traditur, neque minus admirabile neque tamen vanum aeque
40 videri debet. nam et plerique nobilium Graecorum et Favorinus philosophus,

---

1ff. vgl. M. Wellmann Abh. d. Berl. Ak. 1921, 4, 34   2 ἀφικέσθαι φησὶ
Casaub.: ἀφίησι Hs.   8ff. vgl. auch Philippson Berl. phil. Woch. 1913,1451;
Immisch ebd. 1914, 1060   34 vgl. Gudeman Ein chronol. Irrtum bei Cicero
Berl. phil. Woch. 1913, 1343f.   35 vgl. Crusius-Kugeas Paroemiographica
Münchn. Sitz. Ber. 1910, 4, 22   37 vgl. Plato Legg. 653 D (Frank Plato u. d.
sog. Pyth. S. 339)

memoriarum antiquarum exsequentissimus, affirmatissime scripserunt si-
mulacrum columbae e ligno ab Archyta ratione quadam disciplinaque mechani-
ca factum volasse; ita erat scilicet libramentis suspensum et aura spiritus
inclusa atque occulta concitum. libet hercle super re tam abhorrenti a fide
5 *ipsius Favorini verba ponere* (fr. 62 Marres): 'Α. Ταραντῖνος τὰ ἄλλα καὶ
μηχανικὸς ὢν ἐποίησεν περιστερὰν ξυλίνην πετομένην, ⟨ἣν⟩ ὁπότε καθίσειεν,
οὐκέτι ἀνίστατο. μέχρι γὰρ τούτου * * *

11. AELIAN. V. H. XIV 19 'Α. τά τε ἄλλα ἦν σώφρων καὶ οὖν καὶ τὰ ἄκοσμα
ἐφυλάττετο τῶν ὀνομάτων. ἐπεὶ δέ ποτε ἐβιάζετό τι εἰπεῖν τῶν ἀπρεπῶν, οὐκ
10 ἐξενικήθη, ἀλλ' ἐσιώπησε μὲν αὐτό, ἐπέγραψε δὲ κατὰ τοῦ τοίχου, δείξας μὲν ὃ
εἰπεῖν ἐβιάζετο, οὐ μὴν βιασθεὶς εἰπεῖν.

12. ARISTOT. Rhet. Γ 11. 1412a 12 'Α. ἔφη ταὐτὸν εἶναι διαιτητὴν καὶ
βωμόν· ἐπ' ἄμφω γὰρ τὸ ἀδικούμενον καταφεύγει.

LEHRE

15 13. HESYCH. Katalog der Aristotelischen Schriften [Rose² 14 n. 83]:
περὶ τῆς 'Αρχύτου φιλοσοφίας γ̄, n. 85 ἐκ τῶν Τιμαίου καὶ 'Αρχύτου ᾱ. DIOG.
v 25 [R. 6 n. 92] περὶ τῆς 'Αρχυτείου φιλοσοφίας ᾱ β̄ γ̄. Vgl. Damasc. de
princ. II 172, 20 Ruelle 'Αριστοτέλης δὲ ἐν τοῖς 'Αρχυτείοις [fr. 207 R.] ἱστορεῖ
καὶ Πυθαγόραν ἄλλο τὴν ὕλην καλεῖν ὡς ῥευστὴν καὶ ἀεὶ ἄλλο ⟨καὶ ἄλλο⟩ γιγνό-
20 μενον. Vielleicht daher Theophr. Metaph. 11 p. VIa 19 [s. oben c. 45, 2].

14. EUTOC. in Archim. sphaer. et cyl. II (III² 84 Heib.) ἡ 'Αρχύτου εὕρε-
σις, ὡς Εὔδημος [fr. 90 Speng.] ἱστορεῖ. Ἔστωσαν αἱ δοθεῖσαι δύο εὐθεῖαι αἱ ΑΔ, Γ.
δεῖ δὴ τῶν ΑΔ, Γ δύο μέσας ἀνὰ λόγον εὑρεῖν. γεγράφθω περὶ τὴν μείζονα τὴν
ΑΔ κύκλος ὁ ΑΒΔΖ, καὶ τῇ Γ ἴση ἐνηρμόσθω ἡ ΑΒ, καὶ ἐκβληθεῖσα συμπιπτέτω
25 τῆι ἀπὸ τοῦ Δ ἐφαπτομένηι τοῦ κύκλου κατὰ τὸ Π. παρὰ δὲ τὴν ΠΔΟ ἤχθω ἡ
ΒΕΖ, καὶ νενοήσθω ἡμικυλίνδριον ὀρθὸν ἐπὶ τοῦ ΑΒΔ ἡμικυκλίου, ἐπὶ δὲ τῆς ΑΔ
ἡμικύκλιον ὀρθὸν ἐν τῶι τοῦ ἡμικυλινδρίου παραλληλογράμμωι κείμενον, τοῦτο
δὴ τὸ ἡμικύκλιον περιαγόμενον ὡς ἀπὸ τοῦ Δ ἐπὶ τὸ Β μένοντος τοῦ Α πέρατος
τῆς διαμέτρου τεμεῖ τὴν κυλινδρικὴν ἐπιφάνειαν ἐν τῆι περιαγωγῆι καὶ γράψει
30 ἐν αὐτῆι γραμμήν τινα· πάλιν δέ, ἐὰν τῆς ΑΔ μενούσης τὸ ΑΠΔ τρίγωνον περι-

6 ⟨ἣν⟩ ὁπότε Jacobi: αποτε Hss.: ἣν ὁπόσε Nietzsche.   7 Ausfüllung
der Lücke am Schluß unmöglich. Über die Konstruktion der Taube schrieb
Wilh. Schmidt aus Helmstedt 22. 1. 1903 andeutend, er denke sich die
Taube von Ast zu Ast eines Baumes emporfliegend, dessen Stamm das
libramentum (Gegengewicht) verdecke. Zur Aufwärtsbewegung sei die
Druckluft (*aura spiritus inclusa*) in dem hohlen Körper der Taube benutzt
worden, die er sich durch einen verborgenen Schlauch zugeführt und ver-
dichtet denke. Sobald nun ein Ventil der Taube geöffnet wurde, habe
die ausströmende Druckluft die Flügel in Bewegung gesetzt und durch
Verminderung des Gewichtes die Taube etwas leichter gemacht als das
durch Rollen und Schnüren mit der Taube in Verbindung stehende Gegen-
gewicht. Dadurch sei die Taube in die Höhe geflogen und dort sitzen
geblieben. Er verglich den olympischen Adler Paus. VI 20, 7 und den
Hirsch des Kanachos Plin. XXXIV 75. — Vgl. auch Frank a. O. S. 236f.
13 τὸν ἀ. καταφεύγειν Kayser   19 ⟨καὶ ἄλλο⟩ Creuzer

ενεχθῆι τὴν ἐναντίαυ τῶι ἡμικυκλίωι κίνησιν, κωνικὴν ποιήσει ἐπιφάνειαν τῆι ΑΠ
εὐθείαι, ἣ δὴ περιαγομένη συμβαλεῖ τῆι κυλινδρικῆι γραμμῆι κατά τι σημεῖον·
ἅμα δὲ καὶ τὸ Β περιγράψει ἡμικύκλιον ἐν τῆι τοῦ κώνου ἐπιφανείαι. ἐχέτω δὴ
θέσιν κατὰ τὸν τόπον τῆς συμπτώσεως τῶν γραμμῶν τὸ μὲν κινούμενον ἡμικύκλιον
5 ὡς τὴν τοῦ Δ'ΚΑ, τὸ δὲ ἀντιπεριαγόμενον τρίγωνον τὴν τοῦ Δ'ΛΑ, τὸ δὲ τῆς
εἰρημένης συμπτώσεως σημεῖον ἔστω τὸ Κ. ἔστω δὲ καὶ τὸ διὰ τοῦ Β γραφόμενον
ἡμικύκλιον τὸ ΒΜΖ, κοινὴ δὲ αὐτοῦ τομὴ καὶ τοῦ ΒΔΖΑ κύκλου ἔστω ἡ ΒΖ. καὶ
ἀπὸ τοῦ Κ ἐπὶ τὸ τοῦ ΒΔΑ ἡμικυκλίου ἐπίπεδον κάθετος ἤχθω· πεσεῖται δὴ ἐπὶ
τὴν τοῦ κύκλου περιφέρειαν διὰ τὸ ὀρθὸν ἐστάναι τὸν κύλινδρον. πιπτέτω καὶ
10 ἔστω ἡ ΚΙ, καὶ ἡ ἀπὸ τοῦ Ι ἐπὶ τὸ Α ἐπιζευχθεῖσα συμβαλέτω τῆι ΒΖ κατὰ τὸ Θ,
ἡ δὲ ΑΛ τῶι ΒΜΖ ἡμικυκλίωι κατὰ τὸ Μ. ἐπεζεύχθωσαν δὲ καὶ αἱ ΚΔ', ΜΙ, ΜΘ.
ἐπεὶ οὖν ἑκάτερον τῶν Δ'ΚΑ, ΒΜΖ ἡμικυκλίων ὀρθόν ἐστι πρὸς τὸ ὑποκείμενον
ἐπίπεδον, καὶ ἡ κοινὴ ἄρα αὐτῶν τομὴ ἡ ΜΘ πρὸς ὀρθάς ἐστι τῶι τοῦ κύκλου
ἐπιπέδωι· ὥστε καὶ πρὸς τὴν ΒΖ ὀρθή ἐστιν ἥ ΜΘ. τὸ ἄρα ὑπὸ τῶν ΘΒ, ΘΖ,
15 τουτέστι τὸ ὑπὸ ΘΑ, ΘΙ, ἴσον ἐστὶ τῶι ἀπὸ ΜΘ. ὅμοιον ἄρα ἐστὶ τὸ ΑΜΙ τρί-
γωνον ἑκατέρωι τῶν ΜΙΘ, ΜΑΘ· καὶ ὀρθὴ ἡ ὑπὸ ΙΜΑ. ἔστιν δὲ καὶ ἡ ὑπὸ Δ'ΚΑ
ὀρθή. παράλληλοι ἄρα εἰσὶν αἱ ΚΔ', ΜΙ, καὶ ἔσται ἀνὰ λόγον ὡς ἡ Δ'Α πρὸς ΑΚ,
τουτέστιν ἡ ΚΑ πρὸς ΑΙ, οὕτως ἡ ΙΑ πρὸς ΑΜ διὰ τὴν ὁμοιότητα τῶν τριγώνων·
τέσσαρες ἄρα αἱ Δ'Α, ΑΚ, ΑΙ, ΑΜ ἑξῆς ἀνὰ λόγον εἰσίν. καὶ ἔστιν ἡ ΑΜ ἴση
20 τῆι Γ, ἐπεὶ καὶ τῆι ΑΒ. δύο ἄρα δοθεισῶν τῶν ΑΔ, Γ δύο μέσαι ἀνὰ λόγον ηὕρην-
ται αἱ ΑΚ, ΑΙ.

Zur Verdeutlichung wird eine moderne Übersetzung und Zeichnung
Paul Gohlkes gegeben. Vgl. auch Hoppe *Mathematik und Astronomie
im klass. Altert.* (Heidel-
berg 1911) S. 138.

»Gesucht sind zwei
mittlere Proportionale zu
den gegebenen Strecken
ΑΔ und Γ.

Über ΑΔ als Durch-
messer sei in der Grund-
ebene der Kreis ΑΒΔΖ
gezeichnet, in ihn als
Sehne ΑΒ = Γ eingetra-
gen, deren Verlängerung
die Kreistangente des
Punktes Δ in Π schneide.
Ferner sei ΒΕΖ ‖ ΠΔΟ
gezogen. Man denke über
dem Halbkreis ΑΒΔ einen
geraden   Halbzylinder
und über der Strecke
ΑΔ einen Halbkreis in
der Ebene des Rechtecks
(ΑΔΡΤ) jenes Halbzylin-
ders.

Wenn dieser Halb-
kreis um den Punkt A

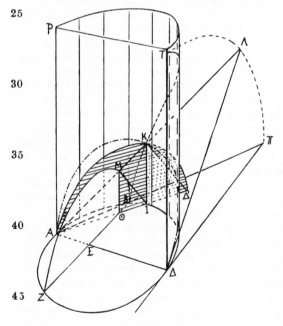

Fig. 1.

(besser: um die Achse AP) gedreht
wird und zwar in Richtung auf B, so
wird er dabei auf der Zylinderober-
fläche eine gewisse Kurve beschreiben
5 (ΔKA). Anderseits: wenn das Dreieck
AΠΔ entgegengesetzt um die Achse
AΔ gedreht wird, so wird die Seite AΠ
einen Kegelmantel beschreiben und
dabei in irgendeinem Punkte jene
10 Kurve auf der Zylinderfläche schnei-
den. (Die Seite AΠ oder der Kegel-
mantel bildet eine zweite Kurve —
BK — auf der Zylinderfläche). In
dem Augenblick, in dem Kurve und
15 Dreiecksseite sich schneiden, habe
der gedrehte Halbkreis (schraffiert)
die Lage Δ'KA, das entgegengesetzt
gedrehte Dreieck die Lage AΛΔ, der
Schnittpunkt sei K.

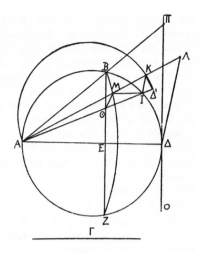

Fig. 2.

20   Der Punkt B, welcher auf dem Kegelmantel einen Halbkreis über
BZ in einer zur Grundebene senkrechten Ebene beschreibt, liegt jetzt in M.
Von K werde auf die Grundebene das Lot gefällt, das die Kreislinie
ABΔ trifft (in I), da der Zylinder gerade ist. Der Schnittpunkt von AI
und BZ sei Θ. Endlich sind noch zu ziehen KΔ', MI und MΘ. Da nun die
25 beiden Ebenen der Kreise B MZ und AKΔ' senkrecht stehen auf der Grund-
ebene, steht ihre Schnittlinie MΘ ebenfalls senkrecht auf allen Geraden der
Grundebene, die durch den Fußpunkt I hindurchgehen. Also auch MΘ⊥BZ.
Mithin ist das Rechteck aus ΘB und ΘZ oder (nach dem Sehnensatz) aus
ΘA und ΘI gleich dem Quadrat über MΘ. Also ist AMI (nach dem
30 Höhensatz) ein rechter Winkel, wie auch Δ'KA (nach dem Satz des Thales).
Daher ist KΔ' ∥ MI, und es ergibt sich die Proportion Δ'A : AK = KA : AI
= IA : AM aus der Ähnlichkeit der Dreiecke. Nun ist AM = AB = Γ,
AΔ' = AΔ; folglich sind AK und AI mittlere Proportionale zu AΔ und Γ.«
— Zur Erläuterung der Figuren: »Der Text des Archimedes unterschied
35 nicht die beiden Lagen des Punktes Δ; hier ist die zweite durch einen
Strich gekennzeichnet. Die moderne Darstellung (Fig. 1) bedient sich der
Zentralprojektion, die Griechen (Fig. 2) legten alle Ebenen in die Zeichen-
ebene und nur, wenn anders die notwendigen Schnittpunkte nicht zu erzielen
waren, wurde an Stelle des Halbkreises ein kleinerer Kreisbogen gezeichnet.«

40   15. ERATOSTH. Weihepigramm über das Delische Problem von der Ver-
doppelung des Würfels (Eutoc. in Archim sphaer. et cyl. II. III 112, 19 Heib.)

7   μηδὲ σύ γ' Ἀρχύτεω δυσμήχανα ἔργα κυλίνδρων
      μηδὲ Μεναιχμείους κωνοτομεῖν τριάδας
      διζήσηι, μηδ' εἴ τι θεουδέος Εὐδόξοιο
45   10   καμπύλον ἐν γραμμαῖς εἶδος ἀναγράφεται.

44 διζήσηι Wilamowitz *Ein Weihgeschenk des Er.* (*Nachr. d. Gött. G. d. W.*
1894, 1, 9): δίζησαι Hss.

Vgl. PSEUDERATOSTH. das. III 106, 1 Heib. τῶν δὲ φιλοπόνως ἐπιδιδόντων ἑαυτοὺς καὶ ζητούντων δύο τῶν δοθεισῶν δύο μέσας λαβεῖν Ἀ. μὲν ὁ Ταραντῖνος λέγεται διὰ τῶν ἡμικυλίνδρων εὑρηκέναι, Εὔδοξος δὲ διὰ τῶν καλουμένων καμπύλων γραμμῶν. συμβέβηκε δὲ πᾶσιν αὐτοῖς ἀποδεικτικῶς γεγραφέναι, χειρουρ-
5 γῆσαι δὲ καὶ εἰς χρείαν πεσεῖν μὴ δύνασθαι πλὴν ἐπὶ βραχύ τι τοῦ Μεναίχμου καὶ ταῦτα δυσχερῶς. Dies ist Paraphrase des Epigramms unter Benutzung von Eratosthenes Platonikos, aus dem PLUT. Quaest. conv. VIII 2, 1 p. 718E διὸ καὶ Πλάτων αὐτὸς ἐμέμψατο τοὺς περὶ Εὔδοξον καὶ Ἀρχύταν καὶ Μέναιχμον εἰς ὀργανικὰς καὶ μηχανικὰς κατασκευὰς τὸν τοῦ στερεοῦ διπλασιασμὸν ἀπάγειν ἐπι-
10 χειροῦντας, ὥσπερ πειρωμένους δι' ἀλόγου δύο μέσας ἀνὰ λόγον, ἧι παρείκοι, λαβεῖν· ἀπόλλυσθαι γὰρ οὕτω καὶ διαφθείρεσθαι τὸ γεωμετρίας ἀγαθὸν αὖθις ἐπὶ τὰ αἰσθητὰ παλινδρομούσης καὶ μὴ φερομένης ἄνω μηδ' ἀντιλαμβανομένης τῶν ἀιδίων καὶ ἀσωμάτων εἰκόνων, πρὸς αἷσπερ ὢν ὁ θεὸς ἀεὶ θεός ἐστιν. Vgl. PLUT. Marc. 14, VITR. IX 3, 13 u. a.

15　16. PTOLEM. Harm. I 13 p. 30, 9 Düring [daraus Boëth. de mus. v 17ff.] Ἀ. δὲ ὁ Ταραντῖνος μάλιστα τῶν Πυθαγορείων ἐπιμεληθεὶς μουσικῆς·πειρᾶται μὲν τὸ κατὰ τὸν λόγον ἀκόλουθον διασώιζειν οὐκ ἐν ταῖς συμφωνίαις μόνον ἀλλὰ καὶ ταῖς τῶν τετραχόρδων διαιρέσεσιν, ὡς οἰκείου τῆι φύσει τῶν ἐμμελῶν ὄντος τοῦ συμμέτρου τῶν ὑπεροχῶν ... τρία μὲν τοίνυν οὗτος ὑφίσταται γένη, τό τε ἐναρ-
20 μόνιον καὶ τὸ χρωματικὸν καὶ τὸ διατονικόν· ἑκάστου δὲ αὐτῶν ποιεῖται τὴν διαίρεσιν οὕτως· τὸν μὲν γὰρ ἑπόμενον λόγον ἐπὶ τῶν τριῶν γενῶν τὸν αὐτὸν ὑφίσταται καὶ ἐπὶ κζ̅ (²⁸⁄₂₇), τὸν δὲ μέσον ἐπὶ μὲν τοῦ ἐναρμονίου ἐπὶ λε̅ (³⁶⁄₃₅), ἐπὶ δὲ τοῦ διατονικοῦ ἐπὶ ζ̅ (⁸⁄₇), ὥστε καὶ τὸν ἡγούμενον τοῦ μὲν ἐναρμονίου γένους συνάγεσθαι ἐπὶ δ̅ (⁵⁄₄), τοῦ δὲ διατονικοῦ ἐπὶ η̅ (⁹⁄₈). τὸν δὲ ἐν τῶι χρωματικῶι γένει δεύ-
25 τερον ἀπὸ τοῦ ὀξυτάτου φθόγγου λαμβάνει διὰ τοῦ τὴν αὐτὴν θέσιν ἔχοντος ἐν τῶι διατονικῶι· φησὶ γὰρ λόγον ἔχειν τὸν ἐν τῶι χρωματικῶι δεύτερον ἀπὸ τοῦ ὀξυτάτου πρὸς τὸν ὅμοιον τὸν ἐν τῶι διατονικῶι τὸν τῶν σνϛ̅ πρὸς τὰ σμγ̅. συνίσταται δὴ τὰ τοιαῦτα τετράχορδα κατὰ τοὺς ἐκκειμένους λόγους ἐν πρώτοις ἀριθμοῖς τούτοις· ἐὰν γὰρ τοὺς μὲν ὀξυτάτους τῶν τετραχόρδων ὑποστησώμεθα,
30 ,αφιβ, τοὺς δὲ βαρυτάτους κατὰ τὸν ἐπίτριτον λόγον τῶν αὐτῶν ,βιϛ, ταῦτα μὲν ποιήσει ἐπὶ κζ̅ πρὸς τὰ ,αφμδ· καὶ τοσούτων ἔσονται πάλιν ἐν τοῖς τρισὶ γένεσιν οἱ δεύτεροι [nāml. λόγοι] ἀπὸ τῶν βαρυτάτων· τῶν δ' ἀπὸ τοῦ ὀξυτάτου δευτέρων ὁ μὲν τοῦ ἐναρμονίου γένους ἔσται ,αωϟ. ταῦτα γὰρ πρὸς μὲν τὰ ,αφμδ ποιεῖ τὸν ἐπὶ λε̅ λόγον, πρὸς δὲ τὰ ,αφιβ τὸν ἐπὶ δ̅· ὁ δὲ τοῦ διατονικοῦ γένους
35 τῶν αὐτῶν ἔσται ,αψα· καὶ ταῦτα γὰρ πρὸς μὲν τὰ ,αφμδ τὸν ἐπὶ ζ̅ ποιεῖ λόγον· πρὸς δὲ τὰ ,αφιβ τὸν ἐπὶ η̅· ὁ δὲ τοῦ χρωματικοῦ καὶ αὐτὸς ἔσται τῶν αὐτῶν ,αψϟβ· ταῦτα γὰρ λόγον ἔχει πρὸς τὰ ,αψα, ὃν τὰ σνϛ̅ πρὸς τὰ σμγ̅ [= fr. 5 Blass]. Folgt die Tabelle der Intervallenverhältnisse:

		Ἐναρμόνιον		Χρωματικόν		Διατονικόν	
Intervalle	A	1512	} ⁵⁄₄	1512	} ³²⁄₂₇	1512	} ⁹⁄₈
	G	1890	} ³⁶⁄₃₅	1792	} ²⁴³⁄₂₂₄	1701	} ⁸⁄₇
	F	1944	} ²⁸⁄₂₇	1944	} ²⁄₂₇	1944	} ²⁸⁄₂₇
	E	2016		2016		2016	

$$\frac{5}{4}\cdot\frac{36}{35}\cdot\frac{28}{27}=\frac{4}{3} \qquad \frac{32}{27}\cdot\frac{243}{224}\cdot\frac{28}{27}=\frac{4}{3} \qquad \frac{9}{8}\cdot\frac{8}{7}\cdot\frac{28}{27}=\frac{4}{3}$$

17. Porphyr. in Ptolem. harm. ι 6 p. 107 D. τῶν Πυθαγορικῶν τινες,
ὡς Ἀ. καὶ Δίδυμος ἱστοροῦσι, μετὰ τὸ καταστήσασθαι τοὺς λόγους τῶν συμφω-
νιῶν συγκρίνοντες αὐτοὺς πρὸς ἀλλήλους καὶ τοὺς συμφώνους μᾶλλον ἐπιδει-
κνύναι βουλόμενοι τοιοῦτόν τι ἐποίουν· πρώτους λαβόντες ἀριθμούς, οὓς ἐκάλουν
5 πυθμένας, τῶν τοὺς λόγους τῶν συμφωνιῶν ἀποτελούντων . . . τούτους οὖν
τοὺς ἀριθμοὺς ἀποδόντες ταῖς συμφωνίαις ἐσκόπουν καθ᾽ ἕκαστον λόγον, τῶν
τοὺς ὅρους περιεχόντων ἀριθμῶν ἀφελόντες ἀφ᾽ ἑκατέρων τῶν ὅρων ἀνὰ μονάδα,
τοὺς ἀπολειπομένους ἀριθμοὺς μετὰ τὴν ἀφαίρεσιν οἵτινες εἶεν· οἶον τῶν β̄ ᾱ, οἵπερ
ἦσαν τῆς διὰ πασῶν, ἀφελόντες ἀνὰ μονάδα ἐσκόπουν τὸ καταλειπόμενον· ἦν
10 δὲ ἕν. τῶν δὲ δ̄ καὶ γ̄, οἵτινες ἦσαν τῆς διὰ τεσσάρων, ἀφελόντες ἀνὰ μονάδα εἶχον
ἐκ μὲν οὖν τῶν τεσσάρων ὑπολειπόμενον τὸν τρία, ἐκ δὲ τῶν τριῶν τὸν δύο· ὥστ᾽
ἀπὸ συναμφοτέρων τῶν ὅρων μετὰ τὴν ἀφαίρεσιν τὸ ὑπολειπόμενον ἦν πέντε.
τῶν δὲ γ̄ καὶ β̄, οἵτινες ἦσαν τῆς διὰ πέντε, ἀφελόντες ἀνὰ μονάδα εἶχον ἐκ μὲν τῶν
τριῶν ὑπολειπόμενα δύο, ἐκ δὲ τῶν δύο ὑπολειπόμενον ἕν, ὥστε τὸ συναμφό-
15 τερον λειπόμενον εἶναι τρία. ἐκάλουν δὲ τὰς μὲν ἀφαιρουμένας μονάδας ὅμοια,
τὰ δὲ λειπόμενα μετὰ τὴν ἀφαίρεσιν ἀνόμοια, διὰ δύο αἰτίας, ὅτι ἐξ ἀμφοῖν τῶν
ὅρων ὁμοία ἡ ἀφαίρεσις ἐγίνετο καὶ ἴση· ἴση γὰρ ἡ μονὰς τῆι μονάδι· ὧν ἀφαι-
ρουμένων ἐξ ἀνάγκης τὰ ὑπολειπόμενα ἀνόμοια καὶ ἄνισα. ἐὰν γὰρ ἀπὸ ἀνίσων
ἴσα ἀφαιρεθῆι, τὰ λοιπὰ ἔσται ἄνισα. οἱ δὲ πολλαπλάσιοι λόγοι καὶ ἐπιμόριοι,
20 ἐν οἷς θεωροῦνται αἱ συμφωνίαι, ἐν ἀνίσοις ὅροις ὑφεστήκασιν, ἀφ᾽ ὧν ἴσων ἀφαι-
ρουμένων τὰ λοιπὰ πάντως ἄνισα. γίνεται οὖν τὰ ἀνόμοια τῶν συμφωνιῶν συμ-
μιγέντα· συμμίσγειν δὲ λέγουσιν οἱ Πυθαγόρειοι τὸ ἕνα ἐξ ἀμφοτέρων ἀριθμὸν
λαβεῖν. ἔσται οὖν τὰ ἀνόμοια συντεθέντα καὶ καθ᾽ ἑκάστην τῶν συμφωνιῶν τοι-
αῦτα· τῆς μὲν διὰ πασῶν ἕν, τῆς δὲ διὰ τεσσάρων πέντε, τῆς δὲ διὰ πέντε τρία.
25 ἐφ᾽ ὧν δ᾽ ἄν, φασί, τὰ ἀνόμοια ἐλάσσονα ἦι, ἐκεῖνα τῶν ἄλλων εἰσὶ συμφωνότερα·
σύμφωνον μέν ἐστιν ἡ διὰ πασῶν, ὅτι ταύτης τὰ ἀνόμοια ἕν· μεθ᾽ ἣν ἡ διὰ πέντε,
ὅτι ταύτης τὰ ἀνόμοια τρία· τελευταία δὲ ἡ διὰ τεσσάρων, ὅτι ταύτης τὰ ἀνόμοια
πέντε [= fr. 4 Blass].

18. — p. 104 ἔλεγον δὲ οἱ περὶ τὸν Ἀρχύταν ἑνὸς φθόγγου γίνεσθαι κατὰ
30 τὰς συμφωνίας τὴν ἀντίληψιν τῆι ἀκοῆι [= fr. 3 Bl.].

19. Boëth. de mus. III 11 *superparticularis proportio scindi in aequa
medio proportionaliter interposita numero non potest . . . quam enim de-
monstrationem ponit Archytas, nimium fluxa est. haec vero est huiusmodi.
sit, inquit, superparticularis proportio · A · B · . sumo in eadem proportione*
35 *minimos · C · DE · . quoniam igitur sunt minimi in eadem proportione
· C · DE · et sunt superparticulares, · DE · numerus · C · numerum parte
una sua eiusque transcendit. sit haec · D · . dico quoniam · D · non erit
numerus, sed unitas. si enim est numerus · D · et pars est eius qui est · DE ·,*

Zu S. 428. 10 ἧι Herwerden: μὴ Hss. 13 οἷσπερ Hss: verb. Bernar-
dakis; vgl. für das Material Hiller Erat. carm. p. 122ff., für die Kritik und
Erklärung Wilamowitz a. O. 15ff. vgl. Frank Plato u. d. sog. Pytha-
goreer S. 155ff. 19. 22 ὑφίσταται MWE: ὑφιστᾶ W¹A: ὑφίστησι V
27 συνίστησι übergeschr. G τρία vor τετράχορδα f, übergeschr. AV¹
S. 429. 8 β̄ ⟨καὶ⟩ ᾱ nach unten Z. 10. 13? 14 ὥστε συναμφότερον
⟨τὸ ὑπο⟩λειπόμενον ἦν Diels 31 vgl. Euclid. Sect. can. 3 VIII 162 Heiberg
(Mus. scr. gr. ed. Jan. p. 152); Tannery Bibl. math. III 6 (1905) 225

*metietur · D · numerus · DE · numerum; quocirca et · E · numerum metietur.
quo fit, ut · C · quoque metiatur. utrumque igitur, · C · et · DE ·, numeros
metietur · D · numerus, quod est impossibile. qui enim sunt minimi in
eadem proportione quibuslibet aliis numeris, hi primi ad se invicem sunt,*
5 *et solum differentiam retinent unitatem. unitas igitur est · D · . igitur
· DE · numerus · C · numerum unitate transcendit. quocirca nullus incidit
medius numerus, qui eam proportionem aequaliter scindat* [= fr. 6 Bl.].

19a. THEO SMYRN. p. 61, 11 Hill. οἱ δὲ περὶ Εὔδοξον καὶ 'Αρχύταν τὸν
λόγον τῶν συμφωνιῶν ἐν ἀριθμοῖς ᾤοντο εἶναι ὁμολογοῦντες καὶ αὐτοὶ ἐν κινή-
10 σεσιν εἶναι τοὺς λόγους καὶ τὴν μὲν ταχεῖαν κίνησιν ὀξεῖαν εἶναι ἅτε πλήττουσαν
συνεχὲς καὶ ὠκύτερον κεντοῦσαν τὸν ἀέρα, τὴν δὲ βραδεῖαν βαρεῖαν ἅτε νωθε-
στέραν οὖσαν. Vgl. B11 433, 16. 434, 17ff. 435,13; EUCLID. Sect. canonis Einl.
VIII 158 Heiberg.

19b. QUINTIL. I 10, 17 A. *atque Euenus etiam subiectam grammaticen*
15 *musicae putaverunt.*

20. THEO SMYRN. p. 20. 19 'Α. δὲ καὶ Φιλόλαος ἀδιαφόρως τὸ ἕν καὶ μονάδα
καλοῦσι καὶ τὴν μονάδα ἕν.

21. — — p. 22, 5 'Αριστοτέλης δὲ ἐν τῶι Πυθαγορικῶι [fr. 199 R.] τὸ ἕν
φησιν ἀμφοτέρων [Grad und Ungrad] μετέχειν τῆς φύσεως· ἀρτίωι μὲν γὰρ προσ-
20 τεθὲν περιττὸν ποιεῖ, περιττῶι δὲ ἄρτιον, ὃ οὐκ ἂν ἠδύνατο, εἰ μὴ ἀμφοῖν τοῖν
φυσέοιν μετεῖχε· διὸ καὶ ἀρτιοπέριττον καλεῖσθαι ·τὸ ἕν. συμφέρεται δὲ τούτοις
καὶ 'Α.

22. ARISTOT. Metaphys. H 2. 1043a 19 ἔοικε γὰρ ὁ μὲν διὰ τῶν διαφορῶν
λόγος τοῦ εἴδους καὶ τῆς ἐνεργείας εἶναι, ὁ δ' ἐκ τῶν ἐνυπαρχόντων τῆς ὕλης
25 μᾶλλον. ὁμοίως δὲ καὶ οἵους 'Α. ἀπεδέχετο ὅρους· τοῦ συνάμφω γάρ εἰσιν. οἷον
τί ἐστι νηνεμία; ἠρεμία ἐν πλήθει ἀέρος. ὕλη μὲν γὰρ ὁ ἀήρ, ἐνέργεια δὲ καὶ οὐσία
ἡ ἠρεμία. τί ἐστι γαλήνη; ὁμαλότης θαλάττης, τὸ μὲν ὑποκείμενον ὡς ὕλη ἡ
θάλαττα, ἡ δ' ἐνέργεια καὶ ἡ μορφὴ ἡ ὁμαλότης.

23. EUDEM. Phys. fr. 27 (Simpl. Ph. 431, 8) Πλάτων δὲ τὸ μέγα καὶ μικρὸν
30 καὶ τὸ μὴ ὂν καὶ τὸ ἀνώμαλον καὶ ὅσα τούτοις ἐπὶ ταὐτὸ φέρει τὴν κίνησιν λέγει·
φαίνεται δὲ ἄτοπον αὐτὸ τοῦτο τὴν κίνησιν λέγειν· παρούσης γὰρ δοκεῖ κινήσεως
κινεῖσθαι τὸ ἐν ὧι. ἀνίσου δὲ ὄντος ἢ ἀνωμάλου προσαναγκάζειν ὅτι κινεῖται
γελοῖον· βέλτιον γὰρ αἴτια λέγειν ταῦτα ὥσπερ 'Α.

23a. [ARISTOT.] Probl. 16, 9. 915a 25 διὰ τί τὰ μόρια τῶν φυτῶν καὶ τῶν
35 ζώιων, ὅσα μὴ ὀργανικά, πάντα περιφερῆ, τῶν μὲν φυτῶν τὸ στέλεχος καὶ οἱ
πτόρθοι, τῶν δὲ ζώιων κνῆμαι, μηροί, βραχίονες, θώραξ· τρίγωνον δὲ οὐδὲ πολύ-
γωνον οὔτε ὅλον οὔτε μόριόν ἐστιν; πότερον, ὡς 'Α. ἔλεγε, διὰ τὸ ἐν τῆι κινήσει
τῆι φυσικῆι ἐνεῖναι τὴν τοῦ ἴσου ἀναλογίαν (κινεῖσθαι γὰρ ἀνάλογον πάντα),
ταύτην δὲ μόνην εἰς αὐτὴν ἀνακάμπτειν, ὥστε κύκλους ποιεῖν καὶ στρογγύλα,
40 ὅταν ἐγγένηται;

24. EUDEM. Phys. fr. 30 (Simpl. Ph. 467 26) 'Α. δέ, ὥς φησιν Εὔδημος,
οὕτως ἠρώτα τὸν λόγον· ἐν τῶι ἐσχάτωι οἷον τῶι ἀπλανεῖ οὐρανῶι

---

8 vgl. Frank *Plato u. d. sogen. Pythagor.* S. 205　　12 vgl. Frank a. O.
S. 174　　25 οἵους Ab mrg. E: οὓς text. E　　'Α.] vgl. Frank a. O. S. 196
33 vgl. Frank a. O. S. 237　　34ff. nachgewiesen u. interpretiert von Frank
a. O. S. 378f.

γενόμενος πότερον ἐκτείναιμι ἂν τὴν χεῖρα ἢ τὴν ῥάβδον εἰς τὸ
ἔξω ἢ οὔ;' καὶ τὸ μὲν οὖν μὴ ἐκτείνειν ἄτοπον· εἰ δὲ ἐκτείνω, ἤτοι σῶμα ἢ τόπος
τὸ ἐκτὸς ἔσται (διοίσει δὲ οὐδέν, ὡς μαθησόμεθα).
ἀεὶ οὖν βαδιεῖται τὸν αὐτὸν τρό-
πον ἐπὶ τὸ ἀεὶ λαμβανόμενον πέρας καὶ ταὐτὸν ἐρωτήσει, καὶ εἰ ἀεὶ ἕτερον ἔσται
5 ἐφ' ὃ ἡ ῥάβδος, δῆλον ὅτι καὶ ἄπειρον.
καὶ εἰ μὲν σῶμα, δέδεικται τὸ προκείμενον·
εἰ δὲ τόπος, ἔστι δὲ τόπος τὸ ἐν ᾧ σῶμά ἐστιν ἢ δύναιτ' ἂν εἶναι, τὸ δὲ δυνάμει ὡς
ὂν χρὴ τιθέναι ἐπὶ τῶν ἀιδίων, καὶ οὕτως ἂν εἴη σῶμα ἄπειρον καὶ ⸺πος.
25. APUL. Apol. 15 quid, quod nec ob haec debet tantummodo philosophus
speculum invisere; nam saepe oportet non modo similitudinem suam, verum
10 etiam ipsius similitudinis rationem considerare: num, ut ait Epicurus [fr. 320;
p. 221, 22; vgl. p. 10, 2 Usen.], profectae a nobis imagines velut quaedam
exuviae iugi fluore a corporibus manantes, cum leve aliquid et solidum
offenderunt, illisae reflectantur et retro expressae contraversim respondeant
an, ut alii philosophi disputant, radii nostri seu mediis oculis proliquati
15 et lumini extrario mixti atque ita uniti, ut Plato [Tim. 46 A] arbitratur,
seu tantum oculis profecti sine ullo foris amminiculo, ut Archytas putat.
26. Aus später (neupythagoreischer?) Überlieferung stehen bedenkliche
Mitteilungen über des 'Architas' Berechnung des rechtwinkligen und
stumpfwinkligen Dreiecks, die mensa Pythagorea (abacus) u. dgl. bei
20 [BOËTH.] Ars geom. p. 393, 7; 408, 14; 412, 20; 413, 22; 425, 23 Friedl.
Ebenso über die Tetraktys bei HONEIN (Sinnspr. übers. von Loewenthal)
c. 20 u. d. Namen Qitos(?).

B. ECHTE FRAGMENTE

ΑΡΧΥΤΟΥ ΑΡΜΟΝΙΚΟΣ

25 1 [1 Blass Mél. Graux p. 574] PORPHYR. in Ptolem. Harm.
p. 56 Düring παρακείσθω δὲ καὶ νῦν τὰ Ἀρχύτα τοῦ Πυθαγορείου,
οὗ μάλιστα καὶ γνήσια λέγεται εἶναι τὰ συγγράμματα· λέγει δ' ἐν
τῶι Περὶ μαθηματικῆς εὐθὺς ἐναρχόμενος τοῦ λόγου τάδε· 'κα-
λῶς ... γέγονεν'. Vgl. p. 81. NICOM. Inst. Arith. Ι 3, 4 p. 6, 16
30 Hoche ἀλλὰ καὶ Ἀ. ὁ Ταραντῖνος ἀρχόμενος τοῦ Ἁρμονικοῦ τὸ
αὐτὸ οὕτω πως λέγει· 'καλῶς ... ἀναστροφὰν ἔχει'. Vgl. auch
PHILOPON. Schol. z. Nicom. p. 8, 24 Hoche. [IAMBL. Vit. Pythag. 160,
in Nic. 6, 20 Pist. τοὶ γὰρ περὶ τῶν καθόλου (so!) ... καλῶς
διαγνόντες ... καλῶς ὀψεῖσθαι. IAMBL. in Nic. 9, 1 (d. comm.
35 math. sc. 7 p. 31, 4 Fest.) 1, 14. 15 ταῦτα ... ἀδελφεά].

⸤καλῶς μοι δοκοῦντι τοὶ περὶ τὰ μαθήματα διαγνώ-

FRAGMENTE DER HARMONIK

1. Treffliche Erkenntnisse scheinen mir die Mathematiker ge-

---

2 ἢ οὔ; καὶ τὸ Diels: ἢ οὔ. καὐτὸ F: ἢ οὐκ ἂν. τὸ E   36ff. Plato
Legg. x 893 Bff. vergleicht Frank a. O. S. 384; dazu Jaeger Nemesios
S. 63f. — Dürings Ausgabe verzeichnet hss. Unterschiede in d. Dialekt-

μεναι, καὶ οὐθὲν ἄτοπον ὀρθῶς αὐτούς, οἶά ἐντι, περὶ
ἑκάστων φρονέειν· περὶ γὰρ τᾶς τῶν ὅλων φύσιος καλῶς
διαγνόντες ἔμελλον καὶ περὶ τῶν κατὰ μέρος, οἶά ἐντι,
καλῶς ὀψεῖσθαι. περί τε δὴ τᾶς τῶν ἄστρων ταχυτᾶτος
5 καὶ ἐπιτολᾶν καὶ δυσίων παρέδωκαν ἁμῖν σαφῆ διάγνω-
σιν καὶ περὶ γαμετρίας καὶ ἀριθμῶν καὶ σφαιρικᾶς καὶ
οὐχ ἥκιστα περὶ μωσικᾶς. ταῦτα γὰρ τὰ μαθήματα δο-
κοῦντι ἦμεν ἀδελφεά· περὶ γὰρ ἀδελφεὰ τὰ τῶ ὄντος
πρώτιστα δύο εἴδεα τὰν ἀναστροφὰν ἔχει. πρᾶτον μὲν
10 οὖν ἐσκέψαντο, ὅτι οὐ δυνατόν ἐστιν ἦμεν ψόφον μὴ

wonnen zu haben und es ist gar nicht sonderbar, daß sie über die
Beschaffenheit der einzelnen Dinge richtig denken. Denn da sie über
die Natur des Alls treffliche Erkenntnisse gewonnen haben, mußten
sie auch für die Beschaffenheit der Dinge im einzelnen einen trefflichen
Blick gewinnen. So haben sie uns denn auch über die Geschwindigkeit
der Gestirne und über ihren Auf- und Untergang eine klare Einsicht
überliefert und über Geometrie, Zahlen (Arithmetik) und Sphärik
und nicht zum mindesten auch über Musik. Denn diese Wissenschaften
scheinen verschwistert zu sein. Denn sie beschäftigen sich mit den
beiden verschwisterten Urgestalten des Seienden [*nämlich Zahl und
Größe*]. Zuerst nun überlegten sie sich, daß unmöglich ein Schall ent-
stehen könne, ohne daß ein gegenseitiger Anschlag von Körpern statt-
fände. Anschlag aber, behaupteten sie, entstünde dann, wenn die in

wiedergabe nur wenig; einiges wird seiner briefl. Angabe verdankt   34 zur
Form des Eingangs vgl. P. Friedländer *Herm*. 48 (1913) 606   τοὶ Porph.
(Hss. außer g), Nicomach. (viele Hss.): τὸ Porph.g, Nicom. (einige)   δια-
γνώμεναι Nic.: διαγνῶναι Porph.; zur Form vgl. Wackernagel *Nachr. d. Gött.
G. d. W*. 1914, 102¹, doch könnte διαγνώμεναι aus διαγνῶμεν mit über-
geschriebenem ναι oder umgek. entstanden sein (Wackern.)
    1 αὐτοὺς ὀρθῶς Nic.   οἶά ἐντι fehlt Porph.   2 ἕκαστον Porph. p.
ἑκάστου Porph. übr. Hss., Nic. (-τῳ eine Hs.): verb. Blass   φρονέειν Nic.:
θεωρεῖν Porph.   4 καλῶς fehlt Porph.   ὀψεῖσθαι Nic. Iambl.: ὄψεσθαι
Porph.   4—7 kürzt Nic.   5 ἁμῖν Porph.: ἅμμιν Nic.   σαφῆ fehlt Porph.
6 καὶ σφαιρικᾶς fehlt Porph.   7 μωσικᾶς nur einige Nic. Hss.: μουσικᾶς
übr., Porph.   8 εἶμεν Porph. g: ἦμεν übr. Porph. Hss. (und so stets):
ἔμμεναι Nic.   ἀδελφεά] vgl. PLAT. d. rep. VII 530 D κινδυνεύει, ἔφην, ὡς πρὸς
ἀστρονομίαν ὄμματα πέπηγεν, ὡς πρὸς ἐναρμόνιον φορὰν ὦτα παγῆναι, καὶ αὖται
ἀλλήλων ἀδελφαί τινες αἱ ἐπιστῆμαι εἶναι, ὡς οἵ τε Πυθαγόρειοί φασι καὶ ἡμεῖς,
ὦ Γλαύκων, ξυγχωροῦμεν   περὶ ... ἔχει fehlt Porph.   περὶ γὰρ [ἀδελφεὰ]
Diels (1. Aufl.)

γενηθείσας πληγᾶς τινων ποτ' ἄλλαλα. πλαγὰν δ' ἔφαν
γίνεσθαι, ὅκκα τὰ φερόμενα ἀπαντιάξαντα ἀλλάλοις
συμπέτηι· τὰ μὲν οὖν ἀντίαν φορὰν φερόμενα ἀπαντιά-
ζοντα αὐτὰ αὐτοῖς συγχαλᾶντα, ⟨τὰ⟩ δ' ὁμοίως φερό-
5 μενα, μὴ ἴσωι δὲ τάχει, περικαταλαμβανόμενα παρὰ τῶν
ἐπιφερομένων τυπτόμενα ποιεῖν ψόφον. πολλοὺς μὲν δὴ
αὐτῶν οὐκ εἶναι ἀμῶν τᾶι φύσει οἵους τε γινώσκεσθαι,
τοὺς μὲν διὰ τὰν ἀσθένειαν τᾶς πλαγᾶς, τοὺς δὲ διὰ
τὸ μᾶκος τᾶς ἀφ' ἀμῶν ἀποστάσιος, τινὰς δὲ καὶ διὰ τὰν
10 ὑπερβολὰν τοῦ μεγέθεος· οὐ γὰρ παραδύεσθαι ἐς τὰν
ἀκοὰν ἀμῖν τὼς μεγάλως τῶν ψόφων, ὥσπερ οὐδ' ἐς τὰ
σύστομα τῶν τευχέων, ὅκκα πολύ τις ἐγχέηι, οὐδὲν
ἐγχεῖται. τὰ μὲν οὖν ποτιπίπτοντα ποτὶ τὰν αἴσθασιν
ἃ μὲν ἀπὸ τᾶν πλαγᾶν ταχὺ παραγίνεται καὶ ⟨ἰσχυρῶς⟩,
15 ὀξέα φαίνεται, τὰ δὲ βραδέως καὶ ἀσθενῶς, βαρέα δο-
κοῦντι ἤμεν. αἱ γάρ τις ῥάβδον λαβὼν κινοῖ νωθρῶς τε

Bewegung befindlichen *Körper* sich gegenseitig treffen und zusammen-
stoßen. Diejenigen *Körper* nun, die in entgegengesetzter Richtung
sich bewegen und einander begegnen, *brächten den Schall hervor*, indem
sie sich hemmen; diejenigen *Körper* aber, die sich in gleicher Richtung
aber mit ungleicher Geschwindigkeit fortbewegten, brächten den Schall
hervor, indem sie, von den nachkommenden eingeholt, getroffen wür-
den. Viele von diesen *Schällen* könnten nun mit unserer Natur nicht
erfaßt werden, teils wegen des schwachen Anschlags, teils wegen der
weiten Entfernung von uns, einige auch wegen ihrer außerordentlichen
Stärke. Denn die gewaltigen Schälle könnten nicht in unser Ohr ein-
dringen, wie sich ja auch in die enghalsigen Gefäße, sobald man viel
eingießen will, nichts eingießen läßt. Von den an unseren Sinn an-
schlagenden *Schällen* erscheinen uns nun die, welche schnell und stark
von dem Anschlage her zu uns dringen, hoch, die aber langsam und
schwach, tief zu sein. Denn nimmt man eine Gerte und bewegt sie
langsam und schwach, so wird man mit dem Schlage einen tiefen Schall
hervorbringen, bewegt man sie aber rasch und stark, einen hohen.
Aber nicht nur hierdurch können wir *dies* erkennen, sondern auch:

2 ἀπαντιάξαντα in marg. m. a. T: ἄπαντ' ἄξαντα Hss.   4 ⟨τὰ⟩ Diels:
συγκλᾶν (*schlügen zusammen*), τὰ δ' Friedl.   5 παρὰ Stephanus: περὶ Hss.
7 εἶναι Porph. p. 81, 7: ἔστιν p. 56, 16   11 οὐδὲ τὰ Hss.: verb. Blass
12 σύστημα p   13 ff. vgl. PLAT. Tim. p. 67 B; EUDOXUS bei Theo p. 61 Hill.
[A 19 a] = fr. 4 Bl.   13 αἴσθησιν Mg   14 ⟨ἰσχυρῶς⟩ Blass   15 βραδέα Mg

καὶ ἀσθενέως, τᾶι πλαγᾶι βαρὺν ποιήσει τὸν ψόφον·
αἰ δέ κα ταχύ τε καὶ ἰσχυρῶς, ὀξύν. οὐ μόνον δέ κα τού-
τωι γνοίημεν, ἀλλὰ καὶ ὅκκα ἄμμες ἢ λέγοντες ἢ ἀεί-
δοντες χρήιζομές τι μέγα φθέγξασθαι καὶ ὀξύ, σφοδρῶι
5 τῶι πνεύματι φθεγγόμενοι * * * ἔτι δὲ καὶ τοῦτο συμβαί-
νει ὥσπερ ἐπὶ βελῶν· τὰ μὲν ἰσχυρῶς ἀφιέμενα πρόσω
φέρεται, τὰ δ᾽ ἀσθενῶς, ἐγγύς. τοῖς γὰρ ἰσχυρῶς φερο-
μένοις μᾶλλον ὑπακούει ὁ ἀήρ· τοῖς δὲ ἀσθενῶς, ἧσσον.
τωὐτὸ δὲ καὶ ταῖς φωναῖς συμβήσεται· τᾶι μὲν ὑπὸ [τῶ]
10 ἰσχυρῶ τῶ πνεύματος φερομέναι μεγάλαι τε ἦμεν καὶ
ὀξέαι, τᾶι δὲ ὑπὸ ἀσθενέος μικρᾶι τε καὶ βαρέαι. ἀλλὰ
μὰν καὶ τούτωι γά κα ἴδοιμες ἰσχυροτάτωι σαμείωι, ὅτι
τῶ αὐτῶ φθεγξαμένω μέγα μὲν πόρσωθέν κ᾽ ἀκούσαιμες·
μικρὸν δέ, οὐδ᾽ ἐγγύθεν. ἀλλὰ μὰν καὶ ἔν γ.α τοῖς αὐλοῖς
15 τὸ ἐκ τῶ στόματος φερόμενον πνεῦμα ἐς μὲν τὰ ἐγγὺς
τῶ στόματος τρυπήματα ἐμπῖπτον διὰ τὰν ἰσχὺν τὰν
σφοδρὰν ὀξύτερον ἄχον ἀφίησιν, ἐς δὲ τὰ πόρσω, βαρύ-

wollen wir beim Reden oder Singen etwas laut und hoch klingen lassen,
so werden wir mjt Anwendung starken Atems ⟨zum Ziel gelangen,
wollen wir aber leise oder tief sprechen, so werden wir schwachen Atem
anwenden⟩. Ferner kommt auch das vor zum Beispiel bei Geschossen.
Die kräftig abgeschleuderten fliegen weit, die schwach, in die Nähe.
Denn den kräftig abgeschleuderten gibt die Luft stärker nach, den
schwach dagegen weniger. Dasselbe trifft aber auch auf die Töne zu:
ein Ton, der unter starkem Atemstoß hervorgebracht wird, wird stark
und hoch klingen, unter schwachem Atemstoß dagegen schwach
und tief. Doch können wir es auch an diesem kräftigsten Beispiele
sehen, daß nämlich derselbe Mensch mit lauter Stimme sich uns weithin
vernehmlich macht, mit leiser dagegen nicht einmal in der Nähe. Doch
auch bei den Flöten: stürzt die aus dem Munde gestoßene Luft in
die dem Munde zunächst liegenden Löcher, so gibt sie infolge des starken
Druckes e,inen höheren Klang von sich, *dringt sie* dagegen in die weiter
abgelegenen, einen tieferen. Daraus ergibt sich klar, daß die schnelle

---

2 κα τούτωι Blass: κατὰ τοῦτο Hss.; τούτωι ⟨τοῦτο⟩ Düring, wohl un-
nötig   4 τι Blass.: εἰ Hss.: tilge Steph.   5 φθεγγόμενα· αἴ τι δέ ⟨κα
μικκὸν καὶ βαρύ, ἀσθενεῖ⟩. καὶ τοῦτο κτλ. Blass   9 τοῦτο Hss.: verb. Blass
[τῶ] Blass   12 γα fehlt p   κα Ϝίδοιμες Blass: κατίδοιμες Hss.   ἰσχυρο-
τάτωι Blass: ἰσχυρῷ τόπῳ Hss.   14 μικκόν T   17f. vgl. A 19a I 430, 11
17 ἐς Wallis: ὡς Hss.

τερον· ὥστε δῆλον ὅτι ἁ ταχεῖα κίνασις ὀξὺν ποιεῖ, ἁ δὲ
βραδεῖα βαρὺν τὸν ἄχον. ἀλλὰ μὰν καὶ τοῖς ῥόμβοις
τοῖς ἐν ταῖς τελεταῖς κινουμένοις τὸ αὐτὸ συμβαίνει·
ἡσυχᾶι μὲν κινούμενοι βαρὺν ἀφιέντι ἄχον, ἰσχυρῶς δέ,
5 ὀξύν. ἀλλὰ μὰν καὶ ὁ γα κάλαμος, αἴ κά τις αὐτῶ τὸ
κάτω μέρος ἀποφράξας ἐμφυσῆι, ἀφήσει ⟨βαρέαν⟩ τινὰ
ἁμῖν φωνάν· αἰ δέ κα ἐς τὸ ἥμισυ ἢ ὁπόστον ⟨ὦν⟩ μέρος
αὐτῶ, ὀξὺ φθεγξεῖται· τὸ γὰρ αὐτὸ πνεῦμα διὰ μὲν τῶ
μακρῶ τόπω ἀσθενὲς ἐκφέρεται, διὰ δὲ τῶ μείονος σφο-
10 δρόν.

εἰπὼν δὲ καὶ ἄλλα περὶ τοῦ διαστηματικὴν εἶναι τὴν τῆς φωνῆς
κίνησιν συγκεφαλαιοῦται τὸν λόγον ὡς·

ὅτι μὲν δὴ τοὶ ὀξεῖς φθόγγοι τάχιον κινέονται, οἱ δὲ
βαρεῖς βράδιον, φανερὸν ἁμῖν ἐκ πολλῶν γέγονεν.

15 **2** [2]. PORPH. in Ptol. harm. p. 92 καὶ ἄλλοι δὲ πολλοὶ τῶν
παλαιῶν οὕτω φέρονται [nämlich διάστημα = λόγος], καθάπερ καὶ
Διονύσιος ὁ Ἁλικαρνασσεὺς καὶ Ἀρχύτας ἐν τῶι Περὶ μουσικῆς ...
Ἀ. δὲ περὶ τῶν μεσοτήτων λέγων γράφει ταῦτα·

μέσαι δέ ἐντι τρῖς τᾶι μουσικᾶι, μία μὲν ἀριθμητικά,
20 δευτέρα δὲ ἁ γεωμετρικά, τρίτα δ᾽ ὑπεναντία, ἃν καλέοντι

Bewegung den Klang hoch, die langsame tief macht. Doch auch bei
den in den Mysterienweihen geschwungenen Waldteufeln geschieht
genau dasselbe: langsam geschwungen geben sie einen tiefen
Klang von sich, heftig dagegen, einen hohen. Doch auch das Rohr
wird, wenn man sein unteres Ende verstopft und hineinbläst, uns
einen tiefen Ton geben; bläst man dagegen in die Hälfte oder sonst
einen beliebigen Teil von ihm, so wird es hoch klingen. Denn dieselbe
Luft strömt durch einen langgestreckten Raum langsam, durch einen
kürzeren heftig aus.

Er spricht sodann noch weiter über die Proportionalität der Stimm-
bewegung und schließt seine Darlegung mit folgenden Worten: Daß nun
also die hohen Töne sich schneller bewegen, die tiefen langsamer, ist
uns aus vielen *Beispielen* deutlich geworden.

2. Es gibt aber drei Proportionen in der Musik: einmal die arith-
metische, zweitens die geometrische, drittens die entgegengesetzte, so-

---

5 ὅ γα V¹⁸⁷: ὅσα T; ὅτου ἁ d. übrigen   αἴ κά τις mG: ἕκατις d. übr.
5 u. 8 αὐτῶι druckt Düring   6 ⟨βαρέαν⟩ Mullach   7 κα] καὶ Mg   ⟨ὦν⟩
Blass   9 ἐκφέρεται M: φέρεται d. übr.   13 vgl. A 19a und Plato Tim.
p. 67 BC   19 ἕν τισι τρισὶ Hss.: verb. Wallis

ἁρμονικάν. ἀριθμητικὰ μέν, ὅκκα ἔωντι τρεῖς ὅροι κατὰ
τὰν τοίαν ὑπεροχὰν ἀνὰ λόγον· ὧι πρᾶτος δευτέρου
ὑπερέχει, τούτωι δεύτερος τρίτου ὑπερέχει. καὶ ἐν ταύ-
ται ⟨τᾶι⟩ ἀναλογίαι συμπίπτει ἦιμεν τὸ τῶν μειζόνων
5 ὅρων διάστημα μεῖον, τὸ δὲ τῶν μειόνων μεῖζον. ἁ γεωμε-
τρικὰ δέ, ὅκκα ἔωντι οἷος ὁ πρᾶτος ποτὶ τὸν δεύτερον,
καὶ ὁ δεύτερος ποτὶ τὸν τρίτον. τούτων δ' οἱ μείζονες
ἴσον ποιοῦνται τὸ διάστημα καὶ οἱ μείους. ἁ δ' ὑπεναν-
τία, ἃν καλοῦμεν ἁρμονικάν, ὅκκα ἔωντι ⟨τοῖοι· ὧι⟩ ὁ
10 πρᾶτος ὅρος ὑπερέχει τοῦ δευτέρου αὐταύτου μέρει,
τούτωι ὁ μέσος τοῦ τρίτου ὑπερέχει τοῦ τρίτου μέρει.
γίνεται δ' ἐν ταύται τᾶι ἀναλογίαι τὸ τῶν μειζόνων
ὅρων διάστημα μεῖζον, τὸ δὲ τῶν μειόνων μεῖον.

3 [7]. Stob. Fl. iv 1, 139 Hense ἐκ τοῦ 'Αρχύτου Περὶ μα-
15 θημάτων· 'δεῖ ... ἀδικῆσαι'. Iambl. d. comm. math. sc. 11
p. 44, 10 Fest. διόπερ ὁ 'Α. ἐν τῶι Περὶ μαθηματικῶν λέγει
'δεῖ ... ἀδύνατον'.

genannte harmonische. Die arithmetische, wenn drei Zahlbegriffe
analog folgende Differenz aufweisen: um wieviel der erste den zweiten
übertrifft, um soviel übertrifft der zweite den dritten. Und bei dieser
Analogie trifft es sich, daß das Verhältnis der größeren Zahlbegriffe
kleiner, das der kleineren größer ist. Die geometrische: wenn der erste
Begriff zum zweiten, wie der zweite zum dritten sich verhält. Die größeren
von ihnen haben das gleiche Verhältnis wie die geringeren. Die entgegen-
gesetzte, sogenannte harmonische Proportion, wenn sich *die Begriffe*
so verhalten: um den wievielten Teil der eigenen Größe der erste Begriff
den zweiten übertrifft, um diesen Teil des dritten übertrifft der
Mittelbegriff den dritten. Bei dieser Analogie ist das Verhältnis der
größeren Begriffe größer, das der kleineren kleiner.

---

2 τὰν τοίαν Blass: τὰν τωίαν p V[187], al. al.   ὧι Blass: ὦν Hss.   2ff. vgl.
Toeplitz *Quell. u. Stud. z. Gesch. d. Math.* B 2, 3 S. 288f.   3 τούτωι Düring:
τούτου Hss.   ἐν ταύται ⟨τᾶι⟩ Mullach: ἐνταῦθα Hss.   4 ἦιμεν druckt Dür.

5 d. h. in der Proportion $6 - 4 = 4 - 2$ ist $\frac{6}{4} < \frac{4}{2}$ ἁ Wallis: τὰ Hss.

6 οἷος Blass: οἷς g V[187]: εἷς p: ὡς Wall.   8 d. h. $2 : 4 = 4 : 8$; $\frac{4}{2} = \frac{8}{4}$

9 ⟨τοῖοι· ὧι⟩ Diels: ⟨ὧι⟩ Blass   10 ἀνταύτου g V[187]: αὐτὰν τοῦ A: verb.

Blass   12 ἐνταῦθα p   13 d. h. $6 - 4 : 4 - 3 = 6 : 3$; $\frac{6}{4} > \frac{4}{3}$ 14f. μαθη-

ματικῶν Iambl.   15 zu B 3 Anf. vgl. Plato Phaed. 99 c ∼ 85 c u. ö.

δεῖ γὰρ ἢ μαθόντα παρ' ἄλλω ἢ αὐτὸν ἐξευρόντα, ὧν
ἀνεπιστάμων ἦσθα, ἐπιστάμονα γενέσθαι. τὸ μὲν ὦν μα-
θὲν παρ' ἄλλω καὶ ἀλλοτρίαι, τὸ δὲ ἐξευρὲν δι' αὐταυτον
καὶ ἰδίαι· ἐξευρεῖν δὲ μὴ ζατοῦντα ἄπορον καὶ σπάνιον,
5 ζατοῦντα δὲ εὔπορον καὶ ῥάιδιον, μὴ ἐπιστάμενον δὲ ζη-
τεῖν ἀδύνατον.
στάσιν μὲν ἔπαυσεν, ὁμόνοιαν δὲ αὔξησεν λογισμὸς
εὑρεθείς· πλεονεξία τε γὰρ οὐκ ἔστι τούτου γενομένου
καὶ ἰσότας ἔστιν· τούτωι γὰρ περὶ τῶν συναλλαγμάτων
10 διαλλασσόμεθα. διὰ τοῦτον οὖν οἱ πένητες λαμβάνοντι
παρὰ τῶν δυναμένων, οἵ τε πλούσιοι διδόντι τοῖς δεο-
μένοις, πιστεύοντες ἀμφότεροι διὰ τούτω τὸ ἴσον ἕξειν.
κανὼν δὲ καὶ κωλυτὴρ τῶν ἀδικούντων ⟨ἐὼν⟩ τοὺς μὲν
ἐπισταμένους λογίζεσθαι πρὶν ἀδικεῖν ἔπαυσε, πείσας

3. Man muß ja zur Kenntnis gelangen entweder indem man das, was
man nicht kannte, von einem anderen erlernt oder selbst findet. Das
Erlernen findet also von einem anderen und mit fremder Hilfe statt,
das Finden dagegen durch uns selbst und mit eigner Hilfe. Finden aber
ohne Suchen ist mißlich und selten, mit Suchen aber ist es rätlich und
leicht; für den freilich, deᵣ es nicht versteht, ist das Suchen unmöglich.
Aufruhr dämpfts, Eintracht erhöhts, wenn ein richtiger Maßstab
gefunden wurde. Denn es gibt keine Übervorteilung, wenn er sich
einstellt, und es herrscht Gleichheit. Denn mit ihm setzen wir uns
über die gegenseitigen Verpflichtungen auseinander. Seinetwegen
nehmen die Armen von den Vermögenden und die Reichen geben den
Bedürftigen, weil sie beide darauf vertrauen, daß sie durch ihn das
Gleiche besitzen werden. So ist er Richtschnur und Hemmschuh der
Unredlichen und veranlaßt die, die richtig messen (rechnen) können,
noch vor der Unredlichkeit inne zu halten, da er ihnen klar macht,

---

1 das erste ἢ fehlt Iambl.   ἄλλων Iambl.: ἄλλου (auch Z. 3) Stob.:
verb. Orelli nach Z. 3 (Iambl.)   1 f. ὧν ἀνεπιστάμων Blass: ὧν ἐπιστάμων
Stob.: ὧν ἂν αὐτῶν ἐπιστάμων Iambl.   3 ἀλλοτρίαι Diels: ἀλλότρια Iambl.:
ἀλλότριον Stob.   διά τ' αὐτὸν Iambl.: αὐτὸν δι' αὐτοῦ Stob.: verb. Blass
4 ἰδίαι Diels: ἴδιον Iambl. Stob.   μὴν ζητοῦντα Stob.   ἄπορον ... ζα-
τοῦντα δὲ fehlt Stob.   5 ἐπιστάμονα Canter   7 Anschluß an das Vorige
ist unwahrscheinlich. Für den Ursprung aus derselben Quelle aber spricht,
wie Blass bemerkt, der gorgianische Stil in beiden   8 τε fehlt Stob. A
11 διδόντι Cant., Steph.: διδόντες Hss.   12 τούτων Hss.: verb. Gesner
13 ⟨ἐὼν⟩ Blass   14 λογίζεσθαι Pflugk: ὀργίζεσθαι Stob.   ἔπαυσι Gesner:
παύσας Stob.

ὅτι οὐ δυνασοῦνται λαθεῖν, ὅταν ἐπ' αὐτὸν ἔλθωντι· τοὺς
δὲ μὴ ἐπισταμένους, ἐν αὐτῶι δηλώσας ἀδικοῦντας, ἐκώ-
λυσεν ἀδικῆσαι.

ΔΙΑΤΡΙΒΑΙ

5　4 [8]. STOB. I pr. 4 (p. 18, 8 W.) ἐκ τῶν 'Αρχύτου Διατριβῶν.
καὶ δοκεῖ ἁ λογιστικὰ ποτὶ τὰν σοφίαν τῶν μὲν ἀλλᾶν
τεχνῶν καὶ πολὺ διαφέρειν, ἀτὰρ καὶ τᾶς γεωμετρικᾶς
ἐναργεστέρω πραγματεύεσθαι ἃ θέλει. * * * καὶ ἃ ἐκλεί-
πει αὖ ἁ γεωμετρία, καὶ ἀποδείξιας ἁ λογιστικὰ ἐπιτελεῖ
10 καὶ ὁμῶς, εἰ μὲν εἰδέων τεὰ πραγματεία, καὶ τὰ περὶ τοῖς
εἴδεσιν . . .

ZWEIFELHAFTE SCHRIFTEN
ΠΕΡΙ ΤΗΣ ΔΕΚΑΔΟΣ

5. THEO Smyrn. p. 106, 7 Hill. ἡ μέντοι δεκὰς πάντα περαίνει τὸν ἀριθμὸν
15 ἐμπεριέχουσα πᾶσαν φύσιν ἐντὸς αὐτῆς, ἀρτίου τε καὶ περιττοῦ κινουμένου τε καὶ
ἀκινήτου ἀγαθοῦ τε καὶ κακοῦ· περὶ ἧς καὶ 'Α. ἐν τῶι Περὶ τῆς δεκάδος καὶ
Φιλόλαος ἐν τῶι Περὶ φύσιος [44 B 11] πολλὰ διεξίασιν.

---

daß sie doch nicht unentdeckt bleiben werden, wenn sie an ihn heran-
kommen; denjenigen aber, die es nicht können, zeigt er, daß gerade
darin ihre Unredlichkeit liegt, und hindert sie so an der Unredlichkeit.

GESPRÄCHE

4. Und die Rechenkunst hat, wie es scheint, in bezug auf Wissen-
schaft vor den anderen Künsten einen recht beträchtlichen Vorrang;
besonders aber auch vor der Geometrie, da sie deutlicher als diese was
sie will behandeln kann. ⟨Denn die Geometrie beweist, wo die anderen
Künste im Stiche lassen,⟩ und wo die Geometrie wiederum versagt,
bringt die Rechenkunst sowohl Beweise zustande wie auch die Dar-
legung der Formen [Prinzipien?, s. 44 B 5], wenn es überhaupt irgend
eine wirkliche Behandlung der Formen gibt . . .

---

2 ἐν αὐτῶι] sc. τῶι μὴ ἐπίστασθαι λογίζεσθαι. Diels verstand τῶι λόγωι
6 τῶν . . . τεχνῶν (7) tilgt Meineke　ἀλλᾶν Blass: ἄλλων F, aber die lectio
em. ἄλλαν steht sinnlos wiederholt vor σοφίαν, wo Wachsmuth tilgte
8 ἐναργεστέρω F (vgl. Ahrens d. dial. dor. S. 377): ἐναργεστέρως falsch Mullach
⟨ἀποδείκνυσι γὰρ ἁ γαμετρία ἃ ἐκλείποντι ταὶ ἄλλαι τέχναι⟩ Diels　　8. 9 ἃς
ἐκλείπει ἁ γαμετρικὰ ἀποδείξιας Mein. (ohne Lücke)　　9 ἀπόδειξις F: verb.
Mein.　　10 τεὰ (= τις) Diels (vgl. z. I 239, 2): τε ἁ F; ἐντὶ Mein. Sinn
und Herstellung des Fr. unsicher, Schluß wohl verstümmelt

ΠΕΡΙ ΑΥΛΩΝ

6. ATHEN. IV 184 E καὶ τῶν Πυθαγορικῶν δὲ πολλοὶ τὴν αὐλητικὴν ἤσκησαν, ὡς Εὐφράνωρ τε καὶ 'Α. Φιλόλαός τε ἄλλοι τε οὐκ ὀλίγοι. ὁ δ' Εὐφράνωρ καὶ σύγγραμμα Περὶ αὐλῶν κατέλιπεν· ὁμοίως δὲ καὶ ὁ 'Α. Vgl. B 1, 1⁴434, 14.
5 Doch s. 'Α. ὁ ἁρμονικός Chamaileon b. Ath. XIII 600F und oben I 421, 29. 31.

ΠΕΡΙ ΜΗΧΑΝΗΣ

Vgl. DIOG. VIII 82, I 421, 30.

7. VITRUV. praef. VII 14 *non minus de machinationibus* [nämlich conscripserunt] *uti Diades, Archytas, Archimedes, Ctesibios, Nymphodorus,*
10 *Philo Byzantius etc.*

ΠΕΡΙ ΓΕΩΡΓΙΑΣ

Vgl. DIOG. VIII 82, I 421, 29.

8. VARRO de r. rust. I 1, 8 [daraus Colum. I 1, 7] *qui graece scripserunt* [nämlich de re rustica] . . . *de philosophis Democritus physicus, Xenophon*
15 *Socraticus, Aristoteles et Theophrastus peripatetici, Archytas Pythagoreus.*

UNECHTE SCHRIFTEN

Titel (s. Zeller III^b 4 119¹):

9. 1. Περὶ ἀρχᾶν bei Stob. Ecl. I 41, 2 W.   2. Περὶ τοῦ ὄντος bei Stob. Ecl.
II 2, 4.   3. Περὶ τοῦ παντός oder Περὶ τῶν καθόλου λόγων oder Περὶ γενῶν
20 oder Πρὸ τῶν τόπων (Kategorien) bei Simplic. u. a. Commentatoren; vgl.
Καθολικοὶ λόγοι δέκα ed. Orelli Opp. sent. II 273.   4. Περὶ ἀντικειμένων bei
Simpl.   5. Περὶ νοῦ καὶ αἰσθάσιος bei Stob. Ecl. I 48, 6 (Iambl. Protr. 10
p. 55, 8 Pist.)   6. Περὶ παιδεύσεως ἠθικῆς bei Stob. Ecl. II 31, 120. Flor. III
1, 105. 106 H. (= ὑπὲρ παίδων ἀγωγῆς Philostr. V. Apoll. VI 31 ff.)   7. Περὶ
25 ἀνδρὸς ἀγαθοῦ καὶ εὐδαίμονος bei Stob. Fl. III 1, 107. 3, 65. IV 50, 28.   8. Περὶ
σοφίας bei Iambl. Protr. 4 p. 16, 17 ff. Pist.   9. Περὶ νόμου καὶ δικαιοσύνης
bei Stob. Flor. IV 1, 135—138 (132 ?). 5, 61.   10. Περὶ ψυχῆς (?). Vgl. Iambl.
b. Stob. Ecl. I 369, 9. I. Lyd. d. mens. II 9. Claud. Mam. II 7 *in eo opere quod
magnificum de rerum natura prodidit* (Περὶ φύσεως ?).   11. Ὀψαρτυτικά bei
30 Athen. XII 516c.   12. Briefe an Dionysios und Platon bei Diog. III 22.
VIII 80 [47 A 1; c. 48, 4; 30 B 11].

Die Fragmente bei F. Schulte *Archytae q. f. de notionibus universalibus et de oppositis lib. rel.* Diss. Marb. 1908; J. Nolle *Ps.-Archytae Fragmenta* Diss. Monast. Tübingen 1914.

---

11 unecht nach M. Wellmann *Abh. d. Berl. Ak.* 1921, 4, 4, woselbst zwei mystisch-magische Rezepte des Archytas aus Ps. Albertus de mir. mundi (Fol. 20v. 21r. ed. Argent. 1492) abgedruckt sind

440   48 [35a]. OKKELOS

48 [35a]. OKKELOS

1. Iambl. V. P. 267 [58 A] Λευκανοί "Οκκελος καὶ "Οκκιλος [so] ἀδελφοί. Im
Frauenkatalog ebend. Βυνδάκου ἀδελφή, 'Οκκελὼ καὶ 'Εκκελὼ [so hier] τὼ
Λευκανώ.

5   2. Censorin. 4, 3 [aus Varro] sed prior illa sententia qua semper hu-
manum genus fuisse creditur auctores habet Pythagoran Samium et Occelum
Lucanum et Archytan Tarentinum omnesque adeo Pythagoricos.

3. Philo de aetern. mund. p. 5, 2 Cumont ἔνιοι δ' οὐκ 'Αριστοτέλην τῆς
δόξης εὑρετὴν λέγουσιν ἀλλὰ τῶν Πυθαγορείων τινάς. ἐγὼ δὲ καὶ 'Οκέλλου [so]
10 συγγράμματι, Λευκανοῦ γένος, ἐπιγραφομένωι Περὶ τῆς τοῦ παντὸς φύσεως ἐνέ-
τυχον, ἐν ὧι ἀγένητόν τε καὶ ἄφθαρτον οὐκ ἀπεφαίνετο μόνον, ἀλλὰ καὶ δι' ἀπο-
δείξεων κατεσκεύαζε τὸν κόσμον εἶναι.

3 a. Sext. adv. math. x 316 ἐκ πέντε δὲ (sc. ἐγέννησαν τὰ πάντα) "Οκκελος
ὁ Λευκανὸς καὶ 'Αριστοτέλης· συμπαρέλαβον γὰρ τοῖς τέσσαρσι στοιχείοις τὸ
15 πέμπτον καὶ κυκλοφορητικὸν σῶμα ἐξ οὗ λέγουσιν εἶναι τὰ οὐράνια. Vgl. Schol.
in Bas. xxviii ed. Pasquali Nachr. d. Gött. Ges. 1910, 201.

4. Diog. viii 80 [gefälschter Brief d. Archytas an Platon, vgl. 47 A 1,
i 421, 26] καλῶς ποιεῖς ὅτι ἀποπέφευγας ἐκ τᾶς ἀρρωστίας. ταῦτα γὰρ αὐτός
τυ ἐπέσταλκας καὶ τοὶ περὶ Λαμίσκου ἀπάγγελον. περὶ δὲ τῶν ὑπομνημάτων
20 ἐπεμελήθημες καὶ ἀνήλθομες ὡς Λευκανὼς καὶ ἐνετύχομες τοῖς 'Οκκέλω ἐκγόνοις.
τὰ μὲν ὦν Περὶ νόμω καὶ Βασιληίας καὶ 'Οσιότατος καὶ τᾶς τῶ παντὸς γενέσιος
αὐτοί τε ἔχομες καὶ τὶν ἀπεστάλκαμες... (81) Antwort Platons: τὰ μὲν παρὰ
σοῦ ἐλθόντα ὑπομνήματα θαυμαστῶς ἄσμενοί τε ἐλάβομεν καὶ τοῦ γράψαντος
αὐτὰ ἠγάσθημεν ὡς ἔνι μάλιστα, καὶ ἔδοξεν ἡμῖν ἀνὴρ ἄξιος ἐκείνων τῶν παλαιῶν
25 προγόνων. λέγονται γὰρ δὴ οἱ ἄνδρες οὗτοι Μυραῖοι εἶναι (οὗτοι δ' ἦσαν τῶν ἐπὶ
Λαομέδοντος ἐξαναστάντων Τρώων), ἄνδρες ἀγαθοί, ὡς ὁ παραδεδομένος μῦθος
δηλοῖ...

5. Syr. in Metaph. 175, 7 Kroll οὔτε τὸν περὶ τῶν αἰσθητῶν λόγον πάν-
τηι παρελίμπανον [Pythagoreer], ὡς δηλοῖ τὰ 'Εκέλλου [so die Hs.] μὲν Περ-
30 τᾶς τῶ παντὸς φύσιος, ἐξ ὧν τὰ Περὶ γενέσεως καὶ φθορᾶς [des Aristoteles]
μονονουχὶ μεταβεβλῆσθαι δοκεῖ, τοῦ Τιμαίου δὲ τὰ πλεῖστα (!).

2ff. vgl. jetzt die Testimoniasammlung bei Harder 'Ocellus Lucanus'
Neue Philol. Unters. i Berlin 1926 S. 3ff., Kommentar S. 31ff.   3f. so
nach Scaliger; vgl. Stud. Ital. 1 (1893) 37 (Deubner)   6 Occelum Diels
(Dox. S. 187): occeium Hss. Durch Varro steht fest, daß die Schrift Περὶ
τᾶς τοῦ παντὸς φύσιος bereits im 1. Jahrh. v. Chr. existierte   13 zu 3a
vgl. Harder a. O. S. 32f.   17 Die Fälschung hat den Zweck, die von
demselben Autor herrührenden falschen Okkelosschriften beim Publikum
zu verbürgen   18ff. Lesarten nach P. V. d. Mühl   19 τυ : σὺ F: τοι BP
Λαμίσκον Menagius: δαμίσκον BP¹: δαμασκὸς F   20 ὀκκέλω PF: ὀκέλλω F
21 βασιλήας F: βασιλείας BP¹   τῶ παντὸς B²P¹: τῶν πάντων BF   22 τὶν
Reiske: τινα BPF   23 θαυμαστῶς ὡς Plat. Ep. 12   24 ἡμῖν εἶναι Plat.
πάλαι Plat.   25 Μυραῖοι Diog. BP¹: Μοιραῖοι FP³: μύριοι Plat.; 'Ιλλύριοι
zweifelnd Wilamowitz Platon ii² 407

6. STOB. Ecl. I 20, 3 'Οκέλλου ... ἐν τοῖς Περὶ τᾶς τοῦ παντὸς φύσεως. I 13, 2 ἐν τῶι Περὶ νόμου.

7. Titel der auf seinen Namen gefälschten Schrift 'Ωκέλου Λευκανοῦ Περὶ τῆς τοῦ παντὸς φύσεως (mit Kommentar her. v. Harder a. O.)

5 8. I. Lyd. de mens. II 8 [p. 27, 4 W.] ἴσμεν γάρ, ὅτι ἡ τριὰς τὴν τῶν θείων πρόοδον ἐκίνησε καὶ στάσιν αὐτοῖς τὴν αἰώνιον ἀπειργάσατο ἐν τῶι αὐτῶι εἴδει, ὡς φησιν ᾿Οκελλος ὁ Πυθαγόρειος ῥήμασι τούτοις· 'ἡ τριὰς πρώτη συνέστησεν ἀρχήν, μεσότητα καὶ τελευτήν'.

49 [36]. TIMAIOS

10 1. PLATO Tim. p. 19 E καταλέλειπται δὴ τὸ τῆς ὑμετέρας ἕξεως γένος [Pythagoreer] ἅμα ᾠμφοτέρων [näml. φιλοσόφων ἀνδρῶν καὶ πολιτικῶν] φύσει καὶ τροφῆι μετέχον. Τίμαιός τε γὰρ ὅδε εὐνομωτάτης ὢν πόλεως τῆς ἐν Ἰταλίαι Λοκρίδος, οὐσίαι καὶ γένει οὐδενὸς ὕστερος ὢν τῶν ἐκεῖ τὰς μεγίστας μὲν ἀρχάς τε καὶ τιμὰς τῶν ἐν τῆι πόλει μετακεχείρισται, φιλοσοφίας δ' αὖ κατ' ἐμὴν δόξαν ἐπ'
15 ἄκρον ἀπάσης ἐλήλυθε.
1a. SUID. T. Λοκρός, φιλόσοφος Πυθαγόρειος. Μαθηματικά, Περὶ φύσεως, Περὶ τοῦ Πυθαγόρου βίου [aus Hesych. vgl. Schol. Plat. zu Tim. a. O.].
2. ARISTOT. Schriftenkatalog des Diog. v 25 [Rose Frag. S. 6] n. 94 Τὰ ἐκ τοῦ Τιμαίου καὶ τῶν 'Αρχυτείων ᾱ; des Hesych. [Rose S. 14] n. 85 'Εκ τῶν
20 Τιμαίου καὶ 'Αρχύτου ᾱ. Bezieht sich auf eine Epitome des Platonischen Dialogs vgl. SIMPL. de caelo p. 296, 16 τοιγοιροῦν τὸν τοῦ Πλάτωνος Τίμαιον ἐπιτεμνόμενος γράφει· 'φησὶ δὲ' κτλ. [Arist. fr. 206 Rose]. S. auch p. 379, 15.
3. PROCL. in Tim. II 38, 1 Diehl οἱ περὶ ᾿Οκκελον [c. 48] τὸν τοῦ Τιμαίου πρόοδον.
25 4. Angebliche Vorlage Platons [vgl. I 398, 16] die uns in Platohss. überlieferte, gefälschte Schrift Τιμαίω Λοκρῶ Περὶ ψυχᾶς κόσμω καὶ φύσιος.

50 [37]. HIKETAS

1. CIC. Acad. Pr. II 39, 123 Hicetas Syracusius, ut ait Theophrastus [Phys. Opin. fr. 18, D. 492], caelum solem lunam stellas, supera denique
30 omnia stare censet neque praeter terram rem ullam in mundo moveri: quae

---

6 τῷ αὐτῷ εἴδει Υ: τῷ ἀκτωΐδι Α: τῷ ἀκτωρίδι Β   7 ὄκελλος ὁ πυθ. Α: ὁ πυθ. ὤκελλος Β: κεκίλιος ὁ πυθ. Υ   9 Die historische Existenz eines Pythagoreers Timaios steht nicht fest; doch vgl. I. Bruns Das lit. Portr. S. 271. 277f.   28 Die historische Existenz des Hiketas und Ekphantos (I 442, 6) wird von Tannery (Rev. d. Ét. gr. XII 305) u. a. geleugnet (vgl. auch Frank Plato u. d. sog. Pythag. S. 381f.). O. Voss de Heraclidis vita et scr. S. 64 hält beide für Gesprächspersonen des in Syrakus spielenden Dialogs Περὶ φύσεως des Herakleides Pont. Unmöglich, da Theophrast, der allein Zeuge ist, Heraklidische Fiktionen nicht in sein doxogr. Werk eingetragen haben würde. Vgl. übrigens Böckh Kl. Schr. III 272

cum circum axem se summa celeritate convertat et torqueat, eadem effici omnia quae si stante terra caelum moveretur. Vgl. Aët. III 13, 2 [s. Zeile 23]. DIOG. VIII 85 = 44 A 1 [I 398, 12].

2. Aët III 9, 1. 2 (D. 376) Θαλῆς καὶ οἱ ἀπ᾽ αὐτοῦ μίαν εἶναι τὴν γῆν, 5 Ἱκέτης ὁ Πυθαγόρειος δύο, ταύτην καὶ τὴν ἀντίχθονα.

---

51 [38]. EKPHANTOS

1. HIPPOL. Refut. I 15 (D. 566, W. 18) zwischen Xenophanes und Hippon: Ἐκφαντός τις Συρακούσιος ἔφη μὴ εἶναι ἀληθινὴν τῶν ὄντων λαβεῖν γνῶσιν, ὁρίζειν δὲ ὡς νομίζειν. τὰ μὲν πρῶτα ἀδιαίρετα εἶναι σώματα καὶ 10 παραλλαγὰς αὐτῶν τρεῖς ὑπάρχειν, μέγεθος σχῆμα δύναμιν, ἐξ ὧν τὰ αἰσθητὰ γίνεσθαι. εἶναι δὲ τὸ πλῆθος αὐτῶν ὡρισμένον καὶ τοῦτο [?] ἄπειρον. κινεῖσθαι δὲ τὰ σώματα μήτε ὑπὸ βάρους μήτε πληγῆς, ἀλλ᾽ ὑπὸ θείας δυνάμεως, ἣν νοῦν καὶ ψυχὴν προσαγορεύει. τούτου μὲν οὖν τὸν κόσμον εἶναι ἰδέαν, δι᾽ ὃ καὶ σφαιροειδῆ ὑπὸ θείας δυνάμεως γεγονέναι. τὴν δὲ γῆν μέσον κόσμου κινεῖσθαι περὶ 15 τὸ αὐτῆς κέντρον ὡς πρὸς ἀνατολήν.

2. Aët. I 3, 19 (D. 286) Ἔκφαντος Συρακούσιος, εἷς τῶν Πυθαγορείων, πάντων τὰ ἀδιαίρετα σώματα καὶ τὸ κενόν [nämlich ἀρχὰς εἶναι]· τὰς γὰρ Πυθαγορικὰς μονάδας οὗτος πρῶτος ἀπεφήνατο σωματικάς.

3. — II 1, 2 (D. 327) Θαλῆς Πυθαγόρας Ἐμπεδοκλῆς Ἔκφαντος Παρμε- 20 νίδης ... ἕνα τὸν κόσμον.

4. — II 3, 3 (D. 330) Ἔ. ἐκ μὲν ἀτόμων συνεστάναι τὸν κόσμον, διοικεῖσθαι δὲ ὑπὸ προνοίας.

5. — III 13, 3 (D. 378) Ἡρακλείδης ὁ Ποντικὸς καὶ Ἔκφαντος ὁ Πυθαγόρειος κινοῦσι μὲν τὴν γῆν, οὐ μήν γε μεταβατικῶς, ἀλλὰ τρεπτικῶς τροχοῦ δίκην ἐνη- 25 ξονισμένην, ἀπὸ δυσμῶν ἐπ᾽ ἀνατολὰς περὶ τὸ ἴδιον αὐτῆς κέντρον.

---

52 [39]. XENOPHILOS

1. DIOG. VIII 46 [s. I 101, 36. 399, 2] τελευταῖοι γὰρ ἐγένοντο τῶν Πυθαγορείων, οὓς καὶ Ἀριστόξενος εἶδε, Ξενόφιλός τε ὁ Χαλκιδεὺς ἀπὸ Θράικης κτλ. ΙΑΜΒΛ. V. P. 251 ἦσαν δὲ οἱ σπουδαιότατοι Φάντων τε καὶ Ἐχεκράτης καὶ Πολύμναστος 30 καὶ Διοκλῆς Φλιάσιοι, Ξενόφιλος δὲ Χαλκιδεὺς τῶν ἀπὸ Θράικης Χαλκιδέων. 267 p. 193, 5 Κυζικηνοὶ Πυθόδωρος [nicht der I 248, 31 erwähnte] ... Ξενόφιλος [ein anderer?].

---

9 ὁρίζει und νομίζει Hss.: verb. Diels. Vgl. 68 B 278   9ff. vgl. Heidel *Transact. Am. Philolog. Ass.* 40 (1910) 5ff.   11 ὡρισμένον καὶ οὐκ Roeper: ὡρισμένων κατὰ τοῦτο, ἄπειρον Duncker: ὡρισμένον καὶ ⟨παρὰ⟩ τοῦτο ⟨τὸ⟩ ἄπειρον H. Gomperz   13 τοῦ μὲν ... εἰδέναι ἰδεῖν Hss.: verb. Roeper; ⟨διὰ⟩ τοῦ⟨το⟩ μὲν οὖν τὸν κόσμον ⟨εὔκοσμον⟩ εἶναι ἰδεῖν H. Gomperz   14 θείας Gotting.: μιᾶς Hss.   24 ἐνιζωνισμένην A: verb. Reiske   28 οἶδε unnötig Richards

2. VAL. MAX. VIII 13 ext. 3 *biennio minor* [als Gorgias] *Xenophilus Chalcidensis Pythagoricus, sed felicitate non inferior, si quidem, ut ait Aristoxenus musicus* [fr. 16 FHG II 277], *omnis humani incommodi expers in summo perfectissimae doctrinae splendore extinctus est.* [LUC.] Macrob. 18
5 Ξενόφιλος δὲ ὁ μουσικός, ὥς φησιν Ἀριστόξενος, προσσχὼν τῆι Πυθαγόρου φιλοσοφίαι ὑπὲρ τὰ πέντε καὶ ἑκατὸν ἔτη Ἀθήνησιν ἐβίωσε. PLIN. N. H. VIII 168 *ergo pro miraculo et id solitarium reperitur exemplum Xenophili musici centum et quinque annis vixisse sine corporis incommodo.*

3. SUID. s. v. Ἀριστόξενος . . . ἀκουστὴς τοῦ τε πατρὸς [Spintharos] καὶ
10 Λάμπρου τοῦ Ἐρυθραίου, εἶτα Ξενοφίλου τοῦ Πυθαγορείου καὶ τέλος Ἀριστοτέλους. Vgl. GELL. IV 11 [I 101, 26].

---

53 [40]. DIOKLES. ECHEKRATES. POLYMNASTOS. PHANTON. ARION

1. DIOG. VIII 46. IAMBL. V. P. 251 [s. I 399, 3; 442, 29].
15 2. IAMBL. V. P. 267 [s. I 447, 14] Φλιάσιοι Διοκλῆς, Ἐχεκράτης, Πολύμναστος, Φάντων.

3. Zu Echekrates vgl. außerdem IAMBL. V. P. 267 [s. I 446, 26] unter den Ταραντῖνοι. Vgl. dagegen I 448, 1. 12 Ἐχεκράτεια Φλιασία. PLAT. Phaedo p. 57A Echekrates: πῶς ἐτελεύτα [Sokrates]; ἡδέως γὰρ ἂν ἀκούσαιμι. καὶ
20 γὰρ οὔτε τῶν πολιτῶν Φλειασίων οὐδεὶς πάνυ τι ἐπιχωριάζει τὰ νῦν Ἀθήναζε κτλ.

4. PLAT. Phaedo p. 88D θαυμαστῶς γάρ μου (Echekrates spricht) ὁ λόγος οὗτος ἀντιλαμβάνεται καὶ νῦν καὶ ἀεὶ τὸ ἁρμονίαν τινὰ ἡμῶν εἶναι τὴν ψυχήν, καὶ ὥσπερ ὑπέμνησέν με ῥηθείς, ὅτι καὶ αὐτῶι μοι ταῦτα προυδέδοκτο. [Vgl.
25 44 A 23.] Daher nennt als Platons Lehrer neben Archytas CIC. de fin. v 29, 87 *Echecratem, Timaeum, Arionem Locros.* Vgl. [PLAT.] Ep. 9 p. 358B.

---

54 [41]. PROROS. AMYKLAS. KLEINIAS

1. IAMBL. V. P. 127 καὶ ταῦτα πρὸς ἐκεῖνον [Aristoxenos] εἰπεῖν [d. jüngere Dionys] καὶ τὰ περὶ Φιντίαν καὶ Δάμωνα [s. c. 55] περί τε Πλάτωνος καὶ Ἀρ-
30 χύτου, καὶ τὰ περὶ Κλεινίαν καὶ Πρῶρον [s. I 446, 28].

2. DIOG. IX 40 Ἀριστόξενος δ᾽ ἐν τοῖς ἱστορικοῖς ὑπομνήμασί [fr. 83 FHG II 290] φησι Πλάτωνα θελῆσαι συμφλέξαι τὰ Δημοκρίτου συγγράμματα, ὁπόσα ἐδυνήθη συναγαγεῖν· Ἀμύκλαν δὲ καὶ Κλεινίαν τοὺς Πυθαγορικοὺς κωλῦσαι αὐτόν, ὡς οὐδὲν ὄφελος· παρὰ πολλοῖς γὰρ εἶναι ἤδη τὰ βιβλία.

35 3. DIODOR. X 4, 1 [aus Aristoxenos] ὅτι Κλεινίας, Ταραντῖνος τὸ γένος, εἷς δὲ τῶν ἐκ τοῦ προειρημένου συστήματος ὤν, πυθόμενος Πρῶρον τὸν Κυρηναῖον διά τινα πολιτικὴν περίστασιν ἀπολωλεκότα τὴν οὐσίαν καὶ τελέως ἀπορούμενον,

---

31 δ᾽ ἐν F: δὲ BP   33 ὁπόσα ⟨οὖν⟩ Menag.

ἐξεδήμησεν ἐκ τῆς Ἰταλίας εἰς Κυρήνην μετὰ χρημάτων ἱκανῶν καὶ τὴν οὐσίαν ἀποκατέστησε τῶι προειρημένωι, οὐδέποτε τοῦτον ἑωρακώς, ἀκούων δὲ μόνον ὅτι Πυθαγόρειος ἦν.

4. ATHEN. XIV 624A Κλεινίας γοῦν ὁ Πυθαγόρειος, ὡς Χαμαιλέων ὁ Ποντικὸς 5 ἱστορεῖ, καὶ τῶι βίωι καὶ τοῖς ἤθεσιν διαφέρων, εἴ ποτε συνέβαινεν χαλεπαίνειν αὐτὸν δι' ὀργήν, ἀναλαμβάνων τὴν λύραν ἐκιθάριζεν· πρὸς δὲ τοὺς ἐπιζητοῦντας τὴν αἰτίαν ἔλεγεν 'πραΰνομαι'.

5. PLUT. Quaest. conviv. III 6, 3 p. 654B ἐμοὶ μέν, ἔφη, τὸ τοῦ Πυθαγορικοῦ Κλεινίου λίαν ἀρέσκει· λέγεται γὰρ ἐρωτηθείς, ὁπηνίκα δεῖ μάλιστα γυναικὶ 10 προσιέναι· 'ὅταν' φάναι 'μάλιστα τυγχάνηις βλαβῆναι βουλόμενος'.

6. Fälschung auf den Namen des Proros (schon alexandrinisch?) Περὶ ἑβδομάδος NICOM. in Theol. arithm. p. 56 de Falco, SYRIAN. in Arist. Metaph. p. 192, 5 Kroll. [vgl. I 416, 14]; auf den Namen des Kleinias ebenda: THEOL. arithm. p. 21 de Falco, SYR. p. 168, 18 Kr.

15   55 [42]. DAMON UND PHINTIAS

DIODOR. X 4, 3 [aus Aristoxenos vgl. c. 54, 1. 58 D 7] Διονυσίου τυραννοῦντος Φιντίας τις Πυθαγόρειος ἐπιβεβουλευκὼς τῶι τυράννωι, μέλλων δὲ τῆς τιμωρίας τυγχάνειν, ἠιτήσατο παρὰ τοῦ Διονυσίου χρόνον εἰς τὸ [περὶ] τῶν ἰδίων πρότερον ἃ βούλεται διοικῆσαι· δώσειν δ' ἔφησεν ἐγγυητὴν τοῦ θανάτου τῶν 20 φίλων ἕνα. τοῦ δὲ δυνάστου θαυμάσαντος, εἰ τοιοῦτός ἐστι φίλος ὃς ἑαυτὸν εἰς τὴν εἱρκτὴν ἀντ' ἐκείνου παραδώσει, προσεκαλέσατό τινα τῶν γνωρίμων ὁ Φιντίας, Δάμωνα ὄνομα Πυθαγόρειον φιλόσοφον, ὃς οὐδὲ διστάσας ἔγγυος εὐθὺς ἐγενήθη τοῦ θανάτου. τινὲς μὲν οὖν ἐπήινουν τὴν ὑπερβολὴν τῆς πρὸς τοὺς φίλους εὐνοίας, τινὲς δὲ τοῦ ἐγγύου προπέτειαν καὶ μανίαν κατεγίνωσκον. πρὸς δὲ τὴν 25 τεταγμένην ὥραν ἅπας ὁ δῆμος συνέδραμεν καραδοκῶν, εἰ φυλάξει τὴν πίστιν ὁ καταστήσας. ἤδη δὲ τῆς ὥρας συγκλειούσης πάντες μὲν ἀπεγίνωσκον, ὁ δὲ Φιντίας ἀνελπίστως ἐπὶ τῆς ἐσχάτης τοῦ χρόνου ῥοπῆς δρομαῖος ἦλθε τοῦ Δάμωνος ἀπαγομένου πρὸς τὴν ἀνάγκην. θαυμαστῆς δὲ τῆς φιλίας φανείσης ἅπασιν ἀπέλυσεν ὁ Διονύσιος τῆς τιμωρίας τὸν ἐγκαλούμενον καὶ παρεκάλεσε τοὺς ἄνδρας 30 τρίτον ἑαυτὸν εἰς τὴν φιλίαν προσλαβέσθαι.

56 [43]. SIMOS. MYONIDES. EUPHRANOR

1. IAMBL. V. P. 267 p. 191, 8 N. Ποσειδωνιᾶται· Ἀθάμας, Σῖμος.

2. PORPHYR. V. P. 3 [nach dem Epigramm oben I 98, 12] τοῦτο δ' ἀνελόντα [?] Σῖμον τὸν ἁρμονικὸν καὶ τὸν κανόνα σφετερισάμενον ἐξενεγκεῖν ὡς ἴδιον·

5 διαφορῶν Hss.: verb. Casaub.   18 [περὶ] Diels   21 προσεκαλέσατο
Peir., Patm.: προεκαλέσατο Valesius   22 οὐδὲ] οὐ Patm.: οὐδὲν Reiske
33 vielleicht τούτων μίαν ἀνελόντα Diels

εἶναι μὲν οὖν ἑπτὰ τὰς ἀναγεγραμμένας σοφίας, διὰ δὲ τὴν μίαν, ἣν Σῖμος ὑφείλετο, συναφανισθῆναι καὶ τὰς ἄλλας τὰς ἐν τῶι ἀναθήματι γεγραμμένας.

3. IAMBL. in Nic. p. 116, 1 Pistelli εἴρηται καὶ περὶ τῶν ἑξῆς ταῖς πρώταις τριῶν μεσοτήτων, αἷς καὶ αἱ ἀπὸ Πλάτωνος μέχρις Ἐρατοσθένους ἐχρήσαντο,
5 ἄρξαντος ὡς ἔφαμεν τῆς εὑρέσεως αὐτῶν Ἀρχύτα [47 B 2] καὶ Ἱππάσου [c. 18, 15] τῶν μαθηματικῶν. τὰς δ᾽ ὑπὸ τῶν μετὰ ταῦτα νεωτέρων περί τε Μυωνίδην καὶ Εὐφράνορα τοὺς Πυθαγορικοὺς προφιλοτεχνηθείσας τέσσαρας [also die 7. 8. 9. 10] οὔτε παραλείπειν ἄξιον κτλ.

57 [44]. LYKON (LYKOS)

10 1. IAMBL. V. P. 267 p. 190, 4 Λύκων u. d. Ταραντῖνοι. DIOG. v 69 γεγόνασι δὲ Λύκωνες καὶ ἄλλοι· πρῶτος Πυθαγορικός.

2. ATHEN. II 69E [aus Herakleides von Tarent] Λύκος (?) δ᾽ ὁ Πυθαγόρειος τὴν ἔκ⟨λυσιν ποιοῦσαν⟩ γεννήσεώς φησι θρίδακα πλατύφυλλον τετανὴν ἄκαυλον ὑπὸ μὲν τῶν Πυθαγορείων λέγεσθαι εὐνοῦχον, ὑπὸ δὲ τῶν γυναικῶν ἀστύτιδα·
15 διουρητικοὺς γὰρ παρασκευάζει καὶ ἐκλύτους πρὸς τὰ ἀφροδίσια· ἔστι δὲ κρατίστη ἐσθίεσθαι.

3. ATHEN. x 418E καὶ Πυθαγόρας δ᾽ ὁ Σάμιος μετρίαι τροφῆι ἐχρῆτο, ὡς ἱστορεῖ Λύκων ὁ Ἰασεὺς ἐν τῶι Περὶ Πυθαγορείου ⟨βίου⟩.

4. ARISTOCL. b. Eus. P. E. xv 2, 8 πάντα δ᾽ ὑπερπαίει μωρίαι τὰ ὑπὸ Λύ-
20 κωνος εἰρημένα τοῦ λέγοντος εἶναι Πυθαγορικὸν ἑαυτόν. φησὶ γὰρ θύειν Ἀριστοτέλη θυσίαν τετελευτηκυίαι τῆι γυναικὶ τοιαύτην, ὁποίαν Ἀθηναῖοι τῆι Δήμητρι,

---

2 Die Angabe des Duris erklärt sich aus der Rivalität der Pythagoreer des 4. Jahrh. wie bei Hippasos [c. 18, 4 I 108, 6ff.]. Unter den 7 σοφίαι sind vermutlich die 7 Proportionen (μεσότητες) zu verstehen vgl. c. 18, 15 (I 110, 30ff.). Danach gab es zur Zeit des Pythagoras nur 3 μεσότητες, dann fügten Hippasos und Archytas 3 weitere hinzu. Endlich fügte die letzte Generation Myonides und Euphranor die vier letzten hinzu (7—10 vgl. c. 56, 3). Die zunächst neu hinzugefügte wäre also die des Simos, deren Erfindung ihm von neidischen Zunftgenossen abgesprochen und durch das wirklich oder nur literarisch gefälschte Anathem des erfundenen Pythagorassohnes böswillig abgestritten werden sollte. Wie weit Duris selbst an der Fälschung beteiligt ist, kann fraglich erscheinen. Doch sind seine Spuren auf diesem Gebiet bedenklich [s. I 380, 11ff.]. Ein ,,samischer Dichter" mit einem Distichon auf Pythais, Mutter des Pythagoras, erscheint als Zeuge der Apollinischen Geburt des Pythagoras bei Apollonios kurz vor dem Duriszitate. Mit dem 'Kanon' ist zu vergleichen Eratosthenes in Heibergs Archimed. III 112, 18. Über Simos u. Duris vgl. jetzt auch Wilamowitz Platon II² 94, zu Euphranor s. I 399, 23. 439, 2   11 καὶ ἄλλοι Λύκωνες Ausgg.   12 Λύκος·Valcken. (= Λύκων Athen. 418E): Ἴβυκος CE: Ἴκκος (c. 25 I 216, 10) zweifelnd P. Maas Pauly-Wiss. R.E. IX 818   13 ἐκ Hs.: erg. Diels; τὴν ⟨ἐφ⟩εκ⟨τικήν⟩ Morel   γενέσεως Hs.: verb. Bruhn (brieflich)   14 εὐνούχειον Plin. xix 127   18 ⟨βίου⟩ Kaibel

καὶ ἐν ἐλαίωι θερμῶι λουόμενον τοῦτο δὴ πιπράσκειν· ἡνίκα δὲ εἰς Χαλκίδα ἀπήιει, τοὺς τελώνας εὑρεῖν ἐν τῶι πλοίωι λοπάδια χαλκᾶ τέτταρα καὶ ἑβδομήκοντα.

5. SCHOL. NICANDR. Ther. 585 Δημήτριος ὁ Χλωρὸς τὴν βούπλευρον δένδρον εἶναί φησιν· οὐκ ἔστι δέ, ἀλλὰ λάχανον ... Ἀντίγονος δέ φησι καὶ Λύκωνα
5 μεμνῆσθαι τοῦ λαχάνου.

---

58 [45]. PYTHAGOREISCHE SCHULE

A. KATALOG DES IAMBLICHOS

IAMBL. V. P. 267 τῶν δὲ συμπάντων Πυθαγορείων τοὺς μὲν ἀγνῶτάς τε καὶ ἀνωνύμους τινὰς πολλοὺς εἰκὸς γεγονέναι, τῶν δὲ γνωριζομένων ἐστὶ τάδε
10 τὰ ὀνόματα. Κροτωνιᾶται Ἱππόστρατος, Δύμας, Αἴγων, Αἴμων, Σύλλος, Κλεοσθένης, Ἀγέλας, Ἐπίσυλος, Φυκιάδας, Ἔκφαντος [s. I 442, 6], Τίμαιος [s. I 441, 9], Βοῦθος, Ἔρατος, Ἰταναῖος, Ῥόδιππος, Βρύας, Ἔνανδρος [?], Μυλλίας, Ἀντιμέδων, Ἀγέας, Λεόφρων, Ἀγύλος, Ὀνάτας [s. 103, 12], Ἱπποσθένης, Κλεόφρων, Ἀλκμαίων [s. I 210, 12], Δαμοκλῆς, Μίλων [s. I 102, 18. 111, 24],
15 Μένων. Μεταπόντινοι Βροντῖνος [I 106, 21], Παρμίσκος [I 112, 29], Ὀρεστάδας [112, 30], Λέων, Δαμάρμενος, Αἰνέας, Χιλᾶς, Μελησίας, Ἀριστέας, Λαφάων, Εὔανδρος, Ἀγησίδαμος, Ξενοκάδης, Εὐρύφημος, Ἀριστομένης, Ἀγήσαρχος, Ἀλκίας, Ξενοφάντης, Θράσεος, Εὔρυτος [I 419, 21], Ἐπίφρων, Εἰρίσκος, Μεγιστίας, Λεωκύδης, Θρασυμήδης, Εὔφημος, Προκλῆς, Ἀντιμένης, Λάκριτος, Δαμοτά-
20 γης, Πύρρων, Ῥηξίβιος, Ἀλώπεκος, Ἀστύλος, Δακίδας, Ἀλίοχος, Λακράτης, Γλυκῖνος. Ἀκραγαντῖνος Ἐμπεδοκλῆς [I 276, 18]. Ἐλεάτης Παρμενίδης [I 217, 18]. Ταραντῖνοι Φιλόλαος [I 398, 1], Εὔρυτος [I 419, 21], Ἀρχύτας [I 421, 17], Θεόδωρος [I 448, 3], Ἀρίστιππος, Λύκων [I 445, 9], Ἑστιαῖος, Πολέμαρχος, Ἀστέας, Καινίας, Κλέων, Εὐρυμέδων, Ἀρκέας, Κλειναγόρας,
25 Ἄρχιππος [I 420, 24], Ζώπυρος, Εὔθυνος, Δικαίαρχος, Φιλωνίδης, Φροντίδας, Λῦσις [I 420, 24], Λυσίβιος, Δεινοκράτης, Ἐχεκράτης [vgl. I 448, 1], Πακτίων, Ἀκουσιλάδας, Ἴκκος [I 216, 10], Πεισικράτης, Κλεάρατος, Λεοντεύς, Φρύνιχος, Σμιχίας, Ἀριστοκλείδας, Κλεινίας [I 443, 33], Ἀβροτέλης, Πεισίρροδος, Βρύας [vgl. ob. Z. 12], Ἔλανδρος, Ἀρχέμαχος, Μιμνόμαχος, Ἀκμονίδας, Δικᾶς, Κάρο-
30 φαντίδας [?]. Συβαρῖται Μέτωπος [Stob. Flor. 1, 115 H.], Ἵππασος [I 107, 16], Πρόξενος, Εὐάνωρ, Λεάναξ, Μενέστωρ [I 375, 12], Διοκλῆς, Ἔμπεδος,

---

10 Ἄστων? vgl. c. 14, 19 (I 105, 21) Kranz   Σύλλος Kiessling nach § 150:
σίλιος F   12 Ζοῦθος? (s. I 376, 19) Diels   Ἔνανδρος] Μένανδρος Nauck
13 Λεόφρων] s. Bechtel Genethliacon (Berl. 1910) 69   Ὀνάτας Nauck:
ὄνατος F. Auf s. Namen ist eine Schrift Περὶ θεοῦ καὶ θείου gefälscht (Stob.
Ecl. I 1, 39. p. 48, 4 W.)   16 Μελησίας Keil: μελισίας F   18 Θράσιος
Rohde   εὑρίσκος F   20 Ἀστύλος] Capelle vergleicht dazu Plato Legg.
VIII 840 A (hinter c. 25, 2 I 216, 20 ἀκμῆι) καὶ δὴ καὶ Κρίσωνα καὶ Ἀστύλον
καὶ Διόπομπον καὶ ἄλλους παμπόλλους ὁ αὐτός που λόγος ἔχει (geschlechtliche Abstinenz)   27 Φρύνιχος] etwa Φρυνίων (Vater des Echekrates) n.
Plato Ep. 9 p. 358 B? Diels   28 Σιμιχίδας Rohde   Πισίρροδος F: verb.
Westermann   29 Ἀκμονίδας Keil: Ἀχμονίδας F   Καροφαντίδας] Κλεοφαντίδας Nauck   31 Λεάναξ Keil: δεάναξ F

Τιμάσιος, Πτολεμαῖος, Ἔνδιος, Τυρσηνός. Καρχηδόνιοι Μιλτιάδης, Ἄνθην, Ὁδίος, Λεόκριτος. Πάριοι Αἴητιος, Φαινεκλῆς, Δεξίθεος, Ἀλκίμαχος, Δείναρχος, Μέτων, Τίμαιος [1 441, 9 gehört in Ζ. 4], Τιμησιάναξ, Εὔμοιρος, Θυμαρίδας. Λοκροὶ Γύττιος [?], Ξένων [vgl. 1 283, 3?], Φιλόδαμος, Εὐέτης, Εὔδικος, 5 Σθενωνίδας, Σωσίστρατος, Εὐθύνους, Ζάλευκος, Τιμάρης. Ποσειδωνιᾶται Ἀθάμας, Σῖμος, Πρόξενος, Κράνοος, Μύης, Βαθύλαος, Φαίδων. Λευκανοὶ Ὄκκελος [1 440, 1] καὶ Ὄκκιλος ἀδελφοί, Ὀρέσανδρος, Κέραμβος. Δαρδανεὺς Μαλίων. Ἀργεῖοι Ἱππομέδων, Τιμοσθένης, Εὐέλθων, Θρασύδαμος, Κρίτων, Πολύκτωρ. Λάκωνες Αὐτοχαρίδας, Κλεάνωρ, Εὐρυκράτης. Ὑπερβόρειος 10 Ἄβαρις. Ῥηγῖνοι Ἀριστείδης, Δημοσθένης, Ἀριστοκράτης, Φύτιος, Ἑλικάων, Μνησίβουλος, Ἱππαρχίδης, Εὐθοσίων [?], Εὐθυκλῆς, Ὄψιμος [1 420, 24], Κάλαϊς, Σελινούντιος. Συρακούσιοι Λεπτίνης, Φιντίας, Δάμων [1 444, 15]. Σάμιοι Μέλισσος [1 258, 11], Λάκων, Ἄρχιππος, Ἑλώριππος, Ἕλωρις, Ἵππων [1 385, 1]. Καυλωνιᾶται Καλλίβροτος, Δίκων, Νάστας, Δρύμων, Ξέντας. Φλιάσιοι

1 πτολεμαῖος F: verb. Keil   Ἔνδιος Dindorf: ἔναιος F   3 Θυμαρίδας Reinesius: εὐμυρίδας F   »Thymarides aus Paros wird auch bei Iambl. 239 (aus Aristoxenos) als verarmt erwähnt (58 D 1 467, 3). Möglicherweise ist er identisch mit dem Tarentiner Th., den Androkydes (über ihn zu 465, 24) περὶ Πυθαγορικῶν συμβόλων erwähnt. Aber die bei Nikomachos erscheinenden Berichte über mathematische Schriften beziehen sich auf spätere neupythagoreische Fälschungen. Die Definition der Monas als περαίνουσα ποσότης (Iambl. in Nicom. p. 11, 2 Pistelli), die Bezeichnung der Primzahlen als εὐθυγραμμικοί (Iambl. a. O. 27, 4) sind für einen alten Pythagoreer ebenso unmöglich wie das Θυμαρίδειον ἐπάνθημα (Iambl. a. O. p. 62, 19 u. ö.), das modern ausgedrückt die Formel

$$x = \frac{a_1 + a_2 + \ldots + a_n - a}{n-1}$$

darstellt. Diese „Überblüte" gehört späterer Arithmetik an, wie ihn denn Cantor in Berichtigung seiner früheren Meinung (Vorlesungen I¹ 370, Leipzig 1880) als Zeitgenossen des Theon Smyrnaeus betrachtete. Aber Tannery trat 1881 (Ann. de la Fac. d. L. de Bordeaux III 101 = Mém. Scientifiques I 1 p. 106ff.) den Beweis an, Thymarides gehöre zu den alten Pythagoreern vor Aristoxenos. Doch er ward getäuscht durch den von Nikomachos modernisierten Bericht über Speusippos (γραμμικῶν Vorsokr. 1 400, 27; vgl. dazu Wilamowitz Platon II² 88) und hat Cantor in den späteren Auflagen seiner Vorlesungen (1894. 1897) wieder umgestimmt. So gilt bei den Mathematikern jetzt Thymarides wieder als eine epochemachende Erscheinung der altpythagoreischen Mathematik. Vgl. Loria Le Scienze esatte nell'antica Grecia (Mil. 1914) 807 Zeuthen Meddelelser d. Dän. Ak. math. Abt. II 4 (1919) 27¹.« Diels   4 γύττιος F: Πύττιος Rohde   7 Ὄκκιλος] so F   Δαρδανεὺς als Ethnikon aus der Einteilung in der Hs. festgestellt von L. Deubner   8 Ἀργεῖοι Cobet: αὐγεῖοι F   11 εὐθοσίων F: Εὐθετίων Rohde   12 Moerus und Selinuntius heißen bei Hygin 257 [p. 142, 14 Schmidt] die Pythagoreer Damon und Phintias [c. 58 D 7]; Selinuntius nach der Einteilung in der Hs. kein Ethnikon (Deubner)   13 Γλώριππος F: verb. Deubner (vgl. d. Folgenden)

Διοκλῆς, Ἐχεκράτης [ι 443, 12], Πολύμναστος, Φάντων [ι 443, 13].   Σικυώνιοι
Πολιάδης, Δήμων, Στράτιος, Σωσθένης.   Κυρηναῖοι Πρῶρος [ι 443, 27], Με-
λάνιππος [vgl. 58 E 1 V. 15], Ἀριστάγγελος, Θεόδωρος [ι 397, 15].   Κυζικηνοὶ
Πυθόδωρος [nicht = 29 A 4], Ἱπποσθένης, Βούθηρος, Ξενόφιλος [ι 442, 26].
5 Καταναῖοι Χαρώνδας, Λυσιάδης.   Κορίνθιος Χρύσιππος.   Τυρρηνὸς
Ναυσίθοος.   Ἀθηναῖος Νεόκριτος.   Ποντικὸς Λύραμνος.   Οἱ πάντες σιη.
Πυθαγορίδες δὲ γυναῖκες αἱ ἐπιφανέσταται Τιμύχα γυνὴ ἡ Μυλλία τοῦ Κρο-
τωνιάτου, Φίλτυς θυγάτηρ Θεόφριος τοῦ Κροτωνιάτου, Βυνδάκου ἀδελφή, Ὀκκελὼ
καὶ Ἐκκελὼ τὼ Λευκανώ, Χειλωνὶς θυγάτηρ Χείλωνος τοῦ Λακεδαιμονίου, Κρα-
10 τησίκλεια Λάκαινα γυνὴ Κλεάνορος τοῦ Λακεδαιμονίου, Θεανὼ γυνὴ τοῦ Μετα-
ποντίνου Βροτίνου [ι 106, 21], Μυῖα γυνὴ Μίλωνος τοῦ Κροτωνιάτου, Λασθένεια
Ἀρκάδισσα, Ἀβροτέλεια Ἀβροτέλους θυγάτηρ τοῦ Ταραντίνου, Ἐχεκράτεια
Φλιασία, Τυρσηνὶς Συβαρῖτις, Πεισιρρόδη Ταραντίς, Νισθεάδουσα [?] Λάκαινα,
Βοιὼ Ἀργεία, Βαβέλυκα Ἀργεία, Κλεαίχμα ἀδελφὴ Αὐτοχαρίδα τοῦ Λάκωνος·
15 αἱ πᾶσαι ιζ.

B. ANONYME PYTHAGOREER
NACH ALTPERIPATETISCHER ÜBERLIEFERUNG

Vgl. Aristoteles Πρὸς τοὺς Πυθαγορείους ᾱ und Περὶ Πυθαγορείων ᾱ, Diog. v 25
(fr. 190—205 Rose).

20   1. PROCL. in Euclid. S. 65, 15 Friedl. [nach c. 14, 6a ι 98, 20] ἐπὶ δὲ
τούτοις Πυθαγόρας τὴν περὶ αὐτὴν [sc. γεωμετρίαν] φιλοσοφίαν εἰς σχῆμα
παιδείας ἐλευθέρου μετέστησεν, ἄνωθεν τὰς ἀρχὰς αὐτῆς ἐπισκοπούμενος καὶ
ἀύλως καὶ νοερῶς τὰ θεωρήματα διερευνώμενος, ὃς δὴ καὶ τὴν τῶν ἀνὰ λόγον
πραγματείαν καὶ τὴν τῶν κοσμικῶν σχημάτων σύστασιν ἀνεῦρεν.   μετὰ
25 δὲ τοῦτον Ἀναξαγόρας ὁ Κλαζομένιος πολλῶν ἐφήψατο τῶν κατὰ γεωμε-
τρίαν καὶ Οἰνοπίδης ὁ Χῖος ὀλίγωι νεώτερος ὢν Ἀναξαγόρου [c. 41 ι 393, 6]
... ἐφ᾽ οἷς Ἱπποκράτης ὁ Χῖος, ὁ τὸν τοῦ μηνίσκου τετραγωνισμὸν εὑρών
[c. 42, 3], καὶ Θεόδωρος ὁ Κυρηναῖος [c. 43] ἐγένοντο περὶ γεωμετρίαν ἐπιφανεῖς.
πρῶτος γὰρ ὁ Ἱπποκράτης τῶν μνημονευομένων καὶ Στοιχεῖα συνέγραψεν.   Πλά-
30 των δ᾽ ἐπὶ τούτοις γενόμενος ... ἐν δὲ τούτωι τῶι χρόνωι καὶ Λεωδάμας ὁ
Θάσιος ἦν καὶ Ἀρχύτας ὁ Ταραντῖνος [47 A 6] καὶ Θεαίτητος ὁ Ἀθηναῖος,
παρ᾽ ὧν ἐπηυξήθη τὰ θεωρήματα καὶ προῆλθεν εἰς ἐπιστημονικωτέραν σύστασιν.

1a. DIOG. viii 24 φησὶ δὲ καὶ ὁ Ἀλέξανδρος ἐν ταῖς τῶν Φιλοσόφων διαδοχαῖς

8ff. vgl. zu I 440, 3f.   9 l. Χιλωνὶς θ. Χίλωνος Diels   13 Νισθεάδουσα]
so F   14 Βοιὼ Reinesius: βυὼ F   15 ιζ F: ιϛ Diels   Zur Geschichte
des pythagoreischen Bundes vgl. Kahrstedt *Herm.* 53 (1918) 180ff.;
A. Delatte *Essai sur la politique pythagoricienne*, Liège et Paris 1922;
G. Méautis *Recherches sur le Pythagorisme*, Neuchatel 1922   16 vgl.
Frank *Plato u. d. sog. Pythag.* S. 260   33ff. 1a eingefügt auf Grund von
M. Wellmanns Aufsatz *Herm.* 54 (1919) 225, der diesen Auszug aus
Alexander Polyhistor einem mit Plato gleichzeitigen Pythagoreer (viel-
leicht Xenophilos c. 52) zuwies.   Die Abhängigkeit von der altpytha-
goreischen Überlieferung wird durch die beigefügten Verweise deutlich;
Exzerpt aus einem bestimmten Pythagoreer noch erkennbar § 29. 32.   An

[fr. 140 FHG III 240] καὶ ταῦτα εὑρηκέναι ἐν Πυθαγορικοῖς ὑπομνήμασιν· (25) ἀρχὴν μὲν τῶν ἁπάντων μονάδα, ἐκ δὲ τῆς μονάδος ἀόριστον δυάδα ὡς ἂν ὕλην τῆι μονάδι αἰτίωι ὄντι ὑποστῆναι, ἐκ δὲ τῆς μονάδος καὶ τῆς ἀορίστου δυάδος τοὺς ἀριθμούς, ἐκ δὲ τῶν ἀριθμῶν τὰ σημεῖα, ἐκ δὲ τούτων τὰς γραμμάς, ἐξ ὧν τὰ ἐπί-
5 πεδα σχήματα, ἐκ δὲ τῶν ἐπιπέδων τὰ στερεὰ σχήματα, ἐκ δὲ τούτων τὰ αἰσθητὰ σώματα, ὧν καὶ τὰ στοιχεῖα εἶναι τέτταρα, πῦρ, ὕδωρ, γῆν, ἀέρα, ἃ μεταβ/΄λλειν καὶ τρέπεσθαι δι' ὅλων. καὶ γίγνεσθαι ἐξ αὐτῶν κόσμον ἔμψυχον, νοερόν, σφαιροειδῆ, μέσην περιέχοντα τὴν γῆν καὶ αὐτὴν σφαιροειδῆ καὶ περιοικουμένην· (26) εἶναι δὲ καὶ ἀντίποδας καὶ τὰ ἡμῖν κάτω ἐκείνοις ἄνω. ἰσόμοιρά τε εἶναι ἐν τῶι κόσμωι
10 φῶς καὶ σκότος καὶ θερμὸν καὶ ψυχρὸν καὶ ξηρὸν καὶ ὑγρόν, ὧν κατ' ἐπικράτειαν θερμοῦ μὲν θέρος γίγνεσθαι, ψυχροῦ δὲ χειμῶνα ⟨ξηροῦ δ' ἔαρ καὶ ὑγροῦ φθινόπωρον⟩. ἐὰν δὲ ἰσομοιρῆι, τὰ κάλλιστα εἶναι τοῦ ἔτους, οὗ τὸ μὲν θάλλον ἔαρ ὑγιεινόν, τὸ δὲ φθίνον φθινόπωρον νοσερόν. ἀλλὰ καὶ τῆς ἡμέρας θάλλειν μὲν τὴν ἕω, φθίνειν δὲ τὴν ἑσπέραν, ὅθεν καὶ νοσερώτερον εἶναι. τόν τε περὶ τὴν γῆν αἰθέρα ἄσειστον
15 καὶ νοσερὸν καὶ τὰ ἐν αὐτῶι πάντα θνητά, τὸν δὲ ἀνωτάτω ἀεικίνητόν τε εἶναι καὶ καθαρὸν καὶ ὑγιᾶ, καὶ πάντα τὰ ἐν αὐτῶι ἀθάνατα καὶ διὰ τοῦτο θεῖα. (27) ἥλιόν τε καὶ σελήνην καὶ τοὺς ἄλλους ἀστέρας εἶναι θεούς· ἐπικρατεῖ γὰρ τὸ θερμὸν ἐν αὐτοῖς, ὅπερ ἐστὶ ζωῆς αἴτιον. τήν τε σελήνην λάμπεσθαι ὑφ' ἡλίου. καὶ ἀνθρώπωι εἶναι πρὸς θεοὺς συγγένειαν κατὰ τὸ μετέχειν ἄνθρωπον θερμοῦ· διὸ καὶ προνοεῖσθαι
20 τὸν θεὸν ἡμῶν. εἱμαρμένην τε τῶν ὅλων καὶ κατὰ μέρος αἰτίαν εἶναι τῆς διοικήσεως. διήκειν τε ἀπὸ τοῦ ἡλίου ἀκτῖνα διὰ τοῦ αἰθέρος τοῦ τε ψυχροῦ καὶ παχέος (καλοῦσι δὲ τὸν μὲν ἀέρα ψυχρὸν αἰθέρα, τὴν δὲ θάλασσαν καὶ τὸ ὑγρὸν παχὺν αἰθέρα). ταύτην. δὲ τὴν ἀκτῖνα καὶ εἰς τὰ βένθη δύεσθαι καὶ διὰ τοῦτο ζωοποιεῖν πάντα. (28) καὶ ζῆν μὲν πάντα ὅσα μετέχει τοῦ θερμοῦ (διὸ καὶ τὰ φυτὰ ζῶια εἶναι), ψυχὴν
25 μέντοι μὴ ἔχειν πάντα. εἶναι δὲ τὴν ψυχὴν ἀπόσπασμα αἰθέρος καὶ τοῦ θερμοῦ καὶ τοῦ ψυχροῦ τῶι ⟨τε⟩ συμμετέχειν ψυχροῦ αἰθέρος διαφέρειν ψυχὴν ζωῆς. ἀθάνατόν τε εἶναι αὐτήν, ἐπειδήπερ καὶ τὸ ἀφ' οὗπερ ἀπέσπασται ἀθάνατόν [τέ]

---

einigen Stellen ist die stoische Terminologie eingemengt; aber es ist kein Grund, den Inhalt zu verwerfen (mit Zeller und anderen). Vgl. auch Delatte *La vie de Pythagore* Bruxelles 1922 S. 124 ff.   33 καὶ P: fehlt BF 1 f. vgl. 44 B 8 ɪ 410, 13   2 τῶν fehlt F   2 f. μονάδος κτλ. vgl. c. 45, 2 (420, 5 f.); Aët. I 3, 8 (Dox. 281 a 7)   3 αἰτίωι PF, in Rasur B οὔσηι Reiske   5 αἰσθητὰ Hss.: στερεά interpol. Stephanus   6 τέτταρα PF: fehlt B. Vgl. 44 B 13 (413, 3)   ἃ μεταβάλλειν BP: μεταβάλλειν F 8 f. vgl. Plato Phaedo p. 108—111 (Wellmann a. O. S. 243 f.)   9 δὲ] γὰρ Reiske   τὰ ἡμῖν κάτω κτλ.] vgl. 44 B 17 (415, 13); [Hippokr.] Περὶ ἑβδ. c. II, 30 ff. Roscher Paderborn 1913   ἰσόμοιρα] vgl. 24 B 4 (215, 11) 10 ὑγρὸν καὶ ξηρόν stellt P   11 ⟨ ⟩ Cobet nach C ? Vgl. Delatte a. O. S. 92 14 νοσερώτερον: -τέραν P   αἰθέρα BP¹F (vgl. unt. Z. 22): ἀέρα P³   ἄσειστον ⟨καὶ θολερὸν⟩ καὶ Reiske   15 ἀνωτάτω] 44 A 16 (403, 20)   16 ὑγεία΄ P¹   ἀθάνατα κτλ.] vgl. 24 A 12 (213, 18. 26)   17 θερμόν] 44 A 27 (405, 30)   18 ἀνθρώπωι Bywater: ἀνθρώπων BP: ἀνθρώπους F   19 θεοῦ F συγγένειαν] vgl. 24 A 12 (213, 19)   20 εἱμαρμένην] vgl. 44 A 1 (398, 11), stoischer Terminus   δὲ F   22 αἰθέρα] vgl. Wortindex   23 βένθη P¹F: βάθη BP³; das Wort empedokleisch   26 τῶι P: τὸ BF   ⟨τε⟩ Diels διαφέρειν ⟨τε⟩ Stephanus, vulgo   27 οὗπερ P¹F: οὗ B(?)P³   τε BP (nach Delatte nur P): fehlt F

ἐστι. τὰ δὲ ζῶια γεννᾶσθαι ἐξ ἀλλήλων ἀπὸ σπερμάτων, τὴν δὲ ἐκ γῆς γένεσιν
ἀδύνατον ὑφίστασθαι. τὸ δὲ σπέρμα εἶναι σταγόνα ἐγκεφάλου περιέχουσαν ἐν
ἑαυτῆι θερμὸν ἀτμόν· ταύτης δὲ προσφερομένης τῆι μήτραι ἀπὸ μὲν τοῦ ἐγκεφάλου
ἰχῶρα καὶ ὑγρὸν καὶ αἷμα προΐεσθαι, ἐξ ὧν σάρκας τε καὶ νεῦρα καὶ ὀστᾶ καὶ
5 τρίχας καὶ τὸ ὅλον συνίστασθαι σῶμα, ἀπὸ δὲ τοῦ ἀτμοῦ ψυχὴν καὶ αἴσθησιν.
(29) μορφοῦσθαι δὲ τὸ μὲν πρῶτον παγὲν ἐν ἡμέραις τεσσαράκοντα, κατὰ δὲ τοὺς
τῆς ἁρμονίας λόγους ἐν ἑπτὰ ἢ ἐννέα ἢ δέκα τὸ πλεῖστον μησὶ τελειωθὲν ἀποκυΐσκε-
σθαι τὸ βρέφος. ἔχειν δὲ ἐν αὐτῶι πάντας τοὺς λόγους τῆς ζωῆς, ὧν εἰρομένων
συνέχεσθαι κατὰ τοὺς τῆς ἁρμονίας λόγους ἑκάστων ἐν τεταγμένοις καιροῖς ἐπιγινο-
10 μένων. τήν τε αἴσθησιν κοινῶς, καὶ κατ' εἶδος τὴν ὅρασιν, ἀτμόν τινα ἄγαν εἶναι
θερμόν, καὶ διὰ τοῦτον λέγεται δι' ἀέρος ὁρᾶν καὶ δι' ὕδατος· ἀντερείδεσθαι γὰρ
τὸ θερμὸν ἀπὸ τοῦ ψυχροῦ, ἐπεί τοι, εἰ ψυχρὸς ἦν ὁ ἐν τοῖς ὄμμασιν ἀτμός, διει-
στήκει ἂν ⟨οὐδὲν⟩ πρὸς τὸν ὅμοιον ἀέρα· νῦν δὲ ἔστιν ἐν οἷς ἡλίου πύλας καλεῖ
τοὺς ὀφθαλμούς· τὰ δ' αὐτὰ καὶ περὶ τῆς ἀκοῆς καὶ τῶν λοιπῶν αἰσθήσεων δογμα-
15 τίζει. (30) τὴν δ' ἀνθρώπου ψυχὴν διηιρῆσθαι τριχῆ, εἴς τε νοῦν καὶ φρένας καὶ
θυμόν. νοῦν μὲν οὖν καὶ θυμὸν εἶναι καὶ ἐν τοῖς ἄλλοις ζώιοις, φρένας δὲ μόνον ἐν
ἀνθρώπωι. εἶναι δὲ τὴν ἀρχὴν τῆς ψυχῆς ἀπὸ καρδίας μέχρις ἐγκεφάλου, καὶ τὸ
μὲν ἐν τῆι καρδίαι μέρος αὐτῆς ὑπάρχειν θυμόν, φρένας δὲ καὶ νοῦν τὰ ἐν τῶι ἐγκε-
φάλωι. σταγόνας δ' εἶναι ἀπὸ τούτων τὰς αἰσθήσεις· καὶ τὸ μὲν φρόνιμον ἀθάνατον,
20 τὰ δὲ λοιπὰ θνητά. τρέφεσθαί τε τὴν ψυχὴν ἀπὸ τοῦ αἵματος· τοὺς δὲ λόγους
ψυχῆς ἀνέμους εἶναι. ἀόρατον δ' εἶναι αὐτὴν καὶ τοὺς λόγους, ἐπεὶ καὶ ὁ αἰθὴρ
ἀόρατος. (31) δεσμὰ τε εἶναι τῆς ψυχῆς τὰς φλέβας καὶ τὰς ἀρτηρίας καὶ τὰ νεῦρα.
ὅταν δ' ἰσχύηι καὶ καθ' αὑτὴν γενομένη ἠρεμῆι, δεσμὰ γίγνεσθαι αὐτῆς τοὺς λόγους
καὶ τὰ ἔργα. ἐκριφθεῖσάν τε αὐτὴν ἐπὶ γῆς πλάζεσθαι ἐν τῶι ἀέρι ὁμοίαν τῶι
25 σώματι. τὸν δὲ Ἑρμῆν ταμίαν εἶναι τῶν ψυχῶν καὶ διὰ τοῦτο Πομπέα λέγεσθαι
καὶ Πυλαῖον καὶ Χθόνιον, ἐπειδήπερ οὗτος καὶ εἰσπέμπει ἀπὸ τῶν σωμάτων τὰς

---

1 ἀπὸ σπερμάτων] vgl. 44 A 27 (405, 31). B 13   2 ὑφίσταται P¹B²   στας
γόνα PF: σταγόνας B   ἐγκεφάλου] vgl. 24 A 13 (213, 28); ⟨ἀπὸ τοῦ⟩ ἐγκ.
Bywater, vgl. Z. 18 f.; θήλεος ergänzt willkürlich Wellmann a. O. S. 233
περιέχουσα B   3 θερμὸν ἀτμόν F: ἀτμὸν θερμόν BP (Hiat!)   ταύτην δὲ
προσφερομένην Hss.: verb. Wellmann   4 ἰχῶρα κτλ.] vgl. 44 A 27 (406, 2 f.)
5 ὑφίστασθαι F   τοῦ ⟨θερμοῦ⟩ ἀτμοῦ Wellm., aber dies ist selbstverständ-
lich; zur Sache vgl. 22 B 12 (154, 6)   6 τεσσαράκοντα] 31 A 83 (301, 10)
7 ἁρμονίας λόγους] vgl. 44 B 11 (411, 8 ff.)   10 ὅρασιν BP¹: κρᾶσιν
FP³   εἶναι ἄγαν F   11 τοῦτον BP: τοῦτο jüng.   λέγεται] λέγει καὶ Bywater
12 ἀπὸ Froben.: ἐπὶ Hss.   13 ⟨οὐδὲν⟩ Diels; vgl. 59 A 92   ἔστιν ἐν οἷς]
An einigen Stellen nennt er die Augen Sonnentore. Aus dem Zitat ergibt
sich die Feuernatur des Auges, der von der zuerst Alkmaion 24 A 5 (212, 5)
gesprochen hatte   14 δογματίζειν Hss.: decrevit Ambrosius: verb. Reiske
15 τὴν κτλ.] vgl. Aët. IV 5, 10 (Dox. 391, 23)   διηιρῆσθαι BP: διαιρῆσθαι F:
διαιρεῖσθαι Froben.   φρένα FP³   16 εἶναι καὶ θυμὸν F   μόνον] vgl. 24 A 5
(211, 36)   17 καρδίας] Aët. IV 5, 9 (Dox. 391, 21)   μέχρις so die Hss.
18 τὰ fehlt P¹   19 εἶναι jünger.: εἰδέναι alte Hss.   19 ἀθάνατον] vgl.
24 A 12 (213, 18 ff.)   20 ἀπὸ BF: ὑπὸ P   21 δ' Hss.: τε vulgo   22 ὁρατος
P¹   23 γινομένη B   24 ἐκριφθεῖσαν P: κρυφθεῖσαν B: ἐξελθοῦσαν F   τε
BP: δὲ F   25 πομπέα P: πομπαῖα B: πομπαῖον F   26 καὶ (nach οὗτος)
BP¹F: tilgte P², vulgo

ψυχὰς ἀπό τε γῆς καὶ ἐκ θαλάττης· καὶ ἄγεσθαι τὰς μὲν καθαρὰς ἐπὶ τὸν ὕψιστον, τὰς δὲ ἀκαθάρτους μήτε ἐκείναις πελάζειν μήτε ἀλλήλαις, δεῖσθαι δ' ἐν ἀρρήκτοις δεσμοῖς ὑπὸ 'Ερινύων.

(32) εἶναί τε πάντα τὸν ἀέρα ψυχῶν ἔμπλεων· καὶ τούτους τοὺς δαίμονάς τε καὶ ἥρωας νομίζεσθαι καὶ ὑπὸ τούτων πέμπεσθαι ἀνθρώποις τούς
5 τε ὀνείρους καὶ τὰ σημεῖα νόσου τε καὶ ⟨ὑγιείας, καὶ⟩ οὐ μόνον ἀνθρώποις, ἀλλὰ καὶ προβάτοις καὶ τοῖς ἄλλοις κτήνεσιν. εἴς τε τούτους γίγνεσθαι τούς τε καθαρμοὺς καὶ ἀποτροπιασμοὺς μαντικήν τε πᾶσαν καὶ κληδόνας καὶ τὰ ὅμοια. μέγιστον δέ φησι τῶν ἐν ἀνθρώποις εἶναι τὴν ψυχὴν πεῖσαι ἐπὶ τὸ ἀγαθὸν ἢ ἐπὶ τὸ κακόν. εὐδαιμονεῖν τε ἀνθρώπους, ὅταν ἀγαθὴ ψυχὴ προσγένηται, μηδέποτε δὲ ἠρεμεῖν
10 μηδὲ τὸν αὐτὸν ῥόον κρατεῖν.   (33) ὅρκιόν τε εἶναι τὸ δίκαιον, καὶ διὰ τοῦτο Δία ὅρκιον λέγεσθαι. τήν τε ἀρετὴν ἁρμονίαν εἶναι καὶ τὴν ὑγίειαν καὶ τὸ ἀγαθὸν ἅπαν καὶ τὸν θεόν· διὸ καὶ καθ' ἁρμονίαν συνεστάναι τὰ ὅλα. φιλίαν τε εἶναι ἐναρμόνιον ἰσότητα. τιμὰς θεοῖς δεῖν νομίζειν καὶ ἥρωσι μὴ τὰς ἴσας, ἀλλὰ θεοῖς μὲν ἀεὶ μετ' εὐφημίας λευχειμονοῦντας καὶ ἁγνεύοντας, ἥρωσι δὲ ἀπὸ μέσου ἡμέρας· τὴν δὲ
15 ἁγνείαν εἶναι διὰ καθαρμῶν καὶ λουτρῶν καὶ περιρραντηρίων καὶ διὰ τοῦ αὐτὸν καθαρεύειν ἀπό τε κήδους καὶ λεχοῦς καὶ μιάσματος παντός, καὶ ἀπέχεσθαι βρωτῶν θνησειδίων τε κρεῶν καὶ τριγλῶν καὶ μελανούρων καὶ ᾠῶν καὶ τῶν ᾠοτόκων [ἢ ζώιων] καὶ κυάμων καὶ τῶν ἄλλων ὧν παρακελεύονται καὶ οἱ τὰς τελετὰς ἐν τοῖς ἱεροῖς ἐπιτελοῦντες.

20 2. STOB. I 1 pr. 6 [p. 20, 1 W.] ἐκ τῶν 'Αριστοξένου Περὶ ἀριθμητικῆς [fr. 81 FHG II 289]. τὴν δὲ περὶ τοὺς ἀριθμοὺς πραγματείαν μάλιστα πάντων τιμῆσαι δοκεῖ Πυθαγόρας καὶ προαγαγεῖν εἰς τὸ πρόσθεν ἀπαγαγὼν ἀπὸ τῆς τῶν ἐμπόρων χρείας, πάντα τὰ πράγματα ἀπεικάζων τοῖς ἀριθμοῖς. τά τε γὰρ ἄλλα ἀριθμὸς ἔχει καὶ λόγος ἐστὶ πάντων τῶν ἀριθμῶν πρὸς ἀλλήλους. ⟨καὶ ἄλλοι μὲν
25 ἄλλων⟩, Αἰγύπτιοι δὲ 'Ερμοῦ φασιν εὕρημα, ὃν καλοῦσι Θώθ· οἱ δὲ ἐκ τῶν θείων περιφορῶν ἐπινοηθῆναι [Philippos Epin. 978c]. μονὰς μὲν οὖν ἐστιν ἀρχὴ ἀριθμοῦ, ἀριθμὸς δὲ τὸ ἐκ τῶν μονάδων πλῆθος συγκείμενον. τῶν δὲ ἀριθμῶν ἄρτιοι μέν εἰσιν οἱ εἰς ἴσα διαιρούμενοι, περισσοὶ δὲ οἱ εἰς ἄνισα καὶ μέσον ἔχοντες. οὕτως ἐν περισσαῖς ἡμέραις αἱ κρίσεις τῶν νοσημάτων γίνεσθαι δοκοῦσι καὶ αἱ
30 μεταβολαί, ὅτι ὁ περιττὸς καὶ ἀρχὴν καὶ τελευτὴν καὶ μέσον ἔχει, ἀρχῆς καὶ ἀκμῆς καὶ παρακμῆς ἐχόμεναι. Vgl. Arist. Metaphys. M 8. 1083b 28.

. 3. DIODOR. exc. x 6, 4 ὅτι Καλλίμαχος [fr. 83 a Schn. vgl. oben 11 A 3a I 73, 12] εἶπε περὶ Πυθαγόρου, διότι τῶν ἐν γεωμετρίαι προβλημάτων τὰ μὲν εὖρε τὰ δὲ ἐκ τῆς Αἰγύπτου πρῶτος εἰς τοὺς Ἕλληνας ἤνεγκεν, ἐν οἷς λέγει ὅτι 'ἐξεῦρε
35 Φρὺξ Εὔφορβος . . . πάντες'.

4. ARISTOT. Metaph. A 5. 985b 23 ἐν δὲ τούτοις καὶ πρὸ τούτων [Leukippos und Demokritos] οἱ καλούμενοι Πυθαγόρειοι τῶν μαθημάτων ἁψάμενοι

---

1 μὲν τὰς Hss.: verb. Cobet   ὕψιστον ⟨τόπον⟩ wahrscheinlich Cobet
4 τοὺς tilgte FP³   5 νόσου B: νόσους PF   ⟨ὑγιείας καὶ⟩ Froben.: fehlt alt. Hss.   8 ἢ] d. i. μᾶλλον ἢ   9 ἄνθρωπον (wie Laur. 69, 35) vulgo ἀγαθὴ ψυχή, wenn der ἀγαθὸς δαίμων eines Verstorbenen in einen Körper eindringt   9 f. vgl. 22 B 12 (154, 5 f.); 58 B 40 (462, 29 f.)   ⟨ῥεύματος⟩ ῥόον unnötig Wellm.; Sinn: der κύκλος γενέσεως gestattet keine beständige Eudämonie   τὸν δίκαιον Froben.   13 δεῖ F   ἥρωας F   μὲν fehlt F 17 [ἢ ζώιων] Diels: ἢ nur BP¹   19 ἀποτελοῦντες F   24 ⟨ ⟩ Diels, καὶ Ἕλληνες μὲν Προμηθέως Meineke   31 ἐχόμενα Hss.: verb. Meineke

πρῶτοι ταῦτα προήγαγον, καὶ ἐντραφέντες ἐν αὐτοῖς τὰς τούτων ἀρχὰς τῶν ὄντων ἀρχὰς ᾠήθησαν εἶναι πάντων. ἐπεὶ δὲ τούτων οἱ ἀριθμοὶ φύσει πρῶτοι, ἐν δὲ τοῖς ἀριθμοῖς ἐδόκουν θεωρεῖν ὁμοιώματα πολλὰ τοῖς οὖσι καὶ γιγνομένοις, μᾶλλον ἢ ἐν πυρὶ καὶ γῆι καὶ ὕδατι, ὅτι τὸ μὲν τοιονδὶ τῶν ἀριθμῶν πάθος δικαιο-
5 σύνη, τὸ δὲ τοιονδὶ ψυχὴ καὶ νοῦς, ἕτερον δὲ καιρὸς καὶ τῶν ἄλλων ὡς εἰπεῖν ἕκαστον ὁμοίως, ἔτι δὲ τῶν ἁρμονιῶν ἐν ἀριθμοῖς ὁρῶντες τὰ πάθη καὶ τοὺς λόγους, ἐπεὶ δὴ τὰ μὲν ἄλλα τοῖς ἀριθμοῖς ἐφαίνετο τὴν φύσιν ἀφωμοιῶσθαι πᾶσαν, οἱ δ' ἀριθμοὶ πάσης τῆς φύσεως πρῶτοι, τὰ τῶν ἀριθμῶν στοιχεῖα τῶν ὄντων στοιχεῖα πάντων ὑπέλαβον εἶναι, καὶ τὸν ὅλον οὐρανὸν ἁρμονίαν εἶναι καὶ ἀριθμόν· καὶ ὅσα εἶχον
10 ὁμολογούμενα δεικνύναι ἔν τε τοῖς ἀριθμοῖς καὶ ταῖς ἁρμονίαις πρὸς τὰ τοῦ οὐρανοῦ πάθη καὶ μέρη καὶ πρὸς τὴν ὅλην διακόσμησιν, ταῦτα συνάγοντες ἐφήρμοττον. κἂν εἴ τί που διέλειπε, προσεγλίχοντο τοῦ συνειρομένην πᾶσαν αὐτοῖς εἶναι τὴν πραγματείαν. λέγω δ' οἷον, ἐπειδὴ τέλειον ἡ δεκὰς εἶναι δοκεῖ καὶ πᾶσαν περιειλη-φέναι τὴν τῶν ἀριθμῶν φύσιν, καὶ τὰ φερόμενα κατὰ τὸν οὐρανὸν δέκα μὲν εἶναί
15 φασιν, ὄντων δὲ ἐννέα μόνον τῶν φανερῶν διὰ τοῦτο δεκάτην τὴν ἀντίχθονα ποιοῦ-σιν. διώρισται δὲ περὶ τούτων ἐν ἑτέροις ἡμῖν ἀκριβέστερον. ALEX. z. d. St. S. 41, 1 λέγει δὲ περὶ τούτων καὶ ἐν τοῖς Περὶ οὐρανοῦ [s. 58 B 37] καὶ ἐν ταῖς τῶν Πυθαγορικῶν δόξαις ἀκριβέστερον. 75, 15 τῆς δὲ τάξεως τῆς ἐν τῶι οὐρανῶι, ἣν ἐποιοῦντο τῶν ἀριθμῶν οἱ Πυθαγόρειοι, μνημονεύει ἐν τῶι δευτέρωι Περὶ τῆς Πυ-
20 θαγορικῶν δόξης. [ARISTOT.] M. Mor. A 1. 1182a 11 πρῶτος μὲν οὖν ἐνεχείρησε Πυθαγόρας περὶ ἀρετῆς εἰπεῖν, οὐκ ὀρθῶς δέ· τὰς γὰρ ἀρετὰς εἰς τοὺς ἀριθμοὺς ἀνάγων οὐκ οἰκείαν τῶν ἀρετῶν τὴν θεωρίαν ἐποιεῖτο· οὐ γάρ ἐστιν ἡ δικαιο-σύνη ἀριθμὸς ἰσάκις ἴσος. ARISTOT. Metaph. M 4. 1078b 21 οἱ δὲ Πυθα-γόρειοι πρότερον περί τινων ὀλίγων, ὧν τοὺς λόγους εἰς τοὺς ἀριθμοὺς ἀνῆπτον,
25 οἷον τί ἐστι καιρὸς ἢ τὸ δίκαιον ἢ γάμος, ἐκεῖνος [Demokrit] δ' εὐλόγως ἐζήτει τὸ τί ἐστιν. Eth. Nic. E 8. 1132b 21 δοκεῖ δέ τισι καὶ τὸ ἀντιπεπονθὸς εἶναι ἁπλῶς δίκαιον, ὥσπερ οἱ Πυθαγόρειοι ἔφασαν· ὡρίζοντο γὰρ ἁπλῶς τὸ δίκαιον τὸ ἀντιπεπονθὸς ἄλλωι. Zur ἁρμονία κόσμου vgl. auch SEXT. adv. math. VII 95ff.

30   5. ARISTOT. Metaph. A 5. 986a 15 [vgl. 44 B 5] φαίνονται δὴ καὶ οὗτοι τὸν ἀριθμὸν νομίζοντες ἀρχὴν εἶναι καὶ ὡς ὕλην τοῖς οὖσι καὶ ὡς πάθη τε καὶ ἕξεις, τοῦ δὲ ἀριθμοῦ στοιχεῖα τό τε ἄρτιον καὶ τὸ περιττόν, τούτων δὲ τὸ μὲν ἄπειρον, τὸ δὲ πεπερασμένον, τὸ δ' ἓν ἐξ ἀμφοτέρων εἶναι τούτων (καὶ γὰρ ἄρτιον εἶναι καὶ περιτ-τόν), τὸν δ' ἀριθμὸν ἐκ τοῦ ἑνός, ἀριθμοὺς δέ, καθάπερ εἴρηται, τὸν ὅλον οὐρανόν.
35   ἕτεροι δὲ τῶν αὐτῶν τούτων τὰς ἀρχὰς δέκα λέγουσιν εἶναι τὰς κατὰ συστοι-χίαν λεγομένας·

πέρας καὶ ἄπειρον
περιττὸν καὶ ἄρτιον
ἓν καὶ πλῆθος
40 δεξιὸν καὶ ἀριστερόν
ἄρρεν καὶ θῆλυ
ἠρεμοῦν καὶ κινούμενον
εὐθὺ καὶ καμπύλον
φῶς καὶ σκότος
45 ἀγαθὸν καὶ κακόν
τετράγωνον καὶ ἑτερόμηκες.

1—16 Text nach E   32f. erst πεπ., dann ἄπειρον E   37ff.. καὶ Ab: fehlt E

ὅνπερ τρόπον ἔοικε καὶ 'Αλκμαίων ὁ Κροτωνιάτης [24 A 3] ὑπολαβεῖν· καὶ ἤτοι
οὗτος παρ' ἐκείνων ἢ ἐκεῖνοι παρὰ τούτου παρέλαβον τὸν λόγον τοῦτον· καὶ γὰρ
ἐγένετο τὴν ἡλικίαν 'Αλκμαίων ⟨νέος⟩ ἐπὶ γέροντι Πυθαγόραι, ἀπεφήνατο δὲ
παραπλησίως τούτοις. φησὶ γὰρ εἶναι δύο τὰ πολλὰ τῶν ἀνθρωπίνων, λέγων
5 τὰς ἐναντιότητας οὐχ ὥσπερ οὗτοι διωρισμένας ἀλλὰ τὰς τυχούσας, οἷον λευκὸν
μέλαν, γλυκὺ πικρόν, ἀγαθὸν κακόν, μέγα μικρόν. οὗτος μὲν οὖν ἀδιορίστως
ἀπέρριψε περὶ τῶν λοιπῶν, οἱ δὲ Πυθαγόρειοι καὶ πόσαι καὶ τίνες αἱ ἐναντιώσεις
ἀπεφήναντο. παρὰ μὲν οὖν τούτων ἀμφοῖν τοσοῦτον ἔστι λαβεῖν ὅτι τἀναντία
ἀρχαὶ τῶν ὄντων· τὸ δὲ ὅσαι, παρὰ τῶν ἑτέρων, καὶ τίνες αὗταί εἰσιν. πῶς μέντοι
10 πρὸς τὰς εἰρημένας αἰτίας ἐνδέχεται συναγαγεῖν, σαφῶς μὲν οὐ διήρθρωται παρ'
ἐκείνων, ἐοίκασι δ' ὡς ἐν ὕλης εἴδει τὰ στοιχεῖα τάττειν· ἐκ τούτων γὰρ ὡς ἐν-
υπαρχόντων συνεστάναι καὶ πεπλάσθαι φασὶ τὴν οὐσίαν.

τῶν μὲν οὖν παλαιῶν καὶ πλείω λεγόντων τὰ στοιχεῖα τῆς φύσεως ἐκ τούτων
ἱκανόν ἐστι θεωρῆσαι τὴν διάνοιαν· εἰσὶ δέ τινες οἳ περὶ τοῦ παντὸς ὡς ἂν μιᾶς
15 οὔσης φύσεως ἀπεφήναντο, τρόπον δὲ οὐ τὸν αὐτὸν πάντες οὔτε τοῦ καλῶς οὔτε
τοῦ κατὰ τὴν φύσιν. εἰς μὲν οὖν τὴν νῦν σκέψιν τῶν αἰτίων οὐδαμῶς συναρμόττει
περὶ αὐτῶν ὁ λόγος· οὐ γὰρ ὥσπερ ἔνιοι τῶν φυσιολόγων ἓν ὑποθέμενοι τὸ ὂν
ὅμως γεννῶσιν ὡς ἐξ ὕλης τοῦ ἑνός, ἀλλ' ἕτερον τρόπον οὗτοι λέγουσιν· ἐκεῖνοι
μὲν γὰρ προστιθέασι κίνησιν, γεννῶντές γε τὸ πᾶν, οὗτοι δὲ ἀκίνητον εἶναι φασιν.
20 6. ARISTOT. Eth. Nic. A 4. 1096 b 5 πιθανώτερον δ' ἐοίκασιν οἱ Πυθαγόρειοι
λέγειν περὶ αὐτοῦ, τιθέντες ἐν τῆι τῶν ἀγαθῶν συστοιχίαι τὸ ἕν.

7. — Eth. Nic. B 5. 1106b 29 τὸ γὰρ κακὸν τοῦ ἀπείρου, ὡς οἱ Πυθαγόρειοι
εἴκαζον, τὸ δ' ἀγαθὸν τοῦ πεπερασμένου.

8. — Metaph. A 5. 987a 9 μέχρι μὲν οὖν τῶν 'Ιταλικῶν καὶ χωρὶς ἐκείνων
25 μορυχώτερον εἰρήκασιν οἱ ἄλλοι περὶ αὐτῶν, πλήν, ὥσπερ εἴπομεν, δυοῖν αἰτίαιν
τυγχάνουσι κεχρημένοι, καὶ τούτων τὴν ἑτέραν οἱ μὲν μίαν οἱ δὲ δύο ποιοῦσι,
τὴν ὅθεν ἡ κίνησις· οἱ δὲ Πυθαγόρειοι δύο μὲν τὰς ἀρχὰς κατὰ τὸν αὐτὸν εἰρήκασι
τρόπον, τοσοῦτον δὲ προσεπέθεσαν, ὃ καὶ ἴδιόν ἐστιν αὐτῶν, ὅτι τὸ πεπερασμένον
καὶ τὸ ἄπειρον καὶ τὸ ἓν οὐχ ἑτέρας τινὰς ὠιήθησαν εἶναι φύσεις, οἷον πῦρ ἢ γῆν
30 ἤ τι τοιοῦτον ἕτερον, ἀλλ' αὐτὸ τὸ ἄπειρον καὶ αὐτὸ τὸ ἓν οὐσίαν εἶναι
τούτων ὧν κατηγοροῦνται· διὸ καὶ ἀριθμὸν εἶναι τὴν οὐσίαν ἁπάντων. περί
τε τούτων οὖν τοῦτον ἀπεφήναντο τὸν τρόπον, καὶ περὶ τοῦ τί ἐστιν ἤρξαντο
μὲν λέγειν καὶ ὁρίζεσθαι, λίαν δ' ἁπλῶς ἐπραγματεύθησαν. ὡρίζοντό τε γὰρ
ἐπιπολαίως, καὶ ὧι πρώτωι ὑπάρξειεν ὁ λεχθεὶς ὅρος, τοῦτ' εἶναι τὴν οὐσίαν τοῦ
35 πράγματος ἐνόμιζον, ὥσπερ εἴ τις οἴοιτο ταὐτὸν εἶναι διπλάσιον καὶ τὴν
δυάδα, διότι πρῶτον ὑπάρχει τοῖς δυσὶ τὸ διπλάσιον. ἀλλ' οὐ ταὐτὸν ἔστιν
ἴσως τὸ εἶναι διπλασίωι καὶ δυάδι. εἰ δὲ μή, πολλὰ τὸ ἓν ἔσται, ὃ κἀκείνοις
συνέβαινεν. Vgl. ebend. B 5. 1002a 8.

9. — — M 6. 1080b 16 καὶ οἱ Πυθαγόρειοι δ' ἕνα, τὸν μαθηματικόν [näm-
40 lich ἀριθμόν], πλὴν οὐ κεχωρισμένον ἀλλ' ἐκ τούτου τὰς αἰσθητὰς οὐσίας συνε-
στάναι φασίν. τὸν γὰρ ὅλον οὐρανὸν κατασκευάζουσιν ἐξ ἀριθμῶν, πλὴν οὐ
μοναδικῶν, ἀλλὰ τὰς μονάδας ὑπολαμβάνουσιν ἔχειν μέγεθος· ὅπως δὲ τὸ πρῶτον
ἓν συνέστη ἔχον μέγεθος, ἀπορεῖν ἐοίκασιν.

3ff. vgl. zu I 211, 17ff.   10 συνάγειν E   14 ἂν fehlt Ab   26 μορυ-
χώτερον γρ. Alex. (vgl. Diels Herm. 40, 1905, 301; Praechter das. 42, 1907,
647): μαλακώτερον Ab; μετριώτερον E   δυοῖν Alex., F: δυοῖν τ' vulg.
29 κ. τὸ ἓν fehlt E

10. ARISTOT. Metaph. M 8. 1083b 8 ὁ δὲ τῶν Πυθαγορείων τρόπος τῆι μὲν ἐλάττους ἔχει δυσχερείας τῶν πρότερον εἰρημένων, τῆι δὲ ἰδίας ἑτέρας. τὸ μὲν γὰρ μὴ χωριστὸν ποιεῖν τὸν ἀριθμὸν ἀφαιρεῖται πολλὰ τῶν ἀδυνάτων· τὸ δὲ τὰ σώματα ἐξ ἀριθμῶν εἶναι συγκείμενα, καὶ τὸν ἀριθμὸν τοῦτον εἶναι μαθηματικόν, ἀδύνατόν 5 ἐστιν. οὔτε γὰρ ἄτομα μεγέθη λέγειν ἀληθές· εἰ θ' ὅτι μάλιστα τοῦτον ἔχει τὸν τρόπον, οὐχ αἵ γε μονάδες μέγεθος ἔχουσιν. μέγεθος δ' ἐξ ἀδιαιρέτων συγκεῖσθαι πῶς δυνατόν; ἀλλὰ μὴν ὅ γ' ἀριθμητικὸς ἀριθμὸς μοναδικός ἐστιν. ἐκεῖνοι δὲ τὸν ἀριθμὸν τὰ ὄντα λέγουσιν· τὰ γοῦν θεωρήματα προσάπτουσι τοῖς σώμασιν ὡς ἐξ ἐκείνων ὄντων τῶν ἀριθμῶν.

10 11. — — Λ 7. 1072b 30 ὅσοι δὲ ὑπολαμβάνουσιν, ὥσπερ οἱ Πυθαγόρειοι καὶ Σπεύσιππος, τὸ κάλλιστον καὶ ἄριστον μὴ ἐν ἀρχῆι εἶναι, διὰ τὸ καὶ τῶν φυτῶν καὶ τῶν ζώιων τὰς ἀρχὰς αἴτια μὲν εἶναι, τὸ δὲ καλὸν καὶ τέλειον ἐν τοῖς ἐκ τούτων, οὐκ ὀρθῶς οἴονται.

12. — — Α 6. 987b 10 τὴν δὲ μέθεξιν τοὔνομα μόνον μετέβαλεν [Platon]. 15 οἱ μὲν γὰρ Πυθαγόρειοι μιμήσει τὰ ὄντα φασὶν εἶναι τῶν ἀριθμῶν, Πλάτων δὲ μεθέξει. τὴν μέντοι γε μέθεξιν ἢ τὴν μίμησιν ἥτις ἂν εἴη τῶν εἰδῶν, ἀφεῖσαν ἐν κοινῶι ζητεῖν.

13. — — Α 6. 987b 22 τὸ μέντοι γε ἓν οὐσίαν εἶναι, καὶ μὴ ἕτερόν γέ τι ὂν λέγεσθαι ἕν, παραπλησίως τοῖς Πυθαγορείοις ἔλεγε [Platon] καὶ τὸ τοὺς ἀριθμοὺς 20 αἰτίους εἶναι τοῖς ἄλλοις τῆς οὐσίας ὡσαύτως ἐκείνοις. τὸ δὲ ἀντὶ τοῦ ἀπείρου ὡς ἑνὸς δυάδα ποιῆσαι, τὸ δὲ ἄπειρον ἐκ μεγάλου καὶ μικροῦ, ⌐οῦτ' ἴδιον· καὶ ἔτι ὁ μὲν τοὺς ἀριθμοὺς παρὰ τὰ αἰσθητά, οἱ δ' ἀριθμοὺς εἶναί φασιν αὐτὰ τὰ πράγματα, καὶ τὰ μαθηματικὰ μεταξὺ τούτων οὐ τιθέασιν. τὸ μὲν οὖν τὸ ἓν καὶ τοὺς ἀριθμοὺς παρὰ τὰ πράγματα ποιῆσαι, καὶ μὴ ὥσπερ οἱ Πυθαγόρειοι, καὶ ἡ 25 τῶν εἰδῶν εἰσαγωγὴ διὰ τὴν ἐν τοῖς λόγοις ἐγένετο σκέψιν (οἱ γὰρ πρότεροι διαλεκτικῆς οὐ μετεῖχον) κτλ.

14. THEOPHR. Metaph. 33 p. xia 27 Usener (Ross-Fobes) Πλάτων δὲ καὶ οἱ Πυθαγόρειοι μακρὰν τὴν ἀπόστασιν ἐπι⟨νοήσαντες τῶν ἀρχῶν οἴονται τὸ ἕν⟩ μιμεῖσθαί γ' ἐθέλειν ἅπαντα. καίτοι καθάπερ ἀντίθεσίν τινα ποιοῦσιν τῆς 30 ἀορίστου δυάδος καὶ τοῦ ἑνός, ἐν ἧι καὶ τὸ ἄπειρον καὶ τὸ ἄτακτον καὶ πᾶσα ὡς εἰπεῖν ἀμορφία καθ' αὑτήν. ὅλως οὐχ οἷόν τε ἄνευ ταύτης τὴν τοῦ ὅλου φύσιν [nämlich εἶναι], ἀλλ' οἷον ἰσομοιρεῖν ἢ καὶ ὑπερέχειν τῆς ἑτέρας ἢ καὶ τὰς ἀρχὰς ἐναντίας. διὸ καὶ οὐδὲ τὸν θεόν, ὅσοι τῶι θεῶι τὴν αἰτίαν ἀνάπτουσιν, δύνασθαι πάντ' εἰς τὸ ἄριστον ἄγειν, ἀλλ' εἴπερ, ἐφ' ὅσον ἐνδέχεται.

35 15. AËT. I 3, 8 (D. 280) Πυθαγόρας Μνησάρχου Σάμιος πρῶτος φιλοσοφίαν τούτωι τῶι ῥήματι προσαγορεύσας ἀρχὰς τοὺς ἀριθμοὺς καὶ τὰς συμμετρίας τὰς ἐν τούτοις, ἃς καὶ ἁρμονίας καλεῖ, τὰ δὲ ἐξ ἀμφοτέρων σύνθετα στοιχεῖα, καλούμενα δὲ γεωμετρικά. πάλιν δὲ τὴν μονάδα καὶ τὴν ἀόριστον δυάδα ἐν ταῖς ἀρχαῖς. σπεύδει δὲ αὐτῶι τῶν ἀρχῶν ἡ μὲν ἐπὶ τὸ ποιητικὸν αἴτιον καὶ εἰδικόν, ὅπερ ἐστὶ 40 νοῦς ὁ θεός, ἡ δὲ ἐπὶ τὸ παθητικόν τε καὶ ὑλικόν, ὅπερ ἐστὶν ὁ ὁρατὸς κόσμος. εἶναι δὲ τὴν φύσιν τοῦ ἀριθμοῦ δέκα. μέχρι γὰρ τῶν δέκα πάντες Ἕλληνες, πάντες βάρβαροι ἀριθμοῦσιν, ἐφ' ἃ ἐλθόντες πάλιν ἀναποδοῦσιν ἐπὶ τὴν μονάδα. καὶ

---

22 ἔτι E, Alex.: ὅτι Ab   28 ἐπι⟨νοήσαντες ... ἐν⟩ Diels; ähnlich Usener; ἐπιμιμεῖσθαι δ' ἐθέλειν ohne Lücke mit Komma nach ἀπόστασιν Ross-Fobes 31 ὅλως P: ὅλως δ(ὲ) übr. Hss.: ὡς Usener; Komma vor ὅλως Ross-Fobes 32 ἧι καὶ τὰς ἀρχὰς ἐν. Ross-Fobes   42 ἀναποδοῦσιν (vgl. Kallimach. Arsinoe V. 2) Aët.: καταποδοῦσιν Kranz, um ἀναποδῶ I 455, 2 zu halten

τῶν δέκα πάλιν, φησίν, ἡ δύναμίς ἐστιν ἐν τοῖς τέσσαρσι καὶ τῆι τετράδι. τὸ δὲ αἴτιον· εἴ τις ἀπὸ τῆς μονάδος [ἀναποδῶν] κατὰ πρόσθεσιν τιθείη τοὺς ἀριθμοὺς ἄχρι τῶν τεσσάρων προελθὼν ἐκπληρώσει τὸν ⟨τῶν⟩ δέκα ἀριθμόν· ἐὰν δὲ ὑπερβάληι τις τὸν τῆς τετράδος, καὶ τῶν δέκα ὑπερεκπεσεῖται· οἷον εἴ τις θείη ἓν καὶ 5 δύο προσθείη καὶ τρία καὶ τούτοις τέσσαρα, τὸν τῶν δέκα ἐκπληρώσει ἀριθμόν. ὥστε ὁ ἀριθμὸς κατὰ μὲν μονάδα ἐν τοῖς δέκα, κατὰ δὲ δύναμιν ἐν τοῖς τέσσαρσι. διὸ καὶ ἐπεφθέγγοντο οἱ Πυθαγόρειοι ὡς μεγίστου ὅρκου ὄντος τῆς τετράδος [Pyth. vers. fr. 4 Nauck (hinter Iambl. V. P. p. 229)]·

οὐ μὰ τὸν ἁμετέραι κεφαλᾶι παραδόντα τετρακτύν
10 παγὰν ἀενάου φύσεως ῥίζωμά τ' ἔχουσαν.

καὶ ἡ ἡμετέρα ψυχή, φησίν, ἐκ τετράδος σύγκειται. εἶναι γὰρ νοῦν ἐπιστήμην δόξαν αἴσθησιν, ἐξ ὧν πᾶσα τέχνη καὶ ἐπιστήμη καὶ αὐτοὶ λογικοί ἐσμεν κτλ. Vgl. 44 A 13; THEO S. 97, 14 Hill.; SEXT. adv. math. VII 94ff. nebst Parallelstellen.

15 16. [ARISTOT.] Probl. 15, 3. 910b 36 über die Dekas ἢ ὅτι ἐν δέκα ἀναλογίαις τέτταρες κυβικοὶ ἀριθμοὶ ἀποτελοῦνται, ἐξ ὧν φασιν ἀριθμῶν οἱ Πυθαγόρειοι τὸ πᾶν συνεστάναι.

17. ARISTOT. de caelo A 1. 268a 10 καθάπερ γάρ φασι καὶ οἱ Πυθαγόρειοι, τὸ πᾶν καὶ τὰ πάντα τοῖς τρισὶν ὥρισται· τελευτὴ γὰρ καὶ μέσον καὶ ἀρχὴ τὸν 20 ἀριθμὸν ἔχει τὸν τοῦ παντός, ταῦτα δὲ τὸν τῆς τριάδος.

18. EUDEM. fr. 83 (Porph. z. Ptol. Harm. I 7 p. 115, 4 Dür.) ἐν τῶι πρώτωι τῆς Ἀριθμητικῆς ἱστορίας λέγων περὶ τῶν Πυθαγορείων ταυτὶ κατὰ λέξιν· 'ἔτι δὲ τοὺς τῶν τριῶν συμφωνιῶν λόγους τοῦ τε διὰ τεσσάρων καὶ τοῦ διὰ πέντε καὶ τοῦ διὰ πασῶν ὅτι συμβέβηκεν ἐν πρώτοις ὑπάρχειν τοῖς ἐννέα· β̄ γὰρ 25 καὶ ḡ καὶ δ̄ γίνεται ἐννέα'.

19. PROCL. in Eucl. I 47 p. 426, 6 Fr. (ἐν τοῖς ὀρθογωνίοις τριγώνοις τὸ ἀπὸ τῆς τὴν ὀρθὴν γωνίαν ὑποτεινούσης πλευρᾶς τετράγωνον ἴσον ἐστὶ τοῖς ἀπὸ τῶν τὴν ὀρθὴν γωνίαν περιεχουσῶν πλευρῶν τετραγώνοις) † τῶν μὲν ἱστορεῖν τὰ ἀρχαῖα βουλομένων ἀκούοντας τὸ θεώρημα τοῦτο εἰς Πυθαγόραν ἀναπεμπόν- 30 των ἔστιν εὑρεῖν καὶ βουθυτεῖν λεγόντων αὐτὸν ἐπὶ τῆι εὑρέσει.

20. — in Eucl. I 44 p. 419, 15 (παρὰ τὴν δοθεῖσαν εὐθεῖαν τῶι δοθέντι τριγώνωι ἴσον παραλληλόγραμμον παραβαλεῖν ἐν γωνίαι, ἥ ἐστιν ἴση τῆι δοθείσηι γωνίαι εὐθυγράμμωι) ἔστι μὲν ἀρχαῖα, φασὶν οἱ περὶ τὸν Εὔδημον [fr. 89 Speng.], καὶ τῆς τῶν Πυθαγορείων μούσης εὑρήματα ταῦτα ἥ τε παραβολὴ τῶν χωρίων 35 καὶ ἡ ὑπερβολὴ καὶ ἡ ἔλλειψις.

---

2 [ἀναποδῶν] Diels   3 ⟨τῶν⟩ Diels   ὑπερβάληι τις Diels: ὑπερβάληται Hss.   5 ἐκπληρώσει Diels: πληρώσει C, πληρώσειεν B   9 κεφαλᾶι Stob.: ψυχᾶι Ps. Plut.: γενεᾶι Iambl. V. P. 162   Zu der mannigfachen Über- lieferung des Schwurs vgl. im übr. Kochalsky de Sext. Emp. Diss. Marb. 1911 S. 35; zu ῥίζωμα 31 B 6, 1   24 ὑπάρχει p   29 ἀκούοντας B¹·²: ἀκούοντες M; der Archetypus hatte also ἀκούοῑ: τῶι ... βουλομένωι ἀκούοντι ⟨τῶν⟩ Diels   30 καὶ] sogar   βουθυτεῖν G: βουθύτην C   λεγόντων Hss.: λέγειν τινὰς Diels   Die übliche Ableitung der Notiz aus Eudemos ist be- stritten von H. Vogt Bibl. mathem. III 9 (1908) 46ff. Vgl. C.°I. G. III n. 5235 p. 541

21. PROCL. in Eucl. I 32 p. 379, 2 (παντὸς τριγώνου μιᾶς τῶν πλευρῶν προσ-εκβληθείσης ἡ ἐκτὸς γωνία δυσὶ ταῖς ἐντὸς καὶ ἀπεναντίον ἴση ἐστί, καὶ αἱ ἐντὸς τοῦ τριγώνου τρεῖς γωνίαι δυσὶν ὀρθαῖς ἴσαι εἰσίν) Εὔδημος δὲ ὁ Περιπατητικὸς [fr. 88 Speng.] εἰς τοὺς Πυθαγορείους ἀναπέμπει τὴν τοῦδε τοῦ θεωρήματος

εὕρεσιν, ὅτι τρίγωνον ἅπαν δυσὶν ὀρθαῖς ἴσας ἔχει τὰς ἐντὸς γωνίας καὶ δεικνύναι φησὶν αὐτοὺς οὕτω τὸ προκείμενον· ἔστω τρίγωνον τὸ ΑΒΓ, καὶ ἤχθω διὰ τοῦ Α τῆι ΒΓ παράλληλος ἡ ΔΕ. ἐπεὶ οὖν παράλληλοί εἰσιν αἱ ΒΓ ΔΕ, καὶ αἱ ἐναλλὰξ ἴσαι εἰσίν· ἴση ἄρα ἡ μὲν ὑπὸ ΔΑΒ τῆι ὑπὸ ΑΒΓ, ἡ δὲ ὑπὸ ΕΑΓ τῆι ὑπὸ ΑΓΒ. κοινὴ προσκείσθω ἡ ⟨ὑπὸ⟩ ΒΑΓ. αἱ ἄρα ὑπὸ ΔΑΒ ΒΑΓ ΓΑΕ, τουτέστιν αἱ ὑπὸ ΔΑΒ ΒΑΕ, τουτέστιν αἱ δύο ὀρθαὶ ἴσαι εἰσὶ ταῖς τοῦ ΑΒΓ τριγώνου τρισὶ γωνίαις. αἱ ἄρα τρεῖς τοῦ τριγώνου δύο ὀρθαῖς εἰσιν ἴσαι'.

22. ARISTOT. Metaphys. A 8. 989 b 29 οἱ μὲν οὖν καλούμενοι Πυθαγόρειοι ταῖς μὲν ἀρχαῖς καὶ τοῖς στοιχείοις ἐκτοπωτέροις χρῶνται τῶν φυσιολόγων (τὸ δ' αἴτιον ὅτι παρέλαβον αὐτὰς οὐκ ἐξ αἰσθητῶν· τὰ γὰρ μαθηματικὰ τῶν ὄντων ἄνευ κινήσεώς ἐστιν, ἔξω τῶν περὶ τὴν ἀστρολογίαν), διαλέγονται μέντοι καὶ πραγματεύονται περὶ φύσεως πάντα· γεννῶσί τε γὰρ τὸν οὐρανόν, καὶ περὶ τὰ τούτου μέρη καὶ τὰ πάθη καὶ τὰ ἔργα διατηροῦσι τὸ συμβαῖνον. καὶ τὰς ἀρχὰς καὶ τὰ αἴτια εἰς ταῦτα καταναλίσκουσιν, ὡς ὁμολογοῦντες τοῖς ἄλλοις φυσιολόγοις ὅτι τό γε ὂν τοῦτ' ἐστὶν ὅσον αἰσθητόν ἐστι καὶ περιείληφεν ὁ καλούμενος οὐρανός. τὰς δ' αἰτίας καὶ τὰς ἀρχάς, ὥσπερ εἴπομεν, ἱκανὰς λέγουσιν ἐπαναβῆναι καὶ ἐπὶ τὰ ἀνωτέρω τῶν ὄντων, καὶ μᾶλλον ἢ τοῖς περὶ φύσεως λόγοις ἁρμοττούσας. ἐκ τίνος μέντοι τρόπου κίνησις ἔσται πέρατος καὶ ἀπείρου μόνον ὑποκειμένων καὶ περιττοῦ καὶ ἀρτίου, οὐθὲν λέγουσιν, ἢ πῶς δυνατὸν ἄνευ κινήσεως καὶ μεταβολῆς γένεσιν εἶναι καὶ φθορὰν ἢ τὰ τῶν φερομένων ἔργα κατὰ τὸν οὐρανόν. ἔτι δὲ εἴτε δοίη τις αὐτοῖς ἐκ τούτων εἶναι τὸ μέγεθος εἴτε δειχθείη τοῦτο, ὅμως τίνα τρόπον ἔσται τὰ μὲν κοῦφα τὰ δὲ βάρος ἔχοντα τῶν σωμάτων; ἐξ ὧν γὰρ ὑπο-τίθενται καὶ λέγουσιν, οὐθὲν μᾶλλον περὶ τῶν μαθηματικῶν λέγουσι σωμάτων ἢ περὶ τῶν αἰσθητῶν· διὸ περὶ πυρὸς ἢ γῆς ἢ τῶν ἄλλων τῶν τοιούτων σωμά-των οὐδ' ὁτιοῦν εἰρήκασιν, ἅτε οὐθὲν περὶ τῶν αἰσθητῶν οἶμαι λέγοντες ἴδιον. ἔτι δὲ πῶς δεῖ λαβεῖν αἴτια μὲν εἶναι τὰ τοῦ ἀριθμοῦ πάθη καὶ τὸν ἀριθμὸν τῶν κατὰ τὸν οὐρανὸν ὄντων καὶ γιγνομένων καὶ ἐξ ἀρχῆς καὶ νῦν, ἀριθμὸν δ' ἄλλον μηθένα εἶναι παρὰ τὸν ἀριθμὸν τοῦτον ἐξ οὗ συνέστηκεν ὁ κόσμος; ὅταν γὰρ ἐν τωιδὶ μὲν τῶι μέρει δόξα καὶ ⟨τόλμα, ἐν τωιδὶ δὲ⟩ καιρὸς αὐτοῖς ἦι, μικρὸν δὲ ἄνωθεν ἢ κάτωθεν ἀδικία καὶ κρίσις ἢ μίξις, ἀπόδειξιν δὲ λέγωσιν ὅτι τού-των ἓν ἕκαστον ἀριθμός ἐστι, συμβαίνει δὲ κατὰ τοῦτον τὸν τόπον ἤδη πλῆθος εἶναι τῶν συνισταμένων μεγεθῶν διὰ τὸ τὰ πάθη ταῦτα ἀκολουθεῖν τοῖς τόποις ἑκάστοις, πότερον οὗτος ὁ αὐτός ἐστιν ἀριθμὸς ὁ ἐν τῶι οὐρανῶι, ὃν δεῖ λαβεῖν ὅτι τούτων ἕκαστόν ἐστιν, ἢ παρὰ τοῦτον ἄλλος; Vgl. N 3. 1090 a 20.

---

23. — — Ζ 2. 1028 b 16 δοκεῖ δέ τισι τὰ τοῦ σώματος πέρατα, οἷον ἐπιφάνεια καὶ γραμμὴ καὶ στιγμὴ καὶ μονάς, εἶναι οὐσίαι, καὶ μᾶλλον ἢ τὸ σῶμα καὶ τὸ στερεόν. ἔτι παρὰ τὰ αἰσθητὰ οἱ μὲν οὐκ οἴονται εἶναι οὐθὲν τοιοῦτον, οἱ δὲ πλείω καὶ μᾶλλον ὄντα ἀίδια ὥσπερ Πλάτων τά τ' εἴδη κτλ.

5 24. — — Ν 3. 1090 b 5 εἰσὶ δέ τινες οἱ ἐκ τοῦ πέρατα εἶναι καὶ ἔσχατα τὴν στιγμὴν μὲν γραμμῆς, ταύτην δ' ἐπιπέδου, τοῦτο δὲ τοῦ στερεοῦ, οἴονται εἶναι ἀνάγκην τοιαύτας φύσεις εἶναι.

25. — — Ζ 11. 1036 b 8 ἀποροῦσί τινες ἤδη καὶ ἐπὶ τοῦ κύκλου καὶ τοῦ τριγώνου, ὡς οὐ προσῆκον γραμμαῖς ὁρίζεσθαι καὶ τῶι συνεχεῖ, ἀλλὰ πάντα ταῦτα 10 ὁμοίως λέγεσθαι ὡσανεὶ σάρκες ἢ ὀστᾶ τοῦ ἀνθρώπου καὶ χαλκὸς καὶ λίθος τοῦ ἀνδριάντος. καὶ ἀνάγουσι πάντα εἰς τοὺς ἀριθμούς, καὶ γραμμῆς τὸν λόγον τὸν τῶν δύο εἶναί φασιν.

26. — — Ν 3. 1091 a 13 οἱ μὲν οὖν Πυθαγόρειοι πότερον οὐ ποιοῦσιν ἢ ποιοῦσι γένεσιν, οὐθὲν δεῖ διστάζειν· φανερῶς γὰρ λέγουσιν ὡς τοῦ ἑνὸς συσταθέντος, 15 εἴτ' ἐξ ἐπιπέδων εἴτ' ἐκ χροιᾶς εἴτ' ἐκ σπέρματος εἴτ' ἐξ ὧν ἀποροῦσιν εἰπεῖν, εὐθὺς τὸ ἔγγιστα τοῦ ἀπείρου ὅτι εἵλκετο καὶ ἐπεραίνετο ὑπὸ τοῦ πέρατος. ἀλλ' ἐπειδὴ κοσμοποιοῦσι καὶ φυσικῶς βούλονται λέγειν, δίκαιον αὐτοὺς ἐξετάζειν τῆι περὶ φύσεως, ἐκ δὲ τῆς νῦν ἀφεῖναι μεθόδου· ... τοῦ μὲν οὖν περιττοῦ γένεσιν οὔ φασιν, ὡς δῆλον ὅτι τοῦ ἀρτίου οὔσης γενέσεως.

20 27. — — Ν 6. 1092 b 26 ἀπορήσειε δ' ἄν τις καὶ τί τὸ εὖ ἐστι τὸ ἀπὸ τῶν ἀριθμῶν τῶι ἐν ἀριθμῶι εἶναι τὴν μίξιν, ἢ ἐν εὐλογίστωι ἢ ἐν περιττῶι. νυνὶ γὰρ οὐθὲν ὑγιεινότερον τρὶς τρία ἂν ἦι τὸ μελίκρατον κεκραμένον, ἀλλὰ μᾶλλον ὠφελήσειεν ἂν ἐν οὐθενὶ λόγωι ὂν ὑδαρὲς δὲ ἢ ἐν ἀριθμῶι ἄκρατον ὄν. ἔτι οἱ λόγοι ἐν προσθέσει ἀριθμῶν εἰσιν οἱ τῶν μίξεων, οὐκ ἐν ἀριθμοῖς, οἷον τρία πρὸς 25 δύο, ἀλλ' οὐ τρὶς δύο. τὸ γὰρ αὐτὸ δεῖ γένος εἶναι ἐν ταῖς πολλαπλασιώσεσιν. ὥστε δεῖ μετρεῖσθαι τῶι τε Α τὸν στοῖχον ἐφ' οὗ ΑΒΓ καὶ τῶι Δ τὸν ΔΕΖ· ὥστε τῶι αὐτῶι πάντα. οὔκουν ἔσται πυρὸς ΒΕΓΖ, καὶ ὕδατος ἀριθμὸς δὶς τρία. εἰ δ' ἀνάγκη πάντα ἀριθμοῦ κοινωνεῖν, ἀνάγκη πολλὰ συμβαίνειν τὰ αὐτά, καὶ ἀριθμὸν τὸν αὐτὸν τῶιδε καὶ ἄλλωι. ἆρ' οὖν τοῦτ' αἴτιον καὶ διὰ τοῦτό ἐστι τὸ 30 πρᾶγμα, ἢ ἄδηλον; οἷον ἔστι τις τῶν τοῦ ἡλίου φορῶν ἀριθμός, καὶ πάλιν τῶν τῆς σελήνης, καὶ τῶν ζώιων γε ἑκάστου τοῦ βίου καὶ ἡλικίας· τί οὖν κωλύει ἐνίους μὲν τούτων τετραγώνους εἶναι, ἐνίους δὲ κύβους καὶ ἴσους, τοὺς δὲ διπλασίους; οὐθὲν γὰρ κωλύει, ἀλλ' ἀνάγκη ἐν τούτοις στρέφεσθαι, εἰ ἀριθμοῦ πάντα ἐκοινώνει ἐνεδέχετό τε τὰ διαφέροντα ὑπὸ τὸν αὐτὸν ἀριθμὸν πίπτειν. ὥστ' εἴ τισιν 35 ὁ αὐτὸς ἀριθμὸς συνεβεβήκει, ταῦτα ἂν ἦν ἀλλήλοις ἐκεῖνα τὸ αὐτὸ εἶδος ἀριθμοῦ ἔχοντα, οἷον ἥλιος καὶ σελήνη τὰ αὐτά. ἀλλὰ διὰ τί αἴτια ταῦτα; ἑπτὰ μὲν φωνήεντα, ἑπτὰ δὲ χορδαὶ ἢ ἁρμονίαι, ἑπτὰ δὲ αἱ πλειάδες, ἐν ἑπτὰ δὲ ὀδόντας βάλλει (ἔνιά γε, ἔνια δ' οὔ), ἑπτὰ δὲ οἱ ἐπὶ Θήβας. ἆρ' οὖν, ὅτι τοιοσδὶ ὁ ἀριθμὸς πέφυκε, διὰ τοῦτο ἢ ἐκεῖνοι ἐγένοντο ἑπτὰ ἢ ἡ πλειὰς ἑπτὰ ἀστέρων ἐστίν; 40 ἢ οἱ μὲν διὰ τὰς πύλας ἢ ἄλλην τινὰ αἰτίαν, τὴν δὲ ἡμεῖς οὕτως ἀριθμοῦμεν; τὴν

---

17 τῆι (näml. μεθόδωι) Christ: τι Hss.: τοὺς [Alex.]   26 »also kann-nicht etwa die Reihe ΒΕΓΖ die Zahl des Feuers oder (statt καὶ ist wohl ἢ zu lesen) 2×3 die Zahl des Wassers darstellen«. [Alex.] versteht ΒΕΓΖ τρὶς πέντε, τρὶς ἑπτά gegen die Weise des Aristot.   37 ἡ ἁρμονία E   38 Die Parenthese enthält den Einwurf des Aristoteles   39 vgl. 22 B 126 a; Roscher *Hebdomadenlehre*, Abh. d. S. Ges. d. W. 24 VI 26

δὲ ἄρκτον γε δώδεκα, οἱ δὲ πλείους. ἐπεὶ καὶ τὸ Ζ Ψ Ζ συμφωνίας φασὶν εἶναι καί,
ὅτι ἐκεῖναι τρεῖς, καὶ ταῦτα τρία. ὅτι δὲ μυρία ἂν εἴη τοιαῦτα, οὐθὲν μέλει· τῶι
γὰρ Γ καὶ Ρ εἴη ἂν ἐν σημεῖον. εἰ δ' ὅτι διπλάσιον τῶν ἄλλων ἕκαστον, ἄλλο
δ' οὔ, αἴτιον δὴ ὅτι τριῶν ὄντων τόπων ἑνὶ ἐφ' ἑκάστου ἐπιφέρεται τὸ σίγμα,
5 διὰ τοῦτο τρία μόνον ἐστίν, ἀλλ' οὐχ ὅτι αἱ συμφωνίαι τρεῖς, ἐπεὶ πλείους γε αἱ
συμφωνίαι· ἐνταῦθα δ' οὐκέτι δύναται. ὅμοιοι δὴ καὶ οὗτοι τοῖς ἀρχαίοις 'Ομη-
ρικοῖς, οἳ μικρὰς ὁμοιότητας ὁρῶσι, μεγάλας δὲ παρορῶσιν. λέγουσι δέ τινες
ὅτι πολλὰ τοιαῦτα, οἷον αἵ τε μέσαι ἡ μὲν ἐννέα ἡ δὲ ὀκτώ, καὶ τὸ ἔπος δεκαεπτά,
ἰσάριθμον τούτοις· βαίνεται δ' ἐν μὲν τῶι δεξιῶι ἐννέα συλλαβαῖς, ἐν δὲ τῶι ἀρι-
10 στερῶι ὀκτώ. καὶ ὅτι ἴσον τὸ διάστημα ἔν τε τοῖς γράμμασιν ἀπὸ τοῦ Α πρὸς
τὸ Ω, καὶ ἀπὸ τοῦ βόμβυκος ἐπὶ τὴν ὀξυτάτην [νεάτην] ἐν αὐλοῖς, ἧς [?] ὁ ἀρι-
θμὸς ἴσος τῆι οὐλομελείαι τοῦ οὐρανοῦ. ὁρᾶν δὲ δεῖ, μὴ τοιαῦτα οὐθεὶς ἂν ἀπο-
ρήσειεν οὔτε λέγειν οὔθ' εὑρίσκειν ἐν τοῖς ἀιδίοις, ἐπεὶ καὶ ἐν τοῖς φθαρτοῖς. ἀλλ'
αἱ ἐν τοῖς ἀριθμοῖς φύσεις αἱ ἐπαινούμεναι καὶ τὰ τούτοις ἐναντία καὶ ὅλως τὰ ἐν
15 τοῖς μαθήμασιν, ὡς μὲν λέγουσί τινες καὶ αἴτια ποιοῦσι τῆς φύσεως, ἔοικεν οὑτωσί

2 ἐκεῖναι] die drei Hauptsymphonien sind: 1) Quarte (συλλαβά Philol.
44 B 6, später διὰ τεσσάρων) 2) Quinte (δι' ὀξειᾶν Phil., sp. διὰ πέντε 3) Ok-
tave (ἁρμονία Philol., sp. διὰ πασῶν); vgl. außer Philol. B 6 auch 22 C 1
§ 85. 37 B 5 m. Anm. Da nun die drei Doppelkonsonanzen ebenfalls συμ-
φωνίαι hießen, so leiteten die Pythagoreer die Dreizahl von ΖΨΖ daher
ab, während beliebig viele Doppelkonsonanzen vorhanden und durch ein
Zeichen darstellbar sind. In der Tat hat sich eine aus dem 4. Jahrh. v. Chr.
stammende Tafel von Einheitszeichen für Konsonantengruppen in Delphi
gefunden (veröffentlicht von P. Tannery Bull. de corr. hell. XX 422)   3 τῶν
ἄλλων] nämlich Buchstaben. Jeder der 3 Doppelbuchstaben beträgt das
Doppelte der sonstigen, einfachen Zeichen   4 vgl. Syrian z. d. St. p. 191,28
Kroll ἐπειδὴ οἱ τόποι τρεῖς τῆς ἐκφωνήσεως, διὰ τοῦτο ἐφ' ἑκάστου ἐν ἀποτε-
λεῖται. ταύτηι δὲ τῆι ἀποδόσει καὶ 'Αρχῖνος [Urheber der Einführung der
ionischen Orthographie 403 s. Usener Rhein. Mus. 25, 1870, 590] ἐχρῆτο,
ὡς ἱστορεῖ Θεόφραστος· ἔλεγε δὲ ὁ 'Αρχῖνος ἡ ἔξω τι παρὰ τὴν μύσιν τῶν χειλῶν
ἐκφωνεῖσθαι ὥσπερ τὸ π καὶ διὰ τοῦτο τὸ ψ πρὸς τῶι ἄκρωι γεννᾶσθαι τῆς
γλώττης ὡς ἐκ τοῦ π σ συγκείμενον· ἢ τῶι πλάτει τῆς γλώττης παρὰ τοὺς
ὀδόντας ὥσπερ τὸ δ καὶ διὰ τοῦτο τὸ ζ κατὰ ταύτην γεννᾶσθαι τὴν χώραν· ἢ
τῶι κυρτῶι πιεζομένωι ἐκ τοῦ ἐσχάτου ὥσπερ τὸ κ ὅθεν τὸ ξ προϊέναι   δὴ .. ἑνὶ
Diels: δὲ .. ἐν Hss.   τὸ Gb, [Al.]: τῶι übr. Hss., vgl. Syrian p. 191, 25
8 [Alex.] z. d. St. 834, 28 Hayd. ἐπεὶ μεταξὺ τῶν δύο χορδῶν, ὦν ἡ μείζων
πρὸς τὴν ἐλάττονα λόγον ἔχει ὃν ὁ ιβ πρὸς τὸν ζ, εἰσὶ δύο μέσαι ἔχουσαι πρὸς
ἄλληλα, ὃν ὁ θ πρὸς τὸν η, ἐκ δὲ τοῦ θ καὶ η ἀποτελεῖται ὁ ιζ, διὰ τοῦτο καὶ τὸ
ἔπος ἐκ δέκα καὶ ἑπτὰ σύγκειται συλλαβῶν   9 βαίνεται κτλ.] die weibliche
Cäsur teilt den rein daktylischen Hexameter in eine linke Hälfte (8 Silben)
und eine rechte (9 Silben). Vgl. K. Borinski Philol. 71 (1912) 157; P. Maas
Herm. 48 (1913) 158   11 βόμβυκος] tiefster Ton   [ ] Diels   12 οὐλο-
μέλεια] ionisches Wort; vgl. Hippocr. de artic. IV 108 L., anatom. VIII 540,
de gland. VIII 556, de nutr. IX 106 [s. oben I 189, 19], für die Siebenzahl
Nicom. bei Phot. bibl. 144 b 25; hier unklar; was ist ἧς ? ἡ τῶν κδ στοιχείων
ὁλότης erklärt Pseudalex. (!): etwa οἷς ? Diels   ἴσος jüngere Hss., Γ: ἰσότης
AbE   Zur Deutg. d. Ganzen s. jetzt Ross II 493 ff.

γε σκοπουμένους διαφεύγειν· κατ' οὐθένα γὰρ τρόπον τῶν διωρισμένων περὶ τὰς ἀρχὰς οὐθὲν αὐτῶν αἴτιον. ἔστιν ὡς μέντοι ποιοῦσι φανερὸν ὅτι τὸ εὖ ὑπάρχει καὶ τῆς συστοιχίας ἐστὶ τῆς τοῦ καλοῦ τὸ περιττόν, τὸ εὐθύ, τὸ ἴσον [αἱ δυνάμεις ἐνίων ἀριθμῶν]· ἅμα γὰρ ὥραι καὶ ἀριθμὸς τοιοσδί. καὶ τἆλλα δὴ ὅσα συνάγουσιν
5 ἐκ τῶν μαθηματικῶν θεωρημάτων πάντα ταύτην ἔχει τὴν δύναμιν. διὸ καὶ ἔοικε συμπτώμασιν· ἔστι γὰρ συμβεβηκότα μέν, ἀλλ' οἰκεῖα ἀλλήλοις πάντα, ἐν δὲ τὸ ἀνὰ λόγον· ἐν ἑκάστηι γὰρ τοῦ ὄντος κατηγορίαι ἐστὶ τὸ ἀνὰ λόγον, ὡς εὐθὺ ἐν μήκει, οὕτως ἐν πλάτει τὸ ὁμαλόν, ἴσως ἐν ἀριθμῶι τὸ περιττόν, ἐν δὲ χρόαι τὸ λευκόν.

10 **28.** ARISTOT. Phys. Γ 4. 203 a 1 πάντες γὰρ οἱ δοκοῦντες ἀξιολόγως ἧφθαι τῆς τοιαύτης φιλοσοφίας πεποίηνται λόγον περὶ τοῦ ἀπείρου καὶ πάντες ὡς ἀρχήν τινα τιθέασι τῶν ὄντων, οἱ μὲν ὥσπερ Πυθαγόρειοι καὶ Πλάτων καθ' αὐτό, οὐχ ὡς συμβεβηκός τινι ἑτέρωι, ἀλλ' οὐσίαν αὐτὸ ὂν τὸ ἄπειρον. πλὴν οἱ μὲν Πυθαγόρειοι ἐν τοῖς αἰσθητοῖς (οὐ γὰρ χωριστὸν ποιοῦσιν τὸν ἀριθμόν), καὶ εἶναι τὸ ἔξω τοῦ
15 οὐρανοῦ ἄπειρον ... καὶ οἱ μὲν τὸ ἄπειρον εἶναι τὸ ἄρτιον· τοῦτο γὰρ ἐναπολαμβανόμενον καὶ ὑπὸ τοῦ περιττοῦ περαινόμενον παρέχειν τοῖς οὖσι τὴν ἀπειρίαν· σημεῖον δ' εἶναι τούτου τὸ συμβαῖνον ἐπὶ τῶν ἀριθμῶν· περιτιθεμένων γὰρ τῶν γνωμόνων περὶ τὸ ἓν καὶ χωρὶς ὁτὲ μὲν ἄλλο ἀεὶ γίγνεσθαι τὸ εἶδος, ὁτὲ δὲ ἕν. Vgl. Plut. (?) Stob. Ecl. ι pr. 10 p. 22, 16 W. τῆι μονάδι τῶν ἐφεξῆς
20 περισσῶν γνωμόνων περιτιθεμένων ὁ γινόμενος ἀεὶ τετράγωνός ἐστι· τῶν δὲ ἀρτίων ὁμοίως περιτιθεμένων ἑτερομήκεις καὶ ἄνισοι πάντες ἀποβαίνουσιν, ἴσος δὲ ἰσάκις οὐδείς. SIMPL. Phys. (z. d. St.) 455, 20 οὗτοι [die Pythagoreer] τὸ ἄπειρον τὸν ἄρτιον ἀριθμὸν ἔλεγον διὰ τὸ πᾶν μὲν ἄρτιον, ὥς φασιν οἱ ἐξηγηταί, εἰς ἴσα διαιρεῖσθαι, τὸ δὲ εἰς ἴσα διαιρούμενον ἄπειρον κατὰ τὴν διχοτομίαν· ἡ γὰρ
25 εἰς ἴσα καὶ ἡμίση διαίρεσις ἐπ' ἄπειρον· τὸ δὲ περιττὸν προστεθὲν περαίνει αὐτό· κωλύει γὰρ αὐτοῦ τὴν εἰς τὰ ἴσα διαίρεσιν ... δῆλον ὅτι οὐκ ἐπ' ἀριθμῶν ἀλλ' ἐπὶ μεγεθῶν λαμβάνουσι τὴν ἐπ' ἄπειρον τομήν.

29. — — Γ 5. 204 a 29 κατὰ συμβεβηκὸς ἄρα ὑπάρχει τὸ ἄπειρον. ἀλλ' εἰ οὕτως, εἴρηται ὅτι οὐκ ἐνδέχεται αὐτὸ λέγειν ἀρχήν, ἀλλ' ἐκεῖνο ὧι συμβέ-
30 βηκεν, τὸν ἀέρα ἢ τὸ ἄρτιον. ὥστε ἀτόπως ἂν ἀποφαίνοιντο οἱ λέγοντες οὕτως ὥσπερ οἱ Πυθαγόρειοί φασιν· ἅμα γὰρ οὐσίαν ποιοῦσι τὸ ἄπειρον καὶ μερίζουσιν.

30. — — Δ 6. 213b 22 εἶναι δ' ἔφασαν καὶ οἱ Πυθαγόρειοι κενόν, καὶ ἐπεισιέναι αὐτῶι τῶι οὐρανῶι ἐκ τοῦ ἀπείρου πνεῦμά τε ὡς ἀναπνέοντι καὶ τὸ κενόν,

---

1 σκοπουμένους Diels: σκοπουμένοις Hss.   2 αἴτιόν ἐστιν. ὡς vulgo: interp. Diels   3 ἴσον] ἰσάριθμον E, was, wie αἱ δυνάμεις (Potenzen) ... ἀριθμῶν und wie ἰσάκις ἴσον der Hss. GbIb, Interpretation von ἴσον ist αἱ δυνάμεις] καὶ αἱ δυνάμεις GbIb   Ist der gegebene Text richtig, so hat man zu verstehen: *In bedingter Weise aber zeigen sie, daß die Harmonie (τὸ εὖ) wirklich vorhanden ist und daß das Ungerade, das Geradlinige, das Gleiche in die Reihe des Schönen gehört*   4 τοιοσδί] nämlich die vier Horen sind wie die Zahl (4 = 2 × 2) ein ἴσον und darum schön   14 ποιοῦσιν Hss., Philop.: εἶναι λέγουσι interpoliert E   20 d. h. $1^2 + 3 = 2^2$; $2^2 + 5 = 3^2$; $3^2 + 7 = 4^2$ u. s. f.   33 αὐτῶ Ar. G u. Stob. FP 156, 10 Wachsm. (vgl. Bonitz *Ar. Stud.* ι 206²), Simpl. (?): αὐτὸ d. übr. Hss., Philop., Them. πνεῦμά τε Diels: πνεύματος Hss.: πνεῦμα Heidel; vgl. Simpl. z. St. 651, 26 Philop. 615, 22 und Stob. (ι 460, 5)

ὃ διορίζει τὰς φύσεις, ὡς ὄντος τοῦ κενοῦ χωρισμοῦ τινος τῶν ἐφεξῆς καὶ [τῆς] διορίσεως· καὶ τοῦτ' εἶναι πρῶτον ἐν τοῖς ἀριθμοῖς· τὸ γὰρ κενὸν διορίζειν τὴν φύσιν αὐτῶν. STOB. Ecl. I 18. 1c (D. 316) nach der Aristotelesstelle ἐν δὲ τῶι Περὶ τῆς Πυθαγόρου φιλοσοφίας πρώτωι [fr. 201 Rose] γράφει τὸν μὲν 5 οὐρανὸν εἶναι ἕνα, ἐπεισάγεσθαι δὲ ἐκ τοῦ ἀπείρου χρόνον τε καὶ πνοὴν καὶ τὸ κενόν, ὃ διορίζει ἑκάστων τὰς χώρας ἀεί. ARISTOT. de caelo Β 2. 284 b 6 ἐπειδὴ δέ τινές εἰσιν οἱ φασιν εἶναί τι δεξιὸν καὶ ἀριστερὸν τοῦ οὐρανοῦ, καθάπερ οἱ καλούμενοι Πυθαγόρειοι (ἐκείνων γὰρ οὗτος ὁ λόγος ἐστίν) κτλ. SIMPL. z. d. St. 386, 20 τὸ γοῦν δεξιὸν καὶ ἄνω καὶ ἔμπροσθεν καὶ ἀγαθὸν ἐκάλουν, τὸ δὲ ἀριστερὸν καὶ κάτω 10 καὶ ὄπισθεν καὶ κακὸν ἔλεγον, ὡς αὐτὸς Ἀριστοτέλης ἱστόρησεν ἐν τῆι τῶν Πυθαγορείοις ἀρεσκόντων συναγωγῆι [fr. 200 R.].

31. ARISTOT. de caelo Β 2. 285a 10 διὸ καὶ τῶν Πυθαγορείων ἄν τις θαυμάσειεν ὅτι δύο μόνας ταύτας ἀρχὰς ἔλεγον, τὸ δεξιὸν καὶ τὸ ἀριστερόν, τὰς δὲ τέτταρας [nämlich ἄνω, κάτω, ἔμπροσθεν, ὄπισθεν] παρέλιπον οὐθὲν ἧττον κυρίας οὔσας. 15 b 22 δῆλον τοίνυν ὅτι ὁ ἀφανὴς πόλος ἐστὶ τὸ ἄνω. καὶ οἱ μὲν ἐκεῖ οἰκοῦντες ἐν τῶι ἄνω εἰσὶν ἡμισφαιρίωι καὶ πρὸς τοῖς δεξιοῖς, ἡμεῖς δ' ἐν τῶι κάτω καὶ πρὸς τοῖς ἀριστεροῖς, ἐναντίως ἢ ὡς οἱ Πυθαγόρειοι λέγουσιν· ἐκεῖνοι γὰρ ἡμᾶς ἄνω τε ποιοῦσι καὶ ἐν δεξιῶι μέρει, τοὺς δ' ἐκεῖ κάτω καὶ ἐν τῶι ἀριστερῶι. SIMPL. z. d. St. 392, 18 ὡς αὐτὸς ἐν τῶι δευτέρωι τῆς συναγωγῆς τῶν Πυθαγορικῶν 20 ἱστορεῖ, τοῦ ὅλου οὐρανοῦ τὸ μὲν ἄνω λέγουσιν εἶναι, τὸ δὲ κάτω, καὶ τὸ μὲν κάτω τοῦ οὐρανοῦ δεξιὸν εἶναι, τὸ δὲ ἄνω ἀριστερὸν καὶ ἡμᾶς ἐν τῶι κάτω [ἄνω verbessert Alexander richtig ebenda 392, 24] εἶναι.

32. EUDEM. Phys. fr. 27 [Simpl. Ph. 431, 13 nach 47 A 23] τὸ δὲ ἀόριστον καλῶς ἐπὶ τὴν κίνησιν οἱ Πυθαγόρειοι καὶ ὁ Πλάτων ἐπιφέρουσιν (οὐ γὰρ 25 δὴ ἄλλος γε οὐδεὶς περὶ αὐτῆς εἴρηκεν)· ἀλλὰ γὰρ ἀόριστα ἃ οὐκ ἔστι, καὶ τὸ ἀτελὲς δὴ καὶ τὸ μὴ ὄν· γίνεται γάρ, γινόμενον δὲ οὐκ ἔστι.

33. ARISTOT. Phys. Δ 10. 218a 33 οἱ μὲν γὰρ τὴν τοῦ ὅλου κίνησιν εἶναί φασιν [nämlich τὸν χρόνον], οἱ δὲ τὴν σφαῖραν αὐτήν. ΑËΤ. I 21, 1 (D. 318) Πυθαγόρας τὸν χρόνον τὴν σφαῖραν τοῦ περιέχοντος εἶναι.

30 34. EUDEM. Phys. B. III fr. 51 [Simpl. Ph. 732, 26] ὁ δὲ αὐτὸς χρόνος πότερον γίνεται ὥσπερ ἔνιοί φασιν ἢ οὔ, ἀπορήσειεν ἄν τις ... εἰ δέ τις πιστεύσειε τοῖς Πυθαγορείοις, ὥστε πάλιν τὰ αὐτὰ ἀριθμῶι, κἀγὼ μυθολογήσω τὸ ῥαβδίον ἔχων ὑμῖν καθημένοις οὕτω, καὶ τὰ ἄλλα πάντα ὁμοίως ἕξει, καὶ τὸν χρόνον εὔλογόν ἐστι τὸν αὐτὸν εἶναι. μιᾶς γὰρ καὶ τῆς αὐτῆς κινήσεως, ὁμοίως δὲ καὶ πολλῶν 35 τῶν αὐτῶν τὸ πρότερον καὶ ὕστερον ἓν καὶ ταὐτόν, καὶ ὁ τούτων δὴ ἀριθμός· πάντα ἄρα τὰ αὐτά, ὥστε καὶ ὁ χρόνος.

35. ARISTOT. de caelo Β 9. 290b 12 φανερὸν δ' ἐκ τούτων, ὅτι καὶ τὸ φάναι γίνεσθαι φερομένων [nämlich τῶν ἄστρων] ἁρμονίαν, ὡς συμφώνων γινομένων τῶν ψόφων, κομψῶς μὲν εἴρηται καὶ περιττῶς ὑπὸ τῶν εἰπόντων, οὐ μὴν οὕτως 40 ἔχει τἀληθές. δοκεῖ γάρ τισιν ἀναγκαῖον εἶναι, τηλικούτων φερομένων σωμάτων γίγνεσθαι ψόφον, ἐπεὶ καὶ τῶν παρ' ἡμῖν οὔτε τοὺς ὄγκους ἐχόντων ἴσους οὔτε

1 ὡς αἰτίου ὄντος τοῦ κενοῦ κτλ. Simpl. 651, 31, Philop. 616, 2; aber αἰτίου scheint Paraphrase   τῆς tilgte Bonitz   4 μὲν Heeren: δὲ Hss. 5 χρόνον τε καὶ πνοὴν Hss. Zweifelhaft, s. Heidel Harvard Studies class. phil. XXII 140. [χρόνου] τήν τ' ἀναπνοὴν verm. Diels.   25 ἀόριστα ἃ Diels: ὥρισται E: ὥρισται καὶ F   32 πάλιν] sc. ἔσται

τοιούτωι τάχει φερομένων· ἡλίου δὲ καὶ σελήνης, ἔτι τε τοσούτων τὸ πλῆθος
ἄστρων καὶ τὸ μέγεθος φερομένων τῶι τάχει τοιαύτην φοράν, ἀδύνατον μὴ γίγνε-
σθαι ψόφον ἀμήχανόν τινα τὸ μέγεθος. ὑποθέμενοι δὲ ταῦτα καὶ τὰς ταχυτῆτας
ἐκ τῶν ἀποστάσεων ἔχειν τοὺς τῶν συμφωνιῶν λόγους, ἐναρμόνιόν φασι γίγνε-
5 σθαι τὴν φωνὴν φερομένων κύκλωι τῶν ἄστρων. ἐπεὶ δ' ἄλογον ἐδόκει τὸ μὴ
συνακούειν ἡμᾶς τῆς φωνῆς ταύτης, αἴτιον τούτου φασὶν εἶναι τὸ γιγνομένοις
εὐθὺς ὑπάρχειν τὸν ψόφον, ὥστε μὴ διάδηλον εἶναι πρὸς τὴν ἐναντίαν σιγήν·
πρὸς ἄλληλα γὰρ φωνῆς καὶ σιγῆς εἶναι τὴν διάγνωσιν, ὥστε καθάπερ τοῖς χαλ-
κοτύποις διὰ συνήθειαν οὐδὲν δοκεῖ διαφέρειν, καὶ τοῖς ἀνθρώποις ταὐτὸ συμ-
10 βαίνειν. ALEX. Metaphys. 75, 15 τῆς δὲ τάξεως τῆς ἐν τῶι οὐρανῶι, ἣν ἐποιοῦντο
τῶν ἀριθμῶν οἱ Πυθαγόρειοι, μνημονεύει [Ar.] ἐν τῶι δευτέρωι Περὶ τῆς Πυθα-
γορικῶν δόξης [fr. 202 Rose].   Über die τάξις ἀστέρων vgl. auch 58 B 22,
ferner Eudem. fr. 95 (oben 12 A 19).

36. Aët. II 29, 4 (D. 360) τῶν Πυθαγορείων τινὲς κατὰ τὴν 'Αριστοτέλειον
15 ἱστορίαν καὶ τὴν Φιλίππου τοῦ 'Οπουντίου ἀπόφασιν ἀνταυγείαι καὶ ἀντιφράξει
τοτὲ μὲν τῆς γῆς, τοτὲ δὲ τῆς ἀντίχθονος [nämlich ἐκλείπειν τὴν σελήνην]. τῶν
δὲ νεωτέρων εἰσί τινες οἷς ἔδοξε κατ' ἐπινέμησιν φλογὸς κατὰ μικρὸν ἐξαπτομένης
τεταγμένως ἕως ἂν τὴν τελείαν πανσέληνον ἀποδῶι, καὶ πάλιν ἀναλόγως μειου-
μένης μέχρι τῆς συνόδου, καθ' ἣν τελείως σβέννυται.

20 37. ARISTOT. de caelo B 13. 293a 18 [vgl. 44 A 16. 17] τῶν πλείστων ἐπὶ
τοῦ μέσου κεῖσθαι λεγόντων [nämlich τὴν γῆν] . . . ἐναντίως οἱ περὶ τὴν 'Ιταλίαν,
καλούμενοι δὲ Πυθαγόρειοι λέγουσιν· ἐπὶ μὲν γὰρ τοῦ μέσου πῦρ εἶναί φασι, τὴν
δὲ γῆν ἓν τῶν ἄστρων οὖσαν κύκλωι φερομένην περὶ τὸ μέσον νύκτα τε καὶ ἡμέραν
ποιεῖν. ἔτι δ' ἐναντίαν ἄλλην ταύτηι κατασκευάζουσι γῆν, ἣν ἀντίχθονα ὄνομα
25 καλοῦσιν, οὐ πρὸς τὰ φαινόμενα τοὺς λόγους καὶ τὰς αἰτίας ζητοῦντες, ἀλλὰ πρός
τινας λόγους καὶ δόξας αὐτῶν τὰ φαινόμενα προσέλκοντες καὶ πειρώμενοι συγκο-
σμεῖν. πολλοῖς δ' ἂν καὶ ἑτέροις συνδόξειε μὴ δεῖν τῆι γῆι τὴν τοῦ μέσου χώραν ἀπο-
διδόναι, τὸ πιστὸν οὐκ ἐκ τῶν φαινομένων ἀθροῦσιν ἀλλὰ μᾶλλον ἐκ τῶν λόγων.
τῶι γὰρ τιμιωτάτωι οἴονται προσήκειν τὴν τιμιωτάτην ὑπάρχειν χώραν, εἶναι δὲ
30 πῦρ μὲν γῆς τιμιώτερον, τὸ δὲ πέρας τῶν μεταξύ, τὸ δ' ἔσχατον καὶ τὸ μέσον
πέρας. b 1 ἔτι δ' οἵ γε Πυθαγόρειοι καὶ διὰ τὸ μάλιστα προσήκειν φυλάττεσθαι
τὸ κυριώτατον τοῦ παντός· τὸ δὲ μέσον εἶναι τοιοῦτον· ὃ Διὸς φυλακὴν ὀνο-
μάζουσι, τὸ ταύτην ἔχον τὴν χώραν πῦρ, ὥσπερ τὸ μέσον ἁπλῶς λεγόμενον καὶ
τὸ τοῦ μεγέθους μέσον καὶ τοῦ πράγματος ὂν μέσον καὶ τῆς φύσεως. καίτοι κα-
35 θάπερ ἐν τοῖς ζώιοις οὐ ταὐτὸν τὸ τοῦ ζώιου καὶ τοῦ σώματος μέσον, οὕτως ὑπο-
ληπτέον μᾶλλον καὶ περὶ τὸν ὅλον οὐρανόν. SIMPL. z. d. St. 511, 26 ἐν μὲν τῶι
μέσωι τοῦ παντὸς πῦρ εἶναί φασι, περὶ δὲ τὸ μέσον τὴν ἀντίχθονα φέρεσθαί φασι
γῆν οὖσαν καὶ αὐτήν, ἀντίχθονα δὲ καλουμένην διὰ τὸ ἐξ ἐναντίας τῆιδε τῆι γῆι
εἶναι, μετὰ δὲ τὴν ἀντίχθονα ἡ γῆ ἥδε φερομένη καὶ αὐτὴ περὶ τὸ μέσον, μετὰ δὲ
40 τὴν γῆν ἡ σελήνη· οὕτω γὰρ αὐτὸς ἐν τῶι Περὶ τῶν Πυθαγορικῶν Ἱστορεῖ
[Arist. fr. 204 Rose]· τὴν δὲ γῆν ὡς ἐν τῶν ἄστρων οὖσαν κινουμένην περὶ
τὸ μέσον κατὰ τὴν πρὸς τὸν ἥλιον σχέσιν νύκτα καὶ ἡμέραν ποιεῖν. ἡ δὲ ἀντίχθων
κινουμένη περὶ τὸ μέσον καὶ ἑπομένη τῆι γῆι ταύτηι οὐχ ὁρᾶται ὑφ' ἡμῶν διὰ τὸ
ἐπιπροσθεῖν ἡμῖν ἀεὶ τὸ τῆς γῆς σῶμα . . . οἱ δὲ γνησιώτερον αὐτῶν μετα-

---

14 'Αριστοτέλειον ἱστορίαν] Περὶ τῶν Πυθαγορείων. Das Fr. fehlt bei Rose
35 τὸ (vor τοῦ) HL: fehlt sonst

σχόντες πῦρ μὲν ἐν τῶι μέσωι λέγουσι τὴν δημιουργικὴν δύναμιν τὴν ἐκ μέσου
πᾶσαν τὴν γῆν ζωιογονοῦσαν καὶ τὸ ἀπεψυγμένον αὐτῆς ἀναθάλπουσαν· διὸ
οἱ μὲν Ζηνὸς πύργον αὐτὸ καλοῦσιν, ὡς αὐτὸς ἐν τοῖς Πυθαγορικοῖς
ἱστόρησεν, οἱ δὲ Διὸς φυλακήν, ὡς ἐν τούτοις, οἱ δὲ Διὸς θρόνον, ὡς ἄλλοι
5 φασίν. ἄστρον δὲ τὴν γῆν ἔλεγον ὡς ὄργανον καὶ αὐτὴν χρόνου· ἡμερῶν γάρ
ἐστιν αὕτη καὶ νυκτῶν αἰτία· ἡμέραν μὲν γὰρ ποιεῖ τὸ πρὸς τῶι ἡλίωι μέρος κατα-
λαμπομένη, νύκτα δὲ κατὰ τὸν κῶνον τῆς γινομένης ἀπ' αὐτῆς σκιᾶς. ἀντίχθονα
δὲ τὴν σελήνην ἐκάλουν οἱ Πυθαγόρειοι, ὥσπερ καὶ αἰθερίαν γῆν.

37a. ARISTOT. de caelo B 13. 293b 18 ὅσοι μὲν μηδ' ἐπὶ τοῦ μέσου κεῖσθαί
10 φασιν αὐτήν [nämlich τὴν γῆν], κινεῖσθαι κύκλωι περὶ τὸ μέσον, οὐ μόνον δὲ ταύ-
την, ἀλλὰ καὶ τὴν ἀντίχθονα.

37b. — Meteorol. A 8. 345a 13 [c. 41, 10 ι 394, 25].

37c. AëT. ιιι 1, 2 (D. 364) τῶν Πυθαγορείων οἱ μὲν ἔφασαν ἀστέρος εἶναι
διάκαυσιν [die Milchstraße] ἐκπεσόντος μὲν ἀπὸ τῆς ἰδίας ἕδρας, δι' οὗ δὲ
15 περιέδραμε χωρίου κυκλοτερῶς αὐτὸ περιφλέξαντος ἐπὶ τοῦ κατὰ Φαέθοντα ἐμ-
πρησμοῦ· οἱ δὲ τὸν ἡλιακὸν ταύτηι φασὶ κατ' ἀρχὰς γεγονέναι δρόμον. τινὲς δὲ
κατοπτρικὴν εἶναι φαντασίαν τοῦ ἡλίου τὰς αὐγὰς πρὸς τὸν οὐρανὸν ἀνακλῶντος,
ὅπερ κἀπὶ τῆς ἴριδος ἐπὶ τῶν νεφῶν συμβαίνει.

38. ARISTOT. de caelo Γ 1. 300a 14 τὸ δ' αὐτὸ συμβαίνει καὶ τοῖς ἐξ ἀριθμῶν
20 συντιθεῖσι τὸν οὐρανόν· ἔνιοι γὰρ τὴν φύσιν ἐξ ἀριθμῶν συνιστᾶσιν, ὥσπερ τῶν
Πυθαγορείων τινές. τὰ μὲν γὰρ φυσικὰ σώματα φαίνεται βάρος ἔχοντα καὶ κου-
φότητα, τὰς δὲ μονάδας οὔτε σῶμα ποιεῖν οἷόν τε συντιθεμένας οὔτε βάρος ἔχειν.

39. — de anima A 3. 407b 20 οἱ δὲ μόνον ἐπιχειροῦσι λέγειν ποῖόν τι ἡ
ψυχή, περὶ δὲ τοῦ δεξομένου σώματος οὐθὲν ἔτι προσδιορίζουσιν, ὥσπερ ἐνδεχό-
25 μενον κατὰ τοὺς Πυθαγορικοὺς μύθους τὴν τυχοῦσαν ψυχὴν εἰς τὸ τυχὸν ἐνδύεσθαι
σῶμα.

40. — — A 2. 404a 16 ἔοικε δὲ καὶ τὸ παρὰ τῶν Πυθαγορείων λεγόμενον
τὴν αὐτὴν ἔχειν διάνοιαν· ἔφασαν γάρ τινες αὐτῶν ψυχὴν εἶναι τὰ ἐν τῶι ἀέρι
ξύσματα, οἱ δὲ τὸ ταῦτα κινοῦν. περὶ δὲ τούτων εἴρηται, διότι συνεχῶς φαίνεται
30 κινούμενα, κἂν ἦι νηνεμία παντελής.

41. — Polit. Θ 5. 1340b 18 διὸ πολλοί φασι τῶν σοφῶν οἱ μὲν ἁρμονίαν
εἶναι τὴν ψυχήν, οἱ δ' ἔχειν ἁρμονίαν. Vgl. de anima A 4. 407b 27 [44 A 23].

42. — de sens. 3. 439a 30 τὸ γὰρ χρῶμα ἢ ἐν τῶι πέρατί ἐστιν ἢ πέρας.
διὸ καὶ οἱ Πυθαγόρειοι τὴι ἐπιφάνειαν χροιὰν ἐκάλουν.

35 43. — — 5. 445a 16 ὃ δὲ λέγουσί τινες τῶν Πυθαγορείων οὐκ ἔστιν εὔλογον·
τρέφεσθαι γάρ φασιν ἔνια ζῶια ταῖς ὀσμαῖς. Vgl. Diog. ιx 43 und 68 A 28. 29.

C. ΑΚΟΥΣΜΑΤΑ ΚΑΙ ΣΥΜΒΟΛΑ

1. ARISTOT. Anal. post. B 11. 94b 33 καὶ εἰ [sc. βροντᾶι], ὡς οἱ Πυθαγόρειοί
φασιν, ἀπειλῆς ἕνεκα τοῖς ἐν τῶι Ταρτάρωι, ὅπως φοβῶνται.

40 2. PORPH. V. P. 41 ἔλεγε δέ τινα καὶ μυστικῶι τρόπωι συμβολικῶς, ἃ δὴ
ἐπὶ πλέον Ἀριστοτέλης [fr. 196 Rose] ἀνέγραψεν, οἷον ὅτι τὴν θάλατταν μὲν

37 vgl. Hoelk de acusmatis Pyth. Diss. Kiel 1894. Boehm de symbolis
Pythagoreis Diss. Berl. 1905

ἐκάλει εἶναι δάκρυον, τὰς δὲ ἄρκτους ʽΡέας χεῖρας, τὴν δὲ Πλειάδα Μουσῶν
λύραν, τοὺς δὲ πλανήτας κύνας τῆς Περσεφόνης, τὸν δ᾽ ἐκ χαλκοῦ κρουο-
μένου γινόμενον ἦχον φωνὴν εἶναί τινος τῶν δαιμόνων ἐναπειλημμένην τῶι
χαλκῶι. AEL. V. H. IV 17 ἔλεγε δὲ ἱερώτατον εἶναι τὸ τῆς μαλάχης φύλλον. ἔλεγε
5 δὲ ὅτι πάντων σοφώτατον ὁ ἀριθμός, δεύτερος δὲ ὁ τοῖς πράγμασι τὰ ὀνόματα
θέμενος. καὶ τὸν σεισμὸν ἐγενεαλόγει οὐδὲν ἄλλο εἶναι ἢ σύνοδον τῶν τεθνεώ-
των, ἡ δὲ Ἶρις ἔφασκεν ὡς αὐγὴ τοῦ ἡλίου ἐστὶ καὶ ὁ πολλάκις ἐμπίπτων τοῖς
ὠσὶν ἦχος φωνὴ τῶν κρειττόνων.
    3. DIOG. VIII 34ff. φησὶ δ᾽ Ἀριστοτέλης [fr. 195 Rose] ἐν τῶι περὶ τῶν
10 Πυθαγορείων παραγγέλλειν αὐτὸν ἀπέχεσθαι τῶν κυάμων ἤτοι ὅτι αἰδοίοις
εἰσὶν ὅμοιοι ἢ ὅτι ʽΑιδου πύλαις. * * * ἀγόνατον γὰρ μόνον· ἢ ὅτι φθείρει ἢ ὅτι
τῆι τοῦ ὅλου φύσει ὅμοιον· ἢ ὅτι ὀλιγαρχικόν· κληροῦνται γοῦν αὐτοῖς. τὰ δὲ
πεσόντα μὴ ἀναιρεῖσθαι, ὑπὲρ τοῦ ἐθίζεσθαι μὴ ἀκολάστως ἐσθίειν ἢ ὅτι
ἐπὶ τελευτῆι τινος· καὶ Ἀριστοφάνης δὲ τῶν ἡρώων φησὶν εἶναι τὰ πίπτοντα,
15 λέγων ἐν τοῖς ʽΗρωσι [fr. 305 K.]
        μηδὲ γεύεσθ᾽ ἅττ᾽ ἂν ἐντὸς τῆς τραπέζης καταπέσηι.
ἀλεκτρυόνος μὴ ἅπτεσθαι λευκοῦ, ὅτι ἱερὸς τοῦ Μηνὸς καὶ ἱκέτης· τὸ δ᾽ ἦν
τῶν ἀγαθῶν· τῶι τε Μηνὶ ἱερός· σημαίνει γὰρ τὰς ὥρας, καὶ τὸ μὲν λευκὸν τῆς
τἀγαθοῦ φύσεως, τὸ δὲ μέλαν τοῦ κακοῦ. τῶν ἰχθύων μὴ ἅπτεσθαι, ὅσοι
20 ἱεροί· μὴ γὰρ δεῖν τὰ αὐτὰ τετάχθαι θεοῖς καὶ ἀνθρώποις, ὥσπερ οὐδ᾽ ἐλευθέροις
καὶ δούλοις. (35) ἄρτον μὴ καταγνύειν, ὅτι ἐπὶ ἕνα [sc. ἄρτον] οἱ πάλαι
τῶν φίλων ἐφοίτων, καθάπερ ἔτι καὶ νῦν οἱ βάρβαροι· μηδὲ διαιρεῖν, ὃς συνάγει
αὐτούς· οἱ δὲ πρὸς τὴν ἐν ἅιδου κρίσιν, οἱ δ᾽ εἰς πόλεμον δειλίαν ποιεῖν· οἱ δέ,
ἐπεὶ ἀπὸ τούτου ἄρχεται τὸ ὅλον. (καὶ τῶν σχημάτων τὸ κάλλιστον σφαῖραν
25 εἶναι τῶν στερεῶν, τῶν δ᾽ ἐπιπέδων κύκλον. γῆρας καὶ πᾶν τὸ μειούμενον ὅμοιον·
καὶ αὔξην καὶ νεότητα ταὐτόν. ὑγίειαν τὴν τοῦ εἴδους διαμονήν, νόσον τὴν τούτου
φθοράν.) περὶ τῶν ἁλῶν, ὅτι δεῖ παρατίθεσθαι πρὸς ὑπόμνησιν τοῦ δικαίου·
οἱ γὰρ ἅλες πᾶν σώιζουσιν ὅ τι ἂν παραλάβωσι, καὶ γεγόνασιν ἐκ τῶν καθαρω-
τάτων, ἡλίου καὶ θαλάσσης. (36) καὶ ταῦτα μέν φησιν ὁ Ἀλέξανδρος ἐν τοῖς
30 Πυθαγορικοῖς ὑπομνήμασιν [fr. 140 FHG III 242 vgl. oben I 448, 33] εὑρηκέναι
καὶ τὰ ἐκείνων ἐχόμενα ὁ Ἀριστοτέλης. Vgl. oben c. 14, 9. Zu Z. 17ff.
vgl. 464, 31ff.
    4. IAMBL. V. P. 82—86 ἔστι δὲ ἡ μὲν τῶν ἀκουσματικῶν φιλοσοφία Ἀκού-
σματα ἀναπόδεικτα καὶ ἄνευ λόγου, ὅτι οὕτως πρακτέον, καὶ τἆλλα, ὅσα παρ᾽

---

1 ⟨Κρόνου⟩ δάκρυον Stanley nach Plut. de Is. p. 364 A und Clem. Strom.
v 49 [nach 1 B 13)   9 ἐν τῶι läßt F aus, was Cobet imponierte   10 Πυθα-
γορείων Diels: κυάμων Hss.; das Randlemma περὶ τῶν κυάμων hat den
Buchtitel verdrängt   αὐτῶν B   κυάμων] vgl. Anm. zu c. 14, 9 I 101, 16
14 καὶ ʼΑρ. δὲ] καὶ fehlt FP²: ʼΑρ. γὰρ Σ   16 μὴ δὲ BP: μὴ F   17 τὸ δ᾽]
sc. τὸ ἱκετεύειν   18. 19 καὶ τὸ μὲν λευκὸν ... κακοῦ haben die Hss. zwischen
δούλοις und ἄρτον (unt. Z. 21): umstellte Diels   21. 22 οἱ πάλαι τῶν φίλων
BP: τῶν φίλων (ohne οἱ πάλαι) F:˙ οἱ παλαιοὶ (ohne τῶν φίλων) Σ: πάλαι οἱ
φίλοι Kranz (vgl. I 465, 12 f.): φίλοι techn. Ausdruck der ʻBundesbrüder';
vgl. D 7   μηδὲ F: μὴ δὴ P¹B²: μὴ δεῖ B¹   22 ὃς F: ὡς B: δ///| P   23 αὐτούς]
ἐφ᾽ ἑαυτόν Σ   24 τούτου] τόπου B   25 μιμούμενον BP¹   26 εἴδους]γένους F
28 ἂν jüng.: καὶ alt. Hss. Σ   29 ἡλίου Cobet: ὕδατος Hss.

ἐκείνου ἐρρέθη, ταῦτα πειρῶνται διαφυλάττειν ὡς θεῖα δόγματα, αὐτοὶ δὲ παρ'
αὐτῶν οὔτε λέγειν προσποιοῦνται οὔτε λεκτέον εἶναι, ἀλλὰ καὶ αὐτῶν ὑπολαμβά-
νουσι τούτους ἔχειν βέλτιστα πρὸς φρόνησιν, οἵτινες πλεῖστα ᾿Ακούσματα ἔσχον.
πάντα δὲ τὰ οὕτως ⟨καλούμενα⟩ ᾿Ακούσματα διήιρηται εἰς τρία εἴδη· τὰ μὲν γὰρ
5 αὐτῶν τί ἐστι σημαίνει, τὰ δὲ τί μάλιστα, τὰ δὲ τί δεῖ πράττειν ἢ μὴ πράττειν.
τὰ μὲν οὖν τί ἐστι τοιαῦτα, οἷον τί ἐστιν αἱ μακάρων νῆσοι; ἥλιος καὶ σελήνη.
τί ἐστι τὸ ἐν Δελφοῖς μαντεῖον; τετρακτύς· ὅπερ ἐστὶν ἡ ἁρμονία, ἐν ἧι αἱ Σειρῆνες.
τὰ δὲ τί μάλιστα, οἷον τί τὸ δικαιότατον; θύειν. τί τὸ σοφώτατον; ἀριθμός, δεύ-
τερον δὲ ὁ τοῖς πράγμασι τὰ ὀνόματα θέμενος. τί σοφώτατον τῶν παρ' ἡμῖν;
10 ἰατρική. τί κάλλιστον; ἁρμονία. τί κράτιστον; γνώμη. τί ἄριστον; εὐδαιμονία.
τί δὲ ἀληθέστατον λέγεται; ὅτι πονηροὶ οἱ ἄνθρωποι. διὸ καὶ ποιητὴν Ἱπποδά-
μαντά φασιν ἐπαινέσαι αὐτὸν τὸν Σαλαμίνιον, ὃς ἐποίησεν·

ὦ θεῖοι, πόθεν ἐστέ, πόθεν τοιοίδ' ἐγένεσθε;
ἄνθρωποι, πόθεν ἐστέ, πόθεν κακοὶ ὧδ' ἐγένεσθε;

15 (83) ταῦτα καὶ τοιαῦτά ἐστι τὰ τούτου τοῦ γένους ᾿Ακούσματα· ἕκαστον γὰρ
τῶν τοιούτων μάλιστά τί ἐστιν. ἔστι δ' αὕτη ἡ αὐτὴ τῆι τῶν ἑπτὰ σοφιστῶν
λεγομένηι σοφίαι. καὶ γὰρ ἐκεῖνοι ἐζήτουν οὐ τί ἐστι τἀγαθόν, ἀλλὰ τί μάλιστα;
οὐδὲ τί τὸ χαλεπόν, ἀλλὰ τί τὸ χαλεπώτατον; ὅτι τὸ αὐτὸν γνῶναί ἐστιν· οὐδὲ
τί τὸ ῥάιδιον, ἀλλὰ τί τὸ ῥᾶιστον; ὅτι τὸ ἔθει χρῆσθαι. τῆι τοιαύτηι γὰρ σοφίαι
20 μετηκολουθηκέναι ἔοικε τὰ τοιαῦτα ἀκούσματα· πρότεροι γὰρ οὗτοι Πυθαγόρου
ἐγένοντο. τὰ δὲ τί πρακτέον ἢ οὐ πρακτέον τῶν ᾿Ακουσμάτων τοιαῦτά ἐστιν,
οἷον ὅτι δεῖ τεκνοποιεῖσθαι· δεῖ γὰρ ἀντικαταλιπεῖν τοὺς θεραπεύοντας τὸν θεόν·
ἢ ὅτι δεῖ τὸν δεξιὸν ὑποδεῖσθαι πρότερον, ἢ ὅτι οὐ δεῖ τὰς λεωφόρους βαδίζειν
ὁδούς, οὐδὲ εἰς περιρραντήριον ἐμβάπτειν, οὐδὲ ἐν βαλανείωι λούεσθαι. ἄδηλον
25 γὰρ ἐν πᾶσι τούτοις, εἰ καθαρεύουσιν οἱ κοινωνοῦντες. (84) καὶ ἄλλα τάδε. φορ-
τίον μὴ συγκαθαιρεῖν· οὐ γὰρ δεῖ αἴτιον γίνεσθαι τοῦ μὴ πονεῖν· συνανατιθέναι
δέ. χρυσὸν ἐχούσηι μὴ πλησιάζειν ἐπὶ τεκνοποιίαι. μὴ λέγειν ἄνευ φωτός. σπέν-
δειν τοῖς θεοῖς κατὰ τὸ οὖς τῆς κύλικος οἰνοῦ ἕνεκεν καὶ ὅπως μὴ ἀπὸ τοῦ αὐτοῦ
πίνηται. ἐν δακτυλίωι μὴ φέρειν σημεῖον θεοῦ εἰκόνα, ὅπως μὴ μιαίνηται· ἄγαλμα
30 γάρ, ὅπερ δεῖ φρουρῆσαι ἐν τῶι οἴκωι. γυναῖκα οὐ δεῖ διώκειν τὴν αὐτοῦ, ἱκέτις
γάρ· διὸ καὶ ἀφ' ἑστίας ἀγόμεθα, καὶ ἡ λῆψις διὰ δεξιᾶς. μηδὲ ἀλεκτρυόνα λευκὸν
⟨θύειν⟩· ἱκέτης γὰρ ⟨καὶ⟩ ἱερὸς τοῦ Μηνός· διὸ καὶ σημαίνουσιν ὥραν. (85) καὶ
συμβουλεύειν μηδὲν παρὰ τὸ βέλτιστον τῶι συμβουλευομένωι· ἱερὸν γὰρ συμβουλή.
ἀγαθὸν οἱ πόνοι, αἱ δὲ ἡδοναὶ ἐκ παντὸς τρόπου κακόν· ἐπὶ κολάσει γὰρ ἐλθόντας
35 δεῖ κολασθῆναι. θύειν χρὴ ἀνυπόδητον καὶ πρὸς τὰ ἱερὰ προσιέναι. εἰς ἱερὸν οὐ
δεῖ ἐκτρέπεσθαι· οὐ γὰρ πάρεργον δεῖ ποιεῖσθαι τὸν θεόν. ὑπομένοντα καὶ ἔχοντα
τραύματα ἐν τῶι ἔμπροσθεν τελευτῆσαι ἀγαθόν, ἐναντίως δὲ ἐναντίον. εἰς μόνα
τῶν ζώιων οὐκ εἰσέρχεται ἀνθρώπου ψυχή, οἷς θέμις ἐστὶ τυθῆναι· διὰ τοῦτο τῶν

4 ⟨καλούμενα⟩ Nauck   6 vgl. P. Capelle De luna etc. animarum sedi-
bus Diss. Halle 1917, 6; doch auch Reinhardt Kosmos u. Sympathie S. 312
7 Σειρῆνες] nach Theo p. 147, 3 H. = Sphärenmusik   9 ὁ ... θέμενος
Kießling (nach ι 463, 5): τὸ ... τιθέμενον F   12 Σάμιον verm. Nauck
13 θεοί F   16 ⟨σημαίνει⟩ τί μάλιστά .. Wyttenb.   22 θεραπεύσοντας Cobet
(vgl. Plato Legg. VI p. 773 E)   30 φρουρῆσαι Diels: φυτεῦσαι F   διώ-
κειν] ἀδικεῖν [Aristoteles] unten ι 465, 18   32 ⟨θύειν⟩ Kuster   ⟨καὶ⟩
Salmasius vgl. ι 463, 17

θυσίμων χρή έσθίειν μόνον (οις αν τό έσθίειν καθήκηι), άλλου δέ μηδενός ζώιου.
τά μέν ούν τοιαύτα τών 'Ακουσμάτων έστί, τά δέ πλείστον έχοντα μήκος περί τε
θυσίας, καθ' έκάστους τούς καιρούς πώς χρή ποιείσθαι, τάς τε άλλας * * * καί
περί μετοικήσεως τής έντεύθεν, καί περί τάς ταφάς πώς δεί καταθάπτεσθαι. (86) έπ'
5 ένίων μέν ούν έπιλέγεται ⟨τό διά⟩ τί δεί, οίον ότι δεί τεκνοποιείσθαι ένεκα τού
καταλιπείν έτερον άνθ' έαυτού θεών θεραπευτήν· τοίς δέ ούδείς λόγος πρόσεστι.
καί ένια μέν τών έπιλεγομένων δόξει προσπεφυκέναι άπαρτί, ένια δέ πόρρω, οίον
περί τού τόν άρτον μή καταγνύναι, ότι πρός τήν έν άιδου κρίσιν ού συμφέρει.
αί δέ προστιθέμεναι είκοτολογίαι περί τών τοιούτων ούκ είσί Πυθαγορικαί, άλλ'
10 ένίων έξωθεν έπισοφιζομένων καί πειρωμένων προσάπτειν είκότα λόγον, οίον καί
περί τού νύν λεχθέντος, διά τί ού δεί καταγνύναι τόν άρτον. οί μέν γάρ φασιν,
ότι ού δεί τόν συνάγοντα διαλύειν· τό γάρ άρχαίον βαρβαρικώς πάντες έπί ένα
άρτον συνήιεσαν οί φίλοι· οί δ' ότι ού δεί οίωνόν ποιείσθαι τοιούτον άρχόμενον
καταγνύντα καί συντρίβοντα.

15 5. [ARISTOT.] Oec. A 4. 1344 a 8 πρώτον μέν ούν νόμοι πρός γυναίκα καί τό
μή άδικείν· ούτως γάρ άν ούδ' αύτός άδικοίτο. τούθ' ύφηγείται δέ [ο] καί ό κοινός
νόμος, καθάπερ οί Πυθαγόρειοι λέγουσιν, ώσπερ ίκέτιν καί άφ' έστίας ήγ-
μένην ώς ήκιστα δείν [δοκείν] άδικείν.

6. SUID. 'Αναξίμανδρος 'Αναξιμάνδρου Μιλήσιος ό νεώτερος ίστορικός
20 [FGrHist. 9 T 1. 2 I 159]· γέγονε δέ κατά τούς 'Αρταξέρξου χρόνους τού Μνή-
μονος κληθέντος [405—359]· έγραψε Συμβόλων Πυθαγορείων έξήγησιν,
οίόν έστι τό 'ζυγόν μή ύπερβαίνειν', 'μαχαίραι πύρ μή σκαλεύειν',
'άπό όλοκλήρου άρτου μή έσθίειν' κτλ. DIOG. II 2 [s. I 82, 5] γέγονε δέ
καί άλλος 'Αναξίμανδρος ίστορικός καί αύτός Μιλήσιος τήι 'Ιάδι γεγραφώς. Probe
25 aus PORPH. V. P. 42 ήν δέ καί άλλο είδος τών Συμβόλων τοιούτον, 'ζυγόν μή
ύπερβαίνειν', τουτέστι μή πλεονεκτείν, 'μή τό πύρ τήι μαχαίραι σκα-
λεύειν', όπερ ήν μή τόν άνοιδούντα καί όργιζόμενον κινείν λόγοις παρατεθη-
μένοις, 'στέφανόν τε μή τίλλειν', τουτέστι τούς νόμους μή λυμαίνεσθαι·
στέφανοι γάρ πόλεων ούτοι. πάλιν δ' αύ έτερα τοιαύτα 'μή καρδίαν έσθίειν',
30 οίον μή λυπείν έαυτόν άνίαις, 'μηδ' έπί χοίνικος καθέζεσθαι', οίον μή άργόν
ζήν, 'μηδ' άποδημούντα έπιστρέφεσθαι', μή έχεσθαι τού βίου τούτου άπο-
θνήισκοντα, 'τάς τε λεωφόρους μή βαδίζειν', δι' ού ταίς τών πολλών έπεσθαι

---

2 πλείον Rohde   3 ⟨θεών τιμάς⟩ Deubner   5 ⟨τό διά⟩ Kießling
7 άπαρτί Diels: άπερ άν ήι F; άπ' άρχής Deubn.   12 τό γάρ Kuster: τό δέ F
16 [ο] fehlt Ald. 18 [ ] Bekk.   20 'Αμείνονος Hss.: verb. ed. Bas.   24 Aus A.
(und unter Benutzung der Arist. Akusmata?) schrieb der Arzt Androkydes
(Alex. d. Großen Zeit) (oder unter seinem Namen ein Pythagoreer der
alexandrinischen Zeit) ein Buch 'Ανδροκύδου τού Πυθαγορείου Περί Πυθα-
γορικών συμβόλων, das Demetrios v. Byzanz (Ath. x 425 D), Tryphon Rhet.
gr. III 193 Speng., Ps. Plut. de ed. puer. 17 p. 12 D, Diog. VIII 17, Hippol.
VI 26, Nicom. math. I 3, Anatol. (Theol. arithm.) p. 12 de Falco benutzen.
Vgl. auch Hermippos fr. 21 (oben I 111, 36). Über Androkydes Freuden-
thal in Pauly-Wiss. R.-E. I 2149; Mewaldt de Aristox. p. 2¹. Corssen
Rhein. Mus. 67 (1912) 1ff. Vgl. Hoelk a. O. S. 40   27 παρατεθηγμένοις
Cyrill c. Jul. IX: τεθηγμένοις Porph.   29 μή καρδίαν έσθίειν οίον Cyr.: οίον
μ. κ. έ. Porph.   30 μή άργόν Cyr.: μή δ' άργόν Porph.

γνώμαις ἐκώλυεν, τὰς δὲ τῶν ὀλίγων καὶ πεπαιδευμένων μεταθεῖν, 'μηδὲ χελιδόνας
ἐν οἰκίαι δέχεσθαι', τουτέστι λάλους ἀνθρώπους καὶ περὶ γλῶτταν ἀκρατεῖς
ὁμωροφίους μὴ ποιεῖσθαι, 'φορτίον δὲ συνανατιθέναι μὲν τοῖς βαστά-
ζουσιν, συγκαθαιρεῖν δὲ μή', δι' οὗ παρήινει μηδενὶ πρὸς ῥαιστώνην, ἀλλὰ
5 πρὸς ἀρετὴν καὶ πόνους συμπράττειν, 'θεῶν τε εἰκόνας ἐν δακτυλίοις μὴ
φορεῖν', τουτέστι τὴν περὶ θεῶν δόξαν καὶ λόγον μὴ πρόχειρον μηδὲ φανερὸν
ἔχειν, μηδὲ εἰς πολλοὺς προφέρειν, 'σπονδάς τε ποιεῖσθαι τοῖς θεοῖς κατὰ
τὸ οὖς τῶν ἐκπωμάτων', ἐντεῦθεν γὰρ ἠινίττετο τιμᾶν τοὺς θεοὺς καὶ ὑμνεῖν
τῆι μουσικῆι· αὕτη γὰρ διὰ ὤτων χωρεῖ. μηδ' ἐσθίειν ὅσα μὴ θέμις, γένεσιν,
10 αὔξησιν, ἀρχήν, τελευτήν, μηδ' ἐξ ὧν ἡ πρώτη τῶν πάντων ὑπόθεσις γίνε-
ται.   (43) ἔλεγε δ' ἀπέχεσθαι τῶν καταθυομένων ὀσφύος καὶ διδύμων καὶ αἰδοίων
καὶ μυελοῦ καὶ ποδῶν καὶ κεφαλῆς ... ἴσα δὲ κυάμων παρήινει ἀπέχεσθαι
καθάπερ ἀνθρωπίνων σαρκῶν ... (45) ἀπέχεσθαι δὲ καὶ ἄλλων παρήινει
οἷον μήτρας τε καὶ τριγλίδος καὶ ἀκαλήφης, σχεδὸν δὲ καὶ τῶν ἄλλων θαλασσίων
15 συμπάντων. IAMBL. Protr. 21 [p. 106, 18 Pist.] ἔστω δὲ τὰ φρασθησόμενα Σύμ-
βολα ταῦτα· ᾱ. εἰς ἱερὸν ἀπιὼν προσκυνῆσαι, μηδὲν ἄλλο μεταξὺ βιωτικὸν μήτε
λέγε μήτε πρᾶττε. β̄. ὁδοῦ πάρεργον οὔτε εἰσιτέον εἰς ἱερὸν οὔτε προσκυνητέον τὸ
παράπαν, οὐδ' εἰ πρὸς ταῖς θύραις αὐταῖς παριὼν γένοιο. γ̄. ἀνυπόδητος θῦε καὶ
προσκύνει. δ̄. τὰς λεωφόρους ὁδοὺς ἐκκλίνων διὰ τῶν ἀτραπῶν βάδιζε. ε̄. μελαν-
20 ούρου ἀπέχου· χθονίων γάρ ἐστι θεῶν. ϛ̄. γλώσσης πρὸ τῶν ἄλλων κράτει θεοῖς
ἑπόμενος. ζ̄. ἀνέμων πνεόντων τὴν Ἠχὼ προσκύνει. η̄. πῦρ μαχαίρηι μὴ σκάλευε.
θ̄. ὀξίδα ἀπὸ σεαυτοῦ ἀπόστρεφε πᾶσαν. ῑ. ἀνδρὶ ἐπανατιθεμένωι μὲν φορτίον
συνέπαιρε, μὴ συγκαθαίρει δὲ ἀποτιθεμένωι. ῑᾱ. εἰς μὲν ὑπόδησιν τὸν δεξιὸν πόδα
προπάρεχε, εἰς δὲ ποδόνιπτρον τὸν εὐώνυμον. ῑβ̄. περὶ Πυθαγορείων ἄνευ φωτὸς
25 μὴ λάλει. ῑγ̄. ζυγὸν μὴ ὑπέρβαινε. ῑδ̄. ἀποδημῶν τῆς οἰκείας μὴ ἐπιστρέφου,
Ἐρινύες γὰρ μετέρχονται. ῑε̄. πρὸς ἥλιον τετραμμένος μὴ οὔρει. ῑϛ̄. δαιδίωι θᾶκον
μὴ ἀπόμασσε. ῑζ̄. ἀλεκτρυόνα τρέφε μέν, μὴ θῦε δέ. Μηνὶ γὰρ καὶ Ἡλίωι καθιέρω-
ται. ῑη̄. ἐπὶ χοίνικι μὴ καθέζου. ῑθ̄. γαμψώνυχον μηδὲν παράτρεφε. κ̄. ἐν ὁδῶι
μὴ σχίζε. κ̄ᾱ. χελιδόνα οἰκίαι μὴ δέχου. κ̄β̄. δακτύλιον μὴ φόρει. κ̄γ̄. θεοῦ τύπον
30 μὴ ἐπίγλυφε δακτυλίωι. κ̄δ̄. παρὰ λύχνον μὴ ἐσοπτρίζου. κ̄ε̄. περὶ θεῶν μηθὲν
θαυμαστὸν ἀπίστει μηδὲ περὶ θείων δογμάτων. κ̄ϛ̄. ἀσχέτωι γέλωτι μὴ ἔχεσθαι.
κ̄ζ̄. παρὰ θυσίαι μὴ ὀνυχίζου. κ̄η̄. δεξιὰν μὴ παντὶ ῥαιδίως ἔμβαλλε. κ̄θ̄. στρωμά-
των ἀναστὰς συνέλισσε αὐτὰ καὶ τὸν τόπον συνστόρνυε. λ̄· καρδίαν μὴ τρῶγε.
λ̄ᾱ. ἐγκέφαλον μὴ ἔσθιε. λ̄β̄. ἀποκαρμάτων σῶν καὶ ἀπονυχισμάτων κατάπτυε.
35 λ̄γ̄. ἐρυθῖνον μὴ προσλαμβάνου. λ̄δ̄. χύτρας ἴχνος ἀπὸ σποδοῦ ἀφάνιζε. λ̄ε̄. χρυ-
σὸν ἐχούσηι μὴ πλησίαζε ἐπὶ τεκνοποιίαι. λ̄ϛ̄. προτίμα τὸ σχῆμα καὶ βῆμα τοῦ 'σχῆ-
μα καὶ τριώβολον'. λ̄ζ̄. κυάμων ἀπέχου. λ̄η̄. μολόχην ἐπιφύτευε μέν, μὴ ἔσθιε
δέ. λ̄θ̄. ἐμψύχων ἀπέχου. (Andere Symbole bei Iambl. V. P. 109. 152—156.
DIOG. VIII 17—19. Hippol. Ref. VI 25—27. S. zu I 462, 37).

1 δὲ Nauck: τε Hss.   22 ὀξίδα] d. i. ὀξεῖαν μάχαιραν Diog. VIII 17
25 οἰκίας Hss.: verb. Bywater J. of Phil. 31, 197 aus Hippol. VI 26   26 Ἐρι-
νύες Δίκης ἐπίκουροι Hippol. a. O. (also Imitation des Heraklit 22 B 94)
27 Μηνὶ Menage (vgl. I 463, 18 Iambl. V. P. 84): μήνη Hss.   37 vgl.
Iambl. V. P. 22 ff.

D. ΕΚ ΤΩΝ ΑΡΙΣΤΟΞΕΝΟΥ ΠΥΘΑΓΟΡΙΚΩΝ ΑΠΟΦΑΣΕΩΝ ΚΑΙ ΠΥΘΑΓΟΡΙΚΟΥ ΒΙΟΥ

1. Iambl. V. P. 163 ff. τῶν δ' ἐπιστημῶν οὐχ ἥκιστά φασιν τοὺς Πυθαγορείους τιμᾶν μουσικήν τε καὶ ἰατρικὴν καὶ μαντικήν. σιωπηλοὺς δὲ εἶναι καὶ ἀκου-
5 στικοὺς καὶ ἐπαινεῖσθαι παρ' αὐτοῖς τὸν δυνάμενον ἀκοῦσαι. τῆς δὲ ἰατρικῆς μάλιστα μὲν ἀποδέχεσθαι τὸ διαιτητικὸν εἶδος καὶ εἶναι ἀκριβεστάτους ἐν τούτωι. καὶ πειρᾶσθαι πρῶτον μὲν καταμανθάνειν σημεῖα συμμετρίας ποτῶν τε καὶ σίτων καὶ ἀναπαύσεως. ἔπειτα περὶ αὐτῆς τῆς κατασκευῆς τῶν προσφερομένων σχεδὸν πρώτους ἐπιχειρῆσαί τε πραγματεύεσθαι καὶ διορίζειν. ἅψασθαι δὲ [χρὴ] καὶ
10 καταπλασμάτων ἐπὶ πλείω τοὺς Πυθαγορείους τῶν ἔμπροσθεν, τὰ δὲ περὶ τὰς φαρμακείας ἧττον δοκιμάζειν, αὐτῶν δε τούτων τοῖς πρὸς τὰς ἑλκώσεις μάλιστα χρῆσθαι, ⟨τὰ δὲ⟩ περὶ τὰς τομάς τε καὶ καύσεις ἥκιστα πάντων ἀποδέχεσθαι. (164) χρῆσθαι δὲ καὶ ταῖς ἐπωιδαῖς πρὸς ἔνια τῶν ἀρρωστημάτων. ὑπελάμβανον δὲ καὶ τὴν μουσικὴν μεγάλα συμβάλλεσθαι πρὸς ὑγίειαν, ἄν τις αὐτῆι χρῆται κατὰ
15 τοὺς προσήκοντας τρόπους. ἐχρῶντο δὲ καὶ Ὁμήρου καὶ Ἡσιόδου λέξεσιν ἐξειλεγμέναις πρὸς ἐπανόρθωσιν ψυχῆς. ὤιοντο δὲ δεῖν κατέχειν καὶ διασώιζειν ἐν τῆι μνήμηι πάντα τά τε διδασκόμενά τε καὶ φραζόμενα, καὶ μέχρι τούτου συσκευάζεσθαι τάς τε μαθήσεις καὶ τὰς ἀκροάσεις, μέχρι ὅτου δύναται παραδέχεσθαι τὸ μανθάνον καὶ διαμνημονεῦον, ὅτι ἐκεῖνό ἐστιν, ὧι δεῖ γιγνώσκειν καὶ ἐν ὧι γνώμην
20 φυλάσσειν. ἐτίμων γοῦν σφόδρα τὴν μνήμην καὶ πολλὴν αὐτῆς ἐποιοῦντο γυμνασίαν τε καὶ ἐπιμέλειαν, ἔν τε τῶι μανθάνειν οὐ πρότερον ἀφιέντες τὸ διδασκόμενον, ἕως περιλάβοιεν βεβαίως τὰ ἐπὶ τῆς πρώτης μαθήσεως, καὶ ⟨τῶν⟩ καθ' ἡμέραν λεγομένων ἀνάμνησιν [τόνδε τὸν τρόπον].   (165) Πυθαγόρειος ἀνὴρ οὐ πρότερον ἐκ τῆς κοίτης ἀνίστατο ἢ τὰ χθὲς γενόμενα [πρότερον] ἀναμνησθείη.
25 ἐποιεῖτο δὲ τὴν ἀνάμνησιν τόνδε τὸν τρόπον. ἐπειρᾶτο ἀναλαμβάνειν τῆι διανοίαι,

---

1 Außer den beiden Schriften, die das Leben der Pythagoreer darstellen sollten, Πυθαγορικαὶ ἀποφάσεις und Περὶ Πυθαγορικοῦ (Πυθαγορείου Porphyr.) βίου (i 371, 32]), gab es noch eine biographische Schrift Βίος Πυθαγόρου [c. 14, 8 i 99, 14] oder Περὶ Πυθαγόρου καὶ τῶν γνωρίμων αὐτοῦ [c. 14, 8 i 99, 20], über die zu vgl. Leo Biogr. S. 102. Die erst genannten beiden Schriften hat Mewaldt de Ar. Pythagoricis Sententiis et Vita Pythagorica Berlin 1904 so zu scheiden gesucht, daß den 'Αποφάσεις alle theoretisch lehrhaften Fragmente, dem Βίος die schlichte Erzählung zuzuweisen sei. Demnach würde 58 D 1. 6. 7 zum Βίος, D 2—5. 8—11 zu den 'Αποφάσεις gehören. Über den Inhalt und die Ordnung der hier nicht vollständig gegebenen Fragmente s. Mewaldt S. 57. Zur Sache vgl. auch Delatte La Vie de Pythagore, Kommentar; J. Haußleiter Religionsgesch. Vers. u. Vorarb. xxiv S. 97ff. Unbrauchbar ist Müllers Samml. fhg ii 272ff.   3 Die Parallelstelle § 244 lieferte einige Besserungen gegen § 163   7 ποτῶν 244: πόνων hier F   9 [χρὴ] fehlt 244   12 ⟨τὰ δὲ⟩ Kuster nach 244   15 λέξεσιν ἐξειλεγμέναις Kuster: λέξεσι διειλεγμέναις F   19 διαμνημονεύειν falsch Nauck, erg. τῆς ψυχῆς   ὧι δεῖ Kuster: ὃ δεῖ F   ἐν ὧι Kießling: ἐν τῶ F; ἐν τῆι μνήμηι φ. Cobet   21 ἐφιέντες F: verb. Rittershus   22 ⟨τῶν⟩ Kuster   23 [τόνδε . . . τρόπον] Nauck: ⟨ποιούμενοι⟩ τόνδε . . . τρόπον Rohde   24 [πρότερον] Nauck

τί πρῶτον εἶπεν ἢ ἤκουσεν ἢ προσέταξε τοῖς ἔνδον ἀναστάς, καὶ τί δεύτερον καὶ
τί τρίτον. καὶ περὶ τῶν ἐσομένων ὁ αὐτὸς λόγος. καὶ πάλιν αὖ ἐξιὼν τίνι πρώτωι
ἐνέτυχεν καὶ τίνι δευτέρωι, καὶ λόγοι τίνες ἐλέχθησαν πρῶτοι καὶ δεύτεροι καὶ
τρίτοι, καὶ περὶ τῶν ἄλλων δὲ ὁ αὐτὸς λόγος. πάντα γὰρ ἐπειρᾶτο ἀναλαμβάνειν
5 τῆι διανοίαι τὰ συμβάντα ἐν ὅληι τῆι ἡμέραι, οὕτω τῆι τάξει προθυμούμενος
ἀναμιμνήισκεσθαι, ὡς ποτε συνέβη γενέσθαι ἕκαστον αὐτῶν. εἰ δὲ πλείω σχολὴν
ἄγοι ἐν τῶι διεγείρεσθαι, καὶ τὰ ⟨κατὰ⟩ τρίτην ἡμέραν συμβάντα τὸν αὐτὸν τρό-
πον ἐπειρᾶτο ἀναλαμβάνειν.   (166) καὶ ἐπὶ πλέον ἐπειρῶντο τὴν μνήμην γυμνά-
ζειν· οὐδὲν γὰρ μεῖζον πρὸς ἐπιστήμην καὶ ἐμπειρίαν καὶ φρόνησιν τοῦ δύνα-
10 σθαι μνημονεύειν. ἀπὸ δὴ τούτων τῶν ἐπιτηδευμάτων συνέβη τὴν Ἰταλίαν πᾶσαν
φιλοσόφων ἀνδρῶν ἐμπλησθῆναι, καὶ πρότερον ἀγνοουμένης αὐτῆς ὕστερον διὰ
Πυθαγόραν μεγάλην Ἑλλάδα κληθῆναι, καὶ πλείστους παρ' αὐτοῖς ἄνδρας φιλο-
σόφους καὶ ποιητὰς καὶ νομοθέτας γενέσθαι. τάς τε γὰρ τέχνας τὰς ῥητορικὰς
καὶ τοὺς λόγους τοὺς ἐπιδεικτικοὺς καὶ τοὺς νόμους τοὺς γεγραμμένους παρ' ἐκεί-
15 νων εἰς τὴν Ἑλλάδα συνέβη κομισθῆναι. καὶ περὶ τῶν φυσικῶν ὅσοι τινὰ μνείαν
πεποίηνται, πρῶτον Ἐμπεδοκλέα καὶ Παρμενίδην τὸν Ἐλεάτην προφερόμενοι
τυγχάνουσιν, οἵ τε γνωμολογῆσαί τι τῶν κατὰ τὸν βίον βουλόμενοι τὰς Ἐπιχάρμου
διανοίας προφέρονται, καὶ σχεδὸν πάντες αὐτὰς οἱ φιλόσοφοι κατέχουσι. Zu
§ 163 vgl. Cramer An. Par. I 172 ὅτι οἱ Πυθαγορικοί, ὡς ἔφη Ἀριστόξενος,
20 καθάρσει ἐχρῶντο τοῦ μὲν σώματος διὰ τῆς ἰατρικῆς, τῆς δὲ ψυχῆς διὰ τῆς μου-
σικῆς. Iambl. § 110 (vgl. 111) εἰώθει [Pythagoras] γὰρ οὐ παρέργως τῆι
τοιαύτηι χρῆσθαι καθάρσει· τοῦτο γὰρ προσηγόρευε τὴν διὰ τῆς μουσικῆς
ἰατρείαν. Schol. V Hom. Κ 391 ἡ πάλαι μουσικὴ καὶ μέχρι τῶν Πυθαγορείων
ἐθαυμάζετο καλουμένη κάθαρσις. Vgl. auch Iambl. § 64. Stob. III 1, 71 H.
25 Diod. x 5, 1.

2. Iambl. V. P. 137 βούλομαι δὲ ἄνωθεν τὰς ἀρχὰς ὑποδεῖξαι τῆς τῶν θεῶν
θρησκείας, ἃς προεστήσατο Πυθαγόρας τε καὶ οἱ ἀπ' αὐτοῦ ἄνδρες. ἅπαντα ὅσα
περὶ τοῦ πράττειν ἢ μὴ πράττειν διορίζουσιν, ἐστόχασται τῆς πρὸς τὸ θεῖον
ὁμιλίας, καὶ ἀρχὴ αὕτη ἐστὶ καὶ βίος ἅπας συντέτακται πρὸς τὸ ἀκολουθεῖν τῶι
30 θεῶι καὶ ὁ λόγος οὗτος ἐστὶ ταύτης ἐστὶ τῆς φιλοσοφίας, ὅτι γελοῖον ποιοῦσιν ἄν-
θρωποι ἄλλοθέν ποθεν ζητοῦντες τὸ εὖ ἢ παρὰ τῶν θεῶν, καὶ ὅμοιον, ὥσπερ ἄν
εἴ τις ἐν βασιλευομένηι χώραι τῶν πολιτῶν τινα ὕπαρχον θεραπεύσαι, ἀμελήσας
αὐτοῦ τοῦ πάντων ἄρχοντος καὶ βασιλεύοντος. τοιοῦτον γὰρ οἴονται ποιεῖν καὶ
τοὺς ἀνθρώπους. ἐπεὶ γάρ ἐστι τε θεὸς καὶ οὗτος πάντων κύριος, δεῖν δὲ ὡμολόγη-
35 ται παρὰ τοῦ κυρίου τἀγαθὸν αἰτεῖν, πάντες τε, οὓς μὲν ἂν φιλῶσι καὶ οἷς ἂν χαί-
ρωσι, τούτοις διδόασι τἀγαθά, πρὸς δὲ οὓς ἐναντίως ἔχουσι, τἀναντία, δῆλον
ὅτι ταῦτα πρακτέον, οἷς τυγχάνει ὁ θεὸς χαίρων.

3. Iambl. V. Pyth. 174ff. (ἔτι τοίνυν δυσιμώτατον πρὸς τὴν τῆς δικαιοσύ-
νης κατάστασιν ὑπελάμβανεν εἶναι τὴν τῶν θεῶν ἀρχήν, ἄνωθέν τε ἀπ' ἐκείνης πολι-
40 τείαν καὶ νόμους, δικαιοσύνην τε καὶ τὰ δίκαια διέθηκεν.) οὐ χεῖρον δὲ καὶ τὰ

---

1 καὶ τί δεύτερον] ἢ τί δ. (ebenso vor τί τρίτον und dreimal Z. 3) F:
verb. Cobet   7 ἄγοιεν ἐν F.: verb. Nauck   ⟨κατὰ⟩ Nauck   8 [ἐπει-
ρῶντο] Nauck   19ff. vgl. Howald Herm. 54 (1919) 203ff., Busse Rhein.
Mus. 77 (1928) 48   26 137 = § 86. 87, woraus einiges gebessert   32 θερα-
πεύσαι Wendl.: -εύσηι hier F, -εύοι § 87   33 καὶ βασιλεύοντος F: tilgte
apogr. C   34 ὁμολογεῖν C   35 αἰτεῖν Kuster nach § 81: ἐστι F

D. ΕΚ ΤΩΝ ΑΡΙΣΤΟΞΕΝΟΥ ΠΥΘΑΓΟΡΙΚΩΝ ΑΠΟΦΑΣΕΩΝ 1—4 469

καθ' ἕκαστον ὅπως διώρισε προσθεῖναι. τὸ διανοεῖσθαι περὶ τοῦ θείου, ὡς ἔστι
τε καὶ πρὸς τὸ ἀνθρώπινον γένος οὕτως ἔχει, ὡς ἐπιβλέπειν καὶ μὴ ὀλιγωρεῖν
αὐτοῦ, χρήσιμον εἶναι ὑπελάμβανον οἱ Πυθαγόρειοι παρ' ἐκείνου μαθόντες. δεῖσθαι
γὰρ ἡμᾶς ἐπιστατείας τοιαύτης, ἧι κατὰ μηδὲν ἀνταίρειν ἀξιώσομεν, τοιαύτην
5 δ' εἶναι τὴν ὑπὸ τοῦ θείου γινομένην, εἴπερ ἐστὶ τὸ θεῖον τοιοῦτον ⟨οἷον⟩ ἄξιον
εἶναι τῆς τοῦ σύμπαντος ἀρχῆς. ὑβριστικὸν γὰρ δὴ φύσει τὸ ζῶιον ἔφασαν εἶναι,
ὀρθῶς λέγοντες, καὶ ποικίλον κατά τε τὰς ὁρμὰς καὶ κατὰ τὰς ἐπιθυμίας καὶ κατὰ
τὰ λοιπὰ τῶν παθῶν· δεῖσθαι οὖν τοιαύτης ὑπεροχῆς τε καὶ ἐπανατάσεως, ἀφ'
ἧς ἔσται σωφρονισμός τις καὶ τάξις. (175) ὤιοντο δὴ δεῖν ἕκαστον αὐτῶι συνει-
10 δότα τὴν τῆς φύσεως ποικιλίαν μηδέποτε λήθην ἔχειν τῆς πρὸς τὸ θεῖον ὁσιότη-
τός τε καὶ θεραπείας, ἀλλ' ἀεὶ τίθεσθαι πρὸ τῆς διανοίας ὡς ἐπιβλέποντος καὶ
παραφυλάττοντος τὴν ἀνθρωπίνην ἀγωγήν. μετὰ δὲ τὸ θεῖόν τε καὶ τὸ δαιμόνιον
πλεῖστον ποιεῖσθαι λόγον γονέων τε καὶ νόμου, καὶ τούτων ὑπήκοον αὐτὸν κατα-
σκευάζειν, μὴ πλαστῶς, ἀλλὰ πεπεισμένως. καθόλου δὲ ὤιοντο δεῖν ὑπολαμ-
15 βάνειν, μηδὲν εἶναι μεῖζον κακὸν ἀναρχίας· οὐ γὰρ πεφυκέναι τὸν ἄνθρωπον δια-
σώιζεσθαι μηδενὸς ἐπιστατοῦντος. (176) τὸ μένειν ἐν τοῖς πατρίοις ἔθεσί τε
καὶ νομίμοις ἐδοκίμαζον οἱ ἄνδρες ἐκεῖνοι, κἂν ἦι μικρῶι χείρω ἑτέρων· τὸ γὰρ
ῥαιδίως ἀποπηδᾶν ἀπὸ τῶν ὑπαρχόντων νόμων καὶ οἰκείους εἶναι καινοτομίας
οὐδαμῶς εἶναι σύμφορον καὶ σωτήριον.
20 4. STOB. IV 25, 45 H. ἐκ τῶν Ἀριστοξένου Πυθαγορικῶν ἀποφάσεων [fr. 19
FHG II 278]. μετὰ τὸ θεῖον καὶ δαιμόνιον πλεῖστον ποιεῖσθαι λόγον γονέων
τε καὶ νόμων μὴ πλαστῶς ἀλλὰ πεπιστευμένως ἑαυτὸν πρὸς ταῦτα παρασκευά-
ζοντα. τὸ ⟨δ' ἐμ⟩μένειν τοῖς πατρίοις ἔθεσί τε καὶ νόμοις ἐδοκίμαζον, εἰ καὶ μικρῶι
χείρω τῶν ἑτέρων εἴη. — IV 1, 40 H. ἑ. τ. Ἀ. Π. ά [fr. 18] καθόλου δὲ ὤιοντο δεῖν
25 ὑπολαμβάνειν μηδὲν εἶναι μεῖζον κακὸν ἀναρχίας· οὐ γὰρ πεφυκέναι τὸν ἄνθρωπον
διασώιζεσθαι μηδενὸς ἐπιστατοῦντος [s. oben Z. 14—16]. περὶ δὲ ἀρχόντων καὶ
ἀρχομένων οὕτως ἐφρόνουν· τοὺς γὰρ ἄρχοντας ἔφασκον οὐ μόνον ἐπιστή-
μονας ἀλλὰ καὶ φιλανθρώπους δεῖν εἶναι· καὶ τοὺς ἀρχομένους οὐ μόνον πειθηνίους
ἀλλὰ καὶ φιλάρχοντας. ἐπιμελητέον δὲ πάσης ἡλικίας ἡγοῦντο καὶ τοὺς μὲν
30 παῖδας ἐν γράμμασι καὶ τοῖς ἄλλοις μαθήμασιν ἀσκεῖσθαι· τοὺς δὲ νεανίσκους τοῖς
τῆς πόλεως ἔθεσί τε καὶ νόμοις γυμνάζεσθαι. τοὺς δὲ ἄνδρας ταῖς πράξεσί τε καὶ
δημοσίαις λειτουργίαις προσέχειν· τοὺς δὲ πρεσβύτας ἐνθυμήσεσι καὶ κριτηρίοις
καὶ συμβουλίαις δεῖν ἐναναστρέφεσθαι μετὰ πάσης ἐπιστήμης ὑπελάμβανον, ὅπως
μήτε οἱ παῖδες νηπιάζοιεν μήτε οἱ νεανίσκοι παιδαριεύοιντο μήτε ἄνδρες νεανι-
35 εύοιντο μήτε οἱ γέροντες παραφρονοῖεν. δεῖν δὲ ἔφασκον εὐθὺς ἐκ παίδων καὶ τὴν
τροφὴν τεταγμένως προσφέρεσθαι, διδάσκοντες ὡς ἡ μὲν τάξις καὶ συμμετρία καλὰ καὶ
σύμφορα, ἡ δ' ἀταξία καὶ ἀσυμμετρία αἰσχρά τε καὶ ἀσύμφορα. [Vgl. D 8 § 203].

5 ⟨οἷον⟩ Nauck   9 ἐστι F: verb. Nauck   αὐτῶν F: verb. Rohde
12ff. u. 21ff. vgl. Diels in Dittenberger Sylloge III³ S. 392   15 vgl.
Soph. Antig. 672   21 μετὰ SM: καὶ μετὰ A: μετὰ δὲ Iambl. V. P. 175
γονέων MA² Iambl.: νέων SA¹   22 πεπεισμένως Iambl.   23 δ' ἐμμένειν
Elter: μένειν Hss.: ἐμμένειν Gesner: μένειν ἐν Iambl.   πατρῴοις A   24 χει-
ρων A   31 ἐγγυμνάζεσθαι Meineke   34 ἄνδρες Diels: ἄνδρες Stob. (SMA)
οἱ ἄνδρες Stob. (Br.) Meineke   36 διδάσκοντες Gesner: διδάσκουσαν SMBr.:
διδάσκουσα A: ⟨ὧι⟩ διδάσκουσιν Diels: ⟨καὶ⟩ διδάσκουσιν Elter vgl. Iambl.
V. P. 203. Aber das Tempus?   36 καλὰ usw. Hss.: καλὴ usw. Gesner,
doch vgl. Iambl. a. O.

5. IAMBL. V. P. 180ff. ἐπεὶ δὲ καὶ ἐν τῆι πρὸς ἕτερον χρείαι ἔστι τις δικαιοσύνη, καὶ ταύτης τοιοῦτόν τινα τρόπον λέγεται ὑπὸ τῶν Πυθαγορείων παραδίδοσθαι. εἶναι γὰρ κατὰ τὰς ὁμιλίας τὸν μὲν εὔκαιρον, τὸν δὲ ἄκαιρον, διαιρεῖσθαι δὲ ἡλικίας τε διαφορᾶι καὶ ἀξιώματος καὶ οἰκειότητος τῆς συγγενικῆς καὶ εὐεργε-
5 σίας, καὶ εἴ τι ἄλλο τοιοῦτον ἐν ταῖς πρὸς ἀλλήλους διαφοραῖς ὂν ὑπάρχει. ἔστι γάρ τι ὁμιλίας εἶδος, ὃ φαίνεται νεωτέρωι μὲν πρὸς νεώτερον οὐκ ἄκαιρον εἶναι, πρὸς δὲ τὸν πρεσβύτερον ἄκαιρον· οὔτε γὰρ ὀργῆς οὔτε ἀπειλῆς εἶδος πᾶν ⟨* *⟩ οὔτε θρασύτητος, ἀλλὰ πᾶσαν τὴν τοιαύτην ἀκαιρίαν εὐλαβητέον εἶναι τῶι νεωτέρωι πρὸς τὸν πρεσβύτερον.   (181) παραπλήσιον δέ τινα εἶναι καὶ τὸν περὶ
10 τοῦ ἀξιώματος λόγον· πρὸς γὰρ ἄνδρα ἐπὶ καλοκαγαθίαι ἥκοντα ἀληθινὸν ἀξίωμα οὔτ᾽ εὔσχημον οὔτ᾽ εὔκαιρον εἶναι προσφέρειν οὔτε παρρησίαν πολλὴν οὔτε τὰ λοιπὰ τῶν ἀρτίως εἰρημένων.   παραπλήσια δὲ τούτοις καὶ περὶ τῆς πρὸς τοὺς γονεῖς ὁμιλίας ἐλέγετο, ὡσαύτως δὲ καὶ περὶ τῆς πρὸς τοὺς εὐεργέτας. εἶναι δὲ ποικίλην τινὰ καὶ πολυειδῆ τὴν τοῦ καιροῦ χρείαν· καὶ γὰρ τῶν ὀργιζομένων τε
15 καὶ θυμουμένων τοὺς μὲν εὐκαίρως τοῦτο ποιεῖν, τοὺς δὲ ἀκαίρως, καὶ πάλιν αὖ τῶν ὀρεγομένων τε καὶ ἐπιθυμούντων καὶ ὁρμώντων ἐφ᾽ ὁτιδήποτε τοῖς μὲν ἀκολουθεῖν καιρόν, τοῖς δὲ ἀκαιρίαν.   τὸν αὐτὸν δ᾽ εἶναι λόγον καὶ περὶ τῶν ἄλλων παθῶν τε καὶ πράξεων καὶ διαθέσεων καὶ ὁμιλιῶν καὶ ἐντεύξεων.   (182) εἶναι δὲ τὸν καιρὸν μέχρι μέν τινος διδακτόν τε καὶ ἀπαράλογον καὶ τεχνολογίαν ἐπι-
20 δεχόμενον, καθόλου δὲ καὶ ἁπλῶς οὐδὲν αὐτῶι τούτων ὑπάρχειν.   ἀκόλουθα δὲ εἶναι καὶ σχεδὸν τοιαῦτα, οἷα συμπαρέπεσθαι τῆι τοῦ καιροῦ φύσει τήν τε ὀνομαζομένην ὥραν καὶ τὸ πρέπον καὶ τὸ ἁρμόττον, καὶ εἴ τι ἄλλο τυγχάνει τούτοις ὁμοιογενὲς ὄν.   ἀρχὴν δὲ ἀπεφαίνοντο ἐν παντὶ ἕν τι τῶν τιμιωτάτων εἶναι ὁμοίως ἐν ἐπιστήμηι τε καὶ ἐμπειρίαι καὶ ἐν γενέσει, καὶ πάλιν αὖ ἐν οἰκίαι τε καὶ
25 πόλει καὶ στρατοπέδωι καὶ πᾶσι τοῖς τοιούτοις συστήμασι, δυσθεώρητον δ᾽ εἶναι καὶ δυσσύνοπτον τὴν τῆς ἀρχῆς φύσιν ἐν πᾶσι τοῖς εἰρημένοις. ἐν [τε] γὰρ ταῖς ἐπιστήμαις οὐ τῆς τυχούσης εἶναι διανοίας τὸ καταμαθεῖν τε καὶ κρῖναι καλῶς βλέψαντας εἰς τὰ μέρη τῆς πραγματείας, ποῖον τούτων ἀρχή.   (183) μεγάλην δ᾽ εἶναι διαφορὰν καὶ σχεδὸν περὶ ὅλου τε καὶ παντὸς τὸν κίνδυνον γίνεσθαι, μὴ
30 ληφθείσης ὀρθῶς τῆς ἀρχῆς· οὐδὲν γάρ, ὡς ἁπλῶς εἰπεῖν, ἔτι τῶν μετὰ ταῦτα ὑγιὲς γίνεσθαι, ἀγνοηθείσης τῆς ἀληθινῆς ἀρχῆς. τὸν αὐτὸν δ᾽ εἶναι λόγον καὶ περὶ τῆς ἑτέρας ἀρχῆς· οὔτε γὰρ οἰκίαν οὔτε πόλιν εὖ ποτε ἂν οἰκηθῆναι μὴ ὑπάρξαντος ἀληθινοῦ ἄρχοντος καὶ κυριεύοντος τῆς ἀρχῆς τε καὶ ἐπιστασίας ἑκουσίως.   ἀμφοτέρων γὰρ δεῖ βουλομένων τὴν ἐπιστατείαν γίνεσθαι ὁμοίως τοῦ τε
35 ἄρχοντος καὶ τῶν ἀρχομένων, ὥσπερ καὶ τὰς μαθήσεις τὰς ὀρθῶς γινομένας ἑκουσίως δεῖν ἔφασαν γίνεσθαι, ἀμφοτέρων βουλομένων, τοῦ τε διδάσκοντος καὶ τοῦ μανθάνοντος· ἀντιτείνοντος γὰρ ὁποτέρου δήποτε τῶν εἰρημένων οὐκ ἂν ἐπιτελεσθῆναι κατὰ τρόπον τὸ προκείμενον ἔργον. STOB. Ecl. II 13, 119 ἑ. τ. 'Α. Π. ά. [fr. 22].   ἔφασκον δὲ καὶ τὰς μαθήσεις πάσας τῶν τε ἐπιστημῶν καὶ τῶν τεχνῶν
40 τὰς μὲν ἑκουσίους ὀρθάς τε εἶναι καὶ εἰς τέλος ἀφικνεῖσθαι, τὰς δὲ ἀκουσίους φαύλους τε καὶ ἀτελεῖς γίνεσθαι.

6. IAMBL. V. P. 196ff. (καὶ ταῦτα δὲ παρέδωκε τοῖς Πυθαγορείοις Πυθαγόρας, ὧν αἴτιος αὐτὸς ἦν). προσεῖχον γὰρ οὗτοι, τὰ σώματα ὡς ἂν ⟨ἀεὶ⟩ ἐπὶ τῶν

αὐτῶν διακέηται, καὶ μὴ ἦι ὁτὲ μὲν ῥικνά, ὁτὲ δὲ πολύσαρκα· ἀνωμάλου γὰρ βίου ὤιοντο εἶναι δεῖγμα. ἀλλὰ ὡσαύτως καὶ κατὰ τὴν διάνοιαν οὐχ ὁτὲ μὲν ἱλαροί, ὁτὲ δὲ κατηφεῖς, ἀλλὰ ἐφ᾽ ὁμαλοῦ πράως χαίροντες. διεκρούοντο δὲ ὀργάς, ἀθυμίας, ταραχάς· καὶ ἦν αὐτοῖς παράγγελμα, ὡς οὐδὲν δεῖ τῶν ἀνθρωπίνων· συμ-
5 πτωμάτων ἀπροσδόκητον εἶναι παρὰ τοῖς νοῦν ἔχουσιν, ἀλλὰ πάντα προσδοκᾶν, ὧν μὴ τυγχάνουσιν αὐτοὶ κύριοι ὄντες. εἰ δέ ποτε αὐτοῖς συμβαίη ἢ ὀργὴ ἢ λύπη ἢ ἄλλο τι τοιοῦτον, ἐκποδὼν ἀπηλλάττοντο καὶ καθ᾽ ἑαυτὸν ἕκαστος γενόμενος ἐπειρᾶτο καταπέττειν τε καὶ ἰατρεύειν τὸ πάθος. (197) λέγεται δὲ καὶ τάδε περὶ τῶν Πυθαγορείων, ὡς οὔτε οἰκέτην ἐκόλασεν οὐθεὶς αὐτῶν ὑπὸ ὀργῆς ἐχό-
10 μενος οὔτε τῶν ἐλευθέρων ἐνουθέτησέ τινα, ἀλλ᾽ ἀνέμενεν ἕκαστος τὴν τῆς διανοίας ἀποκατάστασιν. ἐκάλουν δὲ τὸ νουθετεῖν π ε δ α ρ τ ᾶ ν· ἐποιοῦντο γὰρ τὴν ἀναμονὴν σιωπῆι χρώμενοι καὶ ἡσυχίαι. Σπίνθαρος [von Tarent, Vater des Aristoxenos] γοῦν διηγεῖτο πολλάκις περὶ ᾽Αρχύτου ⟨τοῦ⟩ Ταραντίνου, ὅτι διὰ χρόνου (τινὸς) εἰς ἀγρὸν ἀφικόμενος, ἐκ στρατείας νεωστὶ παραγεγονώς, ἣν ἐστρατεύσατο
15 ἡ πόλις εἰς Μεσσαπίους, ὡς εἶδε τόν τε ἐπίτροπον καὶ τοὺς ἄλλους οἰκέτας οὐκ εὖ τῶν περὶ τὴν γεωργίαν ἐπιμέλειαν πεποιημένους, ἀλλὰ μεγάληι τινὶ κεχρημένους ὀλιγωρίας ὑπερβολῆι, ὀργισθείς τε καὶ ἀγανακτήσας οὕτως, ὡς ἂν ἐκεῖνος, εἶπεν, ὡς ἔοικε (?), πρὸς τοὺς οἰκέτας, ὅτι εὐτυχοῦσιν, ὅτι αὐτοῖς ὥργισται· εἰ γὰρ μὴ τοῦτο συμβεβηκὸς ἦν, οὐκ ἄν ποτε αὐτοὺς ἀθώιους γενέσθαι τηλικαῦτα ἡμαρτη-
20 κότας. (198) ἔφη δὲ λέγεσθαι καὶ περὶ Κλεινίου τοιαῦτά τινα· καὶ γὰρ ἐκεῖνον ἀναβάλλεσθαι πάσας νουθετήσεις τε καὶ κολάσεις εἰς τὴν τῆς διανοίας ἀποκατάστασιν. οἴκτων δὲ καὶ δακρύων καὶ πάντων τῶν τοιούτων εἴργεσθαι τοὺς ἄνδρας, οὔτε δὲ κέρδος οὔτε ἐπιθυμίαν οὔτε ὀργὴν οὔτε φιλοτιμίαν οὔτε ἄλλο οὐδὲν τῶν τοιούτων αἴτιον γίνεσθαι διαφορᾶς, ἀλλὰ πάντας τοὺς Πυθαγορείους οὕτως ἔχειν πρὸς ἀλλή-
25 λους, ὡς ἂν πατὴρ σπουδαῖος πρὸς τέκνα σχοίη. καλὸν δὲ καὶ τὸ πάντα Πυθαγόραι ἀνατιθέναι τε καὶ ⟨εὑρετὴν⟩ ἀποκαλεῖν, καὶ μηδεμίαν περιποιεῖσθαι δόξαν ἰδίαν ἀπὸ τῶν εὑρισκομένων, εἰ μὴ πού τι σπάνιον· πάνυ γὰρ δή τινές εἰσιν ὀλίγοι, ὧν ἴδια γνωρίζεται ὑπομνήματα. Folgt § 199 [c. 14, 17 ι 104, 27].

7. — — 233—239 (ἀλλὰ μὴν τεκμήραιτο ἄν τις καὶ περὶ τοῦ μὴ παρέργως
30 αὐτοὺς τὰς ἀλλοτρίας ἐκκλίνειν φιλίας, ἀλλὰ καὶ πάνυ σπουδαίως περικάμπτειν αὐτὰς καὶ φυλάττεσθαι, καὶ περὶ τοῦ μέχρι πολλῶν γενεῶν τὸ φιλικὸν πρὸς ἀλλήλους ἀνένδοτον διατετηρηκέναι, ἔκ τε ⟨ἄλλων πολλῶν καὶ ἐξ⟩ ὧν ᾽Αριστόξενο-ἐν τῶι Περὶ Πυθαγορικοῦ βίου [fr. 9 FHG II 273] αὐτὸς διακηκοέναι φησὶ Διονυσίου τοῦ Σικελίας τυράννου, ὅτε ἐκπεσὼν τῆς μοναρχίας γράμματα ἐν Κορίνθωι
35 ἐδίδασκε. (234) φησὶ γὰρ οὕτως ὁ ᾽Αριστόξενος). ᾽οἴκτων δὲ καὶ δακρύων κας πάντων τῶν τοιούτων εἴργεσθαι τοὺς ἄνδρας ἐκείνους ὡς ἐνδέχεται μάλιστα, ὃ αὐτὸς δὲ λόγος καὶ περὶ θωπείας καὶ δεήσεως καὶ λιτανείας καὶ πάντων τῶν

---

1 ἦι ὁτὲ Nauck: ποτὲ F   4—8 = § 224. 225   6 αὐτοῖς Kuster: αὐτῶι F   8 vgl. Diog. VIII 20   11 πεδαρτᾶν = μεθαρμόζειν   γὰρ] δὲ Rohde   ἀναβολὴν Cobet   13 ⟨τοῦ⟩ Cobet   14 τινος ist Iamblichs Zusatz   ἐκ στρ.] καὶ στρατιᾶς F: verb. apogr. u. Mahne   15 μεσανίους F: verb. Cobet   16 ἐπιμελείας F: verb. Wakefield   18 ὡς ἔοικε] »Diodor. x 7, 4 οἰκέ—ις ὀργισθῆναι καὶ κατεξαναστάντα τοῦ πάθους εἰπεῖν [l. ὀργ. κᾶτ᾽ ἐξαναστάντα Diels] κτλ. Danach erwartet man etwa ὡς ἔληγε [so. τῆς ὀργῆς]« Diels; ὡς ἔοικε = ut aiunt vgl. p. 92, 13 Cobet (Deubner)   αὐτὸς Nauck   22 vgl. Zeile 35   26 ⟨εὑρετὴν⟩ Diels   30 αὐτοὺς Kießling nach Nikomachos bei Porph. 59: αὐτὸν F   31 τοῦ Porph.: τοῦδε F   32 ⟨ ⟩ Diels; vgl. Porph.

τοιούτων. Διονύσιος γοῦν [ὁ] ἐκπεσὼν τῆς τυραννίδος καὶ ἀφικόμενος εἰς Κόρινθον πολλάκις ἡμῖν διηγεῖτο περὶ τῶν κατὰ Φιντίαν τε καὶ Δάμωνα [c. 55] τοὺς Πυθαγορείους. ἦν δὲ ταῦτα τὰ περὶ τὴν τοῦ θανάτου γενομένην ἐγγύην. ὁ δὲ τρόπος τῆς ἐγγυήσεως τοιόσδε τις ἦν. ⟨εἶναί⟩ τινας ἔφη τῶν περὶ αὐτὸν διατρι-
5 βόντων, οἳ πολλάκις ἐποιοῦντο μνείαν τῶν Πυθαγορείων διασύροντες καὶ διαμωκώμενοι καὶ ἀλαζόνας ἀποκαλοῦντες αὐτοὺς καὶ λέγοντες, ὅτι ἐκκοπείη ἂν αὐτῶν ἥ τε σεμνότης αὕτη καὶ ἡ προσποίητος πίστις καὶ ἡ ἀπάθεια, εἴ τις περιστήσειεν εἰς φόβον ἀξιόχρεων. (235) ἀντιλεγόντων δέ τινων καὶ γινομένης φιλονικίας συνταχθῆναι ἐπὶ τοὺς περὶ Φιντίαν δρᾶμα τοιόνδε· μεταπεμψάμενος ὁ Διονύσιος
10 ἔφη τὸν Φιντίαν, ἐναντίον τέ τινα τῶν κατηγόρων αὐτοῦ εἰπεῖν, ὅτι φανερὸς γέγονε μετά τινων ἐπιβουλεύων αὐτῶι, καὶ τοῦτο μαρτυρεῖσθαί τε ὑπὸ τῶν παρόντων ἐκείνων καὶ τὴν ἀγανάκτησιν πιθανῶς πάνυ γενέσθαι. τὸν δὲ Φιντίαν θαυμάζειν τὸν λόγον. ὡς δὲ αὐτὸς διαρρήδην εἰπεῖν, ὅτι ἐξήτασται ταῦτα ἀκριβῶς καὶ δεῖ αὐτὸν ἀποθνήισκειν, εἰπεῖν τὸν Φιντίαν, ὅτι εἰ οὕτως αὐτῶι δέδοκται
15 ταῦτα γενέσθαι, ἀξιῶσαί γε αὐτῶι δοθῆναι τὸ λοιπὸν τῆς ἡμέρας, ὅπως οἰκονομήσηται τά τε καθ᾽ αὑτὸν καὶ τὰ κατὰ τὸν Δάμωνα· συνέζων γὰρ οἱ ἄνδρες οὗτοι καὶ ἐκοινώνουν ἁπάντων, πρεσβύτερος δ᾽ ὢν ὁ Φιντίας τὰ πολλὰ τῶν περὶ οἰκονομίαν ἦν εἰς αὐτὸν ἀνειληφώς. ἠξίωσεν οὖν ἐπὶ ταῦτα ἀφεθῆναι, ἐγγυητὴν καταστήσας τὸν Δάμωνα. (236) ἔφη οὖν ὁ Διονύσιος θαυμάσαι τε καὶ ἐρωτῆσαι,
20 εἰ ἔστιν ὁ ἄνθρωπος οὗτος, ὅστις ὑπομενεῖ θανάτου γενέσθαι ἐγγυητής. φήσαντος δὲ τοῦ Φιντίου μετάπεμπτον γενέσθαι τὸν Δάμωνα, καὶ διακούσαντα τὰ συμβεβηκότα φάσκειν ἐγγυήσεσθαί τε καὶ μενεῖν αὐτοῦ, ἕως ἂν ἐπανέλθηι ὁ Φιντίας. αὐτὸς μὲν οὖν ἐπὶ τούτοις εὐθὺς ἐκπλαγῆναι ἔφη, ἐκείνους δὲ τοὺς ἐξ ἀρχῆς εἰσαγαγόντας τὴν διάπειραν τὸν Δάμωνα χλευάζειν ὡς ἐγκαταλειφθησόμενον καὶ
25 σκώπτοντας ἔλαφον ἀντιδεδόσθαι λέγειν. ὄντος δ᾽ οὖν ἤδη τοῦ ἡλίου περὶ δυσμὰς ἥκειν τὸν Φιντίαν ἀποθανούμενον, ἐφ᾽ ὧι πάντας ἐκπλαγῆναί τε καὶ δουλωθῆναι. αὐτὸς δ᾽ οὖν, ἔφη, περιβαλών τε καὶ φιλήσας τοὺς ἄνδρας ἀξιῶσαι τρίτον αὐτὸν εἰς τὴν φιλίαν παραδέξασθαι, τοὺς δὲ μηδενὶ τρόπωι, καίτοι λιπαροῦντος αὐτοῦ, συγκαθεῖναι εἰς τὸ τοιοῦτον᾽. (237) καὶ ταῦτα μὲν ᾽Αριστόξενος ὡς παρ᾽ αὐτοῦ
30 Διονυσίου πυθόμενός φησι. λέγεται δέ, ὡς καὶ ἀγνοοῦντες ἀλλήλους οἱ Πυθαγορικοὶ ἐπειρῶντο φιλικὰ ἔργα διαπράττεσθαι ὑπὲρ τῶν εἰς ὄψιν μηδέποτε ἀφιγμένων, ἡνίκα τεκμήριόν τι λάβοιεν τοῦ μετέχειν τῶν αὐτῶν λόγων, ὥστ᾽ ἐκ τῶν τοιῶνδε ἔργων μηδ᾽ ἐκεῖνον τὸν λόγον ἀπιστεῖσθαι, ὡς ἄρ᾽ οἱ σπουδαῖοι ἄνδρες καὶ προσωτάτω γῆς οἰκοῦντες φίλοι εἰσὶν ἀλλήλοις, πρὶν ἢ γνώριμοί τε καὶ προσ-
35 ήγοροι γενέσθαι.

καταχθῆναι γοῦν φασι τῶν Πυθαγορικῶν τινα μακρὰν καὶ ἐρήμην ὁδὸν βαδίζοντα εἴς τι πανδοχεῖον, ὑπὸ κόπου δὲ καὶ ἄλλης παντοδαπῆς αἰτίας εἰς νόσον μακράν τε καὶ βαρεῖαν ἐμπεσεῖν, ὥστ᾽ ἐπιλιπεῖν αὐτῶι τὰ ἐπιτήδεια. (238) τὸν μέντοι πανδοχέα, εἴτε οἴκτωι τοῦ ἀνθρώπου εἴτε καὶ ἀποδοχῆι, πάντα παρασχέσθαι,
40 μήτε ὑπουργίας τινὸς· φεισάμενον μήτε δαπάνης μηδεμιᾶς. ἐπειδὴ δὲ κρείττων ἦν ἡ νόσος, τὸν μὲν ἀποθνήισκειν ἑλόμενον γράψαι τι σύμβολον ἐν πίνακι καὶ

ἐπιστεῖλαι, ὅπως, ἄν τι πάθηι, κριμνάς τὴν δέλτον παρά τὴν ὁδόν ἐπισκοπῆι, εἴ
τις τῶν παριόντων ἀναγνωριεῖ τὸ σύμβολον· τοῦτον γάρ ἔφη αὐτῶι ἀποδώσειν
τά ἀναλώματα, ἅπερ εἰς αὐτὸν ἐποιήσατο, καί χάριν ἐκτείσειν ὑπέρ ἑαυτοῦ.   τὸν
δὲ πανδοχέα μετά τὴν τελευτὴν θάψαι τε καί ἐπιμεληθῆναι τοῦ σώματος αὐτοῦ,
5 μὴ μέντοι γε ἐλπίδας ἔχειν τοῦ κομίσασθαι τά δαπανήματα, μήτι γε καί πρός εὖ
παθεῖν πρός τινος τῶν ἀναγνωριούντων τὴν δέλτον.   ὅμως μέντοι διαπειρᾶσθαι
ἐκπεπληγμένον τάς ἐντολάς, ἐκτιθέναι τε ἐκάστοτε εἰς τὸ μέσον τὸν πίνακα.   χρό-
νωι δὲ πολλῶι ὕστερον τῶν Πυθαγορικῶν τινα παριόντα ἐπιστῆναί τε καί μαθεῖν
τὸν θέντα τὸ σύμβολον, ἐξετάσαι τε τὸ συμβάν καί τῶι πανδοχεῖ πολλῶι πλέον
10 ἀργύριον ἐκτεῖσαι τῶν δεδαπανημένων.

(239) Κλεινίαν γε μὴν τὸν Ταραντῖνον φασι πυθόμενον, ὡς Πρῶρος ὁ Κυρηναῖος
[c. 54], τῶν Πυθαγόρου λόγων ζηλωτής ὤν, κινδυνεύοι περί πάσης τῆς οὐσίας,
συλλεξάμενον χρήματα πλεῦσαι ἐπί Κυρήνης καί ἐπανορθώσασθαι τά Πρώρου
πράγματα, μὴ μόνον τοῦ μειῶσαι τὴν ἑαυτοῦ οὐσίαν ὀλιγωρήσαντα, ἀλλά μηδέ
15 τὸν διά τοῦ πλοῦ κίνδυνον περιστάντα.   τὸν αὐτὸν δὲ τρόπον καί Θέστορα τὸν
Ποσειδωνιάτην ἀκοῆι μόνον ἱστοροῦντα, ὅτι Θυμαρίδης εἴη ⟨ὁ⟩ Πάριος τῶν Πυθα-
γορείων, ἡνίκα συνέπεσεν εἰς ἀπορίαν αὐτὸν καταστῆναι ἐκ πολλῆς περιουσίας,
πλεῦσαί φασιν εἰς τὴν Πάρον, ἀργύριον συχνόν συλλεξάμενον καί ἀνακτήσασθαι
αὐτῶι τά ὑπάρξαντα.   Vgl. 127 (nach großer Lücke) καί ταῦτα πρός ἐκεῖνον
20 [Aristoxenos] εἰπεῖν [der jüngere Dionysios in Korinth] καί τά περί Φιντίαν
καί Δάμωνα, περί τε Πλάτωνος καί Ἀρχύτου, καί τά περί Κλεινίαν καί Πρῶρον
[s. oben c. 54, 3].   χωρίς τοίνυν τούτων Εὐβούλου τοῦ Μεσσηνίου πλέοντος εἰς
οἶκον καί ληφθέντος ὑπό Τυρρηνῶν καί καταχθέντος εἰς Τυρρηνίαν, Ναυσίθοος ὁ
Τυρρηνός, Πυθαγόρειος ὤν, ἐπιγνούς αὐτὸν ὅτι τῶν Πυθαγόρου μαθητῶν ἐστιν,
25 ἀφελόμενος τούς ληιστάς μετ᾽ ἀσφαλείας πολλῆς εἰς τὴν Μεσσήνην αὐτὸν κατέ-
στησε.   Καρχηδονίων τε πλείους ἢ πεντακισχιλίους ἄνδρας, τούς παρ᾽ αὐτοῖς
στρατευομένους, εἰς νῆσον ἔρημον ἀποστέλλειν μελλόντων, ἰδών ἐν τούτοις Μιλ-
τιάδης ὁ Καρχηδόνιος Ποσιδῆν Ἀργεῖον, ⟨ἐτύγχανον δὲ⟩ ἀμφότεροι τῶν Πυθα-
γορείων ὄντες, προσελθών αὐτῶι τὴν μέν πρᾶξιν ἣ ἐσομένην οὐκ ἐδήλωσεν,
30 ἠξίου δ᾽ αὐτὸν εἰς τὴν ἰδίαν ἀποτρέχειν τὴν ταχίστην, καί παραπλεούσης νεώς
συνέστησεν αὐτὸν ἐφόδιον προσθείς καί τὸν ἄνδρα διέσωσεν ἐκ τῶν κινδύνων.

8. IAMBL. V. P. 200—213 περί δὲ δόξης τάδε φασί λέγειν αὐτούς. ἀνόητον
μέν εἶναι καί τὸ πάσηι καί παντός δόξηι προσέχειν, καί μάλιστα τὸ τῆι παρά τῶν
πολλῶν γινομένηι· τὸ γάρ καλῶς ὑπολαμβάνειν τε καί δοξάζειν ὀλίγοις ὑπάρχειν.
35 δῆλον γάρ ὅτι περί τούς εἰδότας τοῦτο γίνεσθαι· οὗτοι δέ εἰσιν ὀλίγοι.   ὥστε
δῆλον ὅτι οὐκ ἄν διατείνοι εἰς τούς πολλούς ἡ τοιαύτη δύναμις.   ἀνόητον δ᾽ εἶναι
καί πάσης ὑπολήψεώς τε καί δόξης καταφρονεῖν· συμβήσεται γάρ ἀμαθῆ τε καί
ἀνεπανόρθωτον εἶναι τὸν οὕτω διακείμενον.   ἀναγκαῖον δ᾽ εἶναι τῶι μέν ἀνεπιστή-
μονι μανθάνειν ἅ τυγχάνει ἀγνοῶν τε καί οὐκ ἐπιστάμενος, τῶι δὲ μανθάνοντι
40 προσέχειν τῆι τοῦ ἐπισταμένου τε καί διδάξαι δυναμένου ὑπολήψει τε καί δόξηι,
καθόλου δὲ εἰπεῖν, ἀναγκαῖον εἶναι τούς σωθησομένους τῶν νέων προσέχειν ταῖς
τῶν πρεσβυτέρων τε καί καλῶς βεβιωκότων ὑπολήψεσί τε καί δόξαις.   (201) ἐν
δὲ τῶι ἀνθρωπίνωι βίωι τῶι σύμπαντι εἶναί τινας ἡλικίας ἐνδεδασμένας (οὕτω
γάρ καί λέγειν αὐτούς φασιν), ἅς οὐκ εἶναι τοῦ τυχόντος πρός ἀλλήλας συνεῖραι·

---

1 πάθοι F: verb. Cobet   16 ⟨ὁ⟩ Rohde   ἀρχύτου nach Deubn.
nicht aus -αν F   27 νῆσον] sc. Ὀστεώδη Diod. v 11   28 χαρκηδόνιος F
ποσσίδην F   ⟨ ⟩ Cobet   31 προσδούς Nauck

ἐκκρούεσθαι γὰρ αὐτὰς ὑπ' ἀλλήλων, ἐάν τις μὴ καλῶς τε καὶ ὀρθῶς ἄγηι τὸν
ἄνθρωπον ἐκ γενετῆς.   δεῖν οὖν τῆς τοῦ παιδὸς ἀγωγῆς καλῆς τε καὶ σώφρονος
γινομένης καὶ ἀνδρικῆς πολὺ εἶναι μέρος τὸ παραδιδόμενον εἰς τὴν τοῦ νεανίσκου
ἡλικίαν, ὡσαύτως δὲ καὶ τῆς τοῦ νεανίσκου ἐπιμελείας τε καὶ ἀγωγῆς καλῆς τε
5 καὶ ἀνδρικῆς καὶ σώφρονος γινομένης πολὺ εἶναι μέρος ⟨τὸ⟩ παραδιδόμενον εἰς
τὴν τοῦ ἀνδρὸς ἡλικίαν, ἐπείπερ εἴς γε τοὺς πολλοὺς ἄτοπόν τε καὶ γελοῖον εἶναι
τὸ συμβαῖνον.   (202) παῖδας μὲν γὰρ ὄντας οἴεσθαι δεῖν εὐτακτεῖν τε καὶ σω-
φρονεῖν καὶ ἀπέχεσθαι πάντων τῶν φορτικῶν τε καὶ ἀσχημόνων εἶναι δοκούντων,
νεανίσκους δὲ γενομένους ἀφεῖσθαι παρά γε δὴ τοῖς πολλοῖς ποιεῖν, ὅ τι ἂν βού-
10 λωνται.   συρρεῖν δὲ σχεδὸν εἰς ταύτην τὴν ἡλικίαν ἀμφότερα τὰ γένη τῶν ἁμαρ-
τημάτων· καὶ γὰρ παιδαριώδη πολλὰ καὶ ἀνδρώδη τοὺς νεανίσκους ἁμαρτάνειν.
τὸ μὲν γὰρ φεύγειν ἅπαν τὸ τῆς σπουδῆς τε καὶ τάξεως γένος, ὡς ἁπλῶς εἰπεῖν,
διώκειν δὲ τὸ τῆς παιγνίας τε καὶ ἀκολασίας καὶ ὕβρεως τῆς παιδικῆς εἶδος, τῆς
τοῦ παιδὸς ἡλικίας οἰκειότατον εἶναι.   ἐκ ταύτης οὖν εἰς τὴν ἐχομένην ἡλικίαν
15 ἀφικνεῖσθαι τὴν τοιαύτην διάθεσιν.   τὸ δὲ τῶν ἐπιθυμιῶν τῶν ἰσχυρῶν, ὡσαύτως
δὲ καὶ τὸ τῶν φιλοτιμιῶν γένος, ὁμοίως δὲ καὶ τὰς λοιπὰς ὁρμάς τε καὶ διαθέσεις,
ὅσαι τυγχάνουσιν οὖσαι τοῦ χαλεποῦ τε καὶ θορυβώδους γένους, ἐκ τῆς τοῦ ἀνδρὸς
ἡλικίας εἰς τὴν τῶν νεανίσκων ἀφικνεῖσθαι.   διόπερ πασῶι δεῖσθαι τῶν ἡλικιῶν
ταύτην πλείστης ἐπιμελείας.   καθόλου δ' εἰπεῖν, οὐδέποτε τὸν ἄνθρωπον ἐατέον
20 εἶναι ποιεῖν, ὅ τι ἂν βούληται, ἀλλ' ἀεί τινα ἐπιστατείαν ὑπάρχειν δεῖν καὶ ἀρχὴν
νόμιμόν τε καὶ εὐσχήμονα, ἧς ὑπήκοος ἔσται ἕκαστος τῶν πολιτῶν.   ταχέως γὰρ
ἐξίστασθαι τὸ ζῶιον ἐαθέν τε καὶ ὀλιγωρηθὲν εἰς κακίαν τε καὶ φαυλότητα.   ἐρω-
τᾶν τε καὶ διαπορεῖν πολλάκις αὐτοὺς ἔφασαν, τίνος ἕνεκα τοὺς παῖδας συνε-
θίζομεν προσφέρεσθαι τὴν τροφὴν τεταγμένως τε καὶ συμμέτρως, καὶ τὴν μὲν
25 τάξιν καὶ τὴν συμμετρίαν ἀποφαίνομεν αὐτοῖς καλά, τὰ δὲ τούτων ἐναντία, τήν
τε ἀταξίαν καὶ τὴν ἀσυμμετρίαν, αἰσχρά· ὃ καὶ ἔστιν ὅ τε οἰνόφλυξ καὶ ἄπληστος
ἐν μεγάλωι ὀνείδει κείμενος.   εἰ γὰρ μηδὲν τούτων ἐστὶ χρήσιμον εἰς τὴν τοῦ ἀνδρὸς
ἡλικίαν ἀφικνουμένων ἡμῶν, μάταιον εἶναι τὸ συνεθίζειν παῖδας ὄντας τῆι τοι-
αύτηι τάξει.   τὸν αὐτὸν δὲ λόγον εἶναι καὶ περὶ τῶν ἄλλων ἐθῶν.   (204) οὐκ
30 οὖν ἐπί γε τῶν λοιπῶν ζώιων τοῦτο ὁρᾶσθαι συμβαῖνον, ὅσα ὑπ' ἀνθρώπου παι-
δεύεται, ἀλλ' εὐθὺς ἐξ ἀρχῆς τόν τε σκύλακα καὶ τὸν πῶλον ταῦτα συνεθίζεσθαί
τε καὶ μανθάνειν, ἃ δεήσει πράττειν αὐτοὺς τελεωθέντας.   καθόλου δὲ τοὺς Πυ-
θαγορείους ἔφασαν παρακελεύεσθαι τοῖς ἐντυγχάνουσί τε καὶ ἀφικνουμένοις τὴν
συνήθειαν, εὐλαβεῖσθαι τὴν ἡδονήν, εἴπερ τι καὶ ἄλλο τῶν εὐλαβείας δεομένων·
35 οὐθὲν γὰρ οὕτω σφάλλειν ἡμᾶς οὐδ' ἐμβάλλειν εἰς ἁμαρτίαν ὡς τοῦτο τὸ πάθος.
καθόλου δέ, ὡς ἔοικε, διετείνοντο μηδέποτε μηδὲν πράττειν ἡδονῆς στοχαζομένους,
καὶ γὰρ ἀσχήμονα καὶ βλαβερὸν ὡς ἐπὶ τὸ πολὺ τοῦτον εἶναι τὸν σκοπόν, ἀλλὰ
μάλιστα μὲν πρὸς τὸ καλόν τε καὶ εὔσχημον βλέποντας πράττειν ὃ ἂν ἦι πρακτέον,
δεύτερον δὲ πρὸς τὸ συμφέρον τε καὶ ὠφέλιμον, δεῖσθαί τε ταῦτα κρίσεως οὐ τῆς
40 τυχούσης.   (205) περὶ δὲ τῆς σωματικῆς ὀνομαζομένης ἐπιθυμίας τοιαῦτα λέγειν
ἔφασαν τοὺς ἄνδρας ἐκείνους.   αὐτὴν μὲν τὴν ἐπιθυμίαν ἐπιφοράν τινα εἶναι τῆς
ψυχῆς καὶ ὁρμὴν καὶ ὄρεξιν ἤτοι πληρώσεώς τινος ἢ παρουσίας τινῶν αἰσθήσεως
ἢ διαθέσεως αἰσθητικῆς.   γίνεσθαι δὲ καὶ τῶν ἐναντίων ἐπιθυμίαν οἷον κενώσεώς
τε καὶ ἀπουσίας καὶ τοῦ μὴ αἰσθάνεσθαι ἐνίων.   ποικίλον δ' εἶναι τὸ πάθος τοῦτο
45 καὶ σχεδὸν τῶν περὶ ἄνθρωπον πολυειδέστατον.   εἶναι δὲ τὰς πολλὰς τῶν ἀνθρω-

---

5 ⟨τὸ⟩ Kießl.   11 ἀνδριώδη F: verb. Arcer.   26 δ] = διὸ   34 ὥσπερ
τι F: verb. Cobet

πίνων ἐπιθυμιῶν ἐπικτήτους τε καὶ κατεσκευασμένας ὑπ' αὐτῶν τῶν ἀνθρώπων·
διὸ δὴ καὶ πλείστης ἐπιμελείας δεῖσθαι τὸ πάθος τοῦτο καὶ φυλακῆς τε καὶ σω-
μασκίας οὐ τῆς τυχούσης· τὸ μὲν γὰρ κενωθέντος τοῦ σώματος τῆς τροφῆς ἐπι-
θυμεῖν φυσικὸν εἶναι, καὶ τὸ πάλιν ἀναπληρωθέντος κενώσεως ἐπιθυμεῖν τῆς προσ-
5 ηκούσης φυσικὸν καὶ τοῦτ' εἶναι. τὸ δὲ ἐπιθυμεῖν περιέργου τροφῆς ἢ περιέρ-
γου τε καὶ τρυφερᾶς ἐσθῆτός τε καὶ στρωμνῆς ἢ περιέργου τε καὶ πολυτελοῦς
καὶ ποικίλης οἰκήσεως ἐπίκτητον εἶναι, τὸν αὐτὸν δὴ λόγον εἶναι καὶ περὶ σκευῶν
τε καὶ ποτηρίων καὶ διακόνων καὶ θρεμμάτων τῶν εἰς τροφὴν ἀνηκόντων.
(206) καθόλου δὲ τῶν περὶ ἄνθρωπον παθῶν σχεδὸν τοῦτο μάλιστα τοιοῦτον
10 εἶναι οἷον μηδαμοῦ ἵστασθαι, ἀλλὰ προάγειν εἰς ἄπειρον. διόπερ εὐθὺς ἐκ νεό-
τητος ἐπιμελητέον εἶναι τῶν ἀναφυομένων, ὅπως ἐπιθυμήσουσι μὲν ὧν δεῖ, ἀφέ-
ξονται δὲ τῶν ματαίων τε καὶ περιέργων ἐπιθυμιῶν, ἀτάρακτοί τε καὶ καθαροὶ
τῶν τοιούτων ὀρέξεων ὄντες καὶ καταφρονοῦντες αὐτῶν τε καὶ τῶν ἀξιοκαταφρονή-
των καὶ τῶν ἐνδεδεμένων ἐν ταῖς ἐπιθυμίαις. μάλιστα δ' εἶναι κατανοῆσαι τάς
15 τε ματαίους καὶ τὰς βλαβερὰς καὶ τὰς περιέργους καὶ τὰς ὑβριστικὰς τῶν ἐπιθυ-
μιῶν παρὰ τῶν ἐν ἐξουσίαις ἀναστρεφομένων γινομένας· οὐδὲν γὰρ οὕτως ἄτοπον
εἶναι, ἐφ' ὃ τὴν ψυχὴν οὐχ ὁρμᾶν τῶν τοιούτων παίδων τε καὶ ἀνδρῶν καὶ γυ-
ναικῶν. ‹ (207) καθόλου δὲ ποικιλώτατον εἶναι τὸ ἀνθρώπινον γένος κατὰ τὸ
τῶν ἐπιθυμιῶν πλῆθος· σημεῖον δὲ ἐναργὲς εἶναι τὴν τῶν προσφερομένων ποικι-
20 λίαν· ἀπέραντον μὲν γάρ τι πλῆθος εἶναι καρπῶν, ἀπέραντον δὲ ῥιζῶν, ὧι χρῆται
τὸ ἀνθρώπινον γένος· ἔτι δὲ σαρκοφαγίαι παντοδαπῇ χρῆσθαι, καὶ ἔργου εἶναι
εὑρεῖν, τίνος οὐ γεύεται τῶν χερσαίων καὶ τῶν πτηνῶν καὶ τῶν ἐνύδρων ζώιων.
καὶ δὴ σκευασίας παντοδαπὰς περὶ ταῦτα μεμηχανῆσθαι καὶ χυμῶν παντοίας
μίξεις· ὅθεν εἰκότως μανικόν τε καὶ πολύμορφον εἶναι κατὰ τὴν τῆς ψυχῆς κίνησιν
25 τὸ ἀνθρώπινον φῦλον. (208) ἕκαστον γὰρ δὴ τῶν προσφερομένων ἰδίου τινὸς
διαθέσεως αἴτιον γίνεσθαι. ἀλλὰ τοὺς ἀνθρώπους τὰ μὲν παραχρῆμα μεγάλης
ἀλλοιώσεως αἴτια γενόμενα συνορᾶν, οἷον καὶ τὸν οἶνον, ὅτι πλείων προσενεχθεὶς
μέχρι μέν τινος ἱλαρωτέρους ποιεῖ, ἔπειτα μανικωτέρους καὶ ἀσχημονεστέρους· τὰ
δὲ μὴ τοιαύτην ἐνδεικνύμενα δύναμιν ἀγνοεῖν· γίνεσθαι δὲ πᾶν τὸ προσενεχθὲν
30 αἴτιόν τινος ἰδίου διαθέσεως. διὸ δὴ καὶ μεγάλης σοφίας ‹δεῖσθαι› τὸ κατανοῆσαί τε
καὶ συνιδεῖν, ποίοις τε καὶ πόσοις δεῖ χρῆσθαι πρὸς τὴν τροφήν. εἶναι δὲ ταύτην
τὴν ἐπιστήμην τὸ μὲν ἐξ ἀρχῆς Ἀπόλλωνός τε καὶ Παιῶνος, ὕστερον δὲ τῶν περὶ
τὸν Ἀσκληπιόν. (209) περὶ δὲ γεννήσεως τάδε λέγειν αὐτοὺς ἔφασαν. καθόλου
μὲν ὤιοντο δεῖν φυλάττεσθαι τὸ καλούμενον προφερές· οὔτε γὰρ τῶν φυτῶν
35 τὰ προφερῆ οὔτε τῶν ζώιων εὔκαρπα γίνεσθαι, ‹ἀλλὰ δεῖν γενέσθαι› τινὰ χρόνον
πρὸ τῆς καρποφορίας, ὅπως ἐξ ἰσχυόντων τε καὶ τετελειωμένων τῶν σωμάτων
τὰ σπέρματα καὶ οἱ καρποὶ γίνωνται. δεῖν οὖν τούς τε παῖδας καὶ τὰς παρθένους
ἐν πόνοις τε καὶ γυμνασίοις καὶ καρτερίαις ταῖς προσηκούσαις τρέφειν, τροφὴν
προσφέροντας τὴν ἁρμόττουσαν φιλοπόνωι τε καὶ σώφρονι καὶ καρτερικῶι βίωι.
40 πολλὰ δὲ τῶν κατὰ τὸν ἀνθρώπινον βίον τοιαῦτα εἶναι, ἐν οἷς βέλτιόν ἐστιν ἡ
ὀψιμάθεια, ὧν εἶναι καὶ τὴν τῶν ἀφροδισίων χρείαν. (210) δεῖν οὖν τὸν παῖδα
οὕτως ἄγεσθαι ὥστε μὴ ζητεῖν ἐντὸς τῶν εἴκοσιν ἐτῶν τὴν τοιαύτην συνουσίαν.
ὅταν δ' εἰς τοῦτο ἀφίκηται, σπανίοις εἶναι χρηστέον τοῖς ἀφροδισίοις· ἔσεσθαι δὲ
τοῦτο, ἐὰν τίμιόν τε καὶ καλὸν εἶναι νομίζηται ἡ εὐεξία· ἀκρασίαν γὰρ ἅμα καὶ
45 εὐεξίαν οὐ πάνυ γίνεσθαι περὶ τὸν αὐτόν. ἐπαινεῖσθαι δ' αὐτοῖς ἔφασαν καὶ τὰ

---

11 ἐπιθυμήσωσι, φύξονται F: verb. Cobet   24 μαντικόν F: verb. Arcer.
30 ⟨ ⟩ Rohde   35 ⟨ ⟩ Kießl. Westerm. aus Ocell.   37 δεῖ οὖν F: verb. Kießl.

τοιάδε τῶν προϋπαρχόντων νομίμων ἐν ταῖς Ἑλληνικαῖς πόλεσι, τὸ μήτε μητράσι συγγίνεσθαι μήτε θυγατρὶ μήτ' ἀδελφῆι μήτ' ἐν ἱερῶι μήτ' ἐν τῶι φανερῶι· καλόν τε γὰρ εἶναι καὶ σύμφορον τὸ ὡς πλεῖστα γίνεσθαι κωλύματα τῆς ἐνεργείας ταύτης. ὑπελάμβανον δ', ὡς ἔοικεν, ἐκεῖνοι οἱ ἄνδρες περιαιρεῖν μὲν δεῖν τάς τε παρὰ φύσιν 5 γεννήσεις καὶ τὰς μεθ' ὕβρεως γιγνομένας, καταλιμπάνειν δὲ τῶν κατὰ φύσιν τε καὶ μετὰ σωφροσύνης γινομένων τὰς ἐπὶ τεκνοποιίαι σώφρονί τε καὶ νομίμωι γινομένας.   (211) ὑπελάμβανον δὲ δεῖν πολλὴν πρόνοιαν ποιεῖσθαι τοὺς τεκνοποιουμένους τῶν ἐσομένων ἐκγόνων.   πρώτην μὲν οὖν εἶναι καὶ μεγίστην πρόνοιαν τὸ προσάγειν αὐτὸν πρὸς τὴν τεκνοποιίαν σωφρόνως τε καὶ ὑγιεινῶς βε-
10 βιωκότα τε καὶ ζῶντα, καὶ μήτε πληρώσει χρώμενον τροφῆς ἀκαίρως, μήτε προσφερόμενον τοιαῦτα, ἀφ' ὧν χείρους αἱ τῶν σωμάτων ἕξεις γίνονται, μήτε δὴ μεθύοντά γε, ἀλλ' ἥκιστα πάντων· ὤιοντο γὰρ ἐκ φαύλης τε καὶ ἀσυμφώνου καὶ ταραχώδους κράσεως μοχθηρὰ γίνεσθαι τὰ σπέρματα.   (212) καθόλου δὲ παντελῶς ὤιοντο ῥαιθύμου τινὸς εἶναι καὶ ἀπροσκέπτου, τὸν μέλλοντα ζωιοποιεῖν καὶ
15 ἄγειν τινὰ εἰς γένεσίν τε καὶ οὐσίαν, τοῦτον μὴ μετὰ σπουδῆς πάσης προορᾶν, ὅπως ἔσται ὡς χαριεστάτη τῶν γινομένων ἡ εἰς τὸ εἶναί τε καὶ ζῆν ἄφιξις, ἀλλὰ τοὺς μὲν φιλόκυνας μετὰ πάσης σπουδῆς ἐπιμελεῖσθαι τῆς σκυλακείας, ὅπως ἐξ ὧν δεῖ καὶ ὅτε δεῖ καὶ ὡς δεῖ διακειμένων προσηνῆ γίνηται τὰ σκυλάκια, ὡσαύτως δὲ καὶ τοὺς φιλόρνιθας.   (213) δῆλον δ' ὅτι καὶ τοὺς λοιποὺς τῶν ἐσπου-
20 δακότων περὶ τὰ γενναῖα τῶν ζώιων πᾶσαν ποιεῖσθαι σπουδὴν περὶ τοῦ μὴ εἰκῆ γίνεσθαι τὰς γεννήσεις αὐτῶν, τοὺς δ' ἀνθρώπους μηδένα λόγον ποιεῖσθαι τῶν ἰδίων ἐκγόνων, ἀλλ' ἅμα γεννᾶν εἰκῆ τε καὶ ὡς ἔτυχε σχεδιάζοντας πάντα τρόπον καὶ μετὰ ταῦτα τρέφειν τε καὶ παιδεύειν μετὰ πάσης ὀλιγωρίας.   ταύτην γὰρ εἶναι τὴν ἰσχυροτάτην τε καὶ σαφεστάτην αἰτίαν τῆς τῶν πολλῶν ἀνθρώπων κακίας
25 τε καὶ φαυλότητος· βοσκηματώδη γὰρ καὶ εἰκαίαν τινὰ γίνεσθαι τὴν τεκνοποιίαν παρὰ τοῖς πολλοῖς. (τοιαῦτα τὰ ὑφηγήματα καὶ ἐπιτηδεύματα παρὰ τοῖς ἀνδράσιν ἐκείνοις διὰ λόγων τε καὶ ἔργων ἠσκεῖτο περὶ σωφροσύνης, ἄνωθεν παρειληφόσιν αὐτοῖς τὰ παραγγέλματα ὥσπερ τινὰ πυθόχρηστα λόγια παρ' αὐτοῦ Πυθαγόρου.)
    Zu § 201 vgl. Diog. viii 10. Diod. x 9, 5.
30   Zu § 203 vgl. oben i 469, 35.
    Zu § 205 'vgl. Stob. Fl. iii 10, 66 H. ἐκ τῶν Ἀριστοξένου Πυθαγορικῶν ἀποφάσεων [fr. 17]. περὶ δὲ ἐπιθυμίας τάδε ἔλεγον· εἶναι τὸ πάθος τοῦτο ποικίλον καὶ πολυειδέστατον· εἶναι δὲ τῶν ἐπιθυμιῶν τὰς μὲν ἐπικτήτους τε καὶ παρασκευαστάς, τὰς δὲ συμφύτους· αὐτὴν μέντοι τὴν ἐπιθυμίαν ἐπιφοράν τινα τῆς
35 ψυχῆς καὶ ὁρμὴν καὶ ὄρεξιν εἶναι πληρώσεως ἢ παρουσίας αἰσθήσεως ἢ κενώσεως καὶ ἀπουσίας καὶ τοῦ μὴ αἰσθάνεσθαι. ἐπιθυμίας δὲ ἡμαρτημένης τε καὶ φαύλης τρία εἶναι εἴδη τὰ γνωριμώτατα, ἀσχημοσύνην ἀσυμμετρίαν ἀκαιρίαν· ἢ γὰρ αὐτόθεν εἶναι τὴν ἐπιθυμίαν ἀσχημονά τε καὶ φορτικὴν καὶ ἀνελεύθερον· ἢ τοῦτο μὲν οὔ, σφοδρότερον δὲ καὶ χρονιώτερον τοῦ προσήκοντος· ἢ τρίτον πρὸς ταῦτα, ὅτε οὐ
40 δεῖ καὶ πρὸς ἃ οὐ δεῖ.
    Zu § 209—213 vgl. Ocellus 4, 9—14. (aus derselben Bearbeitung wie Iambl. 209ff.) und den zum Teil treueren Auszug Stob. Fl. iv 37, 4 (p. 878, 13 H.) ἐκ τῶν Ἀριστοξένου Πυθαγορείου [fr. 20]. περὶ δὲ γενέσεως παίδων τάδε ἔλεγε· καθόλου μὲν φυλάττεσθαι τὸ καλούμενον προφερές·

---

    10 ἀκαίρου Oc.; -ως Jaeger   11 σωμάτων Oc.: σωματικῶν Iambl.   15 τοῦτον stellte vor μὴ Diels: vor εἰς F   18 ὡς δεῖ Scaliger: ὡδὶ F   43 γενέσεως Stob. Oc.: γεννήσεως Iambl.   44 δεῖν φυλάττεσθαι Iambl.: φυλ. χρὴ Oc.

οὔτε γὰρ τῶν φυτῶν οὔτε τῶν ζώιων εὔκαρπα τὰ προφερῆ γίνεσθαι· ἀλλὰ
χρόνον τινὰ προπαρασκευάζεσθαι τῆς καρποφορίας, ἐν ὧι ἐξισχύσαντα καὶ τετε-
λειωμένα τὰ σώματα παρέχειν τά τε σπέρματα καὶ τοὺς καρποὺς δεδύνηται. πολλὰ
δὲ εἶναι ἐν τῶι ⟨ἀνθρωπίνωι βίωι⟩ ἐν οἷς ἡ ὀψιμαθία ἐστὶ βελτίων οἷον καὶ τὸ τοῦ
5 ἀφροδισιάζειν πρᾶγμα. δέον οὖν ἐστι τὸν παῖδα οὕτως ἄγεσθαι διὰ τῶν ἀσκημά-
των ἄσχολον, ὥστε μὴ μόνον μὴ ζητεῖν, ἀλλ' εἰ δυνατὸν μηδὲ εἰδέναι τὴν τοιαύτην
συνουσίαν ἐντὸς τῶν εἴκοσιν ἐτῶν· ὅταν δὲ καὶ εἰς τοῦτο ἀφίκηται, σπανίοις εἶναι
χρηστέον τοῖς ἀφροδισίοις· τοῦτο γὰρ πρός τε τὴν τῶν γεννώντων καὶ γεννη-
σομένων εὐεξίαν πολύ τι συμβάλλεσθαι. ἔλεγε δὲ μήτε τροφῆς μήτε μέθης πλήρη
10 ταῖς γυναιξὶν εἰς τὸ γεννᾶν ὁμιλεῖν· οὐ γὰρ οἴεται ἐκ φαύλης καὶ ἀσυμφώνου καὶ
ταραχώδους κράσεως εὔρυθμα καὶ καλά, ἀλλ' οὐδὲ ἀγαθὰ τὴν ἀρχὴν γίγνεσθαι.

9. IAMBL. V. P. 230—233 (δεῖ δὴ καὶ περὶ τούτων τὴν Πυθαγόρου παιδείαν
παραθέσθαι καὶ τὰ παραγγέλματα, οἷς ἐχρῆτο πρὸς τοὺς αὐτοῦ γνωρίμους). παρε-
κελεύοντο οὖν οἱ ἄνδρες οὗτοι ἐκ φιλίας ἀληθινῆς ἐξαιρεῖν ἀγῶνά τε καὶ φιλονι-
15 κίαν, μάλιστα μὲν ἐκ πάσης, εἰ δυνατόν, εἰ δὲ μή, ἔκ γε τῆς πατρικῆς καὶ καθόλου
ἐκ τῆς πρὸς τοὺς πρεσβυτέρους, ὡσαύτως δὲ καὶ ἐκ τῆς πρὸς τοὺς εὐεργέτας·
τὸ γὰρ διαγωνίζεσθαι ἢ διαφιλονικεῖν πρὸς τοὺς τοιούτους ἐμπεσούσης ὀργῆς ἢ
ἄλλου τινὸς τοιούτου πάθους οὐ σωτήριον τῆς ὑπαρχούσης φιλίας.   (231) ἔφασαν
δὲ δεῖν ὡς ἐλαχίστας ἀμυχάς τε καὶ ἑλκώσεις ἐν ταῖς φιλίαις ἐγγίνεσθαι, ⟨τοῦτο
20 δὲ γίνεσθαι⟩, ἐὰν ἐπίστωνται εἴκειν καὶ κρατεῖν ὀργῆς, ἀμφότεροι μέν, μᾶλλον
μέντοι ὁ νεώτερός τε καὶ τῶν εἰρημένων τάξεων ἔχων ἡνδήποτε. τὰς ἐπανορ-
θώσεις τε καὶ νουθετήσεις, ἃς δὴ πεδαρτάσεις ἐκάλουν ἐκεῖνοι, μετὰ πολλῆς
εὐφημίας τε καὶ εὐλαβείας ὤιοντο δεῖν γενέσθαι παρὰ τῶν πρεσβυτέρων τοῖς
νεωτέροις, καὶ πολὺ ἐμφαίνεσθαι ἐν τοῖς νουθετοῦσι τὸ κηδεμονικόν τε καὶ οἰκεῖον·
25 οὕτω γὰρ εὐσχήμονά τε γίνεσθαι καὶ ὠφέλιμον τὴν νουθέτησιν.   (232) ἐκ φιλίας
μηδέποτε ἐξαιρεῖν πίστιν μήτε παίζοντας μήτε σπουδάζοντας· οὐ γὰρ ἔτι ῥάιδιον
εἶναι διυγιᾶναι τὴν ὑπάρχουσαν φιλίαν, ὅταν ἅπαξ παρεμπέσηι τὸ ψεῦδος εἰς τὰ
τῶν φασκόντων φίλων εἶναι ἤθη. φιλίαν μὴ ἀπογινώσκειν ἀτυχίας ἕνεκα ἢ ἄλλης

---

4 ⟨βίωι⟩ Koën; ἀνθρωπίνωι aus Oc. und Iambl. fügte zu Hense   5 τὸν
παῖδα Oc., Iambl.: παῖδας Stob.   6 ἄσχολον Diels: ἀσχόλους Stob.:
διὰ ... ἄσχολον fehlt Iambl., Oc.   μὴ μόνον ... συνουσίαν Stob.: μὴ ζητεῖν
Iambl., ähnlich Oc.   εἰδέναι Koën: εἶναι Hss.   8. 9 τοῦτο ... συμβάλ-
λεσθαι Stob.: ἔσται δὲ τοῦτο, ἐὰν καλὸν καὶ τίμιον εἶναι νομίζηι τὴν εὐεξίαν
καὶ τὴν ἐγκράτειαν Oc. (vgl. Iambl. I 475, 44. 45), der danach folgendes
einschiebt (§ 12. 13). δεῖ δὲ καὶ παιδεύειν τὰ τοιαῦτα τῶν νομίμων ἐν ταῖς
Ἑλληνικαῖς πόλεσι τὸ μήτε μητρὶ συγγίνεσθαι μήτε θυγατρὶ μήτε ἀδελφῆι μήτε
ἐν ἱεροῖς μήτε ἐν φανερῶι τόπωι· καλὸν γάρ ἐστι καὶ πρόσφορον τὸ ὡς πλεῖστα
κωλύματα γίνεσθαι τῆς ἐνεργείας ταύτης. καθόλου δὲ δεῖ περιαιρεῖν τάς τε παρὰ
φύσιν γεννήσεις καὶ τὰς μεθ' ὕβρεως γινομένας, καταλιμπάνειν δὲ τὰς κατὰ φύσιν
καὶ μετὰ σωφροσύνης ἐπὶ τεκνοποιίαι σώφρονί τε καὶ νομίμωι γινομένας. δεῖ δὲ
πολλὴν πρόνοιαν ποιεῖσθαι τοὺς τεκνοποιουμένους τῶν ἐσομένων τέκνων· πρώτη
μὲν οὖν καὶ μεγίστη φυλακὴ πρὸς γέν}νησιν τῶι τεκνοποιεῖν βουλομένωι δίαιτα
σωφρονικὴ καὶ ὑγιεινή, ὡς μήτε πληρώσει χρῆσθαι τροφῆς ἀκαίρου κτλ. (ähnl.
Iambl. I 475, 45ff.)   9 τι Stob. S.: fehlt Tr.   τροφῆς Stob. S: τρυ-
φῆς Tr.   10 οἴεται Diels: οἱ ταῖς S   11 γίνεσθαι Wyttenbach: γίνεται
Tr.: γίγνεται S   19. 20 ⟨τοῦτο ... γίνεσθαι⟩ alte Ergänzung aus § 101

τινὸς ἀδυναμίας τῶν εἰς τὸν βίον ἐμπιπτουσῶν, ἀλλὰ μόνην εἶναι δόκιμον ἀπό-
γνωσιν φίλου τε καὶ φιλίας τὴν γινομένην διὰ κακίαν μεγάλην τε καὶ ἀνεπανόρ-
θωτον. ἔχθραν ἑκόντα μὲν μηδέποτε αἵρεσθαι πρὸς τοὺς μὴ τελείως κακούς, ἀρά-
μενον δὲ μένειν εὐγενῶς ἐν τῶι διαπολεμεῖν, ἂν μὴ μεταπέσηι τὸ ἦθος τοῦ δια-
5 φερόμενου καὶ προσγένηται εὐγνωμοσύνη. πολεμεῖν δὲ μὴ λόγωι, ἀλλὰ τοῖς
ἔργοις, νόμιμον δὲ εἶναι καὶ ὅσιον τὸν πολέμιον, εἰ ὡς ἄνθρωπος ἀνθρώπωι πολε-
μήσειεν. αἴτιον μηδέποτε γίνεσθαι εἰς δύναμιν διαφορᾶς, εὐλαβεῖσθαι ⟨δὲ⟩ ταύτης
τὴν ἀρχὴν ὡς οἷόν τε μάλιστα. (233) ἐν τῆι μελλούσηι ἀληθινῆι ἔσεσθαι φιλίαι
ὡς πλεῖστα δεῖν ἔφασαν εἶναι τὰ ὡρισμένα καὶ νενομισμένα, καλῶς δὲ ταῦτ᾽ εἶναι
10 κεκριμένα καὶ μὴ εἰκῆ, καὶ δῆτα καὶ εἰς ἔθος ἕκαστον κατακεχωρισμένον δεῖν εἶναι,
ὅπως μήτε ὁμιλία μηδεμία ὀλιγώρως τε καὶ εἰκῆ γίνηται, ἀλλὰ μετ᾽ αἰδοῦς τε
καὶ συννοίας καὶ τάξεως ὀρθῆς, μήτε πάθος ἐγείρηται μηδὲν εἰκῆ καὶ φαύλως καὶ
ἡμαρτημένως, οἷον ἐπιθυμία ἢ ὀργή. ὁ αὐτός τε λόγος καὶ κατὰ τῶν λειπομένων
παθῶν τε καὶ διαθέσεων. Kürzerer Auszug von 2. 5 und 24 §§ 101. 102.
15 Quelle hier angedeutet: παραδίδοται δὲ καὶ ἄλλος τρόπος παιδεύσεως διὰ τῶν
Πυθαγορικῶν ἀποφάσεων.

10. Stob. Fl. iii 1, 101 p. 50 H. ἐ. τ. ᾽Α. Π. ἀποφ. [fr. 17 a]. τὴν ἀληθῆ φιλοκα-
λίαν ἐν τοῖς ἐπιτηδεύμασι καὶ ἐν ταῖς ἐπιστήμαις ἔλεγεν εἶναι· τὸ γὰρ ἀγαπᾶν
καὶ στέργειν τῶν καλῶν ἐθῶν τε καὶ ἐπιτηδευμάτων ὑπάρχειν· ὡσαύτως δὲ καὶ τῶν
20 ἐπιστημῶν τε καὶ ἐμπειριῶν τὰς καλὰς καὶ εὐσχήμονας ἀληθῶς εἶναι φιλοκάλους,
τὴν δὲ λεγομένην ὑπὸ τῶν πολλῶν φιλοκαλίαν, οἷον ⟨τὴν ἐν⟩ τοῖς ἀναγκαίοις καὶ
χρησίμοις πρὸς τὸν βίον γινομένην, λάφυρά που τῆς ἀληθινῆς κεῖσθαι φιλοκαλίας.

11. — Ecl. i 6, 18 p. 89, 10 W. ἐ. τ. ᾽Α. Π. ἀποφ. [fr. 21]. περὶ δὲ τύχης τάδ᾽
ἔφασκον· εἶναι μέν τι καὶ δαιμόνιον μέρος αὐτῆς· γενέσθαι γὰρ ἐπίπνοιάν τινα
25 παρὰ τοῦ δαιμονίου τῶν ἀνθρώπων ἐνίοις ἐπὶ τὸ βέλτιον ἢ ἐπὶ τὸ χεῖρον καὶ
εἶναι φανερῶς κατ᾽ αὐτὸ τοῦτο τοὺς μὲν εὐτυχεῖς, τοὺς δὲ ἀτυχεῖς. καταφανέ-
στατον δὲ εἶναι τοῦτο ⟨τῶι⟩ τοὺς μὲν ἀπροβουλεύτως καὶ εἰκῆ τι πράττοντας
πολλάκις κατατυγχάνειν, τοὺς δὲ προβουλευομένους καὶ προνοουμένους ὀρθῶς τι
πράττειν ἀποτυγχάνειν. εἶναι δὲ καὶ ἕτερον τύχης εἶδος, καθ᾽ ὃ οἱ μὲν εὐφυεῖς
30 καὶ εὔστοχοι, οἱ δὲ ἀφυεῖς τε καὶ ἐναντίαν ἔχοντες φύσιν βλάστοιεν, ὧν οἱ μὲν
εὐθυβολοῖεν ἐφ᾽ ὅτι ἂν ἐπιβάλωνται οἱ δὲ ἀποπίπτοιεν τοῦ σκοποῦ, μηδέποτε τῆς
διανοίας αὐτῶν εὐστόχως φερομένης, ἀλλὰ * καὶ ταρασσομένης· ταύτην δὲ τὴν
ἀτυχίαν σύμφυτον εἶναι καὶ οὐκ ἐπείσακτον.

E. PYTHAGORISTEN IN DER MITTLEREN KOMÖDIE

35 Theocr. 14, 5 τοιοῦτος πρώαν τις ἀφίκετο Πυθαγορικτάς,
                   ὠχρὸς κἀνυπόδητος.
Schol. z. d. St. οἱ μὲν Πυθαγορικοὶ πᾶσαν φροντίδα ποιοῦνται τοῦ σώματος,
οἱ δὲ Πυθαγορισταὶ περιεσταλμένηι καὶ αὐχμηρᾶι διαίτηι χρῶνται.

---

3 τελείους F: verb. Scaliger   6 εἰ ὡς Westermann: καὶ ὡς F   7 ⟨δὲ⟩
Nauck   10 κατακεχωρισμένον F per compend. (Deubner)   11 γί-
νεσθαι F: verb. Scaliger   19 ὑπάρχει A: verb. Meineke   21 ⟨τὴν⟩
Diels   ⟨ἐν⟩ Hense   24 μέν τι Usener: μέντοι FP   27 ⟨τῶι⟩ Usener
32 ⟨φυρομένης⟩ καὶ Hense, ⟨παραλλαττούσης⟩ καὶ nach Plato Theaet. p. 194 A
Kranz; ἀλλ᾽ ἀεὶ ταρασσ. Wachsm.   35 καὶ πρᾶν Wil.   38 ὑπεστ. Ahrens

1. ATHEN. IV p. 160 F τί οὐ τοὺς Πυθαγορικοὺς ἐκείνους ζηλοῖς; περὶ ὧν φησιν Ἀντιφάνης μὲν ἐν Μνήμασι [II 76 Kock] τάδε·

τῶν Πυθαγορικῶν δ' ἔτυχον ἄθλιοί τινες
ἐν τῆι χαράδραι τρώγοντες ἅλιμα καὶ κακὰ
5   τοιαῦτα συλλέγοντες ⟨εἰς τὸν κώρυκον⟩.
κἄν τῶι κυρίως Ἐωρύκωι δ' ἐπιγραφομένωι φησί [S. 67]·

πρῶτον μὲν ὥσπερ Πυθαγορίζων ἐσθίει
ἔμψυχον οὐδέν, τῆς δὲ πλείστης τοὐβολοῦ
μάζης μελαγχρῆ μερίδα λαμβάνων λέπει.
10 Ἄλεξις δ' ἐν Ταραντίνοις [S. 378]·

οἱ Πυθαγορίζοντες γάρ, ὡς ἀκούομεν,
οὔτ' ὄψον ἐσθίουσιν οὔτ' ἄλλ' οὐδὲ ἓν
ἔμψυχον, οἶνόν τ' οὐχὶ πίνουσιν μόνοι.
   — Ἐπιχαρίδης μέντοι κύνας κατεσθίει,
15   5 τῶν Πυθαγορείων εἷς. — ἀποκτείνας γέ που·
οὐκέτι γὰρ ἔστ' ἔμψυχον.
προελθών τε φησι·

Πυθαγορισμοὶ καὶ λόγοι
λεπτοὶ διεσμιλευμέναι τε φροντίδες
20   τρέφουσ' ἐκείνους, τὰ δὲ καθ' ἡμέραν τάδε·
10 ἄρτος καθαρὸς εἰς ἑκατέρωι, ποτήριον
ὕδατος· τοσαῦτα ταῦτα. — δεσμωτηρίου
λέγεις δίαιταν· πάντες οὕτως οἱ σοφοὶ
διάγουσι καὶ τοιαῦτα κακοπαθοῦσί που;
25   — τρυφῶσιν οὗτοι πρὸς ἑτέρους. ἆρ' οἶσθ' ὅτι
15 Μελανιππίδης ἑταῖρός ἐστι καὶ Φάων
καὶ Φυρόμαχος καὶ Φᾶνος, οἳ δι' ἡμέρας [μιᾶς]
δειπνοῦσι πέμπτης ἀλφίτων κοτύλην μίαν;
καὶ ἐν Πυθαγοριζούσηι [S. 370]·
30   ἡ δ' ἑστίασις ἰσχάδες καὶ στέμφυλα
καὶ τυρὸς ἔσται· ταῦτα γὰρ θύειν νόμος
τοῖς Πυθαγορείοις. — νὴ Δί', ἱερεῖον μὲν οὖν,
ὁποῖον ἂν κάλλιστα καὶ βέλτιστ' ἔχηι.
καὶ μετ' ὀλίγα·
35   5 ἔδει θ' ὑπομεῖναι μικροσιτίαν, ῥύπον,
ῥῖγος, σιωπήν, στυγνότητ', ἀλουσίαν.

2. ATHEN. IV p. 161 E Ἀριστοφῶν δ' ἐν Πυθαγοριστῆι [II 279 K.]·

πρὸς τῶν θεῶν οἰόμεθα τοὺς πάλαι ποτέ,
τοὺς Πυθαγοριστάς, γενομένους ὄντως ῥυπᾶν

---

4 ἅλιμα 'Spinat', so mit Recht Weiher Philosophen u. Philosophenspott, Diss. Münch. 1916 S. 60 (falsch ἅλιμα Diels)   5 ⟨εἰς τὸν κώρυκον⟩ Wil.
15 γέ που Kock: γενοῦ A   23 λέγειν A: verb. C   οὕτως Villebrun: οὗτοι A   25 οὗτοι Cobet: ἕτεροι A   26 Φάων] etwa der nach Gal. xv 455 als Verf. von Hipp. π. διαίτης ὑγ. genannte Arzt?   27 μιᾶς nach ἡμέρας A: tilgte Musurus   32 οὖν Casaub.: ἂν A   .33 κάλλιστα καὶ Diels: κάλλιστον ὦ A   39 γενομένους Diels: γινομένους A

ἑκόντας ἢ φορεῖν τρίβωνας ἡδέως;
οὐκ ἔστι τούτων οὐδέν, ὡς ἐμοὶ δοκεῖ·
5 ἀλλ' ἐξ ἀνάγκης, οὐκ ἔχοντες οὐδὲ ἐν
τῆς εὐτελείας πρόφασιν εὑρόντες καλὴν
5   ὅρους ἔπηξαν τοῖς πένησι χρησίμους·
ἐπεὶ παράθες αὐτοῖσιν ἰχθῦς ἢ κρέας,
κἂν μὴ κατεσθίωσι καὶ τοὺς δακτύλους,
10 ἐθέλω κρέμασθαι δεκάκις.

3. Diog. viii 37. 38 ἔσκωψε δὲ αὐτὸν Κρατῖνος [ii 291 K.] μὲν ἐν Πυθα-
10 γοριζούσηι· ἀλλὰ καὶ ἐν Ταραντίνοις φησὶν οὕτως·

ἔθος ἐστὶν αὐτοῖς, ἄν τιν(α) ἰδιώτην ποθὲν
λάβωσιν εἰσελθόντα, διαπειρώμενον
τῆς τῶν λόγων ῥώμης ταράττειν καὶ κυκᾶν
τοῖς ἀντιθέτοις, τοῖς πέρασι, τοῖς παρισώμασι,
15   5 τοῖς ἀποπλάνοις, τοῖς μεγέθεσιν νουβυστικῶς.

Μνησίμαχος δ' Ἀλκμαίωνι [ii 436 K.]·

ὡς Πυθαγοριστὶ θύομεν τῶι Λοξίαι
ἔμψυχον οὐδὲν ἐσθίοντες παντελῶς.

(38) Ἀριστοφῶν Πυθαγοριστῆι [ii 280 K.]·

20   ἔφη [τε] καταβὰς εἰς τὴν δίαιταν τῶν κάτω
ἰδεῖν ἑκάστους, διαφέρειν δὲ πάμπολυ
τοὺς Πυθαγοριστὰς τῶν νεκρῶν· μόνοισι γὰρ
τούτοισι τὸν Πλούτωνα συνσιτεῖν ἔφη
5 δι' εὐσέβειαν. — εὐχερῆ θεὸν λέγεις,
25   εἰ τοῖς ῥύπου μεστοῖσιν ἥδεται ξυνών.

ἔτι ἐν τῶι αὐτῶι·

[ἐσθίουσί τε]
λάχανά τε καὶ πίνουσιν ἐπὶ τούτοις ὕδωρ·
φθεῖρας δὲ καὶ τρίβωνα τήν τ' ἀλουσίαν
30   10 οὐδεὶς ἂν ὑπομείνειε τῶν νεωτέρων.

---

9 πυθαγοριζούσῃ B: πυθαγοριζάσῃ (?) P¹: τοῖς πυθαγορικοῖς FP²   11 ἄν
τινα] ἐὰν Σ   14 παρισώμασι] ἀντισώμασι F   15 νουβυστικῶς Σ: νουβιστι-
κῶς B: νουβυστικὸς P: οὐ βυστικῶς F   16 δαλκμαίωνι ὡς F: λακμαίωνι ὡς B:
ἀλκμαιώνιος P¹   20 [τε] Cobet   εἰς so Hss. Σ (?)   24. 25 λέγεις, εἰ τοῖς
P²: λέγει σίτοις B: λέγειν σίτοις Σ: λέγεις τοῖς P¹: λέγεις ἐν τοῖς F   25 μεστοῖς
BP¹Σ   27 ἐσθίουσί τε haben FP²: fehlt BPΣ „ἐσθίουσί τε falsche Er-
gänzung von FP², die τε nach λάχανα auslassen. Vielmehr müssen vor
λάχανά τε andere Speisen genannt sein". P. V. d. Mühll   29 δὲ] τε P¹
30 νεωτέρων BFΣ (mit Recht von P. V. d. Mühll und Weiher a. a. O. S. 62
verteidigt): ἑτέρων P; ἑτέρων ⟨νεκρῶν⟩ nach Z. 21f. Diels

INHALT DES ERSTEN BANDES

A. ANFÄNGE

B. DIE FRAGMENTE DER PHILOSOPHEN DES SECHSTEN UND FÜNFTEN JAHRHUNDERTS UND UNMITTELBARER NACHFOLGER

NACHTRAG ZUM ERSTEN BAND

Vorbemerkung: Vgl. die Literaturangaben im Vorwort. — Wil.ms. (früher Wil.*) bedeutet Notiz aus dem Handexemplar Ulrich von Wilamowitz-Moellendorffs, im Besitze des Berliner Instituts für Altertumskunde.

1. ORPHEUS: Zu diesem Kapitel vgl. jetzt ·durchgehend K. Zieglers Artikel 'Orpheus' und 'Orphische Dichtung' P. W. Real-Encycl. XVIII 1200ff. 5 1341ff. sowie W. Jaeger, The Theology of the early Greek philos. S. 215ff. Zu der Dissert. von H. W. Thomas Ἐπέκεινα, München 1938, s. Ziegler a. O. 1370ff., W. Nestle, Gnomon 16 (1940) 133. — Neueste Abhandlg. über O.: A. Olivieri, Pneuma, cuore, cervello nell' orfismo, Studi di filosofia Greca a cura di Alfieri—Untersteiner (1950) 21ff. 10

S. 1, 15 Zu den Λιθικά s. auch R. Herzog, Trierer Zeitschr. 12 (1937) 121ff. (O. Kern, Religion d. Griechen III 268). — S. 2, 10 Vgl. A. Krüger, Herm. 73 (1938) 127. — S. 5, 1 Die Aufzählung des Aristophanes ἀπ' ἀρχῆς (Ran. 1030ff.) in der Reihenfolge Orpheus, Musaios, Hesiod, Homer scheint zugleich eine solche nach dem Alter sein zu sollen; denn dieselbe Reihenfolge kehrt wieder bei Hip- 15 pias B 6 (II 331, 15f.), Plato Apol. 41 A — 31 vgl. die Darstellung des Todes des Orpheus Pap. Berol. 13 426, Schubart Einleitg. i. d. Altertumswissenschaft[3] I 9, 42, besonders dort Zeile 10 μνησίκακος mit Wilamowitz. — S. 6, 22 Zu κόσμον ἀοιδῆς vgl. κόσμον ἐπέων ὠιδήν Solo Fr. 2, 2 D., κόσμον ἐμῶν ἐπέων Parm. B 8,52, κόσμον αὐδάεντα λόγων Pind. Fr. 194 Schr. — 24 vgl. Nachtrag zu Hippias 20 B 6 (II 331, 15) — 28 füge hinzu: 2a [0]. PLATO Phaedr. 252 B λέγουσι .. οἱμαί τινες Ὁμηριδῶν ἐκ τῶν ἀποθέτων ἐπῶν δύο ἔπη εἰς τὸν Ἔρωτα, ὧν τὸ ἕτερον ὑβριστικὸν πάνυ καὶ οὐ σφόδρα τι ἔμμετρον· ὑμνοῦσι δὲ ὧδε·

τὸν δ' ἤτοι θνητοὶ μὲν Ἔρωτα καλοῦσι ποτηνόν,
ἀθάνατοι δὲ Πτέρωτα, διὰ πτεροφύτορ' ἀνάγκην. 25

Daß diese „Homeriden" in ihren ἀπόθετα ἔπη einen orphischen Gedanken wiedergeben, ist deutlich (vgl. P. Friedländer, Platon I 222); die Verwendung der ἀνάγκη beweist es ebenso wie die Namenerklärung, die ganz denen in B 3 und 13 entspricht. — S. 7, 8 οὐδὲ γράμμα liest Wil.ms. — 12ff. vgl. die Interpretation von Ziegler a. O. Sp. 1376. — S. 8, 8 Auf Sap. Salom. 7, 18 verweist P. Fried- 30 länder. — S. 9, 5 Vgl. Gregor. Naz. 37 p. 523, 1 M. οἱ φθονεροὶ δὲ θύρῃσιν ἐπιφράσσεσθε ἀκουάς. — S. 11, 20 Vgl. auch Schol. ad Aristoph. Pac. 199. — S. 13, 3ff. Gebildet nach Hesiod. Theogon. 207ff. — 16ff. vgl. A. Krüger, Herm. 73 (1938) 352 — 20 Ergänzung λόγους statt μύθους bevorzugt Ziegler. — S. 16, 12ff. Vgl. Kerenyi, Arch. f. Religionsw. 26 (1928) 322ff. — S. 17, 13 35 Vgl. c. 14, 9 (I 101, 12). — S. 19, 10 Vgl. die kühnen, doch offenbar ohne Autopsie gewonnenen Ergänzungen von O. Schütz, Rhein. Mus. 87 (1938) 241ff. — S. 20, 1 Εἷς Διόνυσος gebildet nach εἷς θεός, vgl. 21 B 23 (I 135, 4 m. Anm.).

2. MUSAIOS: Zu diesem Kapitel vgl. O. Kern, Herm. 75 (1940) 20ff.
S. 20, 22 Aristoxenus Frag. 91 Wehrli. — S. 21, 9 Vgl. Gigon, Unters. zu
Heraklit S. 45 — 12 ἐς Ὑπερβορέων (dies schon Kern Orph. Frag. A 195)
χώραν verm. Morel. — S. 22, 21 Füge hinzu: 3a [22]. ARISTOT. Pol. Θ 5
5 1339b 21 φησὶ γοῦν καὶ Μουσαῖος εἶναι 'βροτοῖς ἥδιστον ἀείδειν'. — S. 25, 10.
12 Füge hinzu: (Fr. I 539 Arn.) und (II 636 Arn.). — S. 27, 18 ἅλις „ferri nequit"
Wil.ms.

3. EPIMENIDES: S. 27, 20 Anm. Dazu Gisinger Stoicheia 6 (1921) 117.
— S. 30, 2ff. Anm. Füge zu: 2 τὸ fehlt Y 3 ἀρίστοις bessere: πρώτοις schlechtere
10 Var. 15 προσυπειργάσατο Y: προυπειργάσατο, mit σ über υ, S.

6. KLEOSTRATOS: S. 41, 4 Anm. Füge zu: M. Nilsson, Rhein. Mus. 60
(1905) 180.

7. PHEREKYDES: S. 43, 25 Vgl. W. Nestle, Arch. f. Religionsw. 33
(1936) 246 = Griech. Studien S. 577f. — 26 Aristoxenus Frag. 14 Wehrli. —
15 S. 44, 23 Zum Ἑπτάμυχος s. Kranz, Nachr. d. Gött. Ges. d. Wiss. N. F. II 7
(1938) 147. — S. 45, 40 Lies: XIII 5 p. 163, 19 Hobein. — S. 46, 9 Zu Zas vgl.
Kretzschmer, Glotta 26 (1937) 40; Nestle, Philol. Woch. 56 (1936) 1302 — fülle
den Text hinter ἀρχὰς aus: (τὴν μίαν φημὶ πρὸ τῶν δυοῖν καὶ τὰς δύο μετὰ τὴν
μίαν), wie H. Gomperz, Wien. Stud. 47 (1929) 19 verlangt, ohne daß man des-
20 halb seinen weiteren Spekulationen zu folgen hat. — S. 46, 12 Zu πεντέκοσμον
verweist auf Plat. Tim. p. 55 D 2 P. Friedländer — 24 lies: IV 4 p. 45, 5 Hobein;
καὶ vor Ζῆνα bleibt, wie in der einen Hss.klasse, besser fort. — S. 48, 5 Zum
Pharos vgl. auch P. Friedländer, Platon II 481; ders., Epigrammata nr. 104.
— S. 49, 4 Vgl. hierzu jetzt H. O. Schröder, Herm. 74 (1939) 108; die Ver-
25 besserung ἱστορεῖν aus ἱστορεῖ ist notwendig; Subjekt zu φησιν Z. 8 ist also Celsus.
Trotzdem gehört aber der Inhalt des von φησιν abhängigen Gedankens den
παλαιοὶ θεολόγοι, wie Kranz, Herm. 75 (1940) 335 nachweist. — S. 50, 16 Nach
Rohde, Psyche II⁹ 167¹ vielmehr dem Genealogen Pherekydes zuzuweisen
[FGrHist. 3 F 109].

30 9. AKUSILAOS: S. 52, 27 Zu Κερκάδος verweist Wil.ms. mit Recht auf
Vollgraff, Bull. hell. 33 (1909) 184. — S. 53, 19 Vgl. die Anm. zu 28 B 13 und
unten den Nachtrag zu S. 243, 6. — S. 59, 24 Auf Apollod. Epit. 1, 22 verweist
Snell.

10. SIEBEN WEISE: Zu diesem Kapitel vgl. die Aufsätze von Elderkin,
35 Am. Journ. of Arch. 39 (1935) 92; O. Brendel, Röm. Mitteilg. 51 (1936) 1ff.;
Calza, Die Taverne der Sieben Weisen in Ostia, Antike 15 (1939) 9ff., wozu
A. v. Salis in Eumusia, E. Howald zum 60. Geburtstag dargebracht (1947),
sowie die Sammlung und Übertragung der Texte von Br. Snell in Heimerans
Tusculum-Bibliothek (1938). — Letzter Ausläufer des Motivs der Zusammen-
40 kunft der Sieben ist wohl Carl von Linné's Cui bono? (akadem. Disput. von
1752). — Das rechtliche Gut in den Sprüchen behandelt E. Wolf, Griechisches
Rechtsdenken I 166ff.
S. 61, 5. 18 Dicaearchus Frag. 30. 32 Wehrli mit Kommentar S. 51f.;
zu νομοθετικούς vgl. Cicero de re publ. I 7, 12 Eos vero septem, quos Graeci
45 sapientis nominaverunt, omnis paene video in media re publica versatos. Vgl.
aber auch 58 B 4 (I 464, 16). — 26 Aristoxenus Frag. 86 Wehrli. — S. 62, 19
Füge hinzu Plato Epist. 2 p. 311 A Περίανδρον τὸν Κορίνθιον καὶ Θαλῆν τὸν

Μιλήσιον ὑμνεῖν εἰώθασιν ἅμα. — 20 Demetrius Frag. 114 Wehrli nebst Kom. S. 69f. Vgl. unten Zusatz S. 486, 5 f. — S. 63, 7 μηδὲ ἀγανοφρονεῖν (dies mit Valckenaer) Deichgräber — 22 zu Spruch 20 vgl. Anaxag. B 21 a (II 43, 15ff.). — 64, 2 ἐγγύα ist zweifellos substantivisch zu fassen, vgl. Havers Glotta 16 (1928) 116 und d. Wortindex s. v. ἐγγύη.

11. THALES: S. 67, 13 = Frag. 149 Wehrli. — S. 68, 10 Hippias [86 B 7]. — S. 69, 31 Clearchus Frag. 70 Wehrli. — S. 71, 5 εἶναι τάδε Hss. nach Mitteilung von A. Biedl — 10 Anm. Füge hinter 147 Bf. hinzu: 153 — 15ff. Reste hochaltertümlicher Rätselspiele; vgl. 58 B 1 (I 464, 16ff.). Zum philosophischen Gehalt s. Brendel, Röm. Mitteilg. 51 (1936) 27. — S. 72, 27 Lies Θλέγοντα [FGrHist. 257 F 33]. — 73, 12ff. und Nachtrag zur 5. Aufl. II 420, 22ff. Vgl. jetzt Callimachus ed. R. Pfeiffer Fr. 191, 52ff. (I 167) — 13 statt Thyrion (vgl. ob. S. 69, 20) gab Kallimachos vielmehr Amphalkes nach den Diegeseis (s. u.) — 17 so Bergk: ὃς τὸν ἄλλα M: ὃς τἄλλα V: ὃς τ᾽ ἦν ἄλλα Bentley — 24 τρίγωνα καὶ σκαληνά nach O. Becker 'gleichseitige und ungleichseitige Dreiecke', da τρίγωνον hier wie z. B. in 44 A 14 pass. vgl. A 13 (I 401, 27f.) im praegnanten Sinne gebraucht sei, wie analog τετράγωνον Viereck und Quadrat, πυραμίς Pyramide und regelmäßiges Tetraeder bedeuten könne; zur Sache verweist er auf Euklid. Elem. I 1 und 22 — 25 ist ἐπ statt ἐλ... ziemlich sicher gelesen, auch Pfeiffer sieht darin eine aoristische Verbform; ἔπλασε P. Maas unter Vergleich von Hermesianax Fr. 7, 87f. (wo freilich ἀποτασσόμενον Hds.); ἔταμε (vgl. 11 A 20 I 79, 8) zweifelnd Pfeiffer — 27 οὗτερος δαίμων: nämlich ὁ κακοποιός vgl. Frg. 91 Schn. — S. 74, 2 Zieht in die Erzählung, ἐξ⟨ελὼν πήρης e. g. ergänzend, Pfeiffer; dann 3 die Rede beginnend: ʽοὑμὸς πατὴρ ἐφεῖτο τοῦ⟨το τοὔκπωμα⟩ δοῦ⟨ναι ... — 6ff Hunts Ergänzung Θαλῆς δὲ τῶι zu lang; Pfeiffer gibt dies und das Folgende in der Fassung:

ἔτυψε δὲ⟩ σκίπωνι τοὔδα⟨φος πρέσβυς
καὶ τ⟩ὴν ὑπήνην τήτέρηι ⟨καταψήχων
ἐξεῖπ⟨ε·⟩ ʽτὴν δόσιν μὲν ⟨οὐκ ἔγωγ᾽ ἄξω
σὺ δ᾽ εἰ τοκεῶνος μὴ λό⟨γοις ἀπειθήσεις,   30
Βίης ...

: ......
Σόλων· ἐκεῖνος δ᾽ ὡς Χίλων᾽ ἀπέστειλεν
(= Fr. 84 Schn.)
                                                              35
......
πάλιν τὸ δῶρον ἐς Θάλητ᾽ ἀνώλισθεν
(= Fr. 96 Schn.)

......
ʽΘάλης με τῶι μεδεῦντι Νείλεω δήμου
δίδωσι, τοῦτο δὶς λαβὼν ἀριστῆιον᾽   40
(= Fr. 95 Schn. ob. S. 69, 16)

Dazu die Διηγήσεις ed. Pfeiffer a. O. S. 163: Βαθυκλῆς Ἀρκὰς τελευτῶν τήν τε ἄλλην οὐσίαν διέθετο καὶ δὴ χρυσοῦν ἔκπωμα τῶι μέσωι τῶν υἱῶν ᾽Αμφάλκηι ἐνεχείρισεν, ὅπως δῶι τῶι ἀρίστωι τῶν ἑπτὰ σοφῶν. ὁ δὲ ἐλθὼν εἰς Μίλητον ἐδίδου τοῦτο Θάλητι ὡς διαφέροντι τῶν ἄλλων, ὁ δὲ ἀπέπεμψε πρὸς Βίαντα τὸν Πριηνέα, ὁ δὲ πρὸς Περίανδρον τὸν Κορίνθιον, ὁ δὲ ὡς Σόλωνα τὸν ᾽Αθηναῖον, ὁ δὲ πρὸς Χίλωνα τὸν Λακεδαιμόνιον, ὁ δὲ πρὸς Πιττακὸν τὸν Μιτυλη⟨ναῖον, ὁ δ⟩ὲ πρὸς

⟨Κ⟩λεύ⟨βο⟩υλ⟨ο⟩ν τὸν Λίνδιο⟨ν. τὸ δὲ ἔκπωμα⟩ ὑπὸ τούτου ⟨π⟩εμφθὲν ⟨ἦλθε
πάλιν εἰς Θάλητα· ὁ⟩ δὲ ἀνατίθ⟨ησι⟩ τῶι ⟨Δ⟩ιδυ⟨μεῖ⟩ ⟨'Α⟩πό⟨λλωνι δὶς λαβ⟩ὼν
ἀριστε⟨ῖο⟩ν. τοιγαρ⟨οῦν⟩, ἔφη, . . . Hierin ἀνατίθ⟨ησι — wohl nach Kallimachos
ὁ δ' ἀντίθησι — richtig P. Maas; derselbe erg. ⟨Δ⟩ιδυ⟨μεῖ⟩ vgl. ob. S. 69, 14. 73,
5 21. — Bemerkenswert, daß diese Auswahl (nicht die Reihenfolge) der Sieben der
unter Demetrios von Phalerons Namen gehenden Spruchsammlung entspricht
(vgl. c. 10, 3 I 62, 20ff.). — S. 74, 19 Anm. Diels selbst hat Antike Technik[3] S. 3
Anm. seine Ansicht dahin berichtigt, daß unter ἐνιαυτός vielmehr „Zeit um das
Jahresende", also Sommersonnenwende, zu verstehen sei; vgl. hierzu Schoch-
10 Neugebauer, Astron. Abh., Ergänzungshefte zu den Astron. Nachr. VIII 2 (1930).
οὖρον προθέμενος ἐνιαυτοῦ τούτου zu lesen zieht vor O. Becker (brieflich). —
S. 75, 6 Füge zu: GALEN. Über die Siebenmonatskinder, her. v. R. Walzer,
Rivista d. Studi Orientali 15 (1935) p. 348 (Übersetzg. aus dem Arabischen):
„Und von allen Menschen, welche in der Zeit des Hippokrates lebten, wußten nur
15 die wenigsten, daß man zu den Tagen des Jahres — es sind 365 Tage — ¼ Tag hin-
zufügen müsse (Walzer: cf. Galen. VII p. 508 K.; XVII A p. 23). Es war aber
bereits die Kenntnis des Th. von Milet soweit vorgeschritten, daß er vor einer
Finsternis im voraus warnte,welche in der Gegend des Halysflusses zur Zeit des
Königs Xerxes (falsch für Kyaxares) stattfand. Viel später hat dann Hipparchos
20 klargelegt, daß es außer dem ¹/₄Tag noch ein anderer geringer (Bruch-)Teil ist." —
34 Versuch einer kritischen Behandlung der Legende bei M. Landmann und J. O.
Fleckenstein, Tagesbeobachtung von Sternen im Altertum, Vierteljahrschr. d. Na-
turforsch. Ges. in Zürich 88 (1943) 98ff. Über die Variante bei Tertull. ad nat. II 4
(CSEL I 102, 4) L. Alfonsi, Riv. di filol. class. 28, 204ff. — S. 76, 27 Anm. Streiche
25 (C?) — 28 füge zu: HEROD. II 109 δοκέει δέ μοι ἐνθεῦτεν (v. Ägypten) γεωμετρίη
εὑρεθεῖσα ἐς τὴν Ἑλλάδα ἐπανελθεῖν. — S. 77, 1ff. Zu dieser eigentlichen Grund-
lage der Geschichte der antiken Philosophie vgl. H. Cherniss, Aristotle's cri-
ticism of Presocratic philosophy S. 218f. Snell, Die Nachrichten über die Lehren
des Th. u. d. Anf. der griech. Philosophie- u. Literatur., Philolog. 96 (1944)
30 173ff. (nur in wenig Exemplaren erhalten geblieben) — 12 Hinzufügung der
abschließenden Aristoteles-satzes (984 a 2) . . . Θ. μέντοι λέγεται οὕτως ἀπο-
φήνασθαι περὶ τῆς πρώτης αἰτίας (vgl. A 14 Anfang) wünscht Snell — 27 Anm. füge
zu: Daher auch falsche Übertragungen von Anaximander auf Th. wie Cicero de
re publ. I 14, 22 — 36 vgl. Cherniss a. O. S. 201f. — S. 78, 6 Anm. Lies: vgl.
35 Seneca nat. quaest. VI 6; Aët. III 15, 1 ist wertlos — 24 danach Cicero de re
publ. I 16, 25 u. a. — S. 79, 11ff. Es ist zur Deutung der 2. Aufl. zurückzukehren
und Z. 12 τὰς ἴσας 'ὁμοίας' προσειρηκέναι zu schreiben (gegen Vahlen), wie
O. Becker (brieflich) beweist: γωνίαι ἴσαι sagen die Mathematiker von Aristo-
teles an, der archaische (später noch volkstümliche) Ausdruck — der sich also
40 in schriftl. oder mündl. Tradition erhalten hat — war γωνίαι ὁμοιαι: man faßte
den Winkel noch als Stück Gestalt, nicht als (reine) Größe (vgl. ὁμοιος im Wort-
ind.). Den Thaletischen Beweis für d. Gleichh. d. Basisw. im gleichschenkl.
Dreieck findet Becker wieder bei Aristot. Analyt. prior. I 24. 41b 13—22. Vgl.
auch K. Muglers historische Darstellung in 'Platon u. d. geometrische Ähnlich-
45 keitslehre', Herm. 77 (1942) 321ff. — 26ff. vgl. Cherniss a. O. S. 296f.; Snell
a. O. 170f. — 31 die — natürlich in peripatetischer Terminologie vorliegende —
Doxa ist aufgenommen als wichtige Interpretation des Thaletischen Gedankens.
— S. 80, 18 Die Schrift erst Renaissancefälschung nach Kalbfleisch, Sitzungsber.

d. Berl. Akad. 1913, 115; 1916, 138; Rehm, Sitzungsber. d. Münch. Akad. 1916, 3. 76.

12. ANAXIMANDROS: S. 81, 7 An die archaische Statueninschrift aus Milet, früher im Berliner Alten Museum, 'Αν]αξιμάνδρου erinnert Snell — 19 Anm. astronomische] „oder historische: es ist das Jahr vor dem Fall von Sardes 5 (oder das Jahr des Falles); dies mochte A. erwähnt haben; vgl Burnet, Early Gr. Philos.³ S. 51; Heidel, Proc. of the Am. Acad. of Arts and Sc. 56 (1920/1) 254" P. Friedländer. — S. 82, 19 Hierzu vgl. Landmann-Fleckenstein in der ob. zu S. 75, 34 nachgetragenen Abhandlung: „... die Schiefe der Ekliptik, deren Betrag sich aus systematischen Gnomonbetrachtungen mit Leichtigkeit 10 ergibt." — 26 vgl. auch Plin. N. H. VII 203 — 28 Anm. setze ein: vgl. P. Friedländer, Platon I 252ff. — S. 84, 1ff. ist im Apparat nach Wendlands Angaben zu setzen: 1 ἀφ' ἧς γενέσθαι Cedr. 3 μὲν οὖν nur T 7 ἀνάστασιν Cedr. ed. Bekker, aber ἀπόστασιν Cedr. Hss. 8 ὧι Gronov: ὃ Hss. 9 γενέσθαι Cedr. ed. Bekker, aber γίνεσθαι Cedr. Hss. ἀποκριθέντα ἐκ τοῦ Cedr. Hss. 19 ὑφ' 15 ἥλιον (ἡλίου Paris.) Cedr. — 14 Anm. ⟨τῆς γῆς, ὀκτωκαιδεκαπλασίονα δὲ τὸν⟩ E. Frank, O. Becker, mit Recht, da hier, im Gegensatz zu A 22, die inneren, nicht die äußeren Halbmesser der κύκλοι gemeint sind. — S. 85, 9ff. Zum Begriff ἄπειρον bei Aristoteles s. die Zusammenfassung bei Cherniss a. O. S. 375ff. — 18 Anm. hinter 22 B 41 füge zu: 22 C 1 (I 185, 24) — 21 zum Begriff φυσιο- 20 λόγος bei Aristoteles s. Cherniss a. O. S. 34 n. 128. — S. 86, 21 Zur Interpretation s. Cherniss a. O. S. 173 n. 128. — S. 87, 19 Anm. ⟨τροχῶι⟩ aus Plutarch. — 21 ἐκλείπειν δὲ κατὰ ⟨τὴν τοῦ στομίου ἐπίφραξιν καὶ τρέπεσθαι κατὰ⟩ τὰς τροπὰς τοῦ τροχοῦ A. Rüstow. — S. 88, 7ff. Vgl. Cherniss a. O. S. 135 n. 544 — 21 μετέβαλεν sc. εἰς πικρόν richtig Diels — 31 vgl. Rodemer, Die Lehre 25 von der Urzeugung b. d. Griech. u. Römern, Diss. Gießen 1928 (nur hier zitiert). — S. 89, 3ff. Hierüber zuletzt ausführlich G. Rudberg, Eranos 20 (1921/2) 51ff.; vgl. dens., Biologie u. Urgeschichte im ion. Denken, Symbol. Osl. 20 (1942) 1ff. — 10ff. In der Anm. trage zur älteren Literatur nach: Diels, Neue Jahrb. 51 (1923) 68ff. — über ἀρχή richtig Jaeger, Theology S. 201 n. 27. — Der Satz aus 30 Anaximanders Schrift — ein „Spruch" ist es nicht, da er ja (vgl. I 82, 35) einen fortlaufenden Text gab — hat nach Jaegers, wie uns scheint, sprachlich und geistesgeschichtlich richtiger Deutung (Paideia I 217ff.) neuerdings weitere Erörterung gefunden, so durch R. Mondolfo, Probl. del pensiero antico (1936) 23f.; F. Dirlmeier, Rhein. Mus. 87 (1938) 376ff. und Herm. 75 (1940) 329ff.; 35 K. Deichgräber, Herm. 75 (1940) 10ff.; E. Wolf, Griechisches Rechtsdenken I 219ff.; M. Heidegger, Holzwege S. 296ff.; W. Kraus, Rhein. Mus. 94 (1950) 364. Vgl. auch Gregor. Vlaßtos, Equality and Justice in early Greek cosmology, Class. Phil. 42 (1947) 156 (nur hier angeführt). Für uns ist entscheidend, daß der ebenso kenntnisreiche wie zuverlässige Berichterstatter Simplikios den 40 ganzen Satz als echt Anaximandreisch zitiert, nur in indirekte Rede umgesetzt, sonst würde er nicht zum Abschluß sagen ποιητικωτέροις οὕτως ὀνόμασιν αὐτὰ λέγων (A 9 S. 83, 8), und daß schon Solon, des Thales Zeitgenosse, das Gericht unter dem Vorsitz des Χρόνος kennt (Fr. 24, 3 D.). Gegenüber Heideggers Übersetzung, die er selbst „wissenschaftlich" nicht beweisbar nennt 45 (S. 343) — „... entlang dem Brauch; gehören nämlich lassen sie Fug somit auch Ruch eines dem anderen (im Verwinden) des Un-Fugs" — ist zu sagen: in der Sprache des 6. Jahrhunderts gehören die Begriffe δίκη, ἀδικία, δίκην

διδόναι, τίσις längst zur spezifischen Sphäre des Rechts und τὸ χρεών kann niemals „der Brauch" bedeuten (vgl. Heraklit B 80). Zur δίκη im Kosmos vgl. Parm. B 8, 12ff. (I 236, 5ff.). — Übrigens ist zu beachten, daß noch Apollodor in den Chronika Anaximanders Schrift selbst benutzte; vgl. FGHist. 244 F 29
5 (II B 1028) mit Komm.

13. ANAXIMENES: S. 91, 15 Vgl. A. Maddalena, L'Aria di Anaximene, Atti del R. Istituto Veneto 97, 2 (1937/38) 515. — 29 zu ἐποχεῖσθαι verweist auf ὀχεῖσθαι S. 78, 2 P. Friedländer und fragt: war Thales durch polemische Erwähnung bei A. bekannt? — S. 92, 2f. Hymnischen Charakter erkennt hier
10 Deichgräber, Rhein. Mus. 87 (1938) 18²⁹; vgl. A 10, aber auch I 90, 19 — 2ff. im Apparat nach Wendlands Angaben zu schreiben: 2 καὶ Cedr.: fehlt Hss. 8 ἀνέμους Zeller: μέσως Hss.   δὲ ἐπὰν Hss.: verb. Roeper   εἶναι Diels: εἰς Hss.   ἀποτελεσθῆ (so?) Hss.: verb. Roeper 9 πήλλησιν (πόλησιν) Hss.: verb. Salvinius
12 πάντα Cedr.: πάντα γὰρ Hss.   16 συμπεριφερομένας Cedr.: συμφερομένας Hss.
15 17 ὡς περὶ Wendland   19 καὶ ⟨χειμῶνα γίνεσθαι⟩ διὰ τὴν ... vgl. I 93, 33 Rüstow
— 20 zu μυλοειδῶς: Diels meinte den Vergleich mit dem πιλίον I 92, 18 (die Angabe I 86, 19 ist Versehen), doch entspricht sich die Drehung von Filzmütze und Mühlstein nicht genau. Vgl. zu diesem wie zu allen anderen Gleichnissen und Vergleichen in der frühgriech. Phil. den gleichnamigen Aufsatz von Kranz,
20 Herm. 73 (1938) 99ff., zu Anaximenes im bes. 110 und 117 — 24 Anm. παρέχειν F(?) P: verb. Meineke — 26 ἔνιοι δὲ fehlt B, dafür καθάπερ (!) — 27 lies: ὑπὸ τὴν γῆν. — S. 94, 19 Vgl. d. Nachtrag zu S. 80, 8 — 35 Senecas Nachricht, die auf Anaximenes' eigenen Wortlaut zurückgeht — das beweisen schon die bezeichnenden Vergleiche (vgl. Kranz a. O. S. 108) — lautet: *A. ait terram ipsam*
25 *sibi causam esse motus nec extrinsecus incurrere quod illam impellat.*
ipsam et ex ipsa: quasdam enim partes eius decidere, quas aut umor resolverit aut ignis exederit aut spiritus violentia excusserit. sed his quoque cessantibus non deesse propter quod aliquid abscedat aut revellatur; nam primum (ad imum? Gercke) *omnia vetustate labuntur nec quicquam tutum a senectute est, haec solida quoque et magni*
30 *roboris carpit: itaque quemadmodum in aedficiis veteribus quaedam non percussa tamen decidunt, cum plus ponderis habuere quam virium, ita in hoc universae terrae corpore evenit, ut partes eius vetustate solvantur, solutae cadant et tremorem superioribus afferant, primum dum abscedunt (nihil enim utique magnum sine motu eius, cui haesit, absciditur); deinde, cum deciderunt, solido exceptae resiliunt pilae more,*
35 *quae cum cecidit, exultat ac saepius pellitur, totiens a solo in novum impetum missa; si vero in stagnantibus (stagna abundantibus* Gercke) *aquis delatae (Gercke: delata A Φ) sunt, hic ipse casus vicina concutit fluctu, quem subitum vastumque illisum ex alto pondus eiecit.* Vgl. Lucret. VI 543ff. — 36 jetzt CMG. V 9, 1 p. 15, 15; l. τὸ (fehlt VR) πάμπαν. — S. 95, 17 Die Echtheit dieses Vergleichs — den
40 auch Aetius für echt Anaximeneisch gehalten hat, denn sonst hätte er nicht die sprachliche Erklärung Z. 19 hinzugefügt — wurde begründet durch Kranz, Herm. 73 (1938) 111; Götting. gelehrt. Nachr. II 7 (1938) 145; Philolog. 93 (1939) 436; vgl. auch Cherniss a. O. S. 379f., Jaeger, Theology S. 207f. Die zweitgenannte Arbeit von Kranz, betitelt 'Kosmos und Mensch in d. Darstellg.
45 frühen Griechentums', versucht den Nachweis, daß die in Pseudo-Hippokr. Περὶ ἑβδομάδων c. 1—11, im besondern c. 6 erhaltene Kosmologie in Anaximeneische Zeit zu setzen ist. In einem Neudruck der Fragm. d. Vorsokr. müßte diese Kosmologie als Sonderkapitel hinter Anaximenes eingeschaltet werden.

Vgl. freilich auch M. Wellmann, Quell. u. Stud. z. Gesch. d. Naturw. u. Mathem. 4 (1933) 6 ff.

14. PYTHAGORAS: Vgl. zu diesem wie zu Kapitel 15—19 (Ältere Pythagoreer) den Nachtrag unten zu Kapitel 58.

S. 96, 17 ff. Zur Seelenwanderungslehre hier wie sonst vgl. C. Hopf, Antike 5 Seelenwanderungsvorstellungen, Diss. Leipz. 1934; W. Stettner, Die Seelenw. b. Griech. u. Röm., Tüb. Beitr. 22 (1934) 8 ff.; H. Str. Long, A Study of the doctrine of metempsychosis in Greece from P. to Plato (Princeton 1948). — S. 97, 4 Anm. Füge zu: dazu Rehm ebd. S. 417 ff. — 22 Aristoxenus Frag. 15 Wehrli. Zu den Diogenesstücken des Kapitels vgl. Delatte, La vie de Pythagore 10 de Diogène Laerce (Brüssel 1922). — S. 98, 13 Den Hexameter hält für echt Wil.ms.; vgl. zu solchen Dedikationen in Hexameterform aus der Frühzeit P. Friedländer, Epigrammata nr. 10 ff. — S. 99, 14 Aristoxenus Frag. 11 b Wehrli — 18 ebd. Frag. 11 a — 20 ebd. Frag. 14 — 22 ebd. Frag. 16 — 25 ff. Anm. lies statt: (1912)3 vielmehr: (1912) 242 ff. — 27 Aristoxenus Frag. 12 15 Wehrli, Komm. S. 50 — 26 ff. Schreibe nach de Falcos Ausgabe p. 52: 26 statt δὲ vielmehr τε, und im Apparat 28 τὰ nur A 30 ἀναζητῆσαι Pp ἀνακύκλωσιν pAst: —ησιν xA 32 ἄλλοτε yA: ἄλλο Pp: ἄλλην Ast 33 γε Ast: τε Hss. und S. 100 im Apparat 1 ᾤκισαν Ast 3 τελευτὰς Pp ὅ τε trennt de Falco wohl richtig μέχρι Pp: μάλιστα yA. — S. 100, 24 ff. Zu allem Politischen (hier 20 wie in cap. 58) s. K. von Fritz, Pythagorean Politics in southern Italy. An Analysis of the Sources, Columbia Univ. Press 1940; dazu die Rez. von E. Frank, Americ. Journ. of Phil. 64 (1943) 220 ff. (seiner Grundtendenz entsprechend); L. Minar, Early Pythag. Polit. in Practice and Theory (1942), Connecticut Coll. Monogr. no. 2 — 25 Dicaearchus Frag. 33 Wehrli, Komm. S. 52. — S. 101, 12 25 Vgl. 1 B 20 (I 17, 13) — 15 vgl. Diog. Laert. VIII 21 — 13 Frag. 29 a Wehrli — 19 ebd. Frag. 25. — S. 102, 1 Frag. 19 Wehrli — 5 Frag. 13 Wehrli mit Fort-setzung. Um zu zeigen, aus welchem Grunde die antike Doxographie einen — ja durchaus möglichen, sogar wahrscheinlichen — geistigen Zusammenhang zwischen Zarathustra und Pythagoras annahm, setze den Text fort: τὸν [Za- 30 ratas] δὲ ἐκθέσθαι αὐτῶι δύο εἶναι ἀπ' ἀρχῆς τοῖς οὖσιν αἴτια, πατέρα καὶ μητέρα· καὶ πατέρα μὲν φῶς, μητέρα δὲ σκότος, τοῦ δὲ φωτὸς μέρη θερμὸν ξηρὸν κοῦφον ταχύ, τοῦ δὲ σκότους ψυχρὸν ὑγρὸν βαρὺ βραδύ. ἐκ δὲ τούτων πάντα τὸν κόσμον συνεστάναι, ἐκ θηλείας καὶ ἄρρενος. Vgl. 58 B 5 (I 452, 30) — 8 Frag. 24 Wehrli — 9 ebd. Frag. 17. — 10 vgl. unten S. 192, 29 — 20 f. so Kuster: κατὰ τοὺς 35 αὐτοὺς F. — S. 103, 8 Lies: Τετράεντα ποταμὸν nach Deubner — 13 ff. zur Überlieferungsgesch. vgl. Deubners Ausg. zu p. 133, 5 ff. — 30 Anm. ἐπεβούλευσε Hs.: verb. Holstenius. — S. 104, 6 Anm. füge zu: Rohde, der dazu Z. 5 δὲ vor εἰς tilgte; doch vgl. zur Umstellung Rostagni, Atti di Torino 49, 564 (146) f. — 10 Anm. ἕως Kuster — 10 Frag. 18 Wehrli, Komm. S. 52 f. — 13 f. mit Fort- 40 setzung Frag. 34 Wehrli, Komm. S. 53 — 33 lies ἀπὸ τῆς mit Deubner. — S. 105, 5 Jetzt CMG V 9, 1 p. 36 — 11 Anm. οὐκ ἀνοίσω verb. Delatte; statt: (1912) 15 lies: (1912) 254 — 23 vgl. außer 28 A 1 § 23 auch 28 A 40 mit Anm. — 24 vgl. 28 A 44 (I 225, 13) — 25 beachtliche Versuche, die Harmonielehre des P. selbst oder doch der ältesten Schule zu rekonstruieren, bei v. d. Waerden, 45 Herm. 78 (1943) 170 ff. 188 ff. — 26 füge zu: 22. CICERO de rep. III 11, 19 s. 31 B 135 (I 366, 9).

17. BRONTINOS: S. 106, 22 Lies: p. 144, 1 Deubner und 146, 22 D. —
23 Anm. Δεινώ Scaliger vgl. Deubner p. 74, 1.

18. HIPPASOS: Vgl. v. d. Waerden, Herm. 78 (1943) 179ff. 198; K. v. Fritz,
The Discovery of Incommensurability by H., Annals of Math. 46 (1945) 242ff.
5 S. 107, 26 Lies: p. 144, 20 D. — S. 108, 15 ἐκφήναντα erst Pr: ἐκφάναντα gute
Überlief. — 28 Anm. ἔγνωσαν Deubner — 31 Anm. παντός F: verb. Holsten —
32 παντός F: verb. Cobet — 34 διαλυόντων F: verb. Arcer. — 35 συνέντων F:
συνιόντων Scal. — 36 τῶν hält Deubner. — S. 109, 11 Anm. Βλόσωνος Doxogr.
p. 292 ἀκίνητον Hs.: verb. Zeller — 30 lies p. 123, 7 Kroll — 31ff. „ganz
10 unsinnig" nach v. d. Waerden, doch ohne Grundangabe — 39 Frag. 90 Wehrli
mit den var. lect., Komm. S. 77.

19. DEMOKEDES: S. 112, 23 Lies: Stob. IV 50, 80. 81 Hense und im
Apparat: Δημοκήδους Heimsoeth, Zeller: Δημοκρίτου Stob. Hss.; 'Ηροδότου
Ιστορίας γ' Δημοκήδους zweifelnd Hense — αὐξανομένωι τῶι σώματι auch die
15 bessere Stob.überlief., also in den Text zu setzen — 24 ⟨καὶ αἱ⟩ aus Mac., Herodot.
ἀπαμβλύνονται wie Herod. Mac.

20. PARM(EN)ISKOS: S. 113, 3 Zu Λητῶιον vgl. Plassart, Delos 11 (1928)
284; Wilamowitz, Gött. gel. Anz. 1929, 459.

21. XENOPHANES: Neue Literatur: K. Deichgräber, Xenophanes Περὶ
20 φύσεως, Rhein. Mus. 87 (1938) 1ff.; W. Jaeger, Xenophanes and the beginnings
of Natural Theology, The Albert Schweitzer Jubilee Book, Cambridge Mas.
1946; ders., Theology ... S. 208ff.; G. Rudberg, X. Satiriker und Polemiker,
Symbol. Osl. 26 (1948) 126ff.; Alfieri-Untersteiner, Studi di Filosofia Greca
(Bari 1950) S. 31ff.: G. Calogero, Senofane ... e la prima definizione dell' om-
25 nipotenza di Dio; E. Diehl, Anthol. Graeca³ I 63ff.
S. 114, 8 Demetrius, Frag. 83 Wehrli — 30 hierzu vgl. nach Deichgräber
W. Jaeger, Theology S. 109ff. — S. 115, 9 Lies ARIST. Rhet. — S. 116, 14
⟨et⟩ illi Rüstow — 34ff. zum Problem des Wertes von A 28 vgl. O. Gigon, Ur-
sprung d. griech. Philos. S. 192ff. — S. 122, 4 ἀναιρεῖ Kranz, vgl. 67 A 7 (II
30 73, 3) — 38 vgl. auch Arist. Meterol. B 3 357a 15ff. — S. 123, 3 Anm. Auf
Φᾶρος Plut. de Isid. et Osir. 40 p. 367 BC verweist Nestle. — S. 124, 19 ff. Jetzt
CMG V 9, 1 p. 15, 13; danach lies 21 ὡδί und τὸ [fehlt VR] πάμπαν und 23 οὐδα-
μόθι (-εν VR). Zur Überlieferung vgl. Deichgräber a. O. S. 9 — 29f. vgl. Kranz,
Herm. 73 (1938) 100. — S. 125, 26ff. Aus den übereinstimmenden Zeugnissen
35 geht hervor, daß Xenophanes γαῖα (γῆ) ... ἐρρίζωται gesagt hat, das zweite
Wort als Verschluß wie Hom. η 122, nur in anderem Sinne. — S. 128, 4 ἀγαθόν
auch Diehl, der zu προμηθείην ἔχειν Eur. Alk. 1054 vergleicht; ἀγαθὴν dagegen
hält Deichgräber a. O. p. 29 Anm. 48. — S. 131, 1 Aus καί geht hervor, daß
vorher von Pythagoras anderes erzählt war; vermutlich hat der ganze λόγος über
40 ihn gehandelt. Vgl. ob. Nachtrag zu S. 96, 17ff. — 5ff. über die Rechnung nicht
richtig H. Gomperz, Berl. Phil. Woch. 1932, 1411 — 13 über das Verhältnis der
Σίλλοι zu Περὶ φύσεως zuletzt Deichgräber a. O. S. 25ff. und Gigon, Usprg. d.
gr. Ph. S. 182ff. — S. 132, 19ff. Vgl. 23 B 5; auch Aristot. Pol. A 1, 7 1252b
26f. — S. 133, 1 Die Änderung καὶ γράψαι (Ludwich) erscheint notwendig —
45 6f. die Ergänzungen verwirft Wil.ms. — S. 134, 5 διέσυρε (Aristophanes) β καὶ
τοῦ ἰαμβοποιοῦ μέμνηται ... Wil.ms. — 10 Παρωιδίαι will Wil.ms. nicht gelten
lassen; der Verweis auf 21 A 19 zu streichen, weil dort παρωιδίαι nach der rich-

tigen Lesart nicht mehr erscheint. — S. 135, 5 ff. Zu den Begriffen νοῦς, νοεῖν, νόημα vgl. K. v. Fritz, Classic. Philol. 40 (1945) 223 ff.; 41 (1946) 12 ff. — 7 οὖλος γάρ nach Mutschmann alle Hdss. — 10 es ist zu erwägen, ob nicht B 26 dem B 25 unmittelbar voranging. — 16 vgl. Cherniss a. O. S. 201 n. 228. — S. 135 bis 136 Zu B 27—33 vgl. Deichgräber a. O. S. 5 ff. — S. 136, 4 Krates Frag. 5 32a Mette. — S. 137, 1 ff. Die Diskussion über das Frag. setzen fort Deichgräber a. O. S. 19 ff., Gigon, Ursprg. d. gr. Ph. S. 178. — „Auf dieses bei den Skeptikern berühmte Wort bezieht sich wohl auch Philod. Περὶ Ἐπικούρου B c. XI, Bassi, *Miscellanea Ceriani* p. 520, Oxford. Photogr. p. 1055: Epikuros ⟨ὃ λέγει ? π⟩ερὶ Κυζικηνοῦ τινος ἀστρολόγον [l. ἀστρολόγου καὶ ?] ⟨γε⟩ωμέτρου 10 παρίστησιν Ξειcφ⟨αιε⟩ι καὶ τοῖς π⟨ερὶ τ⟩ὸν Ἰδομενέα καὶ ⟨Λ⟩εc⟨ον⟩τέα πορρωτέρω πρcβαίνcυcι περὶ ⟨τῆ⟩ς ἀναιρέσεως τῆς ἀπcδ⟨είξεως καὶ τοὺς λόγους αὐτῶν ὡς π⟩οιη⟨ρ⟩cὺς φαίνεται δυcχε⟨ρ⟩αίνειν. Erg. von Vogliano, der den Pap. 1289 eingesehen und den Namen ΞΕΝΟΦ . . . | mit Sicherheit festgestellt hat." Diels. — S. 139, 9 Lies πρώτωι. 15

22. HERAKLEITOS: Neuere Literatur über Herakl. im ganzen: O. Gigon, Untersuchungen zu Herakl. (1935), wozu besonders zu vergleichen H. Cherniss, Amer. Journ. of Phil. 56 (1935) 414 ff. und W. Jaeger, Theology S. 228 ff.; Gigon, Ursprg. d. griech. Philos. S. 197 ff.; F. J. Brecht, Heraklit (im Sinne Jasperscher Existenzphilosophie); W. Nestle, Vom Mythos zum Logos² S. 95 ff. — Wert- 20 volle Neuausgabe: R. Walzer, Eraclito. Raccolta dei frammenti e traduzione Italiana (1939); überdies M. C. Mazzantini, Eraclito, i frammenti e le testimonianze (1945), wozu vgl. H. Fränkel, Americ. Journ. of Phil. 69 (1948) 430 ff. Br. Snells Übersetzung in d. Tuscul. Bibliothek (4. Aufl. 1944) ist einer eigenen Interpretation gleichzuachten. — Zum Rechtsgedanken in H.s Philosophie s. 25 A. Menzel, Hellenika (1938) S. 125 ff.; F. Heinimann, Nomos und Physis S. 61 ff.; E. Wolf, Griechisches Rechtsdenken I 239 ff. — Zu den Herakliteern: E. Weerts, H. u. d. Herakliteer (Klass. Phil. Stud. her. v. F. Jacoby 7, 1926); Platon u. d. Heraklitismus, Philolog. Suppl. 23 (1931); H. Diller, D. neue Bild d. Antike I 303 ff. — Weitere Literaturangaben durch J. Dubois O. P. in Revue des Sciences 30 philosophiques et théologiques 33 (1949) 291 f.

S. 139, 37 ff. Vgl. die 'Bemerkungen' zu A 1 von Deichgräber Philolog. 93 (1938) 12 ff. — S. 140, 12 f. Schlußfolgerungen daraus bei H. Fränkel, Am. Journ. of Phil. 59 (1938) 309 ff. — S. 142, 24 Demetrius Frag. 92 Wehrli. — S. 145, 10 ff. 'Heraklits Lehre vom Feuer' stellt quellenkritisch dar Reinhardt, 35 Herm. 77 (1942) 1 ff.; dazu aber auch Cherniss a. O. S. 29—26 Epikureische Kritik daran Lucret., De rer. nat. I 635 ff. 782 ff. — 31 vgl. auch Simpl. in Arist. phys. p. 1313, 11 — 32 vgl. Cherniss a. O. S. 84 ff. — S. 146, hinter 6 füge ein: 9a. PHILO Qu. r. div. h. 43, 214 (III 19 W.) (zu dem Satz πάνθ' ὅσα ἐν κόσμωι σχεδὸν ἐναντία εἶναι πέφυκεν) οὐ τοῦτ' ἐστίν, ὅ φασιν Ἕλληνες τὸν μέγαν καὶ 40 ἀοίδιμον παρ' αὐτοῖς Ἡράκλειτον κεφάλαιον τῆς αὐτοῦ προστησάμενον φιλοσοφίας αὐχεῖν ὡς ἐφ' εὑρέσει καινῆι; Quaest. in Gen. III 5 (p. 178 Auch.) hinc H. libros conscripsit de natura a theologo nostro mutuatus sententias de contrariis, additis immensis atque laboriosis argumentis (vgl. Zeller—Nestle I 823³). Vgl. 22 C 1 — 7 s. Reinhardt Herm. 77 (1942) 238 — 15 φύσει fehlt E — 18 statt 94 45 lies: 294 — 19 χρόνων hat Simplic. nach Heiberg — 27 füge ein: MACROB. somn. Scip. I 20, 3 (Sol) quem H. fontem caelestis lucis appellat. Zu νοερός hier

und im folg. vgl. Wortindex s. v. und K. v. Fritz in der zu S. 135, 5 nachgetrag.
Abh. — Anm. füge zu: ἄναλμα FP: verb. Heeren — 36 καὶ ⟨σχηματίζεσθαι κατὰ⟩
τὰς περικλίσεις A. Rüstow. — S. 147, 1 Anm. Füge zu: vgl. auch Gigon, Unters.
S. 70ff. — 5 also 360 γενεαί, zu 30 Jahren gerechnet (weshalb O. Becker vor-
5 zieht: μυρίων ⟨καὶ⟩ ὀκτακοσίων); vgl. A 19 — 7 Anm. lies Aët. II 6, 3 [I 292, 29]
— 8 füge (mit A. Rüstow) zu: SENECA n. qu. II 56, 1 H. existimat fulgura-
tionem esse velut apud nos incipientium ignium conatum et primam flammam
incertam modo intereuntem, modo resurgentem. Ein für H. bezeichnender
'Vergleich', der als echt zu gelten hat — 24 auch Arist. de anima A 4. 416 a 9—13
10 bezieht Cherniss a. O. S. 312f. auf Heraklit — 34 Anm. τῶι Bekker: τῶν Hss.
— S. 148, 17 Vgl. Lucret. IV 925 und zum Ganzen Kranz, Herm. 73 (1938) 113,
aber auch Theiler, Vorbereitg. d. Neuplatonismus S. 94f. — S. 149, 1 Die Solo-
nische, ursprünglich orientalische, Hebdomadenlehre liegt zugrunde. Vgl. Rein-
hardt, Herm. 77 (1942) 232f.; allgemein Jaeger, Vergessene Fragm. d. Diokles,
15 Abh. Berl. Ak. 1938, S. 17ff., Paideia II 361f. — 3f. vgl. H. Fränkel, Am. Journ.
of Philol. 59 (1938) 89ff., wozu er noch nachträgt: „vgl. auch Schol. Hom.
γ 245"; Reinhardt a. O. S. 230ff. — S. 150, 3ff. Vgl. Kranz, Rhein. Mus. 93
(1949) 82f.; anders u. a. Verdenius Mnemos. 3, 13 (1947) 271f.; ἀεί steht wohl
ἀπὸ κοινοῦ, freilich ἐόντος ἀεί ∼ ἐόντος ξυνοῦ B 2 (P. Friedländer). Zu γίνονται
20 = ἔσονται verweist auf Sol. 3, 15, Simon. 6, 1 D. und Wackernagel, Syntax I
161. 176 Snell. Wie häufig mit ὁ λόγος ὅδε die darauf folgende Schrift angekündigt
wurde, geht hervor aus der Fälschung abgedr. ob. S. 105, 12. — S. 151, 5 Über-
setzung: der Sinn ist natürlich: (scheinbar) so breit wie das Längenmaß Fuß;
vgl. auch H. Fränkel, Am. Journ. of Philol. 59 (1938) 327f. Nach Heraklit
25 Aristot. De anima Γ 3. 428 b 3 φαίνεται μὲν ὁ ἥλιος ποδιαῖος, πεπίστευται δ' εἶναι
μείζων τῆς οἰκουμένης — 12 ἄλλως ⟨αἵμα⟩ αἵματι μ. D. S. Robertson, unter Ver-
gleich von Aeschyl. Frag. 45 N.², Herodot. I 43 καθαρθεὶς τὸν φόνον — 14 statt
αὐτόν setzt μιν, „das als Enklitikon an den Satzanfang rücken darf", Snell.
— S. 152, 4 Vgl. Gigon, Unters. S. 84f., Reinhardt a. O. S. 235ff., aber auch
30 Cherniss a. O. 133ff. Richtig scheint zu verstehen Horat. carm. saec. 10 Sol,
qui ... aliusque et idem nasceris. Bei Plat. Rep. VI p. 498a πρὸς δὲ τὸ γῆρας
ἐκτὸς δή τινων ὀλίγων ἀποσβέννυνται πολὺ μᾶλλον τοῦ 'Ηρακλειτείου ἡλίου,
ὅσον αὖθις οὐκ ἐξάπτονται klingt in ἀποσβέννυνται ... ἐξάπτονται Heraklit
nach (vgl. Wortindex s. v. ἄπτειν und σβεννύναι). — S. 153, 10 Entgegengesetzte
35 Wertung der Varianten συνάψιες und συλλάψιες auf Grund von Lorimers Aus-
gabe von [Arist.] de mundo, im bes. mit anderer Deutung der Apul.-überlieferung,
durch Snell, Herm. 76 (1941) 84ff. — 16 Anm. zum „Schlag Gottes" vgl. auch
noch Aesch. Sept. 608; Soph. Ai. 278. So geläufig war im 5. Jahrh. diese Vor-
stellung. — S. 154, 1 Vgl. Cherniss a. O. S. 297f. — 8 zur Überlieferungsgeschichte
40 s. P. Wendland, Ein Wort des H. im NT (Sitzungsber. Berl. Akad. 1898. XLIX).
— 14 vgl. W. Weber, Der Prophet u. sein Gott S. 102¹ — 16 μυστήρια] „ältestes
Zeugnis für Mysterien; P. W. Real-enc. XVI 1210 zu erwähnen vergessen"
O. Kern. Sinn bei H.: „es gibt aber auch eine andere μύησις" (P. Friedländer).
— S. 155, 1 Vgl. Lesky, Wien. Stud. 54 (1936) 24ff. — 9 Übers.: „... erwartet,
45 das Unerwartete ..." P. Friedländer — 15 zu μᾶλλον δὲ ἀναπαύεσθαι s. Rein-
hardt, Herm. 77 (1942) 4; μᾶλλον ἢ ἀναπαύεσθαι (vgl. formal 22 B 9. 43, inhalt-
lich Herod. VII 46, Eudem. Eth. A 5, 9. 1216 a 12) Anna Rüstow geb. Bresser.
— S. 156, 1 Zu allen solchen „Proportionen" bei H. sei hier n. e. verwiesen auf

H. Fränkel, A thought pattern in Heraclitus, Am. Journ. of Philol. 59 (1938) 309ff. — 10 vgl. Reinhardt, Herm. 77 (1942) 226. — S. 157, 3 Vgl. Reinhardt, ebd. S. 5ff. δοκεόντων γὰρ ὁ δοκιμώτατον γινώσκει, φυλάσσει liest Wil.ms. — 10ff. zu B 30. 31 s. die Diskussion Gigon, Unters. S. 51ff. 64ff.; Deichgräber, Rhein. Mus. 89 (1940) 44ff., Reinhardt Herm. 77 (1942) 7ff. 245ff. — S. 158, 5 5 Lies φθαρτὸν αὐτὸν [sc. τὸν κόσμον] εἶναι (so überliefert) — 12 ⟨πάλιν δὲ γῆ⟩ jetzt Kranz. — S. 159, 6f. Anm. für εὖ setzt οὐ Nestle; anderer Lösungsversuch bei Verdenius Mnemos. a. O. S. 280ff. Zu der Bemerkung über φιλόσοφος bei Hippokr. vgl. aber Deichgräber, Herm. 70 (1935) 110[4] — 8 vgl. Nachtrag zu S. 154, 1. — S. 160, 4 Zu νόος hier u. im folg. vgl. die zu S. 135, 5. 146, 27 nach- 10 getragene Abh. von K. v. Fritz — 8 Anm. Dielsens Verweis auf 28 B 8, 46 bezog sich auf seine dortige Lesart οὖ τεον (vgl. d. dortige Anm.). — S. 161, 3 Zu οἴησις vgl. auch Deichgräber, Herm. 70 (1935) 110[4] — 5 μὴ συμβαλώμεθα richtig Wil.ms. — 6 vgl. G. Calogero, Giornale critico della Fil. 17 (1936) 205 n. 2 — 12 ⟨δὶς⟩ ἐμβαίνομεν ... nach Schleiermacher Walzer u. a.; vgl. Seneca, 15 Ep. 58, 23 Hoc est, quod ait H.: „In idem flumen bis descendimus et non descendimus". Manet enim idem fluminis nomen, aqua transmissa est. Uns erscheint das in diesem Spruch eine Trivialisierung, anders als in B 91. — S. 162, 3 Statt ὁμολογέει setzt ein: συμφέρεται Brieger — zur Diskussion über παλίντροπος: παλίντονος (worüber zuletzt Snell, Herm. 76, 1941, 86[1], doch wohl mit unberech- 20 tigtem Vorwurf) ist es gut, Wilamowitzens Entscheidung für παλίντροπος nicht zu vergessen (Griech. Lesebuch II 2 S. 129 ob.); παλίντροπος ist lectio difficilior, παλίντονος lectio facilis, immo trivialis. Übrigens sagen zu diesem Gedanken die Lateiner concordia discors (z. B. Horat. Ep. I 12, 19) — 5 Reinhardts Gliederung .. παῖς, παίζων πεσσεύων, παιδὸς ... (Herm. 77, 1942, 6[1]) schwerlich richtig, 25 da doch der ganze Ton darauf liegt, daß der Aion ein (παῖς) π α ί ζ ω ν ist, nicht ein παῖς, vgl. Ἔρως οἷα ⟨παῖς Bentley⟩ παίσδει ἄκρ᾽ ἐπ᾽ ἄνθη καβαίνων Alkman Frag. 36 D. Zum Bild vgl. auch Dio Chrysost. de regno IV 47; Plato Legg. I 644 D, VII 803 C, X 903 D prägt es in verschiedener Form um. Zur späteren Interpretation wichtig Plutarch. de E Delph. c. 21 (p. 22f. Siev.) — 10 vgl. 30 Διὸς ἁρμονία Aesch. Prom. 551. — S. 163, 1ff. πρὸς τὴν γνῶσιν τῶν φανερῶν nach H. Fränkel nicht original. Zuletzt über das Frag. G. S. Kirk, Class. Quat. 44 (1950) 157ff. Der Sinn ist: „die Kinder begreifen besser die antithetische Struktur des Logos als Homer" (P. Friedländer). Zur Überlieferung und zum Fortleben der Fabel s. Ohlert, Rätsel u. Rätselspiele d. alt. Griech.[2] S. 31; 35 Jan de Vries, Die Märchen v. d. klugen Rätsellösern, F. F. Communcations nr. 73, Helsinki 1928; Kranz, Herm. 74 (1939) 224. — S. 164, 5 Zu ἄνω κάτω vgl. Reinhardt, Herm. 77 (1942) 19f. 240. Daß es „hin und her ", „hin und wider" heißen kann, ist belegt; daß es dies bei Heraklit im Gegensatz zur stoischen Deutung heißen m u ß, scheint nicht erwiesen. Es ist nicht einzusehen, warum 40 nicht bei Heraklit mit der Ausdeutung des Kosmos an sich, seiner φύσις Heraklitisch gesprochen, parallel auch — wie bei den früheren ionischen Philosophen — eine Kosmosentstehungslehre gegangen sein soll — 10 Anm. lies: Max. Tyr. XLI 4 p. 481, 9 Hob. — 13 δ᾽ ἐόντι] dafür λέγονται Wil.ms. — 14 Anm. füge zu: ἐγερτιζόντων P. — S. 165, 3 τὸ πῦρ φρόνιμον als echt Heraklitisch vermutet 45 Reinhardt a. O. S. 26f., sehr wahrscheinlich, es entspräche dem νοερόν (vgl. Wortindex s. v. und oben Nachtr. zu S. 146, 27), parallel dem νόος ἢ φρήν B 104 — 4 Anm. setze ein: καλεῖς P — 6 zu B 66 s. Reinhardt a. O. S. 22ff. — 8 zu B 67

vgl. H. Fränkel, H. on God and the phenomenal world, Transact. & Proceed.
of the Amer. Phil. Assoc. 69 (1938) 230ff. — 10 ὁκωσπερ ⟨ἔλαιον⟩ vel sim. Heidel,
H. Fränkel, Snell. Vgl. auch Kranz, Herm. 73 (1938) 112. — S. 166, 5ff. Zu
B 67a vgl. Kranz a. O. S. 112f.; Deichgräber-Diller, Gnomon 18 (1942) 76;
5 Jaeger, Paideia II 366 Anm. 73. Auch der von Tertullian (Anm. zu Z. 1) ge-
brachte Vergleich mit dem Aulos kann Heraklitisch sein — 12 αὐτά] sc. ἃ προ-
σάγεται τοῖς θεοῖς. — S. 167, 5 παῖδες τὰ ἀθύρματα ἄνδρες γενόμενοι ἀπέρριψαν
erschließt als Heraklitischen Gedanken Reinhardt a. O. S. 225; vgl. B 79. —
S. 168, 1 Anm. Vgl. Breithaupt, De M. Aurel. comm. quaest. sel. Diss. Gött.
10 1913, 21f. — 4 lies XLI 4 p. 481, 11 Hobein — 12 ψυχῇσι βροτέαις Olymp. in
Plat. Gorg. 237, 8 Norvin — 17 vgl. Jaeger, The Theol. of the early Greek phil.
S. 233. — S. 169, 1. 15ff. vgl. den Nachtrag zu S. 156,1—4 vgl. ξυνὸς 'Ενυάλιος
Hom. Σ 309, umgebildet von Archilochos Frag. 38 D. zu ξυνὸς ἀνθρώποισ'
*Αρης. — 18 „mindestens von καὶ σοφίαι an Platonisch" P. Friedländer. —
15 S. 170, 1 Anm. Es ist gut, auch Iamblichs Zeugnis in betracht zu ziehen (Stob. I
19, 39 p. 378 W.) 'Η. μὲν γὰρ ἀμοιβὰς ἀναγκαίας τίθεται ἐκ τῶν ἐναντίων, ὁδόν
τε ἄνω καὶ κάτω διαπορεύεσθαι τὰς ψυχὰς ὑπείληφε καὶ τὸ μὲν τοῖς αὐτοῖς ἐπιμένειν
κάματον εἶναι, τὸ δὲ μεταβάλλειν φέρειν ἀνάπαυσιν nach Plotin. Vgl. 19, 37
p. 375 W. — 3f. vgl. H. Bogner, Herm. 77 (1942) 215, aber auch Binswanger.
20 Antike 11 (1935) 33 — 9 ταὐτὸ γε δὴ verm. Reinhardt a. O. S. 242. — S. 171, 3
Vgl. Binswanger a. O. S. 19 — 9ff. zu B 91 s. Reinhardt a. O. S. 18f. 241ff. (wo
versehentlich 49 statt 91), doch vgl. auch Nachtrag zu ob. S. 164, 5 — 9 Anm.
zu ἔμπεδον οὐδέν vgl. E. Hoffmann, Platonismus u. Mystik im MA S. 148¹. '—
S. 172, 7 σημαίνειν ist Terminus der Orakelsprache, vgl. Xenoph. Mem. I 1, 9
25 u. ö. Danach Hölderlin IV 135 Hellingr. „. . . und Winke sind von altersher die
Sprache der Götter" — 9 vgl. Hom. T 418 (Nestle). — S. 173, 1 vgl. Rev. d.
Étud. Grecques 63 (1950) 12. H. D. Saffrey hält καὶ βαύζουσιν, καὶ im Sinne
von „sogar", βαύζειν mit Akk. auch Aesch. Pers. 13, vgl. Hom. υ 15 — 7ff. zu
dem B 100 zugrunde liegenden Gedanken s. Reinhardt a. O. S. 228ff. — 11 „Plu-
30 tarch hat recht und unrecht (heraklitisch gesprochen); ἐδιζησάμην ist eine Ant-
wort auf die Delphische Forderung; vgl. H. Gomperz, Festschrift für Julius
Schlosser" P. Friedländer. Dieser will zudem aus Dio Chrys. LV 1. 2 Arn. in
Verbindung mit Diog. A 1 § 5 (vgl. Anm.) einen zu B 101 parallel stehenden,
aber nicht mit ihm identischen Heraklitspruch ἐγενόμην παρ' ἐμεωυτοῦ σοφός
35 gewinnen. — S. 174, 4 Anm. Füge zu Clem.: strom. V 59, 4 (II 366, 8 St.). —
S. 176, 5 Zur Deutung von B 114 s. Gigon, Unters. S. 11ff.; H. Fränkel, Amer.
Journ. of Phil. 59 (1938) 320f.; Heinimann, Nomos und Physis S. 65 — 12 Anm.
z. letzt. Zeile: vgl. jetzt Wilamowitz, Glaube d. Hellen. II 123. — S. 178, 13
μὴ (mit Arnim) ὥσπερ σάρμα εἰκῇ κεχυμένον τὸ κάλλιστον, φησὶν 'Η., ὁ κόσμος
40 (vgl. I 71, 11) Rüstow; viel wahrscheinlicher aber geht vom überlieferten σάρξ
aus Mc Diarmid, Amer. Journ. of Phil. 62 (1941) 492, seine Interpretation noch
verbessernd liest P. Friedländer ebd. 63, 336 σὰρξ εἰκῇ κεχυμέν⟨η ἀνθρώπ⟩ων
ὁ κάλλιστος . . . [ὁ κόσμος], unter Vergleich von ἀνθρώπων ὁ σοφώτατος B 83,
πιθήκων ὁ κάλλιστος B 82 und sogar von δοκεόντων ὁ δοκιμώτατος B 28. —
45 S. 179, 2 παραίτιον verb. Nestle — 11 aus dem Anfang ergibt sich, daß ein Satz
über die Hebdomas im Irdisch-Menschlichen vorausging, vgl. A 18; dies spricht
für Echtheit, vgl. Kranz, Nachr. d. Gött. Ges. N. F. 2, 7 (1938) 157. — S. 180, 11
H. Erbse, Fragmente griech. Theosoph., Hamburg. Arb. z. Altertumswiss. 4

(1941) 23 begründet die Echtheit des Frag., dessen Schluß er wohl richtig über-
setzt: „als ob sie überhaupt nicht darum bitten". Vgl. B 5 — 13 dem Sinne
nach ähnliche Polemik bei Herodot II 123 (oben cap. 14, 1). — S. 181, 6 Anm.
Füge zu: zur Überlieferung vgl. Dyroff, Berl. Philolog. Wochenschr. (1917)
1215; W. Schmid ebd. (1929) 495. — S. 182, 1 „Umsetzung in Hexameter: ist 5
das byzantinisch?" P. Friedländer — 11 vgl. zu diesem Kapitel die Herakliteer
c. 65 und 66; Palm, Stud. zu Hipp. Περὶ διαίτης Diss. Tüb. 1934 (1933) 50ff.;
Nestle, Griech. Studien (1948 = Herm. 1938) 534f.; Heinimann, Nomos und
Physis S. 153ff. — S. 185, 9ff. Vgl. Kranz, Nachr. d. Gött. Ges. N. F. II, 7
(1938) 131ff. — 25 Anm. vgl. c. 10, 3 (I 63, 22) 59 B 21a (II 43, 13). — S. 186, 4ff. 10
Zu diesem neuen, bis S. 188, 30 reichenden und dort abgeschlossenen Teil vgl.
22 B 10 (I 153, 1ff.). — S. 188, 26 Vgl. 82 B 23 (II 305, 26). — S. 189, 1ff.
Jetzt CMG I 1, 79ff.; danach zu lesen 5 καὶ τὸ τρέφον und καὶ τὸ μέλλον 7 ψῦξιν
17 δύνηται τρέφειν, οὐ τροφή τροφή, ἣν οἷόν τε ἦν τρέφεσθαι und Apparat dazu
τρέφειν M³: τροφή A; letztes τροφή Littré, fehlt A; letztes ἦν Diels mit Littré: 15
ἦν μὴ A. — (42) gibt Heiberg nach den Hss. in folgender Fassung: οὐκ ἔστι καὶ
ἔστι· γίνεται δ' ἐν τούτοισι καὶ πλείω καὶ ἐλάσσω καὶ ὅλον καὶ κατὰ μέρος, οὐ
πολλὸν δὲ τὰ πλείω πλείω ἢ ἐλάσσω ἐλάσσω. Zum Inhalt vgl. Diller, Sudhoffs
Arch. f. Gesch. d. Medizin 29 (1936) S. 178ff. — S. 190, 6 Das Verhältnis von
Kleanthes zu Heraklit behandelt eingehend E. Neustadt, Herm. 66 (1931) 387ff. 20
— 19 zu ἔμπεδον οὐδέν s. o. I 171, 9 Anm. nebst Nachtrag.

23. EPICHARMOS: S. 190, 31 Φόρμωι] Phormis A 2 (I 191, 4); fehlt
Bechtel, Histor. Personennamen 600. — S. 191, 9 Entweder ῾Ηλ⟨ι⟩οθάλης mit
Kern oder Φιλοθάλης mit Herzog, Koische Forsch. S. 202 — 18 Anm. παραστι-
χίδα BP¹F: -χίδια P³ vulg.; nachher ἐν οἷς P¹ (nach Von der Mühll) — 23 lies: 25
266. — S. 192, 2 Anm. πάντες ἑξῆς liest Wilamowitz, Platon II² 332 — 6 Anm.
συγγράμματα] vgl. S. 191, 11. 19? — S. 193, 5 Aristoxenus Frag. 45 Wehrli.
— S. 194, 12 Die Zweifel an der Echtheit von B 4, die vor allem auf der Ver-
wendung des Wortes φύσις v. 6 beruhen (vgl. Heinimann, Nomos u. Physis
S. 102) scheinen nicht genug begründet, da wir den Sprachgebrauch des syra- 30
kusanischen Dorers Epicharm zu wenig kennen, um solchen Gebrauch anfechten
zu können. — S. 198, 12. Vgl. Jaeger, Paideia II 41. 367 n. 82. — S. 200, 16
Vgl. die zu S. 135, 5 nachgetrag. Abhdlg. — S. 201, 18 Vgl. Arist. Eth. Nicom.
7. 1177ᵇ31. Eurip. Alc. 799. — S. 203, 10 Vgl. Kritias B 9 (II 380, 15). —
S. 206, 9. 16 So wie Ennius Annal. 521f. Vahl. zur Charakterisierung der Dis- 35
cordia = Paludo virgo die vier Elemente bemüht, so gibt er hier im Epicharmus
die Empedokleische Lehre von den vier Elementen und den vier Aggregrat-
zuständen wieder. Vgl. Nachtrag zu Emped. S. 286, 6.

24. ALKMEON: Da ᾿Αλκμεωνίδαι inschriftlich beglaubigt ist, verlangte
J. Wackernagel mit Recht auch Alkmeon statt Alkmaion. — Alkmeon als ersten 40
Experimentalbiologen will darstellen H. Ehrhard, Sudhoffs Archiv f. Gesch.
d. Medizin 34 (1941) 77ff. — S. 210, 15 ῾δύο τὰ πολλὰ τῶν ἀνθρωπίνων᾿ hält,
vielleicht mit Recht, für originale Worte Alkmeons Gigon, Ursprung d. griech.
Philos. S. 151⁵⁶. — S. 211, 5ff. Vgl. jetzt Lindsays Apparat; die Verbesserung
Z. 7 ficto aus fictorum scheint notwendig. — S. 213, 4 ἀπ᾿ αὐτῶν [sc. τῶν ὀφ- 45
θαλμῶν] — 9 lies [Empedokles, Archelaos] — 27 vgl. Porphyr. bei Euseb. Pr.
ev. XI 28, 9 — 28 zum gesamten Gebiet der vorsokrat. Embryologie vgl. jetzt

K. Blersch, Sexus (Tüb. Beitr. XXIX, 1937). — S. 215, 11 ff.. Ehe nicht die
Plutarchüberlieferung feststeht, ist sichere Textkonstituierung unmöglich. —
S. 216, 5 Jetzt CMG I 1 p. 45 ff.

28. PARMENIDES: An allgemeiner gefaßter Literatur sei erwähnt: G. Ca-
5 logero, Studi sull' Eleatismo (1932) und dazu K. v. Fritz, Gnomon 14 (1938)
91 ff.; K. Riezler, Parmenides (1934) und dazu H. G. Gadamer Gnomon 12
(1936) 77; W. J. Verdenius, P., some comments on his poem (Groningen 1942)
und dazu H. Fränkel, Class. Phil. 41 (1946) 168 ff.; G. Vlaßtos, Transact. Amer.
Phil. Assoc. 78 (1946) 66 ff.; W. Jaeger, Theology S. 224 ff.; E. L. Minar, Am.
10 Journ. of Phil. 70 (1949) 41 ff.; Verdenius, Mnemosyne 4, 2 (1949) 116 ff.

S. 217, 27 Anm. Vgl. H. Gomperz, Imago X (1924) 3, 5. — S. 218, 3 Vgl.
Verdenius, Mnemos. 3, 13 (1947) 287 ff. — 13 ἐπὶ φαντασίης ἀπάτᾳς Wilamowitz,
Hellenist. Dichtg. I 169. — S. 221, 31 καταρρυέντος ⟨καὶ ἐξατμιζομένου τοῦ⟩
ἀέρος Rüstow — 32 das nach Diels' Wunsch in den Zusätzen zur 5. Aufl. hinzu-
15 gefügte Wort des Procl. in Plat theolog. ed. Portus 55 τὰ .. τῶν πολλῶν τῆς
ψυχῆς ὄμματα καρτερεῖν πρὸς τὸ ἀληθὲς ἀφορῶντα ἀδύνατά φησιν ὁ 'Ελεάτης
σοφός ist in Wahrheit nur Zitat aus Plato Sophist. 254 A! — 38 ⟨ἑαυτῶι⟩ὅμοιον
Kranz, vgl. z. B. I 416, 24 — 42 zur Bedeutung der Worte ἀναγκαζόμενος δὲ
κτλ. vgl. Cherniss a. O. S. 220 not. 15, am Ende. — S. 222, 24 Anm. στασιώτας
20 τῆς φύσεως NLR: τῆς φύσεως fehlt (sicher mit Recht) übr. Hss. — S. 224, 6 Lies
⟨στερεόν⟩ (von Krische ergänzt) — 29 lies: AET. II 15, 4. — S. 225, 1 Anm.
Lies: ... (1912) 240 — 5 Anm. lies: Zeller wie Plut. GB — 15 lies: Ζήνων [I 276
Arnim] 'Ησίοδον [Frag. 254 Rz.] — 14 Anm. am Ende setze zu: Cherniss a. O.
S. 396. — S. 226, 20 Lies de anima 43, 2 — 24 Anm. lies: Stob. L. — S. 227, 1 ff.
25 Vgl. aber Cherniss a. O. S. 268 not. 196 — 8 zu βλαστῆσαι vgl. Wortindex — 11
Anm. lies: ἐναλλαγῇ (-ῇι). — S. 228, 19 Anm. letzte Zeile füge zu: auch Jaeger,
Paideia I 240 — doch warum soll gerade dies betont werden? Zuletzt hierzu
Verdenius, Mnemos. 3, 13 (1947) 284. — S. 230, 6 Zu κοῦρος vgl. Verdenius
a. O. S. 285 — 10 Θέμις Δίκη τε entspräche besser Parmenideischer Vorstellung,
30 vgl. unt. S. 236, 7. — S. 231, 9 Zur Problematik d. Übersetzung von ἔστιν u.
οὐκ ἔστιν s. Calogero, Gnomon 17 (1941) 201 — 22 zu νοεῖν vgl. K. v. Fritz in
der zu S. 135, 5 nachgetragenen Abhdlg. — S. 232, 14 Füge ein: 86, 25 ἀλλὰ
καὶ τὸ πάντων ἕνα καὶ τὸν αὐτὸν εἶναι λόγον τὸν τοῦ ὄντος ὁ Π. φησὶν ἐν τούτοις
'χρὴ ... οὐκ ἔστιν'. — S. 233, 1 ff. Zum Wegbild bei P. s. O. Becker, Hermes
35 Einzelschr. 4, 139 ff., freilich nicht fruchtbar — 2 ff. vgl. Cherniss a. O. S. 383 f.
— S. 234, 30 Frag. 7, 3 ff. schloß Diels früher an Frag. 1, 32 an — 32 nach v. 2
will H. Fränkel, Class. Phil. 41 (1946) S. 170⁹ Ausfall einiger Verse annehmen.
— S. 235, 2 Anm. Lies: δ' ἔτι N: δέ τι LE: δέ τοι d. andere Hss. klasse — 5 zieht
P. Festugière die Lesart des Simpl. u. Clem. οὖλον μουνογενές τε unter Verweis
40 auf Plat. Tim. p. 31 b 3 vor — 6 vgl. E. Frank, Philos. Erkenntnis u. religiöse
Wahrheit S. 148 n. 16 — 8 Anm. lies: selbstverständlich unmöglich, da Seiend(es)
immer sich selbst gleich ist. — S. 236, 1 ff. Vgl. E. Frank, Philos. Erkenntnis
u. religiöse Wahrheit S. 143 n. 1 — 7 vgl. Vlaßtos, Transact. Amer. Phil. a. O.
— S. 237, 3 ff. Zu συνεχής vgl. Cherniss a. O. 65 ff.; Gigon, Philol. 91 (1936)
45 17 ff. — S. 238, 2 ἔστι γὰρ οὐκ ἐπιδέες· μὴ ἐὸν δ'ἂν παντὸς ἐδεῖτο P. Friedländer
— 3 Anm. „Einfacher ist doch die Identität νοεῖν = εἶναι (ἐόν). Also wird οὔνεκεν
ἔστι νόημα eben dieses ἐόν sein, d. h. die ältere Interpretation (weswegen) ist

die wahrscheinlichere. Vgl. Gadamer, Gnomon 12 (1936) 84" P. Friedländer —
3ff. Vgl. Plato Parm. p. 132 BC. — S. 239, 8 Vgl. Zusatz zu I 6, 22. — S. 240, 1 ff.
vgl. Cherniss a. O. S. 48f. — 2 vgl. Verdenius, Mnemos. a. O. S. 285ff. — 3 καὶ
κεῖνο ? (vgl. Wortindex s. v. ἐκεῖνος) — Zur Bedeutung von διάκοσμος bei P. siehe
Plutarch unt. S. 241, 7 und Simplicius unt. S. 245, 14, die beide das Werk noch 5
ganz lasen. — S. 241, 12 Zu B 10 vgl. jetzt Heinimann, Nomos und Physis
S. 90ff. Es ist aber deutlich, daß φύσις in v. 1 und 5 trotz der dichten Aufein-
anderfolge verschiedene Nuance hat — lehrreich für die Geschmeidigkeit solcher
Worte in alter Zeit, vgl. λόγος — : in v. 1 „Natur", ja fast „Wesen" und v. 5
„Ursprung". „Wesen" ist ja φύσις deutlich schon bei Heraklit B 1. 112, wie 10
πέφυκε bereits bei Xenophan. B 32 in diese Richtung weist. Klare Sonderung
der Bedeutungen dann bei Arist. Phys. 2, 1. 193b 12f. — 14 „Nach schol. Hom.
Λ 155 gab es zwei Deutungen von ἀίδηλος; neben καθαρᾶς εὐαγέος ist es wahr-
scheinlich, daß P. es im Sinne von μεγαλόδηλος verstand" P. Friedländer. —
S. 242, 4 Anm. Setze: so DEc: παραδεδώκασι Ab; παραδέδωκεν unten Z. 9 15
— 5 zur Kosmosvorstellung des P. vgl. jetzt auch O. Gigon, Ursprg. d. griech.
Phil. S. 276ff. — S. 243, 3 Der Ausdruck στυγερὸς τόκος zeigt ebenso klar den
(orphisch-)pythagoreischen Charakter der Welt κατὰ δόξαν wie die nach Z. 14f.
darin vertretene Seelenwanderungslehre — 7 füge im Text hinzu: vgl. 195 C
(φημὶ . . .) τὰ . . παλαιὰ πράγματα περὶ θεούς, ἃ Ἡσίοδος καὶ Παρμενίδης λέγουσιν, 20
Ἀνάγκηι καὶ οὐκ Ἔρωτι γεγονέναι, εἰ ἐκεῖνοι ἀληθῆ ἔλεγον. Zur Beziehung
Parmenides-Hesiod vgl. auch oben Anm. zu S. 224, 18. — S. 244, 8 Zu ἑκάστοτ'
... κρᾶσις kehrt Fränkel zurück (mit Verdenius) Class. Phil. 41 (1946) 168;
daselbst Interpretation des ganzen Frag. — S. 246, 6 Die Frage, ob ψευδσφαής
oder ψευδοφανής das alte ist und das erste nicht doch bei P. vorkam, bedarf er- 25
neuter Prüfung — 14 Anm. Boethius selbst hat schon III 12 Parmenides B 8, 43
namentlich angeführt; also muß er hier einen anderen meinen, vielleicht „Pytha-
goras", denn aus einer Sammlung seiner Χρυσᾶ ἔπη könnte der Vers stammen.

29. ZENON: Zu diesem Kapitel vgl. G. Calogero, Studi sull' Eleatismo;
ders., Atene e Roma 1936 p. 144ff.; F. M. Cleve, Zeno of Elea, Cambridge Class. 30
Stud. 1 (1936), worüber — wie über die mir nicht zugänglichen Schriften von
Zafiropulo und D. Ciurnelli— H. Fränkel, Class. Phil. 45 (1950) 187ff.; Fr. Rosen-
thal, Arabische Nachrichten über Zenon d. Eleaten, Orientalia VI (1937) 21.

S. 249, 21 Anm. Setze ein: παρεκέντησαν Döhner nach I 247, 22: παρε-
κάλεσαν Hss. — S. 250, 3f. Vorher geht 31 A 19 Anfang — 19 es wäre besser, 35
hier auch Parm. 127 DE abzudrucken und A 15 nebst Anmerkung dem anzu-
passen. Vgl. auch E. Hoffmann, Sokrates 49 (1923) 32. — S. 251, 7. 10 „Proklos
sagt τὰ ὄντα, καὶ οὗτος μὲν ὅλος ὁ πρῶτος λόγος, Platon sagt Parm. 127 D τὴν
πρώτην ὑπόθεσιν τοῦ πρώτου λόγου, also besteht da kein Gegensatz" P. Fried-
länder. — S. 252, 1 Vgl. H. Fränkel, Zeno of Elea's attacks on plurality, Am. 40
Journ. of Philol. 63 (1942) 1ff. 193ff. — 4 vgl. Cherniss a. O. S. 43 n. 165 —
19 Anm. μήτε Hss.: verb. Zeller — 21 zu διακωμωιδοῦντος vgl. κωμωιδεῖν A 12. 23
und dazu Nestle, Herm. 57 (1922) 560 = Griech. Studien S. 250. — S. 253, 19ff.
Vgl. Gigon, Philol. 91 (1936) 19ff.; Cherniss a. O. S. 155ff. 215 — 33 Corp. Vas.
Attic. Villa Giulia II Tab. 33 stellt nicht dieses Zetema dar (so Text p. 15), 45
sondern einen vor einer Riesenschildkröte fliehenden Mann. — S. 255, 14ff.
vgl. Plato Parm. 127 E — 16 Anm. „Dichotomie"!] vgl. Calogero, Gnomon 17

(1941) 202 mit den weiteren Literaturangaben. — S. **256**, 11 Da μέγεθος in der Bedeutung „konkrete Größe" vor Aristoteles nicht nachweisbar ist, schlägt O. Becker zu lesen vor: μεγέθους γὰρ μηδενὸς ὄντος ⟨τοῦ ὄντος⟩, προσγενομένου δὲ (sc. τοῦ ὄντος) vgl. S. 252, 6f. — S. **257**, 5 Anm. In der Porphyriosstelle lies
5 amAnfang: καὶ ... εἴ τι παρὰ τὸ ὄν ἐστιν ... — S.**258**, 4 ἔστι Calogero — 11 füge auf Grund von Calogeros Darlegung Studi sull. El. S. 93ff. hinzu: 5. SIMPL. Phys. 562, 3 'Ο Ζήνωνος λόγος ἀναιρεῖν ἐδόκει τὸ εἶναι τὸν τόπον ἐρωτῶν οὕτως· 'εἰ ἔστιν ὁ τόπος, ἔν τινι ἔσται· πᾶν γὰρ ὂν ἔν τινι· τὸ δὲ ἔν τινι καὶ ἐν τόπωι. ἔσται ἄρα καὶ ὁ τόπος ἐν τόπωι, καὶ τοῦτο ἐπ' ἄπειρον·
10 οὐκ ἄρα ἔστιν ὁ τόπος'. Vgl. A 24.

30. MELISSOS: Auch zu ihm s. G. Calogero, Studi sull' Eleatismo passim; Cherniss a. O., besonders S. 23. 67ff. 95. 150. 402ff. und dazu Verdenius, Mnemos. IV, 1 (1948) 8ff.

S. **262**, 975b 4 Lies: 'πῦρ καὶ ὕδωρ καὶ γῆν καὶ ἀέρα' [nach 31 B 17, 18].
15 — S. **268**, 9ff. Zu B 2 vgl. Calogero, Studi S. 64f., Atene e Roma S. 158, Gnomon 17 (1941) 202. — S. **270** Übersetzung B 7, 2 lies statt 'empfände es irgend etwas davon' vielmehr: 'widerführe ihm irgend etwas davon'.

31. EMPEDOKLES: Nicht förderlich E. Loew, E., Anaxagoras u. Demokrit, Wien. Stud. 55 (1937) 33ff. (Fortsetzung nicht erschienen). Einen
20 neuen Versuch der Versanordnung und Ausdeutung für 'Katharmoi' und 'Physika' (mit erläuternden Anmerkungen und Übersetzung) legt vor Kranz in 'Empedokles. Antike Gestalt und romantische Neuschöpfung' (1949); hierzu vgl. K. Reinhardt, E., Orphiker u. Physiker, Class. Phil. 45 (1950) 170ff. Die Frage der „Einheit" der Empedokl. Lehre erörtert auch wieder H. S. Long,
25 Am. Journ. of Phil. 70 (1949) 142ff.

S. **277**, 24 Zu Favorinus Frag. 3 vgl. Norsa-Vitelli, Il pap. Vatic. Gr. 11 Φαβωρίνου περὶ φυγῆς Studi e testi 53 (1931). — S. **278**, 36 Anm. gehört zu S. 279, 4. — S. **279**, 13 Zu βασιλεία vgl. Θήρων ὁ τῶν 'Ακραγαντίνων βασιλεύς Schol. ad Pind. Olymp. 2, 29d, worüber nicht richtig Wilamowitz, Pindaros
30 S. 231. — S. **280**, 11 Vgl. A 28 (I 288, 2). — S. **281**, 31 Anm. προήει ΡΦ u. a. nach Mitteilung von A. Biedl. — S. **282**, 16 Vgl. 34. Den Inhalt des 'Ιατρικὸς λόγος wiederzugewinnen, erscheint — trotz neuerem Versuch — ganz unmöglich. — S. **283**, 20 Vgl. Cherniss a. O. S. 95 — 25 Anm. Daß im Gegensatz zur Auffassung von Bonitz u. a. ὕστερος nur im zeitlichen Sinne verstanden werden
35 darf, zeigt klar O. Jöhrens, Die Frag. des Anaxagoras, Gött. Diss. 1939, S. 93f. — S. **284**, 6 Dicaearchus Frag. 87 Wehrli — 37 Anm. ἐπίλη (über η: θ) F, was als ἐπίληθον deutet Deubner. — S. **285**, 44 Vgl. Nachtrag zu ob. S. 85, 21. — S. **286**, 6 Über das enge Verhältnis des Ennius zu Emp. s. Norden, Ennius u. Vergilius S. 10ff. mit der Korrektur von Bignone, Studi sul pensiero greco (1935)
40 S. 327ff.; vgl. H. Fränkel, Philol. 97 (1948) 354. — S. **287**, 7 (τὸν) 'Ακραγαντῖνον versuchte Kern — 34 (füge zu als Vorbemerkung:) Die Lehre des E. (und des Anaxagoras) vorgelesen und kritisiert 75 A 7 (II 247, 16). — S. **289**, 17ff. Hera als Erde faßt mit Recht auch Snell, Philol. 96 (1943) 159f. — 31 τροφῆς ὄχημα auch Hippocr. De nutrim. c. 55 CMG I 1 p. 84 — 34f. [διὰ τοῦτο ...
45 τρεφόμενα] betrachtet als Randnotiz zu 31f. Kranz. — S. **290**, 1ff. Vgl. Kranz, Herm. 73 (1938) 101f. — 3 bloßer Verweis auf p. 27, 22 hätte genügt, da die Stelle unter A 43 abgedruckt ist — 16ff. zur Auffassung des Ar. von Φιλία und

Νεῖκος bei E. s. Cherniss a. O. besonders S. 36 n. 135. 47ff. 96. 188ff. 222f. 230ff. 250ff. 311. 324f. — S. 291 Anm. vorletzte Zeile lies statt 23 vielmehr 24. — S. 292, 5 Plato zitiert 31 B 17, 18! Die Stelle diskutiert auch Aly, Philol. Suppl. 31 (1929) 137 — 27 schalte ein: ARISTOT. de caelo B 1. 284a 24 οὔτε δὴ τοῦτον τὸν τρόπον ὑποληπτέον οὔτε διὰ τὴν δίνησιν θάττονος τυγχάνοντα (sc. τὸν 5 οὐρανὸν) φορᾶς ⟨διὰ Jaeger, Aristoteles S. 322⟩ τῆς οἰκείας ῥοπῆς ἔτι σώιζεσθαι τοιοῦτον χρόνον, καθάπερ Ἐ. φησιν — 32 vgl. W. Mohr, Herm. 77 (1942) 29. 32. — S. 293, 11 Anm. ⟨γίνεσθαι καὶ⟩ φθείρεσθαι Sturz. — S. 294, 14ff. ὁρμή Wort des Empedokles selbst, vgl. Wortindex. — S. 295, 20 Lies: II 6, 3 oben A 49 — 34ff. φορά und κύαθος Worte des Empedokles, vgl. oben Nachtr. zu 292, 27; 10 zu allen solchen technischen Vergleichen des E. s. Kranz, Herm. 73 (1938) 101ff. — S. 296, 8f. κατὰ τὰ θερμὰ Kranz — 16 Anm. so G.: ἀναδῦναι (A) BC — 17ff. vgl. B 154; Lucret. I 803ff., wo der Sprecher ein Anhänger der Empedokleischen Weltbildungslehre ist. — S. 297, 2 Anm. Abrucalis ist bei den Arabern wie natürlich vor allem Proclus (Hinweis von H. Ritter) — 11ff. vgl. Jaeger, Paideia 15 II 29 m. Anm., aber auch Kranz, Empedokles S. 24f., E. ist der geistige Führer dieser Richtung — 17 ἢ τῆι σοφιστικῆι Kranz — 18 zu ergänzen durch GALEN. de plac. Hipp. et Plat. p. 764, 8ff. Müller — 19ff. vgl. Plutarch. Quaest. conviv. II 3, 2 p. 636 C, unten I 392, 9ff. — S. 298, 3 Lies: fr. 47 — 19 das in Wahrheit für das bessere zu geltende Placitum V 15, 3 (D. 425) lautet: 'E. [μὴ Diels] 20 εἶναι μὲν ζῷιον τὸ ἔμβρυον, ἀλλ᾽ ἄπνουν ὑπάρχειν ἐν τῆι γαστρί· πρώτην δὲ ἀναπνοὴν τοῦ ζώιου γίνεσθαι κατὰ τὴν ἀποκύησιν τῆς μὲν ἐν τοῖς βρέφεσιν ὑγρασίας ἀποχώρησιν λαμβανούσης, πρὸς δὲ τὸ παρακενωθὲν ἐπεισόδου τοῦ ἐκτὸς ἀερώδους γινομένης εἰς τὰ παρανοιχθέντα τῶν ἀγγείων. Vgl. W. Jaeger, Diokles v. Karystos S. 216. — S. 299, 15 Anm. καὶ τὸ[ν] λόγον P. Friedländer — 26 ὁρρός ist als 25 Empedokleisch anzusehen. — S. 300, 20 Anm. Es ist eigentlich ein vor dem 'Versehen' liegender Akt; vgl. die Deutung der Gesichtszüge von Eduards und Charlottens Kind in den 'Wahlverwandtschaften' — 38 vgl. Cherniss a. O. 143. — S. 301, 17 Vgl. 28 A 46 b (I 226, 20). — S. 302, 10ff. Vgl. v. d. Waerden, Herm. 78 (1943) 192f. — S. 305, 12 ⟨ἐκ⟩ τῶν αὐτῶν mit Schneider scheint not- 30 wendig — 38ff. zur Aristot. Auffassung von d. πόροι s. Cherniss a. O. S. 102ff.— S. 306, 6 Anm. Lies: Stob. L. — S. 307, 11 Anm. Füge ein: Vgl. auch unten II 112, 32 — 13 Anm. Lies: χόνδρωι ὅνπερ Stob.: χονδρώδει oder χρονιώδει ὅπερ Plut. GAB: κοχλιώδει C; aus dieser Lesart (vgl. Galen. XIX 309 K.) wollten die Ohrenärzte erschließen, daß schon E. ein schneckenförmiges Gebilde im Ohr 35 kannte — 17 ῥεῦμα ist hier zuerst ein Krankheitsname, vgl. Kranz, Herm. 73 (1938) 99² nach B 121, 3 — 27 Anm. Lies: so Diels: †ὑγροῦ καὶ τὰς τῶν κινδύνων καὶ ὁμοίων κινήσεις †Plut. nach unserer unvollkommenen Hss.kenntnis — 34ff. vgl. Lucret. III 459ff. — S. 308, 2 Anm., vierte Zeile von oben füge zu: Kranz, Herm. 70 (1935) 111ff. — 10ff. die Zahlen Bignones nach der Zählweise von 40 Diels angeführt; die Anordnung von Kranz s. Empedokles (1949) S. 380. — S. 309, 4 Anm. Füge zu hinter Sext.: πεισθὲν τὸ τῶ Diog. Laert. IX 73 — 7 νῶ Sext. — δ' fügte zu Bergk — der homerische Verschluß (ἐπεὶ ὧδ') ἐλιάσθης kann unmöglich, wie zuletzt wieder Nestle, Vom Mythos z. Logos S. 113⁴³ annimmt, bedeuten „da du (vom Himmel) hierher herabstürztest", dann müßte ein die 45 Bewegung näher bezeichnendes Wort wie πρηνής (O 543) oder προτὶ γαίηι (Υ 420) zugesetzt sein. S. 310, 1ff. Sicherlich gegen Parm. B 1 gerichtet; zu τιμή hier Z. 5. 317, 9. 320, 7 vgl. Hesiods Sprachgebr., besonders Theog. 411ff.

— 3 zu ἐφημερίοισιν vgl. jetzt H. Fränkel, Transact. Amer. Phil. Assoc. 77 (1946) 131ff. — τι nach Mutschmann erst Bergk. — S. 311, 2 Vgl. Nachtr. zu S. 135, 7; zu πίστις Verdenius Mnemos. 4, 1 (1948) 10ff., doch nicht überzeugend — δ' Karsten: θ' Sext. — 7 vgl. Hesiod. Theog. 33. — S. 312, 2 Vgl.
5 δάκρυα Διός = ὄμβρος Orph. B 22 (I 19, 2), ⟨Κρόνου⟩ δάκρυον = θάλαττα Pythagor. C 2 (I 463, 1) — 7 zur Interpret. vgl. Cherniss a. O. S. 109 — 12 vgl. Hesiod. Theog. 697.— S. 313, 2 Zu Fragm. 9, 5 nicht überzeugend Wolf, Griechisches Rechtsdenken I 302f., doch dürfte die genannte Änderung von Wilamowitz οὐ θέμις ἦι καλέουσι notwendig sein. — S. 315, 5 Übersetzung lies:
10 'Denn wie es vordem war, so wird es auch sein' — 15 füge zu: Vgl. A 29. Aristot. Phys. Θ1. 250b 26ff. — S. 316, 3ff. vgl. Cherniss a. O. S. 175 — 12 zu ἠέρος vgl. Plato Legg. X 889 B (I 292, 5) Aristot. de MXG (I 262 975b 4) Diog. Laert. A 1 (I 282, 7). — S. 318, 1 Vgl. Parm. B 8, 7. — S. 319, 1 Vgl. Schiller, Die Künstler „An des Lebens ödem Strand" — 13 vgl. Hom. Ζ 185 — Anm.
15 zu ὄρα vgl. Lucret. V 92. — S. 322, 3 θεοῦ πάρα = B 4, 2 παρ' ἡμετέρης Μούσης — 4 Übersetzung lies statt „nur Einen" vielmehr „den Einen" — 6 vgl. Hesiod. Op. 106 — 18 vgl. Verdenius, Mnemos. a. O. 12ff. — S. 326, 1—12 und S. 330, 5 bis S. 331, 12 Vgl. hierzu Kranz, Herm. 73 (1938) 102ff. mit den dortigen Verbesserungen. — S. 326, 13 Nützlich, die vorangehenden Sim-
20 plicius-worte hinzuzunehmen: ἐβιάζετο (Alexander), μᾶλλον δὲ ἐβιάσθη νομίζων τὸν κόσμον τοῦτον ὑπὸ μόνου τοῦ Νείκους κατὰ τὸν 'Ε. γενέσθαι — 30 zur Komposition vgl. Lucret. V 780. — S. 327, 2 Anm. ἐν τῶι zu Versanfang auch Parm. B 8, 50. — S. 328, 15 εἰ δ' ἄγε: genau entsprechend gebraucht Lucret. sein nunc age — πρωθήνιον A. Ludwich, De quibusd. Tim. Phlias. fr. Königsberg 1903
25 S. 7. — S. 329, 2 Zu αἰθήρ vgl. Kranz, Empedokles S. 353 — 11 ⟨ἡ⟩ Ἰλάειρα Wilam. Verskunst S. 608 vgl. B 85. — S. 331, 21 ⟨ἠελίου φαέθοντος⟩ jetzt Kranz nach dem Versanfang ἠέλιος φαέθων Hom. λ 16 — 24 (Übersetzung von B 49) lies: (Die Luft) der ... — S. 333, 3f. Fülle so aus: λεγόμενα ἐν τούτοις und 4 παραδείγματα, ἐξ ἧς τὰ κατὰ φύσιν συνίσταται. — S. 334, 21 Vgl. Apollon.
30 Rhod. IV 671ff. — S. 335, 9 Vgl. Platon Lysis p. 214 B. — S. 336, 1ff. Vgl. Cherniss a. O. 274ff. — S. 338, 16 Zur Herrschaft der Kypris über die Tierwelt vgl. Lucret. I 12ff. — S. 340, 32 Anm. Die angef. Stelle s. 31 A 70. — S. 341, 1 Aristot. Hist. an. A 486 b 21 — 8ff. Vgl. Cherniss a. O. S. 317ff. W. J. Verdenius, Empedocles' doctrine of sight in Studia C. Guiel. Vollgraff oblata (1948)
35 155ff. — S. 342, 4 Vgl. Kranz, Herm. 73 (1938) 106; wenig förderlich A. Förster, Herm. 74 (1939) 102f. — S. 343, 16 Übersetzung lies: der beiden (Augen) Blick. Es handelt sich um das Problem des Zusammensehens der beiden. — S. 344, 10ff. Vgl. Kranz, Herm. 73 (1938) 105f. — S. 345, 1 Anm. Für Wyttenbachs Auffassung spricht Lucret. VI 1074 — 8 Übersetzung lies: „nach göttlicher Art".
40 — S. 347, 2 Anm. zu verbessern nach Kranz a. O. S. 107 — 3 wie die Empedokleische Arztschule die Lehre von der Hautatmung weitergebildet hat, zeigt Philistion, Anonym. Londin. XX 25, Suppl. Aristot. III 1 S. 36 der Berl. Akad. Ausgabe von Diels. — S. 349, 7ff. Vgl. Lucret. I 404ff. IV 680ff. — S. 350f. Zu B 106. 108 vgl. Cherniss a. O. S. 80. — S. 351, 14 Vgl. Nachtr. zu S. 341, 8ff.
45 — S. 352, 6 Setze zu: und A 90. — 20ff. zu dieser Schlußprophezeiung vgl. Kranz, Philol. 95 (1943) 104 und Empedokles S. 67. — S. 354, 3 Zum Titel vgl. Orph. fr. 3 p. 82 K., Plat. rep. II p. 364 E, Phaed. p. 82 D, Phaedr. p. 244 D, Pseudopyth. Carm. aur. 67 — 18 als lectior difficilior ist ἔοικα unbedingt vorzuziehen,

zugleich ist sie der deutlichste Beweis dafür, daß E. sich nicht selbst für einen
Gott gehalten hat; richtig A 18 (I 285, 21); vgl. Taeger, Herm. 72 (1937) 356.
— S. 355, 5 Vgl. Mus. 1 A 11 ἐξακέσεις νόσων καὶ χρησμοί. — S. 359, 1 Vers-
eingang nach Hom. A 260 — zur Seelenwanderungslehre vgl. ob. Nachtrag zu
S. 96, 17 ff. — 6 füge zu [fr. 398 Us.]. — S. 360, 2 Zu den ψυχοπομποὶ δυνάμεις 5
vgl. Plato Phaedo p. 107 D ff. — 3 Anm. setze zu: wo es heißt πεσεῖν ἐνταῦθα,
vgl. ob. S. 357, 11 — 11 lies: 174 p. 97, 23 Pasquali — 19 auch andere byzan-
tinische Überlieferung läßt den — so schwer verständlichen! — Vers aus (vgl.
P. Maas, Byz. Zeitschr. 35, 1935, 6), aber an seiner Echtheit kann nicht ge-
zweifelt werden: wer anders als E. sollte ihn gemacht haben! Von einem Erweis 10
seiner Unechtheit (so Maas a. O.) kann nicht die Rede sein. Mit den ἔργα ῥευστά
muß eine dritte Krankheit gemeint sein; sie entspricht der erstgenannten und
ist der „Rheumatismus" vgl. A 94 (I 307, 17). Der Vers stellt den ersten Ver-
such dar, die Krankheiten zu klassifizieren. — S. 361, 19 ff. Zum Stil vgl. die
Sehersprache Hom. υ 351 ff. E. ist benutzt von Arat. Phaen. 130 ff.; vgl. Wila- 15
mowitz, Hellen. Dichtg. II 265. — S. 362, 2 Anm. Vgl. auch Nestle, Vorsokr.³
nr. 66 S. 152 u. Anm. 17 a S. 257 — 4 ff. B 126 ist der erste Ausdruck der Vor-
stellung vom Leib als Kleid, dazu B 148 ἀμφιβρότην χθόνα; vgl. Wendland
Herm. 51 (1916) 481, Kranz, Empedokles S. 78 — 16 ff. B 128 gibt Plato Leg. VI
782 B wieder, indem er ihren Charakter als orphisch bezeichnet; vgl. denselben 20
Legg. III 678 E ff. IV 713 CD. Auch die Rede des Pythagoras Ovid. Metamorph.
XV 75 ff. ist zu vergleichen. — S. 363, 3 Die zweite Vershälfte enthielt Epitheta
zu Κύπρις. — S. 366, 4 Zu κόσμος vgl. Simpl. de caelo p. 310, 13 Heib.: 'E. μὲν
διάφορα τῶν παρ' αὑτῶι κόσμων ἔλεγεν τὰ εἴδη, ὡς καὶ ὀνόμασι χρῆσθαι διαφόροις,
τὸν μὲν 'σφαῖρον', τὸν δὲ 'κόσμον' καλῶν — 9 lies III 11, 19. — S. 367, 10 Anm. 25
πόνοιο N — 11 vgl. Versschluß bei Apoll. Rhod. Argon. III 298. — S. 368, 16 f.
Von Wehrli, doch wie es scheint ohne rechten Grund, dem Aristoxenus (als
Frag. 25) zugewiesen, den Gellius vorher zitiert. — S. 369, 14 ταμὼν τανακήκεϊ
χαλκῶι verb. P. Maas, Byzant. Zeitschr. 36 (1936) 456. — S. 370, 9 Vgl. Hesiod.
Frag. 82 Rz., Pseudopyth. Carm. aur. 70 f. — S. 371, 2 E. hat nach Snells Ver- 30
mutung etwa geschrieben: ἥματα γηράσκει — 10 Einordnung des Frag., das
durch A 70 als echt erwiesen wird, in den Gedichtzusammenhang bei Kranz,
Empedokles S. 145.

32. MENESTOR: S. 375, 13 Lies: p. 145, 1 D.

35. THRASYALKES: S. 377, 8 vgl. FrGrHist. 87 F 74 (II 267). 35

36. ION: Durchgehend jetzt zu vergleichen A. v. Blumenthals Ausgabe
I. v. Chios. Die Reste seiner Werke (1939). Dazu auch Webster, Herm. 71
(1936) 263 ff.

S. 378, 31 Anm. Füge zu: ἀέρος] statt dessen gibt Philopon. a. O. 227, 14 f.
(wohl versehentlich) τὸ ὕδωρ als drittes Element an — 32 außer 31 A 29 (I 288, 9) 40.
vgl. auch Arist. de gen. et corr. B 1. 329 a 2. — S. 379, 17 ff. σοφία: τύχη auch
bei Demokr. B 197, also σοφία wohl auch hier allgemeiner statt „Kunst" etwa
„kluges Geschick". — S. 380, 8 jetzt Diehl³ I 82 ff.

37. DAMON: S. 382, 36 Eine „Arbeitshypothese" zum Areopagitikos unter
dem Stichwort 'Eukosmia' trägt vor H. Ryffel, Mus. Helv. 4 (1947) 23 ff. (vgl. 45
bes. 37⁵⁴). — S. 384, 5 Anm. Setze zu: Vgl. auch v. d. Waerden, Herm. 78 (1943)

190. — 12 ff. zur Platonstelle vgl. Jaeger, Paideia II 408 Anm. 111. Das Fragment bedarf aber neuer, fachmännischer Interpretation; ist zu 14 τέτταρα Ion B 5 (I 381, 8) zu vergleichen?

38. HIPPON: S. 385, 5 Aristoxenus Frag. 21 Wehrli. — S. 386, 10 διὰ τοῦτο]
5 wegen des Zusammenhanges von ζῆν und ζεῖν — 19 τὸ περικάρδιον θερμόν] vgl.
Emped. B 105 (I 350, 15) — 40 Anm. lies ἐνίας Diels: ὀλίγας Hss.: ⟨οὐκ⟩ ὀλίγας wahrscheinlich richtig Wyttenbach. — S. 387, 8 ff. Vgl. Roscher, Abh. der Sächs. Akad. d. W. 1936, 35.

40. POLYKLEITOS: S. 392, 2 Vgl. jetzt H. Oppel, Κανών, Philol. Suppl.
10 30, 4 (1937).

42. HIPPOKRATES V. CHIOS: S. 396, 10 πρώτου Diels: πρῶτον D:
πρώτως E[b]: τρόπου F — 11 vgl. jetzt O. Becker, Quell. u. Stud. z. Gesch. der Math. B III 3 (1936) 411.

43. THEODOROS: S. 397, 16 Lies: p. 146, 8 D.

15   44. PHILOLAOS: S. 399, 1 Aristoxenus Frag. 19 Wehrli — 4 füge hinzu:
vgl. 67 A 5 (II 72, 10) — 15 füge hinzu: Vgl. Cic. de re publ. I 10, 16 unten
S. 423, 17. — S. 403, 25 Füge hinzu: Vgl. Eurip. Fragm. 944 (59 A 20b II 11, 35),
Plat. Gorg. p. 508 A. — S. 406, 20 Anm. Vgl auch E Howald in Essays on the
history of medicine, presented to K. Sudhoff (Zürich o. J.); Cherniss a. O. 386f.
20 393 ff. Gegen Frank nimmt auch Stellung v. d. Waerden. Herm. 78 (1943) 165.
175. — S. 408, 7 ff. Zum Vergleich verweist auf Aristot. Metaph. M 8. 1084 a
2 ff. mit dem Kommentar von Ross O. Becker, der dort statt πίπτοντος: ἅπτον-
τος vermutet, mit dem Sinn: die ungerade Zahl entsteht dadurch, daß die Eins
sich an eine gerade Zahl anhängt. Er findet dort die drei Philolaischen εἴδη
25 wieder. — S. 409, 10 Zur Bedeutung von ἁρμονία s. v. d. Waerden a. O. S. 176
Anm. 2. — S. 411, 11 ⟨παντὶ ἃ τῶ ἀριθμῶ⟩ O. Becker. — S. 412, 13 Übers.:
hier ist wohl nicht wie sonst φύσις τῶ ἀριθμῶ zu verstehen, sondern allgemein
„die Natur" (die aber der „Zahl" gleich gesehen wird). — S. 414, 6 Clearchus
Frag. 38 Wehrli — 6 Anm. setze zu: δεῦρο] τῇδε bessere Variante — 10 Anm.
30 προΐστασθαι Hss.: verb. Casaubonus — 12 setze zu: vgl. Emped. B 115 (I 357,
15 ff.). — S. 415, 4 vgl. Nachtr. zu 414, 6. — S. 419, 1 f. Vgl. Cherniss a. O.
S. 323 — 9 unter den ἀρχαῖοι φιλόσοφοι ist sonderbarerweise Anaxarchos zu
verstehen, vgl. 72 B 1 (II 239, 28 ff.).

45. EURYTOS: Zur besonderen Bedeutung dieses Pythagoreers s. auch
35 Cherniss a. O. S. 37 not. 139; 239; 387 ff. — S. 419, 25 Lies: p. 143, 9 Deubner.

47. ARCHYTAS: S. 421, 21. Aristoxenus Frag. 47 Wehrli — 34 Frag. 48 W.
— S. 422, 18 Zu aerias temptasse domos vgl. das angebliche Wort des Archytas
bei Cicero Laelius 23, 88 (über den Wert freundschaftlicher Mitteilung), das
beginnt: „Si quis in caelum ascendisset ...". — S. 423, 26 ff. Apparat s. zu I
40 471, 12 ff. — 34 füge hinzu: de re publ. I 38, 59. — S. 424, 1 Aristoxenus Frag. 50
Wehrli. — S. 431, 9 τοιγὰρ Iambl. beidemal (auch Syrian) nach Deubner. —
S. 432, 9 ff. Vgl. v. d. Waerden, Herm. 78 (1943) 174. — S. 435, 19 ff. Nach
O. Beckers (brieflichem) Beweis sind mit μέσαι vielmehr „mittlere Proportio-
nalen gemeint, mit der ὑπεναντία die „reziproke" mittlere Proportionale, mit
45 ὅροι „(Zahl)terme, Grenzen der Intervalle". Genaueres bei v. d. Waerden,

Herm. 78 (1943) 182 ff. (unter dem Gesamtthema 'Die Harmonielehre der Pythagoreer'), mit weiteren Literaturangaben. — Reidemeisters Zweifel an der Echtheit von Frag. B 2 (Das exakte Denken der Griechen S. 27) erscheinen völlig unbegründet (vgl. v. d. Waerden, Gnomon 22, 1950, 62 f.). — S. 437, 1 ff. Zu μανθάνειν vgl. d. Wortindex s. v. — 8 vgl. Plato Gorgias p. 508 A.   5

48. OKKELOS: Zur Namensform s. v. Blumenthal, Glotta 17 (1929) 153 ff., P. Wahrmann ebd. S. 251. — S. 440, 18 ἀνπέφευγας (= ἀμπέφευγας) BP¹ will halten A. Biedl als im Dorischen, also auch im künstlichen Dorisch, mögliche Apokope, unter Verweis auf E. Schwyzer, Griech. Gramm. I (1939) 407.

49. TIMAIOS: S. 441, 9 Anm. Der Zweifel von Diels an der historischen 10 Existenz dés Timaios erscheint unbegründet — 15 füge hinzu: Vgl. Cicero de re publ. I 10, 16 ob. S. 423, 17.

51. EKPHANTOS: Vgl. Cherniss a. O. S. 168 f. — S. 442, 21 Setze ἐκ μὲν τῶν ἀτόμων (so überliefert) — 28 Aristoxenus Frag. 19 Wehrli. — S. 443, 5 ebd. Frag. 20 a — 28 nicht unter den Frag. bei Wehrli — 31 Frag. 131 Wehrli. 15

56. SIMOS: S. 444, 32 Lies: p. 145, 9 D.

57. LYKON: S. 445, 10 Lies: p. 144, 12 D. — 14 richtig: ἀστυτίδα.

58. PYTHAGOREISCHE SCHULE: Hierzu vgl. die Nachträge zu den Kapiteln 14 und 18—20 (Pythagoras und Ältere Pythagoreer) sowie zu 44—57 (Jüngere einzeln genannte Pythagoreer). Zu der Aristotelischen Terminologie 20 οἱ 'Ιταλικοί, οἱ περὶ τὴν 'Ιταλίαν, οἱ (καλούμενοι) Πυθαγόρειοι s. jetzt Cherniss a. O. S. 384 ff. — Zu I. E. Raven, Pythagoreans and Eleatics (1948) s. Cherniss Philosophical Review 59 (1950) 375 ff.

S. 446, 8 ff. Zum Namenkatalog vgl. Glotta 17 (1929) 104. 152 ff. (v. Blumenthal) 251 (P. Wahrmann) und jetzt durchgehend Deubners Ausgabe p. 143 ff. 25 — S. 448, 25 Lies: 'Αναξαγόρας ὁ Κλ. [59 A 9 II 9, 5] — 33 ff. Gegen Wellmann will Festugière, Rev. des Ét. Grecques 58 (1945) 1 ff. den Auszug des Polyhistor frühestens der Zeit der Alten Akademie zuweisen; Bedenken schon bei Rathmann, Quast. Pyth. Orph. . . ., Hall. Diss. 1933, 1. 20 ff. Neue Diskussion notwendig — 2 f. Anm. lies Aët. I 3, 8 = unten B 15 S. 454, 38 — 9 Anm. Ισόμοιρα] 30 vgl. σκότωι φάος ἀντίμοιρον Aesch. Choeph. 320. — S. 450, 13 Anm. Füge zu: doch klingt das Gleichnis unhellenisch, „orientalisch", vgl. Reitzenstein, Aus Iran und Griechenland, Stud. d. Bibl. Warb. VIII 136 u. ö. — S. 451, 5 ὑγείας καὶ hat D (Neap. III B 28 s. XV) nach A. Biedl — 20 Aristoxenus Frag. 23 Wehrli (Komm. S. 54). — S. 452, 2 ff. Zur Lehre der Pythag. von der Zahl s. 35 G. Junge, Classica et Mediaevalia (Rev. Danoise de Phil. et d'Histoire) 9 (1948) 183 ff.; R. Reidemeister, D. exakte Denken d. Griechen S. 34 ff. Von Eucl. Elem. IX ausgehend (vgl. O. Becker, Quell. u. Stud. z. Gesch. d. Math. B 3 S. 534), faßt R. die Lehre vom Graden und Ungraden als „das erste . . . Lehrstück, in welchem sich die logisch-arithmetische Wissenschaft der Pythag. niedergeschlagen hat" und zugleich als „das Fundament der Pythagoreischen 40 Metaphysik" — 18 ff. zu dieser im folg. unter verschiedenem Namen wiederkehrenden Schrift vgl. jetzt P. Wilpert, Herm. 75 (1940) 371 ff. Ein künftiger Neudruck der Fragm. d. Vors. hätte Alexander v. Aphrod. in Aristot. Metaph. p. 38, 10 — 41, 15 Hayd. zu berücksichtigen; vgl. Wilpert a. O. S. 387. — 45

S. **454**, 41 statt δέκα setze δεκάδα (überliefert) — 42 Anm. setze: vgl. προποδεῖν
Callim. Arsinoe Frag. 228, 2 Pfeiffer. — S. **455**, 2 Lies: ἀριθμούς — 2 Anm. lies:
ὑπερβάληται Plut., ὑπερβάλληι Stob. — 9 zur τετρακτύς vgl. v. d. Waerden,
Herm. 78 (1943) 178 ff.; zur Überlieferung des Spruches auch Deubner, Iambl.
5 Vit. Pythag. p. 92, 1 f. — S. **459**, 32 ff. Auf Diels, Neue Jahrb. 51 (1923) 68 ver-
weist Snell. — S. **460**, 20 Setze: ἱστορεῖ [fr. 205 R.]. — S. **461**, 8 ff. Vgl. M. C. P.
Schmidt, Kulturhistor. Beiträge I 78 ff. — S. **462**, 25 Aus ἐνδύεσθαι geht klar
hervor, daß Ar. die Lehre der Seelenwanderung wiedergibt; vgl. den Wortindex
s. v. und Kranz, Empedokles S. 78 (gegen Rathmann a. O. S. 18) — 31 vgl.
10 Cherniss a. O. S. 323 ff. — S. **463**, 2 Anm. Vgl. Roscher 'Planeten' in Rosch.
Mythol. Lex. III, 2 Sp. 2524 f.; Persephone wird Selene gleich gesehen — 33 ff.
vgl. d. Literaturangaben in Deubners Ausgabe S. 47. — S. **464**, 7 Vgl. v. d.
Waerden, Herm. 78 (1943) 178. Aus der Pythagor. Lehre umgebildet Plato de
rep. X p. 616 ff., vgl. A. Dieterich, Nekyia² S. 124; L. Curtius, Musik d. Sphären,
15 Mitteilg. d. Röm. Instit. 50 (1935) 348 ff. — 9 Anm. lies: Kießling, Cobet;
Deubner vergleicht dagegen Plato Cratyl. p. 438 C — 13 ὦ θεοί hält Deubner,
vgl. seine Anm. — S. **465**, 5 Anm. Lies: Diels nach Kießling — 15 eine künftige
Ausgabe täte gut, als nr. 5 a — dem Wunsche W. Nestles entsprechend — noch
Iambl. vit. Pyth. 96—100 aufzunehmen. — S. **467**, 1 ff. m. Anm. Vgl. jetzt
20 Wehrli, Aristoxenus Frag. 11—41 (S. 10 ff. mit Komm. S. 49 ff.) — 15 Anm.
zu ἐξειλεγμέναις vergleicht Cobet Iamblich. 115 — 23 Anm. hinter Rohde füge
zu: vgl. aber Z. 25. — S. **468**, 33 f. Streiche Anm. über C und vgl. Deubner,
Sitzungsber. Berl. Ak. 1935, 653. — S. **469**, 15 Anm. Setze zu: vgl. auch Antiph.
B 61 (II 365, 10) — 20 Frag. 34 Wehrli — 23 μικρῶι] μακρῶι Deubner, Wehrli
25 unter Vergleich von Diodor. XII 16, 3 — 24 Frag. 35 Wehrli. — S. **470**, 6 Anm.
ersetze durch: vgl. Deubner, Sitzungsber. Berl. Ak. 1935, 649 — 7 Anm. ⟨ἄκαι-
ρον⟩ Deubner vgl. unt. Z. 15 — 24 Anm. αὖ Westermann: δύο F — 39 Frag. 36
Wehrli. — S. **471**, 1 Anm. ποτὲ hält Deubner — 6 Anm. Kuster wie 121, 4 —
14 Anm. statt apogr. setze: Scaliger — 26 Anm. ἀπολαλεῖν F: ἀποκαλεῖν Sca-
30 liger; ἀπονέμειν Arcerius — 33 Frag. 31 Wehrli. — S. **472**, 1 Anm. Lies: ὁ
fehlt P — 4 Anm. lies: ⟨ ⟩ Cobet τινα F: verb. Arcer. — 10 Anm. zu τινα s.
Deubner, Sitzungsber. Berl. Ak. 1935, 648 — 29 zum Weiterleben der Damon-
Phintiasgeschichte s. H. Ritter, Oriens I 1 (1948) 21, doch gibt es über die 'Bürg-
schaft' nach seiner und seines Schülers R. Sellheim Mitteilung eine beträcht-
35 liche arabische Literatur mit allerlei Varianten. — S. **473**, 1 Anm. πάθοι hält
Deubner, vgl. ihn a. O. S. 643 — 20 Aristoxenos] vgl. Nachtrag oben zu S. 443, 28
— 21 füge zu hinter Ἀρχύτου: [47 A 1. 5] — 22 lies c. 54, 1. — S. **474**, 38 Anm.
τὸν ... εὐσχήμονα βλέποντες F: verb. Arcer. (nach P) und Scaliger. — S. **475**, 11
Anm. ἐπιθυμήσωσι, φυλάξωνται Deubner. — S. **476**, 10 Anm. Lies ἀκαίρωι
40 Jaeger — 14 ff. vgl. Theognis 1, 183 ff. Diehl — 31 Frag. 37 Wehrli — 43
Frag. 39 Wehrli — γενέσεως] vgl. 477, 1 γίνεσθχι. — S. **478**, 7 Anm. ταύτην F:
verb. Kuster — 13 αὐτὸς δὲ Hs. nach Deubner — 15 f. von Wehrli nicht aus-
gewertet — 17 Frag. 40 Wehrli — 22 Frag. 41 Wehrli — 30 Anm. βλάττοιεν
Hss.: verb. Wyttenbach — 31 Anm. εὐθύβουλοι εἶεν oder εἶναι Hss.: verb. Wytten-
45 bach.

Abschluß 1. Februar 1951.